百 年 贵 大
文化建设丛书

百年贵大文化传承工程项目资金资助

百年贵大
文化建设丛书

中国文化史

上

柳诒徵 / 著

贵州大学出版社
Guizhou University Press

图书在版编目（CIP）数据

中国文化史 / 柳诒徵著. -- 贵阳 : 贵州大学出版社, 2022.1
（百年贵大文化建设丛书）
ISBN 978-7-5691-0334-2

Ⅰ. ①中… Ⅱ. ①柳… Ⅲ. ①文化史－中国 Ⅳ. ①K203

中国版本图书馆 CIP 数据核字（2021）第 277115 号

ZHONGGUO WENHUA SHI
中国文化史（上下册）

著　　者：柳诒徵

出 版 人：闵　军
责任编辑：葛静萍
装帧设计：陈　艺　申　云

出版发行：贵州大学出版社有限责任公司
地址：贵阳市花溪区贵州大学北校区出版大楼
邮编：550025　电话：0851-88291180
印　　刷：贵阳精彩数字印刷有限公司
开　　本：787 毫米 ×1092 毫米　1/16
印　　张：72.5
字　　数：1062 千字
版　　次：2022 年 1 月第 1 版
印　　次：2022 年 1 月第 1 次印刷

书　　号：ISBN 978-7-5691-0334-2
定　　价：358.00 元

“百年贵大文化建设丛书”编委会

“百年贵大学术精品文库”编委会

“百年贵大学术精品文库”序

◇ 李建军

“溪山如黛，常沐春风，学府起黔中。”1902年，贵州大学堂崛起于黔中，历经省立贵州大学、国立贵州农工学院、国立贵州大学等时期，1950年定名为贵州大学。1951年，毛泽东主席亲笔题写贵州大学校名。2005年，贵州大学成为国家“211工程”大学。2017年，入选国家世界一流学科建设高校。2018年，荣列教育部、贵州省人民政府“部省合建”高校。2022年，再度入选国家新一轮“双一流”建设高校。贵州大学学科门类齐全，涵盖文学、历史学、哲学、理学、工学、农学、医学、经济学、管理学、法学、教育学、艺术学等12个门类。

2021年12月，习近平总书记在中国文联十一大、中国作协十大开幕式上说：“文化是民族的精神命脉，文艺是时代的号角。古人说：‘文者，贯道之器也。’”在贵州大学建校120周年之际，将贵大学人的学术精品以及珍贵的校史资料、档案进行研究整理并予以出版，有利于百年贵大的文化传承，有利于提升学校的文化品位和学术影响力，有利于增强校友对母校的认同感和凝聚力。因此，学校特别策划出版了“百年贵大文化建设丛书”，“百年贵大学术精品文库”即为其中之一种。

贵州大学在百廿年的办学历程中，虽然校名几经更迭，校址几度变迁，筚路蓝缕，历经沧桑，但百年传承，薪火相继，始终坚持以兴学育人为根本，以立足贵州、服务地方为己任。学校由小到大，由弱渐强，形成了“艰苦奋斗，自强不息”的办学精神，凝练出“明德至善，博学笃行”的校训，以严谨、求实、创新的校风和丰厚的文化底蕴培养和孕育了大批优秀人才，为国家特别是贵州经济建设和社会发展提供了强有力的人才支撑和智力保障，而这离不开诸如周恭寿、周步瑛、李书田、张永立、柳诒徵、魏寿昆、王栋、张廷休、罗登义、吴定良、谢六逸、郎世俊、丁道衡、乐森璕、王世真、吴汝康、吕荧、刘述文、恽震、徐采栋、黎东方、姚奠中、汤炳正、张汝舟、张振珮、杨汉先、杜文铎、蒋希文、陈祖武、虞愚、王锳、宋宝安、马克俭、郝小江、张克勤等众多优秀学者的努力和贡献。他们在诲人不倦、教书育人的同时，也在各自的学术领域取得了丰硕的成果，撰写了诸多可堪传世的精品力作，成就了贵州大学“黔中第一学府”的美誉。这是百年名校的历史积淀，更是建设“双一流”大学的厚重底蕴。

“百年贵大学术精品文库”选取贵州大学两个“甲子”120年来贵大学人在各学科领域创作的、具有代表性的经典学术著作整理出版，如《中国文化史》《世界文学》《二毋室古代天文历法论丛》等。

《中国文化史》一书为1942—1946年被聘为国立贵州大学特约讲席的史学家柳诒徵的代表作，被称为中国文化史的“开山之作”。本书着眼于世界文化史与中国文化史的密切关系，叙述了从周代至清代五千年来的中国文化发展史。引用资料自六经、诸子、二十五史、历代各家著述、国外汉学家论著至近代报纸杂志、统计报道，无不详为选辑，史论结合，在当时流传甚广。柳诒徵，字翼谋，亦字希兆，号知非，晚年号劬堂，是中国近现代史学先驱、中国文化学的奠基人和现代儒学宗师，也是著名的书法家和教育家。他在贵州大学任教时，讲课有条不紊，既不做枯燥无味的考证，也不做不着边际的空谈，而是广征博引，引人入胜，不仅得到文科生的喜爱，就连理工科的学生也赶来旁听。在学术方面，他以“一不敷衍自己，二不敷衍古人，三不敷衍今人”为治学准绳，注重史料的作用，并把历史分为“代史、类史、地史、国史”四类，影响了现代史学的治学方向和学科架构。

谢六逸的《世界文学》介绍了英国、法国、德国的古典主义文学、浪漫主义文学、现实主义文学和自然主义文学及新兴文学，内容丰富，介绍系统，是最能表现作者学术功底和眼界的作品。谢六逸，号光燊，字六逸，笔名宏徒、鲁愚，是著名的作家、翻译家、教授，中国现代新闻教育事业的奠基者之一。他提出新闻记者须具备“史德、史才、史识”三条件，为全国大学设新闻系之嚆矢。在贵阳，谢六逸以振兴家乡文化教育为己任，先后任大夏大学文学院院长、国立贵州大学中文系教授，主讲“中国文学史”“文学批评”“国文教材及教法研究”等课程。他学识渊博、和蔼可亲，讲解细致入微，深受学生爱戴。先生十分勤勉，夙兴夜寐、著作等身，有关日本文学、世界文学的著作更是成为文学研究的珍贵文献。

《二毋室古代天文历法论丛》是知名学者、语言学家、贵州大学教授张汝舟先生的代表作。张汝舟先生在对中国古代天文历法的研究中，强调将纸上材料（文献记录）、地下材料（出土文物）、天上材料（实际天象）对证，做到“三证合一”，倾力研究中国古代天文历法资料，较前人取得了可靠的结论。这种古天文历法体系，影响了整个学术界。本书是张汝舟先生在古代天文历法方面的文章合集，解决了很多历史上长期没有解决的具体问题，成为古代天文历法方面独具特色的著作。张汝舟先生毕生从事教育事业，敬德修业、教书育人，以培养人才为己任。他崇高的道德修养、精深的学术水平影响和造就了一大批人才。国内知名学者如周本淳、宋祚胤、孟醒仁、祖保泉等都出自他门下。他在贵州从教近30年，为贵州培养了众多的专业人才，不少弟子成为教育、文艺、学术方面的骨干与中坚，在贵州文教领域熠熠生辉。弟子们给张汝舟先生撰述的《墓碑记》所言：“玉在山而草木润，先师于贵州文教学术之贡献，可谓大矣。弟子遍黔中，颂先师之书、传先师之道，敬德修业咸以先师为楷模。道德风范，口耳相传，无不以升堂入室为荣。”

“百年贵大学术精品文库”所选学术精品著作，涵盖了文学、历史、哲学、政治、经济、法律、社会学、艺术学及理、工、农等众多学科，限于篇幅，恕不能在此一一列举。本丛书一方面梳理、归集了贵州大学建校以来的丰硕学术成果，以明晰学术传承脉络，继传统，启后学；一方面以回顾历史为契机，将当前活跃在国内外学界的贵大人的精品学术成果纳入丛书之中，激励大家沉潜学术，关照现实，投身新时代，为推进学校“双一流”建设、学校学科振兴建设贡献力量。

明德至善，博学笃行，文脉永赓续。“百年贵大学术精品文库”的整理出版，不仅有利于传承贵大百余年的文脉、彰显贵大文化自信，更有利于落实立德树人的根本任务。百年贵大，时逢盛世中华，贵大人当不忘初心、牢记使命，薪火相传，一路凯歌行进，未来必将无限广大。

出 版 前 言

柳诒徵在治学上，以“一不敷衍自己，二不敷衍古人，三不敷衍今人”为准绳，充分注重史料的价值与作用，并把历史分为“代史、类史、地史、国史”四类，从而深刻地影响了中国现代史学的发展。

《中国文化史》为柳诒徵最为重要的历史著述之一。作者以六经、诸子、二十五史、历代各家著述等丰富的资料，采取文化比较的方法，重点剖析能够表现中华民族全体之文化精神的人、事、制度与名物，并用详实事例与雄辩精当的论析，阐明中国文化辉煌的发展历程及其特殊性之成因。全书分为三编：第一编上古文化史，论述先秦两汉时期中国文化的发生、发展及特质形成；第二编中古文化史，论述魏晋至明代中国文化发展演变，着眼于佛教传入及其与中国固有文化之碰撞交融，从而对中国文化发展产生的深刻影响；第三编近世文化史，论述明季至民国初期中国文化的新变，着眼于中西文化交融互动及其对中国文化发展的重要推动作用。本书蕴含了史学研究范式转型的自觉意识，即从以帝王为中心的史学走向了以民族文化为中心的史学。

柳诒徵认为“必先大其心量以治吾史”，强调对中国文化要持同情理解之态度，才能真正理解其博大精深之所在。他在书中着力探讨中国文化的独特精神，认为这种精神是就人伦而本乎天性的至诚，中华文化虽然在历史有盛衰之别，但其必然会顺应潮流，与西方文化相激相荡而卒相融合。此种信念，在很大程度上回应了当时的民族虚无主义者，坚定了国人的民族信念，鼓舞了国人的民族精神。

本书为研究中国文化的开山之作，问世以后产生了极大的影响。著名历史学家蔡尚思曾言："在柳先生的著作中，《中国文化史》一书可说传授最广，不失为从出版到解放前各种《中国文化史》的'老母鸡'。"

1932年，《中国文化史》由南京钟山书局首次出版，其后版本达数十种之多。适逢贵州大学建校120周年之际，我们将此书收入《百年贵大学术精品文库》，以飨读者。

弁　言

往玷学校讲席，草创文化史稿，管窥蠡测，无当万一，未敢以问世也。吴君雨僧猥附之《学衡》社友论撰，缪赞虞、张晓峰诸子设钟山书局，复因中华纸版印布千部，蜀中又有线装本及缩印本，转相流布。覆视之，恒自愧汗，不足语于述作。既病懒，复牵迫他务，不克充其意增削之，良惧传播之误学者。顾是稿刊布后，梁新会有纵断之作，才成一二目，未竟其绪。王君云五复鸠各作家分辑专史，所辑亦未赅备，且分帙猥多，只可供学者参考，不便于学年学程之讲习。又凡陈一事，率与他事有连，专治一目者，必旁及相关之政俗，苟尽芟缅复，又无以明其联系之因果，此纵断之病也。他坊肆有译籍及规仿为之者，率不餍众望。荏苒迄今，言吾中国文化，盖尚未有比较丰约适当之学校用书。吴君士选乃为正中书局订约复印是稿，且属再为弁言。嗟乎！此覆酱瓿之本，阅廿年无进境，尚安足言！无已，姑仍其管蠡言之。

史非文学，非科学，自有其封域。古之学者治六艺，皆治史耳。故汉志有六艺，不专立书目。刘宋以史俪文、儒、玄三学，似张史学，而乙部益以滋大。顾儒学即史学，而玄又出于史，似四学之并立未谛。近世学校史隶文科，业此而隽其曹者称文学博士，名实诡矣。西国史籍之萌芽，多出文人，故以隶文科，与吾国邃古以来史为政宗异趣。近人欲属之科学，而文人与自然径庭，政治、经济、社会诸学皆产于史，子母不可偶，故吾尝妄谓今之大学宜独立史学院，使学者了然于史之封域非文学、非科学，且创为斯院者，宜莫吾国若。三二纪前，吾史之丰且函有亚洲各国史实，固俨有世界史之性。丽、鲜、越、倭所为国史，皆师吾法。夫以数千年丰备之史为之干，益以近世各国新兴之学拓其封，则独立史学院之自吾倡，不患其异于他国也。

吾国圣哲遗训曰：立天之道曰阴与阳，立地之道曰柔与刚，立人之道曰仁与义。持仁义以为人，爰以参两天地，实即以天地之道立人极，故曰天地之道，博也，厚也，高也，明也，悠也，久也。博厚配地，高明配天，悠久无疆。又曰：惟天下之至诚，为能尽其性；能尽其性，然后能尽人之性；能尽人之性，然后能尽物之性；能尽物之性，则可以赞天地之化育；可以赞天地之化育，则可以与天地参矣。人之性根于天地，汩之则日小，而人道以亡；尽之则无疆，而人道以大。本之天地者，极之参天地，岂惟是营扰于物欲，遂足为人乎！故古之大学明示正鹄，曰明明德，曰新民，曰止于至善。立学校，非以为人之资历，为人之器械也。又申之曰：古之欲明明德于天下者，先治其国；欲治其国者，先齐其家；欲齐其家者，先修其身；欲修其身者，先正其心；欲正其心者，先诚其意；欲诚其意者，先致其知；致知在格物。又曰：自天子以至于庶人，壹是皆以修身为本。庶人修其身，不愧天子；天子不修其身，不足侪庶人。此是若何平等精神！而其大欲在明明德于天下，非曰张霸权于世界，攫政柄于域中也。彝训炳然，百世奉习，官礼之兴以此，文教之昌以此。约之为史，于是迁、固之学为儒之别子史之祖构者，亦即以此。迁之言曰："夫学者载籍极博，犹考信于六艺。"又曰："究天人之际，通古今之变，成一家之言。"固之言曰："修六艺之术，观九家之言，舍短取长，可以通万方之略矣。"又曰："凡《汉书》，叙帝皇，列官司，建侯王。准天地，统阴阳，阐元极，步三光。分州域，物土疆，穷人理，该万方。纬六经，缀道纲，总百氏，赞篇章。函雅故，通古今，正文字，惟学林。"呜呼！吾圣哲之心量之广大，福吾族姓，抚有土宇，推暨边裔，函育万有，非史家之心量能翕受其遗产，恶足以知尽性之极功。彼第知研悦文藻，标举语录，钻索名物者，盖得其偏而未睹其全。而后史之阘冗，又缘政术日替，各族阑入，虽席圣哲之余绪，而本实先拨。顾犹因其服习之久，绵绵然若存若亡，而国史、方志、文儒之传记，得托先业而增拓其封畛焉。吾之谫劣，固不足以语史，第尝妄谓学者必先大其心量以治吾史，进而求圣哲、立人极、参天地者何在，是为认识中国文化之正轨。徒姝姝暖暖于一先生之言，扣槃扪籥，削足适履，则所谓不赅不备一曲之士耳。

虽然，世运日新，吾国亦迈进未已，后此之视吾往史，殆不过世界史中之一部域，一阶程，吾人正不容以往史自囿。然立人之道，参天地，尽物性，必有其宗主，而后博厚高明可推暨于无疆。故吾往史之宗主，虽在此广宇长宙中，若仅仅占有东亚之一方，数千祀之短晷，要其磊磊轩天地者，固积若干圣哲贤智创垂赓续以迄今兹，吾人继往开来，所宜择精语详，以诏来学，以贡世界，此治中国文化史者之责任。而吾此稿之择焉不精、语焉不详之不足副吾悬想，即吾所为覆视而愧汗者也。迁《史》曰："述往事，思来者。"吾岂甘为前哲之奴，正私挟其无穷之望，以企方来之宗主耳！

一九四七年夏五月

柳诒徵

CONTENTS

目　录

第二编　中古文化史

第三编　近世文化史

绪　论

历史之学，最重因果。人事不能有因而无果，亦不能有果而无因。治历史者，职在综合人类过去时代复杂之事实，推求其因果而为之解析，以诏示来兹，舍此无所谓史学也。人类之动作，有共同之轨辙，亦有特殊之蜕变。欲知其共同之轨辙，当合世界各国家、各种族之历史，以观其通；欲知其特殊之蜕变，当专求一国家、一民族或多数民族组成一国之历史，以觇其异。今之所述，限于中国。凡所标举，函有二义：一以求人类演进之通则，一以明吾民独造之真际。盖晚清以来，积腐襮著，综他人所诟病，与吾国人自省其阙失，几若无文化可言。欧战既辍，人心惶扰，远西学者，时或想象东方之文化，国人亦颇思反而自求。然证以最近之纷乱，吾国必有持久不敝者存，又若无以共信。实则凭短期之观察，遽以概全部之历史，客感所淆，矜馁皆失。欲知中国历史之真相及其文化之得失，首宜虚心探索，勿遽为之判断，此吾所渴望于同志者也。

吾书凡分三编：第一编，自邃古以迄两汉，是为吾国民族本其创造之力，由部落而建设国家，构成独立之文化之时期；第二编，自东汉以迄明季，是为印度文化输入吾国，与吾国固有文化由抵牾而融合之时期；第三编，自明季迄今日，是为中印两种文化均已就衰，而远西之学术、思想、宗教、政法以次输入，相激相荡而卒相合之时期。此三期者，初无截然划分之界限，特就其蝉联蜕化之际，略分畛畔，以便寻绎。实则吾民族创造之文化，富于弹性，自古迄今，绳绳相属，虽间有盛衰之判，固未尝有中绝之时。苟从多方诊察，自知其于此见为堕落者，于彼仍见其进行。第二、三期吸收印欧之文化，初非尽弃所有，且有相得益彰者焉。

中国文化为何？中国文化何在？中国文化异于印、欧者何在？此学者所首应致疑者也。吾书即为答此疑问而作。其详具于本文，未可以一言罄。然有一语须先为学者告者，即吾中国具有特殊之性质，求之世界无其伦比也。夫世界任何国家之构成，要皆各有其特殊之处，否则万国雷同，何必特标之为某国某国？然他国之特殊之处，有由强盛而崩裂者，有由弱小而积合者，有由复杂而涣散者，事例綦多；而求之吾民族、吾国家，乃适相反。此吾民所最宜悬以相较，藉觇文化之因果者也。

就今日中国言之，其第一特殊之现象，即幅员之广袤，世罕其匹也。世界大国，固有总计其所统辖之面积广大于中国者，然若英之合五洲属地，华离庞杂号称大国者，固与中国之整齐联属，纯然为一片土地者不同。即以美洲之合众国较之中国，其形势亦复不侔。合众国之东西道里已逊于我，[①] 其南北之距离则尤不逮。[②] 南北距离既远，气候因以迥殊。其温度，自华氏表平均七十九度以至三十六度，相差至四十余度。其栖息于此同一主权之下之土地上之民族，一切性质习惯，自亦因之大相悬绝。然试合黑龙江北境之人与广东南境之人于一堂，而叩其国籍，固皆自承为中国之人而无所歧视也。且此等广袤国境，固由汉、唐、元、明、清累朝开拓以致此盛。然自《尧典》《禹贡》以来，其所称领有之境域，已不减于今之半数。

《书·尧典》："分命羲仲，宅嵎夷，曰旸谷。""申命羲叔，宅南交。""分命和仲，宅西，曰昧谷。""申命和叔，宅朔方，曰幽都。"[③]

---

① 中国东至西凡六十度五十五分，美国东至西凡五十七度三十九分。

② 中国南至北凡三十八度三十六分，美国南至北凡二十四度二十六分。

③ 今人多疑《尧典》为儒家伪造，不可尽信。然《墨子·节用篇》："昔者尧治天下，南抚交趾，北降幽都，东西至日所出入，莫不宾服。"足见《尧典》所言国境非儒家臆造之语。即使此等境界，为儒、墨两家想象之词，初非唐、虞时事实，亦可见春秋之末，战国之初之人，已信吾国有此广大领域也。（柳曾符按："1899 年后，殷墟甲骨出土，有大版记四方风名者数版，与《尧典》所记合，亦可见《尧典》非儒家伪造。胡厚宣先生有《甲骨文四方风名考释》一文，足见王国维《殷卜辞中所见先公先王考》并为卜辞证史名篇。"）

《禹贡》："东渐于海，西被于流沙，朔南暨声教，讫于四海。"

圣哲立言，恒以国与天下对举。

《老子》："以正治国，以奇用兵，以无事取天下。""大国者下流，天下之交。"

《大学》："古之欲明明德于天下者，先治其国。""国治而后天下平。"

此虽夸大之词，要必自来所见，恢廓无伦，故以思力所及，名曰"天下"。由是数千年来，治权时合时分，而国土之增辟初无或间。今之拥有广土，皆席前人之成劳。试问前人所以开拓此天下，抟结此天下者，果何术乎？

第二，则种族之复杂，至可惊异也。今之中国，号称五族共和，其实尚有苗、傜、僮、蛮诸种，不止五族。其族之最大者，世称汉族。稽之史策，其血统之混杂，决非一单纯种族。数千年来，其所吸收同化之异族，无虑百数。春秋战国时所谓蛮、夷、戎、狄者无论矣，秦、汉以降，若匈奴，若鲜卑，若羌，若奚，若胡，若突厥，若沙陀，若契丹，若女真，若蒙古，若靺鞨，若高丽，若渤海，若安南，时时有同化于汉族，易其姓名，习其文教，通其婚媾者。外此如月氏、安息、天竺、回纥、唐兀、康里、阿速、钦察、雍古、弗林诸国之人，自汉、魏以至元、明，逐渐混入汉族者，复不知凡几。

《汉书》："金日磾，字翁叔，本匈奴休屠王太子也。"

《晋书》："卜珝，字子玉，匈奴后部人也。"又"段匹磾，东郡鲜卑人也。"又，"乔智明，字元达，鲜卑前部人也。"①

《通志·氏族略》："党氏本出西羌。"

《唐书》："王世充，字行满，本姓支，西域胡人也。""李怀仙，

① 元魏以后，鲜卑人之化为汉族者，不可胜数。

柳城胡人也。”“哥舒翰，突骑施首领哥舒部落之裔也。”“代北李氏，本沙陀部落。”“王武俊，契丹怒皆部落也。”“李光弼，营州柳城人，其先契丹之酋长。”“李怀光，渤海靺鞨人也。”“高仙芝，本高丽人。”“王毛仲，本高丽人。”“高崇文，其先渤海人。”“姜公辅，安南人。”“史宪诚，其先出于奚虏。”“李宝臣，范阳城旁奚族也。”

《通志》：“支氏，其先月支胡人也。”“安氏，安息王子入侍，遂为汉人。”“竺氏，本天竺胡人。”

《元史》：“昔班，畏吾人。”“余阙，唐兀人。”“斡罗思，康里氏。”“杭忽思，阿速人。”“完者都，钦察人。”“马祖常，世为雍古部。”“爱薛，西域弗林人。”（此类甚多，姑举以示例。）

《日知录》卷二十三：“《章丘志》言：洪武初，翰林编修吴沈奉旨撰《千家姓》，得姓一千九百六十八，而此邑如‘术’、如‘偒’，尚未之录。[①] 今访之术姓，有三四百丁，自云金丞相术虎高琪之后。[②] 盖二字改为一字者。而撰姓之时，尚未登于黄册也。以此知单姓之改，并在明初以后。而今代山东氏族，其出于金、元之裔者多矣。”“永乐元年九月庚子，上谓兵部尚书刘儁曰：‘各卫鞑靼人多同名，宜赐姓以别之。于是兵部请如洪武中故事，编置勘合，赐给姓氏。’[③] 从之，三年七月，赐把都帖木儿名吴允诚，伦都儿灰名柴秉诚，保住名杨效诚，自此遂以为例。”

凡汉族之大姓，若王、若李、若刘者，其得氏之始，虽恒自附于中国帝王，实则多有异族之改姓。其异族之姓，如金、如安、如康、如支、如竺、如元、如源、如冒者，在今日视之，固亦俨然汉族，与姬、姜、子、姒若同一血统矣。

---

①《广韵》“偒”字下注云：“齐大夫名。”

② 原注：土人呼术为张一反，按《金史》术虎汉姓曰董，今则但为术姓。

③ 按洪武中勘合赐姓，《实录》不载，惟十六年二月，故元云南右丞观音保降，赐姓名李观。又《宣宗实录》：丑闾洪武二十一年来归，赐姓名李贤。

甄克思有言：“广进异种者，其社会将日即于盛强。”

《社会通诠》（甄克思）：“世界历史所必不可诬之事实：必严种界，使常清而不杂者，其种将日弱而驯致于不足以自存；广进异种者，其社会将日即于盛强，而种界因之日泯。此其理自草木禽兽以至文明之民，在在可征之实例。孰得孰失，非难见也。……希腊邑社之制，即以严种界而衰灭，罗马肇立，亦以严种界而几沦亡。横览五洲之民，其气脉繁杂者强，英、法、德、美之民，皆杂种也。其血胤单简者弱，东方诸部，皆真种人矣。”

顾欧陆诸国，虽多混合之族，而其人至今犹严种界，斯拉夫、条顿、日耳曼之界，若鸿沟然。而求之吾国，则“非族异心”之语，“岛夷索虏”之争，固亦时著于史，如：

《左传·成公四年》：“史佚之《志》有之曰：非我族类，其心必异。”

《通鉴》卷六十九：“宋魏以降，南北分治。南谓北为索虏，北谓南为岛夷。”

而异族之强悍者，久之多同化于汉族，汉族亦遂泯然与之相忘。试问吾国所以容纳此诸族，沟通此诸族者，果何道乎？

第三，则年祀之久远，相承勿替也。世界开化最早之国，曰巴比伦，曰埃及，曰印度，曰中国。比而观之，中国独寿。

《西洋上古史》（浮田和民）：“迦勒底王国，始于公元前四千年以前，至一千三百年而亡。亚述[①]兴于公元前一千三百年，至六百零六

① 即亚西里亚。

年而亡。巴比伦兴于公元前六百二十五年，至五百三十八年，为波斯所灭。……埃及旧帝国兴于公元前四千年，中帝国当公元前二千一百年，新帝国当公元前一千七百年，至五百二十七年，为波斯所灭。”

《印度五千年史》（高桑驹吉）：“印度吠陀时代，始于公元前二千年，公元后七百十四年，为回教徒所征服。”

中国历年之久，姑不问纬书荒诞之说。

《春秋元命苞》：“天地开辟，至春秋获麟之岁，凡二百七十六万岁。”

即以今日所传书籍之确有可稽者言之，据《书经·尧典》，则应托始于公元前二千四百年；据龟甲古文，则作于公元前一千二百年；据《诗经》，则作于公元前一千一百年，至共和纪元以后，则逐年事实，皆有可考，是在公元前八百四十一年。汉、唐而降，虽常有异族入主之时，然以今日五族共和言之，则女真、蒙古、满洲诸族，皆吾中国之人。是即三、四千年之间，主权有转移，而国家初未亡灭也。并世诸国，若法、若英、若俄，大抵兴于梁、唐以后，即日本号称万世一系，然彼国隋唐以前之历史，大都出于臆造，不足征信。则合过去之国家与新兴之国家而较之，未有若吾国之多历年所者也。试问吾国所以开化甚早、历久犹存者，果何故乎？

答此问题，惟有求之于史策。吾国史籍之富，亦为世所未有。今日所传之正史，共计三千五百四十三卷：

《史记》一百三十卷，西汉司马迁撰。《汉书》一百二十卷，东汉班固撰。《后汉书》一百二十卷，宋范晔撰。[①]《三国志》六十五卷，晋陈寿撰。《晋书》一百三十卷，唐房玄龄等撰。《宋书》一百卷，梁

① 内《续汉志》三十卷，晋司马彪撰。

沈约撰。《南齐书》五十九卷，梁萧子显撰。《梁书》五十六卷，唐姚思廉撰。《陈书》三十六卷，唐姚思廉撰。《魏书》一百三十卷，北齐魏收撰。《北齐书》五十卷，唐李百药撰。《周书》五十卷，唐令狐德棻等撰。《隋书》八十五卷，唐魏徵等撰。《南史》八十卷，唐李延寿撰。《北史》一百卷，唐李延寿撰。《旧唐书》二百卷，晋刘昫等撰。《新唐书》二百五十五卷，宋欧阳修、宋祁撰。《旧五代史》一百五十二卷，宋薛居正等撰。《新五代史》七十五卷，宋欧阳修撰。《宋史》四百九十六卷，元脱脱等撰。《辽史》一百十六卷，元脱脱等撰。《金史》一百三十五卷，元脱脱等撰。《元史》二百十卷，明宋濂等撰。《新元史》二百五十七卷，民国柯劭忞撰。《明史》三百三十六卷，清张廷玉等撰。

自《隋书·经籍志》以下，史部之书，每较经、子、集为多：

《隋书·经籍志》

六艺经纬	六二七部	五三七一卷
史部	八一七部	一三二六四卷
子部	八五三部	六四三七卷
集部	五五四部	六六二二卷
道佛	二三二九部	七四一四卷

《旧唐书·经籍志》

经录	五七五部	六二四一卷
史	八四〇部	一七九四六卷
子	七五三部	一五六三七卷
集	八九二部	一二〇二八卷
释道书	二五〇〇部	九五〇〇卷

《新唐书·艺文志》

经	五九七部	六一四五卷

史	八五七部	一六八七四卷
子	九六七部	一七一五二卷
集	八五六部	一一九二三卷

《宋史·艺文志》

经	一三〇四部	一三六〇八卷
史	二一四七部	四三一〇九卷
子	三九九九部	二八二九〇卷
集	二三六九四部	三四九六五卷

《明史·艺文志》

经	九四九部	八七四六卷
史	一三一六部	二八〇五一卷
子	九七〇部	三九二一一卷
集	一三九八部	二九九六六卷

清《四库书目》

经	六九四部	一〇二六〇卷
史	五三六部	二一九四一卷
子	九〇七部	一七八九六卷
集	一二七七部	二九二五四卷

然经、子、集部，以至道、释二藏之性质，虽与史书有别，实亦无不可备史料。其第以编年纪事，及纪、传、表、志诸体为史书之界限者，初非深知史者也。世恒病吾国史书为皇帝家谱，不能表示民族社会变迁进步之状况，实则民族社会之史料，触处皆是，徒以浩穰无纪，读者不能博观而约取，遂疑吾国所谓史者，不过如坊肆《纲鉴》之类，止有帝王嬗代及武人相斫之事，举凡教学、文艺、社会、风俗以至经济、生活、物产、建筑、图画、雕刻之类，举无可稽。吾书欲祛此惑，故于帝王朝代，国家战伐，多从删略，惟就民族全体之精神所表现者，广搜而列举之。兹事体大，挂漏孔多，姑发其凡，以待来哲尔。

第一编　上古文化史

第一章　中国人种之起源

中国人种之起源，盖不可考。其故有二：

（一）无文字之证。研究历史，自来皆依据文字。吾人今日所知之文字，仅能及于商、周之时；[①] 所读之书，大抵周、秦以来之书。周、秦之人之去太古，不知若干万年。视吾人之去周、秦之年岁，不止十百倍蓰。故虽周、秦人相传之说，不能尽信为正确之史料。后世穿凿附会之说，更不足言。

（二）无器物之证。仅据文字以考史事，不过能识有史以后之事，其未有文字以前之史事，仍无从考证。故欲推测人种之起源，必须得未有文字以前之器物以为证。近世东西学者，若劳夫尔及鸟居龙藏等研究中国各地所发见之石器，多不能定其时代，且谓其未必为中国民族之石器。盖古器湮沉，仅从浮土中略得数事，不足据以考史也。

周、秦之人，已知此理。故其推论古初，约有二法：

（一）约举其理。

《易·序卦》："有天地然后有万物，有万物然后有男女，有男女然后有夫妇，有夫妇然后有父子，有父子然后有君臣，有君臣然后有上下，有上下然后礼义有所错。"

《乾凿度》："有太易，有太初，有太始，有太素。太易者，未见气也；太初者，气之始也；太始者，形之始也；太素者，质之始也。气形质具，

① 世所传夏代文字，多不可信。

而未相离，故曰浑沦。浑沦者，言万物相浑沦而未相离也。视之不见，听之不闻，循之不得，故曰易也。易无形埒，易变而为一，一变而为七，七变而为九。九者，气之究也，乃复变而为一。一者，形变之始也。清轻者上为天，浊重者下为地，冲和气者为人。故天地含精，万物化生。”①

古无文字，无名号，无年代，故人类起源之时，不可确指，仅能以理想推测其发生次序如此。今人以地质及古物，推究人类之年代及进化之次第，亦仅约计，不能如有史以后之事实，可确指其距今若干年，在何地，有何事实也。

（二）斥言其诬。

《列子·杨朱篇》：“杨朱曰：太古之事灭矣，孰志之哉？三皇之世，若存若亡；五帝之事，若觉若梦。三王之事，或隐或显，亿不识一；当身之事，或闻或见，万不识一；目前之事，或存或废，千不识一。太古至于今日，年数固不可胜纪，但伏羲以来，三十余万岁，贤愚好丑，成败是非，无不消灭，但迟速之间耳。”

此论极诋历史为不可信。盖谓吾人于目前之事，亦不能尽得其真相，况欲上考太古乎？其谓“太古灭矣，孰志之哉”，亦可见有史以后，虽不能谓史事完全真确，尚可确知有人志记；有史以前，既无人为之记录，但凭后人推测，则更属渺茫矣。

后世治历史者，因亦不复远溯古初，仅自羲、农、黄帝、尧、舜以来言之。而近世学者，以西人称吾国人种来自西方，于是周、秦以来所不能确定而质言者，今人转凿凿言之。或谓来自中央亚细亚，或谓来自阿富汗，或谓来自巴比伦，或谓来自于阗，或谓来自马来半岛，众说纷纭，莫衷一是。而以法人拉克伯里（Lacouperie）所倡“支那太古文明西元论”最为学者所信。

① 亦见《列子·天瑞篇》。盖袭《乾凿度》文。

《中国人种从来考》（丁谦）："中国史书，皆始于盘古，而三皇继之，伏羲、神农、黄帝又继之，并无言他处迁来之事。自光绪二十年（公元一千八百九十四年）法人拉克伯里著《支那太古文明西元论》，引据亚洲西方古史，证中西事物法制之多同，而彼间亦实有民族东迁之事。于是中东学者，翕然赞同，初无异词。且搜采古书，以证明其说。如刘光汉之《华夏篇》《思故国篇》，黄节之《立国篇》，章太炎之《种姓篇》，蒋观云之《中国人种考》，及日本人所著之《兴国史谭》等，虽各有主张，要无不以人种西来之说为可信。"

而德人夏德（F.Hirth）所著《支那太古史》，力斥拉克伯里之附会，近日学者亦多驳斥其说。盖中国古书，多不可信，年代对比，亦难正确。如谓巴克民族为盘古，当先确定盘古之有无。

《中国人种从来考》（丁谦）："西史谓徙中国者为巴克民族，巴克乃盘古转音。中国人谓盘古氏开辟天地，未免失实，而盘古氏之为中国始迁祖，则固确有可考矣。"

《五运历年记》（徐整）："元气濛鸿，萌芽兹始，遂分天地，肇立乾坤。启阴感阳，分布元气，乃孕中和，是为人也。首生盘古，垂死化身，气成风云，声为雷霆，左眼为日，右眼为月，四肢五体为四极五岳，血液为江河，筋脉为地里，肌肉为田土，发髭为星辰，皮毛为草木，齿骨为金石，精髓为珠玉，汗流为雨泽，身之诸虫，因风所感，化为黎甿。"《三五历记》："天地混沌如鸡子，盘古生其中，万八千岁，天地开辟。阳清为天，阴浊为地，盘古在其中，一日九变，神于天，灵于地。天日高一丈，地日厚一丈，盘古日长一丈。如此万八千岁，天数极高，地数极深、盘古极长。后乃有三皇。"（此等荒诞之说，丁氏亦知失实，然犹信盘古为中国始迁祖，则附会之过也。）

《中国历史》（夏曾佑）："盘古之名，古籍不见，疑非汉族旧有之说。或'盘古'、'盘瓠'音近。盘瓠为南蛮之祖。[1]此为南蛮自说其天地开辟之文，吾人误用以为己有也。故南海独有盘古墓，桂林又有盘古祠。[2]不然，吾族古皇，并在北方，何盘古独居南荒哉？”

谓霭南国王为黄帝，亦难确定黄帝之年代。

《中国人种从来考》（丁谦）：“西亚古史，中国人种为丢那尼安族。其族分二派，一思米尔，一阿加逖，皆起于亚洲中境。思米尔人先入美索波达米南境，建立迦勒底国。阿加逖人后至沙蛟山麓，建都城于苏萨，称霭南国。其王廓特奈亨台兼并迦勒底诸部，既乃率其种人，迁入中华，谓即黄帝。以此王时代在公元前二千二百八十年间也。但其说不确。因此年数，即彼土亦不衷一，或谓在二十四世纪至二十七世纪。据《竹书》所纪之年，上推黄帝，为二千六百二十年，与第一说不相应，而与第二说差近。但亦无实证，不足为凭。”

《中国通史》（陈汉章）：“近今一般社说，并谓中国黄种，皆黄帝子孙，而黄帝实由西北方迁徙而来。按法人拉克伯里说，以奈亨台为丢那尼安种，非塞米的种与黄种合矣。底格里士河边地，与幼发拉的河侧地，并即迦勒底古国，而里海西岸之巴克，并其统领迦勒底国之地，当时实为波斯巴撒迦特族人所居。若率巴克民族东来，则东来者仍是白种（西人说波斯古国者，或云哈母种，或云阿利安种，皆白种），非黄种。且公元前二千八百八十二年，当中国颛顼帝之二十二年[3]，犹得以底格里士河边之酋长，由土耳其斯坦来中国者为黄帝乎？”

至以八卦与楔形字为一源，则无论年代不合，但以卦象与楔形字比而观之，

---

①《后汉书·南蛮传》。

② 任昉：《述异记》。

③ 据《四裔年表》推之。

一则有横无纵，而数止于三；一则纵横兼备，而笔画亦无定数。虽至愚极浅之人，亦可知其不类也。

《中国通史》（陈汉章）：“或谓八卦即巴比伦之楔形文字，试问巴比伦始造尖楔文字，在公元前二千一百四十七年，当中国帝挚时，[①]能与伏羲时代附合乎？”

中国人种之起源，既不可知，以从来所传不可尽信之说，比而观之，大约可得二义：

一则出于多元也。羲、农以前之事，多见于纬书。论者谓纬书为古史书。

《癸巳类稿》（俞正燮）：“纬书论纬者，古史书也。孔子定六经，其余文在太史者，后入目之为纬。”

今其书亦不完，即其所存者观之，多荒诞不经之说，犹各国古史之有神话也。诸纬书所述古事，始于三皇，继分十纪：

《春秋命历序》：“天地初立，有天皇氏，十二头，淡泊无所施为，而俗自化，木德王，岁起摄提，兄弟十二人，立各一万八千岁。地皇，十一头，火德王，一姓十一人，兴于熊耳龙门山，亦各万八千岁。”“人皇，九头，提羽盖，乘云车，使风雨，出旸谷，分九河。”“人皇出于提地之国，九男九兄弟相似，别长九国，凡一百五十世，合可万五千六百年。”“自开辟至获麟，二百二十七万六千岁，分为十纪。每纪为二十六万七千年，凡世七万六百年。[②]一曰九头纪，二曰五龙纪，

①《四裔年表》帝挚八年。

② 此说以《春秋元命苞》证之，当云凡二百六十七万岁，每纪为二十六万七千年。凡世云云，当系衍文。

三曰摄提纪，四曰合雒纪，五曰连通纪，六曰序命纪，七曰循蜚纪，八曰因提纪，九曰禅通纪，十曰疏仡纪。”按纬书所云十纪，并未实指某纪有某氏某氏，惟云“人皇九头”，故曰“九头纪”，皇伯、皇仲、皇叔、皇季、皇少，五姓同期，俱驾龙，号曰“五龙”。至宋罗泌《路史》，杂采诸书，附会其说始云摄提纪传五十九世，合雒纪传四世，连通纪传六世，叙命纪传四世，循蜚纪传二十二世，有钜灵氏、句疆氏、谯明氏、涿光氏、鉤陈氏、黄神氏、狚神氏、犁录氏、大骢氏、鬼骢氏、弇兹氏、太逢氏、冉相氏、盖盈氏、大敦氏、云阳氏、巫常氏、太一氏、空桑氏、神民氏、倚帝氏、次民氏。因提纪传十三世，有辰放氏、蜀山氏、豗傀氏、浑敦氏、东户氏、皇覃氏、启统氏、吉夷氏、几蘧氏、豨韦氏、大巢氏、燧人氏、庸成氏。禅通纪传十九世，有仓颉氏、轩辕氏、伏羲氏、女娲氏、大庭氏、柏皇氏、中央氏、栗陆氏、骊连氏、尊卢氏、祝融氏、混沌氏、昊英氏、有巢氏、葛天氏、阴康氏、朱襄氏、无怀氏、神农氏。虽其说不尽无稽，要不可据为正确之系统也。

大抵出于臆造。然即此臆造之说推之，亦可立三义，以破后来之谬论：

（一）人类之生历年久远也。古无历法，则纪年必不能如后世之正确。所称若干万年，不过约举臆测，不能视为确数。然以地质证之，自生民之初至于有史时代，至少亦必经数十万年。若谓吾国茫茫九有，从古初无人类，必待至最近数千年中，始由巴比伦、中央亚细亚转徙而来，是则理之所不可信者也。

（二）人类之生不限一地也。天皇起于昆仑，则西方之种族也；地皇兴于熊耳、龙门，则中部之酋长也；人皇出于旸谷、九河，则东方之部落也。吾国地势，固西高而东下，然亦未必人类悉出于西方。吾意天皇、地皇、人皇，初非后先相继，特十口相传之说，谓吾国东、中、西三方，有最初发生之部落，因目之为天、地、人三皇，而后世遂以天、地、人分先后，若近世帝皇相嬗者然。实则纬书之言，仅可为人类初生不限一地之证，不当以后世帝皇例之也。

（三）一地之人各分部落也。天皇十二头，兄弟十二人；地皇十一头，一姓十一人；人皇九头，兄弟九人。此可见最古之时，但有人类，即分部落。部落之中，各有酋长。后世传说，谓其地之相近者，皆此一姓兄弟所据。实则其时父子夫妇之伦未分，恶有所谓兄弟，纬书之言若干头，犹后世盗贼分据山林，各拥头目耳。以此推之，合雒、禅通诸纪之某氏某氏，亦非一时代只有一氏，盖同时有若干部落，即有若干氏。其纷争合并之迹，虽不可详考，要之羲、农以后所谓华夏之族，实由前此无数部落混合而成。必实指此种族为崛兴于某地，或由来于某地，凿矣。

彼以为中国土著，只有一族，后之战胜者，亦只外来之一族者，皆不知古书之传说，固明示以多元之义也。

次则兴于山岳也。世多谓文明起于河流，吾谓吾国文明，实先发生于山岳。盖吾国地居大陆，人种之生，本不限于一地，其拥部众而施号令者，必具居高临下之势，始可以控制多方。非若海滨岛国，地狭人少，徒取一隅之便利也。周、秦诸书，虽不尽可据为上古之信史，然自来传说，古代诸部兴于山岭者多，而起于河流者少。如天皇兴于柱洲昆仑山，地皇兴于熊耳、龙门山，人皇兴于刑马山。出旸谷，分九河之类，实吾民先居山岭，后沿河流之证。更以其后言之，则证据尤多：

（一）君主相传号为林、蒸。《尔雅》："林、蒸，君也。"盖古之部落，其酋长多深居山林，故后世译古代林、蒸之名，即君主之义。

（二）唐、虞时诸侯之长尚号为岳。《尚书》四岳之名，说者不一，或谓为一人，或谓四方各一人。要皆可证古者诸侯之长，多居山岳，故以岳为朝臣首领也。

（三）巡狩之朝诸侯必于山岳。舜巡四岳，禹会诸侯于涂山，即其证。

（四）人民相传号为丘民。《孟子》谓"得乎丘民为天子"。丘民，盖古者相传之称。《禹贡》有"降丘宅土"之文，是洪水以前及洪水时，民多居丘也。

（五）为帝王者必登山封禅。《管子》有云："古者封泰山、禅梁父者七十二家。而夷吾所记者，十有二焉：昔无怀氏封泰山禅云云，虙戏氏封泰山禅云云，神农氏封泰山禅云云，炎帝封泰山禅云云，黄帝封泰山禅云云，颛顼封泰山禅云云，帝喾封泰山禅云云，尧封泰山禅云云，舜封泰山禅云云，禹封泰山禅会稽，汤封泰山禅云云，周成王封泰山禅社首。”此非古人迷信山林之神也。最古之大部强酋，多居山岳，故后之为帝王者，虽已奠都造邑，亦必循古代之仪式，登山行礼，然后为众所推尊。《书》称“尧纳舜于大麓”，亦即此意也。

此外更有可玩味者，古代诸氏，虽皆后人传说，不尽可凭。然奕祀相传，不谓之某林某蒸，或某君某主，而概称之曰氏，则氏字必有其定义。后世胙土始命之氏，氏之名义，实根于土。《说文》之释“氏”字，即援此义为说：

> 《说文》：“氏，巴蜀名山岸胁之𠂤旁箸欲落堕者曰氏。氏崩，声闻数百里。象形。”段玉裁注：“谓𠂤，象傍于山胁也。氏之附于姓者类此。”

然则古所谓某氏某氏者，即所谓某山之部落，某山之酋长耳。诸氏并起于山，故后世附会名山之古迹，往往有某某之丘，某某之台。

> 《山海经》：“有九丘，以水络之，名曰陶唐之丘。有叔得之丘、孟盈之丘、昆吾之丘、黑白之丘、赤望之丘、参卫之丘、武夫之丘、神民之丘。”“帝尧台、帝喾台，帝丹朱台、帝舜台，各二台，台四方，在昆仑东北。”

其后渐次混合，谋便交通，始有开辟河流、制作舟楫之事。此事实之次序，固可以理测度者也。

第二章　洪水以前之制作

部落时代，统系无征，年祀莫考。诸称某皇某帝之事迹年代，要皆仅可存疑。

《礼含文嘉》称："三皇：虙戏、燧人、神农。"

《春秋运斗枢》称："伏羲、女娲、神农，为三皇也。"

《潜夫论》（王符）："世多以伏羲、神农为三皇。其一者，或曰燧人，或曰祝融，或曰女娲，是与非未可知也。"

《春秋命历序》称五帝为："炎帝号曰大庭氏，传八世，合五百二十岁。黄帝一曰帝轩辕，传十世，二千五百岁。次曰帝宣，曰少昊；一曰金天氏，则穷桑氏，传八世五百岁。次曰颛顼，则高阳氏，传二十世，三百五十岁。次是帝喾，即高辛氏，传十世，四百岁。乃至尧。"

孔子删《书》，断自唐、虞。盖以唐尧时有洪水。考史者当以此为界限。洪水以前之文物，大都为洪水所荡涤，虽有传说，多不足据也。洪水之祸，历时甚久。

《中国历史》（夏曾佑）："《尧典》称洪水滔天，浩浩怀山襄陵，则其水之大可知。然不详其起于何时，一若起于尧时者然。今案女娲氏时，四极废，九州裂，水浩溔而不息。于是女娲氏断鳌足以立四极，积芦灰以止淫水。[1]其后共工氏与颛顼争为帝，怒而触不周之山。共工氏振滔洪水，以薄穷桑，江淮流通，四海溟涬，民皆上丘陵，赴树木。[2]似洪之祸，实起于尧以前。特至尧时，人事进化，始治之耳。考天下各族述其古事，莫不有洪水，巴比伦古书言洪水乃一神西苏罗斯所造。洪水前有十王，凡四十三万年。洪水后乃今世。希伯来《创世纪》言耶和华鉴世人罪恶贯盈，以洪水灭之，历百五十日，不死者惟挪亚一家。[3]最近发现云南倮倮古书，亦言洪水，言古有宇宙干燥时代，其后即洪水时代。有兄弟四五人，三男一女，各思避水，长男乘铁箱，次男乘铜箱，三男与季女同乘木箱。其后惟木箱不没，而人类遂存。[4]观此，则知洪水为上古之实事。而此诸族者，亦必有相连之故矣。"

洪水之前后地势，亦有变迁。

《尸子》："古者龙门未开，吕梁未凿。河出于孟门之上，大溢逆流，无有丘阜高陵皆灭之，名曰鸿水。禹于是疏河决江，十年不窥其家。"

《墨子》："古者禹治天下，西为西河渔窦，以泄渠孙皇之水。北为防原泒，注后之邸、嘑池之窦，洒为底柱，凿为龙门，以利燕、代、胡、貉与西河之民。东方漏之陆，防孟诸之泽，洒为九浍，以楗东土之水，以利冀州之民。南为江、汉、淮、汝，东流之，注五湖之处，以利荆楚、干越与南夷之民。"[5]

---

① 此据《淮南子·览冥训》文，实不可信。《论衡·谈天篇》极言其诬。然《论衡》谓儒书云云，又曰：此久远之文，盖传说甚久，可取以为洪水之证。

②《淮南子·本经训》语。

③《旧约·创世纪》。

④ 日本鸟居龙藏引西书。

⑤ 此文所述地名，有后世所无者，度皆洪水以前之名称，诸家务以后世地理证之，殆未悟此义。

然由洪水以后观之，社会事物，已渐完备，似非一时所能创造，则其渊源所自，必多因袭于前人。其由草昧榛狉，渐底开明之域，历年甚远，作者孔多。后世所传，逸文只句，虽多挂漏，尚可推寻。所谓“自古”“在昔”“先民有作”者，不得悉诋为谰言也。

记载洪水以前之制作者，莫详于《世本》，《世本》有《作篇》，专记历代之制作。今据高邮茆泮林所辑《世本》佚文，录之于下：

[燧人]燧人出火。造火者燧人，因以为名。

[庖羲]（一）伏羲以俪皮制嫁娶之礼。（二）庖羲氏作瑟。宓羲作瑟，八尺二寸，四十五弦。庖羲氏作五十弦，黄帝使素女鼓瑟，哀不自胜，乃破为二十五弦，具二均声。（三）伏羲作琴。伏羲作琴瑟。（四）伏羲臣芒氏作罗。芒作罔。①

[神农]（一）神农和药济人。（二）神农作琴，曰神农氏琴。长三尺六寸六分，上有五弦。曰宫、商、角、徵、羽。文王增二弦，曰少宫、少商。（三）神农作瑟。

[蚩尤]蚩尤作兵。蚩尤以金作兵器。蚩尤作五兵，戈、矛、戟、酋矛、夷矛。②

[黄帝]（一）黄帝见百物，始穿井。（二）黄帝乐名《咸池》。（三）黄帝造火食、旃冕。黄帝作旃冕。黄帝作旃。黄帝作冕旒。黄帝作冕。（四）羲和占日。（五）常仪占月。羲和作占月。（六）后益作占岁。（七）臾区占星气。（八）大挠作甲子。黄帝令大挠作甲子。（九）隶首作算数。隶首作数。（十）伶伦造律吕。（十一）容成造历。（十二）苍颉作书。苍颉造文字。沮诵、苍颉作书，并黄帝时史官。（十三）史皇作图。（十四）伯余作衣裳。（十五）胡曹作衣。胡曹作冕。（十六）

---

① 宋衷曰：“芒，庖羲之臣。”

② 宋衷曰：“蚩尤，神农臣也。”

於则作扉屦。（十七）雍父作舂杵臼。（十八）胲作服牛。（十九）相土作乘马。（二十）腢作驾。（二十一）共鼓、货狄作舟。[①]（二十二）女娲作笙簧。女娲作簧。[②]（二十三）随作笙。[③]随作竽。（二十四）夷作鼓。（二十五）挥作弓。（二十六）夷牟作矢。（二十七）巫彭作医。

[颛顼]祝融作市。[④]

上皆唐、虞洪水以前之制作也。其唐、虞时之制作，未能确定为洪水前后者。如：

[尧]（一）巫咸初作医。巫咸作筮。巫咸作鼓。（二）无句作磬。（三）化益作井。

[舜]（一）舜始陶，夏臣昆吾更增加。（二）倕作规矩准绳。（三）垂作耒耜。垂作耒耨。垂作铫耨。（四）咎繇作耒耜。（五）伯夷作五刑。（六）箫，舜所造，其形参差，象凤翼，十管，长二尺。（七）垂作钟。（八）夔作乐。（九）磬，叔所造。[⑤]（十）乌曹作簙。

[夏]（一）鲧作城郭。（二）禹作宫室。（三）奚仲作车。（四）夏作赎刑。（五）仪狄造酒。

亦见于《作篇》，皆可为研究古代社会开化之资料者也。外此则诸经、诸子纪载古代之制作，亦可与《作篇》相参证。如：

《易·系辞》："古者包牺氏之王天下也，仰则观象于天，俯则观法于地，观鸟兽之文与地之宜，近取诸身，远取诸物，于是始作八卦，以通神明之德，以类万物之情。作结绳为罔罟。以佃以渔，盖取诸《离》。

---

① 注曰："二人，黄帝臣也。"

② 宋衷注曰："女娲，黄帝臣也。"

③ 宋衷注："随，女娲氏之臣。"

④ 宋衷注："祝融，颛顼臣，为高辛氏火正。"

⑤ 叔，舜时人。

包牺氏没，神农氏作，斫木为耜，揉木为耒，耒耨之利，以教天下，盖取诸《益》。日中为市，致天下之民，聚天下之货，交易而退。各得其所，盖取诸《噬嗑》。神农氏没，黄帝、尧、舜氏作，通其变，使民不倦；神而化之，使民宜之。《易》，穷则变，变则通，通则久。是以自天祐之，吉无不利。黄帝、尧、舜垂衣裳而天下治，盖取诸《乾》《坤》。刳木为舟，剡木为楫。舟楫之利，以济不通，致远以利天下，盖取诸《涣》。服牛乘马，引重致远，以利天下，盖取诸《随》。重门击柝以待暴客，盖取诸《豫》。断木为杵，掘地为臼，杵臼之利，万民以济，盖取诸《小过》。弦木为弧，剡木为矢，弧矢之利，以威天下，盖取诸《睽》。上古穴居而野处，后世圣人易之以宫室。上栋下宇，以待风雨，盖取诸《大壮》。古之葬者，厚衣之以薪，葬之中野，不封不树，丧期无数。后世圣人，易之以棺椁，盖取诸《大过》。上古结绳而治，后世圣人易之以书契。百官以治，万民以察，盖取诸《夬》。”

《管子》：“虙戏作造六峜，以迎阴阳。作九九之数，以合天道。……黄帝作钻燧生火，以熟荤臊。”

《尸子》：“宓義氏之世，天下多兽，故教民以猎。”

《吕氏春秋》：“大挠作甲子，黔如作虏首，容成作历，羲和作占日，尚仪作占月，后益作占岁，胡曹作衣，夷羿作弓，祝融作市，仪狄作酒，高元作室，虞姁作舟，伯益作井，赤冀作臼，乘雅作驾，寒哀作御，王冰作服牛，史皇作图，巫彭作医，巫咸作筮。”

《山海经》：“殳始为侯，鼓、延是始为钟。番禺是始为舟。吉光是始以木为车。般是始为弓矢，晏龙是为琴瑟。帝俊有子八人，是始为歌舞。义均是始为巧垂，是始作下民百巧。后稷是播百谷。稷之孙曰叔均，始作牛耕。大比赤阴是始为国。禹、鲧是始布土，均定九州。”

《白虎通》：“神农制耒耜，教民农作。黄帝作宫室，以避寒暑。”

《说文》："瑟，庖牺所作弦乐也。琴，神农所作。古者芒氏初作罗。古者夙沙氏初作煮海盐。黄帝初教作糜。古者黄帝初作冕。古者掘地为臼。古者共鼓、货狄刳木为舟，剡木为楫，以济不通。古者女娲作簧。古者随作笙。古者挥作弓。古者夷牟初作矢。古者巫彭始作医。古者巫咸初作巫。古者伯益初作井。古者昆吾作匋。古者垂作耒梠，以振民也。古者垂作钟。古者乌曹作簙。车，夏后氏奚仲所造。"

《汉书》："黄帝作舟车，以济不通。"

《释名》："黄帝造车，故号轩辕氏。"

上皆可见洪水以前制作之盛。然诸书所言，多有抵牾，制作之方，亦未详举。吾侪研究古史，随在皆见可疑之迹。如《系辞》明言"神农氏作，斫木为耜，揉木为耒"，而《世本》称耒耜为垂与咎繇所作。马骕《绎史》虽谓垂为神农臣，与茆辑《世本》以垂为舜臣者不同，然咎繇固舜臣也。神农既已创作，何待咎繇更作？然此犹两书所言不同也。《世本》一书，即互有不同。如言伏羲作琴瑟，又言神农作琴瑟；言黄帝始穿井，又言化益作井；言夷作鼓，又言巫咸作鼓；言巫彭作医，又言巫咸初作医；言常仪占月，又言羲和作占月；言伯余作衣裳，又言胡曹作衣；言黄帝作冕旒，又言胡曹作冕。有同时而二人并作者，有异代而前后迭制者。是果何故欤？

《考工记》曰："知者创物，巧者述之。守之世，谓之工。百工之事，皆圣人之作也。烁金以为刃，凝土以为器，作车以行陆，作舟以行水，此皆圣人之所作也。"知创，巧述，皆得谓之作。而《世本》所载一器为前后迭作者，尤可见古代进化之迹。神农之去伏羲远矣，伏羲作琴瑟，大抵出于草创，未能完善，传至神农时，神农又加以研究，于是琴瑟之制，始渐如后世之制。后世溯其原始，独称伏羲不可也，独称神农亦不可也，则两记之。而草创与改良之人，均称曰作焉，此一义也。后世之人发明一物，往往有同时异地各不相谋者，矧古代交通不便，未有文书，仿效传播，不若后世之捷乎？黄帝作井之法，或限于一地，或久而失传。唐尧之时，化益别于一地作井，则作井之人，后先有二矣。神农作耒耜于陈，咎繇作耒耜于虞，度亦同之。此又一义也。发明创制不必一人，亦不必同时，伯余、胡曹皆作衣，犹之共鼓、货狄皆作舟，或相续为之，或各极其意匠，后世以其皆在黄帝时代，则并举曰黄帝时某某作某，是亦无足异也。

> 《检论·尊史篇》（章炳麟）："夫古器纯朴，后制丽则，故有名物大同，形范革良者，一矣。① 礼极而褫，乐极而崩，遗器坠失，光复旧物者，二也。② 此既冠带，彼犹毛薪，则其闭门创造，眇与佗会者，三矣。③ 三者非始作，然皆可以作者称之。"

自燧人以迄唐、虞洪水之时，其历年虽无确数，以意度之，最少当亦不下数千年。故合而观其制作，则惊古圣之多；分而按其时期，则见初民之陋。牺、农之时，虽有琴瑟、罔罟、耒耜、兵戈诸物，其生活之单简可想。至黄帝时，诸圣勃兴，而宫室、衣裳、舟车、弓矢、文书、图画、律历、算数始并作焉。故洪水以前，实以黄帝时为最盛之时。后世盛称黄帝，有以也。然黄帝时之制作，或恃前人之经验，或赖多士之分工，万物并兴，实非一手一足之烈。故知社会之开明，必基于民族之自力，非可徒责望于少数智能之士。而研究历史，尤当涤除旧念，著眼于人民之进化，勿认开物成务，为一人一家之绩也。

---

① 若古自有笛，汉丘仲亦作笛。京房乃备五音也。

② 若前汉冕已亡，明帝始作。

③ 泰古关梁不通，故合官衢室，黄唐粗备，及古公迁岐，犹陶复陶穴，未有家室。此见质文变革，远及千年。禹域一隅，自为胡越，今时床几，由来久矣，而席地之仪，犹在日本。古之九州，亦若神州东国。进化异时，谅无多怪者也。

第三章　家族及私产制度之起源

上古历史，虽多懵昧难考，然即周、秦以来之书，推究上古社会之状况，亦往往有端绪可寻。盖自草昧社会进而至于开明，其中阶级甚多，必经若干年岁之蜕化，始渐即于完成。而后来社会之语言、文字、思想、制度，亦必仍有前此之迹象，蝉联寓伏于其中。由后推前，不难见其经过之迹也。今世学者研究社会制度，病其拘牵束缚，欲一切破坏，以求其理想中廓然大公之境，实则草昧社会本无后来一切制度，而人类之思想，所以必构造此拘束人生自由之具，相沿至于数千年者，要必有其不得已之故。此非研究上古历史，无以明其由来也。

上古之社会无所谓家族也。人类之生，同于禽兽，男女无别，亦无名称。

《说文》："男，丈夫也，从田力，言男子力于田也。"龟甲古文男字作[illegible]，钟鼎文作男。据此可知男女之别，起于农业既兴之后。渔牧时代，男女群行，初无分别，至后服田力穑，则为男子专职。女子家居，席地作事，①别有所持。②是皆可以文字推求其原始者也。

至于伏羲之时，始有夫妇之制。

---

①古"女"字象人席地坐。

②《说文》："妇从女持帚，洒扫也。""妻，妇与己齐者也。从女，从屮，从又。又，持事，妻职也。屮声。"

> 《白虎通》："古之时，未有三纲六纪。民人但知其母，不知其父，能覆前而不能覆后。卧之詓詓，起之吁吁。饥即求食，饱即弃余，茹毛饮血而衣皮革。于是伏羲仰观象于天，俯察法于地，因夫妇，正五行，始定人道。"

其源创制之始，必以人类男女之欲，不可漫无禁制。不立夫妇之制，则淫污争夺，其害有不可胜言者。以后世婚礼推之，即知其制之出于不得已矣。

> 《中国历史教科书》（刘师培）："上古婚礼未备，以女子为一国所共有，故民知母不知父。且当时之民，非惟以女子为一国所共有也，且有劫夺妇女之风。①凡战胜他族，必系累妇女，以备嫔嫱，故取女必于异部。②而妇女亦与奴婢相同。③其始也，盛行一妻多夫之制，及男权日昌，使女子终身事一夫，故一妻多夫之制革，而一夫多妻之制，仍属盛行。伏羲之世，虑劫略之易于造乱，乃创为俪皮之礼，定夫妇之道。而女娲亦佐伏羲定婚礼，并置女媒。④然俪皮之礼，即买卖妇女之俗也。故视妇女为财产之一。⑤后世婚姻行纳采、纳吉、问名、纳徵、请期、亲迎六礼，纳采、纳吉皆奠雁，而纳徵则用玄纁束帛，⑥所以沿买卖妇女之俗也。而亲迎必以昏者，则古代劫略妇女，必乘妇家之不备，且使之不知为谁何，故必以昏时。"

按刘氏之说，大致可以证明婚姻制度因乱交而起，至以聘礼为买卖，则有未

①《礼》言阳侯杀穆侯，劫其夫人，即其证。

② 如神农母为有蟜氏，少昊母为西陵氏，颛顼母为蜀山氏是。

③ 如妇字象持帚之形，而奴字古文象女子械系之形，婢字亦从女卑。

④ 见《风俗通》。

⑤ 如妃字本义为帛匹，帑字本义为库藏。

⑥《仪礼》。

当。古者相见必执贽，或执羔，或执雁；国家聘使，则以玉帛：所以表示敬礼，不得谓之买卖也。婚姻之道，男下女，女从男，故男子以其所有赠遗于女氏，游猎之民所有者惟兽皮，爰以此为赠品。后世相沿，则委禽焉。非恶俗也。

伏羲之时，渔猎之时代也。家族等名起于猎。

《说文》："家，居也。从宀，豭省声。"古文"家"从古文"豕"。

按豕为家畜。屋下覆豕，实为私产之起源。有私家之观念，于是有私产之制度。"家"字虽未必起于伏羲之时，然后世造字之观念，必根于前人之思想，可断言也。

《说文》："族，矢缝也。束之族族也。从㫃，从矢。㫃所以标众，众矢之所集。"

按族之本义为矢族，后衍为亲族之谊。其字亦必不起于伏羲之时，然族之所以为亲族者，大抵因血统相近。部落相邻之人，同事畋猎，或相争夺，于是各树旗帜，以供识别。凡在一旗帜之下者，即为一族。故古之分族，犹满洲之分旗也。

财产之制起于渔。

《说文》："贝，海介虫也。……古者货贝而宝龟。"

按所谓古者，未知何时。而以贝为货，必起于渔。"货""财"等字皆从"贝"，知人之私财，由渔得贝，矜为奇宝而起。人类之有私心，其来固以久矣。降而至于神农之世，由渔猎进而为农田。人有定居，益爱护其私产。

《说文》："里，居也，从田从土。"段玉裁曰："有田有土，而可居矣。”

按游牧之民无定居，农业之民则有定居。有定居，则爱护私产之念益深，此定理也。由田土而有疆界。

《说文》：“畕，比田也。”“疆，界也，从畕，三其界画也。”

按“疆”起于田土之界，后世引申为国家郡邑之疆界。据此，是有田土即有此疆尔界之意。渔猎之时，无界限也。由居宅而有公私。

《韩非子·五蠹篇》：“古者苍颉之作书也，自环者谓之厶，背私谓之公。”

按“自环”者，人私其居，筑为垣墉，以自围匝也。字起于苍颉，而人之有私意，必在苍颉之先。又按后世以私为厶，而稼字从禾，家声；穑字从禾，啬声。可见农业之人，各私其家，务为吝啬，胜于他业矣。《说文》：“啬，爱濇也。”田夫谓之啬夫，盖田夫多务盖藏，不肯以所得公之于人也。种谷作酒，宴其部族，而酋长尊属，遂由之起。

《说文》：“酋，绎酒也。”“尊，酒器也。”

按酋长等义，皆引申之义。是古代初无尊卑，由种谷作酒之后，始以饮食之礼而分尊卑也。原其所以私田产而分尊卑，要亦以人类彼此争攘，无有厌足，非各谋自卫，有家族之组织，不能免祸而争存也。

人类有私必有争，有争而私心愈炽。有圣哲出，或因其私而严为限制，或因其争而别谋变通。故家族之制，相沿不废，而商市井田之制，则因争因私而谋所以调剂之者也。日中为市始于神农。盖由私有之物，不能供其所需，故必甲以私有之物，易乙丙私有之物，而后欲望始平。《易》称“交易而退，各得其所”者，即各得其私心之所需也。然提挈负戴之物，可持以入市交易者，有市易以厌其欲，而田土家屋之不可持以为市者，犹时有多寡、肥瘠、遗传、继续、侵占无主之争，无善法以处之，则生人贼杀斗争之祸未已也。浸淫至于黄帝之时，于是以田土为公有，而井田之法起焉。

《通典》：“昔黄帝始经土设井，以塞争端，立步制亩，以防不足。使八家为井，井开四道而分八宅。凿井于中，一则不泄地气，二则无费一家，三则同风俗，四则齐巧拙，五则通财货，六则存亡更守，七则出入相同，八则嫁娶相媒，九则有无相贷，十则疾病相救。是以情性可得而亲，生产可得而均。均则欺凌之路塞，亲则斗讼之心弭。”

按井田之始，专为塞争，亦犹市易之使人各得其所也。土地所有权虽属于公而不得私，而八家各遂其私，是实限制私产之意，特求私产之平均耳。《通典》所言十利虽详，而授受之法，初未陈述。疑黄帝时仅肇其端，亦未遍行于各地。历唐、虞、夏、商而至周，始详制其授受之法也。

第四章　政法之萌芽

太古之世，无所谓政治，亦无所谓君主，各分部落，不相统一。剥林木以为兵，用水火以胜敌，强陵弱，大吞小。不知经若干之岁月，始渐由众部而集为大群。

> 《吕氏春秋·荡兵篇》："兵所自来者久矣。黄、炎故用水火矣，共工氏故次作难矣，五帝固相与争矣。递兴递废，胜者用事。人曰'蚩尤作兵'，蚩尤非作兵也，利其械矣。未有蚩尤之时，民固剥林木以战矣。胜者为长，长则犹不足治之，故立君；君又不足以治之，故立天子。天子之立也出于君，君之立也出于长，长之立也出于争。"

其群愈大者。其争亦愈烈。蚩尤、共工，战祸最酷。

按《汉书·古今人表》，列共工于女娲氏后。《太平御览》引《黄帝世纪》："女娲氏末，有诸侯共工氏，任智刑以强伯。"而《列子》《淮南子》诸书，或云共工与颛顼争帝，或云共工与高辛争帝。《管子·揆度篇》称："共工之王，水处十之七，陆处十之三，乘天势以隘制天下。"盖共工氏为古部落之最强者，自伏羲氏之末，至高辛氏时，常为世患，其子孙部落，固袭称共工氏。即其同盟之部落，散处各地者，亦以共工氏之名号，表示于敌。故有"水处十七，陆处十三"之说。盖水陆各地，在在有共工氏之名号也。章炳麟《检论·尊史篇》："古者王伯显人之号，或仍世循用，不乃摭取先民，与今欧罗巴人无异。"是可知古代共工之多，实非一人。蚩尤为炎帝时诸侯，而《汉书·高帝纪》注，臣瓒引

《大戴礼•用兵篇》，谓蚩尤为庶人之贪者。《书经》释文引马融说，又谓蚩尤为少昊末九黎君号。亦犹共工之不一其人也。《龙鱼河图》称蚩尤兄弟八十一人，或曰七十二人。盖同时称兵之酋长有七八十人，皆以蚩尤为号，故谓之为兄弟耳。虽经炎、黄之圣，亦不必取诸部而一一平之，故挞伐与羁縻之策并行。凡举部族以从号令者，即因其故土而封之，使世袭为侯国。此封建之制所由起也。

《封建论》（柳宗元）："封建非圣人意也。彼其初与万物皆生，草木榛榛，鹿豖狉狉，人不能搏噬，而且无毛羽，莫克自奉自卫。荀卿有言，必将假物以为用者也。夫假物者必争，争而不已，必就其能断曲直者而听命焉。其智而明者，所伏必众。告之以直而不改，必痛之而后畏，由是君长刑政生焉。故近者聚而为群。群之分，其争必大，大而后有兵。有德又有大者，众群之长，又就而听命焉，以安其属。于是有诸侯之列，则其争又有大者焉。德又大者，诸侯之列又就而听命焉，以安其封。于是有方伯连帅之类，则其争又有大者焉。德又大者，方伯连帅之类又就而听命焉，以安其人，然后天下会于一。是故有里胥而后有县大夫，有县大夫而后有诸侯，有诸侯而后有方伯连帅，有方伯连帅而后有天子。自天子至于里胥，其德在人者，死必求其嗣而奉之。故封建非圣人意也，势也。"

封建之制，实为吾国雄长东亚，成为大一统之国家之基。而外观虽号统一，内部之文化实分无限之阶级。自太古以至今日，无论何时何代，举不能以一语概括其时全国文化之程度。此实治中国历史者所当知之第一义也。上古之人，观于邻近部落之多及其降服酋豪之众，而旷览大地，实亦广漠无穷，故往往好为大言，以自表其所辖之广远。后世传述其说，因亦不加深考。

《春秋命历序》："神农始立地形，甄度四海，远近山川林薮所至，东西九十万里，南北八十三万里。"（引此第以见古人好为夸词，不必深究其以若干为一里。）

《史记·五帝本纪》：“黄帝置左右大监，监于万国。”

《汉书·地理志》：“昔在黄帝，作舟车以济不通，帝行天下，方制万里，画野分州，得百里之国万区。”

实则当时土地之开辟者，曾不足方数千里，而其建置国家，亦必不能整齐画一，如画棋局然。所谓国家，不过如今之村落。其数或逾万，或不迨数千，亦不能确定也。

当时诸侯之国，固甚藐小，即各部落所共戴之中央政府，亦未必能统辖若干地域。观于相传之辅佐之数，及其官吏所掌职务，即可推见其政刑之简。

《论语摘辅象》：“伏羲六佐：金提主化俗，鸟明主建福，视默主灾恶，纪通为中职，仲起为海陆，阳侯为江海。”“黄帝七辅：风后受金法，天老受天箓，五圣受道级，知命受纠俗，窥纪受变复，地典受州络，力墨受准斥。州选举，翼佐帝德。”

《左传·昭公十七年》：“郯子曰：昔者黄帝氏以云纪，故为云师而云名；炎帝氏以火纪，故为火师而火名；共工氏以水纪，故为水师而水名；太皞氏以龙纪，故为龙师而龙名。我高祖少皞挚之立也，凤鸟适至，故纪于鸟，为鸟师而鸟名：凤鸟氏，历正也；玄鸟氏，司分者也；伯赵氏，司至者也；青鸟氏，司启者也；丹鸟氏，司闭者也；祝鸠氏，司徒也；雎鸠氏，司马也；鸤鸠氏，司空也；爽鸠氏，司寇也；鹘鸠氏，司事也。五鸠，鸠民者也。五雉为五工正，利器用，正度量，夷民者也。九扈为九农正，扈民无淫者也。自颛顼以来，不能纪远，乃纪于近，为民师而命以民事，则不能故也。”

《管子·五行篇》：“黄帝得蚩尤而明于天道，得大常而察于地利，得奢龙而辩于东方，得祝融而辩于南方，得大封而辩于西方，得后土而辩于北方。黄帝得六相而天地治，神明至。蚩尤明乎天道，故使为当时；大常察乎地利，故使为廪者；奢龙辩乎东方，故使为士师；祝融辩乎南方，故使为司徒；大封辩乎西方，故使为司马；后土辩乎北方，故使为李。”

诸书所言，虽未尽可据，大抵羲、黄官简，而少皞、颛顼以来乃渐多。政治之进化，盖缘土地渐辟，人事渐繁而然也。

古之帝皇，虽有统一各部而为共主之势，然其居处无定，等于行国，非若后世中央政府，有确定之都城也。

《遁甲开山图》：“伏羲生成纪，徙治陈仓。”

《帝王世纪》：“庖羲氏称大昊，都陈。”“神农都于陈，又徙于鲁。”

《史记·五帝本纪》：“黄帝披山通道，未尝宁居。东至于海，登丸山及岱宗。西至于空桐，登鸡头。南至于江，登熊、湘。北逐荤粥，合符釜山，而邑于涿鹿之阿。迁徙往来无常处，以师兵为营卫。”“黄帝居轩辕之丘，而娶于西陵之女，是为嫘祖。嫘祖为黄帝正妃，生二子，其后皆有天下。其一曰玄嚣，是为青阳，青阳降居江水。其二曰昌意，降居若水。”

《大戴礼·五帝德篇》：“孔子曰：颛顼，黄帝之孙，昌意之子也。……乘龙而至四海，北至于幽陵，南至于交趾，西济于流沙，东至于蟠木。”

以黄帝、颛顼之迁徙往来，即可证伏羲、神农之徙都，亦由于本无确定之都邑，第视兵力所至，形势利便，即屯其众于是。比其老死，即葬身于所死之地，亦不必反其故居。① 而其子孙分居各地，亦无定处。沿及夏、商，其风犹然。②

---

① 如神农死葬长沙，黄帝死葬桥山之类，后来舜、尧、禹亦然。

② 史称成汤至契八迁，周之后稷，公刘亦常迁徙。

盖由古代地旷人稀，而宫室服御，亦甚简陋，虽至农稼社会，犹存游猎社会之风。治史者正不可徒执一二古迹，谓某帝某皇曾都于是，因以求其文化之发展途辙，或强分为南北东西之部族也。

由部落酋长而发生帝皇官吏之政治，其势实由下而上。故古代虽有君主政体，其君民之别，初不甚严。君者，群也。

《荀子·王制篇》:“力不若牛，走不若马，而牛马为用，何也？曰：人能群，彼不能群也。君者，善群者。”

《春秋繁露》：“君者，不失其群者也。”

《白虎通》：“君，群也。群下之所归心也。”

必得其群之欢心，然后为众所推戴。神农、黄帝皆有明堂，盖合部民议事之所，后世承之，因有衢室街庭等制。

《淮南子·主术训》：“神农之治天下也，月省时考，岁终献功，以时尝谷，祀于明堂。明堂之制，有盖而无四方。”

《管子·桓公问篇》：“黄帝立明台之议者，上观于贤也。尧有衢室之问者，下听于人也。舜有告善之旌，而主不蔽也。禹立谏鼓于朝，而备讯唉。汤有总街之庭，以观入诽也。武王有灵台之复，而贤者进也。”

故谓君主政治即为专制政治者，实误解古代之事迹也。近人以《书》有“黎民百姓”之语，遂谓古代区分民与百姓为二阶级。百姓者，王公之子孙；民者，冥也。言未见人道，故“民”字专为九黎、有苗而设。[1]

按《史记》称黄帝二十五子，其得姓者十四人。《世本·诸侯篇》云：“蜀

① 夏曾佑《中国历史》、刘师培《中国历史教科书》皆言之。

之为国，肇自人皇。蜀无姓，相承云黄帝后。”是古之无姓者夥矣。以百姓为贵族，民为黎苗之称，则黄帝之子之无姓者皆黎苗乎？孔子称黄帝、高辛时事，数数言“民”。使上古视民为贱族，则《大戴记》及《史记》所书之“民”字，均应改为百姓矣。

《大戴礼·五帝德篇》：“黄帝抚万民，度四方。①生而民得其利百年，死而民畏其神百年，亡而民用其教百年。”②“颛顼治气以教民。”③“帝喾知民之隐，④抚致万民而利诲之。⑤”

①《史记·五帝本纪》同此文。

②《史记》无此文。

③《史记》作“治气以教化”。

④《史记》作“知民之意”。

⑤《史记》作“抚教万民而利诲之”。

第五章　文字之兴

文字之功用有二，通今及传后也。草昧之世，交通不广，应求之际，专恃口语，固无需乎文字。其后部落渐多，范围渐广，传说易歧，且难及远，则必思有一法，以通遐迩之情，为后先之证，而文字之需要，乃随世运而生。吾国之有文字，实分三阶级：一曰结绳，二曰图画，三曰书契。是三者，皆有文字之用，而书契最便，故书契独擅文字之名。

《说文序》："黄帝之史仓颉，见鸟兽蹄迒之迹，知分理之可相别异也，初造书契。……仓颉之初作书，盖依类象形，故谓之文；其后形声相益，即谓之字。"是书契独擅文字之名也。

惟三者为同时并兴，抑后先相禅，则古史懵昧，未能确定也。依《说文序》，则图画始于庖羲，结绳始于神农。

《说文序》："古者庖牺氏之王天下也，仰则观象于天，俯则观法于地，观鸟兽之文，与地之宜，近取诸身，远取诸物，于是始作《易》八卦，以垂宪象①。及神农氏结绳为治，而统其事……"

而段懋堂则谓结绳在画八卦之先。

---

① 按垂宪象者，即图画也。

《说文序注》谓：“自庖牺以前，及庖牺，及神农，皆结绳为治，而统其事也。《系辞》曰：《易》之兴也，其于中古乎？虞翻曰：兴《易》者，谓庖牺也。庖牺为中古，则庖牺以前为上古，黄帝、尧、舜为后世圣人。按依虞说，则《传》云上古结绳而治者，神农以前皆是。”“庖牺作八卦，虽即文字之肇端，但八卦尚非文字，自上古至庖牺、神农专恃结绳。”

夫以“上古”二字，定结绳为庖牺以前事，未足据为确证。惟《易·系辞》言结绳者凡二：

《易·系辞》：“古者庖牺氏之王天下也，……作结绳而为网罟。”“上古结绳而治。”

既以作结绳而为网罟专属于庖牺，则结绳而治不属于庖牺可知。庖牺以下，神农、黄帝、尧、舜所作，一一可以指实，则所谓上古者，必非神农、黄帝之时代又可知。以此推之，结绳之法，盖先图画而兴也。

结绳之法，不可详考。郑玄所言，殆出于臆测。

《周易正义》引郑康成注云：“事大，大结其绳；事小，小结其绳。”

近人所谓一、二、三等字之古文，及一、丨、丶、乀诸字，皆结绳时代之字，尤为附会。

《文学教科书》（刘师培）：“结绳之字，不可复考。然观一、二、三诸字，古文则作‘弌’‘弍’‘弎’，盖田猎时代，以获禽记数。故古之文一、二、三字，咸附列‘弋’字于其旁，所以表田猎所得之物数也。是结绳时代之字。（盖结绳时代并无‘弋’字之形，惟于所获禽兽之旁，以结绳记数。）结绳之文，始于‘一’字，衡为一，从为丨，缩其形则为丶，斜其体则为丿（考密切），反其体则为㇏（分勿切），折其体则为㇕（及），反㇕为㇀（鸣旱切），转㇀为㇗（隐），反㇗为亅（居月切），㇕（及）、㇗（隐）之合体为囗，转环之则为〇。是结绳文字，不外方圆平直，此结绳时代本体之字也。”

实则结绳时代，初不限于太古，即近世之苗民，犹有结绳之俗。

《苗疆风俗考》（严如熤）：“苗民不知文字，父子递传，以鼠、牛、虎、马记年月，暗与历书合。有所控告，必倩土人代书。性善记，惧有忘，则结于绳。为契券，刻木以为信。太古之意犹存。”

欲知太古结绳之法，当求之今日未开化之人种，以所结之绳实证其分别表示之法，不可徒以后世篆隶字画求之。古今人类思想，大致相等，惟进化之迟速不同耳。美洲之秘鲁，亚洲之琉球，皆有结绳之俗，吾国古代之结绳，当亦与之相近。观东西学者所述，自可得其梗概。

《涉史余录》（若林胜邦）：“法国人白尔低猷氏之《人类学》尝记秘鲁之克伊普法曰：秘鲁国土人，不知文字，惟以克伊普为记号。克伊普者，即以绦索织组而成，于其各节各标，表示备忘之意之法也。凡人民之统计，土地之界域，各种族及兵卒之标号，以及刑法、宗教之仪仗，无不用克伊普，且各异其种类，故有专攻克伊普之学者焉。克伊普之法虽不一，大抵以色彩示意：赤色为军事及兵卒，黄色为黄金，白色为银及和睦，绿色为谷物。其纪数以绳索之结节为符号，如单结、双结、三结等，即所以示其单数、复数及十、百、千、万等之数也。及其记载家畜之法，以一大绳为轴，附以小绳若干。其第一绳为牡牛，第二绳为牝牛，三为犊，四为羊，其头数年龄，悉以结节表之。”又曰：“琉球所行之结绳，分指示及会意两类。凡物品交换，租税赋纳，用以记数者，为指示类；使役人夫，防护田园，用以示意者，则为会意类。其材料多用藤蔓、草茎或木叶等，今其民尚有用此法者。”

结绳者必托于绳以示意，无绳或未及携绳，则所记识者无从表示也。进而为图画，则随在皆可表示其符号。或画于地，或画于石，或以指蘸水，或以垩示色。既无携持之累，且免积压之患，其为便利，过于结绳远矣。《世本·作篇》谓黄帝时史皇作图，以图画与书契同时并兴。

《历代名画记》（张彦远）：“史皇，黄帝之臣也。始善图画，创制垂法，体象天地，功侔造化。”云见《世本》。

然图画实始于伏羲。

《易·通卦验》：“伏羲方牙、苍精，作《易》，无书，以画事。”

《尸子》：“伏羲始画八卦。”

世谓史皇作图者，图画之法，至史皇而始精耳。

《易》称庖羲作八卦，以仰观俯察诸法得之，又称其出于“河图”“洛书”。

《系辞》：“河出图，洛出书，圣人则之。”

《春秋纬》：“河以通乾出天苞，洛以流坤吐地符。河龙图发，洛龟书感。河图有九篇，洛书有六篇。”

《礼含文嘉》：“伏羲德合上下，天应以鸟兽文章，地应以河图、洛书。”

后世说者，又谓庖羲因燧皇之图而制八卦。

《魏志·高贵乡公传》：“《易》博士淳于俊曰：‘包羲因燧皇之图而制八卦。’帝曰：‘若使包羲因燧皇而作《易》，孔子何以不云燧人氏没包羲氏作乎？’俊不能答。”

是一奇一偶之卦象，初非偶然创获，实积种种思考经验，而后发明此种符号。以《易·说卦》考之，八卦所以代表各种名物：

如“乾为天，为圆，为君，为父，为玉，为金，为寒，为冰，为大赤，为良马，为老马，为瘠马，为驳马，为木果。坤为地，为母，为布，为釜，为吝啬，为均，为子母牛，为大舆，为文，为众，为柄，其于地也为黑”之类。

非专象一事一物，故能以简驭繁，不必一一求其形似。其后事物日多，众庶难于辨别，因之一一图像，务求相肖，而象形之字作矣。

八卦之性质，介乎图画文字之间，故世多谓卦象即古之文字。

《易纬乾凿度》：“☰古文天字，☷古地字，☴古风字，☶古山字，☵古水字，☲古火字，☳古雷字，☱古泽字。”

《文学教科书》（刘师培）：“八卦为文字之鼻祖，乾坤坎离之卦形，即天地水火之字形。试举其例如下：

乾为天，今天字草书作≷，象乾卦之形。

坤为地，古坤字或作巛，象坤卦之倒形。

坎为水，篆文水字作𣱱，象坎卦之倒形。

离为火，古文火字作火，象离卦之象。”

《窕言》（赵曾望）：“伏羲画八卦，为万世文字之祖，人皆知其然，未必皆知其所以然也。夫八卦之画，有何文字哉？盖因而屈曲之，因而转移之，因而合并交互之，而文字肇兴焉。如乾三连，☰也，屈曲之则为[illegible]，合并之则为[illegible]矣。坤六断，☷也，屈曲转移之，则为[illegible]，合并交互之则为[illegible]。”

夫以八卦为八字，则其象甚少，其用甚隘。仅以八字示人，人必不能解也。谓后世之篆隶因袭卦象，颠倒屈曲之则可，谓古之卦象，只作后世篆隶一字之用，则大误矣。世人附会中国人种西来之说。谓八卦即巴比伦之楔形字。愚谓卦象独具横画，不作纵画，实为与楔形字之极大区别。楔形字或纵或横，且多寡不一，故亦无哲理之观念。八卦之数止于三画，又以一画之断续，分别阴阳，而颠倒上下，即寓阴阳消息之义。故八卦可以开中国之哲学，以 — 为太极，以 -- 为两仪，以☰为天地人，举宇宙万有悉可归纳其中。虽伏羲画卦时未必即有此意，然文王、周公能因之以推阐，实亦由卦画之简而能赅所致。使世人观玩巴比伦楔形文字，虽极力附会，必不能成一有系统之哲学也。

书契之作，亦非始于仓颉，仓颉盖始整齐画一之耳。

《造字缘起说》（章炳麟）：“《荀子•解蔽篇》曰：‘好书者众矣，而仓颉独传者，壹也。’依此，是仓颉以前已有造书者。亦犹后稷以前，神农已务稼穑；后夔以前，伶伦已作律吕也。人具四肢，官骸常动，持莛画地，便已纵横成象，用为符号，百姓与能，自不待仓颉也。今之俚人，亦有符号，家为典型，部为徽识，仓颉以前，亦如是矣。一、二、三诸文，横之纵之，本无定也。马、牛、鱼、鸟，诸形势则卧起飞伏，皆可则象也。体则鳞、羽、毛、鬣，皆可增减也。字各异形，则不足以合契。仓颉者，盖始整齐画一，下笔不容增损。由是率尔箸形之符号，始为约定俗成之书契。彼七十二王皆有刻石，十二家中，无怀已在伏戏前矣。所刻者则犹俚人之符号也。”

以近世苗民之俗证之，中国数千年来，已成同文之治，而苗民之俗，犹沿契刻之文。

《峒谿纤志》（陆次云）："木契者，刻木为符，以志事也。苗人虽有文字，不能皆习，故每有事，刻木记之，以为约信之验。"

《傜僮传》（诸匡鼎）："刻木为齿，与人交易，谓之打木格。"

《苗俗纪闻》（方亨咸）："俗无文契，凡称贷交易，刻木为信，未尝有渝者。木即常木，或一刻，或数刻，以多寡远近不同。分为二，各执一，如约时合之，若符节也。"

足见仓颉之时，各部落皆有契刻之法。黄帝部落欲统一四方之部落，则以其所定之符号，与各部落相要约，而书契之式，遂由复杂而画一。世遂以为文字始于黄帝时之仓颉矣。《易》称"百官以治，万民以察"，知文字之用，始于官书。吾国幅员辽阔，种族复杂，而能抟结为一大国家者，即恃文字为工具也。

仓颉时之文字，不可详考。依许慎之说，则其时文字，止有指事、象形二种。

《说文序》："仓颉之初作书，盖依类象形，故谓之文；其后形声相益，即谓之字。"段玉裁注："依类象形，谓指事、象形二者也。指事亦所以象形也。""形声相益，谓形声、会意二者也。有形则必有声，声与形相附为形声，形与形相附为会意。其后，为仓颉以后也。仓颉有指事、象形二者而已。"

然以韩非子说"公""厶"考之，则仓颉作书，已有会意之法。

《韩非子·五蠹篇》："仓颉之作书也，自环者谓之厶，背私谓之公。"段玉裁曰："自环为厶，六书之指事也；八厶为公，六书之会意也。”

有会意，亦必有形声相合之字；虽形声之字多后出者，未必当时绝无此类。（如“江”“河”为形声字，伏羲、黄帝时已有江水、河水，未必当时只书为水也。）故六书之法，仓颉时必已具有四种。惟转注、假借为后起之事。世或以仓颉作书之时已有六书者，亦未明文字发生之次第也。

象形文字为初民同具之思想。然吾国文字，独演象形之法，绵延至数千年，而埃及象形之字不传于后，此实研究人类思想之一问题也。夫人类未有文字，先有语言，演文字者必以语言为根柢。然太古之时，地小而人少者，声音易于齐同；地广而人众者，语言难于画一。以一地一族表示语言之符号，行之千百里外，必致辗转淆讹，不若形象之易于辨识，虽极东西南朔之异音，仍可按形而知义。吾国文字演形而不演声者，殆此故欤！

洪水以前之语言，流传于世者绝稀。愚意《尔雅》岁阳、岁阴等名，实吾国最古之语言。

《尔雅·释天》："太岁在甲曰阏逢，在乙曰旃蒙，在丙曰柔兆，在丁曰强圉，在戊曰箸雍，在己曰屠维，在庚曰上章，在辛曰重光，在壬曰玄黓，在癸曰昭阳。（岁阳） 太岁在寅曰摄提格，在卯曰单阏，在辰曰执徐，在巳曰大荒落，在午曰敦牂，在未曰协洽，在申曰涒滩，在酉曰作噩，在戌曰阉茂，在亥曰大渊献，在子曰困敦，在丑曰赤奋若。（岁阴）"

此等名词，诗书古史鲜有用之者。注《尔雅》者亦无解说。（郭璞《尔雅注》云：其事义皆所未详通，故阙而不论。）惟《史记·历书》以之纪年，疑“阏逢”“困敦”等语，当未有甲子等字之时，已立此名。既立甲子之后，书写者以甲子为便，读时仍用“阏逢”“困敦”之音。其后语言日渐变迁，凡四合五合之音，一律变为二合音，惟史官自黄帝以来，世守其书，传其音读，故至秦、汉时，以今隶译写古音，而其义则蔑有知者。

《史记·历书》："少皞氏之衰也，九黎乱德，民神杂扰，不可放物，祸菑荐至，莫尽其气。颛顼受之，乃命南正重司天以属神，命火正黎司地以属民，使复旧常，无相侵渎。其后三苗服九黎之德，故二官咸废所职，而闰余乖次，孟陬殄灭，摄提无纪，历数失序。"

盖三苗、九黎之乱，其古代语言变迁之关键乎？《楚辞》"摄提贞于孟陬兮"，用《尔雅》之文。屈原生于南方，或由三苗在南方传述古语，楚人犹用以纪年欤？

第六章　洪水以后之中国

孔子删《书》，断自唐、虞。盖自洪水既平，历史始渐详备可考。

《史记·五帝本纪赞》："学者多称五帝，尚矣。然《尚书》独载尧以来，而百家言黄帝，其文不雅驯，荐绅先生难言之。孔子所传宰予问《五帝德》及《帝系姓》，儒者或不传。"《史记探原》（崔适）："《太史公自序》'述陶唐以来，至于麟止。'则《五帝本纪》本当为《陶唐本纪》，是《史记》亦始于唐、虞也。"

吾国文化之根本，实固定于是时；国家种族之名，胥自是而始见。虽其缘起不可知，然名义所函，具有精理。后世之国民性及哲学家之主张，罔不本焉，是固不可忽视也。

吾国之名为"中国"，始见于《禹贡》。

《禹贡》："中邦锡土姓。"《史记》："中国锡土姓。"（郑康成曰：中即九州也。）孙星衍曰："史迁'邦'作'国'者，非避讳字，后遇'国'字率改为'邦'，误矣。是《禹贡》'邦'字，当从《史记》作'国'。"

后世遂沿用之。

《左传·僖公二十五年》："仓葛曰'德以柔中国，刑以威四夷'。"

《礼记·王制》："中国戎夷五方之民，皆有性也，不可推移。"

虽亦有专指京师，

《诗·民劳》："惠此中国，以绥四方。"《毛传》："中国，京师也。四方，诸夏也。"

或专指畿甸者，

《孟子》："尧崩，三年之丧毕，舜避尧之子于南河之南，天下诸侯朝觐者，不之尧之子而之舜；讼狱者，不之尧之子而之舜；讴歌者，不讴歌尧之子而讴歌舜。夫然后之中国，践天子位焉。"

按《孟子》以中国与南河之南对举，似以当时畿甸之地为中国，而畿甸以外即非中国者。要以全国之名为正义。且其以中为名，初非仅以地处中央，别于四裔也。

《中华民国解》（章炳麟）："中国之名，别于四裔而为言。印度亦称摩伽陀为中国，日本亦称山阳为中国，此本非汉土所独有者。就汉土言汉土，则中国之名，以先汉郡县为界。然印度、日本之言中国者，举中土以对边郡。汉土之言中国者，举领域以对异邦，此其名实相殊之处。"

按此说未尽然。

文明之域与无教化者殊风。此吾国国民所共含之观念也。

《公羊传·隐公七年》："不与夷狄之执中国也。"何休曰："因地不接京师，故以中国正之。中国者，礼义之国也。”《原道》（韩愈）：“孔子之作《春秋》也，诸侯用夷礼则夷之，进于中国则中国之。”

据此是中国乃文明之国之义，非方位、界域、种族所得限。是实吾国先民高尚广远之特征，与专持种族主义、国家主义、经济主义者，不几霄壤乎！

唐、虞之时所以定国名为“中”者，盖其时哲王，深察人类偏激之失，务以中道诏人御物。

《论语》：“尧曰：咨！尔舜！允执其中。舜亦以命禹。”

《礼记·中庸》：“舜其大知也欤！择其两端，而用其中于民。”

《书·尧典》：“帝曰：夔！命汝典乐，教胄子，直而温，宽而栗，刚而无虐，简而无傲。”

《皋陶谟》：“亦行有九德：宽而栗，柔而立，愿而恭，乱而敬，扰而毅，直而温，简而廉，刚而塞，强而义。”

据此，是唐、虞时之教育，专就人性之偏者，矫正而调剂之，使适于中道也。以为非此不足以立国，故制为累世不易之通称。一言国名，而国性即以此表见。其能统制大宇，混合殊族者以此。其民多乡原，不容有主持极端之人，或力求偏胜之事，亦以此也。按中国民性，异常复杂，不得谓之尚武，亦不得谓之文弱；不得谓之易治，亦不得谓之难服。推原其故，殆上古以来尚中之德所养成也。然中无一定之界域，故无时无地，仍不能免于偏执。惟其所执，恒不取其趋于极端耳。

吾国种族之名为“夏”，亦见于唐、虞时。

《尧典》：“蛮夷猾夏。”

或谓即夏代之人，以时代之名代表种族。

《愈愚录》(刘宝楠)："《书》'蛮夷猾夏'，此夏史所记。夏者，禹有天下之号。"

然以《说文》证之，则夏为人种之特称。

《说文》："夏，中国之人也。从夊，从页，从臼。臼，两手。夊，两足也。㙮，古文夏。"《段注》："'中国之人'谓'以别于北方狄，东方貉，南方蛮闽，西方羌，西南焦侥，东方夷也'。"

盖"夏"为象形字，实即古之图画。当各族并兴之时，吾民先祖。崛起而特强，侵掠四方，渐成大族，于是表异于众，自绘其形，具有头、目、手、足；而彼四方之众，悉等于犬豸虫羊，此可望文而知义者也。

《说文》："羌，西戎羊种也，从羊、儿，羊亦声。南方蛮闽，从虫。北方狄，从犬。东方貉，从豸。西方羌，从羊。此六种也。西南僰人，焦侥从人，盖在坤地，颇有顺理之性。唯东夷从大，大，人也。夷俗仁，仁者寿，有君子不死之国。"

按此虽汉人之说，然沿用之文字，其来盖久，未必属小篆也。古人说东方、西南之人，尚近于人类，惟西北之人，则斥之为非人类，明示夏人之非西方种族矣。

先有种名，后有代号。故朝代虽易，而种名不替。

《左传·闵公元年》："戎狄豺狼，不可厌也；诸夏亲昵，不可弃也。"定公十年："裔不谋夏。"

《论语》："夷狄之有君，不如诸夏之亡也。"

使以沿用为解，则“庶殷之名亦见于书”。

> 《书·召诰》：“乃以庶殷攻位于洛汭。”“庶殷丕作。”

何诸人皆称“夏”而不称“殷”乎？夫一族之民，自视为优越之种，而斥他族为非类，其义似隘。然人类皆具兽性，吾族先民，知兽性之不可以立国，则自勉于正义人道，以为殊族之倡，此其所以为大国民也。

春秋之时吾族复有“华”称。

> 《左传·定公十年》：“夷不乱华。”

他书未见此名，而后世相沿，自称“华”人，要不若“夏”之有所取义。近人附会“华夏”之说，类多凿空无稽。章太炎释中华民国，谓“华”取华山；“夏”取夏水，虽颇自圆其说，亦不尽可信也。

> 《中华民国解》（章炳麟）：“诸华之名，因其民族初至之地而为言。世言昆仑为华国者，特以他事比拟得之，中国前皇曾都昆仑与否，史无明征，不足引以为质。然神灵之胄，自西方来，以雍、梁二州为根本，宓牺生成纪，神农产姜水，黄帝宅桥山，是皆雍州之地。高阳起于若水，高辛起于江水，舜居西城（据《世本》，西城为汉汉中郡属县），禹生石纽，是皆梁州之地。观其帝王所产，而知民族奥区，斯为根极。雍州之地，东南至于华阴而止，梁州之地，东北至于华阳而止，就华山以定限，名其国土曰‘华’，则缘起如此也（按此亦属想当然耳之说）。其后人迹所至，遍及九州，至于秦、汉，则朝鲜、越南皆为华民耕稼之乡。‘华’之名于是始广。‘华’本国名（按此亦未确），非种族之号。然今世已为通语。世称山东人为‘侉子’。‘侉’即‘华’之遗言矣。正言种族，宜就‘夏’称，《说文》云：‘夏，

中国人也。'或言远因大夏，此亦与昆仑、华国同类。质以史书，'夏'之为名，实因夏水而得。是水或谓之'夏'，或谓之'汉'，或谓之'漾'，或谓之'沔'，凡皆小别互名。本出武都，至汉中而始盛。地在雍、梁之际，因水以为族名。犹生姬水者之氏'姬'、生姜水者之氏'姜'也。'夏'本族名，非都国之号，是故得言'诸夏'。其后因族命地，而关东亦以'东夏'著。下逮刘季，抚有九共，与匈奴、西域相却倚，声教远暨，复受'汉族'之称。此虽近起一王，不为典要，然汉家建国，自受封汉中始，于夏水则为同地，于华阳则为同州，用为通称，适与本名符会。是故'华'云，'夏'云，'汉'云，随举一名，互摄三义。建'汉'名以为族，而邦国之义斯在。建'华'名以为国，而种族之义亦在。此'中华民国'之所以谥也。"

洪水前后有一大事，至虞、夏之时，始稍平靖者，九黎与三苗是也。九黎三苗之事，见于《书•吕刑》及《国语》。

《吕刑》："若古有训，蚩尤惟始作乱，延及于平民。罔不寇贼鸱义，奸宄夺攘矫虔。苗民弗用灵，制以刑，惟作五虐之刑曰法，杀戮无辜。"马融曰："蚩尤、少昊之末。九黎君名。"郑康成曰："蚩尤霸天下，黄帝所伐者。学蚩尤为此者，九黎之君少昊之代也，苗民谓九黎之君也。九黎之君于少昊氏衰，而弃善道，上效蚩尤重刑，变九黎言苗民者，有苗九黎之后。颛顼代少昊诛九黎，分流其子孙居于西裔者，为三苗。至高辛之衰，又复九黎之恶。尧兴，又诛之。尧末，又在朝。舜臣尧，又窾之，禹摄位，又在洞庭逆命，禹又诛之。"

《楚语》："少皞之衰也，九黎乱德，……其后三苗复九黎之德。"韦昭曰："少皞，黄帝之子，金天氏也。九黎，黎氏九人。三苗，九黎之后。高辛氏衰，三苗为乱，行其凶德，如九黎之为也。"

据郑、韦之说，黎、苗实一族，其为乱累世不绝，尧、舜及禹迭加诛窜，吾族始获安枕。此洪水以后之中国所大异于洪水以前者也。近人或谓黎、苗实古代之地主。

《中国历史》（夏曾佑）："古时黎族散处江湖间，先于吾族不知几何年。至黄帝时，民族竞争之祸乃不能不起，遂有黄帝、蚩尤之战事。"① 又曰："南蛮为神洲之土著，黄帝时蚩尤之难，几覆诸夏。少昊之衰，九黎乱德。颛顼媾三苗之乱，至于历数失序，及尧战于丹水之浦，② 舜时迁三苗于三危③，稍以衰落，至禹三危既宅④，三苗丕叙⑤，于是洞庭、彭蠡之间，⑥ 皆王迹之所经，无旧种人之历史矣。盖吾族与土族之争，自黄帝至禹，上下亘千年，至此而兴亡乃定。"

又谓即今日南方黎、苗之祖，其实亦未尽可信。观章炳麟之文，自知其中之区别矣。

《太炎文录·别录二》："苗种得名，其说各异。大江以南，陪属猥倠之族，自周讫唐。通谓之'蛮'，别名则或言'獠'言'俚'，言'陆梁'，未有谓之'苗'者。称'苗'者自宋始，明非耆老相传，存此旧语，乃学者逆据《尚书》三苗之文，以相傅丽耳。汉者诸蛮无'苗'名，说《尚书》者固不以三苗为荆蛮之族。《虞书》'窜

①《吕刑》之蚩尤，非黄帝时之蚩尤，观郑注可见。

②《吕览·召类篇》："尧战于丹水之浦，以服南蛮。"夏氏谓即今南阳浦岸。

③ 原注：三危西裔也，谓逐之西去。

④ 原注：谓可居。

⑤ 原注：谓服教。

⑥《史记·五帝本纪·正义》："三苗之国，左洞庭而右彭蠡。"

三苗于三危’。马季长曰：‘三苗，国名也，缙云氏之后，为诸侯，盖饕餮也。’《淮南•修务训》高诱注曰：‘三苗盖谓帝鸿氏之裔子浑敦，少昊氏之裔子穷奇，缙云氏之裔子饕餮，三族之苗裔，故谓之三苗。’此则先汉诸师说三苗者，皆谓是神灵苗裔，与今时苗种不涉。”

第七章　衣裳之治

《易·系辞》称黄帝、尧、舜之德，首举“垂衣裳而天下治”。其义至可疑。治天下之法多矣，何以首举垂衣裳乎？顾君惕森谓古“衣”字象覆二人之形，衣何以覆二人，义亦不可解。“衣”字之下半，当即“北”字。古代北方开化之人，知有冠服，南方则多裸体文身，故“衣”字象北方之人戴冠者。其说至有思想。衣裳之原，起于御寒。西北气寒，而东南气燠，故《礼记·王制》述四夷，惟西北之人有衣，东南无衣也。

《王制》：“东方曰夷，被发文身。南方曰蛮，雕题交趾。西方曰戎，被发衣皮。北方曰狄，衣羽毛穴居。”

以文字证之，南方曰袤，

《说文》：“袤，衣带以上。从衣，矛声。一曰南北曰袤，东西曰广。”

边地曰裔。

《方言》：“裔，夷狄之总名。”郭璞曰：“边地为裔。”

固皆以衣分中外，而衣服之服，古以为疆界之名。

《书·皋陶谟》："弼成五服。"《禹贡》："五百里甸服，五百里侯服，五百里绥服，五百里要服，五百里荒服。"

推其引申假借之由，必非出于无故。以事实证之，禹时有裸国。

《吕氏春秋·贵因篇》："禹之裸国，裸入衣出。"

当商时，荆蛮之俗，文身断发。

《史记·吴太伯世家》："太伯、仲雍二人，乃奔荆蛮，文身断发。"

至战国时于越犹然。

《庄子·逍遥游》篇："宋人资章甫而适诸越，越人断发文身，无所用之。"

中夏之文明，首以冠裳衣服为重，而南北之别，声教之暨，胥可于衣裳觇之。此《系辞》所以称"垂衣裳而天下治"欤！

衣服之原料古惟有羽皮。

《礼记·礼运》："昔者先王未有麻丝，衣其羽皮。后圣有作，然后治其麻丝，以为布帛。"

若卉服，则惟南方有之。

《禹贡》：扬州"岛夷卉服"。

不知何人发明织麻养蚕之法。世传伏羲作布。

《白氏帖》："伏羲作布。"

世又称其化蚕桑为繐帛，《皇图要览》："伏羲化蚕桑为繐帛，西陵氏始养蚕。"①说均未足据。

然羲、农时已有琴瑟。琴瑟皆用丝弦，则丝之发明久矣。《禹贡》载九州贡物，凡六州有衣服原料。

兖州	厥贡丝	厥篚织文
徐州		厥篚玄纤缟
荆州		厥篚玄纁玑组
青州	厥贡絺丝枲	厥篚檿丝
扬州		厥篚织贝
豫州	厥贡枲絺纻	厥篚纤纩

则洪水以后吾民之利用天产者，其地固甚广矣。

冠服进化之迹，以冠为最著。太古之时，以冃复首。

《说文》："冃，小儿及蛮夷头衣也。"段注："小儿未冠，夷狄未能言冠，故不冠而冃。荀卿曰：'古之王者，有务而拘领者矣。'杨注：'旧读为冒，拘与句同。'《淮南书》曰：'古者有鍪而绻领以王天下者。'高注：'古者，盖三皇以前也。鍪著兜鍪帽，言未知制冠。'……务与鍪皆读为冃，即今之'帽'字也。后圣有作，因冃以制冠冕，而冃遂为小儿蛮夷头衣。"

① 俱见《路史》注。

其后则有弁。

《说文》:“覍,冕也。弁或覍字。㝸,籀文覍。”段注:“‘㝸’为籀文,则‘覍’本古文也。”按覍从皃,其𠆢象形。盖古者简易之制也。

有冕。

《说文》:“古者黄帝初作冕。”

有冠。

《说文》:“冠,豢也,所以豢发,弁冕之总名也。从冖,从元,元亦声。冠有法制,故从寸。”

而法制渐备,黄帝之冕有旒。

《世本》:“黄帝作冕旒。垂旒,目不邪视也。”

后世因之,以玉为旒。

《尚书》(大小夏侯说):“冕版广七寸,长尺二寸,前圆后方,前垂四寸,后垂三寸,用白玉珠,十二旒。”

为冠制之至尊者。然冕之布以麻为之,而施以漆,仍存尚质之意。惟麻缕细密,异于余服耳。

《礼书通故》(孔安国、郑玄说):“麻冕三十升布为之。”蔡邕云:

"周爵弁，殷冔，夏收，皆以三十升漆布为壳。"贾公彦曰："布八十缕为升。"

弁制用皮，而别其色。

《释名》："以爵韦为之，谓之爵弁。以鹿皮为之，谓之皮弁。以靺韦为之，谓之韦弁。"

亦以示法古尚质之义。

《白虎通》："皮弁者，何谓也？所以法古至质冠之名也。弁之为言攀也，所以攀持其发也。上古之时质，先加服皮，以鹿皮者，取其文章也。《礼》曰：'三王共皮弁素积。'言至质不易之服，反古不忘本也。战伐田猎皆服之。"

太古冠亦以布，其色白。斋戒之时，则著黑色之冠。

《仪礼记》："太古冠布，斋则缁之。"

后世则易以皂缯，此其进化之概也。

《仪礼记》："委貌，周道也。章甫，殷道也。毋追，夏后氏之道也。"《礼书通故·续汉志》："委皃，以皂缯为之。孔疏云：三冠皆缁布为之，盖非。记曰：太古冠布，则毋追、章甫，委貌不以布矣。"

古之男子，上衣下裳。

《白虎通》："圣人所以制衣服何？以为絺绤蔽形，表德劝善，别尊卑也。所以名为'裳'何？衣者，隐也；裳者，障也；所以隐形自障蔽也。何以知上为衣，下为裳？以其先言衣也。"

其材或以丝，或以布。

周制，朝服用十五升布，裳用白素绢，爵弁服纯衣。郑《注》："纯衣，丝衣也，是衣之材，或用布，或用丝也。"

其色上玄而下黄，

《续汉舆服志》："乾坤有文，故上衣玄，下裳黄。"

间亦有他色，

《礼记·玉藻》："狐裘黄衣以裼之。"是衣亦有黄色也。

《仪礼》："玄端、玄裳、黄裳、杂裳可也。"是裳亦有玄色也。若皮弁服之用白布衣，爵弁服之纁裳纯衣，各视其冠带而为色，初非一律玄衣黄裳也。

其进化之迹不甚可考。观孔子述黄帝之衣裳，知其时已尚彩绘。

《大戴礼·五帝德篇》："黄帝黼黻衣，大带，黼裳。"注："白与黑谓之黼，若斧文。黑与青谓之黻，若两已相戾。"

帝喾、帝尧之衣，皆与黄帝同。

《大戴礼》："帝喾黄黼黻衣，帝尧黄黼黻衣。"

《史记》称帝尧黄收纯衣。是其衣亦有时不绘黼黻也。

《史记·五帝本纪》："帝尧黄收纯衣。"《索隐》："纯，读曰缁。"

虞舜欲观古人之象，以五采彰施于五色，于是衣裳之文绣，盛行于中国者数千年。

《书·益稷》："予欲观古人之象，日、月、星辰、山、龙、华虫，作会；宗彝、藻、火、粉米、黼、黻，絺绣。以五采彰施于五色，作服，汝明。"

虽其说颇多聚讼，不能确定何说为得真。

唐虞衣服之制有二说。《尚书大传》曰："天子衣服，其文华虫、作缋、宗彝、藻火、山龙；诸侯作缋、宗彝、藻火、山龙；子男宗彝、藻火、山龙；大夫藻火、山龙；士山龙。故《书》曰：天命有德，五服五章哉！"又曰："山龙，青也；华虫，黄也；作缋，黑也；宗彝，白也；藻火，赤也。天子服五，诸侯服四，次国服三，大夫服二，士服一。"此今文家说也。郑玄曰："自日月至黼黻，凡十二章，天子以饰祭服。凡画者为绘，刺者为绣。此绣与绘各有六，衣用绘，裳用绣。天子冕服十二章，以日、月、星辰、山、龙、华虫绘于衣，以宗彝、藻、火、粉米、黼、黻绣于裳。诸侯九章，自山、龙以下；伯七章，自华虫以下；子男五章，自藻、火以下；卿大夫三章，自粉米以下。尊者绘衣，卑者不绘衣。"此古文家说也。

然观《尧典》及《皋陶谟》之文，《尧典》：“车服以庸。”《皋陶谟》：“天命有德，五服五章哉！”则此绘绣之法，非第为观美也。文采之多寡，实为阶级之尊卑，而政治之赏罚，即寓于其中，故衣裳为治天下之具也。

阶级之制虽非尽善之道，当人类未尽开明之时，少数贤哲，主持一国之政俗，非有术焉，辨等威而定秩序，使贤智者有所劝，而愚不肖者知愧耻而自勉，则天下脊脊大乱矣。黄帝、尧、舜之治天下，非能家喻而户说也。以劝善惩恶之心，寓于寻常日用之事，而天下为之变化焉，则执简驭繁之术也。《尚书》之文简奥，读者多不能喻其意。惟《尚书大传》释之最详：

> 古之帝王，必有命民，能敬长矜孤，取舍好让者，命于其君，然后得乘饰车、骈马，衣文锦。未有命者，不得衣，不得乘。乘衣者有罚。……未命为士者，不得乘饰车朱轩，不得衣绣。庶人单马木车，衣布帛。

观此文，则知古之车服，以为人民行谊之饰，非好为区别，故示民以异同也。不究其劝勉人民为善之心，第责其区分人民阶级之制，则曰此实不平之事，或愚民之策耳。

衣服之用，有赏有罚。故古代之象刑，即以冠履衣服为刑罚。

> 《尚书大传》：“唐、虞象刑，而民不敢犯。苗民用刑，而民兴相渐。唐、虞之象刑：上刑，赭衣不纯；中刑，杂屦；下刑，墨幪。以居州里，而民耻之。”“唐、虞象刑，犯墨者蒙皂巾，犯劓者赭其衣，犯膑者以墨幪其膑处而画之。犯大辟者，布衣无领。”

荀子尝斥象刑之非。

> 《荀子·正论篇》：“世俗之为说者曰：治古无肉刑而有象刑。墨

黥（杨注：“墨黥当为墨幪，但以墨巾幪其头而已。”）；慅婴（杨注：“当为澡缨，谓澡濯其布为缨，澡或读为草，《慎子》作草缨。”）；共艾毕（杨注：“共艾未详，或衍字。艾，苍白色，毕与韠同。”）；菲，对屦（杨注：“菲，草屦也，对，当为紨。紨，枲也。”）；杀，赭衣而不纯。治古如是。是不然，以为治耶？则人固莫触罪，非独不用肉刑，亦不得用象刑矣。以为轻刑邪？人或触罪矣，而直轻其刑，然则是杀人者不死，伤人者不刑也。罪至重而刑至轻，庸人不知恶矣，乱莫大焉。”

按《书》之象刑，与流宥五刑、鞭、扑并举，初非专恃象刑一种。

《书·尧典》：“象以典刑，流宥五刑，鞭作官刑，扑作教刑，金作赎刑，眚灾肆赦，怙终贼刑。”

人之知有羞耻者，略加谴责，已惕然自愧，若无所容；其无耻者，虽日加以桁杨桎梏，而无所畏，是固不可以一概论也。后世犯法者，衣服亦异于常人，殆由古者尝以是为罚，后虽用刑，犹沿其制而不废欤！

第八章　治历授时

古人立国，以测天为急；后世立国，以治人为重。盖后人袭前人之法，劝农教稼，已有定时；躔度微差，无关大体。故觉天道远而人道迩，不汲汲于推步测验之术。不知邃古以来，万事草创，生民衣食之始，无在不与天文气候相关，苟无法以贯通天人，则在在皆形枘凿。故古之圣哲，殚精竭力，绵祀历年，察悬象之运行，示人民以法守。自羲、农，经颛顼，迄尧、舜，始获成功。其艰苦愤悱，史虽不传，而以其时代推之，足知其常耗无穷之心力。吾侪生千百世后，日食其赐而不知，殊无以谢先民也。

历算之法相传始于伏羲。

> 《周髀算经》："伏羲作历度。"《汉书·律历志》："自伏羲画八卦，由数起。"

至神农时有历日，

> 《物理论》（杨泉）："畴昔神农正节气，审寒温，以为早晚之期，故立历日。"

而《史记·历书》不言黄帝以前之法，

> 《历书》："太史公曰：神农以前尚矣。"

惟《索隐》谓黄帝以前有《上元》《太初》等历。

《历书》:“昔自在古历,建正,作于孟春。”《索隐》:“古历者,谓黄帝《调历》以前,有《上元》《太初》历等,皆以建寅为正,谓之孟春也。”

据《汉书》,《上元》《太初》历,距汉武帝元封七年,凡四千六百一十七岁,不知为何人所制也。

《汉书·律历志》:“乃以前历《上元》《太初》四千六百一十七岁,至于元封七年,复得阏逢摄提格之岁。”

洪水以前,历法之详备,当推黄帝之时。黄帝之历曰《调历》。

《史记索隐》:“《系本》及《律历志》:黄帝使羲和占日,常仪占月,臾区占星气,伶伦造律吕,大挠作甲子,隶首作算数,容成综此六术而著《调历》也。”

置闰定岁,

《历书》:“黄帝考定星历,建立五行,起消息,正闰余。”

建子为正,

《史记索隐》:“黄帝及殷、周、鲁,并建子为正。”

说者谓其时已分二十四气,

《历书》："昔者黄帝合而不死，名察度验，定清浊，起五部，建气物分数。"孟康曰："五部，五行也。天有四时，分为五行也。气，二十四气。物，万物也。"

然《左传》称少皞时以诸鸟定分至启闭。是古只分四时，未有二十四气之目也。

《左传·昭公十七年》："少皞挚之立也，凤鸟适至，故纪于鸟，为鸟师而鸟名：凤鸟氏，历正也；玄鸟氏，司分者也；伯赵氏，司至者也；青鸟氏，司启者也；丹鸟氏，司闭者也。"

少皞之后，历法尝再乱。

《历书》："少皞氏之衰也，九黎乱德，……祸灾荐至，莫尽其气。颛顼受之，乃命南正重司天以属神，命火正黎司地以属民，使复旧常，无相侵渎。其后三苗服九黎之德，故二官咸废所职，而闰余乖次，孟陬殄灭，摄提无纪，历数失序。"

至唐尧时，复定历法，而以闰月定四时成岁之制，遂行用至四千余年。

《尧典》："期三百有六旬有六日，以闰月定四时，成岁。允厘百工，庶绩咸熙。"

考其定历之法，以实测于四方为主。

《尧典》："命羲仲，宅嵎夷，曰旸谷。寅宾出日，平秩东作，日中星鸟，以殷仲春。……命羲叔，宅南交，曰明都。平秩南讹，敬致，日永星火，以正仲夏。……命和仲，宅西，曰昧谷。寅饯纳日，平秩西成，宵中星虚，以殷仲秋。……命和叔，宅朔方，曰幽都，平在朔易，日短星昴，以正仲冬。”

而羲和以世官之经验，掌制历之事，则步算尤其专长矣。

《历书》：“尧复遂重黎之后，不忘旧者，使复典之，而立羲、和之官。”郑玄曰：“尧育重黎之后，羲氏、和氏之贤者，使掌旧职。”

制历之关系，莫先于农时，《书》称“敬授民时”，以民间不知气候，定播种收获之期，则为害乎民事匪鲜也。《尚书大传》释授时之法最详。

《尚书大传》：“主春者张，昏中可以种谷。主夏者火，昏中可以种黍。主秋者虚，昏中可以种麦。主冬者昴，昏中可以收敛。……田猎断伐，当上告之天子，而下赋之民。故天子南面而视四星之中，知民之缓急，急则不赋籍，不举力役。故曰‘敬授人时’，此之谓也。”

农时之外，一切行政，亦皆根据时令。故《书》有“允厘百工，庶绩咸熙”之说。《大传》亦释之，而其文不全，然其意可推而知也。

《尚书大传》：“天子以秋命三公将率，选士厉兵，以征不义。决狱讼，断刑罚，趣收敛，以顺天道，以佐秋杀。以冬命三公谨盖藏，闭门闾，固封境，入山泽田猎，以顺天道，以佐冬固藏。”

推测步算，必资器具。世传古有浑仪，

《事物纪原》：“刘氏历曰：高阳造浑仪，黄帝为盖天。则浑仪始于高阳氏也。”

《春秋文耀钩》："黄帝即位，羲、和立浑仪。"

然未能详其形制，以《尚书》考之，舜时有璇玑玉衡。

《尧典》："璇玑玉衡，以齐七政。"

马、郑之说，皆以为浑天仪。

马融曰："璇，美玉也；玑，浑天仪，可转旋，故曰玑。衡，其中横筩，所以视星宿也。以璇为玑，以玉为衡，盖贵天象也。日、月、星皆以璇玑玉衡度知其盈缩退进所在。"郑玄曰："璇玑玉衡，浑天仪也。"

而蔡邕说其制较详。

《史记正义》引蔡邕云："玉衡长八尺，孔径一寸，下端望之，以视星宿。并县玑以象天，而以衡望之。转玑窥衡，以知星宿。玑径八尺，圆周二丈五尺而强也。"

疑汉代史官，固有相传之古器，邕曾见之。其为虞舜之物与否，未能定也。

《晋书·天文志》："汉灵帝时，蔡邕于朔方上书，言宣夜之学，绝无师法。《周髀》术数具存，考验天状，多所违失。惟浑天近得其情，今史官候台所用铜仪，则其法也。"①

① 据此是蔡邕亲见史官铜仪，惟是否璇玑玉衡，不可知耳。

《晋书·天文志》："《虞书》曰：'在璇玑玉衡，以齐七政。'《考灵耀》云：'分寸之晷，代天气生，以制方圆。方圆以成，参以规矩，昏明主时，乃命中星，观玉仪之游。'郑玄谓以玉为浑仪也。《春秋文耀钩》云：'唐尧即位，羲和立浑仪。'此则仪象之设，其来远矣。绵代相传，史官禁密，学者不睹，故宣、盖沸腾。"①

诸书又传刻漏始于黄帝。

梁《刻漏经》："肇于轩辕之日，宣于夏商之代。"

《隋书·天文志》："昔黄帝创观漏水，制器取则，以分昼夜。其后因以命官，《周礼》挈壶氏，则其职也。其法，总以百刻，分于昼夜。冬至昼漏四十刻，夜漏六十刻。夏至昼漏六十刻，夜漏四十刻。春秋二分，昼夜各五十刻。日未出前，二刻半而明；既没后，二刻半乃昏。减夜五刻以益昼，谓之昏旦，漏刻皆随气增。冬、夏二至之间，昼夜长短，凡差二十刻，每差一刻为一箭。冬至互起其首，凡有四十一箭。昼有朝，有禺，有中，有晡，有夕。夜有甲、乙、丙、丁、戊。昏旦有星中，每箭各有其数，皆所以分时代守，更其作役。"

疑亦史官世守之器，以定日夜之时刻者也。

古代星历之事，掌于史官，世传其学，往往守之历千百年。汉、晋之人，犹及见古历。

《汉书·艺文志》："《黄帝五家历》，三十三卷。《颛顼历》，二十一卷。《颛顼五星历》，十四卷。《夏殷周鲁历》，十四卷。"

① 据此，是史官所掌浑仪，禁人窥视。蔡邕曾为史官，故亲见浑仪，而其他学者不能睹也。

虽推验多所不合，

> 《长历说》(杜预)："自古以来，论《春秋》者，多述谬误。或用黄帝以来诸历，以推经传朔日，皆不谐合。《春秋》四十七日蚀，《黄帝历》得一蚀，《颛顼历》得八蚀，《夏历》得十四蚀，《真夏历》得一蚀，[①]《殷历》《周历》得十三蚀，《真周历》得一蚀，《鲁历》得十三蚀。"

然算术古疏后密，未可以不合遽斥为伪。惜晋以后诸历多不传，遂无由知其历式矣。

① 汉末宋仲子集七历以考《春秋》，其夏、周二历术数，皆与《艺文志》所记不同，故更名为《真夏历》《真周历》。

第九章　唐虞之让国

吾国圣哲之教，以迨后世相承之格言，恒以让为美德。远西诸国，无此礼俗，即其文字，亦未有与吾国“让”字之义相当者。故论中国文化，不可不知逊让之风之由来也。人情好争而不相让，中土初民，固亦如是。如《吕览》谓“君之立出于长，长之立出于争”。可见吾民初非不知竞争，第开化既早，经验较多，积千万年之竞争，熟睹惨杀纷乱之祸之无已，则憬然觉悟，知人类非相让不能相安，而唐、虞之君臣遂身倡而力行之。高位大权，巨富至贵，靡不可以让人，而所争者惟在道德之高下及人群之安否。后此数千年，虽曰争夺劫杀之事不绝于史策，然以逊让为美德之意，深中于人心，时时可以杀忿争之毒，而为和亲之媒。故国家与民族，遂历久而不敝。此非历史人物影响于国民性者乎？

唐、虞让国之事，纪于《尚书》。《尚书》开宗明义，即曰“允恭克让”，明其所重在此也。第今世所传之《尚书》，非完全之本，欲考其让国之迹，殊不能得完全之真相，此读史者一大憾事也。孔子所删之《书》，有《尧典》《舜典》《大禹谟》，今惟存《尧典》。而晋以后所传之《舜典》，实即《尧典》之文，《舜典》之首二十八字[①]及《大禹谟》，皆后人所伪撰，不可信。故唐尧让位之事，可征于《书》，而虞舜让位之事，则必以他书证之。

唐尧让位之事见于《书序》及《书》者为：

① 曰若稽古帝舜，曰重华，协于帝，浚哲文明，温恭允塞，玄德升闻，乃命以位。

《尚书序》："昔在帝尧，聪明文思，光宅天下，将逊于位，让于虞舜，作《尧典》。""虞舜侧微，尧闻之聪明，将使嗣位，历试诸难，作《舜典》。"

《尚书·尧典》："帝曰：明明扬侧陋。师锡帝曰：有鳏在下，曰虞舜。……帝曰：格汝舜，询事考言，乃言底可绩。三载，汝陟帝位。舜让于德弗嗣。正月上日，受终于文祖。……二十有八载，帝乃殂落。月正元日，舜格于文祖。"

今本《大禹谟》所称："帝曰：格汝禹，朕宅帝位，三十有三载，耄期倦于勤，汝惟不怠，总朕师。禹曰：朕德罔克，民不依。"及"禹拜稽首固辞……正月朔旦，受命于神宗，率百官若帝之初"。此皆仿《尧典》之文为之，非其原文也。

述唐、虞禅让之事最详者，无过于《孟子》。

《孟子·万章上》："舜相尧二十有八载，尧崩，三年之丧毕，舜避尧之子于南河之南。天下诸侯朝觐者，不之尧之子而之舜；讼狱者，不之尧之子而之舜；讴歌者，不讴歌尧之子而讴歌舜。夫然后之中国，践天子位焉。""昔者舜荐禹于天，十有七年，舜崩，三年之丧毕，禹避舜之子于阳城，天下之民从之者，若尧崩之后，不从尧之子而从舜也。"

次则《史记》。

《史记·五帝本纪》："尧知子丹朱之不肖，不足授天下，于是乃权授舜。授舜，则天下得其利而丹朱病；授丹朱，则天下病而丹朱得其利。尧曰：'终不以天下之病而利一人。'而卒授舜以天下。""舜子商均亦不肖，舜乃豫荐禹于天。十七年而崩。三年丧毕，禹亦乃让舜子，如舜让尧子。诸侯归之，然后禹践天子位。尧子丹朱，舜子商均，皆有疆土，以奉先祀。服其服，乐礼如之，以客见天子。天子弗臣，示不敢专也。”

《史记·夏本纪》：“舜荐禹于天，为嗣。十七年而帝舜崩。三年丧毕，禹辞避舜之子商均于阳城。天下诸侯皆去商均而朝禹。禹于是遂即天子位，南面朝天下。……帝禹立而举皋陶荐之，且授为政，而皋陶卒。而后举益，任之政。十年，帝禹东巡狩，至于会稽而崩，以天下授益。三年之丧毕，益让帝禹之子启，而辟居箕山之阳。禹子启贤，天下属意焉。于是启遂即天子之位。”

二书所言如此，则尧、舜、禹之皆让国为实事，无可疑矣。外此诸书论述唐虞之事者，凡分三种：

一则附会其事，谓尧、舜历让于诸人，不独让于舜、禹也。

《庄子·逍遥游》：“尧让天下于许由，许由曰：予无所用天下为。”《庄子·让王》：“尧以天下让许由，许由不受。又让于子州支父，子州支父曰：‘以我为天子，犹之可也。虽然，我适有幽忧之病，方且治之，未暇治天下也。’舜让天下于子州支伯，子州支伯曰：‘予适有幽忧之病，方且治之，未暇治天下也。’舜以天下让善卷，善卷曰：‘余立于宇宙之中，冬日衣皮毛，夏日衣葛絺。春耕种，形足以劳动；秋收敛，身足以休食。日出而作，日入而息，逍遥于天地之间，而心意自得。吾何以天下为哉！悲夫，子之不知予也！’遂不受，于是去而入深山，莫知其处。舜以天下让其友石户之农，石户之农曰：‘捲捲乎，后之为人，葆力之士也。’以舜之德未为至也，于是夫负妻戴，携子以入于海，终身不反也。”

《吕氏春秋·离俗览》：“舜让其友北人无择，北人无择曰：‘异哉，后之为人也！居于畎亩之中，而游入于尧之门，不若是而已，又欲以其辱行漫我，我羞之。’而自投于苍领之渊。”

此皆因《书》之称禅让，而加以附会者也。

一则谓古者天子最劳苦，故尧、禹乐于让国也。

《韩非子·五蠹》："尧之王天下也，茅茨不翦，采椽不斫，粝粢之食，藜藿之羹，冬日麑裘，夏日葛衣，虽监门之服养，不亏于此矣。禹之王天下，身执耒臿，以为民先，股无胈，胫不生毛，虽臣虏之劳，不苦于此矣。以是言之，夫古之让天子者，是去监门之养，而离臣虏之劳也。古传天下而不足多也。今之县令，一日身死，子孙累世絜驾，故人重之。是以人之于让也，轻辞古之天子，难去今之县令者，薄厚之实异也。"

此则纯以俗情度尧、禹，然亦未尝谓尧、舜未行禅让之事也。

一则疑其让国为虚语，且其得国等于后世之篡弑也。

《史通·疑古篇》(刘子玄)："按《汲冢琐语》云：'舜放尧于平阳。'而书云：'某地有城，以囚尧为号。'识者凭斯异说，颇以禅授为疑。据《山海经》谓放勋之子为帝丹朱，而列君于帝者，得非舜虽废尧，仍立尧子，俄又夺其帝者乎？斯则尧之授舜，其事难明，谓之让国，徒虚语耳！""《虞书·舜典》云：'五十载陟方乃死。'注云：'死苍梧之野，因葬焉。'按苍梧者，地总百越，山连五岭，人风婐划，地气歊瘴，百金之子，犹惮经履其途；万乘之君，而堪巡幸其国？兼复二妃不从，怨旷生离，万里无依，孤魂溘尽，让王高蹈，岂其若是！斯则陟方之死，其殆文命之志乎？《汲冢书》云：'舜放尧于平阳，益为启所诛。'又曰：'太甲杀伊尹，文丁杀季历。'凡此数事，语异正经，其书近出，世人多不之信也。舜之放尧，无事别说，足验其情。益与伊尹见戮，并与正书犹无其证，推而论之，如启之诛益，仍可复也。何者？舜废尧而立丹朱，禹黜舜而立商均，益手握机衡，事同舜、禹，而欲因循故事，坐膺天禄，其事不成，自贻伊咎。观夫近古篡夺，桓独不全，马仍反正。若启之诛益，亦犹晋之杀玄者乎？舜、禹相代，事业皆成，唯益覆车，伏辜夏后。亦犹桓效曹、马而独致元兴之祸者乎？”

此则因后世奸雄，假借禅让，因疑古人亦以禅让饰其争夺也。

至于近世，民主之制勃兴，遂有谓尧、舜为首倡共和者。夫共和根于宪法，选举多由政党、总统任事，必有年限，唐、虞之时胥无之，正不容以史事相附会也。

《尧典》所载，君臣交让，其事非一：

帝曰：“咨！四岳，朕在位七十载，汝能庸命，巽朕位。”岳曰：“否德忝帝位。”

帝曰：“俞！咨禹，汝平水土，惟时懋哉！”禹拜，稽首，让于稷、契暨皋陶。

帝曰：“畴若予工？”佥曰：“垂哉！”帝曰：“俞！咨垂，汝共工。”垂拜稽首，让于殳斨暨伯与。

帝曰：“畴若予上下草木鸟兽？”佥曰：“益哉！”帝曰：“俞！咨益，汝作朕虞。”益拜稽首，让于朱虎、熊罴。

帝曰：“咨！四岳，有能典朕三礼？”佥曰：“伯夷。”帝曰：“俞！咨伯，汝作秩宗。”伯拜稽首，让于夔、龙。

《皋陶谟》尤盛称让德之效。

禹曰：“万邦黎献，共惟帝臣。惟帝时举，敷纳以言，明庶以功，车服以庸，谁敢不让，敢不敬应。”夔曰：“虞宾在位，群后德让。”

惟《韩非子》《吕览》称鲧与共工不慊于尧、舜。

> 《韩非子·外储说》："尧欲传天下于舜。鲧谏曰：'不祥哉！孰以天下而传之于匹夫乎！'尧不听。举兵而诛杀鲧于羽山之郊。共工又谏曰：'孰以天下而传之于匹夫乎？'尧不听，又举兵而流共工于幽州之都。于是天下莫敢言无传天下于舜。"
>
> 《吕氏春秋·行论篇》："尧以天下让舜，鲧为诸侯，怒于尧曰：'得天之道者为帝，得地之道者为三公，今我得地之道，而不以我为三公！'以尧为失论。欲得三公，怒甚猛兽，欲以为乱，比兽之角，能以为城；举其尾，能以为旌。召之不来，仿佯于野以患帝。舜于是殛之于羽山，副之以吴刀。"

盖以《书》有四罪之文，故谩为共、鲧反对之说。借使其说而信，亦可见尧之克让，具有定识毅力，不为浮议所摇，而反对之者实为少数也。

让国之事，在人而不在法，故至夏而变为世袭之局。韩愈论其事，以为塞争乱之道。

> 《对禹问》（韩愈）："得其人而传之者，尧、舜也；无其人虑其患而不传者，禹也。时益以难理，传之人则争，未前定也。传之子则不争，前定也。前定虽不当贤，犹可以守法，不前定而不遇贤，则争且乱。天下之生大圣也不数，其生大恶也亦不数。传诸人，得大圣，然后人莫敢争。传诸子，得大恶，然后人受其乱。禹之后四百年，然后得桀；亦四百年，然后得汤与伊尹。汤与伊尹不可待而传也。与其传不得圣人，而争且乱，孰若传之子，虽不得贤，犹可守法。"

盖让贵得当，不当之让，徒以启争。立法以定元首之年限，视君主世袭之不能必其得贤，均也。

三代时天子无禅让者，而侯国犹间有之，如吴太伯、伯夷之类。

《史记·吴太伯世家》："吴太伯，太伯弟仲雍，皆周太王之子，而王季历之兄也。季历贤而有圣子昌，太王欲立季历以及昌，于是太伯、仲雍二人，乃奔荆蛮，文身断发，示不可用，以避季历。季历果立，是为王季，而昌为文王。"

《伯夷列传》："伯夷、叔齐，孤竹君之二子也。父欲立叔齐。及父卒，叔齐让伯夷。伯夷曰：'父命也。'遂逃去，叔齐亦不肯立而逃之。国人立其中子。"

《左传·成公十五年》："晋侯执曹伯，归诸京师，诸侯将见子臧于王而立之。子臧辞曰：'前志有之曰：圣达节，次守节，下失节。为君，非吾节也。虽不能圣，敢失守乎？'遂逃，奔宋。"

《公羊传·襄公二十九年》："吴子使札来聘，……贤季子也。何贤乎季子？让国也。其让国奈何？谒也，馀祭也，夷昧也，与季子同母者四。季子弱而才，兄弟皆爱之，同欲立之以为君。谒曰：'今若是迮而与季子国，季子犹不受也。请无与子而与弟，弟兄迭为君，而致国乎季子。'皆曰：'诺。'故诸为君者，皆轻死为勇，饮食必祝曰：'天苟有吴国，尚速有悔于予身。'故谒也死，馀祭也立。馀祭也死，夷昧也立。夷昧也死，则国宜之季子者也。季子使而亡焉。僚者，长庶也，即之。季子使而反至而君之尔。阖庐曰：'先君之所以不与子国而与弟者，凡为季子故也。将从先君之命与，则国宜之季子者也。如不从先君之命欤，则我宜立者也。僚恶得为君乎？'于是使专诸刺僚，而致国乎季子。季子不受，曰：'尔弑吾君，吾受尔国，是吾与尔为篡也。尔杀吾兄，吾又杀尔，是父子兄弟相杀，终身无已也。'去之延陵，终身不入吴国。"

皆让国而遂其志者也。越公子搜则让国而不遂。

《周季编略》："越三世弑君，公子搜患之，逃乎丹穴。越国无君，求王子搜而不得，从之丹穴，王子搜不肯出。越人熏之以艾，乘之以王舆，搜援绥登车，仰天而呼曰：'君乎，君乎！独不可以舍我乎？'越人乃立搜为君。"①

合之凡五事，而燕王哙之让国，独为世所笑。

《史记·燕世家》："燕王哙信其臣子之。子之使鹿毛寿谓燕王：'不如以国让相子之。人之谓尧贤者，以其让天下于许由，许由不受，有让天下之名，而实不失天下。今王以国让于子之，子之必不敢受，是王与尧同行也。'燕王因属国于子之。子之大重。或曰：'禹荐益已，而以启人为吏；及老，而以启为不足任乎天下，传之于益。已而启与交党攻益，夺之。天下谓禹名传天下于益，已而实令启自取之。今王言属国于子之，而吏无非太子人者，是名属子之，而实太子用事也。'王因收印自三百石吏以上，而效之子之。子之南面行王事，而哙老不听政，顾为臣，国事皆决于子之。三年，国大乱。"

伪让而不出于诚，与诚让而不出于伪者，史皆一一著之，非故袒太伯、伯夷等人，而独非燕哙、子之也。历观诸史，知古代自有此一种高尚而纯洁之人，不以身居天下国家之尊位为乐者，是皆尧舜之风，有以感之也。

---

① 此文盖据《竹书纪年》《庄子·让王篇》《吕览·贵生篇》合编。

第十章　治水之功

唐、虞之时，以治洪水为一大事。洪水之祸，为时之久，已详于前。兹篇所述，专重治水之功，以明吾国有史以来之大势。按吾国遭水患者非一次，以治水著者亦非一人。

《论语摘辅象》称：伏羲六佐，“仲起为海陆，阳侯为江海”，是皆治水之官。

《礼记·祭法》：“共工氏之霸九州也，其子曰后土，能平九州，故祀以为社。”（按共工氏时，洪水之祸最酷，后土能平九州，当亦专长于治水者。）

《左传·昭公二十九年》：“蔡墨曰：少皞氏有四叔，曰重、曰该、曰修、曰熙，实能金、木及水。使重为句芒，该为蓐收，修及熙为玄冥。世不失职，遂济穷桑。”是修、熙二子，为少皞时治水之官也。

共工治水，专事湮塞，为害孔巨。

《国语·周语》：“昔共工虞于湛乐，淫失其身，欲壅防百川，堕高湮卑，以害天下，皇天弗福，庶民弗助，祸乱并兴，共工用灭。”

后土继之，而其法不传，疑必力反共工之所为。唐虞时，鲧、禹父子相继治水，初亦蹈共工之复辙，后始改为疏浚。此可知人事必具有经验，往往有前人已经失败，后人复效其所为者。必一再试之而无功，然后确信失败者之法之不可用，正不独治水一端也。

鲧之治水，曰湮、曰障。

《书·洪范》："箕子曰：我闻在昔，鲧湮洪水，汩陈其五行。"

《祭法》："鲧障鸿水而殛死。"

《山海经·海内经》："洪水滔天，鲧窃帝之息壤，以湮洪水。"

殆惟多筑堤防，以遏水势，故经营九载，而功弗成。

《尧典》："九载绩用弗成。"

然因治水而得城郭之法，后世且崇祀之，亦不可谓鲧为无微功也。

《祭法》疏称："鲧障鸿水而殛死者，鲧塞水而无功，而被尧殛死于羽山，亦是有微功于人，故得祀之。若无微功，焉能治水九载。《世本》云'作城郭'，是有功也。"

禹伤父功不成，劳身焦思，以求继续先业而竟其志。

《祭法》："禹能修鲧之功。"

《史记·夏本纪》："禹伤先人父鲧功之不成受诛，乃劳身焦思，居外十三年，过门不敢入。"

《吴越春秋》："禹伤父功不成，循江溯河，尽济甄淮，乃劳身焦思以行七年，闻乐不听，过门不入，冠挂不顾，履遗不蹑。功未及成，愁然沈思。"

其法盖先行调查测量，

《皋陶谟》：“禹曰：予乘四载，随山刊木。”

《禹贡》：“禹敷土，随山刊木。”郑玄曰：“必随州中之山而登之，除木为道，以望观所当治者，则规其形而度其功焉。”

《史记·夏本纪》：“行山表木（《索隐》：表木谓刊木立为表记），陆行乘车，水行乘船，泥行乘橇，山行乘檋。左准绳，右规矩。”

按立木为表记，及携准绳规矩，皆为调查测量之事。郑说规其形而度其功，亦即此义。赵君卿《周髀算经注》：“禹治洪水，决流江河，望山川之形，定高下之势，乃句股所由生。”此一证也。而后从事于疏凿。

《淮南子·本经训》：“舜之时，龙门未开，吕梁未发，江淮通流，四海溟涬，民皆上丘陵，赴树木。舜乃使禹疏三江五湖，辟伊阙，导廛涧，平通沟陆，流注东海。鸿水漏，九州干，万民皆宁其性。”

《修务训》：“禹沐浴霪雨，栉扶风，决江疏河，凿龙门，辟伊阙，修彭蠡之防，乘四载，随山刊木，平治水土，定千八百国。”

其所治之诸水具详于《禹贡》。史家推论其功，尤以导河为大。

《史记·河渠书》：“河菑衍溢，害中国也尤甚。唯是为务，故道河自积石，历龙门，南到华阴，东下砥柱，及孟津、雒汭，至于大邳。于是禹以为河所从来者高，水湍悍，难以行平地，数为败，乃厮二渠，以引其河，北载之高地，过降水，至于大陆，播为九河，同为逆河，入于勃海。九州既疏，九泽既洒，诸夏艾安，功施于三代。”

按河自龙门，至今河间、天津等地，其长殆二千里，皆禹时以人力开凿而成。

则中国人造之河流，不自南北运河始也。

专治一河其工之巨，已至可骇，矧兼九州之山水治之。北至河套，南至川、滇，西至青海，东至山东，其面积至少亦有七八百万方里。鲧治之九年，禹治之十三年，合计二十二年，而九州之地尽行平治。以今人作事揆之，断不能如此神速。故西洋历史家，于禹之治水极为怀疑。

《支那太古史》（夏德）引爱多阿尔比优氏之说曰："黄河自入支那以上，其流程达于五百六十力格；江水自禹所视察之湖广地方之大湖以下，其长约二百五十力格；汉水自发源至与江水合流处，长约五百十力格；合计三河之延长，殆达于一千力格。加以禹所治之他河，当有一千二百至于一千五百力格。夫古代支那之大纪念物，即万里长城，虽以非常之劳作而成，其长亦不过三百力格。然此巨大之建设，实亘非常之岁月。其初秦、赵、燕等诸国，业已陆续建造，至秦始皇帝，不过修缮而增设之耳。且以此等泥土筑造之城，比之绵亘一千二百乃至一千五百力格之大河，修筑堤防开浚水道之事，犹为容易之业，然其难且如此，则禹之治水，当需多大之劳苦与岁月乎？试以隆河之屡次泛滥为比，隆河之下流，较之黄河、长江之下流，不过四分之一，然治之犹需若干功力。彼禹之修改支那之大河，几与修正微弱之小川之水道无异。则此等具有怪力之禹，殆非人间之人也。"

按治水之难，以人工及经费为首。近世人工皆须以金钱雇之，故兴工必须巨款。吾国古代每有力役，但须召集民人，无须予以金钱。故《书》《史》但称禹之治水，不闻唐、虞之人议及工艰费巨者，此其能成此等大工之最大原因也。西人但读《禹贡》，不知其时治水者，实合全国人之力，故疑禹为非常之人。若详考他书，则知其治水非徒恃一二人之功。观《史记》《书经》注疏即可知矣。

《史记·夏本纪》："禹与益，后稷奉帝命，命诸侯百姓兴人徒以傅土。”

《书·益稷》：“弼成五服，至于五千，州十有二师。”

伪《孔传》：“服，五百里，四方相距，为方五千里。治洪水，辅成之，一州用三万人功。九州，二十七万庸。”孔颖达疏：“治水之时，所役人功，每州用十有二师，通计之，一州用三万人功，总计九州用二十七万庸。庸亦功也。州境既有阔狭，用功必有多少。例言三万人者，大都通率为然。惟言用三万人者，不知用功日数多少，治水四年乃毕[①]，用功盖多矣，不知用几日也。”

按孔氏以周法证夏事，谓一州用三万人。《尚书大传》则曰：“古者八家而为邻，三邻而为朋，三朋而为里，五里而为邑，十邑而为都，十都而为师，州十有二师焉。”注曰：“州凡四十三万二千家。”据此，则当时每家出一人，助禹治水，即一州有四十三万二千人。九州之水，所用徒役，都三百八十八万八千人。虽未必同时并作，而经年累月，更番迭起，故能成此巨功也。

禹之治水，不徒治大水也，并田间之甽浍而亦治之。

《益稷》：“禹曰：予决九州，距四海，浚甽浍，距川。”

伪《孔传》：“一甽之间，广尺，深尺，曰甽；方百里之间，广二寻，深二仞，曰浍。浚深之至川，亦入海。”

孔子之称禹，不颂其治江河，而独颂其尽力沟洫。

《论语·泰伯》：“子曰：禹吾无间然矣！……卑宫室而尽力乎沟洫。”

---

① 治水年数，或曰十三年、或曰四年，盖以鲧之九年，合禹四年计之为十三年也。孔曰四年乃毕，是以为十三年中，应除鲧之九年也。然《史记》一曰禹抑洪水十三年，再曰居外十三年，皆指禹一身言，不兼计鲧之九载也。

盖畎浍沟洫之利，实较江河巨流为大。

《日知录》(顾炎武)："夫子之称禹也，曰尽力乎沟洫。而禹自言。亦曰浚畎浍距川。古圣人有天下之大事，而不遗乎其小如此。古之通津巨渎，今日多为细流，而中原之田，夏旱秋潦，年年告病矣。"陈斌曰："三代沟洫之利，其小者，民自为之也。其大者，官所为也。沟洫所起之土，即以为道路。所通之水，即以备旱潦。故沟洫者，万世之利也。试观甽田之法，一尺之甽，二尺之遂，即耕而即成者也。今苏、湖之田，九月种麦，必为田轮，两轮中间，深广二尺。其平阔之乡，万轮鳞接，整齐均一，弥月悉成。古之遂径，岂有异乎？设计其五年而为沟浍，则合八家之力。而先治一横沟。田首之步之为百八十丈者，家出三人，就地筑土，二日而毕矣。明年，以八十家之力治洫，广深三沟，其长十之，料工计日，三日而半，七日而毕矣。又明年，以八百家之力为浍，广深三洫，其长百沟，料工计日，一旬而半，三旬而毕矣。即以三旬之功，分责三岁，其就必矣。及功之俱成，民甽田以为利。一岁之中，家修其遂，众治其沟洫。官督民而浚其浍。有小水旱，可以无饥，十分之饥，可救其五。故曰万世之利也。"

使仅有九川距海，而无畎浍距川，则农田水利，仍无由兴，而治川之功，为虚费矣。然此义若再为西人言之，则必更惊禹之神奇，谓禹遍天下之沟洫而一一治之。不知禹之浚九川及浚畎浍，皆身为之倡，而人民相率效之。

《淮南子·要略》："禹之时，天下大水，禹身执蔂臿，以为民先。"

虽其勤苦异于常人，

《庄子·天下篇》："墨子称道曰：昔者禹之湮洪水，决江河，而通四夷九州也，名山三百，支川三千，小者无数。禹亲自操橐耜，而九杂天下之川，腓无胈，胫无毛，沐甚雨，栉疾风。"

而以大多数之人民之功，悉归于禹，则未知事实之真相耳。

治水之功，除水患，一也；利农业，二也；便交通，三也。观《禹贡》所载各州贡道。

[冀州] 夹右碣石，入于河。

[徐州] 浮于淮、泗，达于河。

[豫州] 浮于洛，达于河。

[兖州] 浮于济、漯，达于河。

[扬州] 沿于江、海，达于淮、泗。

[梁州] 浮于潜，逾于沔，入于渭，乱于河。

[青州] 浮于汶，达于济。

[荆州] 浮于江、沱、潜、汉，逾于洛，至于南河。

[雍州] 浮于积石，至于龙门西河，会于渭汭。

是各州之路，无不达于河，亦无不达于冀州帝都者。以政治言，则帝都与侯国消息灵通，居中驭外，故能构成一大帝国；以经济言，则九州物产，转输交易，生计自裕。故人民咸遂其生，而有"于变时雍"之美。犹之近世国家，开通铁道，而政治经济，咸呈极大之变化。《禹贡》所称治水之功效：

九州攸同，四隩既宅。九山刊旅，九川涤源，九泽既陂，四海会同，六府孔修。庶土交正，厎慎财赋，咸则三壤，成赋中邦。锡土姓，祗台德先，不距朕行。

洵非虚语也！

第十一章　唐虞之政教

自唐、虞至周皆封建时代，帝王与诸侯分地而治。帝王直辖之地不过方千里，其势殆等于今日一省之督军、省长。然以其为天下共主，故其政教必足以为各国之模范，而后可以统治诸侯。吾辈治古代历史者，当知其时帝王政教，具有二义：（一）施之于其直辖之地，兼以为各国之模范者；（二）统治各国之法。以此二义，故凡事皆取自近及远之术。

《书·尧典》："克明俊德，以亲九族。九族既睦，平章百姓，百姓昭明，协和万邦。……柔远能迩。惇德允元，而难任人，蛮夷率服。"《皋陶谟》："慎厥身，修思永。惇叙九族，庶明励翼，迩可远在兹。"

其所设施，大都指畿甸而言，不能胥诸侯万国，一一如其措注。后世儒者，盛称其时之政教，则误认为道一风同。今人就各方面研究，见其多有出入，又痛诋古书为不可信，要皆未喻此义也。

唐、虞之时，以天然地理画分九州：冀州，济、河惟兖州，海、岱惟青州，海、岱及淮惟徐州，淮、海惟扬州，荆及衡阳惟荆州，荆、河惟豫州，华阳、黑水惟梁州，黑水、西河惟雍州。中间尝分为十二州。说者谓舜以冀州之北广大，分置并州；以青州越海，分置营州；又分燕以北为幽州。至禹即位，复为九州。然其文无征，不能定其界域。惟知其时确尝分为十二区域耳。

《尧典》："肇十有二州，封十有二山。""咨十有二牧。"

又即九州分为五服。

《皋陶谟》："弼成五服，至于五千。"《史记·夏本纪》谓："令天子之国以外五百里甸服，甸服外五百里侯服，侯服外五百里绥服，绥服外五百里要服，要服外五百里荒服。"

以地形证之，四方相距，未必能平均如其里数。惟可知其治地约分此五种界限，甸服直接于天子，侯、绥为诸侯治地，要、荒服皆蛮夷，其文化相悬甚远耳。

当时诸侯号为万邦，亦非确数。其阶级盖分五等。

《尧典》："辑五瑞。"马融曰："五瑞：公、侯、伯、子、男所执以为瑞信也。"

其长曰牧，曰岳，曰伯。

《尧典》："觐四岳群牧。""咨十有二牧。"《左传·宣公三年》："贡金九牧。"《尚书大传·虞夏传》："惟元祀，巡守四岳八伯。""八伯咸进稽首。"

其国中制度不可考。以书观之，岳、牧之在中央政府颇有大权。如尧、舜举人命官，皆咨询岳、牧。而中央政府亦可黜陟之：

《尚书大传·唐传》："《书》曰：三岁考绩，三考黜陟幽明。其训曰：三岁而小考者，正职而行事也。九岁而大考者，黜无职而赏有功也。其赏有功也，诸侯赐弓矢者，得专征；赐铁钺者，得专杀；赐圭瓒者，得为鬯以祭。不得专征者，以兵属于得专征之国；不得专杀者，以狱属于得专杀之国；不得专赐圭瓒者，资鬯于天子之国，然后祭。”

《虞夏传》：“古者，诸侯之于天子也，三年一贡士。天子命与诸侯辅助为政，所以通贤共治，示不独专，重民之至。大国举三人，次国举二人，小国举一人。一适谓之攸好德，再适谓之贤贤，三适谓之有功。有功者，天子赐以车服弓矢，再赐以秬鬯，三赐以虎贲百人，号曰‘命诸侯’。命诸侯得专征者，邻国有臣弑其君、孽伐其宗者，虽勿请于天子而征之，可也。征而归其地于天子。有不贡士，谓之不率正者，天子绌之。一不适谓之过，再不适谓之敖，三不适谓之诬。诬者天子绌之，一绌，少绌以爵；再绌，少绌以地；三绌，而爵地毕。”（按《大传》之言，未必即为唐、虞之定制，然足证当时诸侯可以黜陟。）

中央政府与各州诸侯之关系，以巡狩述职为最重之事。

《尧典》：“五载一巡狩，群后四朝。”《尚书大传·唐传》：“五年，亲自巡狩。巡，犹循也；狩，犹守也。循行守视之辞，亦不可国至人见为烦扰。故至四岳，知四方之政而已。”《虞传》：“九共以诸侯来朝，各述其土地所生美恶，人民好恶，为之贡赋政教。”

观《尚书》之文，当时帝者巡狩之要义有三：（一）致祭。如岁二月至于岱宗，柴，望秩于山川是；（二）壹法。如协时月，正日，同律度量衡是；（三）修礼。如修五礼、五玉，三帛，二生一死贽，如五器，卒乃复是。三者之中，以第二义为最切于民生日用，并可以推见当时诸侯之国，往往各用其相传之正朔，各用其律度量衡，不必与中央政府之定制相同。故虞帝定制，越五年一往考察，务使之齐同均一。此即统一中国之大纲也。《尚书大传》述古巡狩之事项较《虞书》为详，疑其以后世之法傅之，未必即为唐、虞之制。然其意亦可参考也。

《尚书大传·唐传》："见诸侯，问百年，命大师陈诗以观民风俗，命市纳贾以观民好恶。山川神祇有不举者为不敬，不敬者削以地。宗庙有不顺者为不孝，不孝者黜以爵。变礼易乐为不从，不从者君流。改衣服制度为畔，畔者君讨。有功者赏之。《尚书》曰：'明试以功，车服以庸。'"

古无印绶符节之制，其执以为信者，曰瑞，曰圭。有颁敛留复之法，犹后世之摘印、接印也。

《尧典》："辑五瑞。""班瑞于群后。"马融曰："尧将禅舜，使群牧敛之，使舜亲往班之。"《尚书大传·唐传》："古者，圭必有冒。言下之必有冒，不敢专达也。天子执冒以朝诸侯，见则复之。故冒圭者，天子所与诸侯为瑞也。瑞也者，属也。无过行者，得复其圭，以归其国。有过行者，留其圭。能改过者，复其圭。三年，圭不复，少黜以爵；六年，圭不复，少黜以地；九年，圭不复，而地毕。所谓诸侯之朝于天子也，义则见属，不义则不见属。"

禹会涂山，诸侯执玉，即沿唐、虞之制。

《左传·哀公七年》："禹会诸侯于涂山，执玉帛者万国。"①

非徒以之行礼，且以之行赏罚焉。中央有黜陟之权，而后藩镇有戒慎之意。若徒事宽大，任诸侯之跋扈，而莫可如何，岂所以为政哉！

唐、虞之时，中央政府之财政与各国之财政，亦截然划分。冀州甸服，有赋无贡，而人民之粟米直接输纳于帝廷之官府。此外八州四服，则民赋各

---

① 杜《注》："诸侯执玉，附庸执帛。"

输于其国，而国君各市其地之物以为贡。

《禹贡》："五百里甸服，百里赋纳总，二百里纳铚，三百里纳秸服，四百里粟，五百里米。"孙星衍曰："《诗·甫田》疏引郑志云：凡所贡篚之物，皆以税物市之，随时物价，以当邦赋。《周礼》：太宰以九贡致邦国之用。疏云：诸侯国内，得民税，大国贡半，次国三之一，小国四之一。所贡者，市取当国所出美物，则《禹贡》所云'厥篚厥贡'之类是也。据此，知馀州虽有厥贡之文，不入谷，准其赋之额，买土物以贡。冀州不言厥贡，以帝都所需，令有司市买，不烦诸侯贡篚，故入谷不贡也。"

其时矿产发达，货币之用渐兴。

《禹贡》："扬州贡金三品。""荆州贡金三品。""梁州贡璆、铁、银、镂。"《山海经》："禹曰天下名山，经五千三百五十，六万四千五十六里……出铜之山，四百六十七，出铁之山，三千六百九十。"《史记·平准书》："虞夏之币，金为三品。"

以禹以九牧贡金铸鼎之事推之，疑当时各国所用货币，其鼓铸及发行之权，皆属于中央，故曰"六府孔修，厎慎财赋"也。

吾观于唐、虞帝者之抚侯国，可谓疏节阔目矣。然黜陟大权，操之自上，不使有外重内轻之虞。分画财赋，各有权限，俨然有国家地方之别。是古代固以法治，非徒以人治也。法立令行，内外井井，而中央政府之政务，自亦简易而无须多人。伪古文《周官》篇称"唐、虞稽古，建官惟百"，虽未必可信，然《尧典》《皋陶谟》称其时之官吏，不过曰百工、百揆、百僚，是官吏之大数不过百也。更稽其职掌，则有：

历官，羲和及四子司历象。司空，禹作司空，宅百揆。稷官，弃居稷官，播百谷。司徒，契为司徒，敷五谷。理官，皋陶作士，司五刑。（《说苑·修文篇》："皋陶为大理。"）工官，垂为共工。虞，益作虞，司上下草木鸟兽。礼官，伯夷作秩宗，典三礼。教官，夔典乐，教胄子。纳言，龙作纳言，出纳帝命。

荦荦数大端，中央政府之政务已赅括无余。其异于后世者，独无外交官及海陆军耳。

唐、虞帝国之官，司教育者有二职，盖一司普通教育，一司专门教育也。普通教育专重伦理。

> 《左传·文公十八年》："举八元、使布五教于四方，父义、母慈、兄友、弟恭、子孝，内平外成。"《孟子·滕文公》："人之有道也，饱食、暖衣、逸居而无教，则近于禽兽。圣人有忧之，使契为司徒，教以人伦，父子有亲，君臣有义，夫妇有别，长幼有序，朋友有信。"

其施教之法不可考。专门教育则有学校，其学校曰庠，亦曰米廪。

> 《礼记·王制》："有虞氏养国老于上庠，养庶老于下庠。""虞庠在国之四郊。"《明堂位》："米廪，有虞氏之庠也。"

以《王制》之言推之，有虞氏国都内外，当有学校六所。① 夔之所司，未知属何学校，或夔专司上庠，而下庠及四郊之庠，则属于司徒欤？

有虞之学校有二事：一曰养老。

> 《礼记·王制》："有虞氏皇而祭，深衣而养老。""凡养老，有虞氏以燕礼。"

---

① 上下庠各一，四郊之庠四。

据说《礼》者之言，则学校所养之老，凡四种。

皇侃曰："人君养老有四种，一是养三老五更；二是子孙为国难而死，王养死者父祖；三是养致仕之老；四是引户校年，养庶人之老。"

有虞所谓国老，殆即前三者，而庶老则第四种也。以燕礼养老，未知专指国老，抑兼养庶老，其礼亦不可考。说者以《周礼》释之，大致当亦不远。

《王制》疏："有虞氏以燕礼者，虞氏云：燕礼，脱屦升堂。崔氏云：燕者，肴烝于俎，行一献之礼，坐而饮酒，以至于醉。以虞氏帝道弘大，故养老以燕礼。"

吾意虞学名庠，庠者，养也。其养之之法，必不止于帝者来庠之时，一举燕礼而已。凡在庠之老者，必有常年之膳食，如近世各国之有养老金者然。而老者在庠无所事事，则又等于素餐，故必各就所长及其多年之经验，聚少年学子而教之。于是耆老之所居，转成最高之学府。而帝者以其为宿学之所萃，亦时时临莅，以聆其名言至论，取以为修身治国之准绳。少年学子见一国之元首，亦隆礼在庠之师儒，则服教说学之心因之益挚。此古代以学校养老之用意也。

一曰教乐，其所教为诗歌声律。

《尧典》："诗言志，歌永言，声依永，律和声。"

即近世所谓声音学、言语学、文学、音乐诸科也。此诸科者，似不切于实用。然观当时之风气，则诗乐实与宗教、政治有大关系。

《尧典》曰："八音克谐，无相夺伦，神人以和。"《皋陶谟》曰："戛击鸣球，搏拊琴瑟以咏。祖考来格，虞宾在位，群后德让，下管鼗鼓，合止柷敔，笙镛以间，鸟兽跄跄，箫韶九成，凤皇来仪。”（是宗教之关系也）“帝庸作歌曰：勅天之命，惟时惟几。乃歌曰：股肱喜哉！元首起哉！百工熙哉！皋陶拜手稽首飏言曰：念哉！率作兴事，慎乃宪，钦哉！屡省乃成，钦哉！乃赓载歌曰：元首明哉！股肱良哉！庶事康哉！又歌曰：元首丛脞哉！股肱惰哉！万事堕哉！”（是政治之关系也）《尚书大传·虞夏传》：“乐正定乐名，元祀代泰山，贡两伯之乐焉。阳伯之乐，舞《株离》，其歌声比余谣，名曰《皙阳》。仪伯之乐，舞鼚哉，其歌声比大谣，名曰《南阳》。中祀大交霍山，贡两伯之乐焉。夏伯之乐，舞谩彧，其歌声比中谣，名曰《初虑》。羲伯之乐，舞将阳，其歌声比大谣，名曰《朱于》。秋祀柳谷华山，贡两伯之乐焉。秋伯之乐，舞蔡俶，其歌声比小谣，名曰《苓落》。和伯之乐，舞玄鹤，其歌声比中谣，名曰《归来》。幽都弘山祀，贡两伯之乐焉。冬伯之乐，舞齐落，歌曰《缦缦》，垂为冬伯，舞丹凤，一曰《齐落》，歌曰《齐落》，一曰《缦缦》。”

是天子巡狩之时，八伯皆须贡乐，亦与政治、宗教有关系也。诵诗可以知政，作乐可以降神，则文化教育，亦即其时之实用教育也。观舜以音乐察治忽。

《皋陶谟》：“予欲闻六律五声八音，在治忽。”

盖古人以声音之道与政通，故恒注重于声乐。而学生以此为教科，则一以淑学者之性情，一以裕学者之知识，储材化俗之意兼而有之焉。

唐、虞之官吏，殆多由大臣举用。

《左传·文公十八年》：“舜臣尧，举八恺，使主后土，……举八元，使布五教于四方。”

其用人虽多出于贵族，然必以其言论及事功参稽而用之。

《尧典》："询事考言。""敷奏以言，明试以功。"

《皋陶谟》："工以纳言，时而飏之。格则承之庸之。"

且惩戒之法甚严，失职者不免鞭挞，甚且著之刑书。

《尧典》："鞭作官刑。"《皋陶谟》："挞以记之，书用识哉。"

其考绩必以三年者，取其官久而事习，然后可以定其优劣也。

《尧典》："三载考绩。"（后世官吏有任期，实本此制）

官法虽严，而君臣之分际，初不若后世之悬隔。相与对语，率以"尔""汝"之称。

如《皋陶谟》："帝曰：来！禹，汝亦昌言。""皋陶曰："俞！师汝昌言。""禹曰：安汝止。"①

且设四邻，以为人主之监督。

《尚书大传·虞夏传》："古者，天子必有四邻，前曰疑，后曰丞，左曰辅，右曰弼。天子中立而听朝，则四圣维之。是以虑无失计，举无过事。故《书》曰：'钦四邻'，此之谓也。""天子有问，无以对，责之疑；可志而不志，责之丞；可正而不正，责之辅；可扬而不扬，责之弼。其爵视卿，其禄视次国之君。"

①《史记》作安尔汝。

故君主无由专制，而政事无不公开也。

唐、虞地方之制不可考，以《大传》及《史记》相参，则其时有邑、里、都、师等区画。

《尚书大传·召诰》："古者处师，八家而为邻，三邻而为朋，三朋而为里，五里而为邑，十邑而为都，十都而为师，州十有二师焉。家不盈三口者不朋，由命士以上不朋。"《史记·五帝本纪》："一年而所居成聚，二年成邑，三年成都。"

其民殆多聚族而居。

《书序》："帝厘下土，方设居方，别生分类，作汨作，九共九篇。"①

无姓者则赐之以姓。

《禹贡》："锡土姓。"②

人民之职业甚多，

《淮南子·齐俗训》："尧之治天下，导万民也，水处者渔，山处者木，谷处者牧，陆处者农。地宜其事，事宜其械，械宜其用，用宜其人。泽皋织网，陵阪耕田，得以所有易所无，以所工易所拙。"《史记·五帝本纪》："舜耕历山，渔雷泽，陶河滨，作什器于寿丘，就时于负夏。"（《禹贡》详载各州贡品，知其时畜牧、田渔、漆桑、纺织、

① 刘师培曰："别生，犹言别姓，所以辨别其氏姓耳。"

② 刘师培曰："古人从母得姓，自禹锡土姓，其所谓姓，始不从母而从父。"

商矿诸业皆备)《考工记》:“有虞氏上陶。”

大要以农业为本,有甽田之制。

《汉书·食货志》:“后稷始甽田,以二耜为耦,广尺深尺为𤰝,长终亩。一亩三𤰝,一夫三百𤰝。而播种于甽中。”

其民大率春夏皆处于野,秋冬则邑居。

《尧典》:“春厥民析[①],夏厥民因[②],秋厥民夷,冬厥民燠。”

按《汉书·食货志》述古制:“春令民毕出在野,冬则毕入于邑。其《诗》曰:‘四之日举趾,同我妇子,馌彼南亩,田馂至喜。’又曰:‘十月蟋蟀,入我床下,嗟我妇子,聿为改岁,入此室处。’所以顺阴阳,备寇贼,习礼文也。”可与《尧典》相证。[③]

后世传其时垦田甚多,而人口甚少,虽多出于臆测,然以地域及史事观之,计亦约略相等。

《后汉书·郡国志》注引皇甫谧《帝王世纪》:“禹平洪水时,民口千三百五十五万三千九百二十三人。九州之地,凡二千四百三十万八千二十四顷。定垦者九百三十万六千二十四顷,不垦者千五百万二千顷。”

---

① 孙星衍《尚书今古文注疏》曰:“高诱注《吕览·仲春纪》引《书》此文,说之云:散布于野。《史记·司马相如传·索隐》引如淳云:析,分也。言使民分散耕种。”

② 孙曰:《尔雅·释诂》:儴,因也。《说文》云:汉令解衣耕谓之襄,盖谓民相就而助成耕穑事。

③《豳风》述后稷、公刘,当是虞、夏时风俗。

按皇甫谧不知据何书而能言唐、虞时田土人口之数凿凿如此，似不可信。然九州之地，垦辟不足一千万顷，似亦非过言。以《尚书大传》一州四十三万二千家计之，九州三百八十八万八千家，平均一家五口，亦不过一千九百四十四万人。况九州之都邑，未必一一皆如其数。则其时之人口，自不过一千数百万。观舜所居二年成邑，三年成都，则舜未居其地之前，皆空旷之地，无都邑也。土旷人稀，而生计进步，此尤其时号称郅治之大原。吾辈读史，不可徒研究其政教，而不就当时土地人民之数，一究其因果也。

唐、虞政教之梗概，及其社会之状况，具如上述。其尤重要者，则敬天爱民之义为后世立国根本。虽有专制之君、暴虐之主、刚愎自用之大臣，间亦违反此信条，而自恣其意，然大多数之人诵习典谟，认为立国惟一要义，反复引申，以制暴君污吏之毒焰。于是柄政者，贤固益以自勉，不肖亦有所惩。即异族入主中国，亦不能不本斯义，以临吾民。故制度可变，方法可变，而此立国之根本不可变。如：

> 《尧典》："钦若昊天。""敬授民时。""钦哉，惟时亮天功。"《皋陶谟》："在知人，在安民。""安民则惠，黎民怀之。""天工人其代之。""天叙有典，勅我五典五惇哉。""天秩有礼，自我五礼有庸哉。""天命有德，五服五章哉！天讨有罪，五刑五用哉！""天聪明，自我民聪明。天明畏，自我民明威。""惟动丕应徯志，以昭受上帝，天其申命用休。"

等等诸语，以天与民合为一事，欲知天意，但顺民心。凡人君之立政施教，不过就天道自然之秩序，阐发而推行之，直无所用其一人之主张。此尤治史者所当深考者也。

第十二章　夏之文化

夏后氏十四世，十七君，传祚四百数十年。

《史记·三代世表》："从禹至桀十七世。"《通鉴外纪》注："夏十七君，十四世，通羿、浞四百三十二年。"

以进化之律论之，夏之社会，必已大进于唐、虞之时，然夏之历史多不可考，孔子尝屡言之。

《礼记·礼运》："孔子曰：我欲观夏道，是故之杞而不足征也，吾得夏时焉。"《论语》："子曰：夏礼吾能言之，杞不足征也。"

太史公著《史记》，于当时所传夏代之书，亦多疑词。

《史记·夏本纪》："太史公曰：孔子正夏时，学者多传《夏小正》云。"《大宛列传》："太史公曰：言九州山川，《尚书》近之矣，至《禹本纪》《山海经》所有怪物，余不敢言之也。"

今所传《虞》《夏书》，自《禹贡》以上，皆述唐、虞时事。其专述夏事者，惟三篇：

《甘誓》《五子之歌》《胤征》。

后仅存《甘誓》一篇，其文献之不足征，更甚于孔子、史公之时。故欲云夏之文化，无非凿空附会而已。虽然，孔子能言夏礼，墨子多用夏政。

《淮南子·要略》："墨子背周道而用夏政。"

箕子尝陈《鸿范》，魏绛实见《夏训》。

《左传》襄公四年："魏绛曰：《夏训》有之曰：有穷后羿。"

《孝经》本于夏法（章炳麟有《孝经本夏法说》）。《汉志》亦载《夏龟》，

《汉书·艺文志》："《夏龟》，二十六卷。"

《七月》《公刘》之诗，多述夏代社会礼俗，可与《夏小正》参证。《小戴记》《王制》《内则》《祭义》《明堂位》诸篇，凡言三代典制者，往往举夏后氏之制为首。是夏之文献虽荒落，然亦未尝不可征考其万一也。

夏之社会，农业之社会也。观《夏小正》及《豳风》，皆以农时为主，而附载其他事业。知其时所最重者，惟农事矣。当时田制有公私之分。

《夏小正》："正月初服于公田。"《传》："古有公田焉者，言先服公田而后服其田也。"

公私之田，一家种若干亩不可考，或谓一夫授田五十亩。

《孟子·滕文公》："夏后氏五十而贡。"赵岐注："民耕五十亩，贡上五亩。"

《日知录》（顾炎武）："古来田赋之制，实始于禹。水土既平，

咸则三壤，后之王者，不过因其成迹而已。故《诗》曰：‘信彼南山，维禹甸之。畇畇原隰，曾孙田之。我疆我理，南东其亩。’然则周之疆理，犹禹之遗法也。《孟子》乃曰：‘夏后氏五十而贡，殷人七十而助，周人百亩而彻。’夫井田之制，一井之地，画为九区，故苏洵谓万夫之地。盖三十二里有半，而其间为川为路者一，为浍为道者九，为洫为涂者百，为沟为畛者千，为遂为径者万。使夏必五十，殷必七十，周必百，则是一王之兴，必将改畛涂，变沟洫，移道路以就之。为此烦扰而无益于民之事也，岂其然乎？盖三代取民之异在乎贡、助、彻，而不在乎五十、七十、百亩，特丈尺之不同，而田未尝易也。故曰‘其实皆什一’也。……夏时土旷人稀，故其亩特大，殷周土易人多，故其亩渐小。以夏之一亩为二亩。其名殊而实一矣。”

其名地，方十里为成，

《左传·哀公元年》：“夏少康有田一成，有众一旅。”杜《注》：“方十里为成。”

方八里为甸。

《诗·信南山》：“维禹甸之。”郑《笺》：“六十四井为甸，甸方八里，居一成之中。成方十里，出兵车一乘。”

其典农者曰田畯，

《诗·豳风》：“田畯至喜。”《传》：“田畯，田大夫也。”

其居民多茅屋、土壁、荜户，

《诗·豳风》："昼尔于茅，宵尔索绹，亟其乘屋。""穹窒熏鼠，塞向墐户。"毛《传》："向，北出牖也。墐，涂也。庶人荜户。"

缘屋种桑，男治田而女治蚕，

《诗·豳风》："女执懿筐，遵彼微行，爰求柔桑。"毛《传》："微行，墙下径也。五亩之宅，树之以桑。"

农隙则田夫射猎以肄武。

《诗·豳风》："一之日于貉，取彼狐狸，为公子裘。二之日其同，载缵武功，言私其豵，献豜于公。"

事皆先公而后私，其民风之淳朴，颇足多焉。

夏之教育，有序，有校。

《明堂位》："序，夏后氏之序也。"《孟子》："夏曰校。"

乡校一曰公堂。

《诗·豳风》："跻彼公堂。"毛《传》："公堂，学校也。"

国学则曰学。

《夏小正》："二月丁亥，万用入学。"《传》："入学也者，大学也。"

入学以春仲吉日，行礼则舞干戚。

《夏小正传》："丁亥者，吉日也。万也者，干戚舞也。"

国之老者，亦养于学。

《礼记·王制》："夏后氏以飨礼。""养国老于东序，养庶老于西序。""夏后氏收而祭，燕衣而养老。"

乡人则于十月跻公堂，行饮酒之礼。

《诗·豳风》："十月涤场，朋酒斯飨。曰杀羔羊，跻彼公堂，称彼兕觥，万寿无疆。"

而国学特重教射焉，

《孟子》："序者，射也。"

孔子称夏禹卑宫室，而启有钧台。

《左传·昭公四年》："夏启有钧台之享。"

世又传启有璇台，桀有倾宫、瑶台。

《竹书纪年》："帝启元年，大飨诸侯于钧台。诸侯从帝归于冀都，大享诸侯于璇台。""夏桀作倾宫、瑶台，殚百姓之财。"

其宫室之崇卑，殆亦随时不同。《考工记》载夏世室之制，

《考工记》："夏后氏世室，堂修二七，广四修一，五室，三四步，四三尺，九阶，四旁两夹窗，白盛，门堂三之二，室三之一。"

假定其时六尺为步，其尺之长略等于周尺，则其世室之修，不过今尺六丈有奇，广亦不过八丈有奇，而其中之室深不过二丈，宽亦不过二丈有奇，其制度之褊隘可想。《记》不言其屋高若干，以其深广度之，亦必不能过高。此孔子所以谓其"卑宫室"欤？

夏之器用颇简陋，观《公刘》之诗可见。

《诗·公刘》："乃裹餱粮，于橐于囊，弓矢斯张，干戈戚扬。""何以舟之，维玉及瑶，鞞琫容刀。""跄跄济济，俾筵俾几。""执豕于牢，酌之用匏。""涉渭为乱，取厉取锻。"

《礼记》述其礼器，有山罍、鸡彝、龙勺、龙簨虡。

《明堂位》："山罍，夏后氏之尊也。""夏后氏以鸡彝。""夏后氏以龙勺。""夏后氏之龙簨虡。"

则宗庙器具，亦有雕刻为鸡、龙等形者。惟其时色尚黑，

《檀弓》："夏后氏尚黑，大事敛用昏，戎事乘骊，牲用玄。"

虽有雕刻，度必墨色而无华采。此亦风尚质朴之征也。《考工记》称"夏后氏尚匠"。盖专重治水土、兴沟洫之事，而宫室器用则弗求其美备欤？

夏代官制散见群书，其大数盖亦百人。

《明堂位》："夏后氏官百。"郑注《昏义》曰："天子立六官、三

公、九卿、二十七大夫、八十一元士，盖谓夏氏也。……夏后氏官百二十。”

执政之官，初为六卿，

《甘誓》：“乃召六卿。”郑注《大传·夏书》云：“六卿者，后稷、司徒、秩宗、司马、作士、共工也。”

后改为五官。

《礼书通故》：“洪范八政：一曰食，二曰货，即虞后稷所掌；三曰祀，即虞秩宗所掌；四曰司空，五曰司徒，与虞官名同；六曰司寇，即虞之士；七曰宾，郑《注》云：若周大行人，是为司寇之属；八曰师，其司马也。[①] 夏自不窋失官后，后稷废，兵刑分。其制以秩宗、司徒、司空、司寇、司马为五官。”

其司空、司徒、司马，又号三公。

《尚书大传·夏传》：“天子三公：一曰司徒公，二曰司马公，三曰司空公。”《月令正义》曰：“《书传》三公领三卿，此夏制也。”

此外有遒人，

《左传·襄公四年》：“《夏书》曰：遒人以木铎徇于路，官师相规，工执艺事以谏。”

① 按此则夏之六卿，当为后稷、秩宗、司空、司徒、司寇、司马。与郑注《大传》说不同。

有羲和，

《史记·夏本纪》：“中康时，羲、和湎淫，废时乱日，胤往征之，作《胤征》。”

有太史，

《淮南子·氾论训》：“夏之将亡，太史令终古先奔于商。”

及车正，

《通典》：“夏后氏俾车正奚仲建旗旐，尊卑上下，各有等级。”

乐正，

《左传·昭公二十八年》：“乐正后夔生伯封，……有穷后羿灭之，夔是以不祀。”

虞人，啬人等官。

《夏小正》：“十一月，啬人不从。”“十二月，虞人入梁。”

其诸侯之长曰九牧，侯国之官有牧正、庖正。

《左传》哀公元年：“少康为仍牧正，又为虞庖正。”

皆可推见夏之制度焉。

洪水以前虽有史官，而其著作之文罕传于后，今所传之虞夏书皆夏史官所纪载也。《皋陶谟》一篇或谓伯夷所作。

孙星衍曰："史公云：禹、伯夷、皋陶相与语帝前，经文无伯夷者。《大戴礼·诰志篇》孔子引虞史伯夷曰：明，孟也。幽，幼也。似解'幽明庶绩咸熙'。是伯夷为虞史官。史迁以'皋陶方祗厥叙'，及'夔曰戛击鸣球'，至'庶尹允谐'，为史臣叙事之文，则即伯夷所述语也。"（按《尧典》至舜死，《皋陶谟》在《尧典》后，当皆夏时所撰。是伯夷为虞史，亦即夏史也。）

故论吾国史家义法，当始于夏。夏之史官，世掌图法。

《吕氏春秋·先识览》："夏太史令终古出其图法，执而泣之。"

不知其图若何。世传伊尹见汤，言九品图画。

《史记·殷本纪》："伊尹……从汤，言素王及九主之事。"《集解》："刘向《别录》曰：九主者，有法君、专君、授君、劳君、等君、寄君、破君、国君、三岁社君，凡九品，图画其形。"①

关龙逢引《皇图》。

《尚书帝命验》："夏桀无道，杀关龙逢，绝灭《皇图》，坏乱历纪。"郑玄曰："天之图形，龙逢引以谏桀也。"

---

① 曾符按：依1973年湖南长沙马王堆三号汉墓出土佚书，九主当改为"专授君二、劳君、等君、寄君、破国君二、灭社君二"。

疑当时史策，往往绘画古代帝皇之事，以昭监戒。史官所掌之外，学士大夫亦多习之。正不独九鼎之图画物象也。

《左传·宣公三年》："昔夏之方有德也，远方图物，贡金九牧，铸鼎象物，百物而为之备，使民知神奸。故民入川泽山林，不逢不若，魑魅罔两，莫能逢之。"

金石文字，传世最久者，莫如夏鼎。而其鼎没于泗水，秦始皇使千人求之不得，后世亦无发见之者，可异也。

《周季编略》："周显王三十三年，九鼎没于泗水。"

《史记·始皇本纪》："二十八年，过彭城，斋戒祷祠，欲出周鼎泗水。使千人没水求之，弗得。"

后世所传《岣嵝碑》，

韩愈诗："岣嵝山尖神禹碑，字青石赤形模奇。"

琱戈钩带及禹篆，

《钟鼎彝器款识》（薛尚功）："有夏琱戈及钩带。"

《淳化阁帖》有夏禹篆书十二字，释者谓止"出、令、聂、子、星、记、齐、其、尚"九字。

皆伪作，不可信。《山西通志》载夏货甚多，盖亦《通志》所称尧泉、舜币之类耳。

第十三章 忠孝之兴

唐、虞以降，国家统一，政治组织，渐臻完备。于是立国行政，始有确定之方针。其方针大抵因时势之需要而定，救弊补偏，必有所尚。时移势异，偏弊不同，则所尚亦因之而异。其时无所谓政纲政策，故但名之曰道、曰尚。虞、夏、商、周所尚之道，详于《礼记·表记》：

子曰：夏道尊命，事鬼敬神而远之，近人而忠焉。先禄而后威，先赏而后罚，亲而不尊。其民之敝，蠢而愚，乔而野，朴而不文。殷人尊神，率民以事神，先鬼而后礼，先罚而后赏，尊而不亲。其民之敝，荡而不静，胜而无耻。周人尊礼尚施，事鬼敬神而远之，近人而忠焉。其赏罚用爵列，亲而不尊。其民之敝，利而巧，文而不惭，贼而蔽。

夏道未渎辞，不求备，不大望于民，民未厌其亲。殷人未渎礼，而求备于民。周人强民，未渎神，而赏爵刑罚穷矣。

虞夏之道，寡怨于民。殷周之道，不胜其敝。

虞夏之质，殷周之文，至矣。虞夏之文，不胜其质。殷周之质，不胜其文。

后世虽有作者，虞帝弗可及也已矣。君天下，生无私，死不厚其子。子民如父母，有憯怛之爱，有忠利之教。亲而尊，安而敬，威而爱，富而有礼，惠而能散。其君子尊仁畏义，耻费轻实，忠而不犯。义而顺，文而静，宽而有辨。

据此，是一代有一代所尚之道，其道各有所敝。而夏道近于虞，故虞、夏往往连言。后世遂只称夏、商、周三教而不称虞。

《说苑·修文篇》："夏后氏教以忠，而君子忠矣：小人之失野，救野莫如敬，故殷人教以敬，而君子敬矣：小人之失鬼，救鬼莫如文，故周人教以文，而君子文矣；小人之失薄，救薄莫如忠。"《白虎通义》："王者设三教者何？承衰救弊，欲民反正道也。三正之有失，故立三教以相指受。夏人之王教以忠，其失野，救野之失莫如敬。殷人之王教以敬，其失鬼，救鬼之失莫如文。周人之王教以文，其失薄，救薄之失莫如忠。三教改易自夏后氏始。三教所以先忠何？行之本也。"董仲舒《对策》曰："王者有改制之名，亡变道之实。然夏上忠，殷上敬，周上文者，所继之救，当用此也。……夏因于虞，而独不言所损益者，其道如一而所上同也。"

夏、商、周三代绵亘二千年，其政教风俗之变迁多矣。近世混而言之，不复加以区别。不知周、汉之人论三代史事，研究其性质，则立国行政之方针，固各有其截然不同者在。而其利弊得失，亦直言之而不为讳，足知昔人之论史，初非一意崇奉古人，不敢一议其失也。商、周之事以俟后论，兹先言虞、夏所尚之道。

夏道尚忠，本于虞。以孔子所言味之，如"忠利之教"，"忠而不犯"，"近人而忠"，则言君主及官吏之忠于民者二，而言官吏忠于君主者一。

孔《疏》："忠利之教者，言有忠恕利益之教也。以忠恕养于民，是忠焉也。"此二者皆指君主官吏尽忠于民而言。"忠利之教"当以《左传·桓公六年》"上思利民，忠也"，及《孟子》"教人以善谓之忠"二义解之。孔《疏》："忠而不犯者，尽心于君，是其忠也。无违政教，是不犯也。"此则为官吏对君上之忠。

足见夏时所尚之忠，非专指臣民尽心事上，更非专指见危授命。第谓居职任事者，当尽心竭力求利于人而已。人人求利于人而不自恤其私，则牺牲主义、劳动主义、互助主义悉赅括于其中，而国家社会之幸福，自由此而烝烝日进矣。

夏书不尽传，故夏道之证不多。周时专倡夏道者，墨子也。观墨子所称道，即可以推知夏道。

《庄子•天下篇》："墨子称道曰：'昔者禹之湮洪水，决江河，通四夷九州也，名山三百，支川三千，小者无数，禹亲自操橐耜而九杂天下之川，腓无胈，胫无毛，沐甚雨，栉疾风，置万国。禹大圣也，而形劳天下也如此。'使后世之墨者多以裘褐为衣，以跂蹻为服，日夜不休，以自苦为极，曰：'不能如此，非禹之道也，不足为墨。'"

大抵尚同、兼爱、节用、节葬之义，多由夏道而引申之。凡所谓圣王之法，疑皆夏时之法。①

《墨子•节用篇上》："昔者圣王为法，曰：丈夫年二十，毋敢不处家；女子年十五，毋敢不事人。"《节用篇中》："古者圣王制为节用之法。曰：凡天下群工，轮、车、鞼、匏、陶、冶、梓匠，使各从事其所能。曰：凡足以奉给民用则止，诸加费不加于民利者，圣王弗为。""古者圣王制为饮食之法，曰：足以充虚继气，强股肱，耳目聪明，则止。不极五味之调，芬香之和，不致远国珍怪异物。""古者圣王制为衣服之法，曰：冬服绀緅之衣，轻且暖；夏服絺绤之衣，轻且清，则止。诸加费不加于民利者，圣王弗为。""古者圣王制为节葬之法，曰：衣三领，足以朽肉；棺三寸，足以朽骸，堀穴深不通于泉流，不

① 以《孝经》先王之王为禹例之可见。

发泄，则止。”《节葬篇下》：“故圣王制为葬埋之法，[①] 曰：桐棺三寸，足以朽体；衣衾三领，足以覆恶；以及其葬也，下毋及泉，上毋通臭，垄若参耕之亩，则止矣。”

其忠于民以实利为止，不以浮侈为利。外以塞消耗之源，内以节嗜欲之过。于是薄于为己者，乃相率勇于为人，勤勤恳恳，至死不倦。

《节葬篇下》：“昔者尧北教乎八狄，道死，葬蛩山之阴。舜西教乎七戎，道死，葬南巳之市。禹东教乎九夷，道死，葬会稽之山。”

此牺牲之真精神，亦即尚忠之确证也。夫人主不恋权位，不恤子孙，并一己之生命，亦愿尽献于国民而无所惜，垂死犹欲教化远方异种之人，其教忠之法何如乎？后儒不知忠之古谊，以臣民效命于元首为忠，于是盗贼豺虎，但据高位，即可贼民病国，而无所忌惮；而为其下者，亦相率为欺诈叛乱之行，侈陈忠义而忠义之效泯焉不可一睹。岂非学者不明古史，不通古谊之过哉！

夏道尚忠，复尚孝。章炳麟《孝经本夏法说》详言之：

《孝经·开宗明义章》曰：先王有至德要道。《释文》引郑氏说云：禹，三王先者。斯义最宏远，无证明者。山阳丁晏稍理其说，犹未昭晳。予以郑氏综撮全经，知其皆述禹道，故以先王属禹，非凭臆言之也。禹书不存，当以《墨子》为说。墨子兼爱，孟轲以为无父。然非其本。《艺文志》序墨家者流云：以孝视天下，是以尚同。《孝经·三才章》曰：先之以博爱，而民莫遗其亲。博爱，即兼爱。《天子章》曰：爱亲者不敢恶于人。疏引魏真克说，以为博爱。此即兼爱明矣。其征一也。《感应章》曰：故虽天子，必有尊也，言有父也；必有先也，言有兄也。《援

① 孙诒让曰：《宋书·礼志》引《尸子》禹治水为丧法。《墨子》所述或即夏法与？

> 神契》释以尊事三老，兄事五更。《白虎通德论》曰：不臣三老五更者，欲率天下为人子弟。《艺文志》序墨家曰：养三老五更，是以兼爱。此又墨家所述禹道，与《孝经》同。其征二也。《艺文志》序墨家曰：墨家者流，盖出于清庙之守。宗祀严父，是以右鬼。《孝经·圣治章》曰：孝莫大于严父，严父莫大于配天。是道相合。又《祭法》曰：有虞氏祖颛顼而宗尧，夏后氏祖颛顼而宗禹。此则明堂宗祀，虞以上祀异姓有德者，其以父配天，实自夏始。宗禹者启也，若禹即宗鲧矣。然则严父大孝，创制者禹。其征三也。及夫墨家之蔽，不别亲疏，《节葬》所说与《丧亲章》义绝相反，要之同源异流，其本于禹道一也。其在《墨子》外者，《左氏传》曰：禹合诸侯于涂山，执玉帛者万国。《异义》引《公羊》说：殷三千诸侯，周千八百诸侯。是殷、周无万国，独夏有此。《孝经·孝治章》曰：故得万国之欢心，以事其先王[①]。自非夏法，何有万国之数？其征一也。《周礼》五刑各五百，为二千五百章。《曲礼》曰：刑不上大夫。《正义》引张逸曰：谓所犯之罪，不在夏三千，周二千五百之科。《书·吕刑》序曰：吕命穆王训夏赎刑，其书言五刑之属三千。是则条律之数，夏、周有殊。《孝经·五刑章》曰：五刑之属三千，而罪莫大于不孝。非夏法则不得此数。其征二也。故以《墨子》明大义，以《书》《礼》《春秋》辨其典章，则《孝经》皆取夏法，先王为禹，灼然明矣。

考“孝”字始见于《虞书》。

> 《尧典》：“克谐以孝，烝烝乂，不格奸。”

而契之教孝，则在禹平洪水以后。虞、夏同道，故谓先王为禹，非凿空之谈

---

①此先王不指禹言。

也。章氏仅明《孝经》为夏法，而未言孝之关系。愚按古人知有母而不知有父，故姓多从母。自禹锡姓，而父子之伦以正。娶妻不娶同姓，而夫妇之伦以正。自秦以降，虽多以氏为姓，而男系相承，奕世不改。种族之繁，即由于最初之别姓。非若东西各国近亲为婚，漫无区别。此夏道之有关吾国历代之文明者一也。近世研究社会学者，谓社会之进化，当由宗法而进于军国。吾国数千年皆在宗法社会中，故进步迟滞。不知吾国进化，实由古昔圣哲提倡孝道。孝之为义，初不限于经营家族。如：

> 《孝经》曰："立身行道，扬名于后世，以显父母，孝之终也。"
>
> 《祭义》曰："居处不庄，非孝也。事君不忠，非孝也。莅官不敬，非孝也。朋友不信，非孝也。战陈无勇，非孝也。"

皆非仅以顺从亲意为孝。举凡增进人格，改良世风，研求政治，保卫国土之义，无不赅于孝道。即以禹之殚心治水，干父之蛊为例，知禹惟孝其父，乃能尽力于社会国家之事。其劳身焦思不避艰险，日与洪水猛兽奋斗，务出斯民于窟穴者，纯孝之精诚所致也。军国之义已非今世所尚，即以此为言，亦非夏道所病。观《甘誓》："用命赏于祖，不用命戮于社。"知战陈之勇，正为孝子所嘉。后世务为狭义之孝者，不可以咎古人。而礼俗相沿，人重伦纪，以家庭之肫笃，而产生巨人长德，效用于社会国家者，不可胜纪。此夏道之有关于吾国历代之文明者二也。世目吾国为祖先教，其风实始于夏。"严父配天"，已见章说，宗庙之制，章未之及。

> 《考工记》："夏后氏世室。"注："世室者，宗庙也。"《明堂位》："鲁公之庙，文世室也。武公之庙，武世室也。"

按之二记，则周、鲁宗庙多沿夏世之法。所谓菲饮食而致孝乎鬼神者，即指其注重庙祭而言也。祭享之礼，其事似近于迷信，然尊祖敬宗实为报本追远之正务，视其他宗教徒求之冥漠不可知之上帝，或妄诞不经之教主者，盖有别矣。后世之于祭祀，因革损益，代有不同，而相承至今，无贵贱贫富，咸隆此祀祖之谊，虽侨民散处列邦，语言衣服胥已变异，而语及祖宗之国，父母之邦，庙祧坟墓之重，则渊然动其情感，而抟结维系，惟恐或先。此夏道之有关于吾国历代之文明者三也。

第十四章　洪范与五行

夏代有治国之大法九条，其文盖甚简约。流传至于商室，商之太师箕子独得其说。

《史记·宋微子世家》“太师少师”注：孔安国曰：“太师，箕子也。”

周武王克殷，访问箕子。箕子乃举所传者告之，是曰“洪范九畴”，亦曰“洪范九等”。

《书·洪范》：“维十有三祀，王访于箕子。王乃言曰：‘呜呼！箕子，惟天阴骘下民，相协厥居，我不知其彝伦攸叙。’箕子乃言曰：‘我闻在昔鲧陻洪水，汩陈其五行，帝乃震怒，不畀洪范九畴，彝伦攸斁，鲧则殛死。禹乃嗣兴，天乃锡禹洪范九畴，彝伦攸叙。初一曰五行，次二曰敬用五事，次三曰农用八政，次四曰协用五纪，次五曰建用皇极，次六曰乂用三德，次七曰明用稽疑，次八曰念用庶征，次九曰向用五福，威用六极。’”《史记·宋世家》：“武王既克殷，访问箕子。武王曰：‘於乎！维天阴定下民，相和其居，我不知其常伦所序。’箕子对曰：‘在昔鲧陻洪水，汩陈其五行，帝乃震怒，不从洪范九等，常伦所斁，鲧则殛死。禹乃嗣兴，天乃锡禹洪范九等，常伦所叙。初一曰五行，二曰五事，三曰八政，四曰五纪，五曰皇极，六曰三德，七曰稽疑，八曰庶征，九曰向用五福，畏用六极。’”

虽曰天之所锡，初未言天若何锡之，所谓彝伦，即常伦，犹言常事之次叙，亦未尝有何神秘之意义也。汉人始谓《洪范》出于《雒书》。

《汉书·五行志》：“《易》曰：‘河出图，雒出书，圣人则之。’刘歆以为虑羲氏继天而王，受《河图》，则而画之，八卦是也。禹治洪水，赐《雒书》，法而陈之，《洪范》是也。”齐召南曰：“《易大传》曰：‘河出图，洛出书，圣人则之。’是言图书二者，皆出于伏羲之世，故则之以画八卦。即《尚书》本文，只言‘天乃锡禹洪范九畴’，不云锡禹以《洛书》，亦不云禹因《洛书》陈《洪范》也。以《洛书》为《洪范》，始于刘歆父子，后儒遂信之。”

《雒书》本文凡六十五字。

《汉书·五行志》：“初一曰五行，次二曰羞用五事，次三曰农用八政，次四曰叶用五纪，次五曰建用皇极，次六曰艾用三德，次七曰明用稽疑，次八曰念用庶征，次九曰向用五福，畏用六极。凡此六十五字，皆《雒书》本文……”

又谓为神龟所负。

《尚书大传》郑注：“初，禹治水得神龟，负文于洛。于以尽得天人阴阳之用。”

其说颇荒诞。又凡汉人说洪范者，以五行附会人事，曰《洪范五行传》（《尚书大传》有《洪范五行传》）。

《汉书·五行志》："刘向治《穀梁春秋》，数其祸福，传以《洪范》，……向子歆言《五行传》，又颇不同。"

尤支离穿凿，世因以此病《洪范》。实则箕子所述夏法[①]，第以次数说，初未以五行贯串其他八畴。即箕子所陈九畴之解释，

《史记集解》：孔安国曰："五行以下，箕子所陈。"

惟五事，庶征相应。

《史记·宋世家》："五事：一曰貌，二曰言，三曰视，四曰听，五曰思。貌曰恭，言曰从，视曰明，听曰聪，思曰睿。恭作肃，从作治，明作智，聪作谋，睿作圣。""庶征：曰雨，曰旸，曰奥，曰寒，曰风，曰时。五者来备，各以其序，庶草繁庑。一极备，凶。一极亡，凶。曰休征：曰肃，时雨若；曰治，时旸若；曰知，时奥若；曰谋，时寒若；曰圣，时风若。曰咎征：曰狂，常雨若；曰僭，常旸若；曰舒，常奥若；曰急，常寒若；曰雾，常风若。"

亦未指此五者与五行相应也。故《洪范》之中，有五行一畴，非九畴皆摄于五行。以五行为《洪范》中之一畴，而夏之大法彰；以九畴皆摄于五行，而夏之大法晦。此读经治史者所宜详考也。

汉代五行之说最盛，近人病其支离穿凿，则欲举古之所谓五行而并斥之。援据《荀子》，谓五行之说起于儒家。

《子思孟轲五行说》（章炳麟）："荀子《非十二子》讥子思、孟

---

① 即所谓六十五字。

轲曰：‘案往旧造说，谓之五行。’杨倞曰：‘五行，五常，仁、义、礼、智、信也。’五常之义旧矣，虽子思倡之，亦无损。荀卿何讥焉？寻子思作《中庸》，其发端曰：‘天命之谓性。’注曰：‘木神则仁，金神则义，火神则礼，水神则智，土神则信。’《孝经》说略同此，①是子思之遗说也。古者洪范九畴，举五行，傅人事，义未彰著。子思始善附会，旁有燕、齐怪迂之士，侈搪其说，以为神奇。耀世诬人，自子思始。宜哉，荀卿以为讥也。”②

不知五行之见于经者，自《夏书》始。《墨子·明鬼篇》尝引之。

《书·甘誓》：“有扈氏威侮五行，怠弃三正。”《墨子·明鬼篇下》：“然则姑尝上观乎《夏书·禹誓》曰：大战于甘，王乃命左右六人，下听誓于中军，曰有扈氏威侮五行，怠弃三正，天用剿绝其命。”

此岂儒家所伪造乎？按五行实起于黄帝。

《管子·五行篇》：“昔黄帝作五声，以政五钟。五声既调，然后作立五行，以正天时，五官以正人位。人与天调，然后天地之美生。”《史记·历书》：“黄帝考定星历，建立五行。”

或谓起于伏羲，

《白虎通义》：“伏羲因夫妇，正五行，始定人道。”

---

①《王制正义》引。

② 章氏此说，犹未直以五行为子思所创，不过谓附会之说始于子思耳。胡适本章氏之说，遂谓五行之说，大概起于儒家。

其来甚久。至于夏代，因五行而起战争，则夏之特重五行可知。夏之大法首五行，箕子释之甚简。

《洪范》："五行：一曰水，二曰火，三曰木，四曰金，五曰土。水曰润下，火曰炎上，木曰曲直，金曰从革，土爰稼穑。润下作咸，炎上作苦，曲直作酸，从革作辛，稼穑作甘。"

伏生释之，其义始显。

《尚书大传》："水火者，百姓之所饮食也；金木者，百姓之所兴作也；土者，万物之所资生也，是为人用。"

明乎五行之切于人用，自知夏之大法首五行之故。征之《夏书》，五行之物，皆利用厚生所必须。

《左传·文公七年》："《夏书》曰：'戒之用休，董之用威，劝之以《九歌》，勿使坏。'九功之德皆可歌也，谓之《九歌》。六府、三事，谓之九功。水、火、金、木、土、谷，谓之六府；正德、利用、厚生，谓之三事。"

夏禹治水，益烈山，九牧贡金，徐州贡土，扬州贡木；以及稷教稼，而各州皆治田。即当时六府之行政。六府之政行而天下大治。故《书》曰"六府孔修"。有扈氏不修此六府，其民生国计之困乏可知。故曰"威侮五行，怠弃三正"，而为天子者不可以不讨。此夏代之法，亦即万世之法也。《洪范》五事，与休征、咎征相应，其理颇深赜，解者不得其恉，则以五行妖妄附会之。

《洪范五行传》："一曰貌。貌之不恭，是谓不肃。厥咎狂，厥罚常雨。厥极恶，时则有服妖，时则有龟孽，时则有鸡祸，时则有下体生于上之痾，时则有青眚青祥，维金沴木。次二事曰言。言之不从，是谓不艾。厥咎僭，厥罚常阳。厥极忧，时则有诗妖，时则有介虫之孽，时则有大祸，时则有口舌之痾，时则有白眚不祥，维木沴金。次三事曰视。视之不明，是谓不悊。厥咎荼，厥罚常奥。厥极疾，时则有草妖，时则有倮虫之孽，时则有羊祸，时则有目痾，时则有赤眚赤祥，维水沴火。次四事曰听。听之不聪，是谓不谋。厥咎急，厥罚常寒。厥极贫，时则有鼓妖，时则有鱼孽，时则有豕祸，时则有耳痾，时则有黑眚黑祥，维火沴水。次五事曰思。思心之不容，是谓不圣。厥咎霿，厥罚常风。厥极凶短折，时则有脂夜之妖，时则有华孽，时则有牛祸，时则有心腹之痾，时则有黄眚黄祥。维木、金、水、火沴土。"《郑注》："凡貌、言、视、听、思、心，一事失，则逆人之心。人心逆，则怨。木、金、水、火、土、气为之伤，伤则冲胜来乘殄之。于是神怒人怨，将为祸乱。故五行先见变异，以谴告人也。及妖孽、祸痾、眚祥，皆其气类暴作，非常为时怪者也。各以物象为之占也。"

实则五行之得当与否，视一国之人之貌、言、视、听、思、心以为进退。虽不必以某事与某征相配，而其理实通于古今。如今人以水旱之灾为人事不尽之征，苟一国之人治水造林各尽心力，则年谷可以常丰。反之，则水旱频年，灾害并作者，其理与《洪范》所言何异？《洪范》但言尽人事则得休征，悖其道则得咎征，未尝专指帝王。使误认为一人之貌不恭，天即为之恒雨；一人之言不从，天即为之恒旸，则此帝王洵如小说中呼风唤雨之道士。如以国民全体解之，则《洪范》之言正可以惊觉国民，使各竭其耳、目、心、思以预防雨、旸、寒、燠之偏。充《洪范》之义，虽曰今之世界休明，科学发达，咸由人类五事运用得宜亦无不可。盖利用天然力与防卫天然力之变化，皆人类精神之作用。其为休咎无一能外于五事。世人日从事于此，而不知《洪范》

备言其理，何哉？（按：五事之于休征、咎征，即近人所谓因果律。人事为因，而天行为果。其言初不奇异，如《老子》谓“大军之后，必有凶年”，亦以人事不尽为因，推言天行不顺之果也。）

《洪范》最尊皇极，盖当时政体如此，不足为病。《墨子》主张万民上同乎天子而不敢下比，天子之所是必是之，天子之所非必非之。即《洪范》所谓“皇极之敷言，是彝是训，于帝其训”之谊。然《洪范》一面尊主权，一面又重民意。如：

> 凡厥庶民，极之敷言[①]。是训是行，以近天子之光。
>
> 汝则有大疑，谋及乃心，谋及卿士，谋及庶人，谋及卜筮。

等语，皆可见夏、商之时，人民得尽言于天子之前。天子有疑，且谋及于庶人。初非徒尊皇极而夺民权也。以今日投票权例之，当时国事分为五权：天子一人一权，卿士若干人一权，庶民若干人一权，龟一权，筮一权。五权之中，三可二否，皆可行事。庶民之权，等于天子。如：

> 汝则从，龟从，筮从，卿士逆，庶民逆，吉。

是卿士、庶民皆反对，而天子借龟、筮之赞成，可以专断。又如：

> 庶民从，龟从，筮从，汝则逆，卿士逆，吉。

则天子、卿士皆反对，而庶民借龟、筮之赞成，亦可以使天子、卿士放弃其主张，而从庶民之说也。《洪范》之尊重庶民若此，可以其行君主之制，遂谓为专制乎？《洪范》庶征一畴，末段曰：“庶民维星，星有好风，星有好雨，日月之

① 马融曰：“亦尽极敷陈其言于上也。”

行，则有冬有夏。月之从星，则以风雨。”亦谓卿士当从民之所好。好风则以风，好雨则以雨，或各从所好，则同时分为两党。如国民有好保守者，则卿士之保守党从之；国民有好进取者，则卿士之进取党从之。两党相切相劘，而政治遂得其中。此尤民主国家之法。

第十五章　汤之革命及伊尹之任

君主世及之制，至夏而定。臣民革命之例，亦自夏而开。

《易》："汤武革命。"

然汤之革命，实为贵族革暴君之命，而非平民革贵族之命，此治史者所不可不辨。夏祚四百年，尝复国者再，五观之乱，则其宗室。

《中国历史教科书》（刘师培）："太康荒纵自娱，居于斟鄩。昆弟五人，须于洛汭，忘大禹之命，以作乱，拟伐斟灌。故夏人作《五子之歌》，以致太康失邦。即古籍所谓五观之乱也。"

羿浞之篡，亦为贵臣。

《左传》"有穷后羿"注："羿，有穷君之号。"《中国历史教科书》："后羿者，其先祖世为先王射官，帝喾封之于鉏。及有夏方衰，羿乃自鉏迁穷石，因夏民以代夏政。"《左传》襄公四年："寒浞，伯明氏之谗子弟也。伯明后寒弃之，夷羿收之，信而使之，以为己相。"

至于汤之伐桀，尤为贵族代嬗之政。汤之先祖与禹同为舜臣，相土及冥，世有勋业，积十四世之经营，

《史记·殷本纪》:“殷契兴于唐、虞、大禹之际，功业著于百姓。”《史记索隐》：“相土佐夏，功著于商。《诗·商颂》曰‘相土烈烈，海外有截’是也。”《礼记·祭法》：“冥勤其官而水死，殷人祖契而郊冥。”《国语·周语》：“玄王勤商，十四世而兴。”

有数十国之归向。

《尚书大传·殷传》：“桀无道，囚汤。后释之。诸侯八译来朝者六国。汉南诸侯闻之，归之四十国。”

然后可以革夏政而抚夏民。故知吾国平民，自古无革命思想，非贵族为之倡始，势不能有大改革也。

古书述汤伐桀之事者甚多，而《书经》仅存汤誓众之词，其事之首尾不具。即以其文论之，似汤伐桀迥非民意，义师之举，纯由威逼利诱而来。

《汤誓》:“格尔众庶，悉听朕言。非台小子敢行称乱。有夏多罪，天命殛之。今尔有众，汝曰：‘我后不恤我众，舍我穑事而割正夏。’予惟闻汝众言，夏氏有罪。予畏上帝，不敢不正。今汝其曰：‘夏罪其如台？’夏王率遏众力，率割夏邑，有众率怠弗协，曰：‘时日曷丧，予及汝偕亡！’夏德若兹，今朕必往。尔尚辅予一人，致天之罚，予其大赉汝。尔无不信，朕不食言。尔不从誓言，予则孥戮汝，罔有攸赦。”

虽师之用命与否，夏代例有誓词。

《甘誓》：“用命，赏于祖。不用命，戮于社。”

然既歆以大赉，又复恐以孥戮，此岂人人皆欲伐桀之词气耶？《逸周书》《孟子》

所言则大异是：

《逸周书·殷祝》："汤将放桀于中野，士民闻汤在野，皆委货扶老携幼奔，国中虚。……桀与其属五百人南徙千里，止于不齐。民往奔汤于中野。……桀与其属五百人徙于鲁，鲁士民复奔汤。"

《孟子·滕文公》："汤始征，自葛载。十一征而无敌于天下。东面而征，西夷怨，南面而征，北狄怨。曰：'奚为后我？'民之望之，若大旱之望雨也。归市者不止，芸者不变，诛其君，吊其民，如时雨降，民大悦。《书》曰：'徯我后，后来其无罚！'"

两者相较，恐美汤者或非其实也。

唐、虞以来，礼教最重秩叙。

《书·皋陶谟》："天秩有礼，自我五礼有庸哉！"郑玄曰："五礼：天子也，诸侯也，卿大夫也，士也，庶民也。"

庶民之去天子，阶级甚远，故虽有暴君昏主，人民亦敢怒而不敢言。非贵族强藩，躬冒不韪，无人能号召天下。然即世有勋伐如汤者，亦必自白其非称乱。此古人所谓名教之效，亦即今人所谓阶级之害也。夫革命与称乱近似而实大不同，无论贵族平民，均当分别其鹄的。恶专制而倡革命，可也；恶阶级而奖乱，不可也。汤之所以非称乱者，以其非以己之私利私害图夺桀位，而力求有功于民也。

《逸周书·殷祝》："汤放桀而复薄，三千诸侯大会。汤取天子之玺，置之天子之坐，左退而再拜从诸侯之位。汤曰：'此天子位，有道者可以处之。天下非一家所有也，有道者之有也。故天下者，唯有道者理之，唯有道者纪之，唯有道者宜久处之。'汤以此三让，三千诸侯莫敢即位，然后汤即天子之位。”[1]

《史记•殷本纪》：“既绌夏命，还亳，作《汤诰》：维三月，王自至于东郊。告诸侯群后：‘毋不有功于民，勤力乃事。予乃大罚殛汝，毋予怨。’”

观其有国之后，为民请命，其为壹意救民，益可知矣。

《墨子•兼爱下》：“汤曰：‘唯予小子履，敢用玄牡’告于上天后曰：‘今天大旱，即当朕身履，未知得罪于上下，有善不敢蔽，有罪不敢赦，简在帝心。万方有罪，即当联身；朕身有罪，无及万方。’即此言汤贵为天子，富有天下，然且不惮以身为牺牲，以祠说于上帝鬼神。”

汤之为人民而革命，以伊尹为主动之人。伊尹之为汤用，古书说者不同。或谓伊自干汤。

《墨子•尚贤中》：“伊挚有莘氏女之私臣，亲为庖人。汤得之，举以为己相，与接天下之政，治天下之民。”

《庄子•庚桑楚》：“汤以胞人笼伊尹。”

《史记•殷本纪》：“伊尹名阿衡。阿衡欲干汤而无由，乃为有莘氏媵臣，负鼎俎以滋味说汤，致于王道。”[2]

或谓汤先聘尹。

《孟子•万章》：“伊尹耕于有莘之野，而乐尧舜之道焉。……汤

①《太平御览》引此文为《尚书大传》之语。

② 据《孟子•万章》之问，是战国时有此说。

使人以币聘之，嚣嚣然曰：‘我何以汤之聘币为哉！’……汤三使往聘之，既而幡然改，……”《史记·殷本纪》：“或曰：伊尹处士，汤使人聘迎之，五反，然后肯往从汤。……”

而《吕览》则折衷二说。

《吕氏春秋·本味篇》：“伊尹生空桑，长而贤。汤闻伊尹，使人请之有侁氏。有侁氏不可。伊尹亦欲归汤。汤于是请取妇为婚。有侁氏喜，以伊尹为媵，送女。……汤得伊尹，祓之于庙，爝以爟火，衅以牺猳。明日，设朝而见之，说汤以至味。”

要之，伊尹之佐汤革命，实为由平民崛起之伟人，故后世慕之，传说其进身之由，各以己意增益之耳。

《汉书·艺文志》道家有《伊尹》五十一篇。当亦出于伪托，非尹之自著。尹之学说，惟略见于《史记》：

《史记·殷本纪》：“汤曰：‘予有言，人视水见形，视民知治不？’伊尹曰：‘明哉！言能听，道乃进。君国子民，为善者皆在王官。勉哉，勉哉！’……从汤，言素王及九主之事。”

而《孟子》推言伊尹之志事独详。

《孟子·万章》：“伊尹耕于有莘之野，而乐尧舜之道焉。非其义也，非其道也，禄之以天下，弗顾也；系马千驷，弗视也。非其义也，非其道也，一介不以与人，一介不以取诸人。…… 天之生斯民也，使先知觉后知，使先觉觉后觉也。予，天民之先觉者也。予将以斯道觉斯民也。非予觉之，而谁也？思天下之民，匹夫匹妇有不被尧舜之泽者，若己推而内之沟中。其自任以天下之重如此。”“何事非君？何使非民？治亦进，乱亦进。”

盖尹之志愿，专在改进当时之社会。不但不为一己之权利，不为成汤之权利，并亦不必推翻夏之政府。苟夏之政府能用其言，行其志，亦可以出于和平之改革。

《孟子·告子》：“五就汤，五就桀者，伊尹也。”

《史记·殷本纪》：“伊尹去汤适夏。既丑有夏，复归于亳。”

夏既不能用之，始不得已而佐汤伐夏。然其对天下负责之心，则不以夏室既亡而自懈，此诚平民革命者之模范。彼徒知破坏，不务建设，或惟争权力，不负责任者，正不能妄比于伊尹矣。

伊尹之建设，当见于《咸有一德》《伊训》诸书。今其文已亡，不可考见。惟《逸周书》载伊尹献令，略可见其规画。

《逸周书·伊尹朝献》：“汤问伊尹曰：‘诸侯来献，或无马牛之所生，而献远方之物，事实相反，不利。今吾欲因其地势所有献之，必易得而不贵。其为四方献令。’伊尹受命，于是为四方令，曰：‘臣请正东，符娄仇州伊虑沤深九夷十蛮越沤鬋发文身，请令以鱼皮之鞞、鰅鲗之酱、鲛瞂、利剑为献；正南，瓯邓桂国损子产里百濮九菌，请令以珠玑、瑇瑁、象齿、文犀，翠羽、菌鹤、短狗为献；正西，昆仑狗国鬼亲枳已阘耳贯胸雕题离身漆齿，请令以丹、青、白旄、纰罽、江历、龙角、神龟为献；正北，空同大夏莎车姑他旦略豹胡代翟匈奴楼烦月氏孅犁其龙东胡，请令以橐驼、白玉、野马、騊駼、駃騠、良弓为献。’汤曰：‘善。’”

其后，放太甲而代之行政，复归政于太甲，尤为人所难能。

《史记·殷本纪》："汤崩，太子太丁未立而卒。于是乃立太丁之弟外丙，是为帝外丙。帝外丙即位三年，崩。立外丙之弟中壬，是为帝中壬，帝中壬即位四年，崩。伊尹乃立太丁之子太甲。……帝太甲元年，伊尹作《伊训》，作《肆命》，作《徂后》。帝太甲既立三年，不明，暴虐，不遵汤法，乱德，于是伊尹放之于桐宫。三年，伊尹摄行政当国，以朝诸侯。帝太甲居桐宫三年，悔过自责，反善。于是伊尹乃迎帝太甲而授之政。帝太甲修德，诸侯咸归殷，百姓以宁。伊尹嘉之，乃作《太甲训》三篇，褒帝太甲，称太宗。"

世或以《竹书》为疑。

《竹书纪年》："太甲元年，伊尹放太甲于桐，乃自立。七年，王潜出自桐，杀伊尹。"

然太甲思庸，咎单作训，其书虽亡，而《序》犹可见。

《书序》："太甲既立，不明，伊尹放诸桐。三年，复归于亳，思庸[①]。伊尹作《太甲》三篇。""沃丁既葬伊尹于亳。[②]咎单遂训伊尹事，作《沃丁》。"

则伊尹事太甲，至沃丁时始卒，太甲何尝杀之？即刘知几亦以为事无左证，不信其说。

---

① 伪《孔传》曰念常道。

②《汉书·古今人表》："沃丁，太甲子。"

> 《史通·疑古篇》：“《汲冢书》云：‘太甲杀伊尹。’”“伊尹见戮，并于正书，犹无其证。”

故论伊尹放太甲事，当以《孟子》之论为归。

> 《孟子·尽心》：“公孙丑曰：‘伊尹曰：予不狎于不顺，放太甲于桐，民大悦。太甲贤，又反之。民大悦。贤者之为人臣也，其君不贤，则固可放与？’孟子曰：‘有伊尹之志，则可；无伊尹之志，则篡也。’”

惟尹有一介不取之志，故能行此非常之事。伊尹者洵吾国自有历史以来最奇之一人物也。

第十六章　殷商之文化

殷商传世年数，说者不同。

《史记·三代世表》："从汤至纣二十九世。"《史记·殷本纪》"集解"："谯周曰：'殷凡三十一世，六百余年。'《汲冢纪年》曰：'汤灭夏，以至于受。二十九王，用岁四百九十六年。'"

要其自夏至周，实经五六百年。政教风尚，均大有改革。其传于今之文字，较夏为多。《书》之存者七篇：

《汤誓》、《盘庚》三篇、《高宗肜日》、《西伯戡黎》、《微子》。

其佚而犹知其所为作者，凡三十余篇。

《书序》："自契至于成汤，八迁，汤始居亳，从先王居。作《帝告釐沃》。汤征诸侯，葛伯不祀，汤始征之。作《汤征》。伊尹去亳适夏，既丑有夏，复归于亳。入自北门，乃遇女鸠女房。作《女鸠女房》。""汤既胜夏，欲迁其社，不可，作《夏社》《疑至》《臣扈》。""汤归自夏，至于大坰，仲虺作《诰》。""汤既黜夏命，复归于亳，作《汤诰》。""伊尹作《咸有一德》。""夏师败绩，汤遂伐三朡，俘厥宝玉，义伯、仲伯作《典宝》。""咎单作《明居》。成汤既殁，太甲元年，伊尹作《伊训》《肆命》《徂后》。”“伊尹作《太甲》三篇。”“咎单训伊尹事，作《沃丁》。伊陟相大戊，亳有祥桑、谷共生于朝，伊陟赞于巫咸，作《咸乂》四篇。大戊赞于伊陟，作伊陟《原命》。仲丁迁于嚣，作《仲丁》。河亶甲居相，作《河亶甲》。祖乙圮耿，作《祖乙》。”“高宗梦得说，使百工营求诸野，得之傅岩，作《说命》三篇。”“祖己作《高宗之训》。”

《诗》之名颂十二篇，今之存者五篇。

《诗谱》（郑玄）：“宋戴公时当宣王，大夫正考父者，校商之名颂十二篇于周太师。以《那》为首，归以祀其先王。孔子录诗之时，则得五篇而已。”《诗小序》载：《那》，祀成汤也。《烈祖》，祀中宗也。《玄鸟》，祀高宗也。《长发》，大禘也。《殷武》，祀高宗也。

其钟鼎之文传世至夥。

《积古斋钟鼎彝器款识》（阮元）载商钟三，鼎二十三，尊十七，彝二十七、卣十三、壶六，爵三十三、觚四、觯十四、角七、敦六、甗二、鬲四，盉二、匜二、盘二、戈三、句兵二。阮录以文字有甲子等字者为商器，故著录最夥。《窸斋集古录》（吴大澂）第七册则以甲乙等字为祭器之数，多不标商器，然亦以商器文简为言。如亚形母癸敦未标商器，其跋语则谓“商器文简，多象形文字”。若以吴录所载敦鼎诸器分标商字，其数当更多于阮录也。

而近世发见之龟甲古文，学者咸称为殷商文字。

《殷商贞卜文字考》（罗振玉）：“光绪己亥，闻河南之汤阴发见古龟甲兽骨，其上皆有刻辞。翌年传至江南，予一见诧为奇宝。又从估人之来自中州者，博观龟甲兽骨数千枚，选其尤殊者七百。并询知发见之地，乃在安阳县西五里之小屯，而非汤阴。其地为武乙之墟，又于刻辞中得殷帝王名谥十余，乃恍然悟此卜辞者，实为殷室王朝之遗物。其文字虽简略，然可正史家之违失，考小学之源流，求古代之卜法。”

故考殷之文化，较愈于夏之无征焉。

商之异于夏者，教尚敬（见前），尚质，

《礼含文嘉》：“质以天德，文以地德，殷援天而王，周据地而王。”《说苑·修文篇》：“商者，常也。常者质，质主天。”

色尚白，

《礼记·檀弓》：“殷人尚白，大事敛用日中，戎事乘翰，牲用白。”

以十二月为正月，

《尚书大传》：“殷以季冬月为正。”

岁曰祀，

《尔雅》：“夏曰岁，商曰祀，周曰年，唐虞曰载。”

其授田人七十亩，其工尚梓，

《考工记》：“殷人尚梓。”

其庙制为重屋，

《考工记》："殷人重屋，堂修七寻，堂崇二尺，四阿重屋。"

其封爵以三等。

《白虎通》："殷爵三等，谓公、侯、伯也。"

而其尤异者，有三事：一曰迁国，二曰田猎，三曰祭祀。夏都安邑，未尝迁居。①而商则自契至汤八迁：

《史记·殷本纪》："自契至汤八迁。"《通鉴外纪注》（刘恕）："契居商，昭明居砥石，相土居商丘，汤居亳，四迁事见《经》《传》，而不见余四迁。"《补注》（胡克家）："契始封商，昭明再迁砥石，三迁商，相土四迁商丘，帝芒时五迁殷，帝孔甲时六迁商丘，汤七迁南亳，八迁西亳。"②

汤所居之亳有三：

《中国历史教科书》："汤既胜夏，立景亳③于河南，建为帝都。建东亳于商丘，西亳于商州④，皆曰商邑。"

其后诸王复不常厥居。

①《竹书纪年》称"桀居斟鄩，迁于河南"。魏源《书古微》力驳其非。

② 此盖据《竹书纪年》。

③ 今偃师县。

④ 据魏源《书古微》。

《史记·殷本纪》："帝仲丁迁于隞[①]。河亶甲居相[②]。祖乙迁于邢[③]。……帝盘庚之时，殷已都河北，盘庚渡河南，复居成汤之故居，乃五迁，无定处。……帝武乙立，殷复去亳，徙河北。"

《书古微》（魏源）："盘庚自邢迁亳，殷武丁又耸其德至于神明，以入于河，自河徂亳。[④]武丁既没，其孙武乙又去亳而迁于河北之朝歌。"

《殷商贞卜文字考》："《史记·殷本纪》张守节《正义》言：《竹书纪年》自盘庚徙殷至纣之灭，二百七十五年，更不迁都。然考盘庚以后，尚迁都者再。《史记·殷本纪》：'武乙立，殷复去亳徙河北。'今本《竹书纪年》：'武乙三年，自殷迁于河北。十五年，自河北迁于沬。'此盘庚以后再迁之明证也。但《史记》及《竹书》均言武乙徙河北，而未明指其地。今者龟甲兽骨，实出于安阳县城西五里之小屯，当洹水之阳。证以古籍，知其地为殷墟，武乙所徙，盖在此也。"

其迁居之原因多不可考。惟盘庚之迁殷，略述其故。

《盘庚上》："先王有服，恪谨天命。兹犹不常宁。不常厥居，于今五邦。"

《盘庚中》："先王不怀厥攸作，视民利用迁。"

《盘庚下》："古我先王将多于前功，适于山。"

视利而迁，且适于山。山之利，殆即田猎之利。仲丁迁隞，其地多兽。[⑤]武乙好猎，至为雷震。

---

① 亦作嚣，今河南荥泽县西。

② 内黄县东南。

③ 邢台县。

④ 此数语本《国语》。

⑤《诗·车攻》："搏兽于敖。"是周时敖犹多兽。

《史记·殷本纪》："武乙猎于河、渭之间，暴雷，武乙震死。"

殷之多迁都，实含古代游牧行国之性质。其谓诸帝因水患而徙者，未足为据也。

《书序》郑注："祖乙又去相居耿，而国为水所毁，于是修德以御之，不复徙。祖乙居耿，后奢侈踰礼，土地迫近山，水尝圮焉。至阳甲立，盘庚为之臣，乃谋徙居汤旧都，治于亳之殷地。商家自徙此而改号曰殷。"

殷之王室迁徙无常，其侯国亦遂效之。如周《诗》所载太王迁岐，文王作丰，武王都镐，皆殷事也。吾读诸诗，想见其时旷土甚多，丰草长林，初无居人，待新迁国者经营开辟。

《诗·大雅·绵》："周原朊朊，堇荼如饴。""乃疆乃理，乃宣乃亩。""柞棫拔矣，行道兑矣。"《皇矣》："作之屏之，其菑其翳。修之平之，其灌其栵。启之辟之，其柽其椐。攘之剔之，其檿其柘。""柞棫斯拔，松柏斯兑。"

则殷王室之迁徙，亦可由此而推知矣。

殷人之尚田猎，见于新出土之龟甲卜辞。

《殷商贞卜文字考》："卜辞中所贞之事，祀与田猎几居其半。""戊午，王卜贞田盂，往来无𡿧。""戊子，王卜贞田𩫖，往来无𡿧。""壬申，卜贞王田奚，往来无𡿧。""壬辰，王卜贞田玫，往来无𡿧。""丁卯，卜贞王田大，往来无𡿧。""癸未，卜王曰贞，有马在行，其左射获。""己未，卜以贞逐豕获。""逐鹿获。""贞其射鹿获。"（卜辞甚多，此仅摘录数条）

其后世如纣之为沙丘苑台，广聚鸟兽，殆亦本其国之习俗而加甚耳。

《史记·殷本纪》："益收狗马奇物，充仞宫室。益广沙丘苑台，多取野兽蜚鸟置其中。"

周公称文王不敢盘于游田，又戒成王毋淫于观、于逸、于游、于田，即由以殷为鉴，而动此反感也（均见《书·无逸》）。然《诗》之《灵台》，尚夸鸟兽。

《诗·灵台》："王在灵囿，麀鹿攸伏。麀鹿濯濯，白鸟翯翯。"

而《逸周书》载武王猎兽，其数之多，至可骇异。

《逸周书·世俘篇》："武王狩，禽虎二十有二、猫二、麋五千二百三十五、犀十有二、氂七百二十有一、熊百五十有一、罴百一十有八、豕三百五十有二、貉十有八、麈十有六、麝五十、麋三十、鹿三千五百有八。"

是皆夏、商之际所未有也。

殷之尚猎，盖缘尚武之风。自汤以来，极重武力。

《史记·殷本纪》："汤曰：'吾甚武。'号曰武王。"《诗·商颂·长发》："武王载旆，有虔秉钺。如火烈烈，则莫我敢曷。"

故囿制始于汤。

《淮南子·泰族训》："汤之初作囿也，以奉宗庙鲜犒之具，简士卒，习射御，以戒不虞。及至其衰也，驰骋猎射，以夺民时，罢民之力。"

其后武丁复张殷武，

《商颂·殷武》："挞彼殷武。"

伐鬼方，

《易·既济》："高宗伐鬼方，三年克之。"

服章多用翟羽。

《通鉴外纪》："武丁时编发来朝者六国，自是服章多用翟羽。"①

至于武乙，且仰而射天。

《史记·殷本纪》："武乙为革囊盛血，仰而射之，命曰射天。"

其世尚强御可想矣。

《诗·大雅·荡》："文王曰咨，咨女殷商，曾是强御。""强御多怼。"

殷人之尊神先鬼，孔子已言之。观汤之征葛，以葛之不祀为罪。

《书序》："葛伯不祀，汤始征之，作《汤征》。"《孟子·滕文公》："汤居亳，与葛为邻。葛伯放而不祀。汤使人问之曰：'何为不祀？'曰：'无以供牺牲也。'汤使遗之牛羊。葛伯食之，又不以祀。汤又使人问之曰：

① 胡注："服章句见《通典·礼五》引古今注，今本无此文。"

‘何为不祀？’曰：‘无以共粢盛也。’汤使亳众往为之耕，老弱馈食。葛伯率其民，要其有酒食黍稻者夺之，不授者杀之。有童子以黍肉饷，杀而夺之。……为其杀是童子而征之。”

殆由葛伯主张无鬼，不以祭祀祖先为然。而汤则以祖先教号召天下，故因宗教不同而动兵戈。其后之以岁为祀，亦以明其注重祀事，更甚于夏也。《商颂》五篇，皆祭祀之诗。读《那》及《烈祖》诸篇，可推见其时祭祀之仪式。

《诗•那》："猗与那与，置我鞉鼓。奏鼓简简，衎我烈祖。汤孙奏假，绥我思成。鞉鼓渊渊，嘒嘒管声。既和且平，依我磬声。於赫汤孙，穆穆厥声。庸鼓有斁，万舞有奕。我有嘉客，亦不夷怿。自古在昔，先民有作。温恭朝夕，执事有恪。顾予烝尝，汤孙之将。”

《诗•烈祖》："嗟嗟烈祖，有秩斯祜。申锡无疆，及尔斯所。既载清酤，赉我思成。亦有和羹，既戒既平。鬷假无言，时靡有争。绥我眉寿，黄耇无疆。约軧错衡，八鸾鸧鸧。以假以享，我受命溥将。自天降康，丰年穰穰。来假来享，降福无疆。顾予烝尝，汤孙之将。”

《商书》亦多言祭祀鬼神之事。

《盘庚上》："兹予大享于先王，尔祖其从与享之。”

《盘庚中》："我先后绥乃祖乃父。乃祖乃父，乃断弃汝。不救乃死。”“乃祖乃父丕乃告我高后，曰：‘作丕刑于朕孙！’迪高后丕乃崇降不祥。”

《高宗肜日》："典祀无丰于昵。”

《微子》："今殷民乃攘窃神祇之牺牷牲，用以容，将食无灾。”

周之伐殷，且以弗祀为纣之罪状。

《书·牧誓》："昏弃厥肆祀弗答。"

盖殷以崇祀而兴，以不祀而亡，此尤殷商一朝之特点也。尚鬼，故信巫。而巫氏世相殷室。

《书·君奭》："在大戊时，……巫咸乂王家。在祖乙时，则有若巫贤。"《史记·殷本纪》："伊陟赞言于巫咸。巫咸治王家有成，作《咸艾》。""祖乙立，殷复兴，巫贤任职。"《史记·封禅书》："伊陟赞巫咸，巫咸之兴自此始。"①

重祀，故精治祭器，而钟鼎尊彝之制大兴。

《册册父乙鼎跋》（阮元）："周器铭往往有'王呼史册''命某某'等语，商人尚质，但书册字而已。子为父作，则称父，以十干为名字。商人无贵贱皆同，不必定为君也。"（据此，知商之钟鼎独多者，以其君臣上下多为祭器以祀先也。）

祭必择日，故卜日之龟甲，犹流传于今世。此皆事理之相因者也。

殷之风气，既如上述。殊无以见其享国久长之故，吾尝反复诸书，深思其时之情势，而得数义焉。一则殷多贤君，故其国迭衰迭兴也。《史记·殷本纪》之称殷之兴衰凡十见。

雍己立，殷道衰。大戊立，殷复兴。河亶甲时，殷复衰。祖乙立，殷复兴。帝阳甲之时，殷衰。盘庚之时，殷道复兴。小辛立，殷复衰。武丁立，殷道复兴。帝甲淫乱，殷复衰。帝乙立，殷益衰。

---

① 梁玉绳谓巫咸非巫，阮元谓巫咸、巫贤，世职为巫，故以巫为氏。

与《夏本纪》之一称夏后氏德衰者不同，周公以《无逸》勉成王，盛称殷之三宗。

《书·无逸》："昔在殷王中宗，严恭寅畏天命自度，治民祗惧，不敢荒宁。""其在高宗时，旧劳于外，爰暨小人，作其即位，……不敢荒宁，嘉靖殷邦。至于小大，无时或怨。""其在祖甲，不义惟王，旧为小人。作其即位，爰知小人之依，能保惠于庶民。"……

而《孟子》则谓其时贤圣之君六七作。

《孟子·公孙丑》："自成汤至于武丁，贤圣之君六七作。"

足知殷之贤君多于夏代矣。且商虽自汤以来，世尚武功，而其政术则任贤而执中，

《诗·长发》："汤降不迟，圣敬日跻。[①]……不竞不絿，不刚不柔，敷政优优，百禄是遒。"《孟子·离娄》："汤执中，立贤无方。"

非专偏于武力。至箕子陈述皇极。犹以刚柔互克为言。《史记》所谓殷道，其在是欤？

一则殷之兴学，盛于夏代也。据《礼记·王制》，殷有左右二学，

《王制》："殷人养国老于右学，养庶老于左学。"

又有瞽宗，

① 郑笺："汤之下士尊贤甚疾，其圣敬之德日进。"

《明堂位》："瞽宗，殷学也。"

及庠序。

《学记》："党有庠，术有序。"庾氏云："党有庠，谓夏殷礼。"[①]

《孟子·滕文公》："殷曰序。"

至其末造，周有辟雍，疑必殷有其制而周仿之。

《诗·灵台》："于论鼓钟，于乐辟雍。"《王制》："天子曰辟雍，诸侯曰泮宫。"是周之为辟雍，实仿天子之制也。

虽其教法不可详考，以《说命》之遗文证之。知殷人之讲求教育及学术，远有端绪。

《文王世子》引《说命》曰："念终始典于学。"《学记》引《说命》曰："惟敩学半。""敬孙务时敏，厥修乃来。"

风气所被，私家之学也兴。

《尚书大传》："散宜生、闳夭、南宫适三子者，学于太公。太公见三子，知为贤人，遂酌酒切脯，除为师学之礼，约为朋友。"（按此虽殷季之事，然私人从师受学，必不始于此。）

商之多士，咸知典册。

---

① 盖虞名庠，而夏殷承之。

《书·多士》："惟尔知，惟殷先人有册有典。"

粒食之民，昭然明视。

《大戴礼·少间篇》："成汤服禹功，以修舜绪，为副于天，粒食之民，昭然明视，民明教，通于四海，……殷德小破，二十有二世，乃有武丁即位，开先祖之府，取其明法，以为君臣上下之节，殷民更眩，近者悦，远者至，粒食之民，昭然明视。"

故其文化盛于夏代，而国家亦多历年所焉。

一则殷之民德纯厚，至帝乙以后始败坏也。殷之民风，略见于《盘庚》三篇，如：

民不适有居，率吁众感，出矢言。相时憸民。犹胥顾于箴言。

盖殷民质直，有不适其意者，则直言之。而顾恤箴规，初不敢放佚为非也。说经者谓殷民奢淫成俗，然亦仅据《盘庚》所谓"乱政同位，具乃贝玉"及"无总于货宝，生生自庸"数语而言，未见其何等奢淫也。其后周公述殷代风俗，则自汤至帝乙时，官民无不勤劳敬慎。

《书·酒诰》："在昔殷先哲王，迪畏天显小民，经德秉哲，自成汤咸至于帝乙，成王畏相，惟御事，厥棐有恭，不敢自暇自逸，矧曰其敢崇饮。越在外服，侯甸男卫邦伯。越在内服，百僚庶尹，惟亚惟服宗工，越百姓里居，罔敢湎于酒，不惟不敢，亦不暇。惟助成王德显，越尹人祗辟。"

与《商颂》之言相合。

《诗·殷武》:“稼穑匪解，……不敢怠遑。”

至纣时，酗酒乱德，民俗大坏。

《书·微子》:“殷罔不小大,好草窃奸宄。”“小民方兴,相为敌仇。”

殷始由之而亡。周既定鼎，殷民犹思恢复。周公惮之，屡加诰诫，惟愿其安居田里。

《书·多士》:“尔乃尚有尔土，尔乃尚宁干止。”“今尔惟时宅尔邑，继尔居。”

《书·多方》:“今尔尚宅尔宅，畋尔田。”

又时时迁徙其居，分散其族。

《书序》:“成周既成，迁殷顽民。”[1]

《左传·定公四年》:“周分鲁公以殷民六族，条氏、徐氏、萧氏、索氏、长勺氏、尾勺氏，使师其宗氏，辑其分族，将其丑类，以法则周公。用即命于周。是使之职事于鲁。分康叔以殷民七族，陶氏、施氏、繁氏、锜氏、樊氏、饥氏、终葵氏，……启以商政，疆以周索。”

盖殷民悍直之气与其团结之力，固易代而不衰也。

① 江声曰:“由周而言，谓之顽民；由商言之，固不失为谊士。”

第十七章　传疑之制度

夏、殷之礼，文献无征。而古书所言古代制度，多有莫知何属者。汉、晋诸儒解释其制，往往托之于夏、殷，谓其与周代制度不合也。今以诸说合为一篇，标曰“传疑之制度”。

（一）九州之界域。

《尔雅》：“九州：两河间曰冀州，河南曰豫州，河西曰雍州，汉南曰荆州，江南曰扬州，济河间曰兖州，济东曰徐州，燕曰幽州，齐曰营州。”郭璞注：“此盖殷制。”郝懿行曰：“郭云‘此盖制殷’者，《释文》引李、郭同。《诗·周南·召南谱正义》引孙炎曰：‘此盖殷制。《禹贡》有梁、青无幽、营，《周礼》有幽、并无徐、营。’是孙炎以《尔雅》之文与《禹贡》《周礼》异，故疑为殷制。”又曰：“《逸周书·大匡篇》云：‘三州之侯咸率。’《程典篇》云：‘文王合六州之侯奉勤于商。’《商颂》云：‘奄有九有。’《毛传》：‘九有，九州也。’又云：‘帝命式于九围。’《毛传》：‘九围，九州也。’殷有九州，皆其证。”

（二）封建之制。

《礼记·王制》：“天子之田方千里，公侯田方百里，伯七十里，子男五十里；不能五十里者，不合于天子，附于诸侯，曰附庸。”郑玄注：“此殷所因夏爵三等之制也。”

（三）八州封国之数。

《王制》："凡四海之内九州，州方千里。州建百里之国三十。七十里之国六十，五十里之国百有二十，凡二百一十国。名山大泽不以封，其余以为附庸间田。八州，州二百一十国。"郑注："此殷制也。"孔颖达疏："'此殷制也'者。以夏时万国，则地余三千里，周又中国方七千里，今大界三千，非夏非周，故云殷制也。"

（四）王畿封国之数。

《王制》："天子之县内，方百里之国九，七十里之国二十有一，五十里之国六十有三，凡九十三国。名山大泽不以朌，其余以禄士，以为闲田。"郑玄注："县内，夏时天子所居州界名也。殷曰'畿'。《诗•殷颂》曰：'邦畿千里。'周亦曰'畿内'。"

（五）九州封国之总数。

《王制》："凡九州，千七百七十三国。天子之元士，诸侯之附庸，不与。"郑《注》："《春秋传》云：禹会诸侯于涂山，执玉帛者万国。言执玉帛，则是惟谓中国耳。中国而言万国，则是诸侯之地，有方百里，有方七十里，有方五十里者，禹承尧、舜而然矣。要服之内，地方七千里，乃能容之。夏末既衰，夷狄内侵，诸侯相并，土地减，国数少。殷汤承之，更制中国方三千里之界，亦分为九州，而建此千七百七十三国焉。"

（六）方伯连帅之制。

《王制》:“千里之外设方伯。五国以为属,属有长。十国以为连,连有帅。三十国以为卒,卒有正。二百一十国以为州,州有伯。八州,八伯、五十六正、百六十八帅、三百十六长,八伯各有其属。属于天子之老二人,分天下以为左右,曰二伯。”郑注:“属、连、卒、州,犹聚也。伯、帅、正,亦长也。凡长皆因贤侯为之。殷之州长曰‘伯’,虞夏及周皆曰‘牧’。”

(七)王室之官制。

《礼记・曲礼》:“天子建天官,先六太,曰太宰、太宗、太史、太祝、太士、太卜,典司六典。”“天子之五官,曰司徒、司马、司空、司士、司寇,典司五众。”“天子之六府,曰司土、司木、司水、司草、司器、司货,典司六职。”“天子之六工,曰土工、金工、石工、木工、兽工、草工,典制六材。”郑玄注皆谓此“殷时制也”。

(八)冢宰制国用之法。

《王制》:“冢宰制国用,必于岁之杪,五谷皆入,然后制国用。用地小大,视年之丰耗,以三十年之通,制国用,量入以为出。祭用数之仂,……丧用三年之仂。丧祭,用不足曰暴,有余曰浩。祭丰年不奢,凶年不俭。国无九年之蓄曰不足,无六年之蓄曰急,无三年之蓄曰国非其国也。三年耕,必有一年之食;九年耕,必有三年之食。以三十年之通,虽有凶旱水溢,民无菜色。然后天子食,日举以乐。”皮锡瑞《王制笺》案:“注疏不解冢宰,当是即以《周官》之冢宰解之。证以《白虎通》,则此经冢宰,必非《周官》冢宰。又引陈立《白虎通疏证》,定此冢宰为殷之太宰。”

（九）质成之法。

《王制》："天子斋戒受谏，司会以岁之成，质于天子。冢宰斋戒受质。大乐正、大司寇、市、三官以其成质于天子。大司徒、大司马、大司空斋戒受质，百官各以其成质于三官。大司徒、大司马、大司空以百官之成质于天子，百官斋戒受质。然后休老劳农，成岁事，制国用。"黄以周《礼书通故》："以《尚书·立政》《伏书·夏传》《戴记·曲礼》诸文参之，此盖殷制也。夏重司空，以司空公领司空，而上兼百揆。其司马公领司马，而又兼司寇。司徒公领司徒，而又兼秩宗。五官之职，以三公统摄之，是谓三宅。成汤因之。故《书·立政》曰：'三有宅，克即宅。'此所谓大司徒、大司马、大司空者，即司徒公、司马公、司空公也。殷重司徒，故以大司徒、大司马、大司空为次。大乐正为殷之宗伯，大司徒领司徒，亦兼宗伯，故大乐正之质，从大司徒。大司马领司马，亦兼司寇，故大司寇之质，从大司马。大司空领司空，亦兼市，故市之质，从大司空。《曲礼》记殷五官之制，曰司徒、司马、司空、司士、司寇。司士，《左传》作司事，盖即周之宗伯，此又谓之大乐正。于大司徒三官之外，又曰大乐正、大司寇者，明五官之制也。市本小官，故不言大，特欲配下大司空举之耳。大乐正、大司寇、市之质，必从于大司徒、大司马、大司空者，明殷之五官亦如夏制，以三公统摄之也。司会为冢宰之属，冢宰即太宰。《曲礼》记殷官制，天官太宰，不与五官分职。故此司会之质，别受于冢宰，不从于大司徒三官。至周乃以太宰与五官同分职者，殷、周制之别也。"

（十）司空制地之法。

《王制》："司空执度度地，居民山川沮泽，时四时，量地远近，兴事任力，……凡居民材，必因天地寒暖燥湿，广谷大川异制，民生其间者异俗，刚柔轻重迟速异齐，五味异和，器械异制，衣服异宜。修其教不易其俗，齐其政不易其宜，……凡居民，量地以制邑，度地以居民。地邑民居，必参相得也。无旷土，无游民，食节事时，民咸安其居，乐事劝功，尊君亲上，然后兴学。”皮锡瑞《王制笺》：“案司空，依今文说当为三公之司空，不当为六卿之司空。《韩诗外传》曰：‘三公者何？曰司空、司马、司徒也。’司马主天，司空主土，司徒主人。《汉书·百官公卿表》同。《白虎通·封公侯》篇曰：‘司马主兵，司徒主人，司空主地。’引《别名记》同。《御览》引《书大传》曰：‘沟渎壅遏，水为民害，则责之司空。’《论衡》引《书大传》曰：‘城郭不缮，沟池不修，水泉不降，水为民害，则责于地公。’盖司空一曰地公，正掌度地量地之事。此夏、殷官制与周官六卿不同者也。”

（十一）司徒及乐正教民之法。

《王制》：“司徒修六礼以节民性，[①] 明七教以兴民德，[②] 齐八政以防淫，[③] 一道德以同俗，养耆老以致孝，恤孤独以逮不足。上贤以崇德，简不肖以绌恶。命乡简不帅教者以告。耆老皆朝于庠。元日，习射上功，习乡上齿，大司徒帅国之俊士与执事焉。不变，命国之右乡简不帅教者移之左，命国之左乡简不帅教者移之右，如初礼。不变，移之郊，如初礼。不变，移之遂，如初礼。不变，屏之远方，终身不齿。命乡论秀士，升之司徒，曰选士。司徒论选士之秀者而升之学，曰俊士。升于司徒者不征于乡，升于学者不征于司徒，曰造士。乐正崇四术，立四教，顺先王诗、书、礼、乐以造士。春秋教以礼、乐，冬夏教以诗、书。王太子、王子，群后之太子，卿大夫、元士之適子，国之俊、选，

① 冠、昏、丧、祭、乡、相见。

② 父子、兄弟、夫妇、君臣、长幼、朋友、宾客。

③ 饮食、衣服、事为、异别、度、量、数、制。

皆造焉。凡入学以齿。将出学，小胥、大胥、小乐正，简不帅教者以告于大乐正。大乐正以告于王。王命三公、九卿、大夫、元士皆入学。不变，王亲视学。不变，王三日不举，屏之远方。西方曰棘，东方曰寄，终身不齿。大乐正论造士之秀者以告于王，而升诸司马，曰进士。”（《正义》：“熊氏以为此中年举者，为殷礼。”）“天子命之教，然后为学。小学在公宫南之左，大学在郊。天子曰辟雍，诸侯曰頖宫。”郑玄曰：“此小学大学，殷之制。”

（十二）司马官人之法。

《王制》：“司马辨论官材，论进士之贤者以告于王而定其论。论定，然后官之。任官，然后爵之。位定，然后禄之。……有发，则命大司徒教士以车甲。凡执技论力，适四方，裸股肱，决射御。凡执技以事上者，祝、史、射、御、医、卜及百工。凡执技以事上者，不贰事，不移官。”皮锡瑞《王制笺》：“案今文家说，司马主天，谓之天官，其位最尊。故进退人才皆由司马。《周官》司马专主武事，与此不同也。”

（十三）司寇正刑明辟之法。

《王制》：“司寇正刑明辟，以听狱讼，必三刺。有旨无简不听。附从轻，赦从重。凡制五刑，必即天论，邮罚丽于事。凡听五刑之讼，必原父子之亲，立君臣之义，以权之。意论轻重之序，慎测浅深之量，以别之。悉其聪明，致其忠爱，以尽之。疑狱，泛与众共之，众疑，赦之。必察小大之比以成之。成狱辞，史以狱辞告于正，正听之。正以狱成告于大司寇，大司寇听之棘木之下。大司寇以狱之成告于王，王命三公参听之。三公以狱之成告于王，王三又然后制刑。凡作刑罚，轻无赦。……析言破律，乱名改作，执左道以乱政，杀。作淫声异服、奇技奇器以疑众，杀。行伪而坚，言伪而辩，学非而博，顺非而泽以疑众，杀。假于鬼神、时日、卜筮以疑众，杀。此四诛者，不以听。凡执禁以齐众，不赦过。”

（十四）田里关市之法。

《王制》：“古者，公田籍而不税，市廛而不税，关讥而不征，林麓川泽以时入而不禁。夫圭田无征。”“圭辟金璋不粥于市，命服命车不粥于市，宗庙之器不粥于市，牺牲不粥于市，戎器不粥于市，用器不中度不粥于市，兵车不中度不粥于市，……锦文珠玉成器不粥于市，衣服饮食不粥于市，五谷不时，果实未熟不粥于市，木不中伐不粥于市，禽兽鱼鳖不中杀不粥于市。关执禁以讥，禁异服，识异言。”郑玄曰：“古者，谓殷时。”孔颖达曰：“此王制多是殷法。”

上十四则，见于《尔雅》者一，《小戴记·曲礼》者一，《王制》者十二。其谓为殷制者，皆以其与周制不合，故用反证之法，以为殷制。夫《商颂》之“九围”“九有”，既未言其异于夏、周，《殷祝》称诸侯三千，何以九州仅容千八百国？其余诸制亦多可疑。卢植谓《王制》为汉文帝博士诸生所作。郑玄谓《王制》之作在周赧王之后，其时距殷甚远，固不待言。俞樾、皮锡瑞谓《王制》为孔氏之遗书，七十子后学者所记，当亦未必尽弃周制而远法殷商。刘师培纂《中国历史教科书》直以《王制》所云悉属殷制，使学者据以为说，不复究其由来，则袭谬沿讹，其误非浅矣。愚意《王制》之言自属周、秦间学者理想中之制度，第此等理想亦必有其由来。今文家所谓变周之文从殷之质者，故非无见。兹列数证以明其虽非完全殷制，亦可借以推测殷代制度之梗概焉。

（一）诸侯国数。封建诸侯，自不能如布子于棋局，一一恰合其数。然殷末诸侯之数，似亦有一千七八百国。《史记·殷本纪》：“周武王之东伐至盟津，诸侯叛殷会周者八百。”《逸周书·世俘篇》：“武王遂征四方，凡憝国九十有九，凡服国六百五十有二。”以此计之，已有一千五百余国，其他岂无中立而不亡者？则谓殷之诸侯由三千而渐少至千八百国，亦理所宜有也。

（二）当时官制。《史记·殷本纪》：“纣以西伯昌、九侯、鄂侯为三公。”是殷之尊官为三公也。《书·牧誓》周官司徒、司马、司空下，即称“亚旅”“师氏”，以司徒、司马、司空为三公，与诸大夫有别也。当时周室之制必与殷制相近，故解《王制》者谓司徒、司马、司空为殷之三公，非附会也。

（三）殷之重刑。商人先罚而后赏，故刑罚最严。《书·多方》曰：“乃惟成汤，克以尔多方，简代夏作民主。慎厥丽乃劝，厥民刑用劝，以至于帝乙，罔不明德慎罚，亦克用劝。要囚，殄戮多罪，亦克用劝。开释无辜，亦克用劝。”以此言衡《王制》，则司寇之正罚明辟，似亦本于殷。且《墨子》称“汤有官刑”，[①]《荀子》言“刑名从商”。[②]刑名之严，殆自商始。《王制》以“析言破律，乱名改作”为大罪，其以此欤？

（四）关市田赋之制。《孟子》：“殷人七十而助。”助者，借也。与“公田借而不税”之说合。又称“文王治岐，耕者九一，关市讥而不征，泽梁无禁”，亦殷末之事。《逸周书·大匡篇》：“无粥熟，无室市。”所谓粥熟，即饮食之成熟者，所谓室市，即室中各物皆取于市也。此殷之市禁行之于周者，特不如《王制》之详耳。

大抵人类之思想不外吸集、蜕化两途。列国交通，则吸集于外者富；一国独立，则蜕化于前者多。三代制度虽有变迁，而后之承前大都出于蜕化。即降至秦、汉学者，分别质文，要亦不过集合过去之思想为之整理而引申，必不能谓从前绝无此等影响，而后之人突然建立一说，乃亦条理秩然，幻成一乌托邦之制度。故谓《王制》完全系述殷制未免为郑、孔所愚，而举其说一概抹杀，谓其绝无若干成分由殷之制度细绎而生者，亦未免失之武断也。

---

①《非乐》篇。

②《正名》篇。

第十八章　周室之勃兴

夏、商以降，史料渐丰，周之文化，烂焉可观。《周书》四十篇，今存者二十篇：

《泰誓》三篇（今存而不全）、《牧誓》（今存）、《武成》、《洪范》（今存）、《分器》、《旅獒》、《旅巢命》、《金縢》（今存）、《大诰》（今存）、《微子之命》、《归禾》、《嘉禾》、《康诰》（今存）、《酒诰》（今存）、《梓材》（今存）、《召诰》（今存）、《洛诰》（今存）、《多士》（今存）、《无逸》（今存）、《君奭》（今存）、《成王征》、《将蒲姑》、《多方》（今存）、《周官》、《立政》（今存）、《贿肃慎之命》、《亳姑》、《君陈》、《顾命》（今存）、《毕命》、《丰刑》、《君牙》、《冏命》、《蔡仲之命》、《费誓》（今存）、《吕刑》（今存）、《文侯之命》（今存）、《秦誓》（今存）。

其逸者，复存五十九篇。

《汉书·艺文志》："《周书》七十一篇。"①《逸周书集训校释序》（朱右曾）："《周书》称逸，昉《说文》，系之《汲冢》，自《隋书·经籍志》。《隋志》之失，先儒辨之，不逸而逸，无以别于逸《尚书》，故宜复

---

① 注：周史记。师古曰："刘向云：'周时诰誓号令也，盖孔子所论百篇之余也。'今之存者，四十五篇矣。"

《汉志》之旧题也，其书存者五十九篇，并序，为六十篇。较《汉志》篇数亡其十有一焉。”“师古云：‘其存者四十五篇。’师古之后，又亡其三。然晋、唐之世，书有二本。刘知几《史通》云：‘《周书》七十一章，上自文、武。下终灵、景。’不言有所阙佚，与师古说殊。《唐书·艺文志》：《汲冢周书》十卷，孔晁注，《周书》八卷。二本并列，尤明征也。其合四十二篇之注于七十一篇之本，而亡其十一篇者，未知何代，要在唐以后矣。”

其诗之存者，三百篇。

《史记·孔子世家》：“古者诗本三千余篇，……去其重，取其可施于礼义者……三百五篇。”[①]

而他书之相传为文王、周公所作，以及史家所记，诸子所述者尤夥，较之夏、商之文献无征，不可同日而语也。

周室之兴基于农业，此可以《诗》之《生民》《七月》《公刘》《思文》诸诗见之，无俟深论。公刘居豳之时，仅有庐馆宫室及公堂。

《诗·笃公刘》：“于时庐旅。”“于豳斯馆。”

《诗·七月》：“上入执宫功。”“入此室处。”“跻彼公堂。”

至太王迁岐，始大营城郭宫室。

《诗·绵》：“古公亶父，陶复陶穴。未有家室。[②]……乃召司空，

① 合《商颂》故曰三百五篇。

② 据此，知豳之庐馆、宫室多近于土穴。

乃召司徒，俾立室家。”“捄之陾陾，度之薨薨。筑之登登，削屡冯冯。百堵皆兴，鼛鼓弗胜。乃立皋门，皋门有伉。乃立应门，应门将将。乃立冢土，戎丑攸行。”

故周之开基，断自太王。太王以前之世系，且不可深考，其事迹更茫昧矣。

《周语》：“自后稷之始基靖民，十五王而文始平之。”《史记志疑》（梁玉绳）：“契十三传为汤，稷十三传为王季，则汤与王季为兄弟矣。而禹、契、稷三圣，共事尧、舜，禹十七传至桀，汤三十七传至纣，二代凡千余年。而稷至武王才十六传，历尽夏、商之世。武王竟以十四世祖伐十四世孙，其谁信之？”

太王之迁岐，《诗》不言其何故，但述其走马而来。

《诗·绵》：“古公亶父，来朝走马。率西水浒，至于岐下。爰及姜女，聿来胥宇。”

疑殷商时多行国，故择地而迁，行所无事。而诸书言古公避狄，其言至有理想。

《通鉴外纪》：“薰育狄人来攻，古公事之以皮币、犬马、珠玉、菽粟、财货，不得免焉，狄人又欲土地。古公曰：‘与之。’耆老曰：‘君不为社稷乎？’古公曰：‘社稷所以为民也，不可以所谓亡民也。’耆老曰：‘君不为宗庙乎？’公曰：‘宗庙吾私也，不可以私害民。夫有民立君，将以利之。与人之兄居而杀其弟，与人之父居而杀其子，以其所养，害所养，吾不忍也。民之在我与在彼，为吾臣与狄人臣，奚以异哉？二三子何患乎无君？’杖策而去，率其私属，出豳，渡漆沮，逾梁山，邑于岐山之阳，始改国曰周。豳人曰：‘仁人之君，不可失也。'举国扶老携弱从之者二千乘，一止而成三千户之邑。旁国闻其仁，亦多归之。古公乃贬戎狄之俗，营筑城郭室屋而邑别居之。作五官，有司，民皆歌乐颂其德。"①

以之较今之持国家主义，杀人流血无所不至者，相去远矣。

殷商之世，教育发达，其人才多聚于周，而周遂勃兴（此如西汉之季王莽兴学，而其人才为东汉之用之例。盖殷商、新汉，皆帝王家族之分别，而一国之人不限于一时代也）。观《周书》《史记》之言，周实多得商之人才。

《君奭》："惟文王尚克修和我有夏，亦惟有若虢叔，有若闳夭，有若散宜生，有若泰颠，有若南宫括。""武王惟兹四人，尚迪有禄。"

《史记·周本纪》："文王礼下贤者，日中不暇食以待士，士以此多归之。伯夷、叔齐、太颠、闳夭、散宜生、鬻子、辛甲大夫之徒，皆往归之。"

下至陶冶柯匠之徒，亦为所用。

《逸周书·文酌篇》："十二来：一弓，二矢、归射，三轮，四舆、归御，五鲍，六鱼、归蓄，七陶，八冶、归灶，九柯，十匠、归林，十一竹，十二苇、归时。"

故周之士夫、野人，咸有才德。

《诗·棫朴》："奉璋峨峨，髦士攸宜。"《诗·兔罝》："肃肃兔罝，

---

① 胡注："此《孟子》《淮南子·道应训》《庄子·让王》《尚书大传》《史记·周本纪》《诗·大雅·绵·毛传》文。"

椓之丁丁。赳赳武夫，公侯干城。”

诗人但美归于文王后妃之化，尚未推见其远源也。且殷、周之际，不独男子多受教育，即女子亦多受教育者。如周之三母：

《列女传》：“周室三母者，太姜、太任、太姒。太姜者，王季之母，有台氏之女。太王娶以为妃，贞训率导，靡有过失。[①] 太王谋事迁徙，必与太姜。君子谓太姜广于德教。太任者，文王之母，挚任氏中女也。王季娶为妃。太任之性，端一诚庄，惟德之行。及其有娠，目不视恶色，耳不听淫声，口不出敖言，能以胎教。溲于豕牢而生文王。王生而明圣，太任教之，以一而识百。太姒者，武王之母，禹后有莘姒氏之女。仁而明道，文王嘉之，亲迎于渭，造舟为梁。及入太姒，思媚太姜、太任，旦夕勤劳，以进妇道。太姒号曰文母。文王治外，文母治内，教诲十子，自少及长，未尝见邪辟之事。及其长，文王继而教之，卒成武王、周公之德。”《史记·周本纪》：“太姜生少子季历，季历娶太任，皆贤妇人。”

当皆受殷之侯国之教育，非受教于周者也。周之妇女，被后妃之化，亦能赋诗守礼。其时女子教育之盛可知。

《诗·汝坟》：“遵彼汝坟，伐其条枚。未见君子，惄如调饥。遵彼汝坟，伐其条肄。既见君子，不我遐弃。鲂鱼赪尾，王室如毁。虽则如毁，父母孔迩。”（《小序》：“汝坟，道化行也。文王之化，行乎汝坟之国，妇人能闵其君子，犹勉之以正也。”）

《诗·行露》：“厌浥行露，岂不夙夜？谓行多露。谁谓雀无角？

①《史记正义》引此文作：“率导诸子，至于成童，靡有过失。”

何以穿我屋？谁谓女无家？何以速我狱？虽速我狱，室家不足。谁谓鼠无牙？何以穿我墉？谁谓女无家？何以速我讼？虽速我讼，亦不女从。”（《小序》：“行露，召伯听讼也。衰乱之俗微，贞信之教兴，强暴之男，不能侵陵贞女也。”）

《列女传》：“《周南》之妻者，周南大夫之妻也。大夫受命平治水土，过时不来，妻恐其懈于王事，乃作诗曰：‘鲂鱼赪尾，王室如毁，父母孔迩。’盖不得已也。”“《召南》申女者，申人之女也。既许嫁于酆，夫家礼不备而欲迎之。女与其人言，以为夫妇者，人伦之始也，不可以不正。夫家轻礼达欲，不可以行，遂不肯往。夫家讼之于理，致之于狱。女终以一物不具，一礼不备，守节持义，必死不往，而作诗曰：‘虽速我狱，室家不足。’言夫家之礼不备作也。”（按二《南》之诗，多言妇人女子之事。然不知其为女子自作，抑男子为女子而作？此二诗，则《毛诗》《鲁诗》[①] 皆以为女子自作，故引以证其时妇女能文。）

男女贵贱皆有才德，故其国俗丕变，虞、芮质成，相形而有惭色。

《诗·绵》：“虞、芮质厥成，文王蹶厥生。”《毛传》：“虞、芮之君，相与争田，久而不平。乃相谓曰：‘西伯仁人也，盍往质焉？’乃相与朝周。入其境，则耕者让畔，行者让路；入其邑，男女异路，班白不提挈，入其朝，士让为大夫，大夫让为卿。二国之君感而相谓曰：‘我等小人不可履君子之庭。’乃相让以其所争田而退。天下闻之而归者四十余国。”

此周室代商最大之原因。故知虽君主时代，亦非徒恃一二圣君贤相，即能崛

① 刘向治《鲁诗》。

起而日昌也。

虽然周之兴固由民德之盛，而文王、周公继世有才德，亦其主因之一。文王之德见于《书》者如：

《书·康诰》："文王克明德慎罚，不敢侮鳏寡，庸庸、祗祗、威威、显民。"《书·无逸》："文王卑服，即康功田功。徽柔懿恭，怀保小民，惠鲜鳏寡。自朝至于日中昃，不遑暇食，用咸和万民。文王不敢盘于游田，以庶邦惟正之供。"

见于《诗》者如：

《诗·文王》："穆穆文王，于缉熙敬止。"

《诗·大明》："维此文王，小心翼翼。昭事上帝，聿怀多福。厥德不回，以受方国。"

皆可见其人立身处事，处处敬慎之状。周公之性质，殆最似文王，其戒成王、康叔、召公及殷之士民，无在不含有戒慎恐惧之意。合观《诗》《书》诸文，其原因盖有三端：

一则唐、虞以来相传之道德，皆以敬慎为主。如《皋陶谟》称"慎厥身修，兢兢业业"，《商颂》称"温恭朝夕，圣敬日跻"之类，皆从收敛抑制立论。似吾国国民性，自来以此为尚，与西人之崇尚自由发展者正相反对。文王、周公受累世之教育，秉国民之同性，故其言行若此。

一则历史事迹多可鉴戒，陈古刺今，时时危悚。如《召诰》曰："我不可不监于有夏，亦不可不监于有殷。我不敢知曰：有夏服天命，惟有历年。我不敢知曰：不其延，惟不敬厥德，乃早坠厥命。我不敢知曰：有殷受天命，惟有历年。我不敢知曰：不其延。惟不敬厥德，乃早坠厥命。"《诗·荡》曰"殷鉴不远，在夏后之世"之类，皆以前人之不德，为后人之鉴戒。故文王、周公之敬慎，即夏殷末造之君臣放恣纵肆之反感也。

一则自古以来寅畏天命，常以戒慎恐惧为事天引年之法。如《商颂》称“上帝是祗，帝命式于九围”，“天命降监，下民有严”之类，是商人之心理也。文王、周公承受此说，益以天命不常为惧。故昭事上帝必矢之以小心。后世儒家、道家、墨家畏天、法天、事天之说，皆本于此。周之《书》《诗》言天、言上帝者，指不胜屈，其渊源甚远，并非后世儒者假称天命以恐吓帝王，盖自古相承之说。君相之贤者，时时以此自励自戒也。综观《诗》《书》之文，虽似含有宗教之意，而以天为勉励道德之用，非以天为惑世愚民之用，亦与宗教有别。

文王、周公之学，以《易》之卦爻为最邃。

> 《史记·周本纪》：“西伯盖即位五十年。其囚羑里，盖益《易》之八卦为六十四卦。”《周易正义》：“文王作卦辞，周公作爻辞。”

盖伏羲画卦之后，累世相传，有占卜之书。至文王时，乃演其辞，而名为《易》。

> 《系辞》：“《易》之兴也，其当殷之末世，周之盛德耶？当文王与纣之事耶？”①《周礼》：“太卜掌三《易》：一曰《连山》，二曰《归藏》，三曰《周易》。”②

易，一名而含三义。

> 郑玄《易赞》：“易，一名而含三义。易简，一也；变易，二也；不易，三也。”

---

① 此可见从前不名“易”。

② 是周之书名为《易》，以前之《连山》《归藏》不名《易》也。

有圣人之道四，不专为卜筮之用。

《系辞》:“易，有圣人之道四焉，以言者尚其辞，以动者尚其变，以制器者尚其象，以卜筮者尚其占。”

故为吾国哲学书之首。夫以哲学家主持国政，是实吾国之特色也。

《中国哲学史》(谢无量)：“希腊柏拉图著《新共和国》，谓当以哲学者宰制天下而出政教。盖仅出于想望，非谓必可见诸实事也。独吾国自羲、农以来以至尧、舜，皆以一世之大哲，出任元首。故在中国历史中，为治化最隆之世，后世靡得而几焉。”(按伏羲仅画卦象，无文字。尧、舜仅修道德，亦无著作。以哲学家宰制天下者，惟文王、周公耳。)

周公自称多材多艺。

《书·金縢》：“予仁若考，能多材多艺。”

《尚书大传·康诰》称其“制礼作乐”。

《尚书大传》：“周公居摄三年，制礼作乐。……周公将作礼乐，优游之三年不能作。君子耻其言而不见从，耻其行而不见随。将大作，恐天下莫我知也。将小作，恐不能扬父祖功业德泽。然后营洛，以观天下之心。于是四方诸侯率其群党，各攻位于其庭。周公曰：‘示之以力役且犹至，况导之以礼乐乎？’然后敢作礼乐。《书》曰：‘作新大邑于东国雒，四方民大和会。’此之谓也。”

其于《诗》，有《七月》《鸱鸮》《常棣》《时迈》诸篇。

《诗·小序》：“《七月》，陈王业也。周公遭变故，陈后稷先公风化之所由致，王业之艰难也。”“《鸱鸮》，周公救乱也。成王未知周公之志，乃作诗以贻王，名之曰《鸱鸮》焉。”

《国语·周语》：“周文公之颂曰：‘载戢干戈，载櫜弓矢。’”“周文公之诗曰：‘兄弟阋于墙，外御其侮。’”据此，是《常棣》《时迈》二诗，为周公之作，以《时迈》为周文公之颂。度《周颂》诸篇多出于周公，特无质言之者耳。

他若《春秋》凡例，

《春秋左传序》（杜预）：“其发凡以言例，皆经国之常制，周公之垂法，史书之旧章。”《正义》言：“发凡五十，皆是周公旧法。”

《尔雅·释诂》，

《西京杂记》（刘歆）：“孔子教鲁哀公学《尔雅》。《尔雅》之出远矣，旧传学者皆云周公所记也。”《进广雅表》（张揖）：“昔在周公，缵述唐、虞，宗翼文、武，克定四海，勤相成王，六年制礼，以导天下，著《尔雅》一篇。”《释文》（陆德明）：“《释诂》一篇，盖周公所作。”

其著作之多，前此所未有也。

三教改易，至周而尚文。盖文王、周公皆尚文德，故周之治以文为主，其礼乐制度具详后篇。兹先述其尚文之意。周之伐商，既大用武力，

《史记·周本纪》：“武王至于商郊……誓已，诸侯兵会者车四千

乘，……纣闻武王来，亦发兵七十万人距武王。”

《逸周书·克殷篇》：“周车三百五十乘，陈于牧野。王既誓，以虎贲戎车驰商师，商师大崩。”

又伐诸国，征四方。

《逸周书·世俘篇》称吕他命伐越、戏方，侯来命伐靡集于陈，百弇命伐卫，陈本命伐磨，百韦命伐宣方，新荒命伐蜀，百韦命伐厉。又称武王遂征四方，凡憝国九十有九国，馘磿亿有十万七千七百七十有九，俘人三亿万有二百三十，凡服国六百五十有二。

周非不尚武也，比天下大定，始以觌文匿武为大政方针。

《国语·周语》：“祭公谋父谏曰：‘不可，先王耀德不观兵。夫兵戢而时动，动则威，观则玩，玩则无震。……先王之于民也，懋正其德而厚其性，阜其财求而利其器用，明利害之乡，以文修之，使务利而避害，怀德而畏威，故能保世以兹大。’”“仓葛曰：‘武不可觌，文不可匿，觌武无烈，匿文不昭。’”

其文教以礼乐为最重。《乐记》述其命意，略可推见当时之政术：

《乐记》：“济河而西，马散之华山之阳而弗复乘；牛散之桃林之野而弗复服；车甲衅而藏之府库而弗复用。倒载干戈，包之以虎皮。将帅之士，使为诸侯，名之曰‘建櫜’。然后，天下知武王之不复用兵也。散军而郊射，左射狸首，右射驺虞，而贯革之射息也；裨冕搢笏，而虎贲之士说剑也。祀乎明堂而民知孝。朝觐，然后诸侯知所以臣。

耕藉，然后诸侯知所以敬。五者，天下之大教也。食三老五更于太学，天子袒而割牲，执酱而馈，执爵而酳，冕而总干，所以教诸侯之弟也。”

夫“倒载干戈”“衅藏车甲”，似乎弭兵止戈矣，然“散军郊射”“冕而总干”，仍以武事寓于文事之中。盖明示人以右文，而阴教人以习武，即所谓觌文而匿武也。周公教成王立政，以“诘尔戎兵”为言：

《立政》：“其克诘尔戎兵，以陟禹之迹，方行天下，至于海表，罔有不服。以觐文王之耿光，以扬武王之大烈。”

而巡守告祭之《颂》，则称“戢干戈，櫜弓矢”。

《诗•时迈》：“载戢干戈，载櫜弓矢。我求懿德，肆于时夏。允王保之。”《小序•时迈》：“巡守告祭柴望也。”

其心盖深知武备国防之不可废。而开国之初，提倡尚武主义，则强藩列辟，日日称戈，其祸将不可止。不得已而为折衷之法，务以文化戢天下人之野心，其旨深矣！

第十九章　周之礼制

周之文化，以礼为渊海，集前古之大成，开后来之政教。其著于典籍者，虽经秦火，所存犹夥。《汉书·艺文志》具存其目：

《礼古经》五十六卷，《经》十七篇。《周官经》六篇。

后世以十七篇之《经》为《仪礼》，六篇之《周官》为《周礼》。

《汉纪》(荀悦)："刘歆奏请《周官》六篇列之于《经》，为《周礼》。"《经典释文序录》(陆德明)："刘歆建立《周官经》，以为《周礼》。"《晋书·荀崧传》："崧上疏，请置郑《仪礼》博士一人。"①

其《古经》五十六卷，自十七篇外，谓之《逸礼》。

《礼记正义》(孔颖达)："郑云：《逸礼》者，《汉书·艺文志》云，汉始于鲁淹中得古《礼》五十七篇②，其十七篇与今《仪礼》正同，其余四十篇③，藏在秘府，谓之《逸礼》，其《投壶礼》亦此类也。"

---

①《仪礼》之名始见于此。

② 按"七"字当系"六"之讹。

③ 按当云三十九篇。

而《周官》复亡一篇。

《经典释文序录》："河间献王开献书之路，时有李氏上《周官》五篇，失《事官》一篇，乃购千金不得，取《考工记》以补之。"

治周史者得《周官》五篇、《礼经》十七篇及汉世大小戴所传之《逸经古记》，可以推见有周礼制，讨论其国家社会组织之法，与掇拾夏、商典制，仅能仿象于万一者，迴乎不同矣。虽然，此诸书者，自汉代流传至于今日，固为至可宝贵之史料，而其书为何时何人之作，则异说殊多。或谓《礼经》《周官》皆周公所作。

《仪礼疏序》（贾公彦）："《周礼》《仪礼》发源是一，理有终始，分为二部。并是周公摄政太平之书。"《序周礼废兴》："《周官》孝武之时始出，秘而不传。既出于山岩屋壁，复入于秘府。五家之儒，莫得见焉。至孝成皇帝，达才通人刘向子歆校理秘书，始得列序，著于《录》《略》。时众儒并出，共排以为非是，惟歆独识，知周公致太平之迹，具在于斯。"

或谓《仪礼》为孔子所作。

《三礼通论》（皮锡瑞）："《周礼》《仪礼》，说者以为并出周公。案以《周礼》为周公作，固非，以《仪礼》为周公作，亦未是也。《礼》十七篇，盖孔子所定。《杂记》云：'恤由之丧，哀公使孺悲之孔子学士丧礼，《士丧礼》于是乎书。'据此，则《士丧》出于孔子，其余篇亦出于孔子可知。"

或谓《周官》为末世渎乱不验之书，及六国阴谋之书。

《序周礼废兴》(贾公彦):“林孝存以为武帝知《周官》末世渎乱不验之书，故作《十论》《七难》以排弃之。何休亦以为六国阴谋之书，唯有郑玄遍览群经，知《周礼》者，乃周公致太平之迹，故能答林硕之论难，使《周礼》义得条通。”

故近人以《仪礼》为儒家所创，谓之为种种怪现状，种种极琐细的仪文。而《周礼》之为伪书，更不措意。按礼非制于孔子，章炳麟驳皮氏书具言之。

《孔子制礼驳议》:“《礼》五十六篇，皆周公旧制。《记》言‘哀公使孺悲之孔子学士丧礼，《士丧礼》于是乎书’者，谓旧礼崩坏，自此复著竹帛。故言书，不言作。《丧服》礼兼上下，又非士丧之篇，文不相涉。《礼记·檀弓》曰：‘鲁人有朝祥而暮歌者，子路笑之。’夫子曰：‘三年之丧，亦以久矣夫！’言其久不行也。若自孔子始作者，当云三年之丧，创法自我，不可以责未闻者，何乃言久不行耶？《檀弓》又曰：‘衰，与其不当物也，宁无衰。’然则自斩衰三升，下至缌麻十五升抽其半，其为精粗异度，繁碎亦甚矣。独有制礼自上，民胥效法，故织纴之家，素备其式。假自孔子制之者，纵令遍行鲁国，自適士以至府史，胤族犹当万数，仓卒制之，何由得布？若不自置邸店，亲课女红，布缕既不中程，则衰无以当物，唐为文具，将安设施？此则自卫反鲁，五年之中，专为缝人贾贩，犹惧不给，固无删述《六经》之暇矣。又若制礼昉于孔氏，冠、昏、朝聘以及祭享，其事犹多，哀公不以问孔子，独问士丧，孔子又本不作《士丧礼》，待哀公问然后发之，君则失偏，臣则失缺，其违于事情远矣。即若是者，《礼记·曾子问》篇，孔子自说从老聃受《礼》，宁知今之《礼经》非老聃制之耶？墨子《节葬》《非儒》，以是专责儒者，此由丧礼废缺，独儒者犹依其法，故名实专归之。古者刑书本无短丧之罚，故得人人自便，弗可禁止，非直晚周也。汉世晁错、翟进为三公，遭丧犹不去官，若以周公时未有丧制，故晚周无三年服，汉世士礼既行，何以持服者寡乎？见晚周无持斋斩者，即云丧礼自孔子制，见汉世无持斋斩者，复可云丧礼自二戴制之邪？”

其仪文度数之中所寓之精义，则《戴记》《冠》《婚》《丧》《祭》诸义发挥最为透辟。其坊民淑世，非若希腊教偷、罗马斗兽之野蛮也。今世纵不能行其法，不当文致为儒家之过而诋毁之。观韩愈之论则知所折衷矣。

《读仪礼》（韩愈）：“余尝苦《仪礼》难读，又其行于今者盖寡，沿袭不同，复之无由，考于今，诚无所用之。然文王、周公之法制粗在于是。孔子曰吾从周，谓其文章之盛也。古书之存者希矣，百氏杂家，尚有可取，况圣人之制度耶？”

《周礼》之制度多与他书不同，故攻击者尤众。然前人之攻击之者，亦多认为周制。

《周礼问》（毛奇龄）：“《周礼》一书出自战国，断断非周公所作，予岂不晓？然周制全亡，所赖以略见大意，只此《周礼》《仪礼》《礼记》三经。以其所见者虽不无参臆，而其为周制则尚居十七。此在有心古学，方护卫不暇，而欲迸绝之，则饩羊尽亡矣。”《礼经通论》（皮锡瑞）：“孔子谓殷因夏礼，周因殷礼，皆有损益。《乐记》云：三王异世，不相袭礼。是一代之制度，不必尽袭前代。改制度，易服色，殊徽号，礼有明征。非特后代之兴必变易前代也，即一代之制度，亦历久而必变。周享国最久，必无历八百年而制度全无变易者。三《礼》所载，皆周礼也。《礼经》十七篇为孔子所定，其余盖出孔子之后，学者各记所闻。而亦必当时实有此制度，非能凭空撰造。”

以其非有来历断不能冥思臆造，创为此等宏纲细目之书也。周、秦、西汉著书者多矣，孔、孟、管、墨、商君、荀卿以及董仲舒、刘歆辈，皆有意于创立法制。今其书之存者，或第言立法之意，或粗举治国之方，无一书能包举天下万事万物，一一为之区分条理，而又贯串联络秩然不紊如《周官》者。后世之《六典》《会典》等，以有《周官》为之模范，故易于着手，然犹不能及其精微。学者试思为《周官》者，当具何等经验、思想、学力，而后能成此书乎？古今中外政治家、哲学家著书立说，大都徒托空言，不能见之于实行。然学者称举其说，犹许其代表一时代之文化。故《周官》之说即令未尝实行，仅属于一个人之理想，然此一个人之理想产生于此时代，已足令人惊诧，矧其官守法意，降至春秋、战国，犹多遗迹可寻乎！汪中作《周官征文》，以《逸周书》穆王作《职方》为证：

> 《述学·周官征文》："或曰：《周官》，周公所定。而言穆王作《职方》何也？曰：赋诗之义，有造篇，有述古，夫作亦犹是也。召穆公纠合宗族于成周，而作《常棣》之诗，则述古亦谓之作。详《职方》《大司乐》二条，知《周官》之文各官皆分载其一，以为官法。故每职之下，皆系曰掌。而太宰建之，以为《六典》，则合为一书。穆王作之，特申其告诫，俾举其职尔。"

则此书实成、康、昭、穆以来王官世守之旧典，以之言西周之文化，固非托古改制之比也。

《仪礼》十七篇所言者为冠、婚、丧、祭、射、乡、朝、聘八目。《周官》则经纬万端。兹择其要者，以次列举于后。

第一节 国土之区画

国土之区画，分以下四种：

（一）九州。九州之区画，自古已然。而周之区画，兼研究其民物之事利，其调查统计盖较《禹贡》为详。

《周官·职方氏》："东南曰扬州，其山镇曰会稽，其泽薮曰具区，其川三江，其浸五湖，其利金、锡、竹、箭，其民二男五女，其畜宜鸟兽，其谷宜稻。正南曰荆州，其山镇曰衡山，其泽薮曰云梦，其川江、汉，其浸颍、湛，其利丹、银、齿、革，其民一男二女，其畜宜鸟兽，其谷宜稻。河南曰豫州，其山镇曰华山，其泽薮曰圃田，其川荥、洛，其浸波、溠，其利林、漆、丝、枲，其民二男三女，其畜宜六扰，其谷宜五种。正东曰青州，其山镇曰沂山，其泽薮曰望诸，其川淮、泗，其浸沂、沭，其利蒲鱼，其民二男三女，其畜宜鸡狗，其谷宜稻麦。河东曰兖州，其山镇曰岱山，其泽薮曰大野，其川河、泲，其浸庐、维，其利蒲鱼，其民二男三女，其畜宜六扰，其谷宜四种。正西曰雍州，其山镇曰岳山，其泽薮曰弦蒲，其川泾、汭，其浸渭、洛，其利玉石，其民三男二女，其畜宜牛马，其谷宜黍稷。东北曰幽州，其山镇曰医无闾，其泽薮曰貕养，其川河、泲，其浸菑、时，其利鱼、盐，其民一男三女，其畜宜四扰，其谷宜三种。河内曰冀州，其山镇曰霍山，其泽薮曰扬纡，其川漳，其浸汾、潞，其利松柏，其民五男三女，其畜宜牛羊，其谷宜黍稷。正北曰并州，其山镇曰恒山，其泽薮曰昭余祁，其川呼池、呕夷，其浸涞、易，其利布帛，其民二男二女，其畜宜五扰，其谷宜五种。"

《禹贡》专言贡物，犹专为王侯立法，《职方》注重民利，则周代重民之证也。

（二）畿服。畿服之制亦沿于古，惟商时犹仅五服[①]，至周而斥大之，为九畿，亦曰九服。

《周官·大司马》："乃以九畿之籍，施邦国之政职，方千里曰国畿，其外方五百里曰侯畿，又其外方五百里曰甸畿，又其外方五百里曰男畿，又其外方五百里曰采畿，又其外方五百里曰卫畿，又其外方五百里曰蛮畿，又其外方五百里曰夷畿，又其外方五百里曰镇畿，又其外方五百里曰蕃畿。"《职方氏》："乃辨九服之邦国，方千里曰王畿，其外方五百里曰侯服，又其外方五百里曰甸服，又其外方五百里曰男服，又其外方五百里曰采服，又其外方五百里曰卫服，又其外方五百里曰蛮服，又其外方五百里曰夷服，又其外方五百里曰镇服，又其外方五百里曰藩服。"

其地之广袤参考刘师培《古代要服建国考》[②]，章炳麟《封建考》，可得其概。

（三）封国。周之封国，为说经家聚讼之要点。然其国境，大者不过后世之一府，小者乃等于州县，无足异也。

《周官·大司徒》："凡建邦国，以土圭土其地而制其域。诸公之地，封疆方五百里，其食者半。诸侯之地，封疆方四百里，其食者参之一。诸伯之地，封疆方三百里，其食者参之一。诸子之地，封疆方二百里，其食者四之一。诸男之地，封疆方百里，其食者四之一。"《职方氏》："凡邦国，千里封公，以方五百里则四公，方四百里则六侯，方三百里则七伯，方二百里则二十五子，方百里则百男，以周知天下。凡

① 见于《书》者曰甸、侯、男、采、卫。

② 见丁未年《国粹学报》。

邦国大小相维。”

（四）王畿之区画。王畿方千里，四面各五百里，节次分之，其名甚多。

《周官·载师》：“以廛里任国中之地，以场圃任园地，以宅田、士田、贾田任近郊之地，以官田、牛田、赏田、牧田任远郊之地，以公邑之田任甸地，以家邑之田任稍地，以小都之田任县地，以大都之田任疆地。”郑《注》：“五十里为近郊，百里为远郊。”贾《疏》：“自百里以至邦国，分为五等：二百里曰甸，三百里曰稍，四百里曰县，五百里曰都，畿外邦国。”

郊有六乡，甸有六遂，其制详后。

《周官》一书，虽不过官制、官规之性质，然六官之开端，皆以治地为言。

《周官·天官冢宰》：“惟王建国，辨方正位，体国经野，设官分职，以为民极。”（按《地官》《春官》《夏官》《秋官》皆同）贾《疏》：“六官皆有此叙者，欲见六官所主虽异，以为民极是同故也。”

故观《周官》，可知其时所最重者，实惟辨方正位，体国经野之事。右列之区画，散见于诸官者，似徒为此繁复之名数，而无益于政治。然观其对于版图、测量、土壤、民物一一经画研究，则知周之治地，非徒注意于名数而已也。周之版图，大别有三：

（一）总图。其图盖具全国之形势，兼注明其民族物产者，虽其文未言图中符号比例若何，然其有比例符号殆无可疑。如：

《周官·大司徒》：“掌建邦之土地之图与其人民之数，以佐王安扰邦国。以天下土地之图，周知九州之地域广轮之数，辨其山林、川泽、丘陵、坟衍、原隰之名物。”《土训》:“掌道地图，以诏地事。道地慝，以辨地物，而原其生，以诏地求。”《司险》:“掌九州之图，以周知其山林、川泽之阻，而达其道路。”《职方氏》:“掌天下之图，以掌天下之地，辨其邦国、都鄙、四夷、八蛮、七闽、九貉、五戎、六狄之人民，与其财用、九谷、六畜之数要，周知其利害。”《司书》:“掌邦中之版，土地之图，以周知出入百物，以叙其财。”

其图有广轮之数，且有九谷、六畜之数，则不但有比例，兼似附有物产统计表矣。周之官吏据此等图表，以经画天下，其非空言可知。

（二）分图。其图殆如今之一县一乡之图，可据以决狱讼，且可以定各地之形体，视总图尤有实用。如：

《周官•小宰》:“以官府之八成经邦治，……三曰听闾里以版图。”《小司徒》:“凡民讼，以地比正之。地讼，以图正之。”《遂人》:“掌邦之野，以土地之图经田野，造县鄙形体之法。”

县鄙形体，据图以造，则其规画非徒理想，而必按照各地毗连之形势审慎出之，又可知矣。

（三）专图。其图各以一事一地为之，不涉他地他事。如：

《周官•冢人》:“掌公墓之地，辨其兆域，而为之图。”《墓大夫》:“掌凡邦墓之地域，为之图。”

《丱人》:“掌金玉锡石之地，……若以时取之，则物其地图而授之。”

据此，知周代官府地图之多，地治之精密，实基于此。然徒观地图，无以知地之方位气象，则测量尤绘图之先之所重矣。周之诸官掌测量者，如：

《周官·大司徒》:"以土圭之法测土深,正日景,以求地中。日南,则景短,多暑。日北,则景长,多寒。日东,则景夕,多风。日西,则景朝,多阴。"《土方氏》:"掌土圭之法以致日景,以土地相宅而建邦国都鄙,以辨土宜土化之法,而授任地者。"

其法可与《考工记》参观,

《考工记》:"匠人建国,水地以县,置槷以县,视以景。为规识日出之景与日入之景,昼参诸日中之景,夜考之极星,以正朝夕。"

朝夕测日,夜则测星,既辨方位,兼审土宜。其建邦国都鄙之慎重若此,于地事似已尽心为之矣。然司徒犹有土会、土宜、土均之法,正不止土圭一法也。

《周官·大司徒》:"以土会之法[①],辨五地之物生。一曰山林,其动物宜毛物,其植物宜皂物,其民毛而方。二曰川泽,其动物宜鳞物,其植物宜膏物,其民黑而津。三曰丘陵,其动物宜羽物,其植物宜核物,其民专而长。四曰坟衍,其动物宜介物,其植物宜荚物,其民皙而瘠。五曰原隰,其动物宜裸物,其植物宜丛物,其民丰肉而庳。""以土宜之法辨十有二土之名物,以相民宅,而知其利害,以阜人民,以蕃鸟兽,以毓草木,以任土事。辨十有二壤之物而知其种,以教稼穑树艺。""以土均之法辨五物九等,制天下之地征,以作民职,以令地贡,以敛财赋,以均齐天下之政。"

分析土壤,剖辨物种,而民生国政于是乎定。盖人民犹建筑物,土地则其基址,基址未能辨别,建筑物无从著手。周之施政,注重地治,其条理精密若

① 郑《注》:"会,计也。"

此，此固前古所无，抑亦汉、唐迄今所未能逮也。世人谓吾国研究地学，始于裴秀、贾耽等人，然观晋、唐诸史之言，其于《周官》之制殆不过万分之一。故吾国文明，在周实已达最高之度，嗣又渐降而渐进，至今，则古制澌灭殆尽，而后群诧域外之文明。试即周代治地诸法思之，得谓其时无此事实，而一人撰造伪书，乃能穿穴诸官，使一一相应若此耶？

第二节　官吏之职掌

国家社会未达无治主义之时代，行政官吏在所必设。设之，则必有阶级等差，此天下万国所同也。吾国历代官制虽时有变迁，而其源大都出于《周官》，故周之设官分职，亦为治史者所必措意。周之官吏，分朝命及辟除二途。

> 《周官·大宗伯》："以九仪之命，正邦国之位。壹命受职，再命受服，三命受位，四命受器，五命赐则，六命赐官，七命赐国，八命作牧，九命作伯。"

大抵自一命为正吏，至六命赐官，为卿、中大夫、下大夫、上士、中士、下士六等。六命之上则诸侯之等级，其辟除或给徭役者，曰府、曰史、曰胥、曰徒。

> 《周官·小宰》："宰夫掌百官府之征令，……五曰府，掌官契以治藏。六曰史，掌官书以赞治。七曰胥，掌官叙以治叙。八曰徒，掌官令以征令。"《天官》郑《注》："府，治藏；史，掌书者。凡府、史皆其官长所自辟除，胥、徒皆民给徭役者。胥有才知，为什长。"

官制之大纲分为六属。

《周官·小宰》："以官府之六属，举邦治。一曰天官，其属六十，掌邦治，大事则从其长，小事则专达。二曰地官，其属六十，掌邦教，大事则从其长，小事则专达。三曰春官，其属六十，掌邦礼，大事则从其长，小事则专达。四曰夏官，其属六十，掌邦政，大事则从其长，小事则专达。五曰秋官，其属六十，掌邦刑，大事则从其长，小事则专达。六曰冬官，其属六十，掌邦事，大事则从其长，小事则专达。""以官府之六职辨邦治。一曰治职，以平邦国，以均万民，以节财用。二曰教职，以安邦国，以宁万民，以怀宾客。三曰礼职，以和邦国，以谐万民，以事鬼神。四曰政职，以服邦国，以正万民，以聚百物。五曰刑职，以诘邦国，以纠万民，以除盗贼。六曰事职，以富邦国，以养万民，以生百物。"

其官数凡五六万人。

《通典》（杜佑）："周内官二千六百四十三人，外诸侯国内六万一千三十二人。"《周官·禄田考》（沈彤）："六官凡五万九千三百余人。"

其治之咸以典法。

《周官·太宰》："太宰之职，掌建邦之六典，以佐王治邦国。一曰治典，以经邦国，以治官府，以纪万民。二曰教典，以安邦国，以教官府，以扰万民。三曰礼典，以和邦国，以统百官，以谐万民。四曰政典，以平邦国，以正百官，以均万民。五曰刑典，以诘邦国，以刑百官，以纠万民。六曰事典，以富邦国，以任百官，以生万民。""以八法治官府。一曰官属，以举邦治。二曰官职，以辨邦治。三曰官联，以会官治。四曰官常，以听官治。五曰官成，以经邦治。六曰官法，以正邦治。七曰官刑，以纠邦治。八曰官计，以弊邦治。”“以八则治都鄙。一曰祭祀，以驭其神。二曰法则，以驭其官。三曰废置，以驭其吏。四曰禄位，以驭其士。五曰赋贡，以驭其用。六曰礼俗，以驭其民。七曰刑赏，以驭其威。八曰田役，以驭其众。”

典法施于太宰，而掌之者复有诸官。

《周官·太宰》称正月之吉，乃施典于邦国，施则于都鄙，施法于官府。《小宰》：“掌邦之六典、八法、八则之贰。以逆邦国都鄙官府之治。”《司会》：“掌邦之六典、八法、八则之贰，以逆邦国都鄙官府之治。”《小宰》：“正岁帅治官之属，而观治象之法，徇以木铎曰：不用法者，国有常刑。”《司书》：“掌邦之六典、八法、八则。”《太史》：“掌邦之六典，以逆邦国之治。掌法，以逆官府之治。掌则，以逆都鄙之治。凡辨法者考焉，不信者刑之。”《内史》：“执国法及国令之贰，以考政事，以逆会计。”《御史》：“掌邦国都鄙及万民之治令，以赞冢宰，凡治者受法令焉。”《匡人》：“掌达法则，匡邦国。”《大行人》：“十有一岁修法则。”

据此，则《周官》所载特其大纲，而所谓典法者，必更有详密之条文，正者存于太宰，贰者散在诸官。其有不信，则考诸太史，非一二人所能以意为出入高下也。诸法之中，不可殚举，第就官联一法观之，即可知其立法之精密。

《周官·小宰》：“以官府之六联，合邦治：一曰祭祀之联事，二曰宾客之联事，三曰丧荒之联事，四曰军旅之联事，五曰田役之联事，六曰敛弛之联事。凡小事皆有联。”《周礼订义》（宋王与之）：“王昭禹曰：古者军将皆命卿，而师、旅、卒、长之属，皆下大夫、士掌其事。大司徒、大军旅以旗致万民，治其徒庶之政命。……小司徒会万民之卒伍，而亦帅其众庶。乡师、大军旅正治其徒役，与其辇辇。大司马及战，巡陈视事而赏罚，若此类皆军旅之联事。……太宰掌九贡、九赋，而大府、司会、司书之类亦掌之，所谓敛也。乡大夫国中贵者之类皆舍征，而小司徒凡征役之施舍亦掌之，所谓弛也。凡此类皆敛弛之联事。……非祭祀、宾客、丧荒、军旅、田役、敛弛六者之大事，余皆小事也。若膳夫之官有庖人、亨人、内外饔之类，通职联事，司关掌国货之节，以联门市，皆小事也。”

于组织之中寓互助之意，既以泯其畛域，且使互相监视，不使一机关独断一事，而遂其营私舞弊之谋。此研究法治者所最宜留意者也。

周之官府最重会计。

《周官·小宰》：“以官府之八成，经邦治：一曰听政役以比居，二曰听师田以简稽，三曰听闾里以版图，四曰听称责以傅别，五曰听禄位以礼命，六曰听取予以书契，七曰听买卖以质剂，八曰听出入以要会。以官府之六计，弊群吏之治。一曰廉善，二曰廉能，三曰廉敬，四曰廉正，五曰廉法，六曰廉辨。……月终，则以官府之叙，受群吏之要，赞冢宰，受岁会。岁终，则令群吏致事。”《宰夫》：“岁终，则令群吏正岁会。月终，则令正月要。旬终，则令正日成，而以考其治。治不以时举者，以告而诛之。”《司会》：“掌国之官府郊野县都之百物财用，凡在书契、版图者之贰，以逆群吏之治，而听其会计，以参互考日成，以月要考月成，以岁会考岁成，以周知四国之治，以诏王及冢宰废置。”《职内》：“掌邦之赋入，辨其财用之物，而执其总，以贰官府都鄙之财入之数，以逆邦国之赋用。凡受财者，受其贰令而书之。及会，以逆职岁，与官府财用之出，而叙其财，以待邦之移用。”《职岁》：“掌邦之赋出，以贰官府都鄙之财出赐之数，以待会计而考之。凡官府都鄙群吏之出财用，受式法于职岁，凡上之赐予，以叙与职币授之。及会，以式法赞逆会。”

日有成，月有要，岁有会，三岁又有大计。

《周官·司书》：“三岁则大计群吏之治。”

其出入皆有式法，四国之治无不周知。故官吏皆知尚廉而畏法，非若今之武人、外吏横揽财权，中央莫敢谁何，一任其贪黩恣肆，而惟恃借债以填其欲壑也。

第三节　乡遂之自治

《周官》之精义，莫邃于乡遂之制。乡遂者，直隶于天子而行自治之制之区域也。王城为中央政府，王城之外郊甸之地，即自治之地方。此外则为公邑家邑，小都大都，又其外则诸侯之国。故周代政治为诸侯之模范者，惟乡遂二区。以乡遂例天下，则天下之大，咸可以乡遂之法施之。乡遂之组织，法同而名异。

《周官·大司徒》：“五家为比，五比为闾，四闾为族，五族为党，五党为州，五州为乡。”《周官·遂人》：“五家为邻，五邻为里，四里为酂，五酂为鄙，五鄙为县，五县为遂。”

其官多由民举，而受天子之命，其职等于王官，而为地方自治之领袖。

《周官·司徒》：“乡老，二乡则公一人。乡大夫，每乡卿一人。州长，每州中大夫一人。党正，每党下大夫一人。族师，每族上士一人。闾胥，每闾中士一人。比长，五家下士一人。遂大夫，每遂中大夫一人。县正，每县下大夫一人。鄙师，每鄙上士一人。酂长，每酂中士一人。里宰，每里下士一人。邻长，五家则一人。”

总计其数，六乡万五千比，则为比长者万五千人。六遂万五千邻，则为邻长者万五千人。推而上之，闾、胥、里、宰各三千人，族师、鄙长各七百五十人，党正、鄙师各百五十人，州长、县正各三十人，合乡、遂大夫十二人及乡老三人，凡三万七千八百七十五人。以方四百里之地、十五万家之民，设三万七千八百有奇之自治职，此民治之极轨也。

周代乡遂之官各有专职。然《周官》之文有详此略彼，而可互相证者如：

《乡大夫》：“各掌其乡之政教禁令。正月之吉，受教法于司徒，退而颁之于其乡吏，使各以教其所治，以考其德行，察其道艺。”《遂大夫》：“各掌其遂之政令。”

遂大夫不言受法施教之事，似乡大夫掌教育，而遂大夫不掌教育者，实则遂、乡相等，乡官之职所载者，遂官亦行之；遂官之职所载者，乡官亦行之。特文有详略，以避重复，故似职务不同。读《周礼》者当知其互文见义也。

乡、遂之官所掌之事，可分六项：

（一）曰校比。周有邦比之法，犹今所谓调查也。六乡六遂人畜、车辇、旗鼓、兵革以及田野、稼器，无一不需调查，故有邦比之法，登载多寡高下焉。

《周官·闾胥》：“以岁时各数其闾之众寡，辨其施舍。”《里宰》：“掌比其邑之众寡，与其六畜、兵器。”《族师》：“以邦比之法，帅四闾之吏，以时属民，而校登其族之夫家众寡，辨其贵贱老幼废疾可任者，及其六畜、车辇。”《酂长》：“以时校登其夫家，比其众寡，以治其丧纪祭祀之事。……若岁时简器，与有司数之。”《党正》：“以岁时莅校比。”《鄙师》：“以岁时数其众庶，察其媺恶而诛赏。”《乡大夫》：“以岁时登其夫家之众寡，辨其可任者，以岁时入其书。”《遂大夫》：“以岁时稽其夫家之众寡六畜田野，辨其可任者，与其可施舍者。”《州长》：“三年大比，则大考州里，以赞乡大夫废兴。”《县正》：“各掌其县之政令征比，以颁田里，以分职事。”①

盖常时之比，闾胥、里宰掌之。四时之比，族师、酂长掌之，党正莅之，乡大夫、遂大夫登其数于书，而入于司徒。至三年大比，则州长、县长、县正掌之，而乡、遂大夫兴其贤能焉。

《乡大夫》：“三年则大比，考其德行道艺，而兴贤者能者。”《遂大夫》：“三岁大比，则帅其吏而兴甿。”

观此，则知乡遂之官，于其所治之地，无一事一物不调查清晰，登录详明。而凡百政治均由此而兴矣。

（二）曰法治。周代政治以法为本，自王公至庶民无不囿于礼法之中，故时时教民读法。全国之法，岁首悬于象魏，纵民观览十日。

《周官·太宰》：“正月之吉，始和布治于邦国都鄙，乃县治象之法于象魏，使万民观治象，浃日而敛之。”

而乡、遂诸官，则时时教民读法。

《周官·闾胥》：“凡春秋之祭祀、役征、丧纪之数，聚众庶，既比，则读法，书其敬敏任恤者。”《族师》：“月吉，则属民而读邦法，

① 县正不言大比，当与州长之职相同。

书其孝弟睦姻有学者。春秋祭酺亦如之。"《党正》:"四时之孟月吉日，则属民而读邦法，以纠戒之。春秋祭禜亦如之。"《州长》:"正月之吉，各属其州之民而读法，以考其德行道艺而劝之，以纠其过恶而戒之。若以岁时祭祀州社，则属其民而读法，亦如之。"

大抵州长属民读法，党正以下率民读之；党正属民读法，族师以下率民读之。虽非各自为政，要其一岁中读法之时，殆不下十五六次。六遂之官不言读法，以乡官例之，当亦与乡无异。乡、遂之民，无人不熟读法令，自无干犯法纪之事。此岂空言法制，而一般人民尚不知现行之法为何物者所能比哉！

（三）曰教育。司徒为教官，所掌自治地外，即以教育为专职。其教育之目，凡十有二。

《周官·大司徒》："施十有二教焉。一曰以祀礼教敬，则民不苟。二曰以阳礼教让，则民不争。三曰以阴礼教亲，则民不怨。四曰以乐礼教和，则民不乖。五曰以仪辨等，则民不越。六曰以俗教安，则民不偷。七曰以刑教中，则民不虣。八曰以誓教恤，则民不怠。九曰以度教节，则民知足。十曰以世事教能，则民不失职。十有一曰以贤制爵，则民慎德。十有二曰以庸制禄，则民兴功。"

盖无一事不含有教育之性质，不专恃学校教育也。然以乡官所有学校推之，其学校之数之多，亦非后世所及。乡官所属党州皆有序。

《州长》："春秋以礼会民，而射于州序。"《党正》："国索鬼神而祭祀，则以礼属民，而饮酒于序。"

六乡百五十党，则百五十序，三十州则三十序，总计学校已百八十，合六遂而计之，则三百六十矣。其乡之学，虽不见于《周官》，以《仪礼》"行乡饮酒之礼于庠”证之，则州党之外别有乡庠也。乡学之教，曰乡三物。

《大司徒》：“以乡三物教万民而宾兴之。一曰六德，知、仁、圣、义、忠、和。二曰六行，孝、友、睦、姻、任、恤。三曰六艺，礼、乐、射、御、书、数。”

遂大夫复兼教稼。

《遂大夫》：“掌其遂之政令，以教稼穑。”

则文化教育而兼职业教育矣。

（四）曰联合。周代人民虽无社会之名，而有联合之法。观《族师》《比长》诸职之文，知其人民之互相扶助，决非独居孑立，各不相谋者之比。

《族师》：“五家为比，十家为联；五人为伍，十伍为联；四闾为族，八族为联。使之相保相受，刑罚庆赏，相及相共，以受邦职，以役国事，以相葬埋。”《比长》：“五家相受，相和亲，有罪奇邪，则相及。”《里宰》：“以岁时合耦于锄，以治稼穑，趋其耕耨，行其秩叙，以待有司之政令。”《邻长》：“掌相纠相受，凡邑中之政相赞。”

受职待令既须联合，奇邪相及则并行为容状，皆使一律而无所歧异，而人民徒知束身自爱者，亦必知劝戒他人以共勉其群德。此尤自治之精神所在，非如此不能去社会之害而扶植善类也。

（五）曰作民。周代人民，对于国家之义务均须负担，其期日掌于均人。

《周官·均人》：“掌均地政，均地守，均地职，均人民牛马车辇之力政。凡均力政，以岁上下，丰年则公旬用三日焉，中年则公旬用二日焉，无年则公旬用一日焉。凶札则无力政，无财赋。”

其年龄定于乡大夫。

《乡大夫》：“以岁时登其夫家之众寡，辨其可任者。国中自七尺以及六十，野自六尺以及六十有五，皆征之。其舍者，国中贵者、贤者、能者、服公事者、老者、疾者皆舍。以岁时入其书。”

而征集之事，则乡、遂诸官任之。凡有征集，名曰作民。

《周官·州长》：“若国作民，而师田行役之事，则帅而致之，掌其戒令与其赏罚。”《党正》：“凡作民而师田行役，则以其法治其政事。”《族师》：“若作民而师田行役，则合其卒伍，简其兵器，以鼓铎、旗物帅而至，掌其治令、戒禁、刑罚。”《县正》：“若将用野民师田行役移执事，则帅而至，治其政令。既役，则稽功会事而诛赏。”《鄙师》：“凡作民则掌其戒令。”《酂长》：“若作其民而用之，则以旗鼓兵革帅而至。”

师田行役，各归部伍，盖州、党、酂、鄙之长，最为亲民。平时服其教训，有事听其指挥，使之作而帅之，自无隐匿、逃亡、诈欺、违犯之弊。古代无养兵之款，无工程之费，一切皆取于民。人民各甘尽其义务，初无推诿怨叛者，以乡、遂之制至精且密也。故不行地方自治之制，不能征兵，不能加赋，不能举行地方一切工程，可以周制断之矣。周之人民不但各有义务，复有对于国家之权利。其时虽无所谓议院，然国有大事必咨询之。

《周官·小司寇》：“掌外朝之政，以致万民而询焉。一曰询国危，二曰询国迁，三曰询立君。其位，王南乡，三公及州长、百姓北面，群臣西面，群吏东面，小司寇摈以叙进而问焉，以众辅志而弊谋。”

是人民对于国事胥有发言之权矣。州长职文仅称作民帅致，不及大询之事，而乡大夫之职有之。

《乡大夫》：“有大询于众庶，则各帅其乡之众寡，而致于朝。”

乡民得备咨询，遂民宜亦同之。乡、遂之民，家出一人，即十五万人，势不可悉致于朝。其曰“帅其乡之众寡”，殆先征求其意见，而致其欲发言者于朝，故众寡之数不定也。

（六）曰征敛。周制，乡师掌六乡之赋贡，遂师掌六遂之赋贡，皆王朝之官也。然闾里之官亦自掌征敛之事。如：

《里宰》：“待有司之政令，而征敛其财赋。”

是即遂官掌征敛之证。里宰职等闾胥，里宰既征敛财赋，闾胥当亦同此例也。《乡师》郑《注》，备言比、闾、族、党所共之器。

《周官·乡师》：“正岁稽其乡器，比共吉凶二服，闾共祭器，族共丧器，党共射器，州共宾器，乡共吉凶礼乐之器。”郑《注》：“吉服者，祭服也。凶服者，吊服也。比长主集为之，祭器者，簠、簋、鼎、俎之属，闾胥主集为之。丧祭者，夷槃、素俎、楬豆、輁轴之属，族师主集为之。此三者，民所以相共也。射器者，弓矢、楅中之属，党正主集为之。宾器者，尊、俎、笙、瑟之属，州长主集为之。吉器，若闾祭器。凶器，若族丧器。礼乐之器，若州、党宾射之器。乡大夫备集此四者，为州、党、族、闾有故而不共也。”

据此，知州、闾、族、党凡有公共之事，则为师长者，征集其器用于所辖之民家，以近事比为，则其所谓器用，即后世之自治经费也。后世万事非钱不行，故未事而先筹经费。周代虽行钱币，而乡党公事，第征器而不征钱，故无所谓经费。学者能知此意，则知古代人民担负自治经费故亦甚重。而为之领袖者，皆须任征集措置之劳。后世惟地保、图董等为县官征租，而一切公益之事皆不之顾。浮慕西法者，则谓西人能自治，而中国则否。解经者又不通此意，岂非厚诬古人哉！

六者之外，尚有祭祀、丧祀、昏冠、饮酒诸事，乡官详言之，而遂官不言，以乡比遂，殆亦同也。又如：

> 《乡大夫》："岁终则令六乡之吏，皆会政致事。"《州长》："岁终则会其州之政令。"《党正》："岁终则会其党政，帅其吏而致事。"《族师》："岁终则会政致事。"

而六遂复不详言，惟《遂大夫》《鄙师》及之。

> 《遂大夫》："令为邑者，岁终则会政致事。"《鄙师》："岁终则会其鄙之政而致事。"

盖皆详略互见也。人民之事既多，乡、遂诸官所掌，自必繁琐而易于淆杂。一岁既终，使之层递稽核，以备考绩，则其人自不敢旷职而有所欺隐。今之提倡自治者，但知组织人民，监督官吏，而人民集合之团体，其侵污欺隐，亦无以异于官吏，而立法者初不为之防制。使如周之会政致事，事事以清白昭示于众，亦何至使人民借口于自治之不如官治哉！

第四节　授田之制（附兵制）

周之田制凡三种。一画地为井而无公田者，一画地为井而以其中百亩为公田者，一不画井而但制沟洫者。

（一）画地为井而无公田者。

> 《周官·小司徒》:“乃经土地而井牧其田野。九夫为井，四井为邑，四邑为丘，四丘为甸，四甸为县，四县为都，以任地事，而令贡赋。”《注》：“郑司农云：井牧者，《春秋传》所谓‘井衍沃，牧隰皋’者也。郑玄谓隰皋之地，九夫为牧，二牧而当一井。今造都鄙，授民田，有不易，有一易，有再易，通率二而当一，是之谓井牧。”

按两郑《注》均依《左传》襄公二十五年楚蒍掩书土田之法，以释《周礼》。蒍掩之法曰:“度山林，鸠薮泽，辨京陵，表淳卤，数疆潦，规偃潴，町原防，牧隰皋，井衍沃。”《正义》引贾逵说曰:“山林之地，九夫为度，九度而当一井；薮泽之地，九夫为鸠，八鸠而当一井；京陵之地，九夫为辨，九辨而当一井；淳卤之地，九夫为表，六表而当一井；疆潦之地，九夫为数，五数而当一井；偃潴之地，九夫为规，四规而当一井；原防之地，九夫为町，三町而当一井；隰皋之地，九夫为牧，二牧而当一井；沃衍之地，亩百为夫，九夫为井。”据此，知古之井田第施于沃衍之地，其余分为八等，各以井田为标准，非谓遍地皆井田也。《周官》明云“井牧”，郑氏明云“通率二而当一”，是其标准依井牧而定。而凡山林薮泽之类，初不尽区为井也。又按:《周官》此文仅云“九夫为井”，未尝言其中一百亩为公田。

（二）画田为井而以其中百亩为公田者。公田之制，《周官》未言。惟《诗·

大雅·大田》曰："雨我公田，遂及我私。"《孟子》据以为周有公田之证，又申言其制曰，方里而井，井九百亩，其中为公田，八家皆私百亩，同养公田。公事毕，然后敢治私事。

《考工记注》郑玄曰："周制畿内用夏之贡法，税夫，无公田。邦国用殷之助法，制公田，不税夫。"孙诒让曰："郑以《孟子》证邦国有公田，说未确。周之邦国亦税夫，不制公田，与畿内同。公田虽为助之正法，而据《夏小正》，则夏时或已有此制，盖其由来甚久。九服之中，疆索不同，容有沿袭旧制而未能尽改者。先王以俗教安，不必强更其区畛，故《周诗》有公田之文，此亦如《左传》定公四年所说康叔封卫，启以商政之类，非周邦国必制公田也。"

（三）不画井而但制沟洫者。

《周官·遂人》："凡治野，夫间有遂，遂上有径。十夫有沟，沟上有畛。百夫有洫，洫上有涂。千夫有浍，浍上有道。万夫有川，川上有路，以达于畿。"（按此制与《考工记》不同。《考工记》："匠人为沟洫，耜广五寸，二耜为耦，一耦之伐，广尺深尺谓之甽；田首倍之，广二尺、深二尺谓之遂；九夫为井，井间广四尺、深四尺谓之沟；方十里为成，成间广八尺、深八尺谓之洫；方百里为同，同间广二寻、深二仞谓之浍。"郑注："此畿内采地之制。采地制井田，异于乡遂及公邑。"）《中国历史教科书》（刘师培）曰："按《孟子》有'野九一而助，国中什一使自赋'之说。其后郑康成注《周礼》，以为周家之制，乡、遂用贡法，十夫有沟是也；都鄙用助法，九夫为井是也。自是两法。朱子亦以为《遂人》以十为数。《匠人》以九为数，决不可合。然尝考之，所谓野九一者，乃授田之制；国中什一者，乃取民之制。盖助有公田，故其数必拘于九，八居四旁之私，一居其中为公，是为九夫，多与少者不可行。若贡则无公田，《孟子》之什一，特言其取之之数，遂人之十夫，特姑举成数言之耳。若九夫自有九夫之贡法，十一夫自有十一夫之贡法，初不必拘以十数，而后贡法可行也。盖自遂达于沟，自沟达于洫，自洫达于浍，自浍达于川，此二法之所以同也。行助法之地，必须以平地之田，分画作九夫。中为公田，而八私环之，列如井字，整如棋局。所谓沟、洫者，直欲限田之多寡，而为之疆界。行贡法之地，则无间高原下隰，截长补短，每夫授之百亩。所谓沟、洫者，不过随地之高下，而为之蓄泄，此二法之所以异也。是以《匠人》言遂必曰二尺，言沟必曰四尺，言洫、言浍必曰八尺、曰二寻。盖以平原广野之地，画九夫之地以为井，各自其九以至于同。其间所谓沟、遂、洫、浍者，隘则不足以蓄水，而广则又至于妨田，必有一定之尺寸。若《遂人》止言夫间有遂，十夫有沟，百夫有洫，千夫有浍，盖是山谷薮泽之间，随地为田，横斜广狭，皆可垦辟。故沟、洫、川、浍，亦不言尺寸。大意谓路之下即为水沟，水沟之下为田耳。非若《匠人》之田必拘以九夫，而沟、洫之必拘以若干尺也。”

论周制者，必先知周代之田有此三种区别，而后知周制有因袭前代者，有因地制宜者，并非举全国方万里之地，限以一种法制，务令整齐画一，不得稍有异同也。迂儒论古，第知有所谓井田，并不细心读书，漫以为周代普天之下皆为井田。好为新奇之说者，又据古书一二异点，傅以臆见，直谓古者初未尝有井田，此皆一偏之论也。《周官》本文不但田制有二种，即授田亦有二法。

（一）《大司徒》：“凡造都鄙，制其地域而封沟之，以其室数制之。不易之地家百亩，一易之地家二百亩，再易之地家三百亩。”

（二）《遂人》：“辨其野之土，上地、中地、下地以颁田里。上地，夫一廛，田百亩，莱五十亩，余夫亦如之。中地，夫一廛，田百亩，莱百亩，余夫亦如之。下地，夫一廛，田百亩，莱二百亩，余夫亦如之。”孙诒让曰：“《大司徒》上、中、下三等田制，与《遂人》六遂田制略同。此所谓易，即彼所谓莱。但彼上地犹有莱五十亩，非全不易者，与此小异耳。”

按其制，则自一家受田百亩至三百亩，凡四等。无论何国，上地极少，必限以八家皆受百亩，则必天下之田皆为上地而后可，否则必有三家而居一井者矣。

周之授田，计口而食，以人之多少，就地之上下。

《周官·小司徒》：“乃均土地，以稽其人民，而周知其数。上地，家七人，可任也者，家三人；中地家六人，可任也者，二家五人；下地家五人，可任也者，家二人。”郑《注》：“一家男女七人以上，则授之以上地，所养者众也；男女五人以下，则授之以下地，所养者寡也。”孙诒让曰：“三等授地，自是较略之制，其细别差率随宜损益，不能豫定。《管子·乘马数》篇云：‘上地之壤，守之若干，间壤守之若干，下壤守之若干，相壤定籍，而民不移。’亦以三等相壤。《吕氏春秋·上农篇》云：‘上田，夫食九人；下田，夫食五人。可以益，不可以损。一人治之，十人食之，六畜皆在其中矣。’此大任地之道也。据《吕览》说，是十人与九人数虽有益，而田不逾上等，足明三等授田制，约而无不赅矣。”

民年三十有室者，授一夫之地。二十以上、三十以下有室者为余夫，授二十五亩之地。皆至六十而归田于官。

《周礼正义载师疏》（孙诒让）：“受田之年，《经》无明文。贾据郑《内则》注义谓三十受田。陈奂云：古者二十受余夫之田，三十受一夫之田，六十归田于公。大凡三十取室生子，子年三十，父年必六十，是父归田，子必受田矣。按陈说足证郑义。盖夫家之名，起于一夫一妇，则受田者无论正夫、余夫，年二十、三十必已取室，而后谓之夫。男子年二十，或已授室，则受余夫之田；至三十，而丁众成家，别自为户，则为正夫，受田百亩。若二十以上，或未授室，则从父兄而耕，不得为余夫。其已授室受田之余夫，虽年过三十，或尚从父兄，不自为户，则仍为余夫。古正夫、余夫受田之法，盖约略如是。"《遂人》疏引王鸣盛云："余夫授田，上地田二十五亩，莱十二亩半；中地田二十五亩，莱田二十五亩；下地田二十五亩，莱五十亩。"

工商之家亦授田而杀于农夫。

《汉书·食货志》："士工商家受田，五口乃当农夫一人。"（按此文未质言周制，惟《周官·载师》有贾田。江永引《汉志》以证之，并谓在民间为工者，亦予以田，如贾人之例。）

其地税，则以远近为差，而大致不过什一。

《周官·载师》："凡任地，国宅无征。园廛二十而一，近郊十一，远郊二十而三，甸稍县都皆无过十二。惟其漆林之征，二十而五。"俞樾曰："周税漆林独重，故《经》文用'唯其'二字，见此不在常科之内。若至国宅，自甸稍县都通率之，适合十一之数，何也？园廛二十，近郊十，远郊二十，稍县都十，其数六十。园廛税一，近郊税一，远郊税三，甸稍县都税二，其数七。是为六十而税七，稍浮于十一。然去国宅一分无税，则适是十而税一矣。"孙诒让曰："《周官·司稼》以年之上下出敛法，是以年之上下为赋法轻重之差也。而《载师》任地，则四郊甸稍县都有十一至十二三等之法，是又以地之远近为轻重之差矣。周之彻法，盖当兼此二者。彻之云者，通乎地之远近、年之上下，以为敛取之法。”

其民之游惰者则有罚。

《周官·载师》：“凡宅不毛者有里布，凡田不耕者出屋粟，凡民无职事者出夫家之征。”孙诒让曰：“宅不毛，田不耕者，盖兼惰民受田宅而芜废不治，及富贵家之广占田宅以为游燕者言之。凡惰民之不事事者，则令出征赋以示罚。”

按周代畿内之地依郑玄之说积百同九百万夫之地，山陵、林麓、川泽、沟渎、城郭、宫室、涂巷三分去一。余六百万夫，又以田不易、一易上、中、下地相通，定受田者三百万家，[①] 则天子兆民分受此三百万夫之地，自无不足之虑。六乡六遂仅十五万夫，尤不难于均给。故即《周官》论之，无论乡、遂、都、鄙田之井与不井者，皆为王官之所有，而均布于其民，其法实无不通，惟土地有限，人口日增，不能永久不变。后之人不能因其意而消息之，或徒徇私意而隳其制，或深慕前规而泥其迹，则皆后人之失，非当时立法者之过也（周代授田之法，可参考庄存与《周官记载师任地谱》）。

周代授田之法，一以均贫富，一以通兵制，所谓寓兵于农也。乡遂十五万家，家出一人，各以七万五千家为六军。

《周官·大司马》：“凡制军，万有二千五百人为军。王六军，大国三军，次国二军，小国一军。”《小司徒》：“会万民之卒伍，……五人为伍，五伍为两，四两为卒，五卒为旅，五旅为师，五师为军。以起军旅，以作田役，以比追胥，以令贡赋。”

---

①《载师》注。

其田与追胥，则壮丁皆出。

《小司徒》："凡起徒役，毋过家一人，以其余为羡，唯田与追胥竭作。"贾《疏》："凡起徒役，毋过家一人者，谓起民役徒作之，毋过家一人。以其余为羡者，一家兄弟虽多，除一人为正卒，正卒之外，其余皆为羡卒。田谓田猎，追为逐寇，胥为同捕盗贼，非唯正卒一人，羡卒尽行，以其田与追胥之人多故也。"

盖民居以五为起数，夫田以十为起数，军旅亦以五为起数，三者皆一贯，故无烦临时编制也。乡、遂之外，丘甸皆井牧之地，其数不同，则别有编制。

《周官·小司徒》郑《注》引《司马法》曰："六尺为步，步百为亩，亩百为夫，夫三为屋，屋三为井，井十为通。通为匹马，三十家，士一人，徒二人，通十为成。成百井，三百家，革车一乘，士十人，徒二十人，十成为终。终千井，三千家，革车十乘，士百人，徒二百人。十终为同。同方百里，万井，三万家，革车百乘，士千人，徒二千人。"

假定《司马法》为周之制，则丘甸十家出一人，视乡、遂之家出一人者迥殊，盖一以远近区其多寡也。

按周制以师旅卒伍为正，《周官》之外，证佐甚多。孔广森曰："古者车战，故赋舆之法，以乘为主。而《周礼》万二千五百人为军，不言其军数。以《诗》考之，军盖五百乘，乘盖二十五人，天子六军。而《采芑》曰'其车三千'。鲁僖公时二军。而《閟宫》曰'公车千乘'。五百乘为军，是其明证。周法五人为伍，五伍为两，两之言辆也。二十五人而车一辆。百乘成师，则二千五百人。五百乘成军，则万二千五百人。然此唯六乡制军之数如是，其郊遂以外，井地制赋，所谓甸出长毂一乘者，与此不同。"孙诒让曰："《司马法》丘甸出车徒之法，虽与乡、遂不同，而出车则亦以二十五人为一乘，与乡、遂无异。六乡之士卒出于乡里，而兵车、大车、马牛出于官。六遂之士卒出于遂邑，车马牛亦出于官，所谓出兵而不出车也。若都鄙则车徒马牛及将重车者，并出于丘甸，所谓出车而兼出兵也。盖都鄙军籍虽不豫定，至有事征调及之，则亦必以都鄙之卒，配都鄙之车，其不能易伍两之制可知矣。”

《汉书·刑法志》称：“殷、周立司马之官，设六军之众。因井田而制军赋，畿方千里，有税有赋，税以足食，赋以足兵。”盖就丘甸言之，未析言乡、遂之六军与丘甸殊法。此亦犹今之学者误认周之田制皆为井田，不知其有井有不井也。然兵制之起于田制，则乡、遂丘甸之性质固有相同之点，国养民而不养兵，民为兵而不病国，此尤古制至要之义也。

第五节　市肆门关之政

周人生计惟恃农田，贾人亦授贾田，则分业尚未甚严，农商可兼治也。然《周礼·地官》于市政亦设专官，货贿之出入门关者，各有治禁。则其商业虽不若后世之繁盛，殆必盛于唐、虞、夏、商，且其教条规制，多为后世所本，则言吾国之商政者，不可不首稽《周官》也。周之掌市肆门关者有：司市、质人、廛人、泉府、司门、司关、掌节诸官。其市官所自辟除者有：胥师、贾师、司虣、司稽、胥、肆长诸职。而立市则掌于内宰。

> 《周官·内宰》：“凡建国，佐后立市，设其次，置其叙，正其肆，陈其货贿，出其度量淳制。”

其市在王宫之北。

> 《考工记》：“匠人营国，面朝后市。”

盖古人讳言财利，故置之在宫朝之后，以其近于后宫，故使内宰掌之，而君后贵官且禁不得游观。

《周官·司市》："国君过市，则刑人赦；夫人过市，罚一幕；世子过市，罚一帟；命夫过市，罚一盖；命妇过市，罚一帷。"郑《注》："市者，人所交利而行刑之处，君子无故不游观焉。若游观则施惠以为说，国君则赦其刑人，夫人、世子、命夫、命妇则使之出罚，异尊卑也。"

皆所以示重农抑商也。

周制市分为三，中曰大市，东曰朝市，西曰夕市，各占一夫之地。

《周官·司市》："大市，日昃而市，百族为主。朝市，朝时而市，商贾为主。夕市，夕时而市，贩夫贩妇为主。"《考工记·匠人》："市朝一夫。"孙诒让曰："三市为地，南北百步，东西三百步，共一里。"

市官所居曰思次，曰介次。

《周官》郑《注》："思次，若今市亭；介次，市亭所属。"

交易之时，则悬旌于思次，市官莅而治之。

《周官·司市》："凡市入则胥执鞭度，守门市之群吏平肆，展成奠贾，上旌于思次以令市。市师莅焉而听大治大讼，胥师、贾师莅于介次，而听小治小讼。"

其货之陈列有法。

《周官·司市》："以次叙分地而经市，以陈肆辨物而平市。"《肆长》："各掌其肆之政令，陈其货贿，名相近者相远也，实相近者相尔也，而平正之。"

贾值有恒。

《周官·贾师》："各掌其次之货贿之治，辨其物而均平之，展其成而奠其贾，然后令市。凡天患，禁贵侯者，使有恒贾。四时之珍异亦如之。"

利害有别。

《周官·司市》："凡治市之货贿六畜珍异，亡者使有，利者使阜，害者使亡，靡者使微。"

伪饰有禁。

《司市》："凡市伪饰之禁，在民者十有二，在商者十有二，在贾者十有二，在工者十有二。"《胥师》："各掌其次之政令，而平其货贿，宪刑禁焉。察其诈伪饰行侯慝者，而诛罚之。"

成贾以度量。

《司市》："以量度成贾而征侯。"《质人》："掌稽市之书契，同其度量，壹其淳制[1]。巡而考之，犯禁者举而罚之。"《胥》："各掌其

① 杜子春云：淳当为纯。纯谓幅广，制谓匹长也。皆当中度量。

所治之政，执鞭度而巡其前。”

结信以质剂。

《司市》：“以质剂结信而止讼。”《质人》：“掌成市之货贿、人民、牛马、兵器、珍异，凡卖儥者质剂焉。大市以质，小市以剂，……凡治质剂者，国中一旬，郊二旬，野三旬，都三月，邦国期。期内听，期外不听。”郑《注》：“质剂者，为之券藏之也。大市，人民、马牛之属，用长券；小市，兵器、珍异之物，用短券。”

交易以泉布。

《司市》：“以商贾阜货而行布。”郑《注》：“布，谓泉也。”

其税敛，有絘布、总布、质布、罚布、廛布诸目。

《周官·廛人》：“掌敛市之絘布、总布、质布、罚布、廛布，而入于泉府。”《肆长》：“敛其总布。”江永曰：“絘布者，市之屋税；总布者，货贿之正税；廛布者，市之地税也。”郑《注》：“质布者，质人所罚，犯质剂者之泉也。罚布者，犯市令者之泉也。”

其握经济之枢者，有泉府。

《周官·泉府》：“掌以市之征布，敛市之不售。货之滞于民用者，以其贾买之物楬而书之，以待不时而买者。买者各从其抵，都鄙从其主，国人郊人从其有司，然后予之。凡赊者，祭祀无过旬日，丧纪无过三月。凡民之贷者，与其有司辨而授之，以国服为之息。凡国事之财用取具焉。岁终，则会其出入，而纳其余。”金榜云：“农民受田，计所收者纳税。贾人贷泉，计所得者出息。其息或以泉布，或以货物，轻重皆视田税为差，是谓以国服为之息。郑云：于国事受园廛之田而贷万泉者，则期出息五百者。贾《疏》云：万泉出息五百，计当二十取一。若然，近郊十一者，万泉期出息一千。远郊二十而三者，万泉期出息一千五百，甸稍县都之民，万泉期出息二千。郑直云园廛者，略举以言之也。”

其货之出入门关者有节。

《周官·司市》：“凡通货贿，以玺节出入之。”《掌节》：“门关用符节，货贿用玺节，道路用旌节，皆有期以反节。”《司关》：“掌国货之节，以联门市。……凡所达货贿者，则以节传出之。”郑《注》：“货节，谓商本所发司市之玺节也。自外来者，则按其节而书其货之多少，通之国门，国门通之司市。自内出者，司市为之玺节，通之国门，国门通之关门。参相联，以检猾商。”

市肆门关，刑罚綦重。

《司市》：“以刑罚禁虣而去盗。……市刑，小刑宪罚，中刑徇罚，大刑扑罚。其附于刑者，归于士。”《司虣》：“掌宪市之禁令，禁其斗嚣者、与其虣乱者、出入相陵犯者、以属游饮食于市者。若不可禁，则搏而戮之。”《司稽》：“掌巡市而察其犯禁者，与其不物者而搏之。掌执市之盗贼以徇，且刑之。”《胥》：“掌其坐作出入之禁令，袭其不正者，凡有罪者，挞戮而罚之。”《司市》：“掌授管键以启闭国门，幾出入不物者，正其货贿。凡财物犯禁者举之。”《司关》：“司货贿之出入者，掌其治禁与其征廛。凡货不出于关者，举其货，罚其人。……

国凶札，则无门关之征，犹幾。”

综观周代治商之政，足知其时王朝与各国商货交通，四方珍异，多萃于京师。而诈伪、饰行、漏税、犯禁者，亦往往而有。设官之多，为法之严，皆由于此。故虽农商未必尽分，而商贾阜通货贿，亦列于太宰九职。当时之商业，故未可遽目为幼稚矣。又当时商贾之事，虽专掌于《地官》，而《秋官》复有关于商贾之法。

《周官·朝士》：“凡民同货财者，令以国法行之，犯令者刑罚之。”郑众《注》：“同货财者，谓合钱共贾者也。”

同货财之法，《经》未详言，疑当别有专条，盖商法之权舆也。

周代关市之财赋，用途有二。一则供王之膳服；

《周官·太府》：“凡颁财，以式法授之。关市之赋，以待王之膳服。”

一则养死政之老孤。

《周官·司门》：“以其财养死政之老与其孤。”

而泉府之共国用者，尚不与焉。《司门》所言，专指死政者之老孤。案《遗人》之职则泛称老孤。

《周官·遗人》：“掌邦之委积，以待施惠。……门关之委积，以养老孤。”

古者养老必于学校。门关之财既以养老，度即当时学校之经费。惟其详不可考耳。

周之泉布，《经》亦不详其制。自泉府外，司市与外府皆掌之。

《周官·司市》："国凶荒札丧，则市无征而作布。"《外府》："掌邦布之入出，以共百物，而待邦之用，凡有法者。"郑《注》："布，泉也。其藏曰泉，行曰布。"

按《汉书·食货志》则周有九府圜法，

《汉书·食货志》："太公为周立九府圜法，黄金方寸而重一斤，钱圜函方，轻重以铢；布帛广二尺二寸为幅，长四丈为匹。故货宝于金，利于刀，流于泉，布于布，束于帛。"

今世犹多有周之钱布，布即钱之本名，非专指布匹也。《诗》称"氓之蚩蚩，抱布贸丝"，足证当时市易之通用布矣。

第六节　王朝之教育

周代教育分乡、遂与王朝为二途，犹今地方教育与国家教育之别也。王朝掌教育之官曰师氏、保氏，乐师则掌小学教育者也。

《周官·师氏》："凡国之贵游子弟学焉。"《保氏》："掌养国子以道。"《乐师》："掌国学之政。"

曰大司乐、大胥、小胥、诸子，则掌大学教育者也。

《周官·大司乐》："掌成均之法，以治建国之学政，而合国之子弟焉。"《大胥》："掌学士之版，以待致诸子。"《小胥》："掌学士之征令。"《诸子》："掌国子之倅，掌其戒令与其教治。"

师氏之教曰三德、三行。

《师氏》："以三德教国子。一曰至德以为道本，二曰敏德以为行本，三曰孝德以知逆恶。教三行，一曰孝行以亲父母，二曰友行以尊贤良，三曰顺行以事师长。"

保氏之教曰六艺、六仪。

《保氏》："教六艺，一曰五礼，二曰六乐，三曰五射，四曰五驭，五曰六书，六曰九数。教六仪，一曰祭祀之容，二曰宾客之容，三曰朝廷之容，四曰丧纪之容，五曰军旅之容，六曰车马之容。"

大司乐之教曰乐德、乐语、乐舞。

《大司乐》："以乐德教国子，中、和、祗、庸、孝、友，以乐语教国子，兴、道、讽、诵、言、语，以乐舞教国子，舞《云门》《大卷》《大咸》《大磬》《大夏》《大濩》《大武》。"

乐师之教曰小舞。

《乐师》："教国子小舞，凡舞有帗舞、有羽舞、有皇舞、有旄舞、有干舞、有人舞。"

观其所教，与乡、遂之教三物相近，而加详焉。盖乡、遂多平民，国学皆贵族，其时之阶级固有区别，而德行、道艺、科目仍一贯也。

《周官》经无大学、小学之明文，盖古代别有学礼，详载学校教育之法。《周官》仅言官制，故其文不具。清代说经家博考诸书，证明周之小学、大学所在及学者之区别，均可补经文之阙。大抵周之小学，在王宫南大门之左。

《周礼正义》（孙诒让）："师氏教国子于小学，在王宫南之左，而汉以来多以虎门为小学所在。如《蔡邕集·明堂月令论》谓《周官》有门闱之学，师氏守王门，保氏守王闱。《魏书·刘芳传》引蔡氏《劝学篇》云：'周之师氏居虎门左，敷陈六艺，以教国子。'与《月令论》说同。《诗·大雅·灵台》孔《疏》引袁准《正论》云：'周置师保之官，居虎门之侧。'然则学宫非一处也。《大戴礼记·保傅篇》卢《注》云：'小学，谓虎门师保之学也。'《玉海·学校》引《三礼义宗》云：'《内则》云，人君之子，十年出就外傅。谓就外室而受教也。外室在虎门之左，师氏之旁而筑宫焉。'《广韵·二十三魂》引《周礼》云：'公卿大夫之子，入王端门之左，教以六艺，谓之门子。'盖诸说并因师氏朝位居虎门左，与《王制》'小学在公宫南之左'方位隅同，遂谓小学即在于彼。金鹗云：'天子、诸侯小学皆在宫南大门内之左。中门以内，路门之外，则有宗庙，不得为学也。师氏掌小学之教，保氏副之。师氏又以嫐诏王，故居虎门之左，司王朝，以治朝在虎门外也。或据此文遂谓天子小学在虎门之左，不知经文但言师氏居虎门之左，未尝谓小学在虎门左也。'案金说是也，王国小学自当如《王制》说，在王宫南之左，即皋门内之左也。师保教小学，其宫虽不及大学之广，然王太子、王子及诸侯、卿大夫之子咸在，其人数甚众，则亦必不甚隘。路门之左，既有宗庙，必无更容小学之地。蔡、卢诸说殆不可通。"

大学有五，在国之南郊。

《周礼正义》（孙诒让）：“周大学之名，见此经者，唯成均。见于《礼记》者，则又有辟雍、上庠、东序、瞽宗。东序亦曰东胶，与成均为五学，皆大学也。其制度及所在之地，诸家之说纷异殊甚。今通校诸经涉学之制文，知周制国中为小学，在王宫之左。南郊为五学，是为大学。至五学方位，北上庠，东东序，西瞽宗，古无异说。唯成均、辟雍众说不同。郑锷云：周五学，中曰辟雍，环之以水。水南为成均，水北为上庠，水东为东序，水西为瞽宗。其义最确。”《礼书通故》（黄以周）：“陆佃、郑锷说天子立四学，并其中学而五，直于一处并建。周人辟雍，则辟雍最居中。其南为成均，其北为上庠，其东为东序，其西为瞽宗。以周按辟雍之制，中曰大学，其外四学环之。大学四达于四学。《诗》曰：镐京辟雍，自西自东，自南自北，无思不服。志其制也。其外四学，兼用四代之制。东学曰东胶，取夏学之制，谓之东序。西学曰西雍（《周颂》谓其在辟雍之西也），取殷学之制，谓之瞽宗。其北学，则取有虞上庠之制也。其南学，则周制谓之成均，无他名焉。”

其学者，则自天子，

《大戴记•保傅篇》：“《学礼》曰：帝入东学，上亲而贵仁，则亲疏有序而恩相及矣。帝入南学，上齿而贵信，则长幼有差，而民不诬矣。帝入西学，上贤而贵德，则圣智在位，而功不匮矣。帝入北学，上贵而尊爵，则贵贱有等，而下不逾矣。帝入太学，承师问道，退习而端于太傅，太傅罚其不则，而违其不及，则德智长而理道得矣。”

太子，

《易传·太初篇》："太子旦入东学，昼入南学，暮入西学，夕入北学。"

公卿、大夫之子弟，

《周官·师氏》郑《注》："国子，公卿大夫之子弟。"《大司乐》注："国之子弟，公卿、大夫之子弟当学者，谓之国子。"《诸子》注："国子，为诸侯、卿大夫、士之子也。"孙诒让曰："《周礼》有国子，有门子，二者不同。国子者，即国之贵游子弟，此通乎適庶而言者也。《小宗伯》云：其正室谓之门子，则专指王族及公卿大夫之適子言之，此不兼庶子者也。古多世官，故入学者以適子为尤重。实则官族支庶子弟，亦无不入学者，故此经通言国子弟。"

乡、遂所兴之贤能，及侯国之贡士，皆与焉。

孙诒让曰："周制大学所教有三：一为国子，即王太子以下至元士之子，由小学而升者也。二为乡、遂大夫所兴贤者能者，司徒论其秀者入大学是也。三为侯国所贡士。此三者，皆大司乐教之。经唯云合国子弟者，举其贵者言之，文不具也。"

国子等入学之年，《周官》无明文，而诸书所言亦不同，大抵自八岁至二十岁。初入小学而后入大学，其年之迟早，则视资禀之敏鲁而定。

孙诒让曰："《师氏》之国子，为年十三以上者。《大司乐》之国子，为年二十以上者，长幼不同。国子入学之年，《礼》经无文，《内则》云：十年，出就外傅，……朝夕学幼仪、请肄简谅。十有三年，学乐、诵诗、舞勺；成童舞象、学射御；二十而冠，始学礼，舞《大夏》。郑《注》云：

成童，十五以上。《大戴礼记·保傅篇》则谓年八岁而出就外舍，束发而就大学。卢《注》云：束发，谓成童。《白虎通》曰：八岁入小学，十五入大学。是也，此太子之礼。《尚书大传》曰：公卿之太子，大夫、元士嫡子，年十三，始入小学，见小节而践小义。年二十，入大学，见大节而践大义。此世子入学之期也。又曰：十五年入小学，十八入大学者，谓诸子姓晚成者，至十五入小学，其早成者，十八入大学。《内则》曰：十年出就外傅，居宿于外，学书计者，谓公卿以下教子于家也。案依卢说，则《保傅》八岁入小学，十五入大学，为王太子之礼。《内则》书传说十三入小学，二十入大学，为诸侯、世子及卿大夫、士嫡子之礼。其或迟三年十五入小学，或早二年十八入大学，为世子以下晚成早成之别制。今考《保傅》上文，自据王太子言之，固当如卢说。然《白虎通义·辟雍》篇、《汉书·食货志》说并与彼同，而不云有贵贱之异。《公羊》僖十年何《注》则云：《礼》诸侯之子，八岁受之少傅，教之以小学，十五受太傅，教之以大学。是诸侯子入学之年又与王太子同，至十三入小学，二十入大学，据《御览》引《书传》自通王太子以下言之。《王制》孔《疏》引《书传略说》又云：余子十五入小学，十八入大学。则卢说皆非伏、王之恉。《贾子·容经》又谓古者年九岁入小学，视《保傅》《内则》复迟早各较一年，众说乖异，未能明定。要王侯之子，始就傅即入小学，自宜较早。公卿以下之子，必先教于家塾，而后入小学，自宜较迟。此则揆之理而可信者耳。"

其教科，则异地异时，各有所重。

《礼记·文王世子》："凡学世子及学士，必时。春夏学干戈，秋冬学羽籥，皆于东序。小乐正学干，大胥赞之。籥师学戈，籥师丞赞之。胥鼓南。春诵，夏弦，大师诏之。瞽宗秋学礼，执礼者诏之。冬读书，典书者诏之。《礼》在瞽宗,《书》在上庠。凡祭与养老乞言合语之礼,皆小乐正诏之于东序。大乐正学舞干戚,语说命乞言,皆大乐正授数,大司成论说在东序。"

《礼书通故》(黄以周):"天子祀先圣先师出师受成,是谓承师问道之中学,又谓之大学,又谓之辟雍,此五学中之尊,学者不得居焉。天子养国老于学,是谓上亲贵仁之东学,谓之东胶,又谓之东序,学干戈羽籥者居之。天子祀先贤于学,是谓上贤贵德之西学,谓之西学,又谓之瞽宗,学礼者居之。天子视学,太子入学以齿,是谓上齿贵信之南学,谓之成均,大司乐教乐德、乐语、乐舞者居之。天子上贵尊爵,其所入者北学,谓之上庠,典书诏书者居之。"

其大学毕业,年限约九年。

《礼记·学记》:"一年视离经辨志,三年视敬业乐群,五年视博习亲师,七年视论学取友,谓之小成;九年知类通达,强立而不反,谓之大成。夫然后足以化民易俗,近者说服,而远者怀之,此大学之道也。"

按《学记》所言,虽未必即指周之大学,然《内则》谓二十而冠,始学礼,舞《大夏》,博学不教,三十而有室,始理男事,博学无方,孙友视志。则古者男子二十至三十,实皆在大学时代,故约计其毕业为九年。《周官·大胥》郑《注》:汉《大乐律》曰:除吏二千石到六百石,及关内侯到五大夫子,先取適子高七尺以上,年二十到年三十,颜色和顺、身体修治者以为舞人。与古用卿大夫子同义。是古之卿大夫子弟,隶大乐正之学籍者,大抵自年二十到三十,其敏者九年毕业,甫二十八岁;鲁者或迟一二年,亦不过三十,至年满三十,则不隶于学籍矣。此则研究《周官》者所当参考者也。

第七节　城郭道路宫室之制

周制邦国都鄙皆有封疆。

《周官·大司徒》:“辨其邦国都鄙之数，制其畿疆而沟封之。”“凡造都鄙，制其地域而封沟之。”《形方氏》：“掌制邦国之地域，而正其封疆，无有华离之地。”《掌固》：“凡国都之竟，有沟树之固，郊亦如之，民皆有职焉，若有山川则因之。”

其都邑则有城郭。

《量人》:“掌营国城郭。”《掌固》:“掌修城郭沟池树渠之固，……设其饰器，……若造都邑，则治其固与其守法。”

惟城郭之制未详。《考工记》略言城制：

《考工记》：“匠人营国，方九里，旁三门。”“王宫门阿之制，五雉。宫隅之制，七雉。城隅之制，九雉。……门阿之制，以为都城之制。宫隅之制，以为诸侯之城制。”郑《注》：“雉长三丈，高一丈。”

解《周官》者，即据以为说。

《司门》疏（贾公彦）:“知王城有十二门者，案《匠人》云:‘营国方九里，旁三门。’四面各三门，是有十二门。”《司关》疏：“王畿千里，王城在中，面有五百里，界首面置三关，则亦十二关。”

道路之制，其别有五。

《司险》：“设国之五沟、五涂而树之林。”

郑《注》：“五沟，遂、沟、洫、浍、川也。五涂，径、畛、涂、道、路也。”

据郑《注》则广狭有定数。

《遂人》郑《注》：“径容牛马，畛容大车，涂容乘车一轨，道容二轨，路容三轨。”贾《疏》：“郑知径容牛马之等义如此者，此从川上有路差之，凡道皆有三涂，川上之路，则容三轨，道容二轨，涂容一轨，轨者广八尺。其畛差小，可容大车一轨。轨广八尺，自然径不容车轨，而容牛马及人之步径。”

而国都涂制，则见于《考工记》。

《匠人》：“国中九经九纬，……经涂九轨，环涂七轨，野涂五轨。……环涂以为诸侯经涂，野涂以为都经涂。”郑《注》：“轨凡八尺。”

合而言之，则其时道路广狭之差，凡有八等，而达之、比之、书之各有专官。

《司险》："掌九州之图，以周知其山林川泽之阻，而达其道路。"[①]《合方氏》："掌达天下之道路。"[②]《野庐氏》："掌达道路，至于四畿，比国郊及野之道路宿息井树。"[③]《量人》："邦国之地，与天下之涂数，皆书而藏之。"[④]

路必有树，

《国语》："周制有之曰：列树以表道。"[⑤]

以时修除，

《周官·野庐氏》："凡国之大事，比修除道路者。……邦之大师，则令扫道路。"

禁令甚严。

《司险》："国之五沟、五涂，……皆有守禁。国有故，则藩塞阻路而止行者，以其属守之，唯有节者达之。"《野庐氏》："若有宾客，则令守涂地之人聚柝之，有相翔者诛之。凡道路之舟车擊互者，叙而行之。凡有节者及有爵者至，则为之辟。禁野之横行径逾者，……掌凡道禁……且以幾禁行作不时者、不物者。"《司寤氏》："御晨行者，禁宵行者、夜游者。"

---

① 郑《注》："达道路者，山林之阻则开凿之，川泽之阻则桥梁之。"
② 郑《注》："津梁相凑，不得陷绝。"
③ 郑《注》："达，谓巡行通之使不陷绝也。比，犹校也。"
④ 郑《注》："书地，谓方国山川之广狭。书涂，谓支凑之远近。"
⑤ 此可与《掌固》《司险》《野庐氏》诸职文相证。

食宿有所。

> 《遗人》："凡宾客会同师役，掌其道路之委积。凡国野之道，十里有庐，庐有饮食。三十里有宿，宿有路室，路室有委。五十里有市，市有候馆，候馆有积。"

其路政详备如此，此今之言筑国道者所当知也。

宫室之制，经亦无明文，惟称王有六宫六寝。

> 《周官·宫人》："掌王之六寝之修。"①《内宰》："以阴礼教六宫。"②

盖《冬官》既亡，其文不具也。以《考工记》观之，略可推见周代建筑之法。

> 《匠人》："周人明堂，度九尺之筵。东西九筵，南北七筵，堂崇一筵，五室，凡室二筵。室中度以几，堂上度以筵，宫中度以寻，野度以步，……庙门容大扃七个，闱门容小扃三个，路门不容乘车之五个，应门二彻三个。内有九室，九嫔居之，外有九室，九卿朝焉。""葺屋三分，瓦屋四分，囷窌仓城，逆墙六分，堂涂十有二分。窦，其崇三尺，墙厚三尺，崇三之。"

研究周代礼制者，必先知周之宫室制度，然后知其行礼之方位。自来说经者考据甚多，吾辈欲知吾国宫室沿革，亦不可不于此究心。刘师培《中国历史教科书》述西周宫室之制，撷群书之要领，颇得周制之梗概。今录之于下：

（一）明堂。周初明堂，沿殷故制，方一百一十二尺，高四尺，阶广六尺

---

① 郑《注》："六寝者，路寝一，小寝五。"

② 郑司农云："六宫后五前一。"

三寸。室居中，方百尺，中方六十尺。[①]厥后复稍改殷制，度以九尺之筵，东西九筵，南北七筵，[②]其中则分为五室，[③]其宫周垣方三十步，在镐京之近郊，[④]为天子宗祀朝诸侯听政之地。列于五宫之一。[⑤]而洛邑亦有明堂，为东都朝诸侯之地，而方岳之下，亦有明堂。

（二）宗庙。天子七庙，诸侯五庙，大夫三庙，士一庙。太祖庙在北，昭穆相次而南。庙后有寝，寝有东西房、东西夹、东西堂、东西序，亦列于五宫之一。[⑥]迁主所藏曰祧，在宗庙之外。

（三）朝堂。天子诸侯，均有三朝。一曰燕朝，即内朝也，在王寝门外，路门之内。一为治朝，在应门之外，对内朝而言，则曰外朝；对外朝而言，则亦曰内朝。一为外朝，在库门之外，为象魏所悬之地，亦为嘉石、肺石所置之地。[⑦]盖周代之宫有五门，在外者为皋门，稍内则为雉门，又稍内则为库门，又进则为应门、路门。燕朝者，在路门内寝之间者也。治朝者，在路门、应门之间者也。外朝者，在雉门、库门之间者也。库门亦曰正门，府库在焉。诸侯之宫门，略与天子制同。

（四）宫寝。天子六寝，一为路寝，其五为小寝。后有六宫，王后治之。诸侯三寝，一为路寝，亦曰大寝，其二为燕寝，亦曰小寝。后有三宫，夫人治之，余为侧室。卿大夫、士均二寝，正寝居前，燕寝居后。其妻二寝，亦如之。正寝亦曰外寝，其旁则曰侧室，此贵显者之居也。

（五）民居。凡民居，必有内室五所，室方一丈，所谓环堵之室也。东西室为库藏之室，中三室为夫妇所居之室。中一室有门向南，中三室前为庭院，院之东西各一室，东室西向，西室东向，谓之侧室，为妾妇所居之室。又前

①《逸周书》。

②《考工记》。

③ 以祀五帝，以象五行之数。

④《大戴礼》。

⑤《逸周书》。

⑥《逸周书》。

⑦《周礼》及郑《注》。

二步为外室，则正寝也，亦并列五室，中三室为男子所居之室，中谓大室，东为东夹室，西为西夹室，皆房也。东夹之东，为藏祖考衣冠、神主之室；西夹之室，为五祀神主之室。中室之北为梱，自梱而东，下阶而北，即内室前之庭院也，谓之曰背。中室之东为牖，西为户。户牖之间，内为中霤，外为堂。堂方二步，东西有墉。堂下两阶，各高一级，阶下有门，谓之中门。中门之外之门谓之外门，自中门至外门，其上有屋，其东西各为一室。东为厨灶之室，西为子弟肄业之所，或为宾馆，即塾之类也。凡室有穴，如圭形，以达气，或谓之曰窦，或谓之向。室之重层者曰台，其狭而修曲者为楼，由大夫以上则有阁。阁者，置板于寝，以庋食物者也。由士以上，寝门之内均有碑，树石为之，所以蔽外内也。大夫、士之屋，皆五梁为之。中脊为栋，栋北一架谓之楣，栋北第二架谓之庋，栋南一架为前楣，楣前一架接檐者亦谓之庋。庙有东西厢，寝无东西厢。室内必设一席，席上则设有几筵，而宫寝则有帏幕，此周代宫室制度之大略也。若夫平民之家，均有井，井分为二，内外不共井。其室旁均有隙地，或以树桑，或为畜狗彘、鸡豚之所。[①]

第八节　衣服饮食医药之制

周制庶人衣服相同。

《周官·大司徒》："以本俗六安万民，……六曰同衣服。"郑《注》："民虽有富者，衣服不得独异。"贾《疏》："士以上衣服皆有采章，庶人皆同，深衣而已。"

① 参用《尔雅》及庄氏《周官指掌》、焦氏《仪礼讲习录》。

其材料皆自给。

《闾师》："凡庶民不蚕者不帛，不绩者不衰。"

其王后及公卿、大夫之礼服，则有专官掌之。

《司裘》："掌为大裘以供王祭天之服。中秋献良裘，王乃行羽物。季秋献功裘，以待颁赐。"① 《内司服》："掌王后之六服，……凡祭祀宾客共后之衣服，及九嫔世妇。凡命妇，共其衣服，共丧衰亦如之。"《大宗伯》："再命受服。"《司服》："掌王之吉凶衣服，辨其名物与其用事。凡大祭祀、大宾客，共其衣服而奉之。"

其冠服之材之自来，盖有三种：

一则诸侯所贡。

《太宰》："以九贡致邦国之用，二曰嫔贡，七曰服贡。"②

《大行人》："甸服二岁一见，其贡嫔物；采服四岁一见，其贡服物。"③

一则国中嫔妇所贡。

《太宰》："以九职任万民，七曰嫔妇化治丝枲。"《闾师》："任嫔以女事，贡布帛。"

① 郑司农云：功裘，卿大夫所服。

② 郑《注》："嫔贡，丝枲，服贡，絺纻也。"

③ 郑《注》："嫔物，丝枲也，服物，玄纁、絺纩也。"

一则征敛所得。

《掌皮》："掌秋敛皮，冬敛革，春献之。"《掌葛》："掌以时征絺绤之材于山农。凡葛征，征草贡之材于泽农，以当邦赋之政令，以权度受之。"《掌染草》："掌以春秋敛染草之物，以权量受之，以待时而颁之。"

其治之者，有《典丝》《典枲》诸职。

《典丝》："掌丝入而辨其物，以其贾楬之。掌其藏与其出，以待兴功之时。颁丝于外内工，皆以物授之。凡上之赐予亦如之。及献功，则受良功而藏之，辨其物而书其数，以待有司之政令，上之赐予。凡祭祀，共黼画组就之物。丧纪，共其丝纩组文之物。凡饰邦器者，受文织丝组焉。岁终，则各以其物会之。"《典枲》："掌布、缌、缕、纻之麻草之物，以待时颁功而授赍。及献功受苦功，以其贾楬而藏之，以待时颁。颁衣服，授之；赐予，亦如之。岁终，则各以其物会之。"《缝人》："掌王宫之缝线之事，以役女御，以缝王及后之衣服。"《染人》："掌染丝帛。凡染，春暴练，夏纁玄，秋染夏，冬献功。掌凡染事。"

《冬官》虽阙，亦可考见其时妇功之大概矣。

周之服制，等差甚多，上得兼下，下不得僭上。[①] 其大纲见于《周官》中《司服》《弁师》二职。

《司服》："王之吉服，祀昊天上帝，则服大裘而冕。祀五帝，亦如之。享先王，则衮冕。享先公之飨射，则鷩冕。祀四望山川，则

① 此二语见《司服》贾《疏》。

毳冕。祭社稷五祀，则希冕。祭群小祀，则玄冕。凡兵事，韦弁服。视朝，则皮弁服。凡甸，冠弁服。凡凶事，服弁服。凡吊事，弁绖服。凡丧，为天王斩衰，为王后齐衰，王为三公六卿锡衰，为诸侯缌衰，为大夫士疑衰，其首服皆弁绖。大札、大荒、大烖，素服。公之服，自衮冕而下如王之服。侯伯之服，自鷩冕而下如公之服。子男之服，自毳冕而下如侯伯之服。孤之服，自希冕而下如子男之服。卿大夫之服，自玄冕而下如孤之服。其凶服，加以大功、小功。士之服，自皮弁而下如大夫之服。其凶服亦如之。其齐服，有玄端素端。”

《弁师》：“掌王之五冕，皆玄冕，朱里延纽。五采缫十有二就，皆五采玉十有二就，玉笄朱纮。诸侯之缫斿九就，瑉玉三采，其余如王之事，缫斿皆就，玉瑱玉笄。王之皮弁，会五采玉璂，象邸玉笄。王之弁绖，弁而加环绖。诸侯及孤卿大夫之冕、韦弁、皮弁、弁绖，各以其等为之。”

其散见于《仪礼》及《戴记》者，事目烦猥，不可殚述。清代经生研究周之服制，其书尤夥。刘师培之《中国历史教科书》约而述之，尚简明易晓，并录于下：

西周衣服之制，周代著衣之法，则行礼之时，必开服而袒其袖。凡吉凶之礼均左袒，觐礼则右袒。衣之近体者为裼衣，裼衣亦名中服。裼衣以上之衣名曰上服。袒上服亦谓之裼，不袒上服则谓之袭。[①] 又无论何服均有缘饰，或谓之纯。在冠则纯其梁之两方，[②] 在衣则纯领及袂口，[③] 在裳则纯其幅及下，[④] 深衣则又纯其边，[⑤] 此西周服饰之大略

①《礼记》。

②《曲礼疏》。

③《礼记疏》。

④《士丧礼》注。

⑤《礼记注》。

也。惟古人之服饰分为二类，一为行礼之服，名曰公服；一为私居所作之服，名曰亵服。今试就公服分析之。冕以木为之，广八寸，长一尺六寸。有延，覆于冕上，上玄下纁，以布为之。有纽，所以贯笄。有衡，以玉为之，束于冠之两旁。有紘，从下屈而上属于两旁。天子用朱紘，诸侯青，大夫缁组纁边。有笄，以玉为之，长尺二寸。有武，有紞，所以悬瑱者。人君五色，臣三色，有瑱，天子诸侯皆以玉。大裘之冕无旒，一命之大夫亦无旒。纁裳，前三幅，后四幅，辟积无数，服辟积无数。周制，天子冕服六。大裘祀天，尚质，其衣无文。衮冕九章，衣五章，曰龙，曰山，曰华虫，曰火，曰宗彝。裳四章，曰藻，曰粉米，曰黼，曰黻。鷩冕七章，衣三章，曰华虫，曰火，曰宗彝。裳四章，曰藻，曰粉米，曰黼，曰黻。毳冕五章，衣三章，曰宗彝，曰藻，曰粉米。裳二章，曰黼，曰黻。絺冕三章，衣一章，曰粉米。裳二章，曰黼，曰黻。玄冕一章，衣无文，裳刺黻。大裘而冕，为祀昊天上帝之服，又为祀五帝之服。衮冕为享先王之服，又为会同宾客之齐服，又为受觐之服，又为大昏亲迎之服。鷩冕为享先公之服，又为飨食宾客之服，又为大射之服，宾射亦如之。又为食三老五更于太学之服。毳冕为祀四望山川之服，絺冕为祭社稷五祀之服，玄冕为祭群小祀之服，又为斋戒听朔之服。六冕服，冬裘皆用羔，冕服有裼袭之制。衮冕以下至玄冕，公侯卿大夫降服有差，皆谓之裨冕。[1]上公自衮冕九章而下，其服五，衮冕有降龙无升龙。公之衮冕衣五章，裳四章，为将觐释币于祢之服，为朝觐之服，为从王大祭服，又为鲁祭文王、周公之服，又为二王之后自祭之服，又为二王后与鲁祭天子服。公之鷩冕，衣三章，裳四章，为从王享先公飨射之服。公之毳冕，衣三章，裳二章，为从王中祭祀之服。公之絺冕，衣一章，裳二章，为从王祭社稷五祀之服。公之玄

---

①《曾子问》："大祝裨冕。"

冕，衣无文，裳刺黻，为从王群小祀之服，又为自祭宗庙之服，又为亲迎之服。侯伯自鷩冕七章而下，其服四，侯伯之鷩冕为朝天子之服，又为将觐释币于祢之服，又为从王鷩冕以上之服。侯伯之毳冕、絺冕，从王服，玄冕亦从王服，又为自祭宗庙之服，又为亲迎之服。子男自毳冕五章而下，其服三。子男毳冕，为朝天子之服，又为将觐释币于祢之服，又为从王毳冕以上之服。子男絺冕，从王服。子男玄冕，从王服，又为自祭宗庙之服，又为亲迎之服。王之三公，服鷩冕而下，其服四。若加一等，得服衮冕。其鷩冕，为助王祭之服。其毳冕，为从王射之服。其絺冕，亦从王服。其玄冕，为亲迎之服，又为从王听朔之服，又为郊劳诸侯之服。王之孤卿，毳冕，其服三。若加一等，得服絺冕。其毳冕、絺冕，皆从王服。其玄冕，为亲迎之服，又为从王听朔之服。王之大夫，絺冕，其服二。絺冕，为从王助祭之服。玄冕，为亲迎之服，又为从王听朔之服。若加一等，则得服毳冕。诸侯入为王官，仍服其服。公之孤，絺冕，其服二。孤之絺冕，为聘于王朝之服，又为助祭之服。孤之玄冕，为助君祭之服，又为亲迎之服。侯、伯、子、男之卿亦如之。公之卿大夫，服玄冕，为聘于天子与助祭之服，又为助祭于公之服，又为亲迎之服。侯伯大夫再命，亦如之。子男大夫一命，亦服玄冕而无旒。冕服有韨，韨制与韠同。长三尺，下广二尺，上广一尺。天子直，公侯前后方，大夫前方后挫角，士前后正。天子之士则直，诸侯之士则方。其色，天子朱韨，诸侯黄朱，大夫素。若大夫助祭于君。则用玄冕赤韨。士无韨，若助祭于君，服爵弁，则缊韨而韎韐也。韨色皆如其裳之色。其带，有大带，天子素带，朱里终辟。诸侯素带终辟。大夫素带辟垂。又有革带，所以悬佩与韨。有佩，有笏，天子以球玉，抒上，终葵首，一曰珽，或谓之大圭。诸侯以象，前绌后直，大夫以鱼须文竹，前诎后诎。凡笏，皆搢于带间。臣于君前将有指画，或书以记事，则执之。有偪，有舄，冕服皆赤舄，自天子至卿大夫同。

刘氏所举惟冕服，以周制冕服最尊也。

《周礼正义》（孙诒让）：“凡服，尊卑之次系于冠。冕服为上，弁服次之，冠服为下。”

其弁服、冠服之差别，详于任大椿《弁服释例》：

爵弁为天子、卿大夫及诸侯之孤，祭于己之服，又为士助祭斋服，又为士助祭之服，又为释祭视涤濯之服，又为天子、诸侯先祖为士者之尸服，又为衅庙、迁庙、祝宗人、宰夫、雍人及从者入庙之服，又为士冠三加之服，又为士亲迎之服，又为诸侯始命之服，又为士之命服，又为诸侯之复服，又为士之复服，又为公之袭服，又为大夫之袭服，又为士之袭服，又为公之襚服，又为天子承天变及哭诸侯之服。爵弁重于皮弁，有爵韦弁，有素爵弁，有布爵弁。一曰冕，或曰韦弁。爵弁无旒，与无旒之冕同，惟不俯尔。爵弁，以三十升布为之，赤色而微黑。上古以布，中古以丝，广八寸，长尺二寸；或曰高八寸，长尺六寸。纯衣，纁裳，韎韐。天子、诸侯爵弁之舄无明文，大夫、士纁屦，黑约繶纯，中衣用素羔裘。韦弁，为聘礼卿归宾、饔饩之服，又为下大夫聘礼、归介饔饩及介受礼之服，又为聘礼夫人使下大夫归礼之服，又为天子、诸侯、大夫兵事之服。韦弁重于皮弁，形制似皮弁，广狭之度当似后世武弁。天子、诸侯、孤、卿大夫韦弁，会皆有玉璂，璂数与玉采各以其等。朱裳、韠与爵弁同。天子、诸侯舄无明文，大夫白屦，黑约繶纯。皮弁，为天子郊天听祭报之服，又为大学有司祭菜之服，又为君巡狩之服，又为君卜夫人世妇养蚕之服，又为君蜡祭之服，又为舞大夏之服，又为士冠再加之服，又为天子视朝之服，又为天子常食之服，又为诸侯在王朝之服，又为诸侯视朔之服，又为天子燕同姓之服，又为天子宾射、燕射及诸侯在境宾射之服，又为诸侯大射之服，又为天子受朝宗之服，又为觐礼劳侯氏之服，又为诸侯相朝之服，又为聘礼宾主人之服，又为宾及上介受饔饩之服，又为归饔饩宾拜赐之服，又为卿还玉及宾受玉之服，又为诸侯田猎之服，又为天子除丧之祭服，又为诸侯之复服，又为公之袭服，又为大夫之袭服，又为士之袭服，又为公之禭服，又为上大夫卜宅与葬日占者之服，又为国君吊异国臣之服，又为诸侯、卿大夫、士当事不当事之吊服，又为既夕乘车所载之服，又为公子公族变降之服。皮弁重于朝服，弁以鹿皮浅毛为之，衣用十五升布，素积，素韠（大夫以上素带，士缁带，与爵弁同）。天子诸侯白舄，青絇繶纯，大夫、士白屦，缁絇繶纯。纯博寸，一曰素积，或曰素端。中衣用布（朝服玄端同）。天子视朝，三公及诸侯在王朝，服皮弁用狐白裘，锦衣裼。诸侯在国视朔及受聘享，服皮弁，则素衣麛裘。天子、卿大夫及诸侯、卿大夫在天子之朝亦皮弁，狐白裘，素衣裼。天子之士及诸侯之士在天子之朝，皮弁，麑裘。朝服，为衅庙礼成君听反命之服，又为大夫家祭筮日之服，又为大夫家祭宗人请期之服，又为大夫家祭视杀、视濯之服，又为大夫家祭尸服，又为诸侯大夫及天子之士正祭之服，又为士家祭宾及兄弟之服，又为酺禜社之服，又为裼祭之服，又为士冠筮日、筮宾之服，又为士冠宿宾及夕为期之服，又为诸侯视朔之服，又为卿大夫莫夕于朝之服，又为王朝卿士退朝治事之服，又为天子诸侯养老及宴群臣之服，又为公食大夫公及宾之服，又为公食大夫宾拜赐之服，又为公食大夫不亲食使大夫致侑币及宾受赐、拜赐之服，又为大夫相食不亲食致侑币之服，又为诸侯常食之服，又为诸侯燕射之服，又为诸侯在国宾射之服，又为乡饮酒戒宾、速宾之服，又为乡饮酒宾主人之服，又为乡饮酒宾主人拜赐、拜辱之服，又为乡射速宾之服，又为乡射宾主人之服，又为乡射宾主人拜赐、拜辱之服，又为士负世子之服，又为君名世子之服，又为命使于君之服，又为乘路马之服，又为仆右之服，又为聘礼使者夕币之服，又为聘礼君展币之服，又为聘礼宾及介释币于祢之服，又为聘礼君进使者授圭璧之服，又为聘礼肆仪之服，又为聘礼入境展币之服，又为聘礼请事、请行、郊劳之服，又为聘礼宰夫设飧之服，又为聘礼宾辞受饔飧之服，又为聘礼宰夫致上介饩及上介受饩之服，又为聘礼问卿宾主人之服，又为聘礼上介问下大夫之服，又为聘礼不亲食使大夫致侑币之服，又为聘礼卿归及郊请反命之服，又为聘礼卿有私丧反命之服，又为天子田猎之服，又为君视疾有疾者见君之服，又为养亲疾之服，又为将死者新加之服，又为始死后者之服，又为宰受含之服，又为公之袭服，又为公之襚服，又为小敛前后吊者之服，又为下大夫及士筮宅占者之服，又为既夕道车所载之服，又为大祥筮日、筮尸、视濯之服，又为大祥夕期及祥祭之服，又为既祥受赠赗之服，又为逾月吉祭之服。朝服重于玄端，一曰玄衣、一曰缁衣、一曰玄端、一曰乡服。朝服、玄端，冠皆玄冠。玄冠，一曰委貌，广二寸，以缯为之，衡缝、内毕、缘边。居冠属武，非燕居则冠与武别。冠武异材，冠缨异材。缨之有饰者曰緌，有缅，有总，有髦。一曰冠弁，有素委貌，衣用十五升缁布，素裳，缁带，素韠，或缁韠。天子诸侯白舄，青絇繶纯，大夫士白屦，黑絇繶纯。凡朝服，君臣皆羔裘，臣则豹袖。玄端，为诸侯大夫士斋服，又为士祭筮日、筮尸、视濯、宾主人及子姓兄弟有司群执事之服，又为宿尸、宿宾尸及宾主人之服，又为大夫、士之尸服，又为士家祭视杀及正祭之服，又为士祭祝佐食之服，又为有司免牲之服，又为士冠初加之服，又为士冠宾主人之服，又为士冠兄弟之服，又为士冠摈者、赞者之服，又为冠者见君及卿大夫、乡先生之服，又为士昏纳采宾主人之服，又为亲迎从者及主人之服，又为天子诸侯燕居之服，又为大夫士私朝之服，又为士夕于君之服，又为世子事亲之服，又为子事父母之服，又为公食大夫戒宾宾拜辱之服，又为乡饮、酒息、司正之服，又为乡射戒宾之服，又为乡射息司正之服，又为大夫去国之服，又为世子亲斋养疾之服。又为疾者及养疾者之服，又为公袭二称之服，又为公之襚服，又为士丧卜日族长及宗人之服，又为士虞尸服，又为绎祭及绎祭后服，又为逾月吉祭后燕居之服，又为殇除丧祭之服。士玄端，大夫以上侈袂，士妻宵衣之袂，皆正方，与士玄端同。大夫命妇侈袂，亦与大夫同。玄端连衣裳，则口缘衣，衣用十五升黑布。天子诸侯玄端朱裳，大夫素裳，士玄裳、黄裳、杂裳。天子诸侯朱韠，大夫素韠，士爵韠，或以缁韠。天子诸侯黑舄，赤絇繶纯，大夫士黑屦、青絇繶纯。玄端狐青裘，或曰羔裘。

而深衣之制则详于任大椿《深衣释例》：

深衣，古养老及燕群臣之服，又为诸侯之夕服，又为游燕之服，又为大夫士私朝夕服及居家之服，又为道路之服及为庶人之吉服，又为亲始死之服，又为奔丧未成服之服，又为亲殡时之服，又为殡后君吊及未殡之服，又为既祥之服，又为除丧受吊之服，又为公子为其母与妻之服，又为亲迎女在途闻父母死趋丧之服，又为女在涂闻其父死奔丧之服，又为女未至遭婿衰功之丧、男女易吉之服，又为聘使闻私丧既反命之服，又为庶人之吊服，又为童子趋丧之服。深衣，用布十五升，衣与袂各二幅，皆二尺二寸，祛尺二寸。曲袷，属于内外襟，两襟交，则袷交而形自方。裳要缝七尺二寸，缝齐一丈四尺四寸，十裳二幅，前后各六幅。在旁者名曰衽，续衽钩边，衣裳皆有缘。裳之长及踝，带当胁下。凡服，殊衣裳；法衣，不殊衣裳。深衣露著而素纰长袂者曰长衣，有表而长袂者曰中衣，中衣在裘及裼衣之内，布缘者曰麻衣，通曰禅衣。

欲研究周人衣服之差别，不可不熟复乎此也。

周人之食以谷为主，而于人民食品，尤以平均周给为要。

《周官·司稼》："掌巡野之稼，而辨穜稑之种，周知其名，与其所宜地以为法，而县于邑间。巡野观稼。以年之上下出敛法。掌均万民之食而赒其急，而平其兴。"

民数与食物之数均有统计。年有上下，食亦有多寡。其凶年，则有预防及救济之法。

《廪人》："掌九谷之数：……以岁之上下数邦用，以知足否，以诏谷用，以治年之凶丰。凡万民之食食者，人四鬴，上也；人三鬴，中也；人二鬴，下也。[①]若食不能人二鬴，则令邦移民就谷，诏王杀邦用。"《遗人》："掌邦之委积，以待施惠。乡里之委积，以恤民之艱阨。……县都之委积，以待凶荒。"《旅师》："掌聚野之锄粟、屋粟、间粟而用之。以质剂致民，平颁其兴积，施其惠，散其利，而均其政令。凡用粟，春颁而秋敛之。"

而平居所用之牲谷，必责其出于自力。

《闾师》："凡庶民不畜者，祭无牲；不耕者，祭无盛。"

饮酒必谨而幾之。

《萍氏》："掌国之水禁、幾酒、谨酒。"

其注意于民之饮食如此。其贵族之饮食。有六谷、

---

① 郑《注》："此皆谓一月食米也，六斗四升曰鬴。"

《膳夫》:“凡王之馈食，用六谷。”（郑司农云：六谷，稌、黍、稷、粱、麦、苽。）

六牲、

《膳夫》:“膳用六牲。”（郑《注》:“六牲，马、牛、羊、豕、犬、鸡。”）

六兽、六禽、

《庖人》:“掌共六畜、六兽、六禽。”（郑司农云六兽，麋、鹿、熊、麇、野豕、兔。六禽，雁、鹑、鷃、雉、鸠、鸽。郑玄谓六兽，有狼，无熊；六禽为羔、豚、犊、麛、雉、雁。）

六清、

《膳夫》:“饮用六清。”《浆人》:“掌共王之六饮，水、浆、醴、凉、医、酏。”

庶羞、

《膳夫》:“羞用百二十品。”（按其数不可备举，据《内则》有爵、鷃、蜩、范、芝、栭、菱、椇、枣、栗、榛、柿、瓜、桃、李、梅、杏、楂、梨、姜、桂，及牛脩、鹿脯、田豕脯、麋脯、麇脯、雉、兔等。）

八珍、

《膳夫》:“珍用八物。”(郑《注》:“珍谓淳熬、淳毋、炮豚、炮牂、捣珍、渍、熬、肝膋也。”)

五齐、七醢、七菹、三臡等。

《醢人》:“王举,则共醢六十罋,以五齐、七醢、七菹、三臡实之。”(郑《注》:五齐:昌本、脾析、蜃、豚拍、深蒲也。七醢:醓、蠃、䗩、蚳、鱼、兔、雁醢。七菹:韭、菁、茆、葵、芹、箈、笋。三臡:麋、鹿、麇臡也。)

其鱼物、互物、腊物,均有长官掌之。

《𩣺人》:“掌以时𩣺为梁。春献王鲔,辨鱼物为鲜薧,以共王膳羞。凡祭祀宾客丧纪,共其鱼之鲜薧,凡𩣺者,掌其政令。”《鳖人》:“掌取互物,以时簎鱼、鳖、龟、蜃。凡狸物,春献鳖蜃,秋献龟鱼,掌凡邦之簎事。”《腊人》:“掌干肉,凡田兽之脯腊膴胖之事。凡祭祀,共豆脯,荐脯膴胖,凡腊物。”

其食以时,

《食医》:“凡食齐视春时,羹齐视夏时,酱齐视秋时,饮齐视冬时。凡和,春多酸,夏多苦,秋多辛,冬多咸,调以滑甘。”

其会以宜。

《食医》:“凡会膳食之宜,牛宜稌,羊宜黍,豕宜稷,犬宜粱,雁宜麦,鱼宜苽。凡君子之食恒放焉。”

虽其分别等差，不能使平民皆受此等奉养，然取精用宏，养生有法，亦可见其时研究食物之进化矣。（按周代之制，食物之众寡，以爵位之贵贱为差。天子燕食，羞用百二十品，大夫燕食，有脍则无脯，有脯则无脍，[①] 上大夫庶羞二十品，[②] 羹食。自诸侯以下至于庶人，无等。士不贰羹胾。大夫无秩膳，七十而有阁。[③] 士以下，恒食黍稷，大夫以上，加稻粱。[④] 故膏粱为贵族子弟之称，庶人自卿大夫为肉食者，此阶级之弊也。）

周之饮食精备如此，而礼制即寓于其中。所谓夫礼之初，始诸饮食也。饮食之礼，详于《仪礼》。刘师培《中国历史教科书》尝约述之：

> 凡食礼，初食三饭，卒食九饭。设馔，以豆为本。凡正馔，先设黍稷，辅以俎豆，加馔以后，则用稻粱。庶羞，初食加馔之稻粱，以正馔之俎豆佐食。卒食正馔之黍稷，以加馔之庶羞佐食。凡食礼，有豆无笾，饮酒之礼，有豆有笾。其用牲也，士冠礼、士昏礼用豚，乡饮射、飨礼、燕礼、大射均用狗，聘礼用太牢、少牢，公食大夫礼用太牢。士丧、既夕、士虞皆用特牲。凡牲，皆用右胖。牲二十一体，谓之体解。牲七体，谓之豚解。杀者曰饔，生者曰饩。烹牲及鱼腊曰饔爨，炊黍稷曰饎爨，出脯醢谓之荐。此会食礼之大略也。食必于庙，燕必于寝，乡饮必于庠。[⑤]

盖周之尚文，即一饮一食之微，亦必寓其意焉。后人但斥其繁琐无谓，而不悉心研究其思想制度之所以发生，则用心粗犓之过也。欲知其意，宜先读《乐记》之言。

---

①《内则》。

②《内则》注。

③ 均见《礼记》。

④ 见《诗疏》及程瑶田《通艺录》。

⑤ 用凌氏《释例》及焦氏《仪礼讲习录》。

《乐记》："夫豢豕为酒，非以为祸也。而狱讼益繁，则酒之流生祸也。是故先王因为酒礼，壹献之礼，宾主百拜，终日饮酒，而不得醉焉。此先王之所以备酒祸也。"

则知周人之于饮食，既求其美备，复防其恣肆，非徒诏人以口腹之欲，亦非徒限人以阶级之制也。

周代饮食进化，故于医药之法，亦极注重。凡医皆属于太宰，而万民皆得从而治之。

《疾医》："掌养万民之疾病。四时皆有疠疾，春时有痟首疾，夏时有痒疥疾，秋时有疟寒疾，冬时有嗽上气疾。以五味、五谷、五药养其病，以五气、五声、五色视其死生。两之以九窍之变，参之以九藏之动。凡民之有疾病者，分而治之。死终，则各书其所以，而入于医师。"《疡医》："掌肿疡、溃疡、金疡、折疡之祝药劀杀之齐。凡疗疡，以五毒攻之，以五谷养之，以五药疗之，以五味节之。凡药，以酸养骨，以辛养筋，以咸养脉，以苦养气，以甘养肉，以滑养窍。凡有疡者，受其药焉。"《兽医》："掌疗兽病，疗兽疡。凡疗兽病，灌而行之，以节之，以动其气，观其所发而养之。凡疗兽疡，灌而劀之，以发其恶，然后药之、养之、食之。凡兽之有病者、有疡者，使疗之，死则计其数以进退之。"

人兽之病皆有专医，祝药劀杀，备具诸法，进退差次，考核綦重。

《医师》："掌医之政令，聚毒药，以共医事。凡邦之有疾病者、疕疡者造焉，则使医分而治之。岁终则稽其医事，以制其食。十全为上，十失一次之，十失二次之，十失三次之，十失四为下。"

其重视生命如此，岂若今之纵中外医士草菅人命，无考校者哉！

第九节　礼　俗

周之政法，即谓之礼。前所举之制度，皆礼也。此节所言之礼俗，则周代制度中之子目，而于《周官》中专礼之名者也。《周官》举礼之目者有二官，一为司徒所掌之礼，目有四：祀礼、阳礼、阴礼、乐礼。[①]一为宗伯所掌之礼，目有五：

> 大宗伯之职，掌建邦之天神、人鬼、地祇之礼，以佐王建保邦国。以吉礼事邦国之鬼神示，……以凶礼哀邦国之忧，……以宾礼亲邦国，……以军礼同邦国，……以嘉礼亲万民。

而此五者又各有子目。

（一）吉礼之别十有二：以禋祀祀昊天上帝，以实柴祀日月星辰，以槱燎祀司中、司命、飌师、雨师，以血祭祭社稷五祀五岳，以貍沈祭山林川泽，以疈辜祭四方百物，以肆献祼享先王，以馈食享先王，以祠春享先王，以禴夏享先王，以尝秋享先王，以烝冬享先王。

（二）凶礼之别五：以丧礼哀死亡，以荒礼哀凶札，以吊礼哀祸灾，以禬礼哀围败，以恤礼哀寇乱。

（三）宾礼之别八：春见曰朝，夏见曰宗，秋见曰觐，冬见曰遇，时见曰会，殷见曰同，时聘曰问，殷覜曰视。

（四）军礼之别五：大师之礼用众也，大均之礼恤众也，大田之礼简众也，

---

① 见第三节“乡遂之自治”，第三项教育司徒之十二教。

大役之礼任众也，大封之礼合众也。

（五）嘉礼之别六：以饮食之礼亲宗族兄弟，以昏冠之礼亲成男女，以宾射之礼亲故旧朋友，以飨燕之礼亲四方之宾客，以脤膰之礼亲兄弟之国，以贺庆之礼亲异姓之国（以上均引自《大宗伯》）。此五目三十六项，即赅于司徒所举之四目中，而其仪文度数之繁密，殆不可胜举。今其礼固不尽存，即其存者言之，犹当别为专书，始能详述其制礼之义，本书不能尽述也。近人谓《仪礼》为全书，胪举《礼书》篇目，合之《戴记》，其言颇有见：

《礼经通论》(邵懿辰)："汉初，鲁高堂生传《礼经》十七篇，五传至戴德、戴圣，分为《大戴》《小戴》之学，皆不言其有阙也。言仅存十七篇者，后人据《汉书·艺文志》及刘歆《七略》，多因《逸礼》三十九而言耳。夫高堂、后苍、二戴、庆普不以十七篇为不全者，非专己而守残也，彼有所取证，证之所附之记焉耳。观《昏义》曰：夫礼始于'冠'，本于'昏'，重于'丧'、'祭'，尊于'朝'、'聘'，和于'乡'、'射'。故有《冠义》以释《士冠》，有《昏义》以释《昏礼》，有《问丧》以释《士丧》，有《祭义》《祭统》以释《特牲》《少牢》《有司彻》，有《乡饮酒义》以释《乡饮》，有《射义》以释《乡射》《大射》，有《燕义》以释《燕礼》，有《聘义》以释《聘礼》，有《朝事》以释《觐礼》，有《四制》以释《丧服》。而无一篇之义出于十七篇之外者，是冠、昏、丧、祭、朝、聘、乡、射八者，约十七篇言之也。更证之《礼运》，《礼运》尝两举八者以语子游，皆孔子之言也。特'射、乡'讹为'射、御'耳。一则曰达于丧、祭、射、乡[①]、冠、昏、朝、聘，再则曰其行之以货、力、辞、让、饮、食、冠、昏、丧、祭、射、乡、朝、聘。货、力、辞、让、饮、食六者，礼之纬也，冠、昏、丧、祭、射、乡、朝、聘八者，礼之经也。冠以明成人，昏以合男女，

① 今本作御。

丧以仁父子，祭以严鬼神，乡饮以合乡里，燕射以成宾主，聘食以睦邦交，朝觐以辨上下。天下之人尽于此矣，天下之事亦尽于此矣。而其证之尤为明确而可指者，适合于《大戴》十七篇之次序。《大戴》《士冠礼》一，《昏礼》二，《士相见》三，《士丧》四，《既夕》五，《士虞》六，《特牲馈食》七，《少牢馈食》八，《有司彻》九，《乡饮》十，《乡射》十一，《燕》十二，《大射》十三，《聘》十四，《公食大夫》十五，《觐》十六，《丧服》十七。是一、二、三篇，冠、昏也；四、五、六、七、八、九，丧、祭也；十、十一、十二、十三，射、乡也；十四、十五、十六，朝、聘也。而丧服之通乎上下者附焉。”

兹就此八者而举之，以见周代礼俗之一斑。

（一）冠。男子二十而行冠礼。未冠之前，必筮日，筮宾。及期，行礼于阼。宾以缁布冠、皮弁、爵弁，三加其首；复醮于客位，字之曰伯某甫[①]。既冠者玄冠、玄端以见君，并谒乡大夫、乡先生，所以示其成人也。適子冠于阼，庶子冠于房；適子醮用醴，庶子则用酒，所以别適庶也。由士以上均行此礼。或曰“天子十二而冠”。

（二）昏。周之昏礼，先使媒氏通言，女氏许之，乃使人纳采，继以问名、纳吉、纳徵、请期诸礼。纳采用雁，纳徵用缁布；由卿以上，则加玄纁、俪皮及珪璋。届期，父醮子而命之迎，子承命以往，执雁而入，奠雁稽首，出门乘车，以俟妇于门外，导妇而归，与妇同牢而食，合卺而饮。次日，妇见于舅姑，舅姑飨之。三月而庙见。凡女子许嫁，笄而字，祖庙未毁，则就公宫教以妇德、妇言、妇容、妇功；祖庙已毁，则教于宗室。

（三）丧。周代丧礼，凡始卒，必于室。小敛后，则奉尸于堂，大敛必于阼阶上。既殡，则置于西阶上，尸柩皆南首，惟朝祖及葬，北首。始卒及小敛、大敛，均朝夕哭，朔月荐新。及迁柩、迁祖、大遣，皆行奠礼。其行奠礼也，

① 或仲、叔、季。

小敛以前，皆在尸东；大敛以后，皆在室中；迁祖以后，皆在柩西。既还车，则在柩东。行奠礼，必荐车马，必行哭礼。丈夫踊，降自西，妇人踊，于东南。此奠礼之大略也。有丧必赴，既赴，则吊者至，君使人吊，则主人拜，稽颡成踊，非君之吊，则拜而不踊。若君临大敛，则主人拜，稽颡成踊。此吊礼之大略也。至于送终之典，则敛尸以巾，布席于尸。大敛则加以公服，棺周于身，椁周于棺。天子棺椁九重，诸侯五重，大夫三重，士二重，庶人有棺而无椁。棺椁均用木，被之以革。置柩之地，刊木为重，幂之以布，复以旗为明旌，以铭其生前之绩。其葬期，天子七月，诸侯五月，大夫三月，士逾月。树土为冢，置棺其下，冢人掌之。此殡葬之大略也。其服制，亲丧三年，哭踊均有常节，寝苫枕块。既葬曰“虞”，期年而小祥，又期年而大祥。大祥更间一月则为禫祭，禫祭则除服。故三年之丧，二十五个月而毕。自天子至于庶人均行之。其他服制，则自三年递降，凡七等[①]，其冠衰布缕皆有差。

（四）祭。祭必卜日，先期斋戒，以所祭者之孙或同姓者为尸。卜而宿之，并宿宾。祭前一日之夕，主人及子姓兄弟众宾视濯、视牲。祭之日，主人主妇及执事者视杀、视饎爨，及陈设鼎俎，而后迎尸。尸入坐，主人一献，主妇亚献，宾三献。天子之礼，禘十二献，祫九献，时享七献；诸侯之礼，则七献。事尸毕，祝告利；尸出，佐食彻俎而馂。祭之明日，复享宾，天子诸侯曰“绎”，大夫曰“宾尸”，士曰“宴尸”。凡士祭，尸九饭；大夫祭，尸十一饭。尸未食前之祭，谓之“堕祭”，又谓之“挼祭”。凡正祭于室，傧尸则于堂。此祭之大略也。

（五）射。射礼有三，大射及宾射、燕射也。天子大射，射于射宫；宾射，射于王朝；燕射，射于路寝庭。诸侯、卿亦有大射之典。天子三侯，诸侯二侯，卿大夫一侯。士不大射，诸侯宾射亦二侯，卿以下一侯。大射之侯曰“皮侯”，以虎、豹等皮饰侧，而栖鹄于中。宾射亦用虎、豹、熊、麋之皮饰侧，而中画五采以为正，曰“五采之侯”。燕射，则天子熊侯白质，诸侯麋侯赤质，大

---

① 斩衰三年，疏衰三年，疏衰一年，大功九月，小功五月，疏衰三月，缌麻三月。

夫布侯，画以虎豹，士布侯，画以鹿豕；皆丹质，名曰“兽侯”。凡射，皆三次。初射，三耦射；再射三耦与众耦皆射；三射，则以乐节射，不胜者饮。

（六）乡。乡饮之礼，以乡大夫为主人，处士贤者为宾介。宾至，拜迎于门外；入门，三揖三逊，自西阶升，司正北面受命安宾；升歌，间歌，合乐，主拜宾至，宾拜主洗。凡宾，六十者坐，五十者立。六十者三豆，七十者四豆，八十者五豆，九十者六豆。献酬既毕，降，脱屦升堂，乃羞。无算爵，无算乐，宾出奏《陔》。

（七）朝。周之朝仪有三，外朝之法，朝士掌之。左九棘，孤卿大夫位焉，群士在其后；右九棘，公、侯、伯、子、男位焉，群吏在其后；面三槐，三公位焉，州长众庶在其后。治朝之位，司士正之。王南乡，三公北面东上，孤东面北上；卿大夫西面北上；王族故士虎士在路门之右，南面东上；大仆、大右、大仆从者在路门之左，南面西上。司士摈，孤卿特揖，大夫以其等旅揖。士旁三揖。王还揖门左，揖门右，士先即位，不待王揖；大夫以上，皆待王揖乃就位。燕朝之仪，大仆掌之，大夫坐于上，士立于下，王坐而听政焉。诸侯朝觐，皆受舍于朝，同姓西面北上，异姓东面北上。天子衮冕负斧依，侯氏入门右，坐奠圭，再拜稽首。摈者谒，侯氏坐取圭，升致命，王受之玉，侯氏降阶，东北面再拜稽首。摈者延之曰升；升成拜，乃出。侯氏三享，奉束帛十马，天子赐侯氏以车服。

（八）聘。聘，有使，有介，皆载旜。受命于朝，过邦则假道，入境，肄仪，展币，主君及夫人使使劳之。致馆，设飧。明日，迎宾，设几筵于庙，宾执圭致聘；出，复入，奉束帛，加璧、享，庭实以皮，或以马；聘于夫人，用璋，享用琮。事毕，宾奉束锦以请觌，主君礼，宾上介众介均私觌。宾即馆，主君使人劳之，归饔饩焉。

此皆当时人事所至重者也，传称“国之大事，在祀与戎”。周之祭礼，迷信多神，自天地、山川、日星、风雨、户灶、门行、猫虎、厉鬼之类，皆有专祀，其言多无当于民治，故不胪举。《军礼》已亡，《宗伯》所言五目，都无所考，惟《夏官·司马》略言之。

《大司马》:“中春，教振旅。司马以旗致民，平列陈，如战之陈，辨鼓、铎，镯、铙之用。王执路鼓，诸侯执贲鼓，军将执晋鼓，师帅执提，旅帅执鼙，卒长执铙，两司马执铎，公司马执镯。以教坐作进退、疾徐、疏数之节，遂以蒐田。中夏，教茇舍，如振旅之陈。群吏撰车徒，读书契，辨号名之用。帅以门名，县鄙各以其名，家以号名，乡以州名，野以邑名，百家各象其事，以辨军之夜事。其他皆如振旅，遂以苗田。中秋，教治兵，如振旅之陈，辨旗物之用。王载大常，诸侯载旂，军吏载旗，师都载旜，乡遂载物，郊野载旐，百官载旟，各书其事与其号焉。其他皆如振旅，遂以狝田。中冬教大阅，前期群吏戒众庶，修战法，虞人莱所田之野为表，百步则一，为三表，又五十步为一表。田之日，司马建旗于后表之中，群吏以旗物、鼓、铎、镯、铙，各帅其民而致。质明，弊旗，诛后至者。乃陈车徒，如战之陈，皆坐。群吏听誓于陈前，斩牲，以左右徇陈，曰：‘不用命者斩之。’中军以鼙令鼓，鼓人皆三鼓，司马振铎，群吏作旗，车徒皆作，鼓行鸣镯，车徒皆行，及表乃止。三鼓摝铎，群吏弊旗，车徒皆坐。又三鼓，振铎，作旗，车徒皆作，鼓进鸣镯，车骤徒趋，及表乃止，坐作如初。乃鼓，车驰徒走，及表乃止。鼓戒三阕，车三发，徒三刺，乃鼓退，鸣铙且却，及表乃止，坐作如初。遂以狩田，以旌为左右和之门，群吏各帅其车徒，以叙和出，左右陈车徒，有司平之，旗居卒间以分地，前后有屯百步，有司巡其前后。险野，人为主；易野，车为主。既陈，乃设驱逆之车，有司表貉于陈前。中军以鼙令鼓，鼓人皆三鼓，群司马振铎，车徒皆作，遂鼓行，徒衔枚而进。大兽公之，小禽私之，获者取左耳。及所弊，鼓皆䠶，车徒皆噪。徒乃弊，致禽馌兽于郊。”

欲考周代狩猎及战陈之概况者，亦可略推其意焉。

周之礼俗，有沿用于后世者，有与后世迥异者。考究当时风俗，及吾国今日习俗之沿革，皆宜于《礼》求之。略举数端，以见古今礼俗之异宜焉。

（一）饮食之俗。凡取饭于器中皆以匕，而承之悉以手。其未食也，先盥其手，将食，则仰其手而奉之。既食，则覆其手，以弃余粒，而扬饭、搏饭、放饭、流歠、啮骨，皆其所戒。若宾主会食，则主人以酒进宾，谓之“献”；宾报主人以酒，谓之“酢”；主人饮酒劝宾，谓之“酬”；正献既毕之酒，谓之“旅酬”；旅酬既毕之酒，谓之“无算爵”。凡献酒，必荐食。君之酒曰“膳”，臣之酒曰“散”，酌而无酬酢曰“醮”。执爵皆以左手，君臣男女不相袭爵。

（二）迎送揖让授受之俗。凡迎宾，主人敌者于大门外，主人尊者于大门内。君与臣行礼，则不迎送，宾亦然。凡入门，宾入自左，主人入自右，皆主人先入。以臣礼见，则入门右。推手曰“揖”，引手曰“厌”。入门必三揖，升阶皆三让。宾主敌者，俱升俱降；不敌者，不俱升。升阶，均连步。凡授受之礼，同面者谓之“并授受”，相向者谓之“讶授受”；敌者于楹间，不敌者不于楹间。卑者于尊者皆奠而不授，尊者辞乃授。凡一辞而许曰“礼辞”，再辞而许曰“固辞”，三辞不许曰“终辞”。

（三）拜跪之俗。周之拜礼有九。头至地者为稽首顿首拜，头叩地者为顿首拜，头至手者为空手拜，战栗变动之拜为振拜，拜而后稽颡者为吉拜，稽颡而后拜者为凶拜，先屈一膝者为奇拜，再拜者为褒拜，且俯下手者为肃拜。大抵门外之拜，皆东西面，堂上之拜，均北面，室中房中之拜，则以西面为敬。臣与君行礼，皆堂下再拜稽首；君辞则升成拜，拜必互答。凡为人使者，不答拜。凡拜送之礼，送者拜，去者不答拜。丈夫坐而拜，妇人兴而拜，其重拜则极地。

（四）坐立行走之俗。古皆席地而坐，坐必正席。客至于寝门，则主人请入为席。非饮食之客，则布席。席间函丈，主人跪正席，客跪抚席而辞；客彻重席，主人固辞，客践席乃坐。虚坐尽后，食坐尽前。堂上行礼之法，立则不脱屦，坐则脱屦。尊卑在室，则尊者脱屦于户内，余则脱屦于户外。尊卑在堂，亦尊者一人脱屦于堂上，余皆脱屦于堂下；爵位相均，则主宾皆脱屦于堂下。凡立必正方，不中门。以物相授受者，必立而不坐。其趋行之法有二：一为徐趋。君趋接武，大夫继武，士中武；其行皆足不离地，举前曳踵。一为疾趋。直身速行，屦头屡起，而手足仍直正，不得邪低摇动。又依《尔雅》之说，则古之行步，视地而异名。室中谓之“时”，堂上谓之“行”，堂下谓之“步”，门外谓之“趋”，中庭谓之“走”，大路谓之“奔”。

（五）相见执挚之俗。凡与尊者相见，必有所执，以将其意，是谓之挚。天子用鬯，诸侯用圭，孤用皮帛，卿用羔，大夫用雁，士用雉，庶人用鹜，工商用鸡。野外军中无挚，则以缨拾矢。凡宾执挚以见，主人必辞；故士见士，及士见大夫，主人皆辞挚。两士相见，则以宾向时所执者还之于宾，宾亦辞让而后受。士见大夫，则主人俟宾既出，还其挚于门外。臣见于君，则不还挚。若此国之臣以挚见他国之君，君亦使摈还其挚。妇人之挚，枣、栗、腵、脩；无挚，则不能成礼。

凡此皆当时之习惯风俗，不必即谓之礼。而诸书载之甚详，以为周旋进退之节，无在不寓礼意焉。故中国古代所谓“礼”者，实无乎不包，而未易以一语说明其定义也。

第十节　乐　舞

羲、农以来，虽已有乐，而其详不可考。古书之言乐者，殆莫详于《周礼》。汉人以《周官·大宗伯》之《大司乐》章，为乐人之专书。

> 《汉书·艺文志》：“六国之君。魏文侯最为好古。孝文时，得其乐人窦公，献其书，乃《周官·大宗伯》之《大司乐》章也。”

世遂以为《乐经》。盖古《乐》既亡，惟此犹可推见其概也。言乐必本律吕，世传黄帝初命伶伦作律。

《吕氏春秋·古乐篇》:“昔黄帝令伶伦作为律,……制十二筒,以听凤凰之鸣,以别十二律。其雄鸣为六,雌鸣亦六。以此黄钟之宫,适合。黄钟之宫皆可以生之,故曰黄钟之宫,律吕之本。”

《书》亦有六律、五声、八音之文,而未详举其目。至《周官》始备言六律、六同,

《周官·大师》:“掌六律、六同,以合阴阳之声。阳声,黄钟、大蔟、姑洗、蕤宾、夷则、无射;阴声,大吕、应钟、南吕、函钟、小吕、夹钟。”

及五声、八音,

《大师》:“皆文之以五声,宫、商、角、徵、羽;皆播之以八音,金、石、土、革、丝、木、匏、竹。”

辨声和乐之法。

《典同》:“掌六律、六同之和,以辨天地四方阴阳之声,以为乐器。凡声,高声硍,正声缓,下声肆,陂声散,险声敛,达声赢,微声韽,回声衍,侈声筰,弇声郁,薄声甀,厚声石。凡为乐器,以十有二律为之度数,以十有二声为之齐量。凡和乐亦如之。”

言律吕度数者,固无有先于此书者矣。

《国语·周语》:“伶州鸠曰:律所以立均出度也。古之神瞽,考中声而量之以制,度律均钟,百官轨仪,纪之以三,平之以六,成于十二,天之道也。”(其人在景王时,已在春秋末世矣。)

言乐必兼舞，古舞之目，亦备于《周官》。

《大司乐》：“以乐舞教国子。舞《云门》《大卷》《大咸》《大磬》《大夏》《大濩》《大武》；以六律、六同、五声、八音、六舞大合乐，[1]……乃奏黄钟，歌大吕，舞《云门》，以祀天神；乃奏大蔟，歌应钟，舞《咸池》，以祭地祇；乃奏姑洗，歌南吕，舞《大磬》，以祀四望；乃奏蕤宾，歌函钟，舞《大夏》，以祭山川；乃奏夷则，歌小吕，舞《大濩》，以享先妣；乃奏无射，歌夹钟，舞《大武》，以享先祖。”（郑《注》：《咸池》，《大咸》也。）

虽《大卷》未知所本，而《云门》《咸池》《韶》《夏》《濩》《武》之名，皆可信为累代相传之乐舞。

《乐纬稽耀嘉》：“黄帝乐曰《云门》。”《庄子·天下篇》：“黄帝张《咸池》之乐，于洞庭之野。”《墨子·三辩篇》：“汤因先王之乐，又自作乐，命曰《护》，又修《九招》。”《吕氏春秋·古乐篇》称黄帝命伶伦与荣将铸十二钟，以和五音，以施英韶，命之曰《咸池》。帝舜令质修《九招》《六列》《六英》，以明帝德。禹命皋陶作为《夏籥》九成，以昭其功。汤命伊尹作为《大护》，歌《晨露》，修《九招》《六列》，以见其善。武王伐殷克之，乃命周公为作《大武》。

大舞之外，复有小舞、

《乐师》：“教国子小舞。”

---

① 此可知兼乐必兼舞。

韎舞、

《韎师》："掌教韎乐，祭祀则帅其属而舞之。"

籥舞、

《籥师》："掌教国子舞羽龡籥，祭祀则鼓羽籥之舞。"

燕乐之舞。

《旄人》："掌教舞散乐、舞夷乐，凡四方之以舞仕者属焉。凡祭祀宾客，舞其燕乐。"

盖乐之为用，全在声容兼备，有声而无容，不得谓之乐。周之乐舞，上备先代，旁及夷野，于历史相传之功德，各地人民之习尚，罔不修举。此其乐之所以盛也。

后世言乐者，多注重于律吕，研究黍尺，聚讼纷如，而于舞法罕言之。制氏所纪之铿锵鼓舞，后亦不传。

《汉书·艺文志》："制氏以雅乐声律，世在乐官，颇能纪其铿锵鼓舞，而不能言其义。"

惟《乐记》略言其事：

"且夫武始而北出；再成而灭商；三成而南；四成而南国是疆；五成而分，周公左，召公右；六成复缀以崇。天子夹振之而驷伐，盛威于中国也。"孔颖达疏："'武始而北出'者，谓初舞位，最在于南头，从第一位而北出者，次及第二位，稍北出者作乐，一成而舞，象武王北出观兵也。‘再成而灭商’者，谓作乐再成，舞者从第二位至第三位，象武王灭商。……‘三成而南’者，谓舞者从第三位至第四位，极北而南反，象武王克商而南还也。‘四成而南国是疆’者，谓武曲四成，舞者从北头第一位，却至第二位，象武王伐纣之后，南方之国，于是疆理也。‘五成而分，周公左，召公右’者，从第二位至第三位，分为左右，象周公居左，召公居右也。‘六成复缀以崇’者，缀谓南头初位，舞者从第三位南至本位，故言‘复缀以崇’。崇，充也。……而驷伐者，‘驷’当为四。四伐谓击刺作武乐之时，每一奏之中，而四度击刺，象武王伐纣四伐也。”

贾公彦释《周官》言乐之六变、八变、九变，亦以其法推之。

《周官·大司乐》：“凡乐，圜钟为宫，黄钟为角，大蔟为徵，姑洗为羽。雷鼓雷鼗，孤竹之管，云和之琴瑟，《云门》之舞。冬日至，于地上之圜丘奏之。若乐六变，则天神皆降，可得而礼矣。凡乐，函钟为宫，大蔟为角，姑洗为徵，南吕为羽。灵鼓灵鼗，孙竹之管，空桑之琴瑟，《咸池》之舞。夏日至，于泽中之方丘奏之。若乐八变；则地示皆出，可得而礼矣。凡乐，黄钟为宫，大吕为角，大蔟为徵，应钟为羽。路鼓路鼗，阴竹之管，龙门之琴瑟，九德之歌，《九磬》之舞，于宗庙之中奏之。若乐九变，则人鬼可得而礼矣。”贾公彦《疏》：“言六变、八变、九变者，谓在天地及庙庭而立四表，舞人从南表向第二表，为一成。一成则一变。从第二至第三为二成；从第三至北头第四表，为三成；舞人各转身南向，于北表之北，还从第一至第二，为四成；第二至第三，为五成；从第三至南头第一表，为六成；则天神皆降。若八变者，更从南头北向第二，为七成；又从第二至第三，为八成。地祇皆出。若九变者，又从第三至北头第一，为九变；人鬼可得而礼焉。此约周之《大武》，象武王伐纣；……《大护》已上，虽无灭商之事，但舞人须有限约，亦应立四表，以与舞人为曲别也。”黄以周曰：“大武立四表，昉诸大司马田猎之法。田猎立表自南始，故以至北之表为后表。而田猎之行自北始，故郑《注》以初鼓及表，自后表前至第二；又鼓及表；自第二前至第三；三鼓及表，自第三前至前表；四鼓而退，及表，自前表至后表。准郑此《注》，则武始北出，自北表前出至第二表，再成，自第二至第三表，所谓再始以著往也。三成而南，自第三前至南表，所谓周德自北而南也。四成而南国是疆，自南表回至第三表，所谓复乱以饬归也。至六成，又自第二表回至北表，复缀以崇，所谓乐终而德尊也。至圜丘奏乐六变，用《云门》，方丘奏乐八变，用《咸池》，宗庙奏乐九变，用《九磬》，其舞之行列，未必同于《大武》。贾《疏》仍以《大武》约之，固未必然。又因九变欲至北表以象归，遂谓武舞北出自南起，更属难信。”

虽其说未必尽然，然欲考古舞者之地位及节奏，亦可于此略见一斑焉。

古乐陈列之法，见于《周官》，谓之“乐县”。

《周官·小胥》：“正乐县之位。王宫县，诸侯轩县，卿大夫判县，士特县，辨其声。凡县钟磬，半为堵，全为肆。”

其法不见于他书，惟《仪礼·大射仪》陈列乐器之法，可证轩县之制。而宫县之类，亦可以此推之。

《仪礼·大射》：“乐人宿县于阼阶东，笙磬西面，其南笙钟，其南镈，皆南陈。建鼓在阼阶西，南鼓，应鼙在其东南鼓。[1]西阶之西，颂磬东面，其南钟，其南镈，皆南陈。一建鼓在其南东鼓，朔鼓在

① 江藩曰：此阼阶之一肆。

其北。[1]一建鼓在西阶之东南面，[2]簜在建鼓之间，鼗倚于颂磬西纮。”[3]江藩《乐县考》曰：“由此推之，宫县四面皆县一肆，钟一堵，磬一堵，有鑮，有建鼓，有应鼙。西县之制，同于东县，惟笙磬笙钟，颂磬颂钟，应鼙朔鼙，异其名耳。据此，则南面一肆，北面一肆，亦必有钟、磬、鑮，有鼓有鼙，而钟磬之名不可考。”

县器之外，琴瑟在堂，节以搏拊。

《尚书大传·虞夏传》：“古者，帝王升歌清庙，大琴练弦达越，大瑟朱弦达越，以韦为鼓，谓之搏拊。”黄以周曰：“《周官》大师、小师两职并云‘登歌击拊’，周之搏拊，亦在堂上。”又曰：“周之升歌，亦当有琴。燕射诸礼，堂上有瑟无琴，盖诸侯待大夫，礼杀而下就也。”

埙敔之类，陈于县外。

《乐县考》（江藩）：“乐备八音，见于《仪礼》者：钟鑮，金也；磬，石也；鼓、鼙、鼗，革也；琴、瑟，丝也；簜、匏，竹也。八音之内，所少者惟土与木耳。则宫县之外，尚有土音之埙，木音之敔。贾公彦曰：‘自余乐器，陈于外也。’”

奏乐之次序，以器之上下为先后。奏堂上之乐曰，“登歌”，奏堂下之乐曰“下管”。

---

① 江藩曰：此西阶之一肆也。
② 江藩曰：此一县仅设建鼓，乃北面之一肆也。
③ 江藩曰：此二器倚而不县者也。

《周官·大师》:“大祭祀,师瞽登歌,令奏击拊。[1]下管,播乐器,令奏鼓朄。[2]”《小师》:“大祭祀,登歌击拊;下管,击应鼓。”

宫 县 图

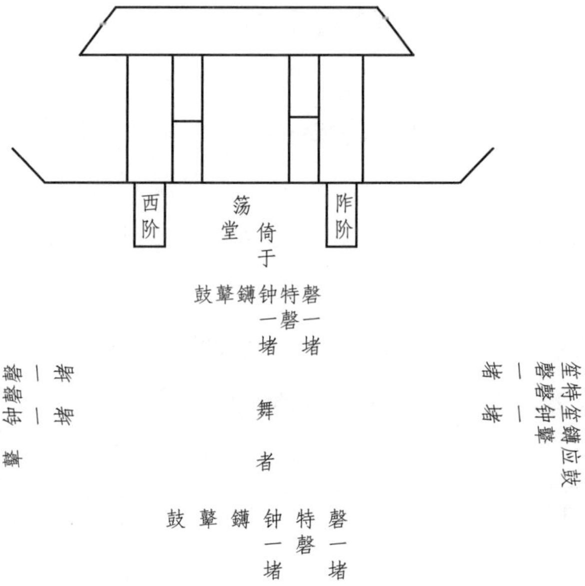

次则笙入间歌,

《仪礼·乡饮酒礼》:“笙入堂下,磬南北面立,乐《南陔》《白华》《华黍》,……乃间歌《鱼丽》,笙《由庚》;歌《南有嘉鱼》,笙《崇丘》;歌《南山有台》,笙《由仪》。”郑《注》:“笙,吹笙者也。以笙吹此诗以为乐也。间,代也,谓一歌则一吹。”

次大合乐,

---

① 孙诒让曰:此奏堂上之乐也。

② 孙诒让曰:此奏堂下之乐。

《乡饮酒礼》："乃合乐。《周南》：《关雎》《葛覃》《卷耳》；《召南》：《鹊巢》《采蘩》《采蘋》。"郑《注》："合乐，谓歌乐与众声俱作。"贾《疏》："合乐，谓'歌乐与众声俱作'者，谓堂上有歌瑟，堂下有金磬，合奏此诗，故云'众声俱作'。"

次兴舞。

孙诒让曰："凡舞在合乐之后，《燕礼》记云：'遂合乡乐，若舞则《勺》。'注云：《勺》，颂篇。既合乡乐，万舞而奏之，是也。"

其天子诸侯之乐，又有金奏。

黄以周曰："乐有六节，一曰金奏，二曰升歌，三曰下管笙入，四曰间歌，五曰合乐，六曰无算乐。上得下就，下不得上取。"孙诒让曰："凡天子诸侯之乐，以升歌为第一节，下管为第二节，间歌为第三节，合乐为第四节，每节皆三终。大夫、士之乐，唯无下管，而以笙入为第二节，余三节并同。天子诸侯又有金奏，以迎尸、送尸、迎宾、送宾，谓之先乐。"

钟师掌之，而听令于大司乐。

《周官·钟师》："掌金奏。凡乐事，以钟鼓奏九夏：《王夏》《肆夏》《昭夏》《纳夏》《章夏》《齐夏》《族夏》《祴夏》《骜夏》。"《大司乐》："王出入则令奏《王夏》，尸出入则令奏《肆夏》，牲出入则令奏《昭夏》。"郑《注》："王出入奏《王夏》，尸出入奏《肆夏》，牲出入奏《昭夏》，四方宾来奏《纳夏》，臣有功奏《章夏》，夫人祭奏《齐夏》，族人侍奏《族夏》，客醉而出奏《陔夏》，公出入奏《骜夏》。"

古所谓乐者，大致如是。今人不惟不知律吕，并舞器位次，管弦终节，都不深考，第习后世之乐器，杂奏而漫举之，便曰国乐，实至可怪之事也。海宁王国维有《乐诗考略·释乐次》篇，综诸书而定其次，今附录之：

凡乐，以金奏始，以金奏终。金奏者，所以迎送宾，亦以优天子诸侯及宾客，以为行礼及步趋之节也。凡金奏之诗以九夏。大夫、士有送宾之乐，而无迎宾之乐。其送宾也，以《陔夏》，诸侯迎以《肆夏》，送以《陔夏》，天子迎以《肆夏》，送以《肆夏》。而天子、诸侯出入，又自有乐。其乐，天子以《王夏》，诸侯以《骜夏》。诸侯大射，惟入用乐。金奏既阕，献酬习礼毕，则工升歌。升歌者，所以乐宾也。升歌之诗以《雅》《颂》。大夫、士用《小雅》，诸侯燕其臣及他国之臣，亦用《小雅》。两君相见，则用《大雅》，或用《颂》；天子则用《颂》焉。升歌既毕，则笙入，笙之诗，《南陔》《白华》《华黍》也。歌者在上，匏竹在下，于是有间有合。间之诗，歌则《鱼丽》《南有嘉鱼》《南山有台》，笙则《由庚》《崇丘》《由仪》也。合之诗，《周南》：《关雎》《葛覃》《卷耳》；《召南》：《鹊巢》《采蘩》《采蘋》也。自笙以下诸诗，大夫、士至诸侯共之。诸侯以上，礼之盛者，以管易笙，笙与歌异工，故有间歌，有合乐；管与歌同工，故升而歌，下而管，无间歌合乐。下管之诗，诸侯新宫，天子象也。凡升歌用《雅》者，管与笙均用《雅》；升歌用《颂》者，管亦用《颂》。凡有管，则有舞；舞之诗，诸侯《勺》，天子《大武》《大夏》也。凡金奏之乐，用钟鼓，天子、诸侯全用之，大夫、士鼓而已。歌用瑟及搏拊，笙与管皆如其名；舞则《大武》用干戚，《大夏》用羽籥。

第十一节 王朝与诸侯之关系

前所述之十节，周之政教大端粗具矣。要而论之，其体国经野，设官分职之精意，虽兼王朝及侯国而言，而其根本仅在天子都城及六乡、六遂之区域。虽推其功效，固足使诸侯仿行，合无数之乡、遂，而成一大国。

《书·费誓》："鲁人三郊三遂。"即仿天子之制，为三乡三遂也。

然以周代万里之幅员，而政治之精神，仅见于方四百里之乡、遂，外此之五等诸侯，皆非天子号令之所及，则周天子不过一模范之侯封，不足为四海共主也。吾人今日所当知者，周之制度，小则比、闾、族、党，行政皆民选之官；大则侯、卫、要、荒，率土守王朝之法。其相维相系之妙用，均散见于《周官》。故熟观《周官》，则知周之封建，虽分权于各国，而中央政府之政令固亦无不达于诸侯之虞。其组织各国而成一大国。俨如今人所谓有机体，绝非后世苟且补苴之制所可比也。《周官》所言王朝与诸侯之关系，自封畿画土外，其最要者六事。

（一）曰命官，其官制定于太宰。

《周官·太宰》："施典于邦国，而建其牧，立其监，设其参，傅其伍，陈其殷，置其辅。"

而典命掌其命数，

《典命》："掌诸侯之五仪，诸臣之五等之命。上公九命为伯，侯伯七命，子男五命，公之孤四命，其卿三命，其大夫再命，其士一命；

侯伯之卿大夫士亦如之。子男之卿再命，其大夫一命，其士不命。”

由内史策命之。

《内史》：“凡命诸侯及孤卿大夫，则策命之。”

侯国之卿未受命于天子者，则谓之小卿，其区别至严也。

《仪礼·大射》：“小卿”，郑《注》：“小卿，命于其君者也。”

（二）曰贡物，其别有二：

一则每岁常贡，令春入之。

《周官·小行人》：“令诸侯春入贡。”贾《疏》：“此云贡，即太宰九贡，是岁之常贡也。必使春入者，其所贡之物，并诸侯之国出税于民，民税既得，乃大国贡半，次国三之一，小国四之一，皆市取美物，必经冬至春，乃可入王，是以令春入之也。”

其目有九，

《太宰》：“以九贡致邦国之用。一曰祀贡，二曰嫔贡，三曰器贡，四曰币贡，五曰材贡，六曰货贡，七曰服贡，八曰斿贡，九曰物贡。”

皆有定法。

《司会》：“以九贡之法，致邦国之财用。”

一则因朝而贡，各有年限。

《大行人》："侯服，岁一见，其贡祀物；甸服，二岁一见，其贡嫔物；男服，三岁一见，其贡器物；采服，四岁一见，其贡服物；卫服，五岁一见，其贡材物；要服，六岁一见，其贡货物；蕃国，世一见，各以其所贡宝为挚。"贾《疏》："此因朝而贡，与太宰九贡及小行人春入贡者别。彼二者是岁之常贡也。"

其贡物皆入于太府，以共王朝对于邦国之用。

《太府》："掌九贡、九赋、九功之贰，以受其货贿之入。……凡邦国之贡，以待吊用。"

盖王朝之财政，自以万民之贡充府库，初不利诸侯之贡而有所私也。

（三）曰盟约，自诸侯至万民皆有焉。

《司约》："掌邦国及万民之约剂，治神之约为上，治民之约次之，治地之约次之，治功之约次之，治器之约次之，治挚之约次之。凡大约剂书于宗彝，小约剂书于丹图。"《司盟》："掌盟载之法。凡邦国有疑，会同，则掌其盟约之载及其礼仪，北面诏明神；既盟，则贰之。盟万民之犯命者，诅其不信者，亦如之。凡民之有约剂者，其贰在司盟。"

其大者则登于天府。

《大司寇》："凡邦之大盟约，莅其盟书，而登之于天府。太史、内史、司会及六官，皆受其贰而藏之。"

盖其时尚以神道设教，故人事之不可信者，恃盟约以坚之。然当时之王朝，与诸侯万民订约，或诸侯与诸侯，或诸侯与万民，或此国之民与他国之民立约，其事之多，可由此推见矣。

（四）曰朝聘。其法甚多，约之则有君臣二者之礼。

> 《小行人》："朝、覲、宗、遇、会、同，君之礼也，存、覜、省、聘、问，臣之礼也。"

而行人之官掌之。

> 《大行人》："掌大宾之礼及大客之仪，以亲诸侯。春朝诸侯，而图天下之事；秋覲，以比邦国之功；夏宗，以陈天下之谟；冬遇，以协诸侯之虑；时会，以发四方之禁；殷同，以施天下之政；时聘，以结诸侯之好；殷覜，以除邦国之慝；间问，以谕诸侯之志；归脤，以交诸侯之福；贺庆，以赞诸侯之喜；致绘，以补诸侯之灾。……王之所以抚邦国诸侯者，岁遍存；三岁，遍覜；五岁，遍省；七岁，属象胥、谕言语、协辞命；九岁，属瞽史，谕书名，听声音；十有一岁，达瑞节，同度量、成牢礼，同数器，修法则；十有二岁，王巡守殷国。"

盖君臣之礼，各有政治之关系，非徒以联情好，饰仪文也。

（五）曰刑罚，邦国之狱讼，既有邦典，

> 《大司寇》："凡诸侯之狱讼，以邦典定之。"

其轻重，又各以性质为区别。

> 《大司寇》："掌建邦之三典，以佐王刑邦国，诘四方。一曰刑新

国，用轻典；二曰刑平国，用中典；三曰刑乱国，用重典。”

布宪为之布告，

《布宪》：“掌宪邦之刑禁。正月之吉，执旌节以宣布于四方。而宪邦之刑禁，以诘四方邦国，及其都鄙，达于四海。”

而讶士专掌折狱焉。

《讶士》：“掌四方之狱讼，谕罪刑于邦国；凡四方之有治于士者造焉。四方有乱狱，则往而成之。”

至诸侯之大罪，则有九伐之法：

《大司马》：“以九伐之法正邦国。冯弱犯寡则眚之，贼贤害民则伐之，暴内陵外则坛之，野荒民散则削之，负固不服则侵之，贼杀其亲则正之，放弑其君则残之，犯令陵政则杜之，外内乱、鸟兽行则灭之。”

盖天子六军，倍于大国之军数，故不患其不服也。

（六）曰哀恤。国有福事，既有庆贺之礼，其他不幸之事，则行人往而哀恤之。

《小行人》：“若国札丧，则令赙补之；若国凶荒，则令赒委之；若国师役，则令槁禬之；若国有福事，则令庆贺之：若国有祸灾，则令哀吊之。”

掌客为之杀礼。

《掌客》："凡礼宾客，国新杀礼，凶荒杀礼，札丧杀礼，祸灾杀礼。"

盖王朝与诸侯，内外一体，无论常变，皆与有关系也。

吾考周时王朝与诸侯国之组织，固皆以政法为之枢，而文字之功与宣传之力，尤有关于中外之维系。考之《周官》，当时各国咸有方志，小史、外史、诵训诸官掌之。

《小史》："掌邦国之志，奠系世，辨昭穆。"《外史》："掌四方之志。"《诵训》："掌道方志，以诏观事。"

王朝之人，既熟悉其历史，而各国特别之情况，行人又时时调查而为专书。

《小行人》："掌邦国宾客之礼籍，……及其万民之利害为一书。其礼俗、政事、教治、刑禁之逆顺为一书。其悖逆、暴乱、作慝犹犯令者为一书。其札丧、凶荒、厄贫为一书。其康乐、和亲、安平为一书。凡此五物者，每国辨异之，以反命于王，以周知天下之故。"

训方氏又为之诵道。

《训方氏》："掌道四方之政事，与其上下之志，诵四方之传道。正岁，则布而训四方，而观新物。"

故王国之人，能周知天下之故，而四方无隐情焉。王国统一四方之文字，既有行人谕之，外史又专掌其命令，并达书名。

《外史》："掌书外令，……掌达书名于四方；若以书使于四方，则书其令。"

则王国之书之传播于外，亦可见矣。文字之宣传与口语之宣传，相为因也。《周官》有撢人及掌交等官，以口语宣传为专职。

《撢人》："掌诵王志，道国之政事，以巡天下之邦国而语之；使万民和说，而正王面。"《掌交》："掌以节与币，巡邦国之诸侯，以及万民之所聚者。道王之德意志虑，使咸知王之好恶，辟行之；使和诸侯之好，达万民之说，掌邦国之通事而结其交好。"

而象胥之传言语，且及于蛮夷、闽貉、戎狄之国。

《象胥》："掌蛮夷、闽貉、戎狄之国，使掌传王之言，而谕说焉，以和亲之。若以时入宾，则协礼与其辞言传之。"

故内外皆无隔阂，不但诸侯对于王朝靡所隐蔽，即诸侯对于诸侯，及诸侯之民对于他国之民，亦可以无扞格、龃龉之意，其立法之意深矣。

第十二节　结　　论

综观上举十一节，而《周礼》《仪礼》二书之时代功效性质，乃可推论。盖使西周时代无此一种制度，纯出于战国或汉代儒家之伪造，则《春秋》内外传所纪，《诗》《书》所称一切皆无来历。例如《国语》纪陈灵公时事：

《国语·周语》："定王使单襄公聘于宋。遂假道于陈，以聘于楚。火朝觌矣，道茀不可行，侯不在疆，司空不视涂，泽不陂，川不梁，野有庾积，场功未毕，道无列树，垦田若蓺，膳宰不致饩，司里不授馆，国无寄寓，县无施舍。”“周之《秩官》有之曰：敌国宾至，关尹以告，行理以节逆之，候人为导，卿出郊劳，门尹除门，宗祀执祀，司里授馆，司徒具徒，司空视涂，司寇诘奸，虞人入材，甸人积薪，火师监燎，水师监濯，膳宰致饔，廪人献饩，司马陈刍，工人展车，百官以物至，宾入如归。是故小大莫不怀爱。其贵国之宾至，则以班加一等，益虔。至于王吏，则皆官正莅事，上卿监之。若王巡守，则君亲监之。”

使非春秋以前，周代固有若干典章，列国皆奉行惟慎，举凡朝聘之仪，官司之守，道路之政，田地之制，皆有详细条文，则单襄公对于陈国之腐败，何必骇怪，而伪造此等言论以讥刺之？若谓列国各行其法，可以因人事而进化，则彼此朝聘，为何时所订之公约，不但春秋时之国家，绝无此等人物，即《诗》《书》所载之诸侯，如鲁伯禽、召穆公、卫武公、晋文侯、秦非子等，皆无此魄力也。若谓周家立法，随时改进，则夷、厉以降，王朝已衰，更不能创立典章颁行各国矣。周室盛时惟成、康、昭、穆四代，而《左传》称“昭王南征而不反”，《国语》称“穆王征犬戎，荒服者不至”，其时已逊于成、康。故谓穆王时绍述周公《职方》之文则可，谓穆王作《职方》则不可也。曰：然则官礼之文，其效亦可睹矣。成、康在位五十余年。

《通鉴外纪》：“成王在位三十年，通周公摄政三十七年，康王在位二十六年。”

而王道遂微缺，

《史记·周本纪》：“昭王之时，王道微缺。”

周公制礼，复何足称？曰：是当以孔子及朱子之言释之。

《礼记·中庸》："孔子曰：文、武之政，布在方策。其人存，则其政举；其人亡，则其政息。"

此如共和政体，行之美国而治，行之墨西哥而乱。良法美意，待人而行，不得以世乱之因全归之于法制也。

《朱子语类》卷八十六："大抵说制度之书，惟《周礼》《仪礼》可信，《礼记》便不可深信。《周礼》毕竟出于一家，谓是周公亲笔做成，固不可，然大纲却是周公意思。某所疑者，但恐周公立下此法，却不曾行得尽。"

其行者，已致刑措之效；其不尽行者，遂开后世之衰，是亦无所用其讳饰也。

周之礼教，虽至衰乱之世，亦非全不奉行，观《诗·宾之初筵》之诗可见：

宾之初筵，左右秩秩。笾豆有楚，殽核维旅。酒既和旨，饮酒孔偕。钟鼓既设，举酬逸逸。大侯既抗，弓矢斯张。射夫既同，献尔发功。发彼有的，以祈尔爵。籥舞笙鼓，乐既和奏。烝衎烈祖，以洽百礼。百礼既至，有壬有林。锡尔纯嘏，子孙其湛。其湛曰乐，各奏尔能。宾载手仇，室人入又。酌彼康爵，以奏尔时。宾之初筵，温温其恭。其未醉止，威仪反反。曰既醉止，威仪幡幡。舍其坐迁，屡舞仙仙。其未醉止，威仪抑抑，曰既醉止，威仪怭怭。是曰既醉，不知其秩。宾既醉止，载号载呶。乱我笾豆，屡舞僛僛。是曰既醉，不知其邮。侧弁之俄，屡舞傞傞。既醉而出，并受其福。醉而不出，是谓伐德。饮酒孔嘉，维其令仪。凡此饮酒，或醉或否。既立之监，或佐之史。彼醉不臧，不醉反耻。式勿从谓，无俾大怠。匪言勿由，匪由勿语。由醉之言，俾出童羖。三爵不识，矧敢多又。

此诗，《小序》以为幽王时卫武公刺时之诗。即谓《小序》不可信，不能确指其为何时何人之作，以《诗》之次序论，在《节南山》、《谷风》诸什之后，《鱼藻》诸什之先，其为西周衰乱之时之诗无疑也。观其初筵，实即燕射之礼；宾之威仪温恭，颇守礼法。至于既醉之后，侧弁屡舞，则为衰世之风。然立监佐史，仍与燕礼、乡射礼之立司正相合；三爵献酬，亦同于礼。足知昭、穆以降，并非举先代所制之礼，一概废弃，惟行之不合于礼意，则诗人从而刺之。当时诗人娴于礼教，又可因此而见矣。

近世西人，多有研究《周礼》者，法人俾优（Edouard Constant Biot，1803—1850）曾以法文译之（Le Tcheou-li，trad.du chinois），[①] 德人夏德（Friedrich Hirth）所著《支那古代史》（*The Ancient History of China*）多称引其说。如曰：

> 《周礼》为周代文化生活最重要的典据，亦为后代之向导，对于为政家之模范，永受世人之尊重，殆无可疑。其于国民之教养，实居重大的位置。世界之书籍中，罕见其匹俦。且其关于公共生活及社会生活，详细说明，与陶冶后代之国民，具有非常之势力。因袭之久，世人因此详细之规定，殊不能任意而行，社会万般之生活，无论一言一行，无不依其仪式。俾优氏以为此等详细的规矩，其主要之目的，惟在使人除去公私之生活上放纵粗野之行动，使肉体与道德共具有一定不变之性格，更于其上筑成一不变易状态之政府焉。俾优氏此言，不可谓非卓识。支那王朝虽屡变更，彼等支那人，自《周礼》之时代至于现今，对于此种仪式因袭的尊敬之结果，至于使支那与支那人，国家与国民，均具有巩固不变之性质云。

虽其观察吾国政教礼俗，未能得其真际，而谓《周礼》为陶冶后代国民性之具，亦不可谓无见也。

---

① 一八五一年巴黎出版。

第二十章　文字与学术

西周文字可分为二期，周初之古文为一期，宣王以后之籀文为一期。

《说文序》："宣王太史籀作《大篆》十五篇，与古文或异。"①

周初之古文，与夏、商之文字亦不同。

《说文序》："五帝、三王之世，改易殊体，封于泰山者，七十有二代，靡有同焉。"段玉裁曰："自黄帝而帝颛顼高阳、帝喾高辛、帝尧、帝舜，为五帝；夏禹、商汤、周文、武为三王。其间文字之体，更改非一，不可枚举。传于世者，概谓之仓颉古文，不皆仓颉所作也。"

惟其时文字未有定名，仅可谓之古文耳。今以世传殷、商龟甲文字，与周初钟鼎相较，则商代文字笔画简约，至周初而变为繁饰，且其结体亦与商代不同。固由周代尚文，亦审美之念渐趋繁密之证也。《说文》所载籀文，又多重叠，文饰之风，殆与世并进。而岐阳石鼓行列整齐，近于小篆，其别异于周初之古文，或即在是欤？

世多谓古文简而籀文繁，遂疑古文之重叠者为籀文，如王菉友《说文释例》谓"牙之古文""某之古文"皆籀文，实未悟进化之理。凡一事一物之兴，必

① 据此，则周宣王以前之文为古文。

皆有其渐，而后有人取而整齐之。使周初古文无重叠者，而太史籀一旦创为笔画繁多之字，何能使人通用乎？文字有进步，教授文字亦随而进步。周初教六书：

《说文序》："周礼八岁入小学，保氏教国子，先以六书。一曰指事。指事者，视而可识，察而见意，'上''下'是也。二曰象形。象形者，画成其物，随体诘诎，'日''月'是也。三曰形声。形声者，以事为名，取譬相成，'江''河'是也。四曰会意。会意者，比类合谊，以见指㧑，'武''信'是也。五曰转注。转注者，建类一首，同意相受，'考''老'是也。六曰假借，假借者，本无其字，依声托事，'令''长'是也。"

殆仅教以方名。

《内则》："六年教之数与方名。"

至史籀而有《史篇》，附以说解，以教学童，

《汉书·艺文志》："《史籀篇》者，周时史官教学童书也。"段玉裁曰：许称史篇者三。"奭"下云：此燕召公名，《史篇》名"丑"。"匋"下云：《史篇》读与"缶"同。"姚"下云：《史篇》以为"姚易"。知《史篇》不徒载篆形，亦有说解。

为后世小学书之权舆。西汉时其书尚完好，东汉建武中犹存九篇。足知周、秦、汉人之教学者，率本此书矣。

周代文字，存于今者，有金有石，诸家著录金文，定为周器者，无虑数

百种。若师旦鼎[①]、无专鼎[②]、周寰卣[③]、毛公鼎[④]、盂鼎[⑤]等，皆西周器也。石文有坛山刻石，文曰“吉日癸巳”[⑥]，相传为周穆王时书，然其真伪未定也。惟岐阳石鼓[⑦]，自唐以来，认为周代石刻。

韦应物诗：“周宣大猎兮岐之阳，刻石表功兮炜煌煌。石如鼓形数止十，风雨缺剥苔藓涩。……飞湍委蛇相纠错，乃是宣王之臣史籀作。……”

清代诸儒，考订石鼓者，虽多异说，然其吾国最古之石刻，则固无可疑也。

周之书籍，统曰“方策”。

《中庸》：“文、武之政，布在方策。”《聘礼》：“百名以上书于策，不及百名书于方。”

策以竹为之，一曰“毕”。

《尔雅•释器》：“简谓之毕。”郭《注》：“今简札也。”《学记》：“呻其占毕。”郑《注》：“吟诵其所视简之文。”

一曰“牒”，

---

① 阮元定为成王即政之元年，周公禋祀于文、武所作之器。

② 王昶据《诗•郑笺》定为文王时器。阮元定为周宣王时器。

③ 龚自珍定为成王祭文王庙器。

④ 吴大澂定为成王册命毛叔郑之器。

⑤ 吴大澂定为成王时南公孙盂所作之鼎。

⑥ 在今赞皇县学。

⑦ 今在北京国子监大成门。

《说文》："简，牒也。"

一曰"籥"，

《书·金縢》："启籥见书。"《说文》："籥，书童竹笘也。"

大抵单执一札谓之"简"，连编诸简乃名为"策"。故于文，策本作"册"，象其编简之形。

《释名》："简，间也。编之篇篇有间也。"是诸简连编者，亦名为简。盖对文则简与策别，散文则简与策通也。

方亦曰"牍"，以木为之。

《周代书册制度考》（金鹗）："方一曰牍。《说文》云：'牍，书版也。'《论衡·量知篇》云：'截竹为筒，以为牒，加笔墨之迹，乃成文字。……断木为椠，折之为版，力加刮削，乃成奏牍。'此简策用竹，方版用木之证也。"

方广于策而较短。策长二尺四寸，一策只书一行，其字数自二十至三十不等，字大不逾寸。

《周代书册制度考》："简策长短之度，说者不一。蔡邕《独断》云：'策者，简也。其制长二尺，短者半之。'孔冲远《春秋疏》云：'郑玄注《论语序》以《钩命决》云：《春秋》二尺四寸书之，《孝经》一尺二寸书之。'故知《六经》之策，皆长二尺四寸。蔡邕言二尺者，谓汉世天子策书所用，与《六经》异也。《聘礼》贾《疏》：'郑作《论语序》云：《易》《书》《诗》《礼》《乐》《春秋》策皆尺二寸，《孝经》谦，半之；《论语》八寸策者，三分居一，又谦焉。’贾、孔之言，长短大异，窃谓孔《疏》是也。孔冲远谓‘简容一行字’，郑注《尚书》云：‘三十字一简之文。’《汉书·艺文志》云：‘刘向以中古文校欧阳、大小夏侯三家经文，……率简二十五字者，脱亦二十五字；简二十二字，脱亦二十二字。’是一简容字有多少，然要自二十字以上，大约以三十字为归。周之一尺二寸，当今九寸六分，恐不容三十字。周之六寸，当今四寸八分，《孝经》之策，毋乃太短乎？且彼谓《论语》策‘三分居一，又谦焉’。若《六经》策一尺二寸，《论语》三分居一，当为四寸；四寸当今三寸二分，其短尤甚矣。《论语》一简容八字，诚不以富，亦只以异，错简可证。服虔注《左氏》：‘古文篆书，一简八字。’又一证也。若三寸二分，岂能容八字乎？今观贾《疏》《论语》策实是八寸，以二分居一推之，《六经》策当二尺四寸，《孝经》当一尺二寸，与孔《疏》合。二《疏》同引郑君《论语序》，不应有异。然则贾《疏》‘尺二寸’三字，必是二尺四寸之讹可知矣。《论语》策八寸，容八字；《六经》策二尺四寸者，容二十余字至三十字，其制自合。大约一寸容一字，古用科斗大篆，其字体不宜小，又一简止容一行，则字体更不宜小，故每一寸容一字也。古人书策，每行亦不拘字数，故或有二十五字，或有二十二字，推之或二十三字，或二十四字，皆未可定矣。此由字体有繁简，繁者宜疏，简者宜密，总欲其点画之明析而已。方版之字，长短未闻，然其所书，自百字以下，或为五行，每行二十字；或为四行，每行二十余字。则其长亦当有二尺余，其广大约五六寸；若二三行者，其广不过三四寸，有长方形，故谓之方，非必正方也。”

其书字，以笔墨，有不当则以刀削去，更书他字，[1] 其法至汉、魏犹沿用之。吾人虽不能见西周之方策，然以近世发见之流沙坠简推之，犹可得其仿佛也。

周之教育，皆官掌之，其教人者曰“师”、曰“儒”。

> 《周官·太宰》：“以九两系邦国之民，……三曰师以贤得民，四曰儒以道得民。”孙诒让曰：“此经之师、儒，于文王、官人七属，当四曰学则任师，七曰先则任贤，所苞甚广。刘台拱曰：‘师即《礼》经所谓先生。’郑《注》云：‘古者年七十而致仕，老于乡里；大夫名曰父师，士名曰少师，而教学焉是也。’儒即《礼》经所谓君子。郑《注》云‘有大德行不仕者’是也。俞樾云：‘师者，其人有贤德者也；儒者，其人有伎术者也。’《说文·人部》：‘儒，柔也；术士之称。’是古谓术士为儒，凡有一术可称，皆名之曰儒，故有君子儒、小人儒之别。此经所谓儒者，止是术士耳；以道得名者，道亦术也。说此经者，习于后世之言，视儒与道皆甚尊，于是始失其解矣。按刘、俞说得之而未尽也。此经之师、儒，即《大司徒》本俗六之联师儒，皆通乎上下之辞；师则泛指四民之有德行材艺足以教人者而言。上者国学，乡、遂、州、党诸小学，以逮里巷家塾之师，固为师而兼儒；下者如嫔妇有女师，巫医农工亦皆有师。盖齐民曲艺，咸有传授，则亦各有师弟之分。以贤得民，只谓师贤于弟子耳，奚必德行纯备之贤乎？儒则泛指诵说《诗》《书》，通该术艺者而言，若《荀子·儒效篇》所称俗儒、雅儒、大儒。道有大小，而皆足以得民，亦不必皆有圣贤之道也。”

而稽其学术，大抵出于官守，故清人盛称周代学术本于王官。

---

① 亦据金说。

《校雠通义》（章学诚）："后世文字，必溯源于六艺。六艺非孔氏之书，乃《周官》之旧典也。《易》掌太卜，《书》掌外史，《礼》在宗伯，《乐》隶司乐，《诗》领于太师，《春秋》存乎国史。有官斯有法，故法具于官；有法斯有书，故官守其书；有书斯有学，故师传其学；有学斯有业，故弟子习其业。官守学业皆出于一，而天下以同文为治，故私门无著述文字。"

诸学之中尤以史学为渊薮。周之史官，既有太史、小史、内史、外史、御史、女史诸职，其地方复有州史、闾史。

《礼记·内则》："宰告闾史，闾史书为二。其一藏诸闾府，其一献诸州史，州史献诸州伯，州伯命藏诸州府。"

其各官所属之史，专掌官书者，殆不下千余人：

五官之史可数者，天官一百四十四人，地官一百九十二人，春官二百六十四人，夏官二百一十五人，秋官一百七十一人，共九百八十六人。冬官不可知。又如商肆之史，无数可稽。合之，殆不在千人以下也。

其书自三皇、五帝之书。

《周官·外史》："掌三皇、五帝之书。"

至闾里生齿之册，无不备。故刘知几谓史官备于周室。

《史通·外篇》："《周官》《礼记》有太史、小史、内史、外史、左史、右史之名。太史掌国之六典，小史掌邦国之志，内史掌书王命，外史掌书，使乎四方；左史记言，右史记事。《曲礼》曰：'史载笔，大事书之于策，小事简牍而已。'《大戴礼》曰：'太子既冠成人，免于保傅之严，则有司过之史。'《韩诗外传》云：'据法守职而不敢为非者，太史令也。'斯则史官之作，肇自黄帝，备于周室，名目既多，职务咸异。至于诸侯列国，亦各有史官，求其位号，一同王者。"

亦可谓历代之书，莫备于《周史》。史官所读之书既多，故其学亦邃，周之史官最著者首推史佚。

《墨子序》(汪中)："周太史尹佚实为文王所访，[①] 克商营洛，祝筴迁鼎，有劳于王室。[②] 成王听朝，与周、召、太公同为四辅，[③] 数有论谏，[④] 身没而言立。东迁以后，鲁季文子[⑤]、惠伯[⑥]、晋荀偃[⑦]、叔向[⑧]、秦子桑[⑨]、后子[⑩] 及左丘明[⑪]，并见引重，遗书十二篇。刘向校书，列诸墨六家之首，《说苑·政理篇》亦载其文。"

其后世掌周史。

---

①《晋语》。
②《周书·克殷解》《书·洛诰》。
③ 贾谊《新书·保傅篇》。
④《淮南子·主术训》《史记·晋世家》。
⑤《春秋传》成四年。
⑥ 文十五年。
⑦ 襄十四年。
⑧《周语》。
⑨ 僖十五年。
⑩ 昭九年。
⑪ 宣十二年。

《颂鼎》："尹氏受王命书，王呼史虢生册命颂。"《善夫克簋》："王命尹氏友史趛册善夫克。"[①]《古今人表考》(梁玉绳)："史佚亦曰尹逸。《晋语》称'文王访于辛尹'，尹盖其氏。《通志·氏族略三》云：'少昊之子封于尹城，因以为氏，子孙世为周卿士，食采于尹。'考《左传》昭二十三年，王子朝入于尹，单、刘伐尹，《疏》谓'尹子食采于尹，世为卿士'，然则尹佚乃少昊之裔，而周尹氏乃史佚之后也。"

尹吉甫尤著称于宣王之朝。

《诗·六月》："文武吉甫，万邦为宪。"《诗·常武》："王谓尹氏，命程伯休父。"《正义》："此时尹氏，当是尹吉甫也。"

史佚之外，有左史戎夫，作《史记》以警穆王；

《逸周书·史记》："维正月，王在成周，昧爽，召三公左史戎夫曰：'今夕朕寤，遂事惊予。'乃取遂事之要戒，俾戎夫言之，朔望以闻。"

有伯阳父，以《史记》决周之衰亡；

《史记·周本纪》："幽王二年，西周山川皆震，伯阳甫曰：周将亡矣！"又"幽王得褒姒，爱之，欲废申后，并去太子宜臼，以褒姒为后，以伯服为太子。周太史伯阳读史记曰：周亡矣！"

有史伯硕父、史仆、史宾、史自、史燕、史颂、史懋、史它、史窦、史驹、史吴、史友等，均著名于彝鼎。

① 均见《窓斋集古录》。

《积古斋钟鼎彝器款识》有史伯硕父鼎、史仆壶、史宾钘、史𦥑彝、史燕簋。《窸斋集古录》有史颂敦、史懋壶、史它簋、史窦敦。又《师𡘇父鼎》："王呼内史驹'册命师𡘇父'。"《师虎敦》："王呼内史吴曰'册命虎'。"《无专鼎》："王呼史友'册命无专'。"

他官之传于今者，未有若史官之众也。

有史而后有法，故法学出于史官。《周官》太史掌邦法，内史掌八枋，即法律之学所从出也。

《太史》："掌建邦之六典，以逆邦国之治，掌法以逆官府之治，掌则以逆都鄙之治。凡辨法者考焉，不信者刑之。"《内史》："掌王之八枋之法，以昭王治。一曰爵，二曰禄，三曰废，四曰置，五曰杀，六曰生，七曰予，八曰夺。执国法及国令之贰，以考政事，以逆会计。"

吕侯命穆王度作刑，以诰四方，而先叙蚩尤、苗民、颛顼、帝尧三氏之历史，足知法学之根据于历史。

《书·吕刑》："苗民弗用灵，制以刑，惟作五虐之刑曰法。"

史颂听法于苏，尤其明征也。

《窸斋集古录·史颂敦》："惟三年五月丁巳，王在宗周，命史颂听苏法，友里君百生，帅𨗈盩于成周，休右成事。苏赂章马四匹，吉金，用作𩰫彝。"吴大澂曰："此史颂奉命往苏听颂，苏人赂以章马四匹吉金，颂因以作此𩰫敦也。"

有史而后有文，故文学亦出于史官。周之典册，皆史所为（如逸作《祝册》

之类）。而尹吉甫以史学世家，为周室中叶之大诗家，其诗有“孔硕”“肆好”“穆如清风”之美。

《诗·崧高》：“吉甫作诵，其诗孔硕，其风肆好。”《烝民》：“吉甫作颂，穆如清风。”

他诗人虽有自署其名者，未尝若吉甫之自许也。

如《节南山》诗：“家父作诵，以究王訩。”《巷伯》诗：“寺人孟子，作为此诗。凡百君子，敬而听之。”

史籀作大篆，以教学童，实为文字学之祖。然则周史实兼今之散文、韵文及小学诸家之长矣。近世人论周代史官之学术者，以龚自珍之为最详：

《古史钩沈论》：“周之世官，大者史。史之外，无有语言焉；史之外，无有文字焉；史之外，无人伦品目焉。史存而周存，史亡而周亡。是故儒者言《六经》。经之名，周之东有之。夫《六经》者，周史之宗子也；《易》也者，卜筮之史也；《书》也者，记言之史也；《春秋》也者，记动之史也；《风》也者，史所采于民，而编之竹帛，付之司乐者也；《雅》《颂》也者，史所采于士大夫者也；《礼》也者，一代之律令，史职藏之故府，而时以诏王者也；小学也者，外史达之四方，瞽史谕之宾客之所为也。宗伯虽掌礼，礼不可以口舌存，儒者得之史，非得之宗伯；乐虽司乐掌之，乐不可以口耳存，儒者得之史，非得之司乐。故曰《六经》者，周史之大宗也；诸子也者，周史之小宗也。故夫道家者流言称辛甲、老聃；墨家者流，言称尹佚。辛甲、尹佚官皆史，聃实为柱下史。若道家、若农家、若杂家、若阴阳家、若兵、若术数、若方技，其言皆称神农、黄帝。神农、黄帝之书，又周史所职藏，所谓三皇、五帝之书者是也。刘向云'道家及术数家出于史'，不云余家出于史，此知五纬二十八宿异度，而不知其皆系于天也；知江河异味，而不知皆丽于地也。故曰诸子也者，周史之支孽小宗也。周之东也，孔子曰：'天子失官。'伤周之史亡也。灭人之国，必先去其史；隳人之枋，败人之纲纪，必先去其史；绝人之材，湮塞人之教，必先去其史；夷人之祖宗，必先去其史。周之东，其史官大罪四，小罪四，其大功三，小功三；帝魁以前，书莫备焉。郯之君知之，楚之左史知之，周史不能存之，故传者不雅驯，而雅驯者不传，谓之大罪一。正考父得商之名颂十二于周，百年之间亡其七，太师亡其声弦焉，太史又亡其简编焉，谓之大罪二。周之《雅》《颂》，义逸而荒，人逸而名亡；瞽所献，燕享所歌，大氏断章，作者之初指不在，史不能宣而明，谓之大罪三。有黄帝历，有颛顼历，有夏历，有商历，有周历，有鲁历，有列国历，七者，周天子不能同，历敝不改，是以失礼，是失官之大者，谓之大罪四。古之王者，存三统，今《连山》《归藏》亡矣，三《易》弗具，孔子卒得《乾》《坤》于宋，亦弗得于周，史之小罪一。列国小学不明，声音混茫，各操其方，微孔子之雅言，古韵其亡乎，史之小罪二。史籀作大篆，非为废仓颉也；周史不肯存古文，文少而字乃多矣。象形指事，十存三四，形声相孳，千万并起，古今困之，史之小罪三。列国展禽、观射父之徒，能言先王命祀，而周史儋乃附苌弘为神怪之言，燕昭、秦皇淫祀渐兴，儋、弘阶之，妖孽是征，史之小罪四。帝魁以降，百篇权舆，孔子削之，十倍是储，虽颇阙不具，资粮有余，史之大功一。孔子与左丘明乘以如周，获百二十国宝书，夫而后《春秋》作也，史之大功二。冠婚之杀，丧祭之等，大夫士之曲仪，咸以为数；夫舍数而言义，吾未之信也，故十七篇之完，亦危而完者也，史之大功三。周之时有推步之方，有占验之学，其步疏，其占密，《天官》有书，先臣是传，唐都、甘公，爰及谈、迁，是迹是宣，史之小功一。史秩下大夫，商高大夫，官必史也；自高以来，畴人守

> 之，九章九数，幸而完，史之小功二。吾毙彼莫世系者，能莫能守，有《历谱牒》，有《世本》，竹帛咸旧，是故仲尼之徒，亦著《帝系姓》，后千余岁，江介之都，夸族始甚，史之小功三。夫功罪之际，存亡之会也，绝续之交也。天生孔子，不后周不先周也，存亡续绝，俾枢纽也。”

刘师培又衍之曰：“六艺掌于史官，九流出于史官，术数、方伎诸学亦出于史官。”且列为表以明之。

- 史
  - 司天事之史
    - 司祝之史——墨家
    - 司历之史
      - 阴阳家
      - 术数家
  - 司人事之史
    - 掌技艺之史
      - 凭虚之学
        - 五行学
        - 天文学
        - 蓍龟杂占学
        - 形法学
      - 征实之学
        - 历数学
        - 医学
        - 农学
        - 兵学
        - 乐学
    - 掌道术之史
      - 儒所掌之业——六艺
        - 易
        - 诗
        - 书
        - 乐
        - 礼
        - 春秋
      - 师所掌之业——诸子
        - 小学
        - 儒家
        - 道家
        - 名家
        - 法家

其言虽有附会穿凿，或过于蔓衍者，然亦可见学术之进化，必由综合而区分。以其综合之中，具有萌芽，然后区分而各成一派别，非必谓后世学术，无一不为古代所包含。然孳乳寖多，其渊源亦必有自，苟不溯其滥觞，则其后之突然而来者，正不知其以何因缘矣。

第二十一章　共和与民权

海通以来，译人以法、美诸国民主立宪之制，与中国历代君主之制不同，求其名而不得，因以“共和”二字译之。盖以周厉王、宣王之间，国家无天子者凡十四年，其时号曰“共和”。故以国家之无君主者，比附于共和，实则周之共和与近世民主立宪之制迥殊，学者不察，望文生义，以此例彼，贻误非浅。然世人既袭用其名，亦不可不知其名之所由来也。周之共和，凡有二说。一则谓周、召二公，共和行政；

《史记·周本纪》：“厉王出奔彘，……召公、周公二相行政，号曰‘共和’。”《国语》韦昭《注》曰：“彘之乱，公卿相与和而修政事，号曰‘共和’，凡十四年，而宣王立。”

一则谓诸侯奉共伯和行天子事，号曰“共和”。

《史记正义》：“《鲁连子》云：卫州共城县，本周共伯之国也，共伯名和，好行仁义，诸侯贤之。周厉王无道，国人作难，王奔于彘，诸侯奉和以行天子事，号曰共和元年。十四年，厉王死于彘。共伯使诸侯奉王子靖为宣王，而共伯复归国于卫也。”《索隐》：“《汲冢纪年》云：‘共伯干王位。’共音恭，共，国；伯，爵，言共伯摄王政，故云干王位也。”

按共伯事又见《吕氏春秋·开春论》，

共伯和修其行，好贤仁，而海内皆以来为稽矣。周厉之难，天子旷绝，而天下皆来谓矣。

及《庄子·让王篇》，

共伯得乎共首。《释文》引司马彪《注》云："共伯名和，修其行，好贤人，诸侯皆以为贤。周厉王之难，天子旷绝，诸侯皆请以为天子，共伯不听。即于王位，十四年，大旱，屋焚，卜于太阳，兆曰：'厉王为祟。'召公乃立宣王，共伯复归于宗，逍遥得意共山之首。共丘山在今河内共县西。"

罗泌及梁玉绳多主其说。

《路史发挥·共和辩》（罗泌）："说者曰：周室无君，周公、召公共和王政，故号之曰'共和'。自史迁至温公，无异议也。予不敢以为然。当厉王之时，周公、召公，非昔日之周、召也。予闻厉王之后，有共伯和者，修行而好贤，以德和民，诸侯贤之，入为王官；十有四年，天旱，庐火，归还于宗，逍遥共山之首，宣王乃立。是以王子朝告于诸侯，犹曰厉王戾虐，万民弗忍，流王于彘，诸侯释位，以间王政，宣王有志，而后效官。是宣王之前，诸侯有释位间于天子之事者矣。然则所谓共和者，吾以为政自共伯尔。若曰周、召共和，吾弗信也。向秀、郭象援古之说，以为共和者，周王之孙也。怀道抱德，食封于共，厉王之难，诸侯立之。宣王立，乃废。立之不喜，废之不怒，斯则得其情矣。"《史记志疑》（梁玉绳）："案以共和为周、召行政之号，史公之单说也，而韦注《国语》、孔疏《左传》及《史通》咸宗之，后儒并依斯解。其实不然。昭公二十六年《传》云：厉王戾虐，万民弗忍，流王于彘，诸侯释位，以间王政，宣王有志，而后效官。则知厉、宣之间，诸侯有代王行政者矣。周、召本王朝卿士，傥果摄天子之事，不可言'释位'，别立名称，若后世之年号，古亦无此法。故颜师古以史公之说为无据也。考《竹书纪年》《庄子·让王篇》《吕氏春秋·开春论》及《索隐》引《世纪》，《正义》引《鲁连子》，并以共和为共伯和。共，国；伯，爵；和其名。《人表》厉王后有共伯和，共地近卫，即汉河内郡之共县，周时亦谓之共头。《吕氏春秋·诚廉篇》'武王使召公盟微子于共头之下'是已。古史从《竹书》，《路史》有《共和辨》，可互相证明。盖厉王流彘，诸侯皆往宗共伯，若霸主然；其时宣王尚幼，匿不敢出，周、召居守京师，辅导太子。及后王没而民厌乱，太子年亦加长，共伯乃率诸侯会二相而立之，参核情实，必是如此。凡有言共伯至周摄政者，有言共伯干位篡立者，有言共伯即卫侯者，尽属不经之谈尔。"

予谓《史记·三代世表》自黄帝讫共和，《十二诸侯年表》自共和讫孔子，明共和以前之事，多不可考；而自共和元年以后，诸侯谱牒，咸有可稽。讵有误以共伯和之名，为大臣共和行政之号，纪年之始，即成大错者。

《史记·十二诸侯年表》："共和元年，以宣王少，大臣共和行政。十四年，宣王即位，共和罢。"

故"共和"之解，当以韦昭所谓公卿相与和而行政之说为的。然公卿相与和而行政，仍是贵族执政，与今之所谓民主者，固截然有别也。

周时虽无民主，而有民权。人民之钤制帝王，隐然具有一种伟大的势力，盖周代相传之训，以为天降下民，而后为之作君作师。

《孟子》："《书》曰：天降下民，作之君，作之师。惟曰其助上帝，宠之四方。"

故为君者，恒以畏天保民为主。周、召诸公，于此义尤拳拳焉。

《书·康诰》："文王克明德慎罚，不敢侮鳏寡，庸庸，祗祗，威威，显民。""民情大可见，小人难保。""若保赤子，惟民其康乂。"《酒诰》："人无于水监，当于民监。"《召诰》："其惟王勿以小民淫用非彝。""予小臣，敢以王之仇民百君子，越友民，保受王威命明德。"

曰"仇民"者，明民与王相匹敌者；曰"友民"者，明民与上为朋友也。礼之若匹敌，亲之若朋友，是实君主对于人民最要之义。故周之立国，虽重礼而上文；等威之辨，严若天泽。而百工士庶，咸可尽言于王朝。观召公谏厉王之语，似庶人传语于王，故有明文规定者。

《国语·周语》："厉王虐，国人谤王。召公告曰：'民不堪命矣！'王怒，得卫巫，使监谤者，以告，则杀之。国人莫敢言，道路以目。王喜，告召公曰：'吾能弭谤矣，乃不敢言。'召公曰：'是障之也。防民之口，甚于防川。川壅而溃，伤人必多。民亦如之。是故为川者决之使导，为民者宣之使言。故天子听政，使公卿至于列士献诗，瞽献曲，史献书，师箴，瞍赋，矇诵，百工谏，庶人传语，近臣尽规，亲戚补察，瞽、史教诲，耆、艾修之，而后王斟酌焉。是以事行而不悖。民之有口，犹土之有山川也，财用于是乎出；犹其原隰之有衍沃也，衣食于是乎生。口之宣言也，善败于是乎兴，行善而备败，所以阜财用、衣食者也。夫民虑之于心而宣之于口，成而行之，胡可壅也？若壅其口，其与能几何？'王不听，于是国人莫敢出言，三年，乃流王于彘。"

虽以厉王之虐，甫及三年，民已群起而推翻之，周民之有势力可知矣。汤武革命，伊尹放太甲，均有主名之人。而流厉王者，不闻有谁何为之魁师，虽其中经过之事实，史书不详，然以此推之，必为全体人民之意，非出于一二人之主使，尤灼然矣。

君主与人民对待，而公卿大夫则介乎二者之间。周之盛时，公卿大夫固恒以勤恤民隐诏其君主，即至衰世，亦时时代表民意，作为诗歌以刺其上。是厉行阶级制度之时，虽作贵族平民之区别，而贵族之贤者，率知为民请命，初非一律阿附君主，奴隶其民也。据《毛诗小序》《大雅》刺厉王诗凡五篇。

> 《毛诗小序》："《民劳》，召穆公刺厉王也。""《板》，凡伯刺厉王也。""《荡》，召穆公伤周室大坏也。厉王无道，天下荡荡，无纲纪文章，故作是诗也。""《抑》，卫武公刺厉王，亦以自警。""《桑柔》，芮伯刺厉王也。"

郑笺且以《小雅·十月之交》《雨无正》《小旻》《小宛》四篇，为刺厉王诗。是民莫敢谤者，公卿大夫固昌言刺之也。其后宣王为中兴之君，而《诗》之变雅，则美刺间作。幽王使天下大坏，而诗之刺之者，殆四十篇。作诗者无所忌讳，采诗者著之简编，自君子大夫，至于寺人下国，其怨悱愁苦之言，均能流传于世，是尤可见周家之忠厚矣。使其时实行专制，摧折舆论，则当时讥刺厉、幽之诗，必将如后世之禁毁诛锄，不使传于口耳。又使其时公卿大夫皆无志节，则虽暴如幽、厉，亦何尝不可矫为歌功颂德之文，以淆乱人之视听？故吾辈读史者，当知西周之末世，虽曰暴君代作，谗佞迭兴，人民之穷困颠连已达极点，而学士大夫直言无讳，指陈民瘼，大声疾呼，犹为先世教泽绵延未已之征。其言论之自由，或尚过于后世民主之时代也。

周之重民，累世相传，明哲之士，咸喻斯义。如师旷告晋悼公之言，即召公告厉王之意也。

《左传·襄公十四年》："师旷曰：天生民而立之君，使司牧之，勿使失性。有君而为之贰，使师保之，勿使过度。是故天子有公，诸侯有卿，卿置侧室，大夫有贰宗，士有朋友，庶人、工、商、皂、隶、牧、圉，皆有亲暱，以相辅佐也。善则赏之，过则匡之，患则救之，失则革之。自王以下，各有父兄子弟，以补察其政。史为书，瞽为诗，工诵箴谏，大夫规诲，士传言，庶人谤，商旅于市，百工献艺。……天之爱民甚矣，岂其使一人肆于民上，以从其淫，而弃天地之性？必不然矣。"

其他议论类此者甚夥，不可胜举。总之，吾国先哲立国要义，以民为主，其立等威，辨上下，亦以为民，而非为帝王一人或少数武人、贵族纵欲肆虐而设。故虽未有民主立宪之制度，而实有民治之精神。惟其制礼既密，施教亦久，故遇暴虐之君如厉王者，人民虽知群起逐之，而仍必委政权于国之大臣素负民望者，初无削除贵族，悉以平民执政之意。此则古今思想之殊，抑亦平民与贵族不甚悬绝，故不甚痛恶之之证也。

第二十二章　周代之变迁

周自平王至赧王之时，为东周。东周之时，复分为二：自平王之四十九年，至敬王之四十一年，是为春秋之时；自元王至赧王，是为战国之时。“春秋”者，史书之名，而非时代之名，以相沿既久，姑循用之。西周之政教，至春秋时，有相沿而未变者，有蜕化而迥殊者，史家著论，多以为西周降至春秋，实为世衰道微之征。

《汉书·货殖传序》：“周室衰，礼法隳。诸侯刻桷丹楹，大夫山节藻棁，八佾舞于庭，雍彻于堂。……陵夷至乎桓、文之后，礼谊大坏，上下相冒，国异政，家殊俗，耆欲不制，僭差无极。”《游侠传序》：“周室既微，礼乐征伐自诸侯出。桓、文之后，大夫世权，陪臣执命。陵夷至于战国，合从连衡，力政争强。”

然就一王定制而论，诚有陵夷衰微之象，就中国之全体而论，未始非民主进步之时。世无一成不变之局，读史者第当识其变迁，以明人民进化之阶段，不必先立一成见也。

春秋之风气，渊源于西周，虽经多年之变乱，而其踪迹犹未尽泯者，无过于尚礼一事。观《春秋左氏传》所载，当时士大夫，觇国之兴衰以礼，

《左传·闵公元年》载：齐仲孙湫来省难，归曰：“不去庆父，鲁难未已。”公曰：“鲁可取乎？”对曰：“不可，犹秉周礼。周礼所以本也。

臣闻之，国将亡，本必先颠，而后枝叶从之。鲁不弃周礼，未可动也。”又襄公三十一年载：北宫文子相卫襄公以如楚，宋之盟故也。过郑，……事毕而出，言于卫侯曰：“郑有礼，其数世之福也，其无大国之讨乎！诗云：‘谁能执热，逝不以濯。’礼之于政，如热之有濯也。濯以救热，何患之有？”又昭公五年载：公如晋，自郊劳至于赠贿，无失礼。晋侯谓女叔齐曰：“鲁侯不亦善于礼乎？”对曰：“鲁侯焉知礼！”公曰：“何为？自郊劳至于赠贿，礼无违者，何故不知？”曰：“是仪也，不可谓礼。礼，所以守其国，行其政令，无失其民者也。今政令在家，不能取也；有子家羁，不能用也；奸大国之盟，陵虐小国；利人之难，不知其私。公室四分，民食于他。思莫在公，不图其终。为国君，难将及身，不恤其所。礼之本末，将于此乎在，而屑屑焉习仪以亟。言善于礼，不亦远乎？”

决军之胜败以礼，

《左传•僖公二十七年》载：蒍贾曰：“子玉刚而无礼，不可以治民，过三百乘，其不能以入矣。”子犯曰：“民未知礼，未生其共。”于是乎大蒐以示之礼，作执秩以正其官，一战而霸。又僖公二十八年载：晋侯登有莘之虚以观师，曰：“少长有礼，其可用也。”又，僖公三十三年载：王孙满曰：“秦师轻而无礼，必败。”又，宣公十二年载：随武子曰：“会闻用师，观衅而动；德刑、政事、典礼不易，不可敌也。”

定人之吉凶之礼，

《左传•僖公十一年》载：天王使召武公内史过赐晋侯命，受玉惰。过归，告王曰：“晋侯其无后乎？王赐之命，而惰于受瑞，先自弃也已，其何继之有？礼，国之干也；敬，礼之舆也。不敬，则礼不行；礼不行，则上下昏，何以长世？”又僖公二十三年载：楚子曰：“晋公子广而俭，文而有礼。”又文公十五年载：季文子曰：“齐侯其不免乎？己则无礼，而讨于有礼者，曰：‘汝何故行礼？’礼以顺天，天之道也。己则反天，而又以讨人，难以免矣。”又成公十三年载：郤锜来乞师，将事不敬。孟献子曰：“郤氏其亡乎！礼，身之干也；敬，身之基也。郤子无基。”又襄公二十一年载：会于商任，锢栾氏也。齐侯、卫侯不敬。叔向曰：“二君者必不免。会朝，礼之经也；礼，政之舆也；政，身之守也。怠礼，失政；失政，不立。是以乱也。”又襄公二十六年载：公孙挥曰：“子产其将知政矣。让不失礼。”

聘问则预求其礼，

《左传·文公六年》载：季文子将聘于晋，使求遭丧之礼以行。其人曰：“将焉用之？”文子曰：“备豫不虞，古之善教也。”

会朝则宿戒其礼，

《左传·昭公十六年》载：晋韩起聘于郑，郑伯享之。子产戒曰：“苟有位于朝，无有不供恪！”孔张后至，立于客间，执政御之；适客后，又御之；适县间。客从而笑之。事毕，富子谏曰：“夫大国之人，不可不慎也，几为之笑，而不陵我？我皆有礼，夫犹鄙我。国而无礼，何以求荣？孔张失位，吾子之耻也。”

卿士、大夫以此相教授，

《左传·文公十八年》：“季文子使大史克对曰：‘先大夫臧文仲，教行父事君之礼，行父奉以周旋，弗敢失队。’曰：‘见有礼于其君者，事之，如孝子之养父母也；见无礼于其君者，诛之，如鹰鹯之逐鸟雀也。’”

其不能者，则以为病而讲学焉。

《左传·昭公七年》："公至自楚。孟僖子病不能相礼，乃讲学之，苟能礼者从之。及其将死也，召其大夫，曰：'礼，人之干也。无礼，无以立。'"

此等风气，至战国时则绝无所见。故知春秋诸人，实以近于西周，渊源有自。故所持之见解，所发之议论，均以礼为最要之事也。管子者，儒家所斥为霸佐，不足语于王道者也。然其言之见于《左传》者，则曰"招携以礼，怀远以德，德礼不易，无人不怀"。其所著之经言，亦以礼为四维之首。

《管子·牧民》："国有四维，一曰礼，二曰义，三曰廉，四曰耻。礼不逾节，义不自进，廉不蔽恶，耻不从枉。"

使此诸书，出于后人所伪造，[①] 何以后世之人，对于春秋一时代独造出此等言论，而于其他时代，不一律造为此类言行乎？故春秋者，直接于礼教最盛之时代之后一时代也，又由礼教最盛而渐趋于衰落之一时代也。观诸人之不知礼，不习礼，及误以仪为礼，即可见其时之习此者已居少数。惟其流风余韵，犹浸淫渐渍于人心，故衡量人物，往往以此为断耳。

周制之变也，首在列国之封域。周初千八百国，至春秋之初，仅存百二十四国，其数不逮十一。则厉、宣以降，诸侯之互相吞并，盖已久矣。春秋之时，国之大者十。鲁兼九国之地[②]；齐兼十国之地[③]；晋兼二十二国之

①《左传》及《管子》世多有疑其伪者。

② 极、项、邿、郜、根牟、向、须句、鄫、鄟。

③ 纪、郕、谭、遂、鄣、阳、莱、介根、介、牟。

地[①]；楚兼四十二国之地[②]；宋兼六国之地[③]；郑兼三国之地[④]；卫兼二国之地[⑤]；秦有周地，东界至河；吴灭五国[⑥]，北境及淮，越又从而有之，弱肉强食，其祸酷矣。而诸小国并为大国，其国家之组织，社会之状况，人群之思想，胥因之而变易。其胚胎于一国之文化，亦有渐推渐广之势。杂居之异族，为之同化；僻远之新国，由是崛兴。此皆互为因果者也。

春秋诸国，并吞小弱，大抵以其国地为县。

> 《史记·秦本纪》："武公十年，伐邽、冀戎，初县之。""十一年，初县杜、郑。"《左传》宣公十一年："楚子伐陈，因县陈。"十二年又称楚围郑，郑伯逆楚子曰："使改事君，夷于九县，孤之愿也。"昭公十一年称叔向曰："楚王奉孙吴以讨于陈曰：'将定而国。'陈人听命，而遂县之。"

其县之区域，大于《周官》所谓县者，殆不止倍蓰，[⑦]县境悬远，则特使大夫守之。

> 《左传》僖公二十六年："晋使赵衰为原大夫，狐溱为温大夫。"

其职重于内地之大夫，故亦称为守。

---

① 韩、耿、霍、魏、虢、虞、荀、贾、杨、焦、邢、滑、梁、沈、姒、蓐、黄、郇、原、樊、冀、温。

② 权、邢、鄀、谷、鄾、罗、庐、戎、都、郧、贰、轸、绞、州、蓼、息、邓、申、吕、弦、黄、夔、江、六、麇、宗、巢、庸、道、柏、房、沈、蒋、舒蓼、舒庸、舒鸠、赖、唐、顿、胡、蛮氏、陈。

③ 宿、偪阳、曹、杞、戴、彭城。

④ 虢、桧、许。

⑤ 邶、鄘。

⑥ 州来、钟离、巢、徐、钟吾。

⑦ 周制都鄙之地，二千五百家为县，采邑所在地，二千三百零四家。

《左传》僖公二十五年："晋侯问原守于寺人勃鞮，对曰：'昔赵衰以壶飧从径，馁而不食，故使处原。'是原大夫亦称原守也。"

其后或称为命大夫。

《左传》哀公四年："楚师使谓阴地之命大夫士蔑曰：'晋楚有盟，好恶同之。'"杜《注》："命大夫，别县监尹。"《正义》曰："阴地者，河南山北，东西横长，其间非一邑，特命大夫使总监阴地。"

而楚之属地，则特置县尹或县公以治之。

《左传》庄公十八年："楚子克权，使鬭缗尹之；以叛国而杀之，迁权于那处，使阎敖尹之。"襄公二十六年："穿封戌，方城外之县尹也。"又宣公十一年："楚子曰：'诸侯县公，皆庆寡人。'"

因灭国而特置县，因置县而特命官，封建之制遂渐变为郡县之制。此政治变迁之至大者也。

《日知录》(顾炎武)："《汉书·地理志》言秦兼并四海，以为周制微弱，终为诸侯所丧，故不立尺土之封，分天下为郡县，荡灭前圣之苗裔，靡有孑遗。后之文人，祖述其说，以为废封建，立郡县，皆始皇之所为也。以余观之，殆不然。《左传》僖公三十三年，晋襄公以再命命先茅之县赏胥臣。宣公十五年，晋侯赏士伯以瓜衍之县。成公六年，韩献子曰：'成师以出，而败楚之二县。'襄公二十六年，蔡声子曰：'晋人将与之县，以比叔向。'三十年，'绛县人或年长矣'。昭公三年，韩宣子曰：'晋之别县不惟州。'五年薳启疆曰：'韩赋七邑，皆成县也。'又曰：'因其十家九县，其余四十县。'二十八年，晋分祁氏之田，以为七县，分羊舌氏之田，以为三县。哀公十七年，子穀曰：'彭仲爽，申俘也。文王以为令尹，实县申、息。'《晏子春秋》：'昔我先君桓公予管仲狐与穀，其县十七。'《说苑》：'景公令吏致千家之县一于晏子。'《战国策》：'智过言于智伯曰：破赵，则封二子者各万家之县。'《史记·吴世家》：'王馀祭三年，予庆封朱方之县。'则当春秋之世，灭人之国者，固已为县矣[①]。《史记》：吴王发九郡兵伐齐，范蜎对楚王曰：'楚南塞厉门而郡江东。'甘茂谓秦王曰：'宜阳大县，名曰县，其实郡也。'春申君言于楚王曰：'淮北地边齐，其事急，请以为郡便。'《匈奴传》言赵武灵王'置云中、雁门、代郡'；'燕置上谷、渔阳、右北平、辽西、辽东郡，以拒胡'；又言'魏有河西、上郡以与戎界边'。则当七国之世，而固已有郡矣[②]。《传》称'禹会诸侯，执玉帛者万国'，至周武王仅千八百国，春秋时见于经传者百四十余国，又并为十二诸侯，又并而为七国，此固其势之所必至也。"

《郡县考》(姚鼐)："周法，中原侯服，疆以周索，国近蛮夷者，乃疆以戎索。故齐、鲁、卫、郑名同於周，而晋、秦、楚乃不同于周，不曰'都鄙'，而曰'县'，然始者有县而已，尚无郡名。吾意郡之称，盖始于秦、晋。以所得戎翟地远，使人守之，为戎翟民君长，故名曰郡；如所云阴地之命大夫，盖即郡守之谓也。赵简子之誓曰：'上大夫受县，下大夫受郡。'郡远而县近，县成聚富庶，而郡荒陋，故之美恶异等，而非郡与县相统属也。《晋语》：夷吾谓公子絷曰：'君实有郡县。'言晋地属秦，异于秦之近县，则谓之曰郡县，亦非云郡

---

① 原注：按昭公二十九年《传》，蔡墨言刘累迁于鲁县，则夏后氏已有县之名。《周礼·小司徒》："四甸为县。"《遂人》："五鄙为县。"《县士》注："距王城三百里以外，至四百里曰县。"亦作寰。《国语》谓管子制齐，三乡为寰，寰有帅，十寰为属，属有大夫。

② 原注：哀公二年《传》："赵简子誓曰：克敌者上大夫受县，下大夫受郡。"杜氏注引《周书·作雒篇》："千里百县，县有四郡。古时县大而郡小。《说文》：周制，天子地方千里，分为百县，县有四郡。至秦初置三十六郡，以监其县。今按《史记》吴王及春申君之事，则郡之统县，固不始于秦也。"

与县相统属也。及三卿分范、中行氏、知氏之县，其县与己故县隔绝，分人以守，略同昔者使人守远地之体，故率以郡名。然而郡乃大矣，所统有属县矣。其后秦、楚亦皆以得诸侯地名郡，惟齐无郡，齐用周制故也。”

因列国之竞争，而田赋兵制，亦相因而变。

《春秋》宣公十五年：“初税亩。”杜《注》：“公田之法，十取其一；今又履其余亩，复十取其一。故哀公曰‘二吾犹不足’。遂以为常，故曰初。”又成公元年：“作丘甲。”杜《注》：“周礼四邑为丘，出戎马一匹，牛三头；四丘为甸，出戎马四匹，牛十二头，甲士三人，步卒七十二人。此甸所赋，今鲁使丘出之。”《左传》昭公四年：“郑子产作丘赋。”杜《注》：“丘当出马一匹，牛三头。今子产别赋其田，如鲁之田赋。”又哀公十一年亦称：“季孙欲以田赋，使冉有访诸仲尼。……仲尼曰：‘君子之行也，敛从其薄。如是，则以丘亦足矣。若不度于礼，而贪冒无厌，则虽以田赋，将又不足。且子季孙若欲行而法，则周公之典在；若欲苟而行，又何访焉？’弗听。”“十有二年春，用田赋。”

齐桓之霸，尤重在变更军制。

《国语•齐语》：“管子对桓公曰：‘作内政而寄军令焉。’桓公曰：‘善。’管子于是制国。五家为轨，轨为之长；十轨为里，里有司；四里为连，连为之长；十连为乡，乡有良人焉。以为军令，五家为轨，故五人为伍，轨长帅之；十轨为里，故五十人为小戎，里有司帅之；四里为连，故二百人为卒，连长帅之；十连为乡，故二千人为旅，乡良人帅之；五乡一帅，故万人为一军，五乡之帅帅之。”

晋文御狄，则作五军；成公赏功，则作六军。

《左传》僖公三十一年："晋蒐于清原，作五军以御狄。"成公三年："晋作六军，……赏鞌之功也。"

其后吴、晋争长，至以甲车四千乘自豪。

《左传》昭公十三年："叔向曰：'寡君有甲车四千乘在，虽以无道行之，必可畏也。'"

（按杜《注》："四千乘，三十万人。"其数虽不确，即以二十五人一乘计之，亦十万人矣。）亦周制之变更之大者也。兵事既重，则兵为专业，而工商之业以分，

《国语·齐语》："管子制国以为二十一乡：工商之乡六，士乡十五。公帅五乡焉，国子帅五乡焉，高子帅五乡焉；参国起案，以为三官，臣立三宰，工立三族，市立三乡，泽立三虞，山立三衡。"韦昭《注》："此士，军士也。十五乡合三万人，是为三军。农野处而不暱，不在都邑之数，则下所云五鄙是也。"

四民之名以立。

《国语·齐语》："桓公曰：'成民之事若何？'管子对曰：'四民者，勿使杂处；杂处则其言哤，其事易。'公曰：'处士、农、工、商若何？'管子对曰：'昔圣王之处士也，使就闲燕，处工就官府，处商就市井，处农就田野。令夫士群萃而州处，……士之子恒为士；工群萃而州处，……工之子恒为工；商群萃而州处，……商之子恒为商；

农群萃而州处，……农之子恒为农。’”

按《周官·太宰》以九职任万民，《考工记》称“国有六职”，虽亦分农、工、商，而未尝别立士之一职。《逸周书·程典》曰：“士大夫不杂于工商，

孔晁《注》：商不厚，工不柉，农不力，不可成治。

士之子不知义，不可以长幼；工不族居，不足以给官；族不乡别，不可以入惠。”虽以士大夫别于农、工、商，亦未名为四民。四民之别，盖在春秋之时。《穀梁》成公元年《传》：“古者立国家，百官具，农工皆有职以事上。古者有四民，有士民，有商民，有农民，有工民。”虽所称古者，与《管子》所谓“昔圣王”云者，皆若不始于春秋之时。然士皆授田，则与农无别。别立士之名，必为授田之制已废。故愚意春秋之时，授田之制渐废，始有士、农、工、商之分。否则，无此区别也。

军旅之事，苟非危急，专业者率可不与。

《左传》宣公十二年：“士会论楚曰：荆尸而举，商、农、工、贾，不败其业；百官象物而动，军政不戒而备。”

按此是楚国之兵已皆常隶营伍，国虽举兵，不取之于农、商、工、贾也。

业分而专，故多能者，

《管子·山权数篇》：“民之能明于农事者，置之黄金一斤，直食八石；民之能蕃育六畜者，置之黄金一斤，直食八石；民之能树艺者，置之黄金一斤，直食八石；民之能树瓜瓠、荤菜、百果使蕃裕者，置之黄金一斤，直食八石；民之能已民疾痛者，置之黄金一斤，直食八石；民之知时日岁丰且阨，曰‘某谷不登’、曰‘某谷丰’者，置之黄金

一斤，直食八石；民之通于蚕桑不疾病者，置之黄金一斤，直食八石。谨听其言，而藏之官，使师旅之事，民无所与。”又《轻重甲篇》：“万乘之国，必有万金之贾；千乘之国，必有千金之贾；百乘之国，必有百金之贾。”

而国家且竭力保护之。

《左传》昭公十六年：子产谓韩宣子曰：“昔我先君桓公与商人皆出自周，庸次比耦，以艾杀此地，斩之蓬蒿藜藿而共处之；世有盟誓，以相信也，曰：‘尔无我叛，我无强贾，……故能相保，以至于今。’”

按郑有保商之法，故其商人如弦高者，能却敌而卫国，盖前此之所未有。盖国力膨胀，则各种职业皆因而发达，不独兵事一端，为立国所重也。

国家之兴亡，影响于社会至巨，愚者推求其故而不得，则归之于运数，而星相卜筮之术昌。观《左氏传》所载，多前知之言，如懿氏卜妻敬仲，知其将育于姜；[①] 毕万筮仕于晋，决其子孙必复其始；[②] 虢公之奔，兆之童谣；[③] 曹社之亡，始以妖梦；[④] 以及季友手文，[⑤] 谷也丰下[⑥] 之类，一人一家之休咎，均若有前定者。盖其时之人考索兴衰之理，不尽关于人事，故广求之于术数，从而附会之也。然社会心理虽多迷信，而贤哲之士，转因之而知尽力于人事。如季梁，

---

① 庄公二十二年。
② 闵公元年。
③ 僖公五年。
④ 哀公七年。
⑤ 闵公二年。
⑥ 文公元年。

《左传》桓公六年：季梁告随侯曰：“臣闻小之能敌大也，小道大淫。所谓道，忠于民而信于神也。……夫民，神之主也。是以圣王先成民而后致力于神。”

史嚚，

《左传》庄公三十二年：“史嚚曰：‘虢其亡乎！吾闻之：国将兴，听于民；将亡，听于神。神，聪明正直而一者也，依人而行。虢多凉德，其何土之能得？’”

叔兴，

《左传》僖公十六年：“陨石于宋五，陨星也。六鹢退飞，过宋都，风也。周内史叔兴聘于宋，宋襄公问焉，曰：‘是何祥也？吉凶焉在？’……退而告人曰：‘君失问。是阴阳之事，非吉凶所生者。吉凶由人。’”

臧文仲，

《左传》僖公二十一年：“夏，大旱。公欲焚巫尪。臧文仲曰：‘非旱备也。修城郭、贬食、省用、务穑、劝分，此其务也。巫尪何为？天欲杀之，则如勿生；若能为旱，焚之滋甚。’”

子产诸人。

《左传》昭公十七年：“郑裨灶言于子产曰：‘宋、卫、陈、郑将同日火。若我用瓘斝玉瓒，郑必不火。’子产弗与。”十八年夏五月，

“宋、卫、陈、郑皆火。裨灶曰：‘不用吾言，郑又将火。’郑人请用之，子产不可。……曰：‘天道远，人道迩，非所及也，何以知之？灶焉知天道？是亦多言矣，岂不或信？’遂不与，亦不复火。”十九年：“郑大水，龙斗于时门之外洧渊，国人请为禜焉。子产弗许，曰：‘我斗，龙不我觌也；龙斗，我独何觌焉？禳之，则彼其室也。吾无求于龙，龙亦无求于我。’乃止也。”

皆以人事为重，不以神怪之说为然。盖同时有深于迷信者，亦有破除迷信者，不得专执一端以论春秋之风气也。晋、楚之兴，皆尚勤劳。

《左传》宣公十一年：“郤成子求成于众狄。……曰：‘吾闻之，非德莫如勤；非勤何以求人？能勤有继。其从之也。诗曰：文王既勤止。文王犹勤，况寡德乎？’”又宣公十二年：“楚自克庸以来，其君无日不讨国人而训之，于民生之不易、祸至之无日、戒惧之不可以怠；……训之以若敖、蚡冒，筚路蓝缕以启山林。箴之曰：‘民生在勤，勤则不匮。’”

鲁敬姜自勤纺绩，训其子以勤劳。

《国语·鲁语》：“公父文伯退朝，朝其母，其母方绩。文伯曰：‘以歜之家而主犹绩，惧忏季孙之怒也，其以歜为不能事主乎？’其母叹曰：‘鲁其亡乎！使童子备官而未之闻耶？居，吾语汝。昔圣王之处民也，择瘠土而处之，劳其民而用之，故长王天下。夫民劳则思，思则善心生；逸则淫，淫则忘善，忘善则恶心生。沃土之民不材，逸也；瘠土之民莫不向义，劳也。是故天子大采朝日，与三公、九卿祖识地德；日中考政，与百官之政事，师尹维旅，牧相宣序民事；少采夕月，与太史、司载纠虔天刑；日入监九御，使洁奉禘、郊之粢盛，而

> 后即安。诸侯朝修天子之业命，昼考其国职，夕省其典刑，夜儆百工，使无慆淫，而后即安。卿大夫朝考其职，昼讲其庶政，夕序其业，夜庀其家事，而后即安。士朝受业，昼而讲贯，夕而习复，夜而计过无憾，而后即安。自庶人以下，明而动，晦而休，无日以怠。王后亲织玄紞，公侯之夫人加之以纮綖，卿之内子为大带，命妇成祭服，列士之妻加之以朝服，自庶士以下，皆衣其夫。社而赋事，蒸而献功，男女效绩，愆则有辟，古之制也。君子劳心，小人劳力，先王之训也。自上以下，谁敢淫心舍力？今我寡也；尔又在下位，朝夕处事，犹恐忘先人之业。况有怠惰，其何以避辟？吾冀而朝夕修我曰：必无废先人。尔今曰：胡不自安？以是承君之官，余惧穆伯之绝嗣也。'"

以一人之劳逸，即决一国之兴亡，非当时各国社会之变迁有以启之，不能体验人事之因果深彻若斯也。

春秋之时，蛮夷戎狄，杂处内地，各为风气，与周之侯国人民迥然不同。

> 《左传》襄公十四年，戎子驹支曰："我诸戎饮食衣服不与华同，贽币不通，言语不达，何恶之能为？"

二百四十二年之中，多为诸大国所灭。东夷之莱[1]灭于齐，根牟[2]灭于鲁，南蛮之卢戎[3]灭于楚，西戎之蛮氏[4]灭于楚，骊戎[5]灭于秦，北狄之鄋瞒[6]、潞

---

① 今山东黄县。
② 今山东沂水县。
③ 今湖北南漳县。
④ 今河南伊阳县。
⑤ 今陕西新丰县。
⑥ 今山东历城县。

氏[1]、甲氏[2]、留吁[3]、铎辰[4]，以及东山皋落氏[5]等，咸灭于晋。其种人之酋长既亡，主权无属，必同化于吾族，即存者亦多为大国所用。

《春秋大事表》（顾栋高）："秦、晋迁陆浑之戎于伊川，以藩卫王室，卒得其用。楚庄欲窥觇王室而先伐陆浑，荀吴欲火陆浑而先有事三涂，居然为王室之藩篱矣。"

此则春秋时文明渐推渐广之征也。孔子修《春秋》，以国家文教之差，为诸夏与夷狄之别，观《公羊传》释荆、吴之称，即见其义。

《公羊》庄十年："秋九月，荆败蔡师于莘，以蔡侯献舞归。荆者何？州名也。州不若国，国不若氏，氏不若人，人不若名，名不若字，字不若子。"二十三年："荆人来聘。荆何以称人？始能聘也。"又成公十五年："冬十有一月，叔孙侨如会晋士燮、齐高无咎、宋华元、卫孙林父、郑公子鳍、邾娄人，会吴于钟离。曷为殊会吴？外吴也。曷为外也？春秋内其国而外诸夏，内诸夏而外夷狄。"又定公四年："冬十有一月庚午，蔡侯以吴子及楚人战于柏举，楚师败绩。吴何以称子？夷狄也，而忧中国。"[6]

盖当时所谓蛮夷戎狄，初非异种，特其礼教政术异于华夏，故广别其种类，以示贬斥。至于交通既久，文化演进，则亦不复别之。此虽《公羊》一家之言，

---

① 今山西路城县。
② 今直隶鸡泽县。
③ 今山西屯留县。
④ 今山西屯留县。
⑤ 今山西垣曲县。
⑥ 言吴以夷狄能忧中国，故《春秋》许之也。

然以之推测各地人民之进化，亦未必出于穿凿也。

隐、桓之世，齐、郑最强。郑居中原，齐则东方之大国也。庄、僖之世，齐桓称霸，而晋、楚、秦三国相继而兴，其势渐趋于西南矣。成、哀而后，吴、越复兴，天下大势，偏重南服。故春秋之时，实为文化自北而南之时。楚之先出自颛顼，固亦神明之胄；然自初封于丹阳[1]。传至熊通，已十二叶十七君，而熊通犹自居于蛮夷。

> 《史记·楚世家》："熊通立，为楚武王。……三十五年，楚伐随。随曰：'我无罪。'楚曰：'我蛮夷也。'"

其文化之不逮北方诸国可知。至春秋而其国始大。

> 《史记·楚世家》："文十一年，齐桓公始霸，楚亦始大。"

设官分职，虽多殊于周制，[2]而名法往往与诸夏相同。[3]其人之深于学术者，如申叔之于教育，

> 《国语·楚语》："庄王使士亹傅太子葴，……问于申叔时。叔时曰：'教之春秋，而为之耸善而抑恶焉，以戒劝其心；教之世，而为之昭明德而废幽昏焉，以休惧其动；教之诗，而为之导广显德，以耀明其志；教之礼，使知上下之则；教之乐，以疏其秽而镇其浮；教之令，使访物官；教之语，使明其德，而知先王之务用明德于民也；教之故志，使知废兴者而戒惧焉；教之训典，使知族类行比义焉。'"

---

① 今湖北秭归县。

② 如令尹、莫敖之类。

③ 如井牧、田土之类。

左史倚相之于史学，

《左传》昭公十二年："左史倚相趋过，王曰：'是良史也。……是能读三坟、五典、八索、九丘。'"

北方士大夫殆莫之过也。吴出太伯，固亦华裔，然至春秋，其民犹不知乘车及战陈之术。

《左传》成公七年：楚申公巫臣"以两之一卒适吴，舍偏两之一焉。与其射御，教吴乘车，教之战陈，教之叛楚。置其子狐庸焉，使为行人于吴。吴始伐楚，……蛮夷属于楚者，吴尽取之，是以始大，通吴于上国。"

待楚人启之，始与诸夏交通，其初之晦塞，盖可想见。然自成公至襄公时，仅四十年，而季札聘于鲁，请观周乐，于《国风》《雅》《颂》之精义，言之无或爽者，其进步之速，又可骇焉。以吴例越，其文化当直接得之于吴，而间接得之于楚。范蠡、文种，皆楚人也。

《史记正义》："范蠡，楚宛三户人。文种，荆平王时为宛令。"

得此二人，而教士三万，君子六千，[①] 勃然而兴；而种、蠡之文章，至今炳然寰宇。其地运之将开欤，抑文明之由人而转徙者，适逢其会也？所可疑者，楚之文化，东下而入吴、越，而其国固有之江南，转无所得。

顾栋高曰："春秋之世，楚之经营中国，先北向而后东图，其所

① 均见《越世家》。

吞灭诸国，未尝越洞庭湖以南一步。盖其时湖南与闽、广均为荒远之地，惟群蛮、百濮居之，无系于中国之利害，故楚也有所不争也。”

湖湘灵气，遂不能发泄于春秋之时；是则地势之当冲要与否，实文化之关键矣。

第二十三章　学术之分裂

西周之学，官师合一，至春秋而天子失官，

《左传》昭公十七年：“仲尼曰：天子失官，学在四夷。”

学校不修，

《毛诗·子衿序》：“子衿，刺学校废也；乱世则学校不修焉。”

民不说学，及其大人。

《左传》昭公十八年：“秋，葬曹平公。往者见周原伯鲁焉，与之语，不说学。归以语闵子马。闵子马曰：‘周其乱乎？夫必多有是说，而后及其大人。大人患失而惑，又曰：可以无学，无学不害。不害而不学，则苟而可，于是乎下陵上替，能无乱乎！夫学，殖也。不学将落，原氏其亡乎？’”

故官师之学，分裂而为私家之学，其踪迹见于《庄子·天下篇》。

《庄子·天下篇》：“天下之治方术者多矣，皆以其有为不可加矣。古之所谓道术者，果恶乎在？曰：‘无乎不在。’曰：‘神何由降？明何由出？'‘圣有所生，王有所成，皆原于一。’不离于宗，谓之天人。不离于精，谓之神人。不离于真，谓之至人。以天为宗，以德为本，以道为门，兆于变化，谓之圣人。以仁为恩，以义为理，以礼为行，以乐为和，薰然慈仁，谓之君子。以法为分，以名为表，以参为验，以稽为决，其数一二三四是也。百官以此相齿，以事为常，以衣食为主，蕃息畜藏，老、弱、孤、寡为意，皆有以养，民之理也。古之人其备乎？配神明，醇天地，育万物，和天下，泽及百姓；明于本数，系于末度，六通四辟，小大精粗，其运无乎不在。其明而在数度者，旧法世传之史，尚多有之。其在于《诗》《书》《礼》《乐》者，邹鲁之士，搢绅先生多能明之。《诗》以道志，《书》以道事，《礼》以道行，《乐》以道和，《易》以道阴阳，《春秋》以道名分。其数散于天下而设于中国者，百家之学，时或称而道之。天下大乱，贤圣不明，道德不一，天下多得一察焉以自好。譬如耳、目、鼻、口，皆有所明，不能相通。犹百家众技也，皆有所长，时有所用。虽然，不该不遍，一曲之士也。判天地之美，析万物之理，察古人之全，寡能备天地之美，称神明之容。是故内圣外王之道暗而不明，郁而不发，天下之人，各为其所欲焉以自为方。悲夫，百家往而不反，必不合矣！后世之学者，不幸不见天地之纯，古人之大体，道术将为天下裂。"

虽其所谓古者与后世者，未尝确指其时代。然观其下文，以古之道术与关尹、老聃、墨翟、禽滑釐相对而言。如曰：

古之道术有在于是者，墨翟、禽滑釐闻其风而说之。古之道术有在于是者，关尹、老聃闻其风而说之。

可见庄子之所谓古，必在春秋以前，而其所谓后者，即指老聃、墨翟等人。古时有圣有王，则学在百官。至春秋时，内圣外王之道不明，则道术分为百家，此非庄子崇拜古人太过，亦非假托古事以欺世人，其时之情事实是如此，由源及流，各有来历，不得不约略叙述也。惟历史事迹，视人之心理为衡。叹为道术分裂，则有退化之观；诩为百家竞兴，则有进化之象。故事实不异，而论断可以迥殊；正不必以春秋时始有专家之术，遂谓从前毫无学术可言。一若学有来历，便失其价值者，此则治史者所当知也。

庄子泛称百家，而未指称某氏之学为某家；汉司马谈《论六家要指》，遂有法家、名家、道家之名。

《史记·太史公自序》："太史公仕于建元、元封之间，愍学者之不达其意而师悖，乃论六家之要指。"①

刘向《别录》、刘歆《七略》，则分为九流十家，而各溯其所出。

《汉书·艺文志》："儒家者流，盖出于司徒之官。""道家者流，盖出于史官。""阴阳家者流，盖出于羲、和之官。""法家者流，盖出于理官。""名家者流，盖出于礼官。""墨家者流，盖出于清庙之守。""纵横家者流，盖出于行人之官。""杂家者流，盖出于议官。""农家者流，盖出于农稷之官。""小说家者流，盖出于稗官。"②

并谓其起于王道既微、诸侯力政之时。

《汉书·艺文志》："诸子十家，其可观者九家而已。皆起于王道既微，诸侯力政，时君世主，好恶殊方。是以九家之术，蜂出并作，各引一端，崇其所善，以此驰说，取合诸侯。"

① 六家，兼举阴阳、儒、墨、名、法、道。而名、法、道三者称家，余则曰阴阳之术、儒者、墨者。

② 此皆班固所录刘氏父子之文。

观其所载诸家之书，上起邃古，下讫汉初，率以战国时之书为多，然古书多出依托。如：

> 农家《神农》二十篇，注曰："六国时，诸子疾时怠于农业，道耕农事，托之神农。"道家《黄帝君臣》十篇，注曰："起六国时，与《老子》相似。"《杂黄帝》五十八篇，注曰："六国时贤者所作。"《力牧》二十二篇，注曰："六国时所作，托之力牧，黄帝相。"小说家《黄帝说》四十篇，注曰："迂诞依托。"

即西周之书，亦多后人附会者。如：

> 道家《太公》二百三十七篇，注曰："吕望为周师尚父，本有道者。或有近世为太公术者所增加也。"

大抵自春秋而私家之学始兴，至战国而大盛耳。

学术之分裂，非一时之事，始则由天子畿内分而之各国，继则由各国之学转而为私家。史书亦多纪其事者，如：

> 《史记·太史公自序》："昔在颛顼，命南正重以司天，北正黎以司地。唐、虞之际，绍重、黎之后，使复典之，至于夏、商，故重、黎氏世序天地。其在周，程伯休父其后也。当周宣王时，失其守，而为司马氏。司马氏世典周史。惠、襄之间，司马氏去周适晋。①自司马氏去周适晋，分散，或在卫，或在赵，或在秦。"

此学者由天子畿内分而之各国之证也。

---

① 张晏曰，周惠王、襄王有子穨、叔带之难。故司马氏奔晋。

《史记·儒林传》："孔子闵王路废而邪道兴，于是论次《诗》《书》，修起礼乐。适齐闻《韶》，三月不知肉味。自卫返鲁，然后乐正，《雅》《颂》各得其所。……自孔子卒后，七十子之徒，散游诸侯。大者为师傅卿相，小者友教士大夫，或隐而不见。故子路居卫，子张居陈，澹台子羽居楚，子夏居西河，子贡终于齐。如田子方、段干木、吴起、禽滑釐之属，皆受业于子夏之伦，为王者师。"

此各国之学转而人私家之证也。当春秋之初，诸侯之国已各自为教。

《管子·大匡篇》："卫国之教，危傅以利；鲁邑之教，好迩而训于礼；楚国之教，巧文以利。"

其风气之不同，殆由所传之学说不同之故。如鲁秉《周礼》，晋守唐叔所受法度之类。[①]既而一国之中，又各自为风气。有守其先代之学而不废者，

《国语·晋语》："悼公使张老为卿，辞曰：'臣不如魏绛。夫绛之智，能治大官，……其学不废其先人之职。'"

有数典而忘其祖者。

《左传》昭公十五年：王谓籍谈曰："昔而高祖孙伯黡司晋之典籍，以为大政，故曰籍氏。及辛有之二子董之，晋于是乎有董史[②]。女，司典之后也，何故忘之？"籍谈不能对。宾出，王曰："籍父其无后乎！数典而忘其祖。"

---

①《左传·昭公二十九年》："晋国将守唐叔之所受法度，以经纬其民，卿大夫以序守之。"

② 杜《注》：辛有，周人也。其二子适晋为太史。

官学日微，而私家之师弟则不分国界，[1] 故国学变为师弟之家学焉。

官学衰而私家之学兴，其所藏之书，亦多散布于人间。如孔子修《春秋》，得百二十国宝书，

> 《公羊解诂》："闵因叙云：昔孔子受端门之命，制春秋之义，使子夏等十四人求周史记，得百二十国宝书。"

墨子尝见百国春秋，

> 《史通·六家篇》《隋书·李德林传》并引《墨子》云："吾见百国春秋。"《墨子·明鬼篇》："著在周之春秋。""著在燕之春秋。""著在宋之春秋。""著在齐之春秋。"

其书疑皆官书之散在民间者。夫各国史记春秋，藏之史官，苟皆非从师讲授，载笔传写，不能得其书，则求之至难，无论一人不能遍历百国，即十四人亦不能环学于诸国。故吾意春秋时之书，有藏之于官，非亲至其国，求其人，不能读者。

> 《史记·孔子世家》："孔子适周问礼，盖见老子云。"《庄子·天道篇》："孔子西藏书于周室，子路谋曰：'由闻周之征藏史有老聃者，免而归居；夫子欲藏书，则试往因焉。"

有散佚于外，好古之士，可以展转求乞者。至于官书变为私书，则无书者固不知学，而有书者转得博学详说，轶于姝姝暖暖于一先生之言者，此圣哲之所以勃兴于春秋之末也。

---

① 如孔子弟子兼有各国之人。

《墨子·贵义篇》："墨子南游使卫，关中载书甚多。弦唐子见而怪之曰：'吾夫子教公尚过曰：揣曲直而已。今夫子载书甚多，何有也？'子墨子曰：'昔者，周公旦朝读书百篇，夕见七十士，故周公旦佐相天子，其修至于今。翟上无君上之事，下无耕农之难，吾安敢废此？'"

（按此文，则知春秋之季，民不说学，见载书者，即以为怪。而官师之书，既不全有，学者非自载书，无从得书，亦可推见。）

《说文序》称七国之时，"文字异形，言语异声"。按其端实自春秋时开之。如齐太宰归父盘[①]、齐侯甔、楚公钟、夜雨雷钟、楚曾侯钟、王子申盨盖[②]之类，其文多不类籀文；或取势奇伟，或结体整齐；而清刚瘦劲，渐开小篆之风，与周、鲁之文字浑朴圆和者殊科。

《楚公钟跋》（阮元）："此钟与夜雨雷钟篆文相类，奇古雄深，与他国迥别，且俱在未称王之时，年代相去当不远也。"《夜雨雷钟跋》："此钟文字雄奇，不类齐、鲁，可觇荆南霸气。"《王子申盨盖跋》："此篆文工秀，结体较长，同于楚曾侯钟。曾侯钟，楚惠王器；子西历相昭王、惠王者，可直断为子西器也。"

此文字异形之证也。扬雄《方言》多载齐、秦、楚、晋、宋、卫、鲁、郑诸国不同之语，大抵沿自春秋之时。

如《方言三》："南楚凡贫人衣被丑敝谓之须捷，或谓之褛裂，或谓之褴褛。《左传》曰：'筚路褴褛，以启山林。'殆谓此也。"

---

① 见《簠斋吉金录》。

② 均见《积古斋钟鼎款识》。

三《传》所载，亦多异言。

《左传》庄公二十八年："楚令尹子元以车六百乘伐郑，……众车入自纯门，及逵市，县门不发，楚言而出。"宣公四年："楚人谓乳榖，谓虎於菟。"《穀梁传》襄公五年："仲孙蔑、卫孙林父会于善稻。吴谓善伊，谓稻缓。号从中国，名从主人。"《公羊传》隐公五年："公曷为而观远鱼，登来之也。"① 桓公六年："曷为谓之实来？慢之也。曷为慢之？化我也。"②

盖自行人之官不修，书名声音，渐不齐一，学术之分，亦由于此。孔子讲学，书必大篆，语必雅言。

《说文序》："孔子书六经，皆以古文。"③《论语·述而》："子所雅言，诗书执礼，皆雅言也。"孔安国《注》："雅言，正言也。"郑玄曰："读先王典法，必正言其音，然后义全。"

盖为各国学者所守不同，欲教之于一堂，不能不出以典雅，犹今之教者，必用通行之语言文字，不能用土语及别字也。《庄子》谓"邹鲁之士，能明《诗》《书》《礼》《乐》"，《史记》称"洙、泗之间，龂龂如也"。

《史记·鲁世家》：太史公曰："余闻孔子称曰：甚矣，鲁之衰也。洙、泗之间，龂龂如也。"

盖他国之学者，传授歧异，不如洙、泗间读音之正，故后世儒家传授最广，

① 何《注》：登，读言得来。得来之者，齐人语也。

② 注：行过无礼谓之化，齐人语也。

③ 段玉裁曰：此古文兼大篆言之。

是则儒家独盛之一因也。

周之教育，掌于乐官。周衰，王官失业，即周之学校教育不修之证。

《汉书·礼乐志》："周衰，五官失业，《雅》《颂》相错。"

然鲁国犹有其官，至哀公时，乐官复分散。

《论语·微子》："太师挚适齐，亚饭干适楚，三饭缭适蔡，四饭缺适秦，鼓方叔入于河，播鼗武入于汉，少师阳、击磬襄入于海。"（按此文有二说。孔安国曰："鲁哀公时，礼坏乐崩，乐人皆去。"是挚等皆鲁官；《汉书·古今人表》列挚等于殷末周初。颜师古注曰："自师挚以下八人，皆纣时人，奔走分散而去。"则以挚等为殷官。刘宝楠《论语正义》从颜说，梁玉绳《人表考》则从孔说。）

学校教育之衰，殆又甚于春秋之初。故春秋时鲁有泮宫，郑有乡校，其风虽不及西周之盛，犹有官学之遗意。春秋以后，则官学泯绝矣。《史记》谓挚等之分散，在仲尼没后。

《史记·礼书》："仲尼没后，受业之徒沈湮而不举，或适齐、楚，或入河、海，岂不痛哉！"

世或谓八人尝以雅乐受业孔子。

《人表考》（梁玉绳）引吴仁杰云："八人盖以雅乐受业于孔子。"

不知乐官掌官学与私学有别，《论语》志乐官之分散，正以明当时诸侯不重礼乐，亦不重教育。约计其时，当在春秋之末，不必定指为孔子弟子，且意其适齐、楚，入河、海，在孔子没后也。

第二十四章　老子与管子

自周代官守不修，学术分裂，于是有九流十家之学。十家之中，以道家为最早，而儒家次之。以今所存道家之书论之，老子、管子皆先于孔子之书。老子实为春秋时代一大思想家，故依其时代论次其学。按《汉书·艺文志》，道家先列《管子》，次及《老子》。

《汉书·艺文志》："道三十七家，九百九十三篇。"始《伊尹》《太公》《辛甲》《鬻熊》诸书，[①] 次《管子》八十六篇，次《老子邻氏经传》四篇。《老子傅氏经说》三十七篇，《老子徐氏经说》六篇。

似老子当后于管子。然老子之年岁不可考。

《史记·老子列传》："盖老子百有六十余岁，或言二百余岁，以其修道而养寿也。"[②]

而管子之书，不纯为道家言，则道家固当首老子也。

老子之学，本以自隐无名为务，

① 诸书多出于依托，不足据。

②《史记》之外，异说甚多。梁玉绳《古今人表考》详举之，兹不录。

《老子列传》："老子修道德，其学以自隐无名为务。"

故其事迹亦不彰，史但称其为周守藏室之史，

《老子列传》："老子者，楚苦县厉乡曲仁里人也。姓李氏，名耳，字伯阳，谥曰聃，周守藏室之史也。"

及为关尹著书之事。

《老子列传》："居周久之，见周衰，乃遂去。至关，关令尹喜曰：'子将隐矣，强为我著书。'于是老子乃著书上下篇，言道德之意五千余言而去。"

以《庄子》证之，关尹殆与老子学派相同。

《庄子·天下篇》："关尹曰：在己无居，形物自著。其动若水，其静若镜，其应若响，芴乎若亡，寂乎若清。同焉者和，得焉皆失。"

其强老子以著书，第以同道相证明，非借著书立说，创一学派或宗教，以要名于世。此讲老子之学者所当先知之义也。

老子生于陈而仕于周，并非楚人。世之论者，以《史记》有"楚苦县人"一语，遂以老子为楚人。因以其文学思想，为春秋时南方学者之首领，并谓与孔子之在北方者对峙（其说倡于日本人，而梁启超盛称之）。实则苦县故属陈，老子生时，尚未属楚，《史记索隐》《正义》言之甚明。

《史记索隐》："苦县本属陈，春秋时楚灭陈，而苦又属楚，故云楚苦县。至高帝十一年立淮阳国，陈县、苦县皆属焉。"《正义》按《年

表》云："淮阳国，景帝三年废。至天汉修史之时，楚节王纯都彭城相近，疑苦此时属楚国，故太史公书之。"（据此，是《史记》之称楚者，以苦县在汉时属楚，并非谓老子时属楚也。按陈尝再灭于楚，陈哀公三十五年，为楚所灭。[①] 后五年，惠公复兴。[②] 闵公二十一年，卒灭于楚。[③] 即谓此楚字指春秋之楚亦通，但老子与孔子同时，且其年岁甚高，其生时必为陈而非楚也。）

借令其地属楚，亦在淮水流域，距中夏诸国甚迩，未可以南北判之也。

老子既自晦其迹，故讲老子之学者，言人人殊，儒家则重其习于礼，

《小戴记·曾子问》篇记孔子问礼于老聃者，凡三节。

法家则称其生于术，

《韩非子·解老》篇："所谓有国之母，母者，道也；道也者，生于所以有国之术。"

方士则目为神仙（《列仙传》《神仙传》等书，称老子之神异甚多），释氏则谓同佛教，

《后汉书·襄楷传》："桓帝时，楷上书曰：或言老子入夷狄，为浮屠。"

---

① 鲁昭公八年。

② 鲁昭公十三年。

③ 获麟后三年。

《辩正论》（唐释慧琳）：“《晋世杂录》云：‘（道士王浮每与沙门帛远挠论，王屡屈焉，遂改换《西域传》为《化胡经》，言喜与聃化胡作佛，佛起于此。’”①

甚至附会为耶稣教（严复评老子，前有德国哲学家谓耶和华之号，即起于老子之夷希微，说见黑格尔《哲学历史》），附会为民主政治（亦见严复评语），附会为革命家（见胡适《中国哲学史大纲》）。见知见仁，各以其意为说。然即此亦可见老子之学无所不包，此庄子所以谓之为“博大真人”也。

《庄子·天下篇》：“关尹、老聃乎？古之博大真人哉！”

老子之学，自有来历，庄子称其出于古之道术，

《庄子·天下篇》：“以本为精，以物为粗，以有积为不足，澹然独与神明居。古之道术，有在于是也，关尹、老聃闻其风而悦之。”

老子之说出于诗，

《吕氏春秋·行论》：“诗曰：‘将欲毁之，必先累之；将欲踣之，必高举之。’其此之谓乎？”（诗，逸诗也。）

老子之学，由汤之史事而来，

《吕氏春秋·制乐》：“汤退卜者曰：‘吾闻祥者福之先者也，见祥而不为，则福不至；妖者祸之先者也，见妖而为善，则祸不至。’

①《老子化胡经》在元代已焚毁，清季发见敦煌石室内有《化胡经》残本。

故祸兮福之所倚，福兮祸之所伏。”

《艺文志》称其出于史官。

《汉书·艺文志》：“道家者流，盖出于史官。历记成败存亡祸福古今之道，然后知秉要执本，清虚以自守，卑弱以自持。”

此二义，老子固自言之。

《老子》：“执古之道，以御今之有，能知古始，是谓道纪。”

惟其所谓“古始”者，非常久远，不限于有文字以来之历史，亦不限于羲、农、黄帝以来之有道术者。故常抉摘天地造化之根原，而不为后世制度文物所囿，此老子之学所以推倒一切也。然东方人种积习耕稼，偏于仁柔，往往以弱制强，而操最后之胜算。老子习见其事实，故反复申明此理，而后世之人，因亦不能出其范围。实则老子之思想，由吾国人种性及事实所发生，非其学能造成后来之种性及事实也。

老子之书，专说对待之理，[①]其原盖出于《易》。惟《易》在孔子未系辞之前，仅示阴阳消息、奇偶对待之象，尚未明示二仪之先之太极。老子从对待之象，推究其发生此对待之故，得恍惚之一元，而反复言之。如曰：

视之不见，名曰夷；听之不闻，名曰希；搏之不得，名曰微。此三者不可致诘，故混而为一。其上不缴，其下不昧，绳绳不可名，复归于无物。是谓无状之状，无物之象，是谓恍惚；迎之不见其首，

① 如美恶、善不善、有无、难易、长短、高下、虚实、强弱、后先、得失、曲全、枉直、洼盈、敝新、多少、重轻、静躁、雄雌、白黑、荣辱、壮老、张歙、废兴、与夺、贵贱、损益、坚柔、得亡、成缺、盈冲、辩讷、生死、祸福、大细、有余不足、正奇善妖之类。

随之不见其后。

又曰：

孔德之名，惟道是从；道之为物，惟恍惟惚。惚兮恍兮，其中有象；恍兮惚兮，其中有物。窈兮冥兮，其中有精；其精甚真，其中有信。自古及今，其名不去；以阅众甫，吾何以知众甫之状哉，以此。有物混成，先天地生，寂兮寥兮，独立不改，周行而不殆，可以为天下母。吾不知其名，字之曰“道”，强为之名曰“大”。

盖世人不知此物，惟可以恍惚诏之。老子则知之甚精、甚真、甚信，故能从此原理，剖析众甫之状。是则吾国形而上之哲学实自老子开之，亦可曰一元哲学实自老子开之。不知老子之形而上学，徒就形而下之社会人生，推究老子之学，无当也。

老子既知此原理，见此真境，病世人之竞争于外，而不反求于内也，于是教人无为。其教人以无为，非谓绝无所为也，扫除一切人类后起之知识情欲，然后可从本根用功。故曰：“为学日益，为道日损，损之又损，以至于无为。”其下即承之曰：“无为而无不为。”盖世人日沈溺于后起之知识情欲，不能见此甚精、甚真、甚信之本原，虽自觉无所不知、无所不能，实则如同梦呓。胥天下而从事于此，止有贼国病民而已。故曰：

古之善为道者，非以明民，将以愚之。民之难治，以其智多。故以智治国，国之贼；不以智治国，国之福。知此两者，亦稽式，常知稽式，是谓玄德。玄德深矣远矣，与物反矣，然后乃至大顺。

老子所谓“愚民”，与后世所谓“愚民之术”不同。盖如秦皇之焚书坑儒以愚民，只为固其子孙帝王之业起见，非欲使天下之人咸捐其小智私欲，而同见此甚精、甚真、甚信之本原。老子之所谓“愚民”，则欲民愚于人世之小智私欲，而智于此真精之道，反本还原，以至大顺。故以后世愚民之术，归咎于老子者固非；但知老子主张破坏一切，不知老子欲人人从根本上用功者，亦绝不知老子之学也。

吾国之哲学，与西洋哲学不同者，在不言而躬行，徒执老子之言，以讲老子之学，无一是处。吾所言者，亦不能知老子之究竟也。惟今世学者喜言哲学，喜言老子哲学，且喜以老子之哲学与西洋哲学家比较，故亦不得不略述其管见。总之，老子非徒破坏，非徒消极，彼自有其真知灼见。故觉举世之人，迷罔日久，而稍稍出其绪余，为此五千言，而其所不言者，正不可限量也。

《史记·管仲传》，不详其学术所自，惟称其《牧民》《山高》《乘马》《轻重》《九府》诸篇，曰：“详哉其言之。”按仲为颍上人，[①]春秋之初，其地属郑。仲之所学，殆犹有周代官师之传。观其书于阴阳、五行[②]、天时[③]、地理[④]、兵法[⑤]、财政[⑥]，无所不赅，似未可以一家目之。然其学有与老子同原者。如曰：

> 疑今者，察之古；不知来者，视之往。万事之生也，异趣而同归，古今一也[⑦]。

是即老子执古之道，以御今之有之法也。《封禅》《国准》《揆度》诸篇，时时述古代帝王逸事，虽其书不尽管子自著，或出于后之治管子之学者所增益，然《封禅篇》之文，《史记》亦引之。

---

① 桓宽《盐铁论》谓管子为越人，未知所本。
② 有《五行篇》。
③ 有《五时篇》。
④ 有《地员》《地数》《水地》等篇。
⑤ 有《兵法篇》。
⑥ 有《轻重》《海王》等篇。
⑦《山高篇》。

《史记·封禅书》："齐桓公既霸，会诸侯于葵丘，而欲封禅。管仲曰：'古者封泰山、禅梁父者七十二家，而夷吾所记者十有二焉。'"

是管子固熟于史事。《汉志》列《管子》于道家，谓"道家出于史官"，其以此欤？

管子之学，异于道家者，在言政法。其佐齐桓创霸，既改革周制，而其论治，必以法为主。如曰：

法者，民之父母也。[①] 法者，天下之至道也，圣君之实用也。[②] 法之制民也，犹陶之于埴，冶之于金也。[③] 君臣上下贵贱皆从法，此之谓大治。[④] 圣君任法而不任智，故身佚而天下治。[⑤]

其言实战国时法家之祖，视老子之以德、仁、义、礼为无足齿数者，相去甚远，此则事之至可疑者也。愚意老子之学，亦自有其作用。如曰：

小国寡民，使有什伯之器而不用，使民重死而不远徙。

凡两言使，则其使之之术固有在矣。管子虽偏于法治主义，而其言亦多近于道家者。如《枢言篇》曰：

日益之而患少者，惟忠；日损之而患多者，惟欲。吾畏事，不欲为事；吾畏言，不欲为言。故行年六十而老吃也。

①《法法篇》。

②《任法篇》。

③《禁藏篇》。

④《任法篇》。

⑤《任法篇》。

是管子晚年以寡欲省事为主，实道家之学也。《心术》《白心》诸篇，尤多微眇之论。大抵功名之士，不先有得于道，必以私智私欲而败。管子之改革国政，卓然能有所成，未始不由于其湛深于道术；商鞅、韩非之败，正以其徒知法治，而不知畏事畏言耳。

古无黄、老之名。战国时，治道家之学者，始以黄帝与老子相附会。

> 《汉书·艺文志》："《黄帝君臣》十篇。"①"《杂黄帝》五十八篇。"②

庄子亟称黄帝，又极崇拜老聃，然亦未尝以黄帝、老子并举。黄、老并举，殆在汉初。

> 《史记·曹相国世家》："胶西有盖公，善治黄、老言。"《儒林传》："窦太后好黄、老之术。"

其后凡一切不事事，及以阴柔处世，概托为黄、老之学。使知管子与老子学术相同，则一方面无为，一方面有为，正合于"无为而无不为"之说。而怠惰苟安者，将无所容其喙矣。

---

① 注曰：起六国时，与《老子》相似也。

② 注曰：六国时贤者所作。

第二十五章　孔　　子

孔子者，中国文化之中心也。无孔子则无中国文化。自孔子以前数千年之文化，赖孔子而传；自孔子以后数千年之文化，赖孔子而开。即使自今以后，吾国国民同化于世界各国之新文化，然过去时代之与孔子之关系，要为历史上不可磨灭之事实。故虽老子与孔子同生于春秋之时，同为中国之大哲，而其影响于全国国民，则老犹远逊于孔，其他诸子，更不可以并论。观夏德（F.Hirth）《支那古代史》（The Ancient History of China）①，所引德人加摆伦资（G.von der Gabelentz）之言②，则知孔子之地位矣。

> 《孔子与其学说》（Confucius und Seine Lehre）（加摆伦资）："吾人欲测定史的人物之伟大之程度，其适当之法，即观其人物所及于人民者感化之大小、存续之长短及强弱之程度三者之如何是也。以此方法测定孔子，彼实不可不谓为人类中最大人物之一人。盖经过二千年以上之岁月，至于今日，使全人类三分之一于道德的、社会的及政治的生活之点，全然存续于孔子之精神感化之下也。"③

孔子之生年月日，说者不一。

---

① 一九〇八年美国哥伦比亚大学出版。

② 加氏所著书名见下，兹所引之一段见《支那古代史》第二四二页。

③ 加氏之书，系德国 Leipzig VF. A. Blockhaus 书店出版。兹所引之一段见原书第四第五页。又 *China Review* 第二十七卷第六十三页，有英文译本可参照。

《春秋公羊传》襄公二十有一年："十有一月，庚子，孔子生。"《春秋穀梁传》襄公二十有一年："冬十月，庚子，孔子生。"《世本》："鲁襄公二十二年冬十月，庚子，孔子生。"《史记·十二诸侯年表》："鲁襄公二十二年，孔子生。"《先圣生卒年月日考》（孔广牧）："谨案先圣之生，年从《史记》，月从《穀梁》，日从《公羊》《穀梁》。年从《史记》者，凡《世本》所述春秋卿大夫世系，悉与《左传》合；龙门撰《史记》，于先圣生年，根据《世本》为说，诚以其可信也。月从《穀梁》者，以《穀梁》与《世本》同故。日从《公羊》《穀梁》者，以《经义骈枝》据《周历》《三统历》及古《四分历》推得也。"

《经义骈枝》（成蓉镜）："世传孔子生于鲁哀公二十二年十月庚子，为今之八月二十七日，然以古历步之，实八月二十八日。"

要其生卒灼然可见。

《春秋》哀公十六年续经："夏四月己丑，孔丘卒。"《经义骈枝》（成蓉镜）："孔子卒日，集古今诸历步之，十六年四月己卯朔，十一日己丑。"

孔广牧《先圣生卒年月日考》："先圣卒于鲁哀公十六年，由是岁上溯之襄公二十二年，实七十三岁；他书谓为年七十四者，盖从襄公二十一年起算，失之。"

非若老子、释迦之生死无从稽考也。谶纬诸书，多言孔子生有异征，

《论语撰考谶》："叔梁纥与徵在祷于尼山，感黑龙精以生仲尼。"

死有遗谶。

《易纬通卦验》："孔子表洛书，摘亡辟，曰：'亡秦者，胡也；丘以推秦，白精也。'"

《春秋》家又谓孔子受命制作，

《公羊》哀公十四年注：获麟之后，天下血书鲁端门曰："趋作法，孔圣没，周姬亡，彗东出，秦政起，胡破术，书记散，孔不绝。"子夏明日往视之，血书飞为赤乌，化为白书，署曰"演孔图"。

自号"素王"。

《六艺论》（郑玄）："孔子既西狩获麟，自号'素王'，为后世受命之君制明王之法。"

《春秋序》（贾逵）："孔子览史记，就是非之说，立素王之法。"

皆视孔子为神奇不经之人，迄今日而称述其说者不衰。欲比孔子于耶稣、穆罕默德，以孔教为标帜，是皆不知孔子者也。孔子不假宗教以惑世，而卓然立人之极，故为生民以来所未有。

《孟子·公孙丑》述有若之言曰："圣人之于民，亦类也。出于其类，拔乎其萃，自生民以来，未有盛于孔子也。"

学者欲知孔子，当自人事求之，不可神奇其说也。

孔子之学，有得之于家庭者，

《左传》昭公七年，孟僖子曰："孔丘，圣人之后也，而灭于宋。其祖弗父何以有宋而授厉公。及正考父，佐戴、武、宣，三命兹益共，故其鼎铭云：'一命而偻，再命而伛，三命而俯，循墙而走，亦莫余敢侮。饘于是，鬻于是，以餬余口。'其共也如是。臧孙纥有言曰：'圣人有明德者，若不当世，其后必有达人。'今其将在孔丘乎！"

有得之于社会者，

《史记·孔子世家》："孔子为儿，嬉戏，常陈俎豆，设礼容。""鲁南宫敬叔言于鲁君曰：'请与孔子适周。'鲁君与之一乘车，两马，一竖子俱，适周问礼，盖见老子云。""孔子学鼓琴师襄子，十日不进。师襄子曰：'可以益矣。'孔子曰：'丘已习其曲矣，未得其数也。'有间，曰：'已习其数，可以益矣。'孔子曰：'丘未得其志也。'有间，曰：'已习其志，可以益矣。'孔子曰：'丘未得其为人也。'有间，曰：'有所穆然深思焉，有所怡然高望而远志焉。'曰：'丘得其为人，黯然而黑，几然而长，眼如望羊，如王四国，非文王其谁能为此也！'师襄子辟席再拜，曰：'师盖云《文王操》也。'"

《仲尼弟子列传》："孔子之所严事：于周，则老子；于卫，蘧伯玉；于齐，晏平仲；于楚，老莱子；于郑，子产；于鲁，孟公绰。数称臧文仲、柳下惠、铜鞮伯华、介山子然，孔子皆后之，不并世。"

盖其时虽曰"世衰道微"，然必家庭社会犹有前代礼教学说流传，其国土之风气，有特殊于他国者。[①] 其游踪所至，多得贤士大夫之益，[②] 然后可以鼓舞奋发，而出一命世之大哲。不可徒谓春秋之时，社会纷乱，政法黑暗，民生痛苦，邪说横行，始因此等反应产生圣哲之思想也。然家庭之遗传，社会之影响，虽亦有关于孔子，而孔子之所以成为孔子者，仍在其自身之好学。故其自言曰：

---

① 如鲁秉周礼之类。

② 如子贡谓"君子居是邦，事其大夫之贤者，友其仁者"之类。

吾十有五而志于学，三十而立，四十而不惑，五十而知天命，六十而耳顺，七十而从心所欲不逾矩。十室之邑，必有忠信如丘者焉，不如丘之好学也。

忠信之资，初不足以过人，惟好学为所自信。自十五至七十，无一息不学，知行之功，与年俱进，是则非平生师友所可几矣。前乎孔子者，虽有傅说始终典学之语，然未尝有言之亲切详备如孔子者，则虽谓吾民知学自孔子始，可也。

孔子自言其学之程序，且述其学之功效，然只自明其身心所造之境地，未尝及于身外。由此可知孔子为学之目的，在先成己而后成物。其成己之法，在充满其心性之本能，至于从心所欲不逾矩之境，而一切牖世觉民之方，乃从此中自然发现于外。既非徒受外界之反感，愤激悲悯，欲学一种方法或主义以救世；亦非徒慕古人，欲蹈袭其陈迹，冀自树于功名，至于垂老无成，乃托教学著书，以期留名后世，及与当世讲学者，争持门户，独立一派别也。《论语》及《大学》《中庸》所言，十九皆明此义。不知孔子所学为何事，第以褊狭骛外之心测孔子，宁能窥见其涯涘哉！

孔子所学，首重者曰成己，曰成人，曰克己，曰修身，曰尽己。其语殆不可以偻举，惟其以此为重，故不暇及于外，而怨天尤人之意，自无自而生。

《论语·宪问》："不怨天，不尤人，下学而上达，知我者其天乎！"《中庸》："正己而不求于人，则无怨。上无怨天，下不尤人。"

其遇虽穷，其心自乐，人世名利，视之淡然。

《论语·述而》："饭疏食饮水，曲肱而枕之，乐亦在其中矣。不义而富且贵，于我如浮云。"

自孔子立此标准，于是人生正义之价值，乃超越于经济势力之上。服其教者，力争人格，则不为经济势力所屈，此孔子之学之最有功于人类者也。人之生活，固不能不依乎经济，然社会组织不善，则经济势力往往足以锢蔽人之心理，使之屈伏而丧失其人格。其强悍者，蓄积怨尤，则公为暴行，而生破坏改革之举。今世之弊，皆坐此耳。孔子以为人生最大之任务，在努力增进其人格，而不在外来之富贵利禄，即使境遇极穷，人莫我知，而我胸中浩然，自有坦坦荡荡之乐。无所歆羡，自亦无所怨尤，而坚强不屈之精神，乃足历万古而不可磨灭。儒教真义，惟此而已。虽然，孔子之学，亦非徒为自了汉，不计身外之事也。成己必成物，立己必立人。

《中庸》："诚者，非自成己而已也，所以成物也。成己，仁也；成物，知也。性之德也，合外内之道也。"《论语·雍也》："夫仁者，己欲立而立人，己欲达而达人。"

故修身之后即推之于家国天下，其于道国、为政、理财、治赋之法，无一不讲求，而蕲致用于世。《论语》所记孔门师弟问答之语，时时以为政为言，即群众之经济亦必使之富足。

《论语·子路》："子适卫，冉有仆，子曰：'庶矣哉。'冉有曰：'既庶矣，又何加焉？'曰：'富之。'曰：'既富矣，又何加焉？'曰：'教之。'"《颜渊篇》："子贡问政。子曰：'足食，足兵，民信之矣。'"

此则本末兼赅，有体有用，非若二氏之专言虚寂，遗弃一切也。孔子生于周，故其政见多主用周法，然用之亦有分别，观《论语》之言自见。

《论语·卫灵公》："颜渊问为邦。子曰：行夏之时，乘殷之辂，服周之冕。"《子罕篇》："子曰：麻冕，礼也。今也纯，俭，吾从众。"

陆桴亭《思辨录》谓孔子从周，后儒宜讲当代之制："孔子动称周家法度，虽周公制作之善，亦从周故也。予每怪后儒学孔子，亦动称周家法度，而于昭代之制，则废而不讲，亦不善学孔子者矣。"其实孔子之所主张，亦不尽周法，即世俗所通行而协于人情者，亦无不可从也。

孔子之学，固不以著述重，然其著述之功，关系绝巨。史称其时礼乐废，《诗》《书》缺，传自孔氏，始可得述。

《史记·孔子世家》："孔子之时，周室微而礼乐废，《诗》《书》缺。追迹三代之礼，序《书传》，上纪唐、虞之际，下至秦缪，编次其事。曰：'夏礼吾能言之，杞不足征也。殷礼吾能言之，宋不足征也。足，则吾能征之矣。'观殷、夏所损益，曰：'后虽百世可知也，以一文一质。周监二代，郁郁乎文哉。吾从周。'故《书传》《礼记》自孔氏。孔子语鲁太师：'乐其可知也。始作翕如，纵之纯如，皦如绎如也以成。''吾自卫反鲁，然后乐正，《雅》《颂》各得其所。'古者诗三千余篇，及至孔子，去其重，取可施于礼义，上采契、后稷，中述殷、周之盛，至幽、厉之缺，始于衽席，故曰：'《关雎》之乱，以为《风》始，《鹿鸣》为《小雅》始，《文王》为《大雅》始，《清庙》为《颂》始。'三百五篇孔子皆弦歌之，以求合《韶》《武》《雅》《颂》之音，礼乐自此可得而述。"

盖其时如老子者，不以书籍所传言语为重。

《史记·老子传》："老子曰：'子所言者，其人与骨皆已朽矣，独其言在耳。'"

世复多不说学者，使任其放佚，则浸衰浸微，古代之文化复何从考见乎！《诗》《书》《礼》《乐》皆述，《易》《春秋》则述而兼作。

《汉书·儒林传》："孔子晚而好《易》，读之，韦编三绝，而为之传。"[1]

《史记·儒林传》："西狩获麟，曰：'吾道穷矣。'故因史记作《春秋》。"

世谓孔子"述而不作"者，盖未读"十翼"及《春秋》也。《孟子》即称"孔子作《春秋》"，《公羊》明载未修春秋之原文，[2] 惟杜预称《春秋》多用旧史，然亦谓有刊正处。[3] 孔子传《易》修史，而合之《诗》《书》《礼》《乐》，号为"六艺"，亦名为"经"。

《史记·孔子世家》："孔子以《诗》《书》《礼》《乐》教弟子，盖三千焉，身通六艺者七十有二人。"

其为教亦各有得失，孔子尝详言之。

《礼记·经解》："孔子曰：入其国，其教可知也。其为人也，温柔敦厚，《诗》教也；疏通知远，《书》教也；广博易良，《乐》教也；絜静精微，《易》教也；恭俭庄敬，《礼》教也；属辞比事，《春秋》教也。故《诗》之失愚，《书》之失诬，《乐》之失奢，《易》之失贼，《礼》之失烦，《春秋》之失乱。其为人也，温柔敦厚而不愚，则深于《诗》者也；疏通知远而不诬，则深于《书》者也；广博易良而不奢，则深

①"读"者，卦爻之词，孔子所述也；"传"者，十翼之文，孔子所作也。

② 庄公七年，曷为谓之如雨？不修《春秋》曰："雨星不及地尺而复。"君子修之曰："星陨如雨。"

③ 杜预《春秋左氏传序》："仲尼因鲁史策书成文，考其真伪，而志其典礼。上以遵周公之遗制，下以明将来之法；其教之所存，文之所害，则刊而正之，以示劝戒。其余则皆即用旧史，史有文质，辞有详略，不必改也。"

于《乐》者也；絜静精微而不贼，则深于《易》者也；恭俭庄敬而不烦，则深于《礼》者也；属辞比事而不乱，则深于《春秋》者也。”

孔子于《易》，由阴阳奇偶之对待，阐明太极之一元。

《系辞》：“易有太极，是生两仪，两仪生四象，四象生八卦，八卦定吉凶，吉凶生大业。”

谓神无方，易无体，而道在阴阳之相对。

《系辞》：“神无方而易无体，一阴一阳之谓道。”

其于形而上之原理，与老子所见正等。《易》之神妙，正赖孔子发明。（按《论语》称“子不语怪、力、乱、神”。而《易·系辞》屡言神，如“阴阳不测之谓神”，“蓍之德圆而神”，“神以知来”，“是兴神物以前民用”，“圣人以此斋戒，以神明其德夫”，“鼓之舞之以尽神”之类。）而世乃谓孔子系《易》，专重人伦日用之事，

某氏论《易》曰：“近人谓伏羲画卦，乃纯包天地万物、万事万象、有形无形，诸凡共同之大原理而言，即纯属哲理的著作。以今之新名词言之，即曰纯正哲学。文王加彖、象各辞，始由图画而附文字说明，然已由抽象的哲理，而喻以具体的事物。故可谓文王解《易》，即由纯正哲学引入于伦理学范围。以今之新名词言之，即曰伦理哲学。孔子作《文言》《系辞》，则更将《易》象移以解释人生种种善恶行为之报应，专在策人为君子，勿为小人。故孔子解《易》，实专以伦理的眼光看《易》象，并非以宇宙人生、万象森罗之哲理眼光看《易》象。若以今之新名词言之，《易》经中孔子所明，第可曰伦理学，或

曰伦理的解释。孔子圣人，决非不解《易》象之哲理。第孔子一生志向，专以对人宣明伦理一门，作入世法，至孔子之真实本领，哲理一门之出世法，始终未欲与世人道之，此正是孔子之高大处。故至今儒家所知之孔子，第知孔子本领之半而已。”

奚足以知孔子之用心哉！孔子所言神明之德，必须洗心斋戒，退藏于密，而后可见，非腾口说、骋文辞所能指示也。至于孔子讲《易》以明人伦日用之道者，则有二义焉，曰“中”，曰“时”。

如释《乾》之九二曰“龙德而正中”，九三、九四皆曰“重刚而不中”，《坤》六五曰“君子黄中通理”，《同人》曰“中正而应”，《大有》曰“大中而上下应之”之类，皆以明“中”也。释《蒙》曰“蒙亨，以亨行，时中也”。《蹇》曰“蹇之时用大矣哉”！《益》曰“凡益之道与时偕行”之类，皆以明“时”也。

“中”以方位言，“时”以后先言，必合此二者而义乃全。且其幾至微，稍过不及，即非所谓“中”；人心之执著胶滞，皆为未喻此义也。自尧、舜以来，以“中”为立国之道，孔子祖述其说，而又加以“时”义。故孟子谓孔子为“圣之时者也”。其实，“中”之一字，已足赅括一切，加以“时”字，则所以衡其中否者益密耳。此语至平常，而又至难，原其初，须得喜怒哀乐未发前之气象。

《中庸》：“喜怒哀乐之未发，谓之中。”

推其极，则可以位天地，育万物。

《中庸》：“致中和，天地位焉，万物育焉。”

故孔子于中道系之曰“庸”，而极言其不可能，

《论语·雍也》：“中庸之为德也，其至矣乎，民鲜久矣。”《中庸》：“子曰：‘中庸其至矣乎！民鲜能久矣。’”“天下国家可均也，爵禄可辞也，白刃可蹈也，中庸不可能也。”

贤智则过，愚不肖则不及，强为貌似，则又成为乡原，三者皆病，乃取其微偏者而救正焉。

《论语·子路》：“子曰：不得中行而与之，必也狂狷乎！狂者进取，狷者有所不为也。”

世人徒执后世乡原之儒者以病孔子，不知孔子固于此反复明辩，不容伪儒之矫饰也。论德之本曰“中”，论道之用曰“恕”，《周书》始言“恕”。

《逸周书·程典篇》：“慎德必躬恕，恕以明德。”

而未详言其法，至孔子始推演之，以为终身可行之道。

《论语·卫灵公》：“子贡问曰：‘有一言而可以终身行之者乎？’子曰：‘其恕乎！己所不欲，勿施于人。’”

对于子臣弟友、上下左右，一以恕待之。

《中庸》：“子曰：‘君子之道四，丘未能一焉：所求乎子，以事父未能也；所求乎臣，以事君未能也；所求乎弟，以事兄未能也；所求乎朋友，先施之未能也。’”《大学》：“所恶于上，毋以使下；所恶

于下，毋以事上；所恶于前，毋以先后；所恶于后，毋以从前；所恶于右，毋以交于左；所恶于左，毋以交于右。此之谓絜矩之道。”

盖人类之相处，最难各得其平。处处以责人之心责己，则平心静气。于人毫无怨望，而人之对我亦必出于和平，充其功效，岂惟一人可行于世，使举世行之，则举世之战争、奋斗、猜疑、欺诈，种种不德皆可蠲除，而全体之人类，咸相安而遂其生矣。曾子之告其门人，谓忠恕即一贯。

《论语·里仁》：“子曰：‘参乎，吾道一以贯之。’曾子曰：‘唯’。子出，门人问曰：‘何谓也？’曾子曰：‘夫子之道，忠恕而已矣。’”

盖孔子所知所行，无不本于此，故以“而已矣”三字决之，明忠恕之外，无他道也。为人谋而不忠，亦由待人不恕。故曾子论一贯，犹兼言忠恕；孔子论终身可行之道，惟举一恕字，以恕可以赅忠也。忠恕之事，属行不属知，子贡问行，而孔子答以施；行与施皆指事为，非指一人独居讲学也。从来学者解释恕字，未有以为属于知识者，近人好为异论，乃以恕为推知。

《订孔下》（章炳麟）：“心能推度曰恕，周以察物曰忠。故夫闻一以知十，举一隅而以三隅反者，恕之事也。夫彼是之辨，正处、正色、正味之位，其候度诚未可壹也。守恕者，善比类。诚令比类可以遍知者，是絜矩可以审方圆，物情之纷，非若方圆可以量度也。故用矩者困，而务比类者疑。周以察物，举其征符，而辨其骨理者，忠之事也。故疏通知远者恕，文理密察者忠。身观焉，忠也；方不障，恕也。上者寂焉不动，感而遂通天下之故，无有远近幽深，遂知来物，中之方人用法，察迩言也。下者至于原本山川，极命草木，合契比律，审曲面埶，莫不依是。《三朝记》：哀公欲学《小辨》，孔子对以力、忠、信。云：‘知忠必知中，知中必知恕，知恕必知外。内思毕心曰知中，中以应实曰知恕，内恕外度曰知外。’此言以忠恕为学，则无所不辨也。周以察物，疑其碎矣。物虽小别，非无会通。内思毕心者，由异而观其同也。”

夫闻一知十，举一反三，属于知识。己所不欲，勿施于人，属于行为。二者各有分际，不可混为一谈。《大戴记·小辨篇》虽言忠有九知，然其上文明言行为：

《小辨》：“明忠信之备而又能行之，则可立待也。君朝而行忠信，百官承事，忠满于中而发于外，刑于民而放于四海，天下其孰能患之？”“丘言之，君发之于朝，行之于国，一国之人莫不知，何一之强避？丘闻之，忠有九知。知忠必知中，知中必知恕，知恕必知外，知外必知德，知德必知政，知政必知官，知官必知事，知事必知患，知患必知备。若动而无备，患而弗知，死亡而不知，安与知忠信！内思毕心曰知中，中以应实曰知恕，内恕外度曰知外，外内参意曰知德，德以柔政曰知政，正义辨方曰知官，官治物则曰知事，事戒不虞曰知备，毋患曰乐，乐义曰终。”

所谓明忠信之备者，知也；而又能行之者，行也。朝而行忠信，发之于朝，行之于国者，皆行也。徒明忠信而不行，得谓之忠信乎？知中、知恕、知外、知德、知政、知官、知事、知患、知备九者，皆须实行，故曰“动而无备，患而弗知，安与知忠信”？试思备患恃知乎？抑持行乎？章氏偏重知识，匪惟误解《论语》，抑亦误解《戴记》，断章取意，贻误后人，匪浅鲜也。

孔子论治之书，以《春秋》为主，而《春秋》之学，为最难讲，当时门弟子已不能赞一辞。

《史记·孔子世家》：“至于为《春秋》，笔则笔，削则削，子夏之徒，不能赞一辞。弟子受《春秋》，孔子曰：‘后世知丘者以《春秋》，而罪丘者亦以《春秋》。’”

孟子则推其惧乱贼之功：

《孟子·滕文公》：“孔子成《春秋》，而乱臣贼子惧。”

庄子则称其为先王之志：

《庄子·齐物论》：“《春秋》经世，先王之志，圣人议而不辩。”

班固则谓口受弟子，弟子退而异言。

《汉书·艺文志》：“仲尼与左丘明观其史记，据行事，仍人道，因兴以立功，就败以成罚，假日月以定历数，藉朝聘以正礼乐。有所褒讳贬损，不可书见，口授弟子，弟子退而异言。丘明恐弟子各安其意，以失其真，故论本事而作传，明夫子不以空言说经也。《春秋》所贬损大人当世君臣，有威权势力，其事皆形于传，是以隐其书而不宣，所以免时难也。及末世口说流行，故有《公羊》《穀梁》《邹》《夹》之《传》。”

自汉以来，三《传》传而《邹》《夹》不传。

《汉书·艺文志》：“四家之中，《公羊》《穀梁》立于学官，邹氏无师，夹氏未有书。”于是说《春秋》者，各依传以为说，讫无定论。

《春秋穀梁传序》（范宁）：“《春秋》之传有三，而为《经》之旨则一。臧否不同，褒贬殊致。盖九流分而微言隐，异端作而大义乖。《左传》以鬻拳兵谏为爱君，文公纳币为用礼。《穀梁》以卫辄拒父为尊祖，不纳子纠为内恶。《公羊》以祭仲废君为行权，妾母称夫人为合正。以兵谏为爱君，是人主可得而胁也。以纳币为用礼，是居丧可得而婚也。以拒父为尊祖，是为子可得而叛也。以不纳子纠为内恶，是仇仇可得而容也。以废君为行权，是神器可得而窥也；以妾母为夫人，是嫡庶可得而齐也。若此之类，伤教害义，不可强通者也。凡传以通经为主，经以必当为理。夫至当无二，而三传殊说，庸得不弃其所滞，择善而从乎！既不俱当，则固容俱失；若至言幽绝，择善靡从，庸得不并舍以求宗，据理以通经乎！……而汉兴以来，瑰望硕儒，各信所习，是非纷错，准裁靡定，故有父子异同之论，石渠分争之说。废兴由于好恶，盛衰继之辨讷，斯盖非通方之至理，诚君子之所叹息也！”

大抵孔子当时属辞比事，自有其详细解释。今所存之经文，特其辞之大纲。而其详细解释者，不可得见。三《传》所传，各有其微言大义，亦有各安其意以成口说者，不能尽以为得孔子之意，亦不能尽以为非孔子之意也。

《春秋》之义，在正名分，寓褒贬，其影响所及，有非他书可比者。观皮锡瑞之《春秋通论》可见：

或曰：孟子言孔子成《春秋》而乱臣贼子惧。何以《春秋》之后，乱臣贼子不绝于世？然则孔子作《春秋》之功安在？孟子之言，殆不足信乎？曰：孔子成《春秋》，不能使后世无乱臣贼子，而能使乱臣贼子不能全无所惧。自《春秋》大义昭著，人人有一《春秋》之义在其胸中，皆知乱臣贼子人人得而诛之，虽极凶悖之徒，亦有魂梦不安之隐；虽极饰辞巧说，以为涂人耳目之计，而耳目仍不能涂，邪说虽横，不足以蔽《春秋》大义。乱贼既惧当时义士声罪致讨，又惧后世史官据事直书，如王莽者，多方掩饰，穷极诈伪，以盖其篡弑者也；如曹丕、司马炎者，妄托禅让，褒封先代，篡而未敢弑者也；如萧衍者，已行篡弑，旋知愧憾，深悔为人所误者也；如朱温者，公行篡弑，犹畏人言，归罪于人以自解者也。他如王敦、桓温谋篡多年，而至死不敢；曹操、司马懿及身不篡，而留待子孙。凡此等固由人有天良，未尽泯灭，亦由《春秋》之义深入人心。故或迟之久而后发；或迟之又久而卒不敢发；即或冒然一逞，犯天下之不韪，终不能坦怀而自安。如萧衍见吴均作史，书其助萧道成篡逆，遂怒而摈吴均；燕王棣使方孝孺草诏，孝孺大书"燕贼篡位"，遂怒而族灭孝孺。其怒也，即其惧也，盖虽不惧国法，而不能不惧公论也。

盖《春秋》之义，亦至难言，后世所执者，仅得其半，而尤严于乱臣。若以《左传凡例》论，则君臣相对，《春秋》未尝不责无道之君。

《左传》宣公四年："凡弑君称君，君无道也；称臣，臣之罪也。"杜预《释例》曰："天生民而树之君，使司牧之，群物所以系命。若高亢自肆，群下绝望，情义圮隔，是谓路人，非君臣也。人心苟离，则位号虽有，无以自固。故《传例》曰：'弑君称君，君无道；称臣，臣之罪。'称君者，唯书君名，而称国人以弑，众之所共绝也。"

孔子对齐景公以君臣并言：

《论语·颜渊》："齐景公问政于孔子。孔子对曰：'君君，臣臣，父父，子子。'公曰：'善哉！信如君不君、臣不臣、父不父、子不子，虽有粟，吾得而食诸？'"

又以忠、礼并举：

《论语·八佾》："君使臣以礼，臣事君以忠。"

初非专责人臣也。又凡《春秋》褒贬之志，止以当时之事为断，而言外尚有微恉。如《公羊》家张三世之说，则借事明义，正以寓其理想，亦非专于事实也。

《公羊传》隐公元年《解诂》曰："于所传闻之世，见治起于衰乱之中，用心尚麤觕，故内其国而外诸夏，先详内而后治外。于所闻之世，见治升平，内诸夏而外夷狄。至所见之世，著治太平，夷狄进至于爵，天下远近小大若一。"

何氏之说，虽止一家之言，然与《礼记·礼运》之言大同者颇合，

《礼运》："孔子曰：大道之行也，天下为公，选贤与能，讲信修睦。故人不独亲其亲，不独子其子，使老有所终，壮有所用，幼有所长，矜、寡、孤、独、废、疾者，皆有所养；男有分，女有归，货恶其弃于地，不必藏于己；力恶其不出于身也，不必为己。是故谋闭而不兴，盗窃乱贼而不作，故外户而不闭，是谓大同。今大道既隐，天下为家，各亲其亲，各子其子，货力为己。大人世及以为礼，……以贤勇知，以功为己，故谋用是作，而兵由此起。"

《礼运》正论历史事实，故由大同降而小康；《春秋》悬想文明世界，故由升平而至太平。顺逆虽殊，其为孔子所怀抱之宗旨一也。若专限于事实，则禄去公室，政逮大夫，陪臣执国命，每况愈下，尚何升平、太平可言哉！

孔子理想之广大，随在可见。《论语》及《易》之言教育，皆其不分族类，不分疆域之证也。

《论语·卫灵公》："子曰：有教无类。"《易·临卦》："象曰：君

子以教思无穷，容保民无疆。”

而《中庸》之言化育，则尤进于是。

《中庸》：“唯天下至诚，为能尽其性；能尽其性，则能尽人之性；能尽人之性，则能尽物之性；能尽物之性，则可以赞天地之化育；可以赞天地之化育，则可以与天地参矣。”

教育之功，至于尽物性，参天地，则不独为一时一世之人群谋矣。极巨之效，由极简之法而生。所谓宇宙内事，皆性分内事也。吾国古代圣人之思想，常思以人力造天地，其功既见于此数千年之大国，而其义犹未罄万一。后人准此而行，则所谓范围天地，曲成万物者，无不可以实现，正不必以国家人类为界，而区区于知识技能，以为教育之大事者，抑又不足深论矣！

古代学校，各有祀典。

《礼记·文王世子》：“凡学，春官释奠于其先师，秋冬亦如之。”“凡始立学者，必释奠于先圣先师。”郑玄曰：“先圣周公若孔子。”

郑氏举孔子为例，盖就汉以后而言，汉以前未祀孔子也。历代帝王之祀孔子者，自汉高祖始。

《史记·孔子世家》：“高皇帝过鲁，以太牢祠焉。”

《汉书·高帝纪》：“十二年十一月，行自淮南，还。过鲁，以太牢祠孔子。”

而学校祀孔子，自明帝始。

《后汉书·礼仪志》："永平二年，……养三老五更于辟雍；郡、县、道行乡饮酒礼于学校，皆祀圣师周公、孔子。"

然孔子与周公并祀，非特祀也。唐、宋以降，渐次尊崇，礼等帝王，制亦数易。

《文献通考》："唐制，国子学立周公、孔子庙各一所，四时致祭。其释奠之礼，初以周公为先圣，孔子配享。贞观二年，停祭周公，升孔子为先圣，以颜回配。开元二十年，追谥'文宣王'，改西坐像为南面。诏曰：'昔周公南面，夫子西坐，今位既有殊，岂宜依旧？'其两京国子监及天下诸州，夫子南面坐，十哲等东西行列侍。"

《续通考》："宋太宗追谥孔子曰'先圣文宣王'，真宗时改谥'至圣'，元武宗加封'大成至圣文宣王'，明世宗嘉靖九年，改称'至圣先师'，易塑像为木主。"

盖自汉以来，虽已举国崇奉孔子之教，而立庙奉祀，近于宗教性质者，乃由人心渐演渐深，踵事增华之故。初非孔子欲创立一教，亦非仅一二帝王或学者，假孔子之教以愚民也。

孔子后裔，代有封号。

汉曰"褒成君"，魏曰"宗圣侯"，晋宋曰"奉圣侯"，后魏曰"崇圣大夫"，唐初曰"褒圣侯"，开元中改"文宣公"。[①]

至宋始封孔子后为"衍圣公"：

《续通考》："宋仁宗至和二年，封孔子之后为'衍圣公'。"

---

① 均见《文献通考》。

迄今犹存其名，此亦无足深异。然自西周至今，奕叶相传，七十余世，谱牒统系，灼然无疑，则世所仅见也。自明以后，府县学皆祀孔子，外国如琉球、日本，亦立文庙，行释奠礼，高丽自宋时即祀文宣王，此虽不足为孔子重，而其为东方文化之祖，则举世所共信也。太史公立《孔子世家》而称“至圣”，有以哉！

《史记·孔子世家》：“天下君王至于贤人众矣，当时则荣，没则已焉。孔子布衣，传十余世，学者宗之。自天子王侯，中国言六艺者，折中于夫子，可谓至圣矣！”

第二十六章　孔子弟子

春秋大哲，孔、老并称。老子曰："人之所教，我亦教之。"而其教育之法，则以不言之教为主，故其弟子不多。今可考者，惟文子、

> 《汉书·艺文志》："《文子》九篇。注：老子弟子，与孔子并时。"

蜎子、

> 《汉书·艺文志》："《蜎子》十三篇。注：名渊，楚人，老子弟子。"

关尹子、

> 《汉书·艺文志》："《关尹子》九篇。注：名喜，为关吏，老子过关，喜去吏而从之。"

数人。盖老子固非教育家也。孔子自少即教授于鲁，

> 《史记·孔子世家》："孟釐子……诫懿子曰：'今孔丘年少好礼，其达者欤！吾即没，若必师之。'及釐子卒，懿子与鲁人南宫敬叔往学礼焉。"

自周反鲁，弟子益进，其后弟子弥众。

> 《孔子世家》：“孔子自周反于鲁，弟子稍益进焉。”“孔子不仕，退而修《诗》《书》《礼》《乐》，弟子弥众，至自远方，莫不受业焉。”

委贽者三千人，达徒七十人。

> 《吕氏春秋·遇合篇》：“孔子周流海内，再干世主；如齐至卫，所见八十余君，委贽为弟子者三千人，达徒七十人。七十人者，万乘之主得一人用，可为师。”《史记·孔子世家》：“孔子以《诗》《书》《礼》《乐》教弟子，盖三千焉。身通六艺者，七十有二人。”

私家教授徒众之盛，自古以来，未有如孔子者也。

孔子自言“有教无类”，故三千弟子中，流品亦不齐，互乡童子、梁父大盗，

> 《吕氏春秋·尊师篇》：“颜涿聚，梁父之大盗也，学于孔子。”

阳货、佛肸之类，

> 《墨子·非儒篇》：“其徒属弟子，皆效孔丘。子贡、季路辅孔悝，乱乎卫，阳货乱乎鲁，佛肸以中牟叛。”据此，则墨子以为阳货、佛肸皆孔子弟子。《孔丛子·诘墨篇》曰：“如此言，卫之乱，子贡、季路为之耶？斯不待言而了矣。阳虎欲见孔子，孔子不见，何弟子之有？佛肸以中弁叛，召孔子，则有之矣；为孔子弟子，未之闻也。”

传者甚多，此正见孔子之大，初无损于孔子也。然三千之数，亦不可考，《史记·仲尼弟子列传》仅载七十七人。清代朱彝尊、梁玉绳等，广采诸书，亦

只得一百九人。

《史记志疑》(梁玉绳):“孔子弟子之数,有作七十人者,《孟子》云七十子,《吕氏春秋·遇合篇》:达徒七十人,《淮南子·泰族》及《要略训》俱言七十,《汉书·艺文志序》《楚元王传》所称七十子丧而大义乖,是已。有作七十二人者。《孔子世家》《文翁礼殿图》《后汉书·蔡邕传》、鸿都画像、《水经注》、八汉鲁峻冢壁像、《魏书·李平传》学堂图,皆七十二人。《颜氏家训·诫兵篇》所称仲尼门徒升堂者七十二,是已。有作七十七人者。此《传》及《汉书·地理志》是已。《孔子家语·七十二弟子解》实七十七人,今本脱颜何,止七十六,其数无定,难以臆断。《汉书·艺文志》有《孔子徒人图法》二卷,《集解》载郑康成《孔子弟子目录》,《隋唐志》云一卷,此二书久亡。《汉书·人表》既疏略不备,而鸿都像、李平图俱失传,鲁峻石壁仅睹隶续残碑,《文翁图》在显晦之间,不尽可凭。世儒据以考弟子者,惟《史记》《家语》。而古文《家语》已不得见,今《家语》并非王肃旧本,则《史记》又较《家语》为确。史公从孔安国受学,亲见安国撰集之古文《家语》,故曰弟子籍出孔氏古文者近是。虽然,弟子之数,岂止七十七人而已哉!若以陈亢、琴牢、牧皮、林放、仲孙何忌、仲孙说、孟武伯彘、子服何、孺悲、左丘明、公罔之裘、序点、宾牟贾、颜浊邹、颜涿聚、盆成适、鞠语、季襄、惠叔兰、常季、孔璇、阙党互乡二童子、廉瑀、左子虑、襄子孺、襄子鱼、公子虚、驷子言、颜子思、巫子、苟子三十二人,增入七十七弟子,通计一百九人。”[1]

而此一百人中,有仅传姓名莫知其事实者,书阙有间,固无从悬测也。第以《史记·仲尼弟子列传》观之,亦可得孔子学派所及之地。七十七人之中,鲁

① 朱彝尊《曝书亭集》有《孔子弟子考》,梁氏盖据之而又加详耳。

人凡三十八：颜回、闵损、冉耕、冉雍、冉求、仲由、宰予、曾参、澹台灭明、宓不齐、原宪、南宫括、曾蒧、颜无繇、商瞿、漆雕开、公伯僚、有若、公西赤、巫马施、颜幸、冉孺、冉季、漆雕哆、公夏首、颜祖、申党、颜之仆、县成、左人郢、秦非、颜哙、乐欬、叔仲会、颜何、邽巽、孔忠、公西蒧。卫国六人：端木赐、高柴、奚容蒧、卜商、句井疆、廉絜。齐国六人：公冶长、公晳哀、樊须[①]、梁鳣、后处、步叔乘。楚国三人：公孙龙[②]、任不齐、秦商[③]。秦国二人：秦祖、壤驷赤。陈国二人：颛孙师、公良孺。晋国二人：公坚定、鄡单。宋国一人：司马耕。吴国一人：言偃。

其余不著籍者，尚不知其属于何国。观其教化所被，南及江、淮，西及山、陕。在当时各国分立，而孔子之教不分畛域如此，此岂其他诸子所可拟哉！[④]

孔子之先，已有儒名，孔子之时，多有妄命儒者，孔子尝为鲁哀公力辨之。

> 《小戴记·儒行》："鲁哀公问于孔子曰：'夫子之服，其儒服欤？'孔子对曰：'丘少居鲁，衣逢掖之衣；长居宋，冠章甫之冠。丘闻之也，君子之学也博，其服也乡，丘不知儒服。'哀公曰：'敢问儒行？'孔子对曰：'遽数之，不能终其物；悉数之，乃留，更仆未可终也。''儒有不陨获于贫贱，不充诎于富贵，不慁君王，不累长上，不闵有司，故曰儒。今众人之命儒也妄，常以儒相诟病。'"

且教其弟子，分辨儒之性质。

> 《论语·雍也》："子谓子夏曰：女为君子儒，毋为小人儒。"

---

① 郑玄云齐人，《家语》云鲁人。

② 郑玄云楚人，《家语》云卫人。

③ 郑玄云楚人，《家语》云鲁人。

④ 墨子弟子可考者不满二十人，《吕氏春秋》称其弟子充满天下，与孔子等，然后所传甚少，可见其学之未能广被也。

是孔子于儒之一字，有承认者，有不承认者，而其时之毁儒者，更为有意寻隙，未足为儒之真相也。

《史记·孔子世家》："晏婴进曰：夫儒者滑稽而不可轨法；倨傲自顺，不可以为下；崇丧遂哀，破产厚葬，不可以为俗；游说乞贷，不可以为国。"

孔子之后，学派繁衍，论者统名为儒，而又加以区别。如：

《荀子·非十二子篇》："弟佗其冠，神禫其辞，禹行而舜趋，是子张氏之贱儒也。正其衣冠，齐其颜色，嗛然而终日不言，是子夏氏之贱儒也。偷儒惮事，无廉耻而嗜饮食，必曰君子固不用力，是子游氏之贱儒也。"《韩非子·显学篇》："孔子之死也，有子张之儒，有子思之儒，有颜氏之儒，有孟氏之儒，有漆雕氏之儒，有仲良氏之儒，有孙氏之儒，有乐正氏之儒。"

大抵随意举示，不可即据以为孔子之学只分为此数派。韩非虽曰"儒分为八"，似确只此八派；若合荀卿之言计之，当曰"儒分为十"。子夏、子游皆与子张异趣，且为荀卿所摈，其别有宗派可知矣。又《荀子·非十二子》以子思、孟轲为一派。

《荀子·非十二子篇》："略法先王，而不知其统，犹然而材剧志大，闻见杂博。案往旧造说，谓之五行，甚僻违而无类，幽隐而无说，闭约而无解。案饰其辞而祗敬之，曰此真先君子之言也。子思唱之，孟轲和之，世俗之沟犹瞀儒，嚾嚾然不知其非也，遂受而传之，以为仲尼、子弓为兹厚于后世，是则子思、孟轲之罪也。"

韩非则以子思、孟氏为两派，又未知韩非所指之孟氏，即荀卿所指之孟轲否？[1]故论孔门弟子之学，而据韩非之言，无当于事理也。

孔子之教诸弟子，内以期其成德，外以期其从政，故论颜回之好学，惟以不迁怒、不贰过为言。

> 《论语·雍也》：哀公问弟子孰为好学，孔子对曰："有颜回者好学，不迁怒，不贰过，不幸短命死矣。今也则亡，未闻好学者也。"

观此，可知孔子所谓学，最重在修身克己，不是专门读书讲学。颜子虽称夫子"博我以文"，而孔子并不以"博文"许之，《论语》载此文。《易·系辞》又称："颜氏之子，其殆庶几乎！有不善未尝不知，知之未尝复行也。"盖弟子之中，虽多聪明才辩之士，而即知即行，笃志克己者，无过于颜子，故孔子屡称之。不知此义，则虽读破万卷，说尽天下道理，无非为人之学，于自身了无益处，非孔子之所谓学也。而于雍、赐、由、求诸人，皆许其能临民从政。

> 《论语·雍也》："子曰：雍也，可使南面。""季康子问：'仲由可使从政也与？'子曰：'由也果，于从政乎何有？'曰：'赐也，可使从政也与？'曰：'赐也达，于从政乎何有？'曰：'求也，可使从政也与？'曰：'求也艺，于从政乎何有？'"

盖皆以当时实得其学之益为主，不徒期其传述六艺以教后世也。然德行一科，既多潜修之士，其他之从政者，亦多未能大用于世。故孔门弟子之有功于吾国者，惟讲学授经之人；六艺之昌，微诸弟子，未能历数千年而不绝也。

《仲尼弟子列传》述经师之传，惟商瞿最详。

> 《史记·仲尼弟子列传》："商瞿，鲁人，字子木，少孔子二十九岁。

---

① 孔子弟子有孟懿子，则孟氏未必即孟子。

孔子传《易》于瞿，瞿传楚人馯臂子弘，弘传江东人矫子庸疵，疵传燕人周子家竖，竖传淳于人光子乘羽，羽传齐人田子庄何，何传东武人王子中同，同传菑川人杨何。何元朔中以治《易》为汉中大夫。”

秦火未焚，统绪灼然，而施、孟、梁丘之书皆不传，仅虞氏之说，略可窥其端绪耳。

《汉书·艺文志》：“及秦燔书，而《易》为卜筮之事，传者不绝。汉兴，田何传之，讫于宣、元，有施、孟、梁丘、京氏，列于学官。”

《易经通论》（皮锡瑞）：“《史记·儒林传》云：‘言《诗》，于鲁则申培公，于齐则辕固生，于燕则韩太傅。言《尚书》，自济南伏生。言《礼》，自鲁高堂生。言《易》，自菑川田生。言《春秋》，于齐、鲁自胡毋生；于赵，自董仲舒。’是皆言汉初传经诸人。而申公、辕固、韩婴、伏生、高堂生等，皆不言其所授，盖史公已不能明，惟于《易》之授受独详。盖史公父谈，受《易》于杨何，故能详《易》家授受之人乃至于今，不特王同、周王孙、丁宽、服生之《易》传数篇无一字存，即施、孟、梁丘，汉立博士，授生徒以千万计，今其书亦无有存者，岂非事理之可怪，而经学之大可惜者乎！后惟虞翻注《易》，自谓五世传孟氏《易》，其注见李鼎祚《集解》稍详，近儒张惠言为之发明。此则孟氏之学，支与流裔，犹有存者，而汉儒《易》学，幸得存什一于千百也。”

《史记》称：“子夏居西河教授，为魏文侯师。”初未言其传经，而子夏之传独广，于《易》则有传。《汉志》无子夏《易传》，《隋书·经籍志》《唐书·艺文志》均有《周易·卜商传》二卷，今其书亦不传，惟唐李鼎祚《周易集解》中引之。[①]于《诗》则有序，

① 据《越缦堂日记》，谓子夏《易传》为汉之邓子夏所作。

《诗经正义》:“沈重云:案《郑诗谱》意《大序》是子夏作,《小序》是子夏、毛公合作,卜商意有不尽,毛更足成之。”

毛公之学,相传出于子夏。

《汉书·艺文志》:“《毛诗故训传》三十卷。”毛公之学,自谓子夏所传。

《经典释文》(陆德明):“徐整曰:子夏授高行子,高行子授薛仓子,薛仓子授帛妙子,帛妙子授河间人大毛公。毛公为《诗故训传》,以授赵人小毛公,小毛公为河间献王博士。”陆玑曰:“子夏授曾申,申传魏人李克,克传鲁人孟仲子,孟仲子传根牟子,根牟子传赵人孙卿子,孙卿子传鲁人大毛公。”二说未知孰是。

书之传授不详,而七观之义,见于《尚书大传》,

《尚书大传》:“子夏读《书》毕,见夫子,夫子问焉。曰:‘子何为于《书》?’子夏对曰:‘《书》之论事也,昭昭如日月之代明,离离若星辰之错行。上有尧、舜之道,下有三王之义。商所受于夫子,志之于心,不敢忘也。’子曰:‘《尧典》可以观美,《禹贡》可以观事,《咎繇》可以观治,《洪范》可以观度,六《誓》可以观义,五《诰》可以观仁,《甫刑》可以观戒。通斯七观,《书》之大义举矣。’”

是伏生之学,亦由子夏所传也。《礼》有《丧服传》,亦子夏作。

《仪礼疏》(贾公彦):“作传之人,皆云孔子弟子卜商子夏所为;其传内更云传者,是子夏引他旧传,以证己义。”

《春秋》虽莫赞一辞，而《公》《穀》二传，皆有端绪可考。

《公羊传疏》（徐彦）引戴宏序曰："子夏传于公羊高，高传于子平，平传于子地，地传于子敢，敢传于子寿。至汉景帝时，寿乃与齐人胡毋子都著于竹帛。"《风俗通》（应劭）："穀梁子名赤，子夏弟子。"

盖今世所传五经，皆出于子夏矣。子夏之于吾国文化之关系亦大哉！

《后汉书》："徐防曰：《诗》《书》《礼》《乐》，定自孔子；发明章句，始于子夏。"①

子夏之外，曾子所传亦广。其最著者为《孝经》。

《公羊传》哀公十四年疏引《孝经》说："孔子曰：《春秋》属商，《孝经》属参。"《孝经》序疏引《钩命决》云："孔子曰：吾志在《春秋》，行在《孝经》。"是《孝经》与《春秋》同为孔子所定也。惟《孝经》首章有"仲尼居，曾子侍"之语，宋儒疑非孔子所著，详见《困学纪闻》。

《曾子》十八篇，《汉志》列儒家，今其书不传。《大戴礼记》有《立事》《本孝》《立孝》《大孝》《事父母》《制言》上、中、下、《曾子疾病》《天圆》十篇，盖即十八篇中之十篇也。

《经学历史》（皮锡瑞）：十篇之义，"皆极纯正，《天圆篇》尤足

① 章句虽依本书，未为创作，然微言大义多赖以传。

见大贤之学无不通云。单居离问于曾子曰：'天圆而地方者，诚有之乎？'曾子曰：'天之所生上首，地之所生下首，上首之谓圆，下首之谓方。如诚天圆而地方，则是四角之不揜也。'据曾子说，谓圆，谓方，谓其道，非谓其形。方圆同积，圆者不能揜方之四角。今地为天所揜，明地在天中。天体浑圆，地体亦浑圆，与地球之说合。"

《小戴记·曾子问篇》及《檀弓篇》多记曾子问礼、议礼之说，曾子之深于礼，殆过于子夏，而《论语》及《学》《庸》，皆出于曾子之门人。

《论语辩》（柳宗元）上篇："孔子弟子，曾参最少，少孔子四十六岁。曾子老而死，是书记曾子之死，则去孔子也远矣，盖乐正子春、子思之徒与为之尔。"《史记·孔子世家》："子思作《中庸》。"

《三礼目录》（郑玄）："名曰《中庸》者，以其记中和之为用也。庸，用也。孔子之孙子思伋作之。"《阙里述闻》："伋字子思，从曾子舆学。尝虑当世无可传道之人，乃以其闻于曾子者，著《大学》一书；复以其体验有得者，著《中庸》一书，以垂教后世。"

孔子之学，微此三书，殆无以见其集前圣之大成也。

孔子之学，兼赅文武，而不以勇力闻。

《列子·说符篇》："孔子之劲，能拓国门之关，而不以力闻。"《淮南子·主术训》："孔子之通，智过于苌弘，勇服于孟贲，足蹑于郊菟，力招城关，能亦多矣。然而勇力不闻，伎巧不知，专行教道，以成素王。"

即其弟子，亦多有勇于战陈者。

《左传》哀公十一年："齐伐鲁，冉求帅左师，管周父御，樊迟为右。

季孙曰：‘须也弱。’有子曰：‘就用命焉。’季氏之甲七千，冉有以武城人三百为己徒卒，……战于郊，齐师自稷曲。师不逾沟。樊迟曰：‘非不能也，不信子也，请三刻而逾之。’如之，众从之。……冉有用矛于齐师，故能入其军。孔子曰：‘义也。’”《史记·孔子世家》：“冉有为季氏将师，与齐战于郎，克之。季康子曰：‘子之于军旅，学之乎？性之乎？’冉有曰：‘学之于孔子。’”

吾国兵家多称孙、吴，而吴起实曾子弟子。

《史记》：“吴起者，卫人也。好用兵，尝学于曾子。”

故孔子弟子之学，不尽限于儒家，徒以儒家目孔子弟子，亦未能尽其学也。儒有柔之训，

《三礼目录》（郑玄）：“儒之言优也，柔也，能安人，能服人。又儒者，濡也，以先王之道，能濡其身。”

而孔子颇尚刚，

《论语·公冶长》：“子曰：吾未见刚者。”《子路》又曰：“刚、毅、木、讷近仁。”《礼记·儒行》：“儒有可亲而不可劫也，可近而不可迫也，可杀而不可辱也。其居处不淫，其饮食不溽，其过失可微辨而不可面数也。其刚毅有如此者。”

《中庸》且盛言君子之强，

《中庸》：“故君子和而不流，强哉矫！中立而不倚，强哉矫！国

有道，不变塞焉，强哉矫！国无道，至死不变，强哉矫！”

又言化愚柔为明强之法。

《中庸》：“博学之，审问之，慎思之，明辨之，笃行之。有弗学，学之弗能，弗措也；有弗问，问之弗知，弗措也；有弗思，思之弗得，弗措也；有弗辨，辨之弗明，弗措也；有弗行，行之弗笃，弗措也。人一能之，己百之；人十能之，己千之；果能此道矣，虽愚必明，虽柔必强。”

盖孔门虽尚《中庸》，以世人多偏于柔儒，故恒思以刚强济之，非若老子专偏于柔弱也。后世儒者，未得孔门真传，徒以乡愿为儒，而儒遂有优柔濡滞之训，此自是汉人见解，非春秋、战国时之儒者也。近人习于非儒之言，诋毁儒家，无所不至，甚至有以曾子之战战兢兢为萎缩气象者，不知人之强毅，正由自反而缩得来，无内省慎独之功，而矫为强毅，是则客气用事，未足以入道也。即《论语》所记曾子之言观之，临大节而不可夺，任重而道远，是何等气象，恶可诋为萎缩？

《论语·泰伯》：“曾子曰：‘可以托六尺之孤，可以寄百里之命，临大节而不可夺也，君子人与？君子人也。’”“士不可以不弘毅，任重而道远，仁以为己任，不亦重乎！死而后已，不亦远乎！”

蚍蜉撼树，是则至可笑者耳。

第二十七章　周末之变迁

春秋之后，是为战国。太史公作《六国表》，始于元王元年，迄秦二世，凡二百七十年。实则《春秋左传》终于元王八年，当自贞王元年始入战国，[①]而秦始皇二十七年后，即秦统一之时，亦未可附于战国。要战国之始末，自周贞王迄秦灭齐，凡二百四十八年。其曰“战国”者，亦以《国策》记其时事，刘向定其名为《战国策》，故缘书而名其时也。此期史事，颇多阙轶，顾亭林尝论之：

《日知录》：“春秋终于敬王三十九年庚申之岁，西狩获麟；又十四年，为贞定王元年癸酉之岁，鲁哀公出奔，二年，卒于有山氏，《左传》以是终焉。又六十五年，威烈王二十三年戊寅之岁，初命晋大夫魏斯、赵籍、韩虔为诸侯；又一十七年，安王十六年乙未之岁，初命齐大夫田和为诸侯；又五十二年，显王三十五年丁亥之岁，六国以次称王，苏秦为从长；自此以后，事乃可得而纪。自《左传》之终以至此，凡一百三十三年，史文阙轶，考古者为之茫昧，如春秋时犹尊礼重信，而七国则绝不言礼与信矣；春秋时犹宗周王，而七国则绝不言王矣；春秋时犹严祭祀，重聘享，而七国则无其事矣；春秋时犹论宗姓氏族，而七国则无一言及之矣；春秋时犹宴会赋诗，而七国则不闻矣；春秋时犹有赴告策书，而七国则无有矣。邦无定交，士无

① 贞王介，《史记》作定王，误。兹从黄式三《周季编略》。

定主，此者变于一百三十三年之间，史之阙文，而后人可以意推者也。”

按太史公作《六国表》只本《秦记》，未见周室史记。

《史记·六国表序》：“秦既得意，烧天下《诗》《书》，诸侯史记尤甚，为其有所刺讥也。《诗》《书》所以复见者，多藏人家，而史记独藏周室，以故灭。惜哉，惜哉！独有《秦记》，又不载日月，其文略不具。”

其文之阙轶，当以此为最大关系，又当孟子时，诸侯已去周籍。

《孟子·万章》：“北宫锜问曰：‘周室班爵禄也如之何？’孟子曰：‘其详不可得闻也，诸侯恶其害己也，而皆去其籍。’”

则秦虽不烧诸侯史记，而周家典章制度之变迁，亦未必可考。晋之亡也，其太史抱图法归周。

《吕氏春秋·先识篇》：“晋太史屠黍，见晋公之骄而无德义也，以其图法归周。”

周之衰也，太史儋西见秦伯。

《史记·周本纪》：“烈王二年，周太史儋见秦献公曰：始周与秦国合而别，别五百载复合，合十七岁，而霸王者出焉。”

史官转徙，图籍随之湮沦，则诸侯虽不去之，亦未必完全无缺也。仅就秦史所记，及其他残缺不完之书，推论当时状况，已难得其实际，而论者又多从退化方面著眼，如刘向《战国策序》有曰：

仲尼既没之后，田氏取齐，六卿分晋，道德大废，上下失序。至秦孝公捐礼让而贵战争，弃仁义而用诈谲，苟以取强而已矣。夫篡盗之人，列为侯王，诈谲之国，兴立为强，是以转相放效。后生师之，遂相吞灭，并大兼小。暴师经岁，流血满野。父子不相亲，兄弟不相安，夫妇离散，莫保其命，湣然道德绝矣。

益使人觉此期之史事无足道。然就其变迁之大概言之，有退化者，有进化者，亦不可执一而概其余也。

古代疆域之广袤，颇难质言。以春秋、战国两期较之，则战国时拓地之广，过于春秋远甚。江西、湖南之地，大半为楚、越所辟。

《史记·越世家》："庞、长沙，楚之粟也；竟陵泽，楚之材也；越窥兵通无假之关，此四邑者不上贡事于郢矣。"《正义》："楚之四邑，庞、长沙、竟陵泽也。庞、长沙出粟之地，竟陵泽出材木之地，此邑近长沙潭、衡之境，越若窥兵西通无假之关，则四邑不得北上贡于楚之郢都矣。战国时永、郴、衡、潭、岳、鄂、江、洪、饶并是东南境，属楚也；袁、吉、虔、抚、歙、宣并越西境，属越也。"

越则南及闽中，

《史记·越世家》："楚威王伐越，越以此散，诸族子争立，或为王，或为君，滨于江南海上，……后七世，至闽君摇，佐诸侯平秦。汉高帝复以摇为越王，以奉越后。东越，闽君皆其后也。"

楚则西及巴、蜀、滇、黔，

《史记·西南夷列传》："楚威王时，使将军庄蹻将兵循江上，略巴、蜀、黔中以西。……蹻至滇池，方三百里，旁平地肥饶数千里，以兵威定，属楚。”

秦伐楚、蜀，其地益广，

《史记·秦本纪》：“惠文君九年，司马错伐蜀，灭之。……十三年，攻楚汉中，取地六百里，置汉中郡。……十四年，伐楚，取召陵。丹、犁臣蜀。[①]昭襄王三十年，蜀守若伐楚，取巫郡，及江南为黔中郡。”

西攻义渠，遂置陇西北地诸郡。

《汉书·匈奴传》：“魏有西河、上郡，与戎界边。其后义渠之戎，筑城郭以自守，而秦稍蚕食之。至于惠王，遂拔义渠二十五城。惠王伐魏，魏尽入西河及上郡于秦。秦昭王时……伐灭义渠，于是秦有陇西、北地、上郡。”

燕、赵二国开拓北边，所置之郡，亦不下于秦。

《汉书·匈奴传》：“赵武灵王亦变俗胡服，习骑射，北破林胡、楼烦，自代并阴山，下至高阙为塞，而置云中、雁门、代郡。其后燕有贤将秦开，为质于胡，胡甚信之；归而袭破东胡，东胡却千余里。……燕亦筑长城，自造阳至襄平，置上谷、渔阳、右北平、辽西、辽东郡以拒胡。”

---

①《正义》：二戎号也，臣伏于蜀。蜀相杀蜀侯，并丹、犁二国降秦。在蜀西南姚府管内，本西南夷，战国时蜀、滇国，唐初置犁州、丹州也。

三垂之辟，皆由国大力强所致，非封建诸侯尽并而为此四五国者，未能挥斥裔夷若此之广也。

春秋以来，井田之制渐隳。

《左传》襄公三十年："郑子产为政，使田有封洫，郑人诵之曰：'取我田畴为伍之。孰杀子产，吾其与之。'"①

战国之初，犹有存者，故李悝作尽地力之教，犹以提封万顷为言，

《汉书·食货志》："李悝为魏文侯作尽地力之教，以为地方百里，提封九万顷，除山泽邑居。参分去一，为田六百万亩，治田勤谨则亩益三升，不勤则损亦如之。地方百里之增减，辄为粟百八十万石矣。""今一夫挟五口，治田百亩，岁收亩一石半，为粟百五十石，除十一之税十五石，余百三十五石。食，人月一石半，五人终岁为粟九十石，余有四十五石。石三十，为钱千三百五十；除社闾尝新春秋之祠，用钱三百，余千五十。衣，人率用钱三百，五人终岁用千五百，不足四百五十。不幸疾病死丧之费，及上赋敛，又未与此。此农夫所以常困，有不劝耕之心。"②

然自文侯至孟子时，不过百年上下（魏文侯在位三十八年，武侯十六年，惠王三十六年，襄王十六年），而各国已皆呈经界不正之象，则其变迁之速可想矣。

《孟子·滕文公》："夫仁政，必自经界始。经界不正，井地不钧，

---

① 据此，知子产未为政时，郑之田亩殆已久无封洫。子产欲复旧制，而郑人怨之，他国度亦如是。

② 按悝之计地，既以提封为言，又以一夫百亩十一之税计算，皆周法尚存之证；惟以生计艰难，故旧法不得不变耳。

谷禄不平，是故暴君污吏必漫其经界。经界既正，分田制禄可坐而定也。”

商鞅与孟子同时，独尸开阡陌之名，

《史记·商君列传》：“为田开阡陌封疆。”

《通典》：“秦孝公任商鞅，鞅以三晋地狭人贫，秦地广人寡，故草不尽垦，地利不尽出。于是诱三晋之人，利其田宅，复三代，无知兵事，而务本于内，而使秦人应敌于外。故废井田，制阡陌，任其所耕，不限多少。”

《开阡陌辨》（朱子）：“《汉志》言秦废井田开阡陌，说者之意，皆以为开置之开，言秦废井田，而始置阡陌也。按阡陌者，旧说以为田间之道，盖因田之疆畔，制其广狭，辨其纵横，以通人物之往来。商君以其急刻之心，行苟且之政，但见田为阡陌所束，而耕者限于百亩，则病其人力之不尽；但见阡陌之占地太广，而不得为田者多，则病其地利之有遗。又当世衰法坏之时，则其归授之际，不免有烦扰欺隐之奸。而阡陌之地，均近民田，又必有阴据以自私，而税不入于公上者。是以一旦奋然不顾，尽开阡陌，悉除禁限，而听民兼并买卖，以尽人力；垦辟弃地，悉为田畴，而不使其有尺寸之遗，以尽地利。使民有田即为永业，而不复归授，以绝烦扰欺隐之奸；使地皆为田，而田皆出税，以核阴据自私之幸。此其为计，正与杨炎疾浮户之弊，而遂破租庸以为两税者同。盖一时之害虽除，而千古圣贤传授精微之意，于此尽矣。故《秦纪》《鞅传》皆云‘为田开阡陌封疆，而赋税平’。蔡泽亦曰‘决裂阡陌，以静生民之业，而一其俗’。详味其言，则所谓开者，乃破坏铲削之意，而非创置建立之名。所谓阡陌，乃三代井田之旧，而非秦之所置矣。所谓赋税平者，以无欺隐窃据之奸也。所谓静民生之业者，以无归授取予之烦也。以是数者合而证之，其理可见。”

度他国亦必仿行，而史文不具耳。

《七国考》（明董说）引《水利拾遗》云：“李悝以沟洫为墟，自谓过于周公，未知其说所本。若依此说，则魏之废沟洫，必废阡陌，其事尚早于商鞅矣。”

田制既变，人民之生计，遂至贫富相悬甚远。

《汉书·食货志》：“及秦孝公用商君，坏井田，开阡陌，急耕战之赏，……王制遂灭，僭差亡度。庶人之富者累巨万，而贫者食糟糠。”又引董仲舒说：“秦用商鞅之法，改帝王之制，除井田，民得卖买，富者田连阡陌，贫者亡立锥之地。又颛川泽之利，管山林之饶，荒淫越制，逾侈以相高；邑有人君之尊，里有公侯之富，小民安得不困？又加月为更卒，已，复为正一岁，屯戍一岁，力役三十倍于古；田租、口赋、盐铁之利，二十倍于古。或耕豪民之田，见税什五，故贫民常衣牛马之衣，而食犬彘之食。”

国有之地变为民有，其害在生计不均，其利则在以竞争而促进人之智力。经济之发展，当以此期为最大之关键矣。

春秋之时，惟《管子》有黄金一斤直食若干之语，他书未有言金粟交易之价值者。盖人皆有田，不须购粟，故亦无市价可言。至计然为越王勾践谋国，始以谷价高下相较。

《史记·货殖列传》：“计然曰：‘夫粜，二十病农，九十病末。末病则财不出，农病则草不辟矣。上不过八十，下不减三十，则农末俱利，平粜齐物，关市不乏，治国之道也。’”[①]

粟石仅值二三十钱，较之今日，似为极廉。然以家有余粟之人，至于日日购米而食，亦可谓之巨变矣。史称秦并天下，始用二等之币。

《汉书·食货志》：“秦兼天下，币为二等：黄金以镒为名，上币；铜钱质如周钱，文曰‘半两’，重如其文。”

实则战国之时，已专用黄金，或以镒计，

《孟子·公孙丑》：“于齐，王馈兼金一百……，于宋，馈七十镒而受，于薛，馈五十镒而受。”《战国策》：“苏秦为赵相，白璧万双，黄金万镒。”

或以斤计，

《战国策》：“姚贾出使四国，资车百乘，金千斤。”“孟尝君予冯谖车五十乘，金五百斤，西游于梁。梁遣使者黄金千斤，车百乘，往聘孟尝。”

或不言斤镒，而但称金若干。

《战国策》：“温囿之礼，岁八十金。”“唐睢载音乐，予之五十金。”[②]《史记·货殖列传》：“朱公……善治生者，能择人而任时，十九

① 当时粟一石不过数十钱，李悝论粟价，亦曰“粟三十”，可互证。

② 此疑以斤计。

年之中，三致千金。”

虞、夏、商、周虽有金币，未闻用金如是之多。战国之时，号为乱世，而各国用金，动辄千百斤镒者，又经济之大变也。吾意春秋百数十国，至战国时仅余数十国，各国之府藏储蓄，悉数流衍，此金多之一因也；农夫变而为商贾，治生之术日精，货币与实物交易之量骤增，二因也；僻远之地，以次开辟，矿产必多发见，三因也。史称：周显王六年，天雨金于秦之栎阳，四月至八月，秦自以为得金瑞，作畦畤于栎阳，祀白帝。世无雨金之事，此必矿产之溢出于外者，为风雨鼓荡，而飞于空，故以为雨金耳。又称：蜀王与秦伯遇，秦以金一笥遗之。又作石牛五，朝写金其后，曰“牛便金”；蜀使人请石牛，秦许之，乃遣五丁开道迎石牛，所谓“金牛道”也。此事虽近于小说，然亦可见其时秦国金多矣。世道离衰，物力进步，虽谓战国为黄金时代，非溢词也。

春秋之时，列国交兵，其数之多，不过数万，至多亦不过十万耳。至战国而竞以众胜，靡国不然，苏、张之徒，盛称其数。

《史记·苏秦传》：“说燕文侯曰：燕地方二千余里，带甲数十万，车六百乘，骑六千匹。”“说赵肃侯曰：赵地方二千余里，带甲数十万，车千乘，骑万匹，粟支数年。”“说韩宣王曰：韩地方九百余里，带甲数十万。”“说魏襄王曰：大王之卒，武士二十万，苍头二十万，奋击二十万，厮徒十万，车六百乘，骑五千匹。”“说齐宣王：齐地方二千余里，带甲数十万，粟如丘山。……临菑之中，七万户。臣窃度之，不下户三男子，三七二十一万，不待发于远县，而临菑之卒，固已二十一万矣。”“说楚威王曰：楚地方五千余里，带甲百万，车千乘，骑万匹，粟支十年。”①

《史记·张仪传》：“仪说魏王曰：魏地方不至千里，卒不过

①《战国策》文同。

> 三十万。”[①]“又说楚王曰：秦地半天下，兵敌四国，被险带河，四塞以为固，虎贲之士百余万，车千乘，骑万匹。”“说韩王曰：料大王之卒，悉之不过三十万，而厮徒负养在其中矣，除守徼亭障塞，见卒不过二十万而已矣。”

其言虽夸，然实数必去所言不远。观《史表》载秦斩首之数，尤可互证。

> 《史记·六国表》：“秦惠文王十三年，庶长章击楚，斩首八万。”“武王四年，拔宜阳城，斩首六万。”“昭王七年，击楚，斩首五万。”“十四年，白起击伊阙，斩首二十四万。”“二十七年，击赵，斩首三万。”“三十三年，伐魏，拔四城，斩首四万。”“三十四年，白起击魏华阳，斩首十三万，沈其卒二万人于河。”“四十七年，白起破赵长平，杀卒四十五万。”

斩杀之多如是，所将之兵之多可知。即曰秦尚首功，或多虚报，然以十为一计之，其多者亦有数万。如白起击伊阙斩首二十四万，以二万四千计之，亦春秋时二军之数矣。秦并六国，用兵尤多，攻楚一役，至六十万。

> 《史记·王翦传》：“始皇问李信：‘吾欲攻取荆，于将军度用几何人而足？’李信曰：‘不过用二十万人。’问王翦，王翦曰：‘非六十万人不可。’……王翦曰：‘大王必不得已用臣，非六十万人不可。’始皇曰：‘为听将军计耳。’于是王翦将兵六十万人。”

若合两方计之，则秦、楚之战，其兵不下百余万矣。吾人读史，不可徒讥其残暴，当知其平时养兵之费，教兵之法，驭兵之方，以及战时指挥调度之才

---

① 按此数可与苏秦所说之数相参，一言其多，一言其少，度必不下三十五万。

若何，而后可以胜之，非惟大将著名者如起、翦、颇、牧之类，非春秋时卿士将兵者所可及，即其偏裨将校，度亦必有过人之能，而后可与于战事。观韩信论汉高将兵之才不过十万，则战国时人才之多为何如乎？

春秋之时，多世卿执政，其由布衣崛起，骤至卿相者，不数数见也。至战国而风气一变。窭人下士，抵掌游说，往往取贵族世臣之权而代之，而阶级之制遂以渐泯。盖当战国之初，篡位夺国者皆强宗世族，其人虽甘冒不韪，恒惧他人之师其故智。

《孟子·万章》："齐宣王曰：'请问贵戚之卿。'曰：'君有大过则谏，反复之而不听，则易位。'王勃然变乎色。曰：'王勿异也，王问臣，臣不敢不以正对。'"此即可以见当时国君之心理。

故思以好贤礼士之名，罗致疏贱之士，畀以国政，而阴削宗族大臣之权，以为其子孙地，此一因也。（按战国之初，魏文侯最好士，其事田子方、段干木，用李克、吴起、西门豹、乐羊子，皆以抑其宗族也。史称公子季成谓魏侯曰："君与子方齐礼，假有贤于子方者，君又何以加之？"魏侯曰："如子方者，非成所得议也。仁人也者，国之宝也；智士也者，国之器也；博通士也者，国之尊也。子方，仁人也；非成之所得议也。"公子季成自退于郊，三日请罪。季成为文侯弟，且为魏相，而文侯抑之如此，可以窥其隐矣。）疏贱之士，既握政柄，必与贵戚世臣不相容，恃其言听计从，则力排异己以为快，虽有因之失败如吴起、商君之类者。

《史记·吴起传》："魏侯时，公叔为相，尚魏公主，而害吴起。……吴起惧得罪，遂去，即之楚。楚悼王素闻起贤，至则相起。明法审令，捐不急之官，废公族疏远者，以抚养战斗之士。要在强兵，……故楚之贵戚尽欲害吴起。及悼王死，宗室大臣作乱，而攻吴起，吴起走之王尸而伏之。击起之徒，因射刺吴起，并中悼王。悼王既葬，太子立，乃使令尹尽诛射吴起，而并中王尸者，坐射起而夷宗死者，七十余家。”又，《商鞅传》：“商君相秦十年，宗室贵戚多怨望者。……秦孝公卒，太子立。公子虔之徒，告商君欲反，发吏捕商君。商君亡，……秦发兵攻商君，杀之于郑黾池。”又，《范雎传》：“范雎因请间说曰‘臣居山东时，闻齐之有田文，不闻其有王也；闻秦之有太后、穰侯、华阳、高陵、泾阳，不闻其有王也。……今自有秩以上至诸大吏，下及王左右，无非相国之人者。见王独立於朝，臣窃为王恐，万世之后，有秦国者，非王子孙也。’昭王闻之大惧。曰：‘善。’于是废太后，逐穰侯、高陵、华阳、泾阳君於关外。秦王乃拜雎为相。”①

而游士相踵，争取高位，贵族不能一一倾之，而列国之风气，以之大变，此二因也。国家积弱，宗族大臣不能自振，则人主急于求士，士亦争往归之，此三因也。

《史记·秦本纪》：“孝公时，河山以东强国六，……秦僻在雍州，不与中国诸侯之会盟，夷翟遇之。孝公于是布惠，振孤寡，招战士，明功赏。下令国中曰：‘宾客群臣有能出奇计强秦者，吾且尊官，与之分土。’”又《乐毅传》：“燕昭王以子之乱，而齐大败燕，昭王怨齐，未尝一日而忘报齐也。燕国小，僻远，力不能制，于是屈身下士，先礼郭隗以招贤者。”

数千年之贵族政治，以此三因，遂渐转而入于平民之手，岂非至奇之事乎？！

战国之初，惟人君好士，如魏文侯、齐宣王之类，皆其著者也。

《史记·田敬仲完世家》：“宣王喜文学游说之士，自如驺衍、淳

① 雎后用蔡泽之言，以商君等为鉴，故未为贵族所害。

于髡、田骈、接子、慎到、环渊之徒七十六人，皆赐列第，为上大夫，不治而议论。是以齐稷下学士复盛，且数百千人。”

其后，则大臣贵族亦以养士为高，士无贤不肖，麇聚而求食，遂成一时之风气。

《史记·孟尝君列传》：“孟尝君在薛，招致诸侯宾客及亡人有罪者，皆归孟尝君。孟尝君舍业厚遇之，以故倾天下之士。食客数千人，无贵贱，一与文等。”又《平原君传》：平原君“喜宾客，宾客盖至者数千人”。又《魏公子传》：信陵君“仁而下士，士无贤不肖，皆谦而礼交之，不敢以其富贵骄士。士以此方数千里争往归之，致食客三千人”。又《春申君传》：“春申君为楚相，客三千余人，其上客皆蹑珠履。”又《吕不韦传》：“吕不韦家僮万人。以信陵、春申、平原、孟尝皆下士喜宾客以相倾。不韦……羞不如，亦招贤士，厚遇之，至食客三千人。”

苏轼论此事，至谓六国之所以久存，秦之所以速亡，盖出于此。[1] 虽未必尽然，然亦不可谓非一因也。战国之君，权势之隆，过于周之天子。即其公卿大臣，亦不下于周之诸侯。徒以养士之风，阴弭贵贱之阶级，而王公贵人之权威，转有不敌匹夫之名誉者。

《说苑·尊贤篇》：“魏击遇田无择于途，下车趋谒，无择坐乘如故。击意不说，因问曰：‘不识富贵者骄人乎，抑贫贱者骄人乎？’无择曰：‘亦贫贱者骄人耳，富贵者安敢骄人？诸侯骄人，则失其国；大夫骄人，则失其家。士贫贱，行不合，言不用，则蹑履而适秦、楚耳，安往而不得贫贱乎？富贵者奈何能同之哉？’击乃再拜而后退。”

---

① 见《东坡志林》。

《战国策》："齐宣王见颜斶曰：'斶前！'斶亦曰：'王前！'宣王不悦。左右曰：'王，人君也；斶，人臣也。王曰斶前，斶亦曰王前，可乎？'斶对曰：'夫斶前为慕势，王前为趋士，与使斶为慕势，不如使王为趋士。'王忿然作色曰：'王者贵乎？士贵乎？'对曰：'士贵耳，王者不贵。'"

观战国时人之议论，可想见其时士气之盛，故战国虽为极残暴极混乱之时，然亦可谓极平等极自由之时。有挟策以干时者，有隐居而遁迹者。王公贵人不屈己以求士，士不之附；即屈己以求之，亦有终不可得而屈者。而贵贱之位乃相反，此亦他国史策所罕见者也。

战国之时，不独重士，且甚重民。盖当时有国者，虽日事战争，残民以逞，而国家常备之兵，非有百万或数十万，必不足以一战。兵出于民，民多则兵多，故恒以地狭民寡为虑，而于来民及养民之术，不惮勤求，而民遂为有国者之所重矣。

《商子·算地篇》："凡世主之患，用兵者不量力，治草莱者不度地。故有地狭而民众者，民胜其地；地广而民少者，地胜其民。民胜其地，务开。地胜其民者，事来。"《徕民篇》："秦之所与邻者三晋也，所欲用兵者韩、魏也。彼土狭而民众，……此其土之不足以生其民也，似有过秦民之不足以实其土也。今利其田宅，而复之三世，然则山东之民无不西者矣。"

秦既重民，三晋亦知重之。观赵威后之言，尤为深识立国之本：

《战国策》："齐王使使者问赵威后，书未发，威后问使者曰：'岁亦无恙耶？民亦无恙耶？王亦无恙耶？'使者不悦曰：'臣奉使使威后，今不问王，而先问岁与民，岂先贱而后尊贵者乎？'威后曰：'不然。苟无岁，何有民？苟无民，何有君？故有舍本而问末者耶？’”

正不独《孟子》有“民贵君轻”，《吕览》有“顺民心而立功名”之说也。

《孟子·尽心》：“民为贵，社稷次之，君为轻。”

《吕氏春秋·顺民篇》：“以德得民心，以立大功者，上古多有之矣；失民心而立功名者，未之曾有也。”

国家知对外之本于民力，又由民力之盛衰，推及于政法之良否，则政法因以革新，而吏治亦必整肃，此皆相缘而为因果者也。春秋之时，惟管仲知改革政法，其余列国之卿大夫，大都因循旧制，图补敝救偏之计，或因私利而更旧制。如鲁之用田赋作丘甲之类，止可以为民病，不能有利于国与民也。战国时国家之形式，既与春秋时迥殊，故其立国之精神，亦不得不变。而凡有识之士，多致意于改革，新旧争执，相因以生。如商鞅、申不害、赵武灵王、楚怀王，皆力图改革，而秦、赵二国新旧之斗最烈。

《周季编略》：“韩申不害既相，以韩地墽民险，介于大国之间，晋国之故礼未灭，韩国之新法重出；先君之令未收，后君之令又下，新古相反，前后相缪，百官皆乱，不知所用，于是更定其法。韩侯问曰：‘行法何其难乎？’不害对曰：‘法者见功而与赏，因能而授官。今君设法而徇左右之请，此所以难行也。’韩侯曰：‘吾自今知行法矣。’”

《史记·商君传》：“孝公既用卫鞅，鞅欲变法，恐天下议己。卫鞅曰：‘疑行无名，疑事无功。且夫有高人之行者，固见非于世；有独知之虑者，必见敖于民。愚者暗于成事，知者见于未萌。民不可与虑始，而可与乐成。论至德者不和于俗，成大功者不谋于众。是以圣人苟可以强国，不法其故；苟可以利民，不循其礼。’孝公曰：‘善。’甘龙曰：‘不然。圣人不易民而教，知者不变法而治。因民而教，不劳而成功；缘法而治者，吏习而民安之。’卫鞅曰：‘龙之所言，世俗之言也。常人安于故俗，学者溺于所闻，以此两者居官守法可也，非所与论于法之外也。三代不同礼而王，五伯不同法而霸。智者作法，愚者制焉；贤者更礼，不肖者拘焉。’杜挚曰：‘利不百，不变法；功不十，不易器。法古无过，循礼无邪。’卫鞅曰：‘治世不一道，便国不法古。故汤、武不循古而王，夏、殷不易礼而亡。反古者不可非，而循礼者不足多。’孝公曰：‘善。’”又《赵世家》：“赵武灵王曰：‘吾欲胡服。’楼缓曰：‘善。’群臣皆不欲。于是肥义侍。王曰：‘……夫有高世之功者，负遗俗之累；有独智之虑者，任骜民之怨。今吾将胡服骑射以教百姓，而世必议寡人，奈何？’肥义曰：‘臣闻疑事无功，疑行无名。王既定负遗俗之虑，殆无顾天下之议矣。夫论至德者，不和于俗；成大功者，不谋于众。……愚者暗成事，智者睹未形，则王何疑焉？’王曰：‘吾不疑胡服也，吾恐天下笑我也。狂夫之乐，智者哀焉；愚者所笑，贤者察焉。世有顺我者，胡服之功未可知也。虽驱世以笑我，胡地中山吾必有之。’于是遂胡服矣。……公子成曰：‘臣闻中国者，盖聪明徇智之所居也，万物财用之所聚也，贤圣之所教也，仁义之所施也，《诗》《书》《礼》《乐》之所用也，异敏技能之所试也，远方之所观赴也，蛮夷之所义行也。今王舍此而袭远方之服，变古之教，易古之道，逆人之心而拂学者，离中国，故臣愿王之图之也。’王遂往之公子成家，因自请之，曰：‘夫服者，所以便用也；礼者，所以便事也。圣人观乡而顺宜，因事而制礼，所以利其民而厚其国也。……乡异而用变，事异而礼易，是以圣人果可以利其国，不一其用；果可以便其事，不同其礼。儒者一师而俗异，中国同礼而教离，况于山谷之便乎？……今叔之所言者，俗也；吾所言者，所以制俗也。’公子成听命，于是始出胡服令也。赵文、赵造、周袑、赵俊皆谏止王毋胡服，如故法便。王曰：‘先王不同俗，何古之法？帝王不相袭，何礼之循？……谚曰：以书御者，不尽马之情；以古制今者，不达事之变。循法之功，不足以高世；法古之学，不足以制今。子不及也。’遂胡服招骑射。”又《屈原传》：“怀王使屈原造为宪令，屈平属草藁，未定。上官大夫见而欲夺之，屈平不与。因谗之曰：‘王使屈平为令，众莫不知，每一令出，平伐其功，曰：以为非我莫能为也。’王怒而疏屈平。”①

此等争执，至韩非时犹然。

《韩非子·五蠹篇》：“今有构木钻燧于夏后氏之世者，必为鲧、禹笑矣；有决渎于殷、周之世者，必为汤、武笑矣。然则今有美尧、舜、禹、汤、武之道于当今之世者，必为新圣笑矣。是以圣人不期修古，不法常可，论世之事，因为之备。”“故曰：事异则备变。上古竞于道德，中世逐于智谋，当今争于气力。”“夫古今异俗，新故异备，如欲以宽缓之政，治急世之民，犹无辔策而御馯马，此不知之患也。”

大抵墨守故制者，不知社会变迁进化之理，其说常绌。识时知变者，又专务苟且偷薄，虽适于时，而其为法亦不能以无弊。战国之时代，盖新党竞胜旧党之时代也。后世新旧争执之议论，多不能出其范围，故备列之，以资学者考镜焉。

胡服骑射，为社会状况变革之最大者。近海宁王氏研究胡服之源流，援据甚博，兹附录之，以见古之所谓胡服者，今且视为汉人之古制矣。

《古胡服考》（王国维）：“胡服之入中国，始于赵武灵王。② 其制，

① 按原为宪令，当亦因旧法未便，欲改定楚国法制，惜未成耳。

② 《史记·六国表》：“赵武灵王十九年，初胡服。”

冠则惠文[①]，其带具带[②]，其履鞢[③]，其服上褶下袴[④]，战国之季，他国已有效其服者[⑤]。至汉而为近臣及武士之服，或服其冠，或服其服，或并服焉。汉末军旅数起，服之者多，于是始有袴褶之名。魏、晋以后，至于江左，士庶服之，百官服之，天子亦服之。然但以为戎服及行旅之服而已。北朝造自戎夷，此服尤甚，至施之于妇女。后魏之初，以为常服及朝服，后虽复古衣冠，而此服不废。隋则取其冠以为天子之戎服，取其服为天子田猎豫游之服，皇太子侍从田狩之服，上下公服武官侍从之服，取其带与履，以为常服。唐亦如之。武弁之服，用其冠；平巾帻之服，用其服，常服用其带与履。唐季褶服渐废，专用常服。宋初议复之而未行，然仪卫中常用之。又自六朝至唐，武官小吏流外，多服袴褶，此胡服行于中国之大略也。”

骑射之法，实不始于赵武灵王。顾氏《日知录》尝言之。

《日知录》：“春秋之世，戎翟之杂居于中夏者，大抵皆在山谷之间，兵车之所不至。齐桓、晋文仅攘而却之，不能深入其地者，用车故也。中行穆子之败翟于大卤，得之毁车崇卒，而智伯欲伐仇犹，遗之大

① 司马彪《续汉书·舆服志》：武冠一曰武弁大冠，诸武官服之。侍中、中常侍加黄金珰，附蝉为文，貂尾为饰，谓之赵惠文冠。胡广说曰：赵武灵王效胡服，以金珰饰首，前插貂尾，为贵职。秦灭赵，以其君冠赐近臣。

②《赵策》：赵武灵王赐周绍胡服衣冠，具带黄金师比以傅王子也。具带者，黄金具带之略。古大带、革带皆无饰，有饰者，胡带也。

③《广韵》八戈引《释名》：鞢本胡服，赵武灵王所服。

④《史记·赵世家正义》：胡服谓今时服也，废除裘裳也。案胡服之衣，《赵策》及《赵世家》皆无文，自来亦无质言之者，惟张守节《正义》以唐之时服当之。唐之时服，有常服袴褶二种，今定以为上褶下袴，即以后世所谓袴褶服者当之。由胡服之冠带履知之也。

⑤《楚辞·大招》：“小腰秀颈，若鲜卑只。”《汉书·艺文志》《鹖冠子》注：“楚人居深山，以鹖为冠。”

钟，以开其道，其不利于车可知矣。势不得不变而为骑，骑射所以便山谷也，胡服所以便骑射也。是以公子成之徒谏胡服，而不谏骑射，意骑射之法，必有先武灵而用之者矣。”惠栋曰：“案《韩非子》秦穆公送重耳畴骑二千，则单骑不始于六国。”

按苏秦以周显王三十五年说燕，三十六年说赵；赵肃侯之十七年也，距武灵王胡服，凡二十六年，而其言已历称某国骑几千匹，某国骑几万匹，是骑射之法，在武灵王未胡服之先已盛行矣。惟其由车战骤变而盛行骑兵之制，则未能质言其事也。

顾氏亦云六国之时始有单骑，苏秦所云车千乘，骑万匹，是也，而未考苏秦先于赵武灵王。吴起仕魏，卧不设席，行不骑乘，事在周威烈王二十三年，见《通鉴》卷一，亦先于苏秦。

第二十八章　诸子之学

子者，男子之通称，非书名也。

《白虎通》："子者，丈夫之通称也。"

以人之称称其书，殆始于申不害。

《史记·老子韩非列传》："申子之学，本于黄、老而主形名。著书二篇，号曰《申子》。"

按《史记》载诸子之书，或称其篇，或称其书，或称其著书。如《管晏列传》论"吾读管氏《牧民》《山高》《乘马》《轻重》《九府》[①]及《晏子春秋》[②]，详哉其言之也"；《老子传》"于是老子乃著书上下篇，言道德之意五千余言而去"；《庄子传》"其著书十余万言，大抵率寓言也"[③]之类，未尝言其书号曰某子，惟《申子传》称其号曰《申子》，似申子著书之时，即号曰《申子》。

至汉刘向校诸子，刘歆作《诸子略》，于是百家之学，专以子名。

---

① 此称其书之篇名。

② 此称其书名。

③ 此皆称其著书。

《汉书·艺文志》:“成帝时,诏光禄大夫刘向校经传诸子诗赋[①]。向子歆卒父业,有《诸子略》。”

至《隋书·经籍志》遂有子部之目,

《隋书·经籍志》:“《汉书》有诸子、兵书、数术、方伎之略,今合而叙之,为十四种,谓之子部。”

其名虽不当,今亦无以易之也。《七略》所列诸子,始于神农、黄帝,其书既多出于伪托,亦不称子。称子之书,最古者以《鬻子》为首,次则《管子》《晏子》《老子》诸书。

《汉书·艺文志》:“《鬻子》二十二篇。[②]《鬻子说》十九篇。[③]”

按小说家尚有《务成子》十一篇,似先于《鬻子》,然志已称其非古语,故以《鬻子》为称子之书之首。

当皆后人追题,非当时即称为某子也。自春秋以降,其书益多,且多称某子,至秦、汉而渐衰,则谓诸子之书,以战国为最盛可也。

诸子之学,各有家法,主奴是非,言人人殊。以今所传诸书考之,自战国及西汉学者评论诸子之说甚夥。如:

《孟子·滕文公》:“杨朱、墨翟之言盈天下,天下之言,不归杨,则归墨。杨氏为我,是无君也;墨氏兼爱,是无父也。无父无君,是禽兽也。”《尽心》:“杨子取为我,拔一毛而利天下,不为也;墨子兼

① 此即以诸子为诸书之称,实即当日诸子之书。

② 名熊,为周师,自文王以下问焉,周封为楚祖。

③ 后世所加。

爱，摩顶放踵利天下，为之。”

则专论杨子、墨子者也。

> 《庄子·天下篇》：“墨翟、禽滑釐之意则是，其行则非也。……虽然，墨子真天下之好也，将求之不得也，虽枯槁不舍也。才士也夫！”“宋钘、尹文周行天下，上说下教，虽天下不取，强聒而不舍也。故曰上下见厌而强见也。虽然，其为人太多，其自为太少。”“慎到之道，非生人之行，而至死人之理，适得怪焉。田骈亦然，学于彭蒙，得不教焉。……其所谓道非道，而所言之韪，不免于非。彭蒙、田骈、慎到不知道。虽然，概乎皆尝有闻者也。”“关尹、老聃乎！古之博大真人哉！”“庄周以谬悠之说，荒唐之言，无端崖之辞，时恣纵而不傥，不以觭见之也。以天下为沈浊，不可与庄语。以卮言为曼衍，以重言为真，以寓言为广。独与天地精神往来，而不敖倪于万物，不谴是非，以与世俗处。其书虽瓌玮而连犿无伤也。其辞虽参差而諔诡可观。”“惠施多方，其书五车，其道舛驳，其言也不中。”“桓团、公孙龙辩者之徒，饰人之心，易人之意，能胜人之口，不能服人之心，辩者之囿也。惠施日以其知与人之辩，特与天下之辩者为怪，此其柢也。”

则遍论墨翟、禽滑釐、宋钘、尹文、慎到、田骈、彭蒙、关尹、老聃、惠施、桓团、公孙龙诸子，而兼述周之所独得者也。

> 《荀子·非十二子篇》：“纵情性，安恣睢，禽兽行，不足以合文通治；……是它嚣、魏牟也。忍情性，綦谿利跂，苟以分异人为高，不足以合大众，明大分；……是陈仲、史䲡也。不知壹天下建国家之权称，上功用，大俭约而僈差等，曾不以容辨异、县君臣，……是

墨翟、宋钘也。尚法而无法，不循[1]而好作，上则取听于上，下则取从于俗，终日言成文典，反紃察之，则倜然无所归宿，不可以经国定分；……是慎到、田骈也。不法先王，不是礼义，而好治怪说，玩琦辞，甚察而不惠，辩而无用，多事而寡功，不可以为治纲纪；……是惠施、邓析也。略法先王而不知其统，犹然而材剧志大，闻见杂博。案往旧造说，谓之五行，甚僻远而无类，幽隐而无说，闭约而无解。……子思唱之，孟轲和之，……是则子思、孟轲之罪也。"《解蔽篇》："墨子蔽于用而不知文，宋子蔽于欲而不知得，慎子蔽于法而不知贤，申子蔽于势而不知知，惠子蔽于辞而不知实，庄子蔽于天而不知人。"

则杂论它嚣、魏牟、陈仲、史鰌、墨翟、宋钘、慎到、田骈、惠施、邓析、子思、孟轲、申不害、庄周诸家者也。[2]

《韩非子·显学篇》："世之显学，儒、墨也。儒之所至，孔丘也。墨之所至，墨翟也。自孔子之死也，有子张之儒，有子思之儒，有颜氏之儒，有孟氏之儒，有漆雕氏之儒，有仲良氏之儒，有孙氏之儒，有乐正氏之儒。自墨子之死，有相里氏之墨，有相夫氏之墨，有邓陵氏之墨。故孔、墨之后，儒分为八，墨离为三，取舍相反不同，而皆自谓真孔、墨，孔、墨不可复生，将谁使定世之学乎？"

则论孔、墨二家，兼及其徒之传其学者也。

《吕氏春秋·不二篇》："老聃贵柔，孔子贵仁，墨翟贵廉，关尹

---

① 从王念孙说改。

② 史鰌，春秋时人，荀子斥其言之成理，欺惑愚众，当是战国时有为史鰌之学之说者耳。

贵清，子列子贵虚，陈骈贵齐[①]，阳生贵己[②]，孙膑贵势，王廖贵先，兒良贵后[③]。”

则论老聃、孔子、墨翟、关尹、列子、田骈、杨朱、孙膑、王廖、兒良诸子，而各以一字揭其主义者也。

《淮南子·要略》：“孔子修成康之道，述周公之训，以教七十子。使服其衣冠，修其篇籍，故儒者之学生焉。”“墨子学儒者之业，受孔子之术，以为其礼烦扰而不说，厚葬靡财而贫民，久服伤生而害事，故背周道而用夏政。”“齐桓公忧中国之患，苦夷狄之乱，欲以存亡继绝，崇天子之位，广文、武之业，故管子之书生焉。”“齐景公内好声色，外好狗马，……故晏子之谏生焉。”“六国诸侯，……力征争权，……故纵横修短生焉。”“申子者，韩昭釐之佐。韩，晋别国也，……晋国之故礼未灭，韩国之新法重出，……新故相反，前后相缪；百官背乱，不知所用，故刑名之书生焉。”“秦国之俗，贪狼强力，寡义而趋利，可威以刑而不可化以善，可劝以赏而不可厉以名，……故商鞅之法生焉。”

则论孔子、墨子、管子、晏子、申子、商子及纵横长短之学之发源也。综而观之，诸家所论，自孔、老、管、晏、史鳅、关尹、邓析之外，皆战国时之学者。按其学派，则子思、孟轲，儒家也，列子、杨朱、庄周，道家也，墨翟、禽滑釐，墨家也，慎到、申不害、商鞅，法家也，尹文、惠施、公孙龙，名家也，孙膑、兒良，兵家也。其学派不明，而可以其并举之人推测者，如《庄子》以宋钘、尹文并举，《荀子》以墨翟、宋钘并举，则宋钘之学，兼有墨家、名

① 陈骈即田骈。

② 阳生即杨朱。

③《艺文志·兵家》有《兒良》一篇。

家之性质矣。《庄子》以田骈、彭蒙与慎到并举，《荀子》亦以田骈与慎到并举，则田骈、彭蒙为法家矣。[①] 它嚣、魏牟，不知为何家，杨倞谓魏牟即《艺文志》道家之公子牟，则它嚣疑亦近于道家。桓团与惠施、公孙龙并称，亦名家也。王廖与兒良并称，亦兵家也。惟陈仲子见于《荀子》，亦见于《孟子》，而其学派无可归附耳。

诸子所论之外，则有《史记》诸子之传，老、庄、申、韩、商君等既各有传，而《孟子荀卿列传》中，复杂举驺衍、淳于髡、环渊、接子、驺奭、剧子、李悝、尸子、长卢、吁子等人，而谓世多有其书。

> 《史记·孟子荀卿列传》："自驺衍与齐之稷下先生，如淳于髡、慎到、环渊、接子、田骈、驺奭之徒，各著书言治乱之事。""赵有公孙龙，为坚白同异之辩，剧子之言；魏有李悝尽地力之教；楚有尸子、长卢；阿之吁子焉。[②] 自如孟子至于吁子，世多有其书，故不论其传云。"

是又孟、荀、庄、吕，刘安所未论列，而其学皆能成家者也。然诸子所指斥及称道者，既各挟己见，未足尽当时之学派；史公作传，又以世有其书，略而不详。欲知战国诸子之学之大纲，及其源流派别，舍刘歆《诸子略》及班固所述为《艺文志》者，蔑有更备焉。予尝就《艺文志》所引诸书，国别而家析之，以期推见当时风气之梗概，为表如后。

下表皆确有国籍可考。其仅知为六国时人之书，不能定为何国何人者，如：

[儒家]《景子》三篇。《公孙尼子》二十八篇。《王孙子》一篇。《李氏春秋》二篇。

[道家]《黄帝君臣》十篇。《杂黄帝》五十八篇。《力牧》二十二篇。《孙

---

①《史记》称慎到、田骈皆学黄、老道德之术，则亦出道家。

②《索隐》：《别录》作"芋子"。

子》十六篇。《王狄子》一篇。《宫孙子》二篇。

[阴阳家]《公梼生终始》十四篇。《公孙发》二十二篇。[①]《乘丘子》五篇。《容成子》十四篇。《将钜子》五篇。

[墨家]《我子》一篇。《随巢子》一篇。《胡非子》三篇。[②]

[农家]《神农》二十篇。《野老》十七篇。

综计诸家之书，凡七十九家，千二百四十三篇。而屈原、宋玉之词赋，孙膑、吴起之兵法，尚不与焉。[③]何战国时人之著作，若是之盛欤！以作者言，则儒家为多；以篇章言，则阴阳家为多；以国籍言，则齐人为多。而卫有商君，韩有韩非子，作者虽少，已足为其国光。辜榷诸邦，惟燕最逊，庞煖之书，合之兵家所载，仅得五篇，今亦不传（《艺文志》兵权谋十三家中，有《庞煖》三篇）。燕为晚进之国，其文化劣于中土，即此可见矣。

① 沈钦韩疑为鲁人。

② 叶德辉说为陈人，梁玉绳说为齐人。

③ 它嚣、桓团、陈仲子等，不知有无著述者尚不在内。

国别	家别								
	儒家	道家	阴阳家	法家	名家	墨家	纵横家	杂家	小说家
周	宁越一篇						苏子三十一篇		
鲁	曾子十八篇 子思子二十三篇 漆雕子十三篇 孟子十一篇 宓子十六篇					墨子 七十一篇	阙子一篇	尸子 二十一篇	
卫				商君 十九篇					
郑		列子八篇 郑长者一篇	冯促 十三篇	申子六篇					
宋	徐子四十二篇	庄子 五十二篇			惠子一篇				
韩			黄帝泰素 二十篇 杜文公 五篇	韩子 五十五篇					

续表

国别	家别								
	儒家	道家	阴阳家	法家	名家	墨家	纵横家	杂家	小说家
魏	魏文侯六篇 李克七篇	公子牟 四篇	闾丘子十三篇	李子 三十二篇			张子十篇	尉缭子 二十九篇	
赵	孙卿子三十三篇 虞氏春秋十五篇			处子九篇 慎子四十二篇	公孙龙子 十四篇 毛公九篇				
齐	芈子十八篇 公孙固一篇 鲁仲连子十四篇	黔娄子四篇 田子二十五篇 捷子二篇	邹子四十九篇邹子终始五十六篇邹奭子十二篇 周伯 十一篇		尹文子 一篇	田俅子 二篇			
秦	羊子四篇				成公生五篇 黄公四篇		零陵令信 一篇	吕氏春秋 二十六篇	
楚	世子二十一篇 世子，陈人，其实陈已亡，故属于楚。	蜎子十三篇长卢子十九篇鹖冠子一篇	南公 三十一篇						
燕							庞煖二篇		

《庄子》谓诸子之学出于古之道术，《艺文志》称诸家皆出于官守，其言至当而不可易。其个人师授之源流，亦略可考见。墨子师史角之后。

《吕氏春秋·当染篇》："鲁惠公使宰让请郊庙之礼于天子，桓王使史角往，惠公止之。其后在于鲁，墨子学焉。"①

又有得于儒家，② 禽滑釐受业于子夏，

《史记·儒林传》："如田子方、段干木、吴起、禽滑釐之属，皆受业于子夏之伦，为王者师。"

（按史称子夏之伦，未必即为子夏。孙诒让之《墨子间诂》谓其与田子方、段于木、吴起受业于子夏，故仍之。若以吴起为例，则当为曾子弟子，非子夏弟子也。）后又学于墨子，

《吕氏春秋·当染篇》："禽滑釐学于墨子。"

而为墨家大师。孟子受业子思之门人，

《史记·孟子传》："轲，邹人也。受业子思之门人。"

其门人有孟仲子，兼学于李克，授《诗》于根牟子，递传至荀卿。③ 史但称荀卿"游学于齐"，

① 高诱注："其后，史角之后也。"
② 见前引《淮南子·要略》。
③ 见前《孔子弟子篇》。

《史记·荀卿传》:“荀卿，赵人，年五十始来游学于齐。”[1]

而不言其所师何人。实则荀卿之学，远承子夏，近承孟子。其《非十二子篇》之诋孟子、子夏，及论性恶与孟子相反，犹之墨翟、禽滑釐同出于儒家，而其后自立学派，后极诋孔子也。(按荀卿之师，自根牟子之外，又有虞卿、穀梁俶、馯臂子弓诸人。刘向《别录》[2]云:“左丘明授曾申，曾申授吴起，起授其子期，期授楚铎椒，椒作《钞撮》八卷授虞卿，卿作《钞撮》九卷授孙卿，卿授张苍。”是荀卿受《左传》于虞卿也。杨士勋《穀梁疏》云:“穀梁子，名俶，字元始，一名赤，鲁人。受经于子夏，为经作传，授孙卿，卿传鲁人申公。”是荀卿受《穀梁传》于穀梁子也。荀卿书累称仲尼、子弓，自唐韩愈以为子弓即《仲尼弟子列传》之馯臂子弓。)苏秦、张仪俱事鬼谷先生，

《史记·苏秦传》:“苏秦者，东周雒阳人也。东事师于齐，而习之于鬼谷先生。”《史记·张仪传》:“张仪者，魏人也。始尝与苏秦俱事鬼谷先生，学术，苏秦自以不及张仪。”

鬼谷先生不知为何人，据应劭说，为六国时纵横家。

《史记集解》(裴骃):骃按《风俗通义》:“鬼谷先生，六国时纵横家。”

世多以从横之术为仪、秦所倡，观《史记·吴起传》及苏秦之言，则秦之先已有驰说纵横者。

---

① 据胡元仪《荀卿别传》则五十当作十五。

②《左传正义》引。

《史记·吴起传》:“要在强兵,破驰说之言从横者。”[①]《史记·苏秦传》:“说赵肃侯曰:夫衡人者,皆欲割诸侯之地以予秦。……又夫衡人日夜务以秦权恐愒诸侯。”[②]

鬼谷先生之为纵横家,当非悬测之言也。商君师尸佼,

《汉书·艺文志》中《尸子》二十篇注:“名佼,鲁人。秦相商君师之。鞅死,佼逃入蜀。”王应麟曰:“《史记》:‘楚有尸子。’注引刘向《别录》:‘疑谓其在蜀。’今按《尸子》书,晋人也,名佼,秦相卫鞅客也。鞅谋事画计,立法理民,未尝不与佼规也。商君被刑,佼恐并诛,乃逃入蜀,造二十篇书,凡六万余言。”王先谦曰:“注‘鲁’乃‘晋’之讹。”[③]

韩非师荀卿,

《史记·韩非传》:“非与李斯俱事荀卿,自以为不如非。”

而二人者皆不说学,

《商子·农战篇》:“境内之民,皆化而好辩乐学;事商贾,为技艺,避农战。如此,则不远矣。”“虽有《诗》《书》,乡一束,家一员,独无益于治也。”《去强》:“国有礼、有乐、有诗、有书、有善、有修、有孝、有悌、有廉、有辩。国有十者,上无使战,必削之亡;国无十者,上有使战,必兴至王。”

---

① 吴起死于楚悼王二十一年,即周安王二十一年,在苏秦说六国合纵之先约四十八年。

② 此可见苏秦未劝六国合纵之时,已有衡人日夜游说。

③ 按《史记》作“楚有尸子”。《艺文志》称为鲁人,其言可通。春秋以降,鲁地渐入于越,后又入于楚,故《志》称为鲁人,而《史》称为楚人。若以鲁为晋之讹,则晋、楚相去远矣。

《韩非子·五蠹篇》："今境内之民，皆言治，藏商、管之法者家有之，而国愈贫，言耕者众，执耒者寡也。境内皆言兵，藏孙、吴之书者家有之，而兵愈弱，言战者多，被甲者少也。""乱国之俗，其学者则称先王之道，以藉仁义，盛容服，而饰辩说，以疑当世之法，而贰人主之心。其言古者，为设诈称，借于外力，以成其私，而遗社稷之利，……此邦之蠹也。"《显学篇》："藏书策，习谈论，聚徒役，服文学而议说，世主必从而礼之，曰：'敬贤士，先王之道也。'夫吏之所税，耕者也，而上之所养，学士也。耕者则重税，学士则多赏，而索民之疾作而少言谈，不可得也。"

故亦无弟子传其学。杨朱师老聃，

《列子·黄帝篇》："杨朱南之沛，老聃西游于秦，邀于郊。至梁而遇老子。老子中道仰天而叹曰：'始以汝为可教，今不可教也。'杨朱不答。至舍，进涫漱巾栉，脱履户外，膝行而前曰：'向者夫子仰天而叹曰：始以汝为可教，今不可教。弟子欲请，夫子辞行不闲，是以不敢。今夫子闲矣，请问其过。'老子曰：'而睢睢而盱盱，而谁与居？大白若辱，盛德若不足。'杨朱蹴然变容曰：'敬闻命矣。'"

列子师壶丘子、老商氏，

《列子·黄帝篇》："有神巫自齐来，处于郑，命曰季咸，知人生死、存亡、祸福、夭寿，期以岁、月、旬、日，如神。郑人见之，皆避而走。列子见之而心醉，而归以告壶丘子曰：始吾以夫子之道为至矣，则又有至焉者矣。"《仲尼篇》："子列子既师壶丘子林。"《黄帝篇》："列子师老商氏，友伯高子。进二子之道，乘风而归。"

《仲尼篇》："子列子学也，三年之后，心不敢念是非，口不敢言利害，始得老商一眄而已。五年之后，心更念是非，口更言利害，老商始一解颜而笑。七年之后，从心之所念，更无是非，从口之所言，更无利害。夫子始一引吾并席而坐。九年之后，横心之所念，横口之所言，亦不知我之是非利害欤？亦不知彼之是非利害欤？外内进矣，而后眼如耳，耳如鼻，鼻如口，口无不同。心凝形释，骨肉都融；不觉形之所倚，足之所履，心之所念，言之所藏。如斯而已。”

其弟子甚多，

《列子·仲尼篇》：“子列子与南郭子连墙，二十年不相谒请；……门之徒役，以为子列子与南郭子有敌，不疑。有自楚来者，问子列子曰：‘先生与南郭子奚敌？’子列子曰：‘南郭子貌充心虚，耳无闻，目无见，口无言，心无知，形无惕。往将奚为？虽然，试与汝偕往。’阅弟子四十人同行。”《天瑞篇》：“子列子适卫，食于道。从者见百岁髑髅，攓蓬而指。顾谓弟子伯丰曰：唯予与彼知而未尝生未尝死也。”

然《列子》多寓言，亦未必可尽信。

《列子·黄帝篇》：“杨朱南之沛，遇老子。”注：“杨朱不与老子同时，此皆寓言也。”

要而论之，战国时传授学术者，犹以齐、鲁为多，子思、孟子、尸佼之类，皆鲁人也。苏秦、张仪、荀卿俱至齐游学，而荀卿在齐最为老师。

《史记·荀卿传》：“齐襄王时，而荀卿最为老师。齐尚修列大夫之缺，而荀卿三为祭酒焉。”

《列子》称齐、鲁多机，明其时齐、鲁人材独多矣。

《列子·仲尼篇》："伯丰子之从者曰：大夫不闻齐、鲁之多机乎？有善治土木者，有善治金革者，有善治声乐者，有善治书数者，有善治军旅者，有善治宗庙者，群才备也。"

诸子之学之影响及于当时者，其初以墨学为最盛，南被楚、越，

《墨子·鲁问篇》："楚惠王将攻宋，墨子自鲁至郢止之。""子墨子游公尚过于越，公尚过说越王，越王大说。谓公尚过曰：'先生苟能使子墨子至于越而教寡人，请裂故吴之地方五百里以封子墨子。'"

西及秦国，

《吕氏春秋·去宥篇》："东方之墨者谢子，将西见秦惠王，惠王问秦之墨者唐姑果。"

故其时有东方之墨者，西方之墨者，南方之墨者。

《庄子·天下篇》："相里勤之弟子五侯之徒，南方之墨者，苦获、己齿、邓陵子之属。"

世称为显学，且曰其言盈天下，而其后遂日微。今之论者，谓由于儒家、法家反对其说，及墨家诡辩太微妙之故。吾以为别有三因焉。

一则刻苦太过，不近人情。

《庄子·天下篇》："墨翟、禽滑釐之意则是，其行则非也。将使

后世之墨者，必自苦以腓无胈、胫无毛，相进而后已矣。乱之上也，治之下也。”

一则互相猜忌，争为钜子。

《庄子·天下篇》：“南方之墨者，……倍谲不同，相谓别墨，以坚白同异之辩相訾，以觭偶不仵之辞相应，以钜子为圣人，皆愿为之尸，冀得为其后世，至今不决。”《吕氏春秋·去宥篇》：“唐姑果恐王之亲谢子贤于己也，对曰：‘谢子，东方之辩士也。其为人甚险，将奋于说以取少主也。’王因藏怒以待之。谢子至，说王。王弗听，谢子不说，遂辞而行。”

一则骛外徇名，易为世夺。

《吕氏春秋·上德篇》：“墨者钜子孟胜，善荆之阳城君。阳城君令守于国，毁璜以为符，约曰：‘符合听之。’荆王薨，群臣攻吴起，兵于丧所。阳城君与焉，荆罪之。阳城君走，荆收其国。孟胜曰：‘受人之国，与之有符，今不见符而力不能禁，不能死，不可。’其弟子徐弱谏曰：‘死而有益阳城君，死之可矣。无益也，而绝墨者于世，不可。’孟胜曰：‘不然。吾于阳城君也，非师则友也，非友则臣也。不死，自今以来，求严师，必不于墨者矣；求贤友，必不于墨者矣；求良臣，必不于墨者矣[①]。死之，所以行墨者之义，而继其业者也。我将属钜子于宋之田襄子。田襄子，贤者也，何患墨者之绝世也！’徐弱曰：‘若夫子之言，弱请先死以除路。’还殁头前于孟胜，因使二人传钜子于田襄子。孟胜死，弟子死之者八十三人，二人以致令

① 此等见解，极卑陋可笑，皆骛外徇名之见也。

于田襄子，欲反死孟胜于荆。田襄子止之，曰：‘孟子已传钜子于我矣。’不听，遂反死之。”

此皆其骤盛于一时，而卒不能不同化于他派之故，不可专病异己者之排击也。墨学衰而法家、纵横家大盛。商君之威严，殆有过于今之督军。

《史记·商君传》：“君之出也，后车十数，从车载甲，多力而骈胁者为骖乘，持矛而操阘戟者旁车而趋。此一物不具，君固不出。”

苏秦之智术，亦几为当时天下之泰斗。

《史记·苏秦传》：“苏秦死，苏代复重于燕。燕使约诸侯从亲，如苏秦时，或从或不，而天下由此宗苏氏之从约。代、厉皆以寿死，名显诸侯。太史公曰：苏秦兄弟三人，皆游说诸侯以显名。……世言苏秦多异，异时事有类之者皆附之苏秦。”

三晋之士，人人攘臂言纵横矣。

《史记·张仪传赞》：“太史公曰：三晋多权变之士，夫言从横强秦者，大抵皆三晋之人也。”

同时与法家、纵横家颉颃者，则有阴阳家。

《史记·孟子荀卿列传》：“驺衍睹有国者益淫侈，不能尚德，若《大雅》整之于身，施及黎庶矣。乃深观阴阳消息，而作怪迂之变，《终始》《大圣》之篇十万余言。其语闳大不经，必先验小物，推而大之，至于无垠。先序今以上至黄帝，学者所共术，大并世盛衰，因载其机祥度制，推而远之，至天地未生，窈冥不可考而原也。先列中国名山大川，通谷禽兽，水土所殖，物类所珍，因而推之，及海外人之不能睹。称引天地剖判以来，五德转移，治各有宜，而符应若兹。以为儒者所谓中国者，于天下乃八十一分居其一分耳。中国名曰赤县神州。赤县神州内自有九州，禹之序九州是也，不得为州数。中国外如赤县神州者九，乃所谓九州也。于是有裨海环之，人民禽兽莫能相通者，如一区中者，乃为一州。如此者九，乃有大瀛海环其外，天地之际焉。其术皆此类也。然要其归，必止乎仁义节俭，君臣上下，六亲之施，始也滥耳。王公大人初见其术，惧然顾化，其后不能行之。是以驺子重于齐。适梁，梁惠王郊迎，执宾主之礼。适赵，平原君侧行撇席。如燕，昭王拥彗先躯，请列弟子之座而受业，筑碣石宫，身亲往师之。作《主运》。其游诸侯见尊礼如此，岂与仲尼菜色陈、蔡，孟轲困于齐、梁同乎哉！”

迄汉代，其学犹盛，而儒、道二家，初未尝得权凭势而有所为，与世枘凿，王公大人不能器之。

《孟子荀卿列传》：“道既通，游事齐宣王，宣王不能用。适梁，梁惠王不果所言，则见以为迂远而阔于事情。当是之时，秦用商君，富国强兵；楚、魏用吴起，战胜弱敌；齐威王、宣王用孙子、田忌之徒，而诸侯东面朝齐。天下方务于合纵连衡，以攻伐为贤，而孟轲乃述唐、虞、三代之德，是以所如者不合。”“梁惠王谋欲攻赵，孟轲称太王去邠。此岂有意阿世俗苟合而已哉！持方枘欲内圆凿，其能入乎？”又《老庄列传》：“周尝为漆园吏，与梁惠王、齐宣王同时。其学无所不阈，然则要本归于老子之言。……其言洸洋自恣以适己，故自王公大人不能器之。”

讲学著书皆无与于当时之风气，而其及于后世之影响，乃转过于诸家，是知公理自在人心，不可徒以一时之盛衰计也。

诸子之学，大都相因而生。有因前人之学，而研之益深者；有因他人之说，而攻之甚力者。如杨朱、列御寇之学，皆出于老聃，而其言天人性命之故，则进于老子；墨翟学说，既与杨、列相反。（墨子攻击儒家最甚，攻杨子者颇少，惟《兼爱》下篇别君之言曰："吾恶能为吾万民之身？若为吾身，此泰非天下之情也。人之生乎地上之无几何也，譬之犹驷驰而过隙也"云云，正是指斥杨家之言。）又专攻孔子，而以先圣之学，别立一宗。孟子承孔子之学，言性言政，皆进于孔子，而力辟杨、墨二家之说。然其痛恨当世穷兵黩武之风，则与墨子同。宋钘、尹文救民之斗，禁攻寝兵，似与墨同矣，而其以心为主与墨异，

> 《庄子·天下篇》："语心之容，命之曰心之行，以聏合欢，以调海内，请欲置之以为主。"是宋钘、尹文之主张，专以人心之不乐战斗为主，不似墨之归本于"天志"也。

以利为言与孟异。

> 《孟子·告子》："宋牼将之楚。孟子遇于石丘，曰：'先生将何之？'曰：'吾闻秦、楚构兵，我将见楚王，说而罢之。楚王不悦，我将见秦王，说而罢之。二王我将有所遇焉。'曰：'轲也请无问其详，愿闻其指，说之将何如？'曰：'我将言其不利也。'曰：'先生之志则大矣，先生之号则不可。先生以利说秦、楚之王，秦、楚之王悦于利，以罢三军之师，是三军之士乐罢而悦于利也。为人臣者怀利以事其君，为人子者怀利以事其父，为人弟者怀利以事其兄，是君臣、父子、兄弟终去仁义，怀利以相接，然而不亡者，未之有也。'"

庄子之学，又进于杨朱、列御寇，亦称述孔、墨，而以《齐物论》为归，然

与慎到等之齐万物者又不同。（按慎到等齐万物以为首，笑天下之尚贤，非天下之大圣，庄子斥为非生人之行，而至死人之理。盖庄子之齐物，自有所谓内圣外王之道在，慎到等惟持万物平等之观，而于原始之道未有所见也。）荀子宗孔而非墨，而其言性恶，与孟子相反。其治名学，又进于孔、孟而于墨同源焉。故诸子之学，固皆角立不相下，然综合而观之，适可为学术演进之证。其所因于他人者，有正有反，正者固已究极其归宿，反者乃益搜集其賸馀，而其为进步，乃正相等也。

诸子之书，家别人异。欲究其全，当别为专书。近人喜言诸子之学，尤喜掇拾其破碎不完者，以附会西人之说。（如清季学者，震于西人制造之学，则盛称墨子之格术。如刘岳云《墨子格术解》曰："日光具红、黄、绿、紫、橙黄、靛、蓝七色，试以三棱透镜即见。若物尽受全日之光，则为白色；若灭其入质之光线，则为黑色。照相之巧，全在用其白、黑二色，以为阴阳向背之别，而数千年前之墨子已发其理。"[①] 近人习于西人逻辑之学，则又标举墨子及惠施、公孙龙等之名学，如梁启超《墨学微》曰："墨子所谓名，即论理学所谓名辞；墨子所谓辞，即论理学所谓名题；墨子所谓说，即论理学所谓前提等。"）

而于牖民觉世之大义，或反弃不讲。如孟子之辩义利，（孟子时功利主义极盛，如商君曰："苟可以强国，不法其故；苟可以利民，不循于礼。"以社会进化历史变迁之理观之，固亦可成一说。然专以强利为目的，其流极必至于不顾人道群德；易言之，则可曰：苟可以强国，不顾公理；苟可以利民，不问人格。[②] 今世强国侵略主义，即此耳。孟子生其时，力持正义，如曰："行一不义，杀一不辜，而得天下，君子不为也。"又曰："枉尺而直寻者，以利言也，如以利，则枉寻直尺而利，亦可为欤？"皆极端与功利论相反。当时虽不见从，而后世服习其说，凡士大夫之所主张，皆以重义轻利为立国根本。）墨子及孟

---

① 指《墨经》远近临正鉴貌能黑白言。

②《商子·靳令篇》："六虱，曰礼乐，曰诗书，曰修善，曰孝悌，曰诚信，曰贞廉，曰仁义，曰非兵，曰羞战。有十二者，上无使农战，必贫至削。十二者成群，此谓君之治不胜其臣。"举孝悌、诚信、贞廉、仁义诸德，一概抹杀，是即极端功利论所必至也。"

子之非攻战，（孟子、墨子皆抱非兵主义，惟墨子尚欲以器械制善战者，孟子则一律斥之，此其异也。《孟子》曰："争地以战，杀人盈野；争城以战，杀人盈城。此所谓率土地而食人肉，罪不容于死。"其言痛切极矣。后世人君，虽多有以武功立国者，而凡儒者之言论，史家之记载，文人之歌咏，恒斥其非，而专以尚德恤民为美。此亦可证之近事，而知吾民德之高尚有自来矣。①近世西人之误，在以国家与个人不同，日逞其弱肉强食之谋，而墨子则早见及之。其《非攻篇》曰："杀一人谓之不义，必有一死罪矣；杀十人，十重不义，必有十死罪矣；杀百人，百重不义，必有百死罪矣。今至大为攻国不义，则不之非，从而誉之谓之义。"又曰："今小为非，则知而非之。大为非攻国，则不知非，从而誉之，谓之义。可为知义与不知义之辨乎？"盖墨子以国家与个人无别，悉当以义为断，其理至明；而当时谓攻国为义者，殆亦必有如近世国家学者之说，歧国家道德与人民道德为二也。吾国兵祸之烈，极于战国，而其时之学者，即大倡反对之论，此亦可见吾民觉悟之早，与其爱好和平之性之独优矣。②）子思、孟子之论性，（子思作《中庸》，首揭"天命之谓性，率性之谓道"，即示人以性善也。性如不善，则率之不得为道矣。孟子畅言性善之旨，其原实出于子思。然当举世大乱之时，不因人类之残贼凶恶，而怀憎恶厌弃之意，且极力推明人皆可以为尧、舜，尤有功于教育。盖人心之观念，每因环境而变，见环境之多善人，则以人性为善；见环境之多恶人，则以人性为不善。惟究极性道之原者，能不为环境所囿，不就人心之现状及结果而论，而就第一念指示人群，使人憬然有以自勉，而绝去其自暴自弃之萌，其为功于人类何如哉！荀子言性恶，已为当世恶人所囿，而不能免于愤激，而欲以礼义教化矫之。如曰：

① 近年有倡为尚武之说者，谓吾国之弱，实文人不提倡尚武之精神，此亦持之有故。然西洋史家盛称亚力山大、凯撒、拿破仑诸人，而吾国人于秦始皇、汉武帝、苻坚、隋炀、金亮之类，皆致不满，盖中西人思想大相径庭之处也。究之，立国尚武功，抑尚道德，读史者可自下断语。

② 吾国之昌言兵祸者，不独道家及儒、墨二家然也。即兵家之大师，亦以此义为前提。如孙子曰："夫兵久而国利者，未之有也。故不尽知用兵之害者，则不能尽知用兵之利也。"又曰："百战百胜，非善之善者也，不战而屈人之兵，善之善者也。"此皆深以穷兵黩武为戒者也。

"今人之性生而有好利焉，顺是，故争夺生而辞让亡焉；生而有疾恶焉，顺是，故残贼生而忠信亡焉；生而有耳目之欲，有好声色焉，顺是，故淫乱生而礼义文理亡焉。然则从人之性，顺人之情，必出于争夺，合于犯分乱理，而归于暴。故必将有师法之化，礼义之道，然后出于辞让。合于文理，而归于治。用此观之，然则人之性恶明矣，其善者伪也。"盖荀子之时，争夺残贼淫乱之人，殆又甚于孟子之时。荀子疾其所为，因谓其性固如此，而不知是说已大悖于教育原理。使人之性本不具有辞让合理之德，虽有师法，何能动之？郝兰皋等解"伪"字作"为"字，以为荀子辩护；不知"为"字亦是强勉矫饰，非出于自然也。）列子、荀子之论学，（《列子》书中，教人为学之法最多。如壶丘子示季咸以未始出吾宗，然后列子自以为未始学而归，三年不出。又学于老商九年，然后心凝形释，既自以其为学诏人。又如《汤问篇》所述师文学琴，薛谭学讴，纪昌学射，造父学御等，皆示人以专心壹志学道之功，非徒教人以虚无诞妄之说也。荀子言性虽异于孟子，以其注重于人为，故力言积学之益。如《劝学篇》曰"真积力久则入"，《儒效篇》"积善而全尽，谓之圣人"，《强国篇》"能积微者速成"。自《劝学篇》以下，反复譬喻，一本此旨。积则一好，一好则通类，故曰"并一而不二，所以成积也"。《修身篇》亦曰"凡治气养心之术，莫神一好"。《劝学篇》又曰："伦类不通，仁义不一，不足谓善学。"《儒效篇》又曰："以浅持博，以古持今，以一持万，苟仁义之类也。虽在鸟兽之中，若别黑白，倚物怪变，所未尝闻也，所未尝见也。卒然起一方，则举类统而应之，无所儗怍。"为学之法，殆莫有外此者也。）列子、庄子之言宇宙原理，（列、庄之学，皆推极于无始以前，如《天瑞篇》曰："有生不生，有化不化；不生者能生生，不化者能化化；生者不能不生，化者不能不化，故常生常化。常生常化者，无时不生，无时不化。阴阳尔，四时尔，不生者疑独。"[①] 不化者往复，往复其际不可终，疑独其道不可穷。盖原始之道，不生不化，非一非多，降而至于生化，则人之所见，阴阳四时，有推迁变化之迹矣。

① 此当从杨仁山说："一尚不立，何有对待。"

然从往复疑独推之，仍自不可终，不可穷，世人徒以物质求之，终无是处也。《齐物论》曰："有始也者，有未始有始也者，有未始有夫未始有始也者；有有也者，有无也者，有未始有无也者，有未始有夫未始有无也者。俄而有无矣，而未知有无之果孰有孰无也。"其言原始，既极之于未始有夫有无之时，然初非示人以无有无无也，故曰："若有真宰，而特不得其眹。"又曰："其有真君存焉。"①亦曰："夫道有情有信，无为无形，可传而不可受，可得而不可见；自本自根，未有天地，自古以固存。"盖确见天地之根本，在有无胥泯之时，而仍有情有信，惟陷溺于世俗知识者，不可见耳。列、庄皆从此用功得力，故俯视一切，而自信其独与天地精神往来。不知其道者，则目之为消极，为社会学术进步之阻力。不知人人皆消极于世俗之荣辱得丧，而积极于精神之稠适上遂。②则人类之进步，何可限量？惟役役于世俗之荣辱得丧，自命进步，实则毫无进步可言，乃真庄、列之所悲耳。自魏、晋以来，崇拜庄、列之说者，似亦专宗其消极主义，然真能得其道者，和光同尘，泯然于言说迹象，世亦无从知之。姑就浅近立论，则列、庄之说，即无大功效，亦足使人开拓心胸，消除执滞。佛学未入中国之先，吾国有此等先觉，洵异事也。）皆大有功于人类，弃周鼎而宝康瓠，未足为善言学也。

诸子之学，既各有功于世，而其文之精美，又进于春秋之世，而各成为后世文章之宗，是亦战国之特色也。综观诸子之文，约分为五：一曰纪事，二曰笺释③，三曰论辩，四曰寓言，五曰韵文。战国以前之文，虽有此五体，而发挥光大，至是始盛；其尤盛者，则后之三体也。孟、墨论辩，最工设喻，已近寓言；而杜撰事实，庄、列为多。如称晏婴与管仲同时，

《列子·杨朱篇》："晏平仲问养生于管夷吾。"

---

① 皆《齐物论》语。

②《庄子·天下篇》："其于宗也，可谓稠适而上遂矣。"稠，即充实不可已之谓；适，即与天地精神往来之谓；上遂，即上与造物者游之谓。

③ 如《墨子·经说》《韩非·解老》之类。

孔子与柳下季为友，

> 《庄子·盗跖篇》："孔子与柳下季为友。"

以意为之，羌无故实；甚至古代本无此人，随意造一名字，如鸿蒙、云将、副墨、雒诵之类，尤前此之所无也。后世赋家，假设主客，小说家幻托人事，皆原于此。此则庄、列以前，文多纪实；庄、列以后，文字直分纪实与寓言为两宗矣。《老子》《管子》已有韵文，而未别名一体；《荀子·成相篇》既为长短句之祖，赋云、赋蚕，又就诗之六艺，抽取其一而名篇。宋玉之徒，踵兴于楚，赋乃代诗而兴，是亦文章进化之关键也。《汉书·艺文志》《孙卿子》三十三篇，已著录于儒家，而《诗赋类》又列《孙卿子》十篇，明赋之始于孙卿也。观其序意与屈原并重。

> 《汉书·艺文志》："大儒孙卿及楚臣屈原，离谗忧国，皆作赋以讽，咸有恻隐古诗之义。"

北荀南屈，相望于列强黩武之时；而文章光焰，腾焯千古。故知个人之力，不必为当世权势所屈矣。

第二十九章　秦之统一

春秋、战国之时，已渐由封建而变为郡县。周赧王二十七年十月，秦昭王称西帝。十二月，齐湣王称东帝。虽皆复称王，天下已非周有矣。当是时，东西二周，地小力微，不足当一诸侯。

《史记·赵世家》云："赵成侯七年，与韩攻周；八年，与韩分周以为两。"

按赵成侯八年，当周显王八年，事在赧王之前。《周本纪》："赧王时，东西周分治。"盖补纪之也。东西周之别有二。平王之后，所谓西周者，丰镐也；东周者，洛阳也。显王之后，所谓西周者，河南也；东周者，洛阳也。盖河南在瀍水之西，即周初所谓王城；洛阳在瀍水之东，即周初所谓成周。赧王初居成周，后居王城，而东周则有东周君，故史称为东西二周。至秦昭襄王五十一年，而周赧王卒。庄襄王元年，而东周君卒。二周之地，尽入于秦，天下不复思周也。越二十年，秦先灭韩，以次灭魏、灭赵、灭楚、灭燕、灭齐，周之强侯尽矣。而中原有卫君角，江南有越君，西南夷有滇王，为封建之制之仅存者。

《日知录》："古封建之国，其未尽灭于秦始皇者，《卫世家》言'二世元年，卫君角为庶人’，是始皇时卫未尝亡也。[①]《赵世家》言‘赵以此散，诸族子争立，或为王，或为君，滨于江南海上，服朝于楚’。《秦始皇本纪》言‘二十五年，王翦遂定荆江南地，降越君’。汉兴，有东海王摇、闽越王无诸之属，是越未尝亡也。《西南夷传》又言‘秦灭诸侯，唯楚苗裔尚有滇王’。然则，谓秦灭五等而立郡县，亦举其大势然耳。”

秦、楚之际，六国之裔复起，卒归夷灭。汉又大封宗室，至景、武之世，诸侯王始削弱焉。故封建之变为郡县，自春秋至汉，凡更五百四十五年，[②]始蜕化而臻固定。是可知论帝王之家谱，可据一氏一代而言，论政俗之变迁，万不可囿于朝代。周、秦、汉之相嬗，特元首之氏号不同耳，其全国各种社会消长盛衰之迹，固无截然之界域也。虽然，周与秦之界域，亦有截然可指之一时。秦王政二十六年，王绾、冯劫、李斯等上尊号议，谓为自上古以来未尝有。

《史记·秦始皇本纪》：“丞相绾、御史大夫劫、廷尉斯等皆曰：‘昔者五帝地方千里，其外侯服夷服，诸侯或朝或否，天子不能制。今陛下兴义兵，诛残贼，平定天下，海内为郡县，法令由一统。自上古以来未尝有，五帝所不及。’”

盖嬴政称皇帝之年，实前此二千数百年之结局，亦为后此二千数百年之起点，不可谓非历史一大关键。惟秦虽有经营统一之功，而未能尽行其规划一统之策。凡秦之政，皆待汉行之。秦人启其端，汉人竟其绪。亦有秦启之而汉未竟之者。故吾论史，以秦与汉相属，而不分焉。

秦与六国并立时，其内政已完善，见称于孙卿。

---

① 原注：《汉书·地理志》：“始皇既并天下，犹独置卫君，二世时乃废为庶人，凡四十世九百年。最后绝。”

② 自秦武公初县冀，至吴、楚七国乱后，约五百四十年。

《荀子·强国篇》："应侯问孙卿子曰：'入秦何见？'孙卿子曰：'……入境，观其风俗，其百姓朴，其声乐不流污，其服不佻，甚畏有司而顺，古之民也。及都邑官府，其百吏肃然，莫不恭俭敦敬，忠信而不楛，古之吏也。入其国，观其士大夫，出于其门，入于公门，出于公门，归于其家，无有私事也。不比周，不朋党，倜然莫不明通而公也，古之士大夫也。观其朝庭，其朝闲，听决百事不留，恬然如无治者，古之朝也。故四世[①]有胜，非幸也，数也。'"[②]

至吞并六国，规模益大，长驾远驭，非有适应时势之法，不足以为治也。尉缭、李斯之徒，诸尝学帝王之术者，(《史记·李斯传》："从荀卿学帝王之术。")为秦立法，未尝不善。二世之亡，罪在赵高，非法之罪也。世徒以秦祚短，遂病其法。实则始皇时代之法制，实具伟大之精神，以一政府而辖制方数千里之中国，是固国家形式之进化，抑亦其时思想之进化也。

秦之政策最大者，即以诸侯之地，分为三十六郡之法。(按秦郡之数，异说甚多。据裴骃说，三十六郡者，三川、河东、南阳、南郡、九江、鄣郡、会稽、颍川、砀郡、泗水、薛郡、东郡、琅邪、齐郡、上谷、渔阳、右北平、辽西、辽东、代郡、钜鹿、邯郸、上党、太原、云中、雁门、九原、上郡、陇西、北地、汉中、巴郡、蜀郡、黔中、长沙，凡三十五郡，与内史为三十六郡。此外，又有闽中、南海、桂林、象郡，不在三十六郡之数。)盖分地过小，则稽核太繁；过大，则控制不易。秦所置郡，虽多因各国旧制，

《史记·始皇本纪》："政代立为秦王，当是之时，秦地已并巴、蜀、汉中，越宛有郢，置南郡矣；北收上郡以东，有河东、太原、上党郡；东至荥阳，灭二周，置三川郡。""五年，攻魏，……取二十城，初

① 孝、惠文、武、昭四王。

② 荀子儒者，而推重秦之政俗如此，知秦之兴非偶然。

置东郡。”“十七年，攻韩，得韩王安，尽纳其地，以其地为郡，命曰颍川。”“二十五年，定荆江南地，降越君，置会稽郡。”

然分据险要，形势厘然，非深谙地理之学者，不能规画。史屡称秦图书，

《史记·萧相国世家》：萧何入咸阳，“收秦丞相御史律令图书，……具知天下阨塞、户口多少、强弱之处”。《汉书·地理志·代郡班氏县注》：“秦地图书班氏。”

是秦时丞相御史规画地域，必按地图而定，非漫漫然为因为革也。西汉之初，当国者皆无学识，猥欲参用周、秦之制，卒归于偏用秦法。又以秦郡太大，稍复开置，而分郡太多，难于检察，又并为十三部。

《汉书·地理志》：“秦分天下作三十六郡。汉兴，以其郡太大，稍复开置，又立诸侯王国。武帝开广三边。故自高祖增二十六，文、景各六，武帝二十八，昭帝一，讫于孝平，凡郡国一百三。”“至武帝攘却胡、越，开地斥境，南置交趾，北置朔方之州，兼徐、梁、幽、并，夏、周之制，改雍曰凉，改梁曰益，凡十三部，置刺史。”

盖增郡既多，不得不求以简驭繁之法。以此较之，则知秦制之精，后汉虽有增损，大致同于前汉，是亦仍秦之法也。

统一国家，不独规画区域之不易也，设官分职，亦有至大之关系。秦之官制绝简，而纲举目张，汉亦因之，特名目时有变迁耳。考秦之制，内官之要职凡三：丞相，和天子，助理万机；太尉，掌武事；御史大夫，掌副丞相，其属丞，督外官，领侍御史，受公卿奏事。外官之要职凡三：郡守，掌治郡；尉，掌佐守、典职、甲卒；监，掌监郡。盖内外官制，同一系统。丞相与守掌民事，太尉与尉掌军事，军民分治，厥谊至精。而御史与监，则纠察此治民、

治军之官者也。（汉守治郡，亦兼治军，其职权大于尉。王鸣盛《十七史商榷》曰：“《百官表》虽言‘守治郡，尉典武职’，而实守兼掌之。韩延寿为颍川太守，传中述其都试、讲武甚备；翟义为东郡太守，以九月都试日，勒车骑材官士起事，如淳曰：‘太守、都尉、令长、丞尉会都试，课殿最也。’”《后书·耿弇传》：“弇见郡尉试骑士，建旗鼓，隶驰射，由是好将帅之事。”注引《汉官仪》曰：“岁终郡试之时，讲武勒兵，因以校猎，简其材力也。”弇事虽当王莽时，其实沿汉旧制，故注引《汉官仪》以明之。又《后汉书·百官志》五，李贤注引《汉官仪》云：“八月，太守、都尉、令长、相丞尉会都试，课殿最。水家为楼船，亦习战射行船。边郡太守，各将万骑行鄣塞，烽火追虏。”或言八月，或九月，或岁终，大约总在秋冬。《淮南王安传》：“安欲发兵反，先令人作旁近郡太守、都尉印。”可见守、尉互掌兵权也。）后世官制，变化繁赜，而其原理，不能出于治民、治军、监察官吏三者之外；此亦可见秦之定制，非漫然而设矣。

分天下为郡县，则内外之隔阂殊甚，且地域辽阔，非如列国时方千里之地之易理也。于是有岁计之法。考战国时，各国外吏，已以期年上计。

> 《韩非子·外储说左下》：“西门豹为邺令，清悫洁克，秋毫之端无私利也；而甚简左右，左右相与比周而恶之。居期年，上计。君收其玺。”“田婴相齐，人有说王者曰：‘终岁之计，王不一以数日之间自听之，则无以知吏之奸邪得失也。’”

盖沿周岁会之法，而推及于地方长官也。秦以十月为正，每岁九月，即定来岁之预算。

> 《吕氏春秋·季秋纪》：“是月也，……天子合诸侯，制百县。为来岁受朔日，与诸侯所税于民轻重之法，贡职之数，以远近土地所宜为度，以给郊庙之事，无有所私。”

而郡县计，亦断以九月，其详可以《汉志》参之。

《续汉书·百官志》五："凡群国皆掌治民、进贤、劝功、讼决、检奸，常以春行所主县，劝民农桑，振救乏绝。秋冬遣无害吏，按讯诸囚，平其罪法，论课殿最。岁尽，遣吏上计。"注引卢植《礼注》曰："计断九月，因秦以十月为正故。"[1]

秦以各郡岁岁上计，故丞相、御史府中所藏之书，备具天下阨塞、户口多少，汉初犹沿其法。计相之职最重。

《汉书·张苍传》："苍明习天下图书计籍，高祖故令以列侯居相府，领主郡国上计。"

其后计相并于丞相，而人主犹时责为相者考核名实。

《汉书·万石君传》："武帝责石庆曰：'今流民愈多，计文不改，君不绳责长吏，……朕失望矣。'"《汉书·宣帝纪》：黄龙元年诏曰："上计簿，文具而已；务为欺谩，以避其课。三公不以为意，朕将何任？"

盖非计簿得实，不足以统计天下之盈虚得失也。

秦、汉政体，虽为君主专制，而其地方行政，犹有周代人民自治之遗意。观其县、乡官吏之制可见。

《汉书·百官表》："县令、长，皆秦官，掌治其县。万户以上为令，……减万户为长，……皆有丞、尉，……是为长吏。百石以下

① 据此，是汉代上计之法，悉循秦制也。

有斗食、佐史之秩，是为少吏。大率十里一亭，亭有长。十亭一乡，乡有三老，有秩、啬夫、游徼。三老掌教化。啬夫职听讼，收赋税。游徼徼循禁贼盗。县大率方百里，其民稠则减，稀则旷。乡、亭亦如之，皆秦制也。”《高帝纪》三年二月，令“举民年五十以上有修行、能率众为善，置以为三老，乡一人。择乡三老一人为县三老，与县令、丞、尉以事相教，复勿繇戍”。

顾亭林论乡亭之职，谓三代明王之治，亦不越乎此。

《日知录》：《汉书·百官表》云云，“此其制不始于秦、汉也，自诸侯兼并之始，而管仲、蒍敖、子产之伦，所以治其国者，莫不皆然。而《周礼·地官》，自州长以下，有党正、族师、闾胥、比长；自县正以下，有鄙师、酂长、里宰、邻长。则三代明王之治，亦不越乎此也。夫惟于一乡之中，官之备而法之详，然后天下之治，若网之在纲，有条而不紊。……柳宗元之言曰：有里胥而后有县大夫，有县大夫而后有诸侯，有诸侯而后有方伯连帅，有方伯连帅而后有天子。由此论之，则天下之治始于里胥，终于天子，其灼然者矣。故自古及今，小官多者其世盛，大官多者其世衰。兴亡之涂，罔不由此。”

夫三老出于选举，而其权可与县令、丞、尉以事相教，是固无异于今之县、市、乡自治职员矣。而汉之三老，对于天子王侯，可直接言事。

《史记·高祖本纪》二年，汉王“至雒阳、新城，三老董公庶说汉王，以义帝死故”。

《汉书·高帝纪》：“三老董公庶说汉王曰：‘臣闻顺德者昌，逆德者亡。兵出无名，事故不成。故曰明其为贼，敌乃可服。项羽为无道，放杀其主，天下之贼也。夫仁不以勇，义不以力，三军之众，为之素服，以告之诸侯，为此东伐，四海之内，莫不仰德，此三王之举也。’汉王曰：‘善。非夫子无所闻。’”又《武五子传》：“太子兵败，亡，不得。上怒甚，群下忧惧，不知所出。壶关三老茂[①]上书云云。书奏，天子感悟。”

其啬夫、亭长，兼可自制科条，役使游惰。其善者，至于上掩郡、县长吏之名。

《后汉书·爰延传》：“为乡啬夫，仁化大行，民但闻啬夫，不知郡县。”《仇览传》：“为浦亭长，劝人生业，为制科令。至于果采为限，鸡豕有数。农事既毕，乃令子弟群居，还就黉学。其剽轻游恣者，皆役以田桑，严设科罚，躬助丧事，赈恤穷寡，期年称大化。”

可知秦、汉之时，人民言论甚自由，而地方之事，多由人民自主，民治且盛于官治也。呜呼！秦以专制，为世诟病，而其时人民转有自治之权。今虽号为民国，而地方自治之说，乃若为政府所骇闻，其古之民德特隆欤，抑今之执政者学识出王绾、李斯下也？

秦时道路之政最重，开通道路，无有障塞，著于《月令》。

《吕氏春秋·季春纪》：“是月也，命司空曰：时雨将降，下水上腾，循行国邑，周视原野，修利堤防，导达沟渎，开通道路，无有障塞。”

决通川防，夷去险阻，见于刻石。

《史记·秦始皇本纪》：“堕坏城郭，决通川防，夷去险阻。地边既定，黎庶无繇，天下咸抚。”

---

① 荀悦《汉纪》云令狐茂。

而其尤有功于统一者，莫如开通四方之大道。

《史记·秦始皇本纪》："二十七年治驰道。""三十五年，除道，道九原[①]，抵云阳[②]，堑山堙谷，直通之。"

据贾山《至言》及《蒙恬传》则二十七年所治之道，为东西之道；三十五年之道，为南北之道。

贾山《至言》："秦为驰道于天下，东穷燕、齐，南极吴、楚。江湖之上，滨海之观，毕至。道广五十步，三丈而树，厚筑其外，隐以金椎，树以青松。"《史记·蒙恬传》："始皇欲游天下，道九原，直抵甘泉。乃使蒙恬通道，自九原抵甘泉，堑山堙谷千八百里。道未就，……始皇崩。""太史公曰：吾适北边，自直道归，行观蒙恬所为秦筑长城亭障，堑山堙谷，通直道，固轻百姓力矣。"[③]

燕、齐、吴、楚，皆为三十丈之广道，沿途植松树，其规模之大为何如乎！《方舆纪要》谓"秦驰道旧迹阔五丈余"，盖经千数百年，其道已堙耳。

《方舆纪要》（顾祖禹）："湖广永州府零陵县有驰道，阔五丈余，类大河道。《史记》：'秦始皇命天下修驰道，以备游幸。'此其旧迹也。"[④]

---

① 今河套地。

② 今陕西淳化县北。

③ 据此，是秦之直道，至汉世犹可通行。当蒙恬时必已成就，其日未就者，殆虽通而未加修饰耳。

④ 据此，可知秦之驰道，南抵零陵。

汉因秦制，亦有驰道。

《史记·滑稽列传》：褚先生记西门豹事。曰："到汉之立，而长史以为十二渠桥，绝驰道，相比近，不可。欲合渠水且至驰道，合三渠为一桥。"①

道侧植树，著于官守。

《续汉书·百官志》："将作大匠，……掌修作宗庙、路寝、宫室、陵园木土之功，并树桐梓之类，列于道侧。"

而秦时道路所不通者，复随时兴作。如张卬、唐蒙、司马相如、郑弘等，皆以开通道路，著于史策。

《史记·河渠书》："人有上书，欲通褒斜道，……天子以为然。拜张卬为汉中守，发数万人，作褒斜道五百余里。"又《平准书》："唐蒙、司马相如开路西南夷，凿山通道千余里，以广巴、蜀。"

《后汉书·郑弘传》："旧交趾七郡，贡献转运，皆从东冶泛海而至，风波艰阻，沈溺相系，弘奏开零陵、桂阳峤道，于是夷通。至今遂为常路。"

险远之地，以次交通，其策无异于今之修铁路、开国道，而劳费过之。然一举而辟数百里、千余里，此可知古人任事之力矣。

① 据此，是汉时邺郡有驰道也。

第三十章　秦之文化

秦之文化，自周宣王时始开，

《诗·车邻·小序》："《车邻》，美秦仲也。秦仲始大，有车马、礼乐、侍御之好焉。"《郑氏诗谱》："周孝王为伯翳能知禽兽之言，子孙不绝，故封非子为附庸，邑之于秦谷。至曾孙秦仲，宣王又命作大夫，始有车马、礼乐、侍御之好。国人美之，秦之变风始作。"

文公时，始有史以纪事，

《史记·秦本纪》："襄公以兵送周平王，平王封襄公为诸侯，赐之岐以西之地，……襄公于是始国，与诸侯通使聘享之礼。……十二年，伐戎而至于岐，卒。生文公。……文公十三年，初有史以纪事，民多化者。十六年，文公以兵伐戎，戎败走。于是，文公遂收周余民有之，地至岐。"

足见秦民开化之迟，盖虽居周岐丰之地，而其文教实别为一系统，与周之故俗不相衔接。（如《史记》称襄公用骝驹、黄牛、羝羊各三，祠上帝西畤。文公初为鄜畤，用三牢。十九年，得陈宝。二十年，法初有三族之罪之类，皆

非周之礼也。）其后之强，率以用客卿之故，[1]秦固无杰出之人也。商鞅、韩非皆务愚民，

《商子·垦令篇》："民不贵学，则愚，愚则无外交；无外交，则勉农而不偷。"《韩非子·五蠹篇》："事智者众则法败，用力者寡则国贫，此世之所以乱也。故明主之国，无书简之文，以法为教；无先王之语，以吏为师。"

不用文士，惟吕不韦稍好士，尚文艺。

《史记·吕不韦传》："是时诸侯多辩士，如荀卿之徒，著书布天下。吕不韦乃使其客人人著所闻，集论以为《八览》《六论》《十二纪》，二十余万言，以为备天地万物古今之事，号曰《吕氏春秋》。布咸阳市门，悬千金其上，延诸侯游士、宾客，有能增损一字者，予千金。"

然其书固类书之体，不足为一家言也。

秦既一统，始尚文教，使天下文字皆同于秦文。

《史记·始皇本纪》："一法度衡石丈尺。车同轨，书同文。"《琅邪刻石》："器械一量，同书文字。"

而其时作者亦辈出。《仓颉》《爰历》《博学》诸篇，皆秦文也。

《说文序》："七国田畴异亩，车涂异轨，律令异法，衣冠异制，言语异声，文字异形。秦始皇帝初并天下，丞相李斯乃奏同之，罢

① 见李斯书。

其不与秦文合者。斯作《苍颉篇》，中车府令赵高作《爰历篇》，太史令胡毋敬作《博学篇》，皆取史籀大篆，或颇省改，所谓小篆者也。”《汉书·艺文志》：“《苍颉》一篇上七章，秦丞相李斯作。《爰历》六章，车府令赵高作。《博学》七章，太史令胡毋敬作。”

虽小篆之字不多，似不敷用。

《说文注》（段玉裁）：“李之七章，赵之六章，胡毋之七章，各为一篇。《汉志》最目，合为《苍颉》一篇者，因汉时闾里书师，合为三篇，断六十字以为一章，凡五十五章，并为《苍颉篇》故也。六十字为一章者，凡五十五，然则自秦至司马相如以前，小篆只有三千三百字耳。”

然当时书有八体，不仅用小篆一种。

《说文序》：“秦书有八体。一曰大篆，二曰小篆，三曰刻符，四曰虫书，五曰摹印，六曰署书，七曰殳书，八曰隶书。”

而隶书尤约易，便于书写。

《说文序》：“是时秦烧灭经书，涤除旧典，大发吏卒，兴戍役，官狱职务繁。初有隶书，以趣约易，而古文由此绝矣。”“左书即秦隶书，秦始皇帝使下杜人程邈所作也。”

其功不独为秦统一之用，且为数千年来中国全境及四裔小国所通用。其体势结构，可独立为美术之一品，是亦至可纪念者也。

篆隶兴而古文废，犹不足为秦重也。所奇者，金石文辞，光耀海内；文字之美，与其流传之久，皆为史记所仅见，是岂不尚文教者所能乎？《始皇纪》载刻石凡六。

《史记·秦始皇本纪》："二十八年，上邹峄山，立石，与诸儒生议，刻石颂秦德，……乃遂上泰山，禅梁父，刻所立石。""南登琅邪，大乐之。留三月，……作琅邪台，立石刻，颂秦德，明德意。""二十九年，登之罘。刻石，其辞曰……其东观日……。""三十二年，之碣石，刻石门。""三十七年，上会稽，祭大禹，望于南海，而立石刻颂秦德。"

至今琅邪台铭文，犹存十三行，泰山亦存十字。

《语石》(叶昌炽)："秦始皇帝东巡，刻石凡六。始于邹峄，次泰山，次琅邪，次之罘，由碣石而会稽，遂有沙丘之变。今惟琅邪台一刻尚存诸城海神祠内，通行拓本皆十行，惟段松苓所拓精本，前后得十三行。翁、阮、孙三家著录者，皆是也。泰山二十九字，先在岳顶玉女池上，后移置碧霞元君庙。乾隆五年，毁于火，今残石仅存十字耳。之罘、碣石、会稽三刻久亡。峄山，唐时焚于野火，当时即有摹本，杜诗所谓'枣木传刻肥失真'者也。"

而他石拓本钩摹影印者，世尚有之。二千一百余年之古刻，证据极确，非檀山石刻及石鼓之出于推测者可比。世人虽极斥秦，于此独宝存之，知其文字之美，为千载所共推矣。三代金文最多，至秦始尚刻石，亦可见秦之各事，皆不蹈袭前人，大书深刻，悉李斯、王绾等之意匠也。然秦以刻石著，亦非不善镂金，其权量刻文，尤极精美。

《陶斋吉金录》载秦铜权十八，椭量四，方量一。

学小篆者，近且由秦石而进言秦金。是秦之文学美术，不惟不逊于三代，甚且过之矣。顾亭林论秦刻石，谓其坊民正俗之意，未始异于三王。

《日知录》："秦始皇刻石凡六，皆铺张其灭六王并天下之事。其言黔首风俗，在泰山则云：'男女礼顺，慎遵职事。昭隔内外，靡不清净。'在碣石门则云：'男乐其畴，女修其业。'如此而已。惟会稽一刻，其辞曰：'饰省宣义，有子而嫁。倍死不贞，防隔内外。禁止淫泆，男女洁诚。夫为寄豭，杀之无罪。男秉义程，妻为逃嫁，子不得母。'感化廉清，何其繁而不杀也。考之《国语》，自越王勾践栖于会稽之后，惟恐国人之不蕃，故令壮者无取老妇，老者无取壮妻。女子十七不嫁，其父母有罪；丈夫二十不取，其父母有罪。生丈夫，二壶酒，一犬；生女子，二壶酒，一豚；生三人，公与之母；生二人，公与之饩。《内传》子胥之言亦曰：'越十年生聚。'《吴越春秋》至谓勾践以寡妇淫泆过犯，皆输山上。士有忧思者，令游山上，以喜其意。当其时，盖欲民之多，而不复禁其淫泆。传至六国之末，而其风犹在。故始皇为之厉禁，而特著于刻石之文，以此与灭六王并天下之事并提而论，且不著之于燕、齐，而独著之于越。然则秦之任刑虽过，而其坊民正俗之意，固未始异于三王也。汉兴以来，承用秦法以至今日者多矣。世之儒者，言及于秦，即以为亡国之法，亦未之深考乎！"

观其刻辞，固可见秦之注重民俗，而辞中所言多男女并举，尤为秦俗男女平等之证。夫淫他室，杀者无罪，是秦人初不专责女子以节义也。责女子以节义，而视男子之淫泆若无睹，是鄙秦者，乃真未喻秦代法制之意也。古俗不禁女子改嫁，亦无旌表守节之事。考守节树坊之始，盖本于始皇之奖巴寡妇清。

《史记·货殖列传》："巴蜀寡妇清，其先得丹穴而擅其利数世，家亦不訾。清，寡妇也，能守其业，用财自卫，不见侵犯。秦始皇帝以为贞妇而客之，为筑女怀清台。”

然其筑台而客之，以清能用财经营事业，为女子之杰出者，似不徒专以其为贞妇也。

秦之为世口实者，曰“焚书坑儒”。此文化史上最大之罪恶也。然刘海峰《焚书辩》为秦平反，最得事理之实。

《焚书辩》（刘大櫆）：“《六经》之亡，非秦亡之，汉亡之也。何则？李斯恐天下学者道古以非今，于是禁天下私藏《诗》《书》百家之语，其法至于‘偶语《诗》《书》者弃市’，而吏见知不举，则与之同罪。噫，亦烈矣！然其所以若此者，将以愚民，而固不欲以之自愚也。故曰：‘非博士官所职，诣守尉杂烧之。’然则博士之所藏具在，未尝烧也。迨项羽入关，杀秦降王子婴，收其货宝妇女，烧秦宫室，火三月不灭，而后唐、虞三代之法制，古先圣人之微言，乃始荡为灰烬。昔萧何至咸阳，收秦丞相御史律令图书，于秦博士所藏之书，独不闻其收而宝之。设使萧何能与其律令图书，并收而藏之，则项羽不烧，则圣人之全经犹在也。”

且据《汉志》，秦于诸经，亦未尽燔。

《汉书·艺文志》：“秦燔书，而《易》为卜筮之事，传者不绝。……《诗》三百五篇，遭秦而全者，以其讽诵，不独在竹帛故也。”

秦之博士甚多，

《汉书·百官表》：“博士，秦官。掌通古今，秩比六百石，员多至数十人。”

其遗献皆能优游论著，

《秦献考》（章炳麟）：“秦博士七十人，掌通古今。识于太史公书者，叔孙通、伏生最著。仆射周青臣用面谀显，淳于越相与牴牾，衅成而秦燔书。其他《说苑》有鲍白令之斥始皇行桀、纣之道，乃欲为禅让，比于五帝，[①]其骨鲠次淳于。《汉书·艺文志》儒家有《羊子》四篇，凡书百章。名家四篇则《黄公》，黄公名疵，作歌诗，二子皆秦博士也。京房称赵高用事，有正先用非刺高死。[②]最在古传纪，略得八人，七十员者九一耳。青臣朴樕不足齿，其七人，或直言无挠辞，不即能制作，造为琦辞，遗令闻于来叶，其穷而在蒿艾。与外吏无朝籍。烂然有文采论纂者，三川有成公生，与黄公等同时。当李斯子由为三川守，而成公生游谈不仕，著书五篇，在名家。从横家有《零陵令信》一篇，难秦相李斯。然秦虽钳语烧《诗》《书》，然自内外荐绅之士，与褐衣游公卿者，皆抵禁无所惧，是岂无说哉！”

（按《集韵》引《炅氏谱》：“桂贞为秦博士，始皇坑儒，改姓昋。”宋濂《桂氏家乘序》亦述其事。是秦博士尚有一桂贞。）及孔鲋为陈涉博士，亦秦时人也。

《史记·孔子世家》：“孔鲋年五十七，为陈王涉博士，死于陈下。”

第执“焚书坑儒”一语，遽以为秦之对于古代文化摧灭无余，是实不善读史耳。

秦法，民之欲学者，以吏为师。

---

①《至公篇》。

② 孟康曰：“姓正名先，秦博士也。”

《史记·秦始皇本纪》："若欲有学法令，以吏为师。"

吏主行政，师主教育，二者似不可兼，且专以法令为学，学之途尤隘矣。而章实斋盛称其法，谓为三代旧典。

《文史通义》（章学诚）："以吏为师，三代之旧法也。秦人之悖于古者，禁《诗》《书》而仅以法律为师耳。三代盛时，天下之学，无不以吏为师。《周官》三百六十，天人之学备矣。其守官举职而不坠天工者，皆天下之师资也。东周以还，君师政教不合于一，于是人之学术，不尽出于官司之典守。秦人以吏为师，始复古制，而人乃狃于所习，专以秦人为非耳。秦之悖于古者多矣，犹有合于古者，以吏为师耳。"

盖以吏为师，犹能通知当世之务，视专读古书而不知时事者，其为教犹近古而较善耳。周代教民，最重读法，汉之学童，亦籀尉律。

《说文序》："尉律，学童十七以上，始试讽籀书九千字，乃得为吏。"段玉裁曰："讽，谓能背诵尉律之文；籀书，谓能取尉律之义，推演发挥，即缮写至九千字之多。"

是周、汉皆使人民学法令，以吏为师也。秦法虽亡，其遗文犹存于汉律。

《汉书·刑法志》："萧何攈摭秦法，取其宜于时者，作律九章。"

言法律者，溯其渊源，不能外乎秦律；虽谓秦吏所授止于法令，其关系亦至巨矣。（按吾国刑法，见于《书·尧典》《吕刑》及《周官·司寇》职文者，均刑律之渊源。春秋时复有刑书，然不名律。言律，实始于秦。按《唐律疏》，魏文侯李悝，集诸国刑典，造《法经》六篇，一盗法，二贼法，三囚法，四捕法，五杂法，六具法[①]。商鞅传授，改法为律[②]。汉相萧何，更加悝所造户、兴、厩三篇，谓九章之律。[③]魏因汉律为一十八篇，改汉具律为刑名第一。晋命贾充等增损汉魏律为二十篇，于魏刑名律中，分为法例律。宋、齐、梁及后魏因而不改。爰至北齐，并刑名法例为名例；后周复为刑名；隋因北齐更为名例；唐因于隋，相承不改。此吾国旧律传授之源流。自宋迄清，亦多沿唐律。至清季始改定新刑律，因吾国之习惯，采欧洲之法意，然亦未能尽变旧法也。）政府立法，恃国民之推行，民力不充，虽有良政府亦无如之何。民能自立，政府虽强暴压制，亦不能阻其进取也。吾观秦史，颇见秦民进取之迹。如：

《汉书·高帝纪》："诏曰：粤人之俗，好相攻击，前时秦徙中县之民南方三郡，使与百粤杂处。会天下诛秦，南海尉它居南方，长治之，甚有文理，中县人以故不耗减，粤人相攻击之俗益止。"

《史记·货殖传》："蜀卓氏之先，赵人也，用铁冶富。秦破赵，迁卓氏。卓氏见虏略，独夫妻推辇，行诣迁处。众迁虏少有余财，争与吏，求近处，处葭萌。唯卓氏曰：'此地狭薄。吾闻汶山之下，沃野，下有蹲鸱，至死不饥。民工于市，易贾。'乃求远迁。致之临邛，大喜。即铁山鼓铸，运筹策，倾滇、蜀之民。"

由此推之，秦时南越、滇、蜀，皆赖中夏之民为之开化。尉佗之文理，卓氏之筹策，特其著者耳。吾国人民之优秀实冠绝于四裔，虽为政府强迫迁徙，亦能自立于边缴。故秦代谪戍移民之法，虽在当时为暴虐，而播华风于榛狉之地，使野蛮之族皆同化于中县，其所成就，正非当时政府意计所及也。

---

① 注："盗法，今贼盗律；贼法，今作伪律；囚法，今断狱律；捕法，今捕亡律；杂法，今杂律；具法，今名例律是也。"

② 注："改法为律者，谓盗律、贼律、囚律、捕律、杂律、具律也。"

③ 注："户者，户婚律；兴者，擅兴律；厩者，厩库律。"

第三十一章　汉代内外之开辟

秦室统一，才十二年，而陈、项起，战乱七年，而天下为刘氏一家所有。自高祖至平帝，凡二百零七年；光武至献帝，凡百六十五年：中隔新莽更始，凡十九年。抚略言之，西汉之世，实吾国行郡县制以后统一最久之时，故外人皆称吾国人为汉人。而吾人自夸其政俗之美，亦津津曰“两汉”。实则汉之政治，多沿秦法，间参以儒家之言。

> 《汉书·元帝纪》：“元帝柔仁好儒，见宣帝所用多文法吏，以刑名绳下。……尝侍宴，从容言：‘陛下持刑太深，宜用儒生。’宣帝作色曰：‘汉家自有制度，本以霸王道杂之，奈何纯任德教，用周政乎！’”

初无特别之建设，其风俗则各地不同，亦未可以概论。惟其时之人有功于吾国最大者，实在外拓国家之范围，内辟僻壤之文化，使吾民所处炎黄以来之境域，日扩充而日平实焉。是不可以无述也。

汉承战国及秦之后，用民之力最重，民亦习于力役，不以为苦也。其时人人习兵，为正卒。

> 《汉书·高帝纪注》：“《汉仪注》云：‘民年二十三为正[①]，一岁为卫士，一岁为材官骑士，习射御驰战陈。年五十六衰老，乃得免

---

① 景帝时改为二十。

为庶民，就田里。’”

给役当地，兼须戍边；不戍边而纳赋者，谓之“过更”。

《汉书·昭帝纪注》：“如淳曰：更有三品，有卒更，有践更，有过更。古者正卒无常人，皆当迭为之，一月一更，是谓卒更也。贫者欲得顾更钱者，次直者出钱顾之，月二千，是谓践更也。天下人皆直戍边三日，亦名为更，律所谓繇戍也。虽丞相子亦在戍边之调。不可人人自行三日戍，又行者当自戍三日，不可往便还，因便住一岁一更。诸不行者，出钱三百入官，官以给戍者，是谓过更也。”

论者谓汉之力役三十倍于古[①]，实尚不止三十倍也。此外，又有七科谪戍之法，

《汉书·武帝纪》：“天汉四年，发天下七科谪。”注：“张晏曰：吏有罪一，亡命二，赘婿三，贾人四，故有市籍五，父母有市籍六，大父母有市籍七。凡七科也。”

时时徙民于边，

《汉书·武帝纪》：“元朔二年，募民徙朔方十万口。元狩五年，徙天下奸猾吏民于边。”

而人民莫之怨畔。故吾谓汉代人民，最能尽国民之义务。汉之国威膨涨，因亦迥绝古今，不可第归美于一二帝王将相也。（汉时田租十五税一，文景以后，皆三十税一，且有时全除其租，可谓轻矣。然其时人民有算赋，自十五

① 古者役民不过三日。

至五十六，出钱人百二十。又有口赋，自七岁至十四，出钱人二十。又有赀算，人赀万钱。取算百二十七，贫民亦以衣履釜鬵为赀而算之。其往来徭戍者，道中衣装悉自备，汉民负担之重，盖前此所未有也。）

战国时，燕、赵、秦、楚皆务拓地。至秦统一，尤锐意为之，而多未竟。至汉承其业，益猛进焉。今为分述于下：

（一）东方之开拓。朝鲜自周初立国，已被商、周之文化。然中间交通不盛，燕、秦筑塞至浿水，燕、齐、赵人往者益多，于是燕人卫满逐箕准而自王。吾国民之力及于朝鲜者，视周代盖已大进，至汉武帝元封三年，朝鲜相参杀其王右渠来降，以其地为乐浪、临屯、玄菟、真番四郡。汉之疆域，遂奄有今日朝鲜京畿、江原二道以北之地。昭帝时，罢临屯、真番二郡，又置乐浪东部都尉。至东汉光武建武六年，始省都尉官，弃单单大岭以东之地，然乐浪、玄菟犹内属也。《史记·货殖列传》称燕民东绾秽貉、朝鲜、真番之利，是汉之拓东境，大有益于商业也。《后汉书·东夷传》称："自武帝灭朝鲜，倭使驿通于汉者三十许国。建武中元二年，倭奴国奉贡朝贺，光武赐以印绶。"是汉之声教，且由朝鲜而及于日本也。

（二）北方之开拓。古代北方诸族，曰匈奴，曰乌桓，曰鲜卑。秦、汉时匈奴最强，乌桓、鲜卑皆为所屏。惟吾国人能抗匈奴，始则以长城为界，继且出塞筑朔方郡[①]，又收河西地，置酒泉、武威、张掖、燉煌四郡。汉之北境，轶于秦二千余里，而匈奴或降或徙，乌桓亦为汉用焉[②]。东汉时，匈奴分为南北。南匈奴附汉，入宅河南；北匈奴为汉所破，漠北以空。而乌桓、鲜卑渐以强盛。论者多谓异族侵入中土，为汉族渐衰之端。然异族之人，实沐汉之文化。如匈奴古无文书，以言语为约束。至东汉时，单于比使人奉地图求内附，是匈奴亦如华夏，有文字图籍矣。

（三）西方之开拓。秦之西界，不过临洮，汉武置四郡，始通西域。而张

---

① 汉武帝元朔二年，收河南地，置朔方五原郡；三年，城朔方城。

②《后汉书·乌桓传》："武帝遣骠骑将军霍去病击匈奴左地，因徙乌桓于上谷、渔阳、右北平、辽东五郡塞外，为汉侦察匈奴动静。"

骞使大夏，见邛竹杖、蜀布，知汉人之通西域久矣。汉之设官西域，自宣帝始。天山南北、葱岭东西诸国，悉属汉之都护。治乌垒城①，实今新疆之中心也。自西汉神爵三年，至东汉永初元年，汉威远播，凡百六十载②。其后，犹设西域长史，屯柳中③，辖葱岭以东之地，虽各国自有君长，实与汉地无异。近年燉煌所出竹简，有小学、术数、方技及屯戍文牍，意汉之文教，必远及于葱岭内外。小学诸书，即其时学校课本。今所发见者，虽在燉煌，其行于燉煌以西，固可必也。

（四）西南及南方之开拓。秦、汉之间，西南各地氐、羌、蛮、夷、闽、粤诸族，与汉族错处，或辟为郡县，而其俗未化；或仍其国族，而时烦征伐，经营累世，始渐同于中夏。其事复杂，与西北二方不同，宜以今地区分而研究之。（甲）两广及安南之地。秦辟扬粤，仅置三郡。赵佗自立，役属骆越，其地始及于安南。佗传国五世，至武帝元鼎六年灭之，分置六郡。其珠崖、儋耳二郡，至元帝初元三年，复罢之。《后汉书》曰："凡交趾所统，虽置郡县，而言语各异，重译乃通，人如禽兽，长幼无别。……后颇徙中国罪人，使杂居其间，乃稍知言语，渐见礼化。光武中兴，锡光为交趾，任延守九真，于是教其耕稼，制为冠履，初设媒娉，始知姻娶，建立学校，导之礼义。"此汉人开化越南之功也。建武十八年，马援远征，随山刊道千余里，立铜柱，为汉之极界④。《后汉书》称援所过，辄为郡县，治城郭，穿渠灌溉，以利其民。条奏越律与汉律驳者十余事，与越人申明旧制以约束之。自后，骆越奉行马将军故事，今其民号曰"马留人"，以此也。（乙）四川云贵之地。秦、汉之时，巴蜀虽已置郡，而其地犹有巴氐蛮、板楯蛮等⑤，不尽以汉法治之也。其西南，又有夜郎、滇、莋、邛都、嶲、昆明诸国，皆曰西南夷。汉武帝使唐蒙通道夜郎，置犍

---

① 今库车县。

② 中间绝不置都护者，凡六十五载。

③ 今新疆鲁克沁回城，在吐鲁番之东。

④ 马援铜柱，在今安南新州港之南，盖汉界直抵越南之南圻也。

⑤ 今通江、宣汉、渠县诸地。

为，牂牁二郡。又以邛都为越嶲郡，莋都为沈黎郡，冉駹为汶山郡，滇为益州郡[①]。后汉明帝时，又以哀牢夷地置永昌郡。于是汉郡至今云南保山县澜沧江之南，而徼外之掸人亦归化，与大秦时通商焉[②]。《汉书》称："景帝末，文翁为蜀郡守，见蜀地僻陋，有蛮夷风，欲诱进之。乃选郡县小吏，遣诣京师，受业博士，或学律令。数岁，成就还归，以为右职。又修起学官于成都市中，招下县子弟，以为学官弟子，蜀人由是大化。学于京师者，比齐、鲁焉。"《后汉书》称："章帝时，王追为益州太守，始兴起学校，渐迁其俗。桓帝时，牂牁人尹珍，自以生于荒裔，不知礼义，乃从汝南许慎、应奉受经书图纬，学成还乡里教授。于是南域始有学焉。"此四川、云南、贵州以此开化之证也。（丙）湖北湖南之地。秦昭王始置黔中郡，汉改为武陵。其地蛮族，仍各自为部落。至后汉时，犹有澧中蛮、零阳蛮、充中蛮诸名；是今之澧县及慈利、永定等地，皆当时蛮夷之所居也。顺帝时，武陵太守以蛮夷率服，可比汉人，增其租赋。然其后蛮人犹时反叛，屯结深山。盖其开化反迟于川、滇之地矣。建武中，南郡蛮反，徙之置江夏，号曰沔中蛮。和帝时，又徙巫县蛮于江夏，于是江夏蛮数反，与庐江贼相接。是东汉时湖北、黄州、德安一带之地，实多蛮族，后且蔓延至于安徽也。[③]《后汉书•度尚传》："抗徐守宣城长，移深林远薮椎髻鸟语之人，置于县下。"盖其时安徽各地，亦多未开化之民矣。[④]（丁）浙江福建之地。汉初，封无诸为闽粤王，都冶；又立摇为东海王，都东瓯。其后，东瓯悉众徙中国，处江淮之间，而闽粤分立东粤。未几，又徙其民于江、淮。故西汉会稽郡虽广，而自今临海、黄岩以南，殆虚无人居。东汉时，设章安、

---

① 天汉四年，并沈黎于蜀郡；地节三年，又并汶山于蜀郡。

②《三国志》注："大秦既从海北陆道，又循海而行，与交趾七郡外夷市；又有水道，通益州、永昌，故永昌出异物。丁谦谓水道通永昌以达益州者，即缅甸伊拉瓦谛江也。"

③《魏书》称蛮之种类，其来自久，部落滋蔓，布于数州。东连寿春，西通上洛，北接汝颍，往往有焉。是汉、晋以后，蛮且杂处河、洛也。

④ 三国时，丹杨郡多山越，时劳征伐。王鸣盛《十七史商榷》详考山越之事迹曰："山越者，自周、秦以来，南蛮总称百越，伏处深山，故名山越。"丹杨山越顽抗，大约尤在与新都、鄱阳邻接处。今徽、宁二府，与江西饶州界。万山环绕，正山民负固不服地。

永宁①、侯官②等县，海滨之地，始渐开拓矣。

由此观之，汉之南部，虽立郡县，其文化远逊于江淮以北。经数百年，始渐同于中土。先民劳苦经营，遂告成中国大半之地。而南北风气之暌隔，亦由于开化之时有迟速之不同，读史者所最宜究心者也。又其时陕、甘之地，亦未尽开化，武帝以白马氐地，置武都郡，即今武都、宁羌等县也。宣帝时，先零羌扰河湟，赵充国以屯田之策制之。至王莽时，置西海郡，则辟地至今之青海矣。东汉之世，氐羌诸族，时服时叛，或徙其人，或置屯田，皆劳汉族之力以镇抚之，故今日甘肃各地回族，自为风气，其来有自。

《后汉书·西羌传》："湟中月氏胡，其先大月氏之别也。依诸羌居止，遂与共婚姻。月氏分散来降，与汉人错居，其被服饮食言语，略与羌同。"（按大月氏为土耳其族，湟中月氏与羌人混合，实今日甘肃回人之祖。）

而异族杂处，仍无碍于吾国郡县之制，亦可以见汉族势力之伟矣。虽然，汉代治地之法，亦有区别。《汉书·百官公卿表》曰："有蛮夷曰道。"西汉之道，凡三十二。至东汉时，有改为县者，有仍为道者；比而观之，亦可见其进化之迹焉。

西汉县道表

【地　名】	【所　属】	【沿　革】	【今　地】
翟　道	左冯翊	东汉无	中部县西北
除　道	北　地	东汉无	未　详
义渠道	北　地	东汉无	宁县西北
戎邑道	天　水	东汉无	清水西北
獂　道	天　水	东汉同	陇西东南

① 章安，今临海；永宁，今永嘉。

② 今县。

续表

【地　名】	【所　属】	【沿　革】	【今　　地】
氐　道	陇　西	东汉无	秦县东南
羌　道	陇　西	东汉同	岷县东南
严　道	蜀　郡	东汉同	荣　　经
汶江道	蜀　郡	东汉同	茂　　县
刚氐道	广　汉	东汉同	平　　武
武都道	武　都	东汉同	成　县　东
狄　道	陇　西	东汉同	今　　县
略畔道	北　地	东汉无	今水庆阳
雕阴道	上　郡	东汉县	鄜　县　北
略阳道	天　水	东汉无	秦安东北
绵诸道	天　水	东汉无	秦　县　东
予　道	陇　西	东汉无	狄道西南
月氏道	安　定	东汉无	镇原东北
湔氐道	蜀　郡	东汉同	松　　潘
甸氐道	广　汉	东汉同	文县东北
阴平道	广　汉	东汉同	文　　县
故　道	武　都	东汉同	凤县西北
平乐道	武　都	东汉无	成县西南
修成道	武　都	东汉无	成　县　南
僰　道	犍　为	东汉同	宜　　宾
夷　道	南　郡	东汉县	宜　　都
泠　道	零　陵	东汉县	道　　县
嘉陵道	武　都	东汉无	礼　　县
下辨道	武　都	东汉县	武　　都
灵关道	越　嶲	东汉同	泸山西北
营　道	零　陵	东汉县	宁远西南
连　道	长　沙	东汉县	湘　　邻

第三十二章　两汉之学术及文艺

周、秦之学术思想，至两汉而结局。凡汉人之所从事，大抵为古人作功臣，不能特别有所创造。然因古代文明之递嬗，亦能于保存之中演为新制，而国基大定，疆域辽廓，又足以为生国民宏大优美之思想，未可概以因袭鄙之也。又凡汉人之著作，与其所研究者，不尽传于后，观《汉书·艺文志》及钱大昭《补续汉书艺文志》，其书之亡逸者夥矣。以今所存，遽下定论，殊为未安。姑就著于世者，比而论之，其学术文艺，犹有千门万户之观。是可知汉人于吾国之文明，既善继往，兼能开来，非如后之言汉学者，第以经义训诂为一朝之学也。

世多谓汉武帝绌诸子，崇儒学，为束缚思想之主因。然古先圣哲思想之流传，实武帝之功。以功为罪，正与事实相反。观《艺文志》，即可知其说之不然。

> 《汉书·艺文志》："汉兴，改秦之败，大收篇籍，广开献书之路。迄孝武世，书缺简脱，礼坏乐崩，圣上喟然称曰：'朕甚闵焉。'于是建藏书之策，置写书之官，下及诸子传说，皆充秘府。"

盖汉初犹存挟书之律，惠帝虽除之，

> 《汉书·惠帝纪》："四年，除挟书律。"

其民间之收藏隐秘，犹未尽敢公布。至孝武而后，诸子传说与六艺之文，始并充于秘府。恶得以董仲舒、卫绾之言，遽谓武帝“罢黜百家”乎？

《汉书·董仲舒传》：“自武帝初立，魏其、武安侯为相，而隆儒矣。及仲舒对册，推明孔氏，抑黜百家，立学校之官，州郡举茂材、孝廉，皆自仲舒发之。”又《汉武帝纪》：“建元元年，冬十月，诏丞相、御史、列侯、中二千石、二千石、诸侯相举贤良方正直言极谏之士。丞相绾奏：‘所举贤良，或治申、商、韩非、苏秦、张仪之言，乱国政，请皆罢。’奏可。”

武帝以后，学者犹兼治诸子百家之学，

《汉书·艺文志》：“成帝时，以书颇散亡，使谒者陈农求遗书于天下。诏光禄大夫刘向校经传诸子诗赋，步兵校尉任宏校兵书，太史令尹咸校数术，侍医李柱国校方技。每一书已，向辄条其篇目，撮其指意，录而奏之。会向卒，哀帝复使向子侍中奉车都尉歆卒父业。歆于是总群书而奏其《七略》。故有《辑略》，有《六艺略》，有《诸子略》，有《诗赋略》，有《兵书略》，有《术数略》，有《方技略》。”

使武帝时禁人攻习异端，则向、歆父子，何必校定诸书乎？

汉以经书立学官，亦沿古者官学之法，如《王制》所谓“乐正崇四术立四教，春秋教以礼、乐；冬夏教以诗、书”，非汉人之创制也。至平帝时，广征学者。

《汉书·平帝纪》：“元始五年，征天下通知逸经、古记、天文、历算、钟律、小学、《史篇》、方术、《本草》及以五经、《论语》《孝经》《尔雅》教授者，在所为驾一封轺传，遣诣京师。至者数千人。”

复不限于经生。足知西汉末年，人之为学，广出诸途，不第专以经学教授也。汉初已有博士，

《汉书·儒林传》："辕固，齐人也。以治《诗》，孝景时为博士。""韩婴，燕人也。孝文时为博士。""胡毋生，字子都，齐人也。治《公羊春秋》，为景帝博士。"《后汉书·翟酺传》："孝文皇帝始置一经博士。"

武帝时，初置五经博士，至东汉时，凡十四家。

《宋书·百官志》："汉武建元五年，初置五经博士，宣、成之世，《五经》家法稍增，经置博士一人，至东京凡十四人。"《续汉书·百官志》："博士祭酒一人，六百石。本仆射，中兴转为祭酒。博士十四人，比六百石。"本注曰："《易》四，施、孟、梁丘、京氏。《尚书》三：欧阳、大小夏侯氏，《诗》三：鲁、齐、韩氏。《礼》二：大小戴氏。《春秋》二：公羊、严颜氏。掌教弟子。国有疑事，掌承问对。本四百石，宣帝增秩。"

其任用出于保举，

《后汉书·朱浮传》注引《汉官仪》曰："博士，秦官也。武帝初置五经博士，后增至十四人。太常差选有聪明威重一人为祭酒，总领纲纪。其举状曰：'生事爱敬，丧没如礼；通《易》《尚书》《孝经》《论语》，兼综载籍，穷微阐奥。隐居乐道，不求闻达。身无金痍痼疾，卅六属不与妖恶交通、王侯赏赐。行应四科，经任博士。'下言某官某甲保举。"

然后策试，盖重其选也。

《后汉书·朱浮传》："旧事，策试博士，必广求详选，爰自畿夏，延及四方，是以博举明经，唯贤是登。"

学官弟子，初置五十人，后以次增至数千人。

《汉书·儒林传》："为博士官置弟子五十人，复其身。太常择民年十八以上，仪状端正者，补博士弟子。郡国县官有好文学，敬长上，肃政教，顺乡里，出入不悖，所闻，令相长丞上属所二千石。二千石谨察可者，常与计偕，诣太常，得受业如弟子。""昭帝时，举贤良文学，增博士弟子员满百人，宣帝末增倍之。""元帝……更为设员千人。""成帝末……增弟子员三千人。""平帝时王莽秉政，增元士之子得受业如弟子，勿以为员。"①

后汉国学尤盛，顺帝以降，太学至三万余生。

《后汉书·儒林传》："建武五年，乃修起太学，……其后复为功臣子孙、四姓末属，别立校舍，搜选高能，以受其业。""自安帝览政，薄于艺文，博士倚席不讲，朋徒相视怠散，学舍颓敝，鞠为园蔬。""顺帝……更修黉宇，凡所构造，二百四十房，千八百五十室。""自是游学增盛，至三万余生。"

按东汉太学，有二百四十房，千八百五十室，是盖从古未有之大学校也。以三万余学生，居千八百室，殆六室而居百人。就《后汉书》考之，其时太学

---

①《三国志·王朗传》注称西京学官博士七千余人，盖指西汉末年博士弟子也。

生所居之室，盖甚宽大。如《仇览传》称："览入太学时，诸生同郡符融，有高名，与览比宇，宾客盈室。览常自守，不与融言。融乃谓曰：'与先生同郡壤，邻房牖，守之何固！'览不与言。融以告郭林宗，因与融赍刺就房谒之，遂请留宿，林宗嗟叹，下床为拜。"是学生所居之室，日中可接宾客，夜可留宾止宿，必大于今日学校寄宿舍矣。又其时讲舍与宿舍异处，如《朱祐传》："祐初学长安，帝往候之。祐不时相劳苦，而先升讲舍。后车驾幸其第，帝因笑曰：'主人得无舍我讲乎！'"是其学生宿舍，与讲舍不连之证。宿舍中有客至，而学生升舍听讲，不与宾相劳苦，殆讲授有定时，不敢缺席之故欤？学生之势力，至于左右朝政，则兴学之效也。

> 《后汉书·党锢传》："太学诸生三万余人，……更相褒重，……危言深论，不隐豪强。自公卿以下，莫不畏其贬议，屣履到门。"

武帝以前，郡国未有学校，而闾里自有书师。[①] 自文翁在蜀立学堂，

> 《汉书·循吏传》："文翁，卢江舒人也。……景帝末，为蜀郡守。……见蜀地僻陋，有蛮夷风，文翁欲诱进之，乃选县小吏，开敏有材者张叔等十余人，亲自饬厉，遣诣京师，受业博士，或学律令。减省少府用度，买刀布蜀物，赍计吏，以遗博士。"[②] 颜师古曰："文翁学堂，在今益州城内。"《水经注》："文翁为蜀守，立讲堂，作石室于城南。永初后，学堂遇火，后守更增二石室。"

武帝乃令天下郡国皆立学校官。王莽柄国，特尚学术，郡国乡聚，皆有学校。

---

① 见《汉书·艺文志》。

② 观此，可知汉时各地学者受业博士者，须自出费。蜀中学生，由官选派，故文翁以官款买蜀物，赍计吏，以遗博士。

《汉书·平帝纪》:“元始三年,立官稷及学官。郡国曰学,县、道、邑、侯国曰校。校、学置经师一人。乡曰庠,聚曰序。序、庠置《孝经》师一人。”

东汉开国君臣,大都其时学校所养成也。

《后汉书·光武本纪》:“王莽天凤中,乃之长安,受《尚书》,略通大义。”《邓禹传》:“年十三,能诵《诗》,受业长安。时光武亦游学京师。”《耿纯传》:“父艾,为王莽济平尹。纯学于长安,因除为纳言士。”《景丹传》:“少学长安,王莽时举四科。”《卓茂传》:“茂,元帝时,学于长安,事博士江生,习《诗》《礼》及历算,究极师法,称为通儒。”《东观汉记》:“光武受《尚书》于中大夫卢江许子威,资用乏,与同舍生韩子合钱买驴,令从者僦以给诸公费。”

班固《东都赋》曰:“四海之内,学校如林,庠序盈门。”以《后汉书》诸传证之,北至武威,

《后汉书·任延传》:“延为武威太守,……造立校官,自掾史子孙,皆令习业。”

南至桂阳,

《后汉书·卫飒传》:“为桂阳太守,……下车,修庠序之仪。”

僻壤蛮陬,并有学校。

《后汉书·李忠传》:“为丹阳太守,……以丹阳越俗,不好学,……

乃为起学校，习礼容。”《金石萃编》（王昶）：“《溧阳长潘乾校官碑》云：远人聆声景附，乐受一廛。既来安之，复役三年。惟泮宫之教，反失俗之礼。构修学官，宗懿招德。”①

信其语为不诬矣。

西汉大师，弟子之多，不过千余人。

《汉书·儒林传》：“申公归鲁，退居家教，终身不出门，复谢宾客，独王命召之乃往。弟子自远方至受业者千余人。”

东汉诸儒，家居教授者，指不胜屈，其弟子之多，亦过于西汉之经师。

《后汉书·牟长传》：“诸生讲学者，常有千余人，著录前后万人。”《宋登传》：“教授数千人。”《杜抚传》：“弟子千余人。”《丁恭传》：“诸生自远方至者，著录数千人。”《楼望传》：“诸生著录九千余人。”《谢该传》：“门徒数百千人。”《蔡玄传》：“门徒常千人，其著录者万六千人。”

师各有录，载其门徒。

《后汉书·李膺传》：“膺诣诏狱考死，妻子徙边，门生、故吏及其父兄，并被禁锢。时侍御史蜀郡景毅子顾为膺门徒，而未有录牒，故不及于谴。毅乃慨然曰：‘本谓膺贤，遣子师之，岂可以漏夺名籍，苟安而已！’遂自表免归，时人义之。”

① 今此碑尚在溧水县学。

门徒之多，不能遍教，则使高业弟子，以次相传。

《后汉书·马融传》："融才高博洽，为世通儒，教养诸生，常有千数。涿郡卢植，北海郑玄，皆其徒也。……弟子以次相传，鲜有入其室者。"《郑玄传》："造太学受业，师事京兆第五元，先始通《京氏易》《公羊春秋》《三统历》《九章算术》。又从东郡张恭祖受《周官》《礼记》《左氏春秋》《韩诗》《古文尚书》。以山东无足问者，乃西入关，因涿郡卢植事扶风马融。融门徒四百余人，升堂进者五十余生。融素骄贵，玄在门下三年，不得见，乃使高业弟子传受于玄。玄日夜寻诵，未尝怠倦。会融集诸生考论图纬，闻玄善算，乃召见于楼上，玄因从质诸疑义。"

私家传授之盛，古所未有也。

汉人讲学，必从师者，以家无书籍，传写不易，非专家之师，授以章句，无由得师而成学也。

《汉书·儒林传》："孝文时，求能治《尚书》者，天下亡有。闻伏生治之，欲召。时伏生年九十余，老不能行，于是诏太常使掌故朝错往受之。"① "孟喜好自称誉，得《易》家候阴阳灾变书，诈言师田生且死时，枕喜膝，独传喜。诸儒以此耀之。"《后汉书·荀悦传》："家贫无书，每之人间，所见篇牍，一览多能诵记。"

后汉时虽已有卖书于肆者，疑亦只京师有之，而僻壤遐陬，仍苦无书。

---

① 卫宏定《古文尚书》序曰："伏生老，不能正言，言不可晓也，使其女传言教错。齐人语多与颍川异，错所不知者凡十二三。略以其意属读而已。"

《后汉书·王充传》："家贫无书，常游洛阳市肆，阅所卖书，一见辄能诵忆。"

以此之故，从师受业者，往往不远千里，或佣作执苦，以助读书之资。其时书籍，尚多用简帛。

《汉书补注》(沈钦韩)："刘向上《晏子》《列子》奏，并云以杀青书可缮写。然则其录奏者，并先杀青书简也。《御览》六百六引《风俗通》云：刘向《别录》杀青者，直治竹作简书之耳。新竹有汗，善朽蠹，凡作简者，皆先火上炙干之，陈、楚间谓之汗。汗者，去其汁也。吴、越曰杀，杀亦治也。向为孝成皇帝典校书籍二十余年，皆先书竹，改易刊定，可缮写者，以上素也。"

《后汉书·吴祐传》："父恢，为南海太守。祐年十二，随从到官，恢欲杀青简以写经书，祐谏曰：'此书若成，则载之兼两。'"

后汉时，始有蔡侯纸，

《后汉书·蔡伦传》："自古书契，多编以竹简，其用缣帛者，谓之为纸。缣贵而简重，并不便于人。伦乃造意，用树肤、麻头及敝布、鱼网以为纸。元兴元年，奏上之。帝善其能，自是莫不从用焉。故天下咸称'蔡侯纸'。"

是实吾国文化之一大利器也。[1] 顾传写虽便，而经籍未有定本亦难免于讹误，于是有石经之刻。

---

① 韩愈《毛颖传》以毛笔蒙恬所造，是亦文明利器之一。然恬传未载，不若纸之始于蔡伦，明见史传也。

《后汉书·蔡邕传》："邕以经籍去圣久远，文字多谬，俗儒穿凿，疑误后学，熹平四年，乃与五官中郎将堂谿典、光禄大夫杨赐、谏议大夫马日磾、议郎张驯、韩说、太史令单飏等，奏求正定《六经》文字，灵帝许之。邕乃自书丹于碑，使工镌刻，立于太学门外。于是后儒晚学，咸取正焉。及碑始立，其观视及摹写者，车乘日千余两，填塞街陌。"注引《洛阳记》曰："太学在洛阳城南开阳门外，讲堂长十丈，广二丈。堂前《石经》四部。本碑凡四十六枚：西行，《尚书》《周易》《公羊传》十六碑存，十二碑毁；南行，《礼记》十五碑悉崩坏；东行，《论语》三碑，二碑毁。《礼记》碑上有谏议大夫马日磾、议郎蔡邕名。"

其议倡于蔡邕，而成于李巡等。

《金石萃编》："《蔡邕传》称：同奏者五官中郎将堂谿典、光禄大夫杨赐、谏议大夫马日磾、议郎张驯、韩说、太史令单飏等，而《公羊传》后别有谏议大夫赵䂵、议郎刘宏、郎中张文、苏陵、傅桢；《论语》后别有博士左立、郎中孙表。疑当时同与此事者尚多，而史略不载也。考《卢植传》，植由庐江太守征拜议郎，与谏议大夫马日磾、议郎蔡邕、杨彪、韩说等并在东观，校中书《五经》传记，是杨彪、卢植亦尝同校《五经》。又《吕强传》称：汝阳李巡白帝，与诸儒共刻《五经》文于石，于是蔡邕等正定其文。则刻经之议，虽创于邕，而其得蒙诏许，实由李巡之功。"

自熹平四年至光和六年，凡九年始毕。其工之艰巨，亦自古所未有也。迄今阅千七百余年，而是经之残字犹存于世，是岂宋、元板本所可及耶！

《金石萃编》："汉石经残字，共十二段。翁方纲汇摹其文，刻于南昌官舍，石经残字存者止此。而读其遗文，犹可以见鸿都之旧。”

两汉同重经学，而学术风气不同。西汉多治今文，罕治古文；东汉则今古文并立。前汉今文说，专尚微言大义，后汉治古文，多详章句训诂。此两汉经学之别也。

《经学历史》（皮锡瑞）：“今文者，今所谓隶书，……古文者，今所谓籀书，……隶书汉世通行，故当时谓之今文，……籀书，汉已不通行，故当时谓之古文。……许慎谓孔子写定六经，皆用古文。然则孔氏与伏生所藏书，亦必是古文。汉初发藏，以授生徒，必改为通行之今文，乃便学者诵习。故汉立博士十四，皆今文家，而当古文未兴之前，未尝别立今文之名。《史记•儒林传》云：‘孔氏有《古文尚书》，而安国以今文读之。’乃就《尚书》之今古文字而言；而鲁、齐、韩《诗》，《公羊春秋》，《史记》不云今文家也。至刘歆始增置《古文尚书》《毛诗》《周官》《左氏春秋》。既立学官，必创说解。后汉卫宏、贾逵、马融又递为增补，以行于世，遂与今文分道扬镳。”

近人以孟、荀、墨、韩、吴子司马法诸书，多与今文家说合，并引为今学。

《今古学考•今学书目表》[①]（廖平）：《王制》、《穀梁春秋》、《公羊春秋》、《仪礼记》、《戴记》今学各篇[②]、《孟子》、《荀子》、《墨子》、《司马法》、《韩非子》、《吴子》、《易纬》、《尚书大传》、《春秋繁露》、《韩诗外传》、《公羊何氏解诂》。[③]

---

① 治今学者，只许据此表书，不得杂古学。

②《王制》《千乘》《四代》《虞戴德》《冠义》《昏义》《乡饮酒义》《射义》《燕义》《聘义》《聘礼》《祭统》《主言》《哀公问》《礼三本》《丧服四制》。

③ 皆今存本。

又《古学书目表》[①]：《周礼》、《左氏春秋》、《仪礼经》、《戴记》古学各篇、《逸周书》、《国语》、《说文》。[②]

则今古文之范围，兼当包括诸子矣。西汉之人，多专一经；东汉则多兼通，所著解说，动辄数十万言。

《后汉书·周防传》："撰《尚书杂记》三十二篇，四十万言。"《伏恭传》："为《齐诗章句》二十万言。"《景鸾传》："著述凡五十余万言。"

是亦学术进步之证。郑玄兼治今古文家法，遍注群经，凡百余万言。黄巾军皆知其名，不犯其境。东汉人之知重学者，亦一最美之风气也。

《后汉书·郑玄传》云："凡玄所注《周易》《尚书》《毛诗》《仪礼》《礼记》《论语》《孝经》《尚书大传》《中候》《乾象历》，又著《天文七政论》《鲁礼谛祫义》《六艺论》《毛诗谱》《驳许慎五经异义》《答临孝存周礼难》，凡百万余言。""建安元年，自徐州还高密，道遇黄巾贼数万人，见玄皆拜，相约不敢入县境。"

汉人之学，不专治经也。周、秦诸子之学，汉时实能综括而章明之。《七略》所载诸子，凡百八十九家，四千三百二十四篇。[③]至魏、晋以降，始次第沦佚，故有功于诸子者，莫汉若也。以两《汉书》诸传考之，有专治一家之学者，有以一家之学教授后生者，其风气盖与经学家无殊。如盖公善治黄、老，曹

---

① 治古学者，只许据此表书，不得杂今学。

② 皆今存本。

③ 据《汉书·艺文志》。

参请之言治；[①] 司马谈习道论于黄子[②]；杨王孙学黄老之术；[③] 耿况学《老子》于安丘先生；[④] 淳于恭善说《老子》；[⑤] 范升习《老子》，教授后生；[⑥] 矫慎少学黄老；[⑦] 是皆道家之学，不独窦太后好黄、老，楚王英喜黄、老也。[⑧] 晁错学申、商刑名于轵张恢生所；[⑨] 阳球好申、韩之学；[⑩] 是申、商、韩非之学，实绵延于两汉，而汉世以法律名者尤夥，虽不尽传诸子之说，要当属于法家。（西汉以法学著者，如路温舒学律令，杜延年明法律，郑昌、郑弘皆通法律，于定国少学法于父，郑崇父宾明法律，丙吉治律令，及文翁遣小吏诣京师学律令，皆见于《汉书》诸传。东汉郭躬父弘，习小杜律，躬少传父业，讲授，徒众常数百人。自弘后数世皆传法律。侯霸从钟宁君受律，钟皓善刑律，以律教授，皆见于《后汉书》。）主父偃学长短纵横术，著书二十八篇，与蒯通、徐乐、严安、聊苍等所著之书，皆著于《艺文志》，是皆汉之纵横家也。田蚡学《盘盂》书，为杂家；而淮南王、东方朔之书，亦著于志。其农家之董安国、尹都尉、氾胜之等，皆汉人也。小说家有虞初《周说》九百四十三篇，《百家》百三十九卷。张衡《西京赋》至谓小说本自虞初[⑪]，则其盛可想。通计汉之学术，逊于战国者，惟名家及墨家。然汉人所见名家、墨家之书犹夥，非若今之抱残守缺，徒摭拾一二语，以断定某家性质之比也。

---

① 见《曹参传》。

②《司马迁传》注："景帝时人也。"《儒林传》谓之黄生。

③ 本传。

④《耿弇传》。

⑤ 本传。

⑥ 本传。

⑦ 本传。

⑧ 此纯为秦以前之道家，若燕、秦、西汉之方士，则出于阴阳家，与道家不同。后汉张陵及子衡、孙鲁等，造作道书，以惑百姓，则后世道家之祖，亦非秦以前道家之学，是宜分别考之。

⑨ 本传。

⑩ 本传。

⑪ 虞初，河南人。武帝时以方士侍中，号黄车使者，其说以《周书》为本。

汉之经师，多通阴阳之学，如董仲舒以《春秋》灾异推阴阳所以错行，高相专说阴阳灾异，京房长于灾变，翼奉好律历阴阳之占，皆西汉之经学大师也。其后则由阴阳家而变为谶纬。据《后汉书·樊英传》，则谶纬之学，与《京氏易》同出于一原。

《后汉书·方术传》："樊英少受业三辅，习《京氏易》，兼明《五经》，又善风角、星算、《河》《洛》七纬，推步灾异。"注："七纬者，《易》纬：《稽览图》《乾凿度》《坤灵图》《通卦验》《是类谋》《辨终备》也；《书》纬：《璇玑钤》《考灵耀》《刑德放》《帝命验》《运期授》也；《诗》纬：《推度灾》《记历枢》《含神雾》也；《礼》纬：《含文嘉》《稽命征》《斗威仪》也；《乐》纬：《动声仪》《稽耀嘉》《汁图征》也；《孝经》纬：《援神契》《钩命决》也；《春秋》纬：《演孔图》《元命苞》《文耀钩》《运斗枢》《感精符》《合诚图》《考异邮》《保乾图》《汉含孳》《佑助期》《握诚图》《潜谭巴》《说题辞》也。"

后汉学者，大抵皆攻此学。

《后汉书·李通传》："通好星历谶记。"《苏竟传》："善图律，能通百家之言。"《翟酺传》："尤善图谶。"《刘瑜传》："善图谶。"《魏朗传》："学《春秋图纬》。"《薛汉传》："善说灾异谶纬。"《廖扶传》："尤明天文谶纬。"《韩说传》："尤善图纬之学。"

或以《汉书》不载纬书疑之，然自史传外，当代碑版，称述尤甚。

《说纬》(朱彝尊)："纬谶之书，相传始于西汉哀、平之际。而《小黄门谯敏碑》称其先故国师谯赣深明典奥谶录图纬，能精征天意，传道与京君明。则是纬谶远本于谯氏、京氏也。东汉之世，以通《七纬》

者为内学，通《五经》者为外学。其见于范史者无论。谢承《后汉书》称姚浚尤明图纬秘奥，又称姜肱博通《五经》，兼明星纬，载稽之碑碣。于有道先生郭泰，则云考览《六经》，探综图纬。于太傅胡广，则云探孔子之房奥。于琅邪王傅蔡朗，则云包洞典籍，刊摘沈秘。于中郎周勰，则云总《六经》之要，括《河》《洛》之机。于大鸿胪李休，则云既综七籍，又精群纬。于国三老袁良，则云亲执经纬，隐括在手。于太尉杨震，则云明《河》《洛》纬度，穷神知变。于山阳太守祝睦，则云七典并立，又云该洞七典，探颐穷神。于成阳令唐扶，则云综纬《河》《洛》，咀嚼《七经》。于酸枣令刘熊，则云效《五经》之纬图，兼核其妙，七业勃然而兴。于高阳令杨著，则云穷七道之奥。于郃阳令曹全，则云甄极毖纬，靡文不综。于蘽长蔡湛，则云少耽七典。于从事武梁，则云兼通《河》《洛》。于冀州从事张表，则云该览群纬，靡不究穷。于广汉属国都尉丁鲂，则云兼究秘纬。于广汉属国侯李翊，则云通经综纬。盖当时之论，咸以内学为重。”

俞氏谓“纬在太史，不在秘书”，说颇有理。

《癸巳类稿·纬书论》（俞正燮）：“《汉书·艺文志》不载者，以纬在太史，不在秘书也。后汉，纬始入秘府。《隋书·经籍志》有纬八十一种，《唐六典·秘书郎·甲部九》曰：‘图纬，以纪《六经》谶候。’注云：‘《河图》等十三部九十二卷。’知东汉至唐皆在秘书，更魏、隋焚纬，但书民间传本，廷臣议礼，师儒说经，犹检纬，则《汉志》不载纬，无可疑也。”

欲知汉代学者之家法，不可不知纬学也。

汉人之学，兼通天人。故定儒者之名义，以通天地人为标准。

《杨子·法言》:“通天地人为儒。”

《汉志》所载天文、历谱、五行诸书，其学皆本于太古，而其书多出于汉。

《汉书·艺文志》:“天文二十一家，四百四十五卷。”“历谱十八家，六百六卷。”“五行三十一家，六百五十二卷。”

汉之史官,又有世传天文之书,不在《艺文志》引诸书之内。太史公著《天官书》,史家之专门学也。

《史记索隐》:“案《天文志》，此皆《甘氏星经》文，而志又兼载石氏，……石氏名申夫，甘氏名德。”《后汉书·天文志》:“唐、虞之时，羲仲、和仲，夏有昆吾，汤则巫咸，周之史佚、苌弘，宋之子韦，楚之唐蔑，鲁之梓慎，郑之裨灶，魏石申夫，齐国甘公，皆掌天文之官，仰占俯视，以佐时政。……秦燔《诗》《书》以愚百姓，《六经》典籍，残为灰炭，星官之书，全而不毁。……汉兴，景、武之际，司马谈，谈子迁，以世黎民之后，为太史令，迁著《史记》，作《天官书》。”

元、成之时，刘向专说灾异，撰《洪范五行传》，其说多穿凿附会。东汉诸儒，精于天文星算者尤众。如：

“杨厚受天文推步之术于父统”,“襄楷善天文阴阳之术”,“蓟瑜善天文历算之学”,“任文孙晓天官风星秘要”,“廖扶尤明天文推步”等。[①]

① 均见《后汉书》本传。

而张衡之制作，尤为汉代一大事。

《后汉书·张衡传》："衡善机巧，尤致思于天文、阴阳、历算。……为太史令，遂乃研核阴阳，妙尽璇玑之正，作浑天仪，著《灵宪》《算罔论》，言甚详明。……阳嘉元年，复造候风地动仪。以精铜铸成，员径八尺，合盖隆起，形如酒尊，饰以篆文山龟鸟兽之形。中有都柱，傍行八道，施关发机。外有八龙，首衔铜丸，下有蟾蜍，张口承之。其牙机巧制，皆隐在尊中，覆盖周密无际。如有地动，尊则振龙机发吐丸，而蟾蜍衔之。振声激扬，伺者因此觉知。虽一龙发机，而七首不动，寻其方面，乃知震之所在。验之以事，合契若神。"同时崔瑗称之曰："数术穷天地，制作侔造化。"

盖汉人之学，皆重实验，积往古之学说，因当时之风气，遂有发明制造之专家，恶得以其器之不传，遂谓汉学无足称哉！

吾国医药之学，其源甚远，而《本草》《素问》等书，皆至汉始显。（"本草"之名，见于《汉书·平帝纪》，又《楼护传》有"诵医经、本草、方术数十万言"之语。）

《玉海》六十三引张仲景《伤寒卒病论》云："撰用《素问》。"

《汉志》详载医经、经方等书：

"医经七家，二百一十六卷。""经方十一家，二百七十四卷。"

太史公作《扁鹊仓公传》，胪举其方术，知汉人极重医学矣。秦不焚医药之书，故古书至汉俱在。

《史记·扁鹊仓公传》:“意受阳庆禁方,传黄帝、扁鹊之脉书,五色诊病。”

俞跗解剖之术,至汉末犹有能之者。

《史记·扁鹊仓公传》:“上古之时,医有俞跗,治病不以汤液醴洒。镵石挢引,案扤毒熨,一拨见病之应。因五脏之输,乃割皮解肌,诀脉结筋,搦髓脑,揲荒爪幕,湔浣肠胃,漱涤五脏,练精易形。”《后汉书·华佗传》:“佗精于方药,……针药所不能及者,乃令先以酒服麻沸散,既醉无所觉,因刳破腹背,割积聚。若在肠胃,则断截湔洗,除去疾秽,既而缝合,傅以神膏,四五日创愈,一月之间皆平复。”

盖古人精于全体之学,剞杀剖割,初非异事,与今世西人之治病相同。王莽以狱囚解剖,亦此意也。

《汉书·王莽传》:“捕得翟义党王孙庆,使太医尚方与巧屠共刳剥之,量度五脏,以竹筳导其脉,知所终始,云可以治病。”

世称《难经》出于黄帝,历传至华佗,以及黄公、曹元。

《黄帝八十一难经序》(王勃):“岐伯以授黄帝,黄帝历九师以授伊尹,伊尹以授汤,汤历六师以授太公,太公以授文王,文王历九师以授医和,医和历六师以授秦越人,秦越人始定立章句,[①]历九师以授华佗,华佗历六师以授黄公,黄公以授曹元。”

---

① 宋《崇文总目》即称《难经》为秦越人撰。

而汉史谓佗临死烧其书，

《后汉书·华佗传》："佗临死出一卷书与狱吏曰：'此可以活人。'吏畏法，不敢受。佗不强与，索火烧之。"

岂所烧者止破腹断肠之法，而《难经》则先已传于人欤？后世医家独祖张机，于一切病惟恃诊脉处方之术，是汉代实古今医法变迁之枢。张机之名，不见于史，疑汉时其名并不甚著，然依其法以治病，讫今独有甚验者。知汉人之于医术，实积古代千万年之经验，而有专门之师授，初未可以厚非也。

《四库书目》："《金匮要略》，汉张机撰。机字仲景，南阳人。尝举孝廉。建安中，官至长沙太守。此书……上卷论伤寒，中论杂病，下载其方，并疗妇人。自宋以来，医家奉为典型，与《素问》《难经》并重，得其一知半解，皆可以起死回生，则亦歧、黄之正传，和、扁之嫡嗣矣。"

汉时小学，兼重书算。

《汉书·律历志》："数者一、十、百、千、万也，所以算数事物，顺性命之理也。""其法在算术，宣于天下，小学是则，职在太史，羲和掌之。"

盖仍周代保氏教"六书九数"之法。故汉人多通算学。郑玄通《九章算术》，著于史传。

《后汉书·郑玄传》："通《九章算术》。"注："《九章算术》，周公作也。凡有九篇：《方田》一，《粟米》二，《差分》三，《少广》

四，《均输》五，《方程》六，《旁要》七，《盈不足》八，《钩股》九。”

而《艺文志》不载《九章》，其小学十家，四十五篇，但载讲授文字之书。盖《九章算术》，职在太史，非秘书所掌，故向、歆校书，不存其目。后世不知汉代官学之系统，仅据《汉志》，目文字为小学，此学术名义所当改正者也。

汉代文字，随时增益。其初教小学之书，仅三千余字，后以次增至九千余字。

《说文序》：“凡《仓颉》以下十四篇，凡五千三百四十字，群书所载，略存之矣。”段玉裁注：“《仓颉》以下十四篇，谓自《仓颉》至于《训纂》，共十有四篇，篇之都数也；五千三百四十字，字之都数也。《艺文志》曰：‘汉兴，闾里书师，合《仓颉》《爰历》《博学》三篇，断六十字以为一章，凡五十五章，并为《仓颉篇》。’此谓汉初《仓颉篇》只有三千三百字也。《志》又曰：‘武帝时，司马相如作《凡将篇》，无复字。元帝黄门令史游作《急就篇》，成帝时，将作大匠李长作《元尚篇》，皆《仓颉》中正字。《凡将》则颇有出矣。’此谓三家所作，惟《凡将》之字有出《仓颉篇》外者也。《志》又曰：‘至元始中，征天下通小学者以百数，各令记字于庭中。扬雄取其有用者以作《训纂篇》，顺续《仓颉》，又易《仓颉》中重复之字，凡八十九章。’此谓雄所作《训纂》凡三十四章，二千四十字；合五十五章，三千三百字，凡八十九章，五千三百四十字也。”“自扬雄作《训纂》以后，班固作十三章。和帝永元中，郎中贾鲂又作《滂喜篇》”，怀瓘《书断》云：‘《仓颉》《训纂》八十九章，合贾广班三十四章，凡百二十章文字备矣。’按八十九章，五千三百四十字，又增三十四章，二千四十字，凡七千三百八十字。”“许全书凡九千三百五十三字，盖五千三百四十字之外，他采者四千十三字。”

司马相如、扬雄、班固、贾鲂、许慎等所增之字，或出采辑，或出创造，未可断定。

然四百年间，人民通用之字，增至六千五十有奇，文化之进步可想矣。汉人小学文字之书，盖有二体。一取便于记诵，《凡将》《训纂》之类是也；一取详于解说，许慎《说文解字》是也。后世童蒙读本，以三字、四字或七字为句，皆源于汉。而研究许书者，独标汉学之名，且自诩为专门，亦未得汉人教学之全也。

段玉裁曰："自《仓颉》至彦均，章皆六十字，凡十五句。句皆四言，许引'幼子承诏'，郭注《尔雅》引'考妣延年'是也。《凡将》七言，如《蜀都赋》注引'黄润纤美宜制禅'，《艺文类聚》引'钟磬竽笙筑坎侯'是也。《急就》今尚存，前多三言，后多七言。"

秦人刻石颂始皇功德，汉代不师其制，武帝立石泰山，无文字也。近世所得石刻，以鲁孝王"五凤石刻"为西汉石刻之始。

《语石》："欧阳公《集古录》石刻无西汉文字，公于《宋文帝神道碑跋》云：'余家集古所录三代以来钟、鼎、彝、铭刻备有，至后汉以后始有碑文，欲求前汉时碑碣，卒不可得。'是则冢墓碑自后汉以来始有也。赵明诚仅收建元二年郑三益阙一种，可知其鲜矣。然刘聪、苻坚皆以建元纪年，未必为汉石也。鲁孝王五凤石刻，金明昌二年得于太子钓鱼池侧，今尚存曲阜孔庙。此外赵二十二年，群臣上寿刻石，出永年；河平三年麃孝禹刻石，出肥城；元凤中广陵王中题字，出甘泉。皆欧、赵所未见也。至居摄、坟坛二刻，及莱子侯刻石，已在新室篡汉后矣。"

而南越王胡墓木刻，则在汉武帝时，

《东方杂志》十四卷第一号载谭镳《上朱省长保存汉初木刻字书》

云："台山商人黄夔石，于广州城东里许东山庙前，购得官产龟冈地一段，建筑楼房，掘土丈余，发见一南越贵人遗冢。""冢堂铺地各木端，搜索得汉初隶书木刻字，其可辨者，尚有甫五、甫六、甫七、甫九、甫十、甫十二、甫十五、甫十八、甫二十等字。'甫'为'铺'之古字，其字画方整，间有参差，不作俯仰姿势，纯为西汉隶法。其'五、七、九'字，尚沿篆体。'甫'字亦有沿篆体作山头者，异于东汉诸碑。""冢中所得古钱，据工人言，合以《钱谱》，秦大半两，约数十枚，汉吕后八铢之半两，百余，汉文帝四铢之小半两，千余，而汉武帝之五铢不过数十。此外更无别式之钱。以此推想其营葬时代，必秦半两钱未停废，而汉五铢钱已流布；其为汉武未灭南越时，越之贵人遗冢已无疑义。镳意此冢当为南越文王胡冢。"

则西汉之特色，当以刻木为首矣。东汉石刻极夥，门生故吏，为其府主伐石颂德者，遍于郡邑。

《语石》："东汉以后，门生故吏为其府主伐石颂德，遍于郡邑。然以欧、赵诸家校郦道元《水经注》所引，仅十存四五而已；以兰泉、渊如诸家校欧、赵著录，及洪文惠《隶释》《隶续》，十仅存二三而已。古刻沦胥，良可慨叹。然荒崖峭壁，游屐摩挲，梵刹幽宫，耕犁发掘，往往为前贤所未见。"

其书有篆有隶，[1]而隶体为多，或纵横宕逸，或谨严流丽，后之碑版，靡得而逾焉。惟其作文及书碑者，多不著名，而出钱立碑之人，往往附著碑阴，记其职掌及出钱多少。可以见其时风气，尚公而重义矣。

汉之文章，初承战国之习，有纵横之余风。文、景以后，提倡经术，其

①《三公山》《开母庙石阙》等皆篆书。

文多尔雅深厚。

《汉书·儒林传》："诏书律令下者，明天人分际，通古今之谊，文章尔雅，训辞深厚。"

而史学大家司马迁生于武帝之世，萃《尚书》《春秋》《国语》《世本》诸书之体，创为《史记》，立本纪、世家、表、书、列传之目，遂为文学、历史两家之祖。治文学者师其义法，

《史记·十二诸侯年表序》："约其辞文，去其烦重，以制义法。"①

修史策者袭其体裁，

《史通》（刘知幾）："《史记》家者，其先出于司马迁，自是汉之史官所续，至梁武帝撰成《通史》，王晖业著《科录》，李延寿《南北史》诸作，皆《史记》之流也。"

是亦汉代之特色也。其后，褚少孙、扬雄、刘歆等多踵为之，而班彪及子固相继为《汉书》，遂为断代史之祖。

《史通》："《汉书》家者，其先出于班固。自东汉以后，作者相仍，皆袭其名号，无所变革。惟《东观》曰'记'，《三国》曰'志'，然称谓虽别，而体制皆同。历观自古史之所载也。《尚书》记周，事终秦穆；《春秋》述鲁，文止哀公。《纪年》不逮于魏亡，《史记》唯论于汉始。如《汉书》者，究西都之首末，穷刘氏之废兴，包举一代，

① 此"义法"二字，本指春秋书法，后世治古文者，借以为文章组织之目，故有"义法"之名。

撰成一书。言皆精练，事甚该密，故学者寻讨，易为其功，自尔迄今，无改斯道。”

吾国立国数千年，而朝野上下之典章制度、风俗文物胥有可考，实赖历朝史书之记载。其专崇君主，则时代为之，不可以今日之眼光，病当时之作者也。

汉人所著子书，多沿周、秦以来之学说，不能出其范围。如《淮南子》杂出众手，既不足成一家之书，《论衡》专事诋諆，仅足以供游谈之助。

《汉书·淮南王传》:“安招致宾客方术之士数千人，作为《内书》二十一篇，《外书》甚众。”《后汉书·王充传》注:“袁山松书曰:‘充所作《论衡》，中土未有传者，蔡邕入吴始得之，恒秘玩以为谈助。’”

其颂述老、墨，问刺孔、孟，涂虽不同，沿袭一也。惟汉人之诗文辞赋，则多创为新体。枚乘、苏武为五言诗，武帝及诸臣为七言诗，而乐府之三言、四言诗体，亦于三百篇之外，别成一格。降及后汉，诗人益多，而《孔雀东南飞》一篇，为焦仲卿妻作者，凡千七百四十五字，实为叙事诗之绝唱，虽不知作者之名，然可以见汉之诗人，实多开创，无所谓定格成法也。诗之外，创制之体，如《答客难》《封禅书》《七发》之类，亦多新格。而赋体之多，尤为汉人所独擅；大之宫室都邑，小之一名一物，铺陈刻画，穷形尽相，而其瑰伟宏丽之致，实与汉之国势相应。盖人类之思想，不用于此，必注于彼。以两周之经籍、子家衡两汉，诚觉汉人之思想迥不及古，而就其所独至者观之，则前人仅构其萌芽，至汉而始发荣滋长者，亦未易偻数。故论史者贵观其通，而不可限于一曲之见也。

第三十三章　建筑工艺之进步

春秋、战国以降，建筑之进步，以城为最。周代城郭有定制，[1]兴建亦有定时。

《左传》庄公二十九年：“凡土功，龙见而毕务，戒事也；火见而致用，水昏正而栽，日至而毕。”

《春秋》纪鲁城筑，凡二十有三，率以示城筑之时否。

《左传》庄公二十九年：“冬十二月，城诸及防，书时也。”文公十二年：“城诸及郓，书时也。”

然即此亦可见当时各国都邑，初非皆有城郭，绵世历年，陆续营建，而后重要之地，始各有城耳。吴王阖闾筑城，已违周制。

《吴越春秋》：“阖闾曰：‘夫筑城郭，立仓库，因地制宜，岂有天气之数，以威邻国者乎？’子胥曰：‘有。’阖闾曰：‘寡人委计于子。’子胥乃使相土尝水，象天法地，造筑大城。周回四十七里，陆门八，以象天八风；水门八，以象地八聪。筑小城周十里，陵门三，不开东西者，欲以绝越明也；立阊门者，以象天门，通阊阖风也；立蛇门者，

① 见第十九章第七节。

以象地户也。”①

战国时筑城，则仅为兵事计，不问城筑之时矣。如《史记·六国表》书“秦城南郑，魏城少梁”，有年而无时。盖仅以其为兵事而城，不计其时否，与《春秋》所书异趣。当时用兵注重攻城，有一举而得城数十者。

《史记·六国表》：“楚顷襄王元年，秦取我十六城。”“秦昭王十八年，客卿错击魏至轵，取城大小六十一。”“秦庄襄王二年，蒙骜击赵榆次新城狼孟，得三十七城。”

墨家学者所传备城门诸法，凡敌之以临、冲、钩、梯、堙、水、穴、突、空洞、蚁傅、轒辒、轩车相攻者，胥有以制之，则攻城守城，盖为兵家专科之学矣。

战国时，内地战事，无关于民族之存亡，其筑城与攻守之法，皆不足称述。惟当时各国备御边患，竞筑长城，则为史策一大事。《说文》曰：“城所以盛民也。”是城之为制，必周匝而无所缺。然至战国时之城，则有二式。一则都邑之城，仍为周匝之式；一则边境之城，变为广长之式。或缺其一面，或空其三面，不必周匝如环。盖其城纯为对外而设，绵亘千里百里，劳费已巨，其不设防之地，可不必城也。列国筑长城之事，详于顾氏《日知录》：

《日知录》：“春秋之世，田有封洫，故随地可以设关，而阡陌之间，一纵一横，亦非戎车之利也。……至于战国，井田始废，而车变为骑，于是寇钞易而防守难，不得已而有长城之筑。《史记·苏代传》：‘燕王曰：齐有长城巨防，足以为塞。’《竹书纪年》：‘梁惠成王二十年，齐闵王筑防以为长城。’《续汉志》：‘济北国卢②有长城，至东海。’《泰

① 今苏州城犹有阊门，此城门之名流传最古者。

② 今长清县。

山记》：‘泰山西有长城，缘河经泰山，一千余里至琅邪台入海。’此齐之长城也。《史记·秦本纪》：‘魏筑长城，自郑[1]滨洛以北有上郡。’《苏秦传》：‘说魏襄王曰：西有长城之界。’《竹书纪年》：‘惠成王十二年，龙贾帅师筑长城于西边。’此魏之长城也。《续汉志》：‘河南郡卷[2]有长城，经阳武到密。’此韩之长城也。《水经注》：‘盛弘之云：叶东界有故城，始犨县，东至瀙水，达泚阳，南北数百里，号为方城，一谓之长城。’《郡国志》曰：‘叶县有长城，曰方城。’此楚之长城也。若《赵世家》：‘成侯六年，中山筑长城。’又言‘肃侯十七年，筑长城’。则赵与中山亦有长城矣。以此言之，中国多有长城，不但北边也。其在北边者，《史记·匈奴传》：‘秦宣太后起兵伐残义渠，于是秦有陇西、北地、上郡，筑长城以拒胡。’此秦之长城也。《魏世家》：‘惠王十九年，筑长城，塞固阳。’此魏之长城也。《匈奴传》又言‘赵武灵王北破林胡、楼烦，筑长城自代并阴山下至高阙为塞，而置云中、雁门、代郡。’此赵之长城也。燕将秦开袭破东胡，东胡却千余里‘燕亦筑长城，自造阳至襄平，置上谷、渔阳、右北平、辽西、辽东郡，以拒胡。’此燕之长城也。‘秦灭六国，而始皇帝使蒙恬将十万之众北击胡，悉收河南地，因河为塞，筑四十四县城，临河，徙谪戍以充之，而通直道，自九原至云阳，因边山险堑，谿谷可缮者，治之，起临洮至辽东万余里，又度河据阳山北假中。’此秦并天下之后所筑之长城也。”

世徒称始皇筑长城，不知此事之始末，故详录之。大抵七国分立时，燕、赵、魏、秦各筑长城，不相连续，秦既统一，因前人之功，而加广焉。其中之不相属者，则为合之；故能起临洮至辽东，袤延数千里。侈言之，则曰“万里长城”，实

① 今华州。

② 在郑州原武县西北七里。

则此数千里之城，决非数年之功所可就也。[①]然即曰诸国分筑，经营百数十年之久，[②]而吾民能为国家任此重役，成此宏功，亦世界所仅见矣。自秦成长城，而汉族与北方诸族，遂以长城为绝大之界域。

《汉书·匈奴传》："孝文帝遗匈奴书曰：先帝制，长城以北，引弓之国，受令于单于；长城以内，冠带之室，朕制之。""乌珠留单于曰：孝宣皇帝哀怜，为作约束，自长城以南天子有之，长城以北单于有之。"

自汉以降，时加修缮。

《日知录》："汉武帝元朔二年，遣将军卫青等击匈奴，取河南地，筑朔方，复缮故秦时蒙恬所为塞，因河为固。魏明元帝泰常八年二月戊辰，筑长城于长川之南，自赤城西至五原，延袤二千余里。太武帝太平真君七年五月丙戌，发司、幽、定、冀四州十万人筑城上塞围；起上谷，西至河，广袤皆千里。北齐文宣帝天保三年十月乙未，起长城，自黄栌岭北至社平戍四百余里，立三十六戍。六年，发民一百八十万，筑长城，自幽州北夏口至恒州，九百余里。先是自西河总秦戍筑长城，东至于海，前后所筑，东西凡三千余里。率十里一戍，其要害置州镇凡二十五所。八年，于长城内筑重城，自库洛拔而东至于坞纥戍凡四百余里。而《斛律羡传》云：'羡以北卤屡犯边，须备不虞，自库堆戍东距于海，随山屈曲二千余里。其间二百里中，凡有险要，或斩山筑城，或断谷起障，并置立戍逻五十余所。'周宣帝大象元年六月，发山东诸州民修长城，立亭障，西自雁门，东至碣石。

---

① 蒙恬城河上为塞，始于始皇三十三年，至始皇崩，凡五年。

② 自魏惠王十九年至蒙恬作长城时，凡一百四十三年。

隋文帝开皇元年四月，发稽胡修筑长城。五年，使司农少卿崔仲方发丁三万，于朔方、灵武筑长城，东距黄河，西至绥州，南至勃出岭，绵历七百里。六年二月丁亥，复令崔仲方发丁十五万，于朔方以东，缘边险要，筑数十城。七年，发丁男十万余人修长城。大业三年七月，发丁男百余万筑长城，西踰榆林，东至紫河。四年七月辛巳，发丁男二十余万筑长城，自榆林谷而东。此又后史所载继筑长城之事也。”

周代宫室之制，前为中堂，后为房室，与今人居宅迥异。余历考诸书，不知何时以堂后之房室移于堂之两旁，为三间五间之式。惟《礼记·儒行》有“环堵之室”之语。

《儒行》：“儒有一亩之宫，环堵之室，筚门圭窬，蓬户翁牖。”注：“环堵，面一堵也。”

疑春秋战国时贫民之居，四面皆有墙，非如定制，虚其前为堂也。环堵之室，有室而无堂，不可以别内外，故于其中隔为三间；以中室为堂，而名两旁为内。至汉时平民之居，多为一堂二内之制。

《汉书·晁错传》：“古之徙远方，以实广虚也，……先为筑室，家有一堂、二内，门户之闭。”“张晏曰：‘二内，二房也。’”

王氏鸣盛仍以古制释之，疑未当也。

《十七史商榷》（王鸣盛）：“此论徙民，似指庶民居多，而容或有大夫士。盖前为堂，后为室，而室之东旁为一房，此大夫至庶人皆同者。张晏混言二房，非也。”

古代帝王，以卑宫室为嫩，以峻宇雕墙为戒。至春秋诸侯，争为僭侈，楚有章华之台，

《国语》："灵王为章华之台，与伍举升焉，曰：'台美矣夫！'"《新书》（贾谊）："翟王使使至楚，楚王夸使者以章华之台，台甚高，三休乃至。"

吴为姑苏之台。

《吴越春秋》："阖庐治宫室，立射台于安里。华池在平昌南城，宫在长乐。阖闾出入游卧，秋冬治于城中，春夏治于城外。治姑苏之台，旦食鉏山，昼游苏台；射于鸥陂，驰于游台；兴乐石城，走犬长洲。"

崇高壮丽，非复昔之拘于制度，陈陈相因之式矣。战国之时，诸侯宫室益盛。齐威王有瑶台，[①]梁惠王有范台，[②]楚襄王有兰台及阳云之台，[③]燕昭王有黄金台，

《水经注》："易水旁有金台，台上东西八十许步，南北如减。北有小金台，台北有兰马台，并悉高数丈。栋堵咸沦，柱础尚存，雕墙败馆，尚传镌刻之石。"

而齐宣王为大室，三百户。

《吕氏春秋·骄恣篇》："齐宣王为大室，大益百亩，堂上三百户。以齐之大，具之三年，而未能成。"

---

① 见《说苑》。

② 见《战国策》。

③ 均见宋玉赋。

足见其时之宫室，咸以高大相尚矣。七国既一，诸侯宫室之制，悉萃于秦。秦之宫殿，遂极从古未有之大观。

《史记·秦始皇本纪》："秦每破诸侯，写放其宫室，作之咸阳北阪上，南临渭，自雍门以东，至泾、渭，殿屋、复道、周阁相属。所得诸侯美人、钟鼓，以充入之。""乃营作朝宫渭南上林苑中。先作前殿阿房，东西五百步，南北五十丈，上可以坐万人，下可以建五丈旗。周驰为阁道，自殿下直抵南山。表南山之颠以为阙。为复道，自阿房渡渭，属之咸阳，以象天极阁道绝汉抵营室也。阿房宫未成；成，欲更择令名名之。作宫阿房，故天下谓之阿房宫。隐宫徒刑者七十万余人，乃分作阿房宫，或作丽山。发北山石椁，乃写蜀、荆地材皆至。关中计宫三百，关外四百余。"

虽为项羽所烧，而慈石之门，至唐犹在。

《元和郡县志》："秦慈石门，在咸阳县东南十五里。东南有阁道，即阿房宫之北门也，累慈石为之。著铁甲入者，慈石吸之不得过，羌胡以为神。"

其建筑之根于学理，经久不毁，亦可推见矣。汉代宫室之壮丽，亦不下于秦，始自萧何，

《汉书·高帝本纪》："萧何治未央宫，立东阙、北阙、前殿、武库、太仓。上见其壮丽，甚怒，谓何曰：'天下匈匈，劳苦数岁，成败未可知，是何治宫室过度也！'何曰：'天下方未定，故可因以求宫室。且夫天子以四海为家，非令壮丽，亡以重威，且亡令后世有以加也。'"

盛于武帝。其规制犹可考见。

《三辅黄图》:"未央宫周回二十八里,前殿东西四十丈,深十五丈,高三十五丈。"《西京杂记》:"未央宫周回二十二里,九十五步。五街道周回七十里,台殿四十三,其三十二在外,其十一在后宫。池十三,山六,池一,山一,亦在后宫。门闼凡九十五。"《水经注》:"建章宫周二十余里,千门万户。其东凤阙高七丈五尺,中有神明台、井幹楼,咸高五十余丈。北有太液池,池中有渐台,高三十丈。南有璧门三层,高三十余丈,中殿十二间,阶陛咸以玉为之。铸铜凤五丈,饰以黄金。楼屋上椽首,薄以玉璧,因曰璧玉门。""其长乐宫、咸阳宫之间,有渭桥,广六丈,南北三百八十步;六十八间,七百五十柱,百二十二梁。"①

汉之官吏,皆有赐室。其大者,谓之"大第室"。

《汉书·高帝纪》:"为列侯食邑者,皆佩之印,赐大第室②。吏二千石徙之长安,受小第室。"

而外戚权臣,如王氏、梁氏,其宫室亦仿像帝王之居。

《汉书·元后传》:"五侯群弟争为奢侈,……大治第室,起土山渐台,洞门高廊,阁道连属弥望。""王根大治室第,第中起土山,立两市,殿上赤墀青户琐。"《后汉书·梁冀传》:"冀乃大起第舍,而寿亦对街为宅,殚极土木,互相夸竞。堂寝皆有阴阳奥室,连房

① 其后董卓入关,焚渭桥,魏武帝修之,广三丈六尺,盖不能复西汉之工程矣。

② 孟康曰:"有甲乙次第,故曰第也。"

洞户。柱壁雕镂，加以铜漆；窗牖皆有绮疏青琐，图以云气仙灵。台阁周通，更相临望；飞梁石蹬，陵跨水道。金玉珠玑，异方珍怪，充积藏室。远致汗血名马。又广开园囿，采土筑山，十里九坂，以象二崤，深林绝涧，有若自然，奇禽驯兽，飞走其间。”

新莽之篡，建立宗庙，尤极奇伟。

《三辅黄图》：“王莽时博征天下工匠，起九庙。太初祖庙，东西南北各四十丈，高十七丈，余庙半之，为铜薄栌，饰金银雕文，穷极百工之巧。”

是虽帝王僭窃之侈心，未足为国民之范。然闳工巨制，一一皆出于民力，非其时物力充盛，工巧精进，亦不能遂其侈心也。

古代建筑，多为战争所毁。秦毁于项羽，

《史记·项羽本纪》：“烧秦宫室，火三月不灭。”

西汉毁于长安兵众及赤眉，

《汉书·王莽传》：“众兵发掘莽妻子父祖冢，烧其棺椁，及九庙、明堂、辟雍，火照城中。”“城中少年……趋讙并和，烧作室门，斧敬法闼，……莽避火宣室前殿，火辄随之。”“更始都长安，居长乐宫，府藏完具，独未央宫烧。”“明年，夏，赤眉樊崇等入关，攻更始，遂烧长安宫室市里，长安为虚。城中无人行，宗庙园陵皆发掘。”

东汉毁于董卓，

《后汉书·献帝纪》："董卓焚洛阳宫庙及人家。"

《董卓传》注："《献帝起居注》：旧时宫殿悉坏，仓卒之际，拾摭故瓦材木，工匠无法度之制，所作并无足观也。"

以惩帝皇贵族之奢荡，固当，然所毁之物力几何！累代建筑，皆天下之名材异产，非一时所能聚，又经无限之工作而后造成，非帝王贵族一人所能为也。论者谓欧人多作石室，吾国率土木构造，土木易毁，而石室难焚，故古代宫室存毁之多寡，以此而判。然吾国古代亦有石室，观《水经注》犹多载之。

《水经注·渭水篇》："磻溪旁有一石室，盖太公所居也。"《巨洋水篇》："寿光县有孔子石室，中有孔子像，弟子问经。"① 《河水篇》："龙门崌谷有三石室，因阿结牖，连局接闼，似是栖游隐学之所，昔子夏教授西河，疑即此也。又子夏陵北有子夏石室，南北有二石室，临侧河崖。"

汉有石室藏书。

《史记·太史公自序》："紬史记石室金匮之书。"《索隐》曰："石室金匮，皆国家藏书之处。"

盖亦预防兵火，而为保存文籍垂之久远计也。

古代宫室，多为图画，观《楚辞》可见。

---

① 全祖望曰："按于钦曰《水经》之言非也，乃是仓颉墓中石室。"

《楚辞·天问序》："屈原放逐，忧心愁悴，彷徨山泽，经历陵陆，嗟号昊旻，仰天叹息。见楚有先王之庙，及公卿祠堂，图画天地、山川、神灵、琦玮僪佹，及古贤圣怪物行事，周流罢倦，休息其下。仰见图画，因书其壁呵问之。"

战国诸子，恒记画家之事，虽属寓言，亦足证其画事之盛。

《庄子·田子方》："宋元君将画图，众史皆至，受揖而立，舐笔和墨在外者半。有一史后至者，儃儃然不趋，受揖不立，因之舍。公使人视之，则解衣槃礴裸。君曰：'可矣，是真画者也。'"

《韩非子·外储说》："客为周君画筴者，三年而成，因观之，与髹筴者同状，周君大怒。画筴者曰：'筑十版之墙，凿八尺之牖。而以日始出时，加之其上而观。'周君为之，望见其状，尽成龙蛇禽兽车马，万物之状备具，周君大悦。""客有为齐王画者，齐王问曰：'画孰最难者？'曰：'犬马最难。''孰易者？'曰：'鬼魅最易。夫犬马，人所知也。旦暮罄于前，不可类之，故难。鬼神无形者，不罄于前，故易之也。'"

汉时宫室，亦多有画人物故事，善恶毕备，以昭鉴戒。

《鲁灵光殿赋》（王延寿）："图画天地，品类群生。杂物奇怪，山海神灵，写载其状，托之丹青，千变万化，事各缪形，随色象类，曲得其情。上纪开辟，遂古之初，五龙比翼，人皇九头，伏羲鳞身，女娲蛇躯，鸿荒朴略，厥状睢盱。焕炳可观，黄帝、唐、虞，轩冕以庸，衣裳有殊。下及三后，婬妃乱主，忠臣孝子，烈士贞女，贤愚成败，靡不载叙。恶以诫世，善以示后。"

或专画一二人，

《汉书·广川王去传》："其殿门有成庆画，短衣、大袴、长剑。"又《金日磾传》："日磾母教诲两子，甚有法度，上闻而嘉之。病死，诏图画于甘泉宫，署曰休屠王阏氏。日磾每见画，常拜，乡之涕泣，然后乃去。"

或杂画多人，

《汉书·苏武传》："甘露三年，单于始入朝。上思股肱之美，乃图画其人于麒麟阁，法其形貌，署其官爵姓名，……凡十一人。"《后汉书·朱景王杜马刘傅坚马传论》："永平中，显宗追感前世功臣，乃图画二十八将于南宫云台。"

甚或画猥亵之状，

《汉书》："广川王海阳坐画屋为男女裸交接，置酒请诸姊妹饮，令仰视画。……废徙房陵。"

足知汉时之壁画，多为人事，非若后世之写仿山水也。由壁画又进而有石刻画像，《水经注》多记之。

《水经注·济水篇》："荆州刺史李刚墓，有石阙祠堂，石室三间，椽架高丈余，四壁隐起雕刻，为君臣官属，龟龙麟凤之文，飞禽走兽之像，作制工丽。""汉司隶校尉鲁峻冢前，有石祠石庙。四壁皆青石隐起，自书契以来，忠臣、孝子、贞妇、孔子及七十二人形象，皆刻石记之，文字分明。"

今世所传，则有武梁祠石刻画像[①]及孝堂山石室画像[②]，古代车马衣服之制，胥可赖以考见。又有李翕黾池五瑞图[③]，刻黄龙、白鹿、嘉禾、木连理、甘露及承露人之象，则镌于山崖，而非在石室者。近年山东时有汉画、石刻新发见者，

> 《语石》："齐、鲁村落间，汉画时时出土。"

土人不知宝贵，恒为东西洋嗜古者购去。大抵汉画多简拙，较印度、希腊之石刻，远不及其工细。然彼土雕刻多重神教，吾国汉画则重人事，虽美术有所不逮，而理想则迥不同矣。

春秋、战国以来，工学之演进，至可惊诧，各国之专擅一技者，至于夫人能之。

> 《考工记》："粤无镈，燕无函，秦无庐，胡无弓车。粤之无镈也，非无镈也，夫人而能为镈也。燕之无函也，非无函也，夫人而能为函也。秦之无庐也，非无庐也，夫人而能为庐也。胡之无弓车也，非无弓车也，夫人而能为弓车也。"

而记载工学之专书，如《考工记》者，即成于其时。《周礼正义》引《士冠礼疏》："《考工记》，六国时所录。"又引江永云："《考工记》，东周后齐人所作也。其言'秦无庐'，'郑之刀'，厉王封其子友，始有郑；东迁后，以西周故地与秦，始有秦。故知为东周时书。其言'橘逾淮而北为枳，鹳鹆不逾济，貉逾汶则死'，皆齐、鲁间水。而'终古'、'戚速'、'稗茭'之类，郑《注》皆以为齐人语，故知齐人所作也。"盖古者工皆世官，以业为氏。

---

① 在今嘉祥县之紫云山。

② 在今肥城县。

③ 在今成县。

《考工记·贾疏》曰："某氏者，其义有二。一者，官有世功，则以官为氏，若韦氏、裘氏、冶氏之类是也；二者，族有世业，以氏名官，若凫氏、栗氏之等是也。"

积其经验，专其责成，又因地利、天时、人事之所重，而各地之特产以著。

《考工记》："郑之刀，宋之斤，鲁之削，吴粤之剑，迁乎其地而弗能为良，地气然也。燕之角，荆之干，妢胡之笴，吴粤之金锡，此材之美者也。天有时以生，有时以杀；草木有时以生，有时以死；石有时以泐；水有时以凝，有时以泽者，天时也。"

始则工必在官者，继则人能为工焉。

《考工记》所载之工，仅三十种：

攻木之工，轮、舆、弓、庐、匠、车、梓；攻金之工，筑、冶、凫、栗、段、桃；攻皮之工，函、鲍、韗、韦、裘；设色之工，画、缋、钟、筐、㡛；刮摩之工，玉、楖、雕、矢、磬；抟埴之工，陶、旊。

似未足以尽其时之工巧。观诸子所言公输、墨翟之事，

《墨子·鲁问篇》："公输子削竹木以为鹊，成而飞之，三日不下，公输子自以为至巧。"《公输篇》："公输盘为楚造云梯之械成，子墨子解带为城，以牒为械。公输盘九设攻城之机变，子墨子九距之。公输盘之攻械尽，子墨子之守圉有余。"《韩非子·外储说》："墨子为木鸢，三年而成，蜚一日而败。"

则战国时之机械工艺，异常发达，必不仅此日用之器具已也。然墨子虽精制器，

仍以适用于人为贵。

> 《墨子·鲁问篇》："子墨子谓公输子曰：子之为鹊也，不如匠之为车辖，须臾刘三寸之木，而任五十石之重。故所谓功，利于人谓之巧，不利于人谓之拙。"

《吕览》"月令" 屡以淫巧为戒。

> 《吕氏春秋·季春纪》："是月也，命工师，令百工，审五库之量，金铁、皮革筋、角齿、羽箭干、脂胶丹漆，无或不良。百工咸理，监工日号，无悖于时，无或作为淫巧，以荡上心。"《孟冬纪》："是月也，工师效功，陈祭器，按度程，无或作为淫巧，以荡上心，必功致为上。物勒工名，以考其诚。工有不当，必行其罪，以穷其情。"

故秦时虽犹有能为机械者，而学者弗道其法也。

> 《史记·秦始皇本纪》："始皇初即位，穿治郦山，及并天下，天下徒送诣七十余万人，穿三泉，下铜而致椁，宫观百官奇器珍怪徙藏满之。令匠作机弩矢，有所穿近者辄射之。以水银为百川江河大海，机相灌输。上具天文，下具地理。以人鱼膏为烛，度不灭者久之。"

观《考工记》所述，古代工艺之术，可得四义：

一曰分工之多。有一工而分数器者，如梓人为饮器，梓人为侯，梓人为筍簴；车人为耒，车人为车之类。盖虽同名一工，而为饮器之梓人，与为侯之梓人，实分工也。有一器而分数工者，如轮人为轮，轮人为盖，舆人为车，辀人为辀，车人为车之类。一车之事，数工任之也。分工逾多，则制器逾精，可以推知。

一曰定名之密。古人精于起物，往往一器而细别为多名。如凫氏为钟，两栾谓之铣，铣间谓之于，于上谓之鼓，鼓上谓之钲，钲上谓之舞，舞上谓之甬，甬上谓之衡，钟县谓之旋，旋虫谓之干，钟带谓之篆，篆间谓之枚，枚谓之景，于上之攠谓之隧。非若后世工人制物，随意立名，而学者多不能别也。

一曰度数之精。其制一器，所定度数，皆有相连之关系。如毂人为车，轮崇、车广、衡长，参如一，谓之参称。参分车广去一以为隧；参分其隧，一在前，二在后，以揉其式。以其广之半，谓之式崇；以其隧之半，为之较崇之类。综三十官之文，言度数者居十之六七，故古器犹可考其制造之法，而秦、汉以后之器物，虽有载于史传者，反不能推明其度数，是亦可见古人之细心矣。

一曰雕刻之美。雕刻各物，必穷极形似。如梓人为筍簴，凡攫閷援噬之类，必深其爪，出其目，作其鳞之而；深其爪，出其目，作其鳞之而，则于眡必拨尔而怒，且其匪色必似鸣矣之类。观其状况刻画之得失，可知其不得率尔从事矣。又古人治器有六法：

> 《尔雅·释器》："金谓之镂，木谓之刻，骨谓之切，象谓之磋，玉谓之琢，石谓之磨。"

竹木易朽，其所刻者不传，骨象之器亦罕见。玉器据吴氏《古玉图考》所载玉敦、琪角之类观之，其刻文之精细，已为难能可贵，而镂金之法，尤为后世所不及。

> 刘师培曰："古人之镌金其法有二。一为阳文。铸器既成，书之以漆，凡漆书所未加者，悉施镵削之工，使所书之字，隆起于其间，其形为凸，即《诗》所谓'追琢其章'也。一为阴文，铸器既成，亦书之以漆，复于所书之文，凿之使深，与近世刻石之法略同，其形为凹，荀子所谓'锲而不舍，金石可镂'也。"

观今日所传钟鼎，其器之四周，咸萦以云雷盘屈之文，皆铸成之后，始加以刻镂者。视后世镌字于范，镕金杌之，其难易迥殊矣。金玉之器，惟汉与周相上下。阮元《积古斋钟鼎款识》载汉之鼎、铲、壶、洗、镫、盘、弩、机、戈剑、符斗、钩铃八十余器，多记制作年月及作器者之姓名。吴大澂《古玉图考》载汉玉钫、玉印、刚卯之类，亦数十器，所镌文字皆极精美。而新莽之时，制作尤精。观《积古斋》所载《新莽铜权款识》及《愙斋吉金录》所载新莽残量之文，其镌刻之精细，殆突过西汉矣。（按王莽篡汉无足取，而其人极有思想，故各地人民，亦多新奇可喜之事。史称莽访有奇技术可以攻匈奴者，待以不次之位。言便宜者以万数，或以能度水，不用舟楫；或言不持斗粮，服食药物，三军不饥；或言能飞，一日千里，可窥匈奴。莽辄试之。取大鸟翮，为两翼，头与身皆著毛，通引环纽，飞数百步坠。可见其时之人，多有奇想，飞者既能通引环纽，飞数百步，其中必有机巧；惜未能引申研究，如今日之制飞机耳。）盖汉代崇尚工艺，少府有考工室，各地有工官。

> 《汉书·地理志》称河内郡怀县、南阳郡宛县、济南郡东平陵县、泰山郡奉高县、广汉郡雒县，均有工官。他若陈留郡襄邑县、齐郡临淄县，有服官。南郡有发弩官，皆官工之类。而铁官之布在各地者尤多。

史称孝宣之世，政事、文学、法理之士，咸精其能。至于技巧、工匠、器械，自元、成间，鲜能及之。足知汉人之重工艺，恒以之觇政俗之盛衰，故虽非孝宣时所制者，传至今日，犹觉其制作具有古法，且见进步焉。

第二编　中古文化史

第一章　中国文化中衰及印度文化东来之故

自太古至秦、汉，为吾国人创造文化及继续发达之时期。自汉以降，则为吾国文化中衰之时期。虽政治教育仍多沿古代之法而继续演进，且社会事物，亦时有创造发明，足以证人民之进化者。然自全体观之，则政教大纲不能出古代之范围，种族衰弱，时呈扰乱分割之状。虽吾民亦能以固有之文化，使异族同化于吾，要其发荣滋长之精神，较之太古及三代、秦、汉相去远矣。于此时期，有一大事足纪者，即印度之文化输入于吾国，而使吾国社会思想以及文艺、美术、建筑等皆生种种之变化。且吾民吸收之力，能使印度文化变为中国文化，传播发扬，且盛于其发源之地，是亦不可谓非吾民族之精神也。

治此期之历史，所当致疑者二事：吾国文化何以中衰乎？印度文化何故东来乎？欲解此二疑问，当就种种方面推究其原因。兹举其大者数端以明之。

（一）则坏于盗贼无赖也。秦以前，创业开国者多圣哲；秦以后，起事革命者多盗贼。盗贼无赖之徒，成则为帝王，固不识治国御世之道；败则肆焚掠，尤不解保护文化之谊。故自汉以来，增进文化之力，恒不及摧毁凿削之力之强。观隋牛弘论书之“五厄”，即可推知其故。

《隋书·牛弘传》：“弘以典籍遗逸，上表请开献书之路，曰：‘尧称至圣，犹考古道而言；舜其大智，尚观古人之象。’《周官》，外史掌三皇五帝之书及四方之志。武王问黄帝、颛顼之道，太公曰：‘在《丹书》。’是知握符御历，有国有家者，曷尝不以《诗》《书》而为教，因礼乐而成功也。昔周德既衰，……及秦皇驭宇，……事不师古，始下焚书之令，行偶语之刑。先王坟籍，扫地皆尽，本既先亡，从而颠复。……此则书之一厄也[①]。……及王莽之末，长安兵起，宫室图书，并从焚烬。此则书之二厄也。……及孝献移都，吏民扰乱，图书缣帛，皆取为帷囊。所收而西，裁七十余乘，属西京大乱，一时燔荡。此则书之三厄也。……属刘、石凭陵，京华复灭，朝章国典，从而失坠。此则书之四厄也。……及侯景渡江，破灭梁室，秘省经籍，虽从兵火，其文德殿内书史，宛然犹存。萧绎……平侯景，收文德之书及公私典籍，重本七万余卷，悉送荆州。故江表图书，因斯尽萃于绎矣。及周师入郢，绎悉焚之于外城，所收十才一二。此则书之五厄也。"

以官书例私家，以文籍例他事，则武人暴客，烈火利兵，实文化之大仇敌。民之憔悴呻吟于疮痍水火者，非从容休养，不能增益其文教。从容休养数百年或百数十年，即加以一大劫。如：

《隋书·牛弘传》载："牛弘曰：'仲尼以后，迄于当今，年逾千载，数遭五厄。'"[②]

此其所以不但不能进步，而且日见退化之故也。

（二）则坏于科举利禄也。科举之制，为此时期之产物，发源于汉，而大备于唐。而其为弊亦即累积而不可返，史策所载，当时之人，论列其弊者夥矣。

《后汉书·左周黄列传》："论曰：汉初诏举贤良方正，州郡察孝廉秀才，斯亦贡士之方也。中兴以后，复增敦朴、有道、贤能、直言、

① 此事须与第一编所引刘大櫆《焚书辨》参看，实则秦书之焚，仍是项羽等所为也。

② 自项羽烧咸阳，至周师入魏，实七百六十年（自公元前206至公元554年）。此七百年中，大劫五，小劫尚不可胜计。

独行、高节、质直、清白、敦厚之属，荣路既广，觖望难裁。自是窃名伪服，浸以流竞。权门贵仕，请谒繁兴。”[①]《旧唐书》薛登《论举人疏》：“今之举人，有乖事实。……或明制才出，试遣搜扬，驱驰府寺之门，出入王公之第。上启陈诗，唯希咳唾之泽；摩顶至足，冀荷提携之恩。故俗号举人，皆称觅举。觅为自求之称，未是人知之辞。……故选司补署，喧然于礼闱，州贡宾王，争讼于阶闼。谤议纷合，浸以成风。”又赵匡《举选议》：“国朝举选，用隋氏之制，岁月既久，其法益讹。夫才智因习就，固然之理。进士者时共贵之。主司褒贬，实在诗赋，务求巧丽，以此为贤，溺于所习，悉昧本原。欲以启导性灵，奖成后进，斯亦难矣。故士林鲜体国之论，其弊一也。又人之心智，盖有涯分，而九流七略，书籍无穷。主司征问，不立程限，故修习之时，但务钞略。比及就试，偶中是期，业无所成，固由于此。故当代寡人师之学，其弊二也。疏以释经，盖筌蹄耳。明经读书，勤劳已甚，既口问义，又诵疏文，徒竭其精华，习不急之业。而当代礼法，无不面墙，及临人决事，取辨胥吏之口而已。所谓所习非所用，所用非所习者也。故当官少称职之吏，其弊三也。”

虽科举考试，可以泯贵族平民之阶级，然以利禄诱人，奖竞召伪，大损人格，实与古代教育之义相反。夫人民止知尚利禄，而不尚道义，非独科举为害也，即行学校之制，亦足为害。班固论汉代学校，已斥其禄利劝人。

《汉书·儒林传赞》：“自武帝立五经博士，开弟子员，设科射策，劝以官禄，讫于元始，百有余年，传业者浸盛，支叶蕃滋，一经说至百余万言，大师众至千余人，盖禄利之路然也。”

---

① 魏晋以降，多用九品中正举人，然亦常举行州郡孝秀之制，试以策问。梁沈约尝论之曰：“假使秀才对五问可称，孝廉答一策能过者，乃雕虫小道，非关理功得失。以此求才，徒虚语耳。”

宋代尝有意于学校，然亦无非以利禄诱之。

《文献通考》：“宋熙丰复立三舍之法，不过试之以浮靡之文，而诱之以利禄之途。为士者，内耻于习业之未精，外诱于荣途之可慕，其坐学之日，自不容不久。”

是学校科举，名二而实一也。论者徒谓汉以后学校科举，一本儒术，故以国家社会之不进步，归咎儒家。实则教育之根本既歧，无论崇尚何种学术，皆不能免于腐败也。

（三）则宗教信仰之缺乏也。吾国国民脱离初民之迷信最早。唐、虞、三代之圣哲，专以人事言天道，即殷人尚鬼，有似于宗教性质，然其祭祀仍专重人鬼，无宗教家荒诞之说也。后之立国者，于政治教育不能尽餍人望，又无宗教以资其维系，则人心之饥渴，乃甚于原有宗教之国家。战国以来，神仙方士之说，因之以盛。

《史记·封禅书》：“自齐威、宣之时，驺子之徒论著终始五德之运，及秦帝而齐人奏之，故始皇采用之。而宋毋忌、正伯侨、充尚、羡门高最后皆燕人，为方仙道，形解销化，依于鬼神之事。驺衍以阴阳主运显于诸侯，而燕、齐海上之方士传其术不能通，然则怪迂阿谀苟合之徒自此兴，不可胜数也。自威、宣、燕昭使人入海求蓬莱、方丈、瀛洲。此三神山者，其传在渤海中，去人不远；患且至，则船风引而去。盖尝有至者，诸仙人及不死之药皆在焉。其物禽兽尽白，而黄金银为宫阙。未至，望之如云；及到，三神山反居水下。临之，风辄引去，终莫能至云。世主莫不甘心焉。”

而其效不可睹。

> 《史记·封禅书》："方士之候伺神人，入海求蓬莱，终无有验。而公孙卿之候神者，犹以大人之迹为解，无有效。天子益怠厌方士之怪迂语矣。然羁縻不绝，冀遇其真。自此之后，方士之言神祠者弥众。然其效可睹矣。"

东汉图谶、占候之学，与神仙、方技之说相混。《后汉书·方术列传》所载，有学星占图谶者[①]，有治神仙方技者[②]。而张角、张陵、张鲁之徒出。

> 《后汉书·皇甫嵩传》："钜鹿张角，自称'大贤良师'，奉事黄、老道，畜养子弟，跪拜首过，符水咒说以疗病，病者颇愈，百姓信向之。角因遣弟子八人，使于四方，以善道教化天下，转相诳惑。十余年间，众徒数十万，连结郡国，自青、徐、幽、冀、荆、扬、兖、豫八州之人，莫不毕应。遂置三十六方，……大方万余人，小方六七千，各立渠帅。讹言'苍天已死，黄天当立。岁在甲子，天下大吉'。"《三国志·张鲁传》："鲁祖父陵，客蜀，学道鹄鸣山中，造作道书，以惑百姓，从受道者出五斗米，故世号'米贼'。陵死，子衡行其道。衡死，鲁复行之。……鲁遂据汉中，以鬼道教民，自号'师君'。其来学道者，初皆名'鬼卒'。受本道已信，号'祭酒'，各领部众，多者为'治头大祭酒'。皆教以诚信，不欺诈，有病自首其过，大都与黄巾相似。诸祭酒皆作义舍，如今之亭传。又置义米肉，悬于义舍，行路者量腹取足。若过多，鬼道辄病之。犯法者，三原，然后乃行刑。不置长吏，皆以祭酒为治，民夷便乐之。"

其流为孙恩、卢循等。

---

① 如唐檀、公沙穆、董扶之类。

② 如费长房、蓟子训之类。

《晋书·孙恩传》："世奉五斗米道。恩叔父泰，字敬远，师事钱唐杜子恭。而子恭有秘术，尝就人借瓜刀，其主求之，子恭曰：'当即相还耳。'既而刀主行至嘉兴，有鱼跃入船中，破鱼得瓜刀。其为神效，往往如此。子恭死，泰传其术，然浮狡有小才，诳诱百姓，愚者敬之如神。……泰见天下兵起，以为晋祚将终，乃扇动百姓，私集徒众，三吴士庶多从之。……会稽内史谢辅发其谋，道子诛之。恩逃于海。众闻泰死，惑之，皆谓蝉蜕登仙，故就海中资给。恩聚合亡命，得百余人，志欲复仇。会稽、吴郡等八郡，一时俱起，杀长吏以应之，旬日之中，众数十万。……于是恩据会稽，自号'征东将军'，号其党曰'长生人'。刘裕大破恩于沪渎，恩遂远迸海中。……恩穷蹙，乃赴海自沉。妖党及妓妾谓之水仙，投水从死者百数。余众复推恩妹夫卢循为主。"①

要其为术，足以惑下愚而不足以启上智。而佛教当此时流入中国，正合于中国人心渴仰宗教之潮流。其始，虽仅以神异动颛愚。

《晋书·艺术传》："佛图澄妙通玄术，……常服气自养，能积日不食。善诵神呪，能役使鬼神。腹旁有一孔，常以絮塞之。每夜读书，则拔絮，孔中出光，照于一室。又尝斋时，平旦至流水侧，从腹旁孔中，引出五脏六腑洗之。讫，还内腹中。又能听铃音以言吉凶，莫不悬验。""鸠摩罗什博览五明诸论及阴阳星算，莫不必尽，妙达吉凶，言若符契。""姚兴尝谓罗什曰：'大师聪明超悟，天下莫二，何可使法种少嗣？'遂以伎女十人，逼令受之。尔后不住僧坊，别立廨舍。诸僧多效之。什乃聚针盈钵，引诸僧谓之曰：'若能见效食此者，乃可畜室耳。'因举匕进针，与常食不别，诸僧愧服乃止。"

① 循后亦为刘裕所败。

其继，则以译籍开慧智，语上语下，胥可起人之信仰。此则吾国由无宗教而有宗教之故也。

（四）则东西交通之适合也。吾国东南皆滨海，以航海术之未精，往往求海上新地而不得。

> 《三国志》："孙权黄龙二年，遣将军卫温、诸葛直，将甲士万人浮海，求夷洲及亶洲。亶洲在海中，长老传言，秦始皇帝遣方士徐福，将童男童女数千人入海，求蓬莱神山及仙药，止此洲不还，世相承有数万家。其上人民，时有至会稽货布。会稽东县人海行，亦有遭风流移至亶洲者。所在绝远，卒不可得至，但得夷洲数千人还。"①

北方沙漠苦寒，人亦多不愿往。惟西方大陆绵亘无际，城郭之国，与汉俗同。

> 《汉书•西域传》："西域诸国，大率土著，有城郭田畜，与匈奴、乌孙异。"

虽有身热头痛、绳行沙渡之险。

> 《汉书•西域传》："皮山以南，国或贫小，乞匄无所得。又历大头痛、小头痛之山，赤土、身热之阪，令人身热无色，头痛呕吐，驴畜尽然。又有三池、盘石阪，道陿者尺六七寸，长者径三十里。临峥嵘不测之深，行者骑步相持，绳索相引，二千余里乃到县度。畜坠，未半阬谷尽靡碎；人堕，势不得相收视。险阻危害，不可胜言。"

然其行也有数道。

①《史记》言："求三神山者，临之，风辄引去。"即缘航海术不精之故。

《汉书·西域传》："自玉门、阳关出西域有两道。从鄯善傍南山北，波河西行，至莎车，为南道；南道西逾葱岭，则出大月氏、安息。自车师前王庭，随北山，波河西行至疏勒，为北道。北道西逾葱岭，则出大宛、康居、奄蔡焉。"①

故自汉以降，交通不绝，而佛教自西而东，以大月氏、罽宾为转输之中心。

《后汉书·西域传》："大月氏为匈奴所灭，迁于大夏，分其国为……五部翎侯。后贵霜翎侯丘就却攻灭四翎侯，自立为王，国号'贵霜'。侵安息，取高附地，又灭濮达、罽宾，悉有其国。丘就却年八十余死，子阎膏珍代为王。复灭天竺，置将一人监领之。"《地理志考证》（丁谦）："印度史，西历纪元之初，鞑鞞②在印度北境，立一大国，四邻咸服。其最名之王，名铝尼希加③，以卡希米④为都，属国甚多。南至亚格拉⑤及沁特⑥，北至耶根德⑦、可根德⑧云云，即指贵霜王父子。"《东洋史要》（日本桑原骘藏）："汉明帝永平三年，迦腻色迦王君大月氏，雅向佛法，会五百僧侣于罽宾，为四次集会⑨，佛教徒多来集于大月氏。维时，北印度为佛教之中心，自西北两印度，经中亚，囊括葱岭以东、于阗、疏勒诸国，故天山南路未几佛法遂

---

① 按此惟指新疆一方而言。据《史记·西南夷传》："蜀布、邛竹杖，从身毒国来。"则川、藏间西行之道，当时已有踪迹矣。

② 即大月氏。

③ 即迦腻色迦之异译。

④ 即克什米尔。

⑤ 中印度地。

⑥ 西印度地。

⑦ 当即濮达。

⑧ 当即高附。

⑨ 其先已有集会三次。

昌。会中国汉明帝出，锐意辟疆，与西域之关系滋密，佛法于中国境，浸获东渐之机。”

西僧之来中土者，多月氏、罽宾之人，而吾民之往彼者，始则仅诣其传播之区，继则直诣其发源之地。有往还皆遵陆者，有陆往而海还者，其道孔多。故所得于西方者，为他三方所莫及焉。

第二章　佛教入中国之初期

印度无历史，佛书亦不以纪年为要，故佛之时世，言人人殊。

《魏书·释老志》："所谓佛者，本号释迦文者，译言能仁，谓德充道备，堪济万物也。释迦前有六佛，释迦继六佛而成道，处今贤劫。……释迦即天竺迦维卫国王之子。天竺其总称，迦维别名也。初，释迦于四月八日夜，从母右胁而生。既生，姿相超异者三十二种。天降嘉瑞以应之，亦三十二。其《本起经》说之备矣。释迦生时，当周庄王九年。《春秋》鲁庄公六年夏四月，恒星不见，夜明，是也。至魏武定八年，凡一千二百三十七年云。释迦年三十成佛，导化群生，四十九载，乃于拘尸那城娑罗双树间，以二月十五日而入般涅槃。涅槃译云灭度，或言常乐我净，明无迁谢及诸苦累也。"《释氏稽古略》(释赞宁)："稽夫如来之生也，当此周昭王九年甲寅之四月八日。其出家也，当昭王二十七年壬申之二月八日。其成道也，当昭王三十三年之戊寅。其灭度也，当穆王三十六年壬申之二月十五日。"① 《东洋史要》："佛教祖师名瞿昙悉达多，一作乔答摩悉达，或号为释迦牟尼，中印度迦维卫国②王子也。生于周灵王之十五年，约与孔子、老聃同时。释迦见人类不能离生、老、病、死四者之苦，遂出家入山，

① 此引《正宗记》语。

② 今印度哥尔克波尔附近。

求解脱法。新辟一宗教，力反婆罗门所为，唱说平等主义，抉差别种姓之藩篱，谓一切众生，不问其所自出，但能杜绝邪欲，脱离世网，即皆可以于未来受无量福。以周敬王四十三年，入般涅槃。”

吾国固有之佛字，惟以仿佛为义，非以称释迦也。

《说文》：“佛，仿佛也。从人，弗声。”

后世附会之说，谓孔子时已知西方有佛。

《列子·仲尼篇》：“商太宰见孔子，问：‘三王五帝圣者欤？’孔子皆答以不知。商太宰大骇，曰：‘然则孰者为圣？’孔子动容有间曰：‘西方之人有圣者焉，不治而不乱，不言而自信，不化而自行，荡荡乎民无能名焉。丘疑其为圣，弗知真为圣欤？真不圣欤？’”

其言固不足为据。即谓西汉获休屠王祭天金人，为佛道流通之渐，

《魏书·释老志》：“汉武元狩中，遣霍去病讨匈奴。至皋兰，过居延，斩首大获。昆邪王杀休屠王，将其众五万来降。获其金人，帝以为大神，列于甘泉宫。金人率长丈余，不祭祀，但烧香礼拜而已。[①]此则佛道流通之渐也。及开西域，遣张骞使大夏还，传其旁有身毒国，一名天竺，始闻有浮屠之教。”

亦不足为佛教入中国之证。

① 此吾国祭祀神鬼，以烧香为礼之始。

《休屠王金人考》(日本羽溪了谛)[1]:“霍去病获金人时，当元狩二年(公元前一二一年)，印度尚未有佛像之制作。印度史上有名之阿育王时代(公元前二七二至二三二年)所建佛陀伽耶之摩诃菩提寺，始有雕刻。至公元前一二世纪制作之石垣石门，均无佛像。前者惟有佛座，后者只表佛足之形。缘其时学者，以为佛之形像，神圣不可亵渎也。其后至犍陀罗美术，始有佛像之制作，实当公元后一二世纪顷。故知公元前一世纪，无所谓金身佛像也。”

佛教之入中国，盖在西汉之末，东汉之初。

《魏书·释老志》:“哀帝元寿元年，博士弟子秦景宪，受大月氏王使伊存口授浮屠经。中土闻之，未之信了也。”

世或谓东汉明帝永平十年，始得佛经，说亦未确。

《释氏稽古略》:“佛教流通东土之始，永平七年，帝梦金人，长大，顶有白光，飞至殿庭。旦问群臣，太学闻人傅毅奏曰:‘周昭王时，西域有佛出世，其形长一丈六尺，而黄金色，陛下所梦，将必是乎?’博士王遵，推《周书》异记佐之。帝遂遣中郎蔡愔、博士秦景等十八人使西域求佛法。蔡愔等至天竺邻境月氏国，遇摄摩腾、竺法兰二人，奉佛经像来震旦，遂同东还。”[2]《魏书·释老志》:“孝明帝夜梦金人，顶有白光，飞行殿庭，乃访群臣，傅毅始以佛对。帝遣郎中蔡愔、博士弟子秦景等使于天竺，写浮屠遗范。愔仍与沙门摄摩腾、竺法兰东还洛阳。中国有沙门及跪拜之法，自此始也。”

---

① 见《史林》第三卷第四号。

② 永平十年至京。

盖蔡愔等永平十年始还，

《佛教西来玄化应运略录》（宋程辉）："永平七年正月十五日，明帝梦金人，遣王遵等十八人西访佛法，永平十年丁卯十二月，回洛阳。"

而楚王英在永平八年，已祠浮屠。

《后汉书·楚王英传》："永平八年，英奉黄缣白纨赎罪。诏报曰：'楚王诵黄、老之微言，尚浮屠之仁祠，洁斋三月，与神为誓，何嫌何疑，当有悔吝？其还赎，以助伊蒲塞桑门之盛馔。'"

足知佛法之来，决非始于愔等。惟译经造寺，始此时耳。

《魏书·释老志》："愔得佛经《四十二章》及释迦立像。明帝令画工图佛像，置清凉台及显节陵上，经缄于兰台石室。愔之还也，以白马负经而至，汉因立白马寺于洛城雍关西。摩腾、法兰咸卒于此寺。"《高僧传》（释慧皎）："摄摩腾，本中天竺人，解大、小乘经。冒涉流沙，至于雒邑。明帝甚加赏接，于城西门外立精舍以处之。腾译《四十二章经》一卷，初缄在兰台石室第十四间中。""竺法兰，亦中天竺人。既达雒阳，与腾同止。少时便善汉言，愔于西域获经，即为翻译，所谓《十地断结》《佛本生》《法海藏》《佛本行》《四十二章》等五部。移都寇乱，四部失本，不传江左，唯《四十二章经》今见在，可二千余言。汉地见存诸经，唯此为始也。"

摄、竺东来，既受优遇，故月氏、安息之高僧，接踵而来。

《高僧传》："安清，字世高，安息国太子也。讽持禅经，备尽其妙，游方弘化，遍历诸国。以汉桓之初，始到中夏。才悟机敏，一闻能达。至止未久，即通习华言。于是宣译要经，改梵为汉，先后所出经论，凡三十九部。"[①]"支娄迦谶，亦直云支谶，月支人。汉灵帝时，游于雒阳。以光和、中平之间，传译梵文，出《般若道行》《般舟》《首楞严》等三经。""竺佛朔，天竺沙门，亦汉灵时赍《道行经》来适雒阳，即转梵为汉，弃文存质，深得经意。""安玄，安息国人，亦以汉灵之末，游贾雒阳。以功号曰骑都尉，常以法事为己任。渐解汉言，志宣经典，常与沙门讲论道义。""康僧会，康居人，世居天竺。其父因商贾移于交趾。会年十余岁，二亲并亡，出家。笃志好学，明解《三藏》。""支谦，字恭明，月氏人。来游汉境，桓、灵之世，有支谶[②]译出众经。""有支亮，字纪明，资学于谶，谦又受业于亮，博览经籍，通六国语。谦以大教虽行，而经多梵文，未尽翻译，已妙善方言，乃收集众本，译为汉语。"

翻译佛典，凡数百部：

《开元释教录》（释智昇）："后汉明帝永平十年至献帝延康元年，缁素一十二人，所出经律并新旧集失译诸经总二百九十二部，计三百九十五卷。"

然汉、魏之际，其教犹未盛行，虽桓帝祠浮图，历见史传，

《后汉书·桓帝纪论》："设华盖以祠浮图、老子。"又《襄楷传》：

---

①《释遥安经录》："安世高以汉桓帝建和二年至灵帝建宁中，二十余年，译出凡三十余部经。"

② 即支娄迦谶。

"楷谏桓帝疏曰：闻宫中立黄、老、浮屠之祠，此道清虚，贵尚无为，好生恶杀，省欲去奢。……或以老子入夷狄为浮屠。浮屠者不三宿桑下，不欲久生恩爱，精之至也。"《释氏稽古略》称桓帝永兴二年，"帝铸黄金浮图、老子像，覆以百宝盖，宫中身奉祠之。世人以金银作佛像，自此而始也。"

其视佛教，殆与道家言相等，未能区别其异同。当时惟听西域人出家，禁汉人效之。

《高僧传》："石虎时，著作郎王度，称汉明感梦，初传其道，惟听西域人得立寺都邑，以奉其神。其汉人皆不得出家。魏承汉制，亦循前轨。"

是汉时视佛教，正如清代之视耶教，禁止内地人民之信奉。其后流传渐广，始不以种族而分宗教耳。

第三章　诸族并兴及其同化

自汉献帝建安元年，至隋文帝开皇九年，凡三百九十三年，为中国扰乱分裂之时。视两汉之统一，历年相若也。以帝王篡窃之氏号别之，则其中有魏、蜀、吴三国之六十年[①]，西晋统一之二十二年[②]，东晋偏安之百有三年，华夷杂糅之僭窃与晋对峙之百三十五年[③]。而南北朝截然画分，南朝之宋五十九年，齐二十三年，梁五十五年，陈三十二年。北朝之魏统一九十四年[④]，其后为西魏二十三年，东魏十六年，又为北齐二十八年，北周二十四年，而南北始归于一。治史者以此时期为最繁难，实则政治主权者转移与分裂，虽为若干界限，而民族地方之发展，不必拘拘于此界限。欲考其时民族之强弱变化，正当汇而观其通耳。此时期中，谓为异族蹂躏中夏之时期可，谓为异族同化于中夏之时期亦可。盖华夏之文化，冠绝东方，且夙具吸收异族灌输文化之力。如春秋、战国时，所谓蛮夷戎狄之地，后皆化于华夏，武力虽或不逮，而文教足使心折，是固吾国历史特著之现象也。惟汉以前，政治主权完全在夏族，而他族则以被治者而同化。汉以后政治主权不全在夏族，而他族则以征服夏族者而同化。盖夏族自太古至汉，经历若干年，已呈老大之象，而他族以骁雄劲悍之种性，渐被吾之文教，转有新兴之势。新陈代谢，相磨相镞而成两晋、南北朝之局。

---

① 汉献建安元年，曹操迁帝于许，已为曹氏之时代。惟自魏文受禅至晋武灭吴计之，凡六十年。

② 晋惠帝太安二年，李特已建元。

③ 自太安元年至北魏灭北凉。

④ 自世祖太平真君元年，至孝武永熙二年。

其变化迁嬗之迹，固可按史策而推知也。

两晋、南北朝勃兴之种族有五，世谓之五胡，其实氐、羌之类，不得谓之胡也。史称诸族之由来，多出于古代之圣哲。

《史记·匈奴列传》："匈奴，其先祖夏后氏之苗裔也，曰淳维。"《后汉书·西羌传》："西羌之本，出自三苗，姜姓之别也。"《晋书·载记》："慕容廆字弈洛瑰，昌黎棘城鲜卑人也。其先有熊氏之苗裔。"又："姚弋仲，南安赤亭羌人也。其先有虞氏之苗裔，禹封舜少子于西戎，世为羌酋。"《魏书·序纪》："昔黄帝有子二十五人，或内列诸华，或外分荒服。昌意少子，受封北土，国有大鲜卑山，因以为号。其后世为君长，统幽都之北，广漠之野，畜牧迁徙，射猎为业，淳朴为俗，简易为化，不为文字，刻木纪契而已。世事远近，人相传授，如史官之纪录焉。黄帝以土德王，北俗谓土为拓，谓后为跋，故以为氏。其裔始均入仕尧世，逐女魃于弱水之北，民赖其勤，帝舜嘉之，命为田祖。爰历三代以及秦、汉、獯鬻、猃狁、山戎、匈奴之属，累代残暴，作害中州，而始均之裔不交南夏，是以载籍无闻焉。"

其为附会，无足深论。两汉之世，诸族颇多杂乱。

《后汉书·鲜卑传》："和帝永元中，大将军窦宪，遣右校尉耿夔击破匈奴，北单于逃走，鲜卑因此转徙据其地。匈奴余种留者，尚有十余万落，皆自号鲜卑，鲜卑由此渐盛。"[①]《晋书·载记》："吕光字世明，略阳氐人也。其先吕文和，汉文帝初，自沛避难徙焉，世为酋豪。"[②]其后迁徙内地，益与汉族杂居。

---

① 据此，是汉以后之鲜卑，为匈奴与鲜卑混合之种族矣。

② 据此，是晋时所谓氐，亦非纯粹氐人，中间颇有汉族。

《晋书·匈奴传》："前汉末，匈奴大乱，五单于争立，而呼韩邪单于失其国，携率部落，入臣于汉。汉嘉其意，割并州北界以安之。于是匈奴五千余落，入居朔方诸郡，与汉人杂处。呼韩邪感汉恩，来朝，汉因留之，赐其邸舍，犹因本号，听称单于，岁给绵绢钱谷，有如列侯。子孙传袭，历代不绝。其部落随所居郡县，使宰牧之，与编户大同，而不输贡赋。多历年所，户口渐滋，弥漫北朔，转难禁制。后汉末，天下骚动，群臣竞言胡人猥多，惧必为寇，宜先为其防。建安中，魏武帝始分其众为五部，部立其中贵者为帅，选汉人为司马以监督之。魏末，复改为帅都尉。其左部都尉所统可万余落，居于太原故兹氏县；右部都尉可六千余落，居祁县；南部都尉可三千余落，居蒲子县；北部都尉可四千余落，居新兴县；中部都尉可六千余落，居大陵县。武帝践阼后，塞外匈奴大水，塞泥、黑难等二万余落归化，帝复纳之，使居河西故宜阳城下。后复与晋人杂居。由是平阳、西河、太原、新兴、上党、乐平诸郡，靡不有焉。"《后汉书·西羌传》："建武九年，班彪上言，今凉州部皆有降羌，羌胡被发左衽，而与汉人杂处。""十一年夏，先零种寇临洮，陇西太守马援破降之，后悉归服，徙置天水、陇西、扶风三郡。"《晋书·载记》："李特，字玄休，巴西宕渠人。其先，廪君之苗裔也。……秦并天下，谓之賨人。……汉末，张鲁居汉中，以鬼道教百姓，賨人敬信巫觋，多往奉之。值天下大乱，自巴西之宕渠迁于汉中杨车坂，抄掠行旅，百姓患之，号为'杨车巴'。魏武帝克汉中，特祖将五百余家归之，魏武帝拜为将军，迁于略阳，北土复号之为巴氐。特父慕，为东羌猎将。特少仕州郡，见异当时。"

虽异族多仍故俗，犹以部落为别，

《晋书·匈奴传》："北狄以部落为类，其入居塞者，有屠各种、鲜支种、寇头种、乌谭种、赤勒种、捍蛭种、黑狼种、赤沙种、郁鞞种、萎莎种、秃童种、勃蔑种、羌渠种、贺赖种、钟跂种、大楼种、雍屈种、真树种、力羯种，凡十九种。皆有部落，不相杂错。”

且语言形貌，亦与华夏不同。

《晋书·载记》：“石闵诛胡羯时，高鼻多须，至有滥死者半。”①《隋书·经籍志》：“后魏初定中原，军容号令，皆以夷语。后染华俗，多不能通，故录其本言，相传教习，谓之国语。”②

然向慕华风，交通婚媾，冒姓养子，谱牒不明者甚多。

《晋书·载记》：“初，汉高祖以宗女为公主，以妻冒顿，约为兄弟，故其子孙遂冒姓刘氏。”又：“冉闵，字永曾，小字棘奴，季龙之养孙也。父瞻，字弘武，本姓冉，名良，魏郡内黄人也。其先汉黎阳骑都督，累世牙门。勒破陈午，获瞻，时年十二，命季龙子之。……闵幼而果锐，季龙抚之如孙。”《魏书·序记》：“诘汾皇帝无妇家，力微皇家无舅家。”③

故谓诸族皆出于夏族者固非，谓其纯粹为异族而排斥之，亦不尽然也。

两汉之世，华戎杂居，所以徕远示恩，彰其归化之盛也。至魏武时，反倚羌胡实边助国，其势渐成反客为主，故至晋而益不可制。观郭钦、江统诸人之论可见。

《通鉴》卷八十一：“汉魏以来，羌、胡、鲜卑降者多处之塞内诸郡。其后数因忿恨杀害长吏，渐为民患。侍御史西河郭钦上疏曰：‘戎

① 据此，是胡羯多高鼻多须，与汉人形貌不同。

② 据此，是鲜卑等族之语，入居中国后，仍沿用之。

③ 史谓诘汾遇天女生力微，实傅会之说。盖其初无谱牒，莫可稽考耳。

狄强犷，历古为患。魏初民少，西北诸郡，皆为戎居，内及京兆、魏郡、弘农，往往有之。今虽服从，若百年之后有风尘之警，胡骑自平阳、上党不三日而至孟津，北地、西河、太原、冯翊、安定、上郡尽为狄庭矣。宜及平吴之威，谋臣猛将之略，渐徙内郡杂胡于边地，峻四夷出入之防，明先王荒服之制，此万世长策也。'帝不听。"又卷八十三："太子洗马陈留江统，以为戎、狄乱华，宜绝其原，乃作《徙戎论》以警朝廷曰：'……秦始皇并天下，兵威旁达，攘胡，走越，当是时，中国无复四夷也。汉建武中，马援领陇西太守，讨叛羌，徙其余种于关中，居冯翊、河东空地。数岁之后，族类蕃息，既恃其肥强，且苦汉人侵之。永初之元，群羌叛乱，覆没将守，屠破城邑，邓骘败北，侵及河内，十年之中，夷、夏俱敝，任尚、马贤，仅乃克之。自此以后，余烬不尽，小有际会，辄复侵叛，中世之寇，惟此为大。魏兴之初，与蜀分隔，疆埸之戎，一彼一此。武帝徙武都氐于秦川，欲以弱寇强国，捍御蜀虏，此盖权宜之计，非万世之利也。今者当之，已受其敝矣。……当今之宜，宜及兵威方盛，众事未罢，徙冯翊、北地、新平、安定界内诸羌，著先零、罕开、析支之地，徙扶风、始平、京兆之氐，出还陇右，著阴平、武都之界，……且关中之人百余万口，率其少多，戎、狄居半。……并州之胡，本实匈奴桀恶之寇也。建安中，使右贤王去卑诱质呼厨泉，听其部落散居六郡。……今五部之众，户口数万，人口之盛，过于西戎。其天性骁勇，弓马便利，倍于氐、羌。若有不虞，风尘之虑，则并州之域可为寒心。'朝廷不能用。"

近人论史者，专归咎于汉人之失策，盖仅知其远因，而不见其近因也。

《中国历史》（夏曾佑）："西北诸游牧族，本与中国杂居。至战国之末，诸侯力政，诸戎乃为中国所灭。余类奔迸，逸出塞外。其后族类稍繁，又复出为中国患。两汉之世，竭天下之力，历百战之苦，仅乃克之。而后乌桓、鲜卑、匈奴、氐羌、西域之众，悉稽首汉廷称臣仆，汉之势可谓盛矣。然汉人之所以处置之者，其法甚异，往往于异族请降之后，即迁之内地。宣帝时纳呼韩邪，居之亭障，委以候望。赵充国击西羌，徙之于金城郡。光武时亦以南庭数万众，徙入西河，亦转至五原，连延七郡。而煎当之乱，马援迁之三辅。在汉人之意，以为迁地之后即不复为患，不知其后之患转甚于未灭时。董卓之乱，汾、晋萧然，已显大乱之象，故其时深识之士，类能知之。”

异族之祸，以永嘉末年为最甚。石勒、刘曜等所杀晋人不下数十万人，其被驱掠转徙者尚不可胜计。

《通鉴》卷八十七：“永嘉五年夏四月，石勒率轻骑追太傅越之丧，及于苦县宁平城，大败晋兵，纵骑围而射之，将士十余万人相践如山，无一人得免者。……汉主聪，使前军大将军呼延晏将兵二万七千寇洛阳。比及河南，晋兵前后十二败，死者三万余人。始安王曜、王弥、石勒皆引兵会之。……六月丁酉，王弥、呼延晏克宣阳门，入南宫，升太极前殿，纵兵大掠，……士民死者三万余人。遂发掘诸陵，焚宫庙，官府皆尽。曜纳惠帝羊皇后，迁帝及六玺于平阳。”

其后冉闵之杀胡羯，数亦相等。

《晋书·载记》：石鉴僭位，以石闵为大将军。龙骧孙伏都等，结羯士三千，欲诛闵等。闵攻斩伏都，“自凤阳至琨华，横尸相枕，流血成渠，宣令内外六夷敢称兵杖者斩之。胡人或斩关，或踰城而出者，不可胜数。……令城内曰：‘与官同心者住，不同心者各任所之。’敕城门不复相禁。于是赵人百里内悉入城，胡羯去者填门。闵知胡之不为己用也，班令内外赵人，斩一胡首送凤阳门者，文官进位三等，武职悉拜牙门。一日之中，斩首数万。闵躬率赵人，诛诸胡羯，无贵贱男女少长皆斩之，死者二十余万。尸诸城外，悉为野犬豺狼所食。屯据四方者，所在承闵书诛之。”①

四十年间，胡汉相杀，若循环然，事亦惨矣。而石虎、苻生等杀人尤极残酷，无复人理。自晋以降之史策，殆血史耳。然自文化一方观之，则诸族之布在中夏，亦多同化于中国之文教。就其大者言之，约有数端。

（一）则诸侯酋豪，多躬染中国之文学也。

《晋书·载记》：“刘渊，幼好学。师事上党崔游，习《毛诗》《京氏易》《马氏尚书》，尤好《春秋左氏传》、孙、吴兵法，略皆诵之。《史》《汉》诸子，无不综览。尝谓同门生朱纪、范隆曰：‘吾每观书传，常鄙随、陆无武，绛、灌无文，道由人弘，一物之不知者，固君子之所耻也。’”“刘和，……好学夙成，习《毛诗》《左氏传》《郑氏易》。”“刘宣，……师事乐安孙炎，沈精积思，不舍昼夜。好《毛诗》《左氏传》。炎每叹曰：‘宣若遇汉武，当逾于金日磾也。’学成而返，不出门闾盖数年。每读《汉书》至《萧何》《邓禹传》，未曾不反复咏之曰：‘大丈夫若遭二祖，终不令两公独擅美于前矣！’”“刘聪，幼而聪悟好学，博士朱纪大奇之。年十四，究通经史，兼综百家之言，孙、吴兵法靡不诵之。工草隶，善属文，著述怀诗百余篇、赋颂五十余篇。”“刘曜，读书志于广览，不精思章句。善属文，工草隶。……尤好兵书，略皆暗诵。常轻侮吴、邓，而自比乐毅、萧、曹。”“石勒，雅好文学，虽在军旅，常令儒生读史书而听之，每以其意论古帝王善恶。朝贤儒士听者，莫不归美焉。尝使人读《汉书》，闻郦食其劝立六国后，大惊曰：‘此法当失，何得遂成天下？’至留侯谏，乃曰：‘赖有此耳。’其天

① 时晋穆帝永和五年，距永嘉五年仅三十九年。

资英达如此。”“石弘，幼受经于杜嘏，诵律于续咸。”“石虎，虽昏虐无道，而颇慕经学。”“慕容皝，尚经学，善天文。”“慕容俊，博观图书，有文武干略。”“苻坚，八岁，请师就家学。祖洪曰：‘汝戎狄异类，世知饮酒，今乃求学耶！’欣而许之。坚性至孝，博学多才艺。”“苻丕，少而聪慧，好学，博综经史。”“姚襄，少有高名，好学博通，雅善谈论。”“姚兴，与舍人梁善等讲论经籍，不以兵难废业。”“姚泓，博学善谈论，尤好诗咏。”“李流，少好学。”“李庠，才兼文武。”“慕容宝，敦崇儒学，工谈论。善属文。”“秃发傉檀，与尚书郎韦宗论六国纵横之规，三家战争之略，……机变无穷，辞致清辨。宗叹曰：‘命世大才，不必华宗夏士也。’”“慕容德，博观群书，性清慎，多才艺。”“沮渠蒙逊，博涉群史，颇晓天文。”《魏书》：“明元帝好览史传，撰《新集》三十篇，采经史，该洽古传。”“景穆帝，好读经史，皆通大义。”[①]

（二）则诸酋立国，亦多仿中国之教学也。

《晋书·载记》：“刘曜，立太学于长乐宫东，小学于未央宫西。简百姓二十五以下十三以上神志可教者，千五百人。选朝贤、宿儒、明经、笃学以教之。”“石勒，立太学，简明经善书吏，署为文学掾，选将佐子弟三百人教之。……复又增置宣文、宣教、崇儒、崇训十余小学于襄国四门，简将佐豪右子弟百余人以教之。……称赵王后，立经学祭酒、律学祭酒、史学祭酒等官，亲临大小学，考诸生经义，尤高者赏帛有差。咸和六年，造明堂辟雍灵台于襄国城西。……命郡国立学官，每郡置博士祭酒二人、弟子百五十人。”“石虎，令诸郡国立五经博士，复置国子博士助教，又遣国子博士诣洛阳写石经。”“慕容皝，立东庠于旧宫，以行乡射之礼。每月临观，考试优劣，学徒甚盛，

① 孝文事详后。

至千余人。”“慕容俊，立小学于显贤里，以教胄子。”“苻坚，广修学宫，召郡国学生通一经以上充之，公卿以下子孙，并遣受业。……坚亲临太学，考学生经义优劣，品而第之。……行礼于辟雍，祀先师孔子，其太子及公卿大夫士之元子，皆束脩释奠焉。……以安车蒲轮、征隐士乐陵王劝为国子祭酒，……禁老、庄、图谶之学。中外四禁、二卫、四军长上将士，皆令修学。课后宫，置典学，立内司以授于掖庭，选阉人及女隶有聪识者置博士以授经。”“姚苌，令诸镇各置学官，勿有所废，考试优劣，随才擢叙。”“姚兴时，天水姜龛、东平淳于岐、冯翊郭高等，皆耆儒硕德，经明行修，各门徒数百，教授长安，诸生自远而至者，万数千人。兴每于听政之暇，引龛等于东堂讲道艺，错综名理。凉州胡辩，苻坚之末，东徙洛阳，讲授弟子千有余人。关中后进，多赴之请业。兴敕关尉曰：‘诸生咨访道艺，修己厉身，往来出入，勿拘常限。’于是学者咸劝，儒风盛焉。”“冯跋，营建太学，以长乐刘轩、营丘张炽、成周翟崇为博士郎中，简二千石以下子弟年十五以上教之。”“秃发利鹿孤，以田玄冲、赵诞为博士祭酒，以教胄子。”

（三）则诸国政事，亦多仿中国之法意也。

《晋书·载记》：“石勒伪称赵王，……依春秋列国、汉初侯王每世称元，改称赵王元年。始建社稷，立宗庙，营东西宫。……遣使循行州郡，劝课农桑。……朝会常以天子礼乐飨其群下，威仪冠冕，从容可观矣。……又下书，禁国人不听报嫂及在丧婚娶，其烧葬令如本俗。……始制轩悬之乐，八佾之舞，为金根大辂，黄屋左纛，天子车旗，礼乐备矣。”“慕容廆移居大棘城，教以农桑，法制同于上国。二京倾覆，幽、冀沦陷，廆刑政修明，虚怀引纳，路有颂声。”“苻坚僭称大秦天王，……修废职，继绝世，礼神祇，课农桑，立学校。鳏寡孤独、高年不自存者，赐谷帛有差。其殊才异行，孝友忠义，德业可称者。令所在以闻。……是秋，大旱，坚减膳撤悬，金玉绮绣皆散之戎士，后宫悉去罗绮，衣不曳地。开山泽之利，公私共之。……坚起明堂，缮南北郊，祀其祖洪以配天，宗祀其伯健于明堂，以配上帝。亲耕籍田，其妻苟氏亲蚕于近郊。……以王猛为侍中、中书令、京兆尹，其中丞邓羌，性鲠直不挠，与猛协规齐志，数旬之间，贵戚强豪诛死者二十有余人。于是百寮震肃，豪右屏气，路不拾遗，风化大行。坚叹曰：'吾今始知天下之有法也，天子之为尊也！'……王猛整齐风俗，政理称举，学校渐兴，关陇清晏，百姓丰乐。自长安至于诸州，皆夹路树槐柳，二十里一亭，四十里一驿，旅行者取给于途，工商贸贩于道。"[1]

惟其所以同化之故，亦有三因：（一）则杂居既久，习于中国之政教也。（二）则中国政教，根柢深固，虽经三国、两晋之扰乱，其为扶世翼俗之本，固天下所公认也。[2]（三）则酋割据，仍多用汉人为政也。[3]唐史臣称石勒"褫毡

① 当时诸国法制，大抵依仿汉、晋，其不然者，史辄著之。如《李雄传》称雄为国，"无威仪，官无禄秩，班序不别，君子小人服章不殊，行军无号令，用兵无部对，战胜不相让，败不相救。攻城破邑，动以虏获为先，此其所以失也"。以此知他国之有秩序者，多仿中国之制矣。

② 三国之时，公私学校虽逊于两汉，然亦未尽废绝。魏黄初五年，立太学，制《五经》课试之法。太和、青龙中，太学诸生有千数。吴孙休永安元年，诏按旧制，置学官，立五经博士。蜀亦有儒林校尉、典学校尉、劝学从事、典学从事等官。据《蜀志》："谯周为劝学从事，徙典学从事。"《晋书·文立传》："立在蜀时，游太学，专《毛诗》、三《礼》，师事谯周。"是周尝教于蜀之太学也。西晋时，太学置博士十九人，太学生三千人。泰始中，太学生至七千余人。盖统一之后，学校且渐盛矣。东晋元帝置博士八人，而不立学校。成帝始立国学，孝武增之，其房屋仅百五十间，而品课无章，世多讥之。此则学校25教育，因丧乱而衰替，而亦未始废绝之证也。

③ 如石勒之张宾，苻坚之王猛等皆是。《晋书·载记》备列其传，而《慕容廆传》言之尤详。廆所用之裴嶷，既有传，《廆传》又称曰："推举贤才，委以庶政。以河东裴嶷、代郡鲁昌、北平阳耽为谋主；北海逄羡、广平游邃、北平西方虔、渤海封抽、西河宋奭、河东裴开为股肱，渤海封弈、平原宋该、安定皇甫岌、兰陵缪恺，以文章才俊任居枢要；会稽朱左军、太山胡毋翼、鲁国孔纂，以旧德清望，引为宾友；平原刘讚，儒学该通，引为东庠祭酒。

裘，袭冠带，释介胄，开庠序，邻敌惧威而献款，绝域承风而纳贡。古之为国，曷以加诸？虽曰凶残，亦一时杰也”。殆未知所以造成此时之豪杰之原因，徒美其人之姿禀耳。

诸族之兴，亦非仅同化于中夏也，其输入印度文化，亦有力焉。汉季佛教东来，初未普及。三国时，孙权、孙皓皆致疑于佛教，崇信未深。

《高僧传》："唐僧会以吴赤乌十年初达建业，营建茅茨，设像行道。时吴国以初见沙门，睹形未及其道，疑为矫异。有司奏曰：'有胡人入境，自称沙门，容服非恒，事应检察。'权即召会诘问有何灵验，会曰：'如来仙迹，忽逾千载，遗骨舍利，神曜无方。昔阿育王起塔，乃八万四千。夫塔寺之兴，以表遗化也。'权以为夸诞，乃谓会曰：'若能得舍利，当为造塔；如其虚妄，国有常刑。'会誓期三七，果获舍利，明旦呈权，举期集观，权大嗟服，即为建塔。以始有佛寺，故号建初寺，因名其地为佛陀里。由是江左大法遂兴。至孙皓即位，法令苛虐，废弃淫祠，乃及佛寺。并欲毁坏。"《释氏稽古略》："皓有疾，请会说法悔罪。会为开示玄要，及授五戒。少顷，疾愈。由是奉会为师，崇饰寺塔。"

至石勒、石虎、苻坚、姚兴等，始敬礼佛图澄、鸠摩罗什，

《晋书·艺术传·佛图澄传》："石勒屯兵葛陂，专行杀戮，沙门遇害者甚众。……大将军郭黑略，称澄智术非常，勒召澄试以道术，……信之。勒死，季龙僭位，倾心事澄，有重于勒。……朝会之日，引之升殿，常侍以下，悉助举舆，太子诸公，扶翼而上，主

其世子彪率国胄束脩受业焉。"可见鲜卑之同化，首由诸汉人矣。汉人之仕异族，不足为训，而于异族不为无补。

者唱大和尚，众坐皆起，以彰其尊。又使司空李农旦夕亲问，其太子诸公，五日一朝，尊敬莫与为比。”又《鸠摩罗什传》：“龟兹王闻其名，郊迎之，……广说诸经。……苻坚闻之，密有迎罗什之意。……乃遣骁骑将军吕光等率兵七万，西伐龟兹。谓光曰：‘若获罗什，即驰驿送之。’光破龟兹，乃获罗什。……还至凉州，闻坚已为姚苌所害，于是窃号河右。……罗什之在凉州积年，吕光父子既不弘道，故蕴其深解，无所宣化。姚兴遣姚硕德西伐，破吕隆，乃迎罗什，待以国师之礼。”

而译学始兴，演说亦盛。

《晋书·鸠摩罗什传》：“兴使罗什入西明阁及逍遥园，译出众经。罗什多所暗诵，无不究其义旨，既览旧经多有纰缪，于是兴使沙门僧睿、僧肇等八百余人，传受其旨，更出经论，及三百余卷。”又《姚兴传》：“兴如逍遥园，引诸沙门于澄玄堂，听鸠摩罗什演说佛经。罗什通辩夏言，寻览旧经，多有乖谬，不与胡本相应。兴与罗什及沙门僧略、僧迁、道树、僧睿、道坦、僧肇、昙顺等八百余人，更出大品，罗什持胡本，兴执旧经，以相考校，其新文异旧者皆会于理义。续出诸经并诸论三百余卷。今之新经，皆罗什所译。”

州郡化之，事佛者遂十室而九。

《晋书·姚兴传》：“兴既托意于佛道，公卿以下，莫不钦附，沙门自远而至者五千余人。起浮图于永贵里，立波若台于中宫，沙门坐禅者恒有千数。州郡化之，事佛者十室而九矣。”

释道安之传佛教于南方，亦与澄、什相表里。

《魏书·释老志》："沙门常山卫道安，……覃思构精，神悟妙赜。……曾至邺，候浮图澄。澄见而异之。澄卒后，中国纷乱。道安乃率门徒南游新野。欲令玄宗在所流布，分遣弟子，各趣诸方。法汰诣扬州，法和入蜀，道安与慧远之襄阳。道安后入苻坚，……坚宗以师礼。时西域有胡沙门鸠摩罗什，思通法门。道安思与讲释，每劝坚致罗什，什亦承安令问，谓之东方圣人。"

盖异族之信宗教，视夏人为易。故晋世诸族迭兴，一方为吾国儒教所濡染，一方又为印度思想之媒介，不独混合各方之种族，并且混合各方之文化焉，是亦吾国自有历史以来一特别之现象也。

第四章　南北之对峙

吾国疆域辽阔，国民胸襟广大，本无畛域之见。虽《中庸》有“南方之强”“北方之强”之语，然其所谓南北，并无明确之界限。自封建变为郡县，四海之内，统于一政府，南方未开化之地，日益开辟，陕、洛之人，视楚、越之风气，固有差异，

《史记·货殖传》：“楚越之地，地广人稀。饭稻羹鱼，或火耕而水耨，果隋蠃蛤，不待贾而足。地势饶食，无饥馑之患。以故呰窳偷生，无积聚而多贫。是故江淮以南，无冻饿之人，亦无千金之家。”《汉书·吴王濞传》：“上患吴会稽轻悍。”《地理志》：“江南卑湿，丈夫多夭。”“其失巧而少信。”

然未尝排斥南人也。东汉以降，分为三国，吴之与魏，遂有南北对抗之势。

《通鉴》卷六十九：黄初三年，文帝“自许昌南征，……曹休在洞口，自陈：‘愿将锐卒虎步江南，因敌取资，事必克捷……’帝恐休便渡江，驿马止之。侍中董昭侍侧曰：‘窃见陛下有忧色，独以休济江故乎？今者渡江，人情所难，就休有此志，势不独行。’”又卷七十：黄初六年，帝“如广陵故城，临江观兵，戎卒十余万，旌旗数百里，有渡江之志。吴人严兵固守。时天寒，冰，舟不得入江。帝见波涛汹涌，叹曰：‘嗟乎，固天所以限南北也！’遂归。”

吴国人才，多产南土，山越之地，迭经开辟。

《吴志·诸葛恪传》："恪以丹杨山险，民多果劲，……出之，三年可得甲士四万。众议以丹杨与吴郡、会稽、新都、鄱阳四郡邻接，周旋数千里，山谷万重，其幽邃民人，未尝入城邑[①]，对长吏，皆仗兵野逸，……征伐为难。……权拜恪抚越将军，领丹杨太守。……恪到府，移书四郡属城长吏，令各保其疆界，……分内诸将，罗兵幽阻，但缮藩篱，不与交锋，候其谷稼将熟，辄纵兵芟刈。……山民饥穷，渐出降首。……人数皆如本规。"《十七史商榷》（王鸣盛）："山越事见《恪传》，又见吴主《孙权传》建安五年、嘉禾三年。又见太史慈、孙贲、吴主权、徐夫人、周瑜、黄盖、韩当、朱治、张温、贺齐等传中，或言镇抚，或言讨平，或言山越怀附"云云。《陈书》三卷《世祖本纪》："授会稽太守，山越深险，皆不宾附。"《新唐书》百八十二卷《裴休传》："贞元时，浙东剧贼栗锽，诱山越为乱。"盖山越历六朝至唐，为害未息。

南及交广，物产饶衍，故立国江东，不灭于中土也。

晋室平吴，暂复统一。吴人入洛，颇为北人所轻。

《晋书·周处传》载陈准曰："周处吴人，有怨无援。"又《陆机传》："范阳卢志于众中问机曰：'陆逊、陆抗，于君近远？'机曰：'如君于卢毓、卢珽。'志默然。既起，云谓机曰：'殊邦遐远，容不相悉，何至于此？'机曰：'我父祖名播四海，宁不知耶？'"《通鉴》

①《后汉书·刘宠传》："拜会稽太守，山民愿朴，乃有白首不入市井者，颇为官吏所扰。宠简除烦苛，禁察非法，郡中大化，征为将作大匠。山阴县有五六老叟，庞眉皓发，自若邪山谷间出，人赍百钱以送宠。宠劳之曰：'父老何自苦？'对曰：'山谷鄙生，未尝识郡朝，今闻当见弃去，故自扶奉送。'"可与此文相证。

卷八十五："王彰谏成都王颖曰：'陆机吴人，殿下用之太过，北土旧将皆疾之。'"

惠、愍之际，海内大乱，独江东差安。中国士民避乱，相率南徙，号曰"渡江"。元帝定都建康，而南方为汉族正统之国者二百七十余年，中州人士，侨寄不归。

《晋书•地理志》："元帝渡江，建都扬州。……是时司、冀、雍、凉、青、并、兖、豫、幽、平诸州皆沦没，江南所得，但有扬、荆、湘、江、梁、益、交、广，其徐州则有过半，豫州惟得谯城而已。……自中原乱离，遗黎南渡，并侨置牧司在广陵，丹徒南城，非旧土也。及胡寇南侵，淮南百姓皆渡江。成帝初，苏峻、祖约为乱于江、淮，胡寇又大至，百姓南渡者转多，乃于江南侨立淮南郡及诸县，又于寻阳侨置松滋郡，遥隶扬州。咸康四年，侨置魏郡、广川、高阳、堂邑等诸郡，并所统县并寄居京邑，改陵阳为广阳。孝武宁康二年，又分永嘉郡之永宁县置乐成县。是时上党百姓南渡，侨立上党郡为四县，寄居芜湖。""永嘉之乱，临淮，淮陵并沦没石氏。元帝渡江之后，徐州所得惟半，乃侨置淮阳、阳平、济阴、北济阴四郡。又琅邪国人随帝过江者，遂置怀德县及琅邪郡以统之。是时，幽、冀、青、并、兖五州及徐州之淮北流人，相帅过江、淮，帝并侨立郡县，以司牧之。割吴郡之海虞北境，立郯、朐、利城、祝其、厚丘、西隰、襄贲七县，寄居曲阿，以江乘置南东海、南琅邪、南东平、南兰陵等郡，分武进立临淮、淮陵、南彭城等郡，属南徐州，又置顿丘郡，属北徐州。明帝又立南沛、南清河、南下邳、南东莞、南平昌、南济阴、南濮阳、南太平、南泰山、南济阳、南鲁等郡，以属徐、兖二州，初或居江南，或居江北，或以兖州领州。郗鉴都督青、兖二州诸军事、兖州刺史，加领徐州刺史，镇广陵。苏峻平后，自广陵还镇京口，又于汉故九江郡界置钟离郡，属南徐州，江北又侨立幽、冀、青、并四州。穆帝时，移南东海七县出居京口。义熙七年，始分淮北为北徐州。淮南但为徐州。”

始犹以贵族陵蔑南士。

《晋书·周玘传》：“玘宗族强盛，人情所归，帝疑惮之。于时中州人士，佐佑王业，而玘自以为不得调，内怀怨望，复为刁协轻之，耻恚愈甚。时镇东将军祭酒东莱王恢，亦为周颉所侮，乃与玘阴谋诛诸执政，推玘及戴若思诸南士，共奉帝以经纬世事。……谋泄，玘忧愤发背而卒。时年五十六。将卒，谓子勰曰：‘杀我者诸伧子，能复之，乃吾子也。’吴人谓中州人曰‘伧’，故云耳。……勰字彦和。常缄父言。时中国亡官失守之士，避乱来者，多居显位，驾御吴人，吴人颇怨。勰因之欲起兵，……豪侠乐乱者翕然附之。元帝以周氏奕世豪望。吴人所宗，故不穷治，抚之如旧。”

或以流人，志图振复。

《晋书·祖逖传》：“逖字士稚，范阳遒人也。世吏二千石，为北州旧姓。……及京师大乱，逖率亲党数百家，避地淮、泗。……逖多权略，少长咸宗之，推逖为行主。达泗口，元帝逆用为徐州刺史，寻征军谘祭酒，居丹徒之京口。逖以社稷倾覆，常怀振复之志。宾客义徒，皆暴桀勇士，逖遇之如子弟。时扬土大饥，此辈多为盗窃，攻剽富室，逖抚慰问之曰：‘比复南塘一出不？’或为吏所绳，逖辄拥护救解之。”又《王导传》：“桓彝初过江，见朝廷微弱，谓周颉曰：‘我以中州多故，来此欲求全活，而寡弱如此，将何以济？’忧惧不乐。往见导，极谈世事，遂还，谓颉曰：‘得见管夷吾，无复忧矣。’过江人士，每至暇日，相要出新亭饮宴。周颉中坐而叹曰：‘风景不殊，举目有江河之异。'皆相视流涕。惟导愀然变色曰：'当共戮力王室，克复神州，何至作楚囚相对泣耶！'"

泊久而相安，北人遂为南人。而留仕异族及羌胡诸种乃为北人。学问文章，礼尚风俗，从此有南北之殊矣。

晋时北方纷乱，未有定名。至宋、魏分立，画淮而治，于是南人呼北人为"索虏"，北人呼南人为"岛夷"。

《晋书·石虎传》："吾南擒刘岳，北走索头。"① 《宋书·索虏传》："索虏姓拓跋氏，其先汉将李陵后也。匈奴有数百千种，各立名号，索头亦其一也。晋初，索头种有部落数万家在云中。"② 《魏书·僭晋司马睿传》："睿僭即大位，……都于丹阳，因孙权之旧所，即《禹贡》扬州之地，去洛二千七百里。地多山水，阳鸟攸居，厥土惟涂泥，厥田惟下下，所谓'岛夷卉服'者也。"《通鉴》卷六十九："司马光曰：'汉室颠覆，三国鼎峙。晋氏失驭，五胡云扰。宋、魏以降，南、北分治，各有国史，互相排黜。南谓北为索虏，北谓南为岛夷。'"③

虽或通使往来，犹时致其嘲弄。

《洛阳伽蓝记》（杨衒之）云："魏杨元慎即口含水巽梁使陈庆之曰：'吴人之鬼，住居建康。小作冠帽，矮制衣裳。自呼阿侬，语则阿傍。菰稗为饭，茗饮作浆。呷啜莼羹，唼嗍蟹黄。手把豆蔻，口嚼槟榔。

① 索头之名，晋时已有，盖时人呼鲜卑之称也。

② 按拓跋氏非李陵之后。李陵降匈奴，亦未辫发。《汉书·李陵传》："卫律持牛酒劳汉使，博饮，两人皆胡服椎结。"又曰："陵墨不应，熟视而自循其发。答曰：'吾已胡服矣。'"是匈奴之俗椎结，鲜卑之俗辫发，两种截然不同。

③ 注：索虏者，以北人之辫发，谓之索头也。岛夷者，以东南际海，土地卑下，谓之岛中也。

乍至中土，思忆本乡。急急远去，还尔丹阳。’”

北方之无耻者，至专以教子弟学鲜卑语为能事。

《颜氏家训》：“齐朝有一士大夫，尝谓吾曰：‘我有一儿，年已十七，颇晓书疏，教其鲜卑语及弹琵琶。稍欲通解，以此伏事公卿，无不宠爱。亦要事也。’吾时俯而不答。异哉，此人之教子也！若由此业，自致卿相，亦不愿汝曹为之。”

其文化之相悬可知。《北史》《儒林》《文苑》传，略述当时南北学派之别。

《北史·儒林传》：“大抵南北所为章句，好尚互有不同。江左，《周易》则王辅嗣，《尚书》则孔安国，《左传》则杜元凯；河洛，《左传》则服子慎，《尚书》《周易》则郑康成，《诗》则并主于毛公，《礼》则同遵于郑氏。南人约简，得其英华；北学深芜，穷其枝叶。考其终始，要其会归，其立身成名，殊方同致矣。”又《文苑传》：“自汉、魏以来，迄乎晋、宋，其体屡变，前哲论之详矣。暨永明、天监之际，太和、天保之间，洛阳、江左，文雅尤盛，彼此好尚，雅有异同。江左宫商发越，贵于清绮；河朔词义贞刚，重乎气质。气质则理胜其词，清绮则文过其意。理深者便于时用，文华者宜于咏歌。此其南北词人得失之大较也。”

《颜氏家训》纪南北礼俗之异点尤多：

《颜氏家训·后娶篇》：“江左不讳庶孽，丧室之后，多以妾媵终家事。疥癣蚊虻，或未能免，限以大分，故稀斗阋之耻。河北鄙于侧出，不预人流，是以必须重娶，至于三四，母年有少于子者。后母之弟，与前妇之兄，衣服饮食，爰及婚宦，至于士庶贵贱之隔，俗以为常。身没之后，辞讼盈公门，谤辱彰道路。子诬母为妾，弟黜兄为佣，播扬先人之辞迹，暴露祖考之长短，以求直己者，往往而有。”又《治家篇》：“江东妇女，略无交游，其婚姻之家，或十数年间未相识者，唯以信命赠遗，致殷勤焉。邺下风俗，专以妇持门户，争讼曲直，造请逢迎，车乘填街衢，绮罗盈府寺，代子求官，为夫诉屈。此乃恒、代之遗风乎？南间贫素，皆事外饰，车乘衣服，必贵整齐，家人妻子，不免饥寒。河北人事，多由内政，绮罗金翠，不可废阙，羸马顿奴，仅充而已。唱和之礼，或尔汝之。”又《风操篇》：“别易会难，古人所重；江南饯送，下泣言离。……北间风俗，不屑此事。歧路言离，欢笑分首。”“凡宗亲世数，有从父，有从祖，有族祖。江南风俗，自兹以往，高秩者通呼为尊，同昭穆者虽百世犹称兄弟。……若对他人称之，皆云族人。河北士人，虽二三十世，犹呼为从伯、从叔。梁武帝尝问一中土人曰：‘卿北人，何故不知有族？’答云：‘骨肉易疏，不忍言族耳。’”“江南丧哭，时有哀诉之言耳。山东重丧，则唯呼苍天，期功以下，则唯呼痛深。”又《书证篇》：“南方以晋渡江后，北间传记，皆名为伪书，不贵省读。”又《音辞篇》：“南方水土和柔，其音清举而切诣，失在浮浅，其辞多鄙俗。北方山川深厚，其音沉浊而讹钝，得其质直，其辞多古语。然冠冕君子，南方为优；闾里小人，北方为愈。易服而与之谈，南方庶士，数言可辨；隔垣而听其语，北方朝野，终日难分。而南染吴越，北杂夷虏，皆有深弊，不可具论。”又《杂艺篇》：“晋、宋以来，多能书者。故其时俗，递相染尚，所有部帙，楷正可观，不无俗字，非为大损。至梁天监之间，斯风未变。大同之末，讹替滋生。萧子云改易字体，邵陵王颇行伪字（注：前上为草、能傍作长之类是也），朝野翕然，以为楷式。……北朝丧乱之余，书迹鄙陋，加以专辄造字，猥拙甚于江南。乃以百念为忧，言反为变，不用为罢，追来为归，更生为苏，先人为老。如此非一，遍满经传。”“弧矢之利，以威天下，先王所以观德择贤，亦济身之急务也。江南谓世之常射，以为兵射，冠冕儒生，多不习此。别有博射，弱弓长箭，施于准的，揖让升降，以行礼焉，防御寇难，了无所益。乱离之后，此术遂亡。河北文士，率晓兵射，非直葛洪一箭，已解追兵，三九燕集，常縻荣赐。虽然，要轻禽，截狡兽，不愿汝辈为之。”

以政权之不一致文化亦分畛域。弥年历祀，相去益远，互事訾謷，各从习惯。致令后之人虽在统一之时，亦受其影响，好分为南北两派之言。是则异族陵轹中夏之害也。

第五章　清谈与讲学

东汉之季，由朴学而趋游谈，士之善谈论者辄获盛名。

《后汉书·郭太传》："博通坟籍，善谈论，美音制。乃游于洛阳，始见河南尹李膺，膺大奇之，遂相友善。于是名震京师。"又《谢甄传》："与陈留边让，并善谈论，俱有盛名。"又《符融传》："游太学，师事少府李膺。膺夙性高简，每见融，辄绝它宾客，听其言论。融幅巾奋褎，谈辞如云，膺每捧手叹息。"

或为美语，相为题品。

《后汉书·党锢传》："学中语曰：天下模楷李元礼，不畏强御陈仲举，天下俊秀王叔茂。"又《儒林传》：召驯"博通书传，……乡里号之曰：德行恂恂召伯春"。[①] 许慎博学经籍，"时人为之语曰：《五经》无双许叔重"。

或以核论，高下人物，

《后汉书·许劭传》："劭与靖俱有高名，好共核论乡党人物，每

---

① 此在东汉初。

月辄更其品题。故汝南俗有‘月旦评’焉。”

此一时之风气也。汉、魏之际，天下大乱，乘时趋势者，不以道义为重。

《魏志·武帝纪》：“建安十九年十二月，令曰：‘夫有行之士，未必能进取，进取之士，未必能有行也。陈平岂笃行，苏秦岂守信耶？而陈平定汉业，苏秦济弱燕。由此言之，士有偏短，庸可废乎！有司明思此义，则士无遗滞，官无废业矣。’”裴松之注：“建安二十二年八月令曰：‘昔伊挚、傅说出于贱人，管仲，桓公贼也，皆用之以兴。萧何、曹参，县吏也，韩信、陈平负污辱之名，有见笑之耻，卒能成就王业，声著千载。吴起贪将，杀妻自信，散金求官，母死不归，然在魏，秦人不敢东向，在楚，则三晋不敢南谋。今天下得无有至德之人放在民间，及果勇不顾，临敌力战，若文俗之吏，高才异质，或堪为将守，负污辱之名，见笑之行；或不仁不孝而有治国用兵之术：其各举所知，勿有所遗。’”

旷达之士，目击衰乱，不甘隐避，则托为放逸，

《魏志》：“阮瑀子籍，才藻艳逸，而倜傥放荡，行己寡欲，以庄周为模则。……时有谯郡嵇康，文辞壮丽，好言《庄》《老》。”《魏氏春秋》：“籍以世多故，禄仕而已。闻步兵校尉缺，厨多美酒，营人善酿酒，求为校尉。遂纵酒昏酣，遗落世事。”

而何晏、王弼等，遂开清谈之风。

《晋书·王衍传》：“魏正始中，何晏、王弼等祖述《老》《庄》，立论以为：天地万物皆以无为为本。无也者，开物成务，无往不存者

也。阴阳恃以化生，万物恃以成形，贤者恃以成德，不肖恃以免身。故无之为用，无爵而贵矣。”《日知录》：“魏明帝殂，少帝即位，改元正始，凡九年。其十年，则太傅司马懿杀大将军曹爽，而魏之大权移矣。三国鼎立，至此垂三十年。一时名士风流，盛于洛下，乃其弃经典而尚老、庄，蔑礼法而崇放达。视其主之颠危，若路人然，即此诸贤为之倡也。自此以后，竞相祖述，如《晋书》言王敦见卫玠，谓长吏谢鲲曰：‘不意永嘉之末，复闻正始之音。’沙门支遁，以清谈著名，于时莫不崇敬，以为造微之功，足参诸正始。《宋书》言羊玄保有二子，太祖赐名曰咸，曰粲。谓玄保曰：‘欲令卿二子有林下正始余风。’王微与何偃书曰：‘卿少陶玄风，淹雅修畅，自是正始中人。’《南齐书》言袁粲言于帝曰：‘臣观张绪有正始遗风。’《南史》言：‘何尚之谓王球，正始之风尚在。’其为后人企慕如此。”

晋室之兴，世乱未已，向秀之徒，益尚玄风。

《晋书·向秀传》：“雅好老、庄之学。……为之隐解，发明奇趣，振起玄风，读之者超然心悟，莫不自足一时也。惠帝之世，郭象又述而广之，儒墨之迹见鄙，道家之言遂盛焉。”

名士达官，翕然倾响，不治世务，祖尚浮虚，

《晋书·王衍传》：“衍有盛才美貌，明悟若神，常自比子贡。兼声名籍甚，倾动当世。妙善玄言，唯谈老、庄为事。……衍将死，顾而言曰：‘呜呼！吾曹虽不如古人，向若不祖尚浮虚，戮力以匡天下，犹可不至今日。’”又《乐广传》：“广性冲约，有远识，寡嗜欲，与物无竞。尤善谈论，每以约言析理，以厌人之心，其所不知，默如也。……尚书令卫瓘，朝之耆旧，逮与魏正始中诸名士谈论，见广

而奇之曰：'自昔诸贤既没，常恐微言将绝，而今乃复闻斯言于君矣。'命诸子造焉，曰：'此人之水镜，见之莹然，若披云雾而睹青天也。'王衍自言曰：'与人语甚简至，及见广，便觉已之烦。'其为识者所叹美如此。"

故论者谓五胡之乱，由于清谈焉。

《日知录》："讲明文艺，郑、王为集汉之终；演说老、庄，王、何为开晋之始。以至国亡于上，教沦于下。羌戎互僭，君臣屡易，非林下诸贤之咎而谁咎哉？！"

按魏、晋人之性质，当分数种。有志世事，横受诬污，以其清高，目为浮华，一也。（何晏、邓飏等事曹爽，志在强魏之宗室。司马懿以诡谲杀爽等，而世论多集矢于何、王，非确论也。）故作旷达，以免诛戮，不守礼法，近于佯狂，二也。

《晋书·阮籍传》："籍本有济世志，属魏、晋之际，天下多故，名士少有全者，籍由是不与世事，遂酣饮为常。……籍嫂尝归宁，籍相见与别，或讥之，籍曰：'礼岂为我设耶！'……籍著《大人先生传》，其略曰：'世之所谓君子，惟法是修，惟礼是克。手执圭璧，足履绳墨。行欲为目前检，言欲为无穷则。少称乡党，长闻邻国。上欲图三公，下不失九州牧。独不见群虱之处裈中，逃乎深缝，匿乎坏絮，自以为吉宅也。行不敢离缝，动不敢出裈裆，自以为得绳墨也。然炎丘火流，焦邑灭都，群虱处于裈中，而不能出也。君子之处域内，何异夫虱之处于裈中乎！'此亦籍之胸怀本趣也。"

风气既成，自矜领袖，一倡百和，以言取名，三也。正始之风，未必即肇永嘉之祸，求其因果，宜更推勘其曲折变迁，不可以一概而论也。

《世说新语》卷一《德行类》：“晋文王称阮嗣宗至慎，每与之言，言皆玄远，未尝臧否人物。”刘孝标注引王隐《晋书》：“魏末阮籍，嗜酒荒放，露头散发，裸袒箕踞。其后贵游子弟阮瞻、王澄、谢鲲、胡毋辅之之徒，皆祖述于籍，谓得大道之本。故去巾帻，脱衣服，露丑恶，同禽兽。甚者名之谓‘通’，次者名之谓‘达’。”据此，是阮籍以佯狂为谨慎，而晋代诸人则以狂荡为率真。其迹同，其心实大异也。

清谈者崇尚老、庄，则以任天率真为贵，推之政治，遂有鲍生无君之论。

《抱朴子外篇·第四十八诘鲍篇》：“鲍生敬言好老、庄之书，治剧辩之言，以为古者无君，胜于今世。故其著论云：‘儒者曰：天生烝民，而树之君，岂其皇天谆谆言，亦将欲之者为辞哉！’夫强者凌弱，则弱者服之矣；智者诈愚，则愚者事之矣。服之，故君臣之道起焉；事之，故力寡之民制焉。然则隶属役御，由于争强弱而校愚智，彼苍天果无事也。夫混茫以无名为贵，群生以得意为欢。故剥桂刻漆，非木之愿；拔鹖裂翠，非鸟所欲；促辔含镳，非马之性；荷轭运重，非牛之乐。诈巧之萌，任力违真，伐生之根，以饰无用。捕飞禽以供华玩，穿本完之鼻，绊天放之脚，盖非万物并生之意。夫役彼黎烝，养此在官，贵者禄厚，而民亦困矣。夫死而得生，欣喜无量，则不如向无死也；让爵辞禄，以钓虚名，则不如本无让也。天下逆乱焉，而忠义显矣；六亲不和焉，而孝慈彰矣。曩古之世，无君无臣。穿井而饮，耕田而食，日出而作，日入而息。泛然不系，恢然自得。不竞不营，无荣无辱。山无蹊径，泽无舟梁，川谷不通，则不相并兼；士众不聚，则不相攻伐，……势利不萌，乱祸不作；干戈不用，城池不设。万物玄同，相忘于道。疫疠不流，民获考终。纯白在胸，机心不生，含餔而熙，鼓腹而游。其言不华，其行不饰。安得聚敛以夺民财？安得严刑以为坑穽？降及叔季，智用巧生，道德既衰，尊卑有序，繁升降损益之礼，饰绂冕玄黄之服。起土木于凌霄，构丹绿于棼橑，倾峻搜宝，泳渊采珠。聚玉如林，不足以极其变；积金成山，不足以赡其费。澶漫于淫荒之域，而叛其大始之本。去宗日远，背朴弥增。……造剡锐之器，长侵割之患。弩恐不劲，甲恐不坚，矛恐不利，盾恐不厚，若无凌暴，此皆可弃也。故曰：'白玉不毁，孰为珪璋？道德不废，安取仁义？'使夫桀、纣之徒，得燔人，辜谏者，脯诸侯，菹方伯，剖人心，破人胫，穷骄淫之恶，用炮烙之虐。若令斯人，并为匹夫，性虽凶奢，安得施之？使彼肆酷恣欲，屠割天下，由于为君，故得纵意也。君臣既立，众慝日滋，而欲攘臂乎桎梏之间，愁劳于涂炭之中，人主忧慄于庙堂之上，百姓煎扰乎困苦之中，闲之以礼度，整之以刑罚。是犹辟滔天之源，激不测之流，塞之以撮壤，障之以指掌也。"①

反之者则又崇尚实务，勤于人事。

《晋书·卞壶传》："阮孚谓壶曰：'卿恒无闲泰，常如含瓦石，亦不劳乎？'壶曰：'诸君以道德恢弘，风流相尚，执鄙吝者，非壶而谁？'时贵游子弟，多慕王澄、谢鲲为通达。壶厉色于朝曰：'悖礼伤教，罪莫斯甚；中朝倾覆，实由于此。'"《晋阳秋》（邓粲）："陶侃勤而整，自强不息，又好督劝于人。常云：'民生在勤，大禹圣人，犹惜寸阴，至于凡俗，当惜分阴，岂可游逸！生无闻于时，死无闻于后，是自弃也。又老、庄浮华，非先王之法言而不敢行。君子当正其衣冠，

---

①《抱朴子》成于东晋成帝咸和五年，鲍生之文，成于其前。

摄以威仪，何有乱头养望，自谓宏达耶？’”《晋中兴书》（何法盛）：“侃尝检校佐吏，若得樗蒲博弈之具，投之曰：‘樗蒲，老子入胡所作，外国戏耳。围棋，尧、舜以教愚子。博弈，纣所造。诸君国器，何以为此！若王事之暇，患邑邑者，文士何不读书，武士何不射弓？’谈者无以易也。”

盖时当大乱，人心不宁，或愤慨而流于虚无，或忧惧而趋于笃实，皆时会所造，各因其性而出之。而理想之高，事功之成，亦分途并进，不相掩也。

清谈有尚简括者，

《晋书·阮瞻传》：“遇理而辨，辞不足而旨有余。……见司徒王戎，戎问曰：‘圣人贵名教，老、庄明自然，其旨同异？’瞻曰：‘将无同。’戎咨嗟良久，即命辟之。时人谓之‘三语掾’。”

有尚博辩者，

《世说新语》：“谢镇西少时，闻殷浩能清言，故往造之。殷……为谢标榜诸义，作数百语，既有佳致，兼辞条丰蔚，甚足以动心骇听。谢注神倾意，不觉流汗交面。”

时人至以此为南北之判。

《世说新语》：“褚季野语孙安国云：‘北人学问渊综广博。’孙答曰：‘南人学问清通简要。’支道林闻之曰：‘圣贤固所忘言，自中人以还，北人看书，如显处视月；南人学问，如牖中窥日。’”

然自东晋以降，南方之人，实兼有南北各地之性质，不能以此断之。赵翼论六朝清谈之习，谓梁时讲经，亦染谈义之习。

《廿二史劄记》(赵翼)："当时父兄师友之所讲求，专推究老、庄，以为口舌之助。《五经》中惟崇《易》理，其他尽阁束也。至梁武帝，始崇尚经学，儒术由之稍振。然谈义之习已成，所谓经学者，亦皆以为谈辩之资。"

此则清谈与讲学，颇有连带之关系，虽讲经义与谈老、庄殊科，其为言语之进化，则事属一贯。研究三国、六朝之风气者，不可不于此注意焉。

汉代有讲经之法，

《汉书・宣帝纪》："甘露三年三月，诏诸儒讲《五经》同异，太子太傅萧望之等平奏其议，上亲称制临决焉。"《后汉书・章帝纪》："建初四年，诏太常，将、大夫、博士、议郎、郎官及诸生、诸儒会白虎观，讲议五经同异，使五官中郎将魏应承制问，侍中淳于恭奏，帝亲称制临决，如孝宣甘露石渠故事，作《白虎议奏》。"

魏沿其制，人主亦尝幸太学讲经。

《魏志・高贵乡公传》："帝幸太学，……讲《易》毕，复命讲《尚书》、讲《礼记》。"[①]

梁武之讲《孝经》，沿其例也。

《陈书・岑之敬传》："梁武帝令之敬升讲座，敕中书舍人朱异，

---

① 其词甚长不录。

执《孝经》，唱《士孝章》。武帝亲自论难，之敬剖释纵横，应对如响，左右莫不嗟服。”

然后汉之时，师徒教授，有解说详富者，

《后汉书·杨政传》：“善说经书，京师为之语曰：‘说经铿铿杨子行。’”

有倚席不讲者，

《后汉书·儒林传序》：“自安帝览政，薄于艺文，博士倚席不讲。”①

魏晋人之谈《易》，亦复不尚多言。

《管辂别传》：“邓飏问辂：‘君善《易》，而语初不及《易》中辞义，何也？’辂曰：‘夫善《易》者不论《易》也。’何晏含笑而赞之：‘可谓要言不烦也。’”《晋书·阮修传》：“王衍当时谈宗，自以论《易》略尽，然有所未了。……及与修谈，言寡而旨畅，衍乃叹服焉。”

南渡以后，私庭讲习论难，犹病其多。

《世说新语》：“孝武将讲《孝经》，谢公兄弟与诸人私庭讲习。车武子难苦问谢，谓袁羊曰：‘不问则德音有遗，多问则重劳二谢。’”

其后聚徒讲说者，乃盛见于史策。讲说之法，亦多标著于史。如：

---

① 注：倚席，言不施讲坐也。

《南史·伏曼容传》："宋明帝好《周易》，尝集朝臣于清暑殿讲学，诏曼容执经。……曼容宅在瓦官寺东，施高坐于厅事，有宾客，辄升高坐为讲说[①]，生徒常数十百人。"又《严植之传》："兼五经博士，馆在潮沟，生徒常百数。讲说有区段次第，析理分明[②]。每当登讲，五馆生毕至，听者千余人。"又《崔灵恩传》："灵恩聚徒讲授，听者常数百人。性拙朴，无风采，及解析经理，甚有精致。都下旧儒，咸称重之。"又《卢广传》："为国子博士，遍讲《五经》。时北来人儒学者，有崔灵恩、孙详、蒋显，并聚徒讲说，而音辞鄙拙，惟广言论清雅，不类北人。"《沈峻传》："《周官》一书，实为群经源本，……孙详、蒋显亦经听习，而音革楚夏，故学徒不至。惟峻特精此书，比日时开讲肆，群儒……并执经下坐，北面受业。徐勉奏峻兼五经博士，于馆讲授，听者常数百人。"又《张讥传》："梁武帝尝于文德殿释《乾》《坤》《文言》，……讥整容而进，谘审循环，辞令温雅，帝甚异之。……陈天嘉中，为国子助教。时周弘正在国学，发《周易》题，弘正第四弟弘直亦在讲席。弘正屈于讥议，弘直危坐厉声，助其申理。讥……谓弘直曰：'今日义集，辩正名理，……不得有助。'弘直曰：'仆助君师，何为不可？'弘正尝谓人曰：'吾每登坐，见张讥在席，使人懔然。'"[③]《北史·刘献之传》："献之善《春秋》《毛诗》，每讲《左氏》，尽隐公八年便止，云'义例已了'，不复讲解。由是，弟子不能究竟其说。"[④]又《张吾贵传》："曾在夏学，聚徒千数，而不讲《传》。生徒窃云：'张生之于《左氏》，似不能说。'吾贵闻之曰：'我今夏讲暂罢，后当说《传》，君等来日皆当持本。'[⑤]生徒怪之而已……三旬

---

① 古者讲学皆席于地，伏置之高坐，特异于众，故史著之。

② 此可见其时讲书贵有条理。

③ 此可见当时讲经，听者亦多问难。

④ 此可见当时讲经，须毕全部，方为究竟。

⑤ 此可见讲经时，学生皆持本。

之中，吾贵兼读杜、服，隐括两家，异同悉举。诸生后集，便为讲之；义例无穷，皆多新异。”又《刘兰传》：“张吾贵以聪辩过人，其所解说，不本先儒之旨，惟兰推经传之由，本注者之意，……甚为精悉。……瀛州刺史裴植，征兰讲书于州南馆，植为学主。[①]故生徒甚盛，海内称焉。”又《徐遵明传》：“教授门徒，每临讲坐，先持经执疏，然后敷讲。学徒至今，浸以成俗。”[②]又《权会传》：“性甚儒愞，似不能言，及临机答难，酬报如响，由是为诸儒所推。而贵游子弟，慕其德义者，或就其宅，或寄宿邻家，昼夜承间，受其学业。会欣然演说，未尝懈怠。”又《樊深传》：“深经学通赡，每解书，多引汉、魏以来诸家义而说之。故后生听其言者，不能晓悟，背而讥之曰：‘樊生讲书多门户，不可解。’”又《熊安生传》：“尹公正使齐，问所疑，安生皆为一一演说，咸究其根本，公正嗟服。”

且南北风气相同，均以敷陈义旨，演述周析为尚，是亦学术之一大进步也。

清谈所标，皆为玄理。晋、宋之际，遂有玄学之目，至立学校，以相教授。

《宋书·何尚之传》：“上以尚之为丹阳尹，立宅南郭外，置玄学，聚生徒。东海徐秀，庐江何昙、黄回，颍川荀子华，太原孙宗昌、王延秀，鲁郡孔惠宣，并慕道来游，谓之南学。”《文献通考》：“宋文帝雅好艺文，使丹阳尹庐江何尚之立玄学，太子率更令何承天立史学，司徒参军谢元立文学，散骑常侍雷次宗立儒学，为四学。”

谈论者为玄言，著述者为玄部。

---

① 此可见地方讲学者有学主。

② 据此，似遵明之前凡讲书者不持疏解，至是始变耳。

《南史·张讥传》："讥笃好玄言，讲《周易》《老》《庄》而教授焉。吴郡陆元朗、朱孟博、一乘寺沙门法才、法云寺沙门慧拔、至真观道士姚绥，皆传其业。讥所撰《周易义》三十卷，……《老子义》十一卷，《庄子内篇义》十二卷，《外篇义》二十卷，《杂篇义》十卷，《玄部通义》十二卷，《游玄桂林》二十四卷。"

欲精其学，亦至不易。

《南齐书·王僧虔传》："僧虔戒子书曰：往年有意于史，取《三国志》聚置床头，百日许，复徙业就玄，自当小差于史，犹未近仿佛。曼倩有云：谈何容易。见诸玄，志为之逸，肠为之抽。专一书，转通数十家注，自少至老，手不释卷，尚未敢轻言。汝开《老子》卷头五尺许，未知辅嗣何所道，平叔何所说，马、郑何所异，《指》《例》何所明，而便盛于麈尾，自呼谈士，此最险事。"

梁世盛加提倡，玄风遂尔广播。

《颜氏家训·勉学篇》："何晏、王弼，祖述玄宗，递相夸尚，景附草靡，皆以农、黄之化，在乎己身，周、孔之业，弃之度外。……洎于梁世，兹风复阐，《庄》《老》《周易》，总谓三玄。武皇、简文，躬自讲论。周弘正奉赞大猷，化行都邑，学徒千余，实为盛美。"

稽其理论，多与释氏相通，故自晋以来，释子盛治《老》《庄》，

《世说新语》："支遁与许询、谢安共集王濛家。谢顾谓诸人：'今日可谓彦会，时既不可留，此集固亦难常，当共言咏，以写其怀。'许乃问主人有《庄子》不？正得《渔父》一篇，谢看题，便各使四座通，

支道林先通，作七百许语，叙致精丽，才藻奇拔，众咸称善。”《高僧传》：“释慧远博综六经，尤善《庄》《老》。”

清谈者亦往往与释子周旋。

《世说新语》：“僧意在瓦官寺中，王苟子来与共语，便使其唱理。意谓王曰：‘圣人有情不？’王曰：‘无。’重问曰：‘圣人如柱耶？’王曰：‘如筹算。虽无情，运之者有之。’僧意云：‘谁运圣人耶？’苟子不得答而去。”

佛教之与吾国学说融合，由是也。梁、陈讲学，或在宫殿，或在僧寺，

《南史·张讥传》：“后主在东宫，……令于温文殿讲《庄》《老》，宣帝幸宫临听。……后主尝幸钟山开善寺，召从臣坐于寺西南松林下，敕讥竖义。”

或以佛与儒道诸书并称。

《陈书·马枢传》：“枢博极经史，尤善佛经及《周易》《老子》义。梁邵陵王纶为南徐州刺史，素闻其名，引为学士。纶时自讲《大品经》，令枢讲《维摩》《老子》《周易》，同日发题，道俗听者二千人。……数家学者，各起问端，枢依次剖判，开其宗旨，然后枝分流别，转变无穷。论者拱默听受而已。”

足见清谈讲学者，皆与佛教沟通，当时盛流，咸受缁衣薰染矣。

第六章　选举与世族

东汉之季世，重清议而薄朝政，贵贱荣辱，朝野相反。故至魏、晋，有九品官人之法。

《魏志·陈群传》："制九品官人之法，群所建也。"《文献通考》："延康元年①，尚书陈群以为天朝选用，不尽人才，乃立九品官人之法。州郡皆置中正，以定其选，择州郡之贤有识鉴者，为之区别人物，第其高下。又制郡口十万以上，岁察一人，其有秀异，不拘户口。其武官之选，俾护军主之。……州、郡、县俱置大小中正，各取本处人，在诸府公卿及各省郎吏，有德充才盛者为之，区别所管人物，定为九等。其言行修著，则升进之，或以五升四，以六升五，倘或道义亏缺，则降下之，或自五退六，自六退七矣。以吏部审定天下人才士庶，故委中正铨第等级，凭之授受，谓免乖失及法弊也。"

朝廷用人，率依中正品第。

《文献通考》："晋依魏氏九品之制，内官吏部尚书、司徒左长史，外官州有大中正，郡国有小中正，皆掌选举。凡吏部选用，必下中正，征其人居及祖父官名。"《廿二史劄记》："魏文帝初定九品中正之法，

① 魏文帝为魏王，改建安二十五年为延康元年，后又改为黄初元年。

郡邑设小中正，州设大中正，由小中正品第人才以上大中正，大中正核实以上司徒，司徒再核，然后付尚书选用。”

中正定品，三年一更。

《晋书·石虎传》：“魏始建九品之制，三年一清定之。”

多设访问，助之调查，并为品状。

《晋书·孙楚传》：“王济为太原大中正，访问论邑人品状，至楚，济曰：‘此人非卿所能目，吾自为之。’乃状曰：‘天才英博，亮拔不群。’”又《刘卞传》称卞初入太学，试经，当为台吏四品，访问[①]令写黄纸一鹿车，卞不肯。访问怒，言于中正，乃退为尚书令史。

小中正有失，大中正当举发之，不得徇隐。

《晋书·卞壶传》称：“淮南小中正王式，父没，其继母终丧，归于前夫之子，后遂合葬于前夫。壶劾之，以为犯礼害义，并劾司徒及扬州大中正、淮南大中正含容徇隐。诏以式付乡邑清议，废终身。”

虽中正所黜陟，政府亦得变更之。

《晋书·霍原传》称燕国中正刘沈举霍原为二品，司徒不过[②]。沈上书，谓原隐居求志，行成名立。张华等又特奏之，乃为上品。又《张

① 赵翼曰，助中正采访之人。

② 即不准也。

轨传》称张华素重张轨，安定中正蔽其善[1]，华为延誉，得居二品。然被纠弹付清议者，多致废弃。

《日知录》："九品中正之设，虽多失实，遗意未亡，凡被纠弹付清议者，即废弃终身，同之禁锢。至宋武帝篡位，乃诏有犯乡论清议，赃污淫盗，一皆荡涤洗除，与之更始。自后凡遇非常之恩赦文，并有此语。"[2]

南北朝时，其风犹然。

《文献通考》："梁初无中正制，敬帝太平二年，复令诸州各置中正，仍旧放选举，皆须中正押上，然后量授，不然则否。……后魏州郡皆有中正，掌选举，每以季月与吏部铨择可否。其秀才对策第居中上，表叙之。正始元年，乃罢诸郡中正。"又："南朝至于梁、陈，北朝至于周、隋，选举之法，虽互相损益，而九品及中正，至开皇中方罢。"

其制之得失，论者不一。举其得，则曰重清议（《日知录·清议》一篇言之甚详）；斥其失，则曰徇私情。

《文献通考》："于时虽风教颓失而无典制，然时有清议，尚能劝俗。陈寿居丧，使女奴丸药，积年沈废。郤诜笃孝，以假葬违常，降品一等。其为惩劝如此。其后中正任久，爱憎由己，而九品之法渐弊。遂计官资以定品格。天下惟以居位者为贵。尚书仆射刘毅，以九品者始

① 当是抑置下品。

② 齐、梁、陈诏并云洗除先注，当日乡论清议，必有记注之目。

因魏初丧乱，是军中权时之制，非经久之典也，宜用上断，复古乡举里选之法。上疏曰：夫九品有八损，而官才有三难，皆兴替之所由也。人物难知，一也；爱憎难防，二也；情伪难明，三也。今之中正，定九品，高下任意，荣辱在手，操人主威福，夺天朝权势，爱恶随心，情伪由己。上品无寒门，下品无世族。公无考校之负，私无告诉之忌，损政之道一也。置州郡者，本取州里清议，咸所归服，将以镇异同。一言议，不谓一人之身，了一州之才，一人不审，遂为坐废。使是非之论，横于州里；嫌隙之仇，结于大臣，损政之道二也。本立格制，谓人伦有序，若贯鱼成次，才德优劣，伦辈有首尾也。今之中正，坐徇其私，推贵异之器，使在九品之下，负载不肖，越在成人之首，损政之道三也。委以一国之重，而无赏罚之防，使得纵横无所顾惮。诸受枉者，抱怨积久，独不蒙天地无私之德，长壅蔽于邪人之铨，损政之道四也。一国之士，多者千数。或流徙异邦，或给事殊方，而中正知与不知，将定品状，必采声于台府，纳毁于流言。任己则有不识之弊，听受则有彼此之偏。所知以爱憎夺其平，所不知者以人事乱其度，损政之道五也。凡所以立品设状者，求人才而论功报也。今于限当报，虽职之高，还附卑品，无绩于官，而获高叙，是为抑实功而崇虚名也，损政之道六也。凡官不同事，人不同能。今九品不状才能之所宜，而以九等为例。以品取人，或非才能之所长；以状取人，则为本品之所限。若状得其实，犹品状相妨，况不实者乎？损政之道七也。前九品诏书，善恶必书，以为褒贬。今之九品，所下不章其罪，所状不列其善。废褒贬之义，任爱憎之断，天下之人，焉得不解于德行，而锐于人事乎？损政之道八也。职名中正，实为奸府，事名九品，而有八损。臣以为宜罢中正，除九品，弃魏氏之弊法，立一代之美制。”

然其中犹有一义焉，则所谓绅士政治是也。魏、晋以降，易君如举棋，帝王朝代之号如传舍然。使人民一仰朝廷君主之所为，其为变易紊乱，盖不可胜言矣。当时士大夫，于无意中保守此制，以地方绅士，操朝廷用人之权。于是朝代虽更，而社会之势力仍固定而不为摇动，岂惟可以激扬清浊，抑亦所以抵抗君权也。

《陔余丛考》（赵翼）“论六朝忠臣无殉节者”一篇谓：“自汉、魏易姓以来，胜国之臣，即为兴朝佐命，久以习为固然。其视国家禅代，一若无与于己，且转借为迁官受赏之资”云云。实则其时国家大权在绅士，不在君主，故绅士视国家禅代无与于己也。《廿二史劄记》“论南朝多以寒人掌机要”篇谓：“魏正始、晋永熙以来，皆大臣当国。晋元帝忌王氏之盛，欲政自己出，用刁协、刘隗等为私人，即召王敦之祸。自后非幼君即孱主，悉听命于柄臣，八九十年，已成故事。至宋、齐、梁、陈诸君，无论贤否，皆威福自己，不肯假权于大臣。而其时高门大族，门户已成，令、仆、三司，可安流平进，不屑竭智尽心，以邀恩宠。且风流相尚，罕以物务关怀，人主遂不能借以集事，于是不得不用寒人”云云。亦可见自晋以来，绅士权力甚大，虽人君威福自己，而绅士自居高位，不屑为人主私人也。”

九品中正之弊，专论门第，则高位显职，皆为世族子弟所得。虽无世袭之制，实有阶级之分。

《南史·谢弘微传》：“晋世名家，身有国封者，起家多拜员外散骑侍郎。”《梁书·张缵传》：“秘书郎有四员，宋、齐以来，为甲族起家之选，待此入补。其居职例数十百日，便迁任。”《初学记》：“秘书郎与著作郎，江左以来，多为贵游起家之选。故当时谚曰：‘上车不落，为著作；体中何如，则秘书。’”

至于位宦高卑，皆依家牒为断。

《南史·王僧孺传》："入直西省，知撰谱事。先是，尚书令沈约以为：'晋咸和初，苏峻作乱，文籍无遗。后起咸和二年，以至于宋，所书并皆详实，并在下省左户曹前厢，谓之晋籍，有东西二库。此籍既并精详，实可宝惜，位宦高卑，皆可依案。宋元嘉二十七年，始以七条征发，既立此科，人奸互起，[①]伪状巧籍，岁月滋广，以至于齐，患其不实，于是东堂校籍，置郎令史以掌之，竞行奸货，以新换故，昨日卑细，今日便成士流。……宋、齐二代，士庶不分，杂役减阙，职由于此。窃以晋籍所余，宜加宝爱。'武帝以是留意谱籍，……因诏僧孺改定百家谱。""晋太元中，员外散骑侍郎平阳贾弼，笃好簿状，乃广集众家，大搜群族，所撰十八州一百一十六郡合七百一十二卷。凡诸大品，略无遗阙，藏在秘阁，副在左户。及弼子太宰参军匪之，匪之子长水校尉深，世传其业。太保王弘，领军将军刘湛，并好其书。弘日对千客，不犯一人之讳。湛为选曹，始撰百家以助铨序。"

州郡属吏，亦须辟引著姓。

《梁书·杨公则传》："为湘州刺史，保己廉慎，为吏民所悦。湘俗单家以赂求州职，公则至，悉断之。所辟引皆州郡著姓，高祖班下诸州以为法。"

① 按《宋书·索虏传》："元嘉二十七年，军旅大起，兵力不足。尚书左仆射何尚之，参议发南兖州三五民丁，父祖、伯叔、兄弟仕州居职从事，及仕北徐兖州为皇弟、皇子从事庶姓主簿，诸皇弟、皇子府参军、督护，国三令以上，相府舍者不在发例。其余悉倩暂行。"疑即所谓七条征发之法。

南朝如此，北地亦然。

《陔余丛考》（赵翼）："当时风尚，右豪宗而贱寒畯，南北皆然，牢不可破。高允请各郡立学，取郡中清望人行修谨者为学生，先尽高门，次及中等。魏孝文帝以贡举猥滥，乃诏州郡慎所举，亦曰门尽州郡之高，才极乡闾之选。"

甚至帝王虽宠其人，而不能跻之于士大夫之例。

《陔余丛考》："习俗所趋，积重难返，虽帝王欲变易之而不能。宋文帝宠中书舍人宏兴宗，谓曰：'卿欲作士人，得就王球坐，乃当判尔。若往诣球，可称旨就席。'及至，宏将坐。球举扇曰：'卿不得尔！'宏还奏。帝曰：'我便无如此何！'他日帝以语球，欲令与之相知，球辞曰：'士庶区别，国之常也。臣不敢奉诏。'[①]纪僧真自寒官历至冠军府参军主簿，宋孝武帝尝目送之曰：'人生何必计门户？纪僧真堂堂贵人所不及也。'其宠之如此。及僧真启帝曰：'臣小人，出自本州武吏，他无所须，惟就陛下乞作士大夫。'帝曰：'此事由江敩、谢瀹，我不得措意，可自诣之。'僧真承旨诣敩，登榻坐定。敩命左右'移吾床让客！'僧真丧气而退，告帝曰：'士大夫固非天子所命。'"

其为社会中一种特殊势力，殆尤过于古代之世族。[②]降至唐代，其风犹存。柳芳著论，至以此为魏、晋、隋、唐治乱兴衰之征。

---

① 按《宋书·王球传》："时中书舍人徐爰，有宠于上，尝命球及殷景仁与之相知。球辞曰：'士庶区别，国之章也。臣不敢奉诏。'上改容谢焉。"是球所拒者，为徐爰，非宏也。

② 春秋时代，世族专权，如鲁三桓、郑七穆之类，虽亦具有特殊势力，然发生于封建世禄之时代，无足异也。自秦以降，社会阶级已经铲除，无所谓平民贵族之别；而汉、魏以来，复造成此种阶级之制，斯可异耳。

《新唐书·柳冲传》："初，太宗命诸儒撰《氏族志》，甄差群姓。其后门胄兴替不常，冲请修改其书。帝诏魏元忠、张锡、萧至忠、岑羲、崔湜、徐坚、刘宪、吴竞及冲，共取德、功、时望、国籍之家，等而次之。……开元初，诏冲与薛南金复加刊窜，乃定。后柳芳著论甚详，今删其要，著之左方。……魏氏立九品，置中正，尊世胄，卑寒士，权归右姓。其州大中正、主簿，郡中正、功曹，皆取著姓士族为之，以定门胄，品藻人物。晋、宋因之，始尚姓已。然其别贵贱，分士庶，不可易也。于时有司选举，必稽谱籍，而考其真伪。故官有世胄，谱有世官，贾氏、王氏谱学出焉。由是有谱局，令史职皆具。过江则为'侨姓'，王、谢、袁、萧为大；东南则为'吴姓'，朱、张、顾、陆为大；山东则为'郡姓'，王、崔、卢、李、郑为大；关中亦号'郡姓'，韦、裴、柳、薛、杨、杜首之；代北则为'虏姓'，元、长孙、宇文、于、陆、源、窦首之。……郡姓者，以中国士人差第阀阅为之制，凡三世有三公者曰'膏粱'，有令、仆者曰'华腴'，尚书、领、护而上者为'甲姓'，九卿若方伯者为'乙姓'，散骑常侍、大中大夫者为'丙姓'，吏部正员郎为'丁姓'。凡得入者，谓之'四姓'。……北齐因仍，举秀才、州主簿、郡功曹，非'四姓'不在选。故江左定氏族，凡郡上姓第一，则为右姓；太和以郡四姓为右姓；齐浮屠昙刚《类例》凡甲门为右姓；周建德氏族以四海通望为右姓；隋开皇氏族以上品、茂姓则为右姓；唐《贞观氏族志》凡第一等则为右姓；路氏著《姓略》，以盛门为右姓；柳冲《姓族系录》凡四海望族则为右姓。不通历代之说，不可与言谱也。今流俗独以崔、卢、李、郑为四姓，加太原王氏，号五姓，盖不经也。夫文之弊，至于尚官，官之弊，至于尚姓，姓之弊，至于尚诈。隋承其弊，不知其所以弊，乃反古道，罢乡举，离地著，尊执事之吏。于是乎士无乡里，里无衣冠，人无廉耻，士族乱而庶人僭矣。……山东之人质，故尚婚娅，其信可与也；江左之人文，故尚人物，其智可与也；关中之人雄，故尚冠冕，其达可与也；

> 代北之人武，故尚贵戚，其泰可与也。……管仲曰：‘为国之道，利出一孔者王，二孔者强，三孔者弱，四孔者亡。’故冠婚者，人道大伦。周、汉之官人，齐其政，一其门，使下知禁，此出一孔也，故王。魏、晋官人，尊中正，立九品，乡有异政，家有竞心，此出二孔也，故强。江左、代北诸姓，纷乱不一，其要无归，此出三孔也，故弱。隋氏官人，以吏道治天下，人之行，不本乡党，政烦于上，人乱于下，此出四孔也，故亡。唐承隋乱，宜救之以忠，忠厚则乡党之行修；乡党之行修，则人物之道长；人物之道长，则冠冕之绪崇；冠冕之绪崇，则教化之风美，乃可与古参矣。”

其力崇贵族，正与今日各国盛奖平民者相反。至唐末五代，种族混乱，不崇门阀，其风始衰替焉。

第七章　三国以降文物之进步

三国以降，学术风俗，均日衰替。

《三国志·董昭传》："窃见当今年少，不复以学问为本，专更以交游为业。国士不以孝弟清秀为首，乃以趋势游利为先。"《魏略》（鱼豢）："正始中，有诏议圜丘，普延学士。是时郎官及史徒领吏二万余人，而应书与议者，略无几人。又，是时朝堂公卿以下四百余人，其能操笔者未有十人，多皆饱食相从而退。嗟夫！学业沉陨，乃至于此。"《晋纪》（干宝）："论曰：朝寡纯德之人，乡乏不贰之老，风俗淫僻，耻尚失所。学者以《老》《庄》为宗而黜《六经》；谈者以虚荡为辩而贱名检，行身者以放浊为通而狭节信，进士者以苟得为贵而鄙居正，当官者以望空为高而笑勤恪。由是毁誉乱于善恶之实，情慝奔于货欲之涂。选者为人择官，官者为身择利。世族贵戚之子弟，陵迈超越，不拘资次。悠悠风尘，皆奔竞之士；列官千百，无让贤之举。其妇女装栉织纴，皆取成于婢仆，未尝知女工丝枲之业，中馈酒食之事也。先时而婚，任情而动，故皆不耻淫佚之过，不拘妒忌之恶。父兄不之罪也，天下莫知非也。又况责之闻四教于古，修贞顺于今，以辅佐君子者哉！礼法刑政，于是大坏。"

然治经之人，亦赓续不绝，

《经学历史》(皮锡瑞):“世传《十三经注》,除《孝经》为唐明皇御注外,汉人与魏、晋人各居其半。郑君笺《毛诗》,注《周礼》《仪礼》《礼记》,何休注《公羊传》,赵岐注《孟子》,凡六经,皆汉人注。孔安国《尚书传》王肃伪作,王弼《易注》,何晏《论语集解》,凡三经,皆魏人注。杜预《左传集解》,范宁《穀梁集解》,郭璞《尔雅注》,凡三经,皆晋人注。……当汉学已往,唐学未来,绝续之交,诸儒倡为义疏之学,有功于后世甚大。南如崔灵恩《三礼义宗》《左氏经传义》,沈文阿《春秋》《礼记》《孝经》《论语》义疏,皇侃《论语》《礼记》义,戚衮《礼记义》,张讥《周易》《尚书》《毛诗》《孝经》《论语》义,顾越《丧服》《毛诗》《孝经》《论语》义,王元规《春秋》《孝经》义记;北如刘献之《三礼大义》,徐遵明《春秋义章》,李铉撰定《孝经》《论语》《毛诗》三《礼》义疏,沈重《周礼》《仪礼》《礼记》《毛诗》《丧服》经义,熊安生《周礼》《礼记》义疏、《孝经义》;皆见《南北史·儒林传》。今自皇、熊二家见采于《礼记疏》外,其余书皆亡逸。然渊源有自,唐人五经之疏,未必无本于诸家者。论先河后海之义,亦岂可忘筚路蓝缕之功乎!”

研究诸子者,亦时有之。

《魏志·杜恕传》:“疏曰:今之学者,师商、韩而上法术,竞以儒家为迂阔。”《蜀志》:“先主遗诏曰:历观诸子及《六韬》《商君书》,益人意智。闻丞相为写《申》《韩》《管子》《六韬》一通已毕。”《晋书·鲁胜传》:“其著述为世所称,遭乱遗失,惟注《墨辩》,存其叙曰:名者所以别同异,明是非,道义之门,政化之准绳也。孔子曰:‘必也正名,名不正则事不成。’墨子著书,作《辩经》以立名本,惠施、公孙龙祖述其学,以正别名显于世。孟子非墨子,其辩言正辞,则与墨同。荀卿、庄周等皆非毁名家,而不能易其论也。名必有形,察形莫如别色，故有坚白之辩。名必有分明，分明莫如有无，故有无序之辩。是有不是，可有不可，是名两可。同而有异，异而有同，是之谓辩同异。至同无不同，至异无不异，是谓辩同辩异。同异生是非，是非生吉凶，取辩于一物，而原极天下之污隆，名之至也。自邓析至秦时名家者，世有篇籍，率颇难知，后学莫复传习，于今五百余岁，遂亡绝。《墨辩》有上下《经》，《经》各有《说》，凡四篇，与其书众篇连第，故独存。今引《说》就《经》，各附其章，疑者阙之。又采诸众杂集为《刑》《名》二篇，略解指归，以俟君子。"

论者甚至谓江左有愈于汉。

《五朝学》（章炳麟）："魏、晋者，俗本之汉。陂陀从迹以至，非能骤溃。济江而东，民有甘节，清劭中伦，无曩时中原媮薄之德，乃度越汉时也。……尝试论之，汉之纯德，在下吏诸生间，虽魏、晋不独失也。魏、晋之侈德，下在都市，上即王侯贵人，虽汉不独亡也。……粤晋之东，下讫陈，尽五朝三百年。往恶日湔，而纯美不忒，此为江左有愈于汉。"

盖历史现象，变化繁赜，有退化者，有进化者，有蝉嫣不绝者，有中断或突兴者，固不可以一概而论也。

天算之学，后盛于前，三国以降，算书特多。今世所传《算经十书》《九章算术》，魏刘徽所注也，

《九章算术注序》："徽幼习《九章》，长再详览，观阴阳之割裂，总算术之根源，探赜之暇，遂悟其意。是以敢竭顽鲁，采其所见，为之作注。"

《海岛算经》，徽所著也，

《隋书·经籍志》："《九章重差图》一卷，刘徽撰。"《海岛算经跋》（戴震）："徽之书本名《重差》，初无'海岛'之目。《隋志·九章十卷》下云'刘徽撰'，盖以《九章》九卷，合此为十也。而《隋志》《唐志》又皆有《九章重差图》一卷。盖图本单出，故别著于录。《唐·选举志》称算学生，《九章》《海岛》共限习三年。试《九章》三条、《海岛》一条，则改题《海岛》，自唐初已然矣。"

《孙子算经》，亦汉以后人所辑。

《四库全书总目》："《孙子算经》三卷，朱彝尊《曝书亭集》有《孙子算经跋》，……以为确出于孙武。今考书内设问，有云'长安、洛阳相去九百里'，又云'《佛书》二十九章，章六十三字'。则后汉明帝以后人语。孙武，春秋末人，安有是语乎？"

晋有《夏侯阳算经》《张丘建算经》，

《夏侯阳算经跋》（戴震）："《隋书·经籍志》有《夏侯阳算经》二卷，不言阳为何代人。《宋史·礼志》载《算学祀典》有云：'封魏刘徽淄川男，晋姜岌成纪男，张丘建信成男，夏侯阳平陆男，后周甄鸾无极男。'又《张丘建算经序》云：'夏侯阳之方仓。'则阳为晋人。"《四库全书总目》："《张丘建算经》三卷，原本不题撰人时代；《唐志》载：'《张丘建算经》一卷，甄鸾注。'则当在甄鸾之前。书首丘建自序，引及夏侯阳、孙子之术，则当在夏侯阳之后也。"

北周甄鸾撰《五经算术》，又注《孙子算经》及《五曹算经》。

《四库全书提要》:"《五经算术》二卷,北周甄鸾撰。鸾精于步算,仕北周,为司隶校尉汉中郡守。尝释《周髀》等算经,不闻其有是书。而《隋书·经籍志》有《五经算术》一卷,《五经算术录遗》一卷,皆不著撰人姓名。《唐书·艺文志》则有李淳风注《五经算术》二卷,亦不言其书为谁人所撰。今考是书举《尚书》《孝经》《诗》《易》《论语》、三《礼》、《春秋》之待算方明者列之,而推算之术,悉加'甄鸾案'三字于上,则是书当即鸾所撰。"

则自《周髀》及唐王孝通所撰之《缉古算经》外,皆此时期之人所著也[①]。所奇者南北朝对峙,各出算学大家,北有甄鸾,南有祖冲之,先后相望[②]。而祖氏所发明尤为卓绝。

《南齐书·祖冲之传》:"有机思,……又特善算,注《九章》,造《缀述》数十篇。"

《中国圆周率略史》(茅以昇)(《科学》杂志第三卷第四期):"周三径一之率,荒古已有其说。后汉有张衡率,魏有刘徽,吴有王蕃,各求新率。徽率之精约,已无间言;至祖冲之圆率,则精丽罕俦,千古独绝。《隋书·律历志》曰:'宋末,南徐州从事史祖冲之,更开密率法。以圆径一亿为一丈,圆周盈数三丈一尺四寸一分五厘九毫二秒七忽,朒数三丈一尺四寸一分五厘九毫二秒六忽,正数在盈朒二限之间,密率圆径一百一十三,周三百五十五,约率圆径七,周二十三。'此第五世纪世界最精之圆率也。其时印度仅有三一四一六,欧人亦才至三一四一五五二之率,视此自有愧色。祖率睥睨天下,九原有知亦自豪矣。"

①《周髀注》亦甄鸾重述。

② 祖先于甄约五十年。

孰谓南朝尚空谈，而无研究实学者乎！

算术与制造有密切之关系。汉、魏时人多治算术，故新奇之著作，亦相因而起。诸葛亮之作连弩、木牛流马，世已奇其术。

《蜀志·诸葛亮传》："亮性长于巧思，损益连弩，木牛流马，皆出其意。"《魏氏春秋》(孙盛)："亮损益连弩，谓之'元戎'，以铁为矢，矢长八寸，一弩十矢俱发。……《亮集》载木牛流马法曰：木牛者，方腹曲头，一脚四足，头入领中，舌著于腹。载多而行少，宜可大用，不可小使；特行者数十里，群行者二十里也。曲者为牛头，双者为牛脚，横者为牛领，转者为牛足，覆者为牛背，方者为牛腹，垂者为牛舌，曲者为牛肋，刻者为牛齿，立者为牛角，细者为牛鞅，摄者为牛鞦鞧。牛仰双辕，人行六尺，牛行四步。载一岁粮，日行二十里，而人不大劳。流马尺寸之数，肋长三尺五寸，广三寸，厚二寸二分，左右同。前轴孔分墨去头四寸，径中二寸。前脚孔分墨二寸，去前轴孔四寸五分，广一寸。前杠孔去前脚孔分墨二寸七分，孔长二寸，广一寸。后轴孔去前杠分墨一尺五分，大小与前同。后脚孔分墨去后轴孔三寸五分，大小与前同。后杠孔去后脚孔分墨二寸七分。后载克去后杠孔分墨四寸五分。前杠长一尺八寸，广二寸，厚一寸五分。后杠与等板方囊二枚。厚八分，长二尺七寸，高一尺六寸五分，广一尺六寸，每枚受米二斛三斗。从上杠孔去肋下七寸，前后同。上杠孔去下杠孔分墨一尺三寸，孔长一寸五分，广七分，八孔同。前后四脚广二寸，厚一寸五分。形制如象，靬长四寸，径面四寸三分。孔径中三脚杠，长二尺一寸，广一寸五分，厚一寸四分，同杠耳。"

而马钧之巧过之，

《魏志·杜夔传注》："时有扶风马钧，巧思绝世。傅玄序之曰：

马先生，天下之名巧也。……为博士，居贫，乃思绫机之变。不言而世人知其巧矣。旧绫机五十综者五十蹑，六十综者六十蹑，先生患其丧功费日，乃皆易以十二蹑。其奇文异变，因感而作者，犹自然之成形，阴阳之无穷。……居京都，城内有地，可以为园，患无水以灌之，乃作翻车，令童儿转之，而灌水自覆，更入更出，其巧百倍于常。此二异也。其后人有上百戏者，能设而不能动也。……受诏作之。以大木雕构，使其形若轮，平地施之，潜以水发焉；设为女乐舞象，至令木人击鼓吹箫；作山岳，使木人跳丸掷剑，缘絙倒立，出入自在。百官行署，舂磨斗鸡，变巧百端。此三异也。先生见诸葛亮连弩，曰：'巧则巧矣，未尽善也。'言作之可令加五倍。又患发石车，敌人之于楼边悬湿牛皮，中之则堕，石不能连属而至。欲作一轮，悬大石数十，以机鼓轮为常，则以断悬石飞击敌城，使首尾电至。尝试以车轮悬瓴甓数十，飞至数百步矣。"

祖冲之之巧又过之。

《南齐书·祖冲之传》："初，宋武平关中，得姚兴指南车，有外形而无机巧，每行，使人于内转之。昇明中，太祖辅政，使冲之追修古法。冲之改造铜机，圆转不穷，而司方如一马钧以来未有也。……冲之以诸葛亮有木牛流马，乃造一器，不因风水，施机自运，不劳人力。又造千里船，于新亭江试之，日行百余里。"

此虽间世一出，未足为普遍之征，然即史策所传观之，亦可见吾国人创造之能，无论何时，皆有所表现也。

三国以来，学者之务实用，不独精于算数、创制奇器已也，其于规天法地之事，亦时时推陈出新，以期致用。如王蕃、陆绩等之制浑天仪象。

《晋书·天文志》："顺帝时，张衡制浑天仪象，……其后陆绩亦造浑象。至吴时，中常侍庐江王蕃善数术，传刘洪《乾象历》，依其法而制浑仪。……古旧浑象，以二分为一度，凡周七尺三寸半分。张衡更制，以四分为一度，凡周一丈四尺六寸一分。蕃以古制局小，星辰稠穊，衡器伤大，难可转移。更制浑象，以三分为一度，凡周天一丈九寸五分四分分之三也。"《隋书·天文志》："梁华林重云殿前所置铜仪，其制则有双环规相并，间相去三寸许。正竖当子午。其子午之间，应南北极之衡，各合而为孔，以象南北枢。植楗于前后以属焉。又有单横规，高下正当浑之半。皆周匝分为度数，署以维辰之位，以象地。又有单规，斜带南北之中，与春秋二分之日道相应。亦周匝分为度数，而署以维辰，并相连著。属楗植而不动。其里又有双规相并，如外双规，内径八尺，周二丈四尺，而属双轴。轴两头，出规外各二寸许，合两为一。内有孔，圆径二寸许，南头入地下，注于外双规南枢孔中，以象南极。北头出地上，入于外双规规北枢孔中，以象北极。其运动得东西转，以象天行。其双轴之间，则置衡，长八尺，通中有孔，圆径一寸，当衡之半，两边有关，各注著双轴。衡既随天象东西转运，又自于双轴间，得南北低仰。所以准验辰历，分考次度，其于揆测，唯所欲为之者也。检其镌题，是伪刘曜光初六年，史官丞南阳孔挺所造，则古之浑仪之法者也。""宋文帝以元嘉十三年诏太史更造浑仪。太史令钱乐之依案旧说，采效仪象，铸铜为之。五分为一度，径六尺八分少，周一丈八尺二寸六分少。地在天内，不动。立黄、赤二道之规，南北二极之规，布列二十八宿、北斗极星，置日月五星于黄道上。为之杠轴，以象天运。昏明中星，与天相符。梁末，置于文德殿前。……吴时，又有葛衡，明达天官，能为机巧。改作浑天，使地居于天中。以机动之，天动而地上，以上应晷度，则乐之之所放述也。到元嘉十七年，又作小浑天，二分为一度，径二尺二寸，周六尺六寸。安二十八宿中外官星备足。以白、青、黄等三色珠为三家星。其日月五星，悉居黄道。亦象天运，而地在其中。宋元嘉中所造仪象器，开皇九年平陈后，并入长安。大业初，移于东都观象殿。”

裴秀、谢庄等之制地图，

《晋书•裴秀传》：“以《禹贡》山川地名，从来久远，多有变易。后世说者或强索引，渐以暗昧。于是甄擿旧文，疑是则阙，古有名而今无者，随事注列，作《禹贡地域图》十八篇奏之，藏于秘府。其序曰：制图之体有六焉。一曰分率，所以辨广轮之度也。二曰准望，所以正彼此之体也。三曰道里，所以定所由之数也。四曰高下。五曰方邪。六曰迂直。此三者各因地而制宜，所以校夷险之异也。”《宋书•谢庄传》：“作《左氏经传方丈图》，随国立篇，制木为图，山川土地，各有分理。离之则州郡殊别，合之则宇内为一。”

皆注重实际，非徒尚空谈也。虽有制或不精密，且其物亦都不传，无由考其法度，然亦可见其时有一部分之人，崇尚虚玄，犹有一部分之人，殚精实学矣。（按《隋书•经籍志》载天文图书凡九十七部、六百七十五卷，其大宗皆三国、六朝时人所制。中有《婆罗门天文经》二十一卷，《婆罗门竭伽仙人天文说》三十卷，《婆罗门天文》一卷，《摩登伽经说星图》一卷。盖六朝时，不但继续秦、汉以来天文家之言，兼采及印度测验天文之书也。其地理类载汉以后地图，有《洛阳图》一卷，《湘州图副记》一卷，《江图》三卷，《周地图记》一百九卷，《冀州图经》一卷，《齐州图经》一卷，《幽州图经》一卷。而挚虞、陆澄等地理书，实为研究地理之巨制，隋代因之有《区宇图志》及《诸州图经》等书焉。①）

①《志》曰：“晋世，挚虞依《禹贡》《周官》作《畿服经》，其州郡及县、分野、封略事业、国邑、山陵、水泉、乡亭城、道里、土田、民物风俗、先贤旧好，靡不具悉。凡一百七十卷，今亡。而学者因其经历，并有记载，然不能成一家之体。齐时陆澄聚一百六十家之说，

魏、晋之世，有一最大之憾事，即古乐亡于是时也。秦、汉之际，古乐虽已失传，然制氏犹能记其铿锵鼓舞，雅乐四曲至魏犹存。永嘉之乱，始殄灭无余焉。

《隋书·音乐志》："董卓之乱，正声咸荡。汉雅乐郎杜夔，能晓乐事，八音七始，靡不兼该。魏武平荆州，得夔，使其刊定雅律。魏有先代古乐，自夔始也。自此迄晋，用相因循，永嘉之寇，尽沦胡羯。"《晋书·乐志》："杜夔传旧雅乐四曲，一曰《鹿鸣》，二曰《驺虞》，三曰《伐檀》，四曰《文王》，皆古声辞。及太和中，左延年改夔《驺虞》《伐檀》《文王》三曲，更自作声节，其名虽存，而声实异。唯因夔《鹿鸣》，全不改易。每正旦大会，太尉奉璧，群后行礼，东厢雅乐常作者是也。……永嘉之乱，海内分崩，伶官乐器，皆没于刘、石。"

魏得晋乐，不知采用，后平河西，杂以秦声。

《隋书·音乐志》："道武帝皇始元年，破慕容宝于中山，获晋乐器，不知采用，皆委弃之。……太武帝平河西，得沮渠蒙逊之伎，宾嘉大礼，皆杂用焉。此声所兴，盖苻坚之末，吕光出平西域，得胡戎之乐，因又改变，杂以秦声，所谓《秦汉乐》也。"

降至周、隋，礼崩乐坏，所用雅乐，皆胡声也。

《隋书·音乐志》："开皇二年，齐黄门侍郎颜之推上言：'礼崩

依其前后远近，编而为部，谓之《地理书》。任昉又增陆澄之书八十四家，谓之《地记》。陈时顾野王抄撰众家之言，作《舆地志》。隋大业中，普诏天下诸郡，条其风俗物产地图，上于尚书。"故隋代有《诸郡物产土俗记》一百五十卷，《区宇图志》一百二十九卷，《诸州图经集》一百卷。其余注记甚众。

乐坏，其来自久。今太常雅乐，并用胡声，请冯梁国旧事，考寻古典。’高祖不从。……俄而柱国、沛公郑译奏上，请更修正。……又诏求知音之士，集尚书，参定音乐。译云：考寻乐府钟石律吕，皆有宫、商、角、徵、羽、变宫、变徵之名。七声之内，三声乖应，每恒求访，终莫能通。先是周武帝时，有龟兹人曰苏祗婆，从突厥皇后入国，善胡琵琶。听其所奏，一均之中间有七声，因而问之。答云：‘父在西域，称为知音。代相传习，调有七种。’以其七调，勘校七声，冥若合符。一曰‘婆陁力’，华言平声，即宫声也。二曰‘鸡识’。华言长声，即商声也。三曰‘沙识’，华言质直声，即角声也。四曰‘沙侯加滥’，华言应声，即变徵声也。五曰‘沙腊’，华言应和声，即徵声也。六曰‘般赡’，华言五声，即羽声也。七曰‘俟利箑’，华言斛牛声，即变宫声也。’译因习而弹之，始得七声之正。”

盖乐之不传，由律之不明。晋荀勖等校魏钟律，已多不谐。

《晋书·律历志》：“武帝泰始九年，中书监荀勖校太乐，八音不和，始知后汉至魏，尺长于古四分有余。勖乃部著作郎刘恭依《周礼》制尺，所谓古尺也。依古尺更铸铜律吕以调声韵。……时人称其精密，惟陈留阮咸，讥其声高。”

梁武帝自制四通，与古法迥异。

《隋书·音乐志》称武帝自制定礼乐，立为四器，名之为通，皆施三弦。一曰玄英通，二曰青阳通，三曰朱明通，四曰白藏通。

盖当时所谓知音者，仅知当时之音，不能深解古乐之本原矣。

古乐亡而音韵之学兴，语言文字之用，因以益精。是亦三国以降，异于两汉以前之一特点也。汉以前人不知反切，魏世反切始大行。

《颜氏家训》:“郑玄注六经，高诱解《吕览》《淮南》，许慎造《说文》，刘熙制《释名》，始有譬况假借，以证音字耳。而古语与今殊别，其间轻重清浊，犹未可晓，加以内言外言、急言徐言、读若之类，益使人疑。孙叔然创《尔雅音义》，是汉末人独知反语。至于魏世，此事大行。高贵乡公不解反语，以为怪异。自兹厥后，音韵锋出。”《经典释文》(陆德明)：“古人音书，止为譬况之说，孙炎始为翻语，魏朝以降渐繁。”

既乃分别五声，

《韵纂序》(隋潘徽)：“《三仓》《急就》之流，微存章句;《说文》《字林》之作，唯别体形。至于寻声推韵，良为疑混。末有李登《声类》，吕静《韵集》，始别清浊，才分宫羽。”《封氏闻见记》(封演)：“魏时有李登者，撰《声类》十卷，凡一万一千五百二十字。以五声命字，不立诸部。”

又分平、上、去、入四声，

《南史·庾肩吾传》：“齐永明中，王融、谢朓、沈约，文章始用四声。”《陆厥传》：“时盛为文章，吴兴沈约、陈郡谢朓、琅邪王融以气类相推毂，汝南周彦伦善识声韵。约等文皆用宫商，将平、上、去、入四声，以此制韵。有平头、上尾、蜂腰、鹤膝。五字之中，音韵悉异；两句之内，角徵不同。不可增减，世呼为‘永明体’。”《周颙传》:“始著《四声切韵》行于时。”《沈约传》:“撰《四声谱》，以为在昔词人，累千载而未悟，而独得胸衿，穷其妙旨，自谓入神之作。”

而音韵之学兴矣。汉、魏之际，文章已趋于排偶，至晋、宋而益盛，至齐、梁而骈文之式大成，五言诗亦开后来律诗之端，是皆与声韵之学进步相关者也。世谓吾国之有字母传自西域。

《通志·七音略》（郑樵）："切韵之学，起自西域。旧所传十四字，贯一切音，文省而音博，谓之婆罗门书。其后又得三十六字母，而音韵之道始备。"

其法始于《大般涅槃经》，

《十驾斋养新录》（钱大昕）："《大般涅槃经》文字品，字音十四字，裒、阿、壹、伊、坞、理、厘、翳、蔼、污、暗、奥、庵、恶。比声二十五字，迦、呿、伽、咺、俄，舌根声；遮、车、阇、膳、若，舌齿声；吒、咃、茶、咤、拏，上颚声；多、他、陀、驮、那，舌头声；婆、颇、婆、婆、摩，唇吻声。虵、逻、罗、縛、奢、沙、娑、呵，此八字超声。此见于《一切经音义》者也，与今《华严经》四十二母殊不合。玄应《音义》首载《华严经》，终于五十八卷，初无字母之说。今所传八十一卷者，乃实叉难陀所译，玄应未及见也。然《涅槃》所载比声二十五字，与今所传见溪群疑之谱，小异而大同。前所引字音十四字，即影、喻、来诸母。然则唐人所撰三十六字母，实采《涅槃》之文，参以《中华音韵》而去取之，谓出于《华严》则妄矣。"《大藏目录》："《大般涅槃经》四十卷，北凉昙无谶译。""《大般涅槃经》三十六卷，宋慧严等依《泥洹经》加之。"

则音韵之学，亦受佛教东来之影响也。

古无所谓文集，自东汉以降始有之。于是有别集、总集之目。

《隋书·经籍志》:“别集之名，盖汉东京之所创也。自灵均以降，属文之士众矣，然其志尚不同，风流殊别。后之君子，欲观其体势，而见其心灵，故别聚焉，名之谓集。辞人景慕，并自记载，以成书部。年代迁徙，亦颇遗散。其高唱绝俗者，略皆俱存。”“总集者，以建安之后，辞赋转繁，众家之集，日以滋广。晋代挚虞，苦览者之劳倦，于是采摘孔翠，芟翦繁芜，自诗赋下，各为条贯，合而编之，谓之‘流别’。是后文集总钞，作者继轨，属辞之士，以为覃奥，而取则焉。”

盖古之学者以学为文，未尝以文为学。汉、魏而下，经子之学衰，而文章之术盛，作者如林，不可殚述。专就文学论，实以斯时为进化之极轨，色泽声调，均由朴拙而日趋于工丽，无间南北，翕然同声。(《北史》称:“永明、天监之际，太和、天保之间，洛阳、江左，文雅尤盛，彼此好尚，雅有异同。江左宫商发越，贵于清绮;河朔词义贞刚，重乎气质。”盖就文章气骨细晰言之，南北固有区别，而一时风气，亦未尝大相悬绝。庾信南人，仕于北朝，骈俪之文，实集大成。亦可见南北好尚之同矣。）于是有评论文章之书。

《梁书·钟嵘传》:“嵘尝品古今五言诗，论其优劣，名为诗评。”又《刘勰传》:“勰撰《文心雕龙》五十篇，论古今文体，引而次之。沈约取读，大重之，谓为深得文理。”

有选录文章之书，

《梁书·昭明太子统传》:“撰古今典诰文言，为《正序》十卷，五言诗之善者，为《文章英华》二十卷，《文选》三十卷。”

世且传为选学焉。

《旧唐书·曹宪传》："宪所撰《文选音义》，甚为当时所重。初，江、淮间为《文选》学者，本之于宪。又有许淹、李善、公孙罗复相继以《文选》教授，由是其学大兴于代。"

汉代隶、草始兴，

《书断》（张怀瓘）："章草，汉黄门史游所作也。王愔云：汉元帝时，史游作《急就章》，解散隶体，汉俗简惰，遂以行之。"

后渐变隶为楷，

《流沙坠简释文》（罗振玉）："永和以降之竹简，楷七隶三；魏景元四年简，则全为楷书。"

而钟繇、王羲之等遂以书名。观《晋书》称羲之善隶书，知晋、唐时人犹呼楷字为隶矣。

《晋书·王羲之传》："羲之尤善隶书，为古今之冠。子凝之亦工草隶。献之工草隶，尝书壁为方丈大字，羲之甚以为能。"

晋时石刻之字，笔画多方整，及宋初犹然。如《任城太守孙夫人碑》《齐太公吕望表》及《宁州刺史爨龙颜碑》，皆汉隶体也。《爨碑》间有楷法。而阁帖所载晋人笺帖，则多圆美。碑帖之歧，自此始矣。齐、梁碑版，传者不多。北魏、周、齐石刻极夥，其字画往往工妙。

《集古录》（欧阳修）："南朝士气卑弱，书法以清媚为佳；北朝碑志之文，辞多浅陋，又多言浮屠，其字画则往往工妙。"

近世学书者，多宗北碑，论书法之进化，自秦、汉来，当推北朝矣。北朝书家，著于史者，有张景仁、冀俊、赵文深等。

《北史·张景仁传》："幼孤，家贫，以学书为业，遂工草隶。选补内书生，……及立文林馆，总判馆事。除侍中，封建安王。……自仓颉以来，八体取进，一人而已。"又《冀俊传》："善隶书，特工模写。"又《赵文深传》："少学楷隶，……雅有钟、王之则，笔势可观。当时碑榜，唯文深、冀俊而已。"

而不称郑道昭能书。

《魏书》及《北史》均有《郑道昭传》，仅称其"综览群言，好为诗赋，凡数十篇"。

以今日碑刻言之，则北人之书，无过于道昭者。

《语石》(叶昌炽)："郑道昭《云峰山上下碑》及《论经诗》诸刻，上承分篆，其笔力之健，可以刲犀兕，搏龙蛇，而游刃于虚，全以神运。不独北朝书家第一，自有真书以来，一人而已。举世啖名，称右军为'书圣'，其实右军书碑无可见，余谓道昭，书中之圣也。"

千秋论定，不在史传之赞否，可知史传之不足凭。而人之自立，但有一才一艺，独造其极，绝不患其湮没无闻也。

第八章　元魏之制度

南北分治之时，后魏之境域，实广于南朝。

《读史方舆纪要》（顾祖禹）："后魏起自北荒，道武珪克并州，下常山，拔中山，尽取慕容燕河北地。明元嗣时，渐有河南州郡。太武焘西克统万，东平辽西，又西克姑臧，南临瓜步。献文之世，长淮以北，悉为魏有。孝文都洛，复取南阳。宣武恪时，又得寿春，复取淮西，续收汉川，至于剑阁。于是魏地北逾大碛，西至流沙，东接高丽，南临江汉。"

由破裂而渐趋统一，而其国之制度，亦遂焕然可观。魏之制度最善者，首推均田。自秦以降，田皆民有，无复限制，议者多病之。

《汉书·食货志》："董仲舒说上曰：'秦用商鞅之法，改帝王之制，除井田，民得卖买，富者田连阡陌，贫者无立锥之地。……汉兴，循而未改，古井田法虽难猝行，宜少近古，限民名田，以赡不足；塞并兼之路，……然后可善治也。'竟不能用。"

王莽欲复古制，民皆不便，事竟不行。

《汉书·食货志》：王莽篡位，"下令曰：'更名天下田曰王田，奴婢曰私属，皆不得买卖。其男口满八而田过一井者，分余田与九族乡党。’犯令，法至死。制度又不定，吏缘为奸，天下謷謷然。陷刑者众。后三年，莽知民愁，下诏诸食王田及私属皆得卖买，勿拘以法”。

晋武平吴之后，计丁课田，粗有限制，然亦未有授受之法。

《晋书·食货志》:“平吴之后，制户调之式：丁男之户，岁输绢三匹，绵三斤，女及次丁男为户者半输。其诸边郡或三分之二，远者三分之一。夷人输賨布，户一匹，远者或一丈。男子一人占田七十亩，女子三十亩。其外丁男课田五十亩，丁女二十亩，次丁男半之，女则不课。男女年十六以上至六十为正丁，十五以下至十三、六十一以上至六十五为次丁，十二以下六十六以上为老小，不事。远夷不课田者输义米，户三斛，远者五斗，极远者输算钱，人二十八文。其官品第一至于第九，各以贵贱占田。品第一者占五十顷，第二品四十五顷，第三品四十顷，第四品三十五顷，第五品三十顷，第六品二十五顷，第七品二十顷，第八品十五顷，第九品十顷。而又各以品之高卑，荫其亲属，多者及九族，少者三世。宗室、国宾、先贤之后，及士人子孙亦如之。而又得荫人，以为衣食客及佃客，品第六以上，得衣食客三人，第七第八品二人，第九品一人。其应有佃客者，官品第一第二者，佃客无过五十户，第三品十户，第四品七户，第五品五户，第六品三户，第七品二户，第八品、第九品一户。”

南渡以后，军国所须，须时征赋，乃无恒法定令。

《隋书·食货志》:“自东晋元帝寓居江左，……历宋、齐、梁、陈，皆因而不改。其军国所须杂物，随土所出，临时折课市取，乃无恒法定令。列州郡县，制其任土所出，以为征赋。其无贯之人，不乐州县编户者，谓之浮浪人，乐输亦无定数，任量。”

而拓跋氏兴于北荒，采入中原，值大乱之后，民废农业，转能计口授田。

《魏书·食货志》：“太祖定中原，接丧乱之敝，兵革并起，民废农业。……既定中山，分徙吏民及徒何种人工伎巧十万余家以充京都，各给耕牛，计口授田。”

盖乱世田土无主，地多入官，复由民有之制，渐变为国有之制。至孝文帝太和中，遂普行均田之法。

《魏书·食货志》：“太和九年，下诏均给天下民田：诸男夫十五以上，受露田四十亩，妇人二十亩。奴婢依良。丁牛一头，受田三十亩，限四牛。所授之田率倍之，三易之田再倍之，以供耕作及还受之盈缩。诸民年及课则受田，老免及身没则还田。奴婢、牛随有无以还受。诸桑田不在还受之限。但通入倍田分。于分虽盈，没则还田，不得以充露田之数。不足者以露田充倍。诸初受田者，男夫一人，给田二十亩，课莳余，种桑五十树，枣五株，榆三根。非桑之土，夫给一亩，依法课莳榆、枣。奴婢依良。限三年种毕，不毕，夺其不毕之地。于桑榆地分，杂莳余果及种桑榆者不禁。诸应还之田，不得种桑榆枣果，种者以违令论，地入还分。诸桑田皆为世业，身终不还，恒从见口。有盈者无受无还，不足者受种如法。盈者得卖其盈，不足者得买所不足。不得卖其分，亦不得买过所足。诸麻布之土，男夫及课，别给麻田十亩，妇人五亩，奴婢依良。皆从还受之法。诸有举户老小癃残无授田者，年十一以上及癃者，各授以半夫田，年逾七十者，不还所受。寡妇守志者虽免课，亦授妇田。诸还受民田，恒以正月。若始受田而身亡，及卖买奴婢、牛者，皆至明年正月乃得还受。诸土广民稀之处，随力所及，官借民种莳。役有土居者，依法封授。诸地狭之处，有进丁受田而不乐迁者，则以其家桑田为正田分。又不足，不给倍田；又不足，家内人别减分。无桑之乡，准此为法。乐迁者听逐空荒，不限异州他郡，惟不听避劳就逸。其地足之处，不得无故而移。诸民有新居者，三口给地一亩，以为居室，奴婢五口给一亩。男女十五以上，因其地分，口课种菜五分亩之一。诸一人之分，正从正，倍从倍，不得隔越他畔。进丁受田者恒从所近。若同时俱受，先贫后富。再倍之田，放此为法。诸远流配谪、无子孙及户绝者，墟宅桑榆，尽为公田，以供授受。授受之次，给其所亲；未给之间，亦借其所亲。诸宰民之官，各随地给公田。刺史十五顷，太守十顷，治中、别驾各八顷，县令、郡丞六顷。更代相付。卖者坐如律。"

论者谓其法异于王莽，故能久行而无弊。

《文献通考》："或谓井田之废已久，骤行均田，夺有余以予不足，必致烦扰以兴怨讟，不知后魏何以能行？然观其立法，所受者露田，诸桑田不在还受之限。意桑田必是人户世业，是以栽植桑榆其上，而露田不栽树，则似所种者，皆荒闲无主之田，必诸远流配谪、无子孙及户绝者，墟宅桑榆，尽为公田，以供授受。则固非尽夺富者之田以予贫人也。又令有盈者无受不还，不足者受种如法，盈者得卖其盈，不足者得买所不足，不得卖其分，亦不得买过所足。是令其从便卖买以合均给之数，则又非强夺之以为公田，而授无田之人。与王莽所行异矣，此所以稍久而无弊欤？"

然推其原始，实由无主之田，争讼不决，豪强兼并，乃为均给。

《魏书·李安世传》："时民困饥流散，豪右多有占夺。安世乃上疏曰：'窃见州郡之民，或因年俭流移，弃卖田宅，漂居异乡，事涉数世。三长既立，始返旧墟，庐井荒毁，桑榆改植。事已历远，易生假冒。强宗豪族，肆其侵凌，远认魏、晋之家，近引亲旧之验。又年载稍久，乡老无惑，群证虽多，莫可取据。各附亲知，互有长短，两证徒具，听者犹疑，争讼迁延，连纪不判。良畴委而不开，柔桑枯而不采，侥幸之徒兴，繁多之狱作。欲令家丰岁储，人给资用，其可得乎？愚谓今虽桑井难复，宜更均量，审其径术，令分艺有准，力业相称，细民获资生之利，豪右靡余地之盈。则无私之泽，乃均播于兆庶矣。……又所争之田，宜限年断，事久难明，悉属今主。然后虚妄之民，望绝于觊觎；守分之士，永免于凌夺矣。'高祖深纳之。后均田之制起于此矣。"

又立三长，确定户籍，校比户籍，遂得其实。

《资治通鉴》齐永明四年①："魏无乡党之法，唯立宗主督护。民多隐冒，三五十家始为一户。内秘书令李冲上言：'宜准古法：五家立邻长，五邻立里长，五里立党长，取乡人强谨者为之。邻长复一夫，里长二夫，党长三夫。三载无过，则升一等。其民赋，一夫一妇，帛一匹，粟二石。大率十匹为公调，二匹为调外费，三匹为百官俸。此外复有杂调。民年八十以上，听一子不从役。孤独癃老笃疾贫穷不能自存者，三长内迭养食之。'书奏，诏百官通议。……太尉丕曰：'方有事之月，校比户口，民必劳怨。请过今秋，至冬乃遣使者，于事为宜。'冲曰：'民可使由之，不可使知之。若不因调时，民徒知立长校户之勤，未见均徭省赋之益，心必生怨。宜即调课之月，令

① 即魏太和十年。

知赋税之均，既悉其事，又得其利，行之差易。'群臣多言一旦改法，恐成扰乱。文明太后曰：'立三长则课调有常准，苞荫之户可出，侥幸之人可止，何为不可？'甲戌，初立党里邻三长，定民户籍。民始皆愁苦，豪强者尤不愿。既而课调，省费十余倍，上下安之。"①

且丧乱多年，户口稀少，计口均给，不虞不足。两汉盛时，民户皆千数百万，口五千余万②。然东汉户口，犹非实数③。计其最盛之时，或尚不止于此。三国以降，户口锐减，后魏虽较晋为多，然亦不迨汉之盛。兹为列表以明之：

魏	663423 户	4432881 口
吴	530000 户	2567000 口
前燕	2458969 户	99987935 口
后魏	5000000 户	30000000 口
北周	3590000 户	9009604 口
蜀	280000 户	1082000 口
西晋	2459804 户	16163863 口
宋	906870 户	4685501 口
北齐	3032528 户	20006880 口
陈	500000 户	2000000 口

魏之户口无确数，《魏书·地形志》谓"正光以前，时惟全盛，户口之数，比夫晋之太康，倍而余矣"。《文献通考》据此推算，谓其盛时户至五百余万，

① 按《通鉴》永明三年载李安世疏，四年载李冲之言，是三长之立，在安世上疏之后。然李疏明云"三长既立，始返旧墟"。似三长立后，始行均田。《魏书·李安世传》未言其上疏年月，而《食货志》明云"九年下诏均田，十年李冲上言立长"。疑李安世之疏，非太和九年所上。

②《汉书·地理志》："元始二年，户12233062，口59594978。"《续汉郡国志》："永寿二年，户16070960，口56486856。"

③《后汉书》："建武十五年，诏州郡检核垦田。""帝以天下垦田多不以实自占，又户口年纪，互有增减，乃下诏州郡检核。于是刺史、太守多为诈巧，或优饶豪右，侵刻羸弱。"是东汉时户口之数，多不实也。

故亦准此数假定其人口为三千余万。然以一户五口计之，尚未必有此数也。故积上述之三因，遂能于周、秦以后，实行均产之策，以弭生计之不平。沿及北周、北齐，亦均仿之，

《隋书·食货志》："北齐河清三年定令人，乃命居十家为比邻，五十家为闾里，百家为族党。男子十八以上，六十五以下为丁；十六以上，十七以下为中；六十六以上为老；十五以下为小。率以十八受田，输租调，二十充兵，六十免力役，六十六退田，免租调。京城四面，诸坊之外三十里内为公田。受公田者，三县代迁，……其方百里外及州人，一夫受露田八十亩，妇四十亩，奴婢依良人，限数与在京百官同。丁牛一头，受田六十亩，限止四牛。又每丁给永业二十亩，为桑田。其中种桑五十根，榆三根，枣五根，不在还受之限。非此田者，悉入还受之分。土不宜桑者，给麻田，如桑田法。率人一床，调绢一匹，绵八两，凡十斤绵中，折一斤作丝，垦租二石，义租五斗。奴婢各准良人之半。牛调二尺，垦租一斗，义租五升。""后周太祖作相，创制六官。……司均掌田里之政令。凡人口十以上，宅五亩；口九以上，宅四亩；五口以下，宅三亩。有室者，田百四十亩，丁者田百亩。司赋掌功赋之政令。凡人自十八以至六十有四，与轻癃者，皆赋之。其赋之法，有室者，岁不过绢一匹，绵八两，粟五斛；丁者半之。其非桑土，有室者，布一匹，麻十斤；丁者又半之。丰年则全赋，中年半之，下年一之，皆以时征焉。若艰札凶，则不征其赋。"

而隋、唐之制，亦渊源于魏、周焉。

魏自道武帝时，已颇知学。

《宋书·索虏传》："什翼犍子开，字涉珪。王有中州，自称曰魏，号年天赐。治代郡桑乾县之平城。立学官，置尚书曹。开颇有学问，

晓天文。”

明元以降，多娶汉族女为后妃。

《魏书·皇后传》：“明元密皇后杜氏，魏郡邺人。……初以良家子选入太子宫，有宠，生世祖。”“文成元皇后李氏，梁国蒙县人。……生显祖。”“献文思皇后李氏，中山安喜人。……生高祖。”

故至孝文，醉心华夏之礼教，深厌其国俗，禁同姓为婚，

《魏书·高祖纪》：太和七年，“诏曰：淳风行于上古，礼化用乎近叶，是以夏、殷不嫌一族之婚，周世始绝同姓之娶，斯皆教随时设，治因事改者也。皇运初基，中原未混，拨乱经纶，日不暇给，古风遗朴，未遑厘改，后遂因循，迄兹莫变。朕属百年之期，当后仁之政，思易质旧，式昭维新。自今悉禁绝之，有犯以不道论”。

罢一切淫祀，

《魏书·礼志》：太和十五年，“诏曰：国家自先朝以来，飨祀诸神，凡有一千二百余处。今欲减省群祀，务从简约，……神聪明正直，不待烦祀也”。

建明堂太庙，

《魏书·礼志》：“魏先之居幽都也，凿石为祖宗之庙，于乌洛侯国西北。自后南迁，其地隔远，……其岁，遣中书侍郎李敞诣石室告祭。太和十五年四月，经始明堂，改营太庙。”

定车服礼乐，

《魏书·高祖纪》："太和十年四月，始制五等公服。甲子，帝初以法服御辇，祀于西郊。……十一年正月，诏定乐章，非雅者除之。……十三年正月，车驾有事于圜丘，于是初备大驾。"

祀孔子，

《魏书·高祖纪》："太和十三年七月，立孔子庙于京师。……十六年二月，改谥宣尼曰：'文圣尼父'，告谥孔庙。……十九年四月，幸鲁城，亲祠孔子庙。"

立史官，

《魏书·高祖纪》："太和十四年二月，初诏定起居注制。……十五年正月，初置左右史官。"

耕籍田，

《魏书·高祖纪》："太和十七年二月，车驾始籍田于都南。"

制律令。

《魏书·高祖纪》："太和元年九月，诏群臣定律令于太华殿。……十五年八月，议律令。……十六年四月，班新律令。……十七年六月，诏作《职员令》二十一卷，施行。"

一切师法中土古制，而犹以为未足。由平城迁都洛阳，

《魏书·任城王澄传》："高祖谓澄曰：'国家兴自北土。徙居平城，虽有四海，文轨未一。此间用武之地，非可文治，移风易俗，信为甚难。崤、函帝宅，河、洛王里，因兹大举，光宅中原，任城意以为何如？'澄曰：'伊、洛中区，均天下所据，陛下制御华夏，辑平九服，苍生闻此，应当大庆。'高祖曰：'北人恋本，忽闻将移，不能不惊扰也。'澄曰：'此既非常之事，当非常人所知，惟须决之圣怀，此辈亦何能为也！'"《通鉴》卷百三十九："帝谓陆睿曰：'北人每言北俗质鲁，何由知书！朕闻深用怃然。今知书者甚众，岂皆圣人！顾学与不学耳。朕修百官，兴礼乐，其志固欲移风易俗。朕为天子，何必居中原！正欲卿等子孙渐染美俗，闻见广博，若永居恒北，复值不好文之主，不免面墙耳。'"

禁其国人胡服、胡语，

《魏书·高祖纪》："太和十八年十二月壬寅，革衣服之制。"《通鉴》卷百三十九："魏主欲变易旧风。壬寅，诏禁士民胡服。国人多不悦。"《魏书·高祖纪》："太和十九年六月己亥，诏不得以北俗之语言于朝廷。若有违者，免所居官。"《咸阳王禧传》："高祖曰：'自上古以来及诸经籍，焉有不先正名，而得行礼乎？今欲断诸北语，一从正音。年三十以上，习性已久，容或不可卒革；三十以下，见在朝廷之人，语音不听仍旧。若有故为，当降爵黜官。各宜深戒。如此渐习，风化可新。若仍旧俗，恐数世之后，伊、洛之下，复成被发之人。王公卿士，咸以然不？'禧对曰：'实如圣旨，宜应改易。'高祖曰：'朕尝与李冲论此，冲言：四方之语，竟知谁是？帝者言之，即为正矣，何必改旧从新？冲之此言，应合死罪。'乃谓冲曰：'卿

实负社稷，合令御史牵下。’冲免冠陈谢。”

又改其姓氏，与汉族通婚姻。

《魏书·高祖纪》：“太和二十年正月，诏改姓为元氏。”《通鉴》卷百四十：“魏主下诏，以为：‘北人谓土为拓，后为跋。魏之先出于黄帝，以土德王，故为拓跋氏。夫土者，黄中之色，万物之元也；宜改姓元氏。诸功臣旧族，自代来者，姓或重复，皆改之。’于是始改拔拔氏为长孙氏，达奚氏为奚氏，乙旃氏为叔孙氏，丘穆陵氏为穆氏，步六孤氏为陆氏，贺赖氏为贺氏，独孤氏为刘氏，贺楼氏为楼氏，勿忸于氏为于氏，尉迟氏为尉氏，其余所改，不可胜纪。魏主雅重门族，以范阳卢敏、清河崔宗伯、荥阳郑羲、太原王琼四姓，衣冠所推，咸纳其女以充后宫。陇西李冲，以才识见任，当朝贵重，所结姻娅，莫非清望；帝亦以其女为夫人。诏黄门郎、司徒左长史宋弁定诸州士族，多所升降。又诏以：‘代人先无姓族，虽功贤之胤，无异寒贱；故宦达者位极公卿，其功、衰之亲，仍居猥任。其穆、陆、贺、刘、楼、于、嵇、尉八姓，自太祖已降，勋著当世，位尽王公，灼然可知者，且下司州、吏部，勿充猥官，一同四姓。自此以外，应班士流者，寻续别敕。其旧为部落大人，而皇始以来三世官在给事以上及品登王公者为姓；若本非大人，而皇始以来三世官在尚书以上及品登王公者亦为姓。其大人之后，而官不显者为族；若本非大人而宦显者亦为族。凡此姓族，皆应审核，勿容伪冒。’魏旧制：王国舍人皆应娶八族及清修之门。咸阳王禧娶隶户为之，帝深责之。因下诏为六弟聘室：‘前者所纳，可为妾媵。咸阳王禧可聘故颍川太守陇西李辅女；河南王干可聘故中散大夫代郡穆明乐女；广陵王羽可聘骠骑咨议参军荥阳郑平城女；颍川王雍可聘故中书博士范阳卢神宝女；始平王勰可聘廷尉卿陇西李冲女；北海王详可聘吏部郎中荥阳郑懿

> 女。'懿，羲之子也。时赵郡诸李，人物尤多，各盛家风，故世之言高华者，以五姓为首。"

于是胡汉混淆，不复可辨，恶异族者，恒痛斥之。

> 《读通鉴论》(王夫之)："拓跋弘之伪也，儒者之耻也。自冯后死，弘始亲政，以后五年之间，作明堂，正祀典，定祧庙，祀圜丘，迎春东郊，定次五德，朝日养老，修舜、禹、周、孔之祀；耕籍田，行三载考绩之典，禁胡服胡语，亲祠阙里，求遗书，立国子太学、四门小学，定族姓，宴国老庶老，听群臣终三年之丧，诸儒争艳称之以为荣。凡此者，《典》《谟》之所不道，孔、孟之所不言。立学终丧之外，皆汉儒依托附会，逐末舍本，杂谶纬巫觋之言，涂饰耳目。是为拓跋弘所行之王道而已。尉元为三老，游明根为五更，岂不辱名教而羞当世之士哉！故曰儒者之耻也。"

然腥膻之族，国势已强，保其古俗，未始不可为国。而孝文当强盛之时，汲汲然自同于华夏，即所行者未尽为周、孔之道，而出于汉之说经家附会之词，亦可见文化之权威，足以折蛮野而使之同化矣。

第九章　佛教之盛兴

汉魏以降，佛教盛兴，西域僧徒之来华者，后先相望。兹依《高僧传》略表于下：

维祇维	天竺人	吴黄武三年	来至武昌
竺律炎	同上	同上	同上
昙柯迦罗	中天竺人	魏嘉平中	来至雒阳
康僧铠	康居人	魏嘉平末	来至雒阳
昙帝	安息人	魏正元中	来游雒阳
无罗叉	西域人	魏晋间	居河南
竺昙摩罗刹	月支人	晋武帝时	自敦煌至长安
帛尸梨蜜多罗	西域人	晋永嘉中	始到中国值乱过江
僧伽跋澄	罽宾人	苻坚建元十七年	来入关中
佛图罗刹	不知	亦当苻世	久游中土
昙摩难提	兜佉勒人	苻氏建元中	至长安
僧伽提婆	罽宾人	同上	同上①
僧伽罗叉	罽宾人	晋隆安中	在晋京师
昙摩耶舍	罽宾人	同上	初达广州至义熙中来长安
昙摩掘多	天竺人	晋义熙中	来关中
鸠摩罗什	天竺人	姚兴弘始三年	至长安
弗若多罗	罽宾人	秦弘始中	入关
昙摩流支	西域人	弘始七年	达关中

① 晋太元中渡江至庐山，隆安元年来游京师。

卑摩罗叉	罽宾人	弘始八年	达关中后至寿春复适江陵
佛陀耶舍	罽宾人	姚兴时	至长安
佛驮跋陀罗	迦维罗卫人	同上	至青州往长安复至庐山及江陵
昙无忏	中天竺人	北凉玄始中	至河西
佛驮什	罽宾人	宋景平元年	届扬州
浮陀跋摩	西域人	宋元嘉中	达西凉
求那跋摩	罽宾人	同上	至广州达建业
僧伽跋摩	天竺人	宋元嘉十年	自流沙至京邑
昙摩蜜多	罽宾人	宋元嘉中	自流沙到敦煌展转至蜀至荆州
畺良耶舍	西域人	宋元嘉初	远冒沙河至于京邑
求那跋陀罗	中天竺人	元嘉十二年	自广州至京都
僧伽达多	天竺人	元嘉中	来宋境
僧伽罗多哆	天竺人	同上	来宋境
阿那摩低	康居人	孝建中	来京师
求那毗地	中天竺人	齐建元初年	同上
僧伽婆罗	扶南人	梁初	同上
菩提流支	北天竺人	魏永平处	来游东夏处永宁寺
拘那罗陀	西天竺人	梁大同中	自南海届京邑
月婆首那	中天竺人	元象中	游化东魏后又南渡
求那跋陀	于阗僧	太清二年	在梁国
须菩提	扶南人	陈初	在扬州
那连提黎耶舍	北天竺人	北齐天保中	届于京邺
阇那崛多	同	西魏后元中	由鄯州至长安
攘那跋陀罗	波头摩国人	北周初年	在长安
达摩流支	摩勒国人	天和中	同上
阇那耶舍	摩伽陀国人	同上	同上

其他弘法之士，殆尚不止于此。《隋书·经籍志》称:“姚苌时，鸠摩罗什至长安，大译经论。时胡僧至长安者数十辈，惟罗什才德最优。”是仅姚秦一时，胡僧已数十辈。《高僧传》所载，特其著者耳。稽其踪迹，大抵自西域入关中，至洛阳邺中者居多。其南来者，或抵青州，或届南海，随缘所至，亦无定方焉。

当此之时，中土僧俗，亦多锐意西行求法。[①] 自朱士行，

《高僧传》（释慧皎）："朱士行，颍川人。少怀远悟，脱落尘俗。出家已后，专务经典。昔汉灵之时，竺佛朔译出《道行经》，文句简略，意义未周。士行尝于洛阳讲《道行经》，觉文意隐质，诸未尽善。每叹曰：'此经大乘之要，而译理不尽。'誓志捐身，远求大本。遂以魏甘露五年发迹雍州，西渡流沙，既至于阗，果得梵书正本，凡九十卷。遣弟子弗如檀（此言法饶），送经梵本，还归洛阳。士行遂终于阗。"[②]

至宋云、

《洛阳伽蓝记》（杨衒之）："城北闻义里有敦煌人宋云宅。云与惠生……向西域取经，得一百七十部，皆大乘妙典。"《魏书·嚈哒传》："熙平中，明帝遣王伏子统宋云、沙门法力等，往西域求访佛经。时有沙门慧生者亦与偕行，正光中还。"

宝暹等，殆不下六七十人。

《续高僧传》（释道宣）："齐僧宝暹、道邃、僧昙等十人，以武平六年相结同行，采经西域，往返七载。将事东归，凡获梵本二百六十部。"

其最著者，为江陵辛寺释法显。

---

① 其详见《梁任公近著》第一辑中卷《千五百年前之中国留学生》篇，商务印书馆出版。

② 弗如檀亦西来之一僧，惟前表所举者多大师，此则转自中国西行僧徒之弟子耳。

《高僧传》："释法显，姓龚，平阳武阳人。三岁便为沙弥。及受大戒，志行明敏，常慨经律舛阙，誓志寻求。以晋隆安三年，与同学慧景、道整、慧应、慧嵬等发自长安，西度流沙，凡所经历三十余国。后至中天竺，于摩竭提波连弗邑阿育王塔南天王寺，得《摩诃僧祇律》，又得《萨婆多律》，抄《杂阿毗昙心线经》《方等泥洹经》等。显留三年，学梵经、梵书，方躬自书写。于是持经像寄附商客到师子国，同旅十余，或留或亡。停二年，复得《弥沙塞律》《长杂二含》及《杂藏》，并汉土所无。既而附商人大舶，循海而还。经十余日，达耶婆提国，停五月，复随他商东适广州。举帆二十余日，夜忽大风，合舶震惧，任风随流，忽至青州长广郡牢山南岸，遂南造京师，就外国禅师佛驮跋陀于道场寺，译出《摩诃僧祇律》《方等泥洹经》《杂阿毗昙心论》，垂有百余万言。后至荆州，卒于辛寺。春秋八十有六。"

而月支之僧，如竺昙摩罗刹者，先由吾国而西，既乃还归中夏，则兼两方之事而一之焉。

《高僧传》："竺昙摩罗刹，此云法护，其先月支人。本姓支氏，世居敦煌郡。年八岁出家，事外国沙门竺高座为师。是时晋武之世，寺庙图像，虽崇京邑，而《方等》深经，蕴在葱外。护乃慨然发愤，志弘大道。遂随师至西域，游历诸国。外国异言三十六种，书亦如之，护皆遍学，贯综诂训，音义字体，无不备识。遂大赍梵经，还归中夏，自敦煌至长安，沿路传译，写为晋文。所获《贤劫》《正法华》《光赞》等一百六十五部，孜孜所务，惟以弘通为业，终身写译，劳不告倦。经法所以广流中华者，护之力也。"

弘法之事，莫重于翻译。汉开其端，而后累朝列国踵其事，译业之盛，殆无过于此时。兹据《开元释教录》表之如下：

魏	沙门五人	所出经戒羯磨	一二部	一八卷
吴	缁素五人	所出经并失译	一八九部	四一七卷
西晋	缁素十二人	所出经戒集等	三三三部	五九〇卷
东晋	缁素十六人	所译经律论	一六八部	四六八卷
苻秦	沙门六人	所译经律论	一五部	一九七卷
后秦	沙门五人	所译经律论	九四部	六二四卷
西秦	沙门一人	所译经律论	五六部	一一〇卷
前凉	外国优婆塞一人	所译经律论	四部	六卷
北凉	缁素九人	所译经律论	八二部	三一一卷
宋	缁素二十二人	所译经律论	四六五部	七一七卷
齐	沙门七人	所译经律论	一二部	三三卷
梁	缁素八人	所译经律论	四六部	二〇一卷
元魏	缁素十二人	所译经律论	八三部	二七四卷
北周	缁素四人	所译经律论	一四部	二九卷
北齐	缁素二人	所译经律论	八部	五二卷
共计	一一五人[①]	所译经律论	一五八一部	四〇四七卷

翻译之法，多据梵本，间凭口诵。近人谓初期译业，率无原本，但凭译人背诵。按《高僧传》:“汉灵之时,天竺沙门竺佛朔赍《道行经》来适雒阳,即转梵为汉。”又：“沙门昙果，于迦维罗卫国得梵本，康孟详与竺大力译为汉文。”又：“支谦以大教虽行，而经多梵文，未尽翻译。已妙善方言，乃以集众本，译为汉语。”是汉、魏时译经明有梵本之证。至朱士行等求经，则梵本输入更多。译人之兼释华梵者，众共推之。

《高僧传》：“竺佛念，凉州人。讽习众经，粗涉外典。其《仓》

① 其实不止此数，当是但计主名。

《雅》训诂，尤所明达。少好游方，备贯风俗，家世西河，洞晓方语，华梵音义，莫不兼释。苻氏建元中，有僧伽跋澄、昙摩难提等入长安，赵正请出诸经，当时名德，莫能传译，众咸推念。于是澄执梵文，念译为晋，质疑断义，音字方明。自苻、姚二代，为译人之宗。故关中僧众，咸共嘉焉。”

至法显、法勇等，直诣西域，专学梵书梵语。

《高僧传》：“昙无竭，此云法勇。姓李，幽州黄龙人。以宋永初元年，招集同志沙门僧猛、昙朗之徒二十五人，远适西方，至罽宾国，礼拜佛钵。停岁余，学梵书梵语。”“宝云，凉州人。以晋隆安之初，远适西域，与法显、智严先后相随，遂历于阗、天竺诸国。云在外域遍学梵书，天竺诸国音字诂训，悉皆备解。晚出诸经，多云所治定。华梵兼通，音训允正，云之所定，众咸信服。”

则直接读书，胜于仅凭展转之移译矣。

魏黄初中，中国人始依佛戒，剃发为僧。

《隋书·经籍志》：“魏黄初中，中国人始依佛戒，剃发为僧。”《高僧传》：“昙柯迦罗，以魏嘉平中，来至雒阳。于时魏境虽有佛法，而道风讹替，亦有众僧未禀归戒，正以剪落殊俗耳。[①] 迦罗既至，立羯磨法，受戒。中夏戒律，始自乎此。”

于是四民之外，别有出家之民。至道安时，复定以释命氏。

---

① 此可见嘉平以前，已以剪落为僧俗之别。

《高僧传》："初，魏、晋沙门，依师为姓，故姓各不同。安以为大师之本，莫尊释迦，乃以释命氏。复获《增一阿含》，果称四河入海，无复河名。四姓为沙门，皆称释种，既悬与经符，遂为永式。"

姚兴命僧䂮为僧主，爰有僧正等秩。

《高僧传》："姚兴下书曰：'大法东迁，于今为盛。僧尼已多，应须纲领，宣授远规，以济颓绪。僧䂮学优早年，德芳暮齿，可为国内僧主。僧迁禅慧兼修，即为悦众。法钦、慧斌共掌僧录，给车舆、吏力。䂮资侍中秩。'传诏羊车各二人，迁等并有厚给。僧正之兴，䂮之始也。"

魏道武帝以法果为道人统，绾摄僧徒，

《魏书·释老志》："皇始中，赵郡有沙门法果，诫行精至，开演法籍。太祖闻其名，诏以礼征赴京师。后以为道人统，绾摄僧徒。"

后改为沙门统。

《魏书·释老志》："高宗时，京师沙门师贤……为道人统。……和平初，师贤卒，昙曜代之，更名沙门统。"

又立监福曹，以断僧务。

《魏书·释老志》："先是，立监福曹，又改为昭玄，备有官属，以断僧务。"

其寺宇则有维那、都维那等职。

《金石萃编·孙秋生等造像记跋》(王昶):"《魏书·释老志》:'若为三宝巡民教化者,在外赍州镇维那文移,在台者,赍都维那等印牒。然后听行,违者加罪。'又《翻译名义》南山之声论:'翻为次第,谓知僧事之次第。'《寄归传》云:'华梵兼举也,维是纲维,华言也;那,是梵语,删去羯磨陀三字也。'《僧史略》云:'梵语羯磨陀那,译为知事,亦云悦众。谓知其事,悦其众也。'《音义指归》云:'僧如网,借有德之人为纲绳也。'《隋书·智琳传》:'润州刺史李海游命琳为断事纲维,尔后寺立三纲:上座、维那、典座也。'此碑称维那,因附详于此。"

则宗教而兼有政治之性质矣。

僧、尼衣住均与俗殊。初服赤衣,后改杂色。

《魏书·释老志》:"汉世沙门皆衣赤布,后乃易以杂色。"

袈裟梵服,虽犯嘲讥,不顾也。

《高僧传》:"或嘲支孝龙[1]曰:'大晋龙兴,天下为家,沙门何不全发肤,去袈裟,释梵服,被绫罗?'龙曰:'剪发毁容,改服变形,彼谓我辱,我弃彼荣。'"

东汉之季,已有浮图,至于晋世,洛中益盛。

① 晋初人。

《后汉书·陶谦传》："笮融聚众数百，往依于谦。谦使督广陵、下邳、彭城运粮。遂断三郡委输，大起浮图寺。上累金盘，下为重楼，又堂阁周回，可容三千许人，作黄金涂像，衣以锦彩。每浴佛辄多设饮饭，布席于路，其有就食及观者且万余人。"《魏书·释老志》："自洛中构白马寺，盛饰佛图，画迹甚妙，为四方式。凡宫塔制度，犹依天竺旧状而重构之，从一级至三、五、七、九。世人相承，谓之'浮图'，或云'佛图'。晋世，洛中佛图有四十二所矣。"

吾国建筑之式，遂增入印度制度。南北相望，竞事营构。唐杜牧诗云"南朝四百八十寺"，以金陵一地而论，已有四百八十寺之多，他可知矣。近人辑《南朝佛寺志》，博考诸书，约有二百三十有一寺，[①] 未能语其全也。其立寺之类别，有由僧尼营建者，如长干寺本吴时尼居，宋熙寺为天竺僧伽罗多哆所造之类；有由帝王创造者，如晋简文帝造波提寺，梁武帝立同泰寺等；有由个人舍宅而成者，如庄严寺为谢尚舍宅所造，平陆寺为宋平陆令许桑舍宅建刹，因以官名名之之类；有由僧徒启乞而立者，如瓦官寺本陶瓦处，沙门慧力启乞为寺之类。有专居一僧者，如佛驮什至京诸檀越立罽宾寺；求那跋陀罗译经，特立天竺寺；摩诃至都，建外国寺以居之之类。有为人求福者，如萧惠开为父思话造禅冈寺，宋孝武帝为殷贵妃立新安寺之类。有人民为帝王而立者。如宋泰始中，京师民为孝武帝立天保寺之类。有达官以寺为家者，如法轮寺为何点家寺，何点常居其中之类。一时风尚，波起云兴。而魏之寺塔，尤盛于南。

《魏书·释老志》："自兴光至此（太和），京城内寺新旧且百所，僧尼二千余人，四方诸寺六千四百七十八所，僧尼七万七千二百五十八人。""至延昌中，天下州郡僧尼寺，积有

---

① 吴一，晋三十七，宋六十，齐二十六，梁九十六，陈十一。

一万三千七百二十七所。”“神龟中，寺至三万有余。”

《洛阳伽蓝记》载永宁寺之壮丽，可见其时建筑之宏大焉：

永宁寺，熙平元年灵太后胡氏所立。……中有九层浮图一所，架木为之，举高九十丈。有刹复高十丈，合去地一千尺。去京师百里遥已见之。……刹上有金宝瓶。容二十五石。宝瓶下有承露金盘三十重，周匝皆垂金铎。……浮图有九级，角角皆悬金铎，合上下有一百二十铎。浮图有四面，面有三户六窗，户皆金漆。扉上有五行金钉，合有五千四百枚。……僧房楼观一千余间，雕梁粉壁，青璅绮疏，难得而言。波斯国胡人言，此寺精丽，遍阎浮所无也。

佛教之兴，首由翻译，次即讲学。当时高僧，既聚徒众，旦夕讲贯。

《高僧传》：“康法朗，在中山，门徒数百，讲法相系。”“支循于沃洲小岭，立寺行道，僧众百余，常随禀学。”“竺法义，受业弟子常有百余。”“释道安，住受都寺，徒众数百。”“竺僧朗，立精舍于金舆谷，闻风而造者百有余人。朗孜孜训诱，劳不告倦。”“释法遇，止江宁长沙寺，讲说众经，受业者四百余人。”

复时开讲席，兼教僧俗，

《高僧传》：“竺法义，大开讲席，王导、孔敷并承风敬友。”“竺法汰形解过人，流名四远。开讲之日，黑白观听，士庶成群。及咨禀门徒，以次骈席，三吴负帙至者千数。”“释慧持，讲《法华》《毗昙》，四方云聚，千里遥集。”

问难质疑，不惮往复。

《高僧传》："支遁晚出山阴，讲《维摩经》。遁为法师，许询为都讲。遁通一义，众人咸谓询无以厝难；询每设一难，亦谓遁不复能通。如此至竟，两家不竭。凡在听者，咸谓审得遁旨，回令自说，得两三反便乱。""于法开，每与支道林争即色空义。庐江何默申明开难，高平郗超宣述林解，并传于世。……开有弟子法威，尝出都，经过山阴，支遁正讲《小品》。开语威言：'道林讲，比汝至，当至某品中。'示语攻难数十番，云：'此中旧难通。'威既至郡，正直遁讲，果如开言。往复多番，遁遂屈。""道安事佛图澄为师。澄讲，安每复述，众未之惬。咸言须待后次，当难杀昆仑子。即安后更复讲，疑难锋起。安挫锐解纷，行有余力。人语曰：'漆道人，惊四邻。'"

每有胜义，讲者恒为敛服。

《高僧传》："沙门道恒，颇有才力，常执心无义，大行荆土。竺法汰曰：'此是邪说，应须破之。'乃大集名僧，令弟子昙壹难之，据经引理，析驳纷纭。恒拔其口辩，不肯受屈。明日更集，慧远就席攻难数番，关责锋起；恒自觉义途差异，神色微动，麈尾扣案，未即有答。远曰：'不疾而速，杼柚何为？'坐者皆笑。心无之义，于此而息。""僧苞东下京师，正值祇洹寺发讲。乘驴往看，衣服垢弊，貌有风尘。堂内既迮，坐驴鞯于户外。高座举题适竟，苞致问数番，皆是先达思力所不逮。高座无以抗其辞，遂逊退而止。"

故世族学子，闻而信奉，非徒以迷信也。

《魏书·释老志》载魏世造像凿石之巨，

"兴光元年，初……铸释迦立像五，各长一丈六尺，都用赤金二十五万斤。""昙曜白帝，于京城西武州塞，凿山石壁，开窟五所，镌建佛像各一。高者七十尺，次六十尺，雕饰奇伟，冠于一世。""显祖又于天宫寺，造释迦立像。高四十三尺，用赤金十万斤，黄金六百斤。""景明初，世宗诏大长秋卿白整准代京灵岩寺石窟，于洛南伊阙山，为高祖、文昭皇太后营石窟二所。初建之始，窟顶去地三百一十尺；至正始二年中，始出，斩山二十三丈。……永平中，中尹刘腾奏为世宗复造石窟一，凡为三所。从景明元年至正光四年六月已前，用功八十万二千三百六十六。"

及其度僧之多，

《魏书·释老志》："高宗制：诸州、郡、县于众居之所，各听建佛图一区，任其财用，不制会限。其好乐道法，欲为沙门，不问长幼，出于良家，性行素笃，无诸嫌秽，乡里所明者，听其出家。率大州五十，小州四十人，其郡遥远台者十人。""太和十六年，诏：四月八日，七月十五日，听大州度一百人为僧尼，中州五十人，下州二十人，以为常准。""熙平二年春，灵太后令曰：年常度僧，依限大州应百人者，州郡于前十日解送三百人，其中州二百人，小州一百人。州统、维那与官及精练简取充数。""正光以后，……僧尼大众，二百万矣。"

多本于宗教之信仰，而其推行佛教之普遍，亦至可惊。君后倡于上，士民应于下。以今日所存造像推之，其奉佛之风之盛可想。

《金石萃编》（王昶）："造像立碑，始于北魏。迄于唐之中叶。大抵所造者，释迦、弥陀、弥勒及观音、势至为多。或刻山崖，或刻碑石，或造石窟，或造佛堪，或造浮图。其初不过刻石，其后或施以金涂彩绘，其形模之大小广狭、制作之精粗不等。造像或称一区，或称一堪，其后乃称一铺。造像必有记。凡造像人自称曰佛弟子、正信佛弟子、清信士、清信女、优婆塞、优婆夷。凡出资造像者，曰像主、副像主、东西南北四面像主、发心主、都开光明主、光明主、天宫主、南面北面上堪中堪像主、檀越主、大像主、释迦像主、开明像主、弥勒像主、弥勒开明主、观世音像主、无量寿佛主、都大檀越都像主、像斋主、左右葙斋主。造塔者曰塔主；造钟者曰钟主；造浮图者曰东面、西面、南面浮图主；造灯者曰登主、登明主、世石主。劝化者曰化主、教化主、东西南北面化主、左右葙化主、都化主、大都化主、大化主、都录主、坐主、高坐主。邑中助缘者曰邑主、大都邑主、东、西面邑主、邑子、邑师、邑正、左右葙邑正、邑老、邑胥、邑谞、邑政、邑义、邑日、都邑忠正、邑中正、邑长乡正、邑平正。乡党治律，其寺职之称，曰和上、比丘、比丘尼、都维那、维那、典录、典坐、香火、沙弥、门师、都邑维那、邑维那、行维那、左右葙维那、左右葙香火，其名目之繁如此。”《语石》（叶昌炽）云：“造像莫先于元魏，道俗人等，同心发愿。余所见景明三年四人造像，其最少矣，递增而有廿三人①、卅二人②、卅五人③，又自四十④、五十⑤、六十⑥、七十⑦，以至二百⑧、三百余人⑨。”

---

① 神龟元年杜迁等。
② 景明三年高树、解伯都等。
③ 神龟三年赵阿欢等。
④ 孝昌三年临菑郡师僧达等。
⑤ 武平三年雹水村四部道俗邑义等。
⑥ 孝昌三年临菑邑仪。
⑦ 正始元年高洛周等。
⑧ 景明三年孙秋生等。
⑨ 武定二年王贰郎绾法义三百人造像，武平二年比丘僧道略三百余人造像。

而佛经之刻石，亦相继而兴，若泰山《金刚经》、徂徕《般若经》、

《语石》:“泰山有《金刚经》全部,徂徕山映佛岩有《大般若经》,钱竹汀谓皆齐武平中王子椿所刻，其字径尺。”

《风峪华严经》等。

《语石》:“风峪《华严经》，亦北齐刻。其地在太原西三里，砖甃一穴，方五丈，共石柱一百二十有六。”

其写刻之多，几过于儒家之石经矣。

百年贵大
文化建设丛书

中国文化史

下

柳诒徵 / 著

贵州大学出版社
Guizhou University Press

第十章　佛教之反动

佛教入中国，而士、农、工、商之外，增一释氏之民：无家族，无君臣，翕然奉他国之宗教；衣食居处，举止声容，悉与吾国礼教风俗乖异，此社会一大变化也。社会当变化之际，必不能无所抵触；怀新者信其理想非吾所有，笃旧者诧其习惯为吾所无。则以观念之不同，而生事实之冲突，此势所必至也。魏、晋以来，佛教虽日盛兴，然社会中冲突之状，亦往往见于史策。约举之盖有数端。

（一）则华夷之界也。佛教初来，其势微弱，故世不之异。至其浸盛，则排之者首在华夷之界。五胡之君，自以戎神为本，而当时犹有以此为言者。

《高僧传》："佛图澄道化既行，民多奉佛，皆营造寺庙，相竞出家，真伪混淆，多生愆过。虎下书问中书曰：'佛号世尊，国家所奉，里闾小人无爵秩者，为应得事佛与不？又沙门皆应高洁贞正，行能精进，然后可谓道士。今沙门甚众，或有奸宄避役，多非其人，可料简详议真伪。'中书著作郎王度奏曰：'夫王者郊祀天地，祭奉百神，载在祀典，礼有常飨。佛出西域，外国之神，功不施民，非天子诸华所应祀奉①。今大赵受命，率由旧章。华戎异制，人神流别；外不同内，飨祭殊礼；华夏服祀，不宜杂错。国家可断赵人悉不听诣寺烧香礼拜，以尊典礼。其百辟卿士，下逮众隶，例皆禁之。其有犯者，与淫祀同罪。其赵人为沙门者。还从四民之服。'伪中书令王波同度所奏。虎下书

① 中述汉、魏之制见前。

曰：‘度议云，佛是外国国神，非天子诸华所可宜奉。朕生自边壤，忝当期运，君临诸夏，至于飨祀，应兼从本俗，佛是戎神，正所应奉。夫制由上行，永世作则，苟事允无亏，何拘前代？其夷赵百蛮，有舍于淫祀乐事佛者，悉听为道。’”

比及南朝，学者也抱此见。顾欢《夷夏论》力斥中夏之人效西戎之法。

《南史·顾欢传》：“欢著《夷夏论》：……端委搢绅，诸华之容；剪发旷衣，群夷之服。擎跽磬折，侯甸之恭；狐蹲狗踞，荒流之肃。棺殡椁葬，中夏之风；火焚水沉，西戎之俗。全形守礼，继善之教；毁貌易性，绝恶之学。……今以中夏之性，效西戎之法，既不全同，又不全异。下弃妻孥，上绝宗祀。嗜欲之物，皆以礼伸，孝敬之典，独以法屈。悖礼犯顺，曾莫之觉。”

而信佛者袁粲、谢镇之、朱昭之、朱广之及僧愍等，群起驳之。①或谓从道不从俗，

《南史》：“袁粲托为道人通公驳之曰，‘……清信之士，容衣不改。息心之人，服貌必变。变本从道，不遵彼俗。俗风自殊，无患其乱。’”

或谓华夷一轨，

《难夷夏论》（朱昭之）云：“以国而观，则夷虐夏温。请问炮烙之苦，岂康、竺之刑；流血之悲，讵齐、晋之子？刳剔苦害，非左衽之心；秋露含垢，匪海滨之士。推检情性，华夷一轨。”

① 其论见《南史》及《弘明集》中。

或谓天竺即中国。

> 《戎华论》（僧愍）："君责以中夏之性，效西戎之法者，子自出自井坎之渊，未见江湖之望矣。如《经》曰：'佛据天地之中，而清导十方。'故知天竺之土，是中国也。"

可见顾之持论，甚中要害，不与力辩，则不能免用夷变夏之讥也。

（二）则伦理之争也。出世法与世法殊科，其于君臣、父子、夫妇、兄弟之伦，皆所割舍。而吾国素重伦理者也。魏、晋以来，虽多蔑弃礼法之士，而礼教之信条，深入人心，大多数之人，必不以背弃君父为然。故佛教与儒教之冲突，即因而生。晋世庾冰、桓玄等，均谓沙门宜敬王者。慧远著论释之，意谓佛教无妨于忠孝。

> 《沙门不敬王者论·出家篇》（慧远）："凡在出家，皆遁世以求其志，变俗以达其道。变俗则服章不得与世典同礼，遁世则宜高尚其迹。夫然者，故能拯溺俗于沈流，拔幽根于重劫。""如令一夫全德，则道洽六亲，泽流天下，虽不处王侯之位，亦已协契皇极，在宥生民矣。是故内乖天属之重，而不违其孝；外阙奉主之恭，而不失其敬。"

至梁世毁佛教者，造"三破论"，仍主伦理以破之。

> 《灭惑论》（刘勰）："或造三破论。第一破曰：入国而破国者。诳言说伪，兴造无费，苦克百姓，使国空民穷，不助国生人减损。况人不蚕而衣，不田而食，国灭人绝，由此为失。日用损费，无纤毫之益；五灾之害，不复过此。第二破曰：入家而破家者。使父子殊事，兄弟异法，遗弃二亲，孝道顿绝，优娱各异，歌哭不同，骨肉生仇，服属永弃，悖化犯顺，无昊天之报。五逆不孝，不复过此。第三破曰：

入身而破身者。人生之体，一有毁伤之疾，二有髡头之苦，三有不孝之逆，四有绝种之罪，五有亡体从诫。唯学不孝，何故言哉！诫令不跪父母，便竞从之；儿先作沙弥，其母复作阿尼，则跪其儿：不礼之教，中国绝之，何可得从。”

唐、宋诸儒，反对佛教，亦无非因此等根本不同，遂深恶而痛绝。比之夷夏之辨，为尤重矣。

（三）则宗教之歧也。老子本非宗教，而自汉以来，即以黄、老与浮屠并称，且有老子入夷狄为浮屠之说。（《后汉书·襄楷传》即有“或言老子入夷为浮屠”之语。）晋世信天师道者多，而其教理不敌佛教。于是道士作《老子化胡经》，谓其出于道教。

《高僧传》：“法祖与祭酒王浮每争邪正，浮屡屈，既瞋不自忍，乃作《老子化胡经》，以诬谤佛法。”

其后南北朝之学道者，多扬其波而事争辩。

《南史·顾欢传》：“文惠太子、竟陵王子良并好释法。吴兴孟景翼为道士，太子召入玄圃，众僧大会。子良使景翼礼佛，景翼不肯。子良送《十地经》与之，景翼造《正一论》，大略曰：《宝积》云‘佛以一音广说法。’《老子》云：‘圣人抱一，以为天下式。’一之为妙，空玄绝于有境，神化赡于无穷。为万物而无为，处一数而无数。莫之能名，强号为一。在佛曰‘实相’，在道曰‘玄牝’。道之大象，即佛之法身。……旷劫诸圣，共遵斯一。老、释未始尝分，迷者分之而未合。”“司徒从事中郎张融作《门律》云：‘道之与佛，逗极无二。吾见道士与道人战儒墨，道人与道士辨是非。昔有鸿飞天首，积远难亮，越人以为凫，楚人以为乙。人自楚、越，鸿常一耳。’”《续高僧传·昙无最传》："元魏正光元年，明帝加朝服大赦，请释、李两宗上殿。斋讫，侍中刘胜宣敕，请诸法师等与道士论义。时清通观道士姜斌与最对论。帝问：'佛与老子同时不？'斌曰：'老子西入化胡成佛。佛以为侍者，文出老子《开天经》，据此明是同时。'……帝遣尚书令元义宣敕，令斌下席；又议《开天经》是谁所说。中书侍郎魏收、尚书郎祖莹就观取经，太尉萧综等读讫，奏云：'老子止著五千文，余无言说。'"

此则因释排道，而道家欲援释以为重，虽似沟通教理，实则争持门户，此吾国历史上宗教之竞争也。

佛教既盛，愚智同归，游食之徒，避役之氓，皆可假托以为生，是亦社会之变相也。晋世桓玄已主沙汰。

《弘明集》（僧佑）："桓玄与僚属沙汰僧众教。……京师竞其奢淫，荣观纷于朝市，天府以之倾匮，名器为之秽渎。避役钟于百里，逋逃盈于寺庙，乃至一县数千，猥成屯落。邑聚游食之群，境积不羁之众，伤治害政，尘滓佛教，彼此俱弊，实污风轨。便可严下在此诸沙门，有能伸述经诰、畅说义理者；或禁行修整、奉戒无亏、恒为阿练若者；或山居养志、不营流俗者，皆足以宣寄大化，亦所以示物以道。弘训作范，幸兼内外，其有违于此者，皆悉罢道，所在领其户籍。严为之制，速申下之。"

义熙之季，目为"五横"：

《弘明集·释驳论》："晋义熙之年，江左袁、何二贤，商略治道，讽刺时政，发五横之论。……世有五横，而沙门处其一焉。大设方便，鼓动愚俗，一则诱谕，一则迫胁。云行恶必有累劫之殃，修善便有无穷之庆。敦厉引导，逼强切勒，上减父母之养，下损妻孥之分，会同尽肴膳之甘，寺庙极壮丽之美，割生民之珍玩，崇无用之虚费，罄私家之年储，阙军国之资实。”

而北魏太武，因信道教，兼恶沙门不法，遂盛加诛戮。

《魏书·释老志》：“世祖得寇谦之道，以清净无为，有仙化之证，遂信行其术。时司徒崔浩，博学多闻，帝每访以大事。浩奉谦之道，尤不信佛，与帝言，数加非毁，常谓虚诞，为世费害。……会盖吴反杏城，关中骚动，帝乃西伐，至于长安。先是。长安沙门种麦寺内，御驺牧马于麦中，帝入观马。沙门饮从官酒，从官入其便室，见大有弓矢矛楯，出以奏闻，帝怒曰：‘此非沙门所用。’……命有司案诛一寺，阅其财产。大得酿酒具及州、郡牧守富人所寄藏物，盖以万计。又为窟室，与贵室女私行淫乱。帝既忿沙门非法，浩时从行，因进其说。诏诛长安沙门，焚破佛像，敕留台下四方令，一依长安行事。……又诏曰：‘自王公以下，有私养沙门者，皆送官曹，不得隐匿。限今年二月十五日，过期不出，沙门身死，容止者，诛一门。’……又下诏曰：‘自今以后，敢有事胡神及造形像泥人、铜人者，门诛。虽言胡神，问今胡人，共云无有。皆是前世汉人无赖子弟刘元真、吕伯强之徒，接乞胡之诞言，用老、庄之虚假，附而益之，皆非真实。……有司宣告征镇诸军、刺史，诸有佛图形像及胡经，尽皆击破焚烧，沙门无少长悉坑之。’是岁真君七年三月也。”

然宋、魏对峙，宋不之禁，沙门多避难南来。

《高僧传》：“僧导立寺于寿春，会虏灭佛法，沙门避难投之者数百，悉给衣食。其有死于虏者，皆设会行香，为之流涕哀恸。”

至魏文帝时，复弛其禁。

《魏书·释老志》："高宗践极，诏诸州、郡、县各听建佛图一区，往时所毁图寺，仍还修矣。佛像经论，皆复得显。"

明帝正光初，释、李之辩，释氏优胜，李宗遂屈焉。

齐、周对峙之时，道、释之争尤烈。齐尚佛教，令道士皆染剃。

《续高僧传》："文宣受禅，齐祚大兴。天保年中，释、李二门，交竞优劣。会梁武启运，天监三年，下敕舍道，道士陆修静不胜其愤，遂与门人亡命，叛入北齐，倾散金玉，赠诸贵游，托以襟期，冀兴道法。帝惑之，乃敕召诸沙门与道士对校道术，昙显对之，帖然无验，诸道士等相顾无颜。文宣处座，自验臧否。其徒尔日皆舍邪从正，求哀济度；未发心者，敕令染剃。"

周崇儒术，辩论频年。

《北周书·武帝纪》："天和三年八月癸酉，帝御大德殿，集百僚及沙门、道士等，亲讲《礼记》。""四年二月戊辰，帝御大德殿，集百僚道士沙门等讨论释老义。""建德二年十二月癸巳，集群臣及沙门、道士等，帝升高座，辩释三教先后。以儒教为先，道教为次，佛教为后。"

后遂断佛、道二教，罢沙门、道士，并令还民。

《北周书·武帝纪》："建德三年五月丙子，初断佛、道二教，经像悉毁，罢沙门、道士，并令还民。并禁诸淫祀，礼典所不载者，尽除之。"《续高僧传》："天和四年，岁在己丑，三月十五日，敕召有德众僧、名儒道士、文武百官二千余人于正殿。帝升御座，亲量三教优劣废立，众议纷纭，各随情见，较其大抵，无与相抗者。至其月二十日，又依前集，众论乖咎，是非滋生，并莫简帝心，索然而退。至四月初，敕又广召道俗，令极言陈理，又敕司隶大夫甄鸾，详佛道二教，定其先后浅深同异。鸾乃上《笑道论》三卷。至五月十日，帝又大集群臣，详鸾上论，以为伤蠹道士，即于殿庭焚之。……至建德三年，岁在甲午，五月十七日，乃普灭佛、道二宗。”“帝遂破前代关山东西数百年来官私佛寺，扫地并尽，融刮圣容，焚烧经典。《禹贡》八州，见成寺庙出四十千，并赐王公，充为第宅，三方释子，减三百万，皆复军民，还归编户。”

然犹立通道观，以阐教义。

《北周书·武帝纪》：“建德三年六月戊午，诏曰：三墨八儒，朱紫交竞；九流七略，异说相腾。道隐小成，其来旧矣。不有会归，争驱靡息，今可立通道观。圣哲微言，先贤典训，金科玉篆，秘迹玄文，所以济养黎元，扶成教养者，并宜弘阐，一以贯之。”《续高僧传》：“别置通道观，简释、李有名者，普着衣冠，为学士焉。”

视魏太武之肆行诛戮者有别。盖自佛教输入以来，疑信杂出，绵历岁年，至是遂成三教鼎立之势。

《旧唐书·经籍志》：“《齐三教论》七卷，卫元嵩撰。”①

其诋诃排挤者，虽以道家为当，然至隋世，道教仍屈于佛焉。

---

① 据此，是三教之名，始于周世。

《隋书·经籍志》:“汉时诸子、道书之流有三十七家，大旨皆去健羡、处冲虚而已，无上天官符箓之事。其《黄帝》四篇，《老子》两篇，最得深旨。故言陶弘景者，隐于句容，好阴阳五行、风角星算，修辟谷导引之法，受道经符箓，武帝素与之游。及禅代之际，弘景取图谶之文，合成‘景梁’字以献之，由是恩遇甚厚。又撰《登真隐诀》，以证古有神仙之事。又言神丹可成，服之则能长生，与天地永毕。帝令弘景试合神丹，竟不能就，乃言中原隔绝，药物不精故也。帝以为然，敬之尤甚。然武帝弱年好事，先受道法，及即位，犹自上章，朝士受道者众。三吴及边海之际，信之逾甚。陈武世居吴兴，故亦奉焉。后魏之世，嵩山道士寇谦之，自云尝遇真人成公兴，后遇太上老君，授谦之为天师，而又赐之《云中音诵科诫》二十卷。又使玉女授其服气导引之法，遂得辟谷，气盛体轻，颜色鲜丽。弟子十余人，皆得其术。其后又遇神人李谱，云是老君玄孙，授其《图箓真经》劾召百神，六十余卷，及销炼金丹云英八石玉浆之法。太武始光之初，奉其书而献之。帝使谒者奉玉帛牲牢，祀嵩岳，迎致其余弟子，于代都东南起坛宇，给道士百二十余人，显扬其法，宣布天下。太武亲备法驾，而受符箓焉。自是道业大行，每帝即位，必受符箓，以为故事，刻天尊及诸仙之像而供养焉。迁洛已后，置道场于南郊之傍，方二百步。正月、十月之十五日，并有道士哥人百六人拜而祠焉。后齐武帝迁邺，遂罢之。文襄之世，更置馆宇，选其精至者使居焉。后周承魏，崇奉道法，每帝受箓，如魏之旧，寻与佛法俱灭。开皇初，又兴，高祖雅信佛法，于道士蔑如也。”①

①《魏书·释老志》纪道士之事甚详，然限于魏世，故引此《志》略述其。

第十一章　隋唐之统一及开拓

自隋文帝开皇九年至唐玄宗天宝十四年，为中世史第一次统一之时（中间虽有隋末群雄之乱，不过十年），肃、代以后，遂成藩镇割据之局，唐祚虽仍延至百五十余年，其实不得谓之统一也。然隋、唐统一之时，亦不过一百六十七年，比之汉室则远不逮。此亦可见幅员既广，则破裂易而整理难，非有特殊之才德及适当之法制，而又值群众心理厌乱思治，能以向心力集中于一政府者，未易统治此泱泱大国也。吾国疆域至秦、汉时已极廓大，然三国、两晋以降，未始不继续开拓，如吴平山越，蜀定南蛮，

《蜀志·诸葛亮传》："建兴三年春，亮率众南征，其秋悉平。军资所出，国以富饶。"《李恢传》："先主以恢为庲降都督，使持节领交州刺史住平夷县。（裴松之注：庲降，地名，去蜀二千余里，时未有宁州，号为南中，立此职以总摄之。晋泰始中，始分为宁州。）……恢钼尽恶类，徙其豪帅于成都，赋出叟、濮耕牛、战马、金银、犀革，充继军资，于时费用不乏。"

氐杨之辟仇池，

《魏书·氐传》："汉建安中，有杨腾者，为部落大帅，勇健多计略，始徙居仇池。仇池方百顷，因以为号，四面斗绝，高七里余，羊肠蟠道三十六回，其上有丰水泉，煮土成盐。腾后有名千万者，魏拜

为百顷氐王。千万孙名飞龙，渐强盛。……养外甥令狐茂搜为子。晋惠帝元康中，茂搜自号辅国将军、右贤王，群氐推以为主。关中人士流移者多依之。”

鲜卑之开青海，

《隋书·吐谷浑传》：“吐谷浑本辽西鲜卑徒何涉归子也，……涉归死，……吐谷浑与弟若洛廆不协，遂西度陇，止于甘松之南，洮水之西，南极白兰山，数千里之地，其后遂以吐谷浑为国氏焉。当魏、周之际，始称可汗，都伏俟城，在青海西十五里，……其器械衣服，略与中国同。”

爨氏之居曲靖、龙和，

《文献通考》：“西爨蛮，自云本安邑人。七世祖晋南宁太守，中国乱，遂王蛮中。宋元帝时，南宁州刺史徐文盛召诣荆州，有爨瓒者据其地，延袤二千余里，土多骏马、犀象、明珠。既死，子震玩分统其众。隋开皇初，遣使朝贡。”

麴氏之王高昌、焉耆，

《隋书·高昌传》：“高昌国者，汉车师前王庭也。……其地有汉时高昌垒，故以为国号。初蠕蠕立阚伯周为高昌王，伯周死，子义成立，为从兄首归所杀。首归自立为高昌王，又为高车阿伏至罗所杀。以敦煌人张孟明为主，孟明为国人所杀，更以马儒为王，以巩顾、麴嘉二人为左右长史。儒又通使后魏，请内属。内属人皆恋土，不愿东迁，相与杀儒，立嘉为王。嘉字灵凤，金城榆中人，既立，……

属焉耆为挹怛所破，众不能自统，请主于嘉。嘉遣其第二子为焉耆王，由是始大，益为国人所服。其风俗政令，与华夏略同。”

或前代所未经营，或昔时未隶疆索者，皆由华人或他族分途竞进，以为后来统一之预备。于是隋若唐袭累世之成劳，集合其地，又加之以恢廓，而造成空前之版图焉。据隋、唐二《志》之言，似较之汉地有过有不及。

《隋书·地理志》：“东西九千三百里，南北万四千八百一十五里，东南皆至于海，西至且末，北至五原。隋氏之盛，极于此。”《新唐书·地理志》：“太宗元年，因山川形便，分天下为十道：一曰关内，二曰河南，三曰河东，四曰河北，五曰山南，六曰陇右，七曰淮南，八曰江南，九曰剑南，十曰岭南。至十三年定簿，凡州府三百五十八，县一千五百五十一。明年，平高昌，又增州二、县六。其后北殄突厥颉利，西平高昌，北逾阴山，西抵大漠，其地东极海，西至焉耆，南尽林州南境，北接薛延陀界。东西九千五百一十一里，南北一万六千九百一十八里。”

举唐之盛时，开元、天宝之际，东至安东，西至安西，南至日南，北至单于府。盖南北如汉之盛，东不及而西过之。然高宗时，高丽、百济皆属唐。开元中，始以萨水以南地界新罗，则其东界亦轶于汉矣。

中国南北之分，以江、河为最大之界限。故欲通南北，必先通江、淮以为之枢。春秋时吴将伐齐，先城邗沟，通江、淮。

《左传·哀公九年》：“秋，吴城邗沟，通江、淮。”《春秋大事表》（顾栋高）：“春秋列国地形口号：连属江、淮、沂、济波，积成今日转漕河。夫差争长黄池岁，却已功成半又过。”（哀公九年，“吴城邗沟，通江、淮”。杜注：“通粮道也，今广陵邗江是。”又哀公十三年，“会于黄池”。

杜注："在封丘县南，近济水。"《国语》："夫差起师北征，阙为深沟，通于商、鲁之间，北属之沂，西属之济，以会晋公午于黄池。"案：邗沟，今日漕河。起于扬州府城东南二里，历邵伯、高邮、宝应诸湖。北至黄浦，接淮安界。其合淮处曰末口，在淮安府北五里。自江达淮，南北共长三百余里。又十三年既沟通江、淮，遂帅舟师，自淮入泗，自泗入沂，复穿鲁、宋之境。连属水道有不通者，凿而通之，以达于封丘之济，即杜氏所云近济水也。盖吴人沟通之路，由今考城过杞县北境，历兰阳而至于封丘。今日漕河由淮而北，连合沂、泗、汶、洸及山东诸泉，以济运都，放其遗法。《漕河沿革考》曰："漕河之北段，即元人之会通河；其南段，春秋吴子所开之邗沟也。")

历秦、汉至南北朝，其道渐湮而迹犹存，故隋世屡开之。

《隋书·文帝纪》："开皇七年夏四月，于扬州开山阳渎，以通运漕。"胡身之曰："春秋吴城邗沟，通江、淮，山阳渎通于广陵尚矣。隋特开而深广之，将以伐陈也。"（炀帝开邗沟详下。）

而通济、永济二渠，江南之河，皆与邗沟衔接。

《通鉴》："大业元年，营建东京，发河南、淮北诸郡民，前后百余万，开通济渠。（杜佑曰：陈留郡城西有通济渠，炀帝开以通江、淮漕运，兼引汴水，即莨荡渠也。）自西苑引穀、洛水达于河，复自板渚引河历荥泽入于汴。又自大梁之东，引汴水入泗达于淮。又发淮南民十余万开邗沟，自山阳至扬子入江。渠广四十步，渠旁皆筑御道，树以柳。自长安至江都，置离宫四十余所。""大业四年，发河北诸军百余万穿永济渠，引沁水南达于河，北通涿郡。""大业六年，敕穿江南河，自京口至余杭，八百余里，广十余丈。"

于是南至余杭，北至涿郡，西至洛阳，胥可以舟航直达。此隋、唐之所以能统一中国之一大主因也。

《通鉴》："大业七年，讨高丽，诏总征天下兵，无问远近，俱会于涿。又发江、淮以南水手一万人，弩手三万人，岭南排镩手三万人，于是四远奔赴如流。五月，敕河南、淮南、江南造戎车五万乘送高阳，供载衣甲幔幕，令兵士自挽之，发河南、北民夫以供军需。秋，七月，发江、淮以南民夫及船运黎阳及洛口诸仓米至涿郡，舳舻相次千余里。"

此皆可见南北交通之便。

汉都长安，旧有运渠与渭并行，东抵潼关。隋时修之，名为广通渠。

《通鉴》："陈至德二年（开皇五年），隋主以渭水多沙，深浅不常，漕者苦之。六月，壬子，诏太子左庶子宇文恺帅水工凿渠，引渭水，自大兴城东至潼关三百余里，名曰广通渠。漕运通利，关内赖之。"

唐天宝初，韦坚为水陆运使，又开广运潭与通渠。而四方之舟，遂可毕萃于长安城下。

《旧唐书·韦坚传》："天宝元年，为水陆转运使。自西汉及隋，有运渠自关门西抵长安，以通山东租赋。奏请于咸阳拥渭水作兴成堰，截灞、浐水，傍渭东注至关西永丰仓下与渭合。于长安城东九里长乐坡下浐水之上，架苑墙。东面有望春楼，楼下穿广运潭，以通舟楫，二年而成。坚预于东京、汴水，取小斛底船三二百只，置于潭侧，其船皆署牌表之。若广陵郡船，即于栿背上堆积广陵所出锦、镜、铜器、海味；丹阳郡船，即京口绫衫段；晋陵郡船，即折造官端绫绣；会稽郡船，即铜器、罗、吴绫、绛纱；南海郡船，即玳瑁、真珠、象牙、沉香；豫章郡船，即名瓷、酒器、茶釜、茶铛、茶碗；宣城郡船，即空青石、纸笔、黄连；始安郡船，即蕉葛、蚺蛇胆、翡翠。船中皆有米，吴郡即三破糯米、方丈绫。凡数十郡，驾船人皆大笠子、宽袖衫、芒屩，如吴、楚之制。”

有唐一代财赋，悉仰给于东南。使非累世经营，通达江、淮、河、渭之路，何能使舟航无阻乎？

《新唐书·食货志》：“唐都长安，而关中号称沃野，然其土地狭，所出不足以给京师，备水旱，故常转漕东南之粟。高祖、太宗之时，用物有节而易赡，水陆漕运，岁不过二十万石，故漕事简。自高宗以后，岁益增多，而功利繁兴，民亦罹其弊。”“韦坚开广运潭，岁漕山东粟四百万石。”“刘晏为盐铁使，吴、越、扬、楚盐廪至数千，……岁得钱百余万缗，以当百余州之赋。”“元和中，供岁赋者浙西、浙东、宣歙、淮南、江西、鄂岳、福建、湖南八道，户百四十四万，比天宝才四之一。兵食于官者八十三万，加天宝三之一，通以二户养一兵。京西北、河北以屯兵广，无上供。”

国内统一，则其力足以外竞，隋、唐其明证也。炀帝之伐高丽，世多讥之，而发见流求，

《隋书·东夷传》：“大业三年，炀帝令羽骑尉朱宽入海访求异俗，……因到流求国。”“明年，帝遣武贲郎将陈稜、朝请大夫张镇州，率兵自义安浮海击之。”

通使倭国，

《隋书·东夷传》："大业三年，倭王思利北孤遣使朝贡。使者曰：'闻海西菩萨天子重兴佛法，故遣朝拜，兼沙门数十人来学佛法。'……明年，遣文林郎裴清使于倭国。"

南招赤土，

《隋书·南夷传》："炀帝即位，募能通绝域者。大业三年，屯田主事常骏，虞部主事王君政等，请使赤土。帝大悦，赐骏等帛各百匹，时服一袭而遣，赍物五千段以赐赤土王。其年十月，骏等……至赤土国。其王以船来迎至王宫，骏等宣诏讫，王诏骏曰：'今是大国中人，非复赤土国矣。'寻遣那邪迦随骏贡方物。"

西达波斯，

《隋书·西域传》："炀帝遣云骑尉李昱使通波斯。寻遣使随昱贡方物。"

皆其时之可纪者也。裴矩之撰《西域图记》，虽亦出于逢君之恶，然周知四国、招徕远人，亦贤哲所当为，正不可以闭关自守之见斥之也。

《隋书·裴矩传》："时西域诸蕃，多至张掖与中国交市。帝令矩掌其事。矩知帝方勤远略，诸商胡至者，矩诱令言其国俗山川险易，撰《西域图记》三卷，入朝奏之。其序曰：……臣既因抚纳，监知关市，寻讨书传，访采胡人，或有所疑，即详众口。依其本国服饰仪形，王及庶人，各显容止，即丹青模写，为《西域图记》，共成三卷，合四十四国。仍别造地图，穷其要害。从西顷以去，北海之南，纵横所亘，将二万里。""帝复令矩往张掖，引致西蕃，至者十余国。……及帝西巡，次燕支山，高昌王、伊吾设等，及西蕃胡二十七国，谒于道左。皆令佩金玉，被锦罽，焚香奏乐，歌舞喧噪。复令武威、张掖士女，盛饰纵观，骑乘填咽，周亘数十里，以示中国之盛。……矩以蛮夷朝贡者多，讽帝令都下大戏。征四方奇技异艺，陈于端门街，衣锦绮、珥金翠者，以十数万。又勒百官及民士女，列坐栅阁而纵观焉。皆被服鲜丽，终月乃罢。又令三市店肆，皆设帷帐，盛列酒食，遣掌蕃率蛮夷与民贸易，所至之处，悉令邀延就坐，醉饱而散。蛮夷嗟叹，谓中国为神仙。”

唐太宗、高宗时，国威之隆，尤无伦比，

《东洋史要》（桑原骘藏）：“唐太宗、高宗两朝，国势之盛，旷古无两。虽力征经营，专属东西北三面，于南徼或未暇及，而威声所播，南方诸小国先后朝贡称藩。如占城（今交趾）、真腊（今柬埔寨）、扶南（今暹罗）、婆利（今婆罗洲）、阇婆（今爪哇）、室利佛逝（今苏门答剌）诸国，以及东谢（今四川涪陵县）、西赵（今云南凤仪县）、牂柯（今贵州思南县）诸蛮，皆于其时来廷。于是唐威令所行，东综辽海，北跨大碛，西被达曷水（今低格里河），南极天竺，暨海洋洲中诸小国。既拥此广土，欲筹所以统理之者，乃即其部落列置州县，其大者为都督府，以其首领为都督刺史，皆得世袭。虽贡赋版籍多不上户部，然声教所暨，皆边州都督、都护所领，著于令式。其突厥、回纥、党项、吐谷浑隶关内道者，凡府二十九，州九十；突厥别部及奚（东部鲜卑宇文之别种，据今内蒙喀喇沁部地）、契丹、靺鞨、降胡、百济、高丽隶河北道者，凡府十四、州四十六；突厥、回纥、党项、吐谷浑之别部及自于阗以西、波斯以东十六国隶陇右道者，凡府五十一、州百九十八；羌蛮隶剑南道者，凡州二百六十一；蛮隶江南道者，凡州五十一；隶岭南道者，凡州九十三；又有党项州二十四，不知其隶属。大凡府、州八百五十六，号为羁縻云。都督府为数较多，又分并置罢不常，兹不具载。都护府例置大都护一、副大都护各二，皆由唐廷特简。其治所及所统如下：（一）安西都护府，统西域天山南路至波斯以东，治西州（今吐鲁番），后徙龟兹（今库车）；（二）燕然都护府，统漠北，治天德军（今吴喇忒西北黄河北岸）；（三）单于都护府，统阴山之阳黄河之北，治振武军（今托克托西北）；（四）瀚海都护府，统漠南，治云中（今大同）；（五）昆陵都护府，统西突厥五咄陆部落，治碎叶川东；（六）濛池都护府，统西突厥五弩失毕部落，治碎叶川西；（七）安东都护府，统高丽、百济、降户，治平壤，后徙新城；（八）北庭都护府，统金山以西及天山北路，治庭州（今乌鲁木齐）；（九）安南都护府，统诸蛮，治交州（今安南东京）；（十）峰州都护府，统蜀爨蛮，治嘉宁（今安南太原）。”

突厥、回纥之酋长，并列于朝，

《旧唐书·突厥传》：“太宗用温彦博计，于朔方之地，自幽州至灵州，置顺、祐、化、长四州都督府，又分颉利之地六州，左置定襄都督府，右置云中都督府，以统其部众。其酋首至者，皆拜为将军、中郎将等官，布列朝廷，五品以上百余人，因而入居长安者数千家。”《回纥传》：“显庆元年，程知节等大破贺鲁于阴山，尽收所据之地，执贺鲁送洛阳。以贺鲁种落分置州县，西尽波斯。加婆闰右卫大将军兼瀚海都督。”（婆闰，故回纥酋长吐迷度之子，初官右屯卫大将军翊左郎将。）

新罗、日本之生徒，骈罗于学，

《旧唐书·新罗传》：“贞观二十二年，金春秋请诣国学观释奠及讲论，太宗因赐以所制温汤及晋祠碑，并新撰《晋书》，将归国。”“开元十六年，其王兴光上表，请令人就中国学问经教。上许之。”（黄遵宪《日本国志》载唐高祖、太宗时，并有日本学生，详东亚史。）

碑版照耀于绝域，

《语石·平百济碑》（叶昌炽）：“显庆五年，贺遂亮文，权怀素书，厂估王某渡海精拓，并拓得刘仁愿《纪功碑》。亦初唐之佳构，此二碑皆在忠清道扶余县。”《金石萃编·姜行本纪功碑》（王昶）：“今在哈密城北，天山之麓，土人名阔石图，汉之碑岭也。考《唐书·姜行本传》，高昌之役，磨去古刻，更刊颂陈国威灵，即此碑也。案唐代纪功碑，东西相望，至今尚存，实为国光。其尤可宝贵者，蒙古突厥故庭，亦有唐碑。叶昌炽《语石》曰：俄人于娑陵水上，访得回鹘故宫。又于鄂勒昆河，访得突厥旧庭。又访得唐碑三，一为《苾伽可汗碑》，开元廿三年李融文；一为《阙特勤碑》，开元廿年御制；一为《九姓回鹘可汗碑》，断为五石，亦唐刻。此三碑虽非太宗、高宗时所立，然亦可证唐代文教之远。”

诏书震动于殊方。

《旧唐书·天竺传》：“贞观十五年，尸罗逸多自称摩伽佗王，遣使朝贡。太宗降玺书慰问，尸罗逸多大惊，问诸国人曰：‘自古曾有摩诃震旦使人至吾国乎？’皆曰：‘未之有也。’乃膜拜而受诏书。”

观太宗自夸之词，

《通鉴》：“太宗尝谓侍臣曰：自古帝王，虽平定中夏，不能服戎狄。

朕才不逮古人，而成功过之。所以能及此者，自古皆贵中华贱夷狄，朕独爱之如一，故其种落皆依朕如父母。”

及其时蕃将之盛，

《陔余丛考》（赵翼）：“唐初多用蕃将，史大奈本西突厥特勒，冯盎本高州土酋，阿史那社尔本突厥处罗可汗之子，阿史那忠本苏尼失之子，契苾何力本铁勒莫贺可汗之孙，黑齿常之本百济西部人，泉男生本高丽盖苏文之子，李多祚亦靺鞨酋长之后，论弓仁本吐蕃族，尉迟胜本于阗国王，尚可孤本鲜卑别种。他如李光弼、浑瑊、裴玢等，亦皆外蕃久居中国者。”

知唐时初非专恃强大，黩武开边，其于抚绥夷落，怀柔远人，实有一视同仁之概，故视隋为尤盛焉。

第十二章　隋唐之制度

三国以降，世乱如棼丝。凡百政治，苟且补苴，无所谓经制也。北朝元魏，颇有善制，孝文以后，复不能继续进步。嬖倖擅国，以至于亡。北周继魏，有志复古。苏绰、卢辩等，咸有制作。

《周书·苏绰传》："太祖召绰，拜大行台右丞，参典机密。绰始制文案程式，朱出墨入及计帐户籍之法。""又为六条诏书，奏施行之。其一先治心，其二敦教化，其三尽地利，其四擢贤良，其五恤狱讼，其六均赋役。太祖令百司习诵之，其牧守、令长非通六条及计帐者，不得居官。"《卢辩传》："除太常卿、太子少傅。孝武西迁，朝章礼度涸坠咸尽。辩因时制宜，皆合轨度。""初，太祖欲行《周官》，命苏绰专掌其事。未几而绰卒，令辩成之。于是依《周礼》建六官，置公、卿、大夫、士，并撰次朝仪，车服器用多依古礼，革汉、魏之法。事并施行。""辩所述六官，太祖以魏恭帝三年始命行之。自兹厥后，世有损益。宣帝嗣位，事不师古，官员班品，随意变革。""于时虽行《周礼》，其内外众职又兼用秦、汉等官。"

然徒务复古，而无古人之精神，又不能尽革时弊，未足语于善制也。惟隋承周而唐承隋，因革损益，亦当远溯其源焉。

《隋书·经籍志》史部有旧事、官职、仪注、刑法四篇，皆六代之典制，惜其书多不传。然其纲要，则散见于五代史志中。

《隋书考证》："唐武德五年，起居舍人令狐德棻奏请修五代史。十二月，诏中书令封德彝、舍人颜师古修隋史。绵历数载，不就而罢。贞观三年，续诏秘书监魏徵修隋史。十年正月，徵等诣阙上之。""十五年，又诏左仆射于志宁、太史令李淳风、著作郎韦安仁、符玺郎李延寿同修五代史志，凡勒成十志，三十卷。显庆元年上进，诏藏秘阁。后又编第入《隋书》，其实别行，亦呼为《五代史志》。"

盖隋兼承南北，故南述梁、陈，北纪齐、周，以明其统系也。学者欲知自汉以来一切制度之变迁，当详览《隋志》，兹篇不能偻述，节录《百官志序》以见一斑：

汉高祖除暴宁乱，轻刑约法，而职官之制，因于嬴氏。……光武中兴，聿遵前绪。唯废丞相与御史大夫，而以三司综理众务。洎于叔世，事归台阁。论道之官，备员而已。魏、晋继及，大抵略同。爰及宋、齐，亦无改作。梁武受终，多循齐旧。然而定诸卿之位，各配四时，置戎秩之官，百有余号。陈氏继梁，不失旧物；高齐创业，亦遵后魏。台省位号，与江左稍殊。……有周创据关右，日不暇给。洎乎克清江、汉，爰议宪章。酌酆镐之遗文，置六官以综务。详其典制，有可称焉。高祖践极，百度伊始。复废周官，还依汉、魏。唯以中书为内史、侍中为纳言，自余庶僚，颇有损益。炀帝嗣位，意存稽古，建官分职，率由旧章。大业三年，始行新令。于时三川定鼎，万国朝宗，衣冠文物，足为壮观。既而以人从欲，待下若仇；号令日改，官名日易。寻而南征不复，朝廷播迁，图籍注记，多从散佚。今之存录者，不能详备焉。

唐之制度，亦多变迁。综其一代，未可概论。然欲考求有唐一代良法美意，莫若先治《唐六典》。盖《六典》成于开元中，正唐室全盛之时。弘纲巨旨，粲然明备，足与《周官》颉颃。而宋以后所行之法，亦多孕育于其中。

《唐六典序》（王鏊）：“周之后莫善于唐，唐有《六典》可追仿《周礼》。”“国家官制，则象《周官》，于唐制固若未暇，而亦未尝遗之。盖唐以中书、门下、尚书三省参领天下之务，今六部虽分，顾犹尚书省之旧。而内阁则隐然中书，通政、给事则门下之遗也。其余寺监府院以分众职，品爵勋阶以叙群材，尚多唐旧。”

虽书中所云，亦未尽使用。

《四库全书提要》：“《唐六典》卅卷，其书以三师、三公、三省、九寺、五监、十二卫，列其职司官佐，叙其品秩，以拟《周礼》。《书录解题》引韦述《集贤记》注曰：开元十年，起居舍人陆坚被旨修是书。帝手写白麻纸六条曰：理、教、礼、政、刑、事，令以类相从。”“二十六年，奏草上，迄今在直院，亦不行用。程大昌《雍录》则曰：唐世制度，凡最皆在《六典》。”“草制之官，每入院必首索《六典》，则时制尽在故也。二说截然不同。考《吕温集》有《代郑相公请删定施行六典开元礼状》一篇称‘宣示中外，星周六纪，未有明诏施行’……与韦述之言相合。唐人所说，当无讹误。……疑当时讨论典章，亦相引据，而公私科律，则未尝事事遵用，如明代之《会典》也云尔。”

然考求吾国人立国之法，自《周官》外，无逾是书者矣。

《周官》所重，体国经野。《唐六典》则惟重设官分职，而其体国经野之法，则具于户部职中。

《唐六典》：“户部尚书、侍郎，掌天下户口井田之政令。”“郎中、员外郎，掌领天下州、县户口之事。凡天下十道，任土所出，而为贡赋之差，分十道以总之。一曰关内道，凡二十有二州，东距河，西抵陇坂，南据终南之山，北边沙漠。厥赋：绢、绵、布、麻，厥贡：岱赭盐、山角弓、龙须席、苁蓉、野马皮、麝香。二曰河南道，凡二十有八州，东尽于海，西距函谷，南濒于淮，北薄于河。厥赋：绢、絁、绵、布，厥贡：紬絁、文绫、丝葛、水葱、藨心席、瓷石之器。三曰河东道，凡十有九州，东距恒山，西据河，南抵首阳、太行，北边匈奴。厥赋：布襦，厥贡：麹扇、龙须席、墨蜡、石英、麝香、漆、人参。四曰河北道，凡二十有五州，东并于海，南迫于河，西距太行、恒山，北通渝关、蓟门。厥赋：绢、绵及丝，厥贡：罗绫、平紬、丝布、丝紬、凤翮、苇席、墨。五曰山南道，凡三十有三州，东接荆，西抵陇蜀，南控大江，北据商、华之山。厥赋：绢、布、绵、紬，厥贡：金、漆、蜜蜡、蜡烛、钢铁、芒硝、麝香、布、交梭、白縠、紬纻、绫葛、彩纶、兰干。六曰陇右道，凡二十有一州，东接秦，西逾流沙，南连蜀及吐蕃，北界朔漠。厥赋：布、麻，厥贡：麸金、砺石、棊石、蜜蜡、蜡烛、毛毼、麝香、白氎及鸟、兽之角、羽毛、皮革。七曰淮南道，凡一十有四州，东临淮海，西抵汉，南据江，北距淮。厥赋：絁、绢、绵、布，厥贡：交梭、纻絺、孔雀熟丝布、青铜镜。八曰江南道，凡五十有一州，东临海，西抵蜀，南极岭，北带江。厥赋：麻、纻，厥贡：纱编、绫纶、蕉葛、练麸金、犀角、鲛鱼、藤、朱砂、水银、零陵香。九曰剑南道，凡三十有三州。东连牂柯，西界吐蕃，南接群蛮，北通剑阁。厥赋：绢、绵、葛、纻，厥贡：麸金、罗绫、绵紬、交梭、弥年布、丝葛、麝香，羚羊、犛牛角尾。十曰岭南道，凡七十州。东南际海，西极群蛮，北据五岭。厥赋：蕉纻、落麻，厥贡：金、银、沉香、甲香、水马、翡翠，孔雀、象牙、犀角、龟壳、鼋鼊、丝、藤、竹布。”①

---

①《新唐书，地理志》：“开元二十一年，又因十道分山南、江南为东西道，增置黔中道及京畿、都畿，置十五采访使检察，如汉刺史之职。”

其地方分州、县两级，其下有乡里村坊之别。

《唐六典》："四万户以上为上州，三万户以上为中州，不满为下州。六千户以上为上县，二千户以上为中县，一千户以上为中下县，不满一千户皆为下县。百户为里，五里为乡。两京及州县之廓内分为坊，郊外为村里及村坊，皆有正以司督察。四家为邻，五家为保，保有长，以相禁约。"

其民有计帐、户籍，

《唐六典》："凡男女始生为黄，四岁为小，十六为中，二十有一为丁，六十为老。每一岁一造计帐，三年一造户籍。县以籍成于州，州成于省，户部总而领焉。"①

分等而载之，计年而比之。

《唐六典》："凡天下之户，量其资产，定为九等。每定户以中年②，造籍以季年③。州县之籍，恒留五比，省籍留九比。"

计口授田，度地之肥瘠宽狭而居之。

《唐六典》："凡天下之田，五尺为步，二百有四十步为亩，百亩为顷。度其肥瘠宽狭，以居其人。凡给田之制有差，丁男、中男以

---

① 诸造籍起正月，毕三月。所须纸笔装潢轴帙，皆出当户内，口别一钱。计帐所须，户别一钱。
② 子、卯、午、酉。
③ 丑、辰、未、戌。

一顷[①]，老男、笃疾、废疾以四十亩，寡妻妾以三十亩，若为户者则减丁之半。凡分田为二等，一曰永业，一曰口分。丁之田，二为永业，八为口分。凡道士给田三十亩，女冠二十亩，僧尼亦如之。凡官户受田，减百姓口分之半。凡天下百姓给园宅地者，良口，三人以上给一亩，三口加一亩，贱口，五人给一亩，五口加一亩，其口分、永业不与焉。凡给口分田，皆从便近。居城之人本县无田者，则隔县给受。凡应收授之田，皆起十月，毕十二月。凡授田，先课后不课，先贫后富，先无后少。凡州县界内所部受田悉足者为宽乡，不足者为狭乡。"（按其法盖多沿魏、周及隋之制而变通之也。）《文献通考》："隋代中男、丁男永业露田，皆遵后齐之制。""开皇九年，任垦田千九百四十四万四千二百六十七顷。开皇十二年，文帝以天下户口岁增，京辅及三河地少而人众，衣食不给，议者咸欲徙就宽乡，帝乃发使四出，均天下之田。其狭乡每丁才至二十亩，老少又少焉。至大业中，天下垦田五千五百八十五万四千四十顷。""隋文帝颁新令，男女三岁以下为黄，十岁为小，十七岁以下为中，十八岁以上为丁，以从课役。六十为老，乃免。开皇三年，乃令人以二十一成丁。炀帝即位，户口益多，男子以二十二为丁。高颎奏人间课税，虽有定分，年恒征纳，除注常多，长吏肆情，文帐出没，既无簿籍，难以推校，乃定输籍之样，请遍下诸州。每年正月五日，县令巡人各随近五党三党共为一团，依样定户上下。帝从之，自是奸无所容。"

虽人户之数，隋、唐相等，

《文献通考》："炀帝大业二年，户八百九十万七千五百三十六，口四千六百一万九千九百五十六。"《通典》："天宝十四载，管户总

---

① 中男年十八以上者，亦依丁男给。

八百九十一万九千三百九，口五千二百九十万九千三百九。”

尚未可以比于汉室，然论者颇称其法焉。

《文献通考》载苏轼曰：“自汉以来，丁口之蕃息，与仓廪府库之盛，莫如隋。其贡赋输籍之法，必有可观者。然学者以其得天下不以道，又不过再世而亡，是以鄙之而无传焉。”

唐之设官，大抵皆以隋故，

《新唐书·百官志》：“唐之官制，其名号爵秩，虽因时增损，而大抵皆沿隋故。其官司之别，曰省、曰台、曰寺、曰监、曰卫、曰府，各统其属，以分职定位。其辨贵贱、叙劳能，则有品、有爵，有勋、有阶，以时考核而升降之。”

其格令定于开元二十五年。

《文献通考》：“开元二十五年，刊定职次，著为格令。尚书省以统会众务，举持绳目；门下省以侍从献替，规驳非宜；中书省以献纳制册，敷扬宣劳；秘书省以监录图书；殿中省以供修膳服；内侍省以承旨奉引；御史台以肃清僚庶；九寺[①]、五监[②]以分理群司；六军[③]、

---

① 太常、光禄、卫尉、宗正、太仆、大理、鸿胪、司农、太府为九寺。

② 少府、将作、国子、军器、都水为五监。

③ 左右羽林、左右龙武、左右神武为六军。

十六卫[①]以严其禁御。一詹事府，二春坊，三寺[②]，十率[③]，俾乂储宫，牧守督护，分临畿服。设官以经之，置使以纬之[④]，自六品以下，率由选曹，居官者以五岁为限。”

论者谓门下省给事中之掌封驳，为一代极善之制。

《唐六典》：“给事中侍奉左右，分制省事。凡百官奏钞，侍中审定，则先读而署之，以驳正违失。凡制敕宣行大事，则称扬德泽，褒美功业，复奏而请施行，小事则署而颁之。凡国之大狱，三司详决，若刑名不当，轻重或失，则援法例，退而裁之。凡文武六品以下授职，所司奏拟，则校其仕历深浅，功状殿最，访其德行，量其材艺。官若非其人，理失其事，则白侍中而退量焉。凡天下冤滞未申及官吏刻害者，必听其讼，与御史及中书舍人同计其事宜而申理之。”

《日知录》卷九：“人主之所患，莫大乎唯言而莫予违。……汉哀帝封董贤，而丞相王嘉封还诏书。后汉钟离意为尚书仆射，数封还诏书。自是封驳之事，多见于史，而未以为专职也。唐制，凡诏敕皆经门下省，事有不便，得以封还，而给事中有驳正违失之掌，著于六典。如袁高、崔植、韦弘景、狄兼谟、郑肃、韩佽、韦温、郑公舆之辈，并以封还敕书，垂名史传。亦有召对慰谕，如德宗之于许孟容；中使嘉劳，如宪宗之于薛存诚者。而元和中，给事中李藩在门下，制敕有不可者，即于黄纸后批之。吏请别连白纸，藩曰：‘别以白纸，是文状也。何名批敕？’宣宗以右金吾大将军李燧为岭南节

① 左右卫、左右骁卫、左右武、左右威、左右领军、左右金吾、左右监门、左右千牛为十六卫。

② 家令寺、率更寺、太仆寺。

③ 左右卫、左右司御、左右清道、左右监门、左右内侍，凡十率府。

④ 按察、采访等使以理州县，节度、团练等使以督府军事，租庸、转运、盐铁、青苗、营田等使以毓财货。其余细务，因事置使者，不可悉数。

度使，已命中使赐之节。给事中萧倣封还制书，上方奏乐，不暇别召中使，使优人追之，节及燧门而返。人臣执法之正，人主听言之明，可以并见。五代废弛。宋太宗淳化四年，始复给事中封驳。而司马池犹谓门下虽有封驳之名，而诏书一切自中书以下，非所以防过举也。明代虽罢门下省长官，而独存六科给事中，以掌封驳之任。旨必下科，其有不便，给事中驳正到部，谓之科参。六部之官，无敢抗科参而自行者。故给事中之品卑而权特重。”

盖汉代人主及大臣之于政务，多与群僚会议。自三国以降，君主及大臣之权漫无限制。故唐以门下省给事中掌封驳，使纠正其违失。沿及明、清，犹存其制之遗意，孰谓君主之世皆专制哉！

魏、晋以来，国之人政，多总于中书。中书舍人掌撰制诰，其职尤重。唐代因之，诸官莫比。

《文献通考》：“中书省自魏、晋始，梁、陈时，凡国之政事，并由中书省。隋初改为内史省，唐武德三年，复中书省。”“隋内史舍人专掌诏诰。武德三年，改为中书舍人，专掌诏诰，侍从署敕，宣旨劳问，授纳诉讼，敷奏文表，分制省事。自永淳以来，天下文章道盛，台阁髦彦，无不以文章达。故中书舍人为文士之极任，朝廷之盛选，诸官莫比焉。”

而尚书省奉行政令，分立六部，后世多因此以分职，迄清末始改。盖自汉置五曹，至隋置六部，历经研究，始定此政务之大纲（隋置吏、礼、兵、刑、民、工六部尚书，唐与之同，惟民部曰户部），敛而行政之法，遂详备焉。六部行政，各有区别。就其总者言之，如官司之奏报，文牍之施行，皆有定式，是亦可觇唐制之善矣。

《唐六典》："尚书都省掌举诸司之纲纪，与其百僚之程式，以正邦理。凡内外百司所受之事，皆印其发日，为之程限。一日受，二日报。小事五日，中事十日，大事二十日，狱案三十日，其急务者不与焉。小事判句经三人以下者给一日，四人以上给二日；中事每经一人给二日，大事各加一日。内外诸司咸率此。若诸州计奏达于京师，量事之大小多少以为之节，二十条以上，二日；倍之，三日；又倍之，四日；又倍之，五日。虽多，不是过焉。凡制敕施行，京师诸司有符移关牒，诸下州者，必由于都省以遣之。凡文案既成，勾司行朱讫，皆书其上端，记年月日，纳诸库。凡施行公文应印者，监印之官考其事目，无或差谬，而后印之。必书于历，每月终，纳诸库。""凡内外百僚，日出而视事，既午而退，有事则直官省之，其务繁不在此例。"

天下大政，曰财，日兵。其制度之变迁，则以唐为古今大判之枢。唐行授田之法，其赋役亦因以定制为租、调、庸、徭四目。

《唐六典》："凡赋役之制有四：一曰租，二曰调，三曰役，四曰杂徭。课户每丁租粟二石，其调随乡土所产绫、绢、絁各二丈，布加五分之一。输绫、绢、絁者绵三两，输布者麻二斤，皆书印焉。凡丁岁役二旬，无事则收其庸，每日三尺。有事而加役者，旬有五日，免其调，三旬则租调俱免。凡庸、调之物，仲秋而敛之，季秋发于州。租则准上收获早晚，量事而敛之，仲秋起输，孟春而纳毕。"

其取于民也均。开元以后，法度废弊，又经大乱，版籍难定，于是有杨炎两税之法。

《文献通考》："租庸调法以人丁为本。开元后，久不为版籍，法度废弊，丁口转死，田亩换易，贫富升降，悉非向时，而户部岁以空文上之。……天宝中，王鉷为户口使，务聚敛，乃按旧籍，除当免者。积三十年，责其租庸，人苦无告，法遂大弊。至德后，天下兵起，人口凋耗，版图空虚。赋敛之司，莫相统摄，纲纪大坏。王赋所入无几，科敛凡数百名。……德宗时，杨炎为相，遂作两税法。夏输无过六月，秋输无过十一月，置两税使以总之。凡百役之费，先度其数而赋之于民，量出制入。户无主客，以见居为簿，人无丁中，以贫富为差。不居处而行商者，在所州县，税三十之一，度所取与居者均，使无侥利，其租、庸、杂徭悉省，而丁额不废。其田亩之税，以大历十四年垦田之数为定，而均收之。”

后世专重田赋，分为夏、秋两税。又不计土壤高下，沿各地所收旧数而高下之，皆本杨炎之法，而古者均地均赋之义亡矣。

唐之兵制，亦因周、隋设府兵。

《文献通考》：“周太祖辅西魏时，用苏绰言，始仿周典置六军，籍六等之民。择魁健材力之士，以为之首。尽蠲租调，而刺史以农隙教之，合为百府。每府一郎将主之，分属二十四军，开府各领一军。”《新唐书·兵志》：“府兵之制，起自西魏、后周而备于隋，唐兴因之。”“诸府总曰折冲府，凡天下十道，置府六百三十四，皆有名号，而关内二百六十有一皆以隶诸卫。凡府三等，兵千二百人为上，千人为中，八百人为下。”“凡民年二十为兵，六十而免。”“其隶于卫也，左右卫皆领六十府，诸卫领五十至四十。”“凡当宿卫者番上，兵部以远近给番。五百里为五番，千里为七番，千五百里八番，二千里十番，外为十二番，皆一月上。若简留直卫者，五百里为七番，千里八番，二千里十番，外为十二番，亦月上。”

实即今日所谓征兵之制，亦即古者兵农不分之意。

《文献通考》："府兵平日皆安居田亩，每府有折冲领之。折冲以农隙教习战阵，国家有事征发，则以符契下其州及府，参验发之。"

开元之后，改为募兵，而从来征兵之制不可复矣。

《文献通考》："自开元之末，张说始募长征兵，谓之'彍骑'。其后益为六军。及李林甫为相，奏诸军皆募人为兵，兵不土著，又无宗族，不自重惜，忘身徇利，祸乱自生。"

唐代京师学校，皆隶于国子监，沿隋制也。其学校有六：一曰国子，二曰太学，三曰四门，四曰律学，五曰书学，六曰算学。其学生以阶级分之。

《唐六典》："国子博士掌教文武官三品以上及国公子孙从二品以上曾孙之为生者，……太学博士掌教文武官五品以上及郡县公子孙三品曾孙之为生者，……四门博士掌教文武官七品以上及侯伯子男之为生者，若庶人子为俊士生者，……律学博士、书学博士、算学博士掌教文武官八品以下及庶人子之为生者。"

各有定额及专业年限。

《新唐书·选举志》："国子学，生三百人；太学，生五百人；四门学，生千三百人；① 律学，生五十人；书学，生三十人；算学，生三十人。……凡生，限年十四以上、十九以下；律学十八以上、二十五以下。"《唐六典》："国子生五分其经以为之业，习《周礼》《仪礼》《礼记》《毛诗》《春秋左氏传》，每经各六十人，余经亦兼习之。

① 内八百人，以庶人之俊异者为之。

习《孝经》《论语》，限一年业成；《尚书》《春秋穀梁》《公羊》各一年半；《周易》《毛诗》《周礼》《仪礼》各二年；《礼记》《左氏春秋》各三年。其习经有暇者，命习隶书，并《国语》《说文》《字林》《三仓》《尔雅》。”“太学生五分其经以为之业，每经各百人。”“四门分经同太学。”“律学生以律令为专业，格式法例亦兼习之。”“书学生以《石经》《说文》《字林》为专业，余字书亦兼习之。《石经》三体书限三年业成，《说文》二年，《字林》一年。”“算学生二分其经以为之业，习《九章》《海岛》《孙子》《五曹》《张丘建》《夏侯阳》《周髀》十有五人，习《缀术》《缉古》十有五人。《孙子》《五曹》共限一年业成，《九章》《海岛》共三年，《张丘建》《夏侯阳》各一年，《周髀》《五经算》共一年，《缀术》四年，《缉古》三年。”

入学有束脩，每旬有考试。

《唐六典》：“其生初入，置束帛一篚、酒一壶、脩一案，号为束脩之礼。每旬前一日，则试其所习业。”

业成者上于监，无成者免。

《唐六典》：“凡六学生每岁有业成上于监者，丞以其业与司业祭酒试之。明经，帖经口试策经义；进士，帖一中经，试杂文策时务征事。其明法、明书算，亦各试所习业。登第者上于尚书，礼部主簿掌印句检监事。凡六学生有不率师教者，则举而免之。其频三年下第九年在学及律生六年无成者，亦如之。”①

① 假违程限及作乐杂戏亦同，惟弹琴、习射不禁。

其地方之学校学生，亦有定额。

《新唐书·选举志》："京都学生八十人，大都督、中都督府、上州各六十人，下都督府、中州各五十人，下州四十人，京县五十人，上县四十人，中县、中下县各三十五人，下县二十人。"

设博士、助教等教之。

《唐六典》："京兆、河南、太原三府及各州，皆有经学博士一人，助教二人或一人。"①

别有弘文、崇文馆学生，讲习经业，兼学书法。

《唐六典》："门下省弘文馆学生三十人，②太子崇文馆学生二十人，其课试举送如弘文馆。"

当太宗时，学风最盛。

《新唐书·选举志》："自高祖入长安，开大丞相府，下令置生员，自京师至于州县皆有数。既即位，又诏秘书外省别立小学，以教宗室子孙及功臣子弟。其后又诏诸州明经、秀才、俊士、进士，明于理体为乡里称者，县考试，州长重覆，岁随方物入贡。吏民子弟学艺者，皆送于京学，为设考课之法，州县乡皆置学焉。及太宗即位，益崇儒术，乃于门下别置弘文馆，又增置书、律学，进士加读经史一部。

---

① 魏、晋以下，郡国并有文学，即博士、助教之任，并皇朝置。

② 置讲经博士，考试经业，准试贡举，兼学书法。

十三年，东宫置崇文馆。自天下初定，增筑学舍至千二百区。虽七营飞骑，亦置生，遣博士为授经。四夷若高丽、百济、新罗、高昌、吐蕃，相继遣子弟入学，遂至八千余人。”

天宝后，学校遂衰，员额均减于旧。

《新唐书·选举志》：“自天宝后，学校益废，生徒流散。”元和二年，“始定生员，西京国子馆生八十人，太学七十人，四门三百人，广文六十人，①律馆二十人，书、算馆各十人；东都国子馆十人，太学十五人，四门五十人，广文十人，律馆三人，书馆三人，算馆二人而已。”

而学风之坏，亦颇为时人所讥焉。

《与太学诸生书》（柳宗元）：“仆少时，尝有意游太学，受师说，以植志持身。当时说者咸曰：‘太学生聚为朋曹，侮老慢贤，有堕窳败业而利口食者，有崇饰恶言而肆斗讼者，有凌傲长上而谇骂有司者，其退然自克，特殊于众人者无几耳。’仆闻之，遂退托乡闾家塾，考厉志业。过太学之门，而不敢踞顾。”

唐代重科举，其学校亦科举之一法，非专为讲学之地。天宝中，尝令举人专由国学及郡县学，后又复乡贡。

《新唐书·选举志》：“举人旧重两监，后世禄者以京兆、同、华为荣，而不入学。天宝十二载，敕天下罢乡贡，举人不由国子及郡

① 天宝九载，始置广文馆于国学。

县学者勿举送。……十四载，复乡贡。”

故终唐之世，人悉骛于科名，而唐之科目亦特备。

《新唐书·选举志》：“唐制，取士之科，多因隋旧，然其大要有三。由学馆者曰生徒，由州县者曰乡贡，皆升于有司而进退之。其科之目，有秀才，有明经，有进士，有俊士，有明法，有明字，有明算，有一史，有三史，有开元礼，有道举，有童子。而明经之别，有五经，有三经，有二经，有学究一经，有三礼，有三传，有史科。此岁举之常选也。其天子自诏者曰制举，所以待非常之才焉。”

士皆怀牒自列于有司，

《新唐书·选举志》：“每岁仲冬，州、县、馆、监举其成者送之尚书省，其不繇馆选者，谓之乡贡，皆怀牒自列于州、县。试已，长吏以乡饮酒礼，会属僚，设宾主，陈俎豆，备管弦，牲用少牢，歌《鹿鸣》之诗，因与耆艾叙长少焉。既至省，皆疏名列到，结款通保及所居，始由户部集阅，而关于考功员外郎试之。”

各科之试法不同，要以明经、进士二科为重。

《新唐书·选举志》：“凡秀才，试方略策五道，以文理通粗为上上、上中、上下、中上，凡四等为及第。凡明经，先帖文，然后口试，经问大义十条，答时务策三道，亦为四等。凡《开元礼》，通大义百条、策三道者，超资与官；义通七十、策通二者，及第。散、试官能通者，依正员。凡三传科，《左氏传》问大义五十条，《公羊》《穀梁传》三十条，策皆三道，义通七以上、策通二以上为第，白身视五经，有出身及前资官视学究一经。凡史科，每史问大义百条、策三道，义通七、策通二以上为第。能通一史者，白身视五经、三传，有出身及前资官视学究一经；三史皆通者，奖擢之。凡童子科，十岁以下能通一经及《孝经》《论语》，卷诵文十，通者予官，通七，予出身。凡进士，试时务策五道，帖一大经，经、策全通者为甲第；策通四、帖过四以上为乙第。凡明法，试律七条、令三条，全通为甲第，通八为乙第。凡书学，先口试，通，乃墨试《说文》《字林》二十条，通十八为第。凡算学，录大义本条为问答，明数造术，详明术理，然后为通。试《九章》三条，《海岛》《孙子》《五曹》《张丘建》《夏侯阳》《周髀》《五经算》各一条，十通六，《记遗》《三等数》帖读十得九，为第。试《缀术》《缉古》录大义为问答者，明数造术，详明术理，无注者，合数造术，不失义理，然后为通。《缀术》七条、《缉古》三条，十通六，《记遗》《三等数》帖读十得九为第。落经者，虽通六，不第。”又“开元二十九年，始置崇玄学，习《老子》《庄子》《文子》《列子》，亦曰道举。其生，京、都各百人，诸州无常员。官秩、荫第同国子，举送、课试如明经。”

其得第者，大抵百分之一。

《文献通考》：“开元以后，四海晏清，士耻不以文章达。其应诏而举者，多则二千人，少不减千人，所收百才有一。”

世多病其法之不善，然九品中正之弊，致成贵族政治。矫之以科举，而平民与贵族乃得均享政权，是亦未始无关于国家社会之进化也。

隋都长安，以洛阳为东都。唐室因之，以长安为西京，洛阳为东京。两京城坊之壮丽，轶于前世，《两京城坊考》（徐松）详述之。

《两京城坊考》："唐西京初曰京城，隋之新都也。开皇二年所筑。[1]唐天宝元年为西京。""宫城东西四里，南北二里二百七十步，周十三里一百八十步。其崇三丈五尺，南即皇城。"[2]"傅宫城之南面曰皇城，亦曰子城。东西五里一百一十五步，南北三里一百四十步，周十七里一百五十步。城中南北七街，东西五街。左宗庙，右社稷，百寮廨署，列于其间。"[3]"外郭城隋曰大兴城，唐曰长安城，亦曰京师城。前直子午谷，后枕龙首山，左临灞岸，右抵沣水。东西一十八里一百一十五步，南北一十五里一百七十五步，周六十七里。其崇一丈八尺，面各三门，郭中南北十四街，东西十一街，其间列置诸坊，有京兆府万年、长安二县所治，寺观邸第编户错居焉。当皇城南，面朱雀门，有南北大街，曰朱雀门街，东西广百步，万年、长安二县以此街为界；万年领街东五十四坊及东市；长安领街西五十四坊及西市。""东京一名东都，始筑于隋大业元年，谓之新都。唐显庆二年，曰东都。""宫城在皇城北，东西四里一百八十八步，南北二里八十五步，周一十三里二百四十一步。其崇四丈八尺。""皇城傅宫城南，东西五里一十七步，南北三里二百九十八步，周一十三里二百五十步。高三丈七尺。城中南北四街，东西四街。""东京城，隋大业元年筑，曰罗郭城。唐长寿二年李昭德增筑，改曰金城。前直伊阙，后倚邙山，东出瀍水之东，西出涧水之西。雒水贯都，有河汉之象焉。周五十二里，南东各三门，北二门，城内纵横各十街。凡坊一百十三，市三。"

---

① 原注：按周、汉皆都长安，而皆非隋、唐之都城。文王作丰，在今西安府鄠县。武王宅镐，在今咸阳县西南。汉都城在唐城西北十三里，自刘聪、刘曜、石勒、苻健、苻坚、姚苌所据，皆汉城也。隋开皇二年，始移于龙首原。

② 隋时规建，先筑宫城，次筑皇城，次筑外郭城。

③ 自西汉以后，至于晋、齐、梁、陈，并有人家在宫阙之间。隋文帝以为不便于事，于是皇城之内，惟列府寺，不使杂居，公私有辨。

日本之平安京，即仿唐之长安城，彼国至今犹盛称之。考史者所宜资以比较者也。唐之都会，民居与市廛不杂，故商店悉聚于两市，

《两京城坊考》：“西京东市，隋曰都会市，东西南北各六百步。四面各开二门，四面街各广百步。北街当皇城南之大街，东出春明门，广狭不易于旧。东西及南面三街向内开，壮广于旧。街市内货财二百二十四行，四面立邸。四方珍奇，皆所积集。”“西市，隋曰利人市，南北尽两坊之地。市内店肆，如东市之制。长安县所领四万余户，比万年为多。浮寄流寓，不可胜计。”“东都南市，隋曰丰都市。唐以其在雒水南，故曰南市。东西南北居二坊之地，其内一百二十行，三千余肆。四壁有四百余店，货贿山积。”（其西市、北市之制未言，当亦等于南市。）

而掌以市令。

《唐六典》：“京都诸市令，掌百族交易之事。丞为之贰，以二物平市。[①] 以三贯均市。[②] 凡与官交易，及悬平赃物，并用中贾。其造弓矢长刀，官为立样，仍题工人姓名，然后听鬻，诸器物亦如之。以伪滥之物交易者没官，短狭不中量者还主。凡卖买奴婢牛马，用本司本部公验以立券。凡卖买不和而榷固及更出开闭，共限一价。若参市而规自入者并禁之。凡市以日午击鼓三百声，而众以会；日入前七刻，击钲三百声，而众以散。”

其地方亦各有市令焉。

---

① 秤以格，斗以概。

② 精为上贾，次为中贾，粗为下贾。

《唐六典》："汉代诸郡国，皆有市长。晋、宋以来，皆因之。隋氏始有市令。皇朝初，又加市丞。户四万以上者省补市令，州市令不得用本市内人，县市令不得用当县人。"

唐人之居室，以贵贱为差等。其制掌于左校令。

《唐六典》："左校令掌供差构梓匠之事，致其杂材，差其曲直，制其器用，程其功巧。丞为之贰。凡宫室之制，自天子至于士庶，各有差等。"①

后世民居，多则五间，少则三间，沿唐制也。

衣服之制，别之以色，则起于隋。

《通鉴》卷一百八十一："大业六年十二月，上以百官从驾，皆服袴褶，于军旅间不便。是岁始诏从驾涉远者，文武官皆戎衣。五品以上，通着紫袍；六品以下，兼用绯丝，胥使以青，庶人以白，屠商以皂，士卒以黄。"

其礼服兼用历代之制，

《唐六典》："乘舆之服，则有大裘冕、衮冕②、鷩冕③、毳冕④、絺

---

① 天子之宫殿，皆施重栱藻井。王公诸臣三品以上九架，五品以上七架，并厅厦两头，六品以下五架。其门舍三品以上五架、三间，五品以上三间两厦，六品以下及庶人一间两厦。五品以上得制乌头门，若官修者，左校为之。私家自修者制度准此。

② 王公第一品服之。

③ 二品服之。

④ 三品。

> 冕[1]、玄冕[2]、通天冠、武弁、弁服、黑介帻、白纱帽、平巾帻、翼善冠之服[3]。百官有朝服、公服、弁服、平巾帻服、袴褶之服。”

常服则用袍，

> 《唐六典》：“凡常服，亲王三品以上、二王后服用紫，饰以玉；五品以上服用朱，饰以金；七品以上服用绿，饰以银；九品以上用青，饰以鍮石；流外庶人服用黄，饰以铜铁。”

其阔狭长短均有定例。

> 《唐会要》（王溥）：“袍袄衫等曳地不得长二寸以上，衣袖不得广一尺三寸以上。妇人制裙，不得阔五幅以上，裙条曳地不得长三寸以上，襦袖不得广一尺五寸以上。”

然各地风气，亦有变迁，奢侈者往往流于长阔焉。

> 《唐会要》：“开成四年，淮南观察使李德裕奏管内妇人，袖先阔四尺，今令阔一尺五寸，裙先曳地四五寸，今令减五寸。”

唐人之饮食，亦有阶级。观其膳部所掌官吏食料，可以考见唐人饮食之材料及其节日之所尚。

> 《唐六典》：“膳部郎中，掌邦之牲豆酒膳，辨其品数。凡亲王以

---

① 四品。
② 五品。
③ 六品至九品服爵弁。

下，常食料各有差，[1] 三品以上食料九盘，[2] 四品五品常食料七盘，[3] 六品以下、九品以上常食料五盘，[4] 凡诸王以下，皆有小食料。午时粥料各有差，复有设食料、设会料，每事皆有常食料。又有节日食料。”[5]

《六典》载珍羞署有饧匠，良酝署有酒匠，皆唐所特置。此可见唐人之嗜饧与酒矣。

《唐六典》：“珍羞署饧匠五人，[6] 良酝署酒匠三十人。”[7]

唐之交通，均有定法。按驿程定其迟速，

《唐六典》：“驾部郎中，掌邦国之舆辇车乘，及天下之传驿厩牧官私马牛杂畜之簿籍，司其名数，凡三十里一驿，天下凡一千六百三十有九所。[8] 又度支郎中，掌水陆道路之利。凡陆行之程，马，日七十里；步及驴，五十里；车，三十里。水行之程，溯河，日三十里，

---

① 每日细白米二升，粳米、粱米各一斗五升。粉一升，油五斤，盐一升，醋二升，蜜三合，粟一斗，梨七颗，酥一合，干枣一升，木橦十根，炭十斤，葱韭豉蒜姜椒之类各有差。每月给羊二十口，猪肉六十斤，鱼三十头，各一尺，酒九斗。

② 每日细米二升二合，粳米八合，面二升四合，酒一升半，羊肉四分，酱四合，醋四合，瓜三颗，盐豉葱姜葵韭之类各有差。木橦春二分，冬三分五厘，炭春三斤，冬五斤。

③ 每日细米二升，面二升三合，酒一升半，羊肉三分，瓜两颗，余并同三品。若断屠及决囚日停肉，给油一合，小豆三合，三品以上亦同此。

④ 每日白米二升，面一升一合，油三勺，小豆一合，酱三合，醋三合，豉盐葵韭之类各有差。木橦春二分，冬三分。

⑤ 谓寒食麦粥，正月七日、三月三日煎饼，正月十五日并晦日膏糜，五月五日粽䊦，七月七日斫饼，九月九日麻葛糕，十月一日黍臛，皆有等差，各有配食料。

⑥ 皇朝置。

⑦ 皇朝置。郢州出美酒，张去奢为刺史，进其法。今则取郢州人为酒匠，以供御及时燕赐。

⑧ 二百六十所水驿，一千二百九十七所陆驿，八十六所水陆相兼。

江，四十里；沿流之舟，河，日一百五十里，江，百里；余水，七十里。”

其运价亦有定数。

《唐六典》：“河南、河北、河东、关内等四道诸州运租、庸、杂物等脚，每驮一百斤，一百里一百文；山阪处一百二十文。车载一千斤，九百文。黄河及江水并从幽州运至平州，上水十六文，下水六文；余水上十五文，下五文。从澧、荆等州至扬州四文。其山陵险难驴少处，不得过一百五十文；平易处不得下八十文。”

各地长官，皆置进奏院于京师，以通文报。

《两京城坊考》：“崇仁坊有东都、河南、商、汝、汴、淄、青、淮南、兖州、太原、幽州、冀州、丰州、沧州、天德，荆南、宣歙、江西、福建、广、桂、安南、邕宁、黔南进奏院。”

京师之事，亦有日报达于四方。

《读开元杂报》（孙樵）：“樵曩于襄、汉间得数十幅书，系日条事，不立首末。其略曰：某日，皇帝亲耕籍田。某日，百僚行大射礼于安福楼内。某日，安北诸蕃长请扈从封禅。某日，宣政门宰相与百寮廷争十刻罢。如此凡数十百条。樵当时未知何等书，有知者曰：‘此开元政事。’及来长安，日见条报朝廷事者，徒曰今日除某官，明日授某官；今日幸于某，明日幸于某。”①

---

① 樵为此文，在大中五年。是唐自开元至大中，日日有朝报也。世以新闻纸创自泰西，实则吾早有此制。特朝报只载朝廷之事，不纪民间社会之状况，且不著议论，与今之报纸不同。然其性质之为传播消息，使人易于周知，则一也。

故其疆域虽广，而内外贯通，无隔阂之虞也。

自汉时创常平仓，

《汉书·食货志》："五凤中，岁数丰穰。大司农中丞耿寿昌奏令边郡皆筑仓，以谷贱时增其价而籴，以利农谷，贵时减价而粜，名曰常平仓。"

历代因之，借以利民。

《文献通考》："后汉明帝永平五年，作常平仓。""晋武帝泰始二年，立常平仓。"

至隋又立社仓，由军民共立。

《文献通考》："开皇五年，工部尚书长孙平，奏请令诸州百姓及军人劝课当社共立义仓。收获之日，随其所得，劝课出粟及麦于当社，造仓窖贮之，即委社司执帐检校。每年收积，勿使损败。若时或不熟，当社有饥馑者，即以此谷赈给。由是诸州储峙委积。""十六年，诏社仓准上、中、下三等税。上户不过一石，中户不过七斗，下户不过四斗。"

唐代并置常平仓及义仓。常平积谷或钱，而义仓惟积谷。亩别征之，以备荒年。

《唐六典》："凡王公以下，每年户别，据已受田及借荒等具所种苗顷亩，造青苗簿。诸州以七月以前申尚书省，至征收时，亩别纳粟二升，以为义仓。凡义仓之粟，唯荒年给粮，不得杂用。"《文献通考》："太宗诏亩税二升粟麦粳稻土地所宜，宽乡敛以所种，狭乡据青苗簿而督之。田耗十四者免其半，耗十七者皆免。商贾无田者，以其户为九等出粟，自五石至五斗为差。下下户及夷獠不取。岁不登则以赈民，或贷为种，至秋而偿。其后洛、相、幽、徐、齐、并、秦、蒲州又置常平仓，粟藏九年，米藏五年。下湿之地，粟藏五年，米藏三年，皆著于令。”“开元七年，敕关内、陇右、河南、河北五道及荆、扬、襄、夔、绵、益、彭、蜀、资、汉、剑、茂等州并置常平仓，其本上州三千贯，中州二千贯，下州一千贯，每籴具本利与正仓帐同申。”

维持民食，调节经济，使谷价常平，而人民知思患预防，且食互助之益，一善制也。天宝中，天下诸色米积九千六百余万石，而义仓得六千三百余万石。可见人民合力之所积，愈于官吏之所储矣。

第十三章　隋唐之学术文艺

吾国文化，自汉以来，虽迭因兵燹而遭摧毁，然治乱相间，亦时时有人整理而绍述之。即以书籍而论，牛弘所举五厄，自破坏方面言之也；而与此五厄相错者，则自荀勖因《中经》著《新簿》，始分四部，至隋、唐而分析益密。目录之学，远绍刘《略》、班《志》之绪。

《隋书·经籍志》："魏氏代汉，采掇遗亡，藏在秘书中外三阁。魏秘书郎郑默，始制《中经》，秘书监荀勖，又因《中经》更著《新簿》，分为四部，总括群书。一曰甲部，纪六艺及小学等书；二曰乙部，有古诸子家、近世子家、兵书、兵家、术数；三曰丙部，有史记、旧事、皇览簿、杂事；四曰丁部，有诗赋、图赞、《汲冢书》。大凡四部，合二万九千九百四十五卷。但录题及言，盛以缥囊，书用缃素。至于作者之意，无所论辩。惠、怀之乱，京华荡覆。渠阁文籍，靡有孑遗。东晋之初，渐更鸠聚。著作郎李充，以勖旧簿校之，其见存者，但有三千一十四卷。充遂总没众篇之名，但以甲乙为次。自尔因循，无所变革。其后中朝遗书，稍流江左。宋元嘉八年，秘书监谢灵运造《四部目录》，大凡六万四千五百八十二卷。元徽元年，秘书丞王俭又造《目录》，大凡一万五千七百四卷。俭又别撰《七志》，一曰《经典志》，纪六艺、小学、史记、杂传；二曰《诸子志》，纪今古诸子；三曰《文翰志》，纪诗赋；四曰《军书志》，纪兵书；五曰《阴阳志》，纪阴阳图纬；六曰《术艺志》，纪方技；七曰《图谱志》，纪地域及图书。其道、佛附见，合九条。然亦不述作者之意，但于书名之下，每立一传，而又作九篇条例，编乎首卷之中。……齐永明中，秘书丞王亮、监谢朏，又造《四部书目》，大凡一万八千一十卷。齐末兵火，延烧秘阁，经籍遗散。梁初，秘书监任昉，躬加部集，又于文德殿内，列藏众书，华林园中，总集释典，大凡二万三千一百六卷，而释氏不预焉。梁有秘书监任昉、殷钧《四部目录》，又《文德殿目录》。其术数之书，更为一部，使奉朝请祖暅撰其名。故梁有《五部目录》。普通中，有处士阮孝绪，沈静寡欲，笃好坟史，博采宋、齐以来王公之家凡有书记，参校官簿，更为《七录》：一曰《经典录》，纪六艺；二曰《记传录》，纪史传；三曰《子兵录》，纪子书、兵书；四曰《文集录》，纪诗赋；五曰《技术录》，纪数术；六曰《佛录》；七曰《道录》。其分部题目，颇有次序。”

计其都数，隋唐最盛。

《隋书·经籍志》：“中原……文教之盛，苻、姚而已。宋武入关，收其图籍，府藏所有，才四千卷。”“后魏始都燕、代，南略中原，粗收经史，未能全具。孝文徙都洛邑，借书于齐，秘府之中，稍以充实。暨于尔朱之乱，散落人间。”“后周始基关右，外逼强邻，戎马生郊，日不暇给。保定之始，书止八千，后稍加增，方盈万卷。周武平齐，先封书府，所加旧本，才至五千。隋开皇三年，秘书监牛弘，表请分遣使人，搜访异本。每书一卷，赏绢一匹，校写既定，本即归主。于是民间异书，往往间出。及平陈以后，经籍渐备。……内、外之阁，凡三万余卷。”“唐武德五年，克平伪郑，尽收其图书及古迹焉，命司农少卿宋遵贵载之以船，溯河西上，将致京师，行经底柱，多被漂没，其所存者，十不一二。其《目录》亦为所渐濡，时有残缺。今考见存，分为四部，合条为一万四千四百六十六部，有八万九千六百六十六卷。”

《新唐书·艺文志》:“自汉以来，史官列其名氏篇第，以为六艺、九种、七略;至唐始分为四类，曰经、史、子、集。而藏之盛，莫盛于开元。其著录者，五万三千九百一十五卷，而唐之学者自为之书，又二万八千四百六十九卷。”“初，隋嘉则殿书三十七万卷，至武德初，有书八万卷，重复相糅。王世充平，得隋旧书八千余卷，太府卿宋遵贵监运东都，漂舟溯河，西致京师，经砥柱舟覆，尽亡其书。”“两都各聚书四部，以甲、乙、丙、丁为次，列经、史、子、集四库。其本有正有副，轴带帙签，皆异色以别之。而安禄山之乱，尺简不藏。元载为宰相，奏以千钱购书一卷。……至文宗时，……四库之书复完，分藏于十二库。”

分写副本，尤极精美。

《隋书·经籍志》:“平陈所得，多太建时书，纸墨不精，书亦拙恶。于是总集编次，存为古本。召天下工书之士，京兆韦霈、南阳杜頵等，于秘书内补续残缺，为正副二本，藏于宫中，其余以实秘书内、外之阁，凡三万余卷。”“炀帝即位，秘阁之书，限写五十副本，分为三品:上品红瑠璃轴，中品绀瑠璃轴，下品漆轴。于东都观文殿东西厢构屋以贮之，东屋藏甲、乙，西屋藏丙、丁。”《新唐书·艺文志》:“贞观中，魏徵、虞世南、颜师古继为秘书监，请购天下书，选五品以上子孙工书者为书手，缮写藏于内库，以宫人掌之。玄宗命左散骑常侍、昭文馆学士马怀素为修图书使，与右散骑常侍、崇文馆学士褚无量整比。会幸东都，乃就乾元殿东序检校。无量建议:‘御书以宰相宋璟、苏颋同署，如贞观故事。’又借民间异本传录。及还京师，迁书东宫丽正殿，置修书院于著作院。其后大明宫光顺门外，东都明福门外，皆创集贤书院，学士通籍出入。太府月给蜀郡麻纸五千番，季给上谷墨三百三十六丸，岁给河间、景城、清河、博平四郡兔千五百皮为笔材。”《唐六典》：“四库之书，两京各二本，共三万五千九百六十一卷，皆以益州麻纸写。其经库书钿白牙轴黄带红牙签，史库书钿青牙轴缥带绿牙签，子库书雕紫檀轴紫带碧牙签，集库书绿牙轴朱带白牙签，以为分别。”

典校装写，并设专官。

《唐六典》：“秘书省监一人，从三品，掌邦国经籍图书之事。”“少监二人，从四品上。”“秘书郎四人，从六品上，掌四部之图籍，分库以藏之，以甲、乙、丙、丁为之部目。”“校书郎八人，正九品上，正字四人，正九品下，掌雠校典籍，刊正文字，皆辨其纰缪，以正四库之图史。”“令史四人、书令史九人、典书八人、楷书手八十人、熟纸装潢匠各十人、笔匠六人。”“弘文馆学士无员数，掌详正图籍。”“书郎二人，掌校理典籍，刊正错缪。典书二人，拓书手三人，笔匠三人，熟纸装潢匠九人。”“集贤殿学士掌刊辑古今之经籍。”“知书官八人。”“书直及写御书一百人，拓书手六人，装书直十四人，造笔直四人。”

所贮副本，并以赐人。

《唐六典》：“凡四部之书，必立三本，曰正本、副本、贮本，以供进内及赐人。凡敕赐人书，秘书无本，皆别写给之。”①

此帝王之以国力保存文化者也。

① 如武后赐新罗吉凶礼，并文辞五十篇等，皆秘书所写也。

其士大夫之藏书者，自晋以来，多著称于史策。

《晋书》："张华雅爱书籍，身死之日，家无余财，惟有文史，溢于几箧。尝徙居，载书三十乘，秘书监挚虞撰定官书，皆资华之本以取正焉。天下奇秘，世所希有者，悉在华所。"《南史》："张缵好学，兄缅有书万卷余，昼夜披读，殆不辍手。""沈约聪明过人，好坟籍，聚书至二万卷，都下无比。""任昉博学，于书无所不见。家虽贫，聚书至万余卷，率多异本。及卒后，武帝使学士贺纵共沈约勘其书目，官无者就其家取之。""王僧孺好坟籍，聚书至万余卷，率多异本，与沈约、任昉家书埒。"

至唐而藏书者尤多，

《旧唐书》："吴兢家聚书颇多，尝自录其卷帙，号《吴氏西斋书目》。"① "韦述少聪敏，笃志文学，家有书二千卷。述为儿童时，记览皆遍，人骇异之。述澹于势利，家聚书二万卷，皆自校定铅椠，虽御府不逮也。兼古今朝臣图，历代知名人画，魏、晋以来草隶真迹数百卷，古研、古器、药方、格式、钱谱、玺谱之类，当代名公品题，无不毕备。""蒋乂代为名儒，而又史官吴兢之外孙，以外舍富坟史。幼便记览不倦，手不释卷，老而弥笃，旁通百家，尤精历代沿革。家藏书一万五千卷。""田弘正于府舍起书楼，聚书万余卷。""李磎聚书至多，手不释卷，时人号曰李书楼。""韦处厚聚书逾万卷，多手自刊校。""苏弁聚书至二万卷，皆手自刊校。至今言苏氏书，次于集贤、秘阁焉。"《送诸葛觉往随州读书诗》（韩愈）："邺侯家多书，插架三万轴。一一题牙签，新若手未触。为人强记览，过眼不再读。"《寄

①《渊鉴类函》引鸿书吴兢西斋书一万三千四百余卷。

许孟容书》(柳宗元):“家有赐书三千卷，尚在善和里旧宅。宅今已三易主，书存亡不可知。”

好学者率手自抄录。

《旧唐书》:“柳仲郢厩无名马，衣不熏香。退公布卷，不舍昼夜。九经、三史一抄，魏晋以来南北史再抄，手抄分门三十卷，号《柳氏自备》。又精释典，《瑜伽》《智度大论》皆再抄，自余佛书，多手记要义。小楷精谨，无一字肆笔。”

此隋、唐所以能赓续前绪，使文教翼进而不坠者也。

有唐一代，为文学美术最盛之时，而其他学术亦时有树立。其于经，有《经典释文》《五经正义》等书。而南北之学，以之统一。

《经学历史》(皮锡瑞):“学术随世运为转移，亦不尽随世运为转移。隋平陈，而天下统一，南北之学，亦归统一，此随世运为转移者也。天下统一，南并于北，而经学统一，北学反并于南，此不随世运为转移者也。”“经学统一之后，有南学，无北学，南学北学，以所学之宗主分之，非以其人之居址分之也。……《隋书·经籍志》于《易》云:‘梁、陈，郑玄、王弼二注，列于国学。齐代，唯传郑义。至隋，王注盛行，郑学浸微。’于《书》云:‘梁、陈所讲，有郑、孔二家。齐代唯传郑义。至隋，孔、郑并行，而郑氏甚微。’于《春秋》云:‘《左氏》唯传服义，至隋，杜氏盛行，服义浸微。’是伪孔、王、杜之盛行，郑、服之浸微，皆在隋时。故天下统一之后，经学也统一，而北学从此绝矣。”“唐太宗以儒学多门，章句繁杂，诏国子祭酒孔颖达与诸儒撰定五经义疏，凡一百七十卷，名曰《五经正义》。颖达既卒，博士马嘉运驳其所定义疏之失。有诏更定，未就。永徽二年，诏诸臣复考证之，就加增损。永徽四年，颁孔颖达《五经正义》于天下。每年明经，依此考试。自唐至宋，明经取士皆遵此本。”“其所定《五经疏》，《易》主王注，《书》主孔传，《左氏》主杜解。郑注《易》《书》，服注《左氏》，皆置不取。”“其时同修《正义》者，《周易》则马嘉运、赵乾叶，《尚书》则王德韶、李子云，《毛诗》则王德韶、齐威，《春秋》则谷那律、杨士勋，《礼记》则朱子奢、李善信、贾公彦、柳士宣、范义頵、张权。标题孔颖达一人之名者，以年辈在先，名位独重耳。”（按《周易正义》十六卷，《尚书正义》二十卷，《毛诗正义》四十卷，《礼记正义》七十卷，《春秋正义》三十六卷，是为《五经正义》。此外贾公彦有《周礼疏》五十卷，《仪礼疏》五十卷，杨士勋有《春秋穀梁传疏》十三卷，皆成于唐初。惟徐彦《公羊传疏》二十八卷，不详其时代。）“前乎唐人义疏，经学家所宝贵者，有陆德明《经典释文》①。《经典释文》亦是南学，其书创始于陈后主元年，成书在未入隋以前。而《易》主王氏，《书》主伪孔，《左》主杜氏，为唐人义疏之先声。”

于史有《晋》《梁》《陈》《周》《齐》《隋》诸书，及《南》《北》二史。而五朝之事，得无失坠。

《旧唐书·艺文志》载：“《晋书》一百三十卷，许敬宗等撰。”“《梁书》五十卷，姚思廉撰。”②“《陈书》三十六卷，姚思廉撰。”“《后周书》五十卷，令狐德棻撰。”“《北齐书》五十卷，李百药撰。”“《隋书》八十卷，魏徵等撰。”“《南史》八十卷，李延寿撰。”“《北史》一百卷，李延寿撰。”

---

① 三十卷。

② 实五十六卷。

外此，如李鼎祚《周易集解》、司马贞《史记索隐》、张守节《史记正义》、颜师古《汉书注》等，皆有考证辑录之功。其见于《唐志》而不传者尚多，无俟具论。比而观之，唐之史学盛于经学。如刘子玄著《史通》讥评古今。

《史通自序》（刘知幾）："三为史臣，再入东观，其所载削，皆与俗浮沈。虽自谓依违苟从，然犹大为史官所嫉，退而私撰《史通》，以见其志。""《史通》之为书也，盖伤当时载笔之士，其义不纯，思欲辨其指归，殚其体统。夫其书虽以史为主，而余波所及，上穷王道，下挨人伦，总括万殊，包吞千有。其为义也，有与夺焉，有褒贬焉，有鉴诫焉，有讽刺焉。其为贯穿者深矣，其为网罗者密矣，其所商略者远矣，其所发明者多矣。"

杜佑撰《通典》，条贯事类。

《通典序》（李翰）："京兆杜公君卿，雅有远度，志于邦典。采五经群史，上自黄帝，至于有唐天宝之末，每事以类相从，举其始终，历代沿革废置及当时群士论议得失，靡不条载，附之于事。如人支脉散缀于体，凡有八门，号曰《通典》。"

皆史家之创制，迄今人犹诵法之。

其读经者，多务速成，罕治大经。

《唐会要》："开元八年，国子司业李元瓘言：今明经所习务在出身，《礼记》文少，人皆竞读。《周礼》《仪礼》《公羊》《穀梁》历代宗习，今两监及州县以独学无友，四经殆绝。事资训诱，不可因循。""开元十六年，国子祭酒杨玚言：今明经习《左氏》者十无一二，又《周礼》《仪礼》《公羊》《穀梁》殆将绝废，亦请量加优奖。"

虽有壁书五经，石刻九经，而名儒不窥。讹误甚多，世盛讥之焉。

《唐会要》："刘禹锡《国学新修五经壁记》：大历中名儒张参为司业，始详定五经，书于论堂东西厢之壁。""文宗太和七年，敕于国子监讲学论堂两厢，创立石壁九经并《孝经》《论语》《尔雅》共一百五十九卷。"①《旧唐书·文宗纪》："石经立后数十年，名儒皆不窥之。"

隋承南朝之绪，注重天文历算之学。其历、天文、漏刻、视祲，各有博士及生员。

《隋书·百官志》："秘书省领著作、太史二曹，……太史曹置令、丞各二人，司历二人，监候四人。其历、天文、漏刻、视祲，各有博士及生员。"又《天文志》："高祖平陈，得善天官者周坟以为太史令。坟博考经书，勤于教习。自此太史观生，始能识天官。"

唐因其制，设官益多。

《唐六典》："太史局令二人，从五品下，掌观察天文，稽定历数。凡日月星辰之变，风云气色之异，率其属而占候焉。丞二人，从七品下；司历二人，从九品上；保章正一人，从八品上；历生三十六人，装书历生五人，监候五人，从九品下；天文观生九十人，云台郎二人，正八品下；天文生六十人，挈壶正二人，从八品下；司辰十九人，正九品下。漏刻典事十六人，漏刻博士六人，漏刻生三百六十人，典钟二百八十人，典鼓一百六十人。"

---

① 开成二年始成。

故精于测算制作者，不乏其人。王孝通著《缉古算经》，为后世立天元术所本。

《畴人传》（阮元）：“王孝通武德九年为算术博士，复为通直郎太史丞，著《缉古算经》一卷，并自为之注。”“李锐曰：算书以《缉古》为最深，学之未易通晓。惟以立天元术御之，则其中条理秩然。”阮元曰：“孝通《缉古》，实后来立天元术之所本也。”

李淳风、梁令瓒等制仪象，史称其精博，后世不能过。

《新唐书·天文志》云：“星经、历法，皆出于数术之学。唐兴，太史李淳风、浮图一行，尤称精博，后世未能过也。”

“贞观初，太宗诏淳风为浑仪。七年，仪成。表里三重，下据准基，状如十字，末树鳌足，以张四表。一曰六合仪，有天经双规、金浑纬规、金常规，相结于四极之内。列二十八宿、十日、十二辰、经纬三百六十五度。二曰三辰仪，圆径八尺，有璇玑规、月游规，列宿距度，七曜所行，转于六合之内。三曰四游仪，玄枢为轴，以连结玉衡游筩，而贯约矩规。又玄枢北树北辰，南矩地轴，傍转于内。玉衡在玄枢之间，而南北游，仰以观天之辰宿，下以识器之晷度，皆用铜。”

“开元九年，一行受诏，改治新历，率府兵曹参军梁令瓒以木为游仪，一行是之，乃奏：‘……请更铸以铜铁。’十一年仪成。……玄宗又诏一行与令瓒等更铸浑天铜仪，圆天之象，具列宿赤道及周天度数，注水激轮，令其自转，一昼夜而天运周。外络二轮，缀以日月，令得运行。每天西旋一周，日东行一度，月行十三度十九分度之七，二十九转有余而日月会，三百六十五转而日周天。以木柜为地平，令仪半在地下，晦明朔望，迟速有准。立木人二于地平上，其一前置鼓以候刻，至一刻则自击之；其一前置钟以候辰，至一辰而自撞之。皆于柜中各施轮轴，钩键关锁，交错相持。”

而瞿昙罗、瞿昙悉达等，以西域人制历译书。

《畴人传》（阮元）：“瞿昙罗官太史令，神功二年甲子南至，改《元圣历》，命瞿昙作《光宅历》。将颁用，三年罢之。”“瞿昙悉达开元六年官太史监，受诏译《九执术》。上言：臣等谨案九执术法，梵天所造，五通仙人承习传授，肇自上古。”“臣等谨凭天旨，专精钻仰，凡在隐秘，咸得解通。”“其算法用字乘除，一举札而成，凡至十进入前位，每空位处，恒安一点。”

世谓即今西法所自出，是尤唐代历算学之特色矣。

阮元曰：“九执术即今西法之所自出，名数虽殊，理则无异。惟《九执》译于唐时，其法尚疏，后人精益求精，故今之西法为更密合耳。”

唐人于地理之学，亦甚注重。州府三年一造地图，鸿胪有外国山川风土图。

《唐六典》：“职方郎中员外郎，掌天下之地图及城隍镇戍烽候之数，辨其邦国都鄙之远迩及四夷之归化者。凡地图，委州府三年一造，与板籍偕上省。其外夷每有番客到京，委鸿胪讯其人本国山川风土为图以奏焉，副上于省。其五方之区域，都鄙之废置，疆场之争讼者，举而正之。”

《唐书·经籍志》载《长安十道图》《开元十道图》等，当即其时州府所上，惜其后不传耳。

《旧唐书·经籍志》："《长安四年十道图》十三卷。""《开元三年十道图》十卷。"

高宗时，许敬宗等撰《西域图志》。按其卷数，当更详于裴矩之《西域图记》。

《新唐书·艺文志》："《西域图志》六十卷，高宗遣使分往康国、吐火罗，访其风俗物产，画图以闻，诏史官撰次。许敬宗领之，显庆三年上。"

而制作之法未闻。德宗时，贾耽画《陇右山南图》及《海内华夷图》，史载其折算及题色之法。

《旧唐书·贾耽传》："耽好地理学，凡四夷之使及使四夷还者，必与之从容，讯其山川土地之终始。是以九州之夷险，百蛮之土俗，区分指画，备究源流。自吐蕃陷陇右积年，国家守于内地，旧时镇戍，不可复知。耽乃画《陇右山南图》，兼黄河经界远近，聚其说，为书十卷，表献曰：陇右一隅，久沦蕃寇，职方失其图记，境土难以区分。辄扣课虚微，采掇舆议，画关中、陇右及山南九州等图一轴。……诸州诸军，须论里数人额，诸山诸水，须言首尾源流，图上不可备书，凭据必资记注，谨撰《别录》六卷。又黄河为四渎之宗，西戎乃群羌之帅，臣并研寻史牒，剪弃浮词，罄所闻知，编为四卷，通录都成十卷。……贞元十七年，又撰成《海内华夷图》及《古今郡国县道四夷述》四十卷，表献之曰：兴元元年，伏奉进止，令臣修撰国图，间以众务，不遂专门。近乃力竭衰病，思殚所闻见，聚于丹青，谨令工人画《海内华夷图》一轴，广三丈，从三丈三尺，率以一寸折成百里。别章甫左衽，奠高山大川，缩四极于纤缟，分百郡于作绘。……并撰《古今郡国县道四夷述》四十卷，中国以《禹贡》为首，外夷以《班史》发源，凡诸疏舛，悉从厘正。其古郡国题以墨，今州县题以朱，今古殊文，执习简易。”

后世图书，分别朱墨，所由昉也。耽之图世犹传其模本，而书亦不传。今所存唐人地理书，惟李吉甫《元和郡县图志》，为后世地志之祖。

《元和郡县图志序》（李吉甫）：“前上元和国计簿，审户口之丰耗；续撰《元和郡县图志》，辨州域之疆理。起京兆府，尽陇右道，凡四十七镇，成四十卷。每镇皆图在篇首，冠于序事之前，并目录两卷，总四十二卷。”①

其书详载四至八到，及开元、元和户数、乡数之比较，不独资当时之实用，且可供后世之考证焉。

唐人尚文学，学者必精熟《文选》。

《困学纪闻》（王应麟）：“李善精于《文选》，为注解。因以讲授，谓之‘《文选》学’。少陵有诗云‘续儿诵《文选》’，又训其子‘熟精《文选》理’，盖选学自成一家。”

然唐人能变选文之文，而自开风气，由模仿而创造，备极文章之能事。故论文与诗，莫盛于唐。虽其风气迭变，作者代出，未可以一概论。

《新唐书·文艺传》：“唐有天下三百年，文章无虑三变。高祖、太宗大难始夷，沿江左余风，絺句绘章，揣合低卬，故王、杨为之伯。玄宗好经术，群臣稍厌雕琢，索理致，崇雅黜浮，气益雄浑，则燕、

① 宋时图已亡，独志存。

许擅其宗。是时，唐兴已百年，诸儒争自名家。大历、贞元间，美才辈出，擩哜道真，涵泳圣涯，于是韩愈倡之，柳宗元、李翱、皇甫湜等和之，排逐百家，法度森严，抵轹魏、晋，上轧汉、周，唐之文完然为一王法，此其极也。若侍从酬奉，则李峤、宋之问、沈佺期、王维，制册则常衮、杨炎、陆贽、权德舆、王仲舒、李德裕，言诗则杜甫、李白、元稹、白居易、刘禹锡，谲怪则李贺、杜牧、李商隐，皆卓然以所长为一世冠，其可尚已。”

要以杜甫、李白之诗，韩愈、柳宗元之文，极雄奇深秀之致，前无古人，后无来者，足为有唐一代之特色。至其体制，由排偶而单行，由浮华而质朴。而律诗、绝诗诸体，又以谐协声律擅长，虽齐、梁人之讲声律者，尚不之逮，则进化之表见于文艺者也。

隋唐之世，书法亦益进化，世称隋碑为古今书学大关键。

《语石》（叶昌炽）：“隋碑上承六代，下启三唐，由小篆八分，趋于隶楷。至是而巧力兼至、神明变化，而不离于规矩，诚古今书学大关键也。”

唐初书家，欧、虞皆尝仕隋，则隋、唐之书法，亦难画分界域也。按隋始置书学博士，唐代因之。

《唐六典》：“隋置书学博士一人，从九品下，皇朝加置二人。”

以书为教，故善书者特多。不但著名之书家，卓然各成家法，即寻常流传文字，亦皆雅健深厚。近世发见敦煌石室之经卷，多唐人书，虽其不经意之作，今人亦鲜能及焉。唐太宗好书法，躬撰《晋书·王羲之传论》，自谓“心慕手追”，

> 《晋书·王羲之传》："制曰：详察古今，研精篆素，尽善尽美，其惟王逸少乎！观其点曳之工，裁成之妙，烟霏露结，状若断而还连；凤翥龙蟠，势如斜而反直。玩之不觉为倦，览之莫识其端，心慕手追，此人而已。其余区区之类，何足论哉！"

临终至以《兰亭序》殉葬。

> 《法书要录》："贞观二十三年，圣躬不豫。临崩，谓高宗曰：'吾欲从汝求一物。'高宗流涕听受制命。太宗曰：'吾所欲得《兰亭》，可与我将去。'后随仙驾入玄宫矣。"

《唐书》以二王等书载之小学类，

> 《新唐书·艺文志》："二王、张芝、张昶等书一千五百一十卷。"（太宗出御府金帛，购天下古本，命魏徵、虞世南、褚遂良定真伪。凡得羲之真行二百九十纸，为八十卷。又得献之、张芝等书，以"贞观"字为印。草迹命遂良楷书小字以影之。其古本多梁、隋官书。梁则满骞、徐僧权、沈炽文、朱异；隋则江总、姚察署记。帝令魏、褚卷尾各署名。开元五年，敕陆玄悌、魏哲、刘怀信检校，分益卷轶。玄宗自书"开元"字为印。）

故知唐人之工书，不第由学校教授。且经贞观、开元之提倡，视其他艺术为独尊也。古碑无行书，至唐始有之。

> 《语石》（叶昌炽）："隋以前碑无行书。以行书写碑，自唐太宗《晋祠铭》始。开元以后，李北海、苏灵芝皆以此体擅长。"

草书亦至唐而盛，张旭、怀素并称草圣，颜真卿传旭笔法。

《新唐书·张旭传》："后人论书，欧、虞、褚、陆皆有异论，至旭无非短者。传其法惟崔邈、颜真卿云。"

真书行草，集篆籀分隶之大成。

《宣和书谱》："论者谓颜真卿书点如坠石，画如夏雨，钩如屈金，戈如发弩。篆籀分隶而下，同为一律，号为大雅，岂不宜哉！"

自宋及清，学书者无不师颜，亦可证张旭之所诣矣。

与书学并进者，又有绘事。隋置宝迹台以藏画，与妙楷台之藏书并重。

《隋书·经籍志》："炀帝聚魏以来古迹名画，于观文殿后起二台。东曰妙楷台，藏古迹；[1] 西曰宝迹台，藏古画。"

至唐而集贤殿书院有画直。

《唐六典》："画直八人。"[2]

画直之画，且志之于史籍。

《新唐书·艺文志》："杨昇画《望贤宫图》《安禄山真》；张萱画《仕女图》《乳母将婴儿图》《按羯鼓图》《秋千图》，并开元馆画直。"[3]

---

① 按楷书之名当始于此，隋秘书省有楷书员二十人，唐亦有楷书手。

② 开元七年，敕缘修杂图访取二人。八年，又加六人。十九年，院奏定为直院。

③ 前史不志图画，《唐志》始载之子部艺术类。自汉王元昌画《汉贤王图》，至周昉画《扑

是皆可为隋、唐注重绘事之证。前代绘画多重人物，如晋之顾恺之、梁之张僧繇等，皆以画人物擅名。宋之宗炳，始画山水于壁，以供卧游。

《名画录》：“宋宗炳，字少文，善书画，好山水。西涉荆巫，南登衡岳，因结宇衡山，以疾还江陵，叹曰：‘老疾俱至，名山恐难遍游，当澄怀观道，卧以游之。’凡所游历，皆画于壁，坐卧向之。”

至唐而王维、李思训、吴道子等，始以画山水著名。

《唐画断》：“王右丞维，画山水松石，风标特出。今京都千福寺西塔院有掩障，一画枫戍，一画辋川，山谷郁盘，云水飞动，意出尘外，怪生笔端。”“又曰：山水松石，妙上上品。”“开元中，诸卫将军李思训，子昭道为中舍，俱得山水之妙。时人云大李将军、小李将军是也。思训格品高奇，山川妙绝，鸟兽草木，皆极其能。中舍之图，山水鸟兽甚多，繁巧智思，笔力不及也。天宝中，玄宗召思训画大同殿壁兼掩障。异日因奏断诏云：‘卿所画掩障，夜闻水声，通神之佳手，国朝山水第一。’思训神品，昭道妙上品。”“吴道玄字道子，年未弱冠，穷丹青之妙。玄宗天宝中，忽思蜀中嘉陵江山水，遂假吴生驿递，令往写貌。及回日，帝问其状，奏云：‘臣无粉本，并记在心。’遣于大同殿图之，嘉陵江三百里山水一日而毕。时有李将军山水擅名，亦画大同殿壁，数月方毕。玄宗云：‘李思训数月之功，吴道玄一日之迹，皆极其妙也。’”

然亦兼工人物，不专画山水。

蝶图》，凡四十余种，亦可见唐之重画矣。

《唐画断》："吴道子画人物、佛像、鬼神、禽兽、山水、台殿、草木，皆神妙也，国朝第一。"

若阎立本、韩幹等，尤专以人物著。《唐志》所载，皆人物图也。

《新唐书·艺文志》："阎立本画《秦府十八学士图》《凌烟阁功臣二十四人图》。""韩幹画《龙朔功臣图》《姚宋及安禄山图》《相马图》《玄宗试马图》《宁王调马打球图》。"

近年敦煌石室发见唐画，皆极工细之人物。

《石室秘宝》载唐画五：一画壁《弥陀法会图》、一藻井画《佛堂内诸佛图》、一画壁《千佛岩图》、一画壁《明王像》、一画壁《太子求佛舍利图》。

故知唐画专以工细象形为主，非若后世之写意画，潦草简率，谓得神似矣。

唐人学艺之精者，自诗文、书画外，复有二事：曰音乐、曰医药。观其制度，盖皆以为专门之学，广置师弟以教之。教乐则有太乐署，

《唐六典》："太乐令掌教乐人，调合钟律，以供邦国之祭祀飨燕，丞为之贰。""凡习乐立师以教，每岁考其师之课业，为上、中、下三等，申礼部。十年大校之，若未成，则又五年而校之，量其优劣而黜陟焉。若职事之为师者，则进退其考，习业者亦为之限，既成得进为师。凡乐人及音声人应教习，皆著簿籍，核其名数，而分番上下，[1] 皆教

① 短番散乐一千人，诸州有定额。长上散乐一百人，太常自访召关外诸州者分为六番，关内五番，京兆府四番，并一月上。一千五百里外两番并上，六番者上番日教至申时，四番者上番日至午时。

习检察以供其事。"

教医则有太医署。

《唐六典》:"太医令掌诸医疗之法,丞为之贰。其属有四:曰医师、针师、按摩师、咒禁师,皆有博士以教之。其考试登用,如国子监之法。""医博士掌以医术教授诸生,习《本草》《甲乙脉经》。分而为业:一曰体疗,二曰疮肿,三曰少小,四曰耳、目、口、齿,五曰角法。""针博士掌教针生,以经脉孔穴,使识浮沉涩滑之候。又以九针为补泻之法,凡针疾,先察五脏有余不足而补泻之。凡针生习业者教之,如医生之法。""按摩博士掌教按摩生,以消息导引之法,以除人八疾:一曰风,二曰寒,三曰暑,四曰湿,五曰饥,六曰绝,七曰劳,八曰逸。凡人支节府藏积而疾生,导而宣之,使内疾不留,外邪不入,若损伤折跌者,以法正之。""咒禁博士掌教咒禁生,以咒禁拔除邪魅之为厉者。"(其京兆府各大都督府各州,皆有医学博士及助教学生等。诸州每年任土所药物可用者,随时收采以给人之疾患。)

故唐之精于音乐者特多,上自帝王卿相,[①] 下至优伶工人。[②] 虽其所工与古之雅乐并趣,而言梨园者必始于唐。

《旧唐书·音乐志》:"玄宗于听政之暇,教太常乐工子弟三百人为丝竹之戏。音响齐发,有一声误,玄宗必觉而正之,号为皇帝弟子。""梨园子弟以置院近于禁苑之梨园,太常又有别教院教供奉新曲。

① 如玄宗、汝阳王琎、宋璟、杜鸿渐等。

② 如李龟年、黄幡绰等,皆有特殊之艺。

太常每凌晨鼓笛乱发于太乐别署，教院廪食常千人。”

至医药专家，则有甄权、孙思邈等。

《旧唐书·方伎传》：“甄权撰《脉经针方》《明堂人形图》各一卷。”“孙思邈撰《千金方》三十卷。”

世虽属之方伎，然与袁天纲观相，李虚中之推命，固有学术之殊焉。

第十四章　工商进步之特征

唐代工商进步之特征有四：其一曰飞钱。飞钱者，纸币及汇兑之滥觞也。欲知其制之发生，当先知唐以前货币行使之沿革。秦、汉币制，黄金与铜钱并用。汉武、新莽广为货币，率未尽行。[1]东汉以降，各地自为风气，不尽用钱。王莽乱后，货币杂用布帛金粟。至建武十六年，始行五铢钱。三国时，吴、蜀均用钱，而魏文帝罢五铢钱，使百姓以谷帛为市。晋太始中，河西荒废不用钱，裂匹以为货。安帝元兴中，桓玄辅政，议欲废钱，用谷帛，朝议以为不可，乃止。宋、齐两代，皆尝铸钱。梁初惟京师及三吴、荆、郢、江、襄、梁、益用钱，其余州郡则杂以谷帛交易。交广之域，则全以金银为货。后魏孝文帝时，始诏天下用钱，而河北诸州犹以他物交易，钱略不入市。[2]盖执政者率不知钱币之原理，随时补苴而已。隋、唐之时，天下统一，悉行当时官铸之钱。而人口日增，商业日盛，行铸之钱，往往不周于用。唐开元中，屡敕禁民用钱。

《唐会要》（王溥）："开元十三年，敕绫罗、绢布、杂货等皆令通用。如闻市肆，必须见钱，深非通理。自今后与钱货并用，违者准法罪之。""开元廿二年，敕货物兼通，将以利用。自今以后，所有庄宅交易，并先用绢布、绫罗、丝绵等，其余市价至一千以上，亦令钱物兼用，违者科罪。"

---

① 其详见《汉书·食货志》。

② 参诸史及《文献通考》。

德宗、宪宗时，迭申钱禁，而飞钱之制以兴。

《新唐书·食货志》："贞元初，骆谷、散关禁行人以一钱出者。""民间钱益少，缯帛价轻，州县禁钱不出境，商贾皆绝。浙西观察使李若初请通钱往来。而京师商贾，赍钱四方贸易者，不可胜计，诏复禁之。二十年，命市井交易以绫罗、绢布、杂货与钱兼用。""宪宗以钱少，复禁用铜器。时商贾至京师，委钱诸道进奏院及诸军、诸使富家，以轻装趋四方，合券乃取之，号飞钱。京兆尹裴武请禁与商贾飞钱者，廋索诸坊，十人为保。"

嗣因商民之利，遂准其于官府飞钱。

《新唐书·食货志》："自京师禁飞钱，家有滞藏，物价寝轻。判度支卢坦、兵部尚书判户部事王绍、盐铁使王播，请许商人于户部、度支、盐铁三司飞钱，每千钱增给百钱。然商人无至者，复许与商人敌贯而易之，然钱重帛轻如故。宪宗为之出内库钱五十万缗市布帛，……而富家钱过五千贯者死，王公重贬，没入于官，以五之一赏告者。"

盖钱币专重流通，流通则其数虽少而若多，不通则虽多而若少。然苟明于汇兑之理，则一纸即可代钱，视挟赀以远行为便。当时政府不知研究钱币与商业之关系，创立新法，而商贾独能发明此理，则唐时商贾之智，高于政府中人多矣。

其二曰瓷器。唐、虞之时，即有陶器。不过今之盆、盎之类，无细瓷也。日用饮食之物，大都用竹木，后又进而用铜。至唐禁铜器，而陶器之业以盛。

《新唐书·食货志》："开元十一年，诏所在禁卖铜锡及造铜器者。”[①]“文宗病币轻钱重，诏方镇纵钱谷交易。时虽禁铜为器，而江淮岭南列肆鬻之，铸千钱为器，售利数倍，宰相李珏请加炉铸钱。于是禁铜器，官一切为市之。”

瓷之兴，盖自晋至北魏而渐多。

《景德镇陶录》：“东瓯陶。瓯，越也。昔属闽地，今为浙江温州府。自晋已陶，其瓷青，当时著尚。杜育《荈赋》所谓‘器泽陶简，出自东瓯’者也。”“关中窑。元魏时所烧。出关中，即今西安府咸阳等处，陶以供御。”“洛京陶。亦元魏烧造，即今河南洛阳县也。初都云中，后迁都此，故亦曰洛京所陶，皆供御物。”

其见于史策者，则自隋之何稠始。

《隋书·何稠传》：“稠性极巧，有智思，览博古图，多识旧物。时中国久绝琉璃之作，匠人无敢厝意。稠以绿瓷为之，与真不异。”

唐时制瓷之地，如河南邢州、豫章等处，既见于史志，

《新唐书·地理志》：“河南府贡埏埴盎缶。”“邢州贡瓷器。”《唐六典》：“河南府贡瓷器。”“邢州贡瓷器。”《新唐书·韦坚传》：“豫章瓷饮器、茗铛、釜。”

而寿州、洪州、越州、鼎州、婺州、岳州、邛州，均产名陶，

---

① 以钱少之故。

《景德镇陶录》："寿窑、洪州窑、越窑、鼎窑、婺窑、岳窑、蜀窑，均唐代所烧造。"

其品第见于陆羽《茶经》。

《茶经》："碗，越州为上。其瓷类玉类冰，青而益茶，茶色绿，邢瓷不如也。鼎州瓷碗次于越器，婺器次于鼎，岳器次于婺，寿瓷色黄最下。洪州瓷褐，令茶色黑，品更次寿州。"

其昌南镇之瓷，则今之景德镇瓷器之祖也。

《景德镇陶录》："陶窑，唐初器也。土惟白壤，体稍薄，色素润。镇钟秀里人陶氏所烧造。邑志云：唐武德中，镇民陶玉者，载瓷入关中，称为假玉器，且贡于朝，于是昌南镇瓷名天下。"

综历代之用器观之，竹笾、木豆、瓦簋、铜槃，渐变而为瓷碗、瓷盂，而精美轻细，不止于适用而已。此非化学工艺之进步乎？迄今世界各国，犹推吾国之瓷为首。故自隋、唐迄今，直可谓之瓷器时代。

其三曰茶盐。茶之兴，后于盐。而言唐之征商者，多以茶、盐并举，是二者皆唐之大商业也。古无茶字，故《孟子》称冬日则饮汤，夏日则饮水，未尝言饮茶也。茶、茗之称，始于三国。

《吴志•孙皓传》："韦曜素饮酒，不过三升，初见礼异时，常易栽减，或密赐茶茗以当酒。"

至晋而饮者犹少，

>《世说新语》："王濛好饮茶，人至辄饮之。士大夫每往，必云今日有水厄。"

《唐书·陆羽传》称其时尚茶成风，且以之与外国市易。

>《新唐书·陆羽传》："羽嗜茶，著《茶经》三篇，言茶之原，茶之法，茶之具尤备。天下益知饮茶矣。时鬻茶者，至陶羽形置炀突间，祀为茶神。其后尚茶成风，回纥入朝，始驱马市茶。"

知饮茶之风，至唐始盛，而茶可为商品，则产之多可知矣。白居易《琵琶行》称茶商重利，而《唐书》载其时茶税特重。

>《新唐书·食货志》："初，德宗纳户部侍郎赵赞议，税天下茶、漆、竹、木，十取一，以为常平本钱。及出奉天，乃悼悔，下诏罢之。""贞元八年，以水灾减税。明年，诸道盐铁使张滂奏：出茶州县若山，及商人要路，以三等定估，十税其一。自是岁得钱四十万缗。""穆宗即位，盐铁使王播图宠以自幸，乃增天下茶税，率百钱增五十。江、淮、浙东西、岭南、福建、荆襄茶，播自领之，两川以户部领之。天下茶加斤至二十两，播又奏加取焉。其后王涯判二使，置榷茶使，徙民茶树于官场，焚其旧积者，天下大怨。""武宗即位，盐铁转运使崔珙，又增江淮茶税。是时茶商所过州县有重税，或掠夺舟车，露积雨中，诸道置邸以收税，谓之'拓地钱'，故私贩益起。大中初，盐铁转运使裴休著条约：私鬻三犯皆三百斤，乃论死；长行群旅，茶虽少皆死；雇载三犯至五百斤，居舍侩保四犯至千斤者，皆死；园户私鬻百斤以上，杖背，三犯，加重徭；伐园失业者，刺史、县令以纵私盐论。庐、寿、淮南皆加半税，私商给自首之帖，天下税茶增倍贞元。江淮茶为大摸，一斤至五十两。诸道盐铁使于悰每斤增税钱五，

谓之‘剩茶钱’，自是斤两复旧。”

官税愈严，私贩愈夥，知茶为利溥矣。今日国货之销于域外者，尚以茶为大宗。溯其权舆，固当详稽唐之茶法也。

吾国自唐、虞以来，久知食盐之利。其后太公、管子及汉之刘濞、孔仅等，多以盐为富国之本。

《史记·齐太公世家》：“太公至国，……通商工之业，便鱼盐之利，而人民多归齐，齐为大国。”《管子·海王篇》：“海王之国，谨正盐筴。十口之家，十人食盐，百口之家，百人食盐。终月大男食盐五升少半，大女食盐三升少半，吾子食盐二升少半，此其大历也。盐百升而釜，令盐之重升加分强。釜五十也，升加一强；釜百也，升加二强；釜二百也，钟二千。十钟二万，百钟二十万，千钟二百万，万乘之国，人数开口千万也。禺筴之商，日二百万，十日二千万，一月六千万，万乘之国，正九百万也。月人三十钱之籍，为钱三千万，今吾非籍之诸君吾子，遂有二国之籍者六千万。”《汉书·吴王濞传》：“吴有豫章郡铜山，即招致天下亡命盗铸钱，东煮海水为盐，以故无赋，国用饶足。”《汉书·食货志》：“东郭咸阳、孔仅为大农丞，领盐铁事。……元狩五年，仅、咸阳言：‘山海、天地之藏，宜属少府，陛下弗私，以属大农佐赋。愿募民自给费，因官器作鬻盐，官为牢盆。浮食奇民，欲擅斡山海之货，以致富羡，役利细民。其阻事之议，不可胜听。敢私铸铁器鬻盐者，釱左趾，没入其器物。’使仅、咸阳乘传举行天下盐铁，作官府，除故盐铁家富者为吏，吏益多贾人矣。”

而言盐法者，多推刘晏。

《新唐书·食货志》：“乾元元年，盐铁铸钱使第五琦初变盐法，就山海井灶近利之地置监院，游民业盐者为亭户，免杂徭。盗鬻者论以法。及琦为诸州榷盐铁使，尽榷天下盐，斗加时价百钱而出之，为钱一百一十。自兵起，流庸未复，税赋不足供费，盐铁使刘晏以为因民所急而税之，则国足用。于是上盐法轻重之宜，以盐吏多则州县扰，出盐乡因旧监置吏，亭户粜商人，纵其所之。江、岭去盐远者，有常平盐，每商人不至，则减价以粜民，官收厚利，而人不知贵。”

盖管子、孔仅及第五琦等，皆用官专卖法。而晏则用就场征税之法，视盐与其他商货相等。粜之商人，听其所之，故盐商之业甚盛。天下之赋，盐利居半。

《新唐书·食货志》：“晏之始至也，盐利岁才四十万缗。至大历末，六百余万缗。天下之赋，盐利居半。宫闱服御、军饷、百官禄俸皆仰给焉。”

而淮、浙之盐利，迄今远过于齐、鲁、晋、蜀者，亦自晏开之焉。

《新唐书·食货志》：“（晏）随时为令，遣吏晓导，倍于劝农。吴、越、扬、楚盐廪至数千，积盐二万余石。有涟水、湖州、越州、杭州四场，嘉兴、海陵、盐城、新亭、临平、兰亭、永嘉、大昌、侯官、富都十监，岁得钱百余万缗，以当百余州之赋。”

其四曰互市。自汉以降，久与外国通商。

《汉书·地理志》：“自日南障塞，徐闻、合浦船行可五月，有都元国；又船行可四月，有邑卢没国；又船行可二十余日，有谌离国；步行可十余日，有夫甘都卢国。自夫甘都卢国船行可二月余，有黄支国，民俗略与珠崖相类。其州广大，户口多，多异物。自武帝以来，皆献见。有译长，属黄门，与应募者俱入海，市明珠、壁流离，奇石异物，赍黄金、杂缯而往。所至国皆禀食为耦，蛮夷贾船转送致之。”《后汉书·西域传》：“大秦王常欲通使于汉，而安息欲以汉缯彩与之交市，故遮阂不得自达。至桓帝延熹九年，大秦王安敦遣使自日南徼外献象牙、犀角、玳瑁，始乃一通焉。”《梁书·诸夷传》：“孙权黄武五年，有大秦贾人字秦伦，来到交趾。太守吴邈遣使送诣权，……权差吏会稽刘咸送伦，咸于道物故，伦乃迳返本国。”

交、广诸州最称富饶者，以有互市之利也。然其商市率掌于地方官吏，未有专官司其事者，至隋始有互市专官。

《唐六典》：“汉、魏以降，缘边郡国，皆有互市，与诸蕃交易。致其物产也，并郡县主之，而不别置官吏，至隋诸缘边州置交市监。”

《隋书·职官志》称四夷使者各一，掌其方国及互市事。其属有监置、互市监、参军事等。监置掌安置其驼马车船，并纠察非违；互市监掌互市；参军事掌出入交易。唐亦设互市监，掌诸蕃交易。

《唐六典》：“诸互市监各掌诸蕃交易之事，丞为之贰。凡互市所得马、驼、驴、牛等，各别其色，具齿岁、肤第以言于所隶州府。”

而广州复有市舶使，

《国史补》（李肇）：“南海舶外国船也，每岁至安南、广州。师子国舶最大，梯上下数丈，皆积宝货。至则本道奏报，郡邑为之喧阗。

有蕃长为主，领市舶使籍其各物，纳舶价，禁珍异。”《文献通考》：“唐有市舶使，以右威卫中郎将周泽为之。”[1]“唐代宗广德元年，有广州市舶使吕太一。”

知岭南商业尤盛于诸边矣。西历九世纪，阿剌伯人伊宾戈尔他特宾（Ibn Khordabeh）著一书，曰《道程及郡国志》，中述唐代商港凡四。

《伊宾戈尔他特宾所述支那贸易港考》（桑原骘藏）：“唐时支那与大食之间，海上之交通，极其繁盛。当时模哈麦特教徒之来航于支那之贸易港者尤多。西历九世纪之半顷，阿剌伯地理学者伊宾戈尔他特宾尝记之于《道程及郡国志》。此书之著作年代，颇多异说。英国学者认为西历八百六十四年顷之作，德国学者认为西历八百四十六年之作，法人认为西历八百四十四年乃至四十八年之作，要之必在西历九世纪之半顷也。……其书之关于支那之贸易港者，略曰：支那之最初贸易港曰龙编[2]，有支那上等之铁器、瓷器及米谷等。次则广府，距龙编海程约四日，陆行约二十日。此地所产果实及野菜、小麦、大麦、米及甘蔗等甚夥。自广府行八日而达胶府[3]。其地之物产，亦同于广府。自胶府行六日至扬州，其产物亦与前两地相同。此等支那之贸易港，外人皆得航行，其城市皆临大河之口，而河水通流，亦不受潮水涨落之影响。河中多鹅、鸭及其他之鸟类云。”

今人所拟定者，曰广州，曰扬州。于广州，则知其地有犹太、波斯人等十余万。

---

① 见柳泽《劾庆立疏》。

② 即安南之河内。

③ 此译音，尚不知何地。

《中国历史研究法》（梁启超）："九世纪时，阿剌伯人所著《中国见闻录》[1]中一节云，有广府 Gonfu 者，为商舶荟萃地。纪元二百六十四年[2]，叛贼黄巢 Punzo 陷广府，杀回、耶教徒及犹太、波斯人等十二万。其后有五朝争立之乱，贸易中绝。"

于扬州，则以文宗德音证之。知南海蕃舶，可直达扬州也。

《全唐文》卷七十五"文宗大和八年疾愈德音"："南海蕃舶，本以慕化而来，固在接以恩仁，使其感悦。其岭南、福建及扬州蕃客，宜委节度观察使常加存问。除舶脚收市进奉外，任其往来通流，自为交易，不得重加率税。"

然《唐书》称边境走集最要者七：

《新唐书·地理志》："入四夷之路与关戍走集最要者七：一曰营州，入安东道。二曰登州，海行入高丽、渤海。三曰夏州，塞外通大同、云中道。四曰中受降城，入回鹘道。五曰安西，入西域道。六曰安南，通天竺道。七曰广州，通海夷道。"

则中外之商业，亦不仅广东番舶一途。唐之京师，贾胡荟萃。

《通鉴》："大历十四年，诏回纥诸胡在京师者，各服其服，无得效华人。先是回纥留京师者常千人，商胡伪服而杂居者又倍之。县官日给饔饩，殖产赀，开第舍，市肆美利皆归之。日纵贪横，吏不

① 即桑原氏所译《道程及郡国志》。

② 此回教历。

敢问。或衣华服，夸取妻妾，故禁之。”

怀柔远人，至给饔饩，使殖赀产，不徒官吏存问仅收市脚而已。盖当时之政见，以天朝上国自居，不屑与外夷较利害。故待之极宽大，不似今之讲国际商业者，以国家为商贾之行为，而外商遂辐辏于吾国之通都大市，迄今犹称中国人曰唐人，知唐人所以来远人者，感之深矣。

第十五章　隋唐之佛教

佛教之入中国，蝉嫣五六百年，至于隋、唐之时，遂成为极盛时代。隋虽短祚，特崇译学。西来大德，中土僧俗，飙起云兴，赍经译梵。

《续高僧传》(释道宣)："那连提黎耶舍，隋言尊称，北天竺乌场国人。天保七年，届于京邺。文宣礼遇隆重，安置天平寺中，请为翻经。三藏殿内梵本千有余夹，敕送于寺，又敕昭玄大统沙门法上等二十余人，监掌翻译。沙门法智、居士万天懿传语，初翻众经五十余卷。有隋御宇，重隆三宝。开皇之始，梵经遥应，爰降玺书，请来弘译。二年七月，住大兴善寺，敕昭玄统沙门昙延等三十余人，令对翻传，凡前后所译经论一十五部、八十许卷，即《菩萨见实》《月藏》《日藏》《法胜毗昙》等是也。并沙门僧琛、明芬、给事李道宝等度语笔受，昭玄统沙门昙延、昭玄都沙门灵藏等二十余僧，监护始末。""时又有同国沙门毗尼多流支，隋言灭喜，开皇三年，于大兴善寺译《象头精舍》《大乘总持经》二部，给事李道宝传语，沙门法纂笔受。""阇那崛多，隋言德志，北贤豆犍陀啰国人，以周明帝武成年初届长安，渐通华语。""有齐僧宝暹、道邃、僧昙等十人，以武平六年，采经西域，往返七载，凡获梵本二百六十部。""大隋受禅，暹等赍经来。开皇元年季冬，届至京邑。""开皇五年，大兴善寺沙门昙延等三十余人，请敕延崛多来还京阙。寻敕敷译新至梵本，或经或书，且内且外，诸有翻传，必以崛多为主。""尔时耶舍已亡，专当元匠于大兴善，更召婆罗门僧达摩笈多，并敕居士高天奴、高和仁兄弟等同传梵语。又置十大德沙门僧休、法粲、法经、慧藏、洪遵、慧远、法纂、僧晖、明穆、昙迁等监掌翻事，铨定宗旨。沙门明穆、彦琮重对梵本，再审复勘。”“循历翻译，合三十七部，一百七十六卷。”“高祖又敕崛多共西域沙门若那竭多、开府高恭、恭息都督天奴、和仁及婆罗门毗舍达等，于内史内省，翻梵古书及乾文。至开皇十二年，书度翻讫，合二百余卷。”“时又有达摩般若，隋言法智，本中天竺国人。妙善方言，执本自传，不劳度语，译《业报差别经》等。”“达摩笈多，隋言法密，本南贤豆罗啰国人。开皇十年，入京。奉敕翻经，处之兴善。所翻经论七部，合三十二卷。”

炀帝置翻经馆及翻经学士，

《续高僧传》：“炀帝定鼎东都，敕于洛水南滨上林园内，置翻经馆，撰举翘秀，永镇传法。”“大业二年，东都新治。彦琮与诸沙门诣阙朝贺，因即下敕，于洛阳上林园，立翻经馆以处之。”“新平林邑，所获佛经，合五百六十四夹，一千三百五十余部，并昆仑书多黎树叶，有敕送馆，付琮披览。并使编叙目录，以次渐翻。”“时有翻经学士成都费长房，妙精玄理，撰《三宝录》一十五卷，始于周庄之初。上编甲子，下录年号，并诸所翻经部卷目。”“又有翻经学士泾阳刘冯，撰《内外旁通比校数法》一卷。”

沙门彦琮尤精译事，

《续高僧传》：“释彦琮，俗缘李氏，赵郡柏人人也。周武平齐，延谈玄籍，敕预通道观学士。”“开皇三年，西域经至，敕琮翻译，住大兴善。”“琮专寻教典，日诵万言。《大品》《法华》《维摩》《楞伽》

《摄论》《十地》等，皆亲传梵书，受持读诵，每日暗阅，要周乃止。”“仁寿二年，敕撰众经目录，乃分为五例，谓单译、重翻、别生、疑伪、随卷有位。”“寻又敕令撰《西域传》，前后译经合二十三部，一百许卷。”

妙体梵文，以垂译式。所举八备，世多称之焉。

《续高僧传》：“琮晚以所诵梵经四千余偈十三万言，七日一遍，用为常业。”“著《辩正论》，以垂翻译之式。”“经不容易，理借名贤，常思品藻，终惭水镜。兼而取之，所备者八：诚心爱法，志愿益人，不惮久时，其备一也；将践觉场，先牢戒足，不染讥恶，其备二也；筌晓三藏，义贯两乘，不苦暗滞，其备三也；旁涉坟史，工缀典词，不过鲁拙，其备四也；襟抱平恕，器量虚融，不好专执，其备五也；耽于道术，澹于名利，不欲高衒，其备六也；要识梵言，乃闲正译，不坠彼学，其备七也；薄阅《苍》《雅》，粗谙篆隶，不昧此文，其备八也。八者备矣，方是得人。”

唐代译业，尤盛于隋。道宣《续高僧传》、赞宁《高僧传》三集，译经篇中所载西来高僧，不下数十人：

波罗颇迦罗蜜多罗	中天竺人	武德九年	由突厥入京
那提三藏	中印度人	永徽六年	由南海来
伽梵达磨	西印度人	永徽中	
阿地瞿多	中印度人	永徽三年	自西印度届长安
佛陀波利	罽宾国人	仪凤元年	涉流沙来华
释地婆诃罗	中印度人	仪凤初	
那跋陀罗	波凌国人	仪凤三年	由交州入唐
菩提流志	南天竺人	永淳二年	
释提云般若	于阗国人	永昌元年	

阿你真那	迦湿弥罗人	长寿二年	
实叉难陀	于阗人	证圣元年	由于阗来
般刺蜜帝	中印度人	神龙中	由南海来
弥陀山	覩货逻人	天后时	
输波迦罗（善无畏）	中印度人	开元四年	自北印至长安
阿目佉跋折罗（不空）	北天竺人		幼随叔父来华
释跋日罗菩提（金刚智）	摩赖耶国人	开元七年	由师子国来
般刺若	北天竺人	贞元二年	由师子国来
牟尼宝利	北印度人	贞元十六年	
佛陀多罗	罽宾人		
释勿提提羼鱼	龟兹人		
尸罗达摩	于阗人	贞元中	
释莲华	中印度人	兴元元年	
般若	罽宾人	宪宗时	
满月	西域人	开成中	

以上皆有专传者。外此如《义净传》有吐火罗沙门达磨末磨、中印度沙门拔弩、罽宾沙门达磨难陀、居士东印度首领伊舍罗、居士中印度李释迦度颇多、居士东印度瞿昙金刚等；《释无极高传》有中印度大菩提阿难律、木叉师、迦叶师等；《释极量传》有乌苌国沙门弥伽释迦；《日照传》有沙门战陀般若提婆；《菩提流志传》有天竺沙门波若屈多，亦皆有功于译业者也。他若神策军正将罗好心，为般刺若之表兄；金满郡公尉迟智严，为于阗国质子；以及迦湿弥罗国王子阿顺，为义净证译，均可见唐时西域僧俗来居中国者之多矣。

其西行求经者，有玄奘、

《旧唐书·僧玄奘传》："僧玄奘，姓陈氏，洛州偃师人。大业末出家，博涉经论。尝谓翻译者多有讹谬，故就西域广求异本，以参验之。贞观初，随商人往游西域。玄奘既辩博出群，所在必为讲释论难，蕃人远近咸尊伏之。在西域十七年，经百余国，悉解其国之语，仍采其山川谣俗、土地所有，撰《西域记》十二卷。贞观十九年，归至京师。太宗见之，大悦，与之谈论。于是诏将梵本六百五十七部，于弘福寺翻译。”《慈恩传》（释慧立、彦琮）：“法师于西域所得《大乘经》二百二十四部，《大乘论》一百九十二部，《上座部经律论》一十五部，《三弥底部经律论》一十五部，《弥沙塞部经律论》二十二部，《迦叶臂耶部经律论》一十七部，《法密部经律论》四十二部，《说一切有部经律论》六十七部，《因明论》三十六部，《声论》一十三部，凡五百二十夹，六百五十七部。”

义净、

《续高僧传三集》（释道宣）：“义净，姓张氏，范阳人也。慕玄奘之风，欲游西域。咸亨二年，年三十有七，方遂发足。初至番禺，得同志数十人，及将登舶，余皆罢退。净奋励孤行，备历艰险，所至之境，皆洞言音。”“经二十五年，历三十余国。以天后证圣元年乙未仲夏，还至河洛，得梵本经律论近四百部，合五十万颂。”

不空，

《续高僧传三集》：“释不空，梵名阿目佉跋折罗，华言不空金刚。幼失所天，随叔父观光东国。开元二十九年，附昆仑舶离南海，至诃陵国界，达狮子国，广求密藏及诸经论五百余部。次游五印度境，至天宝五载还京。”

及会宁、

《续高僧传二集》：“麟德年中，成都沙门会宁泛舶西游，路经波凌国，与智贤同译《涅槃后分》二卷，寄达交州，宁方之西域。”

悟空等。

《续高僧传二集》：“释悟空，京兆云阳人，姓车氏。天宝十年，随使臣西去，留犍陀罗，投舍利越摩。落发后，巡历数年，回及龟兹，翻成《十地回向轮经》，以贞元五年己巳达京师。”

其翻译之规模，远轶前代。

《旧唐书•僧玄奘传》：“玄奘于弘福寺翻译，敕右仆射房玄龄、太子左庶子许敬宗，广召硕学沙门五十余人，相助整比。高宗在东宫，为文德太后追福，造慈恩寺及翻经院。内出大幡，敕九部乐及京城诸寺幡盖众伎，送玄奘及所翻经像、诸高僧等入住慈恩寺。显庆元年，高宗又令左仆射于志宁、侍中许敬宗、中书令来济、李义府、杜正伦、黄门侍郎薛元超等，共润色玄奘所定之经，国子博士范义硕、太子洗马郭瑜、弘文馆学士高若思等助加翻译。凡成七十五部，……后移于宜君山故玉华宫。六年卒。”《续高僧传二集》：“贞观十九年五月，奘师于弘福寺创开翻译，召沙门慧明、灵润等以为证义，沙门行友、玄赜等以为缀缉，沙门智证、辩机等以为录文，沙门玄模以证梵语，沙门玄应以定字伪。”“自前代以来，所译经教，初从梵语，倒写本文，次乃回之，顺同此俗，然后笔人观理文句，中间增损，多坠全言。今所翻传，都由奘旨，意思独断，出语成章，词人随写，即可披玩。”《慈恩传》：“麟德元年，法师属纩，嘉尚法师具录所翻经论，合七十四部，总一千三百三十五卷。”《续高僧传三集》：“义净自天后久视，迄睿宗景云，都翻出五十六部、二百三十卷。又出《说一切有部跋窣堵》约七十八卷。”“不空译经，起于天宝，迄大历六年，凡一百二十余卷，七十七部。”

而玄奘之论胜异邦，

> 《续高僧传二集》：“戒日王于曲女城，大会沙门、婆罗门一切异道，请奘升座，标举论宗，命众征核。竟十八日，无敢问者。王大嗟赏，施银钱三万、金钱一万、上氎衣一百具。仍令大臣执奘袈裟，巡众唱言支那法师论胜，十八日来，无敢问者，并宜知之。”

译华为梵，尤前此所未有也。

> 《续高僧传二集》：“敕令翻《老子》五千文为梵言，以遗西域。奘乃召诸黄巾，述其玄奥，令叠词旨，方为翻述。”①

自晋至唐，中土之讲佛学者，各有宗派，近人综为十宗。诸宗有至唐而已微者，有至唐而始盛者。三论、成实，则至唐而已微者。

> 《十宗略说》(杨文会)：“《成实论》译于姚秦罗什三藏，六朝名德专习者众，别为一宗。至唐而渐衰，后世则无闻焉。”“《中论》《百论》《十二门论》，是为三论，亦在性空宗。文殊师利实为初祖，马鸣、龙树、清辨等菩萨继之。鸠摩罗什至秦，盛弘此道，一时学者宗之。生、肇、融、睿，并肩相承。生公门下，昙济大师辗转传持，以至唐之吉藏，专以此宗提振学徒。三论之旨，于斯为盛。天台亦提《中论》，其教广行于世，而习三论者鲜矣。”

---

①《彦琮传》：“有王舍城沙门，远来谒帝，将还本国，请《舍利瑞图经》及《国家祥瑞录》。敕令琮翻隋为梵，合成十卷，赐诸西域。”此译华为梵之始。然琮所译，为当世之文，玄奘所译，为古哲之说，其难易当有别。

俱舍、贤首、慈恩、律、密诸宗，皆盛于唐。

《十宗略说》：“世亲菩萨造《俱舍论》，陈真谛三藏译出，并作疏释之。唐玄奘法师重译三十卷，门人普光作记，法宝作疏，大为阐扬。当时传习有专门名家者，遂立为一宗焉。”“《华严》为经中之王，秘于龙宫，龙树菩萨乘神通力，诵出略本，流传人间。有唐杜顺和尚者，文殊师利化身也，依经立观，是为初祖。继其道者，云华、智俨、贤首、法藏，以至清凉、澄观，而纲目备举。”“天竺有性、相二宗，性宗即前之三论，相宗则从《楞伽》《深密》《密严》等经流出，有《瑜伽显扬》诸论。而其文约义丰，莫妙于《成唯识论》。以弥勒为初祖，无著、天亲护法等菩萨相继弘扬。唐之玄奘至中印度，就学于戒贤论师，精通其法，归国译传，是为慈恩宗。窥基、慧沼、智周，次第相承。”《印度哲学概论》（梁漱溟）：“律宗从所主律藏得名，远祖为优波离尊者，此方开宗者唐道宣，律有《大、小乘》，宣公以《小乘律》释通《大乘》，立为圆宗戒体。所弘通者为《四分律》，著述甚多，其《行事钞》等称五大部。宋有元照，复作《资持记》等释之，中兴律宗。”“真言宗一曰密宗，以秘密真言为宗，故名。奉《大日经》等为本，大日如来传金刚萨埵，再传龙树，龙树授之龙智，再授之金刚智。金刚智唐时来中国，偕者有不空。不空能汉语，共译经论。既受其传，更还天竺，亲接龙智。密宗之弘，在此师也。”①

净土则始于晋而盛于唐，世或分为二流。

《佛学大纲》（谢无量）：“净土宗持念佛法门，实三根普被之要路也。念佛缘因，出于《起信论》，继则龙树、天亲亦间论念佛。而

① 善无畏先来，未开宗。

震旦开宗，实始于东晋慧远。慧远姓贾氏，雁门楼烦人。博极群书，尤善《老》《庄》，为道安法师之高弟，专倡净土法门，道俗皈依。共结莲社。”“魏昙鸾，雁门人，家近五台。历观圣迹，发心出家，逢天竺三藏菩提流支以《观无量寿经》授之，鸾遂作《往生论注》二卷，莲宗著述推为巨擘。”“唐道绰姓卫，并州汶水人。十四岁出家，讲《大涅槃经》二十四遍，景慕昙鸾净土之业，继其后尘，住玄中寺。道俗赴者弥众，讲《观无量寿经》将二百遍，瑞应甚多。著有《安乐集》二卷。”“善导者，不知何处人。见禅师九品道场讲论《观经》，大喜曰：‘此真入佛之津要也。’人见其念佛一声，有一光明从口中出；百声千声，亦复如是。著有《观经疏》及各种净土典籍传世。”

《印度哲学概论》：“净土宗从其皈依净土得名，以《无量寿经》《观无量寿经》《阿弥陀经》为本。在天竺则马鸣造《起信论》，劝修净土；龙树造《十住论》，而宏念佛；世亲造《净土论》而乐往生。中土则有二流：一为晋之远公，结莲社于匡庐；一为唐之善导，化俗众于长安。中间昙鸾、道绰，制作最宏。”

天台则倡于齐而继于唐，说复分为三部。

《印度哲学概论》：“天台宗从智者大师所栖天台山得名，此宗《法华经》为本，而以《智度论》为指趣，以《涅槃经》为辅翼，以《大品经》为观法，专习禅定。先是北齐惠文，悟一心三观，以授南岳惠思，惠思传智顗，即大师。大师以为道有传行，亦必有说，于是由一法华说为三部：一玄义以判教相，二文句以解名义，三止观以示观行。中唐有荆溪作《释签》疏记辅行，如次第，以释三部，大振其宗。”

而禅宗六祖，唐居其三。

《佛学大纲》："佛之心印，即是般若波罗蜜，五祖令人诵《金刚般若经》，六祖称为学般若菩萨，皆以般若为心印也。后人名为禅宗，是出世间上上禅。世尊在灵山会上，拈花示众，是时众皆默然，惟迦叶尊者破颜微笑。世尊曰：'吾有正法眼藏，涅槃妙心，实相无相，微妙法门，不立文学，教外别传，付嘱摩诃迦叶。'故迦叶为禅宗第一祖。""二十八祖菩提达摩尊者，为中华初祖。尊者本南天竺国香至王第三子，得法于般若多罗尊者。承师遗命，泛海达广州，在梁普通元年。广州刺史萧昂馆之，表闻于朝，武帝迎至金陵。尊者知机不契，遂渡江届洛阳，止于嵩山少林寺。面壁坐九年，人莫能测，终为东土禅宗之初祖。""二祖慧可，武牢姬氏子，参初祖于少林，勤恳备至，后付袈裟，以表传法，并为说偈。又付《楞伽》四卷，令诸众生开示悟入。""三祖僧灿，住舒州皖公山，往来于太湖县司空山，作《信心铭》六百言，流传于世。""四祖名道信，蕲州人，姓司马氏。三祖付以衣法，后住蕲春破头山。""五祖名宏忍，黄梅人，前生为破头山栽松道者，再来为浣衣女子弃子。四祖识其法器，令出家，付以衣法，住破头山。后迁黄梅东山，宗风大振。""六祖名慧能，姓卢，岭南新州人。家贫，鬻薪供母。闻人诵《金刚经》，问所由来，遂往黄梅参五祖。祖令入碓坊舂米，人称卢行者。经八月，述一偈曰：'菩提本无树，明镜亦非台；本来无一物，何处惹尘埃？'五祖即付嘱心传，并授袈裟，且曰：'衣至汝身，不复传。'六祖至岭南，经十五载，一日至广州法性寺升座说法，闻者倾心。别传之道，由此大行。"

南岳、青原分开五派。今之佛寺禅宗，皆传自唐者也。

《释氏稽古略》（释觉岸）："六祖弟子最著者，衡州怀让、吉州行思，是为南岳、青原二宗。唐末，南岳复分为沩仰[①]、临济[②]二派，青原又分为曹洞[③]、云门[④]、法眼[⑤]三派。”

有唐一代，自诗文书画而外，其宗派林立超轶前世者，殆无过于宗教哲学矣。

唐之佛教寺庙，掌于礼部。据《唐六典》，开元中，天下寺总五千三百五十八所。

《唐六典》：“凡天下寺总五千三百五十八所，[⑥]每寺上坐一人、寺主一人、都维那一人，共纲统众事。而僧持行有三品：一曰禅，二曰法，三曰律。大抵皆以清净慈悲为宗。凡僧尼之簿籍，三年一造。”[⑦]

至武宗时，增至四万余所。

《通鉴》：“会昌五年，祠部奏报天下寺四千六百，兰若四万，僧尼二十六万五百。”

以道士之毁，遂大汰僧尼。

《通鉴》：“会昌五年，上恶僧尼耗蠹天下，欲去之。道士赵归真等复劝之，乃先毁山野招提兰若，敕上都、东都两街各留二寺，每

---

① 灵佑，福州长谿人，居潭州沩山。传慧寂，韶州怀化人，居袁州仰山。是为沩仰宗。

② 义玄，曹州人，居镇州临济寺。是为临济宗。

③ 良价，越州会稽人，居豫章高安之洞山。其弟子本寂，泉州莆田人，改山名曰曹。是为曹洞宗。

④ 文偃，浙西秀水人，居韶州云门山。是为云门宗。

⑤ 文益，余杭人，居金陵清凉寺，谥法眼禅师。是为法眼宗。

⑥ 三千二百四十五所僧，二千一百一十三所尼。

⑦ 其籍一本送祠部，一本送鸿胪，一本留于州县。

寺留僧三十人。天下节度观察使治所及同、华、商、汝州各留一寺。分为三等，上等留僧二十人，中等留十人，下等五人。余僧及尼，并大秦穆护僧祆，皆勒归俗。寺非应留者，立期令所在毁撤，仍遣御史分道督之。财货地产并没官，寺材以葺公廨驿舍，铜像钟磬以铸钱。”

世谓北魏太武帝、周武帝及唐武宗为三武，皆反对佛教最力者也。然不数年，所毁者尽复。

《通鉴》：“大中元年闰月，敕应会昌五年所废寺，有僧能营葺者，听自居之，有司毋得禁止。是时君相务反会昌之政，故僧尼之弊，皆复其旧。”

故至唐末，禅宗之盛，转轶于前焉。

唐代之于佛教，不独译经求法、分宗立寺为最盛也，即整理佛教经籍，亦以唐为最大。藏经之确定，即缘于开元释教之目录。

《大藏经雕印考》（常磐大定）：“自后汉之末叶，至元之初期，佛典传译之时期，前后通计千三百有余年。当时及其后之多数学者，整理此极纷杂之典籍，调撰目录，达六十次以上。今其存者二十余部，此皆调查《大藏经》内容之变迁，所不可或缺之材料也。”“多数目录中，最可贵重者，前有《隋录》，中有《开元录》，后有《至元录》。此三种者，诸目录中之尤最也。而三录又以《开元录》为中心。自汉以至五代，仅有缮写之藏经，至宋初雕印《大藏》，于是为《大藏经》划一时期。而为宋初雕印之基础者，《开元录》也。故《大藏经》有种种之经过，至唐有《开元录》，而后完全因之。自目录上研究《大藏》，亦遂可谓至《开元录》而结束矣。”

《开元目录》，释智昇撰，体例最善。

> 《大藏经雕印考》：“《开元录》者，自后汉永平十年，至开元十八年，六百六十四年间之传译者，百七十六人，所出大小二乘之三藏及集传并失译，总计二二七八部、七〇四六卷。至是而《大藏经》之本体，始确定不动矣。……智昇之分类法，定《大乘经》为《般若》《宝积》《大集》《华严》《涅槃》五大部，其外开重译、单译各门。《大乘论》中，开释义、集义二门；《小乘经》中，开根本四阿含、四阿含中别译及四阿含外重译、单译各门。《小乘律》中，开正及、眷属二门；《小乘论》中，开有部根本、身足支派二门。《贤圣集》中，开梵本翻译，此方撰述二门，秩序整然，殆达于目录完成之域。”

贞元间虽有新定释教目录，实不逮其整备也。

> 《大藏经雕印考》：“后世刻经，不据新定《贞元录》，而仰范《开元录》以成宋之刻藏，故此录有左右《大藏》之力。”

唐代译经，文义之美，既极其盛，而禅宗语录，又别开一俗语释典之例。观六祖《坛经》所载问答之语，

> 《坛经》：“怀让禅师至曹溪礼拜，师曰：‘甚处来？’曰：‘嵩山。’师曰：‘什么物？恁么来？’”“一僧问师云：‘黄梅意旨甚么人得？’师曰：‘会佛法人得。’僧云：‘和尚还得否？’师曰：‘我不会佛法。’”

为宋代儒家语录之祖，亦为今之倡语体文者所称道也。大抵诸宗学派，皆尚文言，惟禅宗六祖徒恃慧力，不用功于文字，故其后别成一种风气。而佛典之优美，与语录之鄙俚，实不可以一律视之也。

唐代宗教之盛，自佛教外，首推道教。盖唐出李氏，崇拜老子，故盛倡道教。

《旧唐书·礼仪志》：“开元二十年正月己丑，诏两京及诸州各置玄元皇帝庙一所，并置崇玄学。其生徒令习《道德经》及《庄子》《列子》《文子》等，每年准明经例举送。……天宝元年，诏《古今人表》玄元皇帝升入上圣，庄子号南华真人，文子号通玄真人，列子号冲虚真人，庚桑子号洞虚真人。改《庄子》为《南华真经》，《文子》为《通玄真经》，《列子》为《冲虚真经》，《庚桑子》为《洞虚真经》。两京崇玄学，各置博士、助教，又置学生一百员。”

其道观亦掌于祠部。

《唐六典》：“凡天下观总一千六百八十七所。① 每观观主一人、上座一人、监斋一人，共纲统众事。而道士修行有三号：其一曰法师，其二曰威仪师，其三曰律师。其德高思精，谓之炼师。而斋有七名：其一曰金录大斋；其二曰黄录斋；其三曰明真斋；其四曰三元斋；其五曰八节斋；其六曰涂炭斋；其七曰自然斋。而禳谢复三事：其一曰章；其二曰醮；其三曰理沙。大抵以虚寂自然无为为宗。”“凡道士、女道士之簿籍，亦三年一造。”

外此则有祆教、摩尼教、景教等②。

《通典·职官门》：“视流内有正五品萨宝，从七品萨宝府祆正。又视流外有勋品萨宝府祓祝，四品萨宝府率，萨宝府史。”③《旧唐书·

① 一千一百三十七所道士，五百五十所女道士。

② 景教详第三编。

③ 杜佑自注：祆者，西域天神，佛经所谓摩醯首罗也。武德四年，置祆祠及官。

宪宗纪》："元和六年正月，回纥请于河南府、太原府置摩尼寺。许之。""八年十二月二日，宴归国回鹘摩尼八人。""长庆元年五月，回鹘宰相、都督、公主、摩尼等五百七十三人入朝。"又《回鹘传》："元和初，以摩尼至，其法，日晏食，饮水茹荤，屏湩酪。可汗常与其国摩尼至京师，岁往来西市，商贾颇与囊橐为奸。武宗初年，命有司收摩尼书若像，烧于道，产赀入之官。"

武宗之排佛也，大秦寺[1]、摩尼寺皆废罢。京城女摩尼七十人皆流回纥，于道死者大半。景教僧、祆僧二千余人，并放还俗，[2]故惟道、佛二教，流衍至宋焉。

---

① 即景教寺。

② 详见《唐会要》。

第十六章　唐宋间社会之变迁

自唐迄宋，变迁孔多。其大者则藩镇之祸，诸族之兴，皆于政治文教有种种之变化；其细者则女子之缠足，贵族之高坐，亦可以见体质风俗之不同。而雕板印刷之术之勃兴，尤于文化有大关系。故自唐室中晚以降，为吾国中世纪变化最大之时期。前此犹多古风，后则别成一种社会。综而观之，无往不见其蜕化之迹焉。

唐之藩镇之祸，自安、史始。

> 《新唐书·藩镇传》："安、史乱天下，至肃宗大难略平，君臣皆幸安。故瓜分河北地，付授叛将，护养孽萌，以成祸根。乱人乘之，遂擅署吏，以赋税自私，不献于朝廷。效战国，肱髀相依，以土地传子孙，胁百姓，加锯其颈，利怵逆污，遂使其人自视犹羌狄然。一寇死，一贼生，讫唐亡百余年，卒不为王土。"

论者谓由于节度使制之不善。

> 《廿二史劄记》(赵翼)："唐之官制，莫不善于节度使。其始察刺史善恶者有都督，后以其权重，改置十道按察使。开元中，或加采访、观察、处置、黜陟等号，此文官之统州郡者也。其武臣掌兵，有事出征，则设大总管；无事时，镇守边要者，曰大都督。自高宗永徽以后，都督带使持节者，谓之节度使，然犹未以名官。景云二年，

以贺拔延嗣为凉州都督河西节度使，节度使之官由此始。然犹第统兵，而州郡自有按察等使，司其殿最。至开元中，朔方、陇右、河东、河西诸镇皆置节度使，每以数州为一镇，节度使即统此数州，州刺史尽为其所属，故节度使多有兼按察使、安抚使、支度使者。既有其土地，又有其人民，又有其甲兵，又有其财赋，于是方镇之势日强。安禄山以节度使起兵，几覆天下。及安、史既平，武夫战将以功起行阵为侯王者，皆除节度使。大者连州十数，小者犹兼三四，所属文武官悉自置署，未尝请命于朝，力大势威，遂成尾大不掉之势。或父死，子握其兵，而不肯代，或取舍由于士卒，往往自择将吏，号为留后，以邀命于朝。天子力不能制，则含羞忍耻，因而抚之。姑息愈盛，方镇愈骄。其始为朝廷患者，只河朔三镇。其后淄青、淮蔡无不据地倔强，甚至同华逼近京邑，而周智光以之反，泽潞亦连畿甸，而卢从史、刘稹等以之叛。迨至末年，天下尽分裂于方镇，而朱全忠遂以梁兵移唐祚矣。推原祸始，皆由于节度使掌兵民之权故也。”

然立国之道，初非一端。或困于法，或劫于势，或歉于德，或缘于才，其为因果，盖也多矣。大抵秦、汉以来，辖地太广，民治既湮，惟恃中央一政府，其力实有所不及。故非君主有枭雄过人之才，其所属之地，必易于分裂。无论唐法之蔽，酿成五代之乱。

《廿二史劄记》：“五代诸镇节度使，未有不用勋臣武将者，遍检薛、欧二史，文臣为节度使者，惟冯道暂镇同州，桑维翰暂镇相州及泰宁而已。兜鍪积功，恃勋骄恣，酷刑暴敛，荼毒生民，固已比比皆是。乃至不隶藩镇之州郡，自朝廷除刺史者，亦多以武人为之。欧史《郭延鲁传》谓刺史皆以军功拜，论者谓天下多事民力困敝之时，不宜以刺史任武夫，恃功纵下，为害不细。薛史《安重荣传》亦云自梁、唐以来，郡牧多以勋授，不明治道，例为左右群小所惑，卖官鬻狱，割剥蒸民。诚有慨乎其言之也。”

即宋之改制，亦仅能救一时之弊，而于经营全国之法，初未能尽善。

《宋史纪事本末》（陈邦瞻）：“乾德元年春正月，初以文臣知州事。五代诸侯强盛，朝廷不能制，每移镇受代，先命近臣谕旨，且发兵备之，尚有不奉诏者。帝即位初，异姓王及带相印者不下数十人。至是用赵普谋，渐削其权。或因其卒，或因迁徙致仕，或以遥领他职，皆以文臣代之。”“夏四月，诏设通判于诸州，凡军民之政皆统治之，事得专达，与长吏均礼，大州或置二员。又令节镇所领支郡，皆直隶京师，得自奏事，不属诸藩，于是节度使之权始轻。”“三年三月初，置诸路转运使。自唐天宝以来，藩镇屯重兵，租税所入，皆以自赡，名曰留使、留州，其上供者甚少。五代藩镇益强，率领部曲，主场务，厚敛以入己，而输贡有数。帝素知其弊。赵普乞命诸州度支经费外，凡金帛悉送汴都，无得占留。每藩镇帅缺，即令文臣权知所在场务。凡一路之财，置转运使掌之，虽节度、防御、团练、观察诸使及刺史，皆不预签书金谷之籍，于是财利尽归于上矣。”“八月，选诸道兵入补禁卫。先是帝诏殿前、侍卫二司各阅所掌兵，拣其骁勇者升为上军。至是命诸州长吏择本道兵骁勇者送都下，以补禁旅之阙。又选强壮卒，定为兵样，分送诸道，召募教习，俟其精练，即送阙下。复立更戍法，分遣禁旅，戍守边城，使往来道路，以习勤苦，均劳佚。自是将不得专其兵，而士卒不至于骄惰，皆赵普之谋也。”

故对内则财权、兵权悉操自上，而对外则力多不竞。辽、夏迭兴，无以制之。其中因果得失，盖难言矣。

唐室中叶，汉族势力日衰，沙陀、契丹、党项诸族并兴。

《中国民族志》（刘师培）："沙陀为突厥别种，居天山东北，服属吐蕃。后东徙代边，款关内附，为唐平乱，立功中原。据汾、晋之疆，拥甲兵以自固，而沙陀势力日盛。""契丹处潢河附近，残食邻封，其属土包满洲、蒙古。唐末率众南侵，营、平之州既沦，榆关之险遂失，而契丹势力日盛。""党项处西川边徼，服属唐廷。以苦吐蕃之侵，徙居灵、夏，部族渐蕃。其酋长拓跋思恭助唐讨乱，据夏、银、绥、宥、静五州，称靖难节度使，而党项势力日盛。"

五代之君，既多西戎族种。

《新五代史·唐本纪》："其先本号朱邪，盖出于西突厥。""明宗本夷狄，无姓氏。太祖养以为子，赐名嗣源。"《晋本纪》："高祖父臬捩鸡本出于西夷，自朱邪归唐，从朱邪入居阴山。……臬捩鸡生敬瑭，其姓石氏，不知其得姓之始。"《汉本纪》："高祖姓刘氏，名知远，其先沙陀部人也。"

契丹、女真之南侵，摧残中国之文化，尤甚于刘、石之乱华。

《通鉴》："开运二年，契丹连岁入寇。中国疲于奔命，边民涂地。""三年，契丹主大举入寇，至洛阳，赵延寿请给上国兵廪食，契丹主曰：'吾国无此法。'乃纵胡骑四出，以牧马为名，分番剽掠，谓之打草谷。丁壮毙于锋刃，老弱委于沟壑，自东西两畿及郑、滑、曹、濮数百里间，财畜殆尽。""契丹入汴，纵胡骑打草谷，又多以其子弟及亲信左右为节度使、刺史，不通政事。华人之狡狯者，多往依其麾下，教之妄作祸福，掊敛货财，民不堪命。""契丹主发大梁，晋文武诸司从者数千人，诸军吏卒又数千人，宫女宦官又数百人，尽载府库之宝以行，所留乐器、仪仗而已。"《辽史·太宗纪》：

"大同元年三月壬寅，晋诸司僚吏、嫔御、宦寺、方伎、百工、图籍、历象、石经、铜人、明堂刻漏、太常乐谱、诸宫悬卤簿法物及铠仗，悉送上京。""所归顺凡七十六处，得户一百九万百一十八。"《宋史·钦宗纪》："靖康二年夏四月庚申朔，金人以帝及皇后太子北归，凡法驾、卤簿，皇后以下车辂、卤簿、冠服、礼器、法物、大乐、教坊乐器、祭器、八宝、九鼎、圭璧、浑天仪、铜人、刻漏、古器、景灵宫供器、太清楼秘阁三馆书、天下州府图，及官吏、内人、内侍、技艺、工匠、娼优，府库畜积，为之一空。"《南烬纪闻》（黄冀之）："靖康元年十一月二十五日，京城陷，北兵入城。十二月初五日，遣兵搬运书籍及国子监三省六部司式官制、天下户口图籍赋役及宗室玉牒。初九日，又运车辂、卤簿、太常乐器及钟鼓刻漏，因是朝廷仪注法物，取之无遗。"

而汉族之混乱迁流，亦为从前所未有。

《中国民族志》："辽金南下以来，其影响及汉族者有三：一曰汉族之北徙也。自契丹南征，朔方沦陷，汉民陷虏，实繁有徒。或归化于虏廷，[①] 或见俘于异域，[②] 而契丹民族遂向华风。[③] 及金人南伐，汉民罹祸尤深，[④] 此实汉族迁徙之一大关键也。加以汉族不振，浸染夷风，祖国山川，弃之如遗。甚至偷息苟生，右虏下汉。[⑤] 影响及汉

---

① 许元宗《奉使行程录》言幽民苦刘守光暴虐，逃入契丹，契丹建滦州而处之，其证也。

② 金《地理志》言辽以所俘望都民置海山县，以所俘安喜民置迁安县，以所俘定州民置昌黎县，皆汉族为契丹所俘之证。又宋人《儒林公议》云太宗征契丹后，河朔之民数被其毒，驱掠善民入国中，分诸部落，鞭笞凌辱，酷不忍闻。亦汉族见俘之证。

③ 契丹用汉族之民，为汉族所化。观金人以契丹人为汉人，而以宋人为南人，可以知汉族多与契丹族相合矣。

④《大金国志》言卢益奉使时，言国主自入燕以后，所虏中原士大夫家子姝姬凡二三千北归。

⑤《儒林公议》云：始石晋时，关南山后初莅虏，民既不乐附，又为虏所侵辱日久，企思中国，

族者，此其一；二曰异族之杂处也。金皇统五年，创屯田军，凡女真、契丹之民，皆自本部徙中土，计户受田，与民杂处，号明安穆昆，[1]凡数万人。[2]驱游牧之蛮民，适中华之乐土，是直以中国为牧场矣。《金史》天会六年，禁民汉服，令民削发，汉族之礼俗，无一不变于夷矣。影响及汉族者，此其二。”[3]

义儿养子，胡汉杂糅，

《五代史·义儿传》：“世道衰，人伦坏，而亲疏之理反其常。干戈起于骨肉，异类合为父子。开平、显德五十年间，天下五代而实八姓，其三出于丐养。……李嗣昭，本姓韩氏，汾州大谷县民家子也。太祖取之，命弟克柔养之为子。……嗣本，本姓张氏，雁门人也。世为铜冶镇将，嗣本少事太祖，太祖爱之，赐以姓名，养为子。……嗣恩，本姓骆，吐谷浑部人也。少事太祖，能骑射，赐姓名以为子。……存信，本姓张氏，其父君政，回鹘李思忠之部人也。存信少善骑射，能四夷语，通六蕃书，从太祖起代北，遂赐姓名以为子。……存进，振武人也。本姓孙，名重进。太祖攻破朔州，得之，赐以姓名，养为子。……存贤，许州人也。本姓王，名贤。少为军卒，太祖击黄巢于陈州得之，赐以姓名，养为子。”

巨室世家，没为奴隶。

常若偷息苟生。周世宗止平关南，功不克就，岁月既久，汉民宿齿尽逝，新少者渐便习不怪，居常右虏下汉。其间士人及有识者，亦常愤然，无可奈何。

① 自燕南至淮陇以北，皆有之。

② 金曹望之《论便宜疏》云：山东河北，明安穆昆与百姓杂处，民多失业。此明安穆昆害民之证。

③ 第三段汉族排外思想，略之。

《容斋三笔》（洪迈）云："靖康之后，陷于金虏者，帝王子孙，宦门仕族之家，尽没为奴婢，使供作务。每人一月支稗子五斗，令自舂为米。得一斗八升，用为糇粮。岁支麻五把，令缉为裘，此外更无一钱一帛之入。男子不能缉者，则终岁裸体，虏或哀之，则使执爨。虽时负火得暖气，然才出外取柴归，再坐火边，皮肉即脱落，不日辄死。惟喜有手艺，如医人、绣工之类，寻常只团坐地上，以败席或芦藉衬之，遇客至开筵，引能乐者使奏技。酒阑客散，各复其初，依旧环坐刺绣，任其生死，视如草芥。"

而昔之标举门第，崇尚族望之风，由兹而隳。南北文化，亦以迥殊焉。

《中国民族志》："江淮大河以北，古称膏腴之区，文物之国者，何今北省诸地，人才湮没，文化陵夷，等于未开化之壤耶？则以与蛮族同化之故也。"①

自唐以降，汉族不振，固有各种原因，而妇女之缠足，亦其一也。按俞正燮《癸巳类稿》、赵翼《陔余丛考》，皆以弓足盛于五代及宋元之时。

《癸巳类稿·书旧唐书舆服志后》（俞正燮）："刘昫等作志，时

---

① 按《陔余丛考》：宋南渡时，凡世家之官于朝者多从行。如韩肖胄、侂胄，皆琦之曾孙也。王伦，旦之裔孙也。吕本中、祖谦、祖俭、祖泰，皆公著后也。常同，安民之子也。晏敦复，殊之后也。曹友闻，彬之后也。叶石林记南渡后诏随驾官员携眷属者，听于寺庙居住。又李心传《朝野杂记》：渡江后将帅，韩世忠，绥德军人。曲端，镇戎军人。吴玠、吴璘、郭浩，德顺军人。张俊、刘琦、王燮，秦州人。杨惟忠、李显忠，环州人。王渊，阶州人。马广，熙州人。杨政，泾州人。皆西北人也。刘光世，保大军人。杨存忠，代州人。赵密，太原人。苗传，隆德人。岳飞，相州人。王彦，怀州人。皆北人也。据此，知宋室南渡，不惟文人学者从之而南，即将帅武人之生长西北者，亦多居于南方。举各地优秀之人，皆居江、淮以南，宜江淮以北之民族，遂渐退化也。

言妇人贵贱履舄及靴，略本《开元礼序例》下及《唐六典》内官尚服注。皇后太子妃青袜舄，加金饰，开元初或著丈夫靴。”“迨后妇人足弓，于南唐渐成风俗。”“南唐裹足，亦仅闻窅娘，《道山新闻》言之最详。”“弓足之事，宋以后则实有可征。《鹤林玉露》云：建炎四年，柔福帝姬至。以足大疑之。鞏甕曰：‘金人驱迫跣行万里，岂复故态？’上为恻然。徐积《睢阳蔡张氏诗》云：‘手自植松柏，身亦委尘泥。何暇裹两足，但知勤四支。’已以足大不裹为异。《老学庵笔记》云：宣和末，妇人鞋底尖以二色合成，名曰‘错到底’。元时亦有之。张翥《多丽》词云‘一尖生色合欢鞋’是也。”“《辍耕录》云：‘元丰以前，犹少裹足，宋末遂以大足为耻。’此南宋时事。而《岭外代答》云：‘安南国妇人足加鞋袜，游于衢路，与吾人无异。’所谓‘吾人’，今广西人，是宋时岭外皆不弓足。《辍耕录》云‘程鹏举宋末被掳，配一官家女，以所穿鞋易程一履’，是其时官家亦有不弓足者。至金、元之制，《枫窗小牍》云：汴京闺阁，宣和以后，花靴弓履，穷极金翠，今虏中闺饰复尔。瘦金莲方、莹面丸、遍体香，皆自北传南者。是金循旧俗，而元时南人亦有不弓足者。《湛渊静语》云：‘伊川先生后人居池阳，其族妇人不缠足。’盖言其族女子不肯随流俗缠足也。《野获编》则云：‘明浙东丐户，男不许读书，女不许裹足。’是反以裹足为贵，今徽州宁国小户亦然，积习所以难反。”《陔余丛考》(赵翼)：“妇女弓足，不知起于何时。有谓起于五代者，《道山新闻》谓李后主令宫嫔窅娘以帛绕脚，令纤小作新月状，由是人皆效之。”“杜牧诗：‘钿尺裁量减四分，纤纤玉笋裹轻云。’周达观引之，以为唐人亦裹足之证。尺减四分，尚未纤小，第诗家已咏其长短，则是时俗尚，已渐以纤小为贵可知。至于五代，乃盛行扎脚耳。《湛渊静语》谓程伊川六代孙淮居池阳，妇人不裹足，不贯耳，至今守之。陶九成《辍耕录》谓扎脚五代以来方为之。熙宁、元丰之间，为之者犹少。此二说皆在宋、元之间，去五代犹未远，必有所见闻，固非臆说也。今俗裹足，已遍天下，而两广之民，惟省会效之。乡村则皆不裹，滇、黔、瑶、苗、僰、夷亦然。苏州城中女子以足小为贵，而城外乡妇皆赤足种田，尚不缠裹。盖各随其风土，不可以一律论也。”

女子缠足，则身体孱弱，所生子女，必不强壮。此正汉族不及他族之弱点，而后世反以此为中国特别之风俗，取其与他族妇女有别，或且严禁而不能实行，斯则事之至可怪者也。

《陔余丛考》：“康熙三年，诏禁裹足。王大臣等议，元年以后，所生子女，不得裹足，违者枷责流徙，其家长及该管官皆有罪。[①]康熙七年，礼部奏罢此禁。”[②]

中国古人，皆席地而坐，其坐或与跪相近。

《陔余丛考》：“朱子《跪坐拜说》谓古者跪与坐相类。汉文帝不觉膝之前于席，管宁坐不箕股，榻当膝处皆穿。诸所谓坐，皆跪也。盖以膝隐地，伸腰及股，危而不安者，跪也。以膝隐地，以尻着蹠而体便安者，坐也。今成都学所存文翁礼殿刻石诸像，皆膝地危坐，两蹠隐然，见于坐后帷裳之下，尤足证云。又《后汉书》：‘向栩坐板床，积久，板乃有膝踝足指之处。据此，则古人之坐与跪，皆是以膝着地，但分尻着蹠与不着蹠耳。其有偃蹇伸脚而坐者，则谓之箕踞。’《汉书·陆贾传》：‘尉佗箕踞。’颜师古注：‘伸其两脚如箕形。’佛家盘膝而坐，则谓之趺坐，皆非古人常坐之法也。”

---

① 事见《蚓庵琐语》。

② 事见《池北偶谈》。

虽战国时已有高坐者，然尚未为普通之俗。唐、宋以来，始有绳床、椅子、杌子、墩子诸物，是亦俗尚之大异于古者也。

《陔余丛考》云："古人席地而坐，其凭则有几。《诗》所谓'授几有缉御'也。寝则有床，《诗》所谓'载寝之床'也。应劭《风俗通》：'赵武灵王好胡服，作胡床。'此为后世高坐之始。然汉时犹皆席地，文帝听贾谊语，不觉膝之前于席。暴胜之登堂坐定，隽不疑据地以示尊敬是也。至东汉末，始斲木为坐具，其名仍谓之床，又谓之榻，如向栩、管宁所坐可见。又《三国・魏志・苏则传》'文帝据床拔刀'，《晋书》'桓伊据胡床，取笛作三弄'，《南史》纪僧真诣江敩登榻坐，敩令左右移吾床让客。狄当、周赳诣张敷，就席，敷亦令左右移床远客。此皆高坐之证。然侯景升殿踞胡床垂脚而坐，《梁书》特记之，以为殊俗骇观。则其时坐床榻，大概皆盘膝无垂脚者。至唐又改木榻，而穿以绳，名曰绳床。程大昌《演繁露》云'穆宗长庆二年十二月，见群臣于紫宸殿，御大绳床'是也，而尚无椅子之名。其名之曰椅子，则自宋初始。丁晋公《谈录》：'窦仪雕起花椅子二，以备右丞及太夫人同坐。'王铚《默记》：'李后主入宋后，徐铉往见，李卒取椅子相待。铉曰：但正衙一椅足矣。李主出具宾主礼，铉辞，引椅偏坐。'张端义《贵耳集》：'交椅即胡床也，向来只有栲栳样。秦太师偶仰背坠巾，吴渊乃制荷叶托首以媚之，遂号曰太师样。'此又近日太师椅子所由起也。然诸书椅子，犹或作倚字，近代乃改从椅，盖取桐椅字假借用之。至杌子、墩子之名，亦起于宋，见《宋史・丁谓传》及周益公《玉堂杂记》。"

古人行路多乘车，以马牛曳之。自晋以来，始有肩舆。

《晋书・王羲之传》："子敬乘平肩舆入顾氏园。"《梁书・萧渊藻传》："在益州乘平肩舆，巡行贼垒。"

唐宋大臣年老或有疾者，始乘肩舆，余多乘马。

《唐书・崔祐甫传》："被病，诏肩舆至中书。"《宋史・舆服志》："神宗优待宗室，老病不能骑者，听肩舆出入。"

宋室南渡，仕宦皆乘舆，无复骑马者。

《癸巳类稿》引丁特起《靖康纪闻》云："靖康元年十二月初五日，籍马与金人，自是士大夫出入，止跨驴乘轿，至有徒步者。都城之马，搜括无遗矣。靖康二年正月二十九日，送戚里权贵女子于金，搜求肩舆赁轿之家，悉取无遗。"张端义《贵耳集》云："渡江以前，无今之筹。"《却扫编》云："汴京皆乘马。建炎初，驻跸扬州，特诏百官悉用肩舆出入。"《东南纪闻》云："思陵在扬州传旨百官，许乘肩舆。"《朝野杂记》："故事百官乘马，建炎初，以维扬砖滑，诏特许乘轿。"《演繁露》云："寓京乘轿自扬州始，其后不复乘马。"

居处行动，皆求安适，人之文弱，盖缘于此矣。

第十七章　雕板印书之盛兴

吾国书籍，代有进化。由竹木而帛楮，由传写而石刻，便民垂远，其法夥矣。降及隋、唐，著作益富，卷轴益多，读书者亦益众，于是雕板印书之法，即萌芽于是时焉。

《中国雕板源流考》（孙毓修）：“《河汾燕闻录》（陆深）：隋文帝开皇十三年十二月日，敕废像遗经悉令雕造。”“《敦煌石室书录》：大隋《永陀罗尼本经》上面，左有施主李和顺一行，右有王文沼雕板一行，宋太平兴国五年翻雕隋本。”“柳玭《训序》：中和三年，在蜀阅书肆所鬻书，率雕本。”“《国史志》：唐末益州始有墨板，多术数小学字书。”“《猗觉寮杂记》（朱翌）：唐末益州始有墨板。”

然隋唐之时，雕板之法，仅属萌芽，尚未大行。故唐人之书，率皆写为卷轴，而印刷成册者流传甚希。雕板大兴，盖在五代，官书家刻，同时并作。

《旧五代史》：“后唐明宗长兴三年，宰相冯道、李愚请令制国子监田敏校正《九经》，刻板印卖。”《五代会要》（王溥）：“长兴三年二月，中书门下奏请依石经文字刻《九经》印板，敕令国子监集博士生徒，收西京石经本，各以所业本经，广为钞写，仔细看读。然后雇召能雕字匠人，各部随帙刻印，广颁天下。如诸色人要写经书，并须依所印敕本，不得更使杂本交错。其年四月，敕差太子宾客马缟、太常丞陈观、太常博士段颙、路航、尚书屯田员外郎田敏，充详勘官，兼委国子监于诸色选人中，召能书人，端楷写出，旋付匠雕刻。每日五纸，与减一选。”“周广顺三年六月，尚书左丞兼制国子监事田敏，进印板《九经》书、《五经字样》各二部，一百三十册。又《和凝传》：凝长于短歌艳曲，尤好声誉，有集百卷，自篆于板，模印数百册，分惠于人焉。”《挥麈录》（王明清）：“蜀相毋公，蒲津人。先为布衣，常从人借《文选》《初学记》，多有难色。公叹曰：‘恨余贫不能力致，他日稍达，愿刻板印之，庶及天下学者。’后公果贵显于蜀，乃命工日夜雕板，印成二书，复雕《九经》诸史。西蜀文字，由此大兴。”

度其情势，似以蜀中刻板为早。自唐季及五代，时时有雕板印书者，故毋昭裔必就蜀中刻之。而唐《周官》板所刻既多，费时亦巨，自长兴至广顺，历四朝七主二十四年乃成，可知创始之不易矣。

北宋之初，雕印书籍，先佛藏而后儒书。

《大藏经雕印考》（常磐大定）引南宋僧志盘《佛祖统记》曰：“宋太祖开宝四年，敕高品、张从信往益州雕《大藏经》板。至太宗太平兴国六年，板成，进上，凡四百八十一函，五千四十八卷。”

以其所刻藏经之数，与五代所刻儒书之数校之，则《九经》一百三十册，历二十四年始成；《佛藏》五千余卷，仅十年而成，可以见雕印之法之进步矣。嗣是赓续刻书，经史注疏皆备。

《玉海》（王应麟）：“太宗端拱元年，敕司业孔维等校勘孔颖达《五经正义》，诏国子监镂板行之。”“真宗景德二年，幸国子监，历览书库，观群书漆板，问祭酒邢昺曰：‘板数几何？’昺曰：‘国初印板，止及四千，今至十万，经史义疏悉备。’帝褒之。因益书库十步，以广所藏。”

后世官书，多雕印于国子监，号称监本，亦历史上相沿之例也。

刻板之法既兴，视抄写为便矣。然犹必按书雕之，不能以简驭繁也。于是又有活字排印之法。

《皇朝事实类苑》（江少虞）：“庆历中，有布衣毕昇为活板。其法用胶泥刻字，薄如钱唇，每字为一印，火烧令坚。先设一铁板其上，以松脂蜡和纸灰之类冒之，欲印则以一铁范置铁板上。乃密布字印，满铁范为一板，持就火炀之。药稍镕，则以一平板按其面，则字平如砥。若止印三二本，未为简易，若印数十百千本，则极为神速。常作二铁板，一板印刷，一板已用布字，此印者才毕，则第二板已具。更互用之，瞬息可就。每一字皆有数印，如‘之’、‘也’等字，每字有一十余印，以备一板内有重复者。不用则以纸贴之，每韵为一贴，木格贮之。有奇字素无备者，旋刻之，以草火烧，瞬息可成。”

庆历当西历纪元后1040余年，距西洋人之发明，盖先四百余年。

《西洋通史》：“关于活板之发明，荷兰人谓始于可斯特（Coster），德国人则谓始于葛登堡（Gutenburg，1397—1468），其他异说尚多。要以可斯特发明刻板于1420年之说为近[①]。葛登堡则由访问可斯特之工场，见其木板，后于1438年[②]，始改良而为木制活字。其后更与佛奥斯忒（Johan Fust）等共制金属活字板，时在1452年[③]。”

---

① 明永乐十八年。

② 明正统三年。

③ 明景泰三年。

西人多称其印刷术得自中国，殆即毕昇之法，惜昇之生平无可考耳。

古书多作卷轴，后始变为单叶。宋人之书，多作蝴蝶装，即今西书式也。

《中国雕板源流考》引张萱《疑耀》曰："秘阁中所藏宋板书，皆如今制乡会进呈试录，谓之蝴蝶装。其糊经数百年不脱落。""孙毓修曰：按清季发内阁藏书，宋本多作蝴蝶装，直立架中如西书式，糊浆极坚牢。"

惟其书甚长大，不便翻阅。故宋时又别有巾箱本，以今日所传宋本书考之，其小者板心高不过三寸许，宽二寸半，一页刊三百二十四字，几如今之石印缩本。而字画清朗，不费目力，此可见宋时刻工之精矣。刻书多而书肆兴，不第售官印之本，且自刻而自售焉，是为坊本。宋时书肆有名者，如：王氏梅溪精舍、魏氏仁宝书堂、秀岩书堂、瞿源蔡潜道宅墨堂、广都裴宅、稚川世家传授堂、建安刘日省三桂堂、建邑王氏世翰堂、建安王懋甫桂堂、建安郑氏宗文堂、建宁王八郎书铺、建安慎独斋及建安刘叔刚宅，皆有书传于今，为研究宋板者所称。而建安余氏自唐已设书肆，至宋益盛，有勤有堂、双桂堂、三峰书舍、广勤堂、万卷堂、勤德书堂等名，盖刻书、售书之世家也。建安书肆，皆聚于麻沙、崇化二坊，其板本书籍行四方者，无远不至。惟校勘不精，故世称书板之恶劣者曰麻沙板。

《天禄琳琅书目续编》："《仪礼图》，是刊序后刻'余志安刊于勤有堂'。按宋板《列女传》，载建安余氏靖安刻于勤有堂，乃南北朝余祖焕，始居闽中，号勤有居士。盖建安自唐为书肆所萃，余氏世业之，仁仲最著，岳珂所称建安余氏本也。""孙毓修曰：按余氏勤有堂之外，别有双桂堂、三峰书舍、广勤堂、万卷堂、勤德世堂等名。《平津馆鉴藏记》《千家集注分类杜工部集》及《分类李太白集》，皆有'建安勤有堂刊'篆书木记。"《福建省志·物产门》："书籍出建阳麻沙、崇化二坊，麻沙书坊元季毁，今书籍之行四方者，皆崇化书坊所刻者也。”《老学庵笔记》(陆游)：“三舍法行时，有教官出《易》义题云：‘乾为金，坤又为金，何也？’诸生乃怀监本《易》至帘前，……请曰：‘先生恐是看了麻沙板，若监本，则坤为釜也。’”

印售之书既多，藏书者亦因之而多。考宋初崇文院著录及宣和馆阁《嘉定书目》，其数虽不迨隋、唐，

《文献通考》(马端临)：“祖宗藏书之所，曰三馆秘阁，在左升龙门北，是为崇文院。自建隆至大中祥符，著录总三万六千二百八十卷。”“景祐三年，诏购求逸书，仿《开元四部录》为《崇文总目》。庆历初成书，凡三万六百六十九卷。”“淳熙四年，秘书少监陈骙等言：中兴馆阁藏书，前后搜访，部帙渐广，乞仿《崇文总目》类次。五年，书目成，计见在书四万四千四百八十六卷，较《崇文》所载，实多一万三千八百一十七卷。后参三朝所志，多八千二百九十卷，两朝所志，多三万五千九百九十二卷。嘉定十三年，以四库之外，书复充斥，诏秘书丞张攀等续书目，又得一万四千九百四十三卷。而太常博士之藏，诸郡诸路刻板而未及献者，不预焉。”《宋史·艺文志》：“徽宗时，更《崇文总目》之号为《秘书总目》，诏购求士民藏书，其有所秘未见之书，足备观采者，乃命以官。且以三馆书多逸遗，命建局以补全校正为名，设官总理，募工缮写，一置宣和殿，一置太清楼，一置秘阁。自熙宁以来，搜访补辑，至是为盛矣。尝历考之，始太祖、太宗、真宗三朝，三千三百二十七部、三万九千一百四十二卷，次仁、英两朝，一千四百七十二部、八千四百四十六卷，次神、哲、徽、钦四朝，一千九百六部、二万六千二百八十九卷。最其当时之目为部六千七百有五，为卷七万三千八百七十有七焉。”

而士大夫家以藏书名者，所在多有。其逾万卷者，如荣王宗绰，《史略》（高似孙）称濮安懿王之子荣王宗绰，聚书七万卷。王钦臣，《宋史新编》（柯维骐）称王洙，字原叔。泛览传记，无所不通。子钦臣，字仲至。性嗜古，藏书数万卷，手自雠正。徐度《却扫编》称王仲至家书目四万三千卷，而类书之卷册浩博，如《太平广记》之类，皆不在其间。宋敏求，《宋史新编》称宋敏求，字次道，家藏书三万卷，皆略诵习。李淑，《郡斋读书志》（晁公武）称李淑撰《邯郸图书志》，载其家所藏图书二万三千一百八十六卷。田伟，《郡斋读书志》称田伟居荆南，家藏书几三万卷。《荆州府志》亦称宋田伟，燕人。为江陵尉，因家焉。作博古堂，藏书三万七千卷。苏颂，《嘉定镇江志》（罗宪）称苏丞相颂，家藏书万卷。李常，《宋史•李常传》称李常，字公择。少读书庐山僧舍，留所钞书七千卷，名曰李氏山房。《齐东野语》（周密）称李氏山房藏书之富二万卷。晁公武，《直斋书录解题》（陈振孙）称《晁氏读书志》二十卷，晁公武撰。《郡斋读书志》称“吾家旧藏，除其重复，得二万四千五百卷”。蔡致君，《夷门蔡氏藏书目序》（苏过）称蔡致君喜收古今之书，手校而积藏之。凡五十年。今二万卷矣。叶梦得，《挥麈录》（王明清）称叶少蕴平生好收书，逾十万卷。郑寅，《澹生堂藏书训》（郁承璞）称莆田郑子敬，藏书卷帙，不减李献臣[①]。陈振孙，《齐东野语》（周密）称陈直斋藏旧书至五万一千一百八十余卷，且仿《读书志》作《解题》，极其精详。周密，《杭州府志》：周密，字公谨。官义乌令，著有《齐东野语》。书中谓“吾家三世积累，凡有书四万二千余卷”。皆以藏书为世所称。其最富者，至逾十万卷，盖超过于宋之馆阁矣。得书易，则读 书者不甚爱惜。其学力转不逮印刷未兴之先，宋人之文多有论之者。

《李氏山房藏书记》（苏轼）：“余犹及见老儒先生，自言其少时欲求《史记》《汉书》而不可得，幸而得之，皆手自书，日夜诵读，惟恐不及。近岁市人转相摹刻，诸子百家之书，日传万纸，学者之

① 李淑，字献臣。

于书多且易致如此。而后生科举之士，皆束书不观，游谈无根。”《文献通考》：“叶梦得曰：唐以前，凡书籍皆写本，未有摹印之法，人以藏书为贵，人不多有，而藏者精于雠对，故往往皆有善本，学者以传录之难，故其诵读亦精详。五代时，冯道始奏请官镂板印行。国朝淳化中，复以《史记》、前后《汉书》付有司摹印，自是书籍刊镂者益多。士大夫不复以藏书为意，学者易于得书，其诵读亦因灭裂。”

然宋时博闻强记之士甚多，皆由刻书藏书者之众所致。未可以“束书不观”及“诵读灭裂”概全体之学者也。

第十八章　宋儒之学

有宋一代，武功不竞，而学术特昌。上承汉、唐，下启明、清，绍述创造，靡所不备。言小学则二徐之于《说文》，

> 《直斋书录解题》（陈振孙）："《说文解字》三十卷，汉许慎撰。凡十四篇。并序目一篇，各分上下卷，凡五百四十部，九千三百五十三文，重一千一百六十三。雍熙中，右散骑常侍徐铉奉诏校定，以唐李阳冰排斥许氏为臆说。""《说文解字系传》四十卷，南唐校书郎广陵徐锴楚金撰。为通释三十篇，部叙二篇，通论三篇，祛妄、类聚、错综、疑义、系述各一篇。锴与兄铉齐名，或且过之。此书援引精博，小学家未有能及之者。"

邢昺之于《尔雅》，

> 《直斋书录解题》："《尔雅疏》十卷，邢昺等撰，共其事者，杜镐而下八人。""陈傅良跋曰：国初诸儒独追古，依郭氏注为之疏，《尔雅》稍稍出。"

吴棫之于古音，

> 《小学考》（谢启昆）："吴氏棫《毛诗补音》十卷，佚。棫字才老，

本武夷人，后家同安。”《诗考》：“古音自才老始。”

司马光之于《切韵》，

《小学考》：“司马光《切韵指掌图》三卷，存。”王行书后曰：“华音之有翻切，未审昉于何时。世所大行，惟陆法言之五卷。至于图列音母，以简御烦，则又自司马公始也。大中祥符初，敕增修《唐韵》为《广韵》，昭陵又敕增为《集韵》，是图之作，实羽翼夫韵书也。”

实开后来汉学家之途径。言史学则温公之《通鉴》，

《文献通考》（马端临）：“《资治通鉴》二百九十四卷，目录三十卷，《考异》三十卷。晁氏曰：治平中，司马光奉诏编集历代君臣事迹，许自辟官属以馆阁书，在外听以书局自随。至元丰七年，凡十七年始奏御，上起战国，下终五代，凡一千三百六十二年。又略举事目，年经国纬，以备检阅，别为《目录》；参考同异，俾归一途，别为《考异》各一编。公自谓精力尽于此书。”

夹漈之《通志》，

《文献通考》：“《通志略》，莆田郑樵渔仲撰，淳熙间经进自序略曰：臣今总天下之大学术而条其纲目，名之曰略，凡二十略，百代之宪草，学者之能事，尽于此矣。”“《中兴四朝艺文志》别史类载《通志》二百卷。其后叙述云：中兴初，郑樵采历代史及他书，自三皇迄隋，为书曰《通志》，仿迁、固为纪传；而改表为谱，志为略。”

袁枢之《纪事本末》，

> 《文献通考》："《通鉴纪事本末》四十二卷。陈氏曰：工部侍郎袁枢机仲撰。"

马端临之《文献通考》，

> 《进文献通考表》（王寿衍）："饶州路乐平州儒人马端临，乃故宋丞相廷鸾之子。尝著述《文献通考》三百四十八卷，总二十四类。其书与唐杜佑《通典》相为出入。"

并为奕世著作家所宗仰。他若考证金石，群推欧、赵，

> 《直斋书录解题》："《集古录跋尾》十卷，欧阳修撰。《集古目录》二十卷，公子礼部郎官棐字叔弼撰。""《金石录》三十卷，东武赵明诚撰。盖仿欧阳《集古录》，而数则倍之。"

研求目录，尤重晁、陈，

> 《直斋书录解题》："晁氏《读书志》二十卷，昭德晁公武撰。其所发明，有足观者。"《四库全书提要》："《直斋书录解题》，宋吴兴陈振孙撰。以历代典籍，分为五十三类，各详其卷帙多少，撰人名氏，且为品题其得失。古书之不传于今者，得藉是以资征信。而其校核精详，议论醇正，于考古亦有助焉。"

推之地志、年谱、钟鼎款识、泉货文字之类，皆惟宋人考订述作为多。

而宋人之治经学者派别尤夥。有专主复古者，

> 《直斋书录解题》："《古周易》八卷，中书舍人清丰晁说之以道

所录。《卦爻》一，《彖》二，《象》三，《文言》四，《系辞》五，《说卦》六，《序卦》七，《杂卦》八。其说曰：以《彖》《象》《文言》杂入卦中，自费氏始。孔颖达又谓辅嗣之意，《彖》《象》本释经，宜相附近；分爻之象辞，各附逐爻。则费氏初变古制时，犹若今乾、坤二卦各存旧本欤？古经始变于费氏，而卒大乱于王弼。奈何后之儒者尤而效之。杜预分《左氏传》于经，宋衷、范望散《太玄》测、赞于八十一首之下，是其明比也。”《日知录》（顾炎武）：“《周易》自汉以来，为费直、郑玄、王弼所乱，取孔子之言，逐条附于卦爻之下，程正叔《传》因之。及朱元晦《本义》，始依古文，故于《周易》上经条下云，中间颇为诸儒所乱。近世晁氏始正其失，而未能尽合古文。吕氏又更定著为《经》二卷、《传》十卷，乃复孔氏之旧云。”

有勇于疑古者，

《易童子问》（欧阳修）曰：“《系辞》非圣人之作乎？曰：何独《系辞》焉？《文言》《说卦》而下，皆非圣人之作。而众说淆乱，亦非一人之言也。若余者，可谓不量力矣。邈然远出诸儒之后，而学无师授之传，其勇于敢为而决于不疑者，以圣人之经尚在，可以质也。”《尚书古文疏证》（阎若璩）：“《书》古文出魏、晋间，距东晋建武元年凡五十三四年，始上献于朝，立学官。建武元年，下到宋南渡初，八百一十有一年，有吴棫字才老者出，始以此书为疑，真可谓天启其衷矣。……其言曰：伏生传于既耄之时，而安国为隶古，又特定其所可知者。而一篇之中，一简之内，其不可知者，盖不无矣。乃欲以是尽求作书之本意，与夫本末先后之义，其亦可谓难矣。而安国所增多之书，今书目具在，皆文从字顺，非若伏生之书屈曲聱牙，至有不可读者。夫四代之书，作者不一，乃至二人之手而定为一体乎，其亦难言矣。”《朱子语类》：“问：林少颖说《盘诰》之类，皆出伏生，如何？曰：此亦可疑。盖《书》有古文，有今文。今文乃伏生口传，古文乃壁中之书。《禹谟》《说命》《高宗肜日》《西伯戡黎》《泰誓》等篇，凡易读者，皆古文。况又是科斗书，以伏生书字文考之方读得。岂有数百年壁中之物，安得不讹损一字，又却是伏生记得者难读，此尤可疑。今人作全书解，必不是。”“《尚书》注并序，某疑非孔安国所作。盖文字善困，不类西汉人文章，亦非后汉之文。”“《尚书》决非孔安国所注。”“《尚书孔安国传》，此恐是魏、晋间人所作，托安国为名，与毛公《诗传》大段不同。”“《诗大序》亦只是后人作，其间有病句。”“《诗序》，《东汉·儒林传》分明说道是卫宏作，后来经意不明，都是被他坏了。某又看得亦不是卫宏一手作，多是两三手合成一序，愈说愈疏。”《困学纪闻》（王应麟）：“王介甫《答韩求仁问春秋》曰：此经比他经尤难，盖三传不足信也。尹和靖云：介甫不解《春秋》，以其难之也。废《春秋》非其本意。朱文公亦曰：《春秋》义例，时亦窥其一二大者，而终不能自信于心，故未尝敢措一辞。”

有各持所见，不为苟同者，

《困学纪闻》：“欧阳公以《河图》《洛书》为怪妄。东坡云：著于《易》，见于《论语》，不可诬也。南丰云：以非所习见，则果于以为不然，是以天地万物之变，为可尽于耳目之所及，亦可谓过矣。苏、曾皆欧阳公门人，而论议不苟同如此。”《朱子语类》：“邵浩云：苏子由却不取《小序》。曰：他虽不取下面言语，留了上一句，便是病根。伯恭专信《序》，又不免牵合。伯恭凡百长厚，不肯非毁前辈，要出脱回护，不知道只为得个解经人，却不曾为得圣人本意。是便道是，不是便道不是，方得。”

有贯串群书，务极精博者。

> 《四库全书目录提要》："《仪礼释宫》一卷，宋李如圭撰。如圭既为《仪礼集释》，又为是书，以考论古人宫室之制。仿《尔雅·释宫》，条分胪序，各引经记注疏，参考证明，深得经义，非空言说礼者所能也。""《礼记集说》二百六十卷，宋卫湜撰。其书始作于开禧、嘉定间，自序言日编月削，继二十余载而后成。……采摭群言，最为赅博，去取亦最为精审。自郑《注》而下，所取凡一百四十四家，其他之涉于《礼记》者，所采录不在此数焉。""朱彝尊《经义考》采摭最为繁富，而不知其书与不知其人者，凡四十九家，皆赖此书以传，亦可云礼家之渊海矣。"

故谓宋人空疏不学，较之后世若远不逮者，实目论也。然而宋儒之学，虽已有此种种特色，而犹未足为宋儒之学之主体。其为宋儒之学之主体者，即《宋史》特立一传之道学，而世所称为理学者也。道学之名，不见于古。《宋史》已言之，而其特立此传者，以宋儒讲求此学者独盛也。

> 《宋史·道学传》："道学之名，古无是也。三代盛时，天子以是道为政教，大臣百官有司以是道为职业，党、庠、术、序师弟子以是道为讲习，四方百姓日用是道而不知。""于斯时也，道学之名，何自而立哉！""至宋中叶，周敦颐出于舂陵，乃得圣贤不传之学，作《太极图说》《通书》，推明阴阳五行之理，命于天而性于人者，了若指掌。张载作《西铭》，又极言理一分殊之旨，然后道之大原出于天者，灼然而无疑焉。仁宗明道初年，程颢及弟颐实生。及长，受业周氏，已乃扩大其所闻，表章《大学》《中庸》二篇，与《语》《孟》并行，于是上自帝王传心之奥，下至初学入德之门，融会贯通，无复余蕴。迄宋南渡，新安朱熹得程氏正传，其学加亲切焉。大抵以格物致知为先，明善诚身为要。凡《诗》《书》六艺之文，与夫孔、孟之遗言，颠错于秦火，支离于汉儒，幽沈于魏、晋、六朝者，至

是皆焕然而大明，秩然而各得其所。此宋儒之学所以度越诸子，而上接孟氏者欤？”

《道学传》以周、程、张、邵、朱、张为主，程、朱门人亦以类从，

《宋史·道学传》：“邵雍高明英悟，程氏实推重之。旧史列之隐逸，未当，今置张载后。张栻之学，亦出程氏，既见朱熹，相与博约，又大进焉。其他程、朱门人，考其源委，各以类从。”

而吕祖谦、蔡元定、陆九龄、九渊等，则列之《儒林传》，其意盖严于统系，而未能备见宋儒之学派。近代黄宗羲、全祖望编《宋元学案》，自胡瑗、孙复至王安石、苏轼等，皆编为学案，标举其学术宗旨，而宋儒之学，囊括无遗。盖周、程诸儒，固擅道学之正统，而自安定、泰山以下，乃至荆、蜀之学，虽有浅深纯驳之差，而其讲求修身为人之道，则同一鹄的。上下千古，求其学者派别孔多，而无不讲求修身为人之道者，殆无过于赵宋一朝。故谓有宋为中国学术最盛之时代，实无不可。今就《宋元学案》所列诸儒之学，胪列其派别之大者于下。

秦以降，学术衰。汉以降，世风敝。乘其隙而入者，惟佛学。发人天之秘，拯盗杀之迷。而吾国思想高尚之人，遂多入于彼教。披六朝、隋、唐历史，凡墨守儒教者，殆无大思想家，以此也。隋、唐外竞虽力，而风俗日即于奢淫，士习日趋于卑陋。皇纲一坠，藩镇朋兴，悍将骄兵，宦官盗贼，充塞于唐季、五代之史籍，人群棼乱极矣。物极则反，有宋诸帝，崇尚文治，而研穷心性，笃于践履之诸儒，乃勃兴于是时。推诸儒所以勃兴之原，约有数端：（一）则鉴于已往之社会之堕落，而思以道义矫之也；[①]（二）则鉴于从来之学者专治训诂词章，不足以淑人群也；（三）则韩、李之学已开其绪，至宋而盛行古文，

① 如司马光、欧阳修等，皆熟习唐、五代之史事，且深痛其时之人不知礼义廉耻，以致亡国。

遂因文而见道也；[①]（四）则书籍之流通盛于前代，其传授鼓吹，极易广被也。而其尤大之原因，则沟通佛、老，以治儒书，发前人之所未发，遂别成为一时代之学术。虽其中有力求与佛说异者，要皆先尝涉猎，而后专治儒书，是固不必为之讳也。

> 《朱子语类》（卷一百二十六）："近看《石林过庭录》载上蔡说，伊川参某僧后，有得，遂反之，偷其说来做己使，是为洛学。某也尝疑，如石林之说，固不足信，却不知上蔡也恁地说时怎生地。后见某僧与伊川帖，乃载《山谷集》中，其差谬类如此。但当初佛学只是说无存养底工夫，至唐六祖始教人存养工夫；当初学者亦只是说不曾就身上做工夫，至伊川方教人就身上做工夫：所以谓伊川偷佛说为己使。"

按此可见洛学之近于禅。朱子虽辨之，而谓其就身上做工夫与六祖相同，此可以见唐以降，佛学惟禅宗最盛，及儒学惟理学家最盛之消息矣。就身上做工夫一语最妙，文、周、孔、孟皆是在身上做工夫者。自汉以来，惟解释其文学，考订其制度，转忽略其根本，其高者亦不过谨于言行，自勉为善，于原理无大发明。至宋儒始相率从身上做工夫，实证出一种道理。不知者则以是为虚诞空疏之学，反以考据训诂为实学。不知腹中虽贮书万卷，而不能实行一句，仍是虚而不实也。

宋儒之学，派衍支分，不可殚述。有讲术数者，[②]有务事功者，[③]有以礼制为主者，[④]有兼治乐律者。[⑤]而朱、陆之分，尤为灼然共见。故泛称宋学，必无

---

① 唐韩愈作《原道》排佛、老，李翱作《复性书》述《大学》《中庸》之说，皆宋儒之先声。近人谓程子始提倡《学》《庸》之说，不知本出于翱。

② 如邵康节之《皇极经世》、司马光之《潜虚》之类。

③ 如薛季宣、陈傅良、叶適、陈亮之类，世所称永嘉、永康学派者是也。

④ 如张横渠之类。

⑤ 如蔡元定之类。

一定义以赅之也。吾观于诸儒之学，择其可以表示文化之进步轶于前代，而为后人所祖述者，大要有四：

（一）修养之法之毕备也。躬行实践，不专事空谈，此宋儒之共同之点。虽其途术各有不同，要皆以实行有得。人人能确指修养之法，以示学者。如周子之主一，

> 《通书》：曰“圣可学乎？”曰：“可。”曰：“有要乎？”曰：“有。”请问焉，曰：“一为要。一者，无欲也。无欲则静虚动直。静虚则明，明则通；动直则公，公则溥。明通公溥，庶矣乎！”

张子之变化气质，

> 《横渠理窟》曰：“为学大益，在自能变化气质。不尔，卒无所发明，不得见圣人之奥。”

明道之识仁，

> 《识仁篇》曰：“学者先须识仁。识得此理，以诚敬存之，不须防检，不须穷索。”

伊川之用敬致知，

> 《伊川语录》曰：“涵养须用敬，进学则在致知。”

上蔡之去矜，

> 《近思录》曰：“谢子与伊川别一年，往见之。伊川曰：‘相别一

年，做得甚工夫？'谢曰：'也只去得个矜字。'曰：'何故？'曰：'予细检点得来，病痛尽在这里。'"

延平之观喜怒哀乐未发前气象，

《延平问答》曰："罗先生令静中看喜怒哀乐未发时作何气象，此意不惟于进学有方，兼得养心之要。"

南轩之辨义利，

《张南轩行状后述》（朱熹）曰："公之教人，必先使之有以察乎义利之间，而后明理居敬，以造其极。"①

晦庵之格物致知，

《补大学格物致知传》（朱熹）曰："《大学》之教，必使学者即凡天下之物，莫不因其已知之理而益穷之，以求至乎其极。至于用力之久，而一旦豁然贯通，则众物之表里精粗无不到，而吾心之全体大用无不明矣。"

象山之先立乎大，

《象山语录》曰："大凡为学须要有所立。《论语》云：'己欲立而立人。'卓然有不为流俗所移，乃为有立。须思量天之所以与我者是甚底，为还是要做人否？理会得这个明白，然后方可谓之学问。"

---

①《象山语录》亦曰："凡欲为学，当先识义利公私之辨。"

皆诸儒以其生平得力之处，示学者以正鹄。学者可由之以证入之法也。

（二）教育之复兴也。自汉以后，学校教育，皆利禄之途，无所谓人格教育也。宋仁宗时，胡瑗倡教于苏州、湖州及太学，以经义、治事分斋，而以身教人之风始盛。周、张、二程，皆于私家讲学，而师道大兴。濂洛之学，遂成统系。朱、陆诸子，亦随在讲学，或设书院，或于家塾，虽为世所诋毁，而师生相从，讲习不倦。[①] 观诸儒之教人，或随事指示，

《近思录》（朱熹）：“程明道曰：昔受学于周茂叔，每令寻仲尼、颜子乐多，所乐何事。”“又曰：吾年十六七时，好田猎。既见茂叔，则自谓已无此好矣。茂叔曰：何言之易也，但此心潜隐未发，一日萌动，复如初矣。后十二年，复见猎者，不觉有喜心，乃知果未也。”《宋元学案》：“明道先生与门人讲论有不合者，则曰更有商量。”“明道见谢子记问甚博，曰：‘贤却记得许多？’谢子不觉面赤身汗。先生曰：‘只此便是恻隐之心。’”“陆九渊始至行都，从游者甚众。先生能知其心术之微，言中其情，多至汗下。”“一生饭次交足，饭既，先生谓之曰：‘汝适有过，知之乎？’生曰：‘已省。’其规矩之严又如此。”

或订为教条学则，

《白鹿洞书院教条》（朱熹）：“窃观古昔圣贤所以教人为学之意，莫非使之讲明义理，以修其身，然后推以及人。非徒欲其务记览为词章，以钓声名取禄利而已也。今人之为学者，既反是矣。然圣贤所以教人之法，具存于经，有志之士，固当熟读深思而问辨之。苟知其理之当然，而责其身以必然，则夫规矩禁防之具，岂待他人设

①《宋史·朱熹传》：“刘德秀为谏官，首论留正引伪学之罪。右谏议大夫姚愈论道学权臣结为死党，窥伺神器。乃命直学士院高文虎草诏谕天下。于是攻伪学日急，而熹日与诸生讲学不休，或劝其谢遣生徒者，笑而不答。”

之，而后有所持循哉！① 近世于学有规，其待学者为已浅矣。而其为法，又未必古人之意也。故今不复以施于此堂，而特取凡圣贤所以教人为学之大端，条列如右。而揭之楣间，诸君其相与讲明遵守，而责之于身焉。则夫思虑云为之际，其所以戒谨而恐惧者，必有严于彼者矣。其有不然而或出于禁防之外，此言之所弃，则彼所谓规者，必将取之，固不得而略也。"《程董学则》②："凡学于此者，必严朔望之仪，谨晨昏之令。居处必恭，步立必正，视听必端，言语必谨，容貌必庄，衣冠必饬，饮食必节，出入必谨，省书必专一，写字必楷敬，几案必整齐，堂室必洁净，相呼必以齿，接见必有定。修业有余功，游艺有适性，使人庄以恕，而必专所听。"③

其所感化，自门弟子以至乡人异端，皆有征验。

《宋史》："侯师圣学于程颐。未悟，访周敦颐。敦颐曰：'吾老矣，说不可不详。'留对榻夜谈，越三日乃还。颐惊异之曰：'非从周茂叔来耶？'其善开发人类此。""司马光兄事邵雍，而二人纯德，尤为乡里所慕向。父子昆弟每相饬曰：毋为不善，恐为司马端明、邵先生知。"《宋元学案》："尹彦明先生穷居讲论，不肯少自贬屈。拱手敛足，即醉后未尝别移一处。在平江累年，所用止有一扇，用毕置架上，凡百严整有常。一僧见之曰：吾不知儒家所谓周、孔如何，恐亦只如此也。"

第取《朱子语类》观之，当时学子对于其师之一话一言，皆谨录之，以为世法。

---

① 此可见宋儒教人，专望人之自觉自动，并不取干涉主义。

② 程端蒙、董铢，皆朱熹弟子。二人所定学则，世称《程董学则》。

③ 此与《白鹿洞教条》似有初学与成人之分。《白鹿洞教条》示成人也，《程董学则》示初学也。两者皆从积极方面言，不专事消极也。

录者九十九人，成书至一百四十卷，亦自古所未有也。所惜者，古代教育必兼礼乐，庄敬和乐，内外兼之。宋时礼乐均失传，故惟恃教者之躬行，示之模范，而以口语辅之，学者或有执滞于语言，

《宋元学案》："上蔡曰：'昔伯淳先生教子，只管看他言语。'伯淳曰：'与贤说话，却是扶醉汉，救得一边，倒了一边，只怕人执著一边。'"

及病其拘苦者。

《宋元学案》："二程随侍太中知汉州，宿一僧寺。明道入门而右，从者皆随之；伊川入门而左，独行。至法堂上相会，伊川自谓此是某不及家兄处。盖明道和易，人皆亲近；先生严重，人不敢近也。"《宋史纪事本末》（陈邦瞻）："胡纮未达时，尝谒朱熹于建安。熹待学士惟脱粟饭，遇纮不能异也。纮不悦，语人曰：'此非人情，只鸡斗酒，山中未为乏也。'及为监察御史，乃锐然以击熹自任。"

要之，人师之多，人格之高，蔑有过于宋者也。

（三）哲学之大昌也。宋儒之哲学，大抵本于《周易》《洪范》，而各加以推阐之功。司马光作《潜虚》，立原荧本丱基之名象；邵雍作《皇极经世》，立太阴、太阳、少阴、少阳、太刚、太柔、少刚、少柔之名象。盖一则出于五行，一则出于八卦也。周敦颐作《太极图》及《说》，首曰"无极而太极"，其说更进于《系辞》。而儒家为此龂龂争辩，累世不休。

《与朱熹书》（陆象山）曰："梭山兄谓《太极图说》与《通书》不类，疑非周子所为。不然，或是其学未成时所作。不然，则或是传他人之文，后人不辨也。""《易大传》曰：《易》有太极，圣人言

> 有，今乃言无，何也？”“朱子发谓濂溪得太极图于穆伯长，伯长之传，出于陈希夷，其必有考。希夷之学，老氏之学也。无极二字，出于《老子》知其雄章，吾圣人之书所无有也。”朱熹《答书》曰：“伏羲作《易》自一画以下，文王演《易》自乾元以下，皆未尝言太极也，而孔子言之。孔子赞《易》，自太极以下，未尝言无极也，而周子言之。夫先圣后圣，岂不同条而共贯哉。”“若论‘无极’二字，乃是周子灼见道体，迥出常情，不顾旁人是非，不计自己得失，勇往直前，说出人不敢说底道理。今后之学者，晓然见得太极之妙，不属有无，不落方体。若于此看得破，方见此老真得千圣以来不传之秘。”“前书所谓不言无极，则太极同于一物，而不足为万化根本；不言太极，则无极沦于空寂，而不能为万化根本，乃是推本周子之意，以为当时若不如此两下说破，则读者错认语意，必有偏见之病。”“《老子》‘复归于无极’，无极乃无穷之义，如庄生入无穷之门，以游无极之野云尔。非若周子所言之意也。”

其实“无极”二字，即出于道家，亦无碍于学理。太极之先，自必有无极，周、朱皆见及此，而陆似执著于学派家法，而未求之于太极之先也。然诸儒公认太极以下诸说，而力争太极以上有无无极之义，其不囿于人生观，而必欲穷宇宙之原理，亦为前此儒家所未有矣。张子及二程子，虽不言无极、太极之理，而张子推本于太和。

> 《正蒙》（张载）：“太和所谓道，中涵浮沈、升降、动静相感之性。”①

明道推本于乾元一气，

① 此所谓太和，当即《易》所谓太极。

《二程全书》："凡人类禽兽草木，莫非乾元一气所生。"[①]

亦皆有意说明人物之本源。而程子谓"冲穆无朕，万象森然已具"，尤有契于此旨。

《二程全书》："冲穆无朕，万象森然已具，未应不是先，已应不是后。如百尺之木，自根本至枝叶，皆是一贯，不可道上面一段是无形无兆，却待人旋安排引出来，教入涂辙。既是涂辙，却只是一个涂辙。"

盖宋之大儒，皆尝从静养中作工夫。故其所见所证，确然有以见万物一体，而有无朕无形、万化自具之妙。故或说性即理，

《二程全书》："性即理也，所谓理性是也。"朱熹《中庸注》："性即理也。"

或说天即理，

《论语注》（朱熹）："天即理也。"

其名义尽自分立，其理性无不贯澈。大抵周、秦经子之书，已蕴其端，至宋始发挥透辟。世或斥其说为古人所未有，或谓其涉于异端，如戴震曰："《大学》开卷说虚灵不昧，便涉异学。以具众理而应万事，非心字之指。《论语》开卷说可以明善而复其初，出《庄子》，全非《孟子》扩充言学之意。《中庸》开卷说性即理也，如何说性即是理。"要皆未尝亲证宋儒所造之境，惟就文字训

① 此义亦是本于太极。

诂测之耳。

（四）本末之一贯也。自宋以前，儒者之学，仅注重于人伦日用之间，而不甚讲求玄远高深之原理。道、释二氏，则又外于伦纪，而为绝人出世之想。惟宋之诸儒，言心言性，务极其精微；而于人事，复各求其至当，所谓明体达用，本末兼赅，此尤宋儒之特色也。虽其中亦有偏于虚寂，颇近禅学者，而程、朱诸儒，则皆一天人，合内外，而无所不备。

《宋元学案》：“唐一庵曰：明道之学，嫡衍周派，一天人，合内外，立于敬而行之以恕，明于庶物而察于人伦，务于穷神知化而能开物成务。”伊川曰：“学者不可不通世务。天下事譬如一家，非我为，则彼为，非甲为，则乙为。”“人恶多事，或人悯之；世事虽多，尽是人事。人事不教人做，更责谁做。”朱熹曰：“今也须如僧家行脚，接四方之贤士，察四方之事情，览山川之形势，观古今兴亡治乱得失之迹，这道理方见得周遍。士而怀居，不足以为士矣。不是块然守定这物事，在一室闭户独坐便了，便可以为圣贤。自古无不晓事情底圣贤，亦无不通变底圣贤，亦无关门独坐的圣贤。圣贤无所不通，无所不能，那个事理会不得？如《中庸》，天下国家有九经，便要理会许多事物。如武王访箕子，陈《洪范》，自身之貌言视听思，极至于天人之际。以人事则有八政，以天时则有五纪。稽之于卜筮，验之于庶征，无所不备。如《周礼》一部书，载周公许多经国制度，便有国家当自家做，只是古圣贤许多规模大体也。要识得这道理，无所不该，无所不在，且如礼、乐、射、御、书、数，许多周旋升降、文章品节之繁，岂有妙道精义在？只是也要理会。理会得熟时，道理便在上面。又如律历、刑法、天文、地理、军旅、职官之类，都要理会，虽未能洞研其精微，然也要识个规模大概，道理方浃洽通透。若只守个些子，捉定在这里，把许多都做闲事，便都无事了，如此只理会得门内事，门外事便了不得。”

即象山之学，亦以宇宙内事为己分内事，

> 《宋元学案》："陆九渊读古书至宇宙二字，解者曰：四方上下曰宇，往古来今曰宙。忽大省曰：宇宙内事乃己分内事，己分内事乃宇宙内事。"

故其服官治政，治效卓然，亦非徒事玄虚、不务人事也。近人病宋学者，往往以为宋学虚而不实，或病其无用，或病其迂腐，要皆未知宋儒之实际也。观张载《西铭》，

> 《西铭》："乾称父，坤称母，予兹藐焉，乃浑然中处。故天地之塞，吾其体；天地之帅，吾其性。民吾同胞，物吾与也。大君者，吾父母宗子；其大臣，宗子家相也。尊高年，所以长其长；慈孤弱，所以幼其幼。圣其合德，贤其秀也。凡天下疲癃残疾茕独鳏寡，皆吾兄弟之颠连而无告者也。"

及《论语说》，

> 《论语说》："为天地立心，为生民立命，为往圣继绝学，为万世开太平。"

其心量之广远，迥非区区囿于一个人、一家族、一社会、一国家、一时代者所可及。盖宋儒真知灼见人之心性，与天地同流。故所言所行，多彻上彻下，不以事功为止境，亦不以禅寂为指归。此其所以独成为中国唐、五代以后勃兴之学术也。

第十九章　政党政治

自汉以来，君主政体无所变革。然政治之中心，往往不在君主本身，而旁及于女主、外戚、宦寺、嬖倖、宗王、强藩之手。有宋尽革其弊，虽间有女主垂帘、宦者得势之时，要皆视两汉、晋、唐为不侔。

> 《宋史·后妃传》：“慈圣光献曹后拥佑两朝，宣仁圣烈高后垂帘听政，而有元祐之治。”“宋三百余年，外无汉王氏之患，内无唐武、韦之祸，岂不卓然而可尚哉。”《宦官传》：“宋世待宦者甚严。太祖初定天下，掖庭给事不过五十人，宦寺中年方许养子为后。又诏臣僚家毋私蓄阉人，民间有阉童孺为货鬻者论死。去唐未远，有所惩也。厥后太宗却宰相之请，不授王继恩宣徽。真宗欲以刘承规为节度使，宰相持不可而止，中更主幼母后听政者凡三朝。在于前代，岂非宦者用事之秋乎？祖宗之法严，宰相之权重，貂珰有怀奸慝，旋踵屏除，君臣相与防微杜渐之虑深矣。然而宣、政间童贯、梁师成之祸，亦岂细哉！南渡苗、刘之逆，亦宦者所激也。”

盖宋之政治，士大夫之政治也。政治之纯出于士大夫之手，惟宋为然。故惟宋无女主、外戚、宗王、强藩之祸。宦寺虽为祸而亦不多，而政党政治之风，亦开于宋。《论语》曰：“君子群而不党。”以党为不良之名词。故世多以党为戒，后汉始有党禁。

> 《后汉书·灵帝纪》："建宁二年冬十月丁亥，中常侍侯览讽有司奏前司空虞放、太仆杜密、长乐少府李膺、司隶校尉朱瑀、颍川太守巴肃、沛相荀翊、河内太守魏朗、山阳太守翟超，皆为钩党。下狱死者百余人，妻子徙边，诸附从者锢及五属。制诏州郡大举钩党，于是天下豪杰及儒学行谊者，一切结为党人。""熹平五年闰月，永昌太守曹鸾坐讼党人弃市。诏党人门生、故吏、父兄、子弟在位者，皆免官禁锢。""光和二年四月丁酉，大赦天下。诸党人禁锢，小功以下皆除之。""中平元年三月壬子，大赦天下党人，还诸徙者。"

唐代亦有牛、李之党，

> 《通鉴目录》："穆宗长庆元年，李德裕、李宗闵始为朋党。"《通鉴》："长庆三年三月，以牛僧孺为中书侍郎，同平章事。时僧孺与李德裕皆有入相之望，德裕出为浙西观察使，八年不迁，以为李逢吉排己，引僧孺为相。由是牛、李之怨愈深。""太和七年二月，以兵部尚书李德裕同平章事。德裕入谢，上与之论朋党事，对曰：方今朝士，三分之一为朋党。""八年十一月，李宗闵言李德裕制命已行，不宜自便。乙亥，复以德裕为镇海节度使，不复兼平章事。时德裕、宗闵各有朋党，互相挤援。上患之，每叹曰：去河北贼易，去朝中朋党难。"

其事虽不同，要皆不可目为政党。盖汉之党人，徒以反对宦官、自树名节为目的，固无政策之关系。其与之为难之宦官，更不成为敌党。唐之牛僧孺、李德裕虽似两党之魁，然所争者官位，所报者私怨，亦无政策可言。故虽号为党，而皆非政党也。

宋仁宗时，始有朋党之议。

> 《宋史纪事本末·庆历党议篇》(陈邦瞻)："仁宗景祐三年，礼部员外郎天章阁待制判国子监范仲淹，以吕夷简执政，进用多出其门，上《百官图》指其次第。……为四论以献，……大抵讥切时敝。……夷简诉仲淹越职言事，离间君臣，引用朋党。仲淹对益切，由是落职，知饶州。集贤校理余靖请改前命，坐落职，监筠州酒税。馆阁校勘尹洙上疏，自承是仲淹之党。夷简怒，斥监郢州酒税。馆阁校勘欧阳修责司谏高若讷不能谏，若讷怒，上其书，修坐贬夷陵令。馆阁校勘蔡襄作四贤一不肖诗，以誉仲淹、靖、洙、修而讥若讷，都人士相传写，鬻书者市之，得厚利。""御史韩缜，希夷简旨，请以仲淹朋党榜朝堂，戒百官越职言事者。从之。""宝元元年冬十月丙寅，诏戒百官朋党。"

欧阳修著《朋党论》，谓惟君子有朋。

> 《宋史纪事本末》："庆历三年三月，以欧阳修、王素、蔡襄知谏院。""自范仲淹贬饶州，修及尹洙、余靖，皆以直仲淹见逐。群邪目之曰党人，于是朋党之议遂起。修乃为《朋党论》以进曰：'臣闻朋党之说，自古有之，惟幸人君辨其君子小人而已。大凡君子与君子以同道为朋，小人与小人以同利为朋，此自然之理也。然臣谓小人无朋，惟君子则有之。……故为人君者，但当退小人之伪朋，用君子之真朋。'"

盖已明于君子执政，必多集同志以行其政策，不必以朋党为讳矣。然庆历中虽有党论，而并无两党相对峙之形式。范仲淹、欧阳修等为党，而反对范、欧等之吕夷简、夏竦等并不能为党。吕虽反对范，后转为之画策，明与夏非党。

> 《宋史纪事本末》："夏竦怨石介斥己，欲因以倾富弼等。乃使女

奴阴刁介书，……伪作介为富弼撰废立诏草，飞语上闻。帝虽不信，而弼与仲淹恐惧，不自安于朝，皆请出按西北边，不许。适闻契丹伐夏，仲淹固请行，乃独允之。仲淹将赴陕，过郑州。时吕夷简已老，居郑，仲淹往见之。夷简问：'何事遽出？'仲淹对以暂往经抚两路，事毕即还。夷简曰：'君此行正蹈危机，岂复再入？若欲经制西事，莫如在朝廷为便。'仲淹愕然。"

范之无憾于吕，尤能分别公私之界。

《宋史·范仲淹传》："夷简再入相，帝谕仲淹使释前憾。仲淹顿首谢曰：臣乡论盖国家事，于夷简无憾也。"

故仁宗时之党议，不得谓之政党，而君子之风有足多者。

中国之有政党，殆自宋神宗时之新旧两党始。其后两党反复互争政权，讫北宋被灭于金始已。

北宋新旧党政争表

元首		年号	党派	首领	执政年间
神宗		熙宁元丰	新	王安石　吕惠卿　章　惇　蔡　确	十六
哲宗	高太后	元祐	旧	司马光　范纯仁　吕大防	九
	亲政	绍圣	新	章　惇　曾　布　蔡　卞	六
徽宗	向太后	建中靖国	旧	韩忠彦	二
	亲政	崇宁以后	新	曾　布　蔡　京	二〇

论史者恒以宋之党祸比于汉、唐，实则其性质大不相同。新旧两党各有政见，皆主于救国，而行其道特以方法不同，主张各异，遂致各走极端。纵其末流，不免于倾轧报复，未可纯以政争目之；而其党派分立之始，则固纯洁为国，初无私憾及利禄之见羼杂其间。此则士大夫与士大夫分党派以争政权，实吾国历史上仅有之事也。

自唐、五代以降，因仍苟且，政法大敝。宋室区区，仅能谋政权之统一，图皇位之世袭，而于民生国计之要，初未能有大经大法，起积弊而垂之于无穷。故有识之士，咸思奋发有为。范仲淹、欧阳修等，皆尝持改革之论。

《宋史·范仲淹传》："帝方锐意太平，数问当世事。仲淹语人曰：上用我至矣，事有先后，久安之弊，非朝夕可革也。帝再赐手诏，又为之开天章阁，召二府条对。仲淹皇恐，退而上十事。"（其十事为：一曰明黜陟，二曰抑侥幸，三曰精贡举，四曰择长官，五曰均公田，六曰厚农桑，七曰修武备，八曰推恩信，九曰重命令，十曰减徭役。）"仲淹以天下为己任，裁削倖滥，考核官吏，日夜谋虑，兴致太平。然更张无渐，规模阔大，论者以为不可行。"①《本论》（欧阳修）："今之务众矣，所当先者五也。其二者有司之所知，其三者则未之思也。足天下之用，莫先乎财；系天下之安危，莫先乎兵，此有司之所知也。然财丰矣，取之无限而用之无度，则下益屈而上益劳；兵强矣，而不知所以用之，则兵骄而生祸。所以节财用兵者，莫先乎立制。制已具备，兵已可使，财已足用，所以共守之者，莫先乎任人。……天下之势，有若敝庐，补其奥则隅坏，整其桷则栋倾，枝撑扶持，苟存而已。……是以兵无制，用无节，国家无法度，一切苟且而已。……今宋之为宋，八十年矣。天下为一，海内晏然。为国不为不久，天下不为不广也。然而财不足用于上而下已敝，兵不足威于外而敢骄于内，制度不可为万世法而日益丛杂，一切苟且，不异五代之时。此甚可叹也。"

至神宗时，积弊愈甚。而王安石、吕惠卿等，以学者见信于神宗，遂力主改革旧弊，创立新法。十余年间，于理财讲武、恤民救灾、兴学育才、建官明

---

① 据此，是范文正实首倡改革者。然以其知久安之弊非朝夕可革，故持论尚取其近而易行者。而当时之人，已以为更张无渐，规模阔大，而不可行矣。

法之要政，粗有图议，尚未能大树规模。而当时之守旧者，若司马光、富弼、韩琦、文彦博、范纯仁等，群起反对。致王、吕之事，未能展其六七。盖以其施行太骤，陈义太高，蚩蚩之民，相率咨怨。而奉行之官吏，又不能尽如立法者之意，有以贻反对者之口实也。今观其施行次第：

《宋史·神宗纪》载：熙宁二年二月庚子，以王安石参知政事。甲子，陈升之、王安石创置三司条例，议行新法。　三月乙酉，诏漕运盐铁等官，各具财用利害以闻。　四月丁巳，遣使诸路，察农田水利赋役。　七月辛巳，立淮、浙、江、湖六路均输法。　九月丁卯，立常平给敛法。　十一月乙丑，命韩绛制置三司条例。　丙子，颁《农田水利约束》。　闰月，差官提举诸路常平、广惠仓，兼管勾农田水利差役事。　三年正月乙卯，诏诸路散青苗钱，禁抑配。十二月己未，立诸路更戍法，旧以他路兵杂戍者遣还。　乙丑，立保甲法。　丁卯，以韩绛、王安石并同中书门下平章事。　戊寅，初行免役法。　四年正月，壬辰王安石请鬻天下广惠仓田，为三路及京东常平仓本，从之。　二月丁巳朔，罢诗赋及明经诸科，以经义、论、策试进士。　置京东西、陕西、河东、河北路学官，使之教导。　辛酉，诏治吏沮青苗法者。　三月庚寅，诏给诸路学田，增教官员。　辛卯，遣使察奉行新法不职者。　十月壬子朔，罢差役法，使民出钱募役。　戊辰，立太学生内、外、上舍法。　五年三月丙午，以内藏库钱置市易务。　四月己未，括闲田，置弓箭手。六月乙亥，置武学。　八月甲辰，颁方田均税法。　六年三月庚戌，置经局，命王安石提举。　己未，置诸路学官。　丁卯，诏进士、诸科，并试明法注官。　四月乙亥，置律学。　戊戌，裁定在京吏禄。八月戊戌，复比闾族党之法。　九月壬寅，置两浙和籴仓，立敛散法。　戊申，诏兴水利。　七年三月己未，行方田法。　四月丙戌，王安石罢知江宁府。　以韩绛同中书门下平章事，监修国史。　翰林学士吕惠卿参知政事。 十月庚辰，置三司会计司，以韩绛提举。 八年二月癸酉，以王安石同中书门下平章事。 六月己酉，颁王安石《诗》《书》《周礼义》于学官。 辛亥，以王安石为尚书左仆射兼门下侍郎。 十月壬寅，罢手实法。 九年十月丙午，王安石罢知江宁府。 十年六月癸巳，王安石以使相为集禧观使。 九月癸酉，立义仓。 元丰元年正月乙卯，以王安石为尚书左仆射、舒国公、集禧观使。 二年五月戊子，御史中丞蔡确参知政事。 三年二月丙午，以翰林学士章惇参知政事。 六月丙午，诏中书详定官制。 九月乙亥，正官名。 乙酉，以王安石为特进，改封荆国公。 五年四月癸酉，官制成。以王珪为尚书左仆射兼门下侍郎，蔡确为尚书右仆射兼中书侍郎。 甲戌，以太中大夫章惇为门下侍郎。 五月辛巳朔，行官制。

则安石初执政时，改革最锐。至再执政，仅颁行《三经新义》及罢手实法而已。元丰初政，惟改官制，余多循熙宁之法行之。则以反对者之烈，未能举旧制一一研索，扫地而更张也。

神宗崩，高太后听政。元祐诸贤，力反王、吕、章、蔡所为。

《宋史纪事本末·元祐更化篇》称：元丰八年五月，诏起司马光知陈州。光过阙入见，留为门下侍郎。 七月，罢保甲法。 十一月丙戌，罢方田。 十二月壬戌，罢市易法。 罢保马法。 元祐元年三月，司马光请悉罢免役钱，复差役法。诸色役人，皆如旧制。光居政府，凡王安石、吕惠卿所建新法，划革略尽。 八月辛卯，诏复常平旧法，罢青苗钱。

其势似颇专于守旧。然其于学校贡举，亦思多立新制以祛旧弊。

《宋史纪事本末·学校科举之制篇》称：元祐元年四月辛亥，司马光请立经明行修科。　五月戊辰，命程颐等修定学制。　颐以为学校礼义相先之地，而月使之争，殊非教养之道。请改试为课，有所未至，则学官召而教之，更不考定高下。置尊贤堂，以延天下道德之士，镌解额以去利诱。及置待宾吏师斋，立观光法，如是者亦数十条。　七月癸酉，立十科举士法。一曰行义纯固，可为师表；二曰节操方正，可备献纳；三曰智勇过人，可备将帅；四曰公正聪明，可备监司；五曰经术精通，可备讲读；六曰学问该博，可备顾问；七曰文章典丽，可备著述；八曰善听狱讼，尽公得实；九曰善治财赋，公私俱便；十曰练习法令，能断请谳。

使温公等执政稍久，未必不别有所建设。惟其建设之法，必有鉴于王、吕等，不期急进，而务得民心。且即王、吕之所创置，亦未尝不可采用。如差役之法，苏轼、范纯仁等皆以为不如免役。足证守旧者未必不知新法之孰长孰短。即温公一概抹杀，而苏、范且抗颜力争矣。

宋之新党近于管、商，旧党近于黄、老。其根本观念不同，故政策亦各有所蔽。第以司马温公与王荆公辩论之书观之，即可知其政策之原本：

《司马光与王介甫书》："窃见介甫独负天下大名三十余年，才高而学富，难进而易退。远近之士，识与不识，咸谓介甫不起则已，起则太平可立致，生民咸被其泽矣。天子用此起介甫于不可起之中，引参大政，岂非欲望众人之所望于介甫邪？今介甫从政始期年，而士大夫在朝廷及自四方来者，莫不非议介甫如出一口。下至闾阎细民、小吏、走卒，亦切切怨叹，人人归咎于介甫，不知介甫亦尝闻其言而知其故乎？""今天下之人，恶介甫之甚者，诋毁无所不至，光独知其不然。介甫固大贤，其失在于用心太过、自信太厚而已。何以言之？自古圣贤所以治国者，不过使百官各称其职，委任而责成功也。其所以养民者，不过轻租税、薄赋敛、已逋责也。介甫以为此皆腐儒之常谈，不足为，思得古人所未尝为者而为之。于是财利不以委三司而自治之，更立制置三司条例司，聚文章之士及晓财利之人，使之讲利。”“又置提举句当常平广惠仓使者四十余人，使行新法于四方。先散青苗钱，次欲使比户出助役钱，次又欲更搜求农田水利而行之。”“所遣者虽皆选择才俊，然其中亦有轻佻狂躁之人，陵轹州县、骚扰百姓者。于是士大夫不服，农商丧业，故谤议沸腾，怨嗟盈路。迹其本原，或以此也。”“夫侵官者，乱政也，介甫更以为治术而先施之；贷息钱，鄙事也，介甫更以为王政而力行之；繇役自古皆从民出，介甫更欲敛民钱雇市佣而使之。此三者，常人皆知其不可，而介甫独以为可。非介甫之智不及常人也，直欲求非常之功，而忽常人之所知耳。”“介甫素刚直，每议事于人主前，如与朋友争辨于私室，不少降辞气，视斧钺鼎镬无如也。及宾客僚属谒见论事，则唯希意迎合、曲从如流者，亲而礼之；或所见小异、微言新令之不便者，介甫辄艴然加怒，或诟骂以辱之，或言于上而逐之，不待其辞之毕也。明主宽容如此，而介甫拒谏乃尔，无乃不足于恕乎！”“光昔从介甫游，于诸书无不观，而特好《孟子》与《老子》之言，今得君得位而行其道，是宜先其所美，必不先其所不美也。《孟子》曰：‘仁义而已矣，何必曰利？’又曰‘为民父母，使民盻盻然，将终岁勤动，不得以养其父母，又称贷而益之，恶在其为民父母也’。今介甫为政，首制置条例，大讲财利之事；又命薛向行均输法于江淮，欲尽夺商贾之利；又分遣使者散青苗钱于天下而收其息，使人人愁痛，父子不相见，兄弟妻子离散。此岂孟子之志乎？《老子》曰：‘天下神器不可为也。为者败之，执者失之。’又曰：‘我无为而民自化，我好静而民自正，我无事而民自富，我无欲而民自朴。’又曰：‘治大国若烹小鲜。’今介甫为政，尽变更祖宗旧法，先者后之，上者下之，右者左之，成者毁之，弃者取之，矻矻焉穷日力，继之以夜而不得息。使上自朝廷，下及田野，内起京师，外周四海，士吏兵农工商僧道无一人得袭故而守常者，纷纷扰乱，莫安其居者，岂老氏之志乎？何介甫总角读书，白头秉政，乃尽弃其所学，而从今世浅丈夫之谋乎！”“观介甫之意，必欲力战天下之人，与之一决胜负，不复顾义理之是非、生民之忧乐、国家之安危，光窃为介甫不取也。”“光今所言，正逆介甫之意，明知其不合也。然光与介甫趣向虽殊，大归则同，介甫方欲得位以行我道，泽天下之民；光方欲辞位以行其志，救天下之民者：所谓和而不同者也。故敢一陈其志，以自达于介甫，以终益友之义。其舍之取之，则在介甫矣。”

《王安石答司马谏议书》：“某启：昨日蒙教，窃以为与君实游处相好之日久，而议事每不合，所操之术多异故也。虽欲强聒，终必不蒙见察，故略上报，不复一一自辨。重念蒙君实视遇厚，于反复不宜卤莽，故今具道所以，冀君实或见恕也。盖儒者所争，尤在于名实。名实已明者，天下之理得矣。今君实所以见教者，以为侵官、生事、征利、拒谏，以致天下怨谤也。某则以谓受命于人主，议法度而修之于朝廷，以授之于有司，不为侵官；举先王之政，以兴利除弊，不为生事；为天下理财，不为征利；辟邪说，难壬人，不为拒谏。至于怨诽之多，则固前知其如此也。人习于苟且非一日，士大夫多以不恤国事，同俗自媚于众为善。上乃欲变此，而某不量敌之众寡，欲出力助上以抗之，则众何为而不汹汹然！盘庚之迁，胥怨者民也，非特朝廷士大夫而已。盘庚不为怨者故改其度，度义而后动，是而不见可悔故也。如君实责我以在位久，未能助上大有为，以膏泽斯民，则某知罪矣。如曰今日当一切不事事，守前所为而已，则非某之所敢知。无由会晤，不任区区向往之至。”

惟旧者偏徇俗见，新者间杂意气，则皆不免为贤者之累。其后新党为众论所排，不得不用政见相同之人，而小人乃乘而为利。旧党当元祐中虽暂得势，寻复分裂，而有洛、蜀、朔党之别。而两方始不以政策为重，而以党派为争矣。

《宋史纪事本末》："元祐二年，吕公著独当国，群贤咸在朝，不能不以类相从，遂有洛党、蜀党、朔党之语。洛党以程颐为首，而朱光庭、贾易为辅。蜀党以苏轼为首，而吕陶为辅。朔党以刘挚、梁焘、王岩叟、刘安世为首，而辅之者尤众。"

熙、丰、元祐之分党，最为纯洁。其于异党之人，虽亦排斥，然未尝明著党籍，诬加罪状也。其后绍述调停反覆不已，而蔡京当国，遂至仇异党而刻石示众。

《宋史纪事本末·蔡京擅国篇》："（崇宁元年）秋七月戊子，以蔡京为尚书右仆射兼中书侍郎。……九月己亥，立党人碑于端礼门，籍元符末上书人，分邪、正等黜陟之。时元祐、元符末群贤贬窜死徙者略尽，蔡京犹未惬意，乃与其客强浚明、叶梦得籍宰执司马光、文彦博、吕公著、吕公亮、吕大防、刘挚、范纯仁、韩忠彦、王珪、梁焘、王岩叟、王存、郑雍、傅尧俞、赵瞻、韩维、孙固、范百禄、胡宗愈、李清臣、苏辙、刘奉世、范纯礼、安焘、陆佃，曾任侍制以上官苏轼、范祖禹、王钦臣、姚勔、顾临、赵君锡、马默、王汾、孔文仲、孔武仲、朱光庭、孙觉、吴安持、钱勰、李之纯、赵彦若、赵离、孙升、李周、刘安世、韩川、吕希纯、曾肇、王觌、范纯粹、杨畏、吕陶、王古、陈次升、丰稷、谢文瓘、鲜于侁、贾易、邹浩、张舜民，馀官程颐、谢良佐、吕希哲、吕希绩、晁补之、黄庭坚、毕仲游、常安民、孔平仲、司马康、吴安诗、张耒、欧阳棐、陈瓘、郑侠、秦观、徐常、汤馘、杜纯、宋保国、刘唐老、黄隐、王巩、张保源、汪衍、余爽、常立、唐义问、余下、李格非、商倚、张廷坚、李祉、陈佑、任伯雨、朱光裔、陈郛、苏嘉、龚夬、欧阳中立、吴俦、吕仲甫、刘当时、马琮、陈彦、刘昱、鲁君贶、韩跋，内臣张士良、曾恭、赵约、谭扆、王偁、陈询、张琳、裴彦臣，武臣王献可、张巽、李备、胡田，凡百二十人，等其罪状，谓之奸党，请御书刻石于端礼门。京等复请下诏，籍元符末日食求言章疏及熙宁、绍圣之政者，付中书，定为正上、正中、正下三等，邪上、邪中、邪下三等。于是钟世美以下四十一人为正等，悉加旌擢；范柔中以下五百余人为邪等，降责有差。"《金石萃编·元祐党籍碑》（王昶）："碑有二本。一是装本，正书隶额，有饶跋，在静江府。一碑高六尺，广三尺一寸五分，行字多寡不等，正书。额题'元祐党籍碑'五字，亦正书，有沈跋，在融县。……《元祐党籍碑》，徽宗朝原有两本。崇宁元年九月己亥，御书刻石于端礼门者，初本也。三年六月戊午，重定一籍，通三百九人，御书刊石置文德殿门东壁，又诏蔡京书之，颁之州县，令皆刻石者，再刻本也。五年正月，以星变除毁朝堂石刻，如外处有石刻亦令除毁，而原刻无有存者。今世所传，乃南宋人所翻三百九人之本。……玩碑文先立于宫学，次及太学辟雍，又次及天下郡邑，则宫学在太学之上矣。此碑今存者，山左较多，河南次之。"

此则政党史之污点也。蔡京与王安石有连，然当王、吕时，未尝得志。元祐初，且以复差役为司马光所赏。

《宋史纪事本末·元祐更化篇》："初，差役之复，为期五日。同列病其太迫，知开封府蔡京独如约，悉改畿县雇役，无一违者。诣政事堂白光。光喜曰：使人人奉法如君，何不可行之有！"

则徽宗时之斥逐奸党，直元祐叛党所为，而无与于熙、丰之党也。

熙、丰、元祐之政党，败坏于蔡京。经宣和、靖康之变，而新党无所容喙。观崔鶠之疏，可知当日群议之归向。

《宋史纪事本末·群奸之窜篇》："宣和七年十二月，右正言崔鶠上疏曰：'数十年来，王公卿相皆自蔡京出，要使一门生死则一门生用，一故吏逐则一故吏来，更持政柄，无一人害己者。……王安石除异己之人，著《三经》之说以取士，天下靡然雷同，陵夷至于大乱。……京又以学校之法驭士人，如军法之驭卒伍，一有异论，累及学官。若苏轼、黄庭坚之文章，范缜、沈括之杂说，悉以严刑重赏，禁其收藏，其苛锢多士，亦已密矣。……仁宗、英宗选敦朴敢言之士，以遗子孙。安石目为流俗，一切逐去，司马光复起而用之，元祐之治，天下安于泰山。及章惇、蔡京倡为绍述之论以欺人主，绍述一道德而天下一于谄佞，绍述同风俗而天下同于欺罔，绍述理财而公私竭，绍述造士而人才衰，绍述开边而塞尘犯阙矣。……京奸邪之计大类王莽，而朋党之众则又过之。愿斩之以谢天下。'累章极论，时议归重焉。"

建炎仓猝之际，首诏停散青苗钱，及还元祐党籍及上书人恩数。

《宋史·高宗本纪》："建炎元年五月庚寅朔，帝即位，改元建炎。""罢天下神霄宫，住散青苗钱。""六月辛未，还元祐党籍及上书人恩数。"

而洛、蜀诸人之学术，复重于世，荆公之新说衰矣。然朱熹所订《社仓事目》，实本熙宁青苗之法。

《史传今义》（梁启超）："后此有阴窃青苗法之实而阳避其名者，则朱子之《社仓》是也。其法取息十二，夏放而冬收之，此与青苗何异？朱子行之于崇安而效，而欲以施之天下，亦犹荆公行之于鄞而效，而欲以施之天下也。朱子平日痛诋荆公，谓其汲汲财利，使

> 天下嚣然丧其乐生之心。及倡《社仓》议，有诘之者，则奋然曰：介甫独散青苗一事是耳。”①

是洛党学者，亦未尝不用新法之善者也。

宋代党论，历时最久。元祐党案甫衰，庆元党案复起（《宋元学案》有《元祐党案》《庆元党案》两表）。然伪学之禁，虽亦由执政者之分党相攻，而韩侂胄、京镗等初无政策可言，赵、留、朱、蔡等亦未尝标榜政策，反对异党。其事止类于后汉之党锢，与北宋之党争不同也。自是而后，惟学有党，而政无党。明之东林党议虽亦以政权相倾轧，历时至五十年。

> 《明史纪事本末·东林党议篇》：“顾宪成既谪归，讲学于东林，故杨时书院也。孙丕扬、邹元标、赵南星之流，謇谔自负，与政府每相持。其附阁臣沈一贯者，科道亦有人，而宪成讲学，天下趋之。一贯持权求胜，受黜者身去而名益高，此东林浙党所自始也。其后更相倾轧，垂五十年。”

然反对东林者，亦复不足齿数。上下数千年，惟北宋卓然有政党，岂不异哉！

---

① 俱见《朱子语类》。《社仓事目》见《朱子集》卷十五。

第二十章　辽夏金之文化

自后梁开平元年，辽太祖安巴坚称帝，而契丹立国于吾国之东北，传九世，二百一十九年。宋仁宗宝元元年[①]，夏景宗曩霄称帝，而西夏立国于吾国之西北，传十世，百九十年。宋徽宗政和五年[②]，金太祖阿古达称帝，而女真遂灭辽而与宋平分中夏，传九世，百二十年。宋宁宗开禧二年[③]，蒙古太祖铁木真称成吉思汗，而其后遂灭夏、金，入主中国，国号曰元，传十四世，一百六十二年。故自五代迄元末，为汉族式微，西北诸族崛兴之时，[④]其祸且甚于晋、隋之际。观于宋人之衰弱，几疑中国之文化实足为国家种族之害，反不若野蛮人种之尚武，可以凌驾文明国人之上。然试考诸国之历史，则其事殊不尽然。凡异族之以武力兴者，率多同化于汉人之文教，即其文字有特创者，亦多出于华文，此则文化不以种族而分之证也。蒙古之事，具于后篇。兹先述辽、夏及金之梗概。

契丹虽兴于元魏之时，而进化甚迟，至唐季始有城邑。

《辽史·太祖本纪赞》："懿祖生匀德实，始教民稼穑，善畜牧，国以殷富，是为玄祖。玄祖生撒剌的，仁民爱物，始置铁冶，教民鼓铸，是为德祖，即太祖之父也。世为契丹遥辇氏之夷离堇，执其政柄。德祖之弟述澜，北征于厥、室韦，南略易、定、奚、霫，始兴板筑，

---

① 辽兴宗重熙七年。

② 辽天祚帝天庆五年。

③ 金章宗泰和六年，夏襄宗应天元年。

④ 凡四百六十一年。

置城邑，教民种桑麻，习织组，已有广土众民之志。而太祖受可汗之禅，遂建国。”

太祖之立，实本汉人之教。

《新五代史·四夷附录》：“契丹部族之大者曰大贺氏，后分为八部。……部之长号大人，而常推一大人建旗鼓，以统八部。至其岁久，或其国有灾疾而畜牧衰，则八部聚议，以旗鼓立其次而代之。”“某部大人遥辇次立时，八部之人，以为遥辇不任事，选于其众，以阿保机代之。”“是时刘守光暴虐，幽、涿之人多亡入契丹。阿保机乘间入塞，攻陷城邑，俘其人民，依唐州县置城以居之。汉人教阿保机曰：‘中国之王，无代立者。’由是阿保机益以威制诸部，而不肯代。其立九年，诸部以其久不代，共责诮之。阿保机不得已，传其旗鼓而谓诸部曰：吾立九年，所得汉人多矣，吾欲自为一部，以治汉城，可乎？”“汉城在炭山东南滦河上，有盐铁之利，其地可植五谷。阿保机率汉人耕种，为治城郭邑屋廛市如幽州制度，汉人安之，不复思归。”

用兵四方，恒用汉字刻石纪功，

《辽史·太祖纪》：“三年夏四月乙卯，诏左仆射韩知古，建碑龙化州大广寺，以纪功德。”“五年三月，次滦州，刻石纪功。”“神册元年八月，拔朔州，擒节度使李嗣本，勒石纪功于奇家南。”①

且自矜其能汉语。

---

① 按此时契丹字尚未创制，所云刻石记功，当系用汉字。

《新五代史·四夷附录》：阿保机谓姚坤曰："吾能汉语，然绝口不道于部人，惧其效汉而怯弱也。"

则其机智绝伦，所以能弹压诸部者，自有吾国文教之关系矣。据《辽史》本纪，当时三教并崇，

《辽史·太祖纪》："神册三年五月乙亥，诏建孔子庙、佛寺、道观。"

然以《义宗传》证之，则太祖实独尊孔教。

《辽史·义宗列传》："太祖常问侍臣曰：'受命之君，当事天敬神。有大功德者，朕欲祀之，何先？'皆以佛对。太祖曰：'佛非中国教。'倍曰：'孔子大圣，万世所尊，宜先。'太祖大悦。即建孔子庙，命倍春秋释奠。"

义宗既好汉籍，

《新五代史·四夷附录》："突欲好饮酒，工画，颇知书。其自契丹归中国，载书数千卷。枢密使赵延寿每假其异书、医经，皆中国所无者。"

其立国东丹，一用汉法。

《辽史·义宗传》："太祖改渤海国曰东丹，名其城曰天福，以倍为人皇王主之。仍赐天子冠服，建元甘露，称制，置左右大次四相及百官，一用汉法。""太宗既立，见疑，以东平为南京，徙倍居之。倍既归国，起书楼于西宫。"

自后辽室诸帝，皆通汉学，

《辽史·圣宗纪》："帝幼喜书翰，十岁能诗。既长，精射法，晓音律，好绘画。"《兴宗纪》："善骑射，好儒术，通音律。"《道宗纪》："咸雍九年十月丁丑，诏有司颁行《史记》《汉书》。""大安二年正月癸丑，召权翰林学士赵孝严、知制诰王师儒等，讲《五经》大义。""四年四月癸卯，召枢密直学士耶律俨讲《尚书·洪范》。五月辛亥，命燕国王延禧写《五子之歌》。"

不独太宗置宫立制，皆依中国也。

《新五代史·四夷附录》："契丹以幽州为燕京，改天显十一年为会同元年，更其国号大辽。置百官，皆依中国，参用中国之人。"

五代之时，中国多有契丹人，

《新五代史·四夷附录》："德光遣秃馁、荝剌等，以五千骑救王都。又遣惕隐赫邈，益秃馁以骑七千。""明宗斩秃馁等六百余人，而赦赫邈，选其壮健者五千余人，为契丹直。""长兴元年，突欲自扶余泛海奔于唐。明宗因赐其姓为东丹，而更其名曰慕华。""其部曲五人，皆赐姓名。罕只曰罕友通，穆葛曰穆顺义，撒罗曰罗宾德，易密曰易师仁，盖礼曰盖来宾，以为归化、归德将军郎将。又赐前所获赫邈姓名曰狄怀惠，捏列曰列知恩，荝剌曰原知感，福郎曰服怀造，竭失讫曰讫怀宥。其余为契丹直者，皆赐姓名。"

而契丹尤喜用中国人。

> 《新五代史·四夷附录》："当阿保机时，有韩延徽者，幽州人也，为刘守光参军，守光遣延徽聘于契丹，阿保机奇之，遂用以为谋主。阿保机攻党项、室韦，服诸小国，皆延徽谋也。""阿保机僭号，以延徽为相，号政事令，契丹谓之崇文令公。""张砺，明宗时翰林学士。德光重其文学，仍以为翰林学士。砺常思归，逃至境上，为追者所得。德光责之，砺曰：'臣本汉人，衣服饮食言语不同，今思归而不得，生不如死。'德光顾其通事高唐英曰：'吾戒尔辈善待此人，致其逃去，过在尔也。'因笞唐英一百，而待砺如故。"

太宗之入晋，尤乐晋之仪制。

> 《新五代史·四夷附录》："德光胡服视朝于广政殿。""被中国冠服，百官常参起居，如晋仪。""德光服靴袍御崇元殿，百官入阁，德光大悦。顾其左右曰：汉家仪物，其盛如此，我得于此殿坐，岂非真天子耶！"

故辽之制度，有国制、汉制之别。

> 《辽史·百官志》："太祖神册六年，诏正班爵。至于太宗，兼制中国。官分南北，以国制治契丹，以汉制待汉人。国制简朴，汉制则沿名之风固存也。"

用以招徕中国之人，

> 《辽史·百官志》："辽有北面朝官矣。既得燕代十有六州，乃用唐制，复设南面三省、六部、台、院、寺、监、诸卫、东宫之官，诚有志帝王之盛制，亦以招徕中国之人也。"

甚至以汉人、汉儿名其职务。

《辽史·百官志》:“汉人枢密院，本兵部之职。”“太祖初有汉儿司，韩知古总知汉儿司事。太宗入汴，因晋置枢密院，掌汉人兵马之政。”“汉儿行宫都部署院，亦曰南面行宫都部署司。圣宗开泰九年，改左仆射。某宫汉人行宫都部署，某宫同知汉人都部署。”

其南面军官大抵用宋人。

《辽史·百官志》:“南面军官。”“《传》曰:‘虽楚有材，晋实用之。’辽自太祖以来，攻掠五代、宋境，得其人则就用之。东北二鄙，以农以工，有事则从军政，计之善者也。”

盖纯用契丹之人、契丹之法，决不足以为国也。《辽史》诸志，备详汉制。

《辽史·礼志》:“太宗克晋，稍用汉礼。今国史院有金陈大任《辽礼仪志》，皆其国俗之故，又有《辽朝杂礼》，汉仪为多。”《乐志》:“辽有国乐，犹先王之风;其诸国乐，犹诸侯之风，故志其略。”“自汉以后，相承雅乐，有古《颂》焉，有古《大雅》焉。辽阙郊庙礼，无颂乐。大同元年，太宗自汴将还，得晋太常乐谱、宫悬、乐架，委所司先赴中京。”“自汉以来，因秦、楚之声置乐府。至隋得西域七声，由是雅俗之乐皆用之。晋高祖使冯道、刘煦册应天太后、太宗皇帝，其声器、工官与法驾，同归于辽。”“今之散乐，俳优、歌舞杂进，往往汉乐府之遗声。晋天福三年，遣刘煦以伶官来归，辽有散乐，盖由此矣。”《仪卫志》:“辽国自太宗入晋之后，皇帝与南班汉官用汉服;太后与北班契丹臣僚用国服。其汉服，即五代晋之遗制也。”“太宗皇帝会同元年，晋使冯道、刘煦等备车辂法物，上皇帝、皇太后尊号册礼。自此天子车服，昉见于辽。太平中行汉册礼，乘黄令陈车辂，尚辇奉御陈舆辇。盛唐辇辂尽在辽廷矣。”

至谓辽之所重，以汉仗为大端。

《辽史·仪卫志》：“金吾、黄麾六军之仗，辽受之晋，晋受之后唐，后唐受之梁、唐，其来也有自。”“大贺失活入朝于唐，娑固兄弟继之，尚主封王，饫观上国。开元东封，邵固扈从，又览太平之盛。自是朝贡岁至于唐。辽始祖涅里立遥辇氏，世为国相，目见耳闻，歆企帝王之容辉有年矣。遥辇致鼓纛于太祖帐前，曾何足以副其雄心霸气之所睥睨哉。厥后交梁聘唐，不惮劳勚。至于太宗，立晋以要册礼，入汴而收法物，然后累世之所愿欲者，一举而得之。太原擅命，力非不敌，席卷法物，先致中京，蹝弃山河，不少顾虑，志可知矣。于是秦汉以来帝王文物，尽入于辽。周、宋按图更制，乃非故物。辽之所重，此其大端，故特著焉。”

中原文物，为异族所歆羡如此，非惟可以觇辽国之风化，抑亦可以见元代修《辽史》者之心理焉。

契丹太祖时，尝制契丹大字，

《辽史·太祖纪》：“神册五年正月乙丑，始制契丹大字。”“九月壬寅，大字成，诏颁行之。”

突吕不实赞其事，

《辽史》列传第五：“突吕不，字铎衮，幼聪敏嗜学。事太祖，见器重。及制契丹大字，突吕不赞成为多。”

字体亦本汉文，

> 《书史会要》（陶宗仪）：“辽太祖用汉人，以隶书之半增损之，制契丹字数千，以代刻木之约。”

字数虽不多，然已敷翻译汉籍之用。且自成其为辽文。

> 《辽史·义宗传》：“工辽、汉文章，尝译《阴符经》。”又《萧韩家奴传》：“欲帝知古今成败，译《通历》《贞观政要》《五代史》。”

是契丹亦能食中国之文化而自成其文化矣。第辽族以文学著者，多以工汉文得名。

> 《廿二史劄记》（赵翼）：“辽太祖起朔漠，而长子人皇王倍已工诗善画，……藏书于医巫闾山绝顶。……其浮海适唐也，刻诗海上，曰：‘小山压大山，大山全无力。羞见故乡人，从此投外国。’情调凄惋，言短意长，已深有合于风人之旨矣。平王隆先，亦博学能诗，有《阆苑集》行世。其他宗室内亦多以文学著称，如耶律国留，善属文。坐罪在狱，赋《寤寐歌》，世竞称之。其弟资忠，亦能诗。使高丽被留，有所著，号《西亭集》。耶律庶成，善辽、汉文，尤工诗。耶律富鲁，为牌印郎君，应诏赋诗，立成以进。其父庶箴，尝寄《戒谕诗》，富鲁答以赋，时称典雅。耶律韩留，工诗。重熙中，诏进《述怀诗》，帝嘉叹。耶律辰嘉努，遇太后生辰进诗，太后嘉奖。耶律良，重熙中，从猎秋山，进《秋猎赋》。清宁中，上幸鸭子河，良作《捕鱼赋》。尝请编御制诗文曰《清宁集》，上亦命良诗为《庆会集》，亲制序赐之。耶律孟简，六岁能赋《晓天星月诗》，后以太子浚无辜被害，以诗伤之，无意仕进，作《放怀诗》二十首。耶律古裕，工文章，兴宗命为诗友。

此皆宗室之能文者。按道宗长子浚，幼而能言，好学知书。铎卢斡，好学，喜属文，尝作《古诗》三章见志。当时名士，称其高情雅韵，不减古人。萧韩家奴，博览经史，通辽、汉文字。耶律昭，博学善属文。萧文，笃志力学，喜愠不形。皆辽人之以文学著者。若耶律俨，好学，有诗名，则汉人之入辽赐国姓者也。”

其以工辽文著者，仅义宗及萧韩家奴、耶律庶成三数人耳。《辽史》无艺文志，清卢文弨《补辽金元三史艺文志》，载辽人著作，寥寥无几，仅僧行均《龙龛手镜》四卷；耶律俨《皇朝实录》七十卷；萧韩家奴、耶律庶成同撰《遥辇可汗至重熙以来事迹》二十卷；王鼎《焚椒录》一卷；耶律庶成、萧韩家奴《礼书》《辽朝杂礼》，无卷数；无名氏《七贤传》；王白《百中歌》，亦无卷数；耶律纯《星命秘诀》五卷①。

叶氏《语石》，统计辽碑不过数十通，且谓其绝无佳迹：

《语石》（叶昌炽）：“辽碑文字，皆出自释子及村学究，绝无佳迹。”“余著录辽幢五十余通，中多唐、梵两体。惟刘李河白氏两幢，结构尚可观。”“此外行列整齐者，如今刻书之宋体字；潦草者，如市中计簿。满幅题名，皆某儿某郎妇之类，北伧乔野之风，于此可见。”

则契丹所得于中国之文化之成绩，亦至鲜矣。惟涿州刻经，远续隋、唐之绪。

《金石萃编》（王昶）：“涿州白带山云居寺东峰，续镌成四大部经记。幽州沙门释静琬，精有学识，于隋大业中，发心造石经一藏，以备法灭。遂于幽州西南白带山上，凿为石室。以石勒经，藏诸室内，满即用石塞户，以铁锢之。其后虽成其志，未满其愿。以唐贞

① 按兴宗《清宁集》、耶律良《庆会集》均未著录。

观十三年奄化归真，门人导公继焉，导公殁，有仪公继焉，仪公殁，有暹公继焉，暹公殁，有法公继焉。自琬至法，凡五代焉，不绝其志。”“圣宗皇帝委故瑜伽大师法讳可元提点镌修，勘讹刊谬，补缺续新。兴宗皇帝重熙七年，出御府钱委官吏贮之，岁析轻利，俾供书经镌碑之价。自太平七年至清宁三年，中间续镌造到《大般若经》八十卷，计碑二百四十条，以全其部也。又镌写到《大宝积经》一部，合一百二十卷，计碑三百六十条，以成四大部数也。都总合经碑二千七百三十条。”

虽非创造，亦不可谓非文字之巨工也。

西夏出于拓跋氏，世为唐、宋官，故亦通汉文。元昊之兴，尤以兼通内外典籍，始能创制物始。

《宋史·西夏传》：“曩霄本名元昊，……性雄毅，多大略，善绘画，能创制物始，……晓浮屠学，通蕃、汉文字。”“案上置法律，常携《野战歌》《太乙金鉴诀》。”

设官置吏，亦多本于唐、宋。

《宋史·西夏传》：“其官分文武班。曰中书，曰枢密，曰三司，曰御史台，曰开封府，曰翊卫司，曰官计司，曰受纳司，曰农田司，曰群牧司，曰飞龙院，曰磨勘司，曰文思院，曰蕃学，曰汉学。自中书令宰相、枢使、大夫、侍中、太尉已下，皆分命蕃、汉人为之。”

谅祚继世，慕向中国，易服求书，益重文治。

《宋史·西夏传》：“谅祚，景宗长子也。”“嘉祐六年，上书自言慕中国衣冠，明年当以此迎使者，诏许之。”“表求太宗御制诗章隶书石本，且进马五十匹，求《九经》《唐史》《册府元龟》及宋正至朝贺仪。诏赐《九经》，还所献马。”

乾顺以降，兴学养贤，崇祀孔子，奕世不衰。

《宋史·西夏传》：“建中靖国元年，乾顺始建国学，设弟子员三百，立养贤务，以廪食之。”“绍兴十三年，夏改元人庆，始建学校于国中，立小学于禁中，亲为训导。”“十五年八月，夏重大汉太学，亲释奠，弟子员赐予有差。十六年，尊孔子为文宣帝。十七年，改元天盛，策举人始立唱名法。十八年，复建内学，选名儒主之，增修律成，赐名鼎新。”

盖夏虽以武力背宋，其于文化，未尝背宋也。即其创制之文字，形式虽殊，仍不出汉字系统。

《宋史·西夏传》：“元昊自制蕃书，命野利仁荣演绎之，成十二卷。字形体方整类八分，而画颇重复。教国人纪事用蕃书，而译《孝经》《尔雅》《四言杂字》为蕃语。”

以今世所传西夏书考之，其字之分行、楷、篆各体，亦犹汉字之有行、隶、篆诸种也。

《西夏国书略说》（罗福苌）：“西夏国有楷书，有行书，有篆书。”“《宋史》蕃书字体方整，类八分，而画颇重复，此谓楷书也。今传世石刻及《掌中珠佛经》等，皆是。”“西夏之有行书，前籍所未载。日本西本愿寺所得西夏人书残经数纸，书迹至草率，与石刻及他写经不同。以汉字之名定之，则为行书，无可疑也。”“《宋史》但言元昊制蕃书，方整类八分，不言有篆书。《金史·西夏传》与《宋史》同，而云又若符篆，《隆平集》亦称元昊自为番书十二卷，文类符篆，均似谓西夏蕃字，既若隶书，又若符篆者。惟《辽史·西夏传》，则言之颇明析，曰李继迁子德明[①]，制番书十二卷。又制字如符篆，盖如隶书者谓楷书，如符篆者谓篆书也。今其传世篆书，有《感通塔记碑》额，盖就其楷书略变为婉曲，可以其楷书推知。惟又有传世西夏铜印，其文则填委屈迭，与其楷书甚远，与《感通塔记》之额亦迥殊。是西夏篆书，亦有二种，殆犹篆书中有模印诸体之别欤？”

契丹文字，传世者少，西夏亦然。然近因东西学者之考订，乃知西夏遗文传世者尚十余种，

《西夏国书略说》（罗福苌）谓：“西夏文字传世者，曩但有金石刻而已。近十余年，欧人始于我西陲，得各种经文等，兹就所知者录之：（一）《重修护国寺感应塔碑》，（二）《黑水河建桥祭神敕》，（三）《莫高窟造像记》，（四）《居庸关六体刻经》，（五）西夏官印，（六）西夏国书铜牌，（七）西夏国书钱，（八）陁罗尼镜，（九）《添品妙法莲华经》，（十）残佛经，（十一）《掌中珠字书》。”

且于蕃汉对译之法，亦有所得。以尘霾七百年之文字，乃复为中外学者所重，亦非野利仁荣等所及矣。

《西夏国书略说》：“西历一千九百十年，俄大佐柯智洛夫氏于张掖掘得西夏国书刻本经册十数箱。中有汉语及夏国语对译字书一册，

---

① 此元昊之误。

约五十叶，名《掌中珠》。夏国书傍皆注汉字音，汉语傍亦注西夏字音，每字均两对译语，及两国字音，四言骈列，殆即《宋史·夏国传》所谓《四言杂字》者欤？又其所得西夏画像不少。像之下方，多有铭赞，均以其国书书之。并藏于俄都大学附属人种博物馆。”

金之先，出于靺鞨。当唐时，粟末靺鞨尝建渤海国，有文字、礼乐、官府制度。

《金史·世纪》：“金之先，出靺鞨氏。靺鞨本号勿吉。勿吉，古肃慎地也。元魏时，勿吉有七部：曰粟末部，曰伯咄部，曰安车骨部，曰拂涅部，曰号室部，曰黑水部，曰白山部。隋称靺鞨为七部，并同。唐初有黑水靺鞨、粟末靺鞨，其五部无闻。粟末靺鞨始附高丽，姓大氏。李勣破高丽，粟末靺鞨保东牟山，后为渤海，称王，传十余世。有文字、礼乐、官府、制度。”

五代时，渤海亡，而黑水靺鞨之生女真代之而兴。观其初起之情状，若未受渤海文化之影响。然黑水、粟末实同一种，粟末先进。既能吸受中国之文教，则女真后起者，虽专以武力胜，故亦易于濡染华风矣。

石晋文物入于辽，辽亡而金受之。

《金史·太祖纪》：“太祖天辅五年十一月，命杲、昱、宗翰、宗幹、宗望等伐辽。诏曰：若克中京，所得礼乐、仪仗、图书、文籍，并先次津发赴阙。”

北宋文物萃于汴，汴破而金得之。故辽所得者，止于石晋及唐之遗；金所得者，兼有辽、宋南北两方之积。北宋文物，经八帝百八十余年之储蓄创造，迥非石晋可比。虽以女真之虓暴，未必能一一研索而得其用，然其所承受之丰，自必影响于民族。且契丹未尝南下，国都僻在东北，金则自燕而汴，都邑屡迁。

兵力所及，远至江浙，其为宋患者滋深，即其受宋教者亦滋巨。《金史·文艺传》谓金之制作，非辽所及，宜矣。

《金史·文艺传》："金初未有文字。世祖以来，渐立条教。太祖既兴，得辽旧人用之，使介往复，其言已文。太宗继统，乃行选举之法，及伐宋，取汴经籍图，宋士多归之。熙宗款谒先圣，北面如弟子礼。世宗、章宗之世，儒风丕变，庠序日盛，士繇科第位至宰辅者接踵。当时儒者，虽无专门名家之学，然而朝廷典策、邻国书命，粲然有可观者矣。金用武得国。无以异于辽；而一代制作，能自树立唐、宋之间，有非辽世所及，以文而不以武也。"

金自熙宗读书讲学，尊崇孔教，效法中国之帝王，已足为同化于汉之标准。

《金史·熙宗本纪》："（天眷二年六月）己未，上从容谓侍臣曰：'朕每阅《贞观政要》，见其君臣议论，大可规法。'翰林学士韩昉对曰：'皆由太宗温颜访问，房、杜辈竭忠尽诚。其书虽简，足以为法。'上曰：'太宗固一代贤君，明皇何如？'昉曰：'唐自太宗以来，惟明皇、宪宗可数。明皇所谓有始而无终者，初以艰危得位，用姚崇、宋璟，惟正是行，故能成开元之治。末年怠于万机，委政李林甫，奸谀是用，以致天宝之乱。苟能慎终如始，则贞观之风，不难追矣。'上称善。又曰：'周成王何如主？'昉对曰：'古之贤君。'上曰：'成王虽贤，亦周公辅佐之力。后世疑周公杀其兄，以朕观之，为社稷大计，亦不当非也。'""（皇统元年二月）戊子，上亲祭孔子庙，北面再拜。退谓侍臣曰：'朕幼年游佚，不知志学，岁月逾迈，深以为悔。孔子虽无位，其道可尊，使万世景仰。大凡为善，不可不勉。'自是颇读《尚书》《论语》及《五代》《辽史》诸书，或以夜继焉。"

世宗嗜读史籍，尤尚儒风，

《金史·世宗本纪》：“（大定二十年十月）壬寅，上谓宰臣曰：‘近览《资治通鉴》，编次累代废兴，甚有鉴戒。司马光用心如此，古之良史无以加也。校书郎毛麾，朕屡问以事，善于应对，真该博老儒。可除太常职事，以备讨论。’”“（二十六年十二月）丙寅，上谓侍臣曰：‘……朕于圣经不能深解，至于史传，开卷辄有所益。每见善人不忘忠孝，检身廉洁，皆出天性。至于常人，多喜为非，有天下者苟无以惩之，何由致治。孔子为政七日而诛少正卯，圣人尚尔，况余人乎！’”

欲以《五经》译本，遍化女真种人，

《金史·世宗本纪》：“二十三年九月……译经所进所译《易》、《书》《论语》《孟子》《老子》《杨子》《文中子》《刘子》及《新唐书》。上谓宰臣曰：‘朕所以令译五经者，正欲女真人知仁义道德所在耳。’命颁行之。”

猛安谋克，皆须通知古今。

《金史·世宗本纪》：“（二十六年三月）丁酉，以亲军完颜乞奴言：‘制猛安谋克皆先读女真字经史，然后承袭。’因曰：‘但令稍通古今，则不肯为非。尔一亲军粗人。乃能言此，审其有益，何惮而不从。’”

毡裘毳幕之俗，至是盖丕变矣。

然世宗虽慕华夏文教，仍欲葆其种族旧风。谆谆训诫。屡见于史。

《金史·世宗本纪》：“（十三年三月）乙卯，上谓宰臣曰：‘会宁乃国家兴王之地，自海陵迁都永安，女真人浸忘旧风。朕时尝见女真风俗，迄今不忘。今之燕饮音乐，皆习汉风，盖以备礼也，非朕心所好。东宫不知女真风俗，第以朕故，犹尚存之。恐异时一变此风，非长久之计。甚欲一至会宁，使子孙得见旧俗，庶几习效之。’”“（四月）乙亥，上御睿思殿，命歌者歌女真词，顾谓皇太子及诸王曰：‘朕思先朝所行之事，未尝暂忘，故时听此词，亦欲汝辈知之。汝辈自幼惟习汉人风俗，不知女真纯实之风，至于文字语言，或不通晓，是忘本也。汝辈当体朕意，至于子孙，亦当遵朕教诫也。’”“（五月）戊戌，禁女真人毋得译为汉姓。”“（十六年正月）丙寅，上与亲王、宰执、从官从容论古今兴废事，曰：‘经籍之兴，其来久矣。垂教后世，无不尽善。今之学者，既能诵之，必须行之。然知而不能行者多矣，苟不能行，诵之何益。女真旧风，最为纯直。虽不知书，然其祭天地、敬亲戚、尊耆老、接宾客、信朋友，礼意款曲，皆出自然，其善与古书所载无异。汝辈当习学之，旧风不可忘也。’”“（二十五年十二月）丙子，上问宰臣曰：‘闻原王见事甚明，予夺皆不失当。……又闻有女真人诉事，以女真语问之；汉人诉事，汉语问之。大抵习本朝语为善，不习，则淳风将弃。’”

种族之念未融，同化之效亦仅矣。按金时所谓汉人，实系辽地杂种，与宋之纯粹夏族者有别。

《廿二史劄记》（赵翼）：“金、元取中原后俱有汉人、南人之别，金则以先取辽地人为汉人，继取宋河南、山东人为南人，元则以先取金地人为汉人，继取南宋人为南人。《金史·完颜勖传》，女真无文字，及破辽，获契丹汉人，始通契丹汉字。此以辽地为汉人也。《贺扬庭传》，世宗谓扬庭曰：‘南人犷直敢为，汉人性奸，临事多避。异时南人不习诗赋，故中第者少，近年河南山东人中第者多，殆胜汉人。'此以河南、山东人为南人也。《元史·百官志序》，诸官职皆以蒙古人为之长，而汉人、南人贰焉。文宗诏各道廉访司官用蒙古二人，畏兀、河西、回回、汉人、南人各一人。是汉人、南人亦各分名目。《程钜夫传》，世祖命钜夫为御史中丞，台臣言钜夫南人，不宜用。帝曰：'汝未用南人，何以知南人不可用？自今省部台院，必参用南人。'按钜夫由南宋人入附，故称南人。此以南宋人为南人也。"

世宗虑其族之染汉俗，盖以辽、宋杂种，多亡国败家之民，未足以胜女真，故宁保其旧风，无污恶习，而于中国圣贤之文化，仍力主导扬，正不可谓其无见。其后清代诸帝，恒引世宗之言以训其族，则其所指之汉人，为全中国之人，与金之所谓汉人，实不相同。是又读史者所不可不析也。

金之暴主曰海陵庶人亮，其荒淫无道极矣。然金之有国学，实始于海陵之时。

《金史·海陵本纪》："天德三年正月甲午，初置国子监。"

世宗、章宗，迭加增益，文教之盛，实轶于辽。

《续文献通考》："辽太祖时，上京置国子监，设祭酒、司业、监丞、主簿等官。太宗时，置南京太学。圣宗统和九年八月，以南京太学生员浸广，特赐水硙庄一区。道宗清宁六年六月，中京置国子监。"①"金海陵天德三年，始置国子监。后定制，词赋经义生百人，小学生百人，以宗室及外戚皇后大功以上亲、诸功臣及三品以上官兄弟子孙年十五以上者，入学；不及十五者，入小学。""世宗大定

① 所纪止此，可见简略。

六年，置太学。初养士百六十人，后定五品以上官兄弟子孙百五十人，曾得府荐及终场人二百五十人，通四百人。”“章宗明昌二年四月，增太学博士助教员。承安四年二月，诏建太学于京城之南，总为屋七十五区。西序置古今文籍、秘省新所赐书，东序置三代鼎彝、俎豆、敦槃、尊罍及春秋释奠合用祭器。”“泰和元年九月，更定赡学养士法。生员给民佃官田人六十亩，岁支粟三十石；国子生人百八亩，岁给以所入。”

辽时州府虽亦有学校，其制不详。

《续通考》：“辽道宗清宁二年十二月，诏设学养士，颁《五经》传疏，置博士、助教各一员。”“时五京黄龙、兴中二府及诸州县皆有学，其设官并同。咸雍时，大公鼎为良乡令，省徭役，务农桑，建孔子庙学，部民服化。太康时，耶律孟简为高州观察使，修学校，招生徒，以循吏著。”

金则京府节镇，各处设学，定额数千。虽至衰世，不废廪给。

《续通考》：“世宗大定十六年四月，诏京府设学养士。”“凡十七处，共千人。”“二十九年[①]，诏计州府户口，增养士之数。”“时上封事者，乞兴学校。下尚书省集百官议，户部尚书邓俨等，谓唐太宗养士至八千人，亡宋两学五千人，今策论《词赋》经义三科取士，而太学所养，止百六十人，外京府或止十人，天下仅及千人。今若每州设学，专除教授，月加考试，每举所取数多者，赏其学官，月试定为三等籍之。一岁中，频在上等者，优复之；不率

① 时章宗已即位。

教、行恶者，黜之，庶几得人之道也。帝从其议，遂计州府户口，于旧制京府十七处千人之外，置节镇、防御刺史州学六十处，增养千人，各设教授一员，选五举终场或进士年五十以上者为之。府学二十有四，学生九百五人；节镇学三十九，六百一十五人；防御州学二十一，二百三十五人，凡千八百人，其长贰官各以进士提控其事。至承安四年八月，诏诸路学校生徒少者罢教官，止以本州府文资官提控。”“宣宗兴定元年二月，尚书省请罢州府学生廪给，不许。”“自章宗泰和元年九月，定赡学养士法。生员给民佃官田人六十亩，岁支粟三十石。至是省臣以军储不足，请罢之。帝曰：‘自古文武并用，向在中都，设学养士，犹未尝废，况今日乎？’其令仍旧给之。”

其国学印行书籍，亦不下于宋监。

《续通考》：“凡经，《易》用王弼、韩康伯注，《书》用孔安国注，《诗》用毛苌注、郑康成笺，《春秋左氏传》用杜预注，《礼记》用孔颖达疏，《周礼》用郑康成注、贾公彦疏，《论语》用何晏注、邢昺疏，《孟子》用赵岐注、孙奭疏，《孝经》用唐明皇注，《史记》用裴骃注，《前汉书》用颜师古注，《后汉书》用李贤注，《三国志》用裴松之注，及唐太宗《晋书》、沈约《宋书》、萧子显《齐书》、姚思廉《梁书》、《陈书》、魏收《后魏书》、李百药《北齐书》、令狐德棻《周书》、魏徵《隋书》、新旧《唐书》、新旧《五代史》，《老子》用唐明皇注疏，《荀子》用杨倞注，《扬子》用李轨、宋咸、柳宗元、吴秘注，皆自国子监印之，授诸学校。”

世传金刊经籍，雕镂极工，虽南宋精椠不能及。虽未知为金之监本与否，然亦可见金之朝野极重文事矣。

《铁琴铜剑楼藏书目》:“《尚书注疏》二十卷,金刊本,蝇头小楷,雕镂极工,虽南宋精槧不能及也。”

女真初兴无文字,完颜希尹始制女真字,其法盖由汉人楷字及契丹字中脱化而出。

《金史·完颜希尹传》:“金人初无文字,国势日强,与邻国交好,乃用契丹字。太祖命希尹撰本国字、备制度。希尹乃依仿汉人楷字,因契丹字制度,合本国语,制女真字。天辅三年八月,字书成。太祖大悦,命颁行之。赐希尹马一匹、衣一袭。其后熙宗亦制女真字,与希尹所制字俱行用。希尹所撰,谓之女真大字,熙宗所撰,谓之小字。”

按女真字之传于今者,有《皇弟都统经略郎君行记》及《国书碑》。

《金石萃编》(王昶)卷一百五十四:“《皇弟都统经略郎君行记》,碑高一丈八尺,广八尺三寸,记在碑之中。女真书五行,译正书六行,行二十三字。额题‘大金皇弟都统郎君行记’十二字,篆书,在乾州。”又卷一百五十九:“《国书碑》,……碑连额高七尺,广二尺五寸,二十三行。字数多寡不等,连额并国书。”

孰为大字、小字,不可考。《皇弟都统经略郎君行记》字多集合体,笔画重迭;《国书碑》则较简单,疑前为大字,后则小字也。金用其字教女真人,号为女真学。其教学选举与用汉文者相等。

《续通考》:“金世宗大定十三年,置女真国子学。”“自大定四年,以女真大小字译《诗》《书》,颁行诸路。择明安穆昆内良家子弟为学生，至三千人。九年，取其尤俊秀者百人，至京师，以编修官温特赫吉达教之。至是始设国子学，定策论生百人，小学生百人。凡取国子学生之制，皆与词赋经义生同。又定制每穆昆取二人，若宗室每二十户内无愿学者，则取有物力人家子弟年十三以上二十以下者充。凡会课三日，作策论一道，季月私试，如汉生制。”

其通女真字者，均著于史。

《金史·宗宪传》：“颁行女真字书，年十六，选入学。太宗幸学，宗宪与诸生俱谒。宗宪进止恂雅，太宗召至前，令诵所习，语音清亮，善应对。侍臣奏曰：此左副元帅宗翰弟也。上嗟赏久之。兼通契丹、汉字。”《仲传》：“仲本名石古乃，体貌魁伟，通女真、契丹、汉字。”《阿邻传》：“颖悟辨敏，通女真、契丹大小字及汉字。”

徒单镒等且以译书教学，广播女真文字。

《金史·徒单镒传》：“镒颖悟绝伦，甫七岁，习女真字。大定四年，诏以女真字译书籍。五年，翰林侍讲学士徒单子温进所译《贞观政要》《白氏策林》等书。六年，复进《史记》《西汉书》，诏颁行之。选诸路学生三十余人，令编修官温迪罕缔达教以古书，习作诗策。镒在选中最精诣，遂通契丹大小字及汉字，该习经史。久之，枢密使完颜思敬请教女真人举进士，下尚书省议。奏曰：初立女真科进士，且免乡、府两试，其礼部试廷试止对策一道，限字五百以上成。在都设国子学，诸路设府学，并以新进士充教授。士民子弟愿学者听，岁久学者当自众，即同汉人进士，三年一试。从之。十三年八月，诏策女真进士，问以求贤为治之道。侍御史完颜蒲涅、太常博士李晏、应奉翰林文字阿不罕德甫、移剌杰、中都路都转运副使奚颐考试，镒等二十七人及第。镒授两官，余授一官。上三人为中都路教授，四名以下，除为各路教授。十五年，诏译诸经。著作佐郎温迪罕缔达、编修官宗璧、尚书省译史阿鲁、吏部令史杨克忠译解，翰林修撰移剌杰、应奉翰林文字移剌履讲究其义。镒自中都路教授选为国子助教。”

不得谓剃头辫发者，无创造文化之力也。

《大金国志》：“金俗好衣白，编发垂肩，与契丹异。垂金环，留颅后发，系以色丝，富人用珠金饰，妇人辫发盘髻，亦无冠。”“天会七年六月，行下禁民汉服及削发，不如式者死。”《曲园杂纂》(俞樾)：“剃头发辫，金人已然。宋汤璹《建炎德安守御录》：‘建炎二年十二月二十八日，有北来一项群贼数万人，皆剃头辫发，作金人装束。’”

第二十一章　蒙古之文化

辽、夏及金，以殊族而同化于汉族，固不能出中国之范围也。至于蒙古，则不然。成吉思汗之兴，先用兵于西北，至于太宗、宪宗之世，其疆域已据有今之内外蒙古、天山南北路、中国之西北部、阿富汗、波斯之北部、俄罗斯之南部，而分为四大汗国。[①]至世祖时，始灭宋而全有华夏。故蒙古所吸收之文化，盖兼中国、印度、大食及欧洲四种性质，未可专属于中国之系统。是亦吾国历史上特殊之事也。

蒙古之兴，初无文字，太祖之灭乃蛮，始用畏兀字教授子弟，并以记言。

> 《元史·塔塔统阿传》："塔塔统阿，畏兀人也。性聪慧，善言论，深通本国文字，乃蛮太阳可汗尊之为傅，掌其金印及钱谷。太祖西征，乃蛮国亡，塔塔统阿怀印逃去，俄就擒。帝诘之曰：'太阳人民疆土悉归于我矣，汝负印何之？'对曰：'臣职也，将以死守，欲求故主授之耳，安敢有他。'帝曰：'忠孝人也。'问：'是印何用？'对曰：'出纳钱谷，委任人材，一切事皆用之，以为信验耳。'帝善之，命居左右。是后凡有制旨，始用印章，仍命掌之。帝曰：'汝深知本国文字乎？'塔塔统阿悉以所蕴对，称旨，遂命教太子诸王以畏兀字书国言。"

---

① 钦察汗国，东自吉利吉思荒原，西至欧洲匈牙利国境，及高加索以北地。察合台汗国，据锡尔河东天山附近一带之地。伊儿汗国，据阿母河外西亚一带之地。窝阔台汗国，据阿尔泰山附近一带之地，后窝阔台嗣为大汗。

畏兀即回纥，其文字之起源不可考。

《元史译文证补》(洪钧)："元之畏吾儿，为回纥衰后分国。""回纥文字，至今犹存，所谓托忒字体是也，与西里亚文字相仿。故泰西人谓唐时天主教人自西里亚东来传教，唐人称为景教，陕西之《景教碑》，碑旁字两行，即西里亚字，此其确证。回纥之有文字，实由天主教人授以西里亚文字之故，此一说也。回纥人自元以后，大率尽入天方教，而天方文字，本于西里亚，故信教之回人，谓蒙古文字出于回纥，回纥文出于天方，以归功于穆罕默德。此又一说也。"

当南宋时，中亚各国，多奉回教，其文字通行于西域，故蒙古袭用之。至世祖时，始命八思巴作蒙古新字。

《元史·释老传》："帝师八思巴者，吐蕃萨斯嘉人。相传自其祖多尔济，以其法佐国主霸西海者十余世。八思巴生七岁，诵经数十万言，能约通大义，国人号圣童。……年十五，谒世祖于潜邸，与语大悦，日见亲礼。中统元年，世祖即位，尊为国师，授以玉印，命制蒙古新字。字成，上之。其字仅千余，其母凡四十有一。其相关纽而成字者，则有韵关之法；其以二合三合四合而成字者，则有语韵之法，而大要则以谐声为宗也。至元六年，诏颁行于天下。诏曰：朕惟字以书言，言以纪事，此古今之通制。我国家肇基朔方，俗尚简古。未遑制作。凡施用文字，因用汉楷及畏吾儿字以达本朝之言。考诸辽、金及遐方诸国，例各有字，今文治浸兴，而字书有阙，于制为未备。故特命国师八思巴创为蒙古新字，译写一切文字，期于顺言达事而已。自今以往，凡有玺书颁降者，并用蒙古新字，仍各以其国字副之。"

据至元诏书，则蒙古字未兴之先，已以汉楷与畏吾儿字并用。蒙古字既颁之后，各国之字，仍副之而行，则蒙古未代宋之时，固亦通用汉文。然蒙古新字，实原本西蕃之字，应属梵文一支系，非若辽、金、夏之文字，仍本于汉文也。

《廿二史劄记》（赵翼）有“元诸帝多不习汉文”一条称：“《元史》本纪，至元二十三年，翰林承旨撒里蛮言，国史纂修太祖累朝实录，请先以畏吾字翻译进读，再付纂定。元贞二年，兀都带等进所译《太宗》《宪宗》《世祖实录》，是皆以国书进呈也。其散见于他传者：世祖问徐世隆以尧、舜、禹、汤为君之道，世隆取《书》传以对。帝喜曰：‘汝为朕直解进读。’书成，令翰林承旨安藏译写以进。曹元用奉旨译唐《贞观政要》为国语。元明善奉武宗诏，节《尚书》经文，译其关于政事者，乃举文陞同译。每进一篇，帝必称善。虞集在经筵，取经史中有益于治道者，用国语、汉文两进读。译润之际，务为明白，数日乃成一篇。马祖常亦译《皇图大训》以进，① 是凡进呈文字，必皆译以国书，可知诸帝皆不习汉文也。”（按历代北方种族入居中夏，多通汉文，惟元不然，是一异点。）

蒙古部族复杂，又以兵力戡定西北各地，所抚驭之部族益多。故在元世，有蒙古、色目、汉人、南人之别。《辍耕录》称元代蒙古有七十二种、色目三十一种、汉人八种。据近人所考定，则蒙古支派，有蒙古及黑塔塔儿、白塔塔儿、野塔塔儿四大系。

柯劭忞《新元史·氏族表上》：“蒙古民族，凡阿兰豁阿梦与神遇，生三子之后，为尼而伦派，曰哈特斤氏、萨而助特氏、泰亦兀赤氏、哀而狄于氏、西族特氏、起讷氏、奴牙特氏、兀鲁特氏、忙兀特氏、

① 皆见各本传。

巴邻氏、苏哈奴特氏、贝鲁剌思氏、黑特而斤氏、札只剌忒氏、都黑拉特氏、贝亦速特氏、苏嘎特氏、乌而讷兀特氏、亨力希牙特氏。其余为都而鲁斤派，亦称塔立斤派，曰都而斤氏、乌梁黑特氏、鸿火拉特氏、亦乞列思氏、呼慎氏，苏而徒思氏、伊而都而斤氏、巴牙乌特氏、斤特吉氏，皆为黑塔塔儿。非蒙古人而归于蒙古者，曰札剌儿氏、苏畏亦忒氏、塔塔儿氏、蔑儿乞氏、郭而路乌忒氏、卫拉特氏、贝格林氏、布而古忒氏、忽里氏、土斡剌斯氏、秃马特氏、布而嘎勒氏、格而谟勒氏、忽而罕氏、赛哈亦忒氏，皆为白塔塔儿。曰乌拉特氏、帖楞格特氏、客斯的迷氏、林木中乌梁黑氏，皆为野塔塔儿。盖拉施特所述蒙古支派如此，今列而序之，参以秘史，证其差别，为蒙古氏族表。至色目氏族，则以见于史传者为据。陶宗仪所称蒙古七十二种、色目三十一种，舛讹重复，不为典要，故弗取焉。（拉施特 Fadl Allah Qashid Eddin，波斯人，其书以波斯文制成，名 Djami Ut Tewarikh，译言《世界史》。）”

色目人凡二十三族，

《新元史・氏族表》：“色目人曰畏吾氏、唐兀氏、康里氏、乃蛮氏、雍古氏、钦察氏、伯牙吾氏、阿速氏、乞失迷儿氏、赛夷氏、乌思藏掇族氏、回回氏、于阗氏、阿里马氏、昔里马氏、古速鲁氏、也里可温氏、木速蛮氏、哈剌鲁氏、答失蛮哈喇鲁氏、合鲁氏、阿鲁浑氏、尼波罗氏。见于史传者，凡二十有三族。”

外此则汉人中，尚有契丹、高丽、女真、渤海等族，

《辍耕录》（陶宗仪）：“汉人八种：契丹、高丽、女真、竹因歹、术里阔歹、竹温、竹亦歹、渤海。”

以与宋之南人混合。故蒙古入中国，实为异族与汉族大混合之时期。当时女真之人多改汉姓。

《辍耕录》:“金人姓氏，完颜，汉姓曰王，乌古论曰商，乞石烈曰高，徒单曰杜，女奚烈曰郎，兀颜曰朱，蒲察曰李，颜盏曰张，温迪罕曰温，石抹曰萧，奥屯曰曹，孛术鲁曰鲁，移剌曰刘，斡勒曰石，纳剌曰康，夹谷曰仝，裴满曰麻，尼忙古曰鱼，斡准曰赵，阿典曰雷，阿里侃曰何，温敦曰空，吾鲁曰惠，抹颜曰孟，都烈曰强，散答曰骆，阿不哈曰田，乌林答曰蔡，仆散曰林，术虎曰董，古里甲曰汪。”

蒙古、色目人与汉族又互相仿效，更易名姓，氏族淆惑，乃不可辨。

《陔余丛考》(赵翼)：“元时蒙古、色目人有同汉人姓名者。如察罕帖木儿，系出北庭，以祖父家于颍州，遂姓李，字庭瑞。丁鹤年，本西域人，以其父职马禄丁为武昌达鲁花赤，遂以丁为姓，而名鹤年。又有内地人作蒙古名者：如贺胜，鄠县人，字伯颜。杨朵耳只及来阿八赤，皆宁夏人；刘哈喇不花，本江西人；褚不华，本隰州人；昂吉儿，本张掖人；朵儿赤，本宁州人；杨杰只哥，本宝坻人；李忽兰吉，本陇西人；抄儿，本汴梁阳武人。谢仲温，本丰州人，而其孙名孛完；綦公直，益都人，而其子名忙古台。事俱见《元史》，亦一时风尚也。”

又其时蒙古、色目人皆散处各地，且有与内地人联姻者，血统之杂，益可见矣。

《陔余丛考》:“元时，蒙古、色目人听就便散居内地。如贯云石，乃功臣阿里海牙之孙，而居江南；葛逻禄乃颜，随其兄宦游，而居浙之鄞县；萨都剌，本答失乃蛮氏，而为雁门人；泰不华，本伯牙吾氏，其父塔不台始家台州；余阙，本唐兀氏，其父始居庐州；肖乃台，本秃伯怯烈氏，而家东平；忽都铁木禄，本赤合鲁氏，而家南阳；彻里，本燕只吉台氏，以曾祖太赤封徐、邳二州，遂家徐州；怯烈，本西域人，而家太原；察罕，本西域人，铁连，本乃蛮人，而皆居绛州；孟昉，本西域人，而居北平；纥石烈希元，本契丹人，而居成都；伯颜师圣，本哈剌鲁氏，而居濮阳；石抹宜孙，以其父镇台州，遂家于台明；史道同，河间人，其先蒙古族也；又赵荣，其先本西域人，元时入中国，家闽县，遂为闽人，如此类者甚多。顾嗣立《元诗选》所谓元时漠北诸部仕于朝者，多散处内地，是也。按《元史》世祖至元二十三年，以从官南方者多不归，遣使尽徙北还，可见自元初，色目人已多散处他邑。不宁惟是，更有与内地人联姻者：如伯颜不花之母鲜于氏，乃鲜于枢之女；[1]松江人俞俊，娶也先普化之侄女。[2]《元史》大德七年，以行省官久任，多与所部人联姻，乃诏互迁其久任者。”

蒙古之兴，仅奉初民所迷信之神教，其后军锋所及，蹂躏回、耶各教教堂教士，恒极残虐。

《元史译文证补》：“太祖攻围布哈尔城，城中伊玛姆[3]暨文士等出降。帝入城，见教堂，疑是王宫，驻马问。民以教堂对，帝下马入堂，谕马饥，速饲马，因取经箱为马槽，令教士守马，又以酒囊置堂中，[4]传集讴者歌舞。蒙兀兵亦歌呼为乐。”《拔都传》：“破物拉的迷尔城，二守王战没，嫔御官绅皆入礼拜堂拒守。焚以火。薰灼尽死。”

---

① 见《元史》。

② 见《辍耕录》。按《辽史》太宗会同三年，诏契丹人授汉官者，听与汉人婚姻。则辽时已有此例。

③ 教士之称。

④ 天方教戒酒，故特记受辱之事。

然辖地既广，宗教各别，势亦不能取而一之，故各教之民，咸仍其旧。而蒙古之人，反多同化于他族。

《元史译文证补·伯勒克传》："伯勒克信天方教，常集教士于鄂尔多，讲论教律教理。太祖后裔入天方教者，自伯勒克始。""埃及王比拔而斯与旭烈兀有兵怨，知伯勒克同教，思引为援，发使赠以哈里发家乘。""当埃及使人北行时，伯勒克使亦至埃及，贻书谓我兄弟四人皆入教，愿合约以攻旭烈兀。比拔而斯优礼款接，复书致币，并《可兰经》、缠头布一方，由麦喀礼拜堂中取至。以伯勒克不能亲往礼拜，故遣人代行，得此以赠。"《马哥孛罗游记》："撒马尔罕，大城也。居民耶、回杂处，其王即大可汗之侄。据土人言，当年城中有一异事：数年前，国王曰察哈台，蒙古大可汗之胞弟也。王改奉基督教，教徒势力倍增，时教徒欲建一寺，供奉施洗约翰。寺之顶为圆形，中支一柱，柱下盘石，系教徒请于王，得之于某回教寺中。时回人以王右耶而左回，不敢与争。察哈台死，继其位者，不直耶教徒，回人因得称于王，索还奠柱之石，耶教徒许酬以金，回教徒不允。耶教徒无术，哭诉于施洗约翰之灵，至约定移石之日，柱忽自起，离石可三掌。石移去后，柱仍悬立空际，至今尚然。"

至其抚有中国，亦各教并立，有木速儿蛮、答失蛮、也里可温、斡脱、和尚、先生等名。据《元史译文证补》，木速儿蛮即天方教，答失蛮亦木速儿蛮教中别派，也里可温为天主教，[1] 斡脱即犹太教，和尚、先生，则释、道二教也。（《元史译文证补》有元世各教名，考甚详。）

元之崇奉佛教，自帝师八思巴始。

① 详见第三编。

《元史纪事本末》(陈邦瞻):“世祖号八思巴曰大宝法王。……至元十六年，八思巴死，诏赠皇天之下一人之上宣文辅治大圣至德普觉真智佑国如意大宝法王西天佛子大元帝师。其弟亦怜真嗣，凡六岁，至是死，复以答尔麻八剌乞列嗣位。自是每帝师一人死，必自西域取一人为嗣，终元世无改。”

其徒所奉之教，即西藏之喇嘛教，

《圣武记》(魏源):“西藏古吐蕃，元明为乌斯藏，在五天竺之东，非古佛国也。而距天竺较近，故经教至多，持陀罗尼尤验。多僧，无城郭。僧居土台者，皆持戒律；不持戒者，居土台外。自唐太宗以文成公主下嫁吐番赞普，好佛，立寺庙，西藏始通于中国。元世祖封西番高僧八思巴为帝师大宝法王，以领其地。后嗣世袭其号，而西藏始为释教宗主。”

与汉、魏以来中土佛教迥异。元之诸帝崇奉之，徒以害民病国而已。道教虽在唐、宋已盛，而元之派别特多。

《元史·释老传》:“丘处机，登州栖霞人，自号长春子。太祖称之曰‘神仙’。其徒尹志平等世奉玺书，袭掌其教。”“正一天师者，始自汉张道陵，其后四代曰盛，来居信之龙虎山，相传至三十六代宗演。当至元十三年。世祖召之，待以客礼，子孙袭领江南道教主，领三山符箓。”“真大道教者，始自金季道士刘德仁之所立，其教以苦节危行为要，五传而至郦希诚，居燕城天宝宫。见知宪宗，始名其教曰真大道，授希诚太玄真人，领教事。”“太一教者，始金天眷中道士萧抱珍，传太一三元法箓之术，因名其教曰‘太一’。”

据《元史·百官志》，宣政院专掌释教僧徒。

> 《元史·百官志》："宣政院秩从一品，掌释教僧徒及吐蕃之境而隶治之。""其用人则自为选，其为选则军民通摄，僧俗并用。"

而《武宗纪》载："宣政院奏免僧、道、也里可温、答失蛮租税。"则各教之人，皆辖于宣政院矣。

蒙古风俗之陋，最为汉族所鄙。郑所南《心史·大义略序》言之历历；

> 《心史·大义略序》："旧鞑靼所居，并无屋宇，毡帐为家，得水草即住。兽皮为衣，无号令，以合同出入。不识四时节候，以见草青为一年。人问岁数，但以几度草青为答。自忒没真驱金酋入南，嘉定癸酉岁，据古幽州为巢穴，即亡金僭称燕京大兴府也。渐学居屋，亦荒陋。逮咸淳间，鞑僭取大宋开封府大内式，增大新创，始略华洁。虏民咸可造穹庐，与鞑主通语。鞑法人凡相见，来不揖，去不辞，卑求尊，跪而语。鞑礼止于一跪而已。双足跪为重，单足跪次之。忽必烈篡江南后，一应渐习，僭行大宋制度，……终非其本心。故辫发囚首，地坐无别，逆心恶行，灭裂礼法，卒不能改也。……鞑人甚耐寒暑、雨雪、饥渴，深雪中可张幕露宿。今皆不惧热，且惯于乘舟，高山穷谷，马皆可到。裹粮以肉为麨，干贮为备，饥则水和而食。甚涨，饱可一二日。搅马乳为酒，味腥酸，饮亦醉。群虏会饮，杀牛马曰'大茶饭'。但饮酒曰'把盏'，杂坐喧溷，上下同食，举杯互饮，不耻残秽。饮酒必囚首，毡藉地坐，以小刀刺肉授人，人即开口接食，为相爱。卑者跪坐受赐，行坐尚右为尊。久不相见，彼此两手相抱肩背，交颈摇首啮肉，跪膝摩膁，为极慇懃。鞑主剃三搭辫发，顶笠穿靴，衣以出袖海青衣为至礼。其衣于前臂肩间开缝，却于缝间出内两手衣裳袖，然后虚出，海青两袖反双悬纽背缝间，

> 俨如四臂，谀虏者妄谓郎主为天蓬后身。衣曰海青者，海东青本鸟名，取其鸟飞迅速之义；曰'海青使臣'之义亦然。虏主、虏吏、虏民、僧道男女、上下尊卑，礼节服色一体无别。云三搭者，环剃去顶上一弯头发，留当前发，剪短散垂，却析两旁发，垂绾两髻，悬加左右肩衣袄上，曰'不狼儿'，言左右垂髻，碍于回视，不能狼顾。或合辫为一，直拖垂衣背，男子俱戴耳坠。"

而《马哥孛罗游记》述元代都城之壮丽，则极口称叹。

> 卷一第五十七章云："自章哈淖尔（Changanor）向东北行三日至一城，名曰上都[1]（Xan-adu）。此城为今日御极之大可汗忽必烈所造。以云母大理华贵之石为宫殿，构制宏壮华丽无比。殿中悉施金藻，其宫一面内向，一面向城垣，宫墙周围十六英里。"又卷二第六章云："大可汗每岁于阳历十二、正、二等三月，皆居汗巴路大城中。城之位置，在契丹（Cathay）之极东北。城之南，宫殿在焉。宫之制，划地筑垣，围以巨壕。垣为方形，每面长八英里，于两端之中辟一门，以便行人出入。垣以内沿墙凡宽一英里之地，皆属广场，羽林之军驻焉。过此又有一垣，垣内之地，纵横皆六英里，南北两垣，辟门为三。其中央者稍大，常时关闭，非大可汗出入，不启也。其两旁之门，则以通行人焉。通计南北六门、东西二门，每门之内，有武库一所，各库所储武器，各有不同。如缰辔足镫之类，属于骑兵者，为一库；弓矢弦韬之类，属于弓兵者，又为一库；甲胄盔铠又为一库，余仿此。此城之内，更有一城。墙垣至厚，高二十五尺，雉堞瓮城皆涂白垩。此城方四英里，每面长一英里，共辟六门。[2]城内亦有八库，

---

① 上都今日已毁圮，其故址在科尔沁旗。

② 此城内始为宫殿。

内储大可汗御用之物。沿城遍栽树木，间以草地，蓄麋鹿獐麝无数。草场辽广，有石砌之道，以通往来。道上不染纤尘，中凸，天雨则水自两旁流下，借以灌溉草地。大可汗之宫，正建其中。此宫之华丽宏大，实为天下之冠。宫起城北，直达城南，除天井外，余无隙地，其中惟贵官及司宿卫之兵往来而已。宫殿均一屋，无有楼者。然殿顶崇高无比，殿基为石台，高数丈，四围皆白石之栏。无论何人，非经君问，不得过石栏一步。殿墙绘龙凤鸟兽，亦有绘两军鏖战状者，仰墙亦施藻绘金漆。殿之四面，均有石级，自平地直接殿基石台。大殿既深且广，当大可汗赐宴群臣时，容人至夥。宫之全部，零落星散，故触眼多胜景。殿顶覆以五彩之瓦，构造极坚，能历久不坏。窗门之上，嵌以明瓦，通透若琉璃。宫殿之最后，有宝库，凡珍珠、宝石、金银及他贵重之物，皆储焉。”又卷二第七章云：“汗巴路城，建于契丹省内大河之旁，自古称为雄都。汗巴路（Cambaluc）之义，即皇都也。大可汗于河之对岸，另建新都，名之曰大都。两都之间，中隔以河。大都为方形，周围长二十四英里，每面长六英里。城垣以土为之，墙基宽十尺，渐渐向上峻削，至墙顶，仅宽三步而已。城垛皆作白色。城形既方，其街衢均尚直，故人登南城远望，能见北城之楼。通衢两旁，商肆林立，各家区地建屋，亦成正方，无参差先后之不齐。每家之长，各得地若干，建屋其中，世世居之。自高处下视全城，极类棋盘。有城门十二，每面三门，四角各有角门，门上建危楼一座，楼中皆储军械。每门拨兵一千守之。城之中央，有钟楼一所。每晚钟鸣，至第三次，则街上禁止行人。其因延医或接产婆必须外出者，必须提灯，否则仍以犯夜论罪。城外商店居民更多，市场远出三四英里以外。以户口论，城外尚多于城内也。商店居民之外，尚有旅馆多处。各路商客，咸有专门旅馆，例如回民有回民之旅馆，蛮子有蛮子之旅馆也。城内外之乐户，约计有妓二万五千人，公家设专官取缔之。”

盖郑氏所讥者，蒙古草昧之风；而欧人所睹者，元代极盛之世。当时汉族文教制度远轶鞑靼，故深恶其野蛮；欧洲文教制度不及中国，故大惊其宏伟。参两者而观之，则蒙古之由游牧民族，席辽、金及宋之遗产，而成城郭之国之规模，其进步之速亦可称矣。

元代统驭东亚，鞭笞万里，典章制作，必有远轶前代者。顾其传世诸书，若《元秘史》《圣武亲征录》等，皆只述战胜攻取之事。

> 《成吉思汗实录序论》（那珂通世）："忙豁仑《纽察脱卜赤颜》，元太祖时撰。《续集》，太宗十二年撰。""《元朝秘史》十卷、《续集》二卷，明洪武十五年译。""《元朝秘史》十五卷，《永乐大典》十二先元字韵中所收，钱大昕抄出本，张穆连筠簃刻本，李文田注刻本。"又"修正《纽察脱卜赤颜》[①]，《圣武开天记》[②]，《圣武亲征记》[③]，《皇元圣武亲征录》[④]"。《经世大典》，则仅存序录。《补三史艺文志》（倪灿）："《经世大典》八百八十卷，目录十二卷，公牍一卷，纂修通议一卷。天历二年。命赵世延、虞集等撰，悉取诸有司掌故修之。"《元文类》卷四十至四十三，载《经世大典序录》。

《至元新格》《风宪宏纲》《大元通制》，并散佚无存。

> 《补三史艺文志》："《风宪宏纲》，赵世延撰，世延所较定律令。""《至元新格》，何荣祖撰。"《元史纪事本末》："英宗至治三年二月，命完颜纳丹、曹伯启等，纂集累朝格例而损益之，凡为条二千五百三十有九，名曰《大元通制》。"《元典章跋》（沈家本）："元

---

①《元史·察罕传》称"脱必赤颜"，《虞集传》称"脱卜赤颜"。

② 仁宗时察罕译《脱必赤颜》以成。

③ 邵远平《元史类编》所引。

④ 两淮盐政采进本，《四库全书提要存目》。

代掌故之编，如《至元新格》《风宪宏纲》《大元通制》，并亡失不可复。”

今可考见元代制度者，自《元史》纪、志外，仅《元典章》及《典章新集》二书。

《元典章跋》（钱大昕）：“此书题云《大元圣政国朝典章》，凡六十卷。首诏令，次圣政，次朝纲，次台纲，次六部。书成于至治之初，故称英宗为今上皇帝也。其后又有至治二年新集条例三百余页，仍冠以《大元圣政典章》之名。”

汇集案牍，俚俗无文。

《元典章跋》：“此书乃汇集之书，而非修纂之书，故所录皆条画原文，未加删润，颇似今日官署通行之案牍，大都备录全文，以资参考。”“《总目》议其所载皆案牍之文，兼杂方言俗语，浮词妨要者，十之七八。又体例瞀乱，漫无端绪，乃吏胥钞记之条格，不可以资考证。”

盖元制，百官皆蒙古人为之长，虽省部、台院，参用南人，多无实权。

赵翼《廿二史劄记》：“元世祖定制，总政务者曰中书省，秉兵柄者曰枢密院，司黜陟者曰御史台。其次在内者，有寺，有监，有卫，有府；在外者，有行省，行台、宣慰司使、廉访使。其牧民者，曰路，曰府，曰州，曰县。官有常职，位有常员，其长皆以蒙古人为之，而汉人、南人贰焉。①故一代之制，未有汉人、南人为正官者。中书省为政本之地，太祖、太宗时，以契丹人耶律楚材为中书令，弘州

①《元史·百官志序》。

人杨惟中继之，楚材子铸亦为左丞相[1]，此在未定制以前。至世祖时，惟史天泽以元勋宿望，为中书右丞相。仁宗时，欲以回回人哈散为相，哈散以故事丞相必用蒙古勋旧，故力辞。帝乃以伯答沙为右丞相，哈散为左丞相。太平，本姓贺，名惟一。顺帝欲以为御史大夫，故事，台端非国姓不授，惟一固辞。帝乃改其姓名曰太平，后仕至中书省左丞相。终元之世，非蒙古而为丞相者，止此三人。哈散尚系回回人，其汉人止史天泽、贺惟一耳。丞相之下，有平章政事，有左右丞，有参知政事，则汉人亦得为之，其时亦称宰执。然中叶后，汉人为之者亦少。《顺帝纪》，至正十三年，始诏南人有才学者，依世祖旧制，中书省、枢密院、御史台皆用之。是时江、淮兵起，故以是收拾人心，然亦可见久不用南人，至是始特下诏也。《郑鼎传》，鼎子制宜为枢密院判官，车驾幸上都。旧制枢府官从行，岁留一人司本院事，汉人不得与。至是以属制宜，制宜力辞。帝曰：'汝岂汉人比邪？'竟留之。可见枢密属僚掌权之处，汉人亦不得与也。御史大夫非国姓不授，既见《太平传》，而世祖初命程钜夫为御史中丞，台臣言：'钜夫南人，不宜用。'帝曰：'汝未用南人，何以知南人不可用？自今省部台院必参用南人。'[2]可见未下诏以前，御史中丞之职，汉人亦不得居也。中书省分设于外者曰行省，初本不设丞相，后以和林等处多勋戚，行省官轻，不足以镇之，乃设丞相，而他处行省遂皆设焉。《董文用传》，行省长官素贵，同列莫敢仰视，跪起禀白如小吏，文用至则坐堂上，侃侃与论。可见行省中蒙古人之为长官者，虽同列不敢与讲钧礼也。《成宗本纪》，各道廉访司必择蒙古人为使。或缺，则以色目世臣子孙为之，其次始参以色目及汉人。《文宗本纪》，诏御史台，凡各道廉访司官，用蒙古二人，畏兀、河西、

① 元制尚右。

② 《钜夫传》。

回回、汉人、南人各一人。是汉人、南人厕于廉访司者，仅五之一也。其各路达噜噶齐，亦以蒙古人为之。至元二年，诏以蒙古人充各路达噜噶齐，汉人充总管，回回人为同知，永为定制。其诸王驸马分地，并令自用达噜噶齐。仁宗始命以流官为之，而诸王驸马所用者为副，未几仍复旧制。文宗诏诸王封邑所用达噜噶齐，择本部识治体者为之。或有冒滥，罪及王相，然亦未闻有以汉人为之者，此有元一代中外百官偏重国姓之制也。”

故其经国之法，亦鲜可称。据郑介夫之言，则当时法令杂乱，家自为政，实极无法之弊。

《元史纪事本末》：“（成宗大德四年）郑介夫上言：……今天下所奉以行者，有例可援，无法可守，官吏因得以并缘为欺。如甲乙互讼，甲有力则援此之例，乙有力则援彼之例，甲乙之力俱到，则无所可否。迁调岁月，名曰撤放。使天下黔首，蚩蚩然狼顾鹿骇，无所持循。……内而省部，外而郡守，抄写格例至数十册，遇事为难决，则检寻旧例，或中无所载，则旋行议拟，是百官莫知所守也。民间自以耳目所得之勒旨条令，杂采类编，刊行成帙，曰《断例条章》，曰《仕民要览》，各家收置一本，以为准绳。试阅二十年间之例，较之三十年前，半不可用矣。更以十年间之例，较之二十年前，又半不可用矣。是百姓莫知避也。……今者号令不常，有同儿戏，或一年二年前后不同，或纶音初降，随即泯没，遂致民间有‘一紧、二慢、三休’之谣。上无道揆，下无法守，不闻如是可以立国者。……衙门纷杂，事不归一，十羊九牧，莫之适从。普天率土，皆为王民，岂可家自为政，人自为国？今正宫位下自立中政院，匠人自隶金玉府，校尉自归拱卫司，军人自属枢密院，诸王位下自有宗正府、内史府，僧则宣政院，道则道教所，又有宣徽院、徽政院、都护府、白云宗所管户计。诸司头目，布满天下，各自管领，不相统摄，凡有公讼，并须约会。或事涉三四衙门，动是半年，虚调文移，不得一会。或指日对问，则各私所管，互相隐庇，至一年二年，事无杜绝。遂至于强凌弱，众暴寡，贵抑贱，无法之弊，莫此为甚。”

然详观元代史事，则民治与封建，实为元之立国根本。民治之法，详见《元典章·户部·立社门》。

《元典章·户部·立社门》：“劝农立社事理十五款。”“至元二十八年，尚书省奏，奉圣旨，节该将行司农司、劝农司衙门罢了，劝课农桑事理，并入按察司。除遵依外，照得中书省先于至元二十三年六月十二日奏过事内一件，奏立大司农司的圣旨：奏呵，与者么道圣旨有来，又仲谦那的每行来的条画，在先他省官人每的印信文字行来，如今条画根底省家文字里交行呵，怎生么道奏呵，那般者么道圣旨了也。钦此。圣旨定到条画开坐前去，仰依上劝课行。”

《元史·食货志》约举其法，诩为用心周悉；

《元史·食货志》：“农桑之制十四条[1]，条多不能尽载，载其所可法者。县邑所属村疃，凡五十家立一社，择高年晓农事者一人为之长。增至百家者，别设长一员；不及五十家，与近村合为一社。地远人稀、不能相合、各自为社者，听。其合为社者，仍择数村之中立社长、官司长以教督农民为事。凡种田者，立牌橛于田侧，书某社某人于其上，社长以时点视劝诫。不率教者，籍其姓名，以授提点官责之。其有不敬父兄及凶恶者亦然，仍大书其所犯于门，俟其改过自新，乃毁。如

① 当是十五条。

终岁不改，罚其代充本社夫役。社中有疾病凶丧之家，不能耕种者，众为合力助之。一社之中，灾病多者，两社助之。凡为长者复其身，郡县官不得以社长与科差事，农桑之术，以备旱暵为先。凡河渠之利，委本处正官一员，以时浚治。或民力不足者，提举河渠官，相其轻重，官为导之。地高水不能上者，命造水车。贫不能造者，官具材木给之。俟秋成之后，验使水之家，俾均输其直。田无水者凿井，井深不能得水者，听种区田。其有水田者，不必区种。仍以区田之法，散诸农民。种植之制，每丁岁种桑枣二十株，土性不宜者，听种榆柳等，其数亦如之。种杂果者，每丁十株，皆以生成为数。愿多种者，听。其无地及有疾者不与。所在官司申报不实者，罪之。仍令各社布种苜蓿，以防饥年。近水之家，又许凿池养鱼、并鹅鸭之属，及种莳莲藕、鸡头、菱芡、蒲苇等，以助衣食。凡荒闲之地，悉以付民，先给贫者，次及余户。每年十月，令州县正官一员巡视境内，有虫蝗遗子之地，多方设法除之。其用心周悉若此，亦仁矣哉。”

寻其法意，盖举农田、水利、树艺、渔畜、教育、劝惩一寓于立社之中，此实汉族先哲研求民治培植国本之法，而蒙古游牧之族，入主中国，乃能施行此制，是亦一奇事也。按北宋关中《吕氏乡约》，有约正及同约之人，以德业相励，过失相规，礼俗相交，患难相恤为约。而于劝农兴学之事，未之及也。

《宋元学案·吕范诸儒学案》：“吕大钧，字和叔，于横渠为同年友，心悦而好之，遂执弟子礼，于是学者靡然知所趋向。横渠之教，以礼为先。先生条为乡约，关中风俗，为之一变。”

朱熹《社仓事目》有社首保正副等名，亦止及积谷一事。

《朱子集》卷十五《社仓事目》：“每十人结为一保，递相保委。”“逐年十二月，分委诸部社首保正副，将旧簿重行编排。”“某里第某都社首某人，今同本都大保长队长，编排到都内人口数下项。”

元之社长，职务綦繁，所立规程，亦极周密。盖承两宋地方制度，而又加以研究，此必非蒙古人所能为。然汉族贤者为立此制，[①] 而彼族能用之，则元之能承中国国统，亦匪无故矣。

封建之制，殊无定法，惟拥立大汗，必由诸王宗室集会推举，则封建之关系，有可称者。

《蒙兀儿史记·斡歌歹可汗本纪》（屠寄）：“岁丁亥秋七月，成吉思汗殂于灵州。会葬礼毕，汗与诸皇子诸王各还本封。蒙兀俗，大位继承，必经忽里勒塔之定策。忽里勒塔者，华言大会议也。汗虽有成吉思前命，大位犹未定，故戊子年拖雷监国，其秋，拖雷即遣使召集左右手诸王驸马万户千户官人，期以明年夏会议立君。”

又其统辖诸国，全恃驿站之交通。诸书称元之所以强盛，多纪其制。

《元史兵志》：“元制，站赤者，驿传之译名也。盖以通达边情，布宣号令，古人所谓置邮而传命，未有重于此者焉。凡站陆则以马以牛，或以驴，或以车；而水则以舟。其给驿传玺书谓之铺马圣旨。遇军务之急，则可以金字圆符为信，银字者次之。内则掌之天府，外则国人之为长官者主之。其官有驿令，有提领，又置脱脱禾孙于关会之地，以司辨诘，皆总之于通政院及中书兵部。而站户阙乏逃亡，则可以时佥补，且加赈恤焉。于是四方往来之使，止则有馆舍，顿则有供

---

① 按《元史·食货志》：“世祖中统二年，立劝农司，以陈邃、崔斌等八人为使。至元七年，立司农司，以左丞张文谦为卿。”则立社之法，殆即陈邃、张文谦等所建白。

帐，饥渴则有饮食，而梯航毕达，海宇会同。元之天下，视前代所以为极盛也。”《马哥孛罗游记》云：“汗巴路为大可汗之所居，故皆有大道，以通各省及诸藩属。大道之上，每隔二十五英里，或三十英里，必设驿站一所，以便官员或公差在此歇宿，此等驿站，名之曰雅伯木站。屋极宽大，每站必有修洁之屋数间，陈设极其华丽，虽王公贵人之尊，亦不以为简陋也。其中饮馔一切，均自左近大城中购置，尚有数站，为贵人所常至，此其供应，均由内廷发给。每站蓄良马四百匹，以便外国使臣或官府往来之用。盖长途陆行，马易困乏，故一至前站，则以疲马委之站员，而易马以行，沿途无濡滞之患。即高山大漠之中，去城绝远，四无居人，而驿站仍续续不断，饮馔马匹，供应周全。大可汗每以内地无业之民，遣送荒僻之地，充站役，赐之耕种之地，不数年间其左近自成村落矣。因有此项制度，故各国贡使，以及大可汗派赴各国各省之专使，长途均无缺乏之苦，可谓周之极矣。驿站之间，每隔三英里，必有一小村落，约有居民四五十家，此亦公家所设。其居户大都均为邮卒，其人腰际缚鞓，上系以铃，疾行道上，声闻甚远。每遇投递公文，甲站之人，负之疾行三英里，以之交付乙站，乙站之人，再以交付丙站，故人不疲而递信极速。其所以腰际系铃者，使前站之人，预知将有公文递至，有所准备，以期不误时间也。大可汗所辖版图绵亘，非如此不足以寄号令于边远。往往边界有警，不数日即可达于大可汗。有时大可汗居上都，汗巴路早间摘佳果，令邮卒递呈大可汗，至明日午后，已达上都。若寻常旅行，自汗巴路至上都，须十日之程也。每村之中。设书记一员，专记某件公文何日何时到站发出。尚有巡查各站之官，每月稽查站吏邮卒之勤惰一次，记其功过。邮卒除不纳丁税外，每月尚可支领工食。驿站马匹，均由左近城市人民供其喂养之费，每年由各城官吏调查户口一次，计其岁入之多寡，责令每人纳费若干，以供驿站经费。此项捐纳仍并入地丁钱粮，一同赴柜交纳。官吏但于钱粮解京之时，扣留若干，以充驿站经费。前言每站有马四百匹，其实常川在厩者，仅二百匹耳。盖马居厩中，时常应差，则易消瘦，故分马四百匹为两班，甲班供应时，则乙班放牧，每班一月一轮，故马亦得休息之时。途中遇有河流阻梗，则近处城镇或村落，必须时备渡船数艘，待于河岸。设遇沙漠之地，中无人居者，其最近城镇，亦有供应马匹、粮食、饮水之义务，惟此等城镇每年仍受俸给，以补偿其所失耳。……如遇重要军情，须加紧递送者，则每日必行二百或二百五十英里，背插飞鹰标识，以示紧急之意。此等重要军情，往往必以二人递送，人各急装，缠布于首，策快马，同时并行。至第二站，必有二骏马鞍辔以待于此，并不休息，立即换马遄行。如是者逢站更马，一日之中，可行二百五十英里。如系最要公文，即夜间，亦加班递送。如遇月在上下弦，黑夜不便夜行，则站吏供给人役，令执炬前导。惟夜行时，不似白昼之迅耳。"

盖元之疆域，亘古无匹。使非有特殊制度，以便利交通，则其国家必不能抟结为一。诸书所言，较之前代驿传，实有缓急之殊。故欲考元代所以能合亚洲全境及欧洲东北部为一大国者，不可不注意于此也。然此特其制度之一端，他事殊未能称此。定宗薨后，诸王已有意见（详《元史译文证补·定宗宪宗本纪补异》），世祖立而海都抗命，诸王叛者相属（详《元史译文证补·海都补传》）。故当极盛之时，已有分裂之兆。其后元室沦亡，而蒙古支裔，犹绵延历世，论者谓为封建之效。

《新元史·宗室世表序》："太祖分封子弟，填服荒远，其后乃颜海都虽有阋墙之衅，然昭宗北走和林，不失旧物，历二三百年。成吉思汗之族，雄长北边，至今日犹为中国之藩服，然后知先王封建之制，为不可易也。"

然使其族能精研法制，无使涣散，其势岂止于是哉！

第二十二章　宋元之学校及书院

自唐以降，取士皆以科举。学校之制，大抵具文，不足语于教育也。然有宋诸儒，恒思兴起国学，其州郡之学，亦至宋始盛，是亦有足称者。书院之名起于唐，至五代而有讲学之书院。宋、元间儒者多于书院讲学，其风殆盛于国庠及州郡之学，迄明、清犹然。故欲知中国近代教育学术之变迁，不可不知书院之原起及其规制也。兹先略述宋、元学校制度，而次及书院。

唐末，学校颓废，五季区区，莫之能振。经用不足，则命官吏及监生输钱，名为光学。

《文献通考》："咸通中，刘允章为礼部侍郎，建言群臣输光学钱，治庠序。宰相五万，节度使四万，刺史万。诏可。""梁开平三年，国子监奏修建文宣王庙，请率在朝及天下见任官俸钱，每贯克留一十五文。""后唐天成五年，国子监奏当监旧例，初补监生，有束脩钱二千。及第后，光学钱一千。当监诸色举人及第后，多不于监司出给光学文钞，及不纳光学钱。"

其窘迫之状可想矣。宋室初兴，增修学舍，而国子监仅容释奠斋庖，太学未尝营建，止假锡庆院廊庑为之，劝学之风，殆亦未盛。

《文献通考》："宋初增修国子监学舍。""熙宁四年，侍御史邓绾言：国家治平百余年，虽有国子监，仅容释奠斋庖，而生员无所容。

至于太学，未尝营建，止假锡庆院廊庑数十间，生员才三百人。"

虽有胡瑗、孙觉等，树立师道，稍复古风，而学校规模，犹在汉、唐之下。

《文献通考》："皇祐末，以胡瑗为国子监讲书，专管句太学。数年，进天章阁侍讲，犹兼学正。其初人未甚信服，乃使其徒之已仕者，盛侨、顾临辈，分治其事，又令孙觉说《孟子》，中都人士，稍稍从之。一日，升堂讲《易》，音韵高朗，指意明白，众方大服。然在列者不喜，谤议蜂起，瑗不顾，强力不倦，卒以有立。""瑗在学时，每公私试罢。掌仪率诸生会于首善，令雅乐歌诗，乙夜乃散。诸斋亦自歌诗，奏琴瑟之声彻于外。瑗在湖学，教法最备。始建太学，有司请下湖学，取瑗之法，以为太学法，至今为著令。"

熙宁、元丰厉行新法，太学三舍规制始宏。

《宋史纪事本末》："熙宁四年十月，立太学生三舍法。……厘生员为三等：始入太学为外舍，定额为七百人；外舍升内舍，员三百；内舍升上舍，员一百。各执一经，从所讲官受学，月考试其业，优等以次升舍，上舍免发解及礼部试，召试赐第。其正、录、学谕，以上舍生为之，经各二员。学行卓异者，主判、直讲复荐之于中书，除官。其后增置八十斋，斋三十人，外舍生至二千人。岁一试，补内舍生；间岁一试，补上舍生。弥封、誊录，如贡举法。"《文献通考》："元丰二年，颁学令。太学置八十斋，斋容三十人。外舍生二千人，内舍生三百人，上舍生百人，总二千四百。"《宋史·职官志》："凡诸生之隶于太学者，分三舍。始入学，验所隶州公据，以试补，中者充外舍。斋长、谕月书其行艺于籍，行谓率教不戾规矩，艺谓治经程文。季终，考于学谕，次学录，次学正，次博士，然后考于长贰。岁终校定，具注于籍，以俟复试。视其校定之数，参验而序进之。凡私试，孟月经义，仲月论，季月策。公试，初场以经义，次场以论、策。试上舍如省试法。凡内舍行艺与所试之等俱优者，为上舍上等，取旨命官；一优一平为中，以俟殿试；一优一否或俱平为下，以俟省试。唯国子生不预考选。”“祭酒掌国子、太学、武学、律学、小学之政令，司业为之贰，丞参领监事。”“博士十人，[1] 掌分经讲授，考校程文，以德行道艺训导学者。”“正、录各五人，掌举行学规，凡诸生之戾规矩者，待以五等之罚。”“职事学录五人，掌与正、录通掌学规。学谕二十人，掌以所授经传谕诸生，直学四人，掌诸生之籍，及幾察出入。凡八十斋，斋置长、谕各一人，掌表率斋生。凡戾规矩者，纠以斋规五等之罚，仍月考斋生行艺，著于籍。”

崇宁中，罢科举，取士一出于学，而太学生至三千八百人。

《宋史纪事本末》：“徽宗崇宁元年八月甲戌，蔡京请兴学贡士。县学生选考，升诸州学，州学生每三年贡太学。考分三等，入上等补上舍，中等补中舍，下等补内舍，余居外舍，诸州军解额各以三分之一充贡士。京又请建外学，乃诏即京城南门外营建，赐名辟雍。外圆内方，为屋千八百七十二楹。太学专处上舍内舍生，而外学则处外舍生。士初贡至皆入外学，经试补入上舍、内舍，始得进处太学。太学外舍，亦令出居外学。于是上舍至二百人，内舍六百人，外舍三千人。”“三年九月，罢科举法。时虽设辟雍、太学，以待士之升贡者，然州县犹以科举贡士。蔡京以为言，遂诏天下取士，悉由学校升贡，其州郡发解凡试礼部法皆罢。……四年五月，行三舍法于天下。”[2]

---

① 旧系国子监直讲，元丰三年，诏改为太学博士，每经二人。

② 按《宋史·选举志》：“宣和三年，诏罢天下三舍法。开封府及诸路并以科举取士。惟太学仍存三舍，以甄序课试，遇科举仍自发解。盖科举之罢，为时未久也。”

虽其法出于新党，论者多不谓然。

《学校贡举私议》（朱熹）：“熙宁以来，所谓太学者，但为声利之场。而掌其教学者，不过取其善为科举之文。师生相视，漠然如行路之人。月书季考，只以促其嗜利苟得、冒昧无耻之心，殊非立学教人之本意。”《论学校》（叶适）曰：“崇、观间，以俊秀闻于学者，旋为大官。宣和、靖康所用误国之臣，大抵学校之名士也。”

然陈东等请诛六贼，用李纲。

《宋史·陈东传》：“东字少阳，镇江丹阳人。早有隽声，……以贡入太学。钦宗即位，率其徒伏阙上书论事，请诛蔡京、梁师成、李彦、朱勔、王黼、童贯六贼。明年，金人迫京师，李邦彦议与金和，李纲主战，邦彦因少失利，罢纲而割三镇。东复率诸生，伏宣德门下上书，请用纲，斥邦彦，军民从者数万。书闻，传旨慰谕，众莫肯去，舁登闻鼓挝坏之，喧呼震地。于是亟召纲入，复令行营，遣使抚谕，乃稍引去。高宗即位五日，相李纲。又五日，召东至，未得对，会纲去。乃上书乞留纲而罢黄潜善、汪伯彦。潜善激怒高宗杀之。”

与汉之太学生救鲍宣、褒李膺者，后先相映，亦不可谓非养士之效也。

《汉书·鲍宣传》：“宣坐距闭使者，亡人臣礼，大不敬，不道，下廷尉狱。博士弟子济南王咸，举幡太学下，曰：‘欲救鲍司隶者，会此下。’诸生会者千余人。朝日，遮丞相孔光自言，丞相车不得行，又守阙上书。上遂抵宣罪，减死一等。髡钳。”《后汉书·党锢传》：“太学诸生三万余人，郭林宗、贾伟节为其冠，并与李膺、陈蕃、王畅更相褒重。”

宋代太学之外，有律、算、书、画、医诸学。

《文献通考》：“律学，熙宁六年置，教授四员。凡命官、举人，皆得自占入学。举人须命官二员任其平素，先入学听读，而后试补。习断案人，试案一道；习律令人。试大义五道。月一公试，三私试。”“需用古今刑书，许于所属索取。凡朝廷新颁条令，刑部画日关送。”“算学，崇宁三年立。其业以《九章》《周髀》及假设疑数为算问，仍兼《海岛》《孙子》《五曹》《张丘建》《夏侯阳算法》，并历算、三式、天文书为本科。本科外，人占一小经，愿占大经者听。公私试、三合法，略如太学。上舍三等推恩，以通仕、登仕、将仕郎为次。”“书学、篆、隶、草三体，《说文》《字说》《尔雅》《博雅》《方言》五书，仍兼通《论语》《孟子》义，愿占大经者听。三舍试补升降，略同算学法，推恩差降一等”。“画学，曰佛道、人物、山水、鸟兽、花竹、屋木。以《说文》《尔雅》《方言》《释名》教授，《说文》则令篆字著音训，余书皆设答，以所解义，观其能通画意与否。仍分士流、杂流，别其斋以居之。士流兼习一大经、一小经；杂流则诵小经，或读律。考画之等，以不仿前人而物之情态形色俱若自然，笔韵高简为工。三舍试补升降以及推恩，略同书学。惟杂流授官，止自三班借职以下三等。”“医学，初隶太常寺。神宗时，置提举制局，始不隶太常。亦置教授一员。翰林医官以下，与上等学生及在外良医为之。学生常以春试，取三百人为额，三学生愿预者听。仿三学之制立三舍法，为三科，以教诸生。有方脉科、针科、疡科，方脉以《素问》《难经》《脉经》为大经，《病源》《千金翼方》为小经。考察、升补等，略如诸学之法。其选用最高者，为尚药医师，以次医职，余各以等补官，为本学博士、正、录及外州医学教授云。”

又有武学，以兵书、弓马、武艺训诱学者。

《宋史·职官志·武学》："庆历三年，诏置武学于武成王庙，以阮逸为教授。八月，罢武学，以议者言'古名将如诸葛亮、羊祜、杜预等，岂专学孙、吴'故也。熙宁五年。枢密院言：'古者出师受成于学，文武弛张，其道一也，乞复置武学。'诏于武成王庙置学。元丰官制行，改教授为博士。绍兴十六年，诏修建武学，武博、武谕以兵书、弓马、武艺诱诲学者。"

而庆历以后，州郡无不有学。

《宋史·职官志》："景祐四年，诏藩镇始立学，他州勿听。庆历四年，诏诸路州、军、监各令立学，学者二百人以上，许更置县学。自是州郡无不有学，始置教授，以经术行义训导诸生，掌其课试之事，而纠正不如规者。委运司及长吏于幕职州县内荐，或本处举人有德艺者充。熙宁六年，诏诸路学官委中书门下选差，至是，始命于朝廷。元丰元年，州、府学官共五十三员，诸路惟大郡有之，军、监未尽置。元祐元年，诏齐、庐、宿、常等州各置教授一员，自是列郡各置教官。建炎三年，教授并罢。绍兴三年，复置四十二州。十二年，诏无教授官州、军，令吏部申尚书省选差。二十六年，诏并不许兼他职，令提举司常切遵守。"

宋儒文集，多有州郡建学碑记，可见一代风气。王昶《金石萃编》载"永兴军牒"及"中书札子"。

户部侍郎知永兴军范雍奏：国家剗甲敦儒，宅中开绪云云，臣伏见本府城中，见有系官隙地，欲立学舍五十间。乞于国子监请经典史籍一监，仍拨系官庄田一十顷，以供其费。访经明行修者为之师范，召笃学不倦者补以诸生。候敕旨牒。奉敕：依奏，许建立府学，仍勘会于系官荒闲土地内，量拨伍顷，充府学支用。及令国子监赐与《九经》书籍，不得假借出外，及有损污散失，仍令本军常切选差官一员管句。

户部侍郎知河阳军范雍奏：臣昨知永兴军，体量得前资寄任官员颇多，子弟辈不预肯构，唯恣嘲谑轻薄，斗谍词讼。自来累有条约，与诸处不同，有过犯情理重者，并奏听敕裁，然终难悛革。盖由别无学校励业之所，是致轻悍成风。臣到任后，奏乞建置府学，兼赐得《九经》书，差官主掌，每日讲授。据本府分析，即今见有本府及诸州修业进士一百三十人在学，关中风俗稍变，颇益文理。见是权节度掌书记陈谕管句，欲乞特降敕命指挥下本府管句官员，令常切遵守所立规绳，不得隳废，候敕旨。右奉圣旨：依奏，札付永兴军准此者。

知宋初各地立学，尚须特奏。关中为自古都会，而学校久废，待范雍而后兴，则自北宋中叶以降，无论路府州军，皆立学校教授，不得谓非文化之巨典也。虽然，宋代学校，究不迨科举之盛。宋之君主，多注重取士，临轩试士，待之极渥。

《文献通考》：“太祖开宝八年，亲试举人，得王嗣宗等三十六人。”“按殿前试士，始于唐武后。然唐制以考功郎中任取士之责，后不过下行其事，以取士誉，非于考功已试之后再试之也。”“开宝六年，李昉知举放进士，后下第人徐士廉等打鼓论榜。上遂于讲武殿命题重试，御试自此始。”“然是年虽别试，而共为一榜，亦未尝有省试、殿试之分。”“至八年，复试礼部贡院合格举人王式等于讲武殿内，出试题，得进士三十六人，而以王嗣宗为首。王式者，礼部所定合格第一人，则居其四。盖自是年御试，始别为升降，始有省试、殿试之分，省元、状元之别云。”

而糊名考校、解衣阅视之令又极严，

《文献通考》："淳化三年，诸道举人凡万七千余人，苏易简知举殿试，始令糊名考校。""景德四年，令礼部糊名考校。""大中祥符五年，上闻贡院监门官以诸科举人挟书为私，悉解衣阅视，失取士之体，亟令止之。又令贡院录诸州发解试题以闻，以将廷试，虑或重复，自是用以为例。"

其举也限以年，

《文献通考》："英宗治平三年，诏曰：先帝以士久不贡，怠于学，而豪杰者不时举，故下间岁之令。而自更法以来，其弊浸长，里选之牒仍故，而郡国之取减半，计偕之籍屡上，而道涂之劳良苦，朕甚闵焉。其令礼部三岁一贡举。"

其取也判以甲，

《文献通考》："太平兴国八年，试进士始分三甲。第一甲并知县。"

定其解额，先以秋试。

《文献通考》："绍兴十一年，始就诸路秋试。每五人解一名，省试七人取一名。"

于是天下学者，悉萃精力于考试，反视学校进身不如科举之捷。虽以王安石之提倡经术，

《宋史·选举志》："王安石对曰：'今人材乏少，且其学术不一，异论纷然，不能一道德故也。一道德则修学校，欲修学校，则贡举

法不可不变。若谓此科尝多得人，自缘仕进别无他路，其间不容无贤。若谓科法已善，则未也。今以少壮时，正当讲求天下正理，乃闭门学作诗赋，及其入官，世事皆所不习，此科法败坏人才，致不如古。'既而中书门下言：'古之取士，皆本学校，道德一于上，习俗成于下，其人才皆足以有为于世。今欲追复古制，则患于无渐。宜先除去声病对偶之文，使学者得专意经术，以俟朝廷兴建学校，然后讲求三代所以教育选举之法，施于天下，则庶几可以复古矣。'于是改法，罢诗赋、帖经、墨义，士各占治《易》《诗》《书》《周礼》《礼记》一经，兼《论语》《孟子》。每试四场，初大经，次兼经，大义凡十道①，次论一首，次策三道，礼部试即增二道。中书撰大义式颁行。试义者须通经，有文采，乃为中格。不但如明经墨义，粗解章句而已。"

蔡京之主废科举，其弊卒不能革。盖利禄之途既开，奔竞之心日甚，亦势之无可如何者也。

南宋学制，亦沿三舍之法，太学初仅养士七百人。

《宋史·选举志》："绍兴八年，叶绋上书请建学，而廷臣皆以兵兴馈运为辞。十三年，兵事稍宁，始建太学。置祭酒、司业各一员，博士三员，正、录各一员，养士七百人。上舍生三十员，内舍生百员，外舍生五百七十员。"

庆元、嘉定中，增外舍生至千四百员，申严积分之法。

《续文献通考》："庆元、嘉定中，增外舍生至千四百员。内舍校定，不系上舍，试年分以八分为优等，外舍生晏泰亨以七分三厘乞

① 后改《论语》《孟子》义各三道。

理为三优，朝命不许。遂申严学法，今后及八分者，方许岁校三名。如八分者止有一人，而援次优三优之例者，亦须止少二三厘，方可陈乞特放。”

其学规，有关暇、迁斋、夏楚屏斥诸目。

《续文献通考》：“学规五等：轻者关暇几月，不许出入，此前廊所判也。重则前廊关暇，监中所行也。又重则迁斋，或其人果不肖，则所迁之斋亦不受，又迁别斋，必须委曲人情方可。直须本斋同舍力告公堂，方许放还本斋，此则比之徒罪。又重则下自讼斋，比之黥罪，自宿自处，同舍亦不敢过而问焉。又重则夏楚屏斥，比之死罪，自此不与士齿矣。”

吴自牧《梦粱录》详载临安学校规制，观之可以见南宋国学及府县学校之概：

太学有二十斋，扁曰服膺、禔身、习是、守约、存心、允蹈、养正、持志、节性、率履、明善、经德、循理、时中、笃信、果行、务本、贯道、观化、立礼。十七斋扁，俱米友仁书。余节性、经德、立礼斋扁，张孝祥书。各斋有楼，揭题名于东西壁。厅之左右为东西序，对列，位后为炉亭，又有亭宇，揭以嘉名甚夥。绍兴年间，太学生员额三百人，后增置一千员，今为额一千七百一十有六员。以上舍额三十人，内舍额二百单六人，外舍额一千四百人，国子生员八十人。诸生衫帽出入，规矩森严。朝家所给学廪，动以万计，日供饮膳，为礼甚丰。宗学在睦亲坊，按国朝宗子分为六宅，宅各有学，学各有训导之官。中兴后，惟睦亲一宅，置诸王宫大小学教授，专以训迪南班子弟。嘉定岁，始改宫学为宗学，凡有籍之宗子，以三岁一试，补入为生员，如太学法。置教授、博士、宗谕，立讲课，隶宗正寺掌之。学立大成殿、御书阁、明伦堂、立教堂、汲古堂。斋舍有六，扁曰贵仁、立爱、大雅、明贤、怀德、升俊。……杭州府学在凌家桥西，士夫嫌其湫隘，故帅臣累增辟规模，广其斋舍，总为十斋，扁曰进德、兴能、登俊、宾贤、持正、崇礼、致道、尚志、率性、养心。又有小学斋舍，在登俊后，以东西二教掌其教训之职，次有前廊录正等生员，各斋有长谕。月书季考，供膳亦厚，学廪不下数千，出纳、学正领其职。仁和、钱塘二县学，在县左，建庙学养士。仁和学有斋舍四，扁曰教文、教行、教忠、教信；钱塘学斋舍六，扁曰友善、辨志、教行、教信、教文、教忠。诸县学亦如之。各县有学官，次有学职。生员日供饮膳，月修课考，悉如州县学。各州县学廪，不下数百，以为养士之供。医学在通江桥北，又名太医局。建殿扁曰神应，奉医师神应王，以岐伯、善济公配祀。讲堂扁曰正纪。朝家以御诊长听充判局职，本学以医官充教授四员，领斋生二百五十人。月季教课，出入冠带如上学礼，学廪饮膳丰厚不苟，大约视学校规式严肃。局有斋舍者八，扁曰守一、全冲、精微、立本、慈和、致用、深明、稽疾。

《癸辛杂识》痛诋当时学者：

三学之横，盛于淳祐、景定之际。凡其所欲出者，虽宰相、台谏，亦直攻之使必去，权乃与人主抗衡。或少见施行，则必借秦为谕，动以坑儒恶声加之。时君时相，略不敢过而问焉。其所以招权受赂，豪夺庇奸，动摇国法，作为无名之谤，扣阍上书，经台投卷，人畏之如狼虎。若市井商贾，无不被害，而无所赴诉，非京尹不敢过问，虽一时权相如史嵩之、丁大全，亦未如之何也。大全时，极力与之为敌，重修丙辰监令，榜之三学，时则方大猷实有力焉。其后诸生竭力合党以攻大全，大全终于得罪而去。至于大猷，实有题名之石，磨去以为败群之罚。自此之后，恣横益甚。至贾似道作相，度其不可以力胜，遂以术笼络，每重其恩数，丰其馈给，增拨学田，种种加厚。于是诸生啖其利而畏其威，虽目击似道之罪，而噤不敢发一语。

然太学诸生，能直攻宰相、台谏而使之去，其权至与人主抗衡，则正宋室养士之效。以贾似道之奸，而不敢得罪学生，仅思以术笼络，其贤过于今之政府多矣。

元代京师有国子学，及蒙古国子学、回回国子学，盖其文字不专用一国也。蒙古国子学以教蒙文。

《续文献通考》："世祖至元八年正月，立京师蒙古国子学。命于随朝蒙古汉人百官及集赛台官员，选子弟俊秀者入学。并令好学者兼习算学，以《通鉴》节要，用蒙古语言译写教之。俟生员学习成效，出题试问，观其所对，精通者量授官职。十四年，又立蒙古国子监。至成宗大德十年二月，增生员廪膳为六十员。""仁宗延祐二年，生员百人：蒙古五十人，色目二十人，汉人三十人。而百官子弟之就学者，常不下二三百人。"

回回国子学以教回文。

《续文献通考》："至元二十六年八月，置回回国子学。尚书省臣言：亦思替非文字宜施于用，今翰林院伊普迪哈鲁鼎能通其字学，乞授以学士之职。凡公卿大夫与夫富民之子，皆依汉人入学之制，日肄习之。帝可其奏，遂置回回学。""泰定二年闰正月，以入学者众，其学官及生员五十余人，已给饮膳者二十七人，外助教一人，生员二十四人，廪膳并令给之。学之建置，在于国都。凡百司庶府所设译史，皆从本学取以充焉。"

于吾国之文化无大关系。其国子学之教汉文者，则沿宋代之制，建孔子庙，分斋舍，行积分法。

《贯侯修庙学颂序》（吴澄）："世祖皇帝至元二十四年，设国子学，命立孔子庙。暨顺德忠献王哈喇哈孙相仁宗，始克继先志，成其事，而工部郎中贯侯董其役。庙在东北纬涂之南，北东经涂之东。殿四阿，崇十有七仞，南北五寻，东西十筵者三，左右翼之，广亦如之。衡达于两庑，两庑自北而南七十步。中门崇九仞有四尺，修半之，广十有一步。门东、门西之庑各广五十有二步，外门左右，为斋宿之室，以间计，各十有五。神厨、神库、南直殿之左右翼，以间计各七。殿而庑，庑而门，外至于外门，内至于厨、库，凡四百七十有八楹。肇谟于大德三年之春，讫功于大德十年之秋，于是设官教国子已二十年矣。寄寓官舍，不正其名，乃营国学于庙之西。中之堂为监，前以公聚，后以燕处。旁有东西夹，夹之东西各一堂以居博士。东堂之东，西堂之西，有室；东室之东，西室之西，有库。库之前为六馆，东西向，以居第子员。一馆七室，助教居中以莅之。馆南而东而西为两塾，以属于门，屋四周通百间，逾年而成。"《元史·选举志》："仁宗延祐二年，用集贤学士赵孟頫、礼部尚书元明善等所议，国子学贡试之法更定之。一曰升斋等第。六斋东西相向，下两斋左曰游艺，右曰依仁，凡诵书讲说、小学属对者隶焉；中两斋左曰据德，右曰志道，讲说《四书》、课肄诗律者隶焉；上两斋左曰时习，右曰日新，讲说《易》《书》《诗》《春秋》，科习明经义等程文者隶焉。每斋员数不等，每季考其所习经书课业及不违规矩者，以次递升。二曰私试规矩。汉人验日新、时习两斋，蒙古、色目取志道、据德两斋。本学举实历坐斋二周岁以上未尝犯过者，许令充试；限实历坐斋三周岁以上以充贡举。汉人私试，孟月试经疑一道，仲月试经义一道，季月试策问、表章、诏诰科一道。蒙古、色目人，孟、仲月各试明经一道，季月试策问一道。辞理俱优者为上等，准一分；

理优辞平者为中等，准半分。每岁终，通计其年积分，至八分以上者，升充高等。生员以四十名为额，内蒙古、色目各十名，汉人二十名。岁终试贡，员不必备，惟取实才。有分同阙少者，以坐斋月日先后多少为定。其未及等并虽及等无阙未补者，其年积分，并不为用，下年再行积算。每月初二日蚤旦圆揖后，本学博士助教公座面引应试生员，各给印纸，依式出题考试，不许怀挟代笔，各用印纸真楷书写。本学正、录弥封誊录，余并依科举式。助教博士以次考定，次日监官复考，于名簿内籍记各得分数，本学收掌，以俟岁终通考。三曰黜罚科条。应私试积分生员，其有不事课业及一切违戾规矩者，初犯罚一分，再犯罚二分，三犯除名，从学正、录纠举；正、录知见而不纠举者，从本监议罚之。应已补高等生员，其有违戾规矩者，初犯殿试一年，再犯除名，从学正、录纠举；正、录知见而不纠举者，亦从本监议罚之。应在学生员，岁终实历坐斋不满半岁者，并行除名。除月假外，其余告假并不准算。学正、录岁终通行考校，应在学生员，除蒙古、色目别议外，其余汉人生员三年不能通一经及不肯勤学者，勒令出学。”

要亦科举之变相，不足以言教育。其府州县学校，则见于史籍者，为数颇多。

《元史·世祖本纪》：“至元二十三年，大司农司上诸路学校之数，凡二万一百六十六所。二十五年，二万四千四百余所。二十八年，二万一千三百余所。”

盖合社学而言，或沿宋、金之制。惟云南创建学校，于推广文化，有可纪焉。

《续通考》：“至元十九年四月，命云南诸路皆建学，祀先圣。”“云南俗无礼义，子弟不能读书，且未知尊孔子，祀王逸少为师。至元三年，赛音谔德齐沙木斯鼎为云南行省平章，创建孔子庙、明伦堂，购经史，授学田。十五年，张立道为忠庆路总管，亦首建孔子庙，置学舍，劝士人子弟以学。择蜀士之贤者，迎以为弟子师。岁时率诸生行释菜礼，人习礼让，风俗稍变。至是复有是命。二十九年四月，设云南诸路学校，其教官以蜀士充。”

书院之名，昉于唐而盛于宋、元。

《唐六典》：“开元十三年，改集贤殿修书所为集贤殿书院。”“有学士、直学士、侍讲学士、修撰官、校理官、知书官等。”“集贤院学士掌刊缉古今之经籍，以辨明邦国之大典，而备顾问应对。凡天下图书之遗逸、贤才之隐滞，则承旨而征求焉。其有筹策之可施于时，著述之可行于代者，较其才艺，考其学术，而申表之。凡承旨撰集文章，校理经籍，月终则进课于内，岁终则考最于外。”

宋初有四大书院：曰白鹿洞，曰岳麓，曰应天，曰嵩阳，其建置实先于各州之学。（《文献通考》称宋初有四书院：庐山白鹿洞，嵩阳书院，岳麓书院，应天府书院，未建州学也。）王应麟《玉海》述四书院之历史甚详。今节录之：

白鹿洞书院。

唐李渤与兄涉，俱隐白鹿洞，后为江州刺史，即洞创台榭。南唐升元中，因洞建学馆，置田以给诸生。学者大集，以李善道为洞主，掌教授，当时谓之白鹿洞国庠。宋太平兴国三年，知江州周述言庐山白鹿洞学徒数千百人，请赐《九经》书肄习之。诏从之。皇祐五年，孙琛即故址为学馆十间，榜曰白鹿洞之书堂，俾子弟居而学焉。淳熙六年，南康守朱熹重建。八年，赐国子监经书。

岳麓书院。

开宝九年，潭州守朱洞，始于岳麓山抱黄洞下，以待四方学者，作讲堂五间，斋序五十二间。咸平二年，潭守李允则，益崇大其规模，中开讲堂，揭以书楼，塑先师十哲之像，画七十二贤。请下国子监赐诸经释文义疏、《史记》《玉篇》《唐韵》。从之。祥符五年，山长周式请于太守刘师道，广其居。①八年，拜式为国子主簿，仍增给中秘书，于是书院之称闻天下。

应天府书院。

祥符二年，诏应天府新建书院，以曹诚为助教。国初有戚同文者，通五经业，聚徒百余人。于是诚即同文旧居建学舍百五十间，聚书千五百余卷，愿以学舍入官，令同文孙舜宾主之，故有是命。景祐二年，以书院为府学，给田十顷。

嵩阳书院。

至道二年七月甲辰，赐院额及印本《九经》书疏。祥符三年，赐太室书院《九经》。景祐二年，西京重修太室书院，诏以嵩阳书院为额②。

此外则衡州石鼓书院，建置亦甚久。《文献通考》称石鼓书院，唐元和间衡州李宽所建，国初赐额。故言宋初四大书院者，或举石鼓而不及嵩阳，盖嵩阳后来无闻，而石鼓则南宋时犹存也。北宋诸儒，多讲学与私家。南宋诸儒，多讲学于书院，故南宋时书院最盛。

---

① 山长之名始此。

② 按《续通考》：“嵩阳书院在河南登封县太室山下，五代时建。”

《续通考》:“宋自白鹿、石鼓、应天、岳麓四书院后，日增月益，书院之建，所在有之。宁宗开禧中，则衡山有南岳书院，掌教有官，育才有田，略仿四书院之制。嘉定中，则涪州有北岩书院。至理宗时尤夥，其得请于朝，或赐额，或赐御书，及间有设官者。应天有明道书院，苏州有鹤山书院，丹阳有丹阳书院，太平有天门书院，徽州有紫阳书院，建阳有考亭书院、庐峰书院，崇安有武夷书院，金华有丽泽书院，宁波有甬东书院，衢州有柯山书院，绍兴有稽山书院，黄州有河东书院，丹徒有淮海书院，道州有濂溪书院，兴化有涵江书院，桂州有宣成书院，全州有清湘书院。度宗朝，则淳安有石峡书院，衢州有清献书院。其他名贤庋止、士大夫讲学之所自为建置者，不与焉。”

其法亦有仿三舍制者。

《续通考》:“理宗淳祐六年，敕湖广善化县别建湘西书院。”“潭州故有岳麓书院，至是御书其额赐之，复于湘水西别建书院。州学生月试积分高等，升湘西、岳麓书院生，又积分高等升岳麓精舍生。潭人谓为三学生。”

按宋时书院性质，殆有官立、私立两种。官立者如白鹿、岳麓等是，私立者如泰山书院、浮沚书院等是。

《泰山书院记》(石介)曰:“泰山先生[①]于泰山之阳，起学舍讲堂，聚先圣之书满屋，与群弟子居之。”《宋元学案》:“周行己，字恭叔，永嘉人。大观中，筑浮沚书院以讲学。”

---

① 即孙复。

其由私立改为官立者，如戚同文讲学之所，复改为应天书院是。

> 《宋元学案》：“戚同文字同文，晋末衰乱，绝意禄仕，将军赵直为筑室聚徒，请益之人，不远千里而至。”《答张征士问四大书院帖子》（全祖望）：“戚同文讲学睢阳，生徒即其居为肄业之地。祥符三年，赐额，晏元献公延范希文掌教焉。”

《续通考》所未载者，尚有传贻书院（《宋元学案》：“辅广，字汉卿，崇德人。筑传贻书院，教授学者，称传贻先生。”）、石破书院（《宋元学案》：“桂万荣，字梦协，慈溪人，尝筑石坡书院讲学。”）、杜洲书院（《宋元学案》：“童居易，字行简，慈溪人。累世讲学，其孙金筑杜洲书院。”）、同人书院（《宋元学案》：“高定，字瞻叔，知夹江县，作同人书院。”）、石洞书院（《宋元学案》：“饶鲁，字伯舆，馀干人。于家作石洞书院，前有两峰，因号双峰。”）、象山书院（《宋元学案·彭世昌传》：“陆象山奉祠归家，世昌登应天山，乐之，因为建一精舍，以居象山，即所谓象山书院也。”）等。其规模大小也不等，如白鹿书院，不过小屋四五间（朱熹《申修白鹿洞书院小贴子》：“所立书院，不过小屋四五间，不敢妄有破费官钱，伤耗民力。”），杜洲书院则有礼殿讲堂等（全祖望《杜洲书院记》：“有先圣碑亭，有礼殿，有讲堂，有六斋，曰志道、曰尚德、曰复礼、曰守约、曰慎独、曰养浩。有书库，有祭器，门廊庖湢，纤悉毕备。”）。学生膏火，有取之田租者（全祖望《杜洲书院记》：“有田租以资学者。”），有取之官费者（朱熹《措置潭州岳麓书院牒》：“游学之士，依州学则例，日破米一升四合，钱六十文。其排备斋舍几案床榻之属，并帖钱粮官于本州赡学料次钱及书院学粮内，通融支给。”）。讲学之法，或官吏延师，或主者自教，或别请大儒（《宋元学案》：“陆象山至白鹿洞书院，朱子率僚友请其讲义，以警学者。象山为讲‘君子喻于义，小人喻于利’一章。”），或代以高等弟子（《宋元学案》：“陆象山在应天山精舍，学者坐以齿，傅子云居末席。象山令设一席于旁，时令代讲，或疑之，象山曰：‘子云天下英才也。’及出荆门，尽以书院事付之。”），盖亦无一定之规则也。

元代书院视宋尤盛。书院山长，亦为定员。

《元史·选举志》：“至元二十八年，令江南诸路学及各县学内，设立小学。选老成之士教之，或自愿招师，或自受家学于父兄者，亦从其便。其他先儒过化之地，名贤经行之所，与好事之家，出钱粟赡学者，并立为书院。凡师儒之命于朝廷者，曰教授，路府上中州置之。命于礼部及行省及宣慰司者，曰学正、山长、学录、教谕，路州县及书院置之。路设教授、学正、学录各一员，散府上中州设教授一员，下州设学正一员，县设教谕一员，书院设山长一员。”

书院之著者，不下百数。

《续通考》：“自太宗八年，行中书省事杨惟中，从皇子库春伐宋，收集伊、洛诸书，送燕京，立宋儒周敦颐祠，建太极书院，延儒士赵复、王粹等讲授其间。此元建书院之始。其后昌平有谏议书院，河间有毛公书院，景州有董子书院，京兆有鲁斋书院，开州有崇义书院，宣府有景贤书院，苏州有甫里书院、文正书院、文学书院，松江有石洞书院，常州有龟山书院，池州有齐山书院，婺源有明经书院，太原有冠山书院，济南有闵子书院，曲阜有洙泗书院、尼山书院，东阿有野斋书院，凤翔有岐阳书院，郿县有横渠书院，湖州有安定书院、东湖书院，慈溪有慈湖书院，宁波鄮山书院，处州有美化书院，台州有上蔡书院，南昌有宗濂书院，丰城有贞文书院，馀干有南溪书院，安仁有锦江书院，永丰有阳丰书院，武昌有南湖书院、龙川书院，长沙有东冈书院、乔冈书院，益阳有庆州书院，常德有沅阳书院，福州有勉斋书院，同安有大同书院，琼州有东坡书院，凡此盖约略举之，不能尽载也。”

观其书院之多，足知元虽以蒙古入主中国，而教育之权，仍操之吾族儒者之手。而宋儒讲学之风，虽易代不衰，亦可见矣。

宋、元之世，自有国学及府县之学，而此外又有书院者，盖学校多近于科举，不足以餍学者之望，师弟子不能自由讲学，故必于学校之外，别辟一种讲学机关。其官立者，虽有按年积分之制，而私家所设，或地方官吏自以其意延师讲授者，初无此等拘束，故淡于荣利，志在讲求修身治人之法者，多乐趋于书院。此实当时学校与书院之大区别也。宋时州县学校，皆有田产，以赡学者。然以属于官吏，亦可为强权所夺。

> 《续通考》："至元二十三年，诏江南学校旧有学田，复给之以养士。""时江南行省理财方急，卖所在学田，以价输官，利用监彻尔奉使至，见之，谓曰：'学有田，所以供祭祀、育人才也，安可鬻？'遽止之。还朝以闻，帝嘉纳焉。至二十九年正月，诏江南州县学田，其岁入听其自掌。春秋释奠外，以廪给师生及士之无告者。贡士庄田，则令核数入官。"

若书院之创自私人者，其田产当然属于书院，不至为政府没收。第须规制完善，经理得人，其事反视官立学校为可恃。故当时定令，各地虽皆有学校，而士大夫仍于学校之外，增设书院，不以并行为病，是亦书院与学校异趣者也。呜呼，讲学自由，经济独立，非今日学者所渴望者乎？稽之史策，固有前规，凡今人之所虞，何莫非昔人所见及者乎！

第二十三章　宋元间之文物

历史进化之迹，随在可见，而民族之能力，亦不必随国运之盛衰为消长。两宋之时，汉族对外之力固甚薄弱，至于元世，则全体受制于蒙古，益似无发展之余地矣。然详考其时之文物，则仍继续进步，缅缅不休。文学、工艺、美术、制造，无不各有所新创。综其全体论之，宋代民族审美之风，实又进于唐代。任就何事观察，皆可见其高尚优美之概，不得谓宋人讲理学，偏于迂腐鄙朴，而薄文艺不屑为也。

宋、元之诗文家极夥。稽其数量，倍蓰于唐。

> 《旧唐书·经籍志》集部凡八百九十二部，一万二千二十八卷。①
> 《宋史·艺文志》凡集类二千三百六十九部，三万四千九百六十五卷。②
> 《补辽金元艺文志》凡集部六百六家，七千二百三十一卷。③

而其作品又多别开户牖，能发唐人之所未发。宋之散文大家，三倍于唐之大家④，诗与四六又皆有特造之境，而经义之别为一体者无论矣。（经义始于宋，宋《艺文志》不别为类，《补辽金元艺文志》则有制举类七家，三十二卷。）

---

① 连前代总计。

② 据此，是有宋一代集部，较之战国至唐之集部，增加二倍有奇也。

③ 辽、金集部不多，大宗皆元代之作。《旧唐书》记唐代仅一百一十二家，则元代较之约多五倍矣。

④ 世称唐宋八家，欧、曾、王、苏占八分之六。

其他诗话文评，尤多作者。论其性质，则近世所谓修辞学也。

宋、元文学之特产，尤有三焉：曰词，曰曲，曰小说。词起于唐，

> 《全唐诗注》："唐人乐府，原用律绝等诗杂和声歌之，其并和声作实字，长短其句以就曲折者，为填词。开元、天宝肇其端，元和、太和衍其流，大中、咸通以后，迄于南唐、二蜀，尤家工户习以尽其变。凡有五音二十八调，各有分属，今皆失传。"

渐盛于五代。论者谓南唐二主之词，等于书家之羲、献，其时代皆在宋初，故谓二主词亦宋词可也。北宋之工词者，有晏殊、欧阳修、柳永、张先、苏轼、秦观、周邦彦等；南宋之工词者，有辛弃疾、陈亮、陆游、姜夔、吴文英等，前掩唐而后无元明，盖倚声极盛之时也。词之妙，在声韵，至于有井水处，皆能歌之。

> 《避暑录话》（叶梦得）："尝见一西夏归朝官云：凡有井水饮处，即能歌柳词。"《藏一话腴》（陈郁）："周美成乐府独步，贵人学士、市侩妓女皆知其词可爱。"

盖词尚协律，便于弦歌。由诗而进于词，其体愈美，而其用愈普，是亦可征人事之进化也。

小说家著于《汉志》，后世艺文志鲜及之。而小说之作，实亦日新不已。宋李昉等所集《太平广记》，大都采自唐以前及唐人之小说。

> 《太平广记跋》（谈恺）："宋太平兴国间，既得诸国图籍，而降王诸臣，皆海内名士，或宣怨言，尽收用之，置之馆阁，厚其廪饩，使修群书。以《修文御览》《艺文类聚》《文思博要》经史子集一千六百九十余种，编成一千卷，赐名《太平御览》。又以野史、传

记、小说诸家编成五百卷，分五十五部，赐名《太平广记》。”

宋时小说，尤为发达。有演述史事者（高承《事物纪原》：“宋仁宗时，市人有能谈三国事者，或采其说，加缘饰，作影人。”①）有直陈时事者（郎瑛《七修类稿》：“小说起宋仁宗时，国家闲暇，日欲进一奇怪之事以娱之，故小说‘得胜头回’之后，即曰‘话说赵宋某年’云云。”），其书以说为主，故多用当时语言，与文章家用古文法纪事者有别。

《梦粱录》（吴自牧）“小说讲经史”一则云：“说话者谓之舌辩，虽有四家数，各有门庭。”“谈经者谓演说佛书，说参请者谓宾主参禅悟道等事，有宝庵、管庵、喜然和尚等，又有说诨经者戴忻庵。讲史书者谓讲说《通鉴》、汉、唐历代史书文传兴废争战之事，有戴书生、周进士、张小娘子、宋小娘子、邱机山、徐宣教。又有王六大夫，原系御前供话，为幕士请给，讲诸史俱通。于咸淳年间，敷演复华篇及中兴名将传，听者纷纷，盖讲得字真不俗，记问渊源甚广耳。”

又其述说不限时日，故必多分章回，以便使人听而忘倦。今世所传《宣和遗事》，即章回小说之最古者也。

合词与小说而为戏曲，亦始于宋时。然宋时杂剧，今多不传。传于世者，惟元人之传奇。传奇之体，皆代当时之人立言，或用俗语演述，或用韵文申叙，其韵文则谓之曲。

《宋元戏曲史》（王国维）：“唐代仅有歌舞剧及滑稽剧，至宋、金二代始有纯粹演故事之剧，故谓真正之戏剧起于宋代，无不可也。

---

① 此即后世《三国演义》之始。

然宋、金演剧之结构，虽略如上述，而其本则无一存。故当日已有代言体之戏曲否，已不可知。而论真正之戏曲，不能不从元杂剧始。”

曲出于词而较长，各按宫商而为调，元时又有南曲、北曲之分。

《元曲选序》（臧晋叔）：“世称宋词元曲，夫词在唐李白、陈后主皆已优为之，何必称宋？惟曲自元始，有南北各十七宫调。”

北曲字多而声调缓，南曲字少而声调繁，盖因南北习尚，而各为风气者也。元剧至多，今传于世者，尚有百十六种。

《宋元戏曲史》：“今日确存之元剧，为吾辈所能见者，实得一百十六种。”

其著名之作者，有关汉卿、马致远、白朴、郑光祖、王实甫等。其词多杂俚语，而表情述事，真挚秀杰，实可称为白话文学。推其所以特盛之故，则由出于考试。

《元曲选序》：“或谓元取士有填词科，若今帖括然，取给风檐寸晷之下。故一时名士，虽马致远、乔孟符辈，至第四折，往往强弩之末矣。或又谓主司所定题目外，止曲名及韵耳，其宾白，则演剧时伶人自为之，故多鄙俚蹈袭之语。”

而蒙古以野蛮之族，初通中土语文，故亦不克讲求典雅。近世英、法诸国，翻译元典，殆不下二三十种，[①] 盖其文与西洋文学性质相近也。

宋之书家，多由唐人变化而出，未足为一代之特色，而法帖则以宋为盛。

---

① 见《宋元戏曲史》。

集古今名人书札，摹勒上石，名曰法帖，始于南唐。

《辍耕录》（陶宗仪）：“江南李后主命徐铉以所藏古今法帖入石，名《升元帖》者，则在淳化之前，当为法帖之祖。”

至宋太宗时，命侍书王著以枣木仿刻，仍题曰勒石。

《辍耕录》：“宋太宗留意翰墨。淳化中，出御府所藏，命侍书王著临拓，以枣木镂刻，厘为一十卷。于每卷末篆题云‘淳化三年壬辰岁十一月六日奉圣旨模勒上石’。”

仁宗时，又诏僧希白刻石于秘阁，

《辍耕录》：“仁宗尝诏僧希白刻石于秘阁，前有目录，卷尾无篆书题字。”

徽宗时，又刻《续法帖》及《大观帖》。

《辍耕录》：“徽宗建中靖国间，出内府续所收书，令刻石，即今《续法帖》也。大观中，又奉旨摹拓历代真迹，刻石于太清楼，字行稍高，而先后之次，与淳化则少异。其间数帖，多寡不同，各卷末题云‘大观三年正月一日奉圣旨摹勒上石’者，蔡京书也。而以《建中靖国续帖》十卷，易去岁月名衔以为后帖。又刻孙过庭《书谱》及《贞观十七帖》，总为二十二卷，谓之《大观太清楼帖》。”

自是学书者多取法于帖，而法帖亦孳乳浸多，有《绛帖》《潭帖》诸本。

《辍耕录》："《绛帖》者，尚书郎潘师旦以官帖摹刻于家为石本，而传写字多讹舛，世称为《潘驸马帖》，二十卷。其次序卷帖虽与淳化官帖不同，而实则祖之，特有所增益耳。单炳文曰：淳化官本《法帖》，今不复多见，其次《绛帖》最佳，而旧本亦已艰得。""《潭帖》者，庆历中，刘丞相帅潭日，以《淳化官帖》命慧照大师希白模刻于石，置之郡斋，增入《伤寒》《十七日》、王濛、颜真卿诸帖，而字行颇高，与淳化阁本差不同。"

考证批评，亦因以盛，是固一时之风气也。

《文献通考》："《法帖释文》十卷，晁氏曰：《淳化法帖》既以焚板，元祐中，有刘次庄者，模刻之石，复取帖中草书所病读者为释文，行于世。""《法帖刊误》二卷，陈氏曰：黄伯思长睿撰。《淳化帖》出于待诏王著，去取时秘府墨迹，真赝杂居，著不能辨也，但欲备晋、宋间名迹，遂至以江南人一手伪帖，窜入其间，鄙恶之甚。米南宫辨之，十已得七八，至长睿益精详矣。""《绛帖评》二十卷，陈氏曰：鄱阳姜夔尧章撰，山谷黄氏跋：绛本法帖，心能转腕，手能转笔，书字便如人意，古人工书无他异，但能用笔耳。"

又自唐代推崇王羲之所书《兰亭序》，至于宋季，遂有一百一十七刻，

《辍耕录》（陶宗仪）："兰亭一百一十七刻，装褫作十册。乃宋理宗内府所藏，每版有内府图书钤缝玉池上，后归贾平章。"

至于偏旁点画，亦一一有所考证，识者讥为玩物丧志。盖审美之极，辨析毫芒，遂至是耳。

《文献通考》："《兰亭博议》十五卷，淮海桑世昌撰。""此书累十余卷，不过为晋人一遗帖作，自是无益，玩物丧志。"

唐代绘事已甚发达，至宋、元而尤为进步。黄筌之花卉，李公麟之人物，米芾及子友仁之山水，皆卓绝于世。徽宗嗜书画，尝设书画学及书艺画图等局，

《宋史·徽宗本纪》："建中靖国三年六月壬子，置书画算学。""大观四年三月庚子，诏医学生并入太医局，算入太史局，书入翰林书艺局，画入翰林画图局，学官等并罢。"

有书画学博士，

《宋史·米芾传》："召为书画学博士。"

故绘事几成专家之学。据《宣和画谱》录画凡十门，

《四库全书总目》："《宣和画谱》二十卷，所载共二百三十一人，计六千三百九十六轴。分为十门：一道释，二人物，三宫室，四蕃族，五龙鱼，六山水，七鸟兽，八花木，九墨竹，十蔬果。"

皆御前书画所诸名家所审定。

《铁围山丛谈》（蔡絛）："崇宁初，命宋乔年值御前书画所。乔年后罢去，继以米芾辈，迨至末年，上方所藏，率至千计。"

提倡美术，殆莫盛于宣和。降及南渡，仍仿宣和故事，置御前画院。当时待诏，有四大家之称，

《四库全书总目》："南宋仿宣和故事，置御前画院。有待诏、祗候诸官品，其所作即名为院画。当时如李唐、刘松年、马远、夏珪等，有四大家之称。"

其余知名者，殆不下百数。

《南宋院画录》（厉鹗）："南宋画家凡九十六人。"《辍耕录》（陶宗仪）："自高宗建炎初至幼主德祐乙亥，能画者一百五十一人。"

所谓上有好者，下必有甚焉者也。元承宋绪，画手益多，九十年间，著名者至二百余人。

《辍耕录》："夏文彦品藻名迹，自至元丙子至今，九十余年间二百余人。"

盖元文宗能画，

《辍耕录》："文宗居金陵潜邸时，命臣房大年画京都万岁山，大年辞以未尝至其地。上索纸为运笔，布画位置，令按稿图上。"

当时有鉴画博士，

《四库全书总目》："柯九思在元文宗时，为鉴画博士。"

故画学蝉嫣不衰。《辍耕录》称画家有十三科：佛菩萨相，玉帝君王道相，金刚鬼神罗汉圣僧，风云龙虎，宿世人物，全境山水，花竹翎毛，野骡走兽，人间动物，界画楼台，一切傍生，耕种机织，雕青嵌绿。其分目视《宣和画谱》为多。

如宣和只有道释一门，而元则分佛、道、鬼神等三类，虽其性质相近，知必各有专精矣。近人论画者，谓宋画集古之大成，为公元十五世纪前大地万国之最。

《万木草堂画目》（康有为）："画至于五代，有唐之朴厚而新，开精深华妙之体。至宋人出而集其成，无体不备，无美不臻。且其时院体争奇竞新，甚且以之试士。此则虽欧、美之重物质，尚未之及。吾遍游欧、美各国，频观于其画院，考其十五世纪前之画，皆为神画，无少变化。若印度、突厥、波斯之画，尤板滞无味，自桧以下矣。故论大地万国之画，当西十五世纪前，无有我中国若。即吾中国动尊张、陆、王、吴，大概亦出于尊古过甚。鄙意以为中国之画，亦到宋而后变化至极，非六朝、唐所能及，如周之文监二代而郁郁，非夏、殷所能比也。故敢谓宋人画为西十五纪前大地万国之最，后有知者，当能证明之。"

又谓欧人油画，出于吾国。

《万木草堂画目》："易元吉《寒梅雀兔图》立轴绢本，油画逼真，奕奕有神。""宋瀞山水册幅一绢本，油画。与欧画全同，乃知油画出自吾中国。吾意马哥波罗得中国油画，传至欧洲，而后基多（Giotto）、琏腻（Leoaardo da Vinci）、拉非尔（Raphael）乃发之。观欧人画院之画，十五世纪前无油画可据。此吾创论，后人当可证明之。""赵永年《雪犬》册幅一绢本，油画奕奕如生。""龚吉兔册幅一绢本，油画。""陈公储画龙册幅一绢本，油画。公储固以龙名，而此为油画，尤足资考证。"

其说之然否，尚待考订。惟谓中国画学之衰，始于元四家，则实为评画至论。

《万木草堂画目》："中国自宋前画皆象形，虽贵气韵生动，而未尝不极尚逼真。院画称界画，实为必然，无可议者，今欧人尤尚之。自东坡谬发高论，以禅品画，谓作画必须似，‘见与儿童邻’，则画马必须在牝牡骊黄之外，于是元四家大痴、云林、叔明、仲圭出，以其高士逸笔，大发写意之论。而攻院体，尤攻界画，远祖荆、关、董、巨，近取营丘、华原，尽扫汉、晋、六朝、唐、宋之画，而以写胸中邱壑为尚，于是明、清从之。……惟是模山范水梅兰竹菊萧条之数笔，则大号曰名家。……盖中国画学之衰，至今为极矣，则不能不追源作俑以归罪于元四家也。”

画必形神兼至，徒得神而遗形，已失画之本意矣。

美术与工艺至有关系。宋代绘画极精，故其工艺亦冠绝古今。世所传李诫《营造法式》，详载当时宫殿、户牖、柱阶、檐井建筑雕刻彩画涂塈之法。

《江宁图书馆书目》：“《营造法式》，三十六卷，宋李诫奉敕撰。”《影印营造法式跋》（俞纪琦）：“宋李诫《营造法式》三十六卷，内分总例、释例二卷，制度十二卷，工限十卷，料例并工作等三卷，图样六卷。”

至今犹诧为精绝。若僧怀丙、詹成等绝技，世虽不传，要必由普通工艺之精，然后有特殊之人物也。

《宋史·方技传》：“僧怀丙，真定人。巧思出天性。真定构木为浮图十三级，势尤孤绝，既久而中级大柱坏，欲西北倾，他匠莫能为。怀丙度短长，别作柱，命众工维而上。已而却众工，以一介自从，闭户良久，易柱下，不闻斧凿声。”《辍耕录》：“詹成者，宋高宗朝匠人，雕刻精妙无比。尝见所造鸟笼，四面花版，皆于竹片上刻成宫室、人物、山水、花木、禽鸟，纤悉俱备。其细若缕，而且玲珑活动，求之二百余年来，无复此一人矣。”

元代亦重工艺，《经世大典》工典凡列二十二目：一曰宫苑，二曰官府，三曰仓库，四曰城郭，五曰桥梁，六曰河渠，七曰郊庙，八曰僧寺，九曰道宫，十曰庐帐，十一曰兵器，十二曰卤簿，十三曰玉工，十四曰金工，十五曰木工，十六曰抟埴之工，十七曰石工，十八曰丝枲之工，十九曰皮工，二十曰毡罽之工，二十一曰画塑之工，二十二曰诸匠。诸匠之中，画塑尤精。绘塑佛像，特设专官提举。

《元史·职官志·工部》：“梵像提举司，董绘画佛像及土木刻削之工。”

画塑之像，并可以丝织之。

《元代画塑记》：“成宗大德十一年十一月二十七日，敕丞相脱脱、平章秃坚帖木儿等：成宗皇帝、贞慈静懿皇后御影，依大天寿万宁寺内御容织之；南木罕太子及妃、晋王及妃，依帐殿内所画小影织之。”

塑像之艺之精者曰阿尔尼格。

《元史》：“阿尔尼格，尼博啰国人也。……同学有为绘画妆塑业者，读《尺寸经》，阿尔尼格一闻即记，长善画塑及铸金为像。……从帝师帕克斯巴入朝，帝命取明堂针灸铜像示之，曰：‘此安抚王檝使宋时所进，岁久阙坏，无能修完之者，汝能新之乎？’对曰：‘臣虽未尝为此，请试之。’至元二年，新像成，关鬲脉络皆备，金工叹其天巧，莫不愧服。凡两京寺观之像，多出其手。为七宝镔铁法轮，车驾行幸，用以前导，原庙列圣御容，织锦为之，图画弗及也。”《元代画塑记》：

“大德三年，命阿你哥塑三清殿神像。八年，又令阿你哥塑城隍庙三清神像。”①

其弟子曰刘元，亦称绝艺。

《元史》：“有刘元者，尝从阿尔尼格学西天梵相，亦称绝艺。……至元中，凡两都名刹塑土范金抟换为佛像出元手者，神思妙合，天下称之。”“抟换者，漫帛土偶上而髹之，已而去其土，髹帛俨然成像云。”

至今燕京寺刹尚有刘元所塑像，此元代之特色也。

宋人之精于天算者，以沈括、苏颂为最。括有浑仪、浮漏、景表三议，见《宋史·天文志》，其《景表议》尤为世所称。

《畴人传》（阮元）：“沈括于步算之学，深造自得。所上三议，并得要领，其景表一议，尤有特见，所谓烟气尘氛，出浊入浊之节，日日不同，即西人蒙气差所自出也。”

颂于元祐间，与韩公廉创制仪象，著《新仪象法要》三卷，史称其所制仪象，吻合躔度，最为奇巧。

《宋史·天文志》：“苏颂更作仪象，上置浑仪，中设浑象。旁设昏晓更筹，激水以运之，三器一机，吻合躔度，最为奇巧。”

而秦九韶著《数学九章》，发明立天元一法，尤为有功于算术。

---

① 阿你哥即阿尔尼格之异译。

《畴人传》："秦九韶字道古，秦、凤间人也。寓居湖州，少为县尉。淳祐四年，以通直郎通判建康府，著《数学九章》九卷。"《四库全书总目》："《数学九章》十八卷，宋秦九韶撰。是书分为九类：一曰大衍，以奇零求总数，为九类之纲；二曰天时，以步气朔晷影及五星伏见；三曰田域，以推方圆幂积；四曰测望，以推高深广远；五曰赋役，以均租税力役；六曰钱谷，以权轻重出入；七曰营建，以度土功；八曰军旅，以定行阵；九曰市易，以治交易。虽以九章为名，而与古《九章》门目迥别。盖古法设其术，九韶则别其用耳。……此书大衍术中所载立天元一法，能举立法之意而言之。其用虽仅一端，而以零数推总数，足以尽奇偶和较之变，至为精妙。苟得其意而用之，凡诸法所不能得者，皆随所用而无不通。后元郭守敬用之于弧矢，李冶用之于勾股方圆，欧逻巴新法易其名曰借根方，用之于九章八线，其源实开自九韶，亦可谓有功于算术者矣。"

盖宋重算学，设校教士，故古算书多出于是时。学者因之研究精微，以古名家辈出也。

《畴人传》："杨辉著《续古摘奇算法》，言古今算书。元丰七年，刊入秘书省，又刻于汀州学校者十书，曰《黄帝九章》《周髀算经》《五经算法》《海岛算经》《孙子算法》《张丘建算法》《五曹算法》《缉古算法》《夏侯算法》《算术记遗》。元丰、绍兴、淳熙以来刊刻者，有《议古根源》《益古算法》《证古算法》《明古算法》《辨古算法》《明源算法》《金科算法》《指南算法》《应用算法》《曹康算法》《贯宪九章》《通征集》《通机集》《盘珠集》《走盘集》[1]《三元化零歌》《钤经》《钤释》十八种。嘉定、咸淳、德祐等年所刊。……辉所称算书十书

① 据此知珠算作于宋时。

而外，今无一存者。”

元之李冶（亦作治）著《测圆海镜》《益古演段》二书，演绎立天元法益精。

《畴人传》：“李冶字仁卿，号敬斋，真定栾城人，晚家元氏，登金进士第。至元二年，召为翰林学士，知制诰，同修国史，著《测圆海镜》十二卷、《益古演段》三卷。”《四库全书总目》：“《测圆海镜》十二卷，元李冶撰。……其书以勾股容圆为题，自圆心圆外，纵横取之，得大小十五形，皆无奇零。次列识别杂记数百条，以穷其理。次设问一百七十则，以尽其用。探赜索隐，参伍错综，虽习其法者，不能骤解，而其草则多言立天元一。按立天元一法见于宋秦九韶《九章》大衍数中，厥后《授时草》及《四元玉鉴》等书皆屡见之，而此书言之独详，其关乎数学者甚大。……欧逻巴人始以借根方进呈圣祖仁皇帝，授蒙养斋诸臣习之，梅珏成乃悟即古立天元一法，于《赤水遗珍》中详解之。且载西名阿尔热巴拉（Algebra）即华言东来法，知即冶之遗书，流入西域，又转而还入中原也。”

而郭守敬之学，尤为集古今天算之大成。

《元史·郭守敬传》：“守敬字若思，顺德邢台人，……巧思绝人。……至元十三年，帝以守敬与王恂率南北日官，分掌测验。……守敬首言历之本，在于测验，而测验之器，莫先仪表。今司天浑仪，宋皇祐中汴京所造，不与此处天度相符，比量南北二极，约差四度；表石年深，亦复欹侧。守敬乃尽考其失而移置之。既又别图高爽地，以木为重棚，创作简仪、高表，用相比覆。又以为天枢附极而动，昔人尝展管望之，未得其的，作候极仪。极辰既位，天体斯正，作浑天象。象虽形似，莫适所用，作玲珑仪。以表之矩方，测天之正圜，莫若以圜求圜，作仰仪。古有经纬，结而不动，守敬易之，作立运仪。日有中道，月有九行，守敬一之，作证理仪。表高景虚，罔象非真，作景符。月虽有明，察景则难，作阙几。历法之验，在于交会，作日月食仪。天有赤道，轮以当之，两极低昂，标以指之，作星晷定时仪。又作正方案、九表、悬正仪、座正仪，为四方行测者所用。又作《仰规复矩图》《异方浑盖图》《日出入永短图》，与上诸仪互相参考。①……守敬因奏：'唐一行开元间令南宫说天下测景，书中见者凡十三处。今疆宇比唐尤大，若不远方测验，日月交食分数时刻不同，昼夜长短不同，日月星辰去天高下不同，即目测验人少，可先南北立表，取直测景。'帝可其奏。遂设监候官一十四员，分道而出，东至高丽，西极滇池，南逾朱崖，北尽铁勒，四海测验，凡二十七所。②十七年，新历告成，守敬与诸臣同上奏曰：'汉造《三统历》，……姚舜辅造《纪元历》，……计千一百八十二年，历经七十改，其创法者十有三家。……臣等用创造简仪、高表，凭其测实数，所考正者凡七事。'"《畴人传·郭守敬传》："论推步之要，测与算二者而已。简仪、仰仪、景符、阙几之制，前此言测候者未之及也。垛叠、招差、勾股、弧矢之法，前此言算造者弗能用也。先之以精测，继之以密算，上考下求，若应准绳。施行于世，垂四百年，可谓集古法之大成，为将来之典要者矣。自三统以来，为术者七十余家，莫之伦比也。"

其时回回之法东来，仪器算书，皆可补中土所未备。

《元史·天文志·西域仪象》："世祖至元四年，札马鲁丁造西域

①《元史·天文志》详载守敬所制简仪、仰仪、正方案、圭表、景符、阙几诸器制度。

②《元史·天文志》载四海测验处，曰南海、衡岳、岳台、和林、铁勒、北海、大都、上都、益都、高丽、太原、兴元、凉州、大名、河南府、鄂州、雷州、北京、登州、西京、安西府、成都、东平、南京、扬州、吉州、琼州。

仪象。""咱秃哈剌吉，汉言浑天仪也。""咱秃朔八台，汉言测验周天星曜之器也。""鲁哈麻亦渺凹只，汉言春秋分晷影堂。""鲁哈麻亦木思塔余，汉言冬夏至晷影堂。""苦来亦撒麻，汉言浑天图。""苦来亦阿儿子，汉言地理志也。"①"兀速都儿剌不定，汉言昼夜时刻之器。"《元秘书监志》（王士点、商企翁）："至元十年十月，北司天台申本台合用文书。""兀忽列的四擘算法段数十五部。""罕里速窟允解算法段目三部。""撒唯那罕答昔牙诸般算法段目并仪式十七部。""麦者思的造司天仪式十五部。""海牙剔穷历法段数七部。""呵些必牙诸般算法八部。""积尺诸家历四十八部。""速瓦里可瓦乞必星纂四部。""撒那的阿剌忒造浑仪香漏八部。""撒非那设般法度纂要十二部。""黑牙里造香漏并诸般机巧二部。""兀速剌八个窟勒小浑天图。""阿剌的杀密剌测太阳晷影一个。""牙秃鲁小浑仪一个。""拍儿可儿潭定方圆尺一个。"

疑守敬所制，必有参取回回之法，而又加以新意者，惜其器之不尽传也。

宋代地志极夥，今所传者，如《太平寰宇记》《元丰九域志》《舆地广记》等，固为总志之要书，

《四库全书总目》："《太平寰宇记》，一百九十三卷，宋乐史撰。""史《进书序》讥贾耽、李吉甫为漏阙，故其书采摭繁富，惟取赅博，于列朝人物，一一并登。至于题咏古迹，若张祜《金山诗》之类，亦皆并录。后来方志必列人物、艺文者，其体皆始于史。盖地理之书，记载至是书而始详，体例亦自是而大变。""《元丰九域志》，十卷，宋王存等撰。""《舆地广记》，三十八卷，宋欧阳忞撰。"

---

①按志称其制以木为圆球，七分为水，其色绿；三分为土地，其色白。画江河湖海，脉络贯串，于其中画作小方井，以计幅员之广袤，道里之远近。是即今日地球仪，非地理志书也。

而郡邑地志，赓续修葺，冠以年号，前后相踵。若《乾道临安志》《咸淳临安志》之类，亦始于宋。

《四库全书总目》："《乾道临安志》，三卷，宋周宗撰。乾道五年，以右文殿修撰知临安府创为此志，……于南宋地志中为最古之本。考武林掌故者，必以是书为称首。""《咸淳临安志》九十三卷，元潜说友撰。"

后世志乘之广，远轶前代，以备史料，以觇文化，信而有征，不得谓非宋人启之也。宋人志地者，既多附图，或曰图经，或曰图志[①]，而各种地图著于史籍者尤夥。(《宋史・艺文志》载地理图一卷者二，皆不知作者。又有《南北对镜图》《混一图》《指掌图》《西南蛮夷朝贡图》《契丹疆宇图》《契丹地理图》《交广图》《福建地理》《益州地理图》等。)以今所传《契丹国志》之图观之，道里准望，殊未正确，不足称重。然齐刘豫时所刻《禹迹》《华夷》二图，迄今犹为中外人所称道。

《金石萃编》(王昶)："《禹迹图》，高广各三尺四寸二分，在西安府。……图刘豫时刻，考豫以宋绍兴元年为金所立，则是年当丁巳，亦金天会之十五年也。每折地方百里，所载山川，多与古合，唐、宋以来，地图之存，惟此而已。"[②]"《华夷图》，高广各三尺四寸二分，在西安府。""有《华夷图》，不著刻人名氏，题云'阜昌七年十月朔岐学上石'，盖刘豫时所刻。其年十一月，豫为金人所废，阜昌之号，终于此矣。唐贞元中，贾耽图《海内华夷》，广三丈，纵三丈三尺，以寸为百里。斯图盖仿其制，而方幅缩其什之九，京府州

① 如朱长文《吴郡图经》、王招《芜湖图志》之类。
②《关中金石记》。

军之名，皆用宋制。”①《语石》（叶昌炽）：“齐皋昌之《禹迹图》《华夷图》，开方记里虽简，实舆图之鼻祖也。山西稷山县有摹本，在保真观，石横二尺五寸，为方七十一，竖三尺，为方八十一，共方五千七百五十一。每方折地百里，志《禹贡》山川古今州郡山水地名极精。皋昌图方广各三尺余，此石旁靭，非得墨本，不能别其同异。”

英伦皇家地理学会《地理月刊》称公元十一二世纪顷，中国测绘之术，有卓越之进步。其地图现存于西安府之石碑者，精致远过于西洋后出之图，即指皋昌《禹迹》《华夷》二图而言。则宋人在地理上之成绩，亦非无历史上之价值也。元有《大一统志》，

《补辽金元艺文志》：“《元大一统志》，一千卷。集贤大学士孛兰肹、昭文馆大学士岳铉等进本。”《四库全书总目》：“舆志之书，出自官撰者，自唐《元和郡县志》、宋《元丰九域志》外，惟元岳璘等所修《元大一统志》最称繁博。国史《经籍志》载其目共为一千卷，今已散佚无传。虽《永乐大典》中各韵中颇见其文，而割裂丛碎，又多漏脱，不复能排比成帙。惟浙江汪氏所献书内尚存原刊本二卷，颇可以考见其体制。明代修《一统志》，其义例一仍《元志》之旧，故书名亦沿用之。”

其纂修原委，具见于《元秘书志》。

《元秘书志》卷四：“至元乙酉，欲实著作之职，乃命大集万方图志而一之，以表皇元疆理无外之大。诏大臣近侍提其纲，聘鸿生硕士，立局置属庀其事，凡九年而成书。续得云南、辽阳等书，又

① 《潜研堂金石文跋尾》。

纂修九年而始就。今秘府所藏《大一统志》是也。”

其中有中国各地之图，兼有回回等地图，

《元秘书志》：“至元二十三年，秘书监札马剌丁奏过下项事理：一奏在先汉儿田地些小有来，那地理的文字册子四五十册有来。如今日头出来处，日头没处，都是咱每的。有的图子有也者，那远的他每怎生般理会。回回图子我根底有，都总做一个图子呵，怎生么道奏呵，那般者么道圣旨了也。”

每路卷首，必有地理小图，

《元秘书志》：“至元三十一年八月，本监移准中书兵部关编写《至元大一统志》，每路卷首，必用地理小图。”

各地至上都、大都里数，一一详载，

《元秘书志》：元贞二年十一月初二日，著作郎呈粘连到《大一统志凡例》：（一）某路，所辖几州开，本路亲管几县开。（一）建置沿革，《禹贡》州域、天象分野、历代废置，周、秦、汉、后汉、晋、南北朝、隋、唐、五代、宋、金、大元。（一）各州县建置沿革，依上开。（一）本路亲管坊郭乡镇，依上开。（一）本路至上都、大都并里至。（一）各县至上都、大都并里至。（一）名山大川。（一）土山。（一）风俗形势。（一）古迹。（一）寺观祠庙。（一）宦迹。（一）人物。

其书凡六百册，一千三百卷。

《元秘书监志》："大德七年五月初二日，集贤大学士卜兰禧、昭文馆大学士秘书监岳铉等奏，秘书监修撰《大一统志》。元领奉世祖皇帝圣旨编集，始自至元二十三年，至今才方成书，以是缮写，总计六百册，一千三百卷。"

实地志之巨观，惜乎其不存也。

宋代有一最著之美术工艺，为历朝所不及者，曰磁器。江西景德镇之磁器，虽源于唐，而大著宋真宗之世。

《景德镇陶录》（蓝浦）："景德窑，宋景德年间烧造。土白壤而埴，质薄腻，色滋润。真宗命进御瓷器，底书'景德年制'四字。其器尤光致茂美，当时则效，著行海内。于是天下咸称景德镇瓷器，而南昌之名遂微。"

然宋代陶瓷之美者，尚不数景镇，而以定、汝、官、哥为最有名。

《景德镇陶录》："定窑，宋时所烧。出直隶定州，有南定器、北定器，土脉细腻，质薄，有光素凸花、画花、印花、绣花诸种。多牡丹、萱草、飞凤花式，以白色而滋润为正，白骨而加以泑水有如泪痕者佳，俗呼'粉定'，又称'白定'。其质粗而微黄者低，俗呼'土定'。东坡《试院煎茶》诗云：'定州花瓷琢红玉。'蒋记云：'景德镇陶器有饶玉之称，视真定红瓷，足相竞。'则定器又有红者。间造紫黑定，然惟红白二种，当时尚之。《唐氏肆考》云：古定器以政和、宣和间窑为最好。色有竹丝刷纹，其出南渡后者，为南定，北贵于南。汝窑，汝亦汴京所辖。宋以定州白器有芒，不堪用，遂命汝州建青器窑，土细润如铜，体有厚薄，色近雨过天青，汁水莹厚若堆脂，有铜骨无纹、铜骨釉子纹二种。官窑，宋大观、政和间，汴京自置窑烧造，命曰官窑。土脉细润，体薄色青，带粉红，浓淡不一，有蟹爪纹，紫口铁足。大观中，釉尚月白、粉青、大绿三种。政和以后，惟青分浓淡耳。龙泉窑，宋初处州府龙泉县琉田市所烧。土细埴，质颇粗厚，色甚葱翠，亦分浅深，无纹片。哥窑，宋代所烧。本龙泉琉田窑，处州人章姓兄弟分造，兄名生一，当时别其所陶曰哥窑。土脉细紫，质颇薄，色青，浓淡不一。有紫口铁足，多断纹，隐裂如鱼子釉。惟米色、粉青二种汁纯粹者贵。章龙泉窑，即生一之弟章生二所陶者，仍龙泉之旧，又号章窑，或曰处器青器。土脉细腻，质薄，亦有粉青色、翠青色，深浅不一，足亦铁色，但少纹片。”

外此复有吉州、均州、磁州诸窑，及象窑、东窑、建窑、湘湖窑、碎器窑等，盖自唐以来，陶瓷之业，日见发达。五代时，柴窑已为古来诸窑之冠。

《陶录》：“柴窑，五代周显德所烧。出北地河南之郑州，其地本宜于陶，以世宗姓柴，故名。然当时亦称御窑，入宋始以柴窑别之。其瓷青如天，明如镜，薄如纸，声如磬，滋润细媚，有细纹，制精色异，为古来诸窑之冠，但足多粗黄土耳。”《唐氏肆考》云：“柴窑起于汴，相传当日请器式，世宗批其状曰：‘雨过天青云破处，者般颜色作将来。’”

至于北宋诸帝，皆精研美术，士大夫复提倡品茶绘画诸事，故陶瓷工艺，因之尽美极妍。世称宋代为陶业完成而大放光彩之时代，非虚誉也。

《支那陶磁全书》（大西林五郎）：“霍布孙氏（R.L.Hobson，著Chinese Pottery and Porcelain）目宋代为支那陶业之成功时代。盖通计支那古今陶瓷隆盛之时代，惟宋、明二代。就中宋承唐代勃兴之机运，集其大成，更加一段之创意与发明，有华有实，可为陶磁史上特笔大书之时代。”“又唐代陶工者之品位，已渐增高。出其佳品良作，受王室及贵绅之待遇，然尚未达于十全之域。及入宋代，陶业咸受王室之保护，彼之定、汝、官、哥诸窑，皆在敕命之下而经营者，于是陶工遂占享受世人崇敬之地步。此宋代陶磁业发达之因由也。”

元有浮梁磁局，[①] 专掌景德镇磁器，世称为枢府窑。而民间所造者，则有宣州、临州、南丰诸窑，[②] 然其成绩不能超过两宋也。

西人之知有火器，始于1354年[③]。相传其法得自东方，盖吾国久有火药，

《格致镜原》（清陈元龙）引《物源》云：“轩辕作炮，吕望作铳，魏马钧制爆仗，隋炀帝益以火药杂戏。”[④]

至宋而以火药制炮为战具，

《海鳝船赋序》（杨万里）：“绍兴辛巳，逆亮至江北，掠民船欲济。虞允文伏舟七宝山后，舟中发一霹雳炮，盖以纸为之，而实以石灰硫黄，炮自空而下，坠水中。硫黄得水，而火自跳出，其声如雷，纸裂而石灰散为烟雾，眯其人马之目，遂压虏舟，人马皆溺，大败之。”《陔余丛考》（赵翼）：“宋史虞允文采石之战，发霹雳炮，以纸为之，实以石灰硫磺，投水中，而火自水跳出，纸裂而石灰散为烟雾，眯其人马，遂败之。又魏胜创炮车，施火石，可二百步。其火药用硝石、

---

① 见《元史·职官志》。

② 均见《景德镇陶录》。

③ 元顺帝至正十四年。

④ 按古所谓炮，仅用机发石，非后世之火炮。所谓马钧制爆仗，隋炀帝益以火药，殆尚可信。

硫磺、柳炭为之，此近代用火具之始。”①

蒙古得回回人制造大炮，其法益精。

《元史·工艺传》：“阿喇卜丹，回回氏，西域茂萨里人也。至元八年，世祖遣使征炮匠于宗王额呼布格，王以阿喇卜丹、伊斯玛音应诏。二人举家驰驿至京师，给以官舍，首造大炮，竖于五门前。帝命试之，赐衣段。十一年，国兵渡江，平章阿尔哈雅遣使求炮手匠，命阿喇卜丹往，破潭州、静江等郡，悉赖其力。十五年，授宣武将军、管军总管。二十二年，改元帅府为回回炮手军匠上万户府，以阿喇卜丹为副万户。”“伊斯玛音，回回氏，西域实喇人也，善造炮。至元八年，与阿喇卜丹至京师。十年，从国兵攻襄阳未下，伊斯玛音相地势，置炮于城东南隅，重一百五十斤。机发，声震天地，所击无不摧陷，入地七尺。宋安抚吕文焕惧，以城降。……十一年，以疾卒。子本布袭职，时国兵渡江，宋兵陈于南岸，拥舟师迎战。本布于北岸竖炮以击之，舟悉沈没，后每战用之，皆有功。”

元代与欧洲常通使命，故其法流传彼土，而开后来世界火器大兴之局。故论利用炮火以为战争利器者，不得不首推吾国也。

西人之制航海磁针盘，始于1302年②，其法尤后于我国。我国历史相传，自古已有指南车。

《宋书·礼志》：“指南车，其始周公所作，以送荒外远使。地域

① 按允文之炮，不过今日爆竹之类。魏胜之炮车，则枪炮之始。胜字彦成，宿迁人。其炮车之制尝上于朝。孝宗诏诸军遵其式制造。孝宗当西历十一世纪，距西人之制火药，殆一百三十余年矣。

② 元成宗大德六年。

平漫，迷于东西，造立此车，使常知南北。《鬼谷子》云：郑人取玉，必载司南，为其不惑也。至于秦、汉，其制无闻，后汉张衡始复制造。汉末丧乱，其器不存。魏高堂隆、秦朗皆博闻之士，争论于朝，云无指南车，记者虚说。明帝青龙中，令博士马钧更造之。而车成，晋乱，复亡。石虎使解飞、姚兴使令狐生又造焉。安帝义熙十三年，宋武帝平长安，始得此车。其制如鼓车，设木人于车上，举手指南。车虽回转，所指不移，大驾卤簿，最先启行。范阳人祖冲之有巧思，常谓宜更构造。宋顺帝升明末，齐王为相，命造之焉。车成，使抚军丹阳尹王僧虔、御史中丞刘休试之，其制甚精。百屈千回，未尝移变。晋代又有指南舟，索虏拓跋焘使工人郭善明造指南车，弥年不就。扶风人马岳又造，垂成，善明酖杀之。”①

其用磁针与否，虽未能定，惟宋人著述，恒称磁石指南之事。

《梦溪笔谈》（沈括）：“方家以磁石磨针锋则能指南，然常微偏东，不全南也。水浮多荡摇，指爪及碗唇上皆可为之，运转尤速。但坚滑易坠，不若缕悬为最善。其法取新纩中独茧缕，以芥子许蜡缀于针腰，无风处悬之，则针常指南。其中有磨而指北者，予家指南北者皆有之，磁石之指南，犹柏之指西，莫可原其理。”

其时海商多用指南针以定方向，

《萍洲可谈》（朱彧）：“海舶大者数百人，小者百余人，以巨商为纲首杂事，市舶司给朱记，许用笞治其徒，有死亡者，籍其财。舶船去以十一月、十二月就北风，来以五月、六月就南风，船方正，

①《宋史·舆服志》亦载指南车为仁宗天圣五年工部郎中燕肃造。

若一木斛，非风不能动。其樯直立，而帆侧挂，以一头就樯柱，如门扇，谓之加突，方言也。海中不惟使顺风，开岸就岸风皆可使，惟风逆则倒退，须用碇石使不行。舟师识地理，夜则观星，昼则观日，阴晦观指南针。[①] 或以十丈绳，钩取海底泥嗅之，便知所至。海中无雨，凡有雨则近山矣。”[②]

固自早于欧人也。夏德（F.Hirth）《支那古代史》考我国用指南针之事甚详，谓中国之知有磁针，固在最古时代；其用以航海，则由阿剌伯商人之发见。然其所举例证，第以沈括为杭州人推之。

《支那古代史》（夏德）：“沈括，杭州人。杭州为当时阿剌伯及波斯之商贾盛行通商之处，其人不惟能知悉磁针，且当时一般之方士，为卜方角，恒使用之。故支那人由此而得其制法，进而应用于航海。”

括之祖籍在杭州，然括固常居镇江，未可以此为断也。

宋元之间，工商发达，而以木棉织布，亦以其时始盛行于各地。

《大学衍义补》（丘浚）：“汉、唐之世，木棉虽入贡，中国未有其种，民未以为服。宋、元间传其种，关、陕、闽、广首得其利，盖闽、广海船通商，关、陕接壤西域故也。”

元代特设专官，提举木棉。

《元史·世祖纪》：“至元二十六年，置浙东、江东、江西、湖广、

---

① 此即宋时海商用磁针盘之确证。

② 宋时舟师具知天文地理，其航海之术，不专恃磁针，惟阴晦始观磁针。而西人以发明指南针为一大事，其智不皆出宋代舟师之下哉。

福建木棉提举司，责民岁输木棉十万匹，以都提举司总之。”

观其地域，当以浙东、江东、江西、湖广、福建为产棉最多之区，或其地初未有棉，惟以气燠宜种，故设官以教民耳。《辍耕录》载黄道婆自崖州来松江，始教民以纺织。知元初江苏各地织棉之业，尚未大盛矣。

《辍耕录》：“松江乌泥泾，土田硗瘠，谋食不给，乃觅木棉种于闽、广。初无踏车椎弓之制，率用手去其子，线弦竹弧振掉而成，其功甚艰。有黄道婆自崖州来，教以纺织，人遂大获其利。未几道婆卒，乃立祠祀之。三十年祠毁，乡人赵愚轩重立云。”

唐人之创飞钱，虽为纸币之权舆，而其性质，尚非完全之纸币，完全之纸币，实始于宋初蜀中之交子。

《宋会要》：“蜀人以铁钱重，始为券，谓之交子，以便贸易。诸豪富以时聚首，同用一色纸印造，印文用屋木人物，铺户押字，各自隐密题号，朱墨间错，以为私记。填贯不限多少，收入人户见钱便给交子，无远近行用，动及万百贯。其后富人资稍衰，不能偿所负，争讼数起。寇瑊守蜀，乞禁之。转运使薛田议废交子则贸易不便，请官为置务，禁民造。诏从其请，置交子务于益州。”

其后又有钱引、会子、关子等名，皆纸币也。

《文献通考》（马端临）：“大观元年，改四川交子为钱引。”“绍兴十三年，户部侍郎钱端礼被旨造会子，椿见钱于城内外流转，其合发官钱，并许兑会子，赴左藏库送纳。”“会子初止行于两浙，后又诏通行于淮浙、湖北、京西。除亭户盐本并用见钱外，其不通水路去处，上供等钱，许尽用会子解发。其沿流州军钱会中半，民间典卖田宅牛畜车船等如之，或全用会子者听。”“隆兴元年，诏官印会子，以隆兴尚书户部官印会子之印为文，更造五百文会，又造二百、三百文会。”“绍兴二十九年，印给公据关子，赴三路总领所，淮西、湖广各关子八十万缗，淮东公据四十万缗，自十千至百千凡五等。内关子作三年行使，公据二年，许钱银中半入纳。”

金入宋后，置局于汴京，造官会，谓之交钞，与钱并行。

《续文献通考》：“海陵贞元二年五月，始置交钞库。”“户部尚书蔡松年请行钞引法，遂设印造钞引库及交钞库，印一贯、二贯、三贯、五贯、十贯五等，谓之大钞；一百、二百、三百、五百、七百五等，谓之小钞，与钱并行，以七年为限。”

章宗时，铸造银锭，而以生银造为元宝之制以兴。

《续文献通考》：“章宗承安二年十一月，铸承安宝货。”“尚书省议，官俸军需，皆以银钞兼给。旧例，银每锭五十两，其直百贯。民间或有截凿之者，其价亦随低昂，遂改铸银，名承安宝货，一两至十两，分五等。每两折钱二贯，公私同见钱用。”（按元宝每锭五十两之数，始见于此。其名则元初所命也。）

降及元代，遂银钞并用。

《续文献通考》：“至元三年，始铸元宝。”《辍耕录》：“银锭上字号扬州元宝，乃至元十三年平宋回至扬州，丞相巴延令搜检将士行李，所得撒花银子，销铸作锭，每重五十两，归朝献纳。世祖宴会，从而颁赐，或用货卖，所以民间有此锭也。后朝廷亦自铸，至元十四年者，重四十九两，十五年者，重四十八两。辽阳元宝，乃至元二十三四年征辽东所得银子铸者。”《元史》：“世祖中统元年，始造交钞，以丝为本。每银五十两，易丝钞一千两。诸物之直，并从丝例。是年十月，又造中统元宝钞，其文以十计者四：曰一十文、二十文、三十文、五十文。以百计者三：曰一百文、二百文、五百文。以贯计者二：曰一贯文、二贯文。每一贯同交钞一两，两贯同白银一两。又至元十二年添造厘钞，其例有三：曰二文、三文、五文。”“初钞印用木为板，十三年铸铜易之。”“二十四年，改造至元钞，自二贯至五文，凡十有一等，与中统钞通行，每一贯当中统钞五贯文。”“至大二年，武宗复以物重钞轻，改造至大银钞，自二两至二厘，定为一十三等。每一两准至元钞五贯，白银一两，赤金一钱。元之钞法，至是盖三变也。”

然钞法不善，价值与所定者恒不相合，故其时仍多用银。观《元史》所载用银之多，几可称之为专用生银时代。

《元史·世祖本纪》：“中统元年七月，以史天泽扈从先帝有功，赐银万五千两。”“十二月，赐亲王穆哥银二千五百两。诸王按只带、忽剌忽儿、令丹忽剌、出胜纳合儿，银各千两。”（以后逐年均有赐银，不备载。）

盖宋、元之人，只知钞可代钱，而不知储积准备及操纵维持之法，故屡用纸币，而屡致失败。虽别定价值，改立名目，行之不久，其法即敝，仍不得不用现货也。中国各地，习用钱钞，而元代云南尚用贝为钱，不识钞法。

《续文献通考》：“至元十三年正月，云南行交会𧵳子。”“云南民以贝代钱。时初行钞法，民不便之。行省赛音谔德齐言‘云南不语钞法，莫若以交会𧴩子公私通行为便。’从之。至十九年九月，定云南税赋，用金为则，以贝子折纳。每金一钱，直贝子二十索。”“王圻曰：云南𧴩以一为庄，四庄为手，四手为苗，四苗为索。”

降及明代犹然。

《涌幢小品》（朱国祯）：“南人用贝一枚曰庄，四庄曰手，四手曰苗，五苗曰索。贝之为索，犹钱之为缗也。”

是则最古之风之流行于近世者矣。

宋代风俗，具见于吴自牧《梦粱录》。如社会、团行：

《梦粱录》：“文士有西湖诗社，此乃行都搢绅之士及四方流寓儒人，寄兴适情赋咏，脍炙人口，流传四方，非其他社集之比。武士有射弓踏弩社，皆能攀弓射弩。武艺精熟，射放娴习，方可入此社耳。更有蹴鞠、打球、射水弩社，则非仕宦者为之，盖一等富室郎君、风流子弟与闲人所习也。奉道者有灵宝会。”“诸寨建立圣殿者，俱有社会，诸行亦有献供之社。”“诸行市户俱有社会，迎献不一。如府第内官以马为社，七宝行献七宝玩具为社，又有锦绣社、台阁社、穷富赌钱社、遏云社、女童清音社、苏家巷傀儡社、青果行献时果社、东西马塍献异松怪桧奇花社，鱼儿活行以异样龟鱼呈献豪富子弟及绯绿清音社、十间等社。”“奉佛者，有上天竺寺光明会。”“又有善女人，皆府室宅舍内司之府第娘子夫人等，建庚申会，诵《圆觉经》，俱带珠翠珍宝首饰赴会，人呼曰斗宝会。更有城东、城北善友道者，建茶汤会，遇诸山寺院建会设斋，又神圣诞日，助缘设茶

> 汤供众。”[1]“市肆谓之团行者，盖因官府回买而立此名。不以物之大小，皆置为团行。虽医卜工役，亦有差使，则与当行同也。其中亦有不当行者，如酒行、食饭行而借此名；有名为团者，如城西花团、泥路青菜团、后市街柑子团、浑水闸鲞团；又有名为行者，如官巷方梳行、销金行、冠子行、城北鱼行、城东蟹行、姜行、菱行、北猪行、候潮门外南猪行、南上北土门菜行、坝子桥鲜鱼行、横河头布行、鸡鹅行；更有名为市者，如炭桥药市、官巷花市、融和市、南坊珠子市、修义坊肉市、城北米市。”“或名为作分者，如碾玉作、钻捲作、篦刀作、腰带作、金银打钑作、裹贴作、铺翠作、裱褙作、装銮作、油作、木作、砖瓦作、泥水作、石作、竹作、漆作、钉铰作、箍桶作、裁缝作、修香浇烛作、打纸作、冥器作等分；又有异名行者，如买卖七宝者谓之骨董行，钻珠子者名曰散儿行，做靴鞋者名双线行，开浴室者名曰香水行。”

皆可考见其时士农工商集合团体共同生活之状况。其慈善事业，如米场、柴场、药局及慈幼局、养济院之类，亦详记其施行之法：

> 《梦粱录》：“或年岁荒歉，米价顿穷，官司置立米场，以官米赈济，或量收价钱，务在实惠及民。更因荧惑为灾，延烧民屋，官司差官吏于火场上具抄被灾之家，各家老小，随口数分大小，给散钱米。官置柴场，城内外共设二十一场，许百司官厅及百姓从便收买，价钱官司量收，与市价大有饶润。民有疾病，州府置施药局于戒子桥西，委官监督，依方修制丸散㕮咀。来者诊视，详其病源，给药医治。朝家拨钱一十万贯下局，令帅府多方措置，行以赏罚，课督医员。

---

① 按《宋史·程颢传》，乡民为社会，为立条旌别善恶，使有劝有耻。知北宋时已有各种社会，今人称地方团体为社会，盖本于此。

月以其数上于州家，备申朝省。或民以病状投局，则畀之药，必奏更生之效。局侧有局名慈幼，官给钱典顾乳妇，养在局中。如陋巷贫穷之家，或男女幼而失母，或无力抚养，抛弃于街坊，官收归局养之。月给钱米绢布，使饱暖，养育成人，听其自便生理，官无所拘。若民间之人愿收养者听，官仍月给钱一贯、米三斗，以三年住支。更有老疾孤寡贫乏不能自存及丐者等人，州县陈请于朝，即委钱塘、仁和县官，以病坊改作养济院，籍家姓名，每名官给钱米赡之。”

盖北宋时，已有安济坊、居养院等，以济贫病无告之人。

《续通鉴》：“崇宁元年八月辛未，置安济坊，养民之贫病者，仍令诸州县并置。”“九月戊子，京师置居养院以处鳏寡孤独，仍以户绝财产给养。”

至南宋又推广之，后世相承，自政府及平民，靡不认慈善事业为公共事业之最要者，其风实自宋启之。是亦宜著之史策，以明吾国人非徒致重于贵族之文艺美术，其于救济社会、扶助贫弱之法，亦远有渊源也。

第二十四章　河流漕运及水利

吾国各地河流，自《禹贡》以来多有迁徙，而黄河之溃决迁徙为最剧。自周、汉以迄元、明，黄河决溢之事，无虑百数。

《全河备考》（叶方恒）："周定王五年，河徙砱砾，始失故道。汉文帝时，决酸枣，东溃金堤（在河南延津、荥阳诸县至大名、清丰一带，延亘千里）。武帝时溢平原（属德州），徙顿丘（今清丰县），又决濮阳（瓠子口开州界），注钜野（即大野，属济宁州），通淮泗，盖河始与淮通，尚未入淮也。元帝时，决馆陶（属临清，汉灵鸣犊口，今高唐州）。成帝时，决东郡金堤，决平原，溢渤海、清河、高唐州一带。唐玄宗时，决博州（今东昌），溢魏州（今大名）、冀州。五代时，决郓州（今郓城县）、博之杨刘（今东平之东阿县杨刘镇）、滑之鱼池。宋太祖时，决东平之竹村，开封之阳武，大名之灵河、澶渊。太宗时，决温县、荥泽、顿丘，泛于澶、濮、曹、济诸州，东南流至彭城界（即今徐州），入于淮，自此为河入淮之始。真宗时，决郓及武定州，寻溢滑、澶、濮、曹、郓诸州邑，浮于徐、济而东入淮。仁宗时，决开州、馆陶。神宗时，决冀州、枣强、大名州邑，一合南清河以入淮，一合北清河以入海。南渡后，河上流诸郡为金所据，独受河患。其亡也，始自开封北卫州决而入涡河，南直寿、亳、蒙城、怀远之间。元初，决卫辉之新乡、开封之阳武、杞县之蒲口、荥泽之塔海庄（归德、封丘诸界）。其时专议疏塞而已。自至元二十六年，开会通河以通运道，而河遂与运相终始。”

要其大者，周定王五年一徙，王莽始建国三年再徙，宋仁宗庆历八年三徙，金章宗明昌五年四徙，元世祖至元二十六年五徙。自宋以前其患疏，自宋以降其患数。

《禹贡锥指》（胡渭）：“周定王五年，河徙。初，大禹导河，自积石、孟津、过洛、汭，及至大伾，乃酾二渠。北过降水，至于大陆，又北播为九河，同为逆河入于海。帝尧八十载，告厥成功。至是凡一千六百七十六年，河始决宿胥口，东徙漯川，径长寿津，与漯别行；东北至成平，复合于禹故河。此黄河大徙之始。”“自定王五年己未，下逮王莽始建国三年辛未，而北渎遂空，凡六百七十二岁。自王莽始建国三年辛未，河徙由千乘入海，后五十九岁，为后汉明帝永平十三年庚午，王景治河功成。下逮宋仁宗景祐元年甲戌，有横陇之决。又十四岁，为庆历八年戊子，复决于商胡，而汉、唐之河遂废，凡九百七十七岁。”“自仁宗庆历八年戊子，逮金章宗明昌五年甲寅，实宋光宗之绍熙五年，而河决阳武，出胙城南，南北分流入海，凡一百四十六岁。”“自金明昌甲寅之徙，河水大半入淮，而北清河之流犹未绝也。下逮元世祖至元二十六年己丑，会通河成，于是始以一淮受全河之水，凡九十五岁。”

降及明代，全河注于一淮。

《禹贡锥指》：“元末河复北徙，自东明曹濮下及济宁，而运道坏。明洪武初，命徐达自曹州东引河自鱼台入泗，以通运。永乐九年，又命宋礼自黄疏河经濮州东北入会通河，是北流犹未绝也。迨迁都之后，仰给于会通者重，始畏河之北，北即塞之。弘治中，两决金龙口，直冲张秋，议者为漕计，遂筑断黄陵冈支渠，而北流于是永绝，始以清口一线，受万里长河之水。”

而河、淮间之工程，几为全国之一大事，治河之法，惟以堰闸为务。

《禹贡锥指》：“黄淮既合，则惟以堰闸为务。堰者高家堰，闸者淮南诸湖闸口也。堰闸以时修固，则淮不南分，助河冲刷黄沙，使海口无壅。”

东南之人，受其害者数百年。至清咸丰五年，河决铜瓦厢[1]，由大清河入海，东南始无河患。

宋都大梁，恃汴河为运道，以黄河、惠民河、广济河辅之。

《宋史·食货志》：“宋都大梁，有四河以通漕运：曰汴河，曰黄河，曰惠民河，曰广济河，而汴河所漕为多。”

靖康以后，南北分立，河、淮之间，墟为战场，故无取其交通也。元、明都燕，以北方控制东南，聚南方之金帛粟米，供给北方之政府，而漕运乃为国之大事。至元二十六年，开会通河，

《元史纪事本末》（陈邦瞻）：“至元二十六年，开会通河。从寿张县尹韩仲晖等言，开河以通运道，起须城县安山渠西南，由寿张西北至东昌，又西北至临清，引汶水以达御河，长二百五十余里，中建闸三十有一，以时蓄泄。河成，渠官张礼孙等言：‘开魏博之渠，通江、淮之运，古所未闻。’诏赐名会通河。”

---

① 兰仪县。

二十九年，开通惠河。而江淮之粟，直达燕都。

《元史纪事本末》："至元二十九年，开通惠河。以郭守敬领都水监事，……导昌平县白浮村神山泉过双塔榆河，引一亩、玉泉诸水入京城，汇于积水潭，逾年毕工。……自是免都民陆挽之劳，公私便之。"

明代复修会通河，运道益便。

《大学衍义补》（丘浚）："会通河初开，岸狭水浅，不能负重。每岁之运，不过数十万石。洪武二十四年，河决原武，漫过安山湖，而会通河遂淤，往来者悉由陆以至德州下河。永乐初，运粮由江入淮，由淮入黄河，运至阳武，发山西、河南二处丁夫由陆运至卫辉下御河，水运至北京。厥后济宁州同知潘叔正因州夫递运之难，请开会通旧河。朝廷命工部尚书宋礼发丁夫十余万疏凿，以复故道，又命刑部侍郎金纯自汴城北金龙口开黄河故道，分水下达鱼台县塌场口，以益漕河。十年，宋尚书请从会通河通运。十三年，始罢海运，而专事河运。明年，平江伯陈瑄又请复淮安、庄闸一带沙河，自淮以北，沿河立浅铺，筑牵路，树柳木，穿井泉，自是漕法通便。"

盖自隋炀开通济、永济二渠，虽已使南北之舟可以直达，然其运道迂远，自修武至馆陶，皆偏于西方，而临清、东昌以南之路未通也。自元、明开此一途，而南北之运河始联络而成一线。论者徒谓隋炀开掘运河，盖未详其始末也。

漕运之道，即通商之路。运河开通，商业自因之发达。观元代商贾多造大船以运货物，即可推见其概。

《元史纪事本末》："仁宗延祐二年二月，省臣言：江南行省起运诸物，由会通河以达于都，多逾期不至。诘其故，皆言始开河时，止许行百五十料船，近来权势之人，并富商大贾贪嗜货利，造三四百料或五百料船于此河行驾，以致阻滞往来舟楫。今宜于沽头、临清二处，各置小石闸一，禁约二百料以上之船不许入河，违者罪之。”

由明迄清，运漕之卒，又多带货物，以供给南北人之需要。

《明史·食货志》：“自英宗后，漕政日弛，军以耗米易私物，道售稽程。比至，反买仓米补纳，多不足数。”《田漕弊议》（清姚文）：“从前运道深通，督漕诸臣，只求重运如期到通，一切并不苛察。各丁于开运时，多带南物，至通售卖，复易北货，沿途销售，即水手人等携带梨枣、蔬菜之类，亦为归邦时糊口之用。”“又如以前商力充裕，军船回空，过淮时，往往私带盐斤。众意以每年不过一次，不甚穷搜。”

盖商业兴而关征重，商民所运之货，必有因捐税而增加价值者。而漕卒则夹带私货，无捐税之累，其价廉而利厚，执政者亦姑息而不问，故始则以为私弊者，继则公然承认之矣。

《明史·食货志》：“宣德四年设钞关，税商船，于是有漷县、济宁、徐州、淮安、扬州、上新河、浒墅、九江、金沙洲、临清、北新诸钞关，量舟大小修广而差其额，谓之船料，不税其货。惟临清、北新则兼收货税，各差御史及户部主事监收。自南京至通州，经淮安、济宁、徐州、临清，每船百料，纳钞百贯。”①

吾国东南滨海，故自陆路交通外，多有海上往来者。

---

① 淮安、临清等处，皆因运河开通，商旅辐辏，故设关也。

《日知录》(顾炎武)：“海道用师，古人盖屡行之矣。吴徐承率舟师自海入齐，此苏州下海至山东之路；越王勾践命范蠡、舌庸率师沿海溯淮以绝吴路，此浙东下海至淮上之路；唐太宗遣强伟于剑南伐木造舟舰，自巫峡抵江扬趋莱州，此广陵下海至山东之路；汉武帝遣楼船将军杨仆从齐浮渤海击朝鲜，魏明帝遣汝南太守田豫督青州诸军自海道讨公孙渊，秦苻坚遣石越率骑一万，自东莱出右径袭和龙，唐太宗伐高丽，命张亮率舟师自东莱渡海趋平壤，薛万彻率甲士三万自东莱渡海入鸭绿水，此山东下海至辽东之路；汉武帝遣中大夫严助发会稽兵浮海救东瓯，横海将军韩说自句章浮海击东越，此浙江下海至福建之路；刘裕遣孙处、沈田子自海道袭番禺，此京口下海至广东之路；隋伐陈，吴州刺史萧瓛遣燕荣以舟师自东海至吴，此又淮北下海至苏州也；公孙度越海攻东莱诸县，侯希逸自平卢浮海据青州，此又辽东下海而至山东也；宋李宝自江阴率舟师败金兵于胶西之石臼岛，此又江南下海而至山东也。”

战时借海道以运兵，平时亦资海舟以转饷。

《日知录》：“唐时海运之事，不详于史。盖柳城陷没之后，至开元之初，新立治所，乃转东南之粟以饷之耳。及其树艺已成，则不复资于转运，非若元时以此为恒制也。”“《旧唐书·懿宗纪》，咸通三年，南蛮陷交趾，征诸道兵赴岭南。时湘、漓溯运，功役艰难，军屯广州乏食，润州人陈磻石诣阙上书，言江西、湖南溯流运粮，不济军师，士卒食尽则散，此宜深虑，臣有奇计，以馈南军。天子召见，磻石因奏臣弟听思曾任雷州刺史，家人随海船至福建，往来大船一只，可致千石，自福建装船，不一月至广州。得船数十艘，便可致三万石至广府，又引刘裕海路破卢循故事。执政是之，以磻石为盐铁巡官，往扬子院专督海运，于是康承训之军皆不阙供。”

然其事不恒，至元始以海运为常事。

《元史纪事本末》：“（至元）十九年十二月，始海运。初，朝廷粮运仰给江南者，或自浙西涉江入淮，由黄河逆流至中滦，陆运至淇门，入御河，以至京师。又或自利津河，或由胶莱河入海，劳费无成。初，宋季有海盗朱清者，尝为富家佣，杀人亡命入海岛，与其徒张瑄乘舟抄掠海上，备知海道曲折，寻就招为防海义民。伯颜平宋时，遣清等载宋库藏等物，从海道入京师，授金符千户。二人遂言海运可通。乃命总管罗壁暨瑄等造平底船六十艘，运粮四万六千余石，由海道入京。然创行海洋，沿山求岙，风信失时，逾年始至。朝廷未知其利，仍旧通运，立京畿、江淮都漕运二司，各置分司，以督纲运。二十年，复事海运。……二十四年，始立行泉府司，专掌海运。……（成宗大德）八年，增海运米为百四十五万石。”

其岁运粮数，详载《元史》及《大元海运记》。其漕运水程，亦具见《海运记》中：

至元十九年，创开海运，每岁粮船于平江路、刘家港等处聚䑸，经由扬州路通州海门县、黄连沙头万里长滩开洋，沿山捉屿，使于淮安路盐城县历西海州、海宁府东海县、密州、胶州界，放云山洋，投东北，取成山路，多有浅沙。行月余才抵成山，罗壁、朱清、张瑄讲究水程，自上海等处开洋，至扬村马头下御处，经过地名山川经直多少迂回，计一万三千三百五十里。

此在今日视之，固至平常之事，然元时则诧为盛举，固前此历代之所无也。明初犹行海运，至会通河通利始罢，

《大学衍义补》（丘浚）："洪武三十年，海运粮七十万石，给辽东军饷。永乐初，海运七十万石至北京。至十三年，会通河通利，始罢海运。"

隆庆中复试行之。

《野获编》（沈德符）："隆庆五年，山东巡抚梁梦龙等上海运议曰：'今漕河多故，言者争献开胶河之说，此非臣等所敢任。第考海道南自淮安至胶州，北自天津至海仓，各有商贩往来，中间自胶州至海仓一带，亦有岛人商贾出入其间。臣等因遣官自淮安运米二千石，自胶州运麦一千五百石，各入海，出天津，以试海道，无不利。此其淮安至天津以道计三千三百里，风便两旬可达，况舟皆由近洋，洋中岛屿联络，遇风可依，非如横海而渡，风波难测。'事下部复，海运法废已久，难以尽复。乞敕漕司量拨漕粮十二万自淮入海，工部即发节省银万五千两，雇募海舟，淮扬局税亦许暂支万五千两，充备召水手。诏从之。"

然明清运道，专主于河，虽知海运之利，终惮行之。至清道光中，始复用海运（详见魏源《道光丙戌海运记》）。初用帆船，至通商后，乃改轮运焉。

三代之时，田有沟洫，无所谓水利。战国以降，沟洫之制度，则视地方官吏治水之善否，以为农业兴废之征。观胡渭论关中土质，即知昔之膏腴复为瘠土之故。

《禹贡锥指》（胡渭）："或问：'《汉书》云：自郑渠成，溉舄卤之地四万余顷，关中始为沃野，无凶年。'然则前此未有渠时，渭北之地皆舄卤也，雍田何以称上上乎！曰此地之为舄卤，以沟洫废也。沟洫之制废，则水泉泻去，其地为咸卤，五谷不殖，秦人患之，此郑国之策所以行也。然渠成之后，舄卤仍不少，兒宽所谓郑国旁高卬之田，严熊所谓重泉以东故恶地，是也。故又有辅渠、白渠、龙首渠之役，及后汉都雒，诸渠渐废。杜佑云，秦、汉时郑渠溉田四万顷，白渠溉田四千五百余顷。唐永徽中，所溉惟万许顷。洎大历初，又减至六千顷。则两渠之利，至唐而益微矣。宋人以郑渠久废，不可复兴，惟修三白渠。其所溉者，泾阳、富平等六县田三千八百余顷而已。熙宁中，于仲山旁更穿丰利渠，溉田二万五千余顷。元至正初，以新渠堰坏，乃复治旧渠口，溉田四万五千余顷，其数不减于汉，然未几亦废。”

大抵宋以前，西北各地，农田水利尚多修举，故富力不偏于南方。

《日知录》：“欧阳永叔作《唐书·地理志》，凡一渠之开，一堰之立，无不记之其县之下，实兼河渠一志，亦可谓详而有体矣。盖唐时为令者，犹得以用一方之财，兴期月之役。而《志》之所书，大抵在天宝以前者，居什之七。”“至于河朔用兵之后，则以催科为急，而农工水道，有不暇讲求者欤！”

自宋以降，西北水利不修；而南方圩田大兴，于是南北之饶瘠迥殊。

《宋史·食货志》：“大抵南渡后，水田之利，富于中原，故水利大兴。”《文献通考》（马端临）：“江东水乡，堤河两涯，田其中，谓之圩。农家云圩者围也，内以围田，外以围水。盖河高而田在水下，沿田通斗门，每门疏港以溉田，故有丰年而无水患。”

论者虽谓围湖为田，易致水旱，

《文献通考》："圩田、湖田多起于政和以来，其在浙间者，隶应奉局；其在江东者，蔡京、秦桧相继得之。大概今之田，昔之湖，徒知湖中之水可涸以垦田，而不知湖外之田将胥而为水也。"

然其利究过于害，此研究宋、元以来经济变迁者所当知也。

自宋熙宁中遣使察农田水利，议兴修塘堰圩堤。

《文献通考》："神宗熙宁元年，遣使察农田水利，程颢等八人充使。王明言保州塘泺以西，可筑堤植木，凡十九里。堤内可引水处即种稻，水不及处，并为方田。又因出土作沟，以限戎马。从之。中书言诸州县古迹陂塘，异时皆蓄水溉田，民利数倍，近岁多所湮废。诏诸路监司访寻州县可兴复水利，如能设法劝诱兴修塘堰圩堤，功利有实，当议旌宠。"

元亦置都水庸田使司，掌种植稻田之事。

《元史·百官志》："都水庸田使司，至元二年置。""至正十二年，因海运不通，诏河南洼下水泊之地，置屯田八处，于汴梁添立都水庸田使司，正三品，掌种植稻田之事。"

明初复广遣国子生集吏民修治水利。

《日知录》："洪武末，遣国子生人才分诣天下郡县，集吏民乘农隙修治水利。二十八年，奏开天下郡县塘堰凡四万九百八十七处，河四千一百六十二处，陂渠堤岸五千四十八处。"

似历代政府皆注意于水利，各地之水利，宜皆随时修举而无所歧异矣。然观明周用《理河事宜疏》，则山东、河南之困于水旱，殊非他省之比。

《理河事宜疏》："臣窃见河南府州县，密迩黄河地方，历年亲被冲决之患。民间地决裂破坏，不成陇亩，畊者不得种，种者不得收，徒费工力，无裨饥饿，加以额办税粮，催科如故，中土之民，困于河患，实不聊生。至于运河以东，山东济南、东昌、兖州三府州县地方，虽有汶、沂、洸、泗等河，然与民间田地支节脉络，不相贯通。每年泰山、徂徕诸山水发之时，漫为巨浸，溃决城郭，漂没庐舍，耕种失业，亦与河南河患相同。或不幸而值旱暵，又并无自来修缮陂塘渠堰蓄水以待雨泽，遂致齐、鲁之间，一望赤地。于时蝗蝻四起，草谷俱尽，东南西北，横亘千里。天灾流行，往往有之。"

盖黄河之患，至宋而剧；绵历元、明，不时溃决。民无久计，官无经图，故其现象若此也。其后徐贞明著《潞水客谈》，亦曰西北之地，旱则赤地千里，潦则洪流万顷，惟雨旸时若，庶乐岁无饥。则明季西北诸省水利亦均不修，不独河南、山东为然矣。

《明史·徐贞明传》："贞明为给事中，上水利议，谓：'神京雄据上游，兵食宜取之畿甸，今皆仰给东南，岂西北古称富强地，不足以实廪而练卒乎？夫赋税所括，括民脂膏，而军船夫役之费，常以数石致一石，东南之力竭矣。又河流多变，运道多梗，窃有隐忧，闻陕西、河南故渠废堰，在在有之。山东诸泉，引之率可成田，而畿辅诸郡，或支河所经，或涧泉自出，皆足以资灌溉。北人未习水利，惟苦水害，不知水害未除，正由水利未兴也。……元虞集欲于京东滨海地筑塘捍水以成稻田，若仿集意，招徕南人，俾之耕艺。北起辽海，南滨青齐，皆良田也。'""贞明被谪至潞河，著《潞水客谈》，以毕其说。其略曰：西北之地旱则赤地千里，潦则洪流万顷，惟雨旸

> 时若，庶乐岁无饥，此可常恃哉？惟水利兴而后旱潦有备。”“谭纶见而美之曰：‘我历塞上久，知其必可行也。’”

贞明小试其说，而未竟其功。

> 《明史·徐贞明传》：“户部尚书毕锵等力赞之，因采贞明疏议为六事：请郡县有司以垦田勤惰为殿最，听贞明举劾；地宜稻者，以渐劝率，宜黍宜粟者如故，不遽责其成；召募南人，给衣食农具，俾以一教十，能垦田百亩以上者，即为世业，子弟得寄籍入学；其卓有明效者，仿古孝弟力田科，量授乡遂都鄙之长；垦荒无力者，贷以谷，秋成还官，旱潦则免；郡县民壮，役止三月，使疏河芟草，而垦田则募专工。帝悉从之。……贞明领垦田使，已垦至三万九千余亩。……御史王之栋，畿辅人也。言水田必不可行，帝乃谕令停役。……贞明识敏才练，慨然有经世志。京东水田实百世利，事初兴，即为浮议所挠，论者惜之。”

清雍正中，设营田水利府，经营京畿水田，亦仅成数千顷而罢（详《清通考·田赋考》），迄今河、淮以北之水利，仍不及江南之修备焉。

第二十五章　明儒之学

宋儒学派最多，元承其绪，光焰渐衰。许衡、刘因、吴澄诸儒之学，不能出南宋朱、陆之范围。故论学术者，以元儒附于宋儒学案，明其仅为宋之余波而已。有明一代，或谓理学极盛，

> 《明儒学案·发凡》（黄宗羲）："尝谓有明文章事功，皆不及前代，独于理学，前代之所不及也。牛毛茧丝，无不辨晰，真能发先儒之所未发。程、朱之辟释氏，其说虽繁，总是只在迹上，其弥近理而乱真者，总是指他不出。明儒于毫厘之际，使无遁影。"

或谓儒术式微。

> 《明史·儒林传序》："有明诸儒，衍伊、雒之绪言，探性命之奥旨，锱铢或爽，遂启岐趋，袭谬承讹，指归弥远。至专门经训，授受源流，则二百七十余年，未闻以此名家者。经学非汉、唐之精专，性理袭宋、元之糟粕，论者谓科举盛而儒术微，殆其然乎！"

平心论之，明儒风气，亦自成为一派。固与汉、唐不同，亦与宋、元有别，盖合唐、宋以来禅学、理学而别开一种心性之学，分茅设蕝，与国相终，此论史者所宜注意者也。

明人之崇心性之学，始于帝王之提倡及科举之统一。盖自宋儒尊崇《四书》，

代有阐释，然于学术尚未能统一也。自元仁宗皇庆中定制，专以宋儒《四书》注及《经》注试士，

《元史·选举志》："仁宗皇庆三年，考试程式，蒙古、色目人第一场经问五条，《大学》《论语》《孟子》《中庸》内设问，用朱氏章句集注，其义理精明、文辞典雅者为中选。汉人、南人第一场明经、经疑二问，《大学》《论语》《孟子》《中庸》内出题，并用朱氏章句集注，复以己意结之，限三百字以上。经义一道，各治一经。《诗》以朱氏为主；《尚书》以蔡氏为主；《周易》以程氏、朱氏为主，已上三经兼用古注疏。《春秋》许用三《传》及胡氏《传》，《礼记》用古注疏，限五百字以上，不拘格律。"

宋儒之说，始夺汉、唐诸儒之席而代之。明以制义试士，亦专主宋儒之书。

《明史·选举志》："科目者，沿唐宋之旧，而稍变其试士之法，专取四子书及《易》《书》《诗》《春秋》《礼记》五经命题试士，盖太祖与刘基所定。其文略仿宋经义，然代古人语气为之，体用排偶，谓之八股，通谓之制义。""科举定式，初场试《四书》义三道，经义四道。《四书》主朱子《集注》，《易》主程《传》、朱子《本义》，《书》主蔡氏《传》及古注疏，《诗》主朱子《集传》，《春秋》主《左氏》《公羊》《穀梁》三传及胡安国、张洽《传》，《礼记》主古注疏。永乐间，颁《五经四书大全》，废注疏不用。其后《春秋》亦不用张洽《传》，《礼记》止用陈澔《集说》。"

而永乐所定之"三《大全》"尤为造成一代学术思想之根柢。

《四库全书总目》："《周易大全》二十四卷，明胡广等奉敕撰。考《明

成祖实录》，永乐十二年十一月甲寅，命行在翰林院学士胡广、侍讲杨荣、金幼孜修《五经四书大全》。十三年九月，告成。成祖亲制序，弁之卷首，命礼部刊赐天下，赐胡广等钞币有差，仍赐宴于礼部。同时预纂修者，自广、荣、幼孜外，尚有翰林编修叶时中等三十九人，此其《五经》之首也。朱彝尊《经义考》谓广等就前儒成编，杂为抄录，而去其姓名。”“二百余年以此取士，一代之令甲在焉。录存其书，见有明儒者之经学，其初之不敢放轶者，由于此；其后之不免固陋者，亦由于此。郑晓《今言》曰：洪武开科，《五经》皆主古注疏，及宋儒《易》程、朱，《书》蔡，《诗》朱，《春秋》《左》《公羊》《穀梁》程、胡、张，《礼记》陈，后乃尽弃注疏，不知始于何时。或曰始于颁《五经大全》时，以为诸家说优者采入故耳。”“《四书大全》三十六卷，明永乐十三年，翰林学士胡广等奉敕撰。成祖御制序文，颁行天下。二百余年尊为取士之制者也。……初与《五经大全》并颁，然当时程式以《四书》义为重，故《五经》率皆庋阁，所研究者惟《四书》，所辨订者亦惟《四书》。后来《四书》讲章浩如烟海，皆是编为之滥觞。盖由汉至宋之经术，于是始尽变矣。特录存之，以著有明一代士大夫学问根柢具在于斯，亦足以资考镜焉。”“《性理大全》七十卷，明胡广等奉敕撰。是书与《五经四书大全》同以永乐十三年九月告成奏进，故成祖御制序文，称二百二十九卷，统七部而计之也。”“广等所采宋儒之说凡一百二十家，其中自为卷帙者，为周子《太极图说》一卷、《通书》二卷，张子《西铭》一卷、《正蒙》二卷，邵子《皇极经世书》七卷，朱子《易学启蒙》四卷、《家礼》四卷，蔡元定《律吕新书》二卷，蔡沈《洪范皇极内篇》二卷，共二十六卷。自二十七卷以下，摭拾群言，分为十三目：曰理气，曰鬼神，曰性理，曰道统，曰圣贤，曰诸儒，曰学，曰诸子，曰历代，曰君道，曰治道，曰诗，曰文。”

以帝王之尊崇，及科举之需要，故凡向风慕化者，无不濡染浸渍于身心性命之说。而其蔚然成为儒宗者，则由科举之学，进而表示人格，创造学说，而超出于八股之生活者也。

然而以帝王科举之力，造成一世之风气，固亦有绝大之关系，而人心之演进，常无一成不变之局，故其趋势绝不为最初提倡者所囿。明儒之学之墨守程、朱之传者，固出于科举及“三《大全》”之影响，而其后学派一变，有显与朱子背驰者，则非科举及“三《大全》”所预必也。

《明史·儒林传序》：“原夫明初诸儒，皆朱子门人之支流余裔，师承有自，矩矱秩然。曹端、胡居仁笃践履，谨绳墨，守儒先之正传，无敢改错。学术之分，则自陈献章、王守仁始。宗献章者曰江门之学，孤行独诣，其传不远；宗守仁者曰姚江之学，别立宗旨，显与朱子背驰，门徒遍天下，流传逾百年，其教大行，其弊滋甚。嘉、隆以后，笃信程、朱不迁异说者，无复几人矣。”

明儒之谨守程、朱学派者，以吴与弼、薛瑄为最。

《明儒学案》：“吴与弼字子传，号康斋，抚州之崇仁人，从洗马杨溥学。读《伊洛渊源录》，慨然有志于道。……身体力验，只在走趋语默之间，出作入息，刻刻不忘，久之自成片段，所谓敬义夹持，诚明两进者也。一切玄远之言，绝口不道，学者依之，真有途辙可循。”“薛瑄字德温，号敬轩，山西河津人。……讲习濂、洛诸书，叹曰：‘此问学正路也。’前辈论一代理学之儒，惟先生无间言。……阅先生《读书录》，多兢兢检点言行间，所谓学贵践履，意盖如此。”

黄宗羲特标之为《崇仁河东学案》，而于其他谨守笃信之儒，则汇立为《诸儒学案》，明其不足独成一派也。与弼传娄谅，谅传王守仁，而开阳明学派。陈献章亦受业于与弼，而别开白沙学派。湛若水受业于献章，而别开甘泉学派。

三派之学，皆与吴氏不同，而以阳明之派为最广。

《明儒学案》："娄谅字克贞，别号一斋，广信上饶人，少有志于圣学，闻康斋在临川，乃往从之。……凡康斋不以语门人者，于先生无所不尽。""王守仁字伯安，学者称为阳明先生，馀姚人也。十八岁过广信，谒娄一斋，慨然以圣人可学而至。登弘治己未进士第，授刑部主事，改兵部。刘瑾矫旨逮南京科道官，先生抗疏救之，下诏狱，廷杖四十，谪贵州龙场驿丞。瑾诛，知庐陵县，历吏部主事、员外郎、郎中，升南京太仆寺少卿、鸿胪寺卿，以左佥都御史巡抚南赣，平漳南、横水、桶冈、大帽俐头诸寇。闻宸濠反，遂还吉安，起兵讨之。遇于樵舍，三战俘濠，升南京兵部尚书，封新建伯。嘉靖丁亥征思田，以归师袭八寨断藤峡，破之，卒年五十七。""陈献章字公甫，新会之白沙里人。……至崇仁受学于康斋先生，归即绝意科举，筑春阳台，静坐其中，屡荐不起"。"湛若水字元明，号甘泉，广东增城人，从学于白沙。"

语其派别，则有浙中之王学，

《明儒学案》："姚江之教，自近而远。其最初学者，不过郡邑之士耳。龙场而后，四方弟子始益进焉，郡邑之以学鸣者，亦仅仅绪山、龙溪，此外则椎轮积水耳。然一时之盛，吾越尚讲诵，习礼乐，弦歌之音不绝。"

有江右之王学，

《明儒学案》："姚江之学，惟江右为得其传，东廓、念庵、两峰、双江，其选也。再传而为塘南思默，皆能推原阳明未尽之旨。是时越中流弊错出，挟师说以杜学者之口，而江右独能破之。阳明之道，赖以不坠。盖阳明一生精神，俱在江右，亦其感应之理宜也。”

有南中之王学，

《明儒学案》：“南中之名王氏学者，阳明在时，王心斋、黄五岳、朱得之、戚南玄、周道通、冯南江，其著也。阳明没后，绪山、龙溪所在讲学，于是泾县有水西会，宁国有同善会，江阴有君山会，贵池有光岳会，太平有九龙会，广德有复初会，江北有南谯精舍，新安有程氏世庙会，泰州复有心斋讲堂，几乎比户可封矣。”

有楚中之王学，

《明儒学案》：“楚学之盛，惟耿天台一派，自泰州流入。”

有北方之王学，

《明儒学案》：“北方之为王学者独少。……张后觉字志仁，号弘山，山东茌平人。早岁受业颜中溪、徐波石，深思力践，洞朗无碍。犹以取友未广，南结会于香山，西结会于丁块，北结会于大云，东结会于王遇，齐、鲁间遂多学者。”

有粤、闽之王学，

《明儒学案》：“岭海之士，学于文成者，自方西樵始，及文成开府赣州，从学者甚众。文成言潮在南海之涯，一郡耳；一郡之中，有薛氏之兄弟子侄，既足盛矣。而又有杨氏之昆季，其余聪明特达、毅然任道之器以数十。”

其别出者，又有李材、王艮诸派，

《明儒学案》："李材字孟诚，别号见罗，丰城人，初学致良知之学，已稍变其说。""王艮字汝止，号心斋，泰州之安丰场人。……闻阳明讲学江西，以古服进见，阳明出迎于门外，始入。先生据上坐，辨难久之，稍心折，移其坐于侧。论毕，乃叹曰：'简易直截，艮不及也。'下拜自称弟子。……阳明卒于师，先生迎哭至桐庐，经纪其家而后反。开门授徒，远近皆至，同门会讲者，必请先生主席。"

最后之东林、蕺山，亦皆出于王学，而求济其末流之弊。

《明儒学案》："有东林、蕺山二学案。东林者，顾宪成、高攀龙等讲学之书院；蕺山者，刘宗周讲学之书院也。"

故明儒之学，一王阳明之学而已。

宋、元诸儒，多务阐明经子，不专提倡数字以为讲学宗旨。明儒则一家有一家之宗旨，各标数字以为的。白沙之宗旨曰"静中养出端倪"，

《明史·陈献章传》："献章之学，以静为主。其教学者，但令端坐澄心，于静中养出端倪。"

甘泉之宗旨曰"随处体验天理"，

《明史·湛若水传》："若水初与守仁同讲学，后各立宗旨。守仁以致良知为宗，若水以随处体验天理为宗。守仁言若水之学为求之于外，若水亦谓守仁格知之说不可信者四。又曰阳明与吾之心不同，阳明所谓心，指方寸而言；吾之所谓心者，体万物而不遗者也，故以

吾之说为非。一时学者，遂分王、湛之学。”

阳明之宗旨曰“致良知”，

《明儒学案》：“阳明先生之学，始泛滥于词章，继而遍读考亭之书，循序格物，顾物理吾心终判为二，无所得入，于是出入于佛老者久之。及至居夷处困，动心忍性，因念圣人处此，更有何道，忽悟格物致知之旨。圣人之道，吾性自足，不假外求，其学凡三变而始得其门。自此以后，尽去枝叶，一意本原，以默坐澄心为学的。……江右以后，专提‘致良知’三字，默不假坐，心不待明，不习不虑，出之自有天则。”

又曰“知行合一”。

《明儒学案》：“先生以圣人之学，心学也，心即理也，故于致知格物之训，不得不言致吾心良知之天理于事事物物，则事事物物皆得其理。夫以知识为知，则轻浮而不实，故必以力行为功。夫良知感应神速，无有等待，本心之明，即知不欺。本心之明，即行也，不得不言知行合一。此其立言之大旨，不出于是。”

其后邹守益主“戒惧慎独”，

《明史·邹守益传》：“穆孔晖自名王氏学，浸淫入于释氏，而守益于戒惧慎独，盖兢兢焉。”《明儒学案》：“东廓以独知为良知，以戒惧慎独为致良知之功，此是师门本旨。”

罗洪先生主“静无欲”，

《明儒学案》："王门惟心斋氏盛传其说，从不学不虑之旨，转而标之曰自然，曰学乐，末流衍蔓，浸为小人之无忌惮。罗先生复起，有忧之，特拈'收摄保聚'四字为致良知符诀。故其学专求之未发一机，以主静无欲为宗旨。"

李材主"止修"，

《明儒学案》："文成而后，李先生又自出手眼，谆谆以'止修'二字，压倒良知。"

王畿、周汝登主"无善无恶"，

《明儒学案》："王畿《天泉证道记》谓师门教法，每提四句：无善无恶心之体，有善有恶意之动，知善知恶是良知，为善去恶是格物。"《明史·许孚远传》："官南京，与尚宝司卿周汝登并主讲席。汝登以无善无恶为宗，孚远作'九谛'以难之。"

高攀龙主"静坐"，

《明史》："高攀龙与顾宪成同讲学东林书院，以静为主。"（《明儒学案》载高攀龙说静坐之语甚多。）

刘宗周主"慎独"。

《明儒学案》："蕺山先生以慎独为宗，儒者人人言慎独，惟先生始得其真。"

纷然如禅宗之传授衣钵、标举宗风者然。谓为由宋、元以来，讲求理学，渐从由书册直指人心，可；谓为堕入禅学，遁于虚无，亦可。要之明儒之学，与宋、元之学，固大不同也。

阳明之学之最有益于世道者，即在主张知行合一之一语。自宋以来，书册日多，著述日富，讲求讨论，虽进于前，而人之立身行事，反与书册所言分而为二。充其弊必有学术日昌、人心日坏之象。阳明着眼此点，故劝人即知即行，使知不但徒腾口说无益，即冥心妙悟而不验之实事亦无益。此正当时科举中人口孔、孟而心跖、蹻之对证妙药，抑亦吾国从古以来圣哲真传。盖吾国自古相传之法，惟注重于实行，苟不实行，即读书万卷，著作等身，亦不过贩卖衒鬻之徒，于己于人，毫无实益，即不得谓之学问。使后之学者，咸准阳明之说而行，无知愚贤不肖，行事一本良心，则举世可以无一坏人，而政治风俗，亦无一不可以臻于尽善尽美之域。无如人心痼蔽，惟喜求知而惮实行，谈玄说妙者，务出新说以相胜，安于卑近者，转执其流弊以相訾謷，甚至在为人行己之外，别求一种学问以为能，研究此等文字者，方足为学，而其他皆空谈，是岂阳明所及料哉！

《传习录》："古人所以既说一个知，又说一个行者，只为世间有一种人，懵懵懂懂的任意去做，全不解思惟省察，也只是个冥行妄作。所以必说个知，方才行得是。又有一种人茫茫荡荡悬空去思索，全不肯着实躬行，也只是个揣摸影响。所以必说一个行，方才知得真。此是古人不得已补偏救弊的说话，若见得这个意时，即一言为足。今人却就将知行分作两件去做，以为必先知了，然后能行，我如今且去讲习讨论做知的功夫，待知得真了，方去做行的功夫，故遂终身不行，亦遂终身不知。此不是小病痛，其来已非一日矣。某今说个知行合一，正是对病的药，又不是某凿空杜撰。知行本体，原是如此，今若知得宗旨时，即说两个亦不妨，亦只是一个；若不会宗旨，便说一个，亦济得甚事，只是闲说话。"

第二十六章　明之文物

历代史书，所志艺文、经籍，大抵兼举前代及当时所有之书籍，惟《明史》不志前代之书，第述有明一代之著作。

> 《明史·艺文志》："四部之目，昉自荀勖，晋、宋以来因之。前史兼录古今载籍，以为皆其时柱下之所有也。明万历中，修撰焦竑修国史，辑《经籍志》，号称详博，然延阁广内之藏，竑亦无从遍览，则前代陈编，何凭记录？""今第就二百七十年各家著述，稍为厘次，勒成一志。凡卷数莫考、疑信未定者，宁阙而不详云。"

其数为十万零五千九百七十四卷。观其一朝之人著作之富，则其当时之文化，可以推想。史称北京文渊阁贮书近百万卷，

> 《明史·艺文志》："明太祖定元都，大将军收图籍致之南京，复诏求四方遗书，设秘书监丞，寻改翰林典籍以掌之。永乐四年，帝御便殿阅书史，问文渊藏书。解缙对以尚多阙略，帝曰：'士庶家稍有余资，尚欲积书，况朝廷乎！'遂命礼部尚书郑赐遣使访购，惟其所欲与之，勿较值。北京既建，诏修撰陈循取文渊阁书一部至百部，各择其一，得百柜，运致北京。宣宗尝临视文渊阁，亲披阅经史，与少傅杨士奇等讨论。……是时秘阁贮书约二万余部，近百万卷，刻本十三，抄本十七。"

盖宋、辽、金、元之书，悉萃其中，故卷数之富，为历代馆阁所未有也。秘阁之外，行人司藏书亦富，

《识小录》（王夫之）：“翰林名读中秘书而实无一书之可读，惟行人司每一员出使，则先索书目以行，购书目中所无者，多至数册，少亦必一册，纳之司署，专设司吏一人，收贮简晒，故行人司藏书最富。”

盖古者太史采风陈诗之遗也。其他贵族缙绅儒流士庶藏书之家，尤指不胜屈。若朱睦㮮、

《明史诸王传》：“镇国中尉睦㮮字灌甫，镇平王诸孙，被服儒素，覃精经学。”《万卷堂书目跋》（睦㮮）：“余宅西游息之所，建堂五楹，以所储书环列其中。仿唐人法，分经、史、子、集，用各色牙签识别。经类凡十一：《易》《诗》《书》《春秋》《礼》《乐》《孝经》《论语》《孟子》、经解、小学，凡六百八十部，六千一百二十卷；史类凡十二：正史、编年、杂史、制书、传记、职官、仪注、刑法、谱牒、目录、地志、杂志，凡九百三十部，一万八千卷；子类凡十：儒、道、释、农、兵、医、卜、艺、小说、五行家，凡一千二百部，六千零七十卷；集类凡三：楚词、别集、总集，凡一千五百部，一万二千五百六十卷。编为四部。”

叶盛、

《乾隆苏州府志》（习嶲）：“昆山叶文庄公盛宅，在东城桥西。公生平嗜书，手自雠录，至数万卷。”《静志居诗话》（朱彝尊）：“文庄储藏之目为卷止二万余，然奇秘者多，亚于册府。”

杨循吉、

《澹生堂藏书训》(祁承㸁)：“杨仪部君谦[①]，性最嗜书，家本素封，以购书故，晚岁赤贫，所藏书十余万卷。”

何良俊、

《列朝诗传》：“何良俊字元朗，少而笃学。……每喟然叹曰：吾有清森阁在东海上，藏书四万卷。”

王世贞、

《少室山房笔丛》(胡应麟)：“王长公[②]，小酉馆在弇州园凉风堂后，凡三万卷，二典不与，构藏经阁贮焉。”

胡应麟、

《澹生堂藏书训》：“婺州胡元瑞以一孝廉，集书至四万二千三百八十四卷。”

黄虞稷、

《黄氏千顷斋藏书记》(钱谦益)：“虞稷之先人，少好读书，老而弥笃，自为举子，以迄学官，修脯所入，衣食所余，未尝不以市

---

① 名循吉，吴人。

② 即世贞，太仓人。

书也。藏书千顷斋中，约六万余卷。余小子裒聚而附益之，又不下数千卷。”①

徐𤊹、

《红雨楼家藏书目序》（徐𤊹）：“合先君子、先伯兄所储，可盈五万三千余卷。”

毛晋、

《同治苏州府志》：“毛晋世居迎春门外七星桥，少为诸生，性嗜卷轴。湖州书舶云集于门，邑中为之谚曰：‘三百六十行生意，不如鬻书于毛氏。’前后积至八万四千册，构汲古阁、目耕楼以庋之。”

谢兆申等，

《笔精》（徐𤊹）：“邵武谢兆申好书，尽罄家资而买坟籍，藏蓄几盈五六万卷。”

皆收藏至二三万卷以上。其范氏之天一阁，

《茶余客话》（阮葵生）：“范钦号东明，喜购旧本，两浙藏书以天一阁为第一。”

钱氏之绛云楼，

---

① 此据虞稷自称。

《绛云楼书目题词》(曹溶):"虞山宗伯所积,几埒内府,视叶文庄、吴文定及西亭王孙或过之。……晚岁居红豆山庄,出所藏书,重加缮治,区分类聚,栖绛云楼上,大椟七十有三。"

尤为目录家所艳称。士大夫咸以嗜书殖学为务,故能上绍唐、宋,而下开有清之文治焉。

官书之风,以明为盛。

《书隐丛说》(袁栝):"官书之风,至明极盛。内而南北两京,外而道学两署,无不盛行雕造。官司至任,数卷新书与土仪并充馈品,称为书帕本。""孙毓修曰:明时官司衙署刊本,周弘祖《古今书刻》略载之。明祖分封诸王,各赐宋板书帖,诸王亦能于养尊处优之余,校刊古籍,模印精审,至今见称。如沈、唐、潞、晋、徽、益诸藩,皆有传刻。"

南北两监,藏板至夥,历代正史,一再雕印。

《南雍志》(黄佐):"梓刻本来《金陵新志》所载集庆路儒学史书梓数,正与今同。则本监所藏诸梓,多自旧国子学而来。① 自后四方多以书板送入。洪武、永乐时,两经修补,板既丛乱,旋补旋亡。成化初,祭酒王㑂会计亡数,已逾二万篇。弘治初,始作库供储藏。嘉靖七年,锦衣卫闲住千户沈麟奏准校刊史书,礼部议以祭酒张邦奇、司业江汝璧学博才裕,使将原板刊补。其广东原刻《宋史》差取付监,《辽》《金》二史原无板者,购求善本翻刻,以成全史。""后邦奇、

① 按元代刻史,多分路雕刻。若建昌路刊《南北史》,瑞州路刊《隋书》之类,不能举十七史而同在一处刊刻。至明汇集其板,始有汇刻全史之举。

汝璧迁去，祭酒林文俊、司业张星继之，方克进呈。”《善本书室藏书志》（丁丙）：“北监二十一史，奉敕重修者，祭酒吴士元、司业黄锦也。自万历二十四年开雕，阅十有一载，至三十四年竣事，皆从南监本缮写刊刻。”

书坊之多，以燕京、江、浙为盛。

《经籍会通》（胡应麟）：“今海内书凡聚之地有四：燕市也，金陵也，阊阖也，临安也。闽、楚、滇、黔则余间得其梓，秦、晋、川、洛则余时友其人，辇下所雕者，每一当浙中三，纸贵故也。越中刻本亦希，而其地适当东南之会，文献之衷，三吴七闽，典籍萃焉。吴会、金陵，擅名文献，刻本至多，钜册类书，咸会萃焉。自本方所梓外，他省至者绝寡。燕中书肆，多在大明门之右，及礼部门之外，及拱宸门之西。武林书肆，多在镇海楼之外，及涌金门之内，及弼教坊、清和坊，皆四达衢也。金陵书肆，多在三山街及太学前。姑苏书肆，多在阊门内外及吴县前，书多精整，率其地梓。……凡刻之地有三：吴也，越也，闽也。蜀宋本称最善，近世甚希。燕、粤、秦、楚今皆有刻，类自可观，而不若三方之盛。其精，吴为最，其多，闽为最，越皆次之；其直重，吴为最，其直轻，闽为最，越皆次之。”

工匠刻书，价值亦廉。

《茶香室续抄》（俞樾）：“明刘若愚《酌中志》云：刻字匠徐承惠供，本犯与刻字工银每字一百，时价四分。因本犯要承惠僻静处刻，勿令人见，每百字加银五厘，约工银三钱四分。今算妖书八百余字，与工银费相同。按此知明时刻书价值至廉，今日奚翅倍之也。”

然如《永乐大典》之巨书，当国家财力全盛之时，亦未能付诸雕板，是亦至可惜之事也。

明代儒臣奉敕编辑之书至夥，而卷册最富者，无过于《永乐大典》。

《明史·艺文志·类书类》："《永乐大典》二万二千九百卷。原注：永乐初，解缙等奉敕编《文献大成》既竣，帝以为未备，复敕姚广孝等重修，四历寒暑而成，更定是名。成祖制序，复以卷帙太繁，不及刊布。嘉靖中，复加缮写。"

其书以韵为纲，而以古书字句排列于下，以便检寻。而体例不一，至有举全部大书悉纳于一韵之一字中者，与前此类书割裂原文以事相次者有别。故元以前佚文秘典所不传者，转赖其全部全篇收入，得以复见于世。

《四库全书总目》："《明实录》载成祖谕解缙等：尝观《韵府》《回溪》二书，事虽有统，而采摘不广，纪载太略。尔等其如朕意，凡书契以来经、史、子、集百家之书，至于天文、地志、阴阳、医卜、僧道、技艺之言，备辑为一书，无厌浩繁云云。故此书以《洪武正韵》为纲，全如《韵府》之体。其每字之下，详列各种书体，亦用颜真卿《韵海镜原》之例。惟其书割裂庞杂，漫无条理，或以一字一句分韵，或析取一篇以篇名分韵，或全录一书，以书名分韵，与卷首凡例多不相应，殊乖编纂之体。……然元以前佚文秘典世所不传者，转赖其全部全篇收入，得以排纂校订，复见于世。"

当明之世，南北二京，仅有写本三部。

《四库全书总目》："《永乐大典》：二万二千八百七十七卷，目录六十卷。……明永乐元年七月奉敕撰，二年十一月奏进，赐名《文献大成》。总其事者，为翰林院学士兼右春坊大学士解缙，与其事者，凡一百四十七人。既而以所纂尚多未备，复命太子少保姚广孝、刑部侍郎刘季篪，与缙同监修。与其事者，凡二千一百六十九人，于永乐五年十一月奏进，改赐名曰《永乐大典》。[①]并命复写一部，锓诸梓，以永乐七年十月讫工。[②]后以工费浩繁而罢。[③]定都北京以后，移贮文楼。[④]嘉靖四十一年，选礼部儒士程道南等一百人，重录正副二本，命高拱、张居正校理。[⑤]至隆庆初告成，仍归原本于南京。[⑥]其正本贮文渊阁，副本别贮皇史宬。[⑦]明祚既倾，南京原本与皇史宬副本并毁。今贮翰林院库者，即文渊阁正本，仅残阙二千四百二十二卷。顾炎武《日知录》以为全部皆佚，盖传闻不确之说。书及目录共二万二千九百三十七卷，与原序原表并合。《明实录》作二万二千二百一十一卷，《明史·艺文志》作二万二千九百卷，亦字画之误也。"

议者虽请镌印，颁发国学，讫未实行。

《野获编》（沈德符）："甲午春，南祭酒陆可教有刻书一疏，谓文皇帝所修《永乐大典》，人间未见，宜分颁巡方御史各任一种校刊汇成，分贮两雍，以成一代盛事。上即允行，至今未闻颁发也。按此书至二万余卷，即大内止写本一部。至世宗重录，以备不虞，亦至穆宗朝始告竣。效劳诸臣，俱叙功优升，若付梨枣，更岂易言。"

---

① 以上俱见《明实录》。
② 事见明赵友同《存轩集》。
③ 见《旧京词林志》。
④ 文楼即今之宏义阁。
⑤ 事见《明实录》。
⑥ 见《旧京词林志》。
⑦ 事见《春明梦余录》。

至清仅存残本一部，修《四库全书》时，曾就其中辑录古书数百种。

《四库全书总目》："今裒辑成编者，凡经部六十六种。史部四十一种，子部一百三种，集部一百七十五种，共四千九百二十六卷。"

然其可采者尚多，翰林之嗜古者，往往从而钞辑。至光绪庚子之乱，毁于兵燹，今只存六十四册。

《京师图书馆善本书目》："《永乐大典》六十册，①明解缙等撰，嘉靖重录正本，存二支、九真、十八阳、十九庚、二十尤、六姥、四霁、五御、一屋、二质等韵。""此书尚有四册，留教育部。"

尚有零册散入外国，颇为外人珍视，美之图书馆曾以珂罗版影印一册焉。（京师图书馆藏有美国图书馆长勃特兰博士所赠珂罗版印《永乐大典》一册，自一万九千七百八十五卷至一万九千七百八十六卷，仅一服字韵中，绘衣服图甚多。）

明代取士，专重科举，试以制义，至清犹沿其法，此世所诟病也。

《明史·选举志》："科目者，沿唐、宋之旧，而稍变其试士之法，专取四子书及《易》《诗》《书》《春秋》《礼记》五经命题试士。……三年大比，以诸生试之直省，曰乡试。中式者曰举人。次年以举人试之京师，曰会试。中式者，天子亲策于廷，曰廷试，亦曰殿试。分一、二、三甲以为名第之次。一甲止三人：曰状元、榜眼、探花，赐进士及第；二甲若干人，赐进士出身；三甲若干人，赐同进士出身。状元、榜眼、探花之名，制所定也，而士大夫又通以乡试第一为解元，

---

① 清翰林院书。

会试第一为会元，二、三甲第一为传胪云。子、午、卯、酉年乡试，辰、戌、丑、未年会试。乡试以八月，会试以二月，皆初九日为第一场，又三日为第二场，又三日为第三场。初设科举时，初场试经义二道，《四书》义一道；二场，论一道；三场，策一道。中式后十日复以骑、射、书、算、律五事试之。后颁科举定式，初场试《四书》义三道，经义四道。二场试论一道，判五道，诏、诰、表、内科一道。三场试经、史、时务策五道。廷试，以三月朔。乡试，直隶于京府，各省于布政司。会试，于礼部。主考，乡、会试俱二人，同考，乡试四人，会试八人。提调一人，在内京官，在外布政司官。会试，礼部官监试二人，在内御史，在外按察司官。会试，御史供给收掌试卷；弥封、誊录、对读、受卷及巡绰监门，搜检怀挟，俱有定员，各执其事。举子，则国子生及府、州、县学生员之学成者，儒士之未仕者，官之未入流者，皆由有司申举性资敦厚、文行可称者应之。其学校训导专教生徒，及罢闲官吏，倡优之家，与居父母丧者，俱不许入试。试卷之首，书三代姓名，及其籍贯、年甲、所习本经、所司印记。试日入场，讲问、代冒者有禁。晚未纳卷，给烛三支。文字中回避御名、庙号及不许自序门地。弥缝编号，作三合字。考试者用墨，谓之墨卷。誊录用硃，谓之硃卷。试士之所，谓之贡院。诸生席舍，谓之号房。人一军守之，谓之号军。试官入院，辄封钥内外门户。在外提调、监试等谓之外帘官；在内主考、同考谓之内帘官。廷试用翰林及朝臣文学之优者为读卷官。共阅对策，拟定名次，候临轩。或如所拟，或有所更定，传制唱第。状元授修撰，榜眼、探花授编修，二、三甲考选庶吉士者，皆为翰林官。其他或授给事、御史、主事、中书、行人、评事、太常、国子博士，或授府推官、知州、知县等官。举人、贡生不第，入监而选者，或授小京职，或授府佐及州县正官，或授教职。此明一代取士之大略也。”

然明初立法，实非专尚时文。

《日知录》（顾炎武）：“《太祖实录》：洪武三年八月，京师及各行省开乡试，初场《四书》疑问本经义及《四书》义各一道，[1]第二场论一道，第三场策一道。中式者后十日复以五事试之，曰骑、射、书、算、律。骑，观其驰驱便捷；射，观其中之多寡；书，通于六义；算，通于九法；律，观其决断。……此真所谓求实用之士者矣。至十七年，命礼部颁行科举成式。……文辞增而实事废。盖与初诏求贤之法稍有不同，而行之二百余年，非所以善述祖宗之意也。”

其后展转流变，士益不务实学，至有“八股盛而六经微，十八房兴而廿一史废”之叹。

《日知录》：“十八房之刻，自万历壬辰《钩玄录》始。旁有批点，自王房仲选程墨始。至乙卯以后，而坊刻有四种：曰程墨，则三场主司及士子之文；曰房稿，则十八房进士之作；曰行卷，则举人之作；曰社稿，则诸生会课之作。至一科房稿之刻，有数百部，皆出于苏杭。而中原北方之贾人，市买以去，天下之人，惟知此物可以取科名，享富贵，此之谓学问，此之谓士人，而他书一切不观。昔丘文庄当天顺、成化之盛，去宋元未远，已谓士子有登名前列，不知史册名目、朝代先后、字书偏旁者，举天下而惟十八房之读，读之三五年，而一幸登第，则无知之童子，俨然与公卿相揖让。而文武之道，弃如弁髦。嗟乎！八股盛而六经微，十八房兴而廿一史废。昔闵子马以原伯鲁之不说学而卜周之衰。余少时见有一二好学者，欲通旁经而

① 原注：洪武三年开科，以《大学》“古之欲明明德于天下者”二节，《孟子》“道在迩而求诸远”一节，合为一题，问二书所言平天下大指同异，此即宋时之法。

涉古书，则父师交相谯呵，以为必不得颛业于帖括，而将为坎坷不利之人，岂非所谓大人患失而惑者欤！”

盖人心嗜利苟得，有可以简陋而得虚荣者，则相率从之，而目务实用者为迂远。虽有善法，不时时为之改良，其归宿亦犹是耳。

明初最重学校，以学校为科举之本；而出身学校者，可不必由科举。

《明史·选举志》：“科举必由学校，而学校起家可不由科举。”

观明初国学之制及国子生之盛，殆远轶于唐、宋。

《明史·选举志》：“国子学之设，自明初乙巳始。洪武元年，令品官子弟及民俊秀通文义者并充学生。……”“天下既定，诏择府、州、县学诸生入国子学。……”“初，改应天府学为国子学，后改建于鸡鸣山下。既而改学为监，设祭酒、司业及监丞、博士、助教、学正、学录、典籍、掌馔、典簿等官。分六堂以馆诸生：曰率性、修道、诚心、正义、崇志、广业。学旁以宿诸生，谓之号房。厚给廪饩，岁时赐布帛文绮袭衣巾靴。正旦、元宵诸令节俱赏节钱。孝慈皇后积粮监中，置红仓二十余舍，养诸生之妻子。历事生未娶者赐钱婚聘，及女衣二袭，米月二石。诸生在京师岁久，父母存，或父母亡而大父母、伯叔父母存，皆遣归省，人赐衣一袭，钞五锭，为道里费，其优恤之如此。而其教之之法，每旦，祭酒、司业坐堂上，属官自监丞以下，首领则典簿，以次序立。诸生揖毕，质问经史，拱立听命。惟朔望给假，余日升堂会馔，乃会讲、复讲、背书、轮课以为常。所习自四子本经外，兼及刘向《说苑》及律令、书、数、《御制大诰》。每月试经、书义各一道，诏、诰、表、策论、判、内科二道。每日习书二百余字，以二王、智永、欧、虞、颜、柳诸帖为法。每班选一人充斋长，督诸生工课。衣冠、步履、饮食，必严饬中节，夜必宿监，有故而出，必告本班教官，令斋长帅之以白祭酒。监丞置集愆簿。有不遵者书之，再三犯者决责，四犯者至发遣安置。其学规条目，屡次更定，宽严得其中。堂宇、宿舍、饮馔、澡浴俱有禁例。司教之官，必选耆宿。”

各地土官，及日本、琉球、暹罗诸国，皆有官生入监读书。

《明史·选举志》:“直省诸士子云集辇下。云南、四川皆有土官生，日本、琉球、暹罗诸国亦皆有官生入监读书，辄加厚赐，并给其从人。永、宣间，先后络绎。至成化、正德时，琉球生犹有至者。”《续文献通考·学校考》：“洪武三年，高丽遣其国金涛等四人来学，次年涛成进士归。自是日本、琉球、暹罗诸国皆有官生入监读书，朝廷辄加厚赐，并给其从人。云南、四川等土官时遣子弟民生入监者甚众，给赐与日本诸国同，监前别造房百间居之。”《长安客话》（蒋一葵）曰：“国初高丽遣金涛等入太学，其后各国及土官亦皆遣子入监。监前别造房居之，名王子书房。今太学前有交趾号舍，盖成祖设北监以来，所以处交趾官生者。”

其学生最盛之时，几及万人。

《南雍志·储养考》（黄佐）：“永乐十八年，监生九千五百五十二人。”“十九年，九千八百八十四人。”“二十年，九千九百七十二人。”“二十一年，九千八百六十一人。”“二十二年，九千五百三十三人。”

而整理田赋，清查黄册，兴修水利等事，皆命监生为之。

《南雍志》：“洪武二十年春二月戊子，鱼鳞图册成。先是上命户部核实天下土田，而苏松富民畏避徭役，以土产诡寄亲邻佃仆，相习成风，奸弊百出。于是富者愈富，贫者愈贫。上闻之，遣国子生武淳等往，随粮多寡，定为几区。每区设粮长四人，使集里甲耆民，躬履田亩，以量度之。量其方圆，次其字号，悉书主名及丈尺四至，编类为册。绘状若鱼鳞然，故名。至是浙江布政使司及直隶、苏州等府县册成进呈，上喜，赐淳等钞锭有差。”“二十四年八月乙卯朔，初令监生往后湖清查黄册。”“户部所贮天下黄册，俱送后湖收架，委监察御史二员、户科给事中一员、监生一千二百名，以旧册比对清查。如有户口田粮埋没差错等项，造册径奏。其官员监生合用饮馔器皿等项并膳夫，俱于国子监取用。如不敷，于都税司并上元、江宁县等衙门支拨。其后奏准本监惟供给监生，凡官员监生吏卒人匠等，每五日一次，过湖晒晾。”“二十七年八月乙亥，遣监生及人材分诣天下郡县，督吏民修治水利，给道里费而行。”

或缮写书籍，或学习翻译，

《南雍志》：“永乐二年十月丁巳，翰林院进所纂录韵书，赐名《文献大成》。上以其未备，遂命重修，以祭酒胡俨兼翰林院侍讲及学士王景等为总裁，开馆于文渊阁，礼部简能书监生缮写。”“五年三月癸酉，命礼部选监生胡敬、蒋礼等三十八人隶翰林院习译书。人月给米一石，遇开科令就试，仍译所作文字，合格准出身。置馆于长安右门之外处之，以四夷字学，分为四斋，命都指挥李贤以锦衣卫军守门，务令成业。”

或以特事遣使，或以巡狩从行。

《南雍志》：“永乐元年四月，颁敕二万道，令监生马宗诚等赍之，赐道里费。”“二年正月丁未，遣监生刘源等三十三人分行郡县，访求高皇帝御制诗文。”“七年二月壬午，巡狩北京，车驾发京师，择吏部历事监生四十人，译写四夷文字监生十三人以从。”

而分部历事，

《南雍志》：“洪武二十九年六月壬寅，初令监生年长者分拨诸司，历练政事……建文二年十月，定监生历事考核法。历事各衙门者，一年为满，从本衙门考核，分上中下三等引奏。上等不拘选用，中等、下等仍历一年再考。上等者依上等用；中等者不拘品级，随材任用；下等者回监读书。”

随时任官，尤为重视。

《续通考》：“洪武二十六年十月，擢监生六十四人为布政使等官。先是天下初定，北方丧乱之余，人鲜知学，尝遣国子生林伯云等三百六十六人分教各郡，既而推及他省。择其壮岁能文者，为教谕等官，至是乃尽擢刘政、龙铎等六十四人为行省布政、按察两使及参政、参议、副使、佥事等官，李扩等自文华、武英擢御史。[1] 扩寻改给事中兼齐相府录事。盖台谏之选，亦出于太学，其常调者乃为府、州、县六品以下官。时虽复行科举，而监生与荐举人才参用者居多。故其时布列中外者，太学生最盛。”

---

① 按《明史·选举志》：“洪武初，择年少举人赵惟一等及贡生董扆等入学读书，赐以衣帐。命于诸司先习吏事，谓之历事监生。取其中尤英敏者李扩等入文华、武英堂说书，谓之小秀才。其才学优赡、聪明俊伟之士，使之博极群书，讲明道德经济之学，以期大用，谓之老秀才。”故《续考》举李扩等为言。

盖明之国学，第为储才之地，并无毕业之期。以师儒督其学，以世务练其才，随时选任，不拘资限，斯实从古以来惟一重用学校人才之时代。世徒以明祖定八股试士之制，遂谓其欲使天下英雄腐心于无用之空文，岂知当时事实，并不如是。第其后偏重科举，而学校又有纳粟之例，流品日杂，学生始不为天下所重耳。

> 《续通考》："宣宗以后，进士日益重，荐举浸废，举贡日益轻，迨开纳粟之例，流品渐淆，且庶民亦得援生员之例入监，谓之民生，亦谓之俊秀，而监生益轻。"

明代国学，有南北两监，

> 《续通考》："成祖永乐元年二月，设北京国子监。……在城东北隅，即元国学遗址。明初为北京府学，至是改焉。十八年迁都，乃以京师国子监为南京国子监，而太学生有南北之分矣。"

此外府、州、县、卫无不有学，教养之法甚备。

> 《明史·选举志》："郡县之学，与太学相维，创立自唐始。宋置诸路州学官，元颇因之，其法皆未具。迨明，天下府、州、县、卫所，皆建儒学，教官四千二百余员，弟子无算，教养之法备矣。洪武二年，太祖初建国学，谕中书省臣曰：'学校之教，至元其弊极矣。上下之间，波颓风靡，学校虽设，名存实亡。兵变以来，人习战争，惟知干戈，莫识俎豆。朕惟治国以教化为先，教化以学校为本。京师虽有太学，而天下学校未兴。宜令郡县皆立学校，延师儒，授生徒，讲论圣道，使人日渐月化，以复先王之旧。'于是大建学校，府设教授，州设学正，县设教谕，各一，俱设训导，府四、州三、县二。生员之数，府学

四十人，州、县以次减十。师生月廪食米，人六斗，有司给以鱼肉。学官月俸有差。生员专治一经，以礼、乐、射、御、书、数设科分教。务求实才，顽不率者黜之。”

学有额田，

《续通考》：“洪武十五年四月，赐学粮，增师生廪膳。”“初制，师生月廪食米，人六斗，有司给以鱼肉，学官月俸有差。至是命凡府、州、县田租入官者，悉归于学，俾供祭祀及师生廪膳。仍定为三等，府学一千石，州学八百石，县学六百石，应天府学一千六百石。各设吏一人以司出纳，学生月给廪膳米一石。”

教有规定，

《续通考》：“洪武二十五年，定礼、射、书、数之法。（一）颁行经、史、律、诰、礼仪等书，生员皆须熟读精通，以备科贡考试。（一）朔望习射。于学校外置射位，初三十步，加至九十步，每耦二人，各挟四矢，以次相继。长官莅射。射毕，中的饮三爵，中鹄饮二爵。（一）习书，依名人法帖，日五百字。（一）数学，务精通《九章》之法。”《颜氏学记》（戴望）：“祁州学碑刻洪武八年颁学校格式，六艺以律易御，礼、律、书为一科，训导二员教之。乐、射、算为一科，训导二员教之。守令每月考试，三月学不进，训导罚俸半月。监察御史、按察司巡历考试，府生员十二名，州八名，县六名。学不进者，守令、教授、训导罚俸有差，甚多则教官革职，守令笞四十。三代后无此学政，亦无此严法，谁实坏之？……王源曰：三代以后，开创帝王可与言三代治道者，明太祖一人而已。”

学生名额，复迭有增加。

《明史·选举志》："生员虽定数于国初，未几即命增广，不拘额数。宣德中，定增广之额：京府学六十人，在外府学四十人，州、县以次减十。成化中，定卫学之例：四卫以上军生八十人，三卫以上军生六十人，二卫、一卫军生四十人，有司儒学军生二十人；士官子弟，许入附近儒学，无定额。增广既多，于是初设食廪者谓之廪膳生员，增广者谓之增广生员。及其既久，人才愈多，又于额外增取，附于诸生之末，谓之附学生。……士子未入学者，通谓之童生。"

惜其后学生仅务考试，而埋首于时文，明初善制，以渐而废。提学者亦只分诸生等第，不复问六艺之科目耳。

《明史·选举志》："提学官在任三岁，两试诸生。先以六等试诸生优劣，谓之岁考。一等前列者，视廪膳生有缺，依次充补，其次补增广生。一、二等皆给赏，三等如常，四等挞责，五等则廪、增递降一等，附生降为青衣，六等黜革。继取一、二等为科举生员，俾应乡试，谓之科考。其充补廪、增给赏，悉如岁试。其等第仍分为六，而大抵多置三等。三等不得应乡试，挞黜者仅百一，亦可绝无也。"

府、州、县学之外，又有社学。

《续通考》："洪武八年正月，诏天下立社学。……诏曰：'今京师及郡县皆有学，而乡社之民未睹教化，有司其更置社学，延师儒以教民间子弟，导民善俗，称朕意焉。'于是乡社皆置学，令民间子弟兼读御制大诰及本朝律令。""二十年，令社学子弟读诰律者赴京，礼部较其所诵多寡，次第给赏。”“英宗正统元年，诏有俊秀向学者，许补儒学生员。”“弘治十七年，令各府、州、县访保明师，民间幼童年十五以下者，送社读书，讲习冠、婚、丧、祭之法。”

官吏之留心民事者，恒以兴举社学为务。

《王文成全书·兴举社学牌》：“看得赣州社学乡馆教读，贤否尚多淆杂，是以诗礼之教久已施行，而淳厚之俗未见兴起。为此牌仰岭北道督同府县官吏，即将各馆教读，通行访择，务使学术明正、行止端方者，乃与兹选。官府仍籍记姓名，量行支给薪米，以资勤苦；优其礼待，以示崇劝。其各童生之家，亦各通饬行戒，务在隆师重道，教训子弟。毋得因仍旧染，习为偷薄，自取愆咎。”

社会教读，且与有地方风化之责。

《王文成全书·颁行社学教条》：“先该本院据岭北道选送教读刘伯颂等，颇已得人。但多系客寓，日给为难，今欲望以开导训诲，亦须量资勤苦，已经案仰该道通加礼貌优待，给以薪米纸笔之资。各官仍要不时劝励敦勉，令各教读务遵本院原定教条，尽心训导，视童蒙如己子，以启迪为家事；不但训饬其子弟，亦复化喻其父兄；不但勤劳于诗礼章句之间，尤在致力于德行心术之本。务使礼让日新，风俗日美，庶不负有司作兴之意，与士民趋向之心。”

观王文成《训蒙大意》，亦可见当时教读督责幼儿之法，及儒者研究教育之学说焉。

《王文成年谱·训蒙大意》（钱德洪）示教读刘伯颂等曰：“今教

童子者，当以孝弟、忠信、礼义、廉耻为专务，其培植涵养之方，则宜诱之歌《诗》，以发其志意；导之习《礼》，以肃其威仪；讽之读《书》，以开其知觉。今人往往以歌《诗》、习《礼》为不切时务，此皆末俗庸鄙之见，乌足以知古人立教之意哉！大抵童子之情，乐嬉戏而惮拘检，如草木之始萌芽，舒畅之则条达，摧挠之则衰痿。故凡诱之歌《诗》者，非但发其志意而已，亦所以泄其跳号呼啸于咏歌，宣其幽抑结滞于音节也。导之习《礼》者，非但肃其威仪而已，亦所以周旋揖让而动荡其血脉，拜起屈伸而固束其筋骸也。讽之读《书》者，非但开其知觉而已，亦所以沈潜反复而存其心，抑扬讽颂以宣其志也。若责其检束而不知导之以礼，求其聪明而不知养之以善，彼视学舍如囹狱而不肯入，视师长如寇仇而不欲见矣，求其为善也得乎？”

宋、元之间，书院最盛，至明而浸衰。盖国学网罗人才，士之散处书院者，皆聚之于两雍，虽有书院，其风不盛。

《续通考》：“初太祖因元之旧，洪武元年立洙泗、尼山二书院，各设山长一人。宪宗成化十二年，命江西贵溪县重建象山书院。孝宗弘治元年，以吏部郎中周本言，修江南常熟县学道书院。武宗正德元年，江西按察司副使邵宝奏修德化县濂溪书院，其时各省皆有书院，弗禁也。”

其后国学之制渐隳，科举之弊孔炽，士大夫复倡讲学之法，而书院又因之以兴。王阳明讲学之所，若龙岗书院，

《王文成年谱》：“正德三年在龙场，……夷人日来亲狎，以所居湫湿，乃伐木构龙岗书院以居之。”

若贵阳书院，

《王文成年谱》："正德四年在贵阳，……提学副使席书聘主贵阳书院。"

若濂溪书院，

《王文成年谱》："正德十三年在赣，……九月修濂溪书院，……四方学者辐辏，始寓射圃，至不能容，乃修濂溪书院居之。"

若稽山书院，

《王文成年谱》："嘉靖三年，在越……辟稽山书院，聚八邑彦士，身率讲习以督之。于是萧璆、杨汝荣、杨绍芳等来自湖广，杨仕鸣、薛宗礼、黄梦星等来自广东，王艮、孟源、周衔等来自直隶，何秦、黄弘纲等来自南赣，刘邦来、刘文敏等来自安福，魏良政、魏良器等来自新建，曾忭来自泰和。宫刹卑隘，至不能容，盖环坐而听者三百余人。"

若敷文书院，

《王文成年谱》："嘉靖七年，巡抚两广，……兴南宁学校，……委原任监察御史降揭阳县主簿季本主教敷文书院。"

既皆随处经营，隐然以复古学校为己任。而同时如邹守益之筑复古书院，

《王文成年谱》："邹守益谪判广德州，筑复古书院以集生徒，刻

《谕俗礼要》以风民俗。”

湛若水之建白沙书院，

> 《明史·湛若水传》：“若水生平所至，必建书院以祀献章。”

又与阳明相应和。比阳明殁而建书院以祀之者尤夥，

> 《王文成年谱》：“嘉靖四年十月，立阳明书院于越城。……门人为之也。在越城西郭门内光相桥之东。后十二年丁酉，巡按御史门人周汝贞建祠于楼前，匾曰‘阳明先生祠’。”“嘉靖九年，门人薛侃建精舍于天真山，祀先生。”“十三年，邹守益建复古书院于安福，祀先生。”①“十六年，佥事沈谧建书院于文湖，祀先生。”“十九年，周桐、应典等建书院于寿岩，祀先生。”“二十一年，范引年建混元书院于青田，祀先生。”“二十三年，徐珊建虎溪精舍于辰州，祀先生。”“二十七年，万安同志建云兴书院，祀先生。”“陈大伦建明经书院于韶，祀先生。”“二十九年，史际建嘉义书院于溧阳，祀先生。”“三十三年，刘起宗建水西书院，祀先生。”“三十五年，赵镗修复初书院，祀先生。沈宠建仰止祠于崇正书院，祀先生。”“四十二年，耿定、罗汝芳建志学书院于宣城，祀先生。”

学校性质几变而为宗教性质，世宗因言者请毁书院而严禁之，殆以此故。

> 《续通考》：“世宗嘉靖十七年四月，吏部尚书许赞请毁书院，从之。……十六年二月，御史游居敬疏斥南京吏部尚书湛若水倡其邪学，

① 按复古书院之建已见前，此时特祀之耳。

广收无赖，私创书院，乞戒谕以正人心。帝慰留若水，而令所司毁其书院。至是讃复言抚按司府多建书院，聚生徒，供亿科扰，亟宜撤毁，诏从其言。”

然一方面撤毁，而一方面依旧建设，①是其时社会势力，固不下于政府也。万历间，张居正当国，再申严禁，亦未尽革。迄居正败，其事复兴。

《野获编》(沈德符)：“书院之设，昉于宋之泰山、徂徕及白鹿洞，本朝旧无额设明例。自武宗朝，王新建以良知之学，行江浙、两广间，而罗念庵、唐荆川诸公继之，于是东南景附，书院顿盛。虽世宗力禁，而终不能止。嘉靖末年，徐华亭以首揆为主盟，一时趋骛者，人人自托吾道。凡抚台莅镇，必立书院，以鸠集生徒，冀当路见知。其后间有他故，驻节其中，于时三吴间竟呼书院为中丞行台矣。今上初政，江陵公痛恨讲学，立意剪抑。适常州知州施观民以造书院科敛见纠，遂遍行天下折毁，其威令之行，峻于世庙。江陵败，而建白者力攻，亦以此为权相大罪之一，请尽行修复，当事者以祖制所无折之，其议不果行。近年理学再盛，争以皋比相高，书院聿兴，不减往日。李见罗在郧阳，遂拆参将衙门改造，几为武夫所杀，于是人稍有戒心矣。至于林下诸君子相与切磋讲明，各立塾舍名书院者，又不入此例也。”

明末书院之著者，曰首善，曰东林。以讲学者忤魏阉，遂并天下书院毁之。

《续通考》：“神宗万历十年，阁臣张居正以言官之请，概行京省查革，然不能尽撤。后复稍稍建，其最著者，京师曰首善书院，江南

① 如混元、云兴等书院，皆建于嘉靖十七年以后。

曰东林书院。”《燕都游览志》：“首善书院在宣武门内左方，天启初，都御史邹元标、副都御史冯从吾为都人士讲学之所。大学士叶向高撰碑志，礼部尚书董其昌书。党祸起，魏忠贤矫旨毁天下书院，捶碎碑，嗣即其地开局修历。”《春明梦余录》（孙承泽）：“东林，无锡书院名也。宋儒杨时建，后废为僧寺。万历中，吏部考功郎顾宪成罢归，即其地建龟山祠，同志者为构精舍居焉。乃与行人高攀龙等开讲其中，及攀龙起为总宪，疏发御史崔呈秀之赃，呈秀遂父事魏忠贤，日嗾忠贤曰：‘东林欲杀我父子。’既而杨涟、左光斗交章劾忠贤，益信呈秀之言不虚也。于是遂首毁京师书院，而天下之书院俱毁矣。”

魏阉败，儒者复立书院讲学。刘宗周之证人书院，其尤著者也。

《明史·刘宗周传》：“宗周始受业于许孚远，已入东林书院，与高攀龙辈讲习。冯从吾首善书院之会，宗周亦与焉。越中自王守仁后，一传为王畿，再传为周汝登、陶望龄，三传为陶奭龄，皆杂于禅。奭龄讲学白马山，为因果说，去守仁益远。宗周忧之，筑证人书院，集同志讲肄。且死，谓门人曰：学之要，诚而已，主敬其功也。”

明儒讲学之所，自书院之外，复有寺观祠宇之集会，月有定期，以相砥砺。

《王文成年谱》：“嘉靖四年，先生归姚江，定会于龙泉寺之中天阁，每月以朔、望、初八、廿三为期。书壁以勉诸生曰：虽有天下易生之物，一日暴之，十日寒之，未有能生者也。承诸君之不鄙，每予来归，咸集于此，问学为事，甚盛意也。然不能旬日之留，而旬日之间，又不过三四会，一别之后，辄复离群索居，不相见者，动经年岁，然则岂惟十日之寒而已乎？若是而求萌糵之畅茂条达，不可得矣。故予切望诸君勿以予之去留为聚散，或五六日，或八九日，虽有俗事相妨，亦须破冗一会于此，务在诱掖奖励，砥砺切磋，使道德仁义之习，日亲日近。则势利纷华之染，亦日远日疏，所谓相观为善，百工居肆，以成其事者也。相会之时，尤须虚心逊志，相亲相敬。大抵朋友之交，以相下为益，或议论未合，要在从容涵育，相感以成。不得动气求胜，长傲遂非；务在默而成之，不言而信。”

阳明门人，集会尤盛。

《王文成年谱》：“嘉靖十一年正月，门人方献夫合同志会于京师。……欧阳德、方献夫等四十余人始定日会之期，聚于庆寿山房。”“十二年，门人欧阳德合同志会于南畿。……远方志士四集，类萃群趋。或讲于城南诸刹，或讲于国子鸡鸣，倡和相稽，疑辩相绎。”

徐阶灵济宫之会，听者至数千人。

《明史·罗汝芳传》：“汝芳为太湖知县，召诸生论学，公事多决于讲座。迁刑部主事，历宁国知府。民兄弟争产，汝芳对之泣，民亦泣，讼乃已。创开元会，罪囚亦令听讲。入觐，劝徐阶聚四方计吏讲学，阶遂大会于灵济宫，听者数千人。”《明儒学案·徐阶传》（黄宗羲）：“先生受业聂双江，故得名王氏学。及在政府，为讲会于灵济宫，使南野、双江、松溪分主之，学徒云集至千人。其时癸丑甲寅，为自来未有之盛。丙辰以后，诸公或殁或去，讲坛为之一空。戊午何吉阳自南京来，复推先生为主盟，仍为灵济之会，然不能及前矣。”

当时讲学之巨子，所至集会开讲，至老不衰。

《明史·钱德洪传》：“德洪既废，遂周游四方，讲良知学。时士大夫率务讲学为名高，而德洪、王畿以守仁高第弟子，尤为人所宗。”《陈时芳传》：“年八十余，犹徒步赴五峰讲会。”《王畿传》：“畿既废，益务讲学，足迹遍东南，吴、楚、闽、越皆有讲舍。年八十余，不肯已，善谈说，能动人。所至听者云集，每讲杂以禅机，亦不自讳也。”

随时举示，亦无定法。

《明儒学案·耿定理传》：“京师大会，举中义相质，在会各呈所见，先生默不语。忽从座中崛起拱立曰：‘请诸君观中。’因叹曰：‘舍当下言中，沾沾于书本上觅中，终身罔矣。’在会中因有省者。其机锋迅利如此。”

樵夫、陶匠、农工、商贾，无人不可听讲，无人不可讲学。

《明儒学案》：“樵夫朱恕，泰州草堰场人，听王心斋讲，浸浸有味，每樵必造阶下听之。饥则向都养乞浆，解裹饭以食，听毕则浩歌负薪而去。”“陶匠韩乐吾，兴化人，以陶瓦为业。慕朱樵而从之学，久之，觉有所得，遂以化俗为任，随机指点。农工商贾从之游者千余，秋成农隙，则聚徒谈学。一村既毕，又之一村，前歌后答，弦诵之声，洋洋然也。”

斯实前世之所未有也。

明人之集会讲学，盖本于文士之以诗文结社。自元季以来，东南士夫盛联诗社，

《明史·张简传》：“当元季，浙东西士大夫以文墨相尚，每岁必联诗社，聘一二文章巨公主之。四方名士毕至，讌赏穷日夜。诗胜

者辄有厚赠。”

至明而其风不衰。

《明史·林鸿传》：“闽中善诗者称十才子，鸿为之冠，闽人言诗者悉本于鸿。……无锡浦源，慕鸿名，逾岭访之。造其门，鸿弟子周元、王元请诵所作，曰：‘吾家诗也。’鸿延之入社。”《谢榛传》：“李攀龙、王世贞辈结诗社，榛为长，攀龙次之。”《李攀龙传》：“攀龙之始官刑曹也，与濮州李先芳、临清谢榛、孝丰吴维岳辈倡诗社。王世贞初释褐，先芳引入社，遂与攀龙定交，明年先芳出为外吏。又二年，宗臣、梁有誉入，是为五子。未几，徐中行、吴国伦亦至，乃改称七子。诸人多少年，才高气锐，互相标榜，视当世无人。七才子之名播天下。”《王世贞传》：“世贞好为诗古文，官京师，入王宗沐、李先芳、吴维岳等诗社。”《明史·袁宏道传》：“宏道年十六，为诸生，即结社城南，为之长。”

达官为之倡，而山人名士附之。

《野获编》（沈德符）：“山人之名本重，如李邺侯仅得此称。不意数十年来，出游无籍辈，以诗卷遍贽达官，亦谓之山人。始于嘉靖初年，盛于今上之近岁，吴中人遂有作山人歌曲者，而情状著矣。”《明史·王稚登传》：“嘉隆、万历间，布衣、山人以诗名者十数，俞见文、王叔承、沈明臣辈，尤为世所称。然声华烜赫，稚登为最。”

始则标榜风雅，交通声气，继则联结党朋，干预政事，至其季世之复社，且以嗣东林则帜。故文人之社与儒者之会，实有相互之关系焉。

《明史·张溥传》："溥集郡中名士相与复古学，名其文社曰复社。……四方啖名者争走其门，尽名为复社。溥亦倾身结纳，交游日广，声气通朝右。所品题甲乙，颇能为荣辱，诸奔走附丽者辄自矜曰：吾以嗣东林也。执政大僚由此恶之。里人陆文声者，输赀为监生，求入社，不许。文声诣阙言，风俗之弊，皆原于士子，溥、采为盟主，倡复社乱天下。"①

明代诗文字画，均有名家，然无特创之体。其特创者，惟八股文，以王鏊、唐顺之、归有光、胡友信为最。

《明史·归有光传》："有光制举义，湛湛经术，卓然成大家。后德清胡友信与齐名，世并称归、胡。""明代举子业最擅名者，前则王鏊、唐顺之，后则震川、思泉。思泉，友信别号也。"

顺之、有光皆能为古文，然其古文亦有八股文气息。八股文既盛行，于是有汇选评点之本，而学者之治古书，往往亦用此法，故明代批评经史子集之书最多，是亦一时之风气也。

《经史百家简编序》（曾国藩）："自六籍燔于秦火，汉世掇拾残遗，征诸儒能通其读者，支分节解，于是有章句之学。刘向父子勘书秘阁，刊正脱误，稽合同异，于是有校雠之学。梁世刘勰、钟嵘之徒，品藻诗文，褒贬前哲，其后或以丹黄识别高下，于是有评点之学。三者皆文人所有事也。前明以《四书》经义取士，我朝因之，科场有句股点句之例，盖犹古者章句之遗意。试官评定甲乙，用朱墨旌别其旁，名曰圈点，后人不察，辄仿其法，以涂抹古书，大圈密点，狼藉行间。

① 张采，溥同里人，号娄东二张。

故章句者，古人治经之盛业也，而今专以施之时文。圈点者，科场时文之陋习也，而今反以施之古书。末流之迁变，何可胜道。”①

时文之外，小说、戏曲颇有创制。今世所传《三国演义》《水浒传》《西游记》《金瓶梅》等，皆明人所著。(《交翠轩笔记》称《三国演义》为明人作，《郎潜纪闻》称《三国志》为罗贯中所作。《水浒传》相传为元施耐庵著，而《七修类稿》谓系罗贯中作，《茶香室续钞》亦称《水浒传》为洪武越人罗贯中作。《冷庐杂识》称《西游记》为嘉靖中淮安吴承恩作。《金瓶梅》则相传为王世贞作，以毒唐顺之者也。）今人以小说为纯文学，则明代小说之盛，当轶于古文之价值矣。元代传奇以质朴胜，即最有名之《西厢》《琵琶》诸记，亦多质过于文。至明之汤显祖、阮大铖等所编传奇，则综各种文体，皆入于词曲中，尤可见文艺之进化。至魏良辅等以昆曲著，则又因传奇之盛兴，而自制新调也。

《琵琶行》(吴伟业)："百余年来操南风，《竹枝》《水调》讴吴侬。里人度曲魏良辅，高士填词梁伯龙。"注引陈僖《客窗偶笔》："昆有魏良辅者，造曲律，世所谓昆腔者自良辅始。"《静志居诗话》(朱彝尊)："梁辰鱼字伯龙，昆山人，雅善词曲，所撰《江东白苎》，妙绝时人。时邑人魏良辅能喉啭音声，始变弋阳、海盐故调为昆腔，伯龙填《浣纱记》付之。"

明太祖以僧为帝，其立国极重释教，明之诸儒讲心学者，又多出入于释氏。然禅门如沩仰、云门、法眼三宗，俱已失传，惟临济、曹洞蝉联不绝，

《答汪魏美问济洞两宗争端书》(黄宗羲)："今沩仰、云门、法

① 按宋吕祖谦选《文章关键》、谢枋得选《文章轨范》，始创评点选本，然于古人全书未有评点者。明代选本之加评点者不可胜记，而古书如《尚书》《左传》《史记》《庄子》等皆有详圈密点之本。归有光、钟惺等皆可称评文家。

眼三宗俱绝，存者惟曹洞、临济耳。”

而隋、唐诸宗更无论矣。明僧之著者，仅万历间紫柏、雪浪、莲池、憨山诸僧，

《列朝诗集·闰集》（钱谦益）有憨山大师德清、紫柏大师真可、莲池大师袾宏、雪浪法师洪恩等传。

大抵以禅宗参净土，未能特创一宗也。明之佛教，较之历代，当以刻经之多，为其时之特色。考佛藏虽自北宋以来，已有官私诸本，

《大藏经雕印考》（常磐大定）：“藏经种类：（一）宋朝官板蜀本；（二）宋朝私板福州本；（三）南宋私板思溪本；（四）元代私版普宁寺本；（五）元代官本。”

而明代所刻最多，官刻者既有南北两藏及石藏，

《续释氏稽古略》（幻轮）：“永乐十八年，旨刻大藏经，板二副，南京一藏，六行十七字；北京一藏，五行十五字。”①“旨石刻一藏，安置大石洞。圣旨：向后木的坏了，有石的正。”

又有武林、径山二本。

《大藏经雕印考》：“南北二藏刊刻之后，浙之武林，仰承德风，更造方册，历岁既久，其刻遂湮。……《缘山目录》称法珍尼为欲刻宏通简便的方册本，决意自断其臂，激发四方。由是海内感动，

---

① 据常磐大定《大藏经雕印考》，南藏为太祖时所刻。

或破产鬻子以应之。至三十余年始告成功，此则方册之创制也。”[1]“《缘山目录》称万历十四年，有密藏禅师者，追悼珍尼藏板之归于乌有，欲继兴方册藏板，化缘时熟，经五六十年，藏板方成。……《缩藏目录序》称，比时缁素，如响之应，紫柏、憨山等等硕德羽翼之，陆光祖、袁了凡、冯开之等赞成之，始刻于五台山。未几藏师没，幻余禅师代之，亦迁化。其初与藏师共事者四十人，至万历二十九年存没各半，其半之继续刊刻者，不知告终于何年。其辛苦勤劳，可谓至矣。尔来海内缁素，得以翻阅大藏，皆密藏师之赐也。”

径山改梵夹为方册，于嘉兴楞严寺发售，无论僧俗，皆可按价购买，其功尤盛于从前之刻藏。

《大藏经雕印考》：“宋、元诸藏，与明本所异者，实在根本目的。宋、元之刻藏，以藏经为法宝，欲藏之于名山大刹而崇拜之，明本则以普及于天下为事。”

明末诸儒，多通内典，即缘佛藏流通之影响也。

世讥明人之学多空疏，实亦不可概论。明之研究诗文心学者，固亦多博洽之士，他如李时珍之著《本草纲目》，

《明史·方技传》：“李时珍字东壁，蕲州人，好读医书。医家《本草》，自神农所传，止三百六十五种，梁陶弘景所增亦如之。唐苏恭增一百一十四种，宋刘翰又增一百二十种，至掌禹锡、唐慎微辈先后增补，合一千五百五十八种，时称大备。然品类既繁，名称多杂，或一物而析为二三，或二物而混为一品。时珍病之，乃穷搜博采，芟烦

① 旧刻藏经皆梵夹本，故方册本为创制。

补阙，历三十年，阅书八百余家，稿三易而成书，曰《本草纲目》。增药三百七十四种，厘为一十六部，合成五十二卷。首标正名为纲，余各附释为目，次以集解详其出产形色，又次以气味、主治附方。书成，将上之朝，时珍遽卒。未几，神宗诏修国史，购四方书籍。其子建元以父遗表及是书来献，天子嘉之，命刊行天下，自是士大夫家有其书。”

宋应星之著《天工开物》，

《重印天工开物记》（丁文江）：“宋应星，字长庚，江西奉新县北乡人，万历四十三年乙卯举人。崇祯七年，任分宜教谕，著《天工开物》。十年，刊行。书计十八卷九册，凡食物、被服、用器以及冶金、制器、丹青、珠玉之原料工作，无不具备。说明之外，各附以图。三百年前，言工业天产之书，如此其详且明者，世界之中，无与比伦。”

方以智之著《物理小识》，

《明末理学阐微》（钱嘉淦）：“当有明末造，爱新觉罗氏兴于满洲，国家运命，危于旦夕。山林隐逸者流，抱残守缺，从事著述，而理学亦起于此时。至崇祯十六年，即西历1643年，适彼理学界之双明星，意人卡利利（Galileo）逝，而英人奈端（Newton）生之翌年，有密山愚者方以智著《物理小识》六卷，公诸世。大别为十六门，即天、历、风雷雨旸、地、占候、人身、医要、医药、饮食、衣服、金石、器用、草木、鸟兽、神鬼方术、异事，搜罗綦广，时有精义。今中国若后于现世界文明数世纪，而当奈氏之前，已有此著，诚可引以自豪者矣。”

今之讲博物及物理者，多盛称其书，正不得以“空疏”二字该明之一切学者也。

又明之儒者多究心于武事，如王守仁、唐顺之等兼资文武，既见于史传，

> 《王文成年谱》：“先生留情武事，凡兵家秘书，莫不精究。”《明史·唐顺之传》：“顺之于学无所不窥，自天文、乐律、地理、兵法、弧矢、句股、壬奇、禽乙，莫不究极原委。”

至其末年，尚有陈元赟者，以拳术开日本之柔道。

> 《陈元赟与柔道始祖》（下川潮）：“陈元赟字义都，明之虎林人，宽永十五年（崇祯十年）避乱来我国，以支那之拳法，传福野七郎右卫门等。”

此明之风气与清不同者也。

明代工艺之盛，有轶于前代者数事。一曰陶器，江西景德镇之磁器，莫盛于明，以诸帝之年号名其窑，而一朝有一朝之特色。

> 《南村随笔》：“景德镇所造，永乐尚厚，成化尚薄，宣德青尚淡，嘉靖青尚浓。成青未若宣青，宣彩未若成彩。”“宣德祭红以西红宝石末入泑，凸起莹厚如堆脂。”《陶说》（朱琰）：“宣德窑选料制样，画器填款，无一不精。此明窑极盛时也。”

宜兴陶器亦始于明，

> 《阳羡名陶录》（吴骞）：“今吴中较茶者，壶必言宜兴瓷，云始万历间大朝山[①]寺僧，传供春。供春者，吴氏小史也。至时大彬以盛。”

---

① 当是金沙寺。

雅淡质素，与景德磁以浓彩胜者不同。盖明人讲求服用，务极风雅，故工艺因之以兴也。一曰漆器，亦多古所未有。

《物理小识》："漆器永乐果园厂制最精，有剔红、填漆、戗金、倭漆、螺钿诸种。近徽吴氏漆绢胎鹿角灰磨者，螺钿用金银粒杂蚌片成花者，皆绝，古未有此。"

一曰铜器，宣德中以铜铸鼎、彝、炉、鬲等，是为宣德炉，其材料多选各国各地绝精之物为之，如暹罗国风磨铜、天方国硇砂、三佛齐国紫石、渤泥国胭脂石、琉球国安澜砂及辰州珠砂、云南棋子等。每铜一斤，炼十二次，仅存铜精四两，光色焕发。又以赤金、水银等物涂而熏之，故与寻常铜器迥异（详见《宣德鼎彝谱》）。是皆明代工艺美术之特色也。至若南京报恩寺塔，九级八面，咸覆以五色琉璃瓦，建筑经二十九年始成，[①] 为中外人士所艳称。

《陶庵梦忆》（张岱）："中国之大古董，永乐之大窑器，则报恩塔是也。报恩塔成于永乐初年，[②] 非成祖开国之精神、开国之物力、开国之功令，其胆智才略足以吞吐此塔者，不能成焉。塔上下金刚佛像千百亿金身，一金身，琉璃砖十数块凑成之。其衣摺不爽分，其面目不爽毫，其须眉不爽忽，斗笋合缝，信属鬼工。闻烧成时，具三塔相，成其一，埋其二，编号识之。今塔上损砖一块，以字号报工部，发一砖补之，如生成焉。夜必灯，岁费油若干斛。天日高霁，霏霏霭霭，摇摇曳曳，有光怪出其上，如香烟缭绕，半日方散。永乐时，海外夷蛮重译至者，百有余国，见报恩塔必顶礼赞叹而去，谓四大部洲所无也。"

---

① 自永乐十年至宣德六年。

② 此说误，据《江宁府志》，永乐十年敕工部造九级琉璃塔，至宣德六年，凡二十九年始成。

北京宫殿及曲阜孔、颜诸庙，雕刻石柱，咸精深华美，至今犹存，可以推见明之注重工艺矣。

元以蒙古人入主中夏，其冠服车舆杂用宋、金之制，并存其族之旧俗，故天子有冕服，儒士有唐巾，皆沿中夏之法。惟常服之质孙，则为胡服。

> 《元史·舆服志》："质孙，汉言一色服也。天子质孙，冬服十有一等，夏服十有五等。百官质孙，冬服九等，夏服十四等。""按其制有暖帽、钹笠、比肩等。暖帽、钹笠大致如满清之暖帽、凉帽，比肩则今所谓背心也。"

明祖崛起濠上，驱逐胡人，爰诏衣冠悉如唐制。

> 《明史·太祖本纪》："洪武元年二月壬子，诏衣冠如唐制。"

此实汉族战胜异族之标识，而《明史·舆服志》仅称其车服尚质，酌古通今，合乎礼意，

> 《明史·舆服志》："太祖甫有天下，考定邦礼，车服尚质。酌古通今，合乎礼意。"

不言其取别胡元之意，盖讳之也。明之服制，虽与古礼亦不尽同，然上自衮冕，下至深衣，大抵皆周、汉以来相承之式。自满清入关，辫发胡服，而明人多抵死不从者，实亦文野之教殊也。

明代阶级之制甚严，宫室服用，均有等差。

> 《明史·舆服志》："明初，禁官民房屋，不许雕刻古帝后、圣贤人物及日月、龙凤、狻猊、麒麟、犀象之形。凡官员任满致仕，与

见任同。其父祖有官，身殁，子孙许居父祖房舍。洪武二十六年定制，……公侯，前厅七间，两厦，九架。中堂七间，九架。后堂七间，七架。门三间，五架，用金漆及兽面锡环。家庙三间，五架，覆以黑板瓦，脊用花样瓦兽，梁、栋、斗栱、檐桷綵绘饰。门窗、枋柱金漆饰。廊、庑、庖、库从屋，不得过五间，七架。一品、二品，厅堂五间，九架，屋脊用瓦兽，梁、栋、斗栱、檐桷青碧绘饰。门三间，五架，绿油，兽面锡环。三品至五品，厅堂五间，七架，屋脊用瓦兽，梁、栋、檐桷青碧绘饰。门三间，三架，黑油，锡环。六品至九品，厅堂三间，七架，梁、栋饰以土黄。门一间，三架，黑门，铁环。品官房舍，门窗、户牖不得用丹漆。功臣宅舍之后，留空地十丈，左右皆五丈。不许那移军民居止，更不许于宅前后左右多占地，构亭馆，开池塘，以资游眺。”“庶民庐舍，洪武二十六年定制，不过三间，五架，不许用斗栱，饰綵色。三十五年，复申禁饬，不许造九五间数，房屋虽至一二十所，随其物力，但不许过三间。正统十二年，令稍变通之，庶民房屋架多而间少者，不在禁限。”“器用之禁：洪武二十六年定，公候、一品、二品，酒注、酒盏金，余用银。三品至五品，酒注银，酒盏金。六品至九品，酒注、酒盏银，余皆瓷、漆。木器不许用朱红及抹金、描金、雕琢龙凤文。庶民，酒注锡，酒盏银，余用瓷、漆。百官，床面、屏风、槅子，杂色漆饰，不许雕刻龙文，并金饰朱漆。”“建文四年，申饬官民；不许僭用金酒爵，其椅棹木器亦不许朱红金饰。正德十六年定，一品、二品，器皿不用玉，止许用金。商贾、技艺家器皿不许用银。余与庶民同。”“明初，庶人婚，许假用九品服。洪武三年，庶人初戴四带巾，改四方平定巾，杂色盘领衣，不许用黄。又令男女衣服，不得僭用金锈、锦绮、纻丝、绫罗，止许紬、绢、素纱，其靴不得裁制花样、金线装饰。首饰、钗、镯不许用金玉、珠翠，止用银。六年，令庶人巾环不得用金玉、玛瑙、珊瑚、琥珀。未入流品者同。庶人帽，不得用顶，帽珠止许水晶、香木。十四年，令农衣䌷、纱、绢、布，商贾止衣绢、布。农家有一人为商贾者，亦不得衣䌷、纱。”“二十三年，令耆民衣制，袖长过手，复回不及肘三寸；庶人衣长，去地五寸，袖长过手六寸，袖椿广一尺，袖口五寸。……正德元年，禁商贩、仆役、倡优、下贱不许服用貂裘。”

即平居相见，官民亦有分别。

《明史·礼志》：“洪武五年令，凡乡党序齿，民间士农工商人等平居相见，及岁时宴会谒拜之礼，幼者先施。坐次之列，长者居上。十二年令，内外官致仕居乡，惟于宗族及外祖妻家序尊卑如家人礼。若筵宴，则设别席，不许坐于无官者之下。与同致仕官会，则序爵；爵同序齿。其与异姓无官者相见，不须答礼。庶民则以官礼谒见。凌侮者论如律。凡民间子孙弟侄甥婿见尊长，生徒见其师，奴婢见家长，久别行四拜礼，近别则行揖礼。其余亲戚长幼悉依等第，久别行两拜礼，近别行揖礼，平交同。”

然明初甚重耆民，其粮长至京者，得朝见。其老人得听断乡间狱讼，

《日知录》：“明初以大户为粮长，掌其乡之赋税，或多至十余万石。运粮至京，得朝见天子。洪武中或以人材授官。”“洪熙元年，巡按四川监察御史何文渊言：太祖令天下州县设立老人，必选年高有德、众所信服者，使劝民为善，乡闾争讼，亦使理断。”“《太祖实录》载洪武二十七年四月壬午，命有司择民间年高老人公正可任事者，理其乡之词讼。若户婚田宅斗殴者，则会里胥决之。事涉重者，始白于官。若不由里老处分，而径诉县官谓之越诉。”

其儒者莅官，亦有以乡约辅官治者。

> 《王文成全书·南赣乡约》：“同约中推年高有德为众所敬服者一人为约长，二人为约副。又推公直果断者四人为约正，通达明察者四人为约史，精健廉干者四人为知约，礼仪习熟者二人为约赞。置文簿三扇，其一扇备写同约姓名，及日逐出入所为，知约司之；其二扇一书彰善，一书纠过，约长司之。”“同约之人，每一会，人出银三分，送知约，具饮食。”“会期以月之望，立约所于道里平均之处，择寺观宽大者为之。彰善者其辞显而决，纠过者其辞隐而婉。不能改者，纠而书之。又不能改，然后白之官。又不能改，同约之人执送之官，明正其罪。势不能执，戮力协谋官府请兵灭之。”“通约之人，凡有危疑难处之事，皆须约长会同约之人，与之裁处区画，必当于理、济于事而后已。不得坐视推托，陷人于恶，罪坐约长约正诸人。”“亲族乡里，一应斗殴不平之事，鸣之约长等，公论是非。”

盖虽官治极盛之时，亦时时思以民治为基本，第未能一切决于民治，而使之荡然平等耳。

第三编　近世文化史

第一章　元明时海上之交通

中国近世之历史与上世、中世之区别有三：（一）则东方之文化无特殊之进步，仅能维持继续为保守之事业，而西方之宗教、学术、物质、思想逐渐输入，别开一新局面也；（二）则从前之国家，虽与四裔交往频繁，而中国常屹立于诸国之上，其历史虽兼及各国，纯为一国家之历史。自元、明以来，始与西方诸国有对等之交际，而中国历史亦植身于世界各国之列也；（三）则因前二种之关系，而大陆之历史变而为海洋之历史也。三者之中，以海洋之交通为最大之关键，故欲知晚明以降西方宗教、学术输入之渐，当先观察元、明时海上之交通焉。

海上交通，为东西两方之共业，而其性质又分为君主与群众之两动机。当元世祖时，专务远略，已屡遣使诏谕海外诸番。

> 《元史·马八儿等国传》："世祖至元间，行中书省左丞索多等，奉玺书十通，招谕诸番。""十六年，遣广东招讨司达噜噶齐、杨庭壁招俱蓝。""二十三年，海外诸番国以杨庭壁奉诏招谕，皆来降。诸国凡十：曰马八儿，曰须门那，曰僧急里，曰南无力，曰马阑丹，曰那旺，曰丁呵儿，曰来来，曰急兰亦解，曰苏木都剌。"①

---

① 丁谦《元史外夷传考证》："马八儿在今南印度马都剌部地，俱蓝在其北卖索尔国境，须门那即苏门答腊，僧急里即丁机宜，南无力即《明史》之南渤利，马兰丹乃婆洲西北海中小岛，丁呵儿即丁噶奴，来来地未详。急兰亦解即吉兰丹，苏木都剌亦即苏门答腊。"

马哥孛罗奉库噶丁公主至印度，遂经黑海，赴君士但丁，而返威尼斯。

《马哥孛罗游记》卷首："大可汗遣库噶丁（Kogatin）公主嫁印度藩王阿尔贡（Arghun），派马哥父子等三人为驾驶使，造楼船十四艘，贮二年之粮，行三阅月，至爪哇。又经十八月之久，始抵阿尔贡王之境。尼古罗等闻大可汗薨逝，从此绝东返之念，先至达拉布松（Trebizond）①，由此再赴君士但丁，经希腊而至威尼斯，时1295年也。"②

其时航海虽未能直至欧洲，然航行之利，已为时人所公认矣。

《马哥孛罗游记》卷首："印使偕公主入面大可汗，备陈舟行之利，费用既省，历时尤迅。"

明初恒遣使海外，

《明史・外国传》："洪武二年，遣官谕占城。""三年，遣使臣郭徵等谕真腊。""吕宗俊等谕暹罗。""行人赵述谕三佛齐。""御史张敬之、福建行省都事沈秩使渤泥。""永乐元年，中官尹庆谕古里及柯枝。"

郑和奉使，尤传为盛事。

《明史・宦官传》："郑和，云南人，世所谓三保太监者也。……（成

① 在黑海之滨。
② 元成宗元贞元年。

祖）欲耀兵异域，示中国富强。永乐三年六月，命和及其侪王景弘等，通使西洋。将士卒二万七千八百余人，多赍金币。造大舶，修四十四丈、广十八丈者六十二。自苏州刘家河泛海至福建，复自福建五虎门扬帆，首达占城，以次遍历诸番国，宣天子诏，因给赐其君长，不服则以武慑之。……和经事三朝，先后七奉使，所历占城、爪哇、真腊、旧港、暹罗、古里①、满剌加、渤泥、苏门答剌、阿鲁②、柯枝③、大葛兰、小葛兰④、西洋琐里、琐里⑤、加异勒、阿拨、把丹⑥、南巫里⑦、甘把里⑧、锡兰山、喃勃利、彭亨、急兰丹、忽鲁谟斯⑨、比剌、溜山、孙剌⑩、木骨都束⑪、麻林⑫、剌撒⑬、祖法儿⑭、沙里湾泥⑮、竹步⑯、榜葛剌⑰、天方、黎伐那孤儿⑱，凡三十余国。所取无名宝物，不可胜计，……自和后，凡将命海表者，莫不盛称和以夸外番，故俗传三保太监下西洋，为明初盛事云。"

---

① 印度之古耶拉大省。
② 满剌加西北海峡亚罗亚群岛。
③ 孟买科坎傍海一带地。
④ 卞力咳至可陈等地。
⑤ 苏门达剌中间锡里部地。
⑥ 未详。
⑦ 南渤利。
⑧ 未详。
⑨ 波斯南境小岛。
⑩ 溜山即民大威群岛，在苏门答剌西南，比剌、孙剌皆相近岛名。
⑪ 非洲东北海滨。
⑫ 非洲东索马拉部南界海滨。
⑬ 阿剌伯东北。
⑭ 阿剌伯哈达拉毛部之萨法尔城。
⑮ 未详。
⑯ 锡兰西南商埠。
⑰ 即孟加拉。
⑱ 未详。

东南海岛，几无在无明人之足迹焉。

宋代置市舶司于广、杭、明、泉诸州，

《宋史·食货志》："开宝四年，置市舶司于广州，后又于杭、明州置司。凡大食、古逻、阇婆、占城、勃尼、麻逸、三佛齐诸蕃，并通贸易，以金、银、缗钱、铅、锡、杂色帛、瓷器，市香药、犀象、珊瑚、琥珀、珠琲、镔铁、鼊皮、瑇瑁、玛瑙、车渠、水精、蕃布、乌樠、苏木等物。"

而禁人民私与蕃人贸易。

《宋史·食货志》："太平兴国初，私与蕃国人贸易者，计直满百钱以上，论罪。""元丰中，禁人私贩，然不能绝。"

元、明因之，官置市舶，

《元史·食货志》："至元十四年，立市舶司一于泉州，令孟古岱领之。立市舶司三于庆元、上海、澉浦，令福建安抚司杨发督之。每岁招集舶商于蕃邦博易珠翠香货等物，及次年回帆，依例抽解，然后听其货卖。"《明史·食货志》："太祖洪武初，设市舶司于太仓、黄渡，寻罢之。设市舶司于宁波、泉州、广州。宁波通日本，泉州通琉球，广州通占城、暹罗、西洋诸国。"

中虽数有废置，要皆官营商业也。而闽、广各省，人稠地狭，田园不足于耕，以海洋为谋生之所，

《论南洋事宜书》（清蓝鼎元）："闽、广人稠地狭，田园不足于耕，

望海谋生，十居五六。内地贱菲无足重轻之物，载至蕃境，皆同珍贝。"

时时有冒禁下海者。

《东西洋考》："万历二十一年，倭寇朝鲜，闽以震邻，禁止通贩。海上人辄违禁私下海，或假借县给买谷捕鱼之引，竟走远夷。"

良者则为海商，黠者则为海寇。

《东西洋考》："海滨一带，田尽斥卤，耕者无所望岁，只有视渊若陵，久成习惯。富家征货，固得稇载归来；贫者为佣，亦博升米自给。一旦戒严，不得下水，断其生活，若辈悉健有力，势不肯抟手困穷，于是所在结为乱，溃裂以出。其久潜纵于外者，既触网不敢归，又连结远夷，向导以入。"

《明史》所载林道乾、梁道明、陈祖义、张琏等，皆国人之富于冒险性、为群众开拓海上航业商业者也（林、梁等事迹见《明史·外国传》）。使其时西人不垂涎东亚，相继远航，吾华民族亦必日趋于海上生活，而与欧人接触。适会是时，西人忽起寻觅新地之欲，而东西之接触，乃若电气之相引矣。

欧人之至中国行踪可考者，当首推马哥孛罗家三人。

《马哥孛罗游记序》："当达达尔诸王之治亚细亚内地也，各君其土，而受节制于蒙古大帝。故威令行而道路不梗，商旅称便。欧洲客商，联袂而往，或谋什百之利，或图仕禄于诸王之朝。意大利威尼斯人马非倭（Maffeo）、尼古罗（Nicolo）兄弟，因购珍宝，渡黑海，达巴尔喀（Barka），朝之都。居一载，获利甚厚，展转至布哈尔（Bokhara），适巴尔喀之从兄弟呼拉古（Hulagu）遣使赴忽必烈，道经布哈尔，与马非倭兄弟遇，与之谈甚欢，约共朝忽必烈。历一年而达帝都，可汗廷见马非倭兄弟，命偕蒙古大员一人，往使罗马，见教皇。马非倭等于是西行，比抵威尼斯，则尼古罗之妻已亡，遗一子名马哥（Marco）。马非倭遂偕弟及侄赴阿克尔（Acre），阿克尔之教皇格里各烈十世（Gregoryx）授之敕书，馈赠蒙古帝以珍物。马非倭等既取道东北，经由大亚米尼阿、波斯属之伊拉克、库拉桑、巴尔克、巴达克商等处，入唐古特境。经沙州、肃州而至于山西之太原，马非倭等见蒙古帝，呈教皇敕书。帝甚嘉其忠信，见尼古罗旁侍一少年，问知为尼古罗之子，命留侍左右，派为皇室职员。马哥自居宫禁以后，习学东方礼节语文，更得帝之优遇，常遣之查办事件。一日江南道副使出缺，帝即命马哥署理。在任凡三载，马哥之父及叔，亦同邀恩遇。初到时，尼古罗等建议，能造战时利器，便于射远。蒙帝试之而佳，即命监工制造。后此蒙兵攻克襄阳城，即利用此火器也。孛罗氏父子兄弟至中国十七年，方请于帝，护送公主归国。”

然其来也，遵陆而行，仅归时由海道至印度、波斯耳。欧、亚之直接通航，始于葡萄牙人华斯哥德噶马；东西之周回通航，始于葡萄牙人马基伦。自此两航路开辟，而亚洲若重造一新天地焉。

有明初年，葡萄牙王子亨利及约翰二世，富于野心，奖励航海术，

《东邦近世史》：“1415 年①，葡萄牙王子亨利攻回教徒于摩洛哥北岸，时俘囚中有通阿非利加之地理，盛说印度之殷富者。王子闻之，雄心勃起，乃毅然欲探险阿非利加之地。遂设商船学校，建测候所，刻意研究星学数学，以全力奖励航海术。1460 年②，亨利死时，

---

① 明永乐十三年。

② 明天顺四年。

综计新发见之海岸，共一千八百哩。旧传亨利在当时有‘舟子’之号，信不诬也。……葡王约翰二世，绍舟子亨利之遗志，派遣远征队。1486 年[①]，巴沙洛矛地阿治（Bartholomew Diaz）遂至阿非利加南端，名其地曰荒崎（Cada Tormentoso）。约翰二世嫌其名不雅驯，改曰喜望峰（Cado Dabod Esperany）。无几，哥伦布复发见西方新世界，欧洲诸国咸属耳目焉。及约翰二世殂，马诺耶尔（Manoel）继之，华斯哥德噶马（Vasco da Gama）遂发见印度航路。”

而南欧之人，以商业之关系，尤热心于开辟新航路。

《东邦近世史》：“西 1453 年[②]，回教信徒土耳其人种攻陷东罗马首府君士但丁堡，黑海地方之东洋贸易顿至萎靡不振。其欲发见达于东亚之航路，实南欧有志者之一大宗旨也。”

弘治十一年[③]，华斯哥德噶马至印度之加尔各答，葡人因之殖民于印度，以卧亚为根据地。

《西力东渐史》：“华斯哥德噶马于 1497 年 7 月 8 日，发国都利斯本，巡航非洲南端，至 1498 年 5 月 20 日，达印度马拉巴海岸之加尔各答，是实东西洋海路交通之始，东西交通史中当大书特书者也。哥伦布之发见美洲，前乎此者仅六年，故西大陆之发见，东洋航路之开始，同为十五世纪末十年间之大纪念也。……葡萄牙人虽发见马拉巴海岸，尚难以为贸易之地，盖不徒土人所在排斥葡人，埃及人亦恐葡人废其旧路，而与威斯尼人共援印度土人以抗葡师。及达尔麦达率大军来印

① 明成化二十二年。
② 明景泰四年。
③ 西 1498 年。

度，1509 年[①] 大破埃及海军于堤湖，葡人在东洋之势力乃稍定。后塔尔波噶尔喀（D’Albuquerque）为总督，日图侵略土地。1510 年[②] 取卧亚，翌年取麻剌甲，1515 年[③] 取忽鲁谟斯，自是而后，葡人势力益臻隆盛。西自阿剌伯海岸，东至麻剌甲，俱有其贸易地。余若锡兰、苏门答剌、爪哇、麻剌甲诸岛，亦无不有葡人之车辙马迹。”

正德十六年[④]，马基伦至菲律宾群岛，西班牙人因之殖民于菲律宾，以吕宋为根据地。

《西洋通史》（章起渭编译）：“1519 年[⑤]，葡人马基伦（Magellan）受西班牙国之命，率船五只，发航大西洋，从巴他哥尼亚之沿岸南进，通航于南亚美利加最南之海峡，出外洋，见海上波静风稳，命名为太平洋。进航西北，凡数月，遂于 1521 年发见菲律宾群岛。马基伦不幸为土人所杀害，然其所率之船，更横行印度洋，迂回阿非利加，而归航于本国。”《东邦近世史》：“1570 年[⑥]，西班牙将列加斯秘（Legaspi）入马尼拉，以该市为群岛首府。”

万历三十年[⑦]，荷兰创立东印度公司，通商于爪哇、苏门答腊诸岛，以巴达维亚（Batavia）为根据地。

《西力东渐史》：“荷兰入华恩食斯考敦（Jan Huigen Van Lin-

---

① 明正德四年。
② 正德五年。
③ 正德十年。
④ 西 1521 年。
⑤ 正德十四年。
⑥ 明隆庆四年。
⑦ 西 1602 年。

sikoten），尝为卧亚大僧正，久居印度。归国后，公其记录于世，俾国人周知东洋诸国之情事。又有考纳辽斯霍脱曼（Cornelius Hontman）者，结船队，从事远征，力抗葡人于海上，视察苏门答腊、爪哇诸岛而归，于是荷人竞派远征船队至东洋，从事探险。1602年2月20日，设立荷兰东印度公司，合二千一百五十三股而成，握喜望峰与马基伦海峡间之贸易权。1621年①，建巴达维亚府于噶罗巴。”

英、法诸国，亦相继设立东印度公司。

《东邦近世史》：“1599年②，伦敦商人会议，组织公司与印度贸易。女王伊利沙白亦遣使至莫卧儿帝之朝，求许特权于英国公司。1600年12月31日，英国东印度公司遂得王室之准凭组织公司，通商东印度。1614年③，设居留地于苏拉特。”“1604年④，法国亨利四世即位，始下许可设立东印度公司之谕。其中屡经停办，1642年⑤，第四次设立东印度公司。翌年，遂设居留地于麻打拉萨。”

侵寻及于中国，而租地通商之事起矣。

葡萄牙人之至中国，当明武宗时。

《东邦近世史》：“满剌加占领后五年，有葡人拉斐尔·伯斯德罗（Raffael Perestrello）者，乘篷船至中国，时在1516年⑥。船舶之揭有

---

① 明天启元年。
② 明万历二十七年。
③ 万历四十二年。
④ 万历三十二年。
⑤ 明崇祯十五年。
⑥ 正德十一年。

欧洲国旗而至中国者，以是为嚆矢。翌年，费尔诺比勒司又以葡船四艘、马来船四艘至广东，为地方官所欢迎。得许可，碇泊三灶岛。未几，葡人之航中国者岁益众，渐至宁波，设商会于其地，又与厦门通商。”《明史·外国传》：“佛郎机①，近满剌加。正德中，据满剌加地，逐其王。十三年，遣使臣加必丹末等贡方物，请封，始知其名。诏给方物之直，遣还。其人久留不去，剽劫行旅，至掠小儿为食。已而夤缘镇守中贵。许入京。武宗南巡，其使火者亚三因江彬侍帝左右。帝时学其语以为戏。……亚三侍帝骄甚。从驾入都，居会同馆。见提督主事梁焯，不屈膝。焯怒，挞之。……明年，武宗崩，亚三下吏。自言本华人，为番人所使，乃伏法。绝其朝贡。”

至嘉靖中，遂租壕镜为居留地。

《明史·外国传》：“壕镜在香山县南虎跳门外。先是暹罗、占城、爪哇、琉球、渤泥诸国互市，俱在广州，设市舶司领之。正德时，移于高州之电白县。嘉靖十四年，指挥使黄庆纳贿，请于上官，移之壕镜，岁输课二万金，佛郎机遂得混入。高栋飞甍，栉比相望，闽、粤商人趋之若鹜。久之，其来益众。诸国人畏而避之，遂专为所据。……其人长身高鼻，猫睛鹰嘴，拳发赤须，好经商，恃强陵轹诸国，无所不往。后又称干系腊国，所产多犀象、珠贝，衣服华洁，贵者冠，贱者笠，见尊长辄去之。初奉佛教，后奉天主教。市易但伸指示数，虽累千金，不立约契。有事指天为誓，不相负。”《东邦近世史》：“1537年②，广东附近有葡人居留三所，即三灶岛、电白县及玛港是也。玛港据《澳门纪略》所载，则谓嘉靖十四年③有都指挥黄庆者，受葡

---

① 即葡萄牙，修《明史》者不知其名，误以为佛郎机。

② 明嘉靖十六年。

③ 西1535年。

人巨贿，代请上官，以澳门为通商地，使年贡地租二万金，至1553年[1]葡船遭风，水渍贡物，乞与暴之之地，海道副使汪柏许之。由是来者益众，而考诸池哈尔之《中国史》，则言嘉靖海贼张希洛据澳门，地方官借欧人之援讨灭之，因以是地酬欧洲人云。”

荷兰人涎其利，亦欲市于澳，澳人拒之，遂去而据澎湖、台湾。

《明史·外国传》：“荷兰又名红毛番，……其人深目长鼻，发眉须皆赤，足长尺二寸，颀伟倍常。万历中，福建商人岁给引往贩大泥、吕宋及咬𠺕吧者，荷兰人就诸国转贩，未敢窥中国也。自佛郎机市香山，据吕宋，荷兰人闻而慕之。二十九年，驾大舰，……薄香山澳。澳中人数诘问，言欲通贡市，不敢为寇，当事难之。税使李道即召其酋入城，游处一月，不敢闻于朝，乃遣还。澳中人虑其登陆，谨防御，始引去。海澄人李锦及奸商潘秀、郭震，久居大泥，与荷兰人习。语及中国事，锦曰：‘若欲通贡市，无若漳州者。漳南有澎湖屿，去海远，诚夺而守之，贡市不难成也。’酋……即驾二大舰，直抵澎湖，时三十二年之七月。汛兵已撤，如入无人之墟，遂伐木筑舍，为久居计。……当事屡遣使谕之，……严禁奸民下海，犯者必诛，由是接济路穷，番人无所得食。十月末，扬帆去。……后又侵夺台湾地，筑室耕田，久留不去。”

斯时西人之市于吾国海疆，与华人之市于满剌加、吕宋及南洋诸岛者，已可为东西文化之媒介矣。然商人徒知贸迁，未足以语文化，至利玛窦等远来传教，而天文、历算、地理、格致诸学乃大兴焉。

---

① 嘉靖三十二年。

第二章　西教之东来

西教之入中国也久矣。在唐为景教，

《大秦景教流行中国碑》（唐僧景净）："三一妙身、无元真主、阿罗诃，判十字以定四方，鼓元风而生二气。""神天宣庆，室女诞圣于大秦；景宿告祥，波斯睹耀以来贡。""大秦国有上德曰阿罗本，贞观九祀，至于长安。帝使宰臣房玄龄宾迎入内，翻经书殿，问道禁闱，深知正真，特令传授。贞观十有二年秋七月，诏曰：大秦国大德阿罗本，远将经像，来献上京，详其教旨，玄妙无为，济物利人，宜行天下。所司即于京义宁坊造大秦寺一所，度僧二十一人。""高宗大帝，于诸州各置景寺，仍崇阿罗本为镇国大法主。""玄宗天宝三载，大秦国有僧佶和，瞻星向化，望日朝尊。诏僧罗含、僧普论等一七人，与佶和于兴庆宫修功德。""肃宗皇帝于灵武等郡重立景寺。大唐建中二年，岁在作噩太蔟月七日大耀森文日建立。……时法主僧宁恕，知东方之景众也。"《金石录补》（叶奕苞）："右碑下及东西三面，皆列彼国字式。字皆左转，弗能译也。此即天主教始入中国。自唐迄今，其教遍天下矣。"《来斋金石志》（林侗）："明崇祯间，西安守晋陵邹静长，卜葬幼子于长安崇仁寺之南，掘数尺，得一石，乃景教流行碑也。今在西安城西金胜寺内。"①《景教考》（钱大昕）："万

① 按此碑今已移至西安城中文庙碑林内，颇漫灭。

历间，长安民锄地，得唐建中二年景教碑。士大夫习西学者，相矜谓有唐之世，其教已流行中国。”

在宋为一赐乐业教，

《开封重建清真寺记》：“夫一赐乐业立教祖师阿无罗汉，乃盘古阿耽十九代孙也。……教道相传授受有自来矣。出自天竺，奉命而来，有李、俺、艾、高、穆、赵、金、周、张、石、黄、李、聂、金、张、左、白七十姓等，进贡西洋布于宋。帝曰：‘归我中夏，遵守祖风，留遗汴梁。’宋孝宗隆兴元年癸未，列辙五思达领掌其教，俺都剌始建寺焉。元至元十六年己卯，五思达重建古刹清真寺。……大明太祖以是寺不可无典守者，惟李诚、李实、俺平徒、艾端、李贵、李节、李升、李纲、艾敬、周安、李荣、李良、李智、张浩等，正经晓熟，劝人为善，呼为满喇。……弘治二年，清真后人宁夏金瑛、祥符金礼并立。”《开封一赐乐业教考》（陈垣）：“一赐乐业，或翻以色列（Israel），犹太民族也。清真寺与回教寺同名，乃犹太教而非回教。道经，《摩西五经》也。……七十姓，或疑为十七姓之讹，因碑中所列适十七姓。而教众之知名者，又无在十七姓之外也。……咸丰初，有教士购得开封犹太人谱牒一本，中有希伯来名，亦有汉名。弘治碑谓李、俺、艾等姓进西洋布于宋，俺都剌始建寺者，必谱牒所传，故能言之凿凿。当其始至，尚沿犹太民族，历元迄明，乃改汉姓。”

在元为也里可温教，

《元史·世祖纪》：“至元七年九月，敕僧道也里可温有家室不持戒律者，占籍为民。”《泰定纪》：“泰定元年二月，宣谕也里可温各如其教具戒。”《世祖纪》：“至元十九年九月，杨庭璧招抚海外南番，寓俱蓝国。也里可温主兀咱儿撒里马，亦遣使奉表，进七宝项牌一、药物二瓶。"《至顺镇江志》："大兴国寺在夹道巷，至元十八年，本路副达鲁化赤薛里吉思建，儒学教授梁相记其略曰：薛迷思贤在中原西北十万余里，乃也里可温行教之地，愚问其所教者，云天地有十字寺十二，内一寺佛殿四柱高四十尺，皆巨木，一柱悬空尺余。祖师麻儿也里牙灵迹千五百余岁，今马薛里吉思是其徒也，教以礼东方为主，与天竺寂灭之教不同。"《至顺镇江志校勘记》（刘文淇）曰："此志述侨寓之户口，所谓也里可温者，西洋人也。卷九'大兴国寺'条，载梁相记云云。据此则薛迷思贤乃西洋之地面也，而也里可温即天主教矣。"《元史译文证补·元世各教名考》（洪钧）曰："也里可温之为天主教，有镇江北固山下残碑可证。自唐时景教入中国，支裔流传，历久未绝，也里可温当即景教之遗绪。"[1]

是皆在中国书籍碑版，信而可征者。外史载元代耶教人之入中国者尤多，

《正教奉褒》（黄伯禄）："定宗时，宗室廷臣多有奉教者，定宗之母昭慈太后信教甚诚，殿前建有圣堂，每值教中礼期，昭慈太后暨奉教王公大臣，诣堂瞻礼。教士柏朗嘉宾[2]回西朝觐教宗，太后赐狐皮緞袍以壮行色。宪宗六年[3]，法兰西国王类思，遣教士罗柏鲁[4]奉国书东来通问，赍赠锦帏一项，帏上彩绣教中圣像。罗柏鲁驻京敷教，释氏群起攻讦。帝令僧徒与教士各述其过，互相辩驳，派大臣监之，

① 陈垣曰："唐景教为聂斯托尔派 (Nestorian)，非罗马派，近令东西学者久有定评。也里可温者，元时基督教之通称也，其所以混称之由，则因教派大致相同。其不同者，或在学说之微，或在仪文之末，均为教外人所不辨。"

② 日尔曼国人。

③ 宋理宗宝祐四年。

④ 法兰西国人。

僧理穷辞遁。……世祖至元八年[1]，遣使臣赍礼物，遄往西国觐教宗，请派教士东来传教。伟立尔、莫尼各老等，奉派同使臣来华，构堂传教。至元十三年[2]，复遣大臣赴西国谒觐教宗。至元二十七年，若望高未诺[3]等奉派来华，抵京，帝礼之加厚。京内有大堂三座，一与宫殿毗连。……成宗朝，西国教士踵至。大德十一年，教宗敕授若望高未诺为北京大主教，隶属各省主教七员，士庶感化入教者三万余人。"《清朝全史》（稻叶君山）："十三世纪末，佛兰结司哥会（Franciscan）教士伊大利人若望高未诺，受罗马教皇尼古拉司第四之命，经印度来支那，得世祖忽必烈许可，建加特力克（Catholic）教堂四所于北京。受洗者达六千人，学希腊、罗马语者达百五十人。"

然其教在中国无大关系，仅如摩尼、袄教等，得一部分之信从耳。景教经文传入中国，虽有译本，亦未传播，

《敦煌石室秘宝》载大秦景教《三威蒙度赞》一卷，末附诸经名曰：《敬礼常明皇乐经》《宣元至本经》《志元安乐经》《天宝藏经》《多惠圣王经》《阿思瞿利容经》《浑元经》《通真经》《宝明经》《传化经》《罄遗经》《原灵经》《述略经》《三际经》《征诘经》《宁思经》《宣义经》《师利海经》《宝路法王经》《删河律经》《艺利月思经》《宁耶颋经》《仪则律经》《毗遏启经》《三威赞经》《牟世法王经》《伊利耶经》《遏弗林经》《报信法王经》《弥施诃自在天地经》《四门经》《启真经》《摩萨吉斯经》《慈利波经》《乌沙那经》。跋曰：谨案诸经目录，《大秦本教经》都五百三十部，并是贝叶梵音。唐太宗皇帝贞观九年，西域大德僧阿罗本届于中夏，并奏上本音，房玄龄、魏徵宣译奏言。

① 宋度宗咸淳七年。

② 宋端宗景炎元年。

③ 意大利国人。

复召本教大德僧景净译得已上三十部卷，余大数具在贝皮夹，犹未翻译。①

一赐乐业教经仅藏于寺，其数更不逮景教之多，教外之人初不受其影响。其存者，惟可供考古者之研索耳。

《开封一赐乐业教考》：“弘治碑言正经一部五十三卷，当是《摩西五经》。五经者，《创世记》《出埃及记》《利未记》《民数记》《申命记》也。明天顺以前，开封本寺，只得道经一部。天顺间，石斌、李荣、高鉴、张瑄往宁波取经一部，宁波赵应又赍来一部。正德间，维扬金溥又请来一部。正德以后，其教浸盛，百年之间，道经由四部增至一十三部。据贝教士所见，有一卷字大而清晰，其字体半似比国安怀士城之希伯来文圣经，半似 1531 年② 在波兰韦敦堡所印之希伯来、迦勒底语辞典。其字下端无点，上端则有多点，今已有十部为欧美人所购去。……康熙碑称寺中有方经、散经数十册，大别言之，则教律、教规礼仪祈祷文书，及犹太年表日历节令，开封犹太民族谱牒之属。正经、散经均用羊革书写，为上古式，两端有轴，上下有柄，以便卷舒。方经则用厚纸编订，如今书本式。”

中国耶教之盛，实由于欧洲之改革宗教，

《东邦近世史》：“西 1517 年③，德国神学教习马丁路德，草其

---

① 罗振玉曰：“景教古经，传世绝少。数年前，上海徐家汇天主教堂于开封回民家得犹太教羊皮古经，乃如德亚文，已寄罗马教皇许。今此赞首尾完好，复附景教经目三十种，足资彼教之考证。”

② 明嘉靖十年。

③ 明正德十二年。

意见九十五条，张于威敦堡教堂。嗣后欧洲各国反抗罗马教皇，至酿改革宗教之大乱。教皇权势日衰，西班牙人路拉（Loyala）蹶起，欲自内部改良旧教，而组织耶稣会。西 1540 年①受教皇认可，益大事运动，不惟侵略新教盛行之北欧诸国，且传基督教于五十年前所发见之各地。而其传教东洋也，以西 1541 年为嚆矢。其徒赛维儿（Xavier）自里斯本起程，翌年五月六日至印度卧亚，专尽力于振兴东洋耶稣会之事业。1577 年②，卧亚遂为大僧正之任地。”

由印度满剌加而渐及于中国。

《东邦近世史》：“赛维儿以 1552 年③自卧亚赴支那，既抵满剌加，使节被留，乃单身赴支那，死于澳门西南三十里之三灶岛。”

自利玛窦等来华，而文士信从者众。

《明史·外国传》：“大都欧罗巴诸国，悉奉天主耶稣教。耶稣生于如德亚（Judea），其国在亚细亚洲之中，西行教于欧罗巴。其始生在汉哀帝元寿二年庚申，阅一千五百八十一年，至万历九年，利玛窦始泛海九万里，抵广州之香山澳，其教遂沾染中土。至二十九年入京师，中官马堂以其方物进献，自称大西洋人。……帝嘉其远来，假馆授粲，给赐优厚。公卿以下，重其人，咸与晋接。利玛窦安之，遂留居不去，以三十八年四月卒于京，赐葬西郊外。……自玛窦入中国后，其徒来益众。有王丰肃者，居南京，专以天主教惑众，士大夫暨里巷小民，间为所诱。……其国人东来者，大都聪明特达之士，

---

① 嘉靖十九年。

② 明万历五年。

③ 嘉靖三十一年。

意专行教，不求禄利。其所著书，多华人所未道，故一时好异者咸尚之。而士大夫如徐光启、李之藻辈，首好其说，且为润色其文词，故其教骤兴。时著声中土者，更有龙华民、毕方济、艾如略、邓玉函诸人。华民、方济、如略及熊三拔，皆意大利亚国人；玉函，热而玛尼国人；庞迪我，依西把尼亚国人；阳玛诺，波而都瓦尔国人，皆欧罗巴洲之国也。”

至明之季年，奉教者达数千人。

《正教奉褒》：“统计明季奉教者，有数千人。其中宗室百有十四人，内官四十，显官四，贡士十，举子十一，秀士三百有奇。其文定公徐光启、少京兆杨廷筠、太仆卿李之藻、大学士叶益藩、左参议瞿汝说、忠宣公瞿式耜，为奉教中尤著者。”

比明之亡，永历太妃且致书罗马教皇及耶稣会总统，祈保其国中兴，书曰：

《永历太妃致耶稣会总统书》：“大明宁圣慈肃皇太后烈纳，敕谕耶稣会大尊总师神父：予处宫中，远闻天主之教，倾心既久，幸遇尊会之士瞿纱微领圣洗，使皇太后玛利亚、中宫皇后亚纳及皇太子当定，并入圣教，领圣水阅三年矣。今祈尊师神父，并尊会之友，在天主前，祈保我国中兴太平，俾我大明第十八帝太祖十二世孙主臣等悉知敬真主耶稣，更求尊会相通功劳之分，再多送老师来我国中行教。待太平之后，即著钦差官来到圣祖总师意纳爵座前致仪行礼。今有尊会士卜弥格，尽知我国情事。即使回国代传其意，谅能备悉，可谕予怀，钦哉特敕。永历四年十月十一日。”《永历太妃遣使于罗马教皇考》（高劳）：“顺治五年，即桂王由榔称号永历之二年，提督李成栋以广东附于桂王由榔，由榔由桂林移居肇庆。其太监庞天寿，以天主教理陈说于太妃[1]。太妃王氏，湖广人，故明桂王常瀛之继室，由榔之嫡母也。太妃既奉天主教，令由榔生母马氏及妃王氏皆入教，受洗礼于司铎瞿纱微。由榔亦于祭台前行跪叩礼，以多蓄姬妾，不能受洗。是年由榔生子慈烜，亦受洗。太妃乃遣使至澳门，求司铎行弥撒大祭。太妃以大蟠龙银香炉二对、镂花银瓶二对、镂花银烛奴二对，献于祭台上，另赠三银瓶于耶稣会三会长。遂于阳历十月三十一日，举大礼弥撒。礼毕，澳门葡总督设盛筵款使者，并赠火枪百枝以佐其行。顺治七年，即永历四年，清兵克韶州，由榔奔梧州，太妃欲遣使至罗马见教皇，为明祈福。司礼太监庞天寿愿奉使，以其年老任重，不许。天寿遂荐神父卜弥格充使，赍书二通，一为太妃肃教皇笺，一为太妃致耶稣会总统书。卜弥格至澳门，以事留一年，始西渡。至印度卧亚上陆，西行，经波斯、西里亚等国，入地中海。二年后始至意大利之威尼斯，及至罗马，适新教皇亚立山第七即位，验明使节，乃蒙召见。复书，即由卜弥格携回。到中国时，约在顺治十二三年之间。然卜弥格奉使后，未数月，而由榔已由梧州奔南宁，太妃亦于次年卒于田州。复书达否，不可知矣。卜弥格所赍太妃肃教皇笺、致耶稣会总统书及庞天寿奉教皇书，今均存罗马耶稣会藏书楼内。”[2]

而清廷亦尊崇教士，至予以汉人之封职。

《清朝全史》：“睿亲王之占领北京也，欲举城而充满、蒙八旗之住宅，限三日内，汉民一律退出。汤若望呈书于睿亲王，宣武门内之圣堂邸第，及阜城门外之茔域，得以保存。顺治帝赏汤若望以钦

---

① 太妃之称，本《通鉴辑览》。

② 见《东方杂志》第八卷第五号。

崇天道之匾额。顺治三年，加以太常寺少卿衔。八年，叙通议大夫，父、祖父则追封通奉大夫，母、祖母则追封二品夫人。十五年，更有恩命，晋叙光禄大夫，祖先三代则追赐一品封典。相传世祖对彼之隆遇，逾于恒格。召对不呼其名，用玛法[①]之满语代之，得随意出入内廷。盖满人与西人皆以夷种见薄于中国，遂鉴于汉人之偏见，力持公平之态度，夺汉人之官爵，加于西夷之首，而汤若望等亦藉此以为正教发达之捷径焉。”

康熙中，各省信耶教者，至达十数万人焉。

《清朝全史》：“十七世纪之末，教士所到之各省，信徒大增。当其最盛之时，属于教会之教堂，广东有七所，江南有百余所。1663年[②]十二省信徒达十二万人，六省信徒其数未详，然亦决非少数。1696年[③]在北京受洗者六百三十人。”

教士之入中国也，习华言，易华服，读儒书，从儒教，以博中国人之信用，其教始能推行。

《上明神宗疏》（利玛窦）：“臣本国极远，从来贡献所不通，逖闻天朝声教文物，窃欲沾被其余，终身为氓，庶不虚生。用是辞离本国，航海而来，时历三年，路经八万余里，始达广东。缘音译未通，有同喑哑，僦居学习语言文字，淹留肇庆、韶州二府十五年，颇知中国古先圣人之学，于凡经籍亦略诵记，粗得其旨。”《大西利先生行迹》（艾儒略）：“其居端州十载，初时言语文字未达，苦心学

---

① 贵叟之意。

② 清康熙二年。

③ 康熙三十五年。

习，按图画人物，倩人指点，渐晓语言，旁通文字。至于六经、子、史等编，无不尽畅其意义。”“姑苏瞿太素，闻利子名，因访焉。谈论间，深相契合，遂愿从游，劝利子服儒服。”“利子尝将中国《四书》译以西文，寄回本国之人读之。知中国古书，能识真原，不迷于主奴者，皆利子之力也。”“汝南李公素以道学称，崇奉释氏，多有从之者，一日与诸公论道，多扬释氏，抑孔、孟。时刘公斗墟在座，瞿然曰：吾子素学孔、孟也，今以佞佛故，驾孔、孟之上，何也？不如大西利子奉天主真教，航海东来，其言多与孔、孟合。”《清朝全史》：“明末清初时代，宣教师不独富于殉教之精神，且审察支那之风俗习惯。自将支那所嘲笑为蛮夷风之洋装，易而为中国士人之服装，起居饮食，全与支那人同，向支那人并自称为支那人①。且恐社会攻击基督教，思有以辩护之，遂自受支那士人之教育，肄习其言语文字。对于下等社会，则以浅易演说，讲明基督教之福音，对于士人社会，则用流畅醇雅之汉文，从科学上立论，渐次说及基督教之精神，使之自然感化。此等方法，盖彼等特所注意者也。”“当时之宣教师，除直接反背教旨、违逆圣训外，务为保全支那人固有之信仰习惯，其信徒亦能得崇拜祖先之许可。然当未许可以前，几经踌躇，几经学者士人上下议论，卒以支那人之拜孔子，在尊仰其人格，非因祈福祐聪明利禄而然。祭祀祖先，则出于亲爱之义、孝思之念，所谓报本反始之礼，而非以求福祐。谓立祖先牌，非谓祖先之魂在上，不过子孙追远，稍抒如在之怀。至于郊天之典礼，非祀苍苍有形之天，乃敬天地万物之原，此孔子所谓郊祀之礼，以事上帝也。因此宣教师等知支那人之祖先崇拜，无论如何形式，亦非迷信之教义，故遂予以许可也。”

① 此殆指若辈改姓名而言。

其所译述之经籍，虽未能如释氏之学之深博，而历算、格致之学，实足以开近世之风气。他所著书，如《七克》等，词旨渊粹，颇似儒家之言（庞迪我著《七克》，分伏傲、解贪、坊淫、熄忿、释饕、平妬、策怠七篇）。非若后世之教士，凶犷粗鄙，与中国文教大相径庭也。故自万历以来，虽迭经排斥，

《明史·外国传·意大利亚》："礼部郎中徐如珂恶之，与侍郎沈漼、给事中晏文辉等合疏，斥其邪说惑众，乞急行驱逐。礼科给事中余懋孳亦言，天主教煽惑群众，夜聚晓散，一如白莲、无为诸教。且往来壕镜，与澳中诸番通谋，而所司不为遣斥，国家禁令安在？帝纳其言，令俱遣赴广东，听还本国。"

而为之辩护者，且谓其独合于儒家。

《正教奉褒》："万历四十四年七月，徐光启奏：彼国教人，皆务修身，以事天主，闻中国圣贤之教，亦皆修身事天，理相符合，是以辛苦艰难，来相印证，欲使人人为善，以称上天爱人之意。其说以昭事上帝为宗本，以保救身灵为切要，以忠孝慈爱为工夫，以迁善改恶为入门，以忏悔涤除为进修，以先天真福为作善之荣赏。""诸陪臣之言，与儒家相合，与释老相左。僧道之流，成共愤嫉，是以谤害中伤，乞命诸陪臣与有名僧道互相辨驳，推勘穷尽，务求归一。仍令儒学之臣，共论定之。"

其后罗马教皇严禁基督教徒，不得行祖先崇拜之仪式，始与中国礼教抵触，而遭清廷之禁止焉。

《清朝全史》："1704年[①]，罗马教皇克列门第十，使安吉阿其何教长次鲁囊为代表，至北京，予以教书，谓对于基督教之神，不许用天之称号，对于支那之基督教信徒，严禁祖先崇拜之仪式。康熙帝为详细说明支那崇拜祖先之趣意，次鲁囊讫未发表教皇之教书，仅以己之名义摘要公布，排斥帝对于神学之意见，凡不从教皇教令者即行退去。于是帝命捕之，遣送于澳门，使葡萄牙人监视之。次鲁囊遂于1710年[②]死于狱中。1742年[③]教皇伯纳其克特第十四，发表教书，不从教皇教书之宣教师，处以破门之罚。由是支那之基督教徒，不得行祖先崇拜之仪式。于是后之宣教师问题遂生非常之影响。清国以罗马教皇擅干涉国内事，以其命令行于国内，则为侵害国家之独立，故于1707年[④]，清政府定一限制，非有内务部印票之宣教师，概令退去澳门；各地方之天主教堂，概行禁止。1717年[⑤]，依广东碣石镇总兵陈昂之奏，禁止一切外人留住内地，违者决不得归本国云。此后百数十年间，清廷政府对于基督教徒之态度，非无宽严之别，然卒未撤回其禁止之命令也。"

---

① 康熙四十三年。

② 康熙四十九年。

③ 清乾隆七年。

④ 康熙四十六年。

⑤ 康熙五十六年。

第三章　明季之腐败及满清之勃兴

朱明之亡，亡于李闯及满清，此尽人所知也。然李闯及满清所以能亡明者，实由于明室朝野上下之腐败，不此之责，第归咎于李闯及满清，无当也。当明之中叶，士气已坏，观宗臣《报刘一丈书》，即可知其时士大夫之无耻：

《报刘一丈书》："今之所谓孚者，何哉？日夕策马候权者之门，门者故不入，则甘言媚词，作妇人状，袖金以私之。即门者将刺入，而主人又不即出见，立厩中仆马之间，恶气袭衣袖，即饥寒毒热不可忍，不去也。抵暮，则前所受赠金者出，报客曰：相公倦矣，谢客矣，客请明日来。即明日，又不敢不来，夜披衣坐，闻鸡鸣即起，盥栉，走马抵门，门者怒曰：为谁？则曰：昨日之客来。则又怒曰：何客之勤也，岂有相公此时出见客乎？客心耻之，强忍而与言曰：亡奈何矣。姑容我入。门者又得所赠金，则起而入之，又立向所立厩中。幸主者出，南面召见，即惊走，匍匐阶下。主者曰进，则再拜，故迟不起，起则上所寿金。主者故不受，则固请，主者故固不受，则又固请，然后命吏纳之，则又再拜，又故迟不起，起则五六揖，始出。出揖门者曰：官人幸顾我，他日来，幸无阻我也。门者答揖。大喜，奔出，马上遇所交识，即扬鞭语曰：'适自相公家来，相公厚我，厚我。'且虚言状。即所交识，亦心畏相公厚之矣。"

至其末造，腐败益甚。官府坏于吏胥，

《明夷待访录》(黄宗羲)："吏胥之害天下不可枚举，而大要有四：其一，今之吏胥，以徒隶为之，所谓皇皇求利者，而当可以为利之处，则亦何所不至。创为文网，以济其私，凡今之所设施之科条，皆出于吏，是以天下有吏之法，无朝廷之法。其二，天下吏既为无赖子所据，而佐贰又为吏之出身，士人目为异途，羞与为伍也。其三，各衙门之佐贰，不自其长辟召，一一铨之吏部，即其名姓且不能遍知，况其人之贤不肖乎！故铨部化为签部，贻笑千古。其四，京师权要之吏，顶首皆数千金。父传之子，兄传之弟，其一人丽于法，后而继一人焉，则其子若弟也。不然，则其传衣钵者也。是以今天下无封建之国，有封建之吏。"

地方坏于乡绅。明代绅权最重，赵翼《廿二史劄记》"明乡官虐民之害"一则，已详言之。观《虞阳说苑》载张汉儒攻讦钱谦益、瞿式耜之疏，可见晚明风气一斑。其略曰：

"谦益以卖举人钱千秋事露，廷鞫问杖回籍矣。式耜以受贿滥荐胡平表冒功升荫，奉旨削夺为民矣。无奈两人性同虎狼，行若禽兽，平日暗布私书，潜托神棍，久住京师，探听朝廷举动，不时飞报，钻谋起废。及至居乡，俨然以原官自待，倚恃抚按有司，或门生，或故旧，或同年，或相知，每遇岁科两考，说入学科举遗才帮补数十余名，不得四五千金不止。遇有富豪假命，不诈三四千金不厌。更有同类缙绅，或势衰，或物故，毋论宗党，毋论姻亲，乘机挟诈，不得万余金不止。一遇抚按复命，挥金贿属，呈县呈学，巧砌艳语，朦胧引荐。""钱谦益、瞿式耜两人，主使腹仆腹干如邹日升、安如磐、周宪昌、刘时升、张永祚等，充粮吏库吏，出放在手，侵没惟命。一遇派兑，先将官户名下积勺成合，积合成升，通计合县四十八万之仓粮一笔勾销矣。至于解放钱粮，则又贪婪加二加三之解头，嘱托县官，先将应缓钱粮放出，而京边金花兵饷积侵至崇祯七八九年数万余两，不顾也。甚至一班奸胥，狐朋狗党，包妇买娼，昼夜呼卢，或假印，或假牌，或以千计，或以万计，起批挂号，瓜分浪用。现今侵欺事露，拼贿赂主，虽经宪提宪捉，究竟免责免比。”

兵不教练而肆抢掠，

《寄园寄所寄》（赵吉士）引《忆记》：“永乐既都北京，令山东、河南、江北诸郡卫所各军，春秋两班赴京部科点验。发京营一体操练，以习军士之劳，省征调之烦，壮京师之卫，备边隘之防，法甚善也。其后分发近边筑工，折其半纳班价矣。又其后皇亲驸马侯伯有坟工，辄乞恩请班军以数千计，皆折价入橐矣。领班官岁敛军士金钱入京，募人应点，本军遂不赴京，大失祖宗之意。”“御史王孙蕃疏曰：臣闻贼破张秋，止住二日。刘元斌兵住三十七日，掘地拆墙，细细搜掠，凡民间埋藏之物，尽数获之。东省有‘贼如梳，兵如篦’之谣。一家有银钱，即掳杀一家；一村有富室，则掳杀一村。玉石俱焚，惨烈于贼。”

将无学术而务欺诈，

《明夷待访录》：“毅宗专任大帅，不使文臣节制，不二三年，武臣拥众，与贼相望，同事卤略。李贼入京师，三辅至于青、齐，诸镇栉比而营，天子封公侯，结其欢心，终莫肯以一矢入援。……是故与毅宗从死者，皆文臣也；……建义于郡县者，皆文臣及儒生也。……彼武人之为大帅者，方且飙浮云起，……以其众幸富贵矣。”“万历以来之将，掩败饰功，所以欺其君父者，何所不至，……乃只能施之君父，不能施之寇敌。”

贪鄙奢淫者相望于社会。

《日知录》(顾炎武)："自万历季年，搢绅之士，不知以礼饬躬，而声气及于宵人，诗字颁于舆皂。至于公卿上寿，宰执称儿，而神州陆沈，中原涂炭，夫有以致之矣。""今日士大夫，才任一官，即以教戏唱曲为事，官方民隐，置之不讲，国安得不亡，身安得不败？"《廿二史劄记》："嘉、隆以后，吏部考察之法，徒为具文。而人皆不自顾惜，抚按之权太重，举劾惟贿是亲，而人皆贪墨以奉上司，于是吏治日偷，民生日蹙，而国亦以亡矣。"①

而所谓清流名士者，亦惟是树党相攻，各立门户，至国亡而不已。

《明史·吕大器等传赞》："明自神宗而后，浸微浸灭，不可复振。揆厥所由，国是纷呶，朝端水火，宁坐视社稷之沦胥，而不能破除门户之角立。故至桂林播越，旦夕不支，而吴、楚之树党相倾，犹仍南都翻案之故态也。"《廿二史劄记》："万历末年，廷臣务为危言激论，以自标异。于是部党角立，另成一门户攻击之局。……高攀龙、顾宪成讲学东林书院，士大夫多附之。既而梃击、红丸、移宫三案，纷如聚讼。与东林忤者，众共指为邪党，天启初，赵南星等柄政，废斥殆尽。及魏忠贤势盛，被斥者咸欲倚之以倾东林，于是如蛾赴火，如蚁集膻，而科道转为其鹰犬。周宗建谓汪直、刘瑾时，言路清明，故不久即败，今则权珰反借言官为报复，言官又借权珰为声势，此言路之又一变，而风斯下矣。崇祯帝登极，阉党虽尽除，而各立门户、互攻争胜之习，则已牢不可破。是非蜂起，叫呶噂沓，以至于亡。"

① 此是约举《明史·循吏传》序语，而文与史序不同。

此毫无文化之满洲人，所由乘其隙而入主中国也。

满洲之兴，固无所谓盛德大业，徒以部落褊小，上下一心，事多公开，不得欺隐。

> 《清开国方略》："太祖以议政王大臣参决机密，以理事十大臣分任庶务，国人有诉讼，先由理事大臣听断，仍告之议政大臣，复加审问，然后言于诸贝勒。众议既定，犹恐或有冤抑，令讼者跪上前，更详问之，明核是非。故臣下不敢欺隐，民情皆得上达。国内大治，奸宄不生。遗物于道，无或隐匿，必归其主。求其主不得，则悬之公署，俾识而取之。刈获既毕，始纵牧群于山野，毋敢窃害者。每行军，队伍整肃，节制严明，克城破敌之后，察核将士功罪，当罚者虽亲不贷，当赏者虽疏不遗。是以将士效命奋勇，所向无敌。""太祖谕贝勒大臣曰：凡事不可一人独断，如一人独断，必致生乱。国人有事，当诉于公所，毋得诉于诸臣之家。前以大臣额亦都有私诉于家者不执送，已论罚。兹播告国中：自贝勒大臣以下，有罪，当静听公断；执拗不服者，加等治罪。凡事俱五日一听断于公所，其私诉于家者，即当执送；不执送而私断者，治罪弗贷。"

无明人之腐败气习，故能乘明之弊，力征经营，不三十年，遂窃神器。观其初兴之时，尚无文字，第借蒙古字以创满文。

> 《清开国方略》："己亥年①，创制国书，时国中文移往来，皆习蒙古字，译蒙古语。太祖命巴克什额尔德尼、噶盖以蒙古字改制国书。二臣辞曰：'蒙古字，臣等习而知之，相传久矣，未能改制也。'太祖曰：'汉人读汉文，凡习汉字与未习汉字者皆知之；蒙古人读蒙古文，虽

---

① 明万历二十七年。

未习蒙古字者亦知之；今我国之语，必译为蒙古语读之，则未习蒙古语者不能知也。如何以我国之语制字为难，反以习他国之语为易耶？’二臣对曰：‘以我国语制字最善，但臣等未明其法，故难耳。’太祖曰：‘无难也，但以蒙古字合我国之语音，联缀成句，即可因文见义矣。’太祖遂以蒙古字合之国语，创立满文，颁行国中。”

虽经达海之增益，亦未能造成一国之学术，仅可借以翻译汉籍，

《盛京通志》：“达海，姓觉尔察，隶正蓝旗满洲。九岁即通满、汉文义，①弱冠，赐居内院，司文翰，正订国书。更为对音，切字谐声，文义周密，译《明会典》《素书》《三略》诸书，莫不称善。天聪四年，译书成，授三等轻车都尉世职，命曰‘巴克什’。六年，详定国书字体，酌加圈点。六月，病卒。”《清通志》：“太宗命达海巴克什等翻译书籍，库尔禅等记注政事，谕达海增加圈点。”《四库提要》：“太祖命巴克什额尔德尼以蒙古字联缀国语成句，尚未别为书体。太宗始命巴克什库尔禅创造国书，以十二字头贯一切音，因音而立字，合字而成语。今内阁所贮旧籍，即其初体。厥后增加圈点，音义益详。”②

其人之鄙塞可知。凭借运会，及得汉人之指导，始知所谓官制朝仪。

《清开国方略》：“天聪五年七月，始设六部③。六年，集分掌六部贝勒谕曰：国家初设六部承政、参政等官，即定有班次。近见朝会之时，

---

① 按达海以天聪六年卒，年三十八岁。则其九岁为明万历三十一年，时满字甫造成四年也。

② 按二书所言不同。据康熙八年圣祖谕达海巴克什通满汉文字，于满书加圈点，俾得分明。又照汉字增造字样，于今赖之。是造字体加圈点者皆达海，非库尔禅也。

③ 时吏部有李廷庚，户部有吴守进，礼部有金玉和，兵部有金砺，刑部有高鸿中、孟乔芳，工部有祝世荫等，均为汉承政。

坐立无序，尊卑紊越，将何以肃礼统？尔等宜传令满、汉、蒙古诸臣，按次就班，各加整饬。”“天聪六年正月，行新定朝仪。”“自太宗即位以来，凡朝会行礼，大贝勒代善、三贝勒莽古尔泰并随上南面坐受，诸贝勒率大臣朝见，不论旗分，惟以年齿为序。五年十二月，礼部参政李伯龙奏：朝贺时，每有逾越班次，不辨官职大小，随意排列者，请酌定仪制。诸贝勒因言莽古尔泰不当与上并坐。太宗曰：‘曩与并坐，今不与坐，恐他国闻之，不知彼过，反疑前后互异。’以可否仍令并坐及李伯龙所奏，命大贝勒代善与众共议。大贝勒代善曰：‘我等并奉上居大位，又与上并列而坐，甚非此心所安。自今以后，上南面中坐，我与莽古尔泰侍坐于侧，外国诸蒙古坐于我等之下，方为允协。’”①

入关以后，惟以兵力、刑力劫制汉人使不得逞，他无所建设也。

清代官制，满、汉之人并用，汉官悉无实权，满官又无知识，故其立国，仍沿明弊而任胥吏。观清季陈壁《请除各衙门积弊疏》②，可知胥吏之弊，自明至清，未之革除。

国家定制，以六曹总理庶务，若网在纲，天下大政，咸受成于是。法非不尽善，然行之既久而百弊丛生者，何也？官不亲其事，而吏乃攘臂纵横而出于其间也。夫所谓大政者，铨选也，处分也，财赋也，典礼也，人命也，讼狱也，工程也。以吏为之，铨选可疾可滞，处分可轻可重，财赋可侵可蚀，典礼可举可废，人命可出可入，讼狱可上可下，工程可增可减。使费既赢，则援案以准之；求贷不遂，则援案以驳之，人人愤怨，而不能指其非。天下之乱，恒必由之。然而公卿大夫不惟不能摈除，且倚若左右手，而听其指挥者，

① 据此知满洲初兴，并无所谓君臣上下。一切礼制，皆由汉人指导而后仿行耳。

② 光绪二十七年，载《光绪政要》。

何也？官非不欲亲其事，而例案太繁，不肖者与吏分肥，任其弄法舞文，无所不至。二百余年以来，名臣魁儒，慷慨忧时之士，痛心扼腕，大声疾呼，以求去其积弊而不能胜。

凡清之政治，皆胥吏之政治也。至于兵制，则以猜忌汉人故，列置满、蒙之兵，以守各地，名曰驻防。

《清会典·兵部》："驻防则受治于将军、都统、副都统、城守尉、防守尉，而以达于部。皆专城，各统其同城驻防官，以饬旗务。凡将军十有三人，① 都统二人，② 副都统三十有三人，③ 城守尉十有六人，协领一百五十有六人，防守尉十有八人，佐领七百五十有五人，防御六百二十有五人，骁骑校九百一十有二人。"

而汉人之兵，别为绿营，任其窳败，以免叛乱。

《石渠馀纪》（王庆云）："康熙四十二年，以各省营员借亲丁食粮之名，任意虚冒，多寡不等，令廷臣集议，提督以下，千把以上，各定亲丁名粮数目，以为养育家口仆从之需。五十一年，左都御史赵申乔奏《虚名冒饷疏》言册上有兵，伍内无兵；纸上有饷，军中无饷，其咎固在于侵饷之官，其弊总起于顶名之兵。盖自召募悉用旧名，于是新收开除无从稽核，凡入侵饷之囊者，虽查点摘发，亦不可究诘矣。"

---

① 盛京、吉林、黑龙江、绥远城、江宁、福州、杭州、荆州、西安、宁夏、伊犁、成都、广州。

② 张家口、热河。

③ 副都统专城者：密云、山海关、兴京、金州、锦州、宁古塔、伯都讷阿、勒楚喀、珲春、三姓、墨尔根城、黑龙江城、呼兰城、青州、京口、凉州，各一人；其与将军同城者：盛京、吉林、齐齐哈尔、江宁、福州、杭州、乍浦、成都、宁夏，各一人：荆州、西安、伊犁、广州，各二人。

当其盛时，征伐四裔，率恃旗兵；及其衰也，旗、绿俱敝，无以御侮，乃恃所谓团练勇丁焉。故清代兵将之腐败，自驻防练勇外，亦无异于明也。

清之所异于明者，在摧挫士气，抑制绅权。自明之亡，学士大夫起兵死义者，相望于东南，经数十年始定。故清之治术，一面诱以名位利禄，一面胁以刑罚杀戮，而后各地帖伏，无复明代绅士嚣张之势矣。清之入关，既以圈地、剃发等事肆毒，

《石渠馀记·纪圈地》："顺治元年，谕户部：凡近京各州县无主荒田，尔部清厘，分给东来诸王勋臣兵丁人等。于是巡按御史柳寅东，条上满、汉分居五便。二年，令民地为旗人指圈者，速以他处补给，美恶务令均平。十年，停止圈拨，然旗下退出荒地，与游牧投来人丁，皆复行圈补，又有因圈补而并圈接壤民地者。"《东华录》："顺治元年五月庚寅，摄政睿亲王谕兵部：各处城堡，著遣人持檄招抚。檄文到日，剃发归顺者，地方官各升一级，军民免其迁徙。有虽称归顺而不剃发者，定行问罪。""戊戌，谕故明官员军民人等，谕到俱即剃发，改行安业，毋怙前非。倘有故违，即行诛剿。""辛亥，谕兵部：前因归顺之民无所分别，故令其剃发，以别顺逆。今闻甚拂民愿，自兹以后，天下臣民照旧蓄发。""二年六月丙辰，谕豫亲王多铎等：各郡邑投诚官员，俱开明履历，分别注册。各处文武军民，尽令剃发，倘有不从，以军法从事。""丙寅，谕礼部：向来剃发之制不即画一，姑听自便者，欲俟天下大定，始行此制耳。今中外一家，岂可违异，若不画一，终属二心。自今布告之后，京城内外，限旬日；直隶各省地方，自部文到日亦限旬日，尽令剃发。遵依者为我国之民，迟疑者同逆民之寇，必置重罪。若规避惜发，巧辞争辩，决不轻贷。该地方文武各官皆当严行察验，若有复为此事渎进章奏，欲将已定地方人民仍存明制，不随本朝制度者，杀无赦。其衣帽装束，许从容更易，悉从本朝制度，不得违异。该部即行传谕京城内外并直隶各

省、府、县、卫所、城堡等处，俾文武衙门官吏师生，一应军民人等，一体遵行。”

而惩治绅士尤严，

《东华录》：“顺治三年四月壬寅，谕户部：运属鼎新，法当革故。前朝宗姓，已比齐民，旧日乡绅，岂容冒滥。闻直隶及各省地方在籍文武，未经本朝录用者，仍以向来品级名色，擅用新颁帽顶束带，交结官府，武断乡曲，冒免徭赋，累害小民，甚至赀郎粟监，动以见朝赴监为名，妄言复用，藐玩有司，不当差役。且有闽、广、蜀、滇等处地方见任伪官，阻兵抗顺，而父子兄弟仍依恃绅衿，肆行无忌，种种不法，蠹国殃民，深为可恨。自今谕示之后，将前代乡宦监生名色尽行革去，一应地丁钱粮杂汎差役，与民一体均当，蒙混冒免者治以重罪。”

如江南奏销之祸，

《三冈识略》（董含）：“江南赋役百倍他省，而苏、松尤重。迩来役外之征，有兑役、里役、该年、催办、捆头等名，杂派有钻夫、水夫、牛税、马荳、马草、大树、钉麻、油铁、箭竹、铅弹、火药、造仓等项，又有黄册人丁、三捆军田、壮丁逃兵等册，大约旧账未清，新饷已近，积逋常数十万。时司农告匮，始十年并征，民力已竭，而逋欠如故。巡抚朱国治强愎自用，造欠册达部，悉列江南绅衿一万三千余人，号曰抗粮。既而尽行褫革，发本处枷责，鞭扑纷纭，衣冠扫地。如某探花欠一钱，亦被黜，民间有‘探花不值一文钱’之谣。”《研堂见闻杂记》：“吴下钱粮拖欠，莫如练川。一青衿寄籍其间，即终身无半镪入县官者，至甲科孝廉之属，其所饱更不可胜计，以故数郡之内，闻风猬至。大僚以及诸生，纷纷寄冒，正供之欠数十万。天子震怒，特差满官一员，至练川勘实，取其名籍，造册以报，奉旨按籍追擒。凡欠百金以上者一百七十余人，绅衿俱在其中；其百金以下者，则千计。”

以及各省科场之状，

《心史丛刊》（孟森）：“明一代迷信八股、迷信科举，至亡国时为极盛，余毒所蕴，假清代而尽泄之。盖满人旁观极清，笼络中国之秀民，莫妙于中其所迷信。始入关，则连岁开科，以慰蹭蹬者之心；继而严刑峻法，俾忮求之士称快。丁酉之狱，主司房考及中式之士子，诛戮及遣戍者无数。其时发难者汉人，受祸者亦汉人，陷溺于科举，至深且酷。不惜假满人屠戮同胞，以泄多数侥幸未遂之人年年被摈之忿。此所谓‘天下英雄入我彀中’者也。丁酉狱蔓延几及全国，以顺天、江南两省为巨，次则河南，又次则山东、山西，共五闱。明时江南与顺天俱有国子监，俱为全国士子所萃，非一省之关系而已也。清兵下江南，虽已改应天府为江宁，废去南雍，然士子耳目，尚以顺天、江南为观瞻所系。是年科场大狱，即以此两闱为最惨。同时并举，以耸动迷信科举之汉儿，用意至为明显。”《研堂见闻杂记》：“科场之事，明季即有以关节进者。每科五六月之间，分房就聘之期，则先为道地，或伏谒，或为之行金，购于诸上台，使得棘闱之聘后，分房验取，如握券而得也。每榜发不下数十人，至本朝而益甚。顺治丁酉壬子间，营求者猬集，各分房之所许，两座师之心约，以及京中贵人之所密属，如麻如粟，已及千百人，闱中无以为计，各开张姓名，择其必不可已者登之，而间取一二孤贫，以塞人口，然晨星稀点而已。至北闱尤甚，北闱分房诸公及两座主，大率皆辇下贵人，未入场已得按图挨次，知某人必入，故营求者先期定券，万不失一。不若各省分房必司理邑宰，茫然不可知，暗中摸索也。甲午一榜，无不以关节得幸，于是阴躁者走北如鹜，各入成均，若倾江南而去之矣。至丁酉，辇金载宝，辐辏都下，而若京堂三品以上子弟，则不名一钱，无不获也。若善为声名游公卿者，亦然。惟富人子，或以金不及额，或以价忽骤溢，逊去，盖榜发无此中人矣。于是蜚语上闻，天子赫怒，逮系诸房官举子，株及者亦皆严刑榜掠，三木囊头。南闱发榜后，众大哗，于是连逮十八房官及两主司，凡南北举子，皆另复试。兵番杂沓以旁逻之，如是者三试而后已。是役也，师生牵连就逮，或立就械，或于数千里外锒铛提锁，家业化为灰尘，妻子流难，更波及二三大臣，皆居间者，血肉狼籍，长流万里。”

皆明之积弊，至清而始发者。虽以惩创贪猾，抑制豪强，而士气熸然矣。

清之学者，有谨守卧碑之语。卧碑者，顺治朝所颁，以诰诫学校生员者也。

《清会典》：“明伦堂之左，刊立世祖章皇帝钦定卧碑，晓示生员。其文曰：朝廷建立学校，选取生员，免其丁粮，厚以廪膳，设学院、学道、学官以教之，各衙门官以礼相待，全要养成贤才，以供朝廷之用。诸生皆当上报国恩，下立人品。所有教条，开列于后：（一）生员之家，父母贤智者，子当受教；父母愚鲁，或有非为者，子既读书明理，当再三恳告，使父母不陷于危亡。（一）生员立志，当学为忠臣清官，书史所载忠清事迹，务须互相讲究；凡利国爱民之事，更宜留心。（一）生员居心忠厚正直，读书方有实用。出仕必作良吏，若心行邪刻，读书必无成就，为官必取祸患。行害人之事者，往往自杀其身，常宜思省。（一）生员不可干求官长，交结势要，希图进身。若果心善德全，上天知之，必加以福。（一）生员当爱身忍性，有官司衙门，不可轻入，即有切己之事，止许家人代告，不许干与他人词讼，亦不许牵连生员作证。（一）为学当尊敬先生，若讲说皆须诚心听受，

> 如有未明，从容再问，毋妄行辨难；为师者亦当尽心教训，勿致怠惰。（一）军民一切利病，不许生员上书陈言；如有一言建白，以违制论，黜革治罪。（一）生员不许纠党多人，立盟结社，把持官府，武断乡曲；所作文字，不许妄行刊刻，违者听提调官治罪。”①

盖明季学校中人，结社立盟，其权势往往足以劫制官吏。清初以卧碑禁止，而后官权日尊，惟所欲为，为士者一言建白，即以违制论，无知小民，更不敢自陈其利病矣。故吾国国无民治，自清始；清之摧挫民治，自士始。今日束身自好之士，漠视地方利病不敢一谋公益之事者，其风皆卧碑养成。论者不察，动以学者不知社会国家之事，归咎于古代之圣贤，岂知言哉！

---

① 卧碑之制，始于明。《明史·选举志》：“洪武十五年，颁禁例十二条于天下，镌立卧碑，置明伦堂之左。其不遵者，以违制论。正统以后，教官之黜降，生员之充发，皆废格不行，即卧碑亦具文矣。”《续通考》：“洪武十五年五月，颁禁例于天下学校，镌勒卧碑，置明伦堂左，不遵者，以违制论。卧碑禁例：(一)府州县生员，有大事干己者，许父兄弟陈诉，非大事毋轻出门。(一)生员父母欲行非为，必再三恳告，不陷父母于危亡。(一)一切军民利病，农工商贾皆可言之，惟生员不许建言。(一)生员学优才赡，年及三十，愿出仕者，提调正官奏闻，考试录用。(一)生员听师讲说，毋恃己长，妄行辩难，或置之不问。(一)师长当竭诚训导愚蒙，毋致懈惰。(一)提调正官务常加考校，敦厚勤敏者进之，懈怠顽诈者斥之。(一)在野贤人，有练达治礼，敷陈王道者，许所在有司给引赴京陈奏，不许在家实封入递。”观其吾文，并不禁止立盟结社，此明、清之别也。

第四章　西方学术之输入

利玛窦等之来也，一以传西方之宗教，一以传西方之学术。既贡地志、时钟，兼自述其制器观象之能，明其不徒恃传教为生也。

《上神宗疏》（利玛窦）：“谨以原携本国土物，所有天主图像一幅、天主母图像二幅、天主经一本、珍珠镶嵌十字架一座、报时自鸣钟二架、《万国图志》一册、西琴一张等物，敬献御前。”“臣于本国，忝与科名，已叨禄位。天地图及度数，深测其秘，制器观象，考验日晷，并与中国古法吻合。倘蒙不弃疏微，令臣得尽其愚，披露于至尊之前，斯又区区之大愿。”《清朝全史》（稻叶君山）：“利玛窦入北京后，不四五年，信徒至二百余。观李之藻、杨廷筠、徐光启等名士之归依，则加特力克教之成功，可概见矣。然彼等名士之入教，非绝对信仰教宗，要皆利玛窦诱引法，与中国固有思想不甚背驰，当时士人对于西洋科学需要颇急，致使然也。制玛窦既译几何学，[①]又著多种科学书，公布于世。”

然利氏译书教学，初未大用，洎明季因历法之舛，召用其徒，而历算之学始兴。

《明史・历志》：“黄帝迄秦，历凡六改，汉凡四改，魏迄隋十五改，

---

① 即《几何原本》。

唐迄五代十五改，宋十七改，金迄元五改。惟明之《大统历》，实即元之《授时》，承用二百七十余年，未尝改宪。成化以后，交食往往不验，议改历者纷纷。……崇祯中，议用西洋新法，命阁臣徐光启、光禄卿李天经，先后董其事，成历书一百三十余卷，多发古人所未发。时布衣魏文魁上疏排之，诏立两局推验。累年校测，新法独密，然亦未及颁行。”“（万历）三十八年，（钦天）监推十一月壬寅朔日食分秒及亏圆之候，职方郎范守己疏驳其误。礼官因请博求知历学者，令与监官昼夜推测，庶几历法靡差。于是五官正周子愚言：‘大西洋归化远臣庞迪峨、熊三拔等，携有彼国历法，多中国典籍所未备者。乞视洪武中译西域历法例，取知历儒臣率同监官，将诸书尽译，以补典籍之缺。’先是，大西洋人利玛窦进贡土物，而迪峨、三拔及龙华民、邓玉函、汤若望等先后至，俱精究天文历法。礼部因奏：‘精通历法，如邢云路、范守己为时所推，请改授京卿，共理历事。翰林院检讨徐光启、南京工部员外郎李之藻，亦皆精心历理，可与迪峨、三拔等同译西洋法，俾云路等参订修改。然历法疏密，莫显于交食，欲议修历，必重测验。乞敕所司修治仪器，以便复事。’疏入，留中。未几云路、之藻皆召至京，参预历事。云路据其所学，之藻则以西法为宗。四十一年，之藻已改衔南京太仆少卿，奏上西洋历法，略言台监推算日月交食时刻亏分之谬。而力荐迪峨、三拔及华民、阳玛诺等，言：其所论天文历数，有中国昔贤所未及者，不徒论其度数，又能明其所以然之理。其所制窥天、窥日之器，种种精绝。……乞敕礼部开局，取其历法，译出成书。礼科姚永济亦以为言。时庶务因循，未暇开局也。……崇祯二年五月乙酉朔日食，礼部侍郎徐光启依西法预推顺天府见食二分有奇，琼州食既，大宁以北不食。《大统》《回回》所推顺天食分时刻，与光启互异。已而光启法验，余皆疏。帝切责监官。……于是礼部奏开局修改，乃以光启督修历法。光启……举南京太仆少卿李之藻、西洋人龙华民、邓玉函，报可。

九月癸卯，开历局。三年，玉函卒，又征西洋人汤若望、罗雅谷译书演算。光启进本部尚书，仍督修历法。……四年正月，光启进历书二十四卷。……又进历书二十一卷。……是年，又进历书三十卷。明年冬十月，光启以病辞历务，以山东参政李天经代之。不逾月而光启卒。七年，……天经缮进历书，凡二十九卷，并星屏一具，俱故辅光启督率西人所造也。……天经又进历书三十二卷，并日晷、星晷、窥筩诸仪器。八年四月，又上乙亥丙子七政行度历及参订历法条议二十六则。……是时新法书器俱完，屡测交食凌犯，俱密合，但魏文魁等多方阻挠，内官实左右之。以故帝意不能决。……十一年正月，……进天经光禄寺卿，仍管历务。……十六年八月，诏西法果密，即改为《大统历法》，通行天下。未几国变，竟未施行。"

满清因之，遂用新法所制之历，曰《时宪历》。

《东华录》："顺治元年六月，修正历法西洋人汤若望启言：'臣于明崇祯二年来京，曾用西洋新法厘正旧历，制有测量日月星晷定时考验诸器，尽进内廷，以推测屡屡密合。近闻诸器尽遭贼毁，臣拟另制进呈。今先将本年八月初一日日食，照西洋新法推步京师所有日食限分秒并起复方法图像，与各省所见日食多寡先后不同诸数，开列呈览，乞敕该部届期公同测验。'摄政睿亲王谕：'旧历岁久差讹，西洋新法屡屡密合，知道了。此本内日食分秒时刻起复方位，并值省见食有多寡先后不同，具见推算详审，俟先期二日来说，以便遣官公同测验。其窥测诸器，速造进览。'""七月丁亥，礼部启言，定鼎燕京，应颁宝历。据钦天监咨称新法推注已成，请易新名，伏候钦定，以便颁行。摄政睿亲王谕：治历明时，帝王首重，今用新法正历，以迓天休，诚为大典，宜名为《时宪历》，用称朝廷宪天乂民至意。自明岁顺治二年为始，即用新历，颁行天下。"

而汤若望、南怀仁等均授官掌历，

《畴人传》（阮元）："汤若望，字道未，明崇祯二年入中国。次年五月，征若望供事历局。顺治二年十一月，以若望掌钦天监事，管钦天监印信，累加太仆太常寺卿，敕赐通微教师，康熙五年卒。""南怀仁，字勋卿，一字敦伯，康熙初年入中国。九年为钦天监副，十二年擢监正。"①

虽经吴明烜、杨光先等攻讦，尝罢西法，仍用《大统历》，然其推测至精，中法及回回法均所不及，故其后仍用《时宪历》，一依西法行之，迄于清末焉。

《畴人传》："顺治十四年四月，回回科秋官正吴明烜疏言若望舛谬三事。命大臣等公同测验，议明烜诈妄之罪。康熙四年，徽州新安卫官生杨光先上言若望新法十谬及选择不用正五行之误。下王大臣等集议，若望及所属各员，俱罢黜治罪。于是废西法，仍用《大统历》。至康熙九年，复用新法。""康熙初年，吴明烜、杨光先等以旧法点窜新历，以致天道不协。康熙七年十二月，命大臣召南怀仁与监官质辨。越明年丁酉正月，诸大臣同赴观象台测验立春、雨水、太阴、火星、木星，怀仁预推度数与所测皆符，明烜所指不实，大臣等请将康熙九年《时宪书》交南怀仁推算，从之，遂以怀仁为监副。"

测候天象，必资仪器。明代钦天监所用仪器，多沿元旧，

《江宁府志》："观象台，元至正元年建，明改为钦天台。刘树声云：幼时犹见有小方铜架，中插方柱近丈，为量世尺；又有大方铜架，悬

① 南怀仁后官至通政使，加工部侍郎衔，赐谥勤敏。传未载。

浑球，又有矮铜架，锁断足铜龙。”《南京天文台记》:“1280年11月，元世祖诏修正历法，钦天监诸臣具奏：开封府先朝遗留天文仪器甚多，然无一足裨实用。帝于是重造浑天仪、日规及其他仪器，[①]并命每器一式制十三分，分赐各行省。南京天文台之建筑，盖即规画于是时。其地发见之仪器，亦即此十三分之一。……使南京官书之纪载为可信，则南京天文台之建筑，动议虽在于1280年世祖之朝，而实施则直在百年以后，即1381年也[②]。台之遗址，在山巅之平原，地形长方，广约二十五粎至三十粎，长稍过之。其间有平房一所，门南向，为占星者居室，又有稍高之台，形四方，则所以陈列仪器，其器皆置于露天之台上。……仪器凡四事，利玛窦及其弟子辈，尝考察此四仪器，有所传述，颇足为后人所利赖。……第一仪器为一铜制球，径长约一粎又二分之一。球面止刻子午线及平行线，无他标记；其下安一铜制之立方体。立方体之顶，有一圆穴，球半陷其中。其旁有一小门，人得入其内，以旋转球。……第二仪器为浑天仪，其质及直径，皆与第一仪器同。上有纬线及极线，纬线凡三百六十五度又若干分；下支一金属之管，形如枪，可以自由拨动，以示星之高距。……第三仪器为日规，约高三粎，安于一长方大理石之南端。石之四周，围以沟，所以验水平也。石上亦刻有分数。……第四仪器最大且最备，亦测量之器，有三大环，制以铜，直径各长一粎又五十分，所以象赤道、黄道、子午线；又有一环可活动，附一管，盖用以示星之位置。器之安放，在一平面大理石桌上，四周亦绕以沟。……据利氏所述，此种仪器，制作皆极精妙，所用材料皆甚耐久。利氏见此器时，在1600年，距制作之时，已二百五十年，而其器犹焕然若新，其作工

① 按《元史·天文志》，宋自靖康之乱，仪象之器盖归于金。元兴，定鼎于燕，其初袭用金旧，而规环不协，难复施用。于是太史郭守敬者，出其所创简仪仰仪及诸仪表，皆臻于精妙。即此文所称重造浑天仪之事也。

② 明洪武十四年。

之巧可以想见。惟在科学上之价值则殊逊，其所分三百六十五度又若干分，无论于天象不相干，即其所分亦殊不平均。是足以见当日天文家智识之陋矣。”

徐光启修历，首请造器。

《正教奉褒》（黄伯禄）：“崇祯二年，徐光启奏请造象限仪六，纪限仪三，平悬浑仪三，交食仪一，列宿经纬天球一，万国经纬地球一，平面日晷三，转盘星球三，候时钟三，望远镜三。报允。”

汤若望续成之，旋毁。

《正教奉褒》：“崇祯七年，汤若望进呈历书星屏，其时日晷、星晷、窥筩诸仪器，俱已制成。奏闻，上命太监卢维宁、魏国徵至局验试用法，旋令若望将仪器亲赍进呈，督工筑台，陈设宫廷。”

清初，复命南怀仁制之。

《清通考》：“康熙八年六月，令改造观象台仪器。先是七年七月，钦天监副吴明烜言，推历以黄道为验，黄道以浑仪为准，今观象台浑仪损坏，亟宜修整。下礼部议，寻以取到元郭守敬仪器于江南，[1]不果行，至是南怀仁为监副，疏请改造，从之。”“十三年正月，掌钦天监事南怀仁，以新制天体仪、黄道经纬仪、赤道经纬仪、地平经仪、纪限仪告成，将制法用法绘图列说，名《新制灵台仪象志》，疏呈御览。得旨：仪象告成，制造精密，南怀仁勤劳可嘉，下部优叙。”

---

① 即南京观象台之仪器，移至北京。

清之制历，所以测验精密而分秒无差，恃此也。其后又制有仪器多种。

《清通考》："康熙二十年二月，制简平仪、地平半圆日晷仪。""三十二年四月，制三辰简平地平合璧仪。""五十二年二月，命监臣纪利安制地平经纬仪。""五十三年二月，制星晷仪，制四游表半圆仪，制方矩象限仪。""乾隆九年二月，制三辰公晷仪，制看朔望入交仪，制六合验时仪，制方月晷仪。""十九年，三辰公晷仪成，命名玑衡抚辰仪。"

盖清代诸帝，饫闻西人之学说，亦究心于历算天文之学，故奕世制作，不厌求详。其为德国掠取而复送回者，即观象台所陈、南怀仁等所制诸器也。①

元与西域交通，已知所谓地球。

《元史·天文志》："世祖至元四年，扎马鲁丁造西域仪象。""苦来亦阿儿子，汉言地理志也，其制以木为圆球，七分为水，其色绿；三分为土地，其色白。画江河湖海脉络贯串于其中，画作小方井，以计幅员之广袤，道里之远近。"

而元、明间人，犹未究心于地理，至利玛窦等来，而后知有五大洲，

《明史·外国传》："意大利亚居大西洋中，自古不通中国。万历时，其国人利玛窦至京师，为《万国全图》，言天下有五大洲：第一曰亚细亚洲，中凡百余国，而中国居其一；第二曰欧罗巴洲，中凡七十余国，而意大里亚居其一；第三曰利未亚洲，亦百余国；第四曰亚墨利

① 光绪庚子年，八国联军入京。德国掠取浑天仪二具、天象球一具、纪限仪一、昼夜仪一。及《巴黎和约》议将所得之仪器交还中国，始复归于北京。报载其装载此项仪器共五十六箱，重三万六千启罗格兰姆。

加洲，地更大，以境土相连，分为南北二洲；最后得墨瓦腊泥加洲为第五，而域中大地尽矣。”

及地球居于天中之说。

《畴人传》：“利玛窦著《乾坤体义》三卷，言地与海合为一球，居天球之中，其度与天相应。但天甚大，其度广；地甚小，其度狭，差异耳。直行北方者，每二百五十里，北极高一度，南极低一度；直行南方者，每二百五十里，北极低一度，南极高一度。每一度广二百五十里，则地之东西南北各一周，有九万里。厚二万八千六百二十六里零三十六丈，上下四旁皆生齿所居。予自太西浮海入中国，至昼夜平线，已见南北二极皆在平地，略无高低。道转而南，过大浪峰，已见南极出地三十六度，则大浪峰与中国上下相为对待，故谓地形圆而周围皆生齿者，信然矣。”

艾儒略著《职方外纪》，绘图立说，是为吾国之有五洲万国地志之始。

《职方外纪序》（艾儒略）：“昔神皇盛际，圣化翔洽，无远弗宾。吾友利氏赍进《万国图志》，已而吾友庞氏又奉翻译西刻地图之命，据所闻见，译为图说以献，都人士多乐道之者，但未经刻本以传。迨至今上御极，儒略不敏，幸厕观光，慨慕前庥，诚不忍其久而湮灭也。偶从蠹简，得睹所遗旧稿，乃更窃取西来所携手辑方域梗概，为增补以成一编，名曰《职方外纪》。”《四库全书提要·职方外纪》：“五卷，明西洋人艾儒略撰。其书成于天启癸亥，盖因利玛窦、庞迪我旧本润色之，不尽儒略自作也。所纪皆绝域风土，为自古舆图所不载。……分天下为五大洲，一曰亚细亚洲，……二曰欧逻巴洲，……三曰利未亚洲，……四曰亚墨利加，……五曰墨瓦蜡尼加。前冠以万国全图，后附以四海总说。”

而清康熙中，各教士测绘全国舆图，尤有功于吾国焉。

《正教奉褒》：“康熙四十七年，谕传教士分赴蒙古各部、中国各省，遍览山水城郭，用西学量法，绘画地图。是年派日尔曼人白进、费隐，法兰西人雷孝思、杜德美等，往蒙古及直隶。四十九年，费隐等往黑龙江。五十年，雷孝思等往山东，费隐等往山西、陕西、甘肃。五十一年，法兰西人冯秉正、德玛诺等，往河南、江南、浙江、福建。五十二年，法兰西人汤尚贤、葡萄牙人麦大成等，往江西、广东、广西。费隐、潘如[1]往四川。五十四年，雷孝思等往云南、贵州、湖南、湖北测图。五十六年，各省地图绘毕。白进等汇成总图一幅，并分图进呈。”（圣祖命名《皇舆全览图》，即世所称《康熙内府舆图》也。）

明季西教士携至中国书籍至多，所译述亦至夥。邓玉函所述《奇器图说》，则力艺学之权舆也。

《远西奇器图说录最》（王徵）：“《奇器图说》，乃远西诸儒携来。彼中图书，此其七千余部中之一支。就一支中，此特其百之什一耳。”《四库全书提要》：“《奇器图说》，三卷，明西洋人邓玉函撰。《诸器图说》，明王徵撰。徵，泾阳人，天启壬戌进士，官扬州府推官。尝询西洋奇器之法于玉函。玉函因以其国所传文字口授徵，译为是书。其术能以小力运大，故名曰重，又谓之力艺。大旨谓天地生物，有数有度有重，数为算法，度为测量，重则即此力艺之学，皆相资而成。故先论重之本体，以明立法之所以然，凡六十一条；次论各色器具之

① 法人。

> 法，凡九十二条；次起重引重等图，……图皆有说，而于农器水法尤为详备。”“《诸器图说》，凡图十一，各为之说，而附以铭赞，乃徵所作，亦具有思致。”

徐光启尝欲因其法以兴农田水利，

> 《四库全书提要》：“《农政全书》六十卷，明徐光启撰，总括农家诸书，裒为一集，……备录南北形势，兼及灌溉器用诸图谱，后六卷则为《泰西水法》。”“《泰西水法》六卷，明万历壬子，西洋熊三拔撰。是书皆记取水蓄水之法，一卷曰龙尾车，用挈江河之水；二卷曰玉衡车，附以专筩车；曰恒升车，附以双升车，用挈井泉之水；三卷曰水库记，用蓄雨雪之水；四卷曰水法附余，皆寻泉作井之法，而附以疗病之水；五卷曰水法或问，备言水性；六卷则诸器之图式也。西洋之学，以测量步算为第一，而奇器次之。奇器之中，水法尤切于民用，视他器之徒矜工巧、为耳目之玩者又殊。固讲水利者所必资也。”

丁世之乱，亦无人推演其绪以利民生，惟制造火器一事，小试于明，后遂为满清屠杀汉人之具，亦可慨矣。明初得交趾炮法，始创神机营。

> 《明史·兵志》：“明成祖平交趾，得神机枪炮法，特置神机营肄习。”

比葡、荷二国人东来，遂有所谓佛郎机、红夷等。

> 《明史·兵志》：“嘉靖八年，始从右都御史汪鋐言，造佛郎机炮，谓之大将军，发诸边镇。佛朗机者，国名也。正德末，其国舶

至广东白沙，巡检何儒得其制，以铜为之，长五六尺，大者重千余斤，小者百五十斤，巨腹长颈，腹有修孔，以子铳五枚，贮药置腹中，发及百余丈，最利水战，驾以蜈蚣船，所击辄糜碎。”“其后大西洋船至，复得巨炮曰红夷，长二丈余，重者至三千斤，能洞裂石城，震数十里。天启中，锡以大将军号，遣官祀之。”

启、祯间，屡命教士制造铳炮，

《正教奉褒》：“天启二年，上依部议，敕罗如望、阳玛诺、龙华民等，制造铳炮，以资戎行。”“崇祯三年，先是天启元年，部臣议招寓居澳门精明火炮之西洋人来内地，协助攻御。至是龙华民、毕方济奉旨前往，招劝殷商等集资捐助火炮。教士陆若汉、绅士公沙的西劳率领本国人多名，携带铳炮前来，效力宁远、涿州等处，屡次退敌。后登莱之役，公沙的西劳及同伴多人阵亡，陆若汉亦受伤。”“九年，兵部疏称罗雅各等指授开放铳炮诸法，颇为得力，降旨优给田房。”“十三年，兵部传旨：著汤若望指样监造战炮。若望先铸钢炮二十位，帝派大臣验放，验得精坚利用，奏闻。诏再铸五百位。”

而用之不得其人，转以资敌。

《明史·兵志》：“崇祯时，大学士徐光启请令西洋人制造大炮，发各镇。然将帅多不得人，城守不固，有委而去之者。及流寇犯阙，三大营兵不战而溃，枪炮皆为贼有，反用以攻城。城上亦发炮击贼，时中官已多异志，皆空器贮药，取声震而已。”

清之兴也，以炮之力，其制法盖传自明人。

> 《清通考》："太宗天聪五年红衣大炮成[1]，钦定名镌曰天祐助威大将军。天聪五年孟春吉日造，督造总兵官额驸佟养性，监造官游击丁启明，备御祝世隆，铸匠王天相、窦守位，铁匠刘计平，先是未备火器，造炮自此始。其年征明，久围大凌河而功以成，用大将军力也。自后师行必携之。"

及康熙中，迭命南怀仁制造大炮，遂平各地。

> 《清通考》："康熙十三年，谕兵部，大军进剿，须用火器。著治理历法南怀仁制造大炮，轻利以便涉。"《正教奉褒》："康熙十九年十一月初四日，南怀仁奉旨铸造战炮三百二十位。二十年八月十一日，炮位告成。上释御服貂裘，赐南怀仁，并奖慰曰：尔向年制造各炮，陕西、湖广、江西等省已有功效，今之新炮较为更好。""南怀仁自康熙十三年迄十五年，共制大小炮一百二十位。至二十一年四月，吏部题称工部疏称钦天监治理历法加通政使司通政使南怀仁先铸炮一百三十二位，又神威炮二百四十位，指样制造精坚，应交吏部议叙等语。查南怀仁指样制造炮位精坚，应加工部右侍郎职衔。"

以敬天信道之人，而专造利器，以助满人之兵力，亦可谓不善用其学矣。其后清人专以算数制造为西人之特长，遣学译书，首重此事，而不知仿行其学，以谋民利，亦清初之历史有以囿其思想也。呜呼！

明末清初在中国之耶稣会士及著书一览表（录稻叶君山《清朝全史》。原表有遗漏及失误处，今为增改。编者识。）

①按"红衣"当即《明史》之"红夷"，清人讳"夷"，故称"红衣"。

原名	汉名	本国	到中国年代命终年代及地点	所著书
Aleni (Giulio)	艾儒略	意大利	西纪 1613（万历四十一年） 西纪 1649 年 8 月 3 日 （顺治六年）福州	《弥撒祭义》《天主降生言行纪略》《出像经解》《耶稣言行纪略》《性灵篇》《景教碑颂》《圣体祷文》《坤舆图说》《十五端图像》《熙朝崇正集》《杨淇园行略》《张弥克遗迹》《万物真源》《涤罪正规》《三山论学记》《圣体要理》《圣梦歌》《圣教四字教文》《悔罪要旨》《几何要法》《口铎日钞》《五十言余西方答文》《西学凡》《职方外纪》《性学觕述》《天主降生引义》《大西利西泰子传》《大西利西泰先生行迹》《艾先生行述》《思及先生行迹》《泰西思及艾先生行述》《西海艾先生行略》《泰西思及先生语录》
Benevente (Alvare)	白亚维	西班牙	西纪 1680（康熙十九年）未详	《要经略解》
Bouvet (Jaochin)	白晋	法兰西	西纪 1687（康熙二十六年） 西纪 1730（雍正八年）北京	《天学本义》《古今敬天鉴》
Brancati (Francesco)	潘国光	意大利	西纪 1637（崇祯十年） 西纪 1671 年 4 月 25 日 （康熙十年）上海	《十诫劝谕》《圣体规仪》《圣教四规》《圣安德助宗徒瞻礼》《天阶》《瞻礼口铎》《天神规课》《天神会课》
Brollo (Basillio)	叶宗贤		西纪 1684（康熙二十三年） 西纪 1704 年 7 月 16 日 （康熙四十三年）西安	《宗元直指》

续表

原名	汉名	本国	到中国年代命终年代及地点	所著书
Buglio (Luigi)	利类思	意大利	西纪 1637（崇祯十年） 西纪 1684 年 10 月 7 日 （康熙二十三年）北京	《天主正教约征》《主教要旨》《超性学要》《狮子说》《司铎要典》《性灵说》《不得已辨》《御览西方要纪》（与南怀仁安文思合撰）《圣母小日课》《已亡者日课经》《圣教简要》《善终瘗茔礼典》《弥撒经典》《日课概要》《圣事礼典》《安先生行述》《天主圣体》《三位一体》《万物原始》《天神形物之造》《灵魂》《首人受造》《昭祀经典》《进呈鹰论》《圣事体典》
Castner (Gaspar)	庞嘉宾	日耳曼	西纪 1 679（康熙十八年） 西纪 1709 年二月 9 日 （康熙四十八年）北京	
Cattaneo (Lazzane)	郭居静	瑞　士	西纪 1 594（万历二十二年） 西纪 1640（崇祯十三年）杭州	《性灵诣主》
Chavagnac (Emeric de)	沙守真		西纪 1700（康熙三十九年） 西纪 1717 年 9 月 14 日 （康熙五十六年） 饶州（未确）	《真道自证》
Costa (Iguacio da)	郭纳爵	葡萄牙	西纪 1634（崇祯七年） 西纪 1666（康熙五年）广东	《原染亏益》《身后编》《老人妙处教要》
Couplet (Philippe)	柏应理	比利时	西纪 1659（顺治十六年） 西纪 1693 年 5 月 16 日 （康熙三十二年）卧亚	《天主圣教永瞻礼单》《天主圣教》《百问答》《四末真论》《圣行坡而日亚实》《圣若瑟祷文》《周岁圣人行略》

续表

原名	汉名	本国	到中国年代命终年代及地点	所著书
Cunha (Simon da)	瞿西满	葡萄牙	西纪 1629（崇祯二年） 西纪 1662 年 9 月（康熙元年）澳门	《经要直指》
Dentrechlles (Frdncois Zavier)	殷宏绪	法兰西	西纪 1698（康熙三十七年） 西纪 1741（乾隆六年）	《主经体味》《逆耳忠言》《莫居凶恶劝》《训慰神编》
Diaz (Emmanuel Jeune)	阳玛诺	葡萄牙	西纪 1610（万历三十八年） 西纪 1659 年 3 月 4 日（顺治十六年）杭州	《圣若瑟行实》《天问略》《十诫真诠》《圣经真解》《天学举要》《唐景教碑颂》《正诠》《代疑论》《袖珍日课》《经世全书》《经世全书句解》《避罪指南》《天神祷文》
Duarte (Jean)	聂若望	葡萄牙	西纪 1700（康熙三十九年） 余未详	《八天避静神书》
Ferran (Andre)	郎安德	葡萄牙	西纪 1658（顺治十五年） 西纪 1661（顺治十八年）福州	
Ferreira (Gaspar)	费奇规	葡萄牙	西纪 1604（万历三十二年） 西纪 1649（顺治六年）	《振心诸经》《周年主保圣人单》《玫瑰经十五编》
Figueredo (Roderic de)	费乐德	西班牙	西纪 1622（天启二年） 西纪 1642 年 10 月 9 日（崇祯十五年）开封	《念经总牍》《圣教源流》《念经劝》
Fraes (Joas)	伏若望	葡萄牙	西纪 1624（天启四年） 西纪 1368 年 7 月 2 日（崇祯十一年）杭州	《五伤经礼规程》《善终助功》《苦难祷文》

续表

原名	汉名	本国	到中国年代命终年代及地点	所著书
Furtado (Francisco)	傅汎际	葡萄牙	西纪 1621（天启元年） 西纪 1653 年 2 月 1 日 （顺治十年）澳门	《名理探》《寰有诠》
Gouvea (Antonio de)	何大化	葡萄牙	西纪 1636（崇祯九年） 西纪 1677 年 2 月 14 日 （康熙十六年）福州	《蒙引要览》
Gravina (Gerommo de)	贾宜陆	意大利	西纪 1637（崇祯十年） 西纪 1622 年 9 月 4 日 （康熙元年）漳州	《提正编》《辨惑论》
Greslon (Addrien)	聂仲迁	法兰西	西纪 1675（康熙十四年） 西纪 1697 年 3 月 （康熙三十六年）赣州	《古圣行实》
Hinderer (Romain)	德玛诺	法兰西	西纪 1707（康熙四十六年） 西纪 1744 年 8 月 4 日 （乾隆九年）南京	《与弥撒功程》
Intorcetta (Prospero)	殷铎泽	意大利	西纪 1659（顺治十六年） 西纪 1696 年 10 月 3 日 （康熙三十五年）杭州	《耶稣会例》《西文四书直解》《泰西殷觉斯先生行述》
Kogler (Ignace)	戴进贤	日耳曼	西纪 1716（康熙五十五年） 西纪 1746 年 3 月 29 日 （乾隆十一年）北京	《历象考成后编》《仪象考成》《玑衡抚辰仪记》

续表

原名	汉名	本国	到中国年代命终年代及地点	所著书
Lobelli (Giovani Andrea)	陆安德		西纪 1659（顺治十六年） 西纪 1683 （康熙二十二年）澳门	《圣教略说》《真福直指》《善生福终正路》《圣教问答》《圣教撮言》《圣教要理》《默想大全》《默想规矩》《万民四末图》
Longobardi (Nicolao)	龙华民	意大利	西纪 1597（万历二十五年） 西纪 1654 年 9 月 1 日 （顺治十一年）北京	《死说》《念默想规程》《灵魂道体说》《圣教日课》《圣若撒法行实》《地震解》《急事宜救》《圣人祷文》
Magarhaens (Cabriel de)	安文思	葡萄牙	西纪 1640（崇祯十三年） 西纪 1677 年 5 月 6 日 （康熙十六年）北京	《复活论》
Mailla (Joseph Maire Anne de Moyria de)	冯秉正	法兰西	西纪 1703（康熙四十二年） 西纪 1748 年 6 月 28 日 （乾隆十三年）北京	《明来集说》《圣心规程》《圣体仁爱经规条》《圣经广益》《盛世刍荛》《圣年广益》《避静汇钞》
Martini (Martino)	卫匡国	匈牙利	西纪 1643（崇祯十六年 西纪 1661（顺治十八年）杭州	《真主灵性理证》《述反篇》
Mendez (Manoel)	孟由义	葡萄牙	西纪 1684（康熙二十三年） 西纪 1743 年 12 月 （乾隆八年）澳门	
Monteiro (Joao)	孟儒望	葡萄牙	西纪 1637（崇祯十年） 西纪 1648（顺治五年）印度	《天学略义》《天学辨敬录》《炤迷镜》
Motel (Jacques)	穆迪我	荷　兰	西纪 1657（顺治十四年） 西纪 1692 年 6 月 2 日 （康熙三十一年）武昌	《圣洗规仪》

续表

原名	汉名	本国	到中国年代命终年代及地点	所著书
Noel (Francois)	卫方济	比利时	西纪 1687（康熙二十六年）西纪 1729 年 9 月 19 日（雍正七年）Lille	《人罪至重》
Ortiz (Hortis)	白多玛	西班牙	西纪 1695（康熙三十四年）余未详	《圣教功要》《四络略意》
Pantoja (Didaco de)	庞迪我	西班牙	西纪 1599（万历二十七年）西纪 1618 年 1 月 1 日（万历四十六年）澳门	《耶稣苦难祷文》《未来辩论》《天主实义续编》《庞子遗诠》《七克大全》《天神魔魂说》《人类原始》《受难始末》《辩揭》《奏疏》
Parrenin (Domimque)	巴多明	法兰西	西纪 1689（康熙二十八年）西纪 1741 年 9 月 2 日（乾隆六年）北京	《济美篇》《德行谱》
Pereyra (Thomaz)	徐日昇	西班牙	西纪 1673（康熙十二年）西纪 1708 年 12 月 24 日（康熙四十七年）北京	《南先生行述》《律吕正义续篇》
Pinuela (Pedoro)	宾纽拉	墨西哥	西纪 1676（康熙十五年）西纪 1704 年 7 月 30 日（康熙四十三年）漳州	《初会问答》《永暂定衡》《大赦解略》《默想神功》《哀矜炼灵略说》
Premare (Joseph Marie de)	马若瑟	葡萄牙	西纪 1698（康熙三十七年）西纪 1738 年 9 月 17 日乾隆三年）澳门	《圣若瑟传》《杨淇园行迹》

续表

原名	汉名	本国	到中国年代命终年代及地点	所著书
Rho Giacomo)	罗雅谷	意大利	西纪 1624（天启四年） 西纪 1638 年 9 月 17 日 （崇祯十一年）澳门	《圣若瑟传》《杨淇园行迹》《天主经解》《天主圣教启蒙》《斋克》《哀矜行诠》《求说》《圣记百言》《圣母经解》《周岁警言》《测量全义》《比例规解》《五纬表》《五纬历指》《月离历指》《月离表》《月躔历指》《日躔表》《赤黄正球筹算》《历引》《日躔考》《昼夜刻分》
Ricci (Matteo)	利玛窦	意大利	西纪 1583（万历十一年） 西纪 1610 年 5 月 2 日 （万历三十八年）北京	《天主实义》《几何原本》《交友论》《同文算指通篇》《西国记法》《勾股义》《二十五言》《圜容较义》《畸人十篇》《徐光启行略》《辨学遗牍》《乾坤体义》《经天该》《奏疏》《斋旨》《测量法义》《西字奇迹》《浑盖通宪图说》《万国舆图》《西琴曲意》
Rocha (Jean de)	罗如望	葡萄牙	西纪 1598（万历二十六年） 西纪 1623 年 3 月 （天启三年）杭州	《天主圣教启蒙》《启蒙》《天主圣像略说》
Rougemont (Francois)	卢日满	荷　兰	西纪 1659（顺治十六年） 西纪 1676 年 2 月 4 日 （康熙十五年）漳州	《要理六端》《天主圣教要理》《问世编》
Rudomina (Andre)	卢安德	利查尼	西纪 1626（天启六年） 西纪 1632 年 9 月 5 日 （崇祯五年）福州	
Ruggieri (Michaele)	罗明坚	意大利	西纪 1581（万历九年） 西纪 1607 年 5 月 2 日 （万历三十五年）	《天主圣教实录》

续表

原名	汉名	本国	到中国年代命终年代及地点	所著书
Sambiaso (Francesco)	毕方济	意大利	西纪 1614（万历四十二年） 西纪 1649（顺治六年）广东	《画答》《睡画二答》《灵言蠡勺》《奏折》《皇帝御制诗》
San Juan Bautista (Manuel de)	利安宁	西班牙	西纪 1685（康熙二十四年） 西纪 1710 年 3 月 10 日 （康熙四十九年）北京	《破迷集》《圣文都竦圣母日课》
San Poscual (Augustin de)	利安定	西班牙	西纪 1670（康熙九年） 西纪 1695（康熙三十四年） 未详何地	《永福天衢》《天成人要集》
Santa Maria (Antonio de)	利奥图	西班牙	西纪 1633（崇祯六年） 西纪 1669 年 5 月 13 日 （康熙八年）广东	《正学镠石》
Sande (Eduard da)	孟三德	葡萄牙	西纪 1585（万历十三年） 西纪 1600 年月 22 日 （万历二十八年）澳门	《崇祯历书》（预修）《长历补注解惑》《主制群征》《主教缘起》《进呈图像》《浑天仪说》
Schall von Bell (Johannes Adam)	汤若望	日耳曼	西纪 1629（崇祯二年） 西纪 1666 年 8 月 15 日 （康熙五年）北京	《真福训诠》《古今交日考》《西洋测日历》《星图》《交食历指》《交食表》《恒星历测》《恒星表》《共译各图》《八线表》《恒星出没》《学历小辨》《测食略》《测天略说》《大测》《奏疏》《新历晓惑》《新法历引》《历法》《西传》《新法表异》《敕谕祷文》《远镜说》《火攻揭要》
Semedo Alvaro)	鲁德照	葡萄牙	西纪 1613（万历四十一年） 西纪 1658 年 5 月 6 日 （顺治十五年）澳门	《字考》

续表

原名	汉名	本国	到中国年代命终年代及地点	所著书
Silva (Antonio de)	林安多	葡萄牙	西纪 1695（康熙三十四年） 余未详	《崇修精蕴》
Soerio (Joao)	苏如汉	葡萄牙	西纪 1595（万历二十三年） 西纪 1607 年 8 月（万历三十五年）澳门	《圣教约言》
Tellez (Monoel)	德玛诺	葡萄牙	西纪 1704（康熙四十三年） 西纪 1723（雍正元年）饶州	《显像十五端玫瑰经》
Terenz (Jean)	邓玉函	日耳曼	西纪 1621（天启元年） 西纪 1630（崇祯三年）北京	《远西奇器图说》《人身说概》《测天约说》《黄赤距度表》《正球升度表》《大测》
Trigault (Nicolas)	金尼阁	法兰西	西纪 1616 年（万历四十四年） 西纪 1628 年 2 月 14 日 （崇祯元年）杭州	《宗徒祷文》《西儒耳目资》《况义》（伊索寓言选集）《意拾谕言》（同上）《推历年瞻礼法》
Tudeschini (Augustin)	杜奥定	日　奴	西纪 1598（万历二十六年） 西纪 1643（崇祯十六年）福州	《渡海苦迹记》《杜奥定先生东来渡海苦迹》
Ursis (Sabatthinus de)	熊三拔	意大利	西纪 1606（万历三十四年） 西纪 1620 年 5 月 3 日 （泰昌元年）澳门	《泰西水法》《表度说》《简平仪说》
Vagnoni (Alfonse)	高一志 王丰肃	意大利	西纪 1605（万历三十三年） 西纪 1640 年 4 月 19 日 （崇祯十三年）漳州	《则圣十篇》《西学齐家》《天主圣教》《圣人行实》《达道纪言》《四末论》《修身西学》《譬学》《励学古言》《圣教解略》《寰宇始末》《圣母行实》《神鬼真纪》《十慰》《童幼教育》《空际格致》《西学治平》《斐录汇答》《推验正道论》

续表

原名	汉名	本国	到中国年代命终年代及地点	所著书
Varo (Francisco)	万济谷		西纪 1654（顺治十一年） 余未详	《圣教明证》
Verbiest (Ferdinand)	南怀仁	比利时	西纪 1659（顺治十六年） 西纪 1688 年 1 月 29 日（康熙二十七年）北京	《妄推吉凶辨》《熙朝定案》《验气图说》《坤舆图说》《告解原义》《善恶报略说》《教要序论》《不得已辨》《灵台仪象志》《仪象图》《康熙永年表》《测念记略》《坤舆全图》《简平规总星图》《赤道南北星图》《妄占辨》《预推纪验》《形性理推》《光向异验理推》《理辨之引咎》《目司总图》《理推各国说》《御览简平新仪式用法》《坤舆外纪》《七奇图说》《进呈穷理学》《盛京推算表》《神武图说》
Xavier (Saint Francois de)	方济各	西班牙	未详 西纪 1552 年 3 月 2 日（嘉靖三十一年）上川岛	

第五章　清代之开拓

元代疆域最广，然其藩部与治理中国之法迥殊。《元史·地理志》仅载中书省及行中书省所属之路、府、州、县，西北诸藩则附录其地名，不能详其建置道里也。（《元史·西北地附录》，笃来帖木儿、月祖伯、不赛因三藩所辖之地，及吉利吉思、撼合纳、谦州、益兰州等处，清代考求《元史》者，据《经世大典图》，推究其方位，证以今地，十九可信。学者须读洪钧《元史译文证补》、屠寄《蒙兀儿史记》、丁谦《经世大典图考》等书。）明之疆域，殆仅得元之半，为直隶者二，为布政司者十三。西北各地，仍为蒙古所有，交趾布政司，立而复废，故亦无足称述。惟元、明两朝，开辟云、贵等省及置川、广等土司，于中国本部亦有开拓之功。欲知清代之开拓者，不可不考其由来也。

《读史方舆纪要》（顾祖禹）："自开元之季，南诏渐强。天宝九载，遂有云南之地，僭国号曰大蒙。贞元十年，改国号曰南诏。大中十三年，改称大礼。光化四年，国乱，改称大长和。后唐天成三年，国号大天兴。明年，称大义宁。石晋天福二年，属于大理，宋初因之。自熙宁八年以后，段氏衰。元祐元年，高氏代立，号大中国。元符二年，段氏复兴，号后理国。淳祐十二年[①]，蒙古忽必烈灭大理。[②]元至元十三年，立云南等处行中书省。元亡，其梁王把匝剌瓦尔密及段

① 蒙古宪宗蒙哥二年。

② 前后凡二十二传，历三百五十年。段氏虽灭，元人复设大理路军民总管府，以段氏子孙世守其职。

明分据其地。洪武十五年，讨平之，始置云南等处承宣布政使司。”“贵州，《禹贡》荆、梁二州荒裔，自春秋以来，皆为蛮夷地。汉时亦为牂牁南境。三国时，相传诸葛武侯封牂牁蛮酋济火为罗甸王，国于此。唐时，罗罗鬼主居之。宋时，为罗施鬼国地。元于此置八番、顺元等处军民宣慰使司都元帅府，隶四川行省。至元二十八年，改隶湖广行省。明初，以其地分隶四川、湖广、云南三布政司。洪武十五年，设贵州都指挥使司。永乐十一年，始建贵州等处承宣布政使司。”《明史·土司列传》：“西南诸蛮，有虞氏之苗，商之鬼方，西南之夜郎，靡莫、卬、莋、僰、爨之属，皆是也。自巴、夔以东，及湖湘岭峤，盘踞数千里，种类殊别。历代以来，自相君长。……迨明踵元故事，大为恢拓，分别司郡州县，额以赋役，听我驱调，而法始备。……洪武初，西南夷来归者，即用原官授之。其土官衔号，曰宣慰司，曰宣抚司，曰招讨司，曰安抚司，曰长官司，以劳绩之多寡，分尊卑之等差。而府州县之名，亦往往有之。”

清起满洲，抚有东胡及内蒙诸部。入关后，奄有明代两直隶十三布政司之地。① 康熙二十二年，收台湾。三十六年，平外蒙古。
乾隆二十二年，平准部，二十四年，平回部，遂合为新疆省。而青海、蒙古、西藏喇嘛，亦于康、雍间，先后用兵平之。其幅员之辽廓，远非宋、明所及，故清代诸帝恒以此自诩。然属地既多，治理匪易，或以宗教之异，或因种族之殊，虽同属一主权，而文化之相去甚远，虽及今日，亦尚未能齐一焉。

清之十八省，号曰中国本部。以大致言之，固可谓为汉族世居之地，其文化远过于各属部。然即此十八省中，人种错杂，文言歧异，殆亦不可胜举。西南各省之种人，曰苗，曰瑶，曰蛮，曰倮儸，曰仡佬，曰夷，曰土人，每

---

① 康熙元年设安徽巡抚，六年设江苏、安徽两布政使司，始分明之南直隶为江苏、安徽两省，又分明之湖广为湖北、湖南两省，各设布政使司治之。陕西、甘肃亦于康熙元年分治。

种复分数种至数十种，而其单种如黎人、侗人之类，复有数十种。语言文字，往往与汉人殊，风俗习惯，亦都截然不同，是固不可以一概论也。

《地理讲义》(姚明煇)："我国南境居民，华夏而外，种类纷繁，色目众多，不胜缕述。近人括之以苗族，古人号之曰南蛮。今由滇、蜀而东，历黔、楚、两粤，迤及闽、浙山谷中最盛。或袭土职，或已归流，或守旧习，或同华化。总计苗之种二十有八，瑶之种十有一，蛮之种十有四，倮儸之种十有八，仡佬之种五，夷之种三，土人之种三；而单种则如僰人，如白人，如蒲人，如沙人，如莽人，如侗人，如黎人，如皿人，如侠人，如伶人，如伢人，如佷人，如僮人，如侬人，如仲人，如俅人，如怒人，如蛮人，如木佬，如仡兜，如土僚，如么些，如八番，如六额子；其他则如俅、佯、伶、侗、瑶、僮。此皆《皇清职贡图》所载，而尚有《职贡图》所不载者也。"

元征大理，而顺宁、腾越之地以通；明讨思南，而石阡、黎平诸府以辟。有清一代，开拓土司，改为汉官者尤多。而至清季，犹存土司五百六十有奇，① 其未开化者多矣。分列如下：

省	府	州县	某年置	原为某土司
湖北	宜昌	鹤峰	雍正十三年	容美土司
湖北	宜昌	长乐	雍正十三年	五峰石宝土司
湖北	施南	宣恩	雍正十三年	施南土司
湖北	施南	来凤	雍正十三年	散毛土司
湖北	施南	咸丰	雍正十三年	大田土司
湖北	施南	利川	雍正十三年	施南土司
湖南	辰州	乾州	康熙四十三年	竿边红苗

① 据《清会典》，甘肃土司二十四，青海三十九，四川二百六十九，西藏三十九，广西四十六，云南五十，贵州八十一，共计五百六十六土司。

续表

省	府	州县	某年置	原为某土司
湖南	辰州	凤凰	康熙四十三年	箪边红苗
湖南	辰州	永绥	雍正八年	六里红苗
湖南	永顺	永顺	雍正七年	永顺土司
湖南	永顺	龙山	雍正七年	白崖洞土司
湖南	永顺	保靖	雍正七年	保靖土司
湖南	永顺	桑植	雍正七年	桑植土司
四川	叙州	雷波	雍正六年	雷波土司
四川	雅州	天全	雍正八年	天全土司
四川	雅州	清溪	雍正八年	黎州土司
四川	雅州	懋功	乾隆四十年	金川土司
四川	酉阳	秀山	乾隆元年	酉阳土司
广西	庆远	东兰	雍正七年	那地土司
广西	太平	宁明	康熙五十八年	思明土司
广西	镇安	归顺	雍正七年	思恩土司
广西	泗城	西隆	雍正五年	思恩土司
云南	广南	宝宁	顺治十六年	广南土司
云南	开化	文山	康熙六年	教化三部土司
云南	东川	会泽	康熙三十八年	东川土司
云南	昭通	恩安	雍正六年	乌蒙土司
云南	昭通	永善	雍正六年	乌蒙土司
云南	昭通	镇雄	雍正六年	镇雄土司
云南	普洱	宁洱	雍正七年	车里土司
云南	普洱	思茅	雍正七年	车里土司
云南	楚雄	姚州	清初	姚安土司
云南	顺宁	缅宁	乾隆十二年	宣猛土司
云南	元江	新平	顺治六年	元江土司
云南	镇沅	恩乐	雍正五年	镇沅土司
云南	镇沅	蒙化	康熙四年	蒙化土司
云南	镇沅	景东	康熙四年	景东土司
云南	镇沅	威远	雍正三年	威远土司
贵州	贵阳	长寨	雍正四年	仲苗
贵州	黎平	古州	雍正七年	生苗

续表

省	府	州县	某年置	原为某土司
贵州	铜仁	松桃	雍正八年	红苗
贵州	镇远	台拱	雍正十一年	九股苗
贵州	都匀	八寨	雍正六年	天坝土司
贵州	都匀	丹江	雍正六年	生苗
贵州	都匀	都江	雍正六年	生苗
贵州	安顺	郎岱	康熙五年	郎岱土司
贵州	安顺	归化	雍正十二年	康佐土司
贵州	南笼	永丰	雍正五年	安笼土司
贵州	南笼	普安	顺治十八年	马乃夷地
贵州	大定	平远	康熙三年	水西土司
贵州	大定	黔西	康熙三年	水西土司
贵州	大定	威宁	康熙三年	水西土司
贵州	大定	水城	康熙三年	水西土司
川边	巴安	巴安	光绪三十一年	巴塘土司
川边	巴安	盐井	光绪三十一年	巴塘土司
川边	巴安	三坝	光绪三十二年	巴塘土司
川边	康定	里化	光绪三十二年	里塘土司
川边	巴安	定乡	光绪三十二年	里塘土司
川边	康定	稻成	光绪三十二年	里塘土司
川边	康定	贡觉	光绪三十二年	里塘土司
川边	康定	河口	光绪三十二年	里塘土司
川边	康定	康定	光绪三十四年	明正土司 兼通土司
川边	登科	邓柯	宣统元年	德格土司 春科土司 高日土司 灵葱土司
川边	登科	德化	宣统元年	德格土司
川边	登科	同普	宣统元年	德格土司
川边	登科	石渠	宣统元年	德格土司
川边	昌都	乍丫	宣统三年	乍丫呼图克图
川边	登科	白玉	宣统元年	德格土司
川边	昌都	昌都	宣统三年	察木多

《清季经营西康始末记》："西康委员有得荣[①]、江下[②]、贡觉[③]、桑昂[④]、杂瑜[⑤]、三岩[⑥]、甘孜[⑦]、章谷[⑧]、道坞[⑨]、瞻对[⑩]、炉定桥[⑪]等委员，皆未设县治，姑先设征粮委员者，其奏设流官之时，均在宣统中。"

各地种人，虽与汉人迥殊，然渐摩礼俗，间亦与汉人同化，清代诸书多有纪述之者。

《黔记》（李宗昉）："宋家苗，在贵阳安顺二属，多读书者。""水仡佬，在施秉、余庆等属，俱循汉礼，知法畏官。""休佬苗，在清平都匀者，衣服与汉人同，遵师教，多有入泮者。""紫姜苗，在平越州者，读书应试，见之者多不识为苗。""侗家苗，在荔波县，虽通汉语，不识文字，以木刻为信。"《古州杂记》（林溥）："苗人素不识字，无文券。即货卖田产，惟锯一木刻，各执其半，以为符信。今则附郭苗民悉敦弦诵，入郡庠者接踵而起。"[⑫]《粤滇杂记》（赵翼）："仲家苗，已有读书发科第者。而妇女犹不著袴，某作吏，致书其妻，谓到任须袴而入。妻以素所未服，宁不赴任。"《说蛮》（檀萃）："诸苗中惟仲家聪慧，能读书，颇有仕宦官词臣者。姓字衣饰多与汉同，

---

① 巴塘。
② 康地。
③ 康地。
④ 康地。
⑤ 康地。
⑥ 番地。
⑦ 麻书、孔撒两土司地。
⑧ 章谷土司。
⑨ 麻书、孔撒两土司及丹东、鱼科、明正、倬斯等土司与下罗科番地。
⑩ 瞻对土司。
⑪ 俄里、沈边、冷边三土司。
⑫ 此书成于嘉庆中。

> 不尽用苗饰也。”“宋家苗，通汉语，识文字，勤耕织。”“侗人衣冠如汉俗者久，子弟多读书，补诸生。”“连山八排瑶最犷悍，臀微有肉尾，脚皮厚寸。太平日久，其人向化深，新兴瑶童亦能文字。”《苗疆风俗考》（严如煜）：“苗民不知文字，父子递传，以鼠牛虎马记年月，暗与历书合。有所控告，必倩士人代书。性善记，惧有遗忘，则结于绳。为契券，刻木以为信。近设苗学，间亦有知命童子入学，日负杂粮数升，就师传授句读，默记而归。中亦有甚聪俊者。”①“仡佬中童子聪秀者，读书识字，略解文义，书状能自作。”

上皆记乾、嘉间各种人开化之状也。而陈鼎《滇黔土司婚礼记》谓龙氏为礼乐之乡：

> 滇之东，土司称文物者，以龙氏为最。盖其先于周汉上诸姬也。其族通汉书、汉语者十九，而一秉周制，翩然风雅，骎骎乎礼乐之乡。

则土司之中，亦有文化高于清代者。盖中国圣贤之裔，沦为荒徼，不可以他地未开化之人例之也。

清初东北疆域辽廓，东有库页岛，北逾兴安岭，南有俄之沿海州，顾以地广而荒，不甚爱惜。自康熙迄光绪，迭为俄人、日人所侵占，遂至仅以黑龙江、乌苏里江、图们江、鸭绿江为界，然一考其内部之开化，则清之忽视东三省，殆不止于损失边地也。盖辽东之地久属中国，而自辽、金以降，其文化转日晦塞，清之入关，务保守其旧俗，凡东三省悉以将军、都统治之，与内地政体迥异。至光绪末年，始仿内地行省之例，设立道、府、州、县，文化之不进，实由于此。又清初禁例极严，出入山海关，必凭文票。

① 严书亦当嘉庆中。

《柳边纪略》（杨宾）："凡出关者，旗人须本旗固山额真送牌子至兵部起满文票，汉人则呈请兵部或印官衙门起汉文票。至关，旗人赴和敦大北衙记档验放，汉人赴通判南衙记档验放。进关者如出时记有档案，搜检参貂之后，查销放进。否则汉人赴附关衙门起票从南衙验进，旗人赴北衙记档即进。"

故汉人多不乐至其地，惟谪戍者居焉。其地之荒陋，有极可笑者。

《柳边纪略》："陈敬尹于顺治十二年流宁古塔，尚无汉人。满洲富者，缉麻为寒衣，捣麻为絮，贫者衣麑鹿皮，不知有布帛。有拨什库某，得一白布缝衣，元旦服之，见者羡焉。"《绝域纪略》（方拱乾）："宁古塔无陶器，有一瓷碗，如重宝然。凡器皆木为之，大率出土人手。有饼饵，无定名，但可入口，即曰佳也。"《龙沙纪略》（方式济）："东北诸部落，未隶版图以前，无釜甑罂瓿之属。熟物刳木贮水，灼小石淬水中数十次，瀹而食之。商贾初通时，以貂易釜，实令满，一釜常数十貂，后渐以貂蒙釜口易之。"《黑龙江外纪》（西清）："黑龙江满洲汉军，有在奉天入学之例。乡试届期，京师必行文给咨取生监，不过奉行故事，其实曾应童试者无。""土人习汉书者，《三字经》《千字文》外，例读《百家姓》《名贤集》。然于《论》《孟》《学》《庸》略能上口即止。间有治一经，诵古文数首者，又皆从事占毕，不求甚解，是以通者绝少。第能句读部檄，得其大旨，则群起而指目为不凡。""汉军知习汉书，然能执笔为文者绝少。流人通文者，例以教书自给。土人无知医者，医多来自内地。"

此皆东三省鄙陋之实状也。夫宁古塔等地，为清朝发祥之所，清既奄有天下，当先开化其祖宗故地，顾转放弃不问，且惟恐汉人私赴其地，深闭固拒，任其自为风气。虽其后之渐次进化，亦由汉人流徙者渐多使然，然清代诸帝固不欲其同化于汉人也。

清于蒙古，亦取闭塞主义，因其游牧之俗，而以喇嘛教愚之。[①]蒙、汉市易，钤制綦严。

《清会典》："理藩院。凡互市商，给以院票，所至令将军若大臣若札萨克稽察之，颁其商禁。"注曰："票商定限一年，催回，不准潜留各部落娶妻立产，止准支搭帐房，不准苫盖房屋，不准取蒙古名字，无票者即属私商，查出照例治罪，逐回，货物一半入官。科布多所属，除土尔扈特、和硕特，向不与商民交易；杜尔伯特、明阿特、额鲁特、扎哈沁，准与商民交易外，其乌梁海一部，止准来科布多城交易，不准商民私赴乌里雅苏台。北边九站，不准商民通市。"

故蒙古虽属清二百数十年，而实未开化。

《喀尔喀风土记》（李德）："少贩于蒙古诸爱玛克，尝至外喀尔喀，其人骑兽，似鹿而非，有语言，无文字，无机械，如游循蜚因提之世。"《蒙古考略》（龚柴）："蒙古地虽辽阔，半系沙砾不毛，户口稀若晨星，五谷不植，草莱不辟，旷野无垠。北鄙华民，徙居其地，从事稼穑，始渐有振兴气象。"《蒙古及蒙古人》（俄婆资德奈夜夫）："由那彦乌拉稍北，为准莫多之荒地，有中国人之广漠耕田。此地农业之发达，近十年内事耳。"[②]

---

① 蒙古诸部虽久奉喇嘛教，初未统属于喇嘛也。清初喀尔喀众议投俄罗斯时，喇嘛呼图克图劝之事清，故清人德之，特封为大喇嘛，使掌黄教。雍正五年，发帑金十万两，建庆宁寺于库伦，以居活佛，使如达赖喇嘛治西藏故事。于是喇嘛之权始盛。其详见松筠《绥服纪略图诗注》及高宗《庆宁寺碑记》。

② 此书著于1892年。

盖清以蒙古为屏藩，既欲其愚昧无知，受中朝之笼络，又惧汉人煽诱，谋为不轨，以图报复。故任其地广人稀，绝不轻议开放。至其季年，始弛禁例，而补救已迟。虽有汉人入蒙古，从事于农商者，亦未能大著功效也。

清于青海、西藏，亦皆以旧俗羁縻。惟开拓新疆，以郡县之法统治之，自乾隆中叶迄光绪末，虽渐蹙地千余里，而天山南北两路，实日渐开化。

> 《新疆纪略》："乌鲁木齐，亦准噶尔故地，及平定伊犁，额鲁特人种皆剿绝，千里空虚，渺无人烟。""迩来甘省民户，移驻数千家，及内地发遣人犯数千，皆散处于昌吉、玛纳斯等处开垦，草莱充斥。其地为四达之区。以故字号店铺鳞次栉比，市冲宽敞，人民杂辏。茶寮酒肆、优伶歌童、工艺伎巧之人，无一不备。繁华富庶，甲于关外。""迪化州属阜康、昌吉两县，建立黉宫及文武二庙。州学、县学岁取诸生十余名，彬彬乎玉帛鼓钟，覃敷其地矣。""叶尔羌，回疆一大城也。中国商贾，山、陕、江、浙之人，不辞险远，货贩其地。而外藩之人，如安集延、克什米尔等处，皆来贸易。每当会期，货若云屯，人如蜂聚，奇珍异宝，往往有之。"《新疆建置志》（王树楠）："迪化府，西北部一大都会也。华戎商贾良细，挟资斧往来，聚族列阓而错居以万数。而学士大夫之遣戍者，往往出于其间。军兴以来，湘、楚人为多。庚子后，津、沽商旅挈累重者踵系，大都楚人多仕宦，津人多大贾，秦人多负贩。""镇西厅及迪化府有学额，黉校生徒数十人。""镇西之民，皆来自秦陇，厚重多君子，黉序之士，祁祁如也。"

盖新疆不禁汉人移殖，视东三省、蒙古之为禁地者不同，故其结果亦异。以此知开拓新地，惟汉族擅有推广文化之力，满人无所知也。

清代土地，为前代所未开辟者，曰台湾。而台湾亦汉人所辟也。郑氏据台湾，设府县，立学校，兴种谷、制糖、煮盐、炼瓦之业。清之郡县台湾，因郑氏之制耳。然防禁綦严，渡台者至不许携眷口。

《台湾志》："康熙六十年，有朱一贵之乱，禁官吏携眷渡台。雍正十二年，定例：官吏四十无子者，始准携眷往台湾。乾隆十年，许渡台民携家。二十年，再禁之。二十五年，始开禁。"

其教化番社者，仍多汉人之功。

《六十七番社采风图考》："台湾番社，不知所自昉。考四明沈文开《笔记》，言自海舶飘来，及宋零丁洋师败遁此。南北诸社熟番，于雍正十二年，始立社师，择汉人之通文理者教之。其后岁科试童子，亦知文理，有背诵《诗》《易》经无讹字者，作字亦有楷法，冠履衣帛如汉人。"

嘉庆中，姚莹官台湾同知，始开辟噶玛兰①。光绪中，刘铭传为巡抚，始改为行省，开辟利源，骎骎为国之外府。

《东方兵事纪略》："光绪乙酉，中法和议成，建台湾行省，经营铁路、商轮、屯垦，开煤矿，岁入三百万。"

而不十年，弃之于日本，惜哉！

---

① 后为宜兰县。

第六章　满清之制度

清之制度，一切皆沿朱明之旧，其异者，特因事立制，久而相沿，随时补敝救偏，无大规模之建设也。就中特异之点，莫甚于杂用满、蒙之人而定其额。

《清会典》：“内阁大学士，满洲二人、汉二人；六部尚书，满洲一人，汉一人；左右侍郎，均满洲一人、汉一人。”“凡内外官之缺，有宗室缺，有满洲缺，有蒙古缺，有汉军缺，有内务府包衣缺，有汉缺。凡宗室京堂而上，得用满洲缺，蒙古亦如之，内务府包衣亦如之。汉军司官而上，得用汉缺；京堂而上，兼得用满洲缺。凡外官，蒙古得用满洲缺，满洲、蒙古、汉军包衣，皆得用汉缺。满洲、蒙古无微员，宗室无外任。”

其不定额者，亦时时用满人为之。其人多不学无术，骄奢淫佚，又时与汉官争权，其能延国祚至数百年，亦云幸矣。乾隆时，尝欲尽用旗人为知县，赖刘文正一言而止，否则民事之受满人荼毒者更不知若何焉。

《清先正事略·刘统勋传》（李元度）：“户部奏天下州县府库多空阙，高宗震怒，欲尽罢州县之不职者，而以笔帖式等官代之。召公对，谕以此事，且曰：‘朕思之三日矣，汝意云何？’公默然不言，上变色诘责。公徐曰：‘圣聪思至三日，臣昏耄，诚不敢据对，容退而熟审之。’异日入对，顿首言曰：‘州、县，治百姓者也，当使身为百姓者为之。’语未竟，上霁颜，事遂寝。”

清沿明制，以大学士掌国政。明制之不善，已为学者所訾。

《明史•职官志》：“太祖承前制，设中书省，置左、右丞相。……（洪武）十三年正月，诛丞相胡惟庸，遂罢中书省。……二十八年，敕谕群臣：‘国家罢丞相，设府、部、院、寺以分理庶务，立法至为详善。以后嗣君，其毋得议置丞相。臣下有奏请设立者，论以极刑。’当是时，以翰林、春坊详看诸司奏启，兼司平驳。大学士特侍左右，备顾问而已。建文中，改大学士为学士。成祖即位，特简解缙、胡广、杨荣等直文渊阁，参预机务。阁臣之预务自此始。……仁宗以杨士奇为礼部侍郎兼华盖殿大学士，杨荣为太常卿兼谨身殿大学士，阁职渐崇。……景泰中，王文始以左都御史进吏部尚书，入内阁。自后，……六部承奉意旨，靡所不领，而阁权益重。”《明夷待访录》（黄宗羲）：“有明之无善治，自高帝罢丞相始也。”“古者君之待臣也，臣拜，君必答拜。秦汉以后，废而不讲。然丞相进，天子御座为起，在舆为下，宰相既罢，天子更无与为礼者矣。遂谓百官之设，所以事我，能事我者，我贤之；不能事我者，我否之。设官之意既讹，尚能得作君之意乎？”“入阁办事者，职在批答，犹开府之书记也。其事既轻，而批答之意又必自内授之，而后拟之，可谓有其实乎？”

清自雍正后，又移内阁之权于军机处，而大政皆出于军机。

《簷曝杂记》（赵翼）：“军机处，本内阁之分局，国初，承前明旧制，机务出纳，悉关内阁，其军事付议政王大臣议奏。雍正年间，用兵西北两路，以内阁在太和门外，儤直者多，虑漏泄事机，始设军需房于隆宗门内，后名军机处。地近宫廷，便于宣召，为军机大臣者，皆亲臣重臣。于是承旨出政，皆出于是矣。”

观其职掌，凡非军机者亦皆属焉。

《清会典》：“军机大臣，掌书谕旨，综军国之要，以赞上治机务。凡谕旨明降者，既述，则下于内阁；谕军机大臣行者，既述，则封寄焉。凡有旨存记者，皆书于册而藏之。届时，则提奏，议大政，谳大狱，得旨则与；军旅则考其山川、道里与兵马钱粮之数，以备顾问。”

一国之政皆曰军机，是可知满人之治吾国，惟以军为重，不知有所谓国政也。

明代地方之官，以布政使为主。

《明史·职官志》：“布政使掌一省之政，……凡僚属满秩，廉其称职不称职，上下其考，报抚按以达于吏部、都察院。三年，率其府州县正官，朝觐京师，以听察典。十年，会户版以登民数、田数。宾兴，贡合省之士而提调之。宗室、官吏、师生、军伍，以时班其禄俸、廪粮。祀典神祇，谨其时祀。民鳏寡孤独者养之；孝弟贞烈者表扬之；水旱疾疫灾祲，则请于上蠲赈之。凡贡赋役，视府州县土地人民丰瘠多寡而均其数。凡有大兴革及诸政务，会都按议，经画定而请于抚、按若总督。”

其巡按、总督、巡抚等诸官，皆属朝官之出使者，非为地方之长官也。

《明史·职官志》：“巡抚之名，起于懿文太子巡抚陕西。永乐十九年，遣尚书蹇义等二十六人巡行天下，安抚军民。以后不拘尚书、侍郎、都御史、少卿等官，事毕复命，即或停遣。初名巡抚，或名镇守，后以镇守侍郎与巡按御史不相统属，文移窒碍，定为都御史巡抚兼军务者加提督，有总兵地方加赞理或参赞，所辖多事重者加总督。他如整饬、抚治、巡治、总理等项，皆因事特设。其以尚书、侍郎任总督军务者，皆兼都御史，以便行事。”

清以总督、巡抚为地方长官，而名实淆矣。

《清会典》：“吏部，乃颁职于天下，凡京畿、盛京、吉林、黑龙江及十九省之属，皆受治于将军与尹与总督、巡抚，而以达于部。将军与尹分其治于道、府、州、县，总督、巡抚分其治于布政司，于按察司，于分守分巡道。司道分其治于府，于直隶厅，于直隶州。府分其治于厅、州、县，直隶厅、直隶州复分其治于县，而治其吏、户、礼、兵、刑、工之事。”

满族盛时，各省大吏皆其族，汉人仅能至两司而已。

《清稗类钞》（徐珂）：“世祖入关时，初议各省督抚尽用满人，时柏乡魏文毅公裔介方为给事中，独抗疏力争，谓当宏立贤无方之治，不当专用辽左旧人，议遂寝。康熙时，三藩既平，仅议定山西、陕西两抚不用汉人而已。当时汉大臣之为督抚者本多于满人，故议用满人巡方以监察之。雍正一朝，督抚十之七八皆汉军，硃批谕旨，常有斥汉军卑鄙下贱之语。至乾隆朝，则直省督抚，满人为多，汉人仕外官者，能洊至两司，则已为极品矣。及季年，各省督抚凡二十有六缺，汉人仅毕沅、孙士毅、秦承恩三人耳。”

咸、同军兴，汉人始握地方之政柄，然犹常招满人之猜忌，种族之关系甚哉。

《清稗类钞》："自定鼎以来，至咸丰初，满人为督抚者十之六七。粤寇倡乱，满督抚有殉节者，然无敢与抗。文宗崩，孝贞、孝钦二后垂帘，恭亲王辅政，乃汰满用汉。同治初，官文恭公文总督湖广，自官罢而满人绝迹者三年，仅英翰擢至安徽巡抚耳。当同治己巳、庚午间，各省督抚提镇，湘淮军功臣占其大半。及恭王去位，满人势复盛。光绪甲午后，满督抚又遍各省，遂讫于宣统逊位。"

明有行取之制，在外之推官知县，可以入任科道。

《石渠馀纪》（王庆云）："行取之制，始于明。明初，科道用人，其途甚广。厥后定制，在内用主事中行评博，而在外取三年考满之推官知县，谓之行取，惟特荐者不以资限。"

清初犹沿其法，乾隆中，停止之，而内外官之制始严。

《石渠馀纪》："康熙元年，令科道专用部员，行取官但升主事。""乾隆十六年谕，行取知县，此制始于前明。其时专重资格，按俸升转，不得不以部用一途疏通壅滞。今州县升途甚广，才能杰出之员，无不保题擢用，实无壅滞之叹，向来沿袭具文，著永行停止。"

清之六科给事中，虽亦沿明之职掌。

《明史·职官志》："六科给事中，掌侍从、规谏、补阙、拾遗、稽察六部百司之事。凡制敕宣行，大事复奏，小事署而颁之；有失，封还执奏。凡大事廷议，大臣廷推，大狱廷鞫，六掌科皆预焉。"《清会典》："六科给事中掌发科钞，稽察在京各衙门之政事，而注销其文卷，皆任以言事。""朝会，则纠其仪，凡科钞，给事中亲接本于内阁，各分其正钞外钞而下于部，应封驳，则以闻。[①] 岁终，则汇其本以纳于内阁。”

然雍、乾以来，惟例行之本章，始归内阁，其重要之折奏，出入于军机处。

《簷曝杂记》：“雍正以来，本章归内阁，机务及用兵，皆军机大臣承旨。天子无日不与大臣相见，无论宦寺不得参，即承旨诸大臣，亦只供传述缮撰，而不能稍有赞画。”

故封驳之名虽存，亦无所用之焉。清人盛称清代廷寄之法之善，然独夫专制，而无人能监督之，自清始也。

《簷曝杂记》：“军机处有廷寄谕旨，凡机事虑漏泄不便发抄者，则军机大臣面承后，撰拟进呈；出发，即封入纸函，用办理军机处银印钤之，交兵部加封，发驿驰递。其迟速皆由军机司员判明于函外，曰马上飞递者，不过日行三百里；有紧急，则另判日行里数，或四五百里，或六百里，并有六百里加快者。即此一事，已为前代所未有。机事必须发而后由部行文，则已传播人口，且驿递迟缓，探事者可雇捷足，先驿递而到。自有廷寄之例，始密且速矣。此例自雍正年间始，其格式乃张文和所奏定也。”

帝王威权之重，惟清为甚。如明代朝仪，臣僚四拜或五拜耳。

《明史·礼志》：“大朝仪，赞礼唱鞠躬，大乐作，赞四拜，兴。”“常

① 部院督抚本章，已经奉旨，如确有未便施行之处，许该科封还执奏。如内阁票签批本错误，及部院督抚本内事理未协，并听驳正。

朝仪，朔望御奉天殿，常朝官一拜三叩头；谢恩见辞官，于奉天门外，五拜三叩头。”

清始有三跪九叩首之制，

《清会典》：“大朝，王公百官行三跪九叩礼，其他朝仪亦如之。”

明代大臣得侍坐，

《明史·礼志》：“早朝行礼毕，四品以上官入侍殿内。”“凡百官于御前侍坐，有官奏事，必起立。奏毕，复坐。”

清则奏对无不跪于地者，盖满人惟恐汉人之不尊之，故因前代帝王之制而益重耳。明代六曹答诏皆称卿。

《野获编》（沈德符）：“从来六尚书与左右都御史一切谢恩乞休之类，旨下皆称卿，以示重，不论南北也。嘉靖之末，以至今上初年，凡南六卿一切叱名，识者以为非体。万历己亥大计，南六卿自陈，旨下有得称卿者，一时以为荣遇。自后渐复旧制。”①

清则率斥为尔，而满、蒙大吏之于折奏，咸自称奴才。以奴才而为大吏，其国之政治可知矣。

清代有一事，为清人所极口称诵者，曰丁赋摊入地粮。自康熙五十年以后，永不加赋是也。

---

① 此书成于万历时。

《石渠馀纪》："我朝初抚方夏，丁徭之法，悉沿明旧。有丁则有赋，时除其逃缺者，以户口消长，定州县吏之殿最。顺治十八年编审，直省人丁二千一百六万有奇。至康熙五十年编审，二千四百六十二万有奇，尝疑圣祖深仁厚泽，休养五十年间，滋生不过十分之二。盖各省未以加增之丁，尽数造报也。先是巡幸所至，询民疾苦，或言户有五六丁，止纳一丁；或言户有九丁十丁，止纳二三丁。于十五十一年，定丁额，谕曰：'海宇承平日久，户口日增，地亩并未加广，应将现今丁数勿增勿减，永为定额。自后所生人丁，不必征收钱粮，编审时，止将实数察明造报。'廷议：五十年以后，谓之盛世滋生人丁，永不加赋，惟五年一编审如故。雍正初，定丁随地起之法，直省丁赋，以次摊入地粮。[1] 于是丁徭口赋，取之田亩，而编审之法愈宽。"

乾隆以降，编审虽停，而户日增。

《石渠馀纪》："明初因赋定役，丁夫出于田亩，迨黄册成，而役出于丁。凡役三等：曰甲里，曰均徭，曰杂派。其间累经更制，有银差、力差、十段锦、一条鞭之法。厥后工役繁兴，加派无艺，编审轻重无法。里甲之弊，遂与有明一代相终始。国初，革里正加派诸弊，赋役之法，载在全书，悉沿万历条鞭旧制。初定三年一编审，后改为五年[2]，凡里百有十户，推丁多者十人为长；余百户为十甲。届期坊、厢、里长[3]，造册送州县。由是而府而司，达于部，皆有册。凡载籍

---

① 康熙末年，广东、四川两省丁随地起，雍正元年以后，通行各省。惟奉天及山西阳曲等十九州县，广西之融县、贵州贵阳等四十三处，仍另编丁银。又山西平定等二十五州县，有编丁之乡。

② 顺治十三年。

③ 城中曰坊，近城曰厢，在乡曰里。

之丁，六十以上开除，十六以上添注，丁增而赋随之。有市民、乡民、富民、佃民、客民之分。丁之外，有军匠灶屯站土丁名。凡丁赋，均合徭里甲言之，曰徭里银。凡征丁赋，有分三等九则者，有一条鞭征者，有丁随丁起者，有丁随地派者，率因其地之旧，不必尽同。都直省徭里银三百余万两，间征米豆，其科则轻自每丁一分数厘，重则山西之丁有四两者，巩昌有八九两者。自康熙五十年，定丁额，于是户部议缺额人丁，以本户新添者抵补。不足，以亲戚丁多者抵补，又不足，以同甲粮多丁项补。编审时所谓擦除擦补者，大略如此。顾有司于民，非能家室而日见，科则既不可强齐，除补且易滋流弊，于是雍正间以次摊入地粮，为均徭银。自丁归地粮，乾隆五年，遂并停编审，以保甲项丁额造册。三十七年上谕：'李瀚奏请编审造册，所见甚是。旧例原恐漏户逃差，是以五年编造。今丁既摊入地粮，滋生人丁又不加赋，则编审不过虚文，况各省民谷数，具经督抚年终奏报，更无籍五年查造，嗣后停止。'自是惟有漕卫所军丁四年一编审而已。"

"乾隆十四年，总计直省人丁一万七千七百四十九万有奇，距定额方三十余年，所增七八倍。盖自丁随地起，无编审之扰，自无减匿之弊。二男三女，皆乐以其数上闻。又是时更定保甲之法，奉行者惟谨，户口之数，大致得其实矣。又三十余岁，为乾隆四十八年，其数二万八千四百又三万有奇。又十岁，五十八年，各省奏报民数三万七百四十六万。又二十岁，嘉庆十七年，会典载各省册报丁口三万六千一百六十九万有奇。而京师满、蒙、汉丁档，掌于八旗俸饷处，外藩札萨克丁档，掌于理藩院者，尚不在此数云。"

是固历代所无之盛事。然无地之人丁不纳国赋，遂不复知人民对于国家之义务，且执永不加赋之说，而国用恒苦不足，遂不得不开捐纳，

《清稗类钞》："捐输，秕政也，开国即行之。顺治己丑，户部奏军旅繁兴，岁入不给，议开监生吏典等援纳，并给僧道度牒，准徒杖折赎。康熙丁巳，侍郎宋德宜奏称，捐输三载，所入二百余万，知县最多，计五百余人，与吏治有碍，请停。未几，噶尔丹战事起，又开，且加捐免保举各例。御史陈菁奏请删捐免保举一条，增捐应升先用，陆陇其亦以为言，部议不允。乾隆丙辰，下诏停止，又留户部捐监一条。壬辰，川督文绶奏请暂开，奉旨申饬。嘉、道以后，接踵又开，始而军务，甚而河工振务，亦借口开捐，一若舍此无以生利者。贪官墨吏，投赀一倍而来，挟赀百倍而去，吏治愈不可问矣。""捐纳一途，至同、光之际，流品益杂。朝入缗钱，暮膺章服，舆台厮养无择也。小康子弟，不事诗、书，则积资捐职，以为将来啖饭计。至若富商巨室，拥有多金者，襁褓中乳臭物，莫不红顶翠翎，捐候选道，加二品顶戴并花翎也。"

征厘金，

《清稗类钞》："厘金之起，由副都御史雷以諴帮办扬州军务时，江北大营都统琦善为钦差大臣，所支军饷，皆部解省协，雷部分拨甚寡，无计请益，乃立厘捐局，抽收百货，奏明专供本军之用。行数月，较大营支饷为优，运使金安清继之，总理江北筹饷局，为法益密，各省亦起而仿之。然上不在军，下不在民，利归中饱。""行之既久，官吏待缺者，视为利薮。设局日多，立法日密，胥吏仆役，一局数十人，大者官侵，小者吏蚀，甚至石米束布，搜括无遗。"

又不足，则借洋债，

《清稗类钞》："光绪初年，新疆用兵，左文襄公倡议借用洋债，此为政府募集外债之始。”

至今为国之大害。而国民犹以加赋为戒，但愿政府间接骗取，而不肯直接任赋役之责，此则清之制度所造成也。

自元、明以来，以生银为货币，后虽用铜钱，纳税仍以银计，而银有火耗焉。又自明都燕，岁运东南之粮以漕于京师，而兑运有耗米焉。明之官俸最薄，

《廿二史劄记》：“明初，百官之俸，皆取给于江南官田，其后令还田给禄。洪武十三年，已定文官……官禄，正一品月俸米八十七石，从一品至正三递减十三石，从三品二十六石，正四品二十四石，从四品二十一石，正五品十六石，从五品十四石，正六品十石，从六品八石，正七品至从九递减五斗，至五石而止，自后为永制。洪武时，官全给米，间以钱钞兼给。钱一千，钞一贯，抵一石。官高者支米十之四五，卑者支米十之七八，九品以下全支米。后折钞者每米一石给钞十贯。① 又凡折色俸，上半年给钞，下半年给苏木胡椒。成化七年，户部钞少，乃以布估给。布一匹，当钞二百贯。是时钞一贯仅值钱二三文，而米一石折钞十贯，是一石米仅值二三十钱也。布一匹亦仅值二三百钱，而折米二十石，是一石米仅值十四五钱也。《明史·食货志》谓自古官俸之薄，未有若此者。”

清代因之，虽兼支钱米，亦不敷生活。

《清会典》：“文职官，一品岁支银一百八十两，二品一百五十两，三品一百三十两，四品一百五两，五品八十两，六品六十两，七品四十五两，八品四十两，正九品三十三两有奇，从九品未入流，

---

① 时以钞贱，故十贯抵一石。

> 三十一两有奇。”“京员例支双俸，以所列各数为正俸，复照数添给恩俸。又每正俸银一两兼支米一斛，大学士、六部尚书、侍郎俸米复加倍支给。”

故官吏皆须得非分之财，而养成贪污之习。京官则恃外官之馈送，外官则取之于耗羡。自雍正间耗羡归公，而耗羡之外，仍有额外之收，所谓耗羡之外，更添耗羡也。

> 《清稗类钞》：“雍正间，耗羡归公，定直省各官养廉，其端则发于山西巡抚诺岷、布政司高成龄。盖先是州县征收火耗，借资日用，上司所需，取给州县，不无贪吏借口、上司容隐之弊。雍正甲辰，诺岷请将山西一年所得耗银，提解司库，除抵补无著亏空外，分给各官养廉；而成龄复请仿山西例，通行直省。上以剔除弊窦，必更良法，耗羡必宜归公，养廉须有定额，诏王大臣九卿会议，会各省皆望风奏请，议遂定。”“沈端恪公（近思）尝争耗羡，力言今日正项之外，更添正项，他日必于耗羡之外，更添耗羡。他人或不知，臣起家县令，故知其必不可行。世宗曰：‘汝为令，亦私耗羡乎？’沈曰：‘非私也，非是且无以养妻子。’”

当时不知改革币制，清厘赋法，徒沿积弊，而兴一加赋之方，而官吏之贪墨，初不因之而改也。

第七章　清初诸儒之思想

明、清之交，士习之坏，前已言之。然其间亦未尝无殊尤卓绝之士，不为科举利禄所惑，而以道德经济、气节学术为士倡者。如黄宗羲、顾炎武、王夫之、李颙、颜元等，皆以明之遗民，为清之大儒。其思想议论，皆有影响于后世。而世之论者，或多其反对明儒，或矜其昌明古学，且若其所就不逮乾、嘉诸子之盛者。实则清初诸儒之所诣，远非乾、嘉间人所可及。乾嘉间人仅得其考据之一部分，而于躬行及用世之术，皆远不逮。其风气实截然为二，不可并为一谈也。

诸儒之学，其功夫皆在博学，

《梨洲先生神道碑》（全祖望）："忠端之被逮也，谓公曰：'学者不可不通知史事，可读《献征录》。'公遂自明十三朝实录，上溯二十一史，靡不究心，而归宿于诸经。既治经，则旁求之九流百家，于书无所不窥者。……公谓明人讲学，袭《语录》之糟粕，不以《六经》为根柢，束书而从事于游谈，故受业者必先穷经，经术所以经世，方不为迂儒之学，故兼令读史。又谓读书不多，无以证斯理之变化，多而不求于心，则为俗学。故凡受公之教者，不堕讲学之流弊。"《亭林先生神道表》："于书无所不窥，……晚益笃志《六经》，谓古今安得别有所谓理学者，经学即理学也，自有舍经学以言理学者，而邪说以起；不知舍经学，则其所谓理学者，禅学也。……凡先生之游，以二马二骡载书自随。所至阨塞，即呼老兵退卒，询其曲折，或以平日所闻不合，则即坊肆中发书而对勘之；或径行平原大野，无足留意，则于鞍上嘿诵诸经注疏，偶有遗忘，则即坊肆中发书而熟复之。”《二曲先生窆石文》：“家无书，俱从人借之，其自经史之集，以至二氏之书，无不观。然非以资博览，其所自得，不滞于训故文义，旷然见其会通。……年四十以前，尝著《十三经纠缪》《二十一史纠缪》诸书，以及象数之学，无不有述。其学极博，既而以为近于口耳之学，无当于身心，不复示人。”《颜氏学记》（戴望）：“先生幼读书，二三过不忘。年二十余，好陆、王书，未几从事程、朱学，信之甚笃。……师门弟子行孝弟，存忠信，日习礼习乐习射习书数，究兵农水火诸学，堂上琴竽弓矢筹管森列。……先生自幼学兵法、技击、驰射、阴阳、象纬，无不精。”《王先生夫之传》（余廷灿）：“自明统绝祀，先生著书凡四十年，其学深博无涯涘。”

而学必见之躬行。

《梨洲先生神道碑》：“公晚年益好聚书，所抄自鄞之天一阁范氏、歙之丛桂堂郑氏、禾中倦圃曹氏，最后则吴之传是楼徐氏。然尝戒学者曰：‘当以书明心，无玩物丧志也。’当事之豫于听讲者，即曰：‘诸公爱民尽职，即时习之学也。’”《与友人论学书》（顾炎武）：“愚所谓圣人之道者如之何？曰博学于文，曰行己有耻。自一身以至于天下国家，皆学之事也；自子臣弟友以至出入往来辞受取与之间，皆有耻之事也。耻之于人大矣，不耻恶衣恶食，而耻匹夫匹妇之不被其泽，故曰万物皆备于我矣。反身而诚。呜呼！士而不先言耻，则为无本之人。非好古而多闻，则为空虚之学，以无本之人，而讲空虚之学，吾见其日从事于圣人而去之弥远也。”《二曲先生窆石文》：“其论学曰：天下之大根本，人心而已矣；天下之大肯綮，提醒天下之人心而已矣。是故天下之治乱，由人心之邪正；人心之邪正，由学术之晦明。

尝曰：古今名儒倡道者，或以主敬穷理为宗旨，或以先立乎大为宗旨，或以心之精神，或以自然，或以复性，或以致良知，或以随处体认，或以止修，愚则以悔过自新为宗旨。盖下愚之与圣人，本无以异，但气质蔽之，物欲诱之，积而为过，此其道在悔，知悔必改，改之必尽。夫尽，则吾之本原已复，复则圣矣；曷言乎日新，复其本原之谓也！悔过者，不于其身，于其心，则必于其念之动者求之，故《易》曰'知几其神'。……其论朱、陆二家之学曰：学者当先观象山、慈湖、阳明、白沙之书，阐明心性，直指本初，熟读之，则可以洞斯道之大源。然后取二程、朱子以及康斋、敬轩、泾野、整庵之书玩索，以尽践履之功，收摄保任，由功夫以合本体，下学上达，内外本末，一以贯之。"《颜氏学记》："先生之学，确守圣门旧章，与后儒新说别者，大致有三：其一，谓古人学习六艺以成其德行，而六艺不外一礼，犹四德之该乎仁。礼必习行而后见，非专恃书册诵读也。孔子不得已而周流，大不得已而删订。著书立说，乃圣贤之大不得已，奈何以章句为儒，举圣人参赞化育经纶天地之实事，一归于章句，而徒以读书纂注为功乎！"《船山遗书·俟解》（王夫之）："读史亦博文之事，而程子斥谢上蔡为玩物丧志，所恶于丧志者玩也，玩者喜而弄之之谓。如《史记·项羽本纪》及《窦婴灌夫传》之类，淋漓痛快，读者流连不舍，则有代为悲喜，神飞魂荡，而不自恃。于斯时也，其素所志尚者不知何往，此之谓丧志。以其志气横发，无益于身心也。岂独读史为然哉！经也有可玩者，玩之亦有所丧。如玩《七月》之诗，则且沈溺于妇子生计米盐布帛之中；玩《东山》之诗，则且淫泆于室家嚅唲寒温拊摩之内。《春秋传》此类尤众，故必约之以礼，皆以肃然之心临之，一节一目，一字一句，皆引归身心求合于志之大者，则博可弗畔，而礼无不在矣。"

 盖诸儒之学虽不必同，而其以读书讲学为立身行己之基则一。其专务读书，

不知治身者，且以玩物丧志讥之，不似乾、嘉间人不顾行检但事博涉也。亭林反对明人之空谈最力，

《日知录》："刘、石乱华，本于清谈之流祸，人人知之，孰知今日之清谈有甚于前代者。昔之清谈谈老庄，今之清谈谈孔孟，未得其精而已遗其粗，未究其本而先辞其末。不习六艺之文，不考百王之典，不综当代之务，举夫子论学、论政之大端一切不问，而曰一贯，曰无言，以明心见性之空言，代修己治人之实学，股肱惰而万事荒，爪牙亡而四国乱，神州荡覆，宗社丘墟。昔王衍将死，云：'吾曹向若不祖尚浮虚，戮力以匡天下，犹可不至今日。'今之君子，得不有愧乎其言！"

然其言博学于文，必兼行已有耻言之，非谓反对空谈即不讲品节也。观其《与人书》，注重在人心风俗。

《亭林文集·与人书九》："目击世趋，方知治乱之关，必在人心风俗；而所以转移人心，整顿风俗，则教化纲纪为不可阙矣。百年千世养之而不足，一朝一夕败之而有余。"

《日知录》中《世风》一卷，尤反复言之，甚至谓务正人心急于抑洪水，

《日知录》："彼都人士为人说一事、置一物，未有不索其酬者；百官有司受朝廷一职事、一差遣，未有不计其获者。自府吏胥徒，上而至于公卿大夫，真可谓之同心同德者矣。苟非返普天率土之人心，使之先义而后利，终不可以致太平。故愚以为今日之务正人心，急于抑洪水也。"

此则清初诸大儒共有之精神，抑亦承宋、明诸儒之教，有见于人之本原，不随流俗为转移者，而不图其以反对空谈，使后之学者但骛于语言文字之末也。

清初汉族诸儒，皆反对清室。不得已而姑认满人居位，亦思立一王之法，以待后世之兴。故船山有《黄书》，亭林有《郡县论》，皆极注意于法制。而梨洲之《明夷待访录》，则并专制之君主亦极力反对，不徒为种族所囿也。

《明夷待访录·原君篇》："有生之初，人各自私也，人各自利也。天下有公利而莫或兴之，有公害而莫或除之。有人者出，不以一己之利为利，而使天下受其利；不以一己之害为害，而使天下释其害。此其人之勤劳，必千万于天下之人。夫以千万倍之勤劳，而己又不享其利，必非天下之人情所欲居也。故古之人君，去之而不欲入者，许由、务光是也；入而又去之者，尧、舜是也；初不欲入而不得去者，禹是也。岂古之人有所异哉！好逸恶劳，亦犹夫人之情也。后之为人君者不然，以为天下利害之权皆出于我，我以天下之利尽归于己，以天下之害尽归于人，亦无不可；使天下之人不敢自私，不敢自利，以我之大私，为天下之公。始而惭焉，久而安焉，视天下为莫大之产业，传之子孙，受享无穷。汉高帝所谓'某业所就，孰与仲多'者，其逐利之情，不觉溢之于辞矣。此无他，古者以天下为主，君为客，凡君之所毕世而经营者，为天下也。今也以君为主，天下为客，凡天下之无地而得安宁者，为君也。是以其未得之也，屠毒天下之肝脑，离散天下之子女，以博我一人之产业，曾不惨然，曰：'我固为子孙创业也。'其既得之也，敲剥天下之骨髓，离散天下之子女，以奉我一人之淫乐，视为当然，曰：'此我产业之花息也。'然则为天下之大害者，君而已矣。向使无君，人各得自私也，人各得自利也。呜呼，岂设君之道固如是乎？古者，天下之人爱戴其君，比之如父，拟之如天，诚不为过也。今也，天下之人怨恶其君，视之如寇仇，名之为独夫，固其所也。而小儒规规焉以君臣之义无所逃于天地之间，至桀纣之暴，犹谓汤武不当诛之，而妄传伯夷、叔齐无稽之事，乃兆人万姓崩溃之血肉，曾不异夫腐鼠。岂天地之大，于兆人万姓之中，独私其一人一姓乎？是故武王，圣人也；孟子之言，圣人之言也。后世之君，欲以如父如天之空名，禁人之窥伺者，皆不便于其言，至废孟子而不立，非导源于小儒乎！虽然，使后之为君者，果能保此产业，传之无穷，亦无怪乎其私之也。既以产业视之，人之欲得产业，谁不知我？摄缄縢，固扃鐍，一人之智力，不能胜天下欲得之者之众，远者数世，近者及身，其血肉之崩溃，在其子孙矣。昔人愿世世无生帝王家，而毅宗之语公主，亦曰：'若何为生我家？'痛哉斯言！回思创业时，其欲得天下之心，有不废然摧阻者乎？是故明乎为君之职分，则唐、虞之世，人人能让，许由、务光非绝尘也；不明乎为君之职分，则市井之间，人人可欲，许由、务光非绝尘也；不明乎为君臣之职分，则市井之间，人人可欲，许由、务光所以旷后世而不闻也。然君之职分难明，以俄顷淫乐，不易无穷之悲，虽愚者亦明之矣。"

习斋、二曲，皆以用世为的。

《颜氏学记》："尝曰：必有事焉，学之要也。心有事则存，身有事则修。家之齐，国之治，皆有事也。无事则道与治俱废。故正德利用厚生曰事，不见诸事，非德非用非生也；德行艺曰物，不征诸物，非德非行非艺也。先生之学，以事物为归，而生平未尝以空言立教。""议书院规模，建正厅三间，曰习讲堂，东第一斋，西向，榜曰文事，课礼、乐、书、数、天文、地理等科；西第一斋，东向，榜曰武备，课黄帝及太公、孙、吴诸子兵法、攻守营阵水陆诸战法并射御技艺等科；东第二斋，西向，曰经史，课十三经、历代史诰制章奏诗文等科；西第二斋，东向，曰艺能，课水学、火学、工学、象数等科；门内直东曰理学斋，课主静持敬程朱陆王之学；直西曰帖括斋，课八比举业，皆北向，以应时制，且渐引之也。北空二斋，左处傧介，右宿来学，门外左房六间，榻行宾；右厦六间，容车骑。东为更衣亭，西为步马射圃。堂东北隅为仓库厨灶，西北隅积柴炭。”《二曲集·体用全学》（李颙）：“经世之法，莫难于用兵。俄顷之间，胜败分焉，非可以漫尝试也。今学者无志于当世，固无论矣；即有志当世，往往于兵机多不致意，以为兵非儒者所事。然则武侯之伟略、阳明之武功非耶？学者于此，苟能深讨细究而有得焉，异日当机应变，作用必有可观。”“自《大学衍义》至《历代名臣奏议》等书，皆适用之书也。道不虚谈，学贵实效，学而不足以开物成务，康济时艰，真拥衾之妇女耳，亦可羞已。”“律令最为知今之要，而今之学者，至有终其身未闻者。‘读书万卷不读律，致君尧舜终无术’，夫岂无谓云然乎？”“《农政全书》《水利全书》《泰西水法》《地理备要》等书，咸经济所关，宜一一潜心。然读书易，变通难，赵括能读父书，究竟何补实际？神而明之，存乎其人，夫岂古板书生所能办乎！”《答王天如书》（李颙）：“今时非同古时，今人不比古人。须明古今法度，通之于当今而无不宜，然后为全儒，而可以语治平事业，须运用酬酢，如探囊中而不匮，然后为资之深，取之左右逢其原，而真为己物。若惧蹈诵《诗》三百之失，而谓至诚自能动物，体立自然用行，则空疏杜撰，犹无星之戥，无寸之尺，临时应物，又安能中窍中会，动协机宜乎？兹以吕新吾《谕士说》一篇寄览，亦足以知空躯壳饿肚肠，究无补于实用分毫也。”

虽其途术不同，要皆明于学问之非专为学问，必有益于社会国家。徒以清代专任满人及胥吏为治，虽时复征聘诸儒，仅欲以名位羁之，使不己畔，亦无实行其学之志，故其学不昌。惟亭林之讲音韵、考金石，于世道无与，其学派转盛于东南焉。

与黄、顾、颜、李诸儒相望者，有陆世仪、张履祥、孙奇逢、陈瑚、张尔岐、刘献廷等，皆以博学笃志、砥节励俗，为当时所宗仰。

《陆先生世仪传》（全祖望）：“尝谓学者曰：‘世有大儒，决不别立宗旨，譬之大医国手，无科不精，无方不备，无药不用，岂有执一海上方而沾沾语人曰：舍此更无科无方无药也。近之谈宗旨者，皆海上方也。’凡先生《思辨录》所述，上自周、汉诸儒，以迄于今，仰而象纬律历，下而礼乐政事异同，旁及异端，其所疏证剖析，盖数百万言，无不粹且醇。”《张杨园先生事略》（李元度）：“先生尝曰：‘学者舍稼穑，别无治生之道。能稼穑，则无求于人而廉耻立；知稼穑艰难，则不敢妄取于人而礼让兴。廉耻立，礼让兴，而世道可以复古矣。’故其所补农书，皆得之身试者。”《孙征君传》（方苞）：“少倜傥好奇节，而内行笃修，负经世之略，常欲赫然著功烈，而不可强以仕。国朝定鼎，率子弟躬耕，四方来学，愿留者亦授田使耕，所居遂成聚。……人无贤愚，苟问学，必开以性之所近，使自力于庸行。”《陈先生瑚传》（王鎏）：“二十一，补诸生，馆陆桴亭家。两人忧天下多故，乃讲求天文、地理、兵农、礼乐之书，旁及奇门六壬之术。时复弯弓横槊、弄刀舞剑，将以为用世具也。……顺治乙酉，大兵渡江，奉父迁徙无常。丁亥，与诸子讲学，著《莲社约法》，教以人伦，相戒以不妄言、不讦私、不谋利、不作无益。又以端心术、广气类、崇俭素、均劳逸，为蔚村讲规，以孝弟、力田、行善，为蔚村三约。又有《五柳堂学规》，曰德行，曰经学，曰治事，曰文艺。其小学之规曰习礼，曰受书，曰作课，曰讲书，曰歌诗。盖先生知道不行，而随处为世道人心之计，故立教周详如此。”《张处士尔岐墓表》（钱载）：“先生之学，深于汉儒之经而不沿训故，邃于宋儒之理而不袭《语录》。其答论学书云：‘士生今日，欲倡正学于天下，不必多所著述，当以笃志力行为先。’盖闇然君子之自得者也。”

《刘处士献廷墓表》（王源）："尝谓学者曰：'人苟不能斡旋气运，徒以其知能为一身家之谋，则不得谓之人，何足为天地之心哉！'故处士生平志在利济天下后世，造就人才，而身家非所计。处士于礼乐、象纬、医药、书数、法律、农桑、火攻、器制，旁通博考，浩浩无涯涘。"《刘继庄传》（全祖望）："继庄之学，主于经世。自象纬、律历以及边塞关要、财赋、军器之属，旁而岐黄者流，以及释道之言，无不留心。深恶雕虫之技。其生平自谓于声音之道，别有所窥，足穷造化之奥，百世而不惑。尝作新韵谱，其悟自华严字母入，而参之以天竺陀罗尼、泰西蜡顶话、小西天梵书暨天方、蒙古、女真等音，囊括浩博，学者骤见而或未能通也。"

而李塨、王源，尤颜学中之铮铮者。

《颜氏学记·恕谷编》（戴望）："先生年二十余，为诸生。既承习斋教，自治甚严，仿习斋为日谱，记身心言行得失，不为文饰。而于田赋郊社禘祫宗庙诸礼，及诸史志所载经世诸务，与古帝王治绩可为法者，考校甚备，录其语曰《瘳忘编》。……三藩平后，四方名士竞集京师，共为学会，先生与焉。因历及古今升降、民物安危、学术明晦之所以然，以及太极河洛图书之辨，屯田、水利、天官、地理、兵农、礼乐之措置。诸公悚听，相顾谓曰：乾坤赖此不毁也。"又《或庵编》："先生于侪辈中，独与刘处士献廷善，日讨论天地阴阳之变、伯王大略、兵法文章典制古今兴亡之故。恕谷为极言颜先生明亲之道，遂令恕谷往博野，执贽颜先生门。著《平书》十卷，一曰分民，二曰分土，三曰建官，四曰取士，五曰制田，六曰武备，七曰财用，八曰河淮，九曰刑罚，十曰礼乐。"

虽二人皆为清之举人，非诸儒之为明遗民比，然亦不仕清室。

《颜氏学记》："李塨以康熙三十九年庚午举于乡。""王源中式康熙三十二年举人，或劝更应礼部试，谢曰：吾寄焉，为谋生计，使无诟厉已耳。"

视其他之试鸿博者为不同矣。要之，清代学术与宋、明异者，有一要点，即宋、明诸儒专讲为人之道，而清代诸儒则只讲读书之法[①]。惟明末清初之学者，则兼讲为人与读书，矫明人之空疏，而济之以实学。凡诸魁杰皆欲以其学大有造于世，故其风气与明异，亦与清异。其后文网日密，士无敢谈法制、经济，惟可讲求古书，尽萃其才力聪明于校勘训诂，虽归本于清初诸儒，实非诸儒之本意也。

① 此指乾嘉学派而言。

第八章　康乾诸帝之于文化

满清之盛，惟康熙、雍正、乾隆三朝；嘉、道而下，国祚衰矣。满人既主中夏，为帝王者，自必习中国之文学。康熙诸帝，尤精力过人而事博涉。

> 《清先正事略序》（曾国藩）：“圣祖尝自言，年十七八时，读书过劳，至于咯血，而不肯少休；老耄而手不释卷。临摹名家手卷，多至万余；写寺庙匾榜，多至千余。盖虽寒畯不能方其专，而天象、地舆、历算、音乐、考礼、行师、刑律、农政，下至射御、医药、奇门、壬遁、满、蒙、西域、外洋之文书字母，殆无一而不通。”《清朝全史》（稻叶君山）：“乾隆帝甚耽汉人之文化，御制诗至十余万首，所作之多，为陆放翁所不及。又好鉴别书画，尝获宋刻《后汉书》及九家杜注，甚爱惜之，命画苑之供奉画其像于书上。帝于书法酷爱董其昌，与康熙相似，惟帝之异于康熙者，在西洋科学知识之缺乏是也。”

颂美清室者，且谓其家法轶于前代。

> 《簷曝杂记》（赵翼）：“本朝家法之严，即皇子读书一事，已迥绝千古。余内直时，届早班之期，率以五鼓入，时部院百官未有至者，惟内府苏喇数人往来黑暗中。然已隐隐望见有白纱灯一点入隆宗门，则王子进书房也。天家金玉之体，日日如是。既入书房，作诗文，每日皆有程课，未刻毕，则又有满洲师傅教国书，习国语及骑射等事，薄暮始休。”

然清帝诗文字画，大都南书房翰林代笔，未必尽出己手。圣祖之学，多李光地、梅瑴成等承其意而演述之，所谓御纂诸书，率托名耳。

《检论》（章炳麟）："李光地，字晋卿，安溪人。治漳浦黄道周之术，善占卦。会康熙朝尊朱学，故以朱学名，其习业因时转移。闻时贵律历，即为章算几何；贵训诂，即稍稍理故书；贵文言幽眇，即皮傅《周易》与《中庸》篇，为无端厓之辞。然惟算术为通明，卒以是傅会得人主意，称为名相。……自光地在朝，君臣相顾欢甚，累官至文渊阁大学士。玄晔自言通八线诸术，又数假称闽学，而光地能料量雠对，故玄晔命录札记进御。又时时令参订朱熹书，常曰：'知光地者莫如朕，知朕者亦莫光地若也。'"《畴人传》（阮元）："乙酉二月，南巡狩，李光地以抚臣扈从。上问宣城处士梅文鼎者今焉在？光地以在署对。归时，召对御舟中，从容垂问，至于移时，如是者三日。临辞，特赐'绩学参微'四大字。越明年，命其孙瑴成内廷学习。……瑴成肄业蒙养斋，以故数学日进，御制《数理精蕴》《历象考成》诸书，皆与分纂。"

康、乾间，武英殿雕刻御制钦定之书，凡经类二十六部、史类六十五部、子类三十六部、集类二十部，论者谓历代政府刻书之多，未有若清朝者。然清代纂集之书，以《图书集成》为最巨。其体例盖创自陈梦雷。

《东华录·雍正一》："康熙六十一年十二月癸亥，谕：陈梦雷原系叛附耿精忠之人，[①] 皇考宽仁免戮，发往关东。后东巡时，以其平日稍知学问，带回京师，交诚亲王处行走。累年以来，招摇无忌，

---

① 章炳麟《检论》："耿精忠据福建，李光地诣精忠，不用。时编修陈梦雷亦为精忠迫胁，常托病支吾，以其形势阨塞密示光地，光地遣使间道入京，以蜡丸上封事。光地以功高蒙殊遇，而陈梦雷方以降贼坐斩。光地微白之，得不死。梦雷以光地欲攘己功，令己下狱，发愤作书绝交。天下称光地卖友。"

> 不法甚多，京师断不可留。著将陈梦雷父子发遣边外，陈梦雷处所存《图书集成》一书，皆皇考指示训诲，钦定条例，费数十年圣心，故能贯穿今古，汇合经史，天文地理，皆有图记，下至山川草木，百工制造，海西秘法，靡不备具，洵为典籍之大观。此书工犹未竣，着九卿公举一二学问渊通之人，令其编纂竣事，原稿内有讹错未当者，即加润色增删。”

经始于康熙中，至雍正三年始成。

> 《丛书举要》（李之鼎）：“《图书集成》共六汇编，三十二典，六千一百九部，都一万卷，五百七十六函，五千册，又目录二十册。此书初为陈梦雷侍皇三子诚亲王所编，时在康熙三十九年也。四十五年四月，书成，名曰《汇编》。凡有汇编者六，为志三十有二，为部六千有奇。越十年，进呈，赐名《古今图书集成》。命儒臣重加编校，十年未就。世宗复命蒋廷锡督在事诸臣成之，编仍其旧，志易为典。殿本以聚珍铜字，其图镂铜为之者最佳。”

其书虽不逮《永乐大典》之博，卷数亦仅及其半，然《永乐大典》成而未刊，则类书之印行于世者，无过于此书矣。

康、雍两朝，经营《图书集成》，至乾隆朝，则编订《四库全书》。乾隆三十七年，诏求海内遗书，大兴朱筠请将《永乐大典》择取缮写，各自为书。三十八年，遂命诸臣校核《永乐大典》，定名《四库全书》。

> 《四库全书提要》：“乾隆三十八年二月二十一日，大学士刘统勋等议奏，校办《永乐大典》条例一折。奉旨依议，将来办理成编时，著名《四库全书》。”

至四十七年告竣。计文渊阁著录者，三千四百五十七部、七万九千七十卷；其附于存目者，六千七百六十六部、九万三千五百五十六卷。

《清朝全史》："自乾隆三十八年，开设四库全书馆，任皇室郡王及大学士为总裁，六部尚书及侍郎为副总裁。然实际任编纂者，乃为总纂官孙士毅、陆锡熊、纪昀三人，而纪昀之力尤多。分任编纂之事者，不少著名学者，如校勘《永乐大典》纂修官，有戴震、邵晋涵；校办各省送到遗书纂修官，有姚鼐、朱筠；篆隶分校官，有王念孙；总目协勘官，有任大椿；副总裁以下，无虑三百余名。该书至乾隆四十七年告竣，总计存书三千四百五十七部、七万九千七十卷，存目六千七百六十六部、九万三千五百五十六卷。所谓存书，乃著录于四库者，存目，乃仅录其书目而已。"

其内容凡分六种。

《清朝全史》："四库馆编纂之主旨，采六种方法：第一为敕撰本，自清初以至乾隆时，依敕旨所编纂者。第二内府本，乃康熙以来自宫廷收藏者，凡经、史、子、集存书，约三百二十六部；存目，凡三百六十七部。第三《永乐大典》本，存书存目，凡五百余种。其著名于当时者，如《旧五代史》《续资治通鉴长编》《建炎以来系年要录》《岭外代答》《诸藩志》《宋朝事实》等。第四为各省采进本，命总督巡抚等进献其地方遗书，采书最多者为浙江，最少者为广东，湖北、湖南、山西、陕西次之。据浙江采集遗书总录，总数四千五百二十三种、五万六千九百五十五卷，别分卷者二千九十二册。第五私人进献本，系当时著名之藏书家所进献。知名于清初者，如浙江宁波范氏之天一阁、慈溪郑氏之二老阁、杭州赵氏之小山堂、嘉兴项氏之天籁阁、朱氏之曝书亭、江苏常熟钱氏之述古楼、昆山

> 徐氏之传是楼等。四库馆令此等藏书家之子孙进献之，约以进献之书，誊写后，即付还。因之地方藏书家进献颇多，一人送到五百余种以上者，朝廷各赏《图书集成》一部；百种以上者，赐以初印之《佩文韵府》一部。第六通行本，乃世间流行之书籍。约以上各端，乾隆之编纂《四库全书》，在支那书籍之搜集史上，实为空前之伟观。”

同时缮录七部，分贮于文渊、文源、文溯、文津、文汇、文宗、文澜七阁，渊、源、津、溯，称内廷四阁，汇、宗、澜，称江、浙三阁。嗜奇好学之士，准其赴阁检视抄录。

> 《清朝全史》：“乾隆帝编纂《四库全书》，造文渊阁于北京紫禁城内，造文源阁于圆明园，文溯阁于奉天，文津阁于塞外之热河，为贮藏之所，此称内廷四阁。文渊阁建造式，仿浙江范氏天一阁为之，当全书告成之后，又命起文汇阁于江苏扬州之大观堂，文宗阁于镇江金山寺，文澜阁于浙江杭州圣因寺之行宫，亦各藏《四库全书》一部，此称江、浙三阁，凡七阁。阁既成，帝曰：‘我国荷承休命，重熙累洽，同轨同文，所谓礼乐百年而后兴，此其时也。又谓朕搜集四库之书，非徒博右文之名，以示其得意焉。’内廷四阁，非特别之资格与得许可者不准阅览；江、浙三阁，听学者皆得阅览抄录。七阁之中，今日尚俨然存者，惟文津、文渊、文溯三阁，他如文宗、文汇二阁，亡于太平之兵乱，圆明园文源阁毁于火，文澜阁亦多有散亡云。”

此则满清高宗对于中国文化之伟业也。

然而清高宗之修《四库全书》，同时有保存文化及摧残文化之两方面。古书之湮佚者，固赖此举而复彰；而名人著述之极有关系者，又因兹举而销毁焉。此世之所以不满于高宗也。

《检论·哀焚书》："满洲乾隆三十九年，既开四库馆，下诏求书，命有触忌讳者毁之。四十一年，江西巡抚海成献应毁禁书八千余通，传旨褒美，督他省摧烧益急，自尔献媚者蜂起。初下诏时，切齿于明季野史，其后四库馆议，虽宋人言辽、金、元，明人言元，其议论偏缪尤甚者，一切拟毁。及明隆庆以后诸将相献臣所著奏议文录，若高拱[①]、张居正[②]、申时行[③]、叶向高[④]、高攀龙[⑤]、邹元标[⑥]、杨涟[⑦]、左光斗[⑧]、缪昌期[⑨]、熊廷弼[⑩]、孙承宗[⑪]、倪元璐[⑫]、卢象昇[⑬]、孙传庭[⑭]、姚希孟[⑮]、马世奇[⑯]诸家，丝袠寸札，靡不爇爇，虽茅元仪《武备志》不免于火。[⑰]厥在晚明，当弘光、隆武，则袁继咸[⑱]、黄道周[⑲]、金声[⑳]，

---

①《边略》。
②《太岳集》。
③《纶扉简牍》。
④《四夷考》《遽编》《苍霞草》《苍霞余草》《苍霞续草》《苍霞奏草》《苍霞尺牍》。
⑤《高子遗书》。
⑥《邹忠介奏疏》。
⑦《杨忠烈文集》。
⑧《左忠毅集》。
⑨《从野堂存稿》。
⑩《安辽疏稿书牍》《熊芝冈诗稿》。
⑪《孙高阳集》。
⑫《倪文正遗稿奏牍》。
⑬《宣云奏议》。
⑭《罪省录》。
⑮《清闷全集》《沆瀣集》《文远集》《公槐集》。《公槐集》中有《建夷授官始末》一篇。
⑯《澹宁居集》。
⑰《武备志》今存者，终以诋斥尚少，故弛之耳。
⑱《六柳堂集》。
⑲《广百将传注》。
⑳《金太史集》。

当永历及鲁王监国，则钱肃乐[1]、张肯堂[2]、国维[3]、煌言[4]。自明之亡，一二大儒，孙氏则《夏峰集》，顾氏则《亭林集》《日知录》，黄氏则《行朝录》《南雷文定》，及诸文士侯、魏、邱、彭所撰述，皆以诋触见烬。其后纪昀等作提要，孙、顾诸家稍复入录，而颇去其贬文。或曰：朱、邵数君子实左右之。然隆庆以后，至于晚明将相献臣所著，仅有孑遗矣。其他遗闻轶事，皆前代逋臣所录，非得于口耳传述，而被焚毁者，不可胜数也。由是观之，夷德之戾，虽五胡、金、元，抑犹有可以末减者耶！”《清朝全史》：“在编纂《四库全书》谕旨前后，又布一禁书令，甚可注意。禁书者，即明代关于满洲祖先之著述，据帝之谕旨，此等逆书，不合于本朝一统之旨，勿使行于世。盖文弱之汉人，被北人驱逐时，借文学以发抒不平之气，为唯一之武器，其著述之数极多，帝此时不仅欲一扫此种明末之纪录，并思将其正史一切付诸销毁，其处置殊不公允。此种命令，始于乾隆三十九年，至四十三年，再加二年之期限，至四十六年，又展限一年。据兵部报告，当时销毁之次数，二十四回，书五百三十八种，共一万三千八百六十二部云。然犹以为未足，至乾隆五十三年，尚严谕遵行。从大体而言，在北方诸省较完全遵行，其东南各省，未能禁绝。”

当康熙初年，已有庄氏史案。

《清稗类钞》(徐珂)：“明相国乌程朱文恪公国桢，尝作《明史》，举大经大法者笔之，刊行于世，谓之《史概》。未刊者为《列朝诸臣

①《偶吟》。

②《寓农初议》。

③《抚吴疏草》。

④《北征纪略》。

传》。明亡后，朱氏家中落，以稿本质千金于庄廷鑨。廷鑨家故富，因窜名于中，攘为己作，刻之。补崇祯一朝事，中多指斥本朝语。康熙癸卯，归安知县吴之荣罢官，谋以告讦为功，借作起复地，白其事于杭州将军松魁。魁咨巡抚朱昌祚，昌祚牒督学胡尚衡，廷鑨并纳重赂以免。乃稍易指斥语，重刊之，之荣计不行，特购初刊本，上之法司。事闻，遣刑部侍郎出谳狱，时廷鑨已死，戮其尸，诛其弟廷钺。旧礼部侍郎李令皙尝作序，亦伏法，并及其四子。”“序中称旧史朱氏者，指文恪也。之荣素怨南浔富人朱佑明，遂嫁祸，且指其姓名以证，并诛其五子。魁及幕客程维藩械赴京师，魁以八议仅削官，维藩戮于燕市。昌祚、尚衡贿谳狱者，委过于初申复之学官，归安乌程两学官并坐斩，而昌祚、尚衡乃幸免。湖州太守谭希闵，莅官甫半月，事发，与推官李焕，皆以隐匿罪至绞。浒墅关榷货主李希白，闻阊门书坊有是书，遣役购之。适书贾他出，役坐于其邻朱家少待之，及书贾返，朱为判其价。时希白已入京，以购逆书罪立斩。书贾及役斩于杭，邻朱某者，因年逾七十免死，偕其妻发极边。归安茅元锡方为朝邑令，与吴之镛、之铭兄弟尝预参校，悉被戮。时江楚诸名士列名书中者皆死，刻工及鬻书者同日刑。惟海宁查继璜、仁和陆圻，当狱初起时，先首告，谓廷鑨慕其名，列之参校中，得脱罪。是狱也，死者七十余人，妇女并给边，或曰死者二百二十一人。”

后又有《南山集》案，

《清稗类钞》：“桐城方孝标，尝以科第起，官至学士。后因族人方猷主顺治丁酉江南试，与之有私，并去官，遣戍。遇赦归，入滇，受吴三桂伪翰林承旨。吴败，孝标先迎降，得免死，因著《钝斋文集》《滇黔纪闻》。戴名世见而喜之，所著《南山集》中，多采录孝标所纪事，尤云锷、方正玉为之捐赀刊行。云鹗、正玉及同官汪灏、朱书、刘岩、余生、王源皆有序，板藏于方苞家。又其与弟子倪生一书，论修史之例，谓‘本朝当以康熙壬寅为定鼎之始。世祖虽入关十八年，时明祀未绝，若循蜀汉之例，则顺治不得为正统’云。时赵申乔为都谏，奏其事，九卿会鞫，中戴名世大逆法，至寸磔，族皆弃市，未及冠笄者，发边。朱书、王源已故，免议。尤云锷、方正玉、汪灏、刘岩、余生、方苞以谤论罪绞，时孝标已死，以名世之罪罪之，子登峄、云旅，孙世樵，并斩。方氏有服者皆坐死，且剉孝标尸。尚书韩菼、侍郎赵士麟、御史刘灏、淮扬道王英谟、庶吉士汪份等三十二人，并别议降谪。疏奏后，凡议绞者改戍边，灏以曾效力书局，赦出狱，苞编管旗下，云锷、正玉免死，徙其家，方氏族属谪黑龙江。菼以下平日与名世论文牵连者，俱免议。此康熙辛卯壬辰间事也。”

死徙者不必论，即就方苞所记当时狱中状况，已可谓之黯无天日矣。

《望溪集外文•狱中杂记》（方苞）：“康熙五十一年三月，余在刑部狱，见死而由窦出者，日三四人。有洪洞令杜君者，作而言曰：此疫作也，今天时顺正，死者尚希，往岁多至日数十人。余叩所以，杜君曰：是疾易传染，遘者虽戚属不敢同卧起，而狱中为老监者四，监五室，禁卒居中央，牖其前以通明，屋极有窗以达气，旁四室则无之，而系囚常二百余，每薄暮，下管键，矢溺皆闭其中，与饮食之气相薄。又隆冬，贫者席地而卧，春气动，鲜不疫矣。狱中成法，质明启钥。方夜中，生人与死者并踵顶而卧，无可旋避，此所以染者众也。又可怪者，大盗积贼，杀人重囚，气杰旺，染此者十不一二，或随有瘳；其骈死，皆轻系及牵连佐证，治所不及者。余曰：京师有京兆狱，有五城御史司坊，何故刑部系囚之多至此？杜君曰：迩年狱讼，情稍重，京兆五城即不敢专决。又九门提督所访缉纠诘，皆归刑部。而十四司正副郎好事者，及书吏狱官禁卒，皆利系者之多，少有连，必多方钧致。苟入狱，不问罪之有无，必械手足，置老监，俾困苦不可忍，然后导以取保，出居于外，量其家之所有以为剂，而官与吏剖分焉。中家以上，皆竭资取保，其次求脱械居监外板屋，费亦数十金。惟极贫者无依，则械系不稍宽，为标准以警其余。或同系情罪重者，反出在外，而轻者无罪者罹其毒，积忧愤，寝食违节，及病，又无医药，故往往至死。……凡死刑，狱上者，先俟于门外，使其党入索财物，名曰斯罗。富者就其戚属，贫则面语之。其极刑，曰顺我即先刺心，否则四肢解尽，心犹不死。其绞缢，曰顺我始缢即气绝，否则三缢加别械，然后得死。惟大辟无可要，然犹质其首，用此富者赂数十百金，贫亦罄衣装，绝无有者，则治之如所言。主缚者亦然。不如所欲，则缚时即先折筋骨。每岁大决，句者十三四，留者十六七，皆缚至西市待命，其伤于缚者，即幸留，病数日乃瘳，或竟成痼疾。……余同逮以木讯者三人，一人予二十金，骨微伤，病间月；一人倍之，伤肤，兼旬愈；一人六倍，即夕行步如常。”

而雍、乾间文字之狱尤夥，若查嗣庭、吕留良、胡中藻、王锡侯、徐述夔等之案，不可胜数。

《清稗类钞》：“雍正丙午，查嗣庭、俞鸿图典江西试，以‘君子不以言举人’二句、‘山径之蹊间’一节命题。其时方行保举，廷旨谓其有意讥刺，三题‘茅塞于心’，廷旨谓其不知何指，其居心不可问，因查其笔札诗草，语多悖逆，遂伏诛，并其兄慎行、嗣瑮，遣戍有差。浙人因之停丁未科会试。或曰：查所出题，为‘维民所止’，忌者谓‘维止’二字，意在去雍正二字之首也。世宗以为大不敬，命搜行箧，中有日记二本，乃按条搜求，谓其捏造怨诽语难枚举，遂下严旨拿问。”“吕留良，字庄生，又名光纶，字用晦，号晚村，石门人。自以为淮府仪宾之后，追念明代，以发抒种族思想，著为书，誓不仕。郡守以隐逸荐之，乃削发为僧，康熙辛酉卒。雍正时，以曾静文字狱之牵涉，戮尸，著述均毁。……先是湖南人曾静，遣其徒张熙，投书川陕总督岳钟琪，劝以同谋举事，钟琪以闻。诏刑部侍郎杭奕禄、副都统海兰至湖南，会同巡抚王国栋，提曾静质讯。静供称因应试州城，得见留良评选时文，内有‘论夷夏之防’及‘井田封建’等语，又与留良之徒严鸿逵、沈在宽等往来投契等语，于是将静、熙提解来京，并命浙江总督李卫，查留良、鸿逵、在宽家藏书籍。所获日记等书，并案内人犯，一并拿解赴部。命内阁九卿等研讯，世宗以留良之罪尚在静之上，谕九卿科道会议具奏。旋将留良、鸿逵及留良之子葆中，皆剉尸枭示，子孙遣戍，妇女入官。在宽凌迟处死，而静、熙免罪释放。”“湖南学政胡中藻，著《坚磨生诗》，中多谤讪语。经人告发，乾隆乙亥三月十三日，大学士九卿等奉上谕：我朝抚有天下，于今百有余年，凡为臣子，自乃祖乃父，食毛践土，宜其胥识尊亲大义，乃尚有出身科目，名列清华，而鬼蜮为心，于语言吟咏之间，肆其悖逆诋讪怨望，如胡中藻者，实非人类之所应有。其所刻诗，题曰《坚磨生诗抄》，坚磨出自《鲁论》，孔子所称磨涅，乃指佛肸而言。胡中藻以此自号，是诚何心。从前查嗣庭、汪景祺、吕留良等诗文日记，谤讪诪张，大逆不道，蒙皇考申明大义，严加惩创，以正伦纪而维世道，数十年来，以为中外臣民，咸知警惕。而不意尚有此等鸱张狺吠之胡中藻，即检阅查嗣庭等旧案，其悖逆之词，亦未有连篇累牍，至于如此之甚者。……甲寅，大学士等奏称：胡中藻违天叛道，覆载不容，合依大逆凌迟处死。该犯的属男十六岁以上，皆斩立决。谕：胡中藻免其凌迟，着即行处斩，为天下后世炯戒。其案内一应干涉之人，除鄂昌另行审结外，其余一概免其查究。”“乾隆丁酉十一月，新昌王泷南，呈首举人王锡侯删改《康熙字典》，另刻《字贯》。高宗阅其进呈之书，第一本序文、凡例，将圣祖、世宗庙讳及御名字样开列，实为大逆不法，命锁押解京，

> 交刑部审讯。锡侯及其子孙并处重刑，毁其板，且禁售卖。缘坐者，亦分起解京治罪。”“东台举人徐述夔，著《一柱楼诗》，多咏明末时事。乾隆戊戌，东台今上其事，廷旨谓语多悖逆，实为罪大恶极。时述夔已卒，命剖棺戮尸，其子怀祖，以刊刻遗诗，及孙食田等，提解至京。命廷臣集讯，定以大逆不道正法，诗集悉销毁。江苏藩司陶易、扬州府知府谢启昆等，亦悉置重典。”

前代文人受祸之酷，殆未有若清代之甚者，故雍、乾以来，志节之士，荡然无存。有思想才力者，无所发泄，惟寄之于考古，庶不干当时之禁忌。其时所传之诗文，亦惟颂谀献媚，或徜徉山水、消遣时序及寻常应酬之作。稍一不慎，祸且不测，而清之文化可知矣！

第九章　学校教育

清代学校教育，率沿明制。在清季未兴学堂以前，其所谓学校，即科举之初基，固无当于教育，然其学分大、中、小，官有教授、教谕等，亦近世学校名义之所沿也。

《清会典》：“凡学皆设学官以课士。府曰教授，州曰学正，县曰教谕，皆以训导副之。”“凡生员，有廪膳生，有增广生，有附生，各视其大学中学小学以为额。”[①]“奉恩诏，则广额，巡幸亦如之。其永广之额，则视其事以为差。”“简学政以董教事及按试，严以关防。岁试各别其文之等第，以赏罚而劝惩之，取其童生之优者以入学。”“凡试生员，令学官册而送于院。试童生，令地方官册而送于院，乡试，则录科，各申以禁令。三年报满，各列所剔之弊，题而下于部，以考核。”“凡教学，必习其礼事，明其经训，示其程序，敦其士习，正其文体。”“凡生员食饩久者，各以其岁之额而贡于太学，曰岁贡。有恩诏，则加贡焉，曰恩贡。学官举其生员之优者，三岁，学政会巡抚试而贡之，曰优贡。十有二岁，乃各拔其学之尤者而贡之，曰拔贡。”

---

① 顺治四年，定直省儒学，视人文多寡优绌，分大、中、小学，取进童生，大学四十名，中学三十名，小学二十名，直省各学廪膳生、增广生，府学各四十名，州学各三十名，县学各二十名，卫学各十名。直省取进童生，大府二十名，大州县十五名，小县四五名。

明惟府教授秩从九品，余俱无官品。

> 《明史》：“儒学。府，教授一人（从九品）、训导四人；州，学正一人、训导三人；县，教谕一人、训导二人。教谕掌教诲所属生员，训导佐之。”

清高宗始加其品级，

> 《清文献通考》：“先是直省教职未入流品，雍正十三年九月[①]奉谕，各省教职，乃师儒之官，所以训迪约束，为多士之表率也。若不赏给品秩，则与杂职无异，恐本人遂以冗散自居，不知殚心课士，以尽职任。著加给品级，以示鼓舞责成之意。寻吏部议准，京府教授、四氏学教授、各府卫儒学教授为正七品官，各州学正、各县教谕为正八品官，各府州县卫训导为从八品官。”

然师儒地位本不以官品为尊卑，清之定为职官，似属尊师，亦未得尊之之法也。其国学曰国子监，亦沿前代之制，有师儒之官，

> 《清会典》：“国子监管理监事大臣一人；祭酒，满洲一人、汉一人；司业，满洲一人、蒙古一人、汉一人，掌国学之政令。凡贡生、监生、学生及举人之入监者，皆教焉。”“凡贡生之别有六：曰恩贡生，曰拔贡生，曰副贡生，曰岁贡生，曰优贡生，曰例贡生。监生之别四：曰恩监生，曰荫监生，曰优监生，曰例监生。学生之别二：曰八旗官学生，曰算学生。贡生、监生教于堂，学生教于学。凡入贡、入监非以俊秀者，曰正途。”“凡教，有月课，有季考，皆第其优劣，岁终

---

① 时高宗初即位。

则甄别，各视学之成否而咨焉。察其经明事治者以闻，而备用。”“六堂：率性堂，助教，汉一人，学正，汉一人；修道堂，助教，汉一人，学正，汉一人；诚心堂，助教，汉一人，学正，汉一人；正义堂，助教，汉一人，学正，汉一人；崇志堂，助教，汉一人，学录，汉一人；广业堂，助教，汉一人，学录，汉一人，掌分教肄业之士。凡肄业，按其内外班之额而分拨焉，各率以班长，南学则董以学官，率以斋长，皆月课以时讲贯其义。”“算学，管理大臣，满洲一人，助教，汉一人，教习，汉二人，掌教算法。”

其监生多援例捐纳者，世多卑视之。

清之学校，最重流品。一切贱籍，不得应试。

《清通考》：“定例，娼优隶卒之家，不准考试。其皂隶、马快、小马、禁卒之子孙，有蒙混捐纳者，俱照例斥革。至门子、长随，湖南省有滥行报捐者，均予斥革。惟民壮一班，雍正年间，先后议准与兵丁一律拔补，非贱役可比，不便阻其进身之阶。但各省俱有皂快民壮三班，随时改拨者，应令地方官查明，除未经改拨之民壮子孙，准其报捐应试外，其由民壮改充皂快，及其先曾充当皂快者，仍不准报捐应试，以杜冒滥。”

童生应试，必有保结，

《清会典》：“童生考试，以同考五人互结。廪生认保出结，府州县试，令童生亲填年貌籍贯三代，认保姓名，并各结状，黏送府州县。试毕造册，申送学政。”

其有违误，保者连坐，

《清会典》："童生考试，有冒籍、顶替、倩代、匿丧、假捏姓名、身遭刑犯及出身不正，如门子、长随、番役、小马、皂隶、马快、步快、禁卒、仵作、弓兵之子孙，倡优、奴隶、乐户、丐户、蜒户、吹手，凡不应应试者混入，认保派保互结之五童，互相觉察。容隐者五人连坐，廪保黜革治罪。"

而举贡生员并免差徭，视一切平民，显有阶级之别焉。

《清通考》："乾隆元年，命免举贡生员杂色差徭。是时各省有令生员充当总甲图书之役者，奉谕：嗣后举贡生员等，著概行免派杂差，俾得专心肄业。倘于本户之外，别将族人借名滥充，仍将本生按律治罪。"

学校之外，有书院，亦沿宋、明之制，

《清会典》："京师设立金台书院，每年动拨直隶正项银两，以为师生膏火，由布政司详请总督报销。直省省城设立书院，直隶曰莲池，山东曰泺源，山西曰晋阳，河南曰大梁，江苏曰钟山，江西曰豫章，浙江曰敷文，福建曰鳌峰，湖北曰江汉，湖南曰岳麓、曰城南，陕西曰关中，甘肃曰兰山，四川曰锦江，广东曰端溪、曰粤秀，广西曰秀峰、曰宣城，云南曰五华，贵州曰贵山，皆奉旨赐帑，赡给师生膏火。奉天曰沈阳，酌拨每学学田租银为膏火，令有志向上无力就师各生，入院肄业。书院师长，由督抚学臣，不分本省邻省已仕未仕，择经明行修足为多士模范者，以礼聘请。"

而其性质盖有区别。清初，各地方之书院，犹尚讲学，如二曲之于关中，

《二曲集·历年纪略》："康熙十二年，总督鄂善修复关中书院，肃币聘先生讲学。先生登座，公与抚军、藩臬以下，抱关、击柝以上，及德绅名贤进士举贡文学子衿之众，环阶席而侍听者，几千人。先生立有学规会约，约束礼义，整肃身心。三月之内，一再举行，鼓荡摩厉，士习丕变。"

习斋之于漳南，

《颜氏学记》（戴望）："肥南有漳南书院，邑人郝文灿请先生往设教，三聘始往。为立规制甚宏，从游者数十人，远近翕然。"

张、蔡之于鳌峰。

《先正事略》（李元度）："仪封张清恪公伯行，尝建请见书院，与乡人士讲明正学。""所至必修建书院学舍，闽士肖公象，祀于鳌峰。"《蔡公世远墓志铭》（方苞）："仪封张清恪公抚闽，延公父璧，主鳌峰书院，而招公入使院，共订先儒遗书。""公丁父艰归，大府复以鳌峰属公。公尚气节，敦行孝弟，好语经济，而一本于诚信。由是闽士慨然盛兴于正学，而知记诵辞章之为末也。"

沈、史之于姚江。

《姚江书院志》："姚江讲学之盛，前称徐、钱，后称沈、史。""沈求如先生国模，字叔则，馀姚人。崇祯末，与念台刘子会讲证人社。刘子死节，哭之恸，自谓后死，作人明道之意益笃，使门人重缮义学，月旦临讲，曰陵谷变迁，惟学庶留人心不死。""史拙修先生孝咸，衣冠言动，一准儒者，醇洁之士多归之。沈先生卒，拙修先生主书院，和平光霁，以名教为宗主。家贫，日食一粥，泊如也。”

皆明代讲学之书院之法也。雍正中，直省皆建书院，

《清通考》：“雍正十一年，命直省省城设立书院，各赐帑金千两，为营建之费。谕内阁：各省学政之外，地方大吏，每有设立书院，聚集生徒讲诵肄业者，但实有裨益者少，浮慕虚名者多。近见各省大吏，渐知崇尚实政，不事沽名邀誉之为，而读书应举者，亦颇能屏去嚣浮奔竞之习。则建立书院，择一省文行兼优之士，读书其中，使之朝夕讲诵，整躬励行，有所成就，俾远近士子观感奋发，亦兴贤育才之一道也。督抚驻札之所，为省会之地，著该督抚商酌奉行，各赐帑金一千两。将来士子群聚读书，须预为筹画，资其膏火，以垂永久。其不足者，在于存公银内支用。封疆大臣等，并有化导士子之职，各宜殚心奉行，黜浮崇实，以广国家菁莪棫朴之化。则书院之设，于士习文风，有裨益而无流弊，乃朕之所厚望也。”

以屏去浮嚣、杜绝流弊为宗旨。故主之者不复讲学，第以考试帖括，颁布膏火而已。袁枚《书院议》谓上之人，挟区区禀假，以震动黜陟之，谓能教士，实中当时之弊。

《书院议》：“民之秀者，已升之学矣；民之尤秀者，又升之书院。升之学者，岁有饩；升之书院者，月有饩，此育才者甚盛意也。然士贫者多，富者少，于是求名赊而谋食殷。上之人探其然也，则又挟区区之禀假，以震动黜陟之，而自谓能教士，嘻，过矣！”

然如鄂尔泰教滇士以读书，亦未始无劝学之用。

《征滇士入书院教》(鄂尔泰)："滇旧有书院，使者分为三舍，课其优绌，以高下其廪饩。然使者窃忧之，虑其应上者之鲜实心，而操之无具，故奇才异能之士未尝数数睹也。……使者先已置二十一史诸书于院中，学者尚未及读，至是复取架上十三经及周秦以来之书若干部，各用图书印记，注之简册，贮之书院，掌之学官，传之永久。又将招致四方之善读书而能好古者，以充学舍，厚其廪饩，而以时亲课读之。……读书之法，经为主，史副之。《四书》本经、《孝经》，此童而习之者。外此，则先之以《五经》，其次如《左传》之淹博，《公》《穀》之精微，《仪礼》之谨严，《周礼》之广大，《尔雅》辨晰毫芒，大至无外而细入无间。此十三经者，阙其一，即如手足之不备，而不可以成人者也。至于史，则先《史记》，次《前汉书》，次《后汉书》。此三史者，亦阙一不可。读本纪，可以知一代兴亡盛衰之由；读年表世家，可以知大臣创业立功之所自；读列传，可以知人臣邪正公私，即以关系国家得失利害之分；读忠孝、节义、隐逸、儒林、文学、方伎等传，可以知各成其德，各精其业，以各造其极，而得其或显当时或传后世之故；读匈奴、大宛、南夷、西域诸传，可以知安内攘外、柔远绥边、恩威各得之用；读天官、历律、五行诸书志，可以观天，而并可以知天人相感之原；读河渠、地理、沟洫、郡国诸书志，可以察地，而并可以知险要之机；读礼乐、郊祀、仪卫、舆服等书志，可以知典礼掌故之因革，而有所参订；读艺文、经籍等志，可以知七略、九种、四部、六库著作之源流，而有所考稽；读平准、食货诸书志，可以知出入取予、制节谨度之大要，而有所规鉴；读刑法、兵营等志，可以知赏罚、征伐、惩恶、劝善、讨罪、立功之大法，而有所折衷。此读史之大要也。……读《左传》，以《史记》副之；读《公羊》《穀梁》《仪礼》《周官》《尔雅》，而以前后两《汉》副之。十三经与三史既读，此外如《家语》《国语》《国策》《离骚》《文选》《老》《庄》《荀》《列》《管》《韩》，以及汉、唐、宋、元人之文集，与《三国志》《晋书》以下诸史，参读参看，择其尤精粹者读之，其余则分日记览。……如借有院为纳交声气之地，觞酒酬酢，庆贺往还，游荡门外，招摇市中，是尤不肖之甚，贻羞书院，耻笑士林，此使者之所深恶，毋过吾门也。”

其后如阮元之创诂经精舍及学海堂，

《阮文达公传》（刘毓崧）：“所至必以兴学教士为急，在浙江则立诂经精舍，在广东则立学海堂，选诸生知务实学者肄业其中，士习蒸蒸日上，至今官两省者皆奉为矩矱。”《先正事略》：“阮元为浙江巡抚时，立诂经精舍，祀许叔重、郑康成两先生，延王述庵、孙渊如主讲席，选高材生读书其中。课以经史疑义及小学、天文、地理、算法，许各搜讨书传条对，不用扃试糊名法，刻其文尤雅者曰《诂经精舍集》。不十年，上舍士致身通显及撰述成一家言者，不可殚数，东南人才称极盛焉。”“调两广总督，立学海堂，以经古学课士，如在浙江时。”

黄体芳之建南菁书院，

《黄先生以周墓志铭》（缪荃孙）：“黄漱兰侍郎视学江苏，建南菁讲舍，延先生主讲。先生教以博文约礼，实事求是。”“宗湘文观察建辨志精舍于宁波，请先生定其名义规制，而专课经学，著录弟子千余人。”

以及俞樾、刘熙载、朱一新等之掌教各书院。

《俞先生樾行状》（缪荃孙）：“先生历主讲苏州紫阳、上海求志、德清清溪、归安龙湖等书院，而主杭州诂经精舍至三十一年，为历来所未有。其课诸生，一禀阮文达公成法，王侍郎昶、孙观察星衍两先生之绪，至先生复起而振之。两浙知名之士，承闻训迪、蔚为通材者，不可胜数。”《刘融斋中允别传》（萧穆）：“其主讲龙门书院，与诸生讲习，终日不倦。每五日，必一一问其所读何书、所学何事，黜华崇实，祛惑存真，尝午夜周览诸生寝室，其严密如是。”《朱君一新别传》（金武祥）：“粤督张香涛尚书，延为肇庆府端溪书院山长，复延入广州，为广雅书院山长。广雅规模宏大，张公所新建者，储书甚富，山长专课诸生以经训性理及史事词章有用之学，两广东西高才生咸请业。”

皆以博习经史词章为主，与专试时文之书院固不同，亦与讲求理学之书院异趣焉。

书院之外，有社学、义学等，则为教育幼童及孤贫者而设。

《清通考》：“康熙九年，令各直省置社学社师，凡府、州、县每乡置社学一，选择文艺通晓、行谊谨厚者，考充社师，免其徭役，给饩廪优膳，学政按临日，造姓名册，申报考察。”“五十四年，谕直隶巡抚赵宏燮，畿辅之地，乃王化所先，宜于穷乡僻乡皆立义学，延师教读，以勉厉孝弟，可望成人矣。”《清会典》：“京师暨各省府、州、县，俱设义学。京师由顺天府尹慎选文行兼优之士，延为馆师。诸生中贫乏无力者，酌给薪水。各生由府、州、县董理，酌给膏火。每年仍将师生姓名，册报学政。直省、府、州、县、大乡、巨堡，各置社学，择学优行端之生员为师，免其差役，由地方官量给廪饩，仍报学政查核。”

其教课不过童蒙识字之书，间授以珠算，取足谋生而已。通常士商之子弟，则多学于家塾，或就师塾聚读。敏异者则授以经书及史鉴之类，愚钝者则学尺牍，习珠算，至年十四五，为商贾之徒弟焉。塾师之教，最重记诵。

《蒿庵闲话》（张尔岐）：“邢懋循尝言，其师教之读书，用连号法。初日诵一纸，次日又诵一纸，并初日所诵诵之，三日又并初日、次日所诵诵之。如是渐增引至十一日，乃除去初日所诵，每日皆连诵十号，诵至一周，遂成十周。人即中下，已无不烂熟矣。又拟目若干道，书签上，贮之筒，每日食后，拈十签，讲说思维，令有条贯。逮作文时，遂可不劳余力。”

然亦有注重启发者，观王筠教童子法，虽专为学生作文应试计，而其用心，未尝不与今之教育家言相近焉。

《教童子法》（王筠）：“蒙养之时，识字为先，不必遽读书。先取象形、指事之纯体教之，识日、月字，即以天上日、月告之；识上、下字，即以在上、在下之物告之，乃为切实。纯体字既识，乃教以合体字。又须先易讲者，而后及难讲者，讲文不必尽说正义，但须说入童子之耳，不可出之我口便算了事。如弟子钝，则识千余字后乃为之讲。能识二千字，乃可读书；读亦必讲。然所识之二千字，前已能解，则此时合为一句讲之。若尚未解，或并未曾讲，只可逐字讲之。八九岁时，神智渐开，则四声、虚实、韵部、双声、叠韵事事都须教，兼当教之属对，且每日教一典故。才高者，全经及《国语》《国策》《文选》尽读之；即才钝，亦《五经》《周礼》《左传》全读之，《仪礼》《公》《穀》摘抄读之。才高十六岁可以学文，钝者二十岁不晚。初学文，先令读唐、宋古文之浅显者，即全作论，以写书为主，不许说空话，以放为主，越多越好，但于其虚字不顺者少改易之。以圈为主，等他知道文法，而后使读隆、万文，不难成就也。……学生是人，不是猪狗，读书而不讲，是念藏经也，嚼木札也。钝者或俯首受驱使，敏者必不甘心。人皆寻乐，谁肯寻苦，读书虽不如嬉戏乐，然书中得有乐趣，亦相从矣。……凡每日属对，必相其本日所读，有可对者，而后出之，可以验其敏钝。即或忘之，亦教责之而无词也。……小儿无长精神，必须使有空闲，空闲即告以典故。但典故有死有活，死典故日日告之，如十三经何名，某经作注者谁、作疏者谁，二十四史何名、作之者姓名，日告一事，一年即有三百六十事。间三四日，必须告以活典故，如问之曰：两邻争一鸡，尔能知确是某家物否？能知者即大才矣，不能知而后告以《南史》。先问两家饲鸡各用何物，而后剖嗉验之，弟子大喜者，亦有用人也，自心思长进矣。……教弟子如植木，但培养浇灌之，令其参天蔽日。其大本可为栋梁，即其小枝亦可为小器具。今之教者，欲其为几也，即曲折其木以为几，不知器是做成的，不是生成底。迨其生机不遂而夭阏以至枯槁，乃犹执夏楚而命之，曰：是弃材也，非教之罪也。呜呼。其果无罪耶！……沂州张先生，筠之父执李刑原[①]先生师也。尝言从学时，每日早饭后辄曰各自理会去，弟子皆出，各就陇畔畦间。比反，各道其所理者何经何文，有何疑义。张先生即解说之。吾安丘刘川南先生[②]十余岁时，师为之讲书数行，辄请曰：如此则与某章反背。师令退思之，而复讲，如是者每日必有之。半年后，师遂不穷于答问，是谓教学相长。然此等高足那可多得，故为弟子讲授，必时时诘问之，令其善疑，诱以审问，则其作文时，必能标新领异矣。”

---

① 名映轸。

② 名其旋。

第十章　考证学派

满清中叶，考据之学大兴，当时号为汉学。

《近代汉学变迁论》（刘师培）：“古无汉学之名，汉学之名，始于近代。或以笃信好古，该汉学之范围。然治汉学者，未必尽用汉儒之说；即用汉儒之说，亦未必用以治汉儒所治之书。是则所谓汉学者，不过用汉儒之训故以说经，及用汉儒注书之条例以治群书耳。”

江藩著《汉学师承记》，自康、雍至嘉庆间，学者略备。而道、咸以来之学者，其学派亦多演自乾、嘉，迄今犹有盛称汉学者，其渊源不可不考也。刘师培著《近儒学术统系论》，先举清国初之理学，后述雍、乾以降之经学，于各地方之风气，条分缕析，颇简而要。兹分录之，以见清代学术变迁之概。盖清初诸大儒，学行兼崇，固不分所谓汉、宋。

《近儒学术统系论》：“明清之交，以浙学为最盛。黄宗羲授学蕺山，而象数之学兼宗漳浦，文献之学远溯金华先哲之传，复兼言礼制，以矫空疏。传其学者数十人，以四明二万为最著；而象数之学则传于查慎行。又沈昀、张履祥亦授学蕺山。沈昀与应抝谦相切磋，黜王崇朱，刻苦自厉。而履祥之传较远，其别派则为向璇。吕留良从宗羲、履祥游，所学略与履祥近，排斥馀姚，若放淫辞。传其学者，浙有严鸿逵，湘人有曾静，再传而至张熙。及文狱诞兴，而其学遂泯。别有沈国模、钱德洪、史孝咸，承海门石梁之绪，以觉悟为宗，略近禅学。宗羲虽力摧其语，然沈氏弟子有韩当、邵曾可、劳史。邵氏世传其学，至于廷采，其学不衰。时东林之学有高愈、高世泰、顾培，上承泾阳、梁溪之传，讲学锡山。宝应朱泽沄，从东林子弟游，兼承乡贤刘静之之学，亦确宗紫阳。王茂竑继之，其学益趋于征实。又吴人朱用纯、张夏、彭珑，歙人施璜、吴慎，亦笃守高、顾之学。顺、康以降，其学亦衰。……孙奇逢讲学百泉，持朱、陆之平，弟子尤众，以耿介、张沐为最著。汤斌之学，亦出于奇逢，然所志则与奇逢异。……李颙讲学关中，指心立教。然关中之士，若王山史、李天生，皆敦崇实学。及顾炎武流寓华阴，以躬行礼教之说，倡导其民，故受学于颙者，若王尔缉之流，均改宗紫阳。颙曾施教江南，然南人鲜宗其学，故其学亦失传。……博野颜元，以实学为倡，精研礼、乐、兵、农。蠡县李塨，初受学毛大可，继从元说，故所学较元尤博。大兴王源，初喜谈兵，与魏禧、刘继庄友善，好为纵横之谈。继亦受学于元，故持论尤高。及元游豫省，而颜学被于南；塨寓秦中，而颜学播于西；及江浙之士，亦间宗其学。然一传以后，其学骤衰。惟江宁程廷祚，私淑颜、李，近人德清戴望，亦表彰颜、李之书。舍是，传其学者鲜矣。……太仓陆世仪，幼闻几社诸贤之论，颇留心经世之术，继受学马负图，兼好程朱理学。陈言夏亦言经世，与世仪同，世仪讲学苏松间，当时鲜知其学。厥后吴江陆耀、宜兴储大文、武进李兆洛，盖皆闻世仪之风而兴起者，故精熟民生利病，而辞无迂远。……赣省之间，南宋以降，学风渐衰。然道原之博闻，陆、王之学术，欧、曾、王氏之古文，犹有存者，故易堂九子均好古文。三魏从王源、刘继庄游，兼喜论兵，而文辞亦纵横，惟谢秋水学宗紫阳，与陆、王异派。及雍、乾之间，李紱起于临川，确宗陆学，兼侈博闻，喜为古文词，盖合赣学三派为一途。粤西谢济世，党于李紱，亦崇陆黜朱，然成植躬严正，不屈于威武。瑞金罗台山，早言经世，亦工说经，及伊郁莫仲，乃移治陆、王之学，兼信释典，合净土禅宗为一。吴人彭尺木、薛湘文、汪大绅，从台山游，即所学亦相近，惟罗学近心斋、卓吾。彭、汪以下，多宅心清净，由是吴中学派，多合儒、佛为一谈。至嘉、道之际，犹有江沅，实则赣学之支派也。……闽中之学，自漳浦以象数施教，李光地袭其唾余，兼通律吕音韵，又说经近宋、明，析理宗朱子，卒以致身贵显。光地之弟光坡，作《礼记述注》，其子钟伦，亦作《周礼训纂》，盖承四明万氏之学。杨名时受学光地，略师其旨以说经，而律吕音韵之奥，惟传于王兰生。又闽人蔡世远，喜言朱学，亦自谓出于光地。雷鋐受业于世远，兼从方苞问礼，然所学稍实，不欲曲学媚世，以直声著闻。……自此以外，则湘有王夫之，论学确宗横渠，兼信紫阳，与余姚为敌，亦杂治经史百家。蜀有唐甄，论学确宗陆、王，尤喜阳明，论政以便民为本，嫉政教礼制之失平，然均躬自植晦，不以所学授于乡，故当时鲜宗其学。别有刘原渌、姜国霖讲学山左，李闇章、范镐鼎讲学河汾，均以宗朱标其帜，弟子虽众，然不再传，其学亦晦。此皆明末国初诸儒理学宗传也。”

其后虽亦有祖述而私淑之者，然由理学而趋于考据。乾、嘉之际，汉学之帜，遂风靡一时，讲求修身行己治国成人者之风，远不如研究音韵、文字、校勘、金石、目录之学者之盛。虽经学家有古文、今文，西汉、东汉之区别，然亦承乾、嘉之风而演进，仍以汉学相高，一涉宋、明心性之谈，则相率而嗤之矣。

《近儒学术统系论》：“理学而外，则诗文之学，在顺、康、雍、乾之间，亦各成派别。然雕虫小技，其宗派不足言，其有派别可言者，则宋学之外厥惟汉学。汉学以治经为主，考经学之兴，始于顾炎武、张尔岐。顾、张二公，均以壮志未伸，假说经以自遣。毛大可解《易》说《礼》，多述仲兄锡龄之言。阎若璩少从词人游，继治地学，与顾祖禹、黄仪、胡渭相切磋。胡渭治《易》，多本黄宗羲。张弨与炎武友善，吴玉搢与弨同里，故均通小学。吴江陈启源与朱鹤龄偕隐，并治《毛诗》《三传》。厥后大可《毛诗》之学，传于范家相。鹤龄《三传》之学，传予张尚瑗。若璩《尚书》之学，传于冯景。又吴江王锡阐、潘柽章，杂治史乘，尤工历数，柽章弟耒，受数学于锡阐，兼从炎武受经。秀水朱彝尊，亦从炎武问故，然所得均浅狭。……别有宣城梅文鼎，殚精数学，鄂人刘湘奎、闽人陈万策，均受业其门。文鼎之孙瑴成，世其家学。泰州陈厚耀，亦得梅氏之传，而历数之学渐显。……武进臧琳，闭门穷经，研覃奥义，根究故训，是为汉学之始。东吴惠周惕，作《诗说》《易传》，其子士奇继之，作《易说》《春秋传》。栋承祖父之业，始确宗汉诂，所学以掇拾为主，扶植微学，笃信而不疑。厥后掇拾之学，传于余萧客；《尚书》之学，则江声得其传。故余、江之书，言必称师。江藩受业于萧客，作《周易述补》，以续惠栋之书。藩居扬州，由是钟怀、李宗泗、徐复之流，均闻风兴起。……先是徽歙之地，有汪绂、江永，上承施璜、吴慎之绪，精研理学，兼尚躬行，然即物穷理，师考亭格物之说，又精于《三礼》。永学尤博，于声律、音韵、历数之学，均深思独造，长于比勘。金榜从永受学，获窥礼堂论赞之绪，学特长于《礼》。戴震之学亦出于永，然发挥光大，曲证旁通，以小学为基，以典章为辅，而历数、音韵、水地之学，咸实事求是，以求其原。于宋学之误民者，亦排击防闲不少懈。徽歙之士，或游其门，或私淑其学，各得其性之所近，以实学自鸣。由是治数学者，前有汪莱，后有洪梧；治韵学者，前有洪榜，后有汪有诰；治《三礼》者，则有凌廷堪及三胡。程瑶田亦深《三礼》，兼通数学，辨物正名，不愧博物之君子，此皆守戴氏之传者也。及戴氏施教燕京，而其学益远被。声音训故之学，传于金坛段玉裁，而高邮王念孙所得尤精；典章制度之学，传于兴化任大椿。而李惇、刘台拱、汪中，均与念孙同里。台拱治宋学，上探朱、王之传，中兼治词章，杂治史籍，及从念孙游，始专意说经。顾九苞与大椿同里，备闻其学，以授其子凤毛。焦循少从凤毛游，时凌廷堪亦居扬州，与循友善，继治数学，与汪莱切磋尤深。阮元之学，亦得之焦循、凌廷堪，继从戴门弟子游，故所学均宗戴氏，以知新为主，不惑于陈言，然兼治校勘、金石。黄承吉亦友焦循，移焦氏说《易》之词，以治小学，故以声为纲之说浸以大昌。时山左经生有孔继涵、孔巽轩，均问学戴震。巽轩于学尤精，兼工俪词。嗣栖霞郝懿行，出阮元门，曲阜桂馥，亦从元游，故均治小学。懿行治《尔雅》，承阮元之例，明于声转，故远迈邢《疏》。又大兴二朱、河间纪昀，均笃信戴震之说，后膺高位，汲引汉学之士，故戴学愈兴。别有大兴翁方纲，与阮元友善，笃嗜金石。河南之儒，以武亿为最善，亿从朱门诸客游，兼识方纲，故说经之余，亦兼肄金石，而金石之学遂昌。时江浙之间，学者亦争治考证。先是锡山顾栋高从李entity、方苞问故，与任启运、陈亦韩友善，其学均杂糅汉、宋，言淆雅俗。而吴人何焯，以博览著名，所学与浙西文士近。吴江沈彤承其学，渐以说经。嘉定钱大昕于惠、戴之学，左右采获，不名一师，所学界精博之间。王鸣盛与钱同里，所学略与钱近，惟博而不精。大昕兼治史乘，旁及小学、天算、地舆。其弟大昭，传其史学。族子塘、坫，一精天算，一专地舆，坫兼治典章训故。塘、坫之弟有钱侗、钱绎，兼得大昕小学之传，而钱氏之学萃于一门。继其后者，则有元和李锐，受数学于大昕；武进臧庸，传其远祖臧琳之学；元和顾千里，略得钱、段之传，均以工于校勘，为阮元所罗致。嗣有长洲陈奂，所学兼出于段、王。朱骏声与奂并时，亦执贽段氏之门，故均通训故。若夫钮树王、袁廷梼之流，亦确宗钱、段，惟所学未精。……常州之学，复别成宗派。自孙星衍、洪亮吉，初喜词华，继治掇拾校勘之学，其说经笃信汉说近于惠栋、王鸣盛。洪氏之子饴孙，传其史学。武进张惠言久游徽歙，主金榜家，故兼言礼制，惟说《易》则同惠栋，确信谶纬，兼工文词。庄存与与张同里，喜言《公羊》，侈言微言大义，兄子绶甲传之，复昌言钟鼎古文。绶甲之甥，有武进刘逢禄、长洲宋翔凤，均治《公羊》，黜两汉古文之说。翔凤后从惠言游，得其文学，而常州学派以成。……皖北之学，莫盛于桐城。方苞幼治归氏古文，托宋学以自饰，继闻四明万氏之论，亦兼言《三礼》。惟姚范校核群籍，不惑于空谈。及姚鼐兴，亦挟其古文宋学，与汉学之儒竞名。继慕戴震之学，欲执贽于其门，为震所却，乃饰汉学以自固，然笃信宋学之心不衰。江宁梅曾亮、管同，均传其古文。惟里人方东树，作阮元幕宾，略窥汉学门径，乃挟其相传之宋学，以与汉学为仇，作《汉学商兑》。故桐城之学自为风气，疏于考古，工于呼应顿挫之文，笃信程、朱，有如帝天，至于今不衰。惟马宗琏、马瑞辰间宗汉学。……浙中之士，初承朱彝尊之风，以诗词博闻相尚；于宋代以前之书籍，束而不观。杭世骏兴，始稍治史学。赵一清、齐召南兴，始兼治地理。惟余姚、四明之间，则士宗黄、万之学，于典章文献，探讨尤勤。鄞县全祖望，熟于乡邦佚史，继游李黻之门，又从词科诸公游，故所闻尤博。余姚邵晋涵，初治宋明史乘，所学与祖望近，继游朱珪、钱大昕门，故兼治小学。会稽章学诚，亦熟于文献，既乃杂治史例，上追刘子玄、郑樵之传，区别古籍，因流溯源，以穷其派别。虽游朱珪之门，然所学则与戴震立异。及阮元秉钺越省，越人趋其风尚，乃转治金石、校勘，树汉学以为帜。临海金鹗，尤善言《礼》；湖州之士，亦杂治《说文》古韵，此汉学输入浙江之始。厥后仁和龚丽正，婿于段玉裁之门，其子自珍，少闻段氏六书之学，继从刘申受游，亦喜言《公羊》；而校雠古籍，又出于章学诚；矜言钟鼎古文，又略与常州学派近。特所得均浅狭，惟以奇文耸众听。仁和曹籀、谭献，均笃信龚学。惟德清戴望，受《毛诗》于陈奂，受《公羊》于宋翔凤，又笃嗜颜、李之学，而搜辑明季佚事，又与全、邵相同。虽以《公羊》说《论语》，然所学不流于披猖。近人俞樾、孙诒让，则又确守王、阮之学，于训故尤精。定海黄氏父子，学糅汉宋，尤工说礼，所言亦近阮氏，然迥与龚氏之学异矣。……江北、淮南之士，则继焦、黄而起者，有江都凌曙。曙问故张惠言，又游洪榜之门，故精于言《礼》，兼治《公羊》，惟以说《礼》为本。时阮元亦乡居，故汉学益昌。先大父受经凌氏，改治《左氏》。宝应刘宝楠，兼承族父端临之学，专治《论语》。别有薛传均治《说文》，梅植之治《穀梁》，时句容陈立，丹徒汪芷、柳兴宗，旌德姚佩中，泾县包世荣、包慎言均寓扬州；山阳丁晏，海州许桂林，亦往来邗水之间。立受学凌氏，专治《公羊》。芷治《毛诗》。兴宗通《穀梁》。佩中治汉《易》。世荣治《礼》，兼以《礼》释《诗》。慎言初治《诗》《礼》，继改治《公羊》。桂林亦治《穀梁》，尤长历数。晏遍说群经，略近惠栋。然均互相观摩，互相讨论，故与株守之学不同。甘泉罗士琳，受历数之学于桂林，尤精数学。时魏源、包世臣亦纵游江淮间，士承其风，间言经世，然仍以治经为本。……燕京为学士所荟萃。先是大兴徐松，治西北地理；寿阳祁韵士，兼考外藩史乘。及道光中叶，浸成风会。而韵士之子隽藻，兼治《说文》，骤膺高位。由是平定张穆、光泽何秋涛均治地学，以小学为辅，尤熟外藩佚事，魏源、龚自珍亦然。故考域外地理者，必溯源张、何。至王筠、许瀚、苗夔则专攻六书，咸互相师友，然斯时宋学亦渐兴。……先是赣省陈用光，传姚鼐古文之学派，衍于闽中粤西，故粤西朱琦、龙翰臣均以古文名。而仁和邵懿辰、山阳潘德舆均治古文理学，略与桐城学派相近。粤东自阮氏提倡后，曾钊、侯康、林伯桐均治汉学，守阮氏之传。至陈澧遂杂治宋学。朱次琦崛起，汉、宋兼采，学蕲有用。曾国藩出，合古文理学为一，兼治汉学，由是学风骤易。黔中有郑珍、莫友芝，倡六书之学，兼治校勘。至于黎庶昌，遂兼治桐城古文。闽中陈寿祺，确宗阮氏之学，其子乔枞杂治今文《诗》。至于陈捷南，则亦兼言宋学。湘中有邓显鹤，喜言文献。至于王先谦之流，虽治训故，然亦喜言古文，是皆随曾氏学派为转移者也。惟湘中前有魏源，后有王闿运，均言《公羊》，故今文学派亦昌，传于西蜀、东粤。”

汉学家之弊，方东树《汉学商兑》言之详矣。要其人所自称许者，无过于征实。

《近代汉学变迁论》：“江、戴之学，兴于徽歙，所学长于比勘，博征其材，约守其例，悉以心得为凭。且观其治学之次第，莫不先立科条，使纲举目张，同条共贯，可谓无征不信者矣。即嘉定三钱，于地舆、天算各擅专长，博极群书，于一言一事必求其征；而段、王之学，溯源戴君，尤长训故，于史书诸子，转相证明，或触类而长，所到冰释；即凌、程、三胡，或条例典章，或诠释物类，亦复根据分明，条理融贯，耻于轻信而笃于深求。征实之学，盖至是而达于极端矣。”

近人尤盛称其治学之法，谓合于西洋之科学方法，实则搜集证佐，定为条例，明代学者已开其端，非清人所得专美。

《毛诗古音考序》（明陈第）曰：“列本证、旁证二条，本证者《诗》自相证也，旁证者采之他书也。二者俱无，则宛转以审其音，参错以谐其韵。”《毛诗古音考序》（焦竑）：“李立作《古音考》一书，取《诗》之同韵者，胪列之，为本证，已取《老》《易》《太玄》《骚赋》《参同》《急就》、古诗谣之类胪列之，为旁证。”

虽科条精密，后胜于前，然其能成为科学者，自文字、音韵外，初不多觏也。高邮王氏校订群书，最称精善，然其法大抵先取宋人所辑类书，如《太平御览》《册府元龟》《玉海》等书，比其异同，即据为己意，先立一说，而后引类书以证之。如

《读书杂志·逸周书第二》(王念孙)："'辟开修道。'念孙案：辟开修道，文不成义。开本作关，辟关修道，皆所以来远人。故下文言远旅来至，关人易资也。俗书关字作閞，閞字作开，二形相似而误。《玉海》二十四、六十引此，并作辟关。"[①] 又"'水性归下，农民归利'。念孙案：此本作水性归下，民性归利。民性与水性对文，民字总承上文士农商贾而言，非专指农民而言。今本作农民者，即涉上农民归之而误。《玉海》六十引此，正作民性归利。""《世俘篇》：'凡武王俘商旧玉亿有百万。'念孙案：此文本作'凡武王俘商，得旧宝玉万四千、佩玉亿有八万'。亿有八万乃佩玉之数，非旧宝玉之数。抄本《北堂书钞·衣冠部二》引此，正作'武王俘商，得旧宝玉万四千、佩玉亿有八万'。《艺文类聚·宝部上》《太平御览·珍宝部三》并同。""《周月篇》：'凡四时成岁，有春夏秋冬。'念孙案：岁下更有岁字，而今脱之。《太平御览·时序部二》引此，正作'岁有春夏秋冬'。"

此类甚多，不可胜举。恃宋人之类书以讲汉学，谓是即超过宋人，不知在宋时其书本不误，自亦不必有校勘之学矣。汉学家所尚者考证，然其考证亦时有疏漏，观魏源讥纪昀之言可见。

《古微堂集·书宋名臣言行录后》(魏源)："乾隆中，修四库书，纪文达公以侍读学士总纂。文达故不喜宋儒，其总目多所发挥，然未有如《宋名臣言行录》之甚者也。曰：兹录于安石、惠卿皆节取，而刘安世气节凛然，徒以尝劾程子，遂不登一字。以私灭公，是用深憾，是说也，于兹录发之，于《元城语录》发之，于《尽言集》

① 据此文，似先定为关字，然后检《玉海》得其证者。其实是先以《玉海》校此书，见《玉海》作关字，遂据以为说，而后引《玉海》为证。下均仿此。

发之，又于宋如珪《名臣琬琰录》发之，于清江《三孔集》发之，于唐仲友《经世图谱》发之，昌言抨击，讫再讫四，昭昭国门可悬，南山不易矣。虽然，吾不知文达所见何本也。兹录前集起宋初，后集起元祐，而刘公二十余事在焉。……宋本今本，五百年未有改也，吾未知文达所见何本也。”

未观原书，遽以己意妄下论断，是岂得为考证之法乎？盖汉学家所考证者，局部之考证，于唐以下之书率不屑读，尤鄙夷宋人，好事诋斥，此皆其所短也。王家禧《东里生烬余集》卷二中《与陈扶雅第二书》论当时讲汉学者之谬最通：

近世雅重汉学，妄论真汉学亦不尽传。孟氏之学当时已有微论，况历久至虞氏，其中条例，断不能无增设，而必谓商瞿之传即此。阁下试思，《易》经四圣人手定，道冠诸经，比如虞氏云云，则按例推文，直如科曹检牍，比拟定详，恐经旨不如此破碎也。郑、荀同学费《易》，何以立说不同？郑从马学，何以与马又不同？焦、京同原，而卦林灾异，何又不同？道无二致，一是必有一非。出奴入主，究何定论？《尚书》力辟古文，妄谓今时伏、郑本文，久以放失。近世复古者所本乃用伪孔，不过一二补缀，如交广人嵌螺钿盒，其本质乃漆也。即郑注无有者，仍不能不用孔义以通之，用其说而辟其书，何足令人信服？《诗》四家同本荀卿，何以诗旨殊，作诗之人殊，篇章次第又殊？阁下试思，一堂受业，纵有异同，又何致大相楚越？今世所传，未必尽经师本旨，而或出陋儒附益也。必欲一一信之，真所谓陈已弃之刍狗矣。妄谓汉儒经学以适用为贵，董子明阴阳五行，穷天人之原；贾生明体达用，尽通变之术；刘更生敷陈《七略》，辨官礼之条分，通立言之本旨；杨子云潜思性命，体退藏之旨，参黄老之微；许叔重诂字义，而六书之用彰；郑司农究典章，而三《礼》之要举，此六大儒之书，皆当各陈其宗旨，而不必割裂以附遗经，又不比曲说以添胶结。至于唐、宋以来，名儒接踵，各有精微，亦当一一参稽，断不可概为抹杀。如必限代读书，则太仓历下用其说于诗文者，今复用之于经学，恐千秋定论，断不能废程、朱而但尊伏、贾也。高明试思，狂言亦可择否？且今时最宜亟讲者，经济掌故之学。经济有补实用，掌故有资文献。无经济之才，则书尽空言；无掌故之才，则后将何述？高冠褒衣，临阵诵经，操术则是，而致用则非也。班史无韦贤，邺都无王粲，精专则是，而闳览则非也。开拓历古之心胸，推倒一世之豪杰，阁下有意乎，有意乎？放胆狂谈，勿幸以荒唐罪我。

世尊乾、嘉诸儒者，以其以汉儒之家法治经学也。然吾谓乾、嘉诸儒所独到者，实非经学，而为考史之学。考史之学，不独赵翼《廿二史劄记》、王鸣盛《十七史商榷》或章学诚《文史通义》之类，为有益于史学也，诸儒治经，实皆考史，或辑一代之学说，①或明一师之家法，②于经义亦未有大发明，特区分畛域，可以使学者知此时代此经师之学若此耳。其于三《礼》，尤属古史之制度，诸儒反复研究，或著通例，③或著专例，④或为总图，⑤或为专图，⑥或专释一事，⑦或博考诸制，⑧皆可谓研究古史之专书，即今文学家标举《公羊》义例，⑨亦不过说明孔子之史法，与公羊家所讲明孔子之史法耳。其他之治古音，治六书，治舆地，治金石，皆为古史学尤不待言。惟限于三代语言、文字、制度、名物，尚未能举历代之典籍，一一如其法以治之，是则尚有待于后来者耳。

---

① 如惠栋《易汉学》之类。

② 如张惠言《周易虞氏义》之类。

③ 如江永《仪礼释例》、凌廷堪《礼经释例》之类。

④ 如任大椿《弁服释例》之类。

⑤ 如张惠言《仪礼图》之类。

⑥ 如戴震《考工记图》、阮元《车制图考》之类。

⑦ 如沈彤《周官禄田考》、王鸣盛《周礼军赋说》、胡匡衷《仪礼释官》之类。

⑧ 如金鹗《求古录礼说》、程瑶田《通艺录》之类。

⑨ 如刘逢禄《公羊何氏释例》、凌曙《公羊礼说》之类。

第十一章　国际贸易与鸦片之祸

清初沿明例，许澳门葡人至广东市易。

《柔远记》（王之春）：“顺治四年八月，佛郎机[①]来广东互市。……广督佟养甲疏言，佛郎机国人寓居濠镜、澳门，与粤商互市，于明季已有历年，后每岁通市不绝。惟禁入省会，遂饬禁止，请嗣后仍准番舶通市。自后每岁通市不绝，惟禁入省会。”

及平台湾，开海禁，设榷关，而西洋诸国商舶来者益众。

《柔远记》：“康熙二十二年夏六月，开海禁。……时沿海居民虽复业，尚禁商舶出洋互市，施琅等屡以为言。又荷兰以曾助剿郑氏，首请通市，许之。而大西洋诸国因荷兰得请，于是凡明以前未通中国、勤贸易而操海舶为生涯者，皆争趋。疆臣因请开海禁，设粤海、闽海、浙海、江海榷关四，于广州之澳门、福建之漳州、浙江之宁波府、江南之云台山，署吏以莅之。”

康、雍间，英人屡来互市。

---

① 时尚沿明之误。

《柔远记》："康熙三十七年，置定海榷关，英吉利来互市。""浙海关在宁波，商船出入海港，往返百四十里，中多礁石，每回帆径去。英吉利货船时往来澳门、厦门，复北泊舟山。宁波海关监督屡请移关定海县，部议未许。至是监督张圣诏，以定海港澳阔深，水势平缓，堪容番舶，亦通各省贸易，请捐建衙署，移关以便商船。诏可。乃于定海城外，道头街西，建红毛馆一区，以安置夹板船水梢人等。此英吉利商船来定海之始。然时虽通市，亦不能每岁来华也。""雍正七年，英吉利复来通市，……英吉利自康熙间通市后，亦不常来，至是始互市不绝。"

然未尝立约通商，其立约通商者惟俄罗斯。中、俄之立条约，始于康熙二十八年尼布楚之约。

《俄罗斯互市始末》（何秋涛）："俄罗斯国于顺治十二年，始遣使入贡。康熙十五年，贸易商人尼果赖等至，圣祖召见之，赐察罕汗书，谕边界事。时其国所属罗刹滋扰黑龙江境，出没于尼布楚、雅克萨诸地，屡经大兵剿抚，而盘踞如故。康熙二十一年，大臣马喇奏言，雅克萨城恃田禾为食，尼布楚与车臣汗部所属巴尔呼接壤，时以牲畜易貂皮，宜刈田禾，绝互市，以困之。乃诏车臣汗诺尔部，饬所属与绝市。迨二十七年，命以屡谕情由，作书付荷兰及西洋国转达俄罗斯察罕处。察罕汗寻上疏，乞撤雅克萨城之围。于二十八年，经内大臣索额图等赴尼布楚议定疆界，立约曰：和好既定以后，一切行旅，有准令往来文票者，许其贸易不禁。……三十二年定例，俄罗斯国准其隔三年来京贸易一次，不得过二百人，在路自备马驼盘费。一应货物，不令纳税；犯禁之物，不准交易。到京时，安置俄罗斯馆，不支廪给，限八十日起程还国，此在京互市著令之始也。"《约章大全·俄罗斯部》："黑龙江俄约六款，系康熙二十八年领侍卫内大臣索额图等与俄国使臣费岳多额里克谢在尼布楚议定，是为我国入本朝以来因界务而与他国立约之始。其时国势正盛，所定界线，尚以大兴安岭为限，厥后渐移而南，以黑龙江为限矣。”

至雍正五年，有恰克图之约。

《约章大全》：“恰克图界约凡十一款，立于雍正五年。”《俄罗斯互市始末》：“恰克图名初不著，以互市故始大显。”“先是俄罗斯人只准隔三年来京一次，而喀尔喀土谢图汗部与俄罗斯接壤，其边界之民互相贸易。向惟土谢图汗自为经理，初未设官弹压，亦未著于功令也。康熙五十九年，理藩院议准哲布尊丹巴呼图克图库伦地方，俄罗斯与喀尔喀互相贸易，民人丛集，难以稽察，嗣后内地民人有往喀尔喀图、库伦贸易者，令该管官出具印文，将货物人数开明报院，给与执照。出何边口，令守口官弁验明院照放行。如带军器禁物，立即查拿送院，交该部从重治罪。由院委监视官一人，前往会合喀尔喀土谢图汗等弹压稽查，二年一次更代，是为库伦准互市之始。……雍正五年八月，遣郡王策凌、内大臣伯四格、侍郎图理琛等，与俄罗斯使臣萨瓦，议定楚库河等处边界，安设卡伦，以恰克图为常互市所，人数不得过二百。设监视官一员，由理藩院司官内拣选，二年一代，是为恰克图准互市驻部员之始。诏，非市期毋许俄罗斯逾楚库河界。”

中数因事停止贸易。

《俄罗斯互市始末》：“乾隆二十九年，停止恰克图互市。”“三十三年，准市易如初。”“四十四年，再停恰克图互市。”“五十六年冬，奉旨着理藩院檄行俄罗斯，准其所请，开关市易。”

乾隆五十五年，复立恰克图市约五条。观其约文，可以见清室是时之国威焉。

《约章大全》："恰克图市约，凡五款，立于乾隆五十七年。（一）恰克图互市，于中国初无利益，因你萨那特衙门吁请，是以开市。（一）中国与你国货物，原系两边商人自相定价。你国商人，应由你国严加管束，彼此货物交易后，各令不爽约期，即时归结，勿令负欠，致起争端。（一）今你国守边官，皆恭顺知礼，我游牧官群相称好。你从前守边官皆能视此，又何致两次失和？嗣后你守边官，当慎选贤能，与我游牧官逊顺相接。（一）恰克图以西十数卡伦，你之布里雅特、哈里雅特不法，故致有乌呼勤咱之事。今你国宜严加禁束，杜其盗窃。（一）此次通市，一切仍照旧章，已颁行你萨那特衙门矣。两边民人交涉事件，如盗贼、人命，各就查验缉获罪犯，会同边界员审讯。明确后，本处属下人由本处治罪，你处属下人由你处治罪，各行文知照示众。其盗窃之物，或一倍，或几倍罚赔，一切皆照旧例办理。"

清初与俄国交涉，恒用西洋教士，以其通两国之文字也。

《正教奉褒》（黄伯禄）："康熙二十五年，上遣闵明我执兵部文，泛海，由欧罗巴洲往俄罗斯京，会商交涉事宜。""二十八年，徐日昇、张诚奉命随同内大臣索额图等往塞外，与俄国会议两国边疆。""二十八年，徐日昇、张诚奉命随内大臣索额图等往尼布楚会晤俄国使臣，勘议两国疆界。议定约章七条，书满、汉、拉提诺、蒙古、俄罗斯五体文字。两国使臣相会，日昇将约章当场宣读。毕，两国使臣俱画押盖印，各执一份。""三十三年，闵明我回华复命，奏陈遵旨会商各情。"

其后虽因俄事，命翰林等习外国文字，然亦未闻精于俄文者。

> 《柔远记》："康熙四十四年，大学士等以俄罗斯贸易来使赍至原文，翻译进呈。上阅之曰：此乃拉提诺（拉丁）、托多乌祖克（蒙古）、俄罗斯三种文也，此后翰林院宜学习外国文字。"

而俄国与中国通商，乃特遣子弟来学满、汉语言文字。

> 《俄罗斯盟聘记》（魏源）："俄罗斯国在大西洋，崇天主教，其南境近哈萨克者，崇回教，其东境近蒙古者，崇佛教。故尝遣人至中国，学喇嘛经典，以绥东方之众。并遣子弟入国子监，习满、汉语言文字，居于旧会同馆，十年更代为例。"①

且以其书籍与中国交换佛经。

> 《俄罗斯盟聘记》："道光二十五年，汗上表言：《丹珠尔经》，佛教所重，而本国无之，奏求颁赐。上命发雍和宫藏奉八百余册赐之。越数月，其汗因肄业换班学生进京，乃尽缮其国所有书籍来献，凡三百五十七号，有书有图，通体皆俄罗斯字。当事奏请存于理藩院，以俟翻译焉。"

盖其时清之国势强于俄，故文字随之而有轻重也。又其时海上航行未若后来之利便，俄之所需茶叶、大黄，皆借陆地输出，闭关停市，亦足以控制之。

---

①《柔远记》："雍正五年，定俄人采学喇嘛者额数六人，学生额数四人。十年更代为例，派满洲助教一人、汉助教一人教习之。"

《簷曝杂记》（赵翼）："中国随地产茶，无足异也。而西北游牧诸部，则恃以为命，其所食膻酪甚肥腻，非此无以清荣卫也。自前明已设茶马御史，以茶易马，外番多款塞，我朝尤以是为抚驭之资。喀尔喀及蒙古回部，无不仰给焉。大西洋距中国十万里，其番舶来，所需中国之物，亦惟茶是急，满船载归，则其用且极于西海以外矣。俄罗斯则又以中国之大黄为上药，病者非此不治，旧尝通贡使，许其市易。其入口处曰恰克图，后有数事渝约，上命绝其互市，禁大黄勿出口，俄罗斯遂惧而不敢生事。"

道、咸以降，轮舶大通，其形势始变焉。

雍正中，西南洋诸国多来互市，

《柔远记》："雍正七年，西南洋诸国来互市。先是康熙中虽设海关与大西洋互市，尚严南洋诸国商贩之禁。自安南外，并禁止内地人民往贩。比因粤、闽、浙各疆臣以弛禁奏请，是年遂大开洋禁，凡南洋之广南港口、柬埔寨，及西南之𫟷仔、六坤、大呢、吉兰丹、丁噶奴、单咀、彭亨诸国，咸来互市。"

瑞典亦以此时始通中国。

《柔远记》："雍正十年，瑞丁来互市。"（瑞丁国即瑞典，粤中呼为蓝旗国。）

乾隆中，苏禄欲以土地编入版图。

《柔远记》："乾隆十九年，苏禄入贡，禁商民充外洋正副贡使。""时苏禄国苏老丹嘛喊味安柔律噒，遣使附闽人杨大成船入贡，福建巡抚陈宏谋以闻。部议该国王遣使唠独万喳喇等，赍捧表文方物来闽，应如所请，给夫马勘合，委员伴送来京。所带土产货物，听照例贸易，免征关税。惟该国以杨大成列为副使，杨大成即武举杨廷魁，缘事被斥，复借出洋贸易，冒充该国副使，若不严加惩儆，恐内地民人习以为常，出洋滋事，应请照例发黑龙江充当苦差。并行文该督抚知照该国王，嗣后凡内地在洋贸易之人，不得令承充正副使。至该国王愿以地土丁户编入天朝图籍，伏思我朝统御中外，荒夷向化。该国土地人民久在薄海臣服之内，该国王恳请来年专使赍送图籍之处，应毋庸议，从之。”

美利坚亦来市茶。

《柔远记》：“乾隆四十九年，米利坚来购茶。”“米利坚，粤东俗称花旗，北亚墨利加洲大国也。”“华盛顿甫立新国，即于是年遣船至中国购茶，是为米利坚来粤互市之始。”

清之国势之隆，正如日之方中。故于英使马加尼之来，痛挫折之，英人亦无如之何。

《石渠馀纪》（王庆云）：“乾隆五十七年冬十月，广东巡抚郭世勋奏称：英吉利国夷人至粤，译言国王以前年大皇帝八旬万寿，遣使臣马戛尔尼（George，Earl of Macartney）航海至京修贡，约明年二、三月可抵天津。……次年五月十二日，贡船始过澳门，二十七日泊定海，六月十三日过登州庙岛。船中夷官五十余人，从人水手八百余名，各疆吏次第以闻。时车驾驻热河，命盐政瑞徵护送以来。……督臣梁肯堂宣旨，贡使但免冠竦立。瑞徵为言连日学习跪叩，乃使钦天监副索德超、贺清泰等至热河带领，以皆西洋人，便肄习也。

八月，贡使至山庄。上谕：使臣礼节多未谙悉，朕心深为不惬。前此沿途款接过优，以致妄自骄矜，将来应由内河水路，前抵江南。由长江渡梅岭，再由水路至广东，供顿不可过丰。经过营汛墩台，务须完整严肃，以昭威重。寻军机大臣以训戒夷使，颇知悔惧闻。时外藩咸集山庄庆贺，上连日御万树园大幄次及澹泊敬诚殿，马戛尔尼偕副使斯当东（George Staunton）等，卒随缅甸诸陪臣舞蹈跪叩，宴赉成礼而退。于是许令由宁波乘船回国。……及译出表文，则有派人留京照料买卖学习教化之请，有宁波、天津收泊交易之请，有照俄罗斯在京设立货行之请，有给珠山相近小海岛居住之请，有给广东省城小地方一处之请，有澳门居住夷人出入自便之请，有广东下澳门由内河且减税之请，又使臣谩言请准夷人传教。上震怒，既责夷使以所请皆不可行，又于答给国王敕书之外，别为敕谕一道，前后二千六百余言，反复开谕。……乃定以九月三日，令侍郎松筠押带，由定海上船回国。马戛尔尼请改由内地至粤，松筠许之。”

然后来割地租地，传教通商，以及最惠条例，利益均沾之事，均萌芽于是时矣。

嘉庆中，禁英人传教，

《柔远记》：“嘉庆十二年冬十一月，禁英人传教。先是乾隆间，英人斯当东随贡使至京，后贡使归，斯当东留住澳门，诱惑愚民甚众。至是降旨，闻有英吉利夷人斯当东，留住澳门已二十年，通晓汉语，夷人来粤者，大率听其教诱，日久恐至滋生事端，著蒋修铦等查明妥办。”

又却其贡使，

《柔远记》：“嘉庆二十一年六月，英吉利贡使罗尔美都（Lord

Amherst）、副贡使马礼逊（Robert Morison）乘贡舟五，达天津。上命户部尚书和世泰、工部尚书苏楞额往天津，率长芦盐政广惠，料理贡使来京。一昼夜间，驰至圆明园。诘朝，上升殿受朝会，时正使已病，副使言衣车未至，无朝服，何以成礼？和世泰惧获谴，遂饰奏贡两使皆病。上怒，却其贡不纳，遣广惠伴押使臣回粤。”

而其测我内情益熟。至道光中，遂有鸦片之战。

鸦片产于印度，唐代译籍已载吸烟之事。

《癸巳类稿》（俞正燮）：“鸦片烟事述唐译《毗耶那杂事律》云：在王城婴病，吸药烟瘳损，苾刍白佛，有病者听吸烟。佛言，以两碗相合，底上穿孔，中著火置药，以铁管长十二指，置孔吸之。用了，用小袋盛挂杙笎竿上；复用时，置火中，烧以取净。不应用竹，不应水洗。此则西域古有之。”

明代南洋诸国多以之入贡。

《癸巳类稿》：“明四译馆同文堂外国来文八册，有译出暹罗国来文云：那侃备办金叶表文，差握坤大通事众头目，到广东布政使司，给文赴北京叩头皇帝。”“那侃进皇帝苏木二千斤、树香二千斤、马前二百斤、鸦片二百斤。进皇后苏木一千斤、树香一千斤、马前三百斤、鸦片一百斤。《大明会典》九十七、九十八：‘各国贡物：暹罗、爪哇、榜葛剌三国，俱有乌香，即鸦片。’翻文与会同馆册合，知三国明时已有鸦片，且入贡品，盖药物也。”

其价与黄金等。

《癸巳类稿》："明徐伯龄《蟫精隽》云：成化癸卯，令中贵收买鸦片，其价与黄金等。其国自名合浦融。是成化时，市廛已有货卖者。"

而其以商品输入，则自澳门之葡人始。

《清朝全史》（稻叶君山）："外国鸦片初入中国，由通商之葡人始。雍正七年，上谕发布之输入数，一年大约不出二百箱。此输入至乾隆三十八年，专在葡人手中。""盖十八世纪时，外国输入鸦片，仅为医药用品，已经许可。明万历十七年，对于鸦片、没药、乳香、阿魏等商品之输入，课取关税。万历四十三年，及康熙二十七年、雍正十一年，制定税则，鸦片亦照样处置。乾隆十八年，广东税关之记录中，鸦片一担，取三两。自雍正七年起，外国鸦片输入，不受中国政府之关涉。至乾隆三十八年止，每年约加增二十箱。"

清乾隆中，英之印度公司专卖鸦片，输入日增，始为祸于中国。

《柔远记》："鸦片烟，一曰波毕（Poppy），一曰芙蓉，一曰阿片，本罂粟壳所造，产印度之孟加拉及麻打拉萨、孟买诸处，有公班白皮、红皮、大小土之分。明中叶始入中国，① 康熙初，以药材入口，每担税银三两，又每包加税二两四分五厘，时尚无吸食者。其入内地，附西洋诸商船，岁不过二百箱。自英吉利在孟加拉购片土，立市埔，至乾隆二十年，因构衅剪灭孟加拉，乘胜蚕食吾印度诸部。其中东南三部，则全为所役属。地产棉花，又产鸦片，英人倍征其税，遂专擅印度鸦片之利。其运载亦附英人船旗，船名格拉巴，约载三百趸②。每箱载两

① 见李时珍《本草纲目》及龚云林《医鉴》。

② 千六百八十斤为一趸。

满，每满各重六十七棒[1]，其价自一千三百至千五百鲁卑不等，[2]以分售各处。乾隆季年，闽、粤吸食渐多，粤督奏禁入口，然官吏奉行有名无实。”《清朝全史》：“乾隆三十八年，英国东印度会社，获取由孟加拉、彼哇及俄利萨产出鸦片之专卖权。而英国商人最初输入鸦片即在乾隆三十八年，由加尔格达（Calcutta）送于广东。乾隆五十四年，由印度输出，渐次增加至四千零五十四箱。由是中国国内到处皆有鸦片，惟广东为最，因外国鸦片皆由此地进入，供给他处。”

其后英虽废公司专卖之权，而其国家仍许商人运售鸦片。输入之数，更盛于前。

《柔远记》：“道光十三年，英商公司罢。”“十四年，英国王遣领事律劳卑（Load Napier）来粤。”“十六年，继遣义律（Captain Charles Elliot）来粤，设审判衙门，专理各洋商交涉讼事，其贸易仍听散商自理。”“道光十八年，鸿胪寺卿黄爵滋奏：自鸦片流入中国，道光三年以前，每岁漏银数百万两。其初不过纨袴子弟，习为浮靡。嗣后上自官府搢绅，下至工商优隶，以及妇女僧尼道士，随在吸食。粤省奸商，勾通兵弁，用扒龙、快蟹等船，运银出洋，运烟入口，故自道光三年至十一年，岁漏银一千七百万两；十一年至十四年，岁漏银二千余万两；十四年至今，渐漏至三千万两之多。福建、浙江、山东、天津各海口，合之亦数千万两。以中土有用之财，填海外无穷之壑，为此害人之物，渐成病国之忧，日复一日，不知伊于胡底。查鸦片烟制自英吉利，严禁本国人勿食，专以诱他国之人，使其软弱，既以此取葛留巴，又欲诱安南，为安南严禁始绝。今则蔓延中国，槁人形骸，蛊人心志，丧人身家，实生民未有之大患，其祸烈于洪水猛兽。”

---

① 十二两一棒。

② 二鲁卑值一番银。

是实国际史上最大之污点也。

粤之通商，以洋行为之介，输出输入，悉由洋行，所谓官商也。

《南越笔记》（李调元）："广州城南设有十三行。""按十三行，今实止八行：为丰进、泰和、同文、而益、逢源、源泉、广顺、裕元云。"《清朝全史》："自十七世纪末年以前，在中国通商之外人，皆集中于广东。""当时有所谓官商者，其性质实指定一人为经手人，外国人等购买茶绢，皆出于其手。又其时外货销入内地者，由彼购买少数，以限制之。""康熙五十九年，广东商人等组织一种机关，名曰公行。其目的，专为划定价格而设，即贩卖于欧人之货物，彼等定以正当之价格，不论卖者为何人，总之对于货物应得若干之纯利益。""乾隆三十六年，公行解散。四十七年，又设立公行，对于外国通商，为唯一之经理者，又对于政府命令，保证其适当之服从，成为政府与外商之传递机关，又可作为介绍者。""此后六十年间，公行所有特权及组织，毫无改变。"

而官吏因缘为奸，所损于外商者至巨。

《柔远记》："嘉庆十五年，英商请减行用银，不许。行用者，每价银一两，奏抽三分，以给洋行商人之辛工也。继而军需出其中，贡项出其中，各商摊还洋行货亦出其中，遂分内用、外用名目。此外尚有官吏之需求，与间游之款接，亦皆出于入口、出口长落之货价，以故洋利渐薄。是年大班喇咈等诉于广东巡抚韩崶，略曰：始时洋商行用少，与夷无大损益，今行用日夥，致坏远人贸迁。如棉花一项，每石价银八两，行用二钱四分，连税银约四钱耳。兹棉花进口，三倍于前，行用亦多至三倍，每石约银二两，即二十倍矣。他货物称是。洋货其何以堪，伏恳酌量裁减。韩崶与总督及属僚核议，佥谓洋人无利可获，或可杜其偕来，遂不许。”

又倚国势之盛，时时凌辱之。

《道光二十年澳门新闻纸》：“三十三年以来，我等所受之凌辱欺负，真系难以比较。中国人不独不准我等与中国官府相交，乃除洋商之外，亦不准我等与中国之人民有一些往来。即各洋商，因系与我等贸易往来，所以亦被中国人之轻忽鄙贱。即在中国人之示谕上，亦以红毛夷人、番鬼等名号，轻贱我等。”

鸦片之利，既可偿行用之损失，而内地之人，复与外商勾结，视为利薮。

《中西纪事》（江上蹇叟）：“道光元年，申烟禁。二年，廷寄交广督阮元密查，奏请暂事羁縻，徐图禁绝。而其时鸦片趸船泊急水门、金星门等处，勾结内地奸民，往来传送，包买则有窑口，说合则有行商，私受土规，则有关汛为之奥援，包揽运载，则有快蟹艇资其护送，于是趸船之来，每岁骤增至数万箱。”《致姚亮甫中丞书》（包世臣）：“烟禁真行，则粤、闽之富人失业，而洋商尤不便此，势必怂恿英夷出头恫喝。又闻粤中水师皆食土规，一旦有事，情必外向。内地既有谋主，沿海复多胁从，英夷亦难保其不生歹心。”

官吏欲禁而有所不能。又其时内治之窳敝，已多为外人所窥破。

《道光二十一年澳门新闻纸》：“当林[①]亲身看守销毁鸦片之时，亦有人将其鸦片成箱偷出，每箱卖银七百至一千元不等。林掌如此

① 指林文忠公则徐。

大权，尚有人胆敢违犯皇帝谕旨，若林一去以后，鸦片必定复兴。”“中国人若可以依靠，北京皇宫内亦不致有鸦片之污秽。”“中国之兵，说有七十万之众，若有事之时，未必有一千合用，余皆系聚集下等之辈。其炮台却似花园之围墙，周围有窗，在海岸远望，亦是破坏。炮架亦不能转动，却似蜂巢。其师船之样，若得一只我等[①]或咪唎㗎之兵船，在一点钟之久，即可赶散各师船。中国敌外国人，不过以纸上言语，真可谓之纸王谕国。”

虽以林则徐之公诚，焚毁烟土，罢英互市，卒不能申其志。

《柔远志》：“道光十九年春正月，钦差大臣林则徐至广东，查禁鸦片烟。夏四月，毁鸦片烟土。[②]十一月罢英吉利互市。”“二十二年八月，英义律来天津要抚，以琦善为钦差大臣赴粤，罢两广总督林则徐。”

卒劫于英之武力，割香港，赔烟款，立五口通商之约焉。

《柔远记》：“道光二十一年春正月，琦善以香港许英。二月，英人寇虎门。四月，犯广州城。七月，陷厦门。八月，陷定海、镇海，进据宁波府。二十二年二月，攻慈溪。四月，犯乍浦。五月，陷宝山、上海，犯松江府。六月，陷镇江。七月，犯江宁。耆英、伊里布、牛鉴与英人成和。”

《约章大全》：“《中英江宁条约》十三款：（一）嗣后大清大皇帝、大英国君主，永存和平。所属华英人民，彼此友睦，各住他国者，

---

① 当是英人自称。

② 通查趸船所存烟土，实数呈出凡一万二百八十三箱。即在虎门外销毁，每箱偿茶叶五斤。

必受该国保佑，身家安全。（一）自今以后，大皇帝恩准英国人民，带同所属家眷，寄居沿海之广州、福州、厦门、宁波、上海等五处港口，贸易通商无碍。英国君主派设领事、管事等官，住该五处城邑，专理商贾事宜，与各该地方官公文往来。令英人按照下条开叙之例，清楚交纳货税钞饷等费。（一）因英国商船远路涉洋，往往有损坏须修补者，自应给予沿海一处，以便修船及存守所用物料。今大皇帝准将香港一岛，给予英国君主，暨嗣后世袭主位者，常远主掌，任便立法治理。（一）因钦差大臣等，于道光十九年二月间，将英国领事官及民人等强留粤省，吓以死罪，索出鸦片以为赎命。今大皇帝准以洋银六百万元，补偿原价。（一）凡英国商民在粤贸易，向例全归额设行商，亦称公行者承办。今大皇帝准其嗣后不必仍照向例，凡有英商等赴各该口贸易者，勿论与何商交易，均听其便。且向例额设行商等，内有累欠英商甚多，无措清还者。今酌定洋银三百万元，作为商欠之数，由中国官为偿还。（一）钦差大臣等向英国官民人等不公强办，致须拨发军士，讨求伸理，今酌定水陆军费洋银一千二百万元，大皇帝准为偿补。惟自道光二十一年六月十五日以后，英国在各城收过银两之数，按数扣除。（一）以上酌定银数，共二千一百万元。此时交银六百万元；癸卯年六月间，交银三百万元，十二月间，交银三百万元，共银六百万元；甲辰年六月间，交银二百五十万元，十二月间，交银二百五十万元，共银五百万元；乙巳年六月间，交银二百万元，十二月间，交银二百万元，共银四百万元。自壬寅年起，至乙巳年止，四年共交银二千一百万元。倘按期未能交足，则酌定每年每百元应加息五元。（一）凡系英国人，无论本国属国军民等，今在中国所管辖各地方被禁者，大皇帝准即释放。（一）凡系中国人，前往英人所据之邑居住者，或与英人有来往者，或有跟随及伺候英国官人者，均由大皇帝俯降谕旨，誊录天下，恩准免罪。凡系中国人为英国事被拿监禁者，亦加恩释放。（一）前第二条内言明开关，俾英国商民居住通商之广州等五处，应纳进口出口货税饷费，均宜秉公议定则例，由部颁发晓示，以便英商按例交纳。今又议定，英国货物自在某港按例纳税后，即准由中国商人遍运天下。而路所经过税关，不得加重税例，只可照估价则例若干，每两加税不过某分。（一）议定英国住中国之总管大员，与中国大臣无论京内京外者，有文书来往，用照会字样，英国属员，用申陈字样，大臣批复，用札行字样。两国属员往来，必当平行照会。若两国商贾上达官宪，不在议内，仍用奏明字样。（一）俟奉大皇帝允准和约各条施行，并以此时准交之六百万元交清，英国水陆军士当即退出江宁、京口等处江面，并不再行拦阻中国各省商贾贸易，至镇海之招宝山亦将退让，惟有定海县之舟山海岛、厦门厅之鼓浪屿小岛，仍归英兵暂为驻守，迨及所议洋银全数交清，而前议各海口均已开关，俾英人通商后，即将驻守二处军士退出，不复占据。（一）以上各条，均关议和要约，应俟大臣等分别奏明大清大皇帝、大英君主，各用朱、亲笔批准后，即速行相交，俾两国分执一册，以昭信守。”

第十二章　内治之腐败及白莲发捻之乱

自乾隆中叶，至道、咸间，清代内治之腐败，达于极度。虽无外患，亦不足以自保。盖高宗习于汰侈，务为夸大，金川、缅甸、安南诸役，俱以苟且蒇事。而朝野莫敢直言，相尚以欺诈蒙蔽，积之既久，如痈决疣溃，所在皆患。而继起者，复皆庸碌无能之辈，浸淫酝酿，愈引愈巨，清之祚几斩焉。借非汉族出死力以维之，清之亡久矣。然当时政治之腐败，不尽由于满人，大小官吏，贪墨狼藉，十九皆汉人也。要亦以劫于满人之威势，有明知其不可，而不得不为之者，观当时诸人之言论可见。

> 《圣武记》（魏源）："国朝军需，固皆发帑，无加赋，而州县吏私派之弊，实不能免，边省尤甚。乾隆征缅之役，调满洲索伦兵各五千，朝廷轸念民艰，每站夫马倍给雇价，然多供有司侵润，未必宽差徭以实惠也。其见于赵氏翼《簷曝杂记》者曰：镇安府应兵夫马，皆民间按田均派。每粮银一两，科至六两余，因藩库不先发，令有司垫办，有司亦令民垫办。俟差事毕，始给，及差毕而给否莫敢过问矣。至黔苗应徭役，一家出夫，则数家助之，故夫役尤多云云。此皆令典所无，甚有军需告竣，而已加之赋，吏不肯减，遂沿为成例者。"

此仅指边地言也，实则其时州县侵蚀贪冒，所在皆是。洪亮吉《征邪教疏》言之：

今日州县之恶，百倍于十年二十年以前。上敢隳天子之法，下敢竭百姓之资。以臣所闻，湖北之宜昌，四川之达州，虽稍有邪教，然民皆保身家，恋妻子，不敢犯法也。州县官既不能消弭化导于前，及事有萌蘖，即借邪教之名，把持之，诛求之，不逼至于为贼不止。臣请凡邪教所起之地，必究其激变与否，与起衅之由，而分别惩治之。或以为事当从缓，然此辈实不可一日姑容。明示创惩，既可舒万姓之冤，亦可塞邪民之口。盖今日州县，其罪有三：凡朝廷捐赈抚恤之项，中饱于有司，皆声言填补亏空，是上恩不逮下，一也；无事则蚀粮冒饷，有事则避罪就功，府县以蒙其道府，道府以蒙其督抚，甚至督抚即以蒙皇上，是使下情不上达，二也；有功则长随幕友皆得冒之，失事则掩取迁流颠踣于道之良民以塞责，然此实不止州县，封疆之大吏、统率之将弁，皆公然行之，安怪州县之效尤乎？三也。

章学诚《上执政论时务书》言之：

近年以来，内患莫甚于蒙蔽，外患莫大于教匪，事虽二致，理实相因。……贼扬言官逼民反，九重既知之矣。夫由官逼民反观之，则吏治一日不清，逆贼一日得借口以惑众也。以良民胁从推之，则吏治之坏，恐亦有类于胁从者也。盖事有必至，理有固然。天下之患，莫患于知其不可，而群趋于不得不然之势，今之州县是也。……夫贼之反，以官逼为辞，而吏治之坏，又有不得不然之说。则吏治与寇患，相为呼吸，必当切究其故而急去之，斯非一切庶事可以从容待次第者比也。州县仓库空虚，缓急俱不可恃，此根本之说也。州县典守皆不可信，一切留存预备之项，多提贮于司库，此救弊而不揣其本者也。此犹未见寇患相与呼吸，其最与寇患相呼吸者，情知亏空为患，而上下相与讲求弥补，谓之设法。天下未有盈千百万已亏之项，只此有无出纳之数，而可为弥补之法者也。设法者，巧取于民之别名耳。……盖既讲设法，上下不能不讲通融。州县有千金之通融，则胥役得乘而牟万金之利；督抚有万金之通融，州县得乘而牟十万之利。……韦布书生，初膺民社，趋谒大吏，首请指挥，即令肩承前官累万盈千亏项，责以分卯限年，设法弥补。强者欲矫名节而无从，弱者欲退初服而无路。惟有俯就羁勒，驰驱于习俗之中，久且心与之化，而不肖者之因以为利，又无论矣。……侧闻所设之法，有通扣养廉，而不问有无亏项者矣。有因一州县所亏之大，而分累数州县者矣。有人地本属相宜，特因不善设法，上司委员代署，而勒本员闲坐县城，或令代摄佐贰者矣。有贪劣有据，勒令缴出赃金，而掩复其事者矣。有声名向属狼藉，幸未破案，而丁故回籍，或升调别省，勒令罚金若干，免其查究者矣。有肮脏之缺，不问人地宜否，但能担任弥补，许买升调者矣。……种种意料难测，笔墨难罄之弊，皆由设法而生。

而洪以直言被罪，章言之亦不见听。

《清先正事略》（李元度）：“洪稚存先生初第时，大臣掌翰林院者，网罗人才，以倾动声誉。先生知其无成，欲早自异，遂于御试《征邪教疏》内，力陈中外弊政，发其所忌。又先生上书成亲王暨当事大僚言事，成亲王以闻，即日落职，交刑部治罪。奏上，免死，戍伊犁。”

盖清自和珅用事以来，上下相蒙，公私交困，非一日也。

《上执政言事务书》：“自乾隆四十五年以来，讫于嘉庆三年而往，和珅用事几二十年，上下相蒙，惟事婪赃渎货。始则蚕食，渐至鲸吞。初以千百计者，俄而非万不交注矣，俄而万且以数计矣，俄而数十万计、百万计矣。一时不能猝办，由藩库代支，州县徐括民财归款。贪墨大吏，胸臆习为宽侈，视万金呈纳，不过同于壶箪馈问。属吏迎合，非倍往日之搜罗剔括，不能博其一欢。官场如此，日甚一日，则今之盈千百万所以干而竭者，其流溢所注，必有在矣。道府州县向以狼藉著者，询于旧治可知。而奸胥巨魁，如东南户漕、西北兵驿，盈千累万，助虐肥家，亦必可知。督抚两司，向以贪墨闻者，询于廷臣可知。圣主神明洞鉴，亦必有知其概者，此辈蠹国殃民，今之寇患，皆其所酿；今之亏空，皆其所开。其罪浮于川陕教匪，骈诛未足蔽辜。”

由嘉庆至道光，迭经内外祸乱，而其弊依然不改，且加甚焉。刘蓉致某官书曾痛言之：

“今天下之吏亦众矣，未闻有以安民为事者，而赋敛之横，刑罚之滥，朘民膏而殃民命者，天下皆是。”“国家牧民之吏，其始取之也，以记诵词章，而不必有德行道艺之实；其职之也，以科条律令，而不必有慈祥仁爱之施；其课之也，以钱谷刑名，而不必有抚字教化之效，是固已失出治安民之本矣。况夫科目之外，又杂以捐纳之途，是驱之使责偿于民，而肆其贪婪之志也。法律之外，又加以条例之烦，是借之使挟以为奸，而制其死生之命也。考成之外，又责以苞苴之私，是教之使敛怨于下，而快其溪壑之欲也。是以才者既尽其所欲为，而不顾斯民之疾苦，不才者又茫然不省，一听猾胥之所欲为，而因以便其私计。”“又有甚者，府史胥徒之属，不名一艺，而坐食于州县之间者，以千计。而各家之中，不耕织而享鲜美者，不下万焉。乡里小民，偶有睚眦之故，相与把持愚弄，不破其家不止。”“今之大吏，以苞苴之多寡，为课绩之重轻，而黜陟之典乱。今之小吏，以货贿之盈虚，决讼事之曲直，而刑赏之权乖。”“州县之中，稍有洁己自好者，不惟白首下僚，无望夫官阶之转，而参劾且随之。而贪污者流，既以肥身家、乐妻子，而升擢之荣，岁且数至。彼此相形，利害悬绝，彼廉吏者，名既无成，利亦弗就。而独舍天下之所甚利，犯当世之所甚忌，此岂其情也哉！宜乎竞通私贿，煽起贪风，虽或负初心，亏素守，然犹每顾而不悔者也。”“民之黠者，既巧为规避，而非法律所得制；富者，又得以献纳鬻免，虽罹禁网而不刑。是以法之所及，止于愚鲁贫民；而豪猾者流，日寝馈于法禁之中，而常逍遥于文网之外。于是法律之施，不惟不足以整齐夫风俗，又且驱天下之风俗而益败坏之。”“今天下僻远之邑，绿林深密之地，盗贼群聚而据焉。大者以千计，小者亦以百计，造栅置寨，屠狗椎牛，昼则群饮于市肆，赌博叫嚣，夜则劫掠于乡村，纵横骚扰。而乡里莫之敢发，州县莫之敢问，隶卒莫之敢撄者，诚畏其势而无可如何也。夫国家治盗之法亦严矣，然而令行而禁不止，此其弊有二：一则纵贼以为利，一则讳盗以为功。今穿窬小贼，每流乡里，惟强有力者，乃能自捕而解之县。县得民之资，而后系之，旋纳盗之贿，而又出之。是故盗以图圄为逆旅，而吏视盗贼犹客商，此所谓纵贼以为利之弊也。至其大者，则又修好于乡里之民，以固其巢穴；缔交于豪强之吏，以广其羽翼。而势焰既张，有司者熟视而莫敢发，苟发而不能捕，捕而不能获，则参罚且随其后。今一讳之，苟不至于劫财害命，则固可以幸旦夕之安，而不病于考成之法，此所谓讳盗以为功者也。”“往岁洋烟之禁初下，诏旨严切。有犯者，大则诛辟，小则流配，不三数日，而决遣已定。盖国家立法之严，大吏奉法之亟，未有捷于此者。然当时吏旨胥役之徒，边远偏僻之邑，肆然犯禁，莫敢过而问焉。不数日而法禁渐弛，纠察渐惰，则城市都会间，盖已有之。半年之后，上下相忘，而价值日廉于旧，若不知此之为禁者。则夫国家政令之不行，与其他良法美意之不克施于下，亦可见矣。”“今时弊之积于下者，不必尽闻于上。其闻于上者，又必再四详慎，不甚关于忌讳，然后敢入告焉。公卿大臣，又必再三审处，不甚戾于成法，然后勉而行焉。则夫弊所及除之端，盖无几耳。而禁令之不行，抑又如此，则是天下之弊，终无厘革之日也。”①

故白莲教、太平军、捻军之迭起为果，而官吏贪墨舞弊实为之因，此清室中叶以降之真相也。

白莲教者，《清朝全史》（稻叶君山）中谓：

“白莲教非始于清朝，元有乐城韩山童者，以其祖父所创之白莲教，煽惑人民，焚香诱众，倡言弥勒佛降生，白莲教之名自此始。”“明天启五年，白莲会又蔓延于山东、直隶、河南、山西、陕西、四川等省。”“清之白莲教教义，以祷告及念咒可以治病号召党徒，与前明不异。”“白莲教之是否邪教，殊未易言。支那民间信仰颇杂，必非出于儒、释、道三教之一途，指人民之信仰即以为邪教，未得为当。究其真意，谓此种信仰稍带有政治意味，未始不可。然事多出于变动之结果，不能归罪于人民信仰，而在上者反卸其责而不问也。”

肇端起于乾隆四十年，至嘉庆九年而事平，

《圣武记》：“乾隆四十年，安徽刘松以河南鹿邑邪教事发，被捕，遣戍甘肃。复分遣其党刘之协、宋之清授教传徒，遍川、陕、湖北。日久，党益众，遂谋不靖，倡言劫运将至，以同教鹿邑王氏子曰发生者，诡明裔朱姓，以煽动流俗。乾隆五十八年，事觉，复捕获，各伏辜。嘉庆元年，湖北、四川教匪起，蔓延河南、陕西、甘肃，乘新政之宵旰，与五省环攻之兵力，且抚且剿，犹七载而后定。靖余孽者又

① 曾纪泽注：“此盖作于道光辛丑、壬寅年间。”

二载，先后糜饷逾万万金。”

后又举事于清宫。

《清朝全史》：“嘉庆十八年，有极大胆之阴谋，破裂于北京宫廷。阴谋作于天理教徒，其时因政府对于白莲教之法律过严，此乃其变名，实则仍为白莲教也。”

是亦可见其时人民仇满之思想。而满清之兵力亦由此而显其不足恃，汉人之团练因之勃兴，是则满、汉势力消长之关键，实在嘉庆初年矣。

《清朝全史》：“嘉庆二年，德楞泰条呈坚壁清野之法。”“又有著名之合州知州龚景瀚条呈谓八旗官兵不可恃，其军纪废弛，所过地方受害甚于盗贼。”“嘉庆四年，尝诏征黑龙江之兵，往返数千里，供应浩繁，水土不服，不熟贼情。计调一黑龙江之兵，可以募数十乡勇，且可卫身家、免虏掠，当使嗣后乡勇有功者，如八旗官兵保奏议恤，以收敌忾同仇之效。可知清廷意在节省经费，募集乡勇，行德楞泰之策。自嘉庆元年至二年，四川一省乡勇之数已越三十万人。”“总之，无论为坚壁清野，或募集乡勇，皆可证明满洲常备军不足以保障国家、维持社会也。”

道光末年，各地土匪蜂起。而洪秀全所部，复明制，蓄发以示敌清，清人谓之“发逆”。洪起兵四年，遂都江宁，建号太平天国。至同治三年六月，清兵克江宁，其事竟败。

《克复江宁折》（曾国藩）：“洪逆倡乱粤西，于今十有五年，窃据金陵者十二年，其蹂躏竟及十六省，沦陷至六百余城之多。”

而其后复有捻军。

《湘军记》(王定安)："捻之患，不知其所自始。或曰：乡民行傩逐疫，裹纸然膏，为龙戏，谓之捻。其后报仇吓财，掠人勒赎，浸淫为寇盗。或数人为一捻，或数十百人为一捻，白昼行劫，名曰定钉。山东之兖、沂、曹，河南之南、汝、光、归，江苏之徐、淮，直隶之大名，安徽之庐、凤、颍、寿，承平时在在有之。""咸丰三年，洪秀全陷安庆，踞金陵，遣党徇临淮、凤阳，出归德以扰河朔，于是皖、豫捻患益炽。"

又越数年，始平。捻为流寇，无宗旨，与太平军殊。然其为清室政治不良造成祸乱之现象，则一也。

太平军之起，以推翻清室、倡行耶教为宗旨。

《湘军记》："洪秀全者，广东花县人。少饮博无赖，敢为大言，粗知书，卖卜为活。闻妖人朱九涛倡上帝会，与同邑冯云山往师之，以其术游广西。桂平曾玉珩延为塾师，武宣萧朝贵与贵县石达开、秦日纲，皆师事秀全。秀全诈死七日，复苏，谬众云，上帝召我，有大劫，拜天则免。遂托泰西人所称耶稣教者，造真言宝诰，谓天曰耶和华，耶稣为长子，秀全次子。其咒辞赞美上帝，以诳众敛钱，男妇多信事之。"《清朝全史》："洪秀全以嘉庆十八年生于广东花县，彼族实由嘉应州移来之客民也。身干长大，有雄姿，略识文字。其父名国游，母早死，颇信基督教。其后得香港美国宣教师罗把兹之教训，然尚未受洗礼。未几，彼忽组织上帝会，其党与为冯云山与洪仁玕。彼主张神圣之三位一体，即第一位为天父，第二位为基督，即天兄，而己则为天弟。""咸丰元年正月，在大黄江自号太平王。闰八月，陷永安州，在此建立太平天国之国号，自称天王。"

世多称其制度，

《清朝全史》："太平军之军制，其初甚为完备。洪王右手握剑，左手捧耶稣教之信条，专鼓吹全军之勇气。""在1858年之末期，置籍太平军者，有五十万乃至六十万之男子，其女子在五十万以上。兵之训练，就定营规条观之，阵营中之教训，并不懈怠。恪遵天命，熟读天条赞美，男女两营有别，禁吸阿片饮酒，约法极严。""太平军初颁之规条如左：（一）恪遵天令。（二）熟识天条赞美，早晚礼拜，以感谢颁布之规矩及诏谕。（三）因欲练成好心肠，不得吸烟饮酒；宜公正和平，毋得弄弊徇情，顺下逆上。（四）同心合力，各遵有司，不得隐藏兵数及收匿金银器饰。（五）男营与女营有别，不得授受相亲。（六）宜熟谙日夜点兵鸣锣吹角擂鼓之号令。（七）无事勿得过他营行别军，以荒误公事。（八）宜学习为官之称呼问答礼制。（九）各整军装枪炮，以备急用。（十）不许谎言国法王章，讹错军机将令。"

且谓其能行共产主义，

《清朝全史》："统治军政，天京分设男馆女馆，分前、后、左、右、中五军。女馆分八军，军有女军师一人，下有女百长数十。此馆之创置，一面预防逃亡，一面便于布教。咸丰三、四年，收容此馆者共计二十四五万人。对于城南之一般住民，行门牌制，凡男子自十六岁至五十岁者，为牌面，其余曰牌尾，以便户口稽查。而土地分给之制，则彼等所创造者也。癸卯三年[①]颁行之天朝田亩制度，分田为九等。每田一亩，以早晚二季出千二百斤者为上上田，出千一百斤者为上中田，以下递减，出四百斤者为下下田。上上田一亩，当下下田三亩，

① 公元1853年。

照人口分给。受田之标准，男妇一人，每十六岁以上，受田；十五岁以下，给其半。若一家六人，三人受好田，三人受劣田，以一年为定。关于此制之精神，确有所在。彼云天下之田，天下之人同耕之。此处不足，迁移彼处；彼处不足，迁移此处。又曰，凡天下之田，丰荒相通，此处若荒，移彼丰处以赈此荒处；彼处若荒，移此丰处以赈彼荒处，务使天下共享天父上主皇上帝之天福。有田同耕，有饭同食，有衣同穿，使地无不均匀，使人无不饱暖。此等理想之下，土地田亩不为私有，金钱不许私藏，故贮藏银十两、金一两者为私藏犯法，须处罚云。”

然其理想单简，务破坏中国从来一切制度，而未能得他国完美之法以为之导，故其法制可称者止此。其后据地广袤，日事兵争，救死不暇，亦无复建设之力矣。

因太平军之反动，而满洲之势力益衰。湘军崛起，以书生农夫，奋死与洪、杨角逐，而后满洲之兵权几完全归于汉人之手。

《湘军记》：“自洪、杨倡乱，大吏久不习兵。绿营呰窳骄惰，闻征调则惊号，比至前敌，秦、越、楚、燕之士，杂糅并进。胜则相妒，败不相救，号令歧出，各分畛域，迄不得一兵之用。于是诸路将帅，颇厌征调劳费，稍事招募。潮勇川勇，萌蘖渐起。然其人多游民剧盗，剽悍绎骚，民尤患苦之。江忠源初创楚军，刘长佑助之，挈其乡人子弟，慷慨赴敌。始讲节制，禁骚扰，义声日起。其时草昧缔构，实为湘军滥觞。迨曾国藩以儒臣治军长沙，罗泽南、王鑫皆起诸生，讲学敦气谊，乃选士人，领山农。滑弁游卒及市井无赖，摈斥不用。初立三百六十人为一营，已而改五百人为一营，营分四哨，哨官四人，统以营官。自两营迄数十营，视材之大小而设统领焉。”“一营之中，指臂相联，弁勇视营哨官，营哨官视统领，统领视大帅，皆如子弟之事其父兄焉。”“其后湘军战功遍天下，从戎者日益众。迨左宗棠、刘锦棠平秦、陇，率师出关，所部百数十营。虽号老湘营，间用他省人，错杂其间。然其营制薪粮，犹遵循未改也。”

淮军继之，参以西法，遂开近数十年军阀之统系焉。

《淮军平捻记》（周世澄）：“淮军之始也，于同治元年，其营制一准楚勇。”“淮军之精于炮火也，以李公之雇募英、法弁兵教练洋枪队始。李公初至上海，雇募英、法弁兵通习军器者，仿照制办，并令参将韩殿甲督率中国工匠，尽心学习。”《清朝全史》：“当时上海富商，组织一爱国会，各出军资，使欧人助之，以防太平军。美国人华尔及白齐文，受爱国会之嘱托，于1860年6月募集欧人一百、马尼亚人二百，攻击松江。”“华尔转战浙江慈溪阵亡，白齐文后以不服从清吏而解职，英国陆军少将戈登代之，统率常胜军。”

世谓湘军之精神，在维持名教，

《清朝全史》：“咸丰四年，曾国藩颁布讨粤匪檄。……自唐、虞三代以来，历世圣人，扶持名教，敦叙人伦，君臣父子，上下尊卑，秩然如冠履之不可倒置。粤匪窃外夷之绪，崇天主之教，自其伪君伪相，下逮兵卒贱役，皆以兄弟称之，谓惟天可称父，此外凡民之父，皆兄弟也；凡民之母，皆姊妹也。农不能自耕以纳赋，谓田皆天主之田也；商不能自贾以取息，谓货皆天主之货也；士不能诵孔子之经，而别有所谓耶稣之说、新约之书。举中国数千年礼义人伦诗书典则，一旦扫地荡尽，此岂独我大清之变，乃开辟以来，名教之奇变，我孔子、孟子之所痛哭于九泉。凡读书识字者，又焉能袖手坐观，不思一为之所也。自古生有功德，没则为神，王道治明，神道治幽，虽乱臣贼子，穷凶极丑，亦往往敬畏神祇。李自成至曲阜，不犯圣庙；张献忠至梓潼，亦祭文昌。粤匪焚郴州之学宫，毁宣圣之木主，十哲两庑，狼藉满地。所过州县，先毁庙宇，即忠臣义士，如关帝、岳王之凛凛，亦污其宫室，残其身首，以致佛寺道院、城隍社坛，无庙不焚，无像不灭，此又鬼神所共愤怒，欲一雪此憾于冥冥之中者也。”“湘中主将，皆系书生，只知中国固有之学问名教。曾之檄文，实湘军之精神。彼指摘洪军焚郴州之学宫、孔子之木主及十哲之两庑等，谓孔子、孟子当痛哭于九泉，此语最为紧要。后日洪军之政策，亦许读孔孟书，以冀人心之和缓矣。……湘军非勤王主义，亦非雷同性之侵略，意在维持名教。其最终之目的，即恢复异宗教之南京是也。是故湘军可称为一种宗教军。”

观彭玉麟之宗旨，固可以见湘军之动机。

《清朝全史》：“彭玉麟为长江水师之指挥者，三十余年之久。当从军之初，立二誓约：其一曰不私财，其二曰不受朝廷之官。咸丰十一年，授安徽巡抚，彼辞不受。同治三年，克复南京，赏一等轻车都尉世爵，加太子少保衔，续任为漕运总督，朝赏频至，彼亦不受。彼上痛切之辞表曰：‘臣本寒儒，佣书养母，咸丰三年母物故，曾国藩谬用虚名，强之入营。初次臣见国藩，誓必不受朝廷之官职，国藩见臣语诚实，许之。顾十余年来，任知府，擢巡抚，由提督补侍郎，未尝一日居其任。应领收之俸给及一切银两，从未领纳丝毫，诚以朝恩实受，官犹虚也。’又曰：‘臣素无室家之乐、安逸之志，治军十余年，未尝营一瓦之覆、一亩之殖，受伤积劳，未尝请一日之假，终年于风涛矢石之中，未尝移居岸上，以求一人之安，诚以亲丧未终，出从戎旅也。既难免不孝之罪，又岂敢为一己之图乎！臣尝闻士大夫之出处进退，关于风俗之盛衰，臣既从军，志在灭贼，贼既灭而不归，近于贪位。夫天下之乱，不徒在盗贼之未平，而在士大

> 夫之进无礼退无义。中兴大业，宜扶树名教，振起人心’云。……彼扩张长江水师，使至一万余人。一切兵饷，以盐税及长江厘金税充之，不烦户部。乱平后，尚余六十余万，报告两江总督，寄托于盐道之手，取其利息，加水师公费。彼曰：‘予以寒士来，愿以寒士归也。’观以上之事实，湘军组织之动机，非对于朝廷之义务，又不为赏爵所激动，全由自卫之必要而起。然则洪军之平定，枢纽于湘军，与朝廷无涉，而朝廷之设施，直隔靴搔痒而已。”

然亦足征吾国人之能力，虽以满清之压制，亦能崛起而大有为。惜乎，后来之淮军，无此风气也！

第十三章　外患与变法

清代之外患，虽自鸦片之战始，然壬寅立约后，朝野上下，一切如故，初未因外患而有所变革也。因外患而有所变革，自咸丰庚申始，而其事尤极可笑。初则以禁洋人入广东省城启衅，而有《天津和约》，继则以禁洋人入北京启衅，而有《北京和约》，而增开口岸，

《咸丰八年中英续约》第十款："长江一带各口，英商船只俱可通商。惟现在长江上下游均有贼匪，除镇江一年后立口通商外，其余俟地方平靖。大英钦差大臣与大清特派之大学士尚书会议，准将自汉口溯流至海各地，选择不逾三口，准为英船出进货物通商之区。"第十一款："广州、福州、厦门、宁波、上海五处，已有《江宁条约》旧准通商外，即在牛庄、登州、台湾、潮州、琼州等府城口，嗣后皆准英商亦可任意与无论何人买卖，船货随时往来。至于听便居住、赁房、买屋、租地、起造礼拜堂、医院、坟茔等事，并另有取益防损诸节，悉照已通商五口无异。"《中法条约》第六款："中国多添数港，准令通商，屡试屡验，实为近时切要。因此议定将广东之琼州、潮州。福建之台湾、淡水，山东之登州，江南之江宁六口，与通商之广东、福州、厦门、宁波、上海五口，准令通市无异。"《咸丰十年中英续增条约》第四款："大清大皇帝允以天津郡城海口作为通商之埠，凡有英国民人等至此居住贸易，均照经准各条所开各口章程比例画一无别。"又《中法续约》第七款："从两国大臣画押盖印之日起，直

隶省之天津府克日通商，与别口无异。”

协定税率，

《中英续约》第二十六款：“前在江宁立约第十条内，定进出口各货税。彼时欲综算税饷多寡，均以价值为率，每价百两，征税五两，大概核计，以为公当。旋因条内载列各货种式，多有价值渐减而税饷定额不改，以致原定公平税则，今已较重。拟将旧则重修，允定此项立约，如有印信之后，奏明请派户部大员，即日前赴上海，会同英员迅速商夺。俾俟本约奉到朱批，可即按照新章迅行措办。”第二十七款：“此次新定税则，并通商各款，日后彼此两国再欲重修，以十年为限。期满，须于六个月之前，先行知照，酌量更改。若彼此未曾先期声明更改，税则税课仍照前章完纳，复俟十年，再行更改。以后均照此限此式办理，永行弗替。”《中法条约》：“大法国人在通商各口贸易，凡入口出口，均照两国钦差大臣所定印押而附章程之税则，输纳钞饷。但因两国货物或土产或工艺，一时不同，而价值有低昂之殊，其税则有增减之别，每七年较订一次，以资允协。七年之内，已定税银，将来并不得加增，亦不得有别项规费。”《中国近时外交史》(刘彦)：“独立国家，由主权发动，有制定税率之权，外国商入不可不服从之。以前俄、英商人不过哀求我国减税，朝廷以泽及远人之意，特从宽减。至此以外人之强制，由主客二国协定税率，是独立国大伤体面之事。且此协定税率并非用互惠条款，彼可得之于我，我不能求偿于彼，其损害及于我国财政上经济上尤甚大。”

领事有裁判之权，

《中英续约》第十六款：“英国民人有犯事者，皆由英国惩办；中国人欺凌害英民，皆由中国地方官自行惩办。两国交涉事件，彼此均须会同公平审断，以昭允当。”第十七款：“凡英国民人控告中国民人事件，应先赴领事官衙门投禀，领事官即当查明根由，先行劝息，使不成讼。中国民人有赴领事官告英国民人者，领事官亦应一体劝息，间有不能劝息者，即由中国地方官与领事官会同审办，公平讯断。”《中国近时外交史》：“凡国家对于领土内行使主权，虽外国人不可不服从之，即国家独立权所在也。故外国人入领土内，必服从其法律，领事裁判权许与，则外人入我领土之内，不服从我国法律，即国际法上国家之独立权受制限是也。”

利益有均沾之例，

《中英续约》第五十四款：“上年立约，所有英国官民，理应取益防损各事，今仍存之勿失。倘若他国今后别有润及之处，英国无不同获其美。”《咸丰八年中美条约》第三十款：“现经两国议定，嗣后大清国有何惠政恩典利益施及他国或其商民，无论关涉船只、海面、通商、贸易、政事交往等事情，为该国并其商民从来未沾，抑为此条约所无者，亦当立准大合众国官民一体均沾。”

以及传教游历、

《中英续约》第八款：“耶稣圣教暨天主教，原系为善之道，待人如己。自后凡有传授习学者，一体保护，其安分无过，中国官毫不得刻待禁阻。”《中法条约》第十三款：“天主教原以劝人行善为本，凡奉教之人，皆全获保佑身家，其会同礼拜诵经等事，概听其便。凡按第八款备有盖印执照、安然入内地传教之人，地方官务必厚待保护。凡中国人愿信崇天主教而循规蹈矩者，毫无查禁，皆免惩治。向来所有或写或刻奉禁天主教各明文，无论何处，概行宽免。”《中美条约》：“耶稣基督圣教，又分天主教，原为劝人为善，凡欲人施诸己者，亦如是施于人。嗣后所有安分传教习教之人，当一体矜恤保护，不可欺侮凌虐。凡有遵照教规、安分传习者，他人毋得骚扰。”《中英条约》第九款：“英国民人准听持照前往内地各处游历通商，执照由领事官发给，由地方官盖印。经过地方，如饬交出执照，应即随时呈验，无讹放行。雇人装运行李货物，不得拦阻。如其无照，其中或有讹误，以及有不法情事，就近送交领事官惩办，沿途止可拘禁，不可凌虐。如通商各口，有出外游玩者，地在百里，期在三五日内，毋庸请照。惟水手船上人等不在此例，应由地方官会同领事官，另定章程，妥为弹压。”《中法条约》第八款：“凡大法国人欲至内地及船只不准进之各埠头游行，皆准前往，然务必与本国钦差大臣或领事等官，预领中法合写盖印执照，其执照上仍应有中华地方官钤印以为凭。如遇执照有遗失者，大法国人无以缴送，而地方官员无凭查验，不肯存留，以便再与领事等官复领一件，听凭中国官员护送进口，领事官收管，均不得殴打伤害虐待所获大法国人。凡照旧约在通商各口地方大法国人，或长住，或往来，听其在附近处所散步动作，毋庸领照，一如内地民人无异，惟不得越领事官与地方官议定界址。其驻扎中国大法国官员，如给执照之时，惟不准前往暂有匪徒各省分，其执照惟准给予体面有身家之人为凭。”

售卖洋药、

《中英通商章程》第五款：“向来洋药、铜钱、米谷、豆石、硝磺、白铁等物，例皆不准通商，现定稍宽其禁，听商遵行纳税贸易。洋药准其进口，议定每百斤纳税银三十两。惟该商只准在口销卖，一经离口，即属中国货物，只准华商运入内地，外国商人不得护送，即《天津条约》第九条所载英民持照前往内地通商、并二十八条所载内地关税之例，与洋药无涉。其如何征税，听凭中国办理，嗣后遇修改税则，仍不得按照别货定税。”《中西纪事》（江上蹇叟）：“壬寅约内，绝不提烟土一字。”“自通商议行，鸦片弛禁，于是利权操之于外洋，而烟土遂为各行之首业，此岂特漏卮之患而已哉！”“壬寅通商之后，鸦片之禁大开，直至咸丰八年，始定税则，是法穷则变也。”

禁书“夷”字、

《中英续约》第五十一款：“嗣后各式公文，无论京外内，叙大英国官民，自不得提书‘夷’字。”

自由建造等事，

《咸丰十年中法续约》第六款：“应如道光二十六年正月二十五日上谕，即颁示天下黎民，任各处军民人等传习天主教，会合讲道，建堂礼拜。且将滥行查拿者予以应得处分，又将前谋害奉天主教者之时所充之天主堂、学堂、茔坟、田土、房廊等件，应赎还，交法国驻扎京师之钦差大臣，转交该处奉教之人。并任法国传教士，在各省租买田地，建造自便。”

无往而不允其所请，正不独赔款割地之为国耻也。（咸丰八年，赔英商损害银二百万两、英国军费二百万两，赔法国损害费与军费共银二百万两。咸丰十年，改赔英款为八百万两，法款亦八百万两。咸丰十年，中英续增条约第六款，允以广东九龙司地方一区，付与大英君主。）

清廷受此巨创，始渐有改革政法之意。首建总理各国通商事务衙门，

《柔远记》(王之春)：“咸丰十年冬十月，建总理各国通商事务衙门。时各国交涉纷繁，军机处难以兼理，因议建总理衙门。奉谕，恭亲王等奏办理通商善后章程一折，即照原议办理，京师设立总理各国通商事务衙门。着即派恭亲王奕䜣、大学士桂良、户部左侍郎文祥管理，并着礼部颁给钦命总理各国通商事务关防。应设司员，即于内阁部院军机处各司员内满汉挑取八员，即作为定额，毋庸并兼军机处行走，轮班办理。侍郎衔候补京堂崇厚，着作为办理三口通商大臣，驻扎天津，管理牛庄、天津、登州三口通商事务，会同各该将军督抚府尹办理，并颁给办理三口通商大臣关防。其广州、福州、厦门、宁波、上海及内江三口，潮州、琼州、台湾、淡水各口通商事务，着江苏巡抚薛焕办理。新立口岸，惟牛庄一口，归山海关监督经管。其余登州各口，着该督抚会同崇厚、薛焕派员管理。所有各国照会，随时奏报，并将原照一并呈览，一面咨礼部，转咨总理衙门，并着各该将军、督抚互相知照。其吉林、黑龙江中外边界事件，并着该将军等据实奏报，不准稍有隐饰。”《清会典》：“总理各国事务衙门，亲郡王贝勒大臣大臣上行走，掌各国盟约，昭布朝廷德信，凡水陆出入之赋，舟车互市之制，书币聘賮之宜，中外疆域之限，文译传达之事，民教交涉之端，王大臣率属定议，大事上之，小事则行。每日集公廨以治庶务，奏事日，则直朝房以待召见。”“凡各国使臣入觐，先奏请觐所定期，皇帝御殿阁，则导其使臣入。使臣行礼，如见其国君，使臣呈递国书，代陈御案，使臣陈词，皇帝宣慰毕，则帅以退。”“凡各国使臣以事期会，则入公廨，接以宾礼，纪问答，要事则录备进呈，往会亦如之。”“凡使臣来贺元旦令节，于岁首约期。部院堂官咸集，接以宾礼，往贺亦如之。凡有约之国

十有六：曰俄罗斯[①]，曰英吉利[②]，曰瑞典、那威[③]，曰米利坚[④]，曰法兰西[⑤]，曰德意志[⑥]，曰丹麻尔[⑦]，曰荷兰[⑧]，曰日斯巴尼亚[⑨]。曰比利时[⑩]，曰意大利亚[⑪]，曰奥斯马加[⑫]，曰日本[⑬]，曰秘鲁[⑭]，曰巴西[⑮]，曰葡萄牙[⑯]。分五股以理各国交涉事务：曰俄国股，日本附焉；曰英国股，奥斯马加附焉；曰美国股，德意志、秘鲁、意大利亚、瑞典、那威、比利时、丹麻尔、葡萄牙附焉；曰法国股，荷兰、日斯巴尼亚、巴西附焉；曰海防股。”[⑰]

及同文馆。

《柔远记》：“同治六年春三月，设同文馆于京师。”“时京师有洋

---

① 俄国通商之始，自康熙二十八年议定《黑龙江约》六条，咸丰八年议定《爱珲城约》三条，又立《天津约》十二条，皆在衙门未设以前。

② 道光二十二年，在江宁立条约十三条。

③ 道光二十七年，在广东立约三十三条。

④ 道光二十四年，在广东立约三十四款。

⑤ 咸丰八年，在天津立约四十二款。

⑥ 咸丰十一年，立通商条约四十二款。

⑦ 同治二年，立约五十五款。

⑧ 同治二年，立约十六款。

⑨ 同治三年，立约五十二款。

⑩ 同治四年，立约四十七款。

⑪ 同治五年，立约五十五款。

⑫ 同治八年，立约四十五款。

⑬ 同治十年，立约十八款。

⑭ 同治十三年，立约十九款。

⑮ 光绪七年，立约十七款。

⑯ 光绪十三年，立约五十四款。

⑰ 按《会典》成书律，续订条约各国，曰刚果，则在光绪二十四年；曰墨西哥，曰韩国，则在光绪二十五年，其交涉之事，亦兼附各股。

馆，乃议设同文馆，并招集士子学习推算及泰西文字语言，而雇西人教习，廷臣谏疏皆留中。”《清会典》：“同文馆管理大臣，掌通五大洲之学，以佐朝廷一声教。”“考选八旗子弟与民籍之俊秀者，记名入册，以次传馆。”“设四国语言文字之馆①，曰英文前馆，曰法文前馆，曰俄文前馆，曰德文前馆，曰英文后馆，曰法文后馆，曰俄文后馆，曰德文后馆。”

其议盖发于文祥。

《文文忠公别传》（匡辅之）：“咸丰十年，拟善后章程六条：（一）京师立总理各国事务衙门。（一）分设南北口岸大臣。（一）新立税关，派员专理。（一）各省办理外国事件，将军、督抚互相知照，以免歧误。（一）广东、上海各择通外国语言文字者二人来京，仿俄罗斯馆教习例，选八旗子弟年十三四以下者学。习两年后，考其勤惰，有成者优奖。（一）各海口内外商情，并外国新闻纸，按月咨报总理各国事务衙门备核。”

而其时号为理学者，颇非之。

《倭文端公别传》（匡辅之）：“同治六年正月，同文馆招考天文、算学，由满、汉之正途出身五品以下京外各官考试录取，延聘西人在馆教习。公奏言：立国之道，尚礼义不尚权谋；根本之图，在人心不在技艺。今求诸一艺之末，又奉夷人为师，无论所学未必果精，即使教者诚教，学者诚学，其所成就，不过术数之士，未闻有恃术数而能起衰振靡者也。自耶稣之教盛行，无识愚民，半为所惑，所

① 天文、化学、算学、格致、医学，共八馆。

恃读书明理之儒，或可维持人心。今复举聪明隽秀、国家所培养而储以有用者，使之奉夷人为师，恐所习未必能精，而读书人已为所惑。夫术为六艺之一，本儒者所当知，非歧途可比。然天文、算学，为益甚微，西人教习正途，所损甚大。伏望立罢前议，以维大局而弥隐患。事遂止。旋命公在总理各国事务衙门行走，公恳请收回成命。上不允，寻上疏固辞。”

比遣使出洋，稍识外情，

《柔远记》：“同治七年六月，遣使出洋与美国增订条约。……时外洋诸国公使领事等交错来华，周知内地虚实，而中国于外洋情事，仅得传闻，未亲历目睹。有以彼能来，我亦能往为言者，于是特派钦差为重任大臣，二品顶戴志刚、孙家谷均充办理中外交涉事务大臣，赴大东洋，抵华盛顿，与美国总理各国事务大臣增订条约八款。”《初使泰西记》（满洲宜厚）：“大清同治六年丁卯十二月初二日，总理各国事务衙门，以军功花翎记名海关道总办章京志刚笃实恳挚器识宏通保奏，奉旨派充使臣，与本衙门章京候选知府孙家谷并赏给二品顶戴，偕同美国钦使蒲安臣、英国协理柏卓安、法国协理德善等，恭赍国书，前往西洋有约各国，办理中外交涉事件。”“初十日，使者与孙家谷诣乾清门，预备召见。衔前大臣带领进养心殿，皇太后问由何路行走，奏对由陆路到上海，上火轮船，经日本，过大东洋，到米里坚。由美利坚渡大西洋，到英吉利，过海，到法兰西。往北，顺路到比里时、荷兰、丹麻尔、瑞典、俄罗斯。往南，回路到布路斯，再南，仍经法兰西，到西班牙、意大利。由地中海，经大南洋，顺广东、福建、江、浙中国海面，自天津回京。谕：随从人务须管束，不可被外国人笑话。奏对：谨当严加管束，不准其在外滋事。”《随使日记》（张德彝）：“中国既与海外诸国通商，于是各遣使臣来华驻扎，修和好，保商民，以期办事确切，通信迅速。光绪元年，皇上以华民出洋日众，非有重臣旬宣，不足以资镇抚，特准赍诏前往各国，以通和好。适值英人马嘉理在滇被戕一案，乃奉旨派花翎兵部右侍郎郭嵩焘为正使，花翎三品衔候补五品京堂刘锡鸿为副使，莅英吉利国。”①

始知西洋立国自有本末，

《使西纪程》（郭嵩焘）：“西洋立国自有本末，诚得其道，则相辅以致富强，由此而保国千年可也。不得其道，其祸亦反是。”

欲洗国中积弊而更张之。然其时国人犹蔽于故见，以不谈洋务为高，即有倡议改革者，率为群议所阻。观李鸿章答郭嵩焘书，可知其时之风气矣。

《李文忠朋僚函稿》卷十七《光绪三年复郭筠仙星使书》：“西洋政教规模，弟虽未至其地，留心咨访考究几二十年，亦略闻梗概。自同治十三年海防议起，鸿章即沥陈煤铁矿必须开挖，电线铁路必应仿设，各海口必应添设洋学格致书馆，以造就人才。其时文相目笑存之，廷臣会议皆不置可否。是年冬，晤恭邸，极陈铁路利益，请先试造清江至京，以便南北转输。邸意亦以为然，谓无人敢主持，复谓其乘间为两宫言之。渠谓两宫亦不能定此大计，从此遂绝口不谈矣。……人才风气之固结不解，积重难返。鄙论由于崇尚时文小楷误之，世重科目，时文小楷即其根本，来示万事皆无其本，即倾国考求西法，亦无裨益，洵破的之论。而中国上下，果真倾国考求，未必遂无转机。但考求者仅执事与雨生、鸿章三数人，庸有济耶！”

---

① 按同治七年志刚等之出使，仅为修交立约，初非驻使。同治四年侍郎崇厚使法国，专为陈述天津焚教堂杀领事案情而往，而至郭嵩焘之使，始为常驻使臣之始。

光绪初年，外患之来，相续不绝。日夺琉球，俄割伊犁，法夺安南，英取缅甸。清之国势，已岌岌不可保，而清人犹泰然安之。虽时时仿效西法，以涂饰耳目，而根本实未尝变。

《原强》（严复）：“中国知西法之当师，不自甲午有事败衄之后始也。海禁大开以还，所兴发者亦不少矣：译署一也，同文馆二也，船政三也，出洋肄业四也，轮船招商五也，制造六也，海军七也，海署八也，洋操九也，学堂十也，出使十一也，矿务十二也，电邮十三也，铁路十四也，拉杂数之，盖不止一二十事。此中大半皆西洋以富以强之基，而自吾人行之，则淮橘为枳，若存若亡，不能实收其效。”

及甲午之役，海军几尽，辽东几亡，韩国独立，台湾割让，偿金二亿，开埠四处，内江自由通航，内地从事制造，皆为从前军事所未有，交涉所未有。

《中国近时外交史》：“光绪二十一年，马关媾和条约二十一款，其主要如左：（一）中国确认韩国为完全独立自主国，所有该国向中国修贡献典礼等，自后全行废绝。（二）中国将左开之地域，及在该地域之城垒兵器工厂及一切官有物，永远割让与日本国。（甲）奉天省南部，即自鸭绿江口溯江至安平河口，从该河口北线至凤凰城、海城及营口而止，所有北线以南地方及辽东湾、东海、黄海北岸属于奉天省诸岛屿，概为割让地。（乙）台湾全岛及其附属诸岛屿。（丙）澎湖列岛，即英国格林尼址东经百九十度起，至百二十度，及北纬二十三度起，至二十四度间之诸岛屿。右割让地方之中国人民，愿迁居割让地方以外者，准于二年内任便变卖产业，迁居界外。但二年期满后，尚未迁徙者，即认为日本臣民。（三）中国赔偿日本军费库平银二万万两，内一万万两，自本条约批准后十二个月内，分二期交还，余一万万两，自本条约批准后七年内，分六次交还。未纳银每年付五厘利息。（四）两国从前之条约，一概作废。中国以与欧洲各国现行约章为基础，速与日本结通商航海及陆路交通贸易新条约，又遵行以下诸项：中国现今已通商口岸之外，为日本国臣民新开沙市、重庆、苏州、杭州为通商口岸，日本得置领事官，且享有中国已开市场之特典与便宜；自宜昌至重庆，自上海入吴淞江入运河至苏州、杭州间之航路，准日本汽船自由通航；日本臣民在中国内地购置货品及生产物，又向中国内地输入之运送品，皆有租栈房存货之权，免除税钞及一切派征诸费；日本臣民在中国各通商口岸，得自由从事各种制造业，又各种机器，仅纳进口税，便得自由装运进口；日本臣民在中国内地制造之货物，其一切税课及租借栈房之利益，均照日本臣民输入货物之例办理，并享受一切之优例豁免。”

清之朝野上下，始觉感受非常之痛苦，而病旧制之不适矣。未几而英、俄、德、法诸国踵起，强迫立约，割我土地，定彼范围。

《中国近时外交史》：“光绪二十四年，列国对中国形势一变，英结扬子江不割让与他国之约，德结租借胶州湾之约，俄租旅顺、大连，日本约福建不割让与他国，法亦租借广州。”

于是康有为等上书德宗，力请变法。

《上皇帝第一书》：“所欲言者三：曰变成法、通下情、慎左右而已。”《第三书》：“乞及时变法，富国养民，教士治兵，求人才而慎左右，通下情而图自强。”“富国之法有六：曰钞法，曰铁路，曰机器，曰轮舟，曰开矿，曰铸银，曰邮政。”“养民之法，一曰务农，二曰劝工，三曰惠商，四曰恤众。”“教有及于士，有逮于民；有明其理，有广其智。”“治兵之法，一曰汰冗兵而合营勇，二曰起民兵而立团练，三曰练旗兵而振满蒙，四曰募新制以精器械，五曰广学堂而练将才，六曰厚海军以威海外。”“凡此富国养民、教士练兵之策，所以审端致力者，则在于求人才而擢不次，慎左右而广其选，通下情而合其力而已。”《第四书》：“今当以开创治天下，不当以守成治天下；当以列国并争治天下，不当以一统无为治天下。”《请开制度局疏》：“立制度局以总其纲，十二局以分其事：一曰法律局，二曰度支局，三曰学校局，四曰农局，五曰工局，六曰商局，七曰铁路局，八曰邮政局，九曰矿务局，十曰游会局，十一曰陆军局，十二曰海军局。”

德宗遂诏定国是，废八股取士旧制，谕立学堂，译新书，奋然欲大革积弊，

《光绪政要》：“光绪二十四年四月，诏定国是。”“数年以来，中外臣工，讲求时务，多主变法自强。迩者诏书数下，如开特科、裁冗兵、改武科、创立大小学堂，皆经再三审度，筹之至熟，始定议施行。惟是风气尚未大开，论说莫衷一是，或狃于老成忧国，以为旧章应行墨守，新法必当摈除，众喙哓哓，空言无补，至今日时局如此。若仍以不练之兵，有限之饷，士无实学，工无良师，强弱相形，贫富悬绝，岂真能制梃以挞坚甲利兵乎？朕惟国是不定，则号令不行，极其流弊，必至门户纷争，互相水火，徒蹈宋、明积习，于实政毫无裨益。即以中国大经大法而论，五帝三王，不相沿袭，譬之冬裘夏葛，势不两存。用是明白宣示，尔中外大小诸臣，自王公以及士庶，各宜努力向上，忿然为雄。佩圣贤义理之学，植其根本，又须博采西学之切于时务者，实力讲求，以救空疏迂谬之弊。”“五月，诏改八股取士旧制。”“总理衙门会同军机处奏筹办京师大学堂事宜。”“谕各省府厅州县设立学校。”“六月，谕派康有为督办官报，饬各衙门删改则例。”“派梁启超办理译书局。”“七月，宣示变法之意，并准

藩臬道府专折奏事。”

为孝钦后及诸守旧者所沮，不久咸复其旧，而维新者多诛窜焉。

《光绪政要》：“光绪二十四年八月，御史杨深秀、军机章京谭嗣同、林旭、杨锐、刘光第、康广仁正法，并宣示康有为罪状。”“谕复一切旧制。”

由戊戌变法之反动，而有庚子义和团之事。

《中国近时外交史》：“光绪二十四年春，帝与师傅翁同龢谋，决计变法。适恭王以四月十日薨，帝遂于四月二十三日下更新国是之诏。五日后，召见康有为于颐和园仁寿殿，咨询革新政略。五月五日，废八股取士制，天下耳目一新。先是康有为于召见之前，开保国会于北京，士大夫热心集合者数百人。其时御史潘庆澜、黄桂鋆、李盛铎等屡加弹劾。召见之后，弹者益多，帝不为动，且擢康有为同志杨锐、林旭、刘光第、谭嗣同四人为四品京卿，参与新政。凡奏章皆经四人阅览，上谕皆依四人起稿。维新诏敕，日如雨下。又许天下士民皆得上封奏，维新政论，日益增势。而各省督抚热心改革者，以湖南巡抚陈宝箴为首，一时治绩，大有可观。且帝欲效康熙、乾隆之例，御懋勤殿，选英才，聘外国人，共议兴革制度。先草一诏，求太后谕允，乃事变莫测，未几遂有太后垂帘穷治党人之事。盖改革过急，其主意与利益皆相反对之守旧派王大臣等，厌帝之所为，竭全力妨碍之，劝皇太后训政。先以荣禄易王文韶为直隶总督，次黜翁同龢职。八月七日，太后垂帘听政。十三日，捕杨锐、林旭、刘光第、谭嗣同、杨深秀、康广仁六人，戮于市。政府实权，全归守旧派之手，诏天下万事皆复旧。康有为、梁启超逃海外，自是守旧派以帝在位恐与己不利益，阴有所谋。八月十一日，诏天下名医诊帝疾。”“二十五年十一月二十五日，忽下谨遵慈训立端郡王载漪之子溥仪为穆宗毅皇帝之子以继皇绪之谕。”“斯时端郡王以皇太子生父之故，势力增大。且性刚愎，有胆略，素富排外精神，而军机大臣刚毅、徐桐、荣禄等皆与之深相结托，端郡王遂隐然为北京排外派之大首领。适义和团起自山东，东抚毓贤，极言义和团忠君爱国，有驱逐洋人能力。端王与刚毅等迷信之，奏请保护，于是政府有与义和团一体之势。”

至八国联军入京，清皇室遁之陕西，赖李鸿章与各国订辛丑年和约，赔款四百五十兆两。

《中国近时外交史》：“光绪二十七年七月二十五日，北京和议成。”“其条约第六项，中国皇帝允付诸国偿款海关银四百五十兆两。”

而守旧者夺气，不敢反对新政。于是刘坤一、张之洞等上变法之折，其言多见于施行。二十年来旧制之日趋消灭，新法之日有增益基于此也。

《光绪政要》二十七年五月《两江总督刘坤一、湖广总督张之洞第一次会奏变法事宜疏》：“中国不贫于财，而贫于人才；不弱于兵，而弱于志气。人才之贫，由于见闻不广，学问不实；志气之弱，由于苟安者无履危救亡之远谋，自足者无发愤好学之果力。保邦致治，非人无由。谨先就育才兴学之大端，参考古今，会通文式，筹议四条：一曰设文武学堂，二曰酌改文科，三曰停罢武科，四曰奖励游学。敬为圣主陈之：（一）设文武学堂并取士之法，自汉至隋为一类，自唐至明为一类，无论或用选举，或凭考试，立法虽有短长，而大意实不相远也。要之，皆就已有之人才而甄拔之，未尝就未成之人才而教成之。故家塾则有课程，官学但凭考校，此皆与三代学校之制不合。现行科举章程，本是沿袭前明旧制，承平之世，其人才尚足以佐治安民；今日国蹙患深，才乏文敝，若非改弦易辙，何以拯此艰危？考《周官》司徒之职，《小戴礼·学记》之文，大率皆以德行道艺兼教并学，学成而后用之。此外见于经传者，乡国之学，皆兼六艺；大夫之职，必备九能。书礼干戈，司成并教；寄象鞮译，王制分官。海外图经，伯益所传；润色专对，《论语》所重。又按三代之制，庠序之称曰士，卒伍之称亦曰士，实为文武合一、文武并重之明征。若孔子兼通文武，学于四夷，尤圣人躬行垂教之彰彰者。今泰西各国学校之法，犹有三代遗意，'礼失求野'，或尚非诬。臣等谨参酌中外情形，酌拟今日设学堂办法，拟令州县设小学校，童子八岁以上，入蒙学，习识字，正语音，读蒙学歌诀诸书。除《四书》必读外，《五经》可择读一二部。家塾义塾，悉听其便，由绅董自办，官劝导而稽其数，每年报闻上司可也。十二岁以上，入小学校，习普通学，兼习《五经》。先讲解，后记诵，但解经书浅显义理，兼看中外简略地图。学粗浅算法，至开立方止；学粗浅绘图法，至画出地面平形止。习中国历代史事大略、本朝制度大略，习柔软体操，三年而毕业，绅董司之，官考察之。十五岁以上，入高等小学校，解经书较深之义理，学行文法，学策论词章，看中外详细地图，学较深算法，至代数几何止；学较深绘图法，至画出地上平剖面、立剖面、水底平剖面止。习中国历史大事、外国政治学术大略，习器具体操，兼习外国一国语言文字之较浅者。此学必设兵队操场，三年而毕业，官司之，绅董佐之。府设中学校，十八岁高等小学毕业者，入中学校，习普通学。此学温习经史地理，仍兼习策论词章，并习公牍书记文字。学精深算法，至弧三角航海驶船法止；学精深绘图法，至测算经纬度行军图目揣远近斜度止。习中国历史兵事，习外国历史法律格致等学。外国政治条约即附于律法之内，并讲明农工商等学之大略。

习兵式体操，兼习外国一国语言文字之较深者。词章一门，亦设教习，学生愿习与否，均听其便。此学亦必设兵队操场，三年而毕业，学政考之，给予凭照，送入省城高等学校。省城应设高等学校一区，大省容二三百人，中小省容百余人。屋舍不便者，分设二三处亦可，但教法必须一律，非由中学校普通学毕业者不能收入。拟参酌中西学制，分为七专门：一经学，中国经学、文学皆属焉；二史学，中外史学、中外地理学皆属焉；三格致学，中外天文学、外国物理学、化学、电学、力学、光学皆属焉；四政治学，中外政治学、外国律法学、财政学、交涉学皆属焉：五兵学，外国战法学、军械学、经理学、军医学皆属焉；六农学；七工学，凡测算学、绘图学、道路、河渠、营垒、制造、军械、火药等事皆属焉，共七门。各认习一门，惟人人皆须兼习一国语言文字。此学亦必设兵队操场。至医学一门，以卫生为义，本为养民强国之一大端。然西医不习风土，中医又鲜真传，止可从缓。惟军医必不可缓，故附于兵学之内。并另设农工商矿四专门学校各一区，专以考验实事为主，机器药料试验所皆备，亦三年而毕业。其普通学成，愿入此四学者听。入此四学者，中国政学、文学皆令温习。无论何学，皆有兵队操场。其习武者，专设一武备学校，择普通毕业之廪生愿习武者送入。《四书》义、中国历史策论，人人兼习。其余悉依外国教课之法，并专习一国语言文字。或仿日本并设一炮工学校，专学制造枪炮之法，均三年而毕业。文学生高等学校毕业后，除农工商矿专门四学，另为章程外，此七门学生，学律法者，派入交涉局，学习实事，名曰练习学生；其余六门学生，均随其所愿，派入农工商矿等局，兼习实事，名曰兼习学生，均以实在局在营一年为度。农工商矿四专门学生，三年毕业后，农学派赴本省外县山乡水县考验农业，工学派赴本省外省华洋工厂考验制造，商学派赴南北繁盛口岸考验商务，矿学派赴本省外省开矿之山、炼矿之厂考验采炼，均名曰练习学生，亦均以实在出外游历练习一年为度。其武学生武备学校毕业后，令入营学习操练一年，半年充兵，半年充弁，以实在营一年为度。合计在学肄业及出外练习文武各门，均四年。学成，先由督抚学政考之，再由主考考之。取中者，除送入京师大学校外，或即授以官职，令其效用。大学校毕业又益加精，门目与省城所设高等专门学校同。三年学成，会试总裁考之，取中者授以官，此大中小学教法门目等级年限之大略也。（一）酌改文科并拟即照光绪二十四年臣张之洞奏变通科举奉旨允准之案酌办。大约系三场先后互易，分场发榜，各有去取，以期场场核实。头场取博学，二场取通才，三场归纯正，以期由粗入精。头场试中国政治史书，二场试各国政治、地理、武备、农工、算法之类，三场试《四书》《五经》经义，经义即论说考辨之类也。头场十倍中额，原奏经礼部通行，陕西有案可查。惟声光化电等学，场内不能试验，拟请删去。此系原本朱子救弊须兼他科目取人之意，欧阳修随意去留鄙恶乖诞以次先去之法，而又略仿现行府县复试童生学政会考优贡之章，似乎有益无弊，简要易行。（一）停罢武科。武科硬弓刀石之拙，固无益于战征；弧矢之利，亦远逊于火器。至于默写武经，大率皆系代倩，文字且不知，何论韬略。以故军兴以来，以武科立功者，概乎其未有闻。凡武生、武举、武进士之流，不过恃符豪霸，健讼佐斗，抗官扰民，既于国家无益，实于治理有害。近年自故督臣沈葆桢以后，中外大臣，言武科改章者甚多。盖人已共知其弊，臣等揆之今日时势，武科无益有损，拟请宸断奋然径将武科小考乡会试等场一切停罢，此诚自强讲武之一大关键也。（一）奖励游学。查外国学堂，法整肃而不苦，教知要而有序。为教师者，类皆实有专长，其教人亦有专书定法。教法尤以日本为最善，文字较近，课程较速，其盼望学生成就之心，至为恳切。传习易，经费省，回华速，较之学于欧洲各国者，其经费可省三分之二。其学成及往返日期，可速一倍。江鄂等省学生，在日本学堂者多，故臣等知之甚确。此时宜令各省分遣学生出洋游学，文武两途及农工商学专门之学，均须分门认习，须择其志定文通者，乃可派往。学成后，得有凭照，回华加以复试，如学业与凭照相符，即按其等第，作为进士举贡，以辅各省学堂之不足，最为善策。此时日本人才已多，然现在欧洲学堂附学者尚数百人，此举之有益可知。并宜专派若干人，入其师范学堂，专习师范，以备回华充小学、中学普通教习，尤为要著。再官筹学费，究属有限，拟请明谕各省士人，如有自备资斧出洋游学，得有优等凭照者，回华后复试相符，亦按其等第，作为进士举贡。如此则游学者众，而经费不必尽由官筹。盖游学外国者，但筹给经费，而可省无数之心力，得无数之人才，可谓善策矣。若自备资斧游学者，准给凭照录用，则经费并不必多筹，尤善之善者矣。此四条为求才图治之首务，其间事理皆互相贯通补益，故先以此四条上陈。”

光绪二十七年六月《两江总督刘坤一、两湖总督张之洞第二次会奏变法事宜疏》云：“立国之道，大要有三：一曰治，二曰富，三曰强。国既治，则贫弱者可以力求富强；国不治，则富强者亦必转为贫弱。整顿中法者，所以为治之具也；采用西法者，所以为富强之谋也。谨将中法之必应整顿变通者，酌拟十二条，一曰崇节俭；二曰破常格；三曰停捐纳；四曰课官重禄；五曰去书吏；六曰去差役；七曰恤刑狱；八曰改选法；九曰筹八旗生计；十曰裁屯卫；十一曰裁绿营；十二曰简文法。敬备朝廷采择，胪陈于下：(一）崇节俭。今京畿凋残，秦、晋饥馑，赔款浩大，民生困穷，以后更不知如何景象。此时若欲挽回天意，激励人心，非贬损寅畏、力行节俭不可。拟请明降谕旨，力行节俭，始自宫廷，所有不急之务，一切停罢；无益之费，一切裁减。即不能不举之工，务从俭省核实，内务府诸臣，再有营私糜费者，必重惩之。并请谕饬内外大小臣工，务从节俭，力禁奢华。所有官室舆服，力求朴素，应酬宴会，勿得浮糜。上官岁时之供亿，一概禁绝。督抚巡阅，学政按试，以及一切驰骋过境之贵官要差，所有舟车馆舍、厨传供张，严禁华侈，不准需索骚扰。宽于商民，严于职官，有违旨者，上司立予纠参。此不惟爱惜物力之心，乃所以昭不忘忧患之意也。（一）破常格。窃谓此时朝廷一切举动，宜视为草昧缔造之时，视为与民同患之时，将一切承平安乐之繁文缛节，量为简省变通。中外大小臣工，尤以除官气、达下情为主，应行破除常格之处甚多，兹先约举最要者三事：一曰敷奏。奏对之际，天威咫尺，往往战栗矜持，不能尽言。至于上疏陈言，每以不尽能称旨为虑，导之使言，犹多顾忌。若以折槛批鳞为戒，则虽至于颠覆，而无人为朝廷言之矣。拟请明谕中外，凡臣工奏疏召对，务以直言正谏、指陈利害为主，不必稍存忌讳。言事过于戆直者，体式稍有未合者，亦望朝廷曲予优容，以收从善纳规之益。一曰仪文。今日文武官员，官气最重，实为失人心、害政事之根。故大学士曾国藩、故巡抚胡林翼常切言之。文官贱视其民，罕与民接，炫之以仪从，威之以鞭扑，故罕通民隐；武将贱视其兵，罕与兵亲，驱为贱役，视为利薮，故罕识兵情。夫不得民心而能治，不得兵心而能胜，未之有也。应请切戒文武各官，务须屏除官气，不尚虚文，必其诚意咸孚，然后兵民皆可用矣。一曰用人。承平用人多计资格，所以抑躁进；时危用人必取英俊，所以济时艰。今之仕途，不必其皆下劣也。同一才具，而依流平进者多骑墙，精力渐衰者惮改作，资序已深者耻下问。平日论吏才者，患更事之不多；今当变政之际，则惟患更事之太多。盖其所谓更事者，不过痼习空文，于中外时局，素未讲求，安有阅历？而迂谈谬论，成见塞胸，不惟西法之长，不能采取学步，即中法之弊，亦必不肯锐意扫除。古人有言：‘老者谋之，壮者行之。’施之今日，似为有当。（一）停捐纳。捐纳有害吏治，有妨正途，人人能言之。户部徒以每年可收捐三百万，遂致不肯停罢，查常捐若衔封翎枝贡监等项，本不可停。若将常捐量为推广，但系虚与荣名、无关实政者，皆可扩充。拟请敕下户部，博采众议，量为推广，必可抵补损数大半。

即或不敷百余万，然今日须筹赔款数千万，断不宜惜此区区，以致牵絓，有妨自强要政。拟请俟此次秦、晋赈捐完竣后，即行永远停罢，以作士气而清治源。（一）课官重禄。方今事变日多，京外各衙门，断非仅通时文、翻查成例者所能胜任，欲济世用，非学无由。拟请京城设仕学院，外省设校吏馆，多备中外各种政治之书，凡中外舆图、公法、条约、学制、武备、天算、地理、农工、商矿各学之书，咸萃其中。选派端正博通之员为教习，令候备各员均入其中，分门讲习，严定课程，切实考核。进功者给予凭照，量才任用；昏惰者惩儆留学；不可教者，勒令回籍。其实缺各官，愿入馆讨论求益者，亦听其便。惟善教以培其材，尤须重禄以养其廉。查京职俸银俸米，为数无多，加以银贱物贵，实不足以自给。而科道为风宪之官，翰詹为储才之地，俸银尤宜从优。光绪八年户部奏定，令各省关筹解京官津贴银廿六万两，乃行之一年，旋将此项拨充饷需。且原定数目较少，大小各官不能遍及，其分给者，为数亦不敷用度。今日亟宜另筹办理，至三品以上大员，用度较繁，关系甚重，必应一并筹及。其名目即称为养廉，勿庸再称津贴，方为名正言顺。大约必须筹款百万，方足敷各衙门办公之需，杜乞货苞苴之习。至外省各府县等官，甘苦亦不一致，州县有民社之寄，知府有表率之责，断不可令其苦累。州县瘠区则科派鬻狱而病民，冲繁则亏挪库款而病国，不得已而为调剂调署之策，则传舍无常，而国与民交病。其号称优缺者，不过隐匿税契杂税，减削驿站经费，甚至捏报例灾。盖州县官卑事繁，科场考棚之摊捐，解役缉捕之繁费，驿路大差之供亿，委员例差之应酬，其养廉万不足以给用，不得不迫而出此。故州县多一分之繁费，则国帑暗伤一分之进款。知府公费，无非取给州县，然公费多少不一，往往借端挑剔，格外诛求。故府州县皆须令其办公有资，然后能尽心于国事，应请饬下各省，体察本省情形。省州县之繁费，禁上司之需索，州县既无累可言，则可令其久任，责以实政。设遇地方有重要难办之事，只可因择人而量移，不准因恤累而更调。一切公款，责令切实报解，不得借口侵欺。知府办公竭蹶者，亦为筹增公费，至增加养廉公费以后，京外各官，如再有贪墨败检者，除参革外，仍行追罚充公。果使贤才无北门贫窭之忧，当官有公而忘私之志，则为国家所省者多矣。（一）去书吏。蠹吏害政，相沿已二千年。臣等历年来所见部文，不过查叙旧案、核算数目，从未论及事理。下等司官皆优为之，其准者不过曰与某案尚属相符，尚属实在情形。其驳者不过曰与旧案不合，窒碍难行，间有援据古今、发为议论、指陈事理、语有断制者，则必系司官秉笔，或经堂官改定，一望而知决非经承稿书所能为。然则此辈一无所长，但工作弊索贿。至外省各衙门书吏，弊窦亦多。若督抚衙门之兵房，藩司之吏房、户房，州县之户粮、房税、契房，皆所不免，而州县为尤甚。缘兵燹以后，鱼鳞册多已无存，催征底册，皆在书吏之手。缓欠飞洒，弊混极多，把持州县，盘剥乡民，税契一项，包揽隐匿，官无如何。其实无论大小衙门，书吏伎俩皆极庸劣，凡紧要奏牍咨札详禀，或本官亲自属稿，或委员幕友拟稿，从无书吏能动笔者。所能为者，不过例行公事，依样壶卢而已。若各局文件，多非循例之事，则皆系委员办稿，至亲书则满纸俗别，谬说脱落，尤为恶劣，实于公事有妨。兹拟将各省书吏一律汰除，改用委员。其额设办稿经承，督抚、司道、知府、直隶州衙门用本省候补佐贰杂职为之，称为稿委。缮写清书，用本省生员为之，称为写生。督抚、司道衙门书吏，向有饭食津贴各项银两，即以拨充稿委、写生薪水之用。州县等衙门应就地筹款，惟各州县户房粮房，藏匿收征底册，以为居奇，最为藐法可恶。拟请将各省州县户房粮房应分为数年裁汰，由督抚体察情形，一年先办六七县或十余县，择其易于清理者办起。如该吏有敢抗匿销毁粮册者，即行奏请正法。俟办有规模，即可一律推行，永除要官朘民之弊矣。（一）去差役。差役之为民害，各省皆同，必乡里无赖始充此业。传案之株连，过堂之勒索，看管之陵虐，并相验之科派，缉捕之淫掳，白役之助虐，其害不可殚述。民见差役，无有不疾首蹙额，视如虎狼蛇蝎者。差役扰民之事，其报官者不过什之一，其报官而惩办者不过什之五，师徒相承，专习为恶之事，良由换官不换差役。故根株蟠结，党羽繁滋，斥革旋复，虽有良吏，只能遇事惩儆，稍戢其暴而已，而终不能令种种扰民害民之弊一概杜绝。盖官署事事需差，州县不皆久于其任，势不能锄而去之，别筹良法。今钦奉明谕，令将差役、白役分别裁汰，此诚恤民图治之要端也。此事自当转饬有司，钦遵实办。惟州县之听讯理刑催科缉捕等事，不能不需人以供驱使，若繁剧州县，人少亦不敷用，例定役食无多，不足以资雇募。拟令州县自行募勇，以供驱遣，大县百余名，小县数十名，以供上项各种驱使。此勇既由官选募，必自择妥实可信之人，去留在官，自然不能把持，习气未深，作弊不能甚巧，但使本官约束严明，即可不为民害。各国清查保甲、巡街查夜、禁暴戢奸，皆系巡捕兵之责，其人并非下流猥贱之人，其头目即系武弁。日本名为警察，其头目名为警察长，而统之以警察部，其章程用意，大要以安民防患为主，与保甲局及营兵堆卡略同。然警察系出于学堂，故章程甚严而用意甚厚，凡一切查户口、清道路、防火患、别良莠、诘盗贼，皆此警察为之。闻京城现拟设立巡捕，将来自可仿办。兹拟州县用勇，即与用巡捕兵之意相近，当于繁盛城镇，采取外国成法，并参酌本地情形，先行试办，以次推行。警察若设，则差役之害可以永远革除，此尤为吏治之根基，除莠安良之良策矣。（一）恤刑狱。州县有司，政事过繁，文法过密，经费过绌，而实心爱民者不多。于是滥刑株累之酷，囹圄凌虐之弊，往往而有。虽有良吏，不过随时消息，终不能尽挽颓风。外国人来华者，往往亲入州县之监狱，旁观州县之问案，疾首蹙额，讥为贱视人类。驱民入教，职此之由。今酌拟九条：一曰禁讼累。每有诉讼，差役家丁必索讼费，视其家道以为多少。

至少者制钱四千，薄有田产者任意诛求，不满其欲者，则诡曰案未传齐，致官不能过堂。即恤民之官，为之酌减定数，不准多索。然一官所禁，后任复然，差役不革，此弊不除，至传案株累，最为民害。其中有原告诬攀者，亦有吏役怂恿本官者，亦必须裁去吏役，方能杜绝。二曰省文字。承审之例限处分太严，而命盗案之报少，必俟犯已认供而后详报。盗案之例限开参太严，且必获犯过半，兼获盗首，方予免议。而讳盗之事多，讳有为无，讳劫为窃，讳多为少，各省从无一实报人数者。命案罕报罕结，则多私和人命及拖毙证人之事，民冤所以不伸也。盗案不早报，不实报，则萑苻已起而上官不知，寇乱所以潜伏也。此事关系甚大，非宽减例处，断无禁绝拖延命案、讳饰盗案之法。至于上控之案，其官吏偏私，实有冤抑者，自应彻底严惩；乃近来上控者，往往有讼棍主持，意图攀累讹索，图准而不图审，以致被告羁系日久而原告不到案。虽有原告两月不到、将案注销之例，而两月之久，拖累已多，即由省押发，或已经逃匿，或中途潜逃，诬累害人，情尤可恶。应请明定例章，如上控案已经批发而两月后并不到案者，除照例注销外，并将上控之人通缉治罪。以后再将此案上控者，亦即驳斥治罪，究出架讼之人，一律严办。并请将上控承审迟延之处分，分别情节办理，此亦省拖累之一端也。三曰省刑责。敲扑呼号，血肉横飞，最为伤和害理，有悖民牧之义，地方官相沿已久，漠不动心。拟请以后除盗案命案证据已确而不肯供认者，准其刑吓外，凡初次讯供时，及牵连人证，断不准轻加刑责。其笞杖等罪，应由地方官体察情形，酌量改为羁禁，或数日，或数旬，不得凌虐久系。四曰重众证。外国问案，专凭证人；众证既确，即无须本犯之供。查例载众证明白，即同狱成，不须对问。然照此断拟者，往往翻控，非诬问官受贿，即诋证人得赃，以故非有确供，不敢详办。于是反复刑求，则有拷虐之惨；多人拖累，则有瘐毙之冤。拟请以后断案，除死罪必须有输服供词外，其军流以下罪名，若本犯狡供，拖延至半年外者，果系众证确凿，其证人皆系公正可信，上司层递亲递复讯皆无疑义者，即按律定拟，奏咨立案。如再京控上控，均不准理，此即省酷刑拖累之大端也。五曰修监羁。州县监狱之外，又有羁所，又有交差押等名目，狭隘污秽，凌虐多端，暑疫传染，多致瘐毙，仁人不忍睹闻，等之于地狱，外人尤为痛诋，比之以番蛮。夫监狱不能无，而酷虐不可有。宜令各省设法筹款，将臬司府厅州县各衙门内监外监，大加修改，地面务须宽敞，屋宇务须整洁，优给口粮及冬夏调理各费，禁卒凌虐，随时严惩。至羁所一项，所以管押窃贼地痞，及案情干涉甚重而供情未确、罪名未定、保人未到者，定例虽无明文，而各省州县无处无之。盖此等案犯，若取保则什九潜逃，断不能行，若令还住客店，交差看守，则勒虐更甚，无从稽考。故羁所一项，其势不能不设。拟请明定章程，各处羁所，务须宽洁整净，不准虐待，亦不准多押。至传质者归入候审所，各省多已设立，其余差带官店等事，务须禁绝。此事之实办与否，有房屋可验，不能掩饰。六曰教工艺。近年各省多有设立迁善所、改过所者，亦间教以工艺等事，然行之不广，且教之亦不认真。应令天下各州县有狱地方，均于内监中，必留一宽大空院，修工艺房一区，令其学习，将来释放者可以谋生改行，禁系者亦可自给衣履。七曰恤相验。凡有命案应相验者，验尸棚厂官吏夫马之费甚多，均取之被告家，不足则派之族邻，小村单户，则派之一半里外之远邻。间有恤民之吏，自备夫马帐棚，严禁差役科派，然亦不过百之一二，终无禁绝之法。查四川有三费局，由绅民粮户捐出，一为招解费，一为相验费，一为夫马费，民甚便之，行已三十年。此事似宜令备州县就地筹款，务以办成为度，仍责令州县轻骑简从，不准纵扰，违者严参。八曰改罚锾。赎罚之刑，古经今律皆同有之，惟其途尚隘。查命案盗案应按律治罪，窃贼、地痞、恶棍伤人、诈骗讼棍，宜量予扑责监禁，借以儆其悍暴，晓示良民，此数项应不准罚赎。此外如户婚田土家务钱债等类之案，其中多系绅衿，且两造必系亲戚乡邻，不宜苦辱过甚，致本人有碍上进，并使两造子孙永为仇隙，除按其曲直审断外，其曲者按其罪名轻重，酌令罚缴赎罪银若干，以为修理监狱经费。举贡生监职员封职犯事罪不致军遣者，除递革外，并罚缴修理监狱经费，看管数月，免其刑责，似于化民善俗之义有合。罚缴之数，令其详报上司，私罪及入己者罪之。九曰派专官。监羁一事，固须屋宇广洁，尤须随时体恤，禁绝凌虐，必有专官司之，方有实济。吏目典史，卑于州县，不能考察。查各府皆有同知通判，所司清军盐捕水利等事，久成具文，一无事事。按今之通判，宋亦名通判，或名签判，明曰推官，皆兼管狱囚诉讼，故文人称为司李，俗人称为刑厅。拟请著为定章，每府即派实缺同知，专司稽察各属监狱之事，同知不同城者，派同城通判，每两月遍赴所属外县稽察一次。同城兼有同通者，两员分任，一月稽察一次。同城县监，十日稽察一次。监狱不善，凌虐未禁者，准其据实禀明督抚臬司，比照滥刑例参处，稽察府监责成本道司监，由督抚随时委员稽察。要之，事事皆有确实办法，庶可以仰裨圣朝尚德缓刑之治，而驱民入教之患可渐除矣。（一）改选法。明季以来，部选之官，皆系按班依次选用，查册之外，辅以掣签，并无考核贤否之法。候选人员，多系遣人投供，必托部吏查探选期已近，始行亲自入都。选缺到省，必令赴任，间有留省学习，不过一年数月。其中多有纨绔子弟、乡僻寒儒，罕能通晓吏事，至本省情形，则更茫然。每出一缺，或应外补，或应内选，或一咨一留，或两咨一留，班次纠纷，章程繁细。各官但算计得缺之迟早、班次之通塞，心思识解，日趋鄙俗。窃议略为交通，以后州县同通，统归外补。无论正途保举捐纳，皆令分发到省，补用试用，令其学习政治。上官亦得以考核其才识之短长，遇有缺出，按照部章，应补何班，即于本班内统加酌量拟补，不必拘定名次。惟到省未满一年者，除本班无人外，不得请补。（一）筹八旗生计。京外八旗生齿日繁，饷额有定，且银价渐低，物价日贵。国家虽费巨款，而旗兵旗丁仍不免拮据之忧，殊鲜饱腾之乐。拟请将京外八旗饷项，仍照旧额开支，惟照旧法略为变通，宽其约束。凡京城及驻防旗人，有愿至各省随官游幕、投亲访友以及农工商贾各业，悉听其便。侨寓地方、愿寄籍应小考乡试者，亦听其便。准附入所寄居地方之籍，一律取中，但注明寄居某旗人而已。有驻防省分，或即附入驻防之额，其自愿归入民卷者，必其自揣文艺可与众人争衡，即不为之区别，寄籍者即归地方官，与民人一体约束看待。惟出京寄籍自谋生理之人，其钱粮即行开除，不必另补。但将马步甲兵，豫定一至少减至若干之额，省出饷银饷米，即以专充八旗广设学堂之费，士农工商兵五门，随所愿习。惟习武备，须择年在二十岁以下者，如系当兵者，既入学堂，则寻常旧例操演勿庸再到，以免分其学堂之日力。其习武备者，留以供禁旅之用。习他项者，令其为谋生之资。所学未成，不能营生之时，饷项照旧给发。五年以后，省饷日巨，学堂日增。十年以后，充兵者可以御侮，则不患弱，改业者各有所长，则亦不患贫矣。（一）裁屯卫。漕运一事，种种有名无实，亟应设法变通。查有漕各省，屯田本为赡运军而设；各卫所守备千总，本为征屯饷押漕运而设。今日无论折漕与否，运漕皆系轮船，民船运军，久无其人，卫官一无所事。而屯田屯饷，弊窦尤多。一卫所属屯田，有隔在别府者，有跨在别省者，卫官并不知其田在何处、数有若干，其册皆在该卫数书吏之手。至于荒熟丰歉，更无影响可寻，卫官但向书吏索取年例陋规而已。此等积弊，各省皆同。臣等查之甚悉，计十年之中，江南、湖北各卫官，以争利谋缺讦讼滋闹之案甚多，谬妄离奇，直不知官场为何事，不文不武，形同赘疣。若屯田屯饷改归所隶州县征收，则每年丰歉完欠皆有可考矣。（一）裁绿营。绿营之无用，自嘉庆初年川、楚教匪之乱而已著，自发、捻之乱而大著。调派出征，则闻风推诿，其不能当大敌御外侮，固不待言，即土匪盐枭，亦且不能剿捕。三十年来，以裁汰绿营为言者，不止数十百人。自光绪十一年，奉懿旨，令裁汰绿营。光绪二十二年，又奉上谕，裁汰绿营，各省虽已分别裁汰，然现存者尚复不少，合计各省原营额饷挑练加饷岁费饷银饷米马干，照光绪十一年八月二十二日懿旨绿营兵饷一千五百万两之数核算，此时尚需银一千万两以外，物力艰难，年年巨耗，真不知何所底止也。裁汰之要义有二：一则宜筹从容消散之方，一则宜筹抵补弹压地方之具。拟请将各省绿营，不论挑练之兵、原营之兵，分马步战守，限每年裁二十分之一，计百人裁五，统限二十年裁竣。应裁者每名发给恩饷一年，责成各省督抚藩司。每年饷银饷米，就现在应发之数，于二十成中扣发一成，其何营应开除几名，令各该营自行按数开除。惟是此项省出之饷，只能改为养缉勇设警察之费，不能指为充裕库储之计。盖精练备战之营，只可屯扎省城及要隘重镇两三处，断不宜各处分扎，又蹈营汛之失。省外府县，亦未便听其空虚，可即以此项省出之饷，酌营缉捕勇营，派赴外府，择要分防。并设警察之勇，归州县调度，不过改募勇丁，则整顿去留，其权在地方官。勇可随时裁募，兵可随时更换，于弭乱安民既有实际，而经费可免另筹，此即与新增巨款无异矣。（一）简文法。约有三端：一曰省虚文。凡部院文移，外省公牍，多有陈陈相因、无益实政者，有册籍浩繁、无关利弊者，有末节细故、往返驳查、稽延时日者，有循旧具报出结、并无实事者，此类不可殚述。拟请敕下京外各衙门，通行彻查，酌量省罢。至于无谓仪节，徒致废务妨要者，亦请查核，酌改从简。一曰省题本。查题本乃前明旧制，既有副本，又有贴黄，兼须缮写宋字，繁复迟缓。我朝雍正年间，谕令臣工将要事改为折奏，简速易览，远胜题本。五十年来，各省已多改题为奏之案。上年冬间，曾经行在部臣，奏请将题本暂缓办理。此后拟请查核详议，永远省除，分别改为奏咨。一曰宽例处。范仲淹之言曰：‘士大夫公罪不可无，私罪不可有。’洵为名论。方今吏议繁密，京外各官，殆无一人无一日不干吏议者，而州县为尤甚。治民之本，全在州县，救过不暇，何暇论及教养乎？牵缠既多，于是遇事诿卸，多方弥缝，上官亦知其情多为难，不肯苛求，姑从掩覆。既明知为无益劝惩之事，何必存此虚文？应请敕下吏部、兵部、都察院，查核处分旧例，分别公私轻重，量加宽减删除。如此则臣下之于朝廷，僚属之如上官，可以进实言，办实事矣。以上十二条，皆中国积弱不振之故，而尤为外国指摘诟病之端。臣等所拟办法，或养民力，或澄官方，或作士气，前人论及此者多矣，特以误于弊去太甚之言，怵于诸事更张之谤，律令文告，都成具文，小有设施，不规久远。今日外患日深，其乐因循、务欺饰者，动以民心固结为言，不知近日民情，已非三十年前之旧。羡外国之富，而鄙中土之贫；见外兵之强，而疾官军之懦；乐海关之平允，而怨厘局之刁难；夸租界之整肃，而苦吏胥之骚扰。于是民从洋教，商挂洋旗，士入洋籍，始由否隔，浸成涣散，乱民渐起，邪说乘之，邦基所关，不胜忧惧。必先将以上诸弊一律划除，方可冀民心固结永远，然后亲上死长，御侮捍患，可得而言矣。”光绪二十七年《两江总督刘坤一、两湖总督张之洞第三次会奏变法事宜疏》：“西法纲要，更仆难终，情形固自有异同，行之亦必有次第。臣等谨就切要易行者胪举十一条：一曰广派游历，二曰练外国操，三曰广军实，四曰修农政，五曰劝工艺，六曰定矿律路律商律交涉刑律，七曰用银圆，八曰行印花税，九曰推行邮政，十曰官收洋药，十一曰多译东西各国书。大要皆以变而不失其正为主。”

第十四章　译书与游学

译书之事，盛于明季，清初译者渐少。穆尼阁之《天步真原》，蒋友仁之《地球图说》，无大影响于学者也。

《畴人传》（阮元）：“穆尼阁，顺治中寄寓江宁，喜与人谈算术而不招人入会，在彼教中，号为笃实君子。青州薛凤祚尝从之游，所译新西法曰《天步真原》。”“穆尼阁新西法，与汤、罗诸人所说互异。当时既未行用，而薛凤祚所译，又言之不详，以故知其术者绝少。”“钱大昕官赞善时，适西洋人蒋友仁以所著之《地球图说》进。奉旨翻译，并诏大昕与阁学何国宗同润色。”

道光中，海疆事棘，学者欲通知四裔之事，始竞编译地志，若《海国图志》《瀛环志略》《朔方备乘》等书，皆杂采诸书为之，非专译也。

《海国图志序》（魏源）：“《海国图志》六十卷，何所据？一据前两广总督林尚书所译西夷之《四洲志》，再据历代史志及明以来岛志及近日夷图夷语，钩稽贯串，创榛辟莽，前驱先路。大都东南洋、西南洋增于原书者十之八，大小西洋、北洋、外大西洋增于原书者十之六，又图之经之，表以纬之，博参群议以发挥之。何以异于昔人海图之书？曰：彼皆以中土人谈西洋，此则以西洋人谈西洋也。”（原刻仅五十卷，嗣增补为六十卷，道光二十七年，增为百卷，重刻于扬州，仍其原叙，不复追改。）《山西通志·徐继畬传》：“继畬官福建巡抚，入觐，宣宗询以各国风土形势，奏对甚悉。爰命采辑为书，书成曰《瀛环志略》。”《何秋涛传》（张星鉴）：“尝考东北边疆之要，成书百卷，尚书某公为进呈，赐名《朔方备乘》。”

咸丰中，海宁李善兰客上海，与英人艾约瑟、伟烈亚力等游，译述重学、几何、微积等书，于是译事复兴。

《畴人传》：“李善兰，字壬叔，号秋纫，海宁人。咸丰初，客上海，识英吉利文士伟烈亚力、艾约瑟、韦廉臣三人，从译诸书。”“《几何原本》后九卷续译序云：泰西欧几里得（Euclid）撰《几何原本》十三卷，后人续增二卷，共十五卷。明徐、利二公所译，其前六卷也，未译者九卷。”“自明万历迄今，中国天算家愿见全书久矣。道光壬寅，国家许息兵，与泰西各国定约，此后西士愿习中国经史、中士愿习西国天文算法者听，闻之心窃喜。岁壬子，来上海，与西士伟烈君亚力约，续徐、利二公未完之业。伟烈君无书不览，尤精天算，且熟习华言。遂以六月朔为始，日译一题，中间因应试避兵诸役，屡作屡辍。凡四历寒暑，始卒业。是书泰西各国皆有译本，顾第十卷阐理幽玄，非深思力索，不能骤解，西士通之者亦鲜。故各国俗本，掣去七八九十四卷，六卷后即继以十一卷，又有前六卷单行本，俱与足本并行。各国言语文字不同，传录译述，既难免参错，又以读全书者少，翻刻讹夺，是正无人。故夏五三豕，层见叠出，当笔受时，辄以意匡补。伟烈君言：‘异日西士欲求是书善本，当反访诸中国矣。’”“《重学》二十卷附《曲线说》三卷序云：艾君约瑟语余曰：西国言重学者，其书充栋，而以胡君威立所著者为最善，约而该也。先生亦有意译之乎？余曰诺。于是朝译几何，暮译重学，阅二年，同卒业。”“《代微积拾级》十八卷序云：罗君密士，合众之天算名家也，取代数、微分、积分三术，合为一书。分类设题，较若列眉，嘉惠后学之功甚大。伟烈君亚力闻而善之，亟购求其书，请余共事，译行中国。译既竣，即名之曰《代微积拾级》，时《几何原本》刊行之后一年也。”“《谈天》十八卷序云：余与伟烈君所译《谈天》一书，皆主地动及椭圜立说。”“又京卿所译西书，尚有《植物》一种，凡八卷。”“论曰：李京卿邃于数理，专门名家，用算学为郎，王公交辟，居译署者几二十年。”

同治初，总理衙门设同文馆，并设印书处，以印译籍。吴人冯桂芬倡议，上海、广东均应仿设。冯桂芳《显志堂稿·上海设立同文馆议》云：

互市二十年来，彼酋类多能习我语言文字之人，其尤者，能读我经史，于朝章国政吏治民情，言之历历。而我官员绅士中，绝无其人，宋聋郑昭，固已相形见绌。且一有交涉，不得不寄耳目于所谓通事者，而其人遂为洋务之大害。上海通事，人数甚多，获利甚厚，遂于士农工商之外，别成一业。广州、宁波人居多，其人不外两种：一为无业商贾，凡市井中游闲跅弛、不齿乡里、无复转移执事之路者，以学习通事为逋逃薮。一为义学生徒，英、法两国，设立义学，广招贫苦童稚，与以衣食而教督之，市儿村竖，流品甚杂，不特易于湔染洋泾习气，且多传习天主教，更出无业商贾之下。此两种人者，声色货利之外，不知其他，惟借洋人势力，狐假虎威，欺压平民，蔑视官长，以求其所欲。……又其人质性中下，识见浅陋，叩其所能，仅通洋语者十之八九，兼识洋字者十之一二。所识洋字，亦不过货名银数与俚浅文理，不特于彼中政治张弛之故，瞢焉无知，即间有小事交涉，一言一字，轻重缓亟，展转传述，往往影响附会，失其本指，几何不以小嫌酿大衅。……夫通习西语西文，例所不能禁，亦势所不可少，与其使市井无赖独能之，不若使读书明理之人共能之。前见总理衙门文，新设同文馆，招八旗学生，聘西人教习诸国语言文字，与汉教习相辅而行，此举最为善法，行之既久，能之者必多，必有端人正士奇尤异敏之资出于其中。然后得西人之要领而驭之，绥靖边陲之原本，实在于是。惟是洋人总汇之地，以上海、广州二口为最，种类较多，书籍较富，闻见较广。凡语言文字之浅者，一教习已足，其深者，务其博采周资，集思广益，则非上海、广州二口不可。……愚以为莫如推广同文馆之法，令上海、广州仿照办理，各为一馆。募近郡年十五岁以下之颖悟诚实文童，聘西人如法教习，仍兼聘品学兼优之举贡生监，兼课经史文艺，不碍其上进之路。三年为期，学习有成，调京考试，量予录用。遇中外交涉事件，有此一种读书明理之人，可以咨访，可以介绍，即从前通事无所施其伎俩，而洋务之大害去矣。至西人之擅长者，历算之学，格物之理，制器尚象之法，皆有成书，经译者十之一二耳，必能尽见其未译之书，方能探赜索隐，由粗迹而入精微。

苏抚李鸿章从其议，遂就上海敬业书院地址，建广方言馆，教西语西学，以译书为学者毕业之证。

《墨馀录》："同治建元，岁次壬戌，苏抚李鸿章题准就上邑设立广方言馆。时新移敬业书院于学宫旧址，乃即院西隙地，起造房廊，制极宏敞。官绅冯桂芬等拟定章程十二条，禀准颁行。""肄业生额设四十名，延英士中之有学问者二人，为西教习；以近郡品学兼优绅士一人，为总教习；举贡生员四人，为分教习。分教经学、史学、算学、词章为四类。""诸生于三年期满后，有能一手翻译西书全帙，而文理亦斐然成章者，由中西教习移道，咨送通商衙门考验，照奏定章程关会学政，作为附生。以后通商各衙门应添设翻译官，承办洋务，督抚即可遴选承充，不愿就者听，其能翻译而非全帙者，作佾生，一体出馆。"

后又移并于制造局，

《瀛壖杂志》：“广方言馆向设于旧学宫之西偏，同治己巳，应敏斋方伯于南门外制造局，大拓基地，以建书院。庚午春间，广方言馆移附于此。”

而制造局的翻译馆，尤专以译述为事。

《江南制造局记》：“翻译馆，同治六年设，翻译格致、化学、制造各书。提调一人，口译二人，笔述三人，校对画图四人。”《瀛壖杂志》：“广方言馆，后为翻译馆，人各一室，日事撰述。旁为刻书处，乃剞劂者所居。口译之西士，则有傅兰雅、林乐知、金楷理诸人；笔受者则为华若汀、徐雪村诸人。自象纬、舆图、格致、器艺、兵法、医术，罔不搜罗毕备，诚为集西学之大观。”《清稗类钞》：“无锡徐雪村寿，精理化学，于造船造枪炮弹药等事，多所发明，并自制镪水、棉花药、汞爆药。我国军械既赖以利用，不受西人之居奇抑勒，顾犹不自满，进求其船坚炮利工艺精良之原，始知悉本于专门之学，乃创议翻译泰西有用之书，以探索根柢。曾文正公深韪其言，于是聘订西士伟力亚利、傅兰雅、林乐知、金楷理等，复集同志华蘅芳、李凤苞、王德均、赵元益诸人以研究之，阅数年，书成数百种。”

西人之来华传教行医，亦恒以图书为鼓吹之具，虽其译笔不佳，要亦可以新当时之耳目，然论者恒病之。

《西学书目表序例》：“曾文正开府江南，创制造局，首以翻译西书为第一要义。数年之间，成者百种，而同时同文馆及西士之设会教于中国者，相继译录，至今二十余年，可读之书约三百种。”“译出各书，都为三类：一曰学，二曰政，三曰教。今除教类之书不录外，自余诸书，分为三卷：上卷为西学诸书，其目曰算学、曰重学、曰电学、曰化学、曰声学、曰光学、曰气学、曰天学、曰地学、曰全体学、曰动植物学、曰医学、曰图学。”“中卷为西政诸学，其目曰史志、曰官制、曰学制、曰法律、曰农政、曰矿政、曰工政、曰商政、曰兵政、曰船政。下卷为杂类之书，其目曰游记、曰报章、曰格致、曰西人议论之书、曰无可归类之书。”“官局所译者，兵政类为最多。盖昔人之论，以为中国一切皆胜西人，所不如者，兵而已。西人教会所译者，医学类为多，盖教士多业医也。制造局首重工艺，而工艺必本格致，故格致诸书，虽非大备，而崖略可见。惟西政各籍，译者寥寥，官制、学制、农政诸门、竟无完帙。”《论译书之弊》（叶瀚）：“自中外通商以来，译事始起。京师有同文馆，江南有制造局，广州有医士所译各书，登州有文会馆所译学堂使用各书，上海益智书会又译印各种图说，总税务司赫德译有西学启蒙十六种，傅兰雅译有格致汇编、格致须知各种。馆译之书，政学为多，制局所译，初以算学、地学、化学、医学为优，兵学、法学皆非专家，不得纲领；书会税司各学馆之书，皆师弟专习，口说明畅，条理秩然；讲学之书，断推善本，然综论其弊，皆未合也。（一）曰不合师授次第。统观所译各书，大多类编专门，无次第，无层级，无全具文学卷帙，无译印次第章程，一也。（一）曰不合政学纲要。其总纲则有天然理数测验要法，师授先造通才，后讲专家。我国译书，不明授学次第，余则或只零种，为报章摘录之作，为教门傅翼之书，读者不能观厥会通，且罔识其门径。政学则以史志为据，法律为纲，条约章程案据为具，而尤以哲学理法为本。我国尤不达其大本所在，随用逐名，实有名而无用，二也。（一）曰文义难精。泰西无论政学，有新造之字，有沿古之字，非专门不能通习。又西文切音，可由意拼造，孳乳日多；汉字尚形，不能改造，仅能借用。切音则字多诘屈，阅者生厌；译义则见功各异，心志难齐，此字法之难也。泰西文法，如古词例，语有定法，法各不同，皆是创造不如我国古文骈文之虚抚砌用，故照常行文法，必至扞格不通。倘仿子史文法，于西文例固相合，又恐初学难解，此文法之难也，三也。（一）曰书既不纯，读法难定。我国所译，有成法可遵者，有新理琐事可取者，有专门深纯著作前尚有数层功夫，越级而进、万难心解者。取材一书，则嫌不备；合观各书，又病难通。起例发凡，盖甚难焉，四也。坐此四弊，则用少而功费，读之甚难；欲读之而标明大要，以便未读之人，又难之难也。”

马建忠尝议设翻译书院，其言亦未能实行。

（一）书院之设，专以造就译才为主。入院者分两班：一选已晓英文或法文，年近二十，而资性在中人以上者十余名，入院，校其所造英法文之浅深，酌量补读，而日译新事数篇，以为功课。加读汉文，如唐、宋诸家之文，而上及周、秦、汉诸子，日课论说，务求其辞之达而理之举。如是者一年，即可从事翻译。一选长于汉文，年近二十而天资绝人者二十余名，每日限时课读英、法文字，上及拉丁、希腊语言，不过二年，洋文即可通晓。盖先通汉文，后读洋文，事半功倍，为其文理无间中外，所异者事物之称名耳。（一）请一兼通汉文之人，为书院监理，并充洋文教习。（一）请长于古文词者四五人，专为润色已译之书，并充汉文教习。（一）应译之书，拟分三类：其一为各国之时政，外洋各国内治之政，如上下议院之立言；各国交涉之件，如各国外部往来信札、新议条款、信使公会之议。其原文皆有专报，此须随到随译，按旬印报。书院初设，即应举办者也。其二为居官者考订之书，如行政、治军、生财、交邻诸大端所必需者也，为书甚繁，今姑举其尤当译者数种，如《罗玛律要》，为诸国定律之祖，诸国律例异同，诸国商律考异，民主与君主经国之经，山林渔泽之政，邮电铁轨之政。《公法例案》，备载一切交涉原委，条约集成，自古迄今宇下各国凡有条约无不具载。其为卷甚富，译成约可三四百卷。《东方领事便览》，生财经权之学，国债消长，银行体用。《方舆集成》，凡五洲险要皆有详图，为图三千余幅，乃舆图中最为详备之书。罗玛总王贵撒尔（Julius Caesar）行军日记，法王那波伦第一行军日记，此两王者，西人称为古今绝无仅有之将材，所载攻守之法，至为详备。他书应译者，不可胜记。

甲午以后，学者多学日语，以译日本所译著之书，其浅劣殆更甚于官局及教会之译籍焉。

近世译才，以侯官严复为称首。其译赫胥黎《天演论》标举译例，最中肯綮：

(一)译事三难：信、达、雅。求其信，已大难矣；顾信矣，不达，虽译，犹不译也，则达尚焉。海通已来，象寄之才，随地多有，而任取一书，责其能与于斯二者，则已寡矣。其故在浅尝，一也；偏至，二也；辨之者少，三也。（一）西文句中，名物字多随举随译，如中文之旁支，后乃遥接前文，足意成句。故西文句法，少者二三字，多者数十百言，假令仿此为译，则恐必不可通。而删削取径，又恐意义有漏，此在译者将全文神理融会于心，则下笔抒词自然互备。至原文词理本深，难于共喻，则当前后引衬，以显其意。凡此经营，皆以为达，为达即所以为信也。（一）信达而外，求其尔雅，此不仅期以行远已耳。实则精理微言，用汉以前字法句法，则为达易；用近世利俗文字，则求达难。往往抑义就词，毫厘千里，审择于斯二者之间，夫固有所不得已也。……又原书论说，多本名数格致及一切畸人之学，倘于之数者向未问津，虽作者同国之人，言语相通，仍多未喻，矧夫出以重译耶！

嗣译斯密亚丹之《原富》，穆勒约翰之《名学》、斯宾塞尔之《群学肄言》、孟德斯鸠之《法意》、甄克思之《社会通诠》等书，悉本信、达、雅三例，以求与晋、隋、唐、明诸译书者相颉颃。于是华人始知西方哲学、计学、名学、群学、法学之深邃，非徒制造技术之轶于吾土，是为近世文化之大关键。然隋、唐译经，规模宏大，主译者外，襄助孔多。严氏则惟凭一人之力，售稿于贾竖，作辍不恒，故所出者亦至有限，此则近世翻译事业之远逊前人者也。严复之外，若林纾之译《拿破仑本纪》《布匿第二次战纪》①特史部之简本，虽文笔雅洁，实不足与复相比。故舌人口授，纾笔述之，法颇近古，又其属文甚速，所出小说不下数百种，亦能使华人知西方文学家之思想结构焉。

与译事并兴者，为印刷术。铅印石印之类，皆兴于同、光间。

《瀛壖杂志》："西人设有印书局数处，墨海其最著者。以铁制印书车床，长一丈数尺，广三尺许，旁置有齿重轮二，一旁以二人司理印事，用牛旋转，推送出入。悬大空轴二，以皮条为之经，用以递纸，每转一过，则两面皆印，甚简而速，一日可印四万余纸。字用活板，以铅浇制，墨用明胶煤油合搅煎成。印床西头有墨槽，以铁轴转之，运墨于平板，旁则联以数墨轴，相间排列，又揩平板之墨，运之字板，自无浓淡之异。墨匀则字迹清楚，乃非麻沙之本。印书车床，重约一牛之力。""墨海后废，而美士江君，别设美华书馆于南门外，造字制板，悉以化学，实为近今之新法。按西国印书之器，有大小二种，大以牛运，小以人挽，人挽者亦殊便捷，不过百金可得一具云。"《淞南梦影录》："石印书籍，用西国石版，磨平如镜，以电镜映像之法，摄字迹于石上。然后傅以胶水，刷以油墨，千百万页之书，不难竟日而就。细若牛毛，明如犀角，剞劂氏二子，可不烦磨厉以须矣。

① 按即《迦太基与罗马之第二次战争》，布匿即 Punic 也。

英人所设点石斋，独擅其利者已四五年。①近则宁人之拜石山房，粤人之同文书馆，与之鼎足而立。”

中国旧籍，亦资以广为传播，又进而有铜版、玻璃版之类，影印书画，不下真迹，实为文化之利器焉。又其借印刷之速而日出不穷者，有新闻纸及杂志。

《瀛壖杂志》：“西人于近事，日必刊刻，传播遐迩，谓之新闻纸，有似京师按日颁行之邸报。特此官办，彼则民自为之耳。沪上设有专局，非止一家，亦聚铅字成版，皆系英文，排印尤速。同治初年，字林印字馆始设《华文日报》，嗣后继起者，一曰《申报》，倡于同治十一年，英人美查主之；一曰《汇报》，倡于同治十三年，美人葛理主之。皆笔墨雅饬，识议宏通，而字林遂废。”《沪游杂记》：“《申报》，美查洋行所售也，馆主为西人美查，秉笔则中华文士。始于壬申三月，除礼拜，按日出报。每纸十文，京报新闻各种告白，一一备载，各省码头风行甚广。先有上海字林洋行之《上海新报》，继有粤人之《汇报》《彙报》《益报》等馆，皆早闭歇。”“《万国公报》，出林华书院，摘录京报及各国近事，逢礼拜六出书一卷。②本名《中西新报》，周年五十本，售洋一元。”“《格致汇编》，秉笔者为英国傅兰雅（John Fryer），编内详论格致工夫及制造机器诸法，绘图集解，月出一卷。周年价值半元，在格致书院印售。”《清稗类钞》：“江海关道译英国蓝皮书，送之总署及通商大臣各督抚，借以略通洋情，然人民多不得见，曰《西国近事汇编》，月出一册。此我国报章之最古者，是为月报之始。”

始则仅通消息，继则讨论政治，表示民意，提倡学术，指导社会之法，一寓

---

① 是书作于光绪癸未之后，则点石斋之创立当在光绪初年。

② 此为周报之始。

于其间。

《清稗类钞》："《申报》创行于同治时，是为日报之始。盖英人美查、耶松二人相友善，来华贸易，美查创办《申报》，延山阴何桂笙、上海黄梦尘主笔政。特所载猥琐，每逢试年，必载解元闱艺，与外报之能开通知识、昌明学术者，相去霄壤。时天南遁叟王紫诠韬颇有时名，间撰时务论说，弁之报首，销数遂以渐推广，获利亦不赀。耶松设一船厂，开创之始，连年折阅，美查遂以《申报》所获，补助耶松船厂，得以维持永久。而《申报》馆因之大受影响。光绪中叶改组，添招商股，由吴县席裕福经理之，旋由江海关道蔡乃煌出资收买，后又展转售与沪人。是报为吾国之首创者，至于今沪市卖报人，于所卖各报，必大声呼曰'卖《申报》'。是《申报》二字，在沪已成为新闻纸之普通名词。继《申报》而起者，在南洋叻埠曰《叻报》，在上海曰《字林沪报》。癸巳冬，电报沪局总办上虞经元善，纠股设一报馆曰《新闻报》，往往用二等官电传递紧要新闻，消息较灵捷。甲午之役，痛诋当局失计，直言不讳，一时风行沪上。以其销数之多，广告云集，至今商家广告仍以《新闻报》为最。若夫预闻政事之报，当以《时务日报》为首。是报为光绪戊戌汪康年、梁启超所经营者，旋改为《中外日报》，始终有官费补助，所谓半官报者也。《中外日报》记载中外大事，评论时事得失，凡政治学术风俗人心之应匡正、应辅翼者，无不据理直陈，颇为士大夫所重视。……至于反对政府、鼓吹革命者，前惟《苏报》，后惟《民呼》《民吁》二报。宣统辛亥秋，则各报一律排满，而《民立报》声价尤高，贩卖居奇，较原价昂至十倍。""光绪戊戌之交，康有为、梁启超既出走，乃设《清议报》于日本之横滨，诋毁孝钦后党，不遗余力。是时唐才常亦设置《亚东时报》于上海，以翼《清议》。庚子唐死，梁之同志复创办《新民丛报》，以言论自效。当是时，京朝士夫及草野志士，咸思变法图强，喜得《新民丛报》之为指导也，故其销数乃达十万以上。……戊戌以后，内地革命思潮既已流转各地，而东瀛留学界更为狂热，乃各集乡人，刊行杂志。于是湖北有《湖北学生界》，浙江有《浙江潮》，湖南有《湖南》以及《游学译编》《民报》之类，殆皆以鼓吹革命为宗旨。”

为文者务极痛快淋漓，以刺激人之心目，又欲充实篇幅，不惮冗长，而近世文字之体格乃大变，其以觉世牖民为主者，则用通俗之语，述浅近事理，期略识文字之人亦能阅览，而白话文学遂萌芽焉。

近世输入西方之文明，自译书外，以游学为一大导线。初各国订约，未有及游学者，同治七年，志刚、孙家谷等使美，订《中美续约》始立专款。

《中美续约》第七款：“嗣后中国人欲入美国大小官学学习各等文艺，须照相待最优国之人民，一体优待。美国人可以在中国按约指准外国人居住地方，设立学堂，中国人亦可在美国一体照办。”

曾国藩、李鸿章等，遂议遣幼童出洋肄业。

《李文忠译署函稿》卷一《论幼童出洋肄业函》：“拟派员在沪设局，访选各省聪颖幼童，每年以三十名为率，四年计一百二十名，分年搭船赴洋，在外国肄习。十五年后，按年分起挨次回华。计回华之日，各幼童不过三十岁上下，年力方强，正可及时报效。通计费用，首尾二十年，需银百二十万两。然此款不必一时凑拨，分析计之，每年接济六万两，尚不觉其过难。”“英国威使来京，告以此事，亦颇欣许，谓英国大书院极多，将来亦可随便派往。”①

---

① 同治十年五月。

初次率领学生赴美者，为刑部主事陈兰彬、江苏同知容闳。学生抵美，多在哈佛（Hartford，Conn.）各校肄业。

《新大陆游记》（梁启超）：“哈佛者，中国初次所派出洋学生留学地也。中国初次出洋学生，除归国者外，其余尚留美者约十人。内惟一郑兰生者，于工学心得甚多，有名于纽约，真成就者此一人也。次则容骙，在使馆为翻译，文学甚优，亦一人也。其余或在领事署为译员，或在银行为买办，人人皆有一西妇。”《留美中国学生会小史》：“同治末年，湘乡曾国藩奏请派幼童出洋留学，议成于1870年，使丰顺丁日昌募集学生。翌年，适吴川陈兰彬出使美国，遂命香山容闳率学生同来，以高州区谔良为监督，新会容增祥副之，学生即唐绍仪、梁诚、梁敦彦、容骙、欧阳庚、侯良登、詹天佑、郑兰生等，此为中国学生留美第一期。各生初到时，清政府在干拿得杰省（Connecticut）之哈佛埠（Hartford），购置一室为留学生寄宿舍。”

其后沈葆桢督办福州船政局，又请选派生徒出洋肄业。

《沈文肃公政书》中《船工将竣谨筹善后事宜折》①：“臣窃以为欲日起而有功，在循序而渐进，将窥其精微之奥，宜置之庄狱之间。前学堂，习法国语言文字者也，当选其学生之天资颖异、学有根柢者，仍赴法国，深究其造船之方及其推陈出新之理。后学堂，习英国语言文字者也，当选其学生之天资颖异，学有根柢者，仍赴英国，深究其驶船之方及其练兵制胜之理。速则三年，迟则五年，必事半而功倍。”（按此议至光绪二年，文肃始与李文忠会奏实行。当时所定章程，选派制造学生十四名、制造艺徒四名，赴法国学制造，选派

① 同治十二年十月十八日。

驾驶学生十二名，赴英国学驾驶兵船，均以三年为限。）

此游学之第一时期也。赴美幼童，先后都百五十人，嗣遂停止。

《留美中国学生会小史》：“光绪六年，南丰吴惠善为监督，其人好示威，一如往日之学司。接任之后，即招各生到华盛顿使署中教训，各生谒见时，均不行拜跪礼，监督僚友金某大怒，谓各生适异忘本，目无师长，固无论其学难期成材，即成亦不能为中国用。”“具奏请将留学生裁撤，署中各员均窃非之，但无敢言者。独容闳力争无效，卒至光绪七年遂将留学生一律撤回。”

光绪十六年，总理衙门奏请出使英、法、俄、德、美五国大臣，每届酌带学生两名，后又各增两名，为数既少，功效亦未大彰。甲午以后，游学之风复盛，人取速化，不求深造。官私学生，多往日本游学。（据《光绪二十五年总理衙门奏折》，光绪二十一年，南北洋及鄂省派赴日本学校学生各二十名，又浙江四名，费由各省筹给。）辛丑变法，各省创办学校，赴日本学师范者尤夥，其议实张之洞倡之。日本高等师范学校校长嘉纳治五郎为之特设速成师范班于弘文学院，有数月毕业者，有一年毕业者，略讲教授管理之法，即归国创办学校，而陆军学生亦多。光绪末年，提倡教育、改革军制者，大抵皆日本留学生也。光绪三十一年，考试出洋学生，予以进士、举人出身，并授以检讨、主事等官。

《光绪政要》：光绪二十九年八月《湖广总督张之洞奏陈约束鼓励出洋游学章程疏》：“查日本学生，年少无识，惑于邪说，言动嚣张者，固属不少，潜心向学者亦颇不乏人。自应明定章程，各一通。”“计拟定约束章程十款，鼓励章程十款。”“三十一年六月《予出洋学生出身谕》云，本日引见之出洋学生金邦平、唐宝锷，均著给予进士出身，赏给翰林院检讨。张镆绪、曹汝霖、钱承鋕、胡宗瀛、戢翼翚，

> 均著给予进士出身，按照所习科学，以主事分部学习行走。陆宗舆，著给予举人出身，以内阁中书用。王守善、陆世芬、王宰善、高淑琦、沈琨、林棨，均著给予举人出身，以知县分省补用。”

利禄之途大开，人人以出洋为猎官之捷径，而日本之中国学生多至数万，是为游学之第二时期。

当赴日学生极盛时，留学于欧美者亦不乏人；有由官吏派送者，有由教会资给者，有由自费而远游者。观于游日者之足以得官，亦争归而应考试，故光绪三十二年考试出洋学生，其予出身而授官者，大都留学于欧、美各国者也。

> 《光绪政要》光绪三十二年九月《赐游学生毕业出身谕》云：“本日学部带领引见之考验游学毕业生陈锦涛著赏给法政科进士，颜惠庆赏给译科进士，谢天保赏给医科进士，颜德庆赏给工科进士，施肇基赏给法政科进士，徐景文赏给医科进士，张煜全赏给法政科进士，田书年赏给法政科举人，施肇祥赏给工科举人，陈仲篪赏给医科医士，王季点赏给工科举人，廖世纶赏给工科举人，曹志沂赏给医科举人，黎渊赏给法政科举人，李应泌赏给医科医士，王鸿年赏给法政科举人，胡振平赏给法政科举人，王荣树赏给农科举人，路孝植赏给法政科举人，薛锡成赏给法政科举人，王宏业赏给法政科举人，陈威赏给法政科举人，权量赏给商科举人，董鸿祎赏给法政科举人，嵇镜赏给法政科举人，富士英赏给法政科举人，陈耀典赏给农科举人，罗会垣赏给农科举人，傅汝勤赏给医科医士，陈爵赏给商科举人。”

然其人数究不逮在日本者之多，故其灌输西洋文化，较之由日本间接而得者，势反有所不敌。光绪三十四年，美国国会议决退还庚子赔款[①]，清廷议以其款

---

① 美金一千三百六十五万四百九十圆。

按年派学生百人往美国留学。[1]逾年，遂设游美学务处于北京，并建游美学生肄业馆于清华园，于是游美之学生日多。

《留美中国学生会小史》：“光绪季年，国家多难，于是设立学堂、派学生之议再起。是时盛杏荪选北洋学堂毕业生九人，派来美国留学，以傅兰雅为监督。此时学生即王宠惠、王宠祐、张煜全、陈锦涛、严锦镕、胡栋朝、吴桂龄、陆耀廷等，同时有游学会派出数名，如谭天池、王建祖等，多留西美之加拿宽省。”“自1909年[2]、1910年之后，中美之密西根、芝加谷、威士干臣、衣里内等大学，中国学生渐多。”“自1911年留美中国学生会成立后，各埠中国学生多隶会籍，当时会员约八百余名。翌年，清华派百人来，而自备资斧者亦日多。民国成立后，中央政府及各省选派者亦日来日众。至1914年夏间，会员数将达千三百名，今则千五百以外[3]。按留学生数已达千五百余名，若照官费生经费每人每年九百六十圆美金为例，则我国每年共输出美金一百四十四万圆，合华币将及三百万圆，倘能以此在国内兴办大中小学，事半而功倍。况造就人材，为数十倍于千五百名耶。”

女学生亦踵武远游，不限于日本一国。

《留学生中国学生会小史》：“前清晚季，我国女子渡东洋求学者，盛极一时。但来美者尚无其人，留学美国毕业于大学者，殆自江西康女士及湖北石女士二人始。然继两女士而来者，实繁有徒，去年留美学生名录中，已有一百五十九人，今数将及二百矣。”

---

① 以四年为限。第五年后，在认解赔款期内二十九年，每年派学生至少五十人。
② 宣统元年。
③ 此文作于民国六年。

民国以来，学术思想多采美国之风尚，以此也。

美国之广收吾国学生，始于国务卿海约翰之建议，美人见其成绩之佳，辄叹其用心之善。《纽约星期报·论华人留学美洲之今昔》[1]中言之：

“华人之最初来美留学者，为已故之容闳博士。容君于1859年返华，力劝当局派学生来美，竟费十二年之游说，始能动心量较大者之听，卒奏闻清廷，得俞允，派生赴美肄业。然当日华人不知外国教育之价值，多踌躇不愿报名，历一年之久，招集学生三十名。1872年来美国，其后三年间，又续派数批，每批各三十名。诸生在美受监督极严，须穿华服，保存辫发，守祀孔之古礼。然虽有此等禁令，后仍嫌诸生中有违背古训、效法美俗、就近外人者，而尤恶其接近美国女子、信仰耶教，遂一概命之归国。”“至1908年，始复派学生来美，盖从当日美国国务卿海约翰之建议。美国以中国应付之庚子赔款给还一半，即作中国学生来美留学之经费焉。”“是年招考此邦学生，投考者六百余人，录取四十七名。翌年[2]派送来美，先入中学，旋升入著名各大学，如哈佛、耶鲁、康耐尔、里海、波杜及麦塞邱塞工业学校。诸生学业皆优良，尤以麦塞邱塞工校为最。”“综计现分布于由大西洋至太平洋间美国各校之中国学生，共一千一百七十人。凡被派来美之学生，均经竞争试验录取者，亦有政府未经录取而由亲友私费资送来美者，是可见中国人留学外国之热忱矣。分别计之，由赔款供给之留美学生计三百七十人，由各省官费供给约二百人，其余私费生近六百人。”“综而论之，海约翰氏之主张，其识见之远，关系之大，不止一端：第一，此法拯救中国，不至破产；第二，以中国之款，供给一种新用途，有裨于中国政府与人民之进步。

① 见《东方杂志》十四卷十二号。

② 西纪1909年。

夫美国退还中国之款，固仍以补助美国学校，然此区区利益，与中美二国将来之亲密联结较之，又何足比数耶？学成归国之中国少年，一日在中国教育商政诸界具有势力，即美国之势力一日将在中国历史上为操纵一切之元素，此在今日尤有特别意味。盖日本目前正执亚洲之牛耳，然不得谓日本将永执此牛耳也。就近事观之，中国终非容易受人指挥者，真正之指挥，或有一日转操之于中国，诚未可知。而此中国，乃一部分受训练于美国之中国也。”

然近年美人对于中国学生，颇致不满。民国十一年五月十一日《时报世界周刊·欧美特约通信》称：

美国自由思想派新闻记者班佛先生，近应中国的留美学生月报记者之请，著为《归国留学生》一篇，以真诚恳切之词，发为愤慨惋惜之调，对于中国留美学生之已往成绩，多所抱憾。

华人之激烈者，责备之词尤严焉。

《论留学生》[①]（马素）：“本期《留美学生月报》，载班佛先生论文，颇惹余之注意，余亦学生之一，未敢议论留学生，但余观西人之归自东方者，往时多说，救中国者惟有留学生，而今则改变其辞曰：祸中国者，官僚之外，即留学生。前后结断，截然不同。余从实际观察，不得不佩班佛先生之眼光过人。今请稍举浅鲜事实，以明班佛先生之未尝过诬我留学生。留学生败德之不可掩塞者：一曰虚浮。归国留学生，往往妄自高大，不屑以硕士、学士之资格，与未出国门者同列。未先尝试，即求大用，宁为高等游民，不肯屈就卑职微俸。外国学

① 亦见《时报世界周刊》。

生，于大学毕业后，皆从小事练起，而中国留学生，则多数好高夸大，岂非误于虚浮？……官费学生，多数来自清华；自费学生，大半出身教会学校。清华与教会学校向来偏重英文，对于中国学术漠不关心，故留美学生，大半国文不通，国情不懂，不作中国文章，不看中国报纸。见有新从中国来者，辄向探听消息，偶闻一二，则转相传述，正误不辨，新旧不分。……去年留美学生内哄，有所谓某联合会长者，投函纽约华字报纸，不能自写中文信，余闻而异之。后见美国书肆刊一巨册，即出此人手笔，英文非常可观。此等学生，从外国人皮相观察，能不视为中国之救星，然由我国人自视则何如？此等丧失民族固有文明之怪象，实不能全归咎于留学生，盖中国教育当局，于选派毫无根蒂之青年出洋时，即种恶因也。……留美学生因犯虚浮与蔑视国学之病，当然缺乏深沉的思虑与独立的精神，模拟而不创造，依人而不自主。故治国则主亲美，经商则为买办。服务社会，则投降教会机关；办理教育，则传播拜金主义。怠惰苟且，甚少建白。辛亥革命，无留美学生之流血，五四运动，无留美学生之牺牲。人家吃尽辛苦，而留美学生安享其成。彼不明华事之美国人，动辄称许留美学生为改造中国之发动机，其实此等浮夸之谀词，适足消磨留美学生之志气而已。”

第十五章　机械之兴

中国近世之事变，原因非一，其最大之一因，则欧美之发明机械也。自西历1769年①苏格兰人瓦特（James Watt）发明蒸汽机关，而世界之变更即肇于是。1807年②美人富尔登（Robert Fulton）发明汽船，1825年③英人史蒂芬森（George Stephenson）发明汽车，1837年④美人摩尔斯（H.B.Morse）发明电报，皆若与吾国邈不相涉也。而其后鸦片之战，天津、北京联军之役，胥此等机械成之。咸、同之交，吾国深识之士，知世局既变，吾国不可墨守故技而不之变，故以仿制机械为立国之要图，而五千年闭关自守之国，乃崛起而与世界日新焉。

仿造机械，始于曾国藩，

《曾文正公奏议》同治七年《轮船工竣并陈机器局情形疏》："中国试造轮船之议，臣于咸丰十一年七月复奏购买船炮折内，即有此说。同治元、二年间，驻扎安庆，设局制造洋器，全用汉人，未雇洋匠，造成一小轮，而行驶迟钝，不甚得法。"《清稗类钞》："无锡徐寿，专究格物致知之学。曾文正公檄委创机器局于安庆。同治丙寅三月，造成木质轮船一艘，长五十余尺，每小时能行二十余里，文正锡名'黄鹄'。"

---

① 清乾隆三十四年。
② 嘉庆十二年。
③ 道光五年。
④ 道光十七年。

李鸿章继之，创建江南制造总局于上海。

《李文忠公奏稿》同治四年八月《置办外国铁厂机器折》：“御史陈廷经奏：夷情叵测，恃有战舰机器之精利，逞其贪纵。然彼机巧之器，非不可以购求学习，以成中国之长技。请于广东等处海口设局，行取西洋工匠，置造船炮等语，与臣所筹议不谋而合。兹经收买上海虹口地方洋人机器铁厂一座，改为江南制造总局。此项铁厂所有，系制器之器，无论何种机器，逐渐依法仿制，即用以制造何种之物，生生不穷。目前未能兼及，仍以制造枪炮，借充军用为主。”《曾文正公奏议·轮船工竣并陈机器局情形疏》：“同治二年冬间，派令候补同知容闳，出洋购买机器，渐有扩充之意。四年五月，在沪购买机器一座，派委知府冯焌光、沈保靖等开设铁厂。适容闳所购之器亦于是时运到，归并一局。”“六年四月，奏请拨洋税二成，以一成为专造轮船之用，仰蒙允准。于是拨款渐裕，购料渐多，苏松太道应宝时及冯焌光、沈保靖等朝夕讨论，期于必成。从前上海洋厂自制轮船，其汽炉机器，均系购自外洋，带至内地装配船壳，从未有自构式样，造成重大机器、汽炉全具者。此次创办之始，考究图说，自出机杼。本年七月初旬，第一号告竣，命名曰‘惠吉’轮船。其汽炉、船壳两项，均系厂中自造。船身长十八丈五尺，阔二丈七尺二寸，先在吴淞口外试行，由铜沙直出大洋，至浙江舟山而旋，复于八月十三日驶至江宁。臣亲自登舟试行至采石矶，每一时上水行七十余里，尚属坚致灵便，可以涉历重洋。原议拟造四号，今第一号系属明轮，此后即续造暗轮，将来渐推渐精。即二十余丈之大舰，可伸可缩之烟囱，可高可低之轮轴，或亦可苦思而得之。”又曰：“该局向在上海虹口暂租洋厂，诸多不便，六月夏间，乃于上海城南兴建新厂，购地七十余亩①，修造公所。其已成者，曰

①据《墨馀录》，机器局基广二百余亩，盖同治七年以后逐渐扩充者。

汽炉厂，曰机器厂，曰熟铁厂，曰洋枪楼，曰木工厂，曰铸铜铁厂。”《江南制造局记》：“同治四年创办之初，厂中机器均未全备。先就原有机器推广，造成大小机器三十余座，用以铸造枪炮炸弹。六年始造轮船。十三年仿制黑色火药。光绪四年仿造九磅子、四十磅子前膛快炮。五年更造前膛四十磅、八十磅各种开花实心弹。七年造篇式一百磅药、碰电、热铁浮雷及生铁沈雷。十年造林明敦中针枪。十一年停造轮船，专修理南北洋各省兵轮船只。十六年仿造新式全钢后膛快炮。十七年改造快利新枪，试炼钢料，又造各种新式后膛快炮，及五十二吨、四十七吨大炮。十九年仿制栗色火药。二十一年试造无烟火药。二十四年造七密里九口径新毛瑟枪。三十年添造铜元，旋归江宁合办。三十一年将船坞及轮船锅炉机器三厂，划归海军商厂办理。”

同时南京、天津亦设立机器局，

《续纂江宁府志》：“机器制造总局，在南门外扫帚巷东首，同治四年兴工，五年七月告竣。”《李文忠公奏稿·奏报机器局经费折》：“天津机器局，自同治六年四月开局，前任三口通商大臣崇厚等创办。”《津门杂记》：“机器局，制造局，一在城南三里海光寺，以机器制造洋枪炮架等物，兼制小大轮船；一在城东八里直沽东北，人称东局，专制火药及各种军械水雷。水师电报各学堂并附于东机器局。”

福建则设立船政局，

《东方杂志》第十四卷《马江船坞之历史》：“船政之设，在同治五年。湘乡左宗棠总制闽浙，实创是局，相地之宜，以马尾为最。议既定，宗棠移督陕甘，举侯官沈葆桢以代。聘订法员日意格、德克碑为正副监督，并法员匠数十人以为导。同治八年，第一号万年青轮船告成。十二年，华匠徒于制造之技渐能悟会，遂于是年遣散洋员匠回国。计九年之间，成大小兵商轮船十五号，洋人所经理全成者十二号，余三号则皆华人完全成之。后此续制各船，截至光绪三十三年，共成船四十号。”

虽多以制造船械为主，偏重于海、陆军之用，然始意未尝不为生利计也。

《李文忠公奏稿·置办铁厂机器折》：“洋机器于耕织、印刷、陶埴诸器皆能制造，有裨民生日用，原不专为军火而设。惟其先华洋隔绝，虽中土机巧之士，莫由凿空而谈。逮其久，风气渐开，凡人心智慧之同，且将自发其覆。臣料数十年后，中国富农大贾，必有仿造洋机器制作以自求利益者。”

其时学者如徐寿、华蘅芳及寿子建寅等，皆殚心研究，具有成效。

《清稗类钞》：“文正设江南制造局，令雪村[①]总理局务。时百事草创，雪村于制造船枪炮弹等事，多所发明。建寅字仲虎，寿之仲子也，从寿精研理化制造之学。寿与华蘅芳谋造黄鹄轮船时，苦无法程，日夕凝思，仲虎累出奇思以佐之，黄鹄遂成，旋于上海制造局助成惠吉、操江、测海、澄庆、驭远等船。光绪庚子春，在汉阳药厂，配合棉质无烟药轰炸。”

光绪初，山东设立机器局，建寅实主其事。

《光绪政要》：“光绪元年，山东巡抚丁宝桢奏设机器局，咨调徐

① 徐寿字。

建寅来东商办，就省城外泺口地方买民地设局，先造子药，次造枪炮。”

朝鲜之变法，且遣人至天津学造机械焉。（《李文忠公奏稿》光绪六年《妥筹朝鲜制器练兵折》具载其事。）

通商之始，各国轮船麕至，吾国航业之利，几尽为所夺，于是议者思倡行商船，

《李文忠公奏稿》同治十一年《试办招商轮船折》：“同治六七年间，曾国藩、丁日昌在江苏督抚任内，叠据道员许道身、同知容闳创议华商置造洋船章程，分运漕米，兼揽客货。经总理衙门核准，饬由江海关道晓谕各口试办。”

同治十一年，始设局招股，购置轮船。

《李文忠公奏稿•试办轮船招商折》：“购集坚捷轮船三只。”“光绪元年《轮船招商请奖折》计有自置轮船并承领闽厂轮船八号，现又添招股分，向英国续购两号，分往南北洋日本、吕宋、新加坡等处贸易。”《邮传部第一次统计表》：“该局资本，先后拨用直隶、江苏、江西、湖北、东海关等处官款，计一百九十万八千两，自光绪六年起，分期缴还。迄今并无官款，惟商股四百万两。”

光绪二年，收买美国旗昌公司船只，其业始盛。

《邮传部第一次统计表》：“光绪二年，两江总督沈葆桢，奏拨浙江等省官款，买并旗昌公司，增大小轮船十八号，而外洋船舶尽力排挤。李文忠于光绪三年二月，奏明沿江沿海各省，遇有海运官物，统归商船经理，并请苏浙海运漕米，分四五成，拨给该局承运，以

顾商本，免为外人倾轧。赖此扶助，局基益坚定矣。”

迄今数十年，招商局船凡三十一艘，载重六万六千余吨，资本八百四十万，为吾国航业公司之巨擘。其内河商轮，亦年有增设。民国五年，统计各省内河商轮，凡一千零七十七艘，载重七万余吨。较之咸、同以前，航行江海专恃帆船者，其敏钝霄壤矣。然外人在华之航业，实远过于吾国。民国五年夏季江海关进出之航海汽船，凡一千八百三十余艘，三百一十七万余吨。日本船，七百二十八艘，一百二十二万余吨；英国船，五百四十九艘，一百零七万余吨；中国船则仅有四百一十九艘，五十三万余吨，是则相形而见绌者也。欧战以来，各国商船缺乏，制造亦有所不及，美国航务部乃向吾国船厂定造四艘，其大者至一万四千余吨，制造家诧为未有焉。

《东方杂志》十七卷十二号：“战时，美国航务部因商船缺乏，特向我国上海江南造船厂定造商船四艘，其最大者为官府号，计重一万四千七百五十吨，排水量一万吨，速率每小时十海里半，于民国九年六月三日下水，美国公使克兰夫人行命名典礼，计中国所建商船，以此船最大矣。”

次于船舶者为电机，同治十三年，日本觊觎台湾，沈葆桢奏请设立电报，以利军备，事寝不行。光绪五年，李鸿章于大沽北塘海口炮台设线以达天津，极言其便。翌年，遂试设南北两洋电线。

《李文忠公奏稿》光绪六年《请设南北洋电报片》：“俄国海线可达上海，旱线可达恰克图，其消息灵捷极矣。即如曾纪泽由俄国电报到上海只须一日，而由上海至京城，现系轮船附寄，尚须六七日到京。如遇海道不通，内驿必以十日为期，是上海至京仅二千数百里，较之俄国至上海数万里，消息反迟十倍。”“同治十三年，日本犯台湾，沈葆桢等屡言其利，而因循迄无成就。臣上年曾于大沽北塘海口炮台试设电报以达天津，号令各营，顷刻响应，现自北洋以至南洋，调兵馈饷，在在俱关紧要，亟宜设立电报，以通气脉。”

初由官办，光绪八年，改归商办，陆续展设水陆各线，遍及南北各省，以逮新疆、蒙古，综计线路十余万里。光绪二十八年，清廷议收电报为国有，嗣因商情不协，允各股商悉仍其旧①，而为商股官办之局。

《邮传部第一次统计表》：“南北洋电报既成，由盛宣怀招集商股，于八年三月起，接归商办。自时厥后，行之二十年，历办无异。二十八年改归官办，特设电政大臣以督之。三十九年设立邮传部，归部直辖。中国新政完全属于中国主权，无外人权力羼杂其中者，惟电报一事耳。”

旧传江慎修能为传声机，而其法不传，

《清稗类钞》：“江慎修永尝置一竹筒，中用玻璃为盖，有钥开之。开则向筒说数千言，言毕即闭。传千里内，人开筒侧耳，其音宛在，如面谈也；过千里，则音渐澌散不全。慎修乾隆壬午年卒，则其法发明之时，尚在留声机电话之前也。”

通商以后，海上始有电话机。

《淞南梦影录》：“上海之有德律风，始于壬午季夏。其法，沿途竖立木杆，上系铅线，线条与电报无异，惟其中机括不同。传递之法，

① 其时官商股本合计二百二十万元。

只须向线端传语，无异一室晤言。”“其初有英人皮晓浦，在租界试行，分设南北二局，嗣以经费不敷，不久遂废。癸未春，经天主教司铎能慕谷重设，由徐家汇达英、法各界。闻此法由欧人名德律风者所创，故即以其名名之。”

光绪末年，各省竞设电话局。

《邮传部第一次统计表》：“上海电话局，系光绪三十二年十二月分开办。”“太原电话局，系光绪三十二年十月分开办。”“北京、天津、广东、奉天、河南各地电话局，表不载创办年月。”

民国初年，设京津长途电话，近又议设宁沪长途电话，传达消息，日捷于前矣。

电之为用极广，电报、电话之外，电灯、电车之属，皆兴于光绪中。

《清稗类钞》：“电灯始于光绪中叶，创办者为西人德里。创议之初，华人闻者以为奇事，一时谣诼纷传，谓将遭电击，人心汹汹不可抑制。当道患其滋事，函请西官禁止，后以试办无害，其禁乃开。”“沪上通行电车，始于光绪戊申。”“上海电车乃西人所经营，华人虽亦投资，而实权皆为彼所握。初开时，华人虑或触电，多望而却步，西人广为招徕，不及一年，其营业日益发达。”

始自上海，继则及于各地，电气事业，殆有方兴未艾之势。然自外人观之，则其程度较日本犹远逊焉。

《最近支那经济》①（善生承助）：“据最近调查，支那电气事业

① 大正六年出版。

经营之现在数，凡八十有七，其所在地，则支那本部二十二，满洲二十五。”“依其性质分类，则业电气供给等八十，制造电气机械者三，供给电力与电气铁道合并经营者四。”“支那本部开设电气铁道之市街，仅上海三，香港、天津各一，北京则屡议敷设而未成。①其大连、抚顺之电气铁路，则日本满铁会社之所经营也。”“支那全体动力用之电力，使用高现仅三万三千马力，比之日本北海道之三万五千马力，尚有不逮。又电灯全部之烛力，亦不过百三十七万五千烛光，比之日本东京市电气局与东京电灯株式会社所有设备之百九十万烛光，亦远不及云。”

近年海陆军多用无线电机，

《世界年鉴》：“北京南苑、天津、保定陆军用无线电，乙巳年设立。北京、南京海军用无线电，辛亥年设立。”

且拟设西安至喀什噶尔之无线电。（据《东方杂志》，民国七年交通部与马可尼无线电报公司订立合同，政府为设西安、喀什噶尔间安全之通信，拟购买并建设三台无线电报机器，向该公司订购马可尼弧光最新式无线电板机三台。）上海交通大学亦设无线电机，以供试验而通消息，异时无线电信当代有线者而日兴矣。（按民国十三年北京《交通日报》载中国境内无线电台，为中国自办者凡十三所：即北京、张家口、武昌、吴淞、福州、广州、崇明、上海、南苑、保定、天津、烟台、大沽等处，又为外国所经营者凡二十处：计日本八、法国五、美国四、英国二、俄国一，大抵皆在使馆及领事馆、兵营中。）

光绪二年，英商自上海租界造铁路达吴淞，行驶火车，是为外人侵我路权之始。两江总督沈葆桢购其路而毁之，盖其时舆论，不仅以为损失主权，

① 按北京已于民国十三年开行电车。

且于铁路火车，特具一深恶痛绝之意，故不惜重资以求消毁其萌蘖也。

《中国铁路史》（袁德宣）：“同治五年七月，英怡和洋行创设上海江湾间铁路。光绪二年，上海江湾间铁路延长至吴淞口，长三十里，名淞沪铁路。时风气未开，国人视为异物，两江总督沈葆桢以银二十八万五千两购回淞沪铁道，毁拆弃诸河。”

其后以外患日亟，思造铁路以助军用。

《光绪政要》光绪六年《刘铭传请开铁路以图自强疏》：“俄自欧洲造铁路，渐近浩罕，又将由海参崴铁路以达珲春，不出十年，祸将不测。日本一弹丸国耳，师西洋之长技，恃有铁路，藐视中华，亦遇事与我为难。臣每私忧窃叹，以为失今不图自强，后虽欲图，恐无及矣。练兵造器，固宜次第举行，然其机括则在于急造铁路。铁路之利于漕务、赈务、商务、矿务、厘捐、行旅者，不可殚述。而于用兵一道，尤为急不可缓之图。中国要道，南路宜开二条：一条由清江经山东，一条由汉口经河南，俱达京师。北路宜由京师东通盛京，西通甘肃，惟工费浩繁，急切未能并举。拟请先修清江至京一路，与本年议修之电线相表里。”

而开平煤矿之铁路，遂为全国铁路之嚆矢。

《中国铁路史》：“光绪四年，美国留学生唐景声，请于直督李鸿章，创办唐山开平煤矿，聘英人全达为技师长，筑铁路以便运输，初用马车，继改用小机关车。光绪十二年改筑，轨广四尺八寸半，为中国铁路轨道定例。”

光绪十五年，张之洞奏办芦汉铁路，

《光绪东华录》："张之洞奏：铁路之用，以开通土货为急。中国物产之盛，甲于五洲，然腹地奥区，工艰运贵，其生不蕃，其流不广，且土货率皆质粗价廉，非用机器化学，不能变粗贱为精良，化无用为有用。苟有铁路，则机器可入，笨货可出，本轻费省，山乡边郡之产，悉可致诸江岸海壖，而流行于九洲四瀛之外，民之利既见，而国之利因之。臣愚以为宜自京城外之芦沟桥起，经行河南，达于湖北之汉口镇，自保定、正定、磁州，历彰、卫、怀等府，在清化镇以南，荥泽口以上，作桥以渡黄河，自河以南，则由许、郑、信阳驿路以抵汉口。"

虽定议而未实行。总计甲午以前，中国铁路仅成榆关内外七百零五里。

《中国铁路史》："光绪十三年，直督李鸿章募集股本，敷设由天津经大沽至滦州之古冶线，长三百十一里，谓之商路。光绪十六年，又延长古冶至关外之中后线，长三百九十四里，谓之官线，共长七百零五里。"

中日战后，朝野上下，始知筑造铁路为不容缓之事，遂设铁路总公司于上海，先造芦汉干路，次及苏、沪、粤、汉等，

《光绪政要》："光绪二十年，直督王文韶、鄂督张之洞会陈芦汉铁路办法，并保津海关道盛宣怀督办，宣怀请设铁路总公司，先造芦汉干路。其余苏、沪、粤、汉等处，亦准公司次第展造。"

于是借款购料，一切仰给于外人，而各国争我路权者麕起。

《约章大全》："光绪二十三年《芦汉铁路商订比国借款合同》第一条：除总公司已有成本银一千三百万外，并准总公司向比国银行工厂合股公司借款四百五十万金镑。二十四年续订《比国借款详细合同章程》第二十五款：全路所需材料，除汉阳各厂所能造者先尽购办外，皆归比公司承办。"《中国铁路史》："时各国铁路政策怀抱已久，一闻募外债之议，无不踊跃争先。首请者为美公司，次为英、德两公司，惟比利时公司以轻便条约，商定于政府。""比利时者，受俄、法之指使而来者也。俄、法势力潜伏于比公司之下，比营之，即俄、法营之也。英闻之，恐碍其扬子江一带势力，遂扼榆营铁路监督权，遮断东清铁路，弗与京汉联络。德闻之，又与英协商握津镇铁路敷设权，沿运河，出扬子江，以与京汉颉颃。"

光绪二十九年，商部奏定铁路简章，以奖励华商、抑制洋股为主。各省绅民，乃议自办铁路，潮汕、滇川、常辰、江西、江苏、福建、浙江、安徽分省自筑之路，同时均见于奏报，而粤汉、京汉亦次第借款赎回。然各省自办铁路，多鲜实力，其成者，仅潮汕、新宁、沪浙数路，而其材料机器，仍须购之国外，无完全自办之路也。辛亥革命，起于铁路国有之议，而民国成立以后，商办铁路次第收为国有，盖民力不充，仍不能不资外力也。

铁路附设之学校，以唐山工业专门学校为最著。

《民国行政统计汇报·交通类》："唐山工业专门学校，创始于前清光绪三十一年。原由津榆铁路筹资设立，民国元年，改为唐山铁路学校。三年，改名为工艺专门学校，其学科专以铁路工程为主。"

而制造厂亦以唐山为巨。

《铁路协会报·京奉路线始末记》："唐山有极大极完备之工厂，

工人约三千名。该厂从前或装配车辆，或建造客货车及装配机车，现在该厂能自行建造机车及车辆，但特别之部分仍须购自外洋。沟邦子地方有一修理车辆厂，从前机车均向英国北方机车公司购买，其余或向美国之保鲁敦或比国购买，然该厂近年亦能制造机车。”

据民国三年京奉铁路报告，唐山厂自造机平转车、盘车、顶湾梁汽机、起重机等，并代道清、京张、吉长各路造车辆、汽筒、锅炉等凡数千具，是则机械工学进步之征也。

吾国采矿，多恃人工，其用机械开采化炼，亦自同、光间始。

《李文忠公奏议》光绪七年《直境开办矿务折》：“从前江西之乐平及山西、湖南等省，皆以土法开采煤、铁等矿，近来如台湾之基隆、湖北之荆门、安徽之池州，经营煤矿，渐用洋法。然或因创办伊始，或因经费未敷，尚难骤得大效。光绪元年，闻滦州所属之开平镇煤铁矿产颇旺，饬候选道唐廷枢驰往察勘。唐廷枢勘得滦州所属，距开平西南十八里之唐山，山南旧煤穴甚多。光绪四年，钻地探试，深六十丈，得有高烟煤六层，计所得之煤，足供六十年之用。旋于五年购办机器，按西法开提煤贯风抽水，水井开深六十丈。就所得之煤论之，可与东洋头号烟煤相较，将来愈深愈美，尤胜东洋。开煤既旺，则炼铁可以渐图。”

开平之煤，漠河之金，

《光绪政要》：“光绪十二年黑龙江将军恭镗招集商股开办漠河金厂。”

大冶之铁，萍乡之煤，

《汉冶萍公司纪略》："光绪十六年，张文襄公督鄂，创办汉阳铁厂，采炼大冶之铁。大冶铁矿，据英伦钢铁会史戴德化验之报告，为世界不多觏之佳矿。就浮面之铁测算，年采一百万吨，足供百年。光绪二十二年，盛宣怀接办，于萍乡发现一大煤田，其面积长三十里、宽十里。技师赖伦言，每年采取百万吨，可继五百余年。"《中国工艺沿革史略》："汉阳铁政局，为中国最大之制铁所，其铁路在湖北武昌大冶县属之铁山铺，其坑之重要者，在下陆雌雄狮子山、铁山等处。其地产铁，自古有名。光绪十六年，两湖总督张之洞，派德国技师至大冶县采矿。十八年，乃创立汉阳铁政局，一切机械，均由比利时购入。本年始开始制炼，初以管理非人，财政困难，改聘比国人为管理，至二十二年，乃让于盛宣怀。盛氏大招股本，改为股本公司，现今之汉冶萍煤铁矿厂有限公司，即是物也。其矿石之种类：一为磁铁矿及赤铁矿床，二为褐铁床。光绪二十八年，每月磁铁矿产二千七百吨，褐铁矿六百吨。其产出矿石，除供给汉阳铁厂外，每年尚有千余万吨，输出于日本之八幡制铁所。其制成铁料，自光绪二十六年，与日本有输出之特约，每年不下六万余吨。"

为世所艳称。而山西、河南之煤、铁，四川、云南之铜、锡，湖南之锑，延长之石油，亦相继而以西法开采。

《约章大全》光绪二十五年《总署奏湘省严禁私运锑沙折》："湘省各属所在多锑，足供制造机器之用，因招粤商大成公司来湘，就近提炼。""光绪二十八年，豫抚锡良奏开河南矿务，并派豫丰公司总办。光绪二十九年，晋抚赵尔巽奏请山西矿务先尽丰公司办理。光绪三十三年，度支部奏兴复云南旧矿，均可考见各省矿产之历史。"《中华矿产调查记》（赖继光）："四川彭县磺铜矿，于清光绪三十一年归矿政局拨款开采。"《中国工艺沿革史略》："光绪三十二年，有

> 湖南洪某者，服官陕西，颇识新学，请之当道，筹资千余万，购买机器，并聘日本技师，在延长开采石油。凡凿四井，内二井出油甚旺，陕西省城各机关所有灯油，皆此矿所出，因此延安石油渐为世人所注意。”

其沿铁道之矿，为外人攫取，若抚顺、淄川各地之煤，更无论矣。

清代货币，兼用铜、银，铜曰制钱，银曰元宝。而广东与外人互市，多用墨西哥银元。光绪十六年，张之洞督粤，设银元局，自铸银币，其后各省亦相继仿铸。

> 《约章大全》光绪三十二年《财政处奏整顿圜法折》：“中国铸造银圆，始于广东，嗣后湖北、江南、直隶、浙江、安徽、奉天、吉林等省，亦陆续购机制造。”

而铜元之制，亦倡于广东，福建继之。辛丑以后，各省竞铸铜元，制钱之用遂微。光绪三十一年，户部设造币厂于天津，兼铸铜、银各币，民国因之，虽未能统一中国钱币，而其规制特宏焉。

> 《财政月刊·天津造币总厂报告书》：“北洋银圆局，踵机器局而成立。总厂既建，购机美厂，不足，调于宁、鄂各省。民国肇兴，鲁、豫、闽各省旧设铜圆局，相继停办，其机械亦先后运致，动机改用电力，以期利用。”

甲午以前，官办局厂之用机械者虽多，而商民之创办公司、经营制造者，尚未大盛。自《中日条约》明订装运机器进口，任便从事各项工艺制造之条，于是土货益为洋货所制，而商民始知自奋，

> 《约章大全·中日马关条约》第六款第四项："日本臣民，得在中国通商口岸城邑，任便从事各项工艺制造，又得将各项机器任便装运进口。日本臣民在中国制造一切货物，其于内地运送税内地钞课杂派以及在中国内地沾及寄存栈房之益，即照日本臣民运入中国之货物一体办理。"

纺织、印刷、酿造、陶瓷、纸革、茶糖、淀粉、玻璃、肥皂、火柴之类，靡不购机设厂，竞师西法。以民国三年农商统计表观之，各省工厂用原动力者，凡三百五十九厂；蒸汽机三百五十七具，电机三百三十二具，其他机关四百七十六具。虽较之他国尚属幼稚，而二十年间，由手工而日趋于机械工业，是实文化之一大进步也。

机械工业之兴，不过数十年耳，论者谓其历史可分为四时期。

> 《支那之工业》（东亚同文会编纂）曰："自支那固有之工场进一步而洋式机械工业之发生者，同治初年，即距今约五十年以前之事也。[①]尔来经几多之变迁，渐次举支那工业界革命之实，以及今日。试回顾其历史，可分为下之时期：（一）官督商办时代[②]，（二）外人企业时代[③]，（三）利权收回时代[④]，（四）国货维持时代[⑤]。"

其变迁盖亦多矣。顾自欧战以来，西人鉴于机械工业之害，乃转以吾国之工

---

① 是书大正六年出版。

② 此时代为洋式工业萌芽期，自同治初年至光绪二十年，约三十年间。

③ 此时代自日清媾和条约缔结后，至商部设立，约九年间。

④ 自光绪二十九年至民国元年，约八年间。即支那因日露战争之影响，奋然自觉，以奖励实业振兴工艺为目的，频行官制之改废，法令之制定，一方则民间利权收回热爆发。对于外人既得之权利，苟有隙可乘，无不思收回其权利，而自当其经营。此等企业热之勃兴，以光绪三十年为最旺盛。

⑤ 自民国元年至现在国民运动正在进行中。

业未开发为幸，盖机械工业之害，在以人为机械，较之手工之时代，其违反人道殊甚。

《杨端六记罗素未开发国之工业演说文》：“所痛恨于工业主义者，乃以其逼迫老幼男女，使之违反其本性，从事于不自然的不自发的人为的生活。果使工业发达至极，则人类将不复见有青草之地，新雨之后，不复嗅得泥土之气。惟促处于数尺之地方，四围罨而尘上，不得不竭一日多数时间之力，以营单一无趣之机械工作。妇女则大率不得不于工厂中谋生，舍其子女，求他人顾。儿童苟不入工厂，则留作学校之中，十分督责其功课，聪颖子弟，受害尤大。凡此违反本性之生活，足使从事工业之人民，日为社会所轻蔑，而激动杀人战争之事，将不绝于人间矣。”

然以经济竞争之所驱迫，目前之状况，仍不能不随欧、美之轨辙以进行也。

第十六章　种族革命与政治革命

满清之主中国，二百数十年，而种族之界甚严。汉族隐忍衔恨，虽不能恢复明室，而秘密集会，阴图颠覆满清者，所在多有。

> 《清稗类钞》:“三合会之成立，在康熙甲寅。相传其原起之目的，以少林寺僧被官焚杀，志在复仇。”“自乾隆至嘉、道间，台湾、两广、江西、南方一带，三合会至跋扈，而以福建为酝酿之所。虽官吏下严令痛制之，卒无效。”“世多以洪秀全为三合会首领，呼粤寇曰三合贼，实大谬也。秀全仅容纳三合会之一部分耳，非自为三合会员也。虽其复明逐满，两者俱同，蓄发易服，不背三合会主旨，然三合会所奉为道教、佛教，上帝教所奉为基督教，其根源实大相刺谬。”“哥老会一称哥弟会，秘密会党也。或谓其成立于乾隆时，同治朝以粤寇平而撤湘军，其人穷于衣食，多入此会。”“哥老会之宗旨，与三合会无异，亦以复明为言。”

道、咸以来，外患日棘，满人之无能力，为汉族所共喻，而欧、美之思想又渐次输入，于是官僚学者，思以新法扶翼清室。而反之者，则以推翻清室、恢复主权为职志。孙文等之倡兴中会，即由清室之不足恃以御外侮而起。

> 《孙文学说》：“予自乙酉中法战败之年，始决倾覆清廷、创建民国之志。”《清稗类钞》:“兴中会之起，在光绪壬辰，倡首者为孙逸仙、

陆皓东、杨鸿飞等人。”

庚子之乱，以满人利用拳民仇外，贻汉族无穷之祸，

《国债辑要》：“庚子赔款，自 1901 年至 1940 年，合计一万四千二百八十六万三千六百一十一镑。”

汉人之怨讟益深。唐才常欲起事于汉口，不成。

《清稗类钞》：“庚子七月，浏阳拔贡唐才常等，谋起事于汉口，结合江湖会党，设自立军，散放富有票，议起自立军，事泄被诛。”

而研求国故之士，如章炳麟、邹容、刘师培等，时时刺举宋、明遗老之言论行谊，以鼓吹革命。故革命之分子，实合秘密社会之徒，及经生学子能为文章之士两者而成焉。

邹容之《革命军》，革命之原动力也。

《孙文学说》：“章太炎、吴稚晖、邹容等，借《苏报》以鼓吹革命，为清廷所控。太炎、邹容被拘，囚租界监狱，吴亡命欧洲。此案涉及清帝个人，为朝廷与人民聚讼之始，清朝以来所未有也。清廷虽讼胜，而章、邹不过仅得囚禁两年而已，于是民气为之大壮。邹容著有《革命军》一书，为排满最激之言论，华侨极为欢迎，其开导华侨风气，为力甚大。”

析其性质，盖有四因：

（一）则根于历史，

《革命军》:“自秦以来，狐鸣篝中，王在掌上，卯金伏诛，魏氏当涂，黠盗奸雄，觊觎神器者，史不绝书。于是石勒、成吉思汗等，类以游牧腥膻之胡儿，亦得乘机窃命，君临我禹域，臣妾我神种。”“吾读《扬州十日记》《嘉定屠城记》，书未尽，吾几不知流涕之自出也。吾为言以告我同胞曰：扬州十日，嘉定三屠，是又岂当日贼满人残戮汉人一州、一县之代表哉！夫二书之记事，不过略举一二耳。想当日既纵焚掠之军，又严剃发之令，贼满人铁骑所至，屠杀虏掠，必有十倍于二地者也。有一有名之扬州、嘉定，有千百无名之扬州、嘉定。”

（二）则动于译籍，

《革命军》:“吾幸夫吾同胞之得卢梭《民约论》、孟得斯鸠《万法精理》、弥勒约翰《自由之理》、《法国革命史》、《美国独立檄文》等书，译而读之也。”

（三）则憾权利之不平，

《革命军》:“满洲人之在中国，不过十八行省中之一最小部分耳。而其官于朝野者，则以一最小部分，敌十八行省而有余。今试以京官满汉缺观之，自大学士尚书侍郎，满汉二缺平列外，如内阁衙门，则满学士六、汉学士四，满蒙侍读学士六、汉军汉侍读学士二，满侍读十二、汉侍读二，满蒙中书九十四、汉中书三十。又如六部衙门，则满郎中、员外、主事缺额约四百名，吏部三十余、户部百余、礼部三十余、兵部四十、刑部七十余、工部八十余，其余各部堂主事皆满人，无一汉人，而汉郎中、员外、主事缺额不过一百六十二名。”

（四）则憾战祸之独受。

> 《革命军》："祸至则汉人受之，福至则满人享之。太平天国之立也，以汉攻汉，山尸海血，所保者满人。甲午战争之起也，以汉攻倭，偿款二百兆，割地一行省，所保者满人。团匪之乱也，以汉攻洋，血流近京，所保者满人。故今日强也，亦满人强耳，于我汉人无与焉。今日富也，亦满人富耳，于我汉人无与焉。"

故竭力提倡革命，以推翻满族为目的。然其所受革命之因，已不全为种族之争，而含有政体之异。故其主张之条件，实欲举旧民族、旧国家，改造为一新民族、新国家。

> 《革命军》："革命要义：（一）当知中国者，中国人之中国也。（一）人人当知平等自由之大义。（一）当有政治法律之观念。由斯三义，更生四种：（一）曰养成上天下地、惟我自尊、独立不羁之精神。（一）曰养成冒险进取、赴汤蹈火、乐死不群之气概。（一）曰养成相亲相爱、爱群爱己、尽瘁义务之公德。（一）曰养成个人自治、团体自治、以进人格之人群。""革命独立之大义：（一）中国为中国人之中国，我同胞皆须自认为自己的汉种中国人之中国。（一）不许异种人沾染我中国丝毫权利。（一）所有服从满洲人之义务，一律销灭。（一）先推倒满洲人所立北京之野蛮政府。（一）驱逐居住中国中之满洲人，或杀以报仇。（一）诛杀满洲人所立之皇帝，以儆万世，不复有专制之君主。（一）对敌干预我中国革命独立之外国人及本国人。（一）建立中央政府，为全国办事之总机关。（一）区分省分，于各省中投票公举一总议员；由各省总议员中，投票公举一人为暂行大总统，为全国之代表人；又举一人为副总统；各府州县又举议员若干。（一）全国无论男女，皆为国民。（一）全国男子有军国民之义务。

（一）人人有致忠于此所新建国家之义务。（一）人人有承担国税之义务。（一）凡为国人，男女一律平等，无上下贵贱之分。（一）各人不可夺之权利，皆由天授。（一）生命自由及一切利益之事，皆属天付之权利。（一）不得侵人自由，如言论、思想、出版等事。（一）各人权利必需保护，须经人民公许建设政府，而各假以权，专掌保护人民权利之事。（一）无论何时，政府为有干犯人民权利之事，人民即可革命，推倒旧日之政府，而求遂其安全康乐之心。迨其既得安全康乐之后，经承公议，整顿权利，更立新政府，亦为人民应有之权利。（一）定名中华共和国。（一）中华共和国为自由独立之国。（一）自由独立国中，所有宣战议和订盟通商及独立国一切应为之事，俱有十分权利，与各大国平等。（一）立宪法，悉照美国宪法，参照中国性质立定。（一）自治之法律，悉照美国自治法律。（一）凡关全体个人之事及交涉之事及设官分职国家上之事，悉准美国办理。”

观其次项所列之二十五条，惟前七条为对于满洲而发，[①] 余则纯采美国独立之制度，而为政治之革命。故清末之革命，与前史之朱明推翻胡元迥殊。彼则纯乎种族之争，此则借种族之争以引起政治之改革耳。章炳麟《革命军序》，亦分析此二义，以光复、革命互举：

吾闻之：同族相代，谓之革命；异族攘窃，谓之灭亡。改制同族，谓之革命；驱除异族，谓之光复。今中国既灭亡于逆胡，所当谋者光复也，非革命云尔。容之署斯名，何哉？谅以其所规画，不止驱除异族而已，虽政教学术体俗材性独有当革者焉，故大言之曰革命也。

故徒谓推翻满族为蒇革命之志事者，实非首事诸人之初意也。

---

① 亦含有对他国之意。

邹容死于狱，章炳麟走日本，孙文亦至日，乃开支那亡国二百四十二年纪念会，组织同盟会，

> 《清稗类钞》："拳乱以后，通国大兴教育，留日学生亦骤众，孙文乘此注入其主义于留学生。会章炳麟游日本，更鼓吹民族革命主义。秦力山亦创开支那亡国二百四十二年纪念会以激励之，其会为驻日公使蔡钧借日警力所阻。时留学生提倡革命者益多，人数亦益众，几逾万人。而内地革命失败之徒，复纷然来集，各交换意见，上下议论，而湖南黄兴、直隶张继隐执牛耳。会孙文由欧美游历至日，因开欢迎会，是为革命党统一之权舆，乃组织中国同盟会，举孙为首领，复发刊《民报》，以为革命党之机关，揭载六大纲：（一）颠覆现今之恶劣政府。（二）建设共和政党。（三）维持世界真正之平和。（四）土地国有。（五）主张中、日两国之国民连合。（六）要求世界列国赞成中国革命新事业。"

刊行《民报》。而拥护清室者，则以君主立宪为平和之改革。

> 《中华民国开国史》（谷钟秀）："孙文在日本开会演讲，留学生服膺其说者，月异而岁不同。于是设同盟会于东京，渐扩充及于内地各省。刊行《民报》，汪兆铭主其事，标示推倒满清政府、建设中华民国之大旨。适值梁启超于《新民丛报》大倡开明专制之议，违反人心之倾向，《民报》痛驳其非，遂风行一世。是时杨度等刊行《新中国报》，亦深斥开明专制之议，惟恐因革命以召外祸，主张君主立宪，速开国会，为平和之改革。是说亦颇犁然有当于人心。"

清廷派载泽、戴鸿慈、端方、尚其亨、李盛铎等，赴各国考察政治，归而宣布预备立宪。

《光绪政要》："光绪三十二年正月，考察政治大臣载泽、尚其亨、李盛铎等奏请宣布立宪。七月，宣布预备立宪事宜，谕曰：载泽等回国陈奏，皆以国势不振，实由于上下相蒙，内外隔阂，官不知所以保民，民不知所以卫国。而各国之所以富强者，实由于行宪法，取决公论，军民一体，呼吸相通，博采众长，明定权限，以及筹备财用，经画政务，无不由仿行宪政，公之于黎庶。又兼各国相师，变通尽利，政通民和，有由来矣。时处今日，惟有及时详晰甄核，大权统于朝廷，庶政公诸舆论，以立国家万年有道之基。但目前规制未备，民智未开，若操切从事，徒布空文，何以对国民而昭大信？故廓清积弊，明定责成，必从官制入手，亟应先将官制分别议定，次第更张，并将各项法律，详慎厘订。而又广兴教育，清理财政，普设巡警，使绅民明晰国政，以备立宪基础。"

宣统元年，遂设各省咨议局及资政院，以为议院之先导。宪政编查馆则采择德、日宪法，编制宪法大纲，预定立宪期限。然满人用事，政治益趋腐败，各省咨议局联合会，请愿速开国会，及另组责任内阁，皆不获遂。平和而文明之人民，亦大失望。

《中华民国开国史》："袁世凯坐镇北洋，参与朝政，锐意图改革，于是有派遣五大臣出洋考察政治之举，归而有预备立宪之诏。然第一次中央官制改革案，竟为铁良等所扼，而为有名无实之更张。后虽有资政院之设，定期召集国会之明文，而满族内阁与皇族内阁相递嬗。其首领之奕劻，以贪庸著闻于天下，载泽因其妻与隆裕为姊妹，握财政管钥，其势与奕劻抗。载洵、载涛皆以其兄载沣监国之故，分掌海陆军大权，借以殖其私财，卖官鬻缺，苞苴竞进。……各省请愿国会者，接踵而至京师，甚至有割指断臂，誓期成功者。虽激于一时之感情，然人民希望立宪之意，亦云至矣。乃政府始终冥顽如故，最后竟以军警驱逐请愿代表回籍，而人民立宪之希望遂绝。”

党人之谋革命也，或以个人行暗杀之策，或以团体为起义之举。乙巳九月，吴樾图炸毙出洋考察宪政之五大臣，未中。丁未五月，徐锡麟杀安徽巡抚恩铭。辛亥三月，温生才杀广州将军孚琦。而起兵者亦相踵，丁未七月，黄兴起于广州，十月，孙文起于镇南关。戊申三月，黄又起于河口，七月，熊成基起于安庆。庚戌正月，倪映典起于广州。辛亥三月，黄兴、赵声等复起于广州。虽皆不成，而革命之机日迫。清廷又以铁路国有之策，大失民心。辛亥八月十九日，民军遂起于武昌。

《中华民国开国史》：“辛亥八月十九日，即阳历十月十日，民军起义于武昌，拥黎元洪为都督，称中华民国军政府。以黄帝纪元，宣布宗旨。”“所有文告，皆用中华民国军政府鄂都督名义，末署黄帝纪元四千六百零九年某月日，借种族问题，激动军民之感情。盖共和意义，一般军民骤难索解，一触其感情，则大多数靡然向风，而清亡矣。”

各省闻风响应。清以袁世凯为内阁总理，督兵讨民军。而袁亦不慊于清廷，首鼠两端。十月，遂停战议和。十七省代表公举孙文为中华民国临时大总统，设临时政府于南京，为南北对峙之局。袁命唐绍仪为代表，与南军代表伍廷芳议开国会，而阴迫清帝退位。是年十二月二十五日①，清颁退位诏，而四千余年帝制之国，遂一变而为民主之国。

中华民国之基础，以民国元年各省代表所组织之参议院制定之《约法》为主，兹录其全文于下：

---

① 即中华民国元年二月十二日。

(一) 中华民国，由中华人民组织之。

(二) 中华民国之主权，属于国民全体。

(三) 中华民国领土，为二十二行省、内外蒙古、西藏、青海。

(四) 中华民国以参议院临时大总统、国务员、法院，行使其统治权。

(五) 中华民国人民一律平等，无种族、阶级、宗教之区别。

(六) 人民得享下列各项之自由权：(1) 人民之身体，非依法律，不得逮捕、拘禁、审问、处罚；(2) 人民之家宅，非依法律，不得侵入或搜索；(3) 人民有保有财产及营业之自由；(4) 人民有言论，著作刊行及集会、结社之自由；(5) 人民有书信秘密之自由；(6) 人民有居住、迁徙之自由；(7) 人民有信教之自由。

(七) 人民有请愿于议会之权。

(八) 人民有陈诉于行政官署之权。

(九) 人民有诉讼于法院，受其审判之权。

(十) 人民对于官吏违法损害权利之行为，有陈诉于行政院之权。

(十一) 人民有应任官考试之权。

(十二) 人民有选举及被选举之权。

(十三) 人民依法律有纳税之义务。

(十四) 人民依法律有服兵之义务。

(十五) 本章所载人民之权利，有认为增进公益、维持治安，或非常紧急必要时，得依法律限制之。

(十六) 中华民国之立法权，以参议院行之。

(十七) 参议院以第十八条所定各地方所选之参议员组织之。

(十八) 参议员每行省、内蒙古、外蒙古、西藏各选派五人，青海选派一人。其选派方法，由各地方自定。参议院会议时，每参议员有一表决权。

（十九） 参议院之职权如下：（1）议决一切法律案；（2）议决临时政府之预算、决算；（3）议决全国之税法、币制及度量衡之准则；（4）议决公债之募集及国库有负担之契约；（5）承议第三十四条、三十五条、四十条事件；（6）答复临时政府咨询事件；（7）受理人民之请愿；（8）得以关于法律及其他事件之意见，建议于政府；（9）得提出质问书于国务员，并要求其出席答复；（10）得咨请临时政府查办官吏纳贿违法事件；（11）参议院对于临时大总统认为有谋叛行为时，得以总员五分四以上之出席，出席员四分三以上之可决，弹劾之；（12）参议院对于国务员认为失职或违法时，得以总员四分三以上之出席，出席员三分二以上之可决，弹劾之。

（二十） 参议院得自行集会开会闭会。

（二十一） 参议院之会议，须公开之；但有国务员之要求，或出席议员过半数之可决者，得秘密之。

（二十二） 参议院议决事件，咨由临时大总统公布施行。

（二十三） 临时大总统对于参议院议决事件，如否认时，得于咨达后十日内，声明理由，咨院复议；但参议院对于复议事件，如有到会员三分二以上仍前执议时，仍照第二十二条办理。

（二十四） 参议院议长，由参议员用记名投票法互选之，以得票满投票总数之半者，为当选。

（二十五） 参议院议员于院内之言论及表决，对于院外不负责任。

（二十六） 参议院参议员，除现行犯及关于内乱外患之犯罪外，会期中非得本院许可，不得逮捕。

（二十七）参议院法，由参议院自定之。

（二十八）参议院以国会成立之日解散，其职权由国会行之。

（二十九）临时大总统、副总统，由参议院选举之，以总员四分三以上出席、得票满投票总数三分二以上者，为当选。

（三十）临时大总统代表临时政府，总揽政务，公布法律。

（三十一）临时大总统为执行法律或基于法律之委任，得发布命令，并得使发布之。

（三十二）临时大总统统帅全国海陆军队。

（三十三）临时大总统得制定官制官规，但须提交参议院议决。

（三十四）临时大总统得任免文武职员，但任命国务员及外交大使、公使，须得参议院同意。

（三十五）临时大总统经参议院之同意，得宣战、媾和及缔结条约。

（三十六）临时大总统得依法律宣告戒严。

（三十七）临时大总统代表全国，接受外国之大使、公使。

（三十八）临时大总统得提出法律案于参议院。

（三十九）临时大总统得颁给勋章及其他荣典。

（四十）临时大总统得宣告大赦、特赦、减刑、复权，但大赦须经参议院同意。

（四十一）临时大总统受参议院弹劾后，由最高法院全院审判官互选九人组织特别法庭审判之。

（四十二）临时副总统于临时大总统因故去职或不能视事时，得代行其职权。

（四十三）国务总理及各部总长，均称为国务员。

（四十四）国务员辅佐临时大总统，负其责任。

（四十五） 国务员于临时大总统提出法律案公布法律及发布命令时，须副署之。

（四十六） 国务员及其委员，得于参议院出席及发言。

（四十七） 国务员受参议院弹劾后，临时大总统应免其职，但得交参议院复议一次。

（四十八） 法院以临时大总统及司法总长分别任命之法官组织之，法院之编制法及法官之资格，以法律定之。

（四十九） 法院依法律审判民事诉讼及刑事诉讼，但关于行政诉讼及其他特别诉讼，则以法律定之。

（五十） 法院之审判须公开之，但有认为扰害安宁秩序者，得秘密之。

（五十一） 法官独立审判，不受上级官厅之干涉。

（五十二） 法官在任中，不得减俸或转职，非依法律受刑罚宣告或应免职之惩戒处分；不得解职，惩戒条规以法律定之。

（五十三） 本约法施行后，限十个月内，由临时大总统召集国会，其国会之组织及选举法，由参议院定之。

（五十四） 中华民国之宪法，由国会制定，宪法未施行以前，本约法之效力与宪法等。

（五十五） 本约法由参议院参议员三分二以上或临时大总统之提议，经参议员五分四以上之出席，出席员四分三之可决，得增修之。

（五十六） 本约法自公布之日施行，临时政府组织大纲，于本约法施行之日废止。

吾国由人治国变为法治国，由民意规定国家组织有成文之法律，明定人民之权利义务，实始于此。而行政之人极苦其不便。三年三月，第一任大总统袁世凯召集约法会议；五月，公布《新约法》，凡元年《约法》束缚总统国务院之权力之文，悉删改之。五年，袁世凯叛国而死，黎元洪执行大总统职权，复令宪法未定以前，仍遵用元年三月十一日公布之《临时约法》，至宪法成立时为止。六年五月，旧国会二次解散，元年《约法》复失效力，南方各省起兵力争，扰攘多年，事变百出，迄今尚无成文之宪法。曹锟为总统时，有贿选议员所制之宪法，世亦未行。故元年《约法》，犹有宪法之效焉。

种族革命，至辛亥十二月已告成功，而政治革命迄今尚未成事实。盖国民习于帝制者久，不知履行国民之权利义务，于代议政治非所素谙，又不知政党之性质与选举之重要。元年以临时参议院议决之国会组织法，召集国会，而国民党与进步党势成水火。二年十月，袁世凯被举为正式大总统，十一月，即解散国民党，取消国民党籍之议员。三年一月，国会停止职权，而袁世凯遂以《新约法》所定之参政院，议决变更国体，改行君主立宪，建元洪宪，不百日而罢。五年八月，旧国会复开，至六年，又为各省督军所迫而解散。七年二月，段祺瑞所召集之参议院，修改国会组织法，重选国会议员。旧国会议员之暴横者，仍麕集于南方，而同时遂有新旧两国会。十年，南北政府均有剧变。黎元洪复职，而广州之国会复移于北京。十二年，曹锟贿选为总统，国会复分裂。十三年，江浙奉直之战，段祺瑞起而执政，国会复解散。十五年，段祺瑞复被逐，法统之说泯焉莫知所从，虽悬一中华民国之帜，而实则仅造成武人专制、强藩割据之局，是又革命之始所不及料者矣。

第十七章　法制之变迁

清季迄今，变迁之大，无过于法制。综其大本，则由德治而趋法治，由官治而趋民治，漩澓激荡，日在蜕变之中。而世界潮流，亦以此十数年中变动为最剧。吾民蝎蹶以趋，既弃吾之旧法以从欧美之旧法，又欲弃欧美之旧法而从彼之新法，思想之剧变，正日进而未有艾。虽其功效之若何及其归宿之若何，目前未易预测，而过去之事迹，固亦有可述也。

清季变法，首在司法制度，其起源则以修改商约。外人不慊于吾国法律，不得已，而变通法律，以期从同。

《光绪政要》光绪三十年《伍廷芳、沈家本奏疏》："光绪二十八年四月初六日，奉上谕：现在通商交涉，事益繁多，著派沈家本、伍廷芳将一切现行律例，按照交涉情形，参酌各国法律，悉心考订，妥为拟议，务期中外通行，有裨治理等因。当经臣等酌拟大概办法，并遴选谙习中西律例司员，分任纂辑，延聘东西各国精通法律之博士律师，以备顾问。复调取留学外国卒业生，从事翻译；请拨专款，以资办公等因在案。计自光绪三十年四月初一日开馆以来，各国法律之译成者，德意志曰刑法、曰裁判法，俄罗斯曰刑法，日本曰现行刑法、曰改正刑法、曰陆军刑法、曰海军刑法、曰刑事诉讼法、曰监狱法、曰裁判所构成法、曰刑法义释；校正者曰法兰西刑法。至英美各国刑法，臣廷芳从前游学英国，夙所研究，该二国刑法虽无专书，然散见他籍者不少，饬员依类辑译，不日亦可告成。复令该员等比较异同，分门列表，展卷瞭然，各国之法律已可得其大略。臣等以中国法律与各国参互考证，各国法律之精意，固不能出中律之范围。第刑制不尽相同，罪名之等差亦异，综而论之，中重而西轻者为多。盖西国从前刑法，较中国尤为惨酷。近百数十年来，经律学家几经讨论，逐渐改而从轻，政治日称美善。中国之重法，西人每訾为不仁，其旅居中国者，皆借口于此，不受中国之约束。夫西国首重法权，随一国之疆域为界限，中国之人侨寓乙国，即受乙国之裁判，乃独于中国不受裁判，转予我以不仁之名，此亟当幡然变计者也。方今改订商约，英、美、日、葡四国，均允中国修订法律，首先收回治外法权，实变法自强之枢纽。臣等奉命考订法律，恭译谕旨，原以墨守旧章，授外人以口实，不如酌加甄采，可默收长驾远驭之效。现在各国法律既已得其大凡，即应分类编纂，以期克日成书。”

始设法律馆起草，继经宪政编查馆核订，资政院第一期议会议决，而刑律遂逐渐变迁。

《大清新刑律释义序》（秦瑞玠）：“我国自有历史以来，向崇道德、宗教、礼仪、政治，而不言法律。故一般法制，几无历史沿革之可言，惟刑名则与礼制相出入，与政术同作用，又与兵事类列，较之一般法制史，其沿革起原为最早。始自唐虞，迄于前明，以至今日。就刑法上沿革论之，略可分为两大时期：第一期，自虞夏至前明，此时期可分之为二：（甲）自虞夏至隋唐；（乙）自唐以后至前明。第二期，自国初以至今日，其间又可细分为三时代：（甲）旧律时代，自国初至光绪二十八九年间为止。所奉行者，为原有之《大清律例》，实悉本《唐律》及《明律》之旧，分吏、户、礼、兵、刑、工等总目而为六，又分名例职制公式，至断狱、营造、河防等门目为三十，更分子目为四百三十有六，以律为本，例各随之。（乙）现律时代，自光绪二十九年后至宣统三年为止。所奉行者，为《大清律例》已修改之现行律例。盖旧律承自前明，实始有唐，历千余年，多不合于现时之应用。如流囚家属、私出外境、违禁下海、封禁矿山、朝见留难、文官不许封公侯等条，均成虚设。官制既改，又不得不废六律之名，而废凌迟、枭首、戮尸等惨酷之刑，及免缘坐、除刺字，尤为仁政所暨。笞杖改为罚金，徒流均免实发，改为工作。废死罪之虚拟，改并律定之笞、杖、徒、流、死及例定之军遣，而为死、遣、流、徒、罚之五种，禁人口卖买。废关于奴婢奴仆之条例，改减蒙古例，订满汉通行刑律，删除旗籍与民人轻重互异之条。变通秋审之制，又另增私铸银元、窃毁铁路物件及揭损邮票等各专律，均为此数年间刑法上沿革之大略。（丙）新律时代，自豫定宣统四年实行以后，至于将来均属之。新刑律草案，由修订法律馆起草，自光绪三十三年八月告成。经各部及各省签注，加以修正，复经宪政编查馆核订，经资政院第一期议会议决通过总则，而分则不及议毕，于宣统二年十二月一并奉旨颁布。虽声明仍可提议修正，而大致无甚变更。其调查考订之事，虽出于日本冈田朝太郎者为多，而归安沈公实始终主持其事，沟合新旧，贯通中外，为现时最新最完备之法典。”

迄于民国，仍行援用。民国元年三月十日《临时大总统令》：

现在民国法律未经议定颁布，所有从前施行之法律及新刑律，除与民国国体抵触各条，应失效力外，余均暂行援用，以资遵守。

当资政院议决刑律草案时，尝发生极大之争执，后卒从新党之议。

《大清新刑律释义序》：“自新刑律草案出，而礼教之争议生。主进化者，谓新刑律与礼教并不相妨；主国粹者，谓新刑律于礼教显有违背。彼此相持，争议甚剧。”“议者一则曰，全弃中律，概从外邦；再则曰，专摹外人，置本国风俗于不顾；三则曰，不为本国数万万人计，专为外国流寓之数千人计。”“宪政编查馆核订刑律原奏有云：刑律之是非，但论收效之治乱为何如，不必以中外而区畛域，且必上折衷于唐、虞、夏、商刑措之盛，而不容指秦、汉以后之刑律，为周、孔之教所存。”

其于官制，则改刑部为法部①，大理寺为大理院，定四级三审之制，于京外次第设立各级审判厅。民国仍之，时以司法独立为言。

《支那年鉴》：“民国之司法制度，袭用前清之法院编制法，为四级三审制。京师设大理院及总检察厅，为全国上诉最高机关，又设高等以下各级厅，管理京兆属县及京师地方之诉讼，各省省城设高等厅，县乡镇设地方及初级厅。”

然未设审检各厅之处，县知事仍得审理诉讼，

《现行法令全书》：“民国三年四月五日，颁行县知事审理诉讼暂行章程。”

未能尽行独立。而华盛顿会议，我国提议取消治外法权，各国复以调查为口实，于清季改法律以保国权之目的尚未达焉。

《华盛顿会议记事》（黄惟志）：“治外法权案，由代表王宠惠提出，

① 民国曰司法部。

远东委员会议定。八国政府各派代表，调查中国现行治外法权之现状，此项委员会，于大会闭幕后之三月完全成立，一年内缮具报告。各国有自由接受或拒绝建议全部或一部分之权，惟无论如何，不得借中国许诺任何利益特权而接受之。此案吾国亦愿派委员一人加入治外法权委员会，且亦有接受拒绝之权，在第四次大会正式通过。”

清季修改刑律，同时议订民律及商律，

《光绪政要》光绪三十三年《民政部奏请厘订民律疏》：“东西各国法律，有公法、私法之分。公法者，定国与人民之关系，即刑法之类是也。私法者，定人民与人民之关系，即民法之类是也。二者相因，不可偏废。而刑法所以纠匪僻于已然之后，民法所以防争伪于未然之先，治忽所关，尤为切要。各国民法，编制各殊，而要旨宏纲，大略相似。举其荦荦大者，如物权法，定财产之主权；债权法，坚交际之信义；亲族法，明伦类之关系；相续法，杜继承之纷争：靡不缕析条分，著为定律。”“中国律例，民刑不分。而民刑之称，见于《尚书》孔《传》。历代律文户婚诸条，实近民法，然皆缺焉不完。李悝六篇不载户律。汉兴，增厩户为三，北齐析户婚为二，国家损益明制，户例分列七目，共八十二条，较为完密。然第散见杂出于刑律之中，以视各国列为法典之一者，犹有轻重之殊。因时制宜，折衷至当，非增刷旧律，别著专条，不足以昭画一。”“光绪二十九年三月谕派载振、袁世凯、伍廷芳先订商律，作为则例，俟商律编成奏定后，即行特简大员开办商部。”

民律讫未编定，仅有民事诉讼法一种。

《光绪政要》光绪三十二年《修律大臣伍廷芳、沈家本奏呈刑事民事诉讼法疏》："中国旧制，刑部专理刑名，民部专理钱债田产，微有分析刑事民事之意。若外省州县，俱系以一身兼行政司法之权，官制攸关，未能骤改。然民事、刑事性质各异，虽同一法庭，而办法要宜有区别。臣等从事编辑，悉心比絜，考欧美之规制，款目繁多，于中国之情形未能尽合。谨就中国现时之程度，公同商定简明诉讼程序，分别刑事、民事，探讨日久，始克告成。""综计全编分为五章，凡二百六十条。"①

民国十年，修订法律馆复加修正，仅以期其应用耳。(《现行法令全书》民事诉讼法草案十年七月二十二日公布，凡七百五十五条。）商律，则清季已定商人通例、公司律、破产律等。

《光绪政要》："光绪二十九年十二月，商部疏称，订立商人通例九条，公司律一百三十一条。""三十二年，商部疏称，订立破产律六十九条。"

民国初年，张謇任农商总长，首以乞灵法律为政见。

《农商公报·张謇政见宣言》："（一）当乞灵于法律。世界以大企业立国，而中国以公司法、破产法不备之故，遂败坏不可以拾。""故农林工商部第一计画，即在立法，拟提出关于农工商法案，若耕地整理法、森林保护法、工场法及商人通则、公司法、破产法、运输保险等规则。"

陆续颁行权度法、森林法、商会法及商人通例、公司条例、公司保息条例、

---

① 是疏并陈各国通例，亟应取法者二端：一设陪审员，一用律师。

矿业条例等，[①]视民法较详备。然其影响于商业者，亦未大见进步也。

清季行政制度，自辛丑议和后，陆续改变。首改总理各国事务衙门为外务部[②]，次设商部[③]、学部[④]。嗣议行宪政，明定行政之权，以为预备立宪之基，遂定内阁及各部官制。

《光绪政要》光绪三十二年九月《庆亲王等奏改内阁部院官制疏》："行政之事，专属之内阁各部大臣，内阁有总理大臣，各部尚书亦为内阁政务大臣。故分之为各部，合之皆为政府，而情无隔阂；入则参阁议，出则各治部务，而司事贯通。""司法之权，则专属之法部，以大理院任审判，而法部监督之。""此外有资政院以持公论，有都察院以任纠弹，有审计院以查滥费，亦皆独立，不为内阁节制。""分职之法，首外务部，次吏部，次民政部，次度支部，次礼部，次学部，次陆军部，次法部，次农工商部，次邮传部，次理藩部。专任之法，内阁各大臣同负责任，除外务部载在公约，其余均不得兼充繁重差缺。各部尚书只设一人，侍郎只设二人，皆归一律。""特设承政厅，使左右丞任一部总汇之事；设参议厅，使左右参议任一部谋议之事。其郎中、员外郎、主事以下，视事之繁简，定额缺之多寡，要使责有专归，官无滥设。"

其外省地方官制，亦以次递改。

《光绪政要》光绪三十二年《编制馆拟定外省官制疏》："我朝承明制，管官官多，管民官少。州县以上，府道司院，层层钤制，而

① 均详见《农商公报》。

② 光绪二十七年六月。

③ 二十八年七月。

④ 三十一年九月。

以州县一人，萃地方百务于其身，又无分曹为佐，遂致假手幕宾，寄权胥役，坏吏治，酿祸乱，皆由于此。今拟仿汉、唐县分数级之制，分地方为三等：甲等曰府，乙等曰州，丙等曰县。每府、州、县各设六品至九品官，分掌财赋、巡警、教育、监狱、农工商及庶务，同集一署办公。”“每省以督抚经管外务、军政，兼监督一切行政司法；以布政司专管民政，兼管农工商；以按察使专管司法上之行政，监督高等审判厅。另设一财政司，专管一省之财政，兼管交通事务，秩视运司。均酌设属官，佐理一切。此外学盐粮关河各司道，仍旧制。”①

宣统三年四月，颁行内阁官制。内阁设总理大臣、协理大臣及外务、民政、度支、学务、陆军、海军、司法、农工商、邮传、理藩十大臣，号称责任内阁，盖仿日本之制，而变通满清旧制以就之。民国肇建，官制官规，时有改变，其实大体亦循清季官制，第变大臣之名为总理、总长，变内阁为国务院耳。②民国初年，地方官制仅存两级，即一县之长官及一省之长官，其名称亦时有变更。自民国三年以来，设置道尹，地方行政官复为三级制。然行政实权仍在一县及一省省长，道尹几等骈枝；又以军阀暴横，司民政者恒仰司军政者之鼻息。近方争议废督，其制故无足述也。

清代财政，素不公布。甲午以后，刘岳云辑光绪会计表，李希圣辑光绪会计录，世始稍知其出入之概。然学者所纂录，固非法定之案牍也。光绪末叶，赵炳麟请定预算决算表，整理财政。

《光绪政要》：“光绪三十二年十二月，度支部议复御史赵炳麟奏制定预算决算表事宜。”

---

① 光绪三十三年五月谕改各省按察使为提法使，并增设巡警、劝业道缺，裁撤分守、分巡各道，由东三省先行开办，直隶、江苏两省亦先为试办。

② 农工商尝分农林、工商二部，寻合并。理藩部改为蒙藏院，不在国务员之列。国务总理尝改称国务卿，要其大致实循清季内阁制度。

至宣统中，始由政府及地方官吏编制预算，交资政院及咨议局议决岁出岁入，乃由黑暗而渐趋于光明。民国之法，国家行政费由国会议决，地方行政费由省议会议决，逐年预算亦有可稽。然国会屡散，政局不定，迄未议及决算，即预算亦多等于具文，其审计院虽专司决算，而钩稽琐碎，逐年积压，于大宗用费之不当者，反多不能审核，第存其法而已。

《现行法令全书·审计院编制法》："审计院直隶于大总统，依审计法，审定国家岁出岁入之决算。""审计院于每会计年度之终，须以审计成绩呈报于大总统。""审计院对于各官署职官，于出纳事项，有违背法令或不正当之情事者，须呈报于大总统。""审计院对于预算及财政事项，得依其审计之经验，陈述意见于大总统。"

光绪末叶，宪政编查馆设立统计局，并请立各省调查局，以为编制法规统计政要之助，是为统计初桄。

《光绪政要》光绪三十三年《宪政编查馆请令各省设立调查局疏》："臣馆职司编制、统计二局，亟当预筹京外通力合作之办法，以期推行尽利。""仿东西各国成法，令各省分设调查局，以为编制法规、统计政要之助。开办之始，必须事事先求其简明确实，断不可参以虚饰之词、敷衍之见，乃可望由疏而至密，祛伪以存真。"

宣统初，颁定表式，邮传部之路、电、邮、航四政，学部之各学校，遂均制成统计表，而他部阙然。

《宣统新法令》宣统元年二月《宪政编查馆奏拟定民政财政统计表式疏》："臣馆遵旨设立统计局，奏定办事章程，并由各部院分设统计处，各省分设调查局，搜集各种事项，汇齐办理，以备刊行统

> 计年鉴。”“谨督官员参考中西，斟酌义类，拟订统计总例十有四条。又为民政统计部表七十有六、省表七十有二，财政统计部表九十、省表八十有八，并将所以立表之意，填表之法，各于表后系以解说。”“请饬下内外各衙门，自此项奉文到日起，统限半年内，务各查照表式例要，逐一确实迅速填报。”

民国之制，国务院有统计局，各官署亦有专司统计之职。

> 《现行法令全书·各部官制通则》：“各部设总务厅，所掌总务二：编制统计及报告。”

所制统计表，较清季之形式颇为进步，然各部亦仅内务、司法、农商、教育、交通之统计，逐年编布，其军、财二宗，迄未编订。而农商户口之统计，亦多向壁虚造，不可迳据之以觇国势也。

民国草创，百度更新。官有一制，事有一法，规程条例，日出不穷。有经国会议决者；有未经国会议决，但以命令颁布者。虽曰法制万能，实多轶出法制之外，吾书亦不能为之毛举。第有一事，为前清之所无者，即行政诉讼法及平政院之制，较之他事为可称述。从前官吏损害人民权利，虽亦有京控叩阍等事，然无明定条文以为保障。民国特定行政诉讼法及设立平政院以司之，是亦抑制官权，伸张民权之要点也。

> 《现行法令全书·行政诉讼》：“人民对于下列各项之事件，除法令别有规定外，得提起行政诉讼于平政院。（一）中央或地方最高级行政官署之违法处分，致损害人民权利者。（二）中央或地方行政官署之违法处分，致损害人民权利，经人民依诉愿法之规定，诉愿至最高级行政官署，不服其决定者。”

袁氏当国，欲复前清御史之制，于平政院设肃政厅，置肃政使，其意似在整顿吏治，实则误解清代法制及民国法制之原则。[1]

> 《现行法令全书》：“平政院编制令：平政院肃政使于人民未陈诉之事件，得依行政诉讼条例之规定，对于平政院提起行政诉讼。”“平政院肃政使依纠弹条例，纠弹行政官吏之违反宪法、行贿受贿、滥用威权、玩视民瘼事件。”“平政院之裁决，由肃政使监视执行。”“肃政厅对于平政院独立，行其职务。”

袁氏败而肃政厅亦废，惟平政院如故，裁决行政诉讼，亦时有可纪焉。

吾国立国之法，自来惟有封建、郡县二制，虽有时藩镇跋扈，外重内轻，或叛臣自立，脱离关系，要皆听事势之自然，非有法制以为之解说也。民国既立，研究宪法，求之域外，学说孔多：有单一制，有联合制；有总统制，有内阁制；有中央集权制，有地方分权制；有职业代议制，有全民与政制；有政治的民主政治，有社会的民主政治：党派纷歧，主张各异。二年，国会宪法起草委员会所制之宪法草案，与民国十一年国是会议所拟之宪法草案，其根本大相径庭。

> 《天坛宪法草案》：“第一章，国体。第一条，中华民国永远为统一民主国。”《国是会议宪法草案甲种》：“第一章，总则。第一条，中华民国为联省共和国。第二章，联省及各省权限之划分。第五条，凡事之关于全国者由联省机关立法或执行之，兹列举如下：（一）外交，（二）陆海军，（三）币制银行，（四）度量权衡，（五）海关税及其他国税，（六）国债，（七）邮政，（八）电报，（九）铁路及国道，（十）航业，（十一）两省以上之水利，（十二）沿海渔业，（十三）

---

① 前代之有御史，非专治官吏，实在监督君主。民国以国会监督总统，其中央及地方之官吏，亦有国会及地方议会以监督之，可以随时弹劾。

民法，（十四）刑法，（十五）商法，（十六）民事刑事诉讼法，（十七）全国法院编制法，（十八）国籍法，（十九）发明及专利法，（二十）矿法，（二十一）移民法，（二十二）土地收用法，（二十三）联省官制官规，（二十四）联省监狱，（二十五）全国户口调查及统计，（二十六）劳动法，（二十七）产业公有法。第六条，各省得自定宪法，凡事之关于一地方者，由各省或地方机关立法或执行之，兹列举如下：（一）省之官制官规，（二）省之税法，（三）省以内之实业，（四）省之民团，（五）省债之募集，（六）省之公产处分，（七）省之学制之规定，（八）省以下之地方制度，（九）省以内之水利，（十）省道或其他省内交通，（十一）省以内之电话，（十二）省之警察，（十三）违犯省法之罚则，（十四）卫生及慈善事项，（十五）省监狱。第七条，各省宪法应规定以下各项：（一）各省应设省议会代表民意，（二）省之行政首长，或为一人，或为数人之委员会，由省之人民或议会选举，但不得以退职未满三年之军人充选，（三）凡非省内官吏，住居省内二年以上者，依其省之宪法或法律，享有选举及被选举权利，（四）各省各设民团，其额数由各省省议会议定之，（五）省议会应详订关于一切选举之舞弊法，（六）各省行政机关中之文官，应定考试任用及保障之法，不因一省内政治状况而更动。第八条，联省法律之效力，在省法律效力之上。第九条，联省政府应保证各省之民主政治，如一省内政体变动，有违反本宪法或各该省宪法者，联省政府应干涉之；各省有不能履行本宪法上之义务者，联省政府应督促之；甲省有以武力侵犯乙省者，联省政府应阻止之。第十条，中华民国之国体发生变动，各省得互相联合，维持宪法上规定之组织，至原状恢复时，各省之行动应即停止。”

盖一则属于单一制，一则属于联合制；一则徒取法于欧洲旧式之宪法，一则兼采取欧洲最近之新宪法也。《天坛宪法草案》近亦经国会修改，而为曹锟时代之宪法。国是会议所拟之草案，则已有数省采取实行，如《湖南省宪法》及《浙江省宪法》，皆采联合制，以省为全国中一自治区域，而各自编定宪法者也。《湖南省宪法》与《浙江省宪法》有同有异，如省议员由全省公民直接选举，其同者也。

《湖南省宪法》："第四章，省议会。第二十八条，省议会以全省公民直接选出之议员组织之。"《浙江省宪法》："第四章，省议院。第三十八条，省议院以全省人民直接选出之议员组织之。"

省长之选举，法律之表决，其异者也。

《湖南省宪法》："第五章，省长及省务院。第四十七条，省长由省议会选出四人，交由全省公民总投票决选，以得票最多数者为当选。"《浙江省宪法》："第五章，省长及省政院。第五十三条，省长由全省选民分区组织选举会选举之，其选举程序另以法律定之。"

《湖南省宪法》："第六章，立法。第六十四条，法律案由省议会议员或省务院以省长之名义提出之。第六十五条，法定之省教育会、农会、工会、商会、律师公会及其他依法律组织之各职业团体，得提出关于各该团体范围内之法律案，省议会必须以之付议。第六十六条，全省公民百分之一以上连署动议，或全省县议会及一等市议会三分之一以上连署动议，得提出法律案，呈请省长，咨省议会议决。省议会对于此项议案，如搁置不议，或议而否决时，省长应将该案及否决之理由，付全省公民总投票表决，可决时，即成为法律。第六十八条，凡本法所规定，得由公民提案，及须公民总投票表决之事项，其提案及投票之方法，以省法律定之。"《浙江省宪法》："第九章，立法。第九十四条，法律案由省议院议员或省政院提出之。第九十七条，有三分之一以上之县，每县选民一千人以上之连署，得提出法律案于省议院，请其议决。省议院对于所提全案不同意时，应交付全省县议会、特别市议会投票表决，如得半数以上可决时，由省长公布之。”

世界日新，吾国人理想中之法律亦随之而日新。然理想进步，事实殊不能与之相应。有全民表决之制，而全民之不知者殆十八九，是则不能不有待于教育之普及也。

省之自治，既已成为最新之趋势，而省以下之自治区域，亦有新旧法律之不同。清季以来，谈国是者，咸以地方自治为立国之基础。

《光绪政要》光绪三十三年正月《民政部奏饬各省查报乡社情形以重治本疏》：“地方自治，一时未能骤行，而各省乡社办法之善否，即为地方治忽民生休戚所关。欲兴民政，自以考求各省乡社情形为入手办法。查《会典》《保正甲长乡约》等，本悬之功令，自咸丰、同治以来，地方多事，举凡办防集捐、供支兵差、清理奸宄诸事，各牧令又无不借乡社之力，于是边腹各地，名目纷立，推择各殊。有曰乡正、乡耆、里正者，有曰寨长、圩长者，有曰团总、练总者，有曰公正、公直者，有曰镇董、村董者，有曰社首、会首者，羼杂离奇，不可胜举。近年推行警政，如奉天等省，则各乡社又多称巡长等名，此名目之不同也。其经理之地，有仅止一村者，有多至数村十村者，边远州县，乡保且有管至百十里者，此地势广狭之不同也。其更代之法，有一年一易者，有数年一易者，有轮流充当者，有由地方官札谕派委者，而以公众推举者为多。所遴用者，或为生贡，或为职衔军功人员，或为平人。地方官待遇之者，或贵之如搢绅，或贱之如皂隶，而要之官民相通，又皆以乡社为枢纽，是以细故之裁判，公用之科摊，案证之传质，护田防盗之计画，新政旧章之颁布，多隐以乡社司之，且有牧令倚以收赋税、集团练者。大约如古之王烈、田畸者，固不乏人；而猾贪虎冠、为地方之患者，亦在所不免。几有为者不善、善者不为之势。近年海口通商之处，亦多有研究自治组织会所者，较之相沿乡社办法已有进步，然当绵蕞之初，尤宜详为调查，以期整齐而免流弊。”

第颁行城镇乡地方自治章程，而未实行。民国初年，各省竞行自治，旋为袁氏所废。

民国三年二月三日《停办各地方自治会令》：“近据甘肃、山东、山西、湖北、湖南、河南、直隶、安徽等省民政长电呈，各属自治会，良莠不齐，平时把持财政，抵抗税捐，干预词讼，妨碍行政，请取消改组等语。”“著各省民政长，通令各属，将各地方现设之各级自治会，立予停办。”

民国八年九月，复公布县自治法；十年七月，公布市自治制及乡自治制，大致亦根据清季城镇乡自治章程。县为官民合治之制，市乡则属于县而纯任民治。《湖南省宪法》《宪制大纲》《市乡自治制大纲》，则与之迥异。如县长由议会公举及一等市直接受省政府之监督等条，皆较政府所制之法不同。

《湖南省宪法》：“第十章，县制大纲。第一百零三条，县长由县议会选举六人，交由全县公民决选二人，呈请省长择一任命。第十一章，市乡自治大纲。第一百十一条，省以内之都会商埠，人口满二十万以上者，为一等市；人口满五万以上，不及二十万者，为二等市；人口满五千以上，不及五万人者，为三等市；不及五千人者，属于乡。第一百十二条，一等市直接受省政府之监督。”

《广东县自治条例》县长亦由民选，其选举及被选资格，以服工役三日，或缴纳免工费六毫为条件。是亦可以觇法制思想之进步者也。

清季之倡地方自治者，首推江苏之南通，以实业为之基，以教育启其知，而其他道路工程、慈善事业，皆缘之而经营发展，不遗余力。

《南通指南》："南通实业，以大生纺织公司为母，垦牧公司、大生第二厂、大生第三厂、广生油厂、复兴面厂、资生铁厂、大达外江轮船公司、大达内河小轮公司、通明电灯公司、通燧火柴厂、大聪电话公司、阜生蚕业公司、绣织局、颐生酒厂等，皆其后起。""通海垦牧公司，又为各盐垦公司之母，其他继起者，有大有晋盐垦公司、大豫盐垦公司、大赉盐垦公司、大丰盐垦公司、华成盐垦公司、新通垦植公司、新南垦植公司、大祐垦植公司。""其资本总计约一千余万元。""南通教育，以师范学校为母，其次有女子师范学校、中学校、高等小学。专门有医学校、纺织学校，甲种有农业学校、商业学校、中学校。外分二十一市乡国民学校，以十六方里设一校计，凡三百三十二所；高等小学以全县计，凡十二所。""总计学生合一万七千余人。""公共机关，有博物苑、图书馆、军山气象台、五公园、唐闸公园、地方路工处、地方市政处、教养公积社、南通自治会。""慈善机关，有育婴堂、养老院、残废院、盲哑学校、南通医院、贫民工场、济良所、栖流所。"

其自治会之章程，则定于已经兴办各种事业以后，故能名副其实，具有积极之精神。

《南通县自治会报告书》："南通县自治会章程第二条：本会规定属于全县之自治事宜，如下：（一）教育，（二）实业，（三）交通，（四）水利，（五）工程，（六）卫生，（七）慈善，（八）公共营业，（九）依法及行政公署委托办理事宜。"

然其弊在绅权之太重。民国之倡地方自治者，首推山西，号称村本政治。其施行之法，订立村范，使各村设立禁约，

《山西政治述要》："某某村公议禁约如下：不准贩卖金丹洋烟，不准吸食金丹洋烟，不准聚赌窝娼，不准打架斗殴，不准游手好闲，不准忤逆不孝，不准儿童无故失学，不准偷窃田禾，不准毁坏树木，不准挑唆词讼，不准缠足，不准放牧牛羊蹈毁田禾，不准侵占别人财产。"

又立息讼会及采访村仁化之法。

《山西政治述要》："息讼会条文：（一）每编村设立息讼会，村长兼充会长，另由村人公推公断人四名或六名为会员，均义务职。公推后，将公断人姓名，报由区长转报县署立案。（二）村中除命案外，凡有两造争讼事件，均亲愿请求公断者，本会得公断之。如甲编村人民与乙编村人民争讼时，由两村公断人合组临时公断会，公平公断之。其组织法，由两村公断人协定之。（三）公断时，以公断人多数取决，如可否同数时，由会长决定之。（四）公断后，如两造有不服者，应听其自由起诉。（五）公断事件，有涉及会长或公断人之本身者，会长应自行回避，由公断人推举临时会长，至公断人应不到场。（六）公断人之任期，于每届村长改选时为满期，但得连举连任。""采访村仁化之标准：亲慈、子孝、兄爱、弟敬、夫义、妻贤、友信、邻睦。以上之八项标准，派员往各县调查，据实报告，择尤褒扬，并专刊于报，名曰《村话》。"

各省亦有慕其法，而欲设立新村，以为自治模范者，然其弊在主动之在官。要之，法制变迁之时代，由官治而趋民治，非大多数之人民晓然于德治法治之义，未能达于完全美善之域也。

第十八章　经济之变迁

吾国历代虽有与各国通商互市之事，然在满清道、咸以前，大都锁国独立，其经济之变迁，要皆限于国内。自五口通商以后，门户洞开，海陆商埠，逐年增辟，加以交通之进步，机械之勃兴，而吾国之经济遂息息与世界各国相通。昔之荒陬僻壤，可变为最重要之都市；昔之家给人足者，多变为不平均之发展。语物力之开发，则为远轶于前；论财政之困难，又觉迥殊于古。而国民之思想道德，根于经济之变迁而变迁者，尤为治史者所当深究矣。

经济之变迁无他，吸收散殊之各点，集中于新辟之地。新兴之业与外人相竞争，而卒之仍为外人所操纵，而吾国之巧黠者又袭取其术以操纵吾愚民，而愚民遂日随以颠倒而已。集中之法，第一在通商市埠。商埠之开，始多迫于条约，继则自保利权，轮舶走集，物货填委，其附近各地及与之关连者，罔不仰通商大埠之鼻息。而此通商大埠，又听命于世界各大商场，铜山东崩，洛钟西应，牵连钩贯，而盈亏消息，恒多不能自主。此数十年间经济变迁之主因也。

各省商埠表

省名	地名	开放年月	设关年月
直隶	北京南苑	光绪二十八年《中美条约》	
	天津	咸丰十年《中英法北京续约》	咸丰十一年二月十三日设津海关
	秦皇岛	光绪二十四年奏准开放	光绪二十七年十一月初五日设秦皇岛分关
山东	张家口	咸丰十年《中俄条约》民国三年一月奉令开放	
	烟台	咸丰八年《中英天津条约》	咸丰十一年七月十七日设东海关
	济南	光绪三十四年四月奏准开放	
	潍县	光绪三十年四月初一日奏准开放	
	青岛	光绪二十年《中德曹州教案条约》	光绪二十四年设胶海关
	周村	光绪三十年四月初一日奏准开放	
	龙口	民国二年一月八日奉令开放	
江苏	上海	道光二十二年《中英南京条约》	道光二十二年设江海关
	吴淞	光绪二十二年奏准开放	
	镇江	咸丰八年《中英天津条约》	咸丰十一年四月初一日设江海关
	南京	光绪二十三年奏准开放	光绪二十五年三月二十日设金陵关
	苏州	光绪二十一年《中日马关和约》	光绪二十二年八月二十日设苏州关
	海州	光绪三十一年九月二十六日奏准开放	
	浦口	民国元年奉令开放	
安徽	芜湖	光绪二年《中英烟台条约》	光绪三年二月十八日设芜湖关
	安庆	光绪二十八年《中英条约》	
河南	郑州	民国十一年自行开放	
江西	九江	咸丰八年《中英条约》	同治元年十一月初一日设九江关
湖北	汉口	咸丰八年《中英条约》	咸丰十一年十一月初一日设江汉关
	沙市	光绪二十一年《中日马关和约》	光绪二十二年八月二十日设沙市关
	宜昌	光绪二年《中英烟台条约》	光绪三年二月十八日设宜昌关
	武昌	光绪二十六年十月初八日奏准开放	

续表

省名	地名	开放年月	设关年月
湖南	岳州	光绪二十四年奏准开放	光绪二十五年十月一日设岳州关
	长沙	光绪三十年奏准开放	光绪三十年五月十八日设长沙关
	湘潭	光绪三十一年八月初六日奏准开放	
	常德	光绪三十一年八月初六日奏准开放	
四川	重庆	光绪十六年《中英条约》及光绪二十一年《中日马关和约》	光绪十七年正月十一日设重庆关
	万县	光绪二十八年《中英商约》	民国四年设万县分关
浙江	宁波	道光二十二年《中英南京条约》	道光二十二年设浙海关
	温州	光绪二年《中英烟台条约》	光绪三年十二月八日设瓯海关
	杭州	光绪二十一年《中日马关和约》	光绪二十二年八月二十日设杭州关
福建	福州	道光二十二年《中英南京条约》	道光二十二年设闽海关
	厦门	道光二十二年《中英南京条约》	道光二十二年设厦门关
	三都澳	光绪二十四年奏准开放	光绪二十五年三月二十九日设福海关
	鼓浪屿	光绪二十八年十月二十日奏准开放	
广东	广州	道光二十二年《中英南京条约》	道光二十二年设粤海关
	九龙	光绪二十四年《中英条约》	光绪二十四年设九龙关
	澳门	光绪十三年开放	光绪十三年设拱北关
	汕头	咸丰八年《中英法天津条约》	咸丰九年十二月初九日设潮海关
	琼州	咸丰八年《中英法天津条约》	光绪二年三月初七日设琼海关
	北海	光绪二年《中英烟台条约》	光绪二年三月十八日设北海关
	三水	光绪二十八年《中英缅甸条约》	光绪二十三年五月初五日设三水关
	江门	光绪二十八年《中英日商约》	光绪三十年正月设江门关
	惠州	光绪二十八年《中英商约》	
	公益埠	民国元年省署批准开办	
广西	南宁	光绪二十四年奏准开放	光绪三十二年十一月十七日设南宁关
	梧州	光绪二十三年《中英缅甸条约》	光绪二十三年五月初五日设梧州关
	龙州	光绪十三年《中法条约》	光绪十五年五月初三日设龙州关
甘肃	嘉峪关	光绪七年《中俄条约》	光绪十一年八月初十日设关
云南	昆明	光绪三十年四月十一日奏准开放	

续表

省名	地名	开放年月	设关年月
云南	腾越	光绪二十三年《中英条约》	光绪二十八年四月初一日设腾越关
	思茅	光绪二十一年《中法条约》	光绪二十二年十一月二十九日设思茅关
	蒙自	光绪十三年《中法条约》	光绪十五年七月二十八日设蒙自关
	河口	光绪二十一年《中法条约》	光绪二十三年六月初二日设河口分关
	大理	光绪二年《中英条约》	
奉天	营口	咸丰八年《中英天津条约》	咸丰十一年六月初四日设山海关
	大连湾	光绪二十四年《中俄条约》	光绪三十三年五月二十一日设大连关
	安东		同上年月日设安东关
	大东沟	光绪二十九年《中美日通商条约》	同上年月日设大东沟分关
	沈阳		光绪三十二年实行开放
	辽阳	光绪三十一年《中日条约》	光绪三十三年五月十八日实行开放
	新民屯	同上	光绪三十二年八月二十一日实行开放
	法库门	同上	光绪三十二年七月二十二日实行开放
	通江子	同上	同上
	铁岭	同上	同上
	凤凰城	同上	光绪三十二年五月十八日实行开放
	洮南	民国三年一月奉令开放	
	葫芦岛	同上	
	郑家屯	同上	
	天锦县	民国五年自行开放	
吉林	哈尔滨	光绪三十一年《中日条约》	宣统元年五月十四日设滨江关
	吉林	同上	光绪三十二年十二月初一日实行开放
	长春	同上	同上
	珲春	同上	光绪三十三年五月十八日设珲春关
	宁古塔	同上	同上年月日开放

续表

省名	地名	开放年月	设关年月
吉林	三姓	同上	宣统元年五月十四日设三姓分关
	局子街	宣统元年《中日图们江界约》	宣统元年九月实行开放
	龙井村	同上	宣统元年九月设分关
	头道沟	同上	宣统元年九月实行开放
	百章沟	同上	同上
黑龙江	齐齐哈尔	清光绪三十一年《中日条约》	光绪三十二年十二月初一日实行开放
	爱珲	同上	宣统元年六月初十日设大黑河分关
	海拉尔	同上	光绪三十三年五月十八日实行开放
	满洲里	同上	光绪三十四年正月初四日设满洲里分关
热河	赤峰	民国三年一月奉令开放	
察哈尔	多伦诺尔	同上	
绥远	归化城	同上	
新疆	伊犁	咸丰元年《中俄条约》	
	塔尔巴哈台	同上	
	喀什噶尔	咸丰十年《中俄条约》	
	乌鲁木齐	光绪七年《中俄条约》	
	古城	同上	
	哈密	同上	
	吐鲁番	同上	
外蒙古	库伦	咸丰十年《中俄条约》	
	恰克图	雍正五年《中俄条约》	
	乌里雅苏台	光绪七年《中俄条约》	
	科布多	同上	
西藏	亚东	光绪十九《中英藏印条约》	光绪二十年三月二十六日设关
	江孜	光绪三十一年《中英藏印条约》	宣统元年三月二十二日设关
	噶大克	同上	同上

其次则为公司。吾国商业，从来虽有独资合资之别，要皆无大规模。自与西人通商，震于其公司之财力雄厚，知非小商业所能抵制，则集小资本为大资本，而公司之制以兴。同、光之间，李鸿章创办轮船、织布等局，招商

集股，尚未名为公司。

《李文忠公奏稿·复陈招商局疏》：“轮船招商局之设，系由各商集股作本，按照贸易规程，自行经理，已于同治十一年十一月创办之初奏明，盈亏全归商认，与官无涉。”《试办织布局折》：“饬据郑观应等拟禀估需成本银四十万两，分招商股足数，议有合同条规，尚属周妥。当经批准，先在上海设局试办。”

其后各省经营铁路，相率仿行公司之制。清廷修订商律，首颁公司法，分为合资公司、合资有限公司、股分公司、股分有限公司四种。

《公司律》：“第一条，凡凑集资本共营贸易者，名为公司，共分四种：一合资公司，一合资有限公司，一股分公司，一股分有限公司。第四条，合资公司，系二人或二人以上集资营业，公取一名号者。第六条，合资有限公司，系二人或二人以上集资营业，声明以所集资本为限者。第十条，股分公司，系七人或七人以上创办，集资营业者。第十三条，股分有限公司，系七人或七人以上创办，集资营业，声明资本若干，以此为限。”

民国初年，颁行公司条例，又为改定名称，

《公司条例》：“第一条，本条例所称公司，谓以商行为业而设立之团体。第二条，公司共分为四种：一无限公司，二两合公司，三股分有限公司，四股分两合公司。”

并定保息条例，以示提倡大规模商业之意，而公司之数乃日增。

《第三次农商统计表》："民国二年调查，五年印行。内载全国公司数凡一一一〇家，资本金共九〇五二二一七二元，公积金共一六七五二八七元。"

然公司法律虽极严密，其权往往操之大股东及经理人之手，小资本之股东，目击其腐败而无可如何，惟有听其浪掷。久之而股分公司之信用堕落，已成者破产倒闭，未成者或积久而不能募集焉。民国十年，颁行《交易所条例》，买卖证券者，尤举国若狂。经济变迁，益趋激烈，因之贫困自杀者，时有所闻。盖经济集中，则影响孔巨，投机之业，尤以引人妄念。诈欺奢侈，相因而生，举凡从前俭勤谨信之德，率缘经济之潮流而变矣。

其次则为银行。吾国昔之操金融权者，惟钱庄与票号。钱庄营业不巨，资本亦微。票号流通全国，为汇兑专业，其资本亦不过数十万两。

《支那经济全书》（东亚同文会编）①："第五编，山西票庄篇。票号为支那金融机关中最有势力者，其经营者多山西人，严守秘密，研究至难。""山西票庄之组织，颇为严密，其取引之习惯规矩极严，故其基础坚固。所雇佣者，决不用他省人，而又赏罚严明，使彼等对于业务不倦不挠，且互守秘密不泄。""自清初迄今，凡经二百数十年，日益繁荣增长。""其资本大概，小则十万两，大至五六十万两，惟南邦义善源及源丰润，皆百万两。"

甲午战后，讲求变法，始有倡设银行，以为通商惠工之本者。

《光绪政要》二十二年十一月《总理衙门奏复四品京堂盛宣怀条陈自强大计请开设银行折》："查原奏谓西人通商惠工之本，其枢纽

① 按此书有宣统二年经济学会编译本，改名《中国经济全书》。

皆在银行，中国亦宜仿行。及另片所奏，遴选各省公正殷实之绅商，举为总董，招集股本银五百万两，先在京都、上海设立中国银行，其余各省会口岸以次添设，由商董自行经理。”“奉旨，责成盛宣怀选择殷商，设立总董，招集股本，合力兴办。”

盛宣怀首设中国通商银行。

《民国元年世界年鉴·经济类》：“中国通商银行，为盛宣怀等发起。资本五百万两，创始于光绪二十四年，为股分有限公司之组织，是普通商业银行性质。”

嗣由政府设立户部银行①及交通银行。

《中国泉币沿革》：“光绪三十年正月，财政处户部奏由部试办银行。二月，又奏定试办银行章程三十二条。三十一年七月，始奏明在京师、天津、上海等处先行开设，是为户部银行。三十四年正月，度支部奏改户部银行为大清银行，并定则例二十四条。宣统三年，革命军起，上海大清银行改为中国银行。民国元年，各处均改为中国银行。二年四月十五日，公布《中国银行则例》三十条。”“光绪三十三年十一月，邮传部奏设交通银行，定章程三十八条。民国三年三月，公布《交通银行则例》二十三条。”《光绪政要》光绪三十三年《邮传部奏拟设交通银行综合轮路电邮四政收回利权折》：“拟由臣部设一银行，官商合办，股本银五百万两，招募商股六成，由臣部认股四成，名曰交通银行，将轮路电邮各局存款，改由该行经理。就臣部各项借款，合而统计，以握其经画之权，一切经营，悉照各国普通商业银行办法。”

① 后改为大清银行，民国元年改为中国银行。

《世界年鉴》："中国银行，由中华民国政府设立，资本五千万两，总行在北京，各省均有分行。""凡政府发行之期票、汇票及公债票等，皆可贴现及抵押借款，具中央银行性质。""交通银行，资本五百万两，分为五万股。内百万两，由招商局、电报局及盛氏所承买，余招诸各地商人，照股份有限公司办理。总行在北京，其汉口、天津、上海、南京、香港、广东、芝罘、新加坡、卑南等处，均有分行。其内部组织，分为放款、存款、汇兑三课，系仿西制，具殖业银行之性质。"

民国以来，银行猥多，中央及地方政府所设之银行，固为全国经济之枢纽，商民合资开设者，亦竞进而与官立银行争利，于是全国经济，又集中于银行或类似银行之银号钱局之类。

《第三次农商统计表》："银行类，民国三年，全国银行总数凡五十九家，资本金总额五六七一七二〇六元，各户存款额共三四一〇二八四一元，纸币发行额共一五八三一四六六元。"

民国十一年银行年鉴简表

行名	总行所在地	分行数	资本金	公积金
中国银行	北京	八二	60 000 000 元	597 840 元
交通银行	北京	四九	10 000 000 两	3 592 523 两
浙江兴业银行	上海	六	2 500 000 元	680 000 元
浙江地方实业银行	杭州	四	2 000 000 元	327 151 元
上海商业储蓄银行	上海	六	2 500 000 元	400 000 元
盐业银行	北京	九	5 000 000 元	2 200 000 元
中孚银行	天津	四	2 000 000 元	180 000 元
聚兴诚银行	四川重庆	七	1 000 000 元	340 000 元
四明商业储蓄银行	上海	三	2 500 000 两	
中华商业银行	上海		250 000 元	121 000 元
广东银行	香港	四	1 200 000 磅	400 000 元

续表

行名	总行所在地	分行数	资本金	公积金
金城银行	天津	三	5 000 000 元	600 000 元
新华储蓄银行	北京	二	5 000 000 元	660 000 元
东莱银行	青岛	四	200 000 元	287 200 元
大陆银行	天津	五	5 000 000 元	474 316 元
东亚银行	香港	三	1 000 000 元	200 000 元
永亨银行	上海		500 000 元	140 000 元
中国实业银行	天津	五	20 000 000 元	237 006 元
东陆银行	北京	三	2 000 000 元	1 066 838 元
正利商业银行	上海		500 000 元	37 400 元
中国通商银行	上海	二	5 000 000 两	1 770 000 两
四海通银行	新加坡	二	2 000 000 元	1 250 000 元
北洋保商银行	北京	二	6 000 000 元	211 894 元
江苏银行	上海	五	1 000 000 元	295 240 元
山东银行	济南	九	5 000 000 元	81 348 元
华孚银行	杭州	三	1 000 000 元	
常州商业银行	常州		200 000 元	6 700 元
北京商业银行	北京	二	1 000 000 元	185 000 元
五族商业银行	北京	一	1 000 000 元	245 920 元
大宛农工银行	北京		1 000 000 元	135 000 元
山东工商银行	济南	二	2 000 000 元	42 361 元
杭县农工银行	杭州		200 000 元	4 579 元
浙江储蓄银行	杭州		300 000 元	3 000 元
新亨银行	北京	二	1 000 000 元	150 000 元
中华储蓄银行	北京	一	1 000 000 元	148 000 元
南昌振商银行	南昌		200 000 元	72 000 元
劝业银行	北京	四	5 000 000 元	152 137 元
华大银行	上海		1 000 000 元	17 109 元
边业银行	北京	六	10 000 000 元	134 470 元
厦门商业银行	厦门		1 200 000 元	6 180 元
中南银行	上海	一	20 000 000 元	
中华劝工银行	上海		1 000 000 元	6 532 元
上海惠工银行	上海		1 000 000 元	

续表

行名	总行所在地	分行数	资本金	公积金
江苏典业银行	苏州		1 000 000 元	1 511 元
浙江储蓄银行	杭州		500 000 元	
杭州惠通银行	杭州		200 000 元	
工商银行	香港	二	5 000 000 元	
中兴银行	马尼拉		10 000 000 元	120 000 元
和丰银行	新加坡	五	20 000 000 元	
淮海实业银行	南通	六	5 000 000 元	38 000 元
东三省银行	哈尔滨	六	8 000 000 元	150 000 元
富华银行	常州	一	200 000 元	13 300 元
中国棉业银行	上海		1 000 000 元	
通易银行	上海	二	3 000 000 元	
上宝农工银行			3 000 000 元	
永大银行	北京	一	250 000 元	12 000 元
上海江南银行	上海		1 000 000 元	
中原实业银行	汉口	一	500 000 元	36 594 元
济南通惠银行	济南		10 000 000 元	
长春益通银行	长春		1 000 000 元	
杭州道一银行	杭州		310 000 元	
大生银行	北京		2 000 000 元	

于此有一连带之事，不可不并述者，即外人在华所设之银行是也。吾国未设银行之先，西商已在各商埠设立银行，经营中外汇兑兼存款放款之业，其力实足操纵吾国金融。

《世界年鉴》："通商以来，各埠外国银行之设立，日多一日，以补助其母国商人，攫夺远东商权。外商之能操纵金融者，惟银行是赖，且其资本金及公积金之雄厚，迥非我国银行所及。又能发行纸币，吸收我国现金，故一举手间，社会金融已隐在外人掌握。""外国银行之在我国者，计十有三家：（一）麦加利银行[①]、（二）花旗银行[②]、（三）英国宝信银行[③]、（四）汇丰银行[④]、（五）中华汇理银行[⑤]、（六）义丰银行[⑥]、（七）德华银行[⑦]、（八）华比银行[⑧]、（九）东方汇理银行[⑨]、（十）有利银行[⑩]、（十一）荷兰银行[⑪]、（十二）华俄道胜银行[⑫]、（十三）横滨正金银行。”

而清季贪墨官吏，惧以赃私获罪者，多存储于外国银行，辛亥以来尤甚。欧战之时，各国经济困难，其银行或倒闭，或停付，清之亲贵大僚，损失至巨。而近年之军阀，仍多以其盗取之金钱，辇致外国银行，外人乃取而贷之吾国政府，盘剥重利，干我主权，要我抵品，是至可痛之事也。民国元年，英、美、法、德四国组织银行团，专营借款，嗣又加入俄、日二国，而美国寻即退出。欧战时，银行团解散，至欧战既终，又组织新银团以谋我，而共同管理财政之声，日有所闻。

《借款团历史及改组新银行团经过》（《东方杂志》第十七卷第七号）：“借款团新名，在中国始见于1912年，为英、美、法、德所成立。第一次成立，为借给新中华民国建立共和之行政，及发展经济

---

① 1853年立。
② 1901年立。
③ 1902年立。
④ 1867年立。
⑤ 1891年立。
⑥ 未详。
⑦ 欧战中停办。
⑧ 1903年立。
⑨ 1875年立。
⑩ 1892年立。
⑪ 1844年立。
⑫ 1896年立，欧战中停办。

一切用途之经费。本借款，借款团有监督权，担保品为盐税。”“1913年，俄、日两国始新加入借款团，是年三月，美国退出借款团。”“1913年7月，英国提议，以后借款团不借给中国经济借款，只供给政治借款。”“1914年因大战，借款团机关解散。”“1918年6月，美国首发起组织新借款团，集英、法、日、美四国为团员，美国合三十一家银行，共派一财政家，赴中国专门调查。”“1919年5月12日，协商国各重要银行代表，在巴黎开一大会，拟定组织新借款团草案：(一)新团员为英、法、美、日四强国，借款团为借给中国必需借款；(二)新借款团，非徒供给中国政治借款，亦当供给经济借款；(三)新团员各国，因从前借款在中国所得之特权与优先权，当各放置于新借款团，或统还中国。”

而吾国之业银行者，初不以保护国权为意，发行纸币，既极纷歧，经理借款，尤多弊窦。甚至以储蓄之款，为帝制之用；举赢余之利，供政党之事。其以纸币之兑换，价格之涨落，因之获利巨万者，更不足论矣。

近数十年，物价日益腾贵，生计日益困难，推其原因，则货币之淆杂滥伪及价值低落，实为主因之一。观民国二年泉币司之调查，各省银铜货币之庞杂，已可概见。

《中国泉币沿革》：“现行银铜币统计：据民国二年十二月十七日财政部泉币司所制之调查表，计天津、广东、武昌、四川、江南、奉天、云南、湖南、河南、福建、吉林、江苏、清江、安徽、山东、江西、浙江十七处银铜元局厂，自开办以来，截至是年报告之时为止，①其枚数及折合元数，分列表如下。②

① 除川厂所铸藏元不计。

② 折合元数，以十角或千文合一元。

币质	种类及价值	所铸枚数	折合银元数
银元	一元	206 428 152 枚	206 428 152 元
	五角	32 279 421 枚	16 139 710 元
	二角五分	1 141 000 枚	285 250 元
	二角	1 232 860 442 枚	246 572 088 元
	一角	235 004 212 枚	23 500 422 元
	五分	5 174 669 枚	258 733 元
铜元	百文	447 253 枚	44 725 元
	五十文	2 653 548 枚	132 677 元
	二十文	274 786 488 枚	5 495 729 元
	十文	28 583 195 956 枚	285 831 959 元
	五文	37 942 952 枚	189 714 元
	二文	28 049 671 枚	56 099 元
	一文	185 937 661 枚	185 937 元
制钱	一文	5 250 102 000 枚	5 250 102 元

如表总计，合银元789 971 301.333，约言之可称79 000万元。其中一元银主币约占20 600余万，五角以下银辅币约占28 600万余，[①]铜辅币约占21 700万余。[②]银铜辅币合计约50 300万余，与一元主币之数相较，大约主币居一而辅币几居三。统计局厂十七处，惟津、粤、鄂、川、宁、奉、滇、吉八厂，银铜币并铸，其余湘、豫、闽、苏、皖、鲁、赣、浙、清江九厂，均只铸铜币。现在只留津、粤、鄂、川、宁、奉、滇、湘八厂，余均停撤。”

清季及民国初年，均拟整顿钱币，颁行条例，皆不果行。

《中国泉币沿革》：“宣统二年四月十六日，度支部奏厘定币制，酌拟则例，同日明谕内外大臣，遵照则例，切实奉行。”“民国三年二

① 二角者约占24 600余万。

② 十文者实占28 500余万。

月八日，颁国币条例及施行细则。三月八日，特设币制局，监督进行，议借外债，克期办理。秋间欧战忽起，借款无望，年杪总裁辞职，撤局。”

近年币制日益紊乱，发行兑换券之银行，既日出不穷，已经停铸之铜元局，又重行开铸，虽经人民之呼吁，而在位者竟无术以剂其敝焉。

《全国银行公会建议案》（《东方杂志》第十八卷第三号）：“改革币制之条陈，裒然成帙，然民国币制破坏扰乱，甚于前清。即就兑换券一端言之，民国四年十月，政府曾拟订取缔条例，凡已经发行纸币之银钱行号，有特别规定者，于营业年限后，应即全数收回；无特别规定者，由财政部酌定期限，陆续收回；未发行者，概不得发行。乃三年来，凡称中外合办银行，无不特许发行纸币，即一二与政府当局有关系之银行，亦享此特权，致令市面纸币驳杂，商民疑惧。……流弊所至，必至相率滥发，扰乱金融。一旦有停兑之事，全国将蒙其殃。……至于停铸铜元，中国商民之吁请，外国商会之要求，至再至三，政府已允饬令各厂一律停铸。乃昨年以来，因筹款无法，向外商赊购生铜，密令南京、武昌等厂铸铜元，变售银元，以铸余利充行政经费。于是各省效尤，纷纷加铸。安庆、开封已奉部令裁撤之铜元局，均已开铸铜元。近闻天津总厂，至有以全厂押借外款，专铸铜元，并发行铜元券之说。……图目前之少利，坏国家之大法，势必至以整理弊制之权，授之外人而后已。”

清代国用，岁不过数千万两。

《清财政考略》：“顺治七年以前，每岁入数 14 859 000 余两，出数 15 734 000 余两。”“康熙六十年，地丁银 2 800 余万两，盐课银 370 万两，关税杂税 300 万有奇，米麦 690 万担各有奇。”“雍正元年，岁入计共4千余万。”“乾隆五十六年，各省实征岁入银4 359万，岁出3 177万，而漕粮兵粮不与。”“嘉庆十七年，岁入银4 013万有奇，岁出银3 510有奇。”“道光二十二年，岁入地丁盐课关税共银3 714万，岁出3 150余万。”“同治末年，岁入6千余万，岁出在7千万上下。”

宣统之末，增至三万数千万元。

《宣统四年岁入岁出预算表》：“岁入总计银350 859 982元”，“岁出总计银356 361 607元”，“出入相抵，共亏银5 501 625元。”

至民国八年，增至5亿元。

《民国八年岁入岁出预算表》：“岁入总计490 419 786元”，“岁出总计495 762 888元。”

其支出之最巨者，厥惟军费，以光绪甲午以前额军饷干及勇饷之数，较之民国海陆军费之数，真有天壤之别。

光绪会计表　出项总表

年份	饷干	勇饷
光绪十一年	17 331 502两	25 231 741两
光绪十二年	18 598 460两	27 715 780两
光绪十三年	20 244 973两	20 176 969两
光绪十四年	18 361 425两	22 798 851两
光绪十五年	18 748 537两	20 587 370两
光绪十六年	20 356 159两	19 993 253两
光绪十七年	27 938 777两	18 268 313两
光绪十八年	19 757 179两	18 607 255两
光绪十九年	18 495 269两	19 069 720两
光绪二十年	22 766 734两	18 908 025两

民国元年及八年军费表

年份	陆军	海军
民国元年	161 695 792 元	8 982 935 元
民国八年	207 832 420 元	9 379 506 元

盖民国一年中所用于陆海军之费，可以供同、光以前政府全部之经费三四倍而有余。即比之宣统末年之国用，亦已占其三分之二，而其他独立省份所用之军费，尚不在北京政府预算之内，此岂国民所能担负乎！

国用增加，则恃内外债以救目前之急，而外资遂源源输入，一方则患其贫，一方则见其富。债款集中，而使用此债款者，任意挥霍，奢侈无艺。畸形之发达，乃以此十数年中为骤。居必洋房，行必汽车，赌博冶游，日支千万无吝色，问其来源，皆国债也。前清国债，自庚子赔款外，仅以中日战役之后所借七次外债为最巨。①

《民国行政统计汇报》："甲午以后，连借外债七次，统计债额银1 000万两。法金4万佛郎，英金3 700万镑。"

其清末币制借款，仅付40万镑，余未及交而革命事起。

《国债辑要》："1911年一千万镑之大借款，两方交涉，正在困难之中，忽辛亥之乱起，四国银行团仅交付四十万镑之前付金，其余均一时终止。"

民国以来，政纲瓦解，中央政府不能节制地方，举凡到期之外债，急需之军费政费，举恃外债以应之。于是逐年以债累债，积至十二万有奇。（民国十一年财政部公布外债数，有抵押品者，约共102 900余万元；无抵押品者，约

① 同、光间借款，在甲午前后陆续还清。

20 040 万元，合计约 126 900 余万元。）而各省单独所负之债及交通部之债额，尚不在内。

《国债辑要》：“铁道外资总额，合计 30 989 000 镑。”

此民国政府所以为世所诟病也。清季尝募昭信股票及爱国公债，是为内债之滥觞。

《民国行政统计汇报》：“我国内债，滥觞于前清光绪甲午年昭信股票之发行，定额 1 万万两，年息五厘，二十年还清。然其时人民鲜知运用公债之利，当道办理多未得法，以致购买无人，率归失败。辛亥事起，清政府复发行爱国公债，定额 3 千万元，年息六厘，通共收数不满 1 200 万元。”

民国以来，以外债之不能应手，累年发行国内公债，积至民国十一年，凡欠内债四万五千万有奇。（民国十一年财政部公布内债数，有抵押品者，约共 20 840 余万元；无抵押品者，约 24 900 余万元，合计约 45 700 余万元。）论者谓国民之实力即此可觇。然以人民有限之财，供当局无厌之欲，要亦所谓“取之尽锱铢，用之如泥沙”耳。

《全国银行公会建议案》：“民国发行内债，计元年公债 12 000 余万元，三年公债 2 400 万元，四年公债 2 400 万元，五年公债 1 500 余万元，七年长短期公债 70 余万元，八年公债 1 900 余万元，八厘军需公债 570 余万元。整理金融公债，截至最近止，已发行 4 700 余万元，共计票面 3 万余元。其间市价高低不一，以目下市价计之，约计现洋 2 万万元左右，此皆募自民间者。……年来变乱相乘，公私交困，而能吸收内债如此之巨，孰谓吾国民无实力乎。”

经济之变迁，全视人口与物质之关系。清代人口，虽无精确之统计，然当道光中已达四百兆之数。太平军之后，人口锐减。同、光以来，生息又复其故。稽其约数，最近之人口，殆不下四亿三千余万。而近人之欲望与需要，远轶于前数十年，供求不相应，则时时现恐慌之状。道德之堕落因之，思想之激烈因之，是亦自然之趋势也。

近数十年人口约数表

道光二十二年	（西 1842 年）	413 021 000
三十年	（西 1850 年）	414 493 000
咸丰十年	（西 1860 年）	360 925 400
光绪八年	（西 1882 年）	338 139 000
十一年	（西 1885 年）	377 636 000
二十七年	（西 1901 年）	407 253 109
宣统二年	（西 1910 年）	438 425 000①
民国十年	（西 1921 年）	443 382 000②

人口增加，而土地初未增拓，则生计自然日形困难。以民国五年农商部统计表观之，全国农田园圃凡十五万万余亩，以四百兆人分之，一人不足四亩，即以所列荒田合计，亦不过人得五亩，而常年灾歉之地，又占三分之一强，此所以常悬民食不足之问题也。

《民国五年农商部统计表》："各省田圃面积，1 578 347 925 亩。荒地面积，578 867 296 亩。灾歉田地面积，653 475 445 亩。"

吾国北方人民多食豆麦杂粮，南方人民则全食米，米价腾贵，则百物之价值随之而长。各地米价虽不一致，以上海近年米价腾贵推之，即可得其梗概。

---

① 以上均据民国元年《世界年鉴》。

② 以上据海关册。

《民食问题》(《东方杂志》第十七卷第十五号)："上海米价，在欧战以前，每担约五元。到去年十二月[①]已经涨到七元二角；今年四五月间，到了八元五角；六月初间，到了十一元；二十日以后，居然涨到了十六七元。"

吾国号称农业立国，然每年尚须购入食米数百万担或数十万担。食米出入口表如后。

民国元年至八年食米出入口统计表

年份	米入口	米出口	入超
民国元年	2 700 391 担	0 担	2 700 391 担
民国二年	5 414 896 担	0 担	5 414 896 担
民国三年	6 814 003 担	27 939 担	6 786 064 担
民国四年	8 476 058 担	22 263 担	8 453 795 担
民国五年	10 284 024 担	22 515 担	10 261 508 担
民国六年	9 837 182 担	37 912 担	9 799 270 担
民国七年	6 984 025 担	33 281 担	6 950 744 担
民国八年	1 809 749 担	1 227 692 担	582 057 担

故遇大荒，或邻国荒歉，需购吾米之时，则食料不敷分配，而贫民有因以断炊者矣。

近年世界各国，因经济之变迁，而致工人罢工者，所在皆是。国受其影响，以及国内经济之变迁，亦时有罢工之举，而劳工问题遂为社会最重要之一事。虽都会及商埠与内地情形迥殊，不可一概而论，然牵联钩贯，各地之工价随时增长，亦如潮流之澎湖。就清末汉口工厂之工价与近年广州劳工之工价相较，即知其增长之趋势矣：

① 民国八年。

《汉口》[1]："武昌织布厂工2千人，工钱分上、中、下三等：上等一日一人2百文，中等150文，下等100文。执业之时间，午前自六时至十二时，午后自一时至六时，夜晚七时至十一时。……纺纱局职工一千五六百人，工钱分三等：上等400文，中等300文，下等100文以上。执业之时间，午前六时至十二时，午后一时至六时，目下虽不为夜业，若有夜业时，则给以一日分之工钱。……官丝局职工470人，皆系女工，工钱上等180文，中等120文，下等90文。执业时间，午前自六时半至十一时半，正午自十二时至六时半。……第一工场职453人，男工一日最高15仙，最低7仙；女工最高13仙，最低6仙。执业时间，每日午前自七时至午后六时。……汉阳铁政局职工，男工400余人，女工1 000人以上。炉子房男工，月薪6元，押板房6元，脱板房4元，上药房6元，轧刀房6元，装盒房女工每日5仙，抽斗业5仙，成包房7仙。"

《广州劳工状况调查表》[2]（郑筹伯）："织布工厂内漂纱及上机用男工，月薪十余元。织布则多女工，每织布一丈，得工值5分，每日约得2～3角。织毛巾者多女工，每织一打，得工值3角，日可获4～5角。机器工人月薪可得20～30元。造木船工人月薪不过7～8元，造汽船者恒至20～30元。电灯工人，分修路线与厂内司机两种。厂内司机者，月薪数十元，工作时间分日夜班，每班约八时至十时；修理路线者，月薪仅8～10元耳。建筑工人，分泥水、造木两种，所业虽各不同，而工作必须互相联络。工值从前每日3角，近日已涨至7角。店主得1角，工人得6角。工作时间，如每日由六时开工，则至九时必休息一时或二时，至十一时后开工，至一时又必暂停，下午五时，则一日之工作完矣。人力车夫，日夜二人交替，合租一车。如遇旺时，日夜可得1元8角余，除车租外，实得一元二三角。二人均分，每人得6～7角。"

---

① 日本水野幸吉著，光绪三十四年刘鸿枢译。

②《东方杂志》第十八卷第七号。

国内之地，不足以养其人，则必求食于国外。华人之移殖海外者，远起宋元，至明代而渐盛。清代严海禁，而冒禁出洋者殊夥，大抵皆闽、广人也。清季华工之出洋者益多，往往受外人之排斥，而政府初不保护之，任其自为谋。

《中国五十年来之外交》：“同治十二年，古巴之夏湾拿（Havana）有虐待华工事，政府与日斯巴尼亚交涉，至光绪三年始议结。废同治三年招工之约，听华侨之自为谋。”“光绪六年《中美续约》，中国承认美国得有限定在美华工人数及华工居美年数之权。”“是后十余年，美国对于华工之取缔，逐渐加严。而欧工之中之爱尔兰人，仇视华工亦日以加厉。中国既承认美国之有权限制，则惟有听其所为而已。”“二十年，驻美公使杨儒与之订《中美保工条约》，中国允自禁华工之前往。”“从此，在美华工有减无增。”

间思吸取华侨之金钱，则派员一巡视，而名为爱护侨民，

《光绪政要》：“光绪三十四年，命农工商部右侍郎杨士琦，考察南洋华侨商业情形，历经美属之飞猎滨，法属之西贡，暹罗之曼谷和属爪哇之巴达维亚、三宝垅、泗水、日惹梭罗及附近苏门答腊之汶岛，英属之新加坡、槟榔屿，及附近之大小霹雳等埠。”

而于外人之苛待，固无术以抵之。

《中国五十年来之外交》：“英荷所属之马来半岛及东印度群岛，华商颇占势力，而侨民之数亦特多。英属各大埠，我国早设置领事，而荷兰属地则否，华侨深以为苦。光绪三十年以后，荷人对于华侨更设种种之苛例，侨民大窘，屡告急于政府。宣统三年，始设立领事条约。”

论者谓吾国通商口岸输入恒超过输出，而其所恃以抵补者，在海外工商能以其工资及商业所得，输入祖国，然其数虽不能确定，大致亦甚微也。

吾国之对外贸易总额，年有增加，自表面观之，亦可谓为经济之进步。

《东方杂志》第二十卷第三号《三十年来之经济进展观》："国际贸易之有统计，始于光绪三年之海关册。全国进出口总数，自光绪三年以至十三年，均在2亿万两以内，其后历年增加。光绪三十四年增至6亿万两左右，宣统年间增至8亿万两左右，民国五年增至9亿万两左右，迨及民国十年，则历年增进，竟达于15亿万两。""在光绪十九年间，全国贸易进出口总数，共为2亿7千余万两。今则十年度，上海一埠之贸易总额数，已有6亿3千余万两之巨，殆两倍于当年之全国总数。苟就贸易统计以观察之，则三十年来国际贸易之趋势，固不能谓为无进展也。"

然自通商以来，仅有光绪二年，出口之数超过入口，余均有绌无赢。

《四十年来中国贸易统计》："输出超过输入，仅最初光绪二年，计赢1千余万两。自光绪三年起，无岁不绌。光绪六年，绌数最少，为140万余两。民国九年，绌数最多，为22 061万余两。民国三年，欧战发生，各国军事倥偬，无暇扩张商业，我国正宜利用时机，大兴实业，发展对外贸易，以求输出之增加。乃当民国四年欧战正烈之时，虽输入顿减，尚绌至3 561万余两之巨。""此四十五年中共绌2 921 997 339两。除光绪二年，赢10 580 938两，实绌2 911 416 461两，平均每年约绌6 470万两。"

故吾谓吸收散殊之各点，集中于新辟之地，新兴之业，与外人相竞争，而卒之仍为外人所操纵也。

第十九章　最近之文化

最近之文化，当以学校教育为主。清自同、光以来，既由科举而渐倾向于学校，至光绪三十年，诏废科举，民志益定。十余年来，中央政府与地方政府，虽对于教育，有提倡与摧残之二方面，而社会之心理，殆皆公认学校为民族文化之一大事，虽有私塾与其他讲学之团体，其盛衰固悬别也。民国初年，迭制教育统计，观其数字，固可以见其进步之梗概。

全国学校概况表（教育部总计表）

事项	民国元年第一次统计	民国三年第二次统计	民国五年第三次统计
学　校	87 272 所	108 448 所	121 077 所
学　生	2 933 387 人	3 643 206 人	4 034 893 人
卒业生	173 207 人	232 221 人	248 283 人
教　员	129 297 人	164 607 人	187 350 人
职　员	98 929 人	122 174 人	120 536 人
岁　入	29 647 098 元	34 170 082 元	36 882 161 元
岁　出	29 667 803 元	35 151 361 元	38 269 495 元
资　产	83 041 199 元	98 087 158 元	11 813 740 元

以《新教育》杂志调查表观之，尤可以见各地文化之优劣焉。

《新教育》第五卷第四期全国各等学校学生数表（民国十一年）

省别	小学校学生数	中等学校学生数	高等专门大学学生数	总数
直隶	551 073 人	13 570 人	6 917 人	571 560 人
山东	523 311 人	7 801 人	692 人	531 806 人
山西	320 861 人	6 385 人	1 035 人	328 281 人

续表

省别	小学校学生数	中等学校学生数	高等专门大学学生数	总数
陕西	149 107 人	1 810 人	139 人	151 056 人
江苏	369 730 人	12 205 人	1 379 人	373 314 人
浙江	353 154 人	9 285 人	514 人	362 953 人
安徽	70 840 人	3 393 人	88 人	74 321 人
江西	134 172 人	5 529 人	627 人	140 328 人
河南	248 526 人	5 728 人	676 人	254 930 人
湖北	232 617 人	5 259 人	1 669 人	239 545 人
湖南	244 765 人	13 067 人	1 032 人	258 855 人
福建	139 337 人	5 475 人	616 人	145 426 人
广东	368 616 人	10 547 人	539 人	279 702 人
广西	168 538 人	3 911 人	227 人	172 676 人
甘肃	69 886 人	1 608 人	71 人	710 565 人
四川	535 603 人	11 489 人	138 人	548 410 人
贵州	64 138 人	2 235 人	281 人	66 654 人
云南	192 927 人	35 人	32 人	196 810 人
蒙古				
新疆	4 321 人	54 人		4 366 人
西藏				
黑龙江		1 065 人	117 人	
奉天	363 274 人	5 285 人	209 人	372 202 人
吉林		2 159 人	92 人	
热河		439 人		
绥远	26 900 人	127 人		27 628 人
察哈尔		62 人		
其他	5 131 687 人	132 432 人	19 282 人	4 183 401 人

清季教育，多取法于日本。张之洞所定学堂章程，最注重于读经，以其为中国文化之根本也。民国以来之教育，多取法于欧、美，而中小学校之读经，首先废止，高等大学之经学科目，亦以次改革。急进之士，尤以反对孔子之学说、提倡后进、改造解放之声，震于一时。于是有所谓新文化运动者，以排斥旧道德、改革旧文学、创造新民族、建设新国家为目的。其他之主张革新而较为平和者，

则以提倡职业教育，施行选科制度，采取欧、美最新之教学法，如设计教学及道尔敦制等，今方日进而未有艾焉。

新文化之运动，始于北京大学。北京大学之历史，亦吾书所不可不述也。《时事新报》载《北京大学之成立及其沿革》甚详，兹节其要于下：

光绪二十二年，侍郎李端棻疏请立大学于京师。二十四年，始由军机处及总理衙门拟具《大学章程》八十余条，呈请开办。命孙家鼐为管学大臣，即景山下马神庙四公主府为大学基址，置仕学院，令进士、举人出身各京曹入院学习。庚子拳匪作，生徒四散，校舍封闭，大学停办者二年。二十七年，张百熙被命为管学大臣，延吴汝纶为总教习。汝纶病卒，副总教习张鹤龄继主教务。二十八年七月，奏定大学堂章程。十一月，开学招生，甄拔各省绩学之士，风气骤变。二十九年，张之洞奏上学堂章程，以总理学务大臣统辖全国学务，别设大学总监督。三十年正月，改刊管学大臣印为京师大学堂总监督印，至是大学始成独立机关。三十三年，刘廷琛为总监督，宣统元年十一月，始筹办分科，设经、法、文、格致、农、工、商七科，各科俱以预科及译学馆毕业学生升入。武昌起义，各科学生多有散归者。民国成立，改称北京大学校，总监督改称校长。严复任校长时，学生增至818人。至三年，胡仁源署校长，全校学生增至942人。四年，增至1 333人。五年，增至1 503人。六年，胡仁源辞职，赴美调查工业。蔡元培任大学校长，整顿校规，祛除弊习，停办工、农各科，专办文、理、法三科。至六年暑假，全校学生增至2千人，校中又创设各会，如进德会、哲学会、理科化学演讲会、雄辩会、音乐会、书法研究会、画法研究会、体育会、技击会、静坐会、成美学会及阅书报社、学生储蓄银行、消费公社等。

北京大学之倡新文化，当民国七八年间，其时欧战既平，巴黎和议将以青岛付之日本，北京学生愤之，乃于八年五月四日，大举示威运动，以驱除卖国贼曹汝霖、陆宗舆、章宗祥为帜，迭经军警干涉，而学生之气不稍挫。于是五四运动之名词，赫然为教育界之一大事。

《东方杂志·中国大事记》："八年五月四日，北京中学以上各校生，因巴黎和会议定将青岛让与日本，非常愤激，于本日聚集数千人，排队出行，为一种示威运动。并四处分送传单，手白布旗，书力争山东问题、排除卖国汉奸及卖国贼曹汝霖、陆宗舆、章宗祥等字，先至东交民巷各国公使署，递意见书。途经曹汝霖住宅，群拥入质问，适回国驻日公使章宗祥在曹宅，被众攒殴，受伤甚重。寻曹宅火发，学生整队散去，警察及步军游击队捕去学生数十人，未几即经保释。事后交通总长曹汝霖、币制局总裁陆宗舆及教育总长傅增湘等，均呈请辞职，国立北京大学校长蔡元培亦辞职出京。"

后以政府财政困难，恒欠学校经费，国立诸校常感恐慌，而所倡之新文化，恒受社会之反对，其焰稍稍衰焉。

吾国教育之不能普及，原因孔多，论者谓文字之艰深亦其一因，遂有改造汉字之议，倡始于王照之官话字母及劳乃宣之简字。

《统一国语问题》（陈懋治）："五十年来国语问题及其改进之历史，分为四期：第一期，用罗马字母拼音代汉字。此期起源远在明季，其时基督旧教始来我国，欧西人士入我内地者，辄用罗马写其地之方音，以便学习华语。有清一代，新旧两教教徒来者益多，于是此罗马字拼中国音之法，传播益广。此类之书，今教会中新旧都有出售。""第二期，白话书报初起，各地拼音文字之发生。此期大略在前清光绪甲午年以后，教育普及之说，萌芽是时，故白话书报往往出版于各大都会，而浙江之《杭州白话报》、北京之《京话日报》，其最著者也。又因基督教所设学校，其教科书颇用白话，于是亦有仿为之者，是即今日学校用语体文之滥觞矣。至各地之造拼音文字者，首有广东王炳耀氏，嗣有福建蔡毅若氏，而推行最广者，为直隶王照氏之官话字母。因官厅之提倡，北京、天津、东三省、山西传习者甚众，其后浙江劳乃宣氏，用王氏字母，改名简字，奏设学堂于江宁，大江南北习之者亦不少。”

民国二年，教育部召集读音统一会，制定注音字母，至七年公布。

《统一国语问题》：“民国元年十二月，教育部颁布读音统一会章程。二年二月十五日开会，三阅月而会毕，制定注音字母三十有九，审定字音六千五百余。”“会员七十九人，会议选用字母时，颇多争执。结果，议决用固有之汉字，择笔画最简单者，取其双声以为声母，取其叠韵以为韵母，其写法，则凡与楷书易混者，皆改用篆体。”“民国七年十一月，教育部公布注音字母”。

于是小学校之读本，改国文为国语，师范学校亦以国语与国文并教。然其始冀以省笔之字母，代繁笔之汉文者，后则变为以俚俗之方言，代通行之文句。而读音虽号统一，又有京音及国音之别，各成风气，不相为谋，统一之期，盖有待也。与改造汉字并时而兴者，有中国打字机，而其原，则本于汉字之不可废。

《创制中国打字机图说》（王汝鼎）：“日本山本宪氏，著有《息邪》一篇，篇中以中文与西文相较，其便与利之点，悉属中文；而不便与不利者，都系西文。因知中文为现今世界最完善之一种文字，西文之勃兴，徒以随其国势而然耳。故其断案曰：中国文字，不独现今流行于东亚各国，他日必遍布于宇内。倡汉文废止论者，妄也；倡汉文节减论者，亦妄也。”

初，美、日两国均思创造中文打字机，均未完善。有无锡周厚坤者，创造一机，能配置中文六千字。

《创制中国打字机图说》：“一美国教士之寓北京者曰翕腓而特，于1899年，创一打字机，形为一直径四尺之大平圆板，上置四千整形之中国字模印，附以其他成印之机件，惜尚未完全制成。”“又有一日本工程师，其机方在实验中。”“周君厚坤，1910年，留学美国意里那大学，习铁路工程科。明年，转学于波士顿麻省理工大学，改习机械、造船两科。1914年同时毕业，得机械、造船两学士位。1912年，创造中国打字机。”“其机内部有同式之圆筒四，每筒直径三英寸，长十英寸。于其周围，约可配一千五百字，字之大小，为一英方寸四分之一。四筒共可配置六千字，此数可随意增减。一十字机架，支于两端之机干上，负此四筒，如太阳之环以行星焉”。①

周仍思实验而再求改良，此可以见汉字之不适于用之说，未可尽信也。

欧战以后，世界思潮，回皇无主，吾国学者，亦因之而靡所折衷，不但不慊于中国旧有之思想制度，亦复不满于近世欧、美各国之思想制度。故极端之改革派，往往与俄国之过激主义相近，次则诵述吾国老、庄、鲍生之说，期反于原人社会，而抉破近世之桎梏，是亦时势使然也。然因此现象，复生二种思潮：一则欲输入欧、美之真文化，一则欲昌明吾国之真文化，又以欧、美人之自讼其短，有取法于吾国先哲之思。

《申报·德国通信》：“德国近半世纪以来，因物质文明发达之

①《东方杂志》十二卷十号。

故，一般人多趋重物质主义，而丧失精神生活。一部分有思想之青年，遂相约逃出物质，反于自然。于是所谓游鸟及自由德意志青年等等团体发生。此等团员，大率衣履务尚俭朴，行动极求自由，其出版物中，曾有一文曰《庄子解说中之道教》，文中极推崇老子，并谓老子堪作彼辈唯一无二之大师云。现在德国智识阶级中，几无一人不知老子。除老派外，又有所谓孔派，凡属国际青年团之人，几无一人不知孔子。该团每次开会，往往先读《论语》一节，颇似耶稣教徒之念《圣经》。至于演说，更屡次提及孔子，对于孔子文化所陶养之中国人，尤引为唯一无二之良友。”

而吾国人以昌明东方文化为吾人之大任之念，乃油然以生。

《东方文化与吾人之大任篇》（陈嘉异）：“东方文化一语，其内涵之意义，决非仅如所谓国故之陈腐干枯。精密言之，实含有中国民族之精神或中国民族再兴之新生命之义蕴。所谓吾人之大任一语，乃对吾民族而言，非对一二先哲为言；抑非仅对吾民族而言，实对世界人类而言。以故吾人今日所以振兴东方文化之道，不在存古，乃在存中国。抑且进而存人类所以立于天壤之真面目，亦尚非保存国粹之说所得而自阈者也。”①

又进而以儒家之根本精神，为解决今世人生问题之要义。

《先秦政治思想史》（梁启超）：“吾侪确信人之所以异于禽兽者，在有其精神生活；但吾侪又确信人类精神生活，不能离却物质生活而独自存在。吾侪又确信人类之物质生活，应以不妨害精神生活之发

①《东方杂志》十八卷一号。

展为限度，太丰妨焉，太觳妨焉，应使人人皆为不丰不觳的平均享用，以助成精神生活之自由而向上。吾侪认儒家解答本问题，正以此为根本精神，于人生最为合理。”“吾侪今所欲讨论者，在现代科学昌明的物质状态之下，如何而能应用儒家之均安主义，使人人能在当时此地之环境中，得不丰不觳的物质生活实现而普及。换言之，则如何而能使吾中国人免蹈近百余年来欧美生计组织之覆辙，不至以物质生活问题之纠纷，妨害精神生活之向上。此吾侪对于本国乃至对于全人类之一大责任也。”

其思想之冲突而相成，实一最奇幻之事也。

文化非一端可罄，学术亦非一事可概。近人提倡孔、老哲学者，既由旧理想一变而为新理想，而研究考据之学者，又因交通之关系、物质之发展，亦阴受其赐，而有与世界各国学者共同研究之风。如殷虚之古甲骨，如汉、晋之木简，如敦煌石室之古写本，既自清季发见，而中外学者闻声相应，研寻考索所得，于古史事大有发明。故论者谓今日专门旧学之进步，实与群众普通旧学之退步为正比例，是亦一奇幻之事也。

《最近二十年间中国旧学之进步》①（抗父氏）：“（一）殷商文字。光绪戊戌、己亥间，河南安阳县西北洹水崖岸为水所齧，土人得龟甲牛骨，上有古文字。估客携至京，为福山王懿荣所得。庚子秋，王殉难，所藏悉归丹徒刘铁云鹗。而洹水之虚，土人于农隙掘地，岁皆有得，亦归刘氏。光、宣间所出，则大半归于上虞罗叔言振玉。王氏所藏凡千余片，刘氏藏三千余片，罗氏藏二三万片。其余散在诸家者，当以万计。而驻彰德之某国牧师②，所藏亦近万片。其拓墨

①《东方杂志》十九卷第三号。

② 本志编者按：即英人明义士 (J.M.Menzies) 君。

影印成书者，有刘氏之《铁云藏龟》十册，罗氏之《殷虚书契》前编八卷后编二卷、《殷虚书契菁华》一卷、《铁云藏龟之余》一卷。后英人哈同复得刘氏所藏之一部八百片，印行《戬寿堂所藏殷虚文字》一卷。甲骨所刻，皆殷王室所卜祭祀伐征行幸田猎之事，其文字较比彝器尤古，且所裨益于文字学者尤大。（二）汉晋木简。实英印度政府官吏匈牙利人斯坦因博士（A.Stein）之所发掘。博士于光绪壬寅、癸卯间，曾游我国新疆天山南路，于和阗之南发掘古寺废址，得唐以前遗物甚夥。复于尼雅河之下流，获魏、晋间人所书木简四十枚。博士所著《于阗之故迹》（Ancient Khotan）中，曾揭其影本，法国沙畹教授（Ed. Chavannes）为之笺释。又于丁未、戊申间，复游新疆全土及甘肃西部，于敦煌西北长城遗址，发掘两汉人所书木简，约近千枚。复于尼雅河下流故址，得后汉人所书木简十余枚。于罗布淖尔东北海头故城，得魏、晋间木简百余枚，皆当时公牍文字及屯戍簿籍。其后日本大谷伯爵光瑞前后所派遣之西域探险队，仅于吐鲁番近侧，得魏、晋间木简三四枚而已。斯氏戊申年所得之木简，沙畹教授复为之考释，影印成书。罗君复与海宁王静安氏国维重加考订，于甲寅之春，印以行世，为《流沙坠简》三卷、《考释》三卷、《补遗》一卷、《附录》二卷。（三）敦煌千佛洞石室所藏古写书。石室之开，盖在光绪己亥、庚子之际，然至光绪季年尚未大显。至戊申岁，斯坦因博士与法国伯希和（P. Pelliot）先后至此，得六朝及隋、唐人所写卷子本书各数千卷，及古梵文、古波斯文及突厥、回鹘诸古国文字无算，始为我国人所知。其留在石室者，尚近万卷。后取归学部所立之京师图书馆。前后复经盗窃，散归私家者，亦数千卷。其中佛典居百之九，其四部书为我国宋以后所久佚者：经部则有未经天宝改字之古文《尚书》孔氏传及陆氏《尚书释文》、麋信《春秋穀梁传解释》、郑氏《论语注》、陆法言《切韵》；史部则有孔衍《春秋后语》，唐时西州、沙州诸图经，《慧超往五天竺国传》；子部则有

《老子化胡经》《摩尼教经》《景教经》；集部则有《玄谣集》《杂曲子》及唐人通俗诗、小说各若干种而已。逸四部书之不重要者及大藏经论，尚不在此数，皆宋、元以后所未见也。罗氏就伯氏所寄之影本，写为《敦煌石室遗书》，排印行世。越一年，复印行其影本，为《石室秘宝》十五种。又十一年，癸丑，复刊行《鸣沙石室逸书》十八种。又五年戊午，刊行《鸣沙石室古籍丛残》三十种及《鸣沙石室佚书续编》四种。又四年，辛酉，伯氏复以陆法言《切韵》三种影本寄罗君，石印以行世。”

又自民国初年农商部设立地质调查所，集中外地质学者，调查吾国之地史。而吾国未有史籍以前之器物，古始以来地层构造变化之状，亦渐可说明其系统，而治斯学者，且出所得与万国地质学者聚会而讨论焉。是亦前此讲学者之所未见，而实有所不逭者也。

自清嘉庆中，英人玛礼逊来华传教，为耶稣教[①]传入中国之嚆矢。

《欧美人于中国之文化事业》（日本山口升）：“对于支那人最初宣传新教之教义者，有英国浸礼教会之玛尔斯门（Joshua Marshman）氏。其人生于澳门，为一美人之助手，尝费十六年之功，以汉文译《新约圣经》。然通常之说，则以1807年9月1日到广东之伦敦会之玛礼逊（Robert Morrisson）氏（1782—1834），为对支那宣传新教之嚆矢。”

至道光中，五口通商，教士之来华者渐多，设立医院及学校，从事布教事业，其势渐轶于旧日天主教士之上。

《欧美人于中国之文化事业》：“1843年，开第一回宣教师大会

① 即新教。

于香港，出席宣教师之数，仅15人。经二十年，至1865年，组织支那内地会，益进而宣传于内地。其时宣教师之数，达112名，教会正会员[①]至3 132名。1890年，开第三回宣教师大会于上海，其时宣教师之数，达1 296名，教会正会员共37 287名。”

庚子义和团起，教会之进行虽似少挫，然辛丑议和之后，国人惩于前事，无敢非议耶教，甚且以入教求学，得受欧、美之文化为荣。而教会之势，乃炎炎日上。

《欧美人于中国之文化事业》：“团匪事变，联军占领北京，两宫蒙尘。处排外官吏以严罚，偿以巨额之赔款，使支那人感觉吸收泰西新文化之必要，大促识者之觉醒。从来向低级之支那人试行布教之宣教师，于兹一变方针，乃为满足此等支那人之希望，爰以各教会之合同及各科学会之力，著手于支那之高等教育。1907年，于上海开新教百年纪念。据其报告，1905年，宣教师有3 445人，教会正会员有178 254人。”

民国成立以来，教会之学者，渐进而居于政治教育之要地，其势益盛。据1918年之调查，其进步之速率及事业之广被，至可惊诧。

《欧美人于中国之文化事业》：“1918年之新教大势如下：（一）布教关系。计外国宣教师5 961人，华人宣教师23 345人。外人驻在地944处，教会正会员312 970人，信徒654 658人。日曜学校4 301所，日曜学生210 397人，华人捐款846 787元。（二）学校关系。计大学校18所，大学学生772人；中学校228所，中学学生11 892

① 受洗礼者。

人；初等小学校 5 329 所，初等小学生 138 943 人；高等小学校 573 所，高等小学生 20 832 人。师范学校 119 所，师范学生 3 125 人；神学校 30 所，神学生 610 人；实业学校 32 所，实业学生 1 375 人；幼稚园 755 所，幼稚园生 3 497 人；孤儿院 38 所，孤儿院生 1 158 人。外国男教师 405 人，外国女教师 592 人；中国男教师 7 635 人，中国女教师 2 998 人。（三）医疗关系。计外国男医士 270 人，外国女医士 81 人，外国看护妇 162 人，病院 320 所，注册诊病者 3 285 067 人。医学校 21 所，医学生男 389 人，女 63 人，华人捐款 860 286 元。”

民国十一年，各地学生有非宗教同盟之举。

《东方杂志·时事日志》：“民国十一年三月十六日，世界基督教学生同盟，定于本年四月一日在北京清华学校开第一次大会，同时上海方面，发生非宗教学生同盟大运动，发表宣言，通电全国学生。”

而论者谓信仰基督教，视信仰近日各地新兴之社院等，犹为彼善于此。

《评非宗教同盟》（梁启超）：“现在弥漫中国的下等宗教，什么同善社、悟善社、五教道院等，其实狼猖獗。其势力大于基督教不知几十倍，其毒害是经过各个家庭，侵蚀到全国儿童的神圣情感。我们全国多数人在此等信仰状态之下，实在没有颜面和基督教徒争是非。”

盖国事不宁，社会紊乱，国外之宗教，既挟其国力与其文化，乘我之隙而得我之民心。而迷信中国旧曰之神教者，亦窃其法，欲假宗教之力，以弭人心之不安，是皆时势之所造成也。